全注全译本

古今谋略第一书

长短经

（唐）赵蕤 著

中国书店

上

图书在版编目（CIP）数据

长短经：全注全译／（唐）赵蕤著；李孝国等注译．
—北京：中国书店，2013.1
ISBN 978－7－5149－0575－5

Ⅰ．①长… Ⅱ．①赵…②李… Ⅲ．①政治—谋略—中国—古代②《长短经》—注释③《长短经》—译文
Ⅳ．①D691

中国版本图书馆 CIP 数据核字（2012）第 287178 号

责任编辑：辛　迪
策划编辑：李孝国

长短经（上）

（唐）赵蕤　著　　李孝国等　注译　　董立平等　审校

出　　版	中国书店
地　　址	北京市西城区琉璃厂东街 115 号
邮　　编	100050
发　　行	全国新华书店经销
印　　刷	北京东君印刷有限公司
开　　本	700×1000　1/16
版　　次	2019 年 3 月第 1 版第 4 次印刷
印　　张	（总）54.25；（本册）18.75
字　　数	（总）807 千字；（本册）279 千字
书　　号	ISBN 978－7－5149－0575－5
定　　价	98.00 元（上、中、下）

出版说明

一、本书以《长短经》出版时间最早、最具版本价值和权威性的南宋孤本——杭州净戒院刊本为底本,简化、标点而成,同时配上当代译者的白话文注释和译文。

二、《长短经》的一大特色是作者自为经传,注文和正文是密不可分的整体,只有同时阅读才能完整、深入地理解。此次出版的为《长短经》全本,不光收录有《长短经》的正文,赵蕤亲自为本书配的注文一并收入,注文用不同字体、字号和正文进行区分。

三、全书共分九卷,另有赵蕤自序一篇。书后附录将清朝乾隆皇帝御题诗以及四库馆在编纂四库全书时为本书所作"提要"附后,供读者参考。

四、本书异体字改用通行字(专名不改),通假字不改。夹注、旁注用不同字体、不同字号排入和原书同样的位置,以示和正文区别。

五、本文的原文和译文的排列方式以原书的节为单位,一节原文,后面为本节的译文。在每节内部,不再将原文和译文交错编排。

六、本书的注释为脚注,排在原文第一次出现该注释字词的那一页页脚处,以便读者随时查找。

七、此次出版,既参考了以往相关图书对《长短经》的研究成果和修正,同时也进行了大量的考证工作,在其他史料和资料中能确证本书为错误的,本书均进行了修正。修正的工作均有大量的资料作为支撑,为的是能为读者呈现一本真正还原《长短经》原貌、阅读流畅的经典之作。

八、《长短经》大量的文字是引自其他典籍的，作者在引用时由于时代条件的限制，会和引用的原文有细微的差异。如果这些差异不至于造成文意歪曲，本书一律以《长短经》原书为准。

九、在文字引用标点的处理上，考虑到本书引文较多，有时引文套引文，再套引文，我们尽可能简化了引号的使用。在正文中，人物对话的引用使用冒号和引号标注。在注文中，人物对话的引用只用冒号标注。

十、由于注译者、编者能力有限，书中可能仍有未经订正的问题，欢迎读者批评指正。

二〇一二年十一月

总目录

长短经（上）

《儒门经济长短经》自序　原文 …………………………………… 1
　　　　　　　　　　　译文 …………………………………… 3

卷一　文上
　　大体第一　原文 ……………………………………………… 2
　　　　　　　译文 ……………………………………………… 5
　　任长第二　原文 ……………………………………………… 8
　　　　　　　译文 ……………………………………………… 12
　　品目第三　原文 ……………………………………………… 15
　　　　　　　译文 ……………………………………………… 19
　　量才第四　原文 ……………………………………………… 22
　　　　　　　译文 ……………………………………………… 26
　　知人第五　原文 ……………………………………………… 31
　　　　　　　译文 ……………………………………………… 39
　　察相第六　原文 ……………………………………………… 50
　　　　　　　译文 ……………………………………………… 61
　　论士第七　原文 ……………………………………………… 73
　　　　　　　译文 ……………………………………………… 80
　　政体第八　原文 ……………………………………………… 87
　　　　　　　译文 ……………………………………………… 92

卷二 文中

君德第九　原文 ……………………………………………… 100
　　　　　译文 ……………………………………………… 120
臣行第十　原文 ……………………………………………… 142
　　　　　译文 ……………………………………………… 155
德表第十一　原文 …………………………………………… 170
　　　　　　译文 …………………………………………… 173
理乱第十二　原文 …………………………………………… 177
　　　　　　译文 …………………………………………… 180

卷三 文下

反经第十三　原文 …………………………………………… 186
　　　　　　译文 …………………………………………… 192
是非第十四　原文 …………………………………………… 201
　　　　　　译文 …………………………………………… 218
适变第十五　原文 …………………………………………… 240
　　　　　　译文 …………………………………………… 247
正论第十六　原文 …………………………………………… 258
　　　　　　译文 …………………………………………… 269

长短经（中）

卷四 霸纪上

霸图第十七　原文 …………………………………………… 284
　　　　　　译文 …………………………………………… 329

卷五 霸纪中

七雄略第十八　原文 ………………………………………… 388
　　　　　　　译文 ………………………………………… 415

卷六　霸纪下
　　三国权第十九　原文 ······················· 452
　　　　　　　　　译文 ······················· 488

长短经（下）

卷七　权议
　　惧戒第二十　　原文 ······················· 530
　　　　　　　　　译文 ······················· 558
　　时宜第二十一　原文 ······················· 597
　　　　　　　　　译文 ······················· 602

卷八　杂说
　　钓情第二十二　原文 ······················· 612
　　　　　　　　　译文 ······················· 616
　　诡信第二十三　原文 ······················· 622
　　　　　　　　　译文 ······················· 625
　　忠疑第二十四　原文 ······················· 630
　　　　　　　　　译文 ······················· 632
　　用无用第二十五　原文 ····················· 635
　　　　　　　　　译文 ······················· 637
　　恩生怨第二十六　原文 ····················· 639
　　　　　　　　　译文 ······················· 641
　　诡顺第二十七　原文 ······················· 643
　　　　　　　　　译文 ······················· 647
　　难必第二十八　原文 ······················· 653
　　　　　　　　　译文 ······················· 655
　　运命第二十九　原文 ······················· 658
　　　　　　　　　译文 ······················· 664

大私第三十　　原文 …… 672
　　　　　　　译文 …… 673
败功第三十一　原文 …… 675
　　　　　　　译文 …… 677
昏智第三十二　原文 …… 679
　　　　　　　译文 …… 682
卑政第三十三　原文 …… 685
　　　　　　　译文 …… 687
善亡第三十四　原文 …… 690
　　　　　　　译文 …… 691
诡俗第三十五　原文 …… 693
　　　　　　　译文 …… 695
息辩第三十六　原文 …… 697
　　　　　　　译文 …… 699
量过第三十七　原文 …… 701
　　　　　　　译文 …… 702
势运第三十八　原文 …… 704
　　　　　　　译文 …… 706
傲礼第三十九　原文 …… 708
　　　　　　　译文 …… 710
定名第四十　　原文 …… 712
　　　　　　　译文 …… 716

卷九　兵权
引言　原文 …… 722
　　　译文 …… 724
出军第一　原文 …… 725
　　　　　译文 …… 727
练士第二　原文 …… 730

	译文 ……	732
结营第三	原文 ……	734
	译文 ……	736
道德第四	原文 ……	738
	译文 ……	739
禁令第五	原文 ……	741
	译文 ……	743
教战第六	原文 ……	745
	译文 ……	747
天时第七	原文 ……	749
	译文 ……	752
地形第八	原文 ……	755
	译文 ……	758
水火第九	原文 ……	762
	译文 ……	765
五间第十	原文 ……	768
	译文 ……	771
将体第十一	原文 ……	775
	译文 ……	778
料敌第十二	原文 ……	782
	译文 ……	784
势略第十三	原文 ……	787
	译文 ……	789
攻心第十四	原文 ……	791
	译文 ……	792
伐交第十五	原文 ……	794
	译文 ……	796
格形第十六	原文 ……	798
	译文 ……	800

蛇势第十七	原文	802
	译文	804
先胜第十八	原文	806
	译文	808
围师第十九	原文	811
	译文	813
变通第二十	原文	815
	译文	817
利害第二十一	原文	819
	译文	821
奇正第二十二	原文	824
	译文	825
掩发第二十三	原文	826
	译文	828
还师第二十四	原文	830
	译文	831

附录

乾隆御题赵蕤《长短经》 …………………………… 834

钦定四库全书《长短经》提要 …………………………… 835

目 录

长短经（上）

《儒门经济长短经》自序　原文 …………………………………… 1
　　　　　　　　　　　译文 …………………………………… 3

卷一　文上
　　大体第一　原文 ……………………………………………………… 2
　　　　　　　译文 ……………………………………………………… 5
　　任长第二　原文 ……………………………………………………… 8
　　　　　　　译文 ……………………………………………………… 12
　　品目第三　原文 ……………………………………………………… 15
　　　　　　　译文 ……………………………………………………… 19
　　量才第四　原文 ……………………………………………………… 22
　　　　　　　译文 ……………………………………………………… 26
　　知人第五　原文 ……………………………………………………… 31
　　　　　　　译文 ……………………………………………………… 39
　　察相第六　原文 ……………………………………………………… 50
　　　　　　　译文 ……………………………………………………… 61
　　论士第七　原文 ……………………………………………………… 73
　　　　　　　译文 ……………………………………………………… 80
　　政体第八　原文 ……………………………………………………… 87
　　　　　　　译文 ……………………………………………………… 92

· 1 ·

卷二　文中

君德第九
原文 …… 100
译文 …… 120

臣行第十
原文 …… 142
译文 …… 155

德表第十一
原文 …… 170
译文 …… 173

理乱第十二
原文 …… 177
译文 …… 180

卷三　文下

反经第十三
原文 …… 186
译文 …… 192

是非第十四
原文 …… 201
译文 …… 218

适变第十五
原文 …… 240
译文 …… 247

正论第十六
原文 …… 258
译文 …… 269

《儒门经济长短经》自序

梓州郪县长平山安昌岩草莽臣赵蕤撰

原文

赵子曰：匠，成舆者忧人不贵，作箭者恐人不伤。彼岂有爱憎哉？寔伎业驱之然耳。是知当代之士，驰骛之曹，书读纵横，则思诸侯之变；艺长奇正，则念风尘之会。此亦向时之论，必然之理矣。故先师孔子深探其本，忧其末，遂作《春秋》，大乎王道；制《孝经》，美乎德行。防萌杜渐，预有所抑，斯圣人制作之本意也。

然作法于理，其弊必乱。若至于乱，将焉救之？是以御世理人，罕闻沿袭。三代①不同礼，五霸②不同法。非其相反，盖以救弊也。是故国容一致，而忠文之道必殊；圣哲同风，而皇王之名或异。岂非随时设教沿乎此，因物成务牵乎彼？沿乎此者，醇薄继于所遭；牵乎彼者，王霸存于所遇。故古之理者，其政有三：王者之政化之，霸者之政威之，强国之政胁之。各有所施，不可易也。管子③曰："圣人能辅时，不能违时。智者善谋，不如当时。"邹子④曰："政教文质，所以匡救也。当时则用之，过则舍之。"由此观之，当霸者之朝，而行王者之化，则悖矣；

---

① 三代：先秦的三个朝代，即夏、商、周。
② 五霸：春秋时五个实力比较强的诸侯合称，按《史记》所载，这五个诸侯为：齐桓公、宋襄公、晋文公、秦穆公、楚庄王。
③ 管子：即管仲。春秋齐桓公时为齐国宰相，帮助齐桓公成就霸业的主要人物。
④ 邹子：即邹忌。战国齐威王时为齐国宰相，齐国强盛的功臣。

当强国之世，而行霸者之威，则乖矣。若时逢狙诈，正道陵夷，欲宪章先王，广陈德化，是犹待越客以拯溺，白大人以救火。善则善矣，岂所谓通于时变欤？

夫霸者，驳道也。盖白黑杂合，不纯用德焉。期于有成，不问所以；论于大体，不守小节。虽称仁引义，不及三王①；而扶颠定倾，其归一揆。恐儒者溺于所闻，不知王霸殊略，故叙以长短术，以经纶通变者。创立题目，总六十有三篇，合为十卷②，名曰《长短经》。大旨在乎宁固根蒂，革易时弊。兴亡治乱，具载诸篇。为沿袭之远图，作经济之至道，非欲矫世夸俗，希声慕名。辄露见闻，逗机来哲。凡厥有位，幸望详焉。

---

① 三王：夏、商、周三代开国之主，即夏禹、商汤、周文王。

② 总六十有三篇，合为十卷：现存版本以本书所用杭州净戒院本为最早，也仅存九卷，但有六十四篇。此本后有沈新民跋，称：第十卷载阴谋家，本阙，今存者六十四篇。至于第十卷是否真的存在，现尚无可考。但现存九卷也完全能独立成书，不影响其完整性。

《儒门经济长短经》自序
梓州郪县长平山安昌岩草莽臣赵蕤撰

译文

　　赵蕤如是说：造车的人，希望所有的人都富贵；制造弓箭的人，却唯恐人不被箭伤害。难道说他们对别人的态度本来就爱憎不同吗？其实这只是他们的职业驱使他们做这样的考虑罢了。因此这告诉我们，当代的名士，希望建功立业的豪杰，学习了纵横之术后，就特别希望看到诸侯之间发生动乱；在行军打仗方面有一技之长，就希望能够有在战场上叱咤风云的机会。这也是合乎时宜的观点，正常人的必然想法而已。至圣先师孔子深刻探究了这种现象的根本原因，担心这样会给天下带来不好的结局，所以创作了《春秋》，以此光大王道的意义；编撰《孝经》，借此褒扬美德的重要性。圣人编书著述的本意正是防微杜渐，对一些有害于天下的问题预先有所防范。

　　我们按照圣人的建议，研究了一整套行之有效的方法，用于治理天下。但随着时间的推移，形势在不断变化，这种方法的弊端就会逐渐显现，如果我们还是固执地坚持这一方法，就会导致天下大乱。而原来的那套方法，又怎么可能挽救得了因为它的弊端而导致的大乱呢？因此，统御国家、治理人民，极少听说沿袭过去制度的。夏、商、周三代采用不同的礼制，春秋五霸施用不同的法律。并不是要有意反其道而行之，只是为了补救先代礼、法的弊端。因此，国家的形式虽然一致，但治理国家的文武之道一定不一样；圣人先哲的教化虽然相同，但帝王取得天下的理由却有很大差别。这难道不正是要随时根据时代变迁而调整礼教的传承，要因循事物变化的规律来成就事业的道理吗？传承礼教的，是选择淳厚还是淡薄的治理方式要参考当时的社会条件；希望因循事物变化规律成就功名的，是选择王道还是霸道要考虑的正是你所遇到的形势。所以，古代治理国家主要有三种方式：王道采用的是教化的方式，霸道采用的是威慑的手段，强国的政治采取的是强制胁迫的办法。这些都要根据各自的具体情况决定，这是确定无疑的。管仲说："圣人能顺应时势，而不能逆时势而动。有智慧的人善于谋划，但谋划只有做到了顺应时势才是高明的。"邹忌说："德政、教化、法律条文，是用来匡正时弊，补救失误的。顺应时势的就使用，不合时宜的要当机立断地舍弃它。"由此看来，处在适合霸道的朝代却采用王道的教化，就会显得不合时宜；处在强国横行的时代，却采用霸道的威慑手段，也会乖谬百出。如果碰到阴险狡诈的时代，传统道德遭到破坏，而当政者却想效法先王，广泛宣传德政、教化，就好比一定要等待擅长水性的越人救落水者，向尊贵的人汇报请求救火。想法虽好，可和因时制宜不是背道而驰吗？

所谓霸道，就是混杂之道，也就是说黑白夹杂，不单纯使用道德教化的方法。其宗旨是只求成就事业，不问靠什么方式成就的；只强调总体效果，不会在细枝末节上坚守道义。尽管霸道在仁义道德上不及夏禹、商汤、周文王完美，但在扶助危难、稳定倾覆的形势这一点上，却是相同的。我担心儒生们为见识所局限，不懂得王道与霸道的区别，因此专门著书来阐释长短术，分析通变的道理。本书确定题目共六十三篇，合为十卷，书名为《长短经》。我创作的宗旨是希望能够为巩固国家根基、革除时弊提供参考。国家的兴亡治乱，在各个篇章中都有说明。这些内容都是在吸取过去经验教训与深谋远虑的基础上写成的，以此阐述经世济用的至高道理。我并非要哗众取宠，博取声名。只是发表自己的浅见，等待后世贤哲的知遇。所有掌控经世济用权力的人如果能仔细阅读这本书，我将非常荣幸。

卷一　文上

卷一　文上

大体第一

原文

臣闻老子①曰："以政理国，以奇用兵，以无事取天下。"荀卿②曰："人主者，以官人为能者也；匹夫者，以自能为能者也。"傅子③曰："士大夫分职而听，诸侯之君分土而守，三公总方而议，则天子拱己而正矣。"何以明其然耶？当尧之时，舜为司徒，契④为司马，禹为司空，后稷⑤为田畴，夔⑥为乐正，倕⑦为工师，伯夷⑧为秩宗，皋陶⑨为理官，益⑩掌驱禽。尧不能为一焉，奚以为君？而九子者为臣，其故何也？尧知

---

① 老子：名李耳，又称老聃，春秋时哲学家和思想家，道家学派的创始人。著有《道德经》。
② 荀卿：名况，时人尊而号为"卿"，汉朝因避宣帝讳，改为孙卿，战国时思想家、教育家，著有《荀子》。
③ 傅子：名傅玄，字休奕，西晋大臣，思想家、文学家，参与撰写《魏书》。所著《傅子》，论经国九流及三史故事，惜已散佚。今存后人辑本。
④ 契：古人名，中国商朝的祖先，帮助大禹治水有功而封于商。
⑤ 后稷：古人名，名弃，周的始祖，善于种植各种粮食作物，被认为是开始种稷和麦的人。
⑥ 夔：古人名，相传为尧、舜时的乐官。
⑦ 倕：古人名，相传为尧、舜时的一名巧匠，善做弓、耒、耙。
⑧ 伯夷：古人名，生活在尧、舜时，和商朝末年孤竹君长子伯夷并非一人。伯夷辅佐过尧、舜、禹，深受重用，曾负责掌管礼仪、诸侯事物等。尧想禅位于他，他拒绝了尧的美意，向尧推荐了舜。
⑨ 皋陶：古人名，辅佐过尧、舜、禹，传说中历史上首任大法官，后常为狱官或狱神的代称。
⑩ 益：古人名，又称伯益，嬴姓的始祖，为尧、舜、禹掌管畜牧，后与夏启争天下，失败被杀。

九赋之事，使九子各授其事。皆胜其任，以成九功。尧遂乘成功以王天下。

汉高帝曰："夫运筹策于帏幄之中，决胜于千里之外，吾不如子房①；镇国家，抚百姓，给饷馈，不绝粮道，吾不如萧何；连百万之军，战必胜，攻必取，吾不如韩信。三者皆人杰也，吾能用之，此吾所以有天下也。"《人物志》②曰：夫一官之任，以一味协五味；一国之政，以无味和五味。故臣以自任为能，君以能用人为能；臣以能言为能，君以能听为能；臣以能行为能，君以能赏罚为能。所以不同，故能君众能也。

故曰知人者，王道也；知事者，臣道也。无形者，物之君也；无端者，事之本也。鼓不预五音而为五音主，有道者不为五官之事，而为理事之主。君守其道，官知其事，有自来矣。先王知其如此也，故用非其有如己有之，通乎君道者也。议曰：《淮南子》③云：巧匠为宫室，为圆必以规，为方必以矩，为平直必以准绳。功已就矣，而不知规、矩、准绳，而赏巧匠。宫室已成，不知巧匠，而皆曰某君、某王之宫室也。孙卿曰：夫人主欲得善射中微，则莫若使羿；欲得善御致远，则莫若使王良；欲得调一天下，则莫若聪明君子矣。其用智甚简，其为事不劳，而功名甚大。此能用非其有如己有者也。

人主不通主道者，则不然。自为之则不能任贤，不能任贤则贤者恶之。此功名之所以伤，国家之所以危。议曰：《申子》④云：君知其道也，臣知其事也。十言十当，百言百当者，人臣之事也，非人君之道也。《尸子》⑤云：人臣者，以进贤为功也；君者，以用贤为功也。贾谊云：臣闻圣主言问其臣，而不自造事，故使人臣得必尽其愚忠，唯陛下财幸。由是言之，夫君不能司契委任，而妒贤恶能，取败之道也。

---

① 子房：即张良。汉高祖的著名谋臣。汉朝建立后，封为留侯。
② 《人物志》：三国魏刘劭著，一部系统品鉴人物才性的纵横家著作，也是一部研究魏晋学术思想的重要参考书，全书共三卷十八篇。《长短经》一书中多次引用书中的一些观点。
③ 《淮南子》：西汉淮南王刘安及其门客所撰，该书在继承先秦道家思想的基础上，综合了诸子百家学说中的精华部分，属杂家著作。
④ 《申子》：法家著作，战国时申不害撰。全书约于南宋亡佚，传世《大体》一篇尚完整，其余仅见《太平御览》等书所引篇名与片断文字。
⑤ 《尸子》：战国时尸佼著，早佚，后又由唐代魏征、清代惠栋、汪继培等辑成。该书融合了儒、墨、道、法各家，和孟轲、荀卿、商鞅、韩非等人的思想都有相通处，属杂家著作。

卷一 文上

汤①、武②一日而尽有夏、商之财，以其地封，而天下莫敢不悦服；以其财赏，而天下皆竞劝。通乎用非其有也。议曰：孙卿云：修礼者王，为政者强，取人者安，聚敛者亡。故王者富人，霸者富士，仅存之国富大夫，亡国富筐篋，实府库。是谓上溢下漏。又曰：天子不言多少，诸侯不言利害，大夫不言得失。昔者周厉王③好利，近荣公④，芮良夫⑤谏曰：王室其将卑乎？荣公好专利而不知大难。夫利，百物之所生也，天地之所载也。而有专之，其害多矣。天地百物皆将取焉，何可专也！所怨甚多而不备大难，以是教王，其能久乎？后厉王果败。魏文侯⑥御廪灾，素服避正殿，群臣皆哭。公子成父趋入贺曰：臣闻天子藏于四海，诸侯藏于境内。非其所藏，不有火灾，必有人患。幸无人患，不亦善乎！孔子曰：百姓足，君孰不足？周谚有言曰：囊漏储中。由此言之，夫圣王以其地封，以其财赏，不与人争利，乃能通于主道，是用非其有者也。

故称设官分职，君之体也；委任责成，君之体也；好谋无倦，君之体也；宽以得众，君之体也；含垢藏疾，君之体也。君有君人之体，其臣畏而爱之，此帝王所以成业也。

---

① 汤：即商朝的建立者商汤。子姓，名履，又称成汤。夏朝末年，起兵讨伐夏桀，通过鸣条之战，一举灭夏，建立商王朝。

② 武：即周武王。姬姓，名发，西周王朝开国君主，周文王次子。因其兄伯邑考被商纣王所杀，故得以继位。他继承父亲遗志，于公元前十一世纪消灭商朝，建立了西周王朝，成为了中国历史上的一代明君。死后谥号为武，史称周武王。

③ 周厉王：西周国王，名胡，周夷王子。厉王"暴虐侈傲"，引起国人不满。公元前841年，国人暴动，他出奔彘（今山西霍县），后死于此地。

④ 荣公：西周大臣。为周厉王卿士，被宠用，封于荣（陕西户县）。"好专利而不知大难"，后激起国人暴动。

⑤ 芮良夫：西周大臣。他反对周厉王重用专利的荣公。

⑥ 魏文侯：战国时魏国君王。名斯，魏桓公之子。魏文侯在位任用贤良，厉行改革。西取秦国西河，北灭中山，使魏国国势日强。公元前403年，与赵、韩同被周威烈王封为诸侯。

大体第一

译文

我听说，老子说过："以政治韬略治理国家，以奇谋指挥军队，以无为获取天下。"荀子说过："人君，以善于让臣下发挥能力为优；普通人，以能做好自身职责为优。"傅子说："士大夫各任其职，听从君王的指挥，诸侯王各自守好自己的封地，三公在朝堂之上决议朝政，那么天子不用做什么天下就可以大治了。"为什么这么说呢？尧当政的时候，舜是司徒，契是司马，禹为司空，后稷为田官，夔为乐正，倕为工师，伯夷为秩宗，皋陶为理官，益掌管驱禽。尧一件具体的事情没做，为什么就能做君主呢？而这九个人心甘情愿做臣子，又是为什么呢？其实是因为尧了解上述九种官职的职责，然后他根据九人的特点让他们分别担任合适的工作，而九人又都能胜任自己的工作，因此都成就了一番功业，尧也凭借这些人的功业而成为天下的王。

汉高祖刘邦说："论运筹帷幄，决胜千里之外，我比不上张良；论使国家安定、安抚百姓、在后方提供粮饷、保证粮饷源源不断地运到前线，我比不上萧何；论统领百万雄兵，战必胜，攻必取，我比不上韩信。这三个人，都是人杰，我能合理地使用他们，所以我才能拥有天下。"《人物志》称：一个官吏的职责，是拿一味去协调五味；一个国君的职责，是在没有任何一味的条件下去调和五味。因此臣子应该以能胜任自己的工作为优，君主应该以善于任用他人为优；臣子以能言善辩为优，君主以能善于听取别人意见为优；臣子以身体力行为优，君主以赏罚得当为优。臣子与君主的不同，在于君主能让众人的才能得到最大限度的发挥。

所以说知人善任，是君王之道；了解如何胜任自己的工作，是臣子之道。无形的东西，却能是万物之主宰；没有来由的东西，正是世事的根本所在。鼓声不在五音之列，却是五音之主。有德行的人不做具体事务，却主导着具体事务的解决。君主恪守自己的责任，官吏熟悉自己所负责的具体事务，自古以来就是如此。先王通晓这一道理，能够做到驾驭有能力的人为自己工作就像自己就拥有这种能力一样，这样才算是深明为君之道。评论：《淮南子》称：巧匠建筑官室，做圆的东西用圆规，做方的东西就用矩尺，做平直的东西一定要用到准绳。修建完成了，没有人会想到规、矩、准绳的作用，只会犒赏巧匠。官室修成后，也不会再提起建筑官室的巧匠，都只会说这是某君、某王的官室。荀子说：君王想得到射箭精准的人，没有人比得上后羿；想得到善于驾车驰骋远行的人，没有人比得上王良；想一统天下，就一定要任用聪明君子。这样做，不需要费去多少心智和劳力，而成就的功名却很大。这就是善于驾驭有能力的人就像自己也拥有这种能力的意思。

不懂得为君之道的君主则不是这样。凡事亲力亲为，自然就无法选贤任能。不能选贤任能，那么贤明之士就会讨厌他。这是功名受损、国家危亡的原因。评论：《申子》称：君主应当知道治国的方法，臣子应当了解自己的职责。所讲的话每次都能符合事理，是臣子的职责，不是为君之道。《尸子》称：臣子以能推荐贤才为职责，君主就要以能任用贤才为职责。贾谊说：我曾听说，圣明的君主说过，凡事要询问臣下的意见，而不擅自作主，这样才能使臣子得以竭尽忠诚，这才是君主的幸运。这样说来，做君主的如果不能根据才能大小委任官吏，而是妒贤恶能，这是自取灭亡。

商汤、周武王一日之间就分别拥有了夏朝和商朝的财富，将土地分封给亲族与大臣，天下之人没有不心悦诚服的；将财富赏赐给有功之臣，天下之人都争相效命。这是真的明白了如何使用本不属于自己东西。评论：荀子说：修习礼教的人，可以做王者；擅长为政之道的人，会变得很强大；善于笼络人心，社会就安定；热衷聚敛财富，一定会灭亡。因此说，王者能使人民富有，称霸者能使士人富有，苟延残喘的国家只能使官吏富有，亡国之君就把财富塞满自己的府库与箱柜。这就是所谓上溢下漏。又说：天子不谈论自己拥有多少财富，诸侯不在意是否对自身有利，大夫不计较个人的得失。过去周厉王好财，宠幸荣公，芮良夫劝谏周厉王：周王室是否走到穷途末路了？荣公这种人喜好聚敛财富而不知大难将至。财富，是万物所生，天地所承载，如果你想独占，危害太多了。天地之间的万物，众人都可以去获取，怎么能独占呢？积怨太多，而又不知大难临头，还以此来教唆大王，这样能长久吗？后来，周厉王果然身败名裂。魏文侯的仓库发生了火灾，魏文侯穿着素服离开正殿，以示哀痛。群臣都哭了。公子成父走进来恭喜道：臣听说天子将财富收藏在四海之内，诸侯把财富收藏在自己的封地各个角落。而大王将国家财富藏在国库里，这种藏法，即使不发生火灾，也会发生人患。现在幸而没有人患，已经很值得庆幸了。孔子说：百姓富足了，君主怎能不富足呢？周的谚语说道：袋子里的粮食，只会漏在仓储之内。这样说来，圣明的君王用土地封赏诸侯，以财物赏赐功臣，不与百姓争利，才算通晓了王道，支配了自己未能拥有的东西。

所以说，设立官位，分解职务，是做君主的本分；委任官吏，使其职责分明，是做君主的本分；勤于谋划，不知疲倦，是做君主的本分；宽容大度，以此获得大众的拥戴，是做君主的本分；包容臣下的问题和疏失，是做君主的本分。君主有了这些君临天下的基础，文武百官就会对他既畏惧又爱戴，这就是成就帝王大业的根本所在。

任长第二

原文

臣闻料才核能，治世之要。自非圣人，谁能兼兹百行，备贯众理乎？故舜合群司，随才授位；汉述功臣，三杰异称。况非此俦而可备责耶？夫刚略之人，不能理微。故论其大体，则弘略而高远；历纤理微，则宕往而疏越。亢厉之人，不能回挠。其论法直，则括据而公正；说变通，则否戾而不入。宽恕之人，不能速捷。论仁义，则弘详而长雅；趋时务，则迟后而不及。好奇之人，横逸而求异。造权谲，则倜傥而瑰壮；案清道，则诡常而恢迂。又曰：王化之政，宜于统大，以之理小则迂；策术之政，宜于理难，以之理平则无奇；矫亢之政，宜于治侈，以之治弊则残；公刻之政，宜于纠奸，以之治边则失其众；威猛之政，宜于讨乱，以之治善则暴；伎俩之政，宜于治富，以之治贫则民劳而下困。此已上皆偏材也。昔伊尹①之兴土工也，强脊者使之负土，眇者使之推，伛者使之涂，各有所宜，而人性齐矣。

管仲曰："升降揖让，进退闲习，臣不如隰朋②，请立以为大行③；

---

① 伊尹：名挚，又称阿衡，夏末商初名臣。原为有莘氏厨师，随有莘氏女陪嫁至商，受商汤赏识，任为冢宰。辅佐商汤灭夏建商，综理国事。
② 隰朋：春秋时齐国大夫，齐庄公曾孙，与管仲、鲍叔牙等辅佐齐桓公，使齐国成为当时强国。隰朋在外交方面有超人的才能。
③ 大行：古官名。掌接待宾客，即秦汉之鸿胪卿。

辟土聚粟，尽地之利，臣不如宁戚①，请立以为大司田②；平原广牧，车不结辙，士不旋踵，鼓之而三军之士视死如归，臣不如王子城父③，请立以为大司马④；决狱折中，不杀不辜，不诬不罪，臣不如宾胥无⑤，请立以为大司理⑥；犯君颜色，进谏必忠，不避死亡，不挠富贵，臣不如东郭牙⑦，请立以为大谏⑧。君若欲治国强兵，则五子者存焉；若欲霸王，则夷吾在此。"

黄石公⑨曰："使智，使勇，使贪，使愚。智者乐立其功，勇者好行其志，贪者决取其利，愚者不爱其死。因其至情而用之，此军之微权也。"

《淮南子》曰：天下之物，莫凶于奚毒_{附子也}，然而良医橐而藏之，有所用也。麋之上山也，大章不能跂；及其下也，牧竖能追之，才有修短也。胡人便于马，越人便于舟，异形殊类，易事则悖矣。

魏武⑩诏曰："进取之士，未必能有行；有行之士，未必能进取。陈平岂笃行，苏秦岂守信耶？而陈平定汉业，苏秦⑪济弱燕者，任其长也。"

---

① 宁戚：春秋时卫国人，早年怀才不遇，曾为人挽车喂牛，直到遇见不拘一格选人才的齐桓公，拜为大夫，后又官授大司田，分管齐国农业，成为齐桓公的股肱之臣。

② 大司田：古官名。掌管农业。

③ 王子城父：春秋时期齐国将领，继承父亲的爵位在齐莱担任城父，能征善战，因功赐姓王氏，自此王子氏才从姬姓分出来为"王氏"，城父即为王姓的始祖。

④ 大司马：古官名，对中央政府中专司武职的最高长官的称呼，类似于后世的"天下兵马大元帅"。

⑤ 宾胥无：宾姓，春秋时期齐国大夫，擅长刑狱诉讼，后辅佐齐桓公称霸。

⑥ 大司理：古官名。掌刑狱。

⑦ 东郭牙：春秋时齐国著名的谏臣，齐桓公时期的五杰之一，为人正直，脾气犟，看到不对的事情，不管君主高兴不高兴，就直言相劝。

⑧ 大谏：古代官名，掌谏诤。

⑨ 黄石公：秦朝隐士，即圯上老人。相传张良刺秦王失败，亡匿下邳，于圯上遇老人，授以《太公兵法》。

⑩ 魏武：即曹操，字孟德，庙号魏太祖。曹丕立国为魏后，追称其父曹操为魏武帝。

⑪ 苏秦：战国纵横家，字季子，东周时洛阳人，师从鬼谷子学习纵横之术，学成后下山向秦国推销统一中国的策略，没有成功。后改变策略，游说六国合纵抗秦，身任六国宰相。

卷一　文上

由此观之，使韩信①下帷，仲舒②当戎，于公③驰说，陆贾④听讼，必无曩时之勋，而显今日之名也。故任长之道，不可不察。议曰：魏桓范⑤云：帝王用人，度世授才。争夺之时，书策为先。分定之后，忠义为首。故晋文行咎犯⑥之计而赏雍季⑦之言，高祖用陈平⑧之智而托后于周勃⑨。古语曰：守文之代，德高者位尊；仓卒之时，功多者赏厚。诸葛亮曰：老子长于养性，不可以临危难；商鞅⑩长

---

① 韩信：秦末汉初著名将领。曾随军参与反对秦朝暴政，初属项羽，后归刘邦，经萧何力荐，被任为大将。楚汉战争中，因功封齐王。公元前202年，与刘邦合击项羽于垓下。西汉建立，改封楚王。后因被告发谋反，降为淮阴侯。公元前196年，为吕后所杀。

② 仲舒：姓董，名仲舒，西汉思想家。汉景帝时为博士，被举为贤良。汉武帝时，他以贤良对策，提出"天人感应"，"君权神授"等，并创立"三纲"、"五常"学说。后提议"罢黜百家，独尊儒术"，被汉武帝采纳，确立了儒家的正统地位。曾任江都王相和胶西王相，后托病辞官，专心家居治学。主要著作有《春秋繁露》。

③ 于公：东汉人，系汉相于定国之父，曾任县狱吏、郡决曹等，精通法律，以德治狱，千古称颂。无论大小案件，他都详细查访，认真审理。

④ 陆贾：西汉时名士，从汉高祖定天下，有辩才。常出使诸侯国。曾劝高祖重《诗》、《书》，以文治天下。有《新语》十二篇传世。

⑤ 桓范：三国时魏国大臣。有文采，号称"智囊"，官至大司农。司马懿发动政变反对曹爽，他力劝曹爽挟曹芳迁都许昌，招集天下兵马讨伐司马懿。曹爽犹疑不决，终至覆灭，他亦被司马懿所杀。著有《世要论》十二卷。

⑥ 咎犯：即狐偃。晋文公舅父，字子犯。随晋文公在外流亡19年。咎犯之计，是指晋文公流亡齐国时，得齐女，不忍离去，咎犯等将文公灌醉，用车载而行。

⑦ 雍季：春秋时晋国大臣，得到晋文公的重用。是著名的"竭泽而渔"故事的主人公。在城濮之战时，咎犯向晋文公提出兵不厌诈的计策，晋文公征求雍季的意见。雍季认为这好比竭泽而渔，并非长远之计，不能经常使用。虽然晋文公最终采用了咎犯的计策，但战胜之后的赏赐，雍季要比咎犯的还要多。

⑧ 陈平：西汉大臣。少家贫，好读书。秦末，跟随项羽入关，任都尉。后归刘邦，任护军中尉。楚汉战争中，辅佐刘邦击败项羽。刘邦称帝后，封他为曲逆侯。刘邦被匈奴围于平城，他献秘计使之脱险。历任惠帝、吕后丞相。吕后死后，他与周勃等设计诛诸吕，迎立汉文帝，任丞相。

⑨ 周勃：西汉大臣。少时以织蚕箔为生，并充丧事中的吹鼓手。秦末从刘邦起兵，以军功封绛侯。汉初，从刘邦平韩王信等异姓王之乱。惠帝时，为太尉。吕后死，与陈平等定计，诛诸吕，迎立文帝，任右丞相。

⑩ 商鞅：战国政治家，卫国人，姓公孙，名鞅，亦称卫鞅。入秦说孝公，任左庶长，旋迁大良造，主持变法，使秦国日强。公元前340年，率军伐魏，以军功封于商（今陕西商县），号商君，因称商鞅。孝公死后，被诬谋反，受车裂而死。

于理法，不可以从教化；苏、张①长于驰辞，不可以结盟誓；白起②长于攻取，不可以广众；子胥③长于图敌，不可以谋身；尾生④长于守信，不可以应变；王嘉⑤长于遇明君，不可以事暗主；许子将⑥长于明臧否，不可以养人物。此任长之术者也。

---

① 苏、张：指战国纵横家苏秦、张仪。苏秦任职于六国，主张合纵以抗秦；张仪任职于秦国，主张秦连横以瓦解六国。

② 白起：战国时秦国将领，一称公孙起。秦昭王时，受魏冉推荐为将，屡败三晋及楚军，官至大良造，封武安君。公元前260年，大败赵军于长平，坑杀降卒40余万。后以功高遭范睢妒忌，被迫自杀。

③ 子胥：即伍子胥，春秋时吴国大夫。名员，字子胥。父兄被楚平王杀害。公元前522年，他经宋、郑等国入吴，帮助阖闾杀死吴王僚。吴以申地封之，亦称申胥。与孙武共佐吴王伐楚，五战，入郢都掘平王墓，"鞭尸三百"，报父兄之仇。夫差时，他反对北上伐齐称霸，主张灭越，除吴心腹之患。被太宰嚭诬陷，被吴王赐剑自尽。

④ 尾生：古代传说中坚守信约的人物。战国鲁人。尾生与女子约会于桥下，女子未来，河水上涨，仍坚持不离开，抱桥柱淹死。

⑤ 王嘉：西汉大臣。字公仲，累官至宰相，王嘉为人刚直严毅有威重，喜荐贤士，后因反对加封哀帝倖臣董贤官爵土地，得罪了哀帝，被光禄大夫孔光等弹劾入狱，绝食呕血而死。

⑥ 许子将：即许劭，字子将，东汉名士。据说他每月都要对当时人物进行一次品评，称为"月旦评"，在当时颇有影响力，甚至到了受其评论就能成名的地步。曾经评价曹操为"治世之能臣，乱世之奸雄"。

卷一 文上

任长第二

译文

我听说分析、衡量人的才能，是治理国家的关键。既非圣人，谁又能通晓各行各业，懂得天下各种事理呢？因此，舜帝综合考虑各个部门的职责，也要根据每个人擅长的工作授以官职；汉高祖刘邦评论功臣时，认为连萧何、张良、韩信这三杰也都各有优缺点，更何况一般人不可能像这些人一样出色，怎么可能完美无缺呢？刚正有谋略的人，不能处理细微之事。因为当这些人谈论事物的大方向的时候，眼光恢宏远大；而要他处理细微之事时，就会出现粗心大意的毛病。亢奋严厉之人，缺少灵活性。但他处理法律方面的事情就会重证据且能秉公执法；对循私枉法的事，一定会坚决拒绝。宽容之人，处事不能果断迅速。他们谈论仁义道德时，周详文雅；但在对时势的把握上，就显得迟缓，做不到与时俱进。喜欢与众不同之人，开拓性强，擅长独立思考，喜欢标新立异。他们在运用权谋、施展诡诈技巧方面纵横捭阖，异常出众；但如果让他们探究事物背后深刻的道理，则往往会违背常理，不切合实际。换一个角度可以这样说：实行王道教化的政策，适宜于全局性、长远性的考虑，如果用这种政策来处理小事就显得过于迂腐。讲求计策权术的政策，适宜于危难中解决问题，但在太平时局下就不会有多大的效果。匡正时弊的政策，适宜于治理奢侈风气，但如果用它去解决现实的困难，就会越来越糟。苛刻的政策，适宜于纠正奸邪，如果用它来治理边境就容易失去民心。威猛暴烈的政策，适宜于讨伐内乱，拿它治理和平时期的百姓，就显得残暴了。讲究细节的政策，适宜治理富强之邦，用它治理贫困的国家就可能会增加百姓的困苦。以上种种，都是针对特定形势或需求的人才和举措。从前商朝宰相伊尹大兴土木时，令脊背强壮的人背土，瞎子推车，弯腰驼背的人负责涂抹，各尽其能，使每个人都发挥自己的特长。

春秋齐国的宰相管仲对齐桓公说："待人接物，进退有序，我不如隰朋，请任命他为大行。开辟荒地，积聚粟米，充分发挥地利，我不如宁戚，请任命他为大司田。在平原之上指挥千军万马，能使三军之士视死如归，我不如王子城父，请任命他为大司马。断案审判，不滥杀无辜，不诬枉好人，我不如宾胥无，请任命他为大司理。敢于冒犯君王的威严，忠心进谏，以死抗争，不避权贵，我不如东郭牙，请任命他为大谏。如果主上想富国强兵，有这五人就足够了。但主上若想在诸侯中称霸，那么我就是最好的人选。"

黄石公说："要善于使用有智谋、有勇气、甚至贪财、愚钝的各色人等。有智谋的人喜欢求取功名，有勇气的人要伸展自己的抱负，贪财的人要追求自己的财富利益，愚钝的人能够不惜性命。根据他们各自的不同品性使用他们，这是用兵时最微妙的权谋。"

《淮南子》称：天下万物再没有比附子这种草药更具毒性的，然而好的医生却会把它收藏起来，以备治病时用。麋鹿上山时，连善于奔驰的大獐都追不上它；而它下山时，连牧童都能追上它，这正说明才能有长短之别。胡人善于骑马，越人善于划船，个人有个人的特点，若将其变换，要胡人划船，越人骑马，那就大错特错了。

魏武帝曹操下诏说："有进取心、想成就事业的人未必有仁义的德行，而有仁义德行的人，又不一定有进取心。西汉初年的陈平难道是有仁义德行之人吗？战国时的苏秦难道是讲信用的人吗？但陈平最终帮助汉高祖奠定霸业，苏秦拯救了弱小的燕国。这都是因为发挥了他们的特长。"

由此看来，假若让韩信去当谋士，让董仲舒带兵打仗，让于公做游说之士，要陆贾去断案，他们必然不会有先前的功勋，当然也不会留下今日的美名了。因此说，对用其所长的道理，不能不仔细研究。评论：曹

卷一　文上

魏时的桓范说：帝王用人，要审时度势，合理使用。争夺天下的时候，谋略之士就会受到重用。国家安定之后，那么忠义之士就尤为重要。因此晋文公虽然采纳了咎犯的计策，但也重重奖赏了耿直进谏的雍季，汉高祖在战时依靠陈平的智谋，但却把身后之事托付给忠厚的周勃。古语说，和平年代，道德高者处在尊崇的地位；战乱之际，军功卓著的人理应得到重赏。诸葛亮说：老子善于修身养性，但不能够解救危难；商鞅善于法治，但不能够施行道德教化；苏秦、张仪善于游说，但不可以和他们缔结盟约；白起善于打仗，但不能够统治百姓；伍子胥善于图谋敌国，但却做不到以身避祸；尾生特别讲信用，但不能够随机应变；王嘉善于奉事明君，但侍奉不了昏君；许子将善于评论乡党人物，但不能够笼络人才。这就是用人要用其所长的道理。

品目第三

原文

夫天下重器，王者大统，莫不劳聪明于品材，获安逸于任使。故孔子曰："人有五仪：有庸人，有士人，有君子，有圣，有贤。审此五者，则治道毕矣。"

所谓庸人者，心不存慎终之规，口不吐训格之言格，法，不择贤以托身，不力行以自定，见小暗大而不知所务，从物如流而不知所执。此则庸人也。

所谓士人者，心有所定，计有所守。虽不能尽道术之本，必有率也率，犹述也；虽不能遍百善之美，必有处也。是故智不务多，务审其所知；言不务多，务审其所谓所谓，言之要也；行不务多，务审其所由。智既知之，言既得之得其要也，行既由之，则若性命形骸之不可易也。富贵不足以益，贫贱不足以损。此则士人也。

所谓君子者，言必忠信而心不忌忌，怨害也，仁义在身而色不伐，思虑通明而辞不专，笃行信道，自强不息，油然若将可越而终不可及者油然，不进之貌也。越，过也。此君子也。孙卿曰：夫君子能为可贵，不能使人必贵己；能为可信，不能使人必信己；能为可用，不能使人必用己。故君子耻不修，不耻见污；耻不信，不耻不见信；耻不能，不耻不见用。不诱于誉，不怨于诽，率道而行，端然正己，谓之君子也。

卷一 文上

所谓贤者，德不逾闲闲，法也，行中规绳，言足法于天下而不伤其身言满天下，无口过也，道足化于百姓而不伤于本本，亦身也。富则天下无菀财菀，积，施则天下不病贫。此则贤者也。

所谓圣者，德合天地，变通无方，穷万事之终始，协庶品之自然，敷其大道而遂成情性，明并日月，化行若神，下民不知其德，睹者不识其邻邻，以喻界畔也，此圣者也庄子曰：刻意、尚行，离世、异俗，高论、怨诽，为冗而已矣，此山谷之士，非世之人，枯槁、赴渊者之所好也。语仁义忠信，恭俭推让，为修而已矣，此平世之士，教诲之人也，游居博学者之所好也。语大功，立大名，礼君臣，正上下，为治世而已矣，此朝廷之士，尊主强国之人也，致功兼并者之所好也。就薮泽，处闲旷，钓鱼闲处，无为而已矣，此江海之士，避世之人也，闲暇者之所好也。吹呴呼吸，吐故纳新，熊经鸟伸，为寿而已矣，此导引之士，养形之人也，彭祖①寿考者之所好也。若夫不刻意而高，无仁义而修，无功名而治，无江海而闲，不导引而寿，无不亡也，无不有也。澹然无极而众美从之，此天地之道，圣人之德者也。

《钤经》②曰：德足以怀远，信足以一异，识足以鉴古，才足以冠世，此则人之英也；法足以成教，行足以修义，仁足以得众，明足以照下，此则人之俊也；身足以为仪表，智足以决嫌疑，操足以厉贪鄙，信足以怀殊俗，此则人之豪也；守节而无挠，处义而不怒，见嫌不苟免，见利不苟得，此则人之杰也。德行高妙，容止可法，是谓清节之家，延陵③、晏婴④是也。思通道化，策谋奇妙，是谓术家，范蠡⑤、张良是也。其德足以厉风俗，其

---

① 彭祖：传说为颛顼玄孙，生于夏代，到商末时已767岁，商王以他为大夫。古人以彭祖为长寿的象征。

② 《钤经》：即古兵书《玉钤篇》的别称。

③ 延陵：春秋吴国季札的封邑。吴王寿梦有四个儿子，季札最小，但最贤，寿梦欲立季札继任爵位，季札推让，寿梦只得立长子诸樊。诸樊死后，遗命分次立其弟。季札封于延陵，故号曰延陵季子。

④ 晏婴：字仲，谥平，习惯上多称平仲，又常被称晏子，春秋时齐国大夫，齐国上大夫晏弱之子。据说晏婴身材不高，其貌不扬。但头脑机敏，能言善辩，说话可以令人无法招架。历仕灵、庄、景三代君主，景公时任国相。以机敏善辩而勇于谏诤，名显诸侯。

⑤ 范蠡：字少伯，春秋时楚国人，曾担任越国大夫。跟随越王勾践，苦身戮力，深谋二十余年，终于灭吴，被拜为上将军。认为大名之下，难以久居，遂乘舟浮海至齐，躬耕于海畔，不久致产数十万。后散尽其财，行至陶（今山东定陶），称陶朱公，经商非常成功，家产巨万，后世视其为财富的象征。

法足以正天下，其术足以谋庙胜，是谓国体，伊尹、吕望①是也。其德足以率一国，其治法足以正乡邑，其术足以权事宜，是谓器能，子产②、西门豹③是也。清节之流，不能弘恕，好尚讥诃，分别是非，是谓臧否，子夏④之徒是也。法家之流，不能创思图远，而能受一官之任，错意施巧，是为伎俩，张敞⑤、赵广汉⑥是也。术家之流，不能创制垂则，而能遭变用权，权智有余，公正不足，是谓智意，陈平、韩安国⑦是也。能属文著述，是谓文章，司马迁⑧、班固⑨是也。能传圣人之业，而不能干事施政，是谓儒学，毛公⑩、贯公⑪是也。辩不入道，而应对资给，是谓口辩，乐毅⑫、曹丘生⑬是也。胆力

---

① 吕望：即姜太公，商末周初名臣。曾为周文王、周武王师，辅佐二王灭商，建立周朝。周成王时封于齐，建都于营丘（今山东淄博东），有征讨周围诸侯国之权，地位在各封国之上。姜太公善用兵法和奇计，相传有兵书《六韬》传世。

② 子产：春秋时郑国执政，著名政治家。姓公孙，名侨，字子产，又字子美。郑穆公之孙。简公任以为卿，始执国政。历简、献、声三朝四十余年。时晋楚争霸，郑弱小，处于两强之间。因他举措得当，晋楚不能加兵于郑。为政宽严相济。

③ 西门豹：战国时魏国大臣。魏文侯时任邺（今河北临漳西南）令。任内曾破除当地"河伯娶妇"的迷信，为民除一大害。后又发动百姓凿十二渠，引河水灌民田，甚有政绩。

④ 子夏：孔子弟子。姓卜，名商，字子夏，以文学见称于世。相传他曾序《诗》、传《易》，主张为人君者必读《春秋》。曾在鲁国做官，为莒父宰，也曾担任魏文侯的老师。李悝、吴起等皆出自他的门下。

⑤ 张敞：西汉大臣。曾任京兆尹，直言敢谏，甚有治绩。

⑥ 赵广汉：西汉大臣。曾任京兆尹、颍川太守。执政不避权贵，后被下狱腰斩。

⑦ 韩安国：字长孺，西汉梁国大臣。曾学习《韩子》及杂家学说，后到梁国，为梁孝王中大夫。韩安国文精武备，能言善辩，七国之乱时，韩安国为将，击退吴兵于梁国东界，后又为使臣往长安以动人的言辞疏通了梁孝王与汉景帝的关系。他也因此而扬名。

⑧ 司马迁：字子长，西汉史学家、文学家，中国第一部纪传体史书《史记》的作者，后世称太史公。早年曾游历各地，收集史料。后继承父职任太史令，编撰史书。并与唐都等共订《太初历》，进行历法改革。公元前99年，因替李陵降匈奴辩解，触怒汉武帝，被处以宫刑。后任中书令，发愤著《史记》。

⑨ 班固：字孟坚，东汉史学家、文学家，《汉书》的作者。九岁能文，长大后更喜欢博览群书。因续写其父班彪所著《史记后传》，被人告发私改国史，下狱。其弟班超上书力辩，终于获释。汉明帝召他担任兰台令史，迁校典秘书，令继续修史。历时二十余年，修成《汉书》。公元89年，跟随窦宪击匈奴，为中护军。后窦宪被杀，他牵连下狱，死在狱中。

⑩ 毛公：西汉人，相传为传授《诗经》的学者。曾任河间献王博士。

⑪ 贯公：相传为毛公的学生，以治《诗经》出名。

⑫ 乐毅：战国时燕国大将，早年曾在赵国、魏国做官，后到燕国跟随燕昭王。公元前284年，拜上将军，约合五国攻齐，连下七十余城，封昌国君。后因为受到燕惠王的猜忌，出奔赵，被封于观津（今河北武邑），号望诸君，终老于赵。

⑬ 曹丘生：西汉初年著名辩士，才华横溢，口才闻名于世。曾为季布扬名，因为他季布最终得以闻名天下。他也是我国最早的法学家，曾创作《大律书》。

卷一 文上

绝众,材略过人,是谓骁雄,白起、韩信是也。

《家语》① 曰:昔者明王必尽知天下良士之名,既知其名,又知其实,然后用天下之爵以尊之,则天下理也。此之谓矣。

---

① 《家语》:即《孔子家语》。原书二十七卷,很早就散佚了。现在流传的十卷本,系三国时的王肃收集和伪造的,本意是假借孔子的名义攻击郑玄之学,但其中也保存了一些原书内容。

品目第三

译文

天下就像贵重的宝贝，君主就是这个宝贝的主人。君主一统天下，最耗费精神的莫过于辨别人材，选贤任能。只有做到这一点，宝器才会完美无缺，君王才能安逸无忧。所以孔子说："人分五种品性：庸人、士人、君子、圣人、贤人。能正确辨别这五种人的品性，就能够很好地治理国家了。"

所谓庸人，心中一定没有坚定的信念，信口胡说；交友不慎，不主动选择结交贤人；不经过认真的考察就随意做判断；只看到细枝末节，不顾全大局，不明白自己的职责；随波逐流，不知道如何把握自己的方向。这就是庸人。

所谓士人，心中一定有信念，有自己的见解。士人虽然不能完全了解大道以及它的实现方式，但有自己明确的原则与主张；虽然不能事事尽如人意，但行事稳当妥贴。因此士人并不追求有多少智慧，但很强调对周围的事物有透彻的了解；话不在多，但一定要言之有物，切中事理；不追求做多少事，但做的每一件事都要弄清来龙去脉。清楚了解自己周围的事物，说话言之有物，切中事理，对自己做的每一件事能够了解清楚来龙去脉，这些就如人的灵魂和形骸一样不能变。处于富贵之中，这一点不会有什么增益；处于贫贱之中，这一点也不会有所损害。这就

卷一 文上

是士人。

所谓君子，说话一定要诚实守信，对人没有忌恨。秉行仁义而不向人炫耀，思虑通透而不武断。对自己的信念始终不渝，自强不息。旁人认为君子的品性并无特别之处，但要真正达到甚至超过，却很难做到。这就是君子。荀子说：君子可以使自己尊贵，但无法使每一个人都尊重自己；可以做到被人信任，但无法令每个人都信任自己；可以做到被任用，但无法要求别人一定任用自己。因此，君子会为自身修养不够而羞愧，但不会为不被人尊重感到羞愧；会因为自身不讲信义感到耻辱，但不会因为不被别人信任感到耻辱；会为自己的无能感到羞耻，但不会因为才能被埋没感到羞耻。不为荣誉所诱惑，因被人诽谤而怨恨，只是用严格的标准要求自己的言行，这就是君子。

所谓贤人，品德一定要合乎法度，行为合乎规范。说的话可以被天下人奉为准则而不会给人留下口实，思想足以教化百姓而不会和自己的行为自相矛盾。富贵时不吝惜财富，普济百姓，使民众没有饥饿与疾病。这就是贤人。

所谓圣人，是指道德品性与天地之性融合。了解世事，通达一切，探求万事万物的终始过程，与世间事物的自然属性相协调。在行大道于天下的同时修炼自己的情性，使其达到光明若日月，造化如神明。普通百姓无法了解其道德的崇高伟大，即使了解一点的人也不知其德性的深远浩淼。这就是圣人。《庄子》说：刻意崇尚品行，远离世俗，高谈阔论，怨天尤人，只不过是为显示自己的清高而已，这不是普通世人的行为，而是那些形体枯槁，愤世疾俗的山林隐士所喜好的。高谈阔论，讲的一定是仁义忠信，行事强调恭俭推让，只不过是为标示自己的修行品性而已。这是那些和平年代的教书先生以及游学之士所喜好的。追求功名，推崇君臣之礼，强调上下有序，追求的是治国济世，这是朝廷中意欲尊君强国、开拓疆土、建功立业的官吏喜好的。隐逸山泽，栖身旷野，钓鱼闲处，追求的是无为逍遥，这是游戏江海、逃避尘世的人喜好的。导引呼吸，吐故纳新，做一些熊虎伸颈、飞鸟展翅的功法，追求的是延年益寿，这是修炼气功，是像彭祖那样高寿的人喜好的。假若有人从不刻意修饰但品德高尚，不刻意追求仁义但道德美好，不刻意追求功名而使天下大治，不刻意游戏江海但内心能得到安逸悠闲，不练气功而自然长寿，一无所有而又无所不有，不刻意恬淡无极但各种美好纷至沓来，这才是天地之大道，是圣人至高无上的品德。

《钤经》说：道德之高足以让远方之人慕名而来投奔，信义之厚足以使不同品格的人凝聚在一起，见识之深足以鉴别古人的美丑，才学之厚足以冠绝当代，这样的人就是人中之英。理论规范足以教化世人，行为足以阐明道义，仁义足以获得众人拥戴，英明足以引导下属，这样的人就是人中之俊。自身的形象足以成为众人的典范，智慧足以决断疑难，操行足以让贪鄙之人汗颜，诚信足以让风俗迥异之人心悦诚服，这样的人就是人中之豪。如果一个人能恪守节操而百折不挠，多行仁义而无怨无悔，遇到容易产生嫌隙的事不自求苟且脱免，见到利益不随便获取，这样的人就是人中之杰。品德、操行高妙，进退、举止都可以成为别人的楷模，这就是清节之人，延陵、晏婴就是这样的人。思虑通达，计策谋略出神入化，这就是术家之人，范蠡、张良就是这样的人。品德足以戒厉风俗，行为规范足以匡正天下，权术足以谋取天下，这就是国体之人，伊尹、吕望就是这样的人。品德足以为一国的表率，治国之方足以匡正乡野之人，权术足以权衡事宜，这就是器能之人，子产、西门豹就是这样的人。有清节之风的人，不能做到宽宏大度，喜欢讽刺苛责别人，喜欢辨析是非，好品评他人，这就是臧否之才，子夏就是这种人。法家之人，缺乏创造性思维，缺乏长远性的考虑，但能受一官之任，他们最大的本事是能施行各种奇谋巧略，这就是伎俩之才，张敞、赵广汉就是这种人。权术家之类，不能创立影响深远的制度，但能随时应变，谋略、权术有余，而公正不足，这是智意之才，陈平、韩安国就是这类人。能著书立说，写传世文章，这是文章之才，司马迁、班固就是这种人。能传播圣人的学问，但无法亲身参与现实的政治活动，这是儒学之士，毛公、贯公就是这种人。论辩不一定符合大道，但应对敏捷，这是口辩之才，如乐毅、曹丘生就是这种人。胆量和魄力过人，才能和谋略出众，这是骁雄之才，白起、韩信就是这类人。

《孔子家语》说：过去贤明的君主一定会对天下的名流贤士了如指掌，不仅知道他们的名气，也了解他们的真实才能，然后授予他们相应的爵位，使之尊贵荣耀。这样，天下就能安居乐业了。说的也正是这样的道理。

量才第四

原文

　　夫人才能参差，大小不同。犹升不可以盛斛①，满则弃矣。非其人而使之，安得不殆乎？傅子曰：凡品才有九：一曰德行，以立道本；二曰理才，以研事机；三曰政才，以经治体；四曰学才，以综典文；五曰武才，以御军旅；六曰农才，以教耕稼；七曰工才，以作器用；八曰商才，以兴国利；九曰辩才，以长讽议。此量才者也。

　　故伊尹曰："智通于大道，应变而不穷，辨于万物之情，其言足以调阴阳，正四时，节风雨，如是者举以为三公。"故三公之事常在于道汉文帝问陈平曰：君所主何事？对曰：陛下不知臣驽下，使臣待罪宰相。宰相者，上佐天子，燮理阴阳，下遂万物之宜，外镇抚四夷，内亲附百姓，使公卿大夫各得任其职。上曰：善。汉魏相②书曰：臣闻《易》③曰：天地以顺动，故日月不过，四时不忒。圣人以顺动，则刑罚清而人服。天地变化必由阴阳，阴阳之分，以日月为纪，各有常职，不得相干。明王谨于尊天，慎于养人。故立羲和之官以乘四时，敬授人事。君动静以道，奉顺阴阳，则日月光明，风雨时节，寒暑调和。三者得叙，则灾害不生，人不夭疾，衣

---

① 斛：旧量器，方形，口小，底大，容量本为十斗，后来改为五斗。
② 魏相：字弱翁，西汉大臣。少学《易》，初为郡卒史，举贤良，以对策高第为茂陵令。后为河南太守、大司农、御史大夫、丞相等。
③ 《易》：中国儒家经典之一，分为《经》、《传》两个部分，是中国最古老的占卜术原著，是中国传统思想文化中自然哲学和伦理实践的根源，被誉为"群经之首，大道之源"。

量才第四

食有余矣。此燮理阴阳之大体也。事具《洪范》①篇。不失四时，通于地利，能通不通，能利不利，如是者举以为九卿②。故九卿之事常在于德。通于人事，行犹举绳，通于关梁，实于府库，如是者举以为大夫。故大夫之事常在于仁蜀丞相诸葛亮主簿杨颙③曰：坐而论道，谓之三公；作而行之，谓之卿大夫。忠正强谏，而无有奸诈；去私立公，而言有法度，如是者举以为列士。故列士④之事常在于义也。故道德、仁、义定而天下正。清节之德，师氏之任也；法家之材，司寇之任也；术家之材，三孤⑤之任也；臧否之材，师氏之佐也；伎俩之材，司空之任也；儒学之材，保氏之任也；文章之材，国史之任也；骁雄之材，将帅之任也。

太公曰："多言多语，恶口恶舌，终日言恶，寝卧不绝，为众所憎，为人所疾。此可使要遮闾巷，察奸伺祸。权数好事，夜卧早起，虽剧不悔，此妻子之将也。先语察事，劝而与食，实长希言，财物平均，此十人之将也。切切截截，垂意肃肃，不用谏言，数行刑戮，刑必见血，不避亲戚，此百人之将也。讼辩好胜，嫉贼侵凌，斥人以刑，欲整一众，此千人之将也。外貌怍怍，言语时出，知人饥饱，习人剧易，此万人之将也。战战栗栗，日慎一日，近贤进谋，使人知节，言语不慢，忠心诚毕，此十万人之将也经曰：夫将虽以详重为贵，而不可有不决之疑；虽以博访为能，而不欲有多端之惑。此论将之妙也。温良实长，用心无两，见贤进之，行法不枉，此百万人之将也。勖勖纷纷，邻国皆闻，出入豪居，百姓所亲，诚信缓大，明于领世，能效成事，又能救败，上知天文，下知地理，四

---

① 《洪范》：《尚书》其中一篇，旧传为箕子向周武王陈述的"天地之大法"。今人或认为系战国后期儒者所作，也有认为作于春秋时期。

② 九卿：官职名总称。秦汉时期通常以奉常（太常）、郎中令（光禄勋）、卫尉、太仆、廷尉、典客（大鸿胪）、宗正、治粟内史（大司农）、少府为九卿。在古代也可以作为中央各行政机关的总称。

③ 主簿杨颙：主簿，官名，汉代中央及郡县官署均置此官，以典领文书，办理事务。魏晋以后，成为重要僚属，参与机要，总领府事。相当于今秘书长一职。杨颙，三国时蜀国人，在蜀国北伐曹魏时曾任诸葛亮的主簿。当时诸葛亮总揽军国之务，杨颙劝他不必事必躬亲，诸葛亮谢之。后杨颙病逝，诸葛亮垂泣三日。

④ 列士：即元士，天子之士，有别于诸侯之士。也泛指有志于建功立业的人。

⑤ 三孤：周成王时设立少师、少傅、少保，合称三孤，是三公的副职，其地位低于公而高于卿。

卷一 文上

海之内，皆如妻子，此英雄之率，乃天下之主也。"聪明秀出，谓之英；胆力过人，谓之雄。此其大体之别名也。夫聪明者，英之分也，不得雄之胆，则说不行；胆力，雄之分也，不得英之智，则事不立。若聪能谋始，而明不见机，可以坐论，而不可以处事；若聪能谋始，明能见机，而勇不能行，可以修常而以，不可以虑变；若力能过人，而勇不能行，可以为力人，未可以为先登；力能过人，勇能行之，而智不能料事，可以为先登，未足以为将帅。必聪能谋始，明能见机，胆能决之，然后乃可以为英，张良是也。气力过人，勇能行之，智足料事，然后乃可以为雄，韩信是也。若一人之身兼有英雄，则能长世，高祖①、项羽②是也。

经曰：智如源泉，行可以为表仪者，人师也；智可以砥砺，行可以为辅弼者，人友也；据法守职而不敢为非者，人吏也；当前快意，一呼再诺者，人隶也。故上主以师为佐，中主以友为佐，下主以吏为佐，危亡之主以隶为佐。"欲观其亡，必由其下。故同明者相见，同听者相闻，同志者相从，非贤者莫能用贤。故辅佐、左右所欲任使者，存亡之机，得失之要。孙武③曰："主孰有道？昔汉王见围荥阳，谓陈平曰：天下纷纷，何时定乎？平曰：项王为人，恭敬爱人，士之廉节好礼者多归。至于行功赏爵邑，重之，士亦以此不附。今大王嫚人少礼，士之顽钝嗜利、无耻者亦多归汉。诚宜各去两短，集其两长，天下指麾不足定也。魏太祖谓郭嘉④曰：袁本初⑤地广兵强，吾欲讨之，力不

---

① 高祖：即汉高祖刘邦，西汉王朝的创建者，字季，谥号高皇帝。刘邦出身农家，早年当过亭长，为人豁达大度，不事生产。后响应陈胜、吴广起义，不久投奔项梁。随项梁奉楚怀王为帝，覆灭秦朝。后与项羽楚汉相争，终得天下，建立汉朝，史称西汉。称帝后减轻赋税，制定礼仪，逐步消灭了建立之初册封的异姓王。

② 项羽：名籍，字羽，楚贵族出身，秦末起义军领袖。秦二世元年，从其叔父项梁在吴起义。项梁死，项羽继之，率军破釜沉舟，渡漳水击秦军于钜鹿，大破之。入关，自称西楚霸王，杀秦降王子婴。后与刘邦进行了为期四年的楚汉战争。公元前202年，被刘邦围于垓下，在四面楚歌中突围至乌江自刎。

③ 孙武：春秋末著名军事家。亦称孙子，齐国人。以兵法十三篇见吴王阖庐，被用为将。对外西破强楚，北威齐晋，对内主张改革图强。在军事上提出"知己知彼，百战不殆"、"兵无常势，水无常形"等完整的军事理论。有《孙子兵法》传世。

④ 郭嘉：字奉孝，三国时曹操谋士。初从袁绍，因袁绍好谋无决，难成大业，转归曹操。

⑤ 袁本初：即袁绍，东汉末大臣。出身于四世三公的大官僚家庭，汉少帝时，何进谋诛宦官，事泄被杀，他率兵入宫，尽诛宦官。董卓入京专权，欲行废立，他出奔冀州，号召各州起兵讨伐，被推为盟主。后逐步占有了冀、青、幽、并四州，成为当时最强大的割据势力。公元200年，与曹操在官渡决战，大败，不久病死。

能敌，何如？嘉对曰：刘、项之不敌，公所知也。汉祖唯智胜，项羽虽强，终为所擒。嘉窃料之，绍有十败，公有十胜，虽兵强，无能为也。绍繁礼多仪，公体任自然，此道胜，一也。绍虽兵强，绍以逆动，公以奉顺以率天下，此义胜，二也。汉末政失于宽，绍以宽济，故不摄。公纠之以猛，而上下知制，此治胜，三也。绍外宽内忌，用人而旋疑之，所任唯亲戚子弟耳。公外简易而内机明，用人无疑，唯才能所宜，不问远近，此度胜，四也。绍多计少决，失在后事。公策得辄行，应变无穷，此谋胜，五也。绍因累世之资，高议揖作，以收名誉，士之好言饰外者多归之。公至心待人，推诚而行之，不为虚美，以俭率下，与有功者无所吝，士之忠正远见而有实者皆愿为用，此德胜，六也。绍见人饥寒，恤念之情形于颜色，其所不见，虑或不及，所谓妇人之仁耳。公于目前小事时有所忽，至于大事，与四海相接，恩之所加，皆过其望，虽所不见，虑之所周，无不可也，此仁胜，七也。绍以大臣争权，谗言或用。公御下以道，浸润不行，此明胜，八也。绍是非不可知。公所是进之以礼，所不是正之以法，此文胜，九也。绍好为虚势，不知兵要。公以少克众，用兵如神，军人恃之，敌人畏之，此武胜，十也。曹公曰：吾知之。绍为人志大而智小，色厉而胆薄，忌克而少威，兵多而分画不明，将骄而政令不一，土地虽广，粮食虽丰，适所以为吾奉也。杨阜①曰：袁公宽而不断，好谋而少决。不断则无威，少决则后事。今虽强，终为所擒。曹公有雄才远略，决无疑，法一而真精，必能济大事也。**将孰有能？**袁绍率大众攻许，孔融②谓荀彧③曰：袁绍地广兵强，田丰、许攸，智计之士，为其谋；审配、逢纪，尽忠之臣，任其事；颜良、文丑，勇冠三军，统其兵。殆难克乎？或曰：绍兵虽多，而法令不整。田丰刚而犯上，许攸贪而不治，审配专而无谋，逢纪果而自用。此二人留，知后事。许攸贪而犯法，必不能纵。不纵，必为变。颜良、文丑，一夫之勇耳，可一战而擒也。后许攸贪不奉法，审配收其妻子，攸怒，奔曹公。又颜良临阵授首，田丰以谏死。皆如或所料也。**吾以此知胜。**"此之谓矣。

---

① 杨阜：字义山，三国时魏国大臣，东汉时为州从事，在安定拒马超有大功。曹操征汉中，以阜为益州刺史，后为武都太守。明帝时为少府，对明帝的奢侈之政数次犯颜极谏，人称有公辅之风。

② 孔融：字文举，东汉末大臣，文学家，孔子二十世孙。少有才名，曾任北海相，参与镇压黄巾起义。后入朝为太中大夫。自恃门第高贵，对曹操多有讥嘲，遂招杀身之祸。善诗文，与王粲等并称"建安七子"。

③ 荀彧：字文若，东汉末曹操谋士。初从袁绍，后归曹操。曹操挟持汉献帝定都许昌，破袁绍，取荆州，多出于他的谋划。后因反对曹操进爵魏公，服药自尽。

卷一　文上

量才第四

译文

　　人的才能参差不齐，大小不同，就好像用升装不下斛的容量，装不下就会溢出来，造成浪费。在使用人才方面也是一样。若用非其人，怎会不危险呢？傅玄说：品评人才，可分九等：一是德行高妙的人才，可以作为道德的根基；二是明于事理的人才，可用之来推究事物变化的规律；三是精于政事的人才，可以担任用学问治理国家的栋梁；四是学问通达的人才，可以钻研经典文章与学术研究；五是精通行军打仗的人才，可用之统帅军队；六是精通农业的人才，可使之指导百姓耕作；七是精于制造的人才，可使之制造器皿；八是经商有术的人才，可使之为国家经营获利，增加财富；九是口才雄辩的人才，可使之从事讽谏与议政。这就是量才使用。

　　伊尹说："如果一个人的智慧通于大道，可以应付万事万物的各种变化，了解万事万物发展变化的原因，他的话可以调和阴阳，校正四时，节制风雨。这样的人，要推举他做三公。"因此说，三公的职责是把握国家大事的规律，并能使国家大政能顺应这样的规律。汉文帝曾问宰相陈平说：你的职责是什么？陈平回答说：陛下不嫌我愚钝，让我担任宰相。宰相的职责是对上辅佐天子，调和阴阳，对下使万物各得其所，对外要安定四方，对内要仁爱百姓，使公卿百官各得其职。文帝说：说得好！汉宣帝时的御史大夫魏相上书说：我知道《易》称：天地协调而动，日月按规律运行，四时分明。圣君按和谐的规律管理国家，那么即使不用刑罚百姓也自然归服。天地变化，由阴阳变化所致。阴阳的分别，以日月为标志，各行其道，互不相犯。英明的君主对自然规律谨慎遵守而不违犯，认真对待百姓。因而君

量才第四

主设立掌管天地四时的官职，了解四时的变化规律，借此协调人事的关系。君主的行为与思想都应该符合自然之道，阴阳之变，才能使日月光明，风调雨顺，寒暑适宜。日月、风雨、寒暑三者和顺，那就能灾害不生，人人长寿而无疾病，衣食有余。这些都是调理阴阳的关键。以上的记述参见《洪范》篇。不违背四时变化，尽可能利用土地之利。能疏通不通的环节，能利用不利的地利，有这种能力的人可以推举他担任九卿。因此，九卿的职责常常在于以德行教化百姓。了解复杂的人事关系，一身正气，光明磊落，使关隘通畅，府库充实。有这种能力的人，可以推举为大夫。因此，大夫的职责常常在于仁爱百姓三国时蜀国丞相诸葛亮的主薄杨颙说：坐而论道的是三公，做具体工作的是卿、大夫。忠诚正直、敢言直谏并且没有奸诈之心，大公无私、说话又符合法度，这种人可以举荐担任列士。因此，列士的职责就是以信义待人。所以说，规律、德行、仁爱、信义得到实现，那么天下就能得到治理。有高尚节操的人，可以担任太师；有法家思想的人，可以负责司法工作；懂得权术的人，可以担任少师、少傅、少保等三孤的工作；善于品评别人的人，可以作为太师的辅佐；有技术特长的人，可以担任司空；精通儒学的人，可以担任太保；著书立说的人，可以负责国史馆工作。骁勇善战的军事人才，可以担任将帅。

姜太公说："多言多语，整日言语恶毒，甚至睡觉也不安宁的人，自然为众人所嫉恨。这种人可以让他管理闾巷，盘察奸人，以便发现祸害。好管闲事，晚睡早起，任劳任怨的人，就是一家之主。富于先见之明，洞察事理，做事勤奋，与下属同吃同住，忠厚老实，言语寡少，但能有福同享，这种人可以担任十个人的首领。对上殷勤备至，恭敬无比，对下不听劝告，喜欢用刑罚压制下属，而且刑罚很重，六亲不认，这样的人可以担任一百人的首领。与人争辩时争强好胜，与敌人寸土必争，嫉恶如仇，用刑罚治军，总想把周围的人统一在自己的手下，这样的人可以担任一千人的首领。外表谦卑，言辞谨慎，了解部下的饥饱，熟知部下的难易，这样的人可以担任一万人的首领。谨小慎微，亲近贤人，进献良谋，使人知道什么叫大节，说话不傲慢，忠心诚恳，这样的人可以担任十万人的首领经书上说：作为大将，虽然以周详稳重为贵，但不可以犹豫不决；虽然以多方调查了解为妙，但不可以顾虑重重，患得患失。这正是评论将领职责最精妙

卷一 文上

的说法。为人温和，善良厚道，用心专一，见到贤能能向上推荐，执法严明公正，这样的人可以担任一百万人的首领。功勋卓著，盛名远扬，住的是豪华的房子，为百姓所亲爱。诚实讲信用，宽容大度，见识高于世人，能成就大事，也能挽狂澜于即倒。上知天文，下知地理，对待四海之内的百姓，亲如妻子儿女一般，这是英雄的表率，是天下的君主。"聪明灵秀，在世人中脱颖而出，称之为"英"；胆气过人，称之为"雄"。这是对"英"、"雄"所作的大体区分。所谓聪明，是"英"所应具备的本能，但"英"没有"雄"的胆气，说的话就不会有人听；所谓胆气，是"雄"所应具备的本能。但"雄"若没有"英"的智慧，就不能成就大事。如果依靠才智能够在事前进行谋划，但不能洞察出行动的契机，那么只可以坐而论道，不能够真正去做事；如果能用才智在事前进行谋划，又能洞察出行动的契机，却没有冲锋陷阵的勇气，这种人只可以应付平常的事，而不可以去应付突发事件；若力气过人，但缺乏冲锋陷阵的勇气，就只可以出出力，而不可以担任先锋。如果力气超出常人，又有冲锋陷阵的勇气，但缺乏应对事变的智慧，那么只可以做先锋，但不能担任将帅；如果能用才智在事前进行谋划，能够洞察事情的先机，而且还可以做到当机立断，这才是真正的"英"，像张良就是这种人才。气力过人，有冲锋陷阵的勇气，有料事如神的才智，这种人才是真正的"雄"，像韩信就是这种人才。如果一个人能兼有"英"、"雄"二才，就能争天下，刘邦、项羽就是这样的英雄。

经书上说：才智有如不绝的源泉，德行可作众人的表率，这样的人可以做世人的导师；才智可以和众人互相砥砺，行为可以作为众人的辅助，这样的人可以做朋友；奉公守法，恪尽职守，不敢为非作歹的人，可以担任小官。能供人随心所欲地使唤，呼之即来，挥之即去，这种人只能做奴才了。因此，最好的君主用堪为导师的人做帮手，次一等的君主用可以做朋友的人做帮手；再次一等，君主用能力只够担任小官的人当帮手；只有会导致国家危亡的君主才会用只能做奴才的人做帮手。要想知道一个君主是否会亡国，只要看他手下是些什么人就知道了。所以眼睛都能看见的人才谈得上互相见面，耳朵都能听声音的人才可以相互讲话，志趣相同的人才能互相跟随，不是贤人就不会任用贤人。因此，用什么样的人作辅佐，是存亡的根本，得失的关键。孙武说："哪个君主有道义？从前刘邦被围困在荥阳，对陈平说：天下纷乱如此，何时可以平定下来？陈

量才第四

平回答：项王为人恭敬仁爱，士人中廉节、崇尚礼义的多投奔于他。说起按功劳赏赐官爵和土地，项王却非常吝啬，因此士人并不真正亲附他。大王您对人傲慢，少有礼遇，士人中顽劣、愚钝、贪图小利、没有羞耻心的多投奔了汉军。如果你们两位能够去掉各自的短处，吸收对方的长处，平定天下指日可待。魏太祖曹操对他的谋士郭嘉说：袁绍地广兵强，我想讨伐他，但恐怕不是他的对手，怎么办？郭嘉回答说：刘邦势力比不上项羽，这您是知道的。但刘邦靠智谋战胜了项羽。项羽虽然强大，最终还是被刘邦擒获。我私下认为，袁绍有十条败的理由，主上您有十条战胜的理由，袁绍的兵虽然强大，但不会有什么作为。袁绍礼仪繁多，而您质朴自然，不事虚文，在本质上您比袁绍强，这是您战胜的第一条理由。袁绍虽然兵强，但以逆反为名，自立为王，而您奉天子之命，统率百姓平定天下，在道义上您高于袁绍，这是第二条理由。东汉末年以来，在政治上过于宽松，而袁绍以宽济宽，因此没有威慑力。而您用严刑峻法来纠正政策过于宽松的问题，使上下都懂得遵守法规制度，在法治上您又高于袁绍，这是第三条理由。袁绍外表宽宏大度，但内心容易妒忌，任用他人不久就开始疑心重重，真正信任的只有自己的亲戚子弟罢了。而您外表朴实而内心机智通达，用人不疑，唯才是用，不问亲疏远近，在气度上您强于袁绍，这是第四条理由。袁绍计议虽多，但优柔寡断，往往坐失良机。而您计议一旦确定能马上施行，应变无穷，在谋略上您又比袁绍强，这是第五条理由。袁绍凭借袁家累世公卿的资本，礼让谦和，以博取好名声，士人中那些夸夸其谈的人大多投奔了他。而您以至诚之心待人，实实在在做事，不做虚假的门面功夫，以朴素之风统率下属。对有功的人进行赏赐绝不吝啬，士人中忠诚、正直、有远见、有真才实学的人都愿意为您所用，在品德上您还胜过袁绍，这是第六条理由。袁绍见百姓饥寒，每每表现出怜悯之情，而他对那些看不到的饥寒百姓却从未考虑过，这只是所谓妇人之仁罢了。而您对于眼前的小事经常会有所忽略，但对于国家大事，包括四海之内百姓的生存，处处放在心上，所带给他们的恩惠，都超过了他们的期望。对他们的困苦，既使您没有亲眼看见，但都周全考虑，力所能及地救助，在仁爱上您又胜过袁绍，这是第七条理由。袁绍因大臣互相争权夺利，往往误信谗言。而您以正道统御部下，您的意志、思想能够渗透到部众之中，您在明智上还是胜过袁绍，这是第八条理由。袁绍不能明辨是非。而您对正确的人和事能以礼相待，对错误的人和事就用法律来纠正，您在法制上又强于袁绍，这是第九条理由。袁绍好虚张声势，不懂得用兵的关键。而您以少胜多，用兵如神。军人仰仗您，敌人害怕您，您在军事策略上更强于袁绍，这是第十条理由。曹操说：我知道，袁绍为人志大才疏，表面严厉而实际上胆子很小，多猜忌又缺少威严，兵力虽多但部署混乱，将帅骄横并且政令不一。虽然他的土地广阔，粮草丰足，

卷一 文上

但其实都是为我准备的。杨阜说：袁绍政令宽松而不果断，好谋划但少决断。不果断就没有威信，少决断就容易误大事。今天他虽然强大，但终究会被人所擒。主上您有雄才大略，决断不猜疑，法令一致，兵士精干，必定能够成就大事。**哪一个统帅有才能？** 袁绍率领大军攻打许昌。孔融对荀彧说：袁绍地广兵强，田丰、许攸都是有名的谋士，为袁绍出谋划策；审配、逢纪是尽忠职守的大臣，为袁绍分担大事；颜良、文丑是勇冠三军的将领，为袁绍统领军队。恐怕很难打败吧？荀彧说：袁绍的兵虽然多，但法令不能整齐划一。田丰刚直但容易触犯袁绍，许攸贪图小利而容易触犯法律，审配专权但无谋略，逢纪果敢但自以为是。审配、逢纪二人在袁绍身边，已可预知后事如何。许攸贪图小利将来一定会触犯法律，必然不会被纵容，不纵容就必然生变。颜良、文丑，是匹夫之勇，可以一战成擒。后来许攸果然因为贪图小利而违法，审配收押了他的妻儿。许攸一气之下投奔了曹操。还有颜良在战场被杀，田丰因为劝谏袁绍被处死。一切都如荀彧所料。**我凭这就可以判断胜利属于谁了。"** 说的正是这个道理。

知人第五

原文

　　臣闻主将之法，务览英雄之心。然人未易知，知人未易。汉光武①，听聪之主也，谬于庞萌②；曹孟德，知人之哲也，弊于张邈③。何则？夫物类者，世之所惑乱也。故曰狙者狙，音自舒反，慢也，类智而非智也；愚者，类君子而非君子也；戆者，类勇而非勇也。亡国之主似智，亡国之臣似忠，幽莠之幼似禾，骊牛之黄似虎，白骨疑象，碔砆类玉，此皆似是而非也。《人物志》曰：轻诺似烈而寡信，多易似能而无效，进锐似精而去速，诃者似察而事烦，许施似惠而无终，面从似忠而退违。此似是而非者也。亦有似非而是者，大权似奸而有功，大智似愚而内明，博爱似虚而实厚，正言似讦而情忠。非天下之至精，孰能得其实也？

　　孔子曰："凡人心险于山川，难知之于天。天犹有春秋冬夏，旦暮之期，人者厚貌深情。故有貌愿而益，有长若不肖长，音竹两反，有顺怀而

---

① 光武：东汉开国皇帝刘秀的谥号。刘秀，字文叔，历史上著名的拨乱领袖，王莽新朝末年，刘秀以一介布衣但拥有汉朝皇室血统的身份起兵复汉，成功建立东汉，后经过十数年的战争，结束了二十余年的战乱，统一中国。

② 庞萌：东汉初年武将，甚得光武皇帝刘秀的信任，后因被怀疑失宠于刘秀，起兵造反，被杀。

③ 张邈：东汉末年陈留太守，汉末群雄之一，曾参与讨伐董卓，汴水之战后归附曹操。此前因为与袁绍有隙，又曾与吕布交往，袁绍几次叫曹操杀张邈，但曹操反而更信任张邈。后张邈与陈宫背叛曹操又归附吕布，再跟随吕布投奔刘备。张邈在向袁术借兵的路上，被部下所杀。

卷一　文上

达，有坚而缦，有缓而釪音汗。"

太公曰："士有严而不肖者，有温良而为盗者，有外貌恭敬中心欺慢者，有精精而无情者，有威威而无成者，有如敢断而不能断者，有恍恍惚惚而反有忠实者，有倭倭迤迤而有效者，有貌勇很而内怯者，有肃肃而反易人者。无使不至，无使不遂。天下所贱，圣人所贵，凡人莫知，非有大明，不见其际。"此士之外貌而不与中情相应者也桓范曰：夫贤愚之异，使若葵之与苋，何得不知其然？若其莠之似禾，类是而非是，类贤而非贤。扬子《法言》①曰：或问难知曰：太山之与蚁垤，江河之与行潦，非难也。大圣与大佞，难也。於乎！唯能别似者，为无难矣。

知此士者而有术焉。微察问之，以观其辞；穷之以辞，以观其变；与之间谋，以观其诚；明白显问，以观其德；远使以财，以观其廉又曰：委之以财，以观其仁；临之以利，以观其廉；试之以色，以观其贞又曰：悦之以色，以观其不淫；告之以难，以观其勇又曰：告之以危，而观其勇。又曰：惧之，以验其特；醉之以酒，以观其态又曰：醉之以酒，而观其则。又曰：醉之以酒，观其不失。

《庄子》②曰：远使之，而观其忠又曰：远使之以观其不二，近使之，而观其敬又曰：近之以昵，观其不狎，烦使之，而观其能又曰：烦之以事，以观其理，卒然问焉，而观其智又曰：设之以谋，以观其智。太公曰：事之而不穷者，谋，急与之期，而观其信太公曰：使之而不隐者，谓信也，杂之以处，而观其色又曰：纵之以视，观其无变。

《吕氏春秋》③曰：通，则观其所礼通，达也；贵，则观其所进又曰：达，视其所举也；富，则观其所养又曰：富，视其所与。又曰：见富贵人，观其有礼施。

---

① 扬子《法言》：扬子，即扬雄，字子云，西汉辞赋家。少好学，博通群书。晚年研究哲学，作《法言》、《太玄》等。《法言》是扬雄晚年的著作，是他仿《论语》体裁而写成的，共十三卷。内容以儒家传统思想为中心，但书中亦有无神论的倾向。

② 《庄子》：亦称《南华经》。道家经典之一，庄子及其后学著。《汉书·艺文志》载为五十二篇，但留下来的只有三十三篇。其中内篇七篇，一般认定为庄子著；外篇、杂篇可能搀杂有他的门人和后来道家的作品。其文章汪洋恣肆，并多采用寓言故事形式，想象丰富，在哲学、文学上都有较高价值。

③ 《吕氏春秋》：战国时秦相吕不韦集合门客共同编写的杂家著作。汇合先秦各派学说，是秦国治理天下的思想武器。

知人第五

太公曰：富之而不犯骄逸者，谓仁也；**听，则观其所行**行则行仁；**近，则观其所好**又曰：居，视其所亲。又曰：省其居处，观其贞良；省其交游，观其志比；**习，则观其所言**好则好义，言则言道；**穷，则观其所不爱**又曰：穷，则视其所不为非。又曰：贫，视其所不取；**贱，则观其所不为**又曰：贫贱人，观其有德守也。**喜之，以验其守**守，慎守也。又曰：喜之，以观其轻；**乐之，以验其僻**僻，邪僻也。又曰：娱之以乐，以观其佥；**怒之，以验其节**节，性也。又曰：怒之仇，以观其不怨也；**哀之，以验其仁**仁人，见可哀者则哀；**苦之，以验其志**又曰：验之，以观其能安。

经曰：**任宠之人，观其不骄奢**太公曰：贵之而不骄奢者，义也；**疏废之人，观其不背越；荣显之人，观其不矜夸；隐约之人，观其不慑惧。少者，观其恭敬好学而能悌**《人物志》曰：夫幼志之人，在于童龀，皆有端绪。故文本辞繁，辨始给口，仁出慈恤，施发过与，慎生畏惧，廉起不取者也；**壮者，观其廉洁，务行而胜其私；老者，观其思慎，强其所不足而不逾。父子之间，观其慈孝；兄弟之间，观其和友；乡党之间，观其信义；君臣之间，观其忠惠**太公曰：付之而不转者，忠也。**此之谓观诚**。傅子曰：知人之难，莫难于别真伪。设所修出于为道者，则言自然而贵玄虚；所修出于为儒者，则言分制而贵公正；所修出于为纵横者，则言权宜而贵变常。九家殊务，各有所长，非所为难也。以默者观其行，以语者观其辞，以出者观其治，以处者观其学。四德或异，所观有微，又非所谓难也。所谓难者，典说诡合，转应无穷，辱而言高，贪而言廉，贼而言仁，怯而言勇，诈而言信，淫而言贞。能设似而乱真，多端以疑暗。此凡人之所常惑，明主之所甚疾也。君子内洗其心，以虚受人，立不易方，贞观之道也。九流有主，贞一之道也。内贞观而外贞一，则执伪者无地而逃矣。夫空言易设，但责其实事之效，则是非之验立可见也。故韩子[①]曰：人皆寐，盲者不知；人皆默，喑者不识。觉而使之视，问而使之对，则喑、盲穷矣。发齿吻，视毛色，虽良，乐不能必马；连车蹴驾，试之行途，则臧获[②]定其驽良。观青黄，察瑕销，虽欧冶[③]不能必剑；陆断狗马，水截蛟龙，虽愚者识其利钝矣。是知明试责实，乃圣功也。

---

① 韩子：即韩非，战国思想家，法家学派集大成者。出身于韩国贵族，得到秦王嬴政的重视，强邀使秦。后遭李斯等陷害，下狱死。著作有《韩非子》。
② 臧获：古时对奴婢的称谓。
③ 欧冶：古代传说中的铸剑巧匠。

卷一　文上

《人物志》曰凡有血气者，莫不禀阴阳以立性，体五行而着形。其在体也，木骨、金筋、火气、土肌、水血，五物之象也。五物之实，各有所济也：骨植而柔立者，谓之弘毅。弘毅也者，仁之质也木则垂阴，为仁之质。质不弘毅，不能成仁。气清而朗者，谓之文理。文理也者，礼之本也火则照察，为礼之本。本无文理，不能成礼。体端而实者，谓之贞固。贞固也者，信之基也土必吐生，为信之基。基不贞固，不能成信也。筋劲而精者，谓之勇敢。勇敢也者，义之决也金能断割，为义之决。决不勇敢，不能成义也。色平而畅者，谓之通微。通微也者，智之原也水流疏达，为智之原。原不通微，不能成智。五质恒性，故谓之五常。

故曰直而不刚则木木强徼讦，失其正色，劲而不精则力负鼎绝膑，失其正劲，固而不端则愚惠己自是，陷于愚戆，气而不清则越辞不清顺，发越无成，畅而不平则荡好智无涯，荡然失己。然则平陂之质在于神神者，质之主也。故神平则质平，神陂则质陂也。明暗之实在于精精者，实之本。精清则实明，精浊则实暗，勇怯之势在于筋筋者，势之用也。故筋劲则势勇，弱则势怯，强弱之植在于骨骨者，植之基。故骨粗则植强，骨细则植弱，躁静之决在于气气者，决之地也。气盛，决于躁；气冲，决于静，惨怿之情在于色色者，情之候。故色怿由情惨，色悦由情怿也，衰正之形在于仪仪者，形之表。故仪衰由形殆，仪正由形肃，态度之动在于容容者，动之符。邪动则容衰，态正则容度也，缓急之状在于言言者，心之状。心恕则言缓，心偏则言急也。若质素平淡，中睿外朗，筋劲植固，声清色怿，仪崇容直，则纯粹之德也。

夫人有气。气也者，谓诚在其中必见诸外。故心气粗厉者，其声沈散；心气详慎者，其声和节；心气鄙戾者，其声粗犷；心气宽柔者，其声温润。信气中易，义气时舒，和气简略，勇气壮立。此之谓听气以其声，处其实。气生物，物生有声。声有刚、柔、清、浊，咸发乎声。听其声，察其气，考其所为，皆可知矣。

又有察色。察色，谓心气内蓄，皆可以色取之。夫诚智必有难尽之色又曰：诚智必有明达之色，诚仁必有可尊之色又曰：诚仁必有温柔之色，诚勇必有难慑之色又曰：诚勇必有矜奋之色也，诚忠必有可观之色，诚洁必有难污之色，诚贞必有可信之色。质色浩然固以安，伪色曼然乱以烦。此之

知人第五

谓察色。《人物志》曰:夫心质亮直,其仪劲固;心质平理,其仪安闲。夫仁固之精,悫然以端;勇胆之精,晔然以强。夫忧患之色,乏而且荒;疾疢之色,乱而垢杂;喜色,愉然以怿;愠色,厉然以扬;妒惑之色,冒昧无常。是故其言甚怿而精色不从者,中有违也;其言有违而精色可信者,辞不敏也;言未发而怒色先见者,意愤溢也;言已发而怒气送之者,强所不然也。凡此之类,虽欲违之,精色不从,威愕以明,虽变可知也。

又有考志。考志者,谓方与之言,以察其志。其气宽以柔,其色俭而不谄,其礼先人,其言后人,每自见其所不足者,是益人也。若好临人以色,高人以气,胜人以言,防其所不足,而废其所不能者,是损人也太公曰:博文辩辞,高行论议,而非时俗,此奸人也,王者慎勿宠之也。其貌直而不侮,其言正而不私,不饰其美,不隐其恶,不防其过者,是质人也又曰:与之不为喜,夺之不为怒,沉静而寡言,多信而寡貌者,是质静人也。议曰:太公云:朴其身躬,恶其衣服,语无为以求名,言无欲以求得,此伪人也。王者慎勿近之。夫质人之中有如此之伪者也。若其貌曲媚,其言谀巧,饰其见物,务其小证,以故自说者,是无质人也议曰:晏子云:逸夫、佞人之在君侧,材能皆非常也。夫藏大不诚于中者,必谨小诚于外,以成其大不诚。此难得而知也。荀悦曰:察人情术,观其言行,未必合道,而悦于己者,必佞人也;观其言行,未必悦己,而合于道者,必正人也。此察人之情之一端也。喜怒以物而色不作,烦乱以事而志不惑,深导以利而心不移,临愶以威而气不卑者,是平心固守人也又曰:荣之以物而不娱,犯之以卒而不惧,置义而不迁,临货而不回者,是果正人也。议曰:孔子称取人之法,无取健。健,贪也。夫健之弊有如此者矣。若喜怒以物而心变易,乱之以事而志不治,示之以利而心迁动,愶之以威而气恇惧者,是鄙心而假气人也又曰:若移易以言,志不能固,已诺而不决者,是情弱之人也。设之以物而数决,惊之以卒而屡应,不文而慧者,是有智思之人议曰:太公云:有名而无实,出入异言,扬美掩恶,进退为功,王者慎勿与谋。夫智思之人,弊于是矣。若难设以物,难说以言,守一而不知变,固执而不知改,是愚佷人也议曰:志士守操,愚佷难变。夫不变是同而愚智异者,以道为管也。何以言之?《新语》① 云:

---

① 《新语》:西汉陆贾著。分上下两卷,共十二篇,分析秦之所以亡,汉之所以兴的道理,为政论性著作。

卷一　文上

夫长于变者，不可穷以诈；通于道者，不可惊以怪；审于辞者，不可惑以言；达于义者，不可动以利。故君子闻见欲众而采择欲谨，学问欲博而行己欲敦。目不淫炫耀之色，耳不乱阿谀之辞。虽利以齐鲁之富而志不移，谈以乔、松①之寿而行不改，然后能一其道而定其操，致其事而立其功。观其道业，此其所以与愚佷异也。**若屏言而勿顾，自私而不护，非是而强之，是诬嫉人也**议曰：刘备以客见诸葛亮而贤之，亮曰：观客色动而神惧，视低而忤数，奸形外露，邪心内藏。必曹氏刺客。后果然。夫奸人容止，大抵如是。何晏②、夏侯玄③、邓飏④等，求交于傅嘏⑤而不纳也。或怪而问之，嘏曰：太初志大，其量能合虚声而无实才；何平叔言远而情近，好辩而无诚，所谓利口覆国之人也；邓玄茂有为而无要，外好名利，内无关钥，贵同而恶异，多言而妒前。多言多败衅，妒前而无功。以吾观此三人，皆败德也。远之犹恐祸及，况昵之乎？后皆如嘏言。夫妒者之行，有如此者。**此之谓考志**《人物志》曰：夫精欲深微，质欲懿重，志欲弘大，心欲谦小。精微所以入神妙也，懿重所以崇德守也，志大所以堪物任也，心小所以慎咎悔也。故《诗》⑥咏文王"小心翼翼"，不大声以色，心小也；"王赫斯怒"，以对于天下，志大也。由此论之，心小志大者，圣贤之伦也；心大志大者，豪杰之隽也；心大志小者，傲荡之类也；心小志小者，拘懦之人也。

　　又有测隐。测隐者，若小施而好得，小让而大争，言愿以为质，伪爱以为忠，尊其行以收其名，此隐于仁贤。孙卿曰：仲尼之门，五尺童子羞言霸道者，何也？彼非本政教也，非服人心也，以让饰争，依乎仁而蹈利者也。小人之桀耳，曷足称大君子之门乎？**若问则不对，详而不穷，貌示有余，假道自从，困之以物，穷则托深，此隐于艺文也**又曰：虑诚不及而佯为不言，内诚不足而

---

① 乔、松：指古代传说中修炼得道的仙人王子乔、赤松子。王子乔，一说名晋，字子晋，相传为周灵王太子，喜吹笙作凤凰鸣声，为浮丘公引往嵩山修炼。三十余年后，在缑氏山顶上，向世人挥手告别，升天而去。故有"王子登仙"的传说。松指古代神话中的仙人赤松子。相传为神农时雨师，一说为帝喾之师。后为道教所信奉。

② 何晏：字平叔，三国时魏国的著名玄学家，官任吏部尚书。后因结党于曹爽，被司马懿诛灭九族。

③ 夏侯玄：字太初，三国时魏国的著名玄学家，曹魏宗室，为司马氏所杀。

④ 邓飏：字玄茂，三国时魏国大臣，因结党于曹爽，被司马懿所杀。

⑤ 傅嘏：三国时魏国大臣，思想家，后任司马氏的尚书仆射。

⑥ 《诗》：中国最早的诗歌总集，收入自西周初年至春秋中叶大约五百多年的诗歌，又称《诗三百》。先秦称为《诗》，或取其整数称《诗三百》。西汉时被尊为儒家经典，称《诗经》，并沿用至今。

知人第五

色亦有余，此隐于智术者也。《人物志》曰：有处后特长，从众所安，似能听断者；有避难不应，似若有余而实不解者；有姻胜错失，穷而称妙，似理不可屈者。此数似者，众人之所惑也。若高言以为廉，矫厉以为勇，内恐外夸，亟而称说，以诈气临人，此隐于廉勇也议曰：太公云：无智略大谋，而以重赏尊爵之故，强勇轻战，侥幸于外。王者慎勿使将。此诈勇之弊也。若自事君亲而好以告人，饰其物而不诚于内，发名以君亲，因名以私身，此隐于忠孝也。此谓测隐矣。《人物志》曰：尤妙之人，含精内真，外无饰姿；尤虚之人，硕言瑰姿，内实乖违。而人之求奇，不以精微测其玄机，或以貌少为不足，或以瑰姿为巨伟，或以真露为虚华，或以巧饰为真实。何由得哉？故须测隐焉。

夫人言行不类，终始相悖，外内不合，而立假节以感视听者，曰毁志者也。《人物志》曰：夫纯讦性违，不能公正，依讦似直，以讦讦善。纯宕似流，不能通道，依宕似通，行傲过节。故曰直者亦讦，讦者亦讦，其讦则同，其所以为讦则异；通者亦宕，宕者亦宕，其宕则同，其所以为宕则异。观其依似，则毁志可知也。若饮食以亲，货赂以交，损利以合，得其权誉而隐于物者，曰贪鄙者也太公曰：果敢轻死，苟以贪得，尊爵重禄，不图大事，待利而动，王者慎勿使也。若小知而不大解，小能而不大成，规小物而不知大伦，曰华诞者也《文子》①曰：夫人情莫不有所短，诚其大略是也，虽有小过，不足以为累；诚其大略非也，闾里之行，未足多也。

又有揆德。揆德者，其有言忠行夷，秉志无私，施不求反，情忠而察，貌拙而安者，曰仁心者也。有事变而能治，效穷而能达，措身立功而能遂，曰有知者也。有富贵恭俭而能威严，有礼而不骄，曰有德者也。议曰：鱼豢②云：贫不学俭，卑不学恭，非人性分，处所然耳。是知别恭俭者，必在于富贵人也。有隐约而不慑，安乐而不奢，勋劳而不变，喜怒而有度，曰有守者也。有恭敬以事君，恩爱以事亲，情乖而不叛，力竭而无违，曰忠孝者也。此之谓揆德。桓范曰：夫帝王之君，历代相踵，莫不慕霸王之任贤，恶亡国之失士。然犹授任凶愚，破亡相属，其故何哉？由取人不求合道，而求合己也。故

---

① 《文子》：书名。以老子"道"的思想为宗，杂糅名、法、墨、儒，亦多剽窃《淮南子》内容。传说作者是老子学生计然，范蠡的老师。其说不可考。

② 鱼豢：三国时魏国郎中。撰史书《魏略》30卷，纪传体，至魏明帝止。其书已佚。

卷一　文上

《人物志》曰：清节之人，以真正为度，故其历众材也，能识性行之常而或疑法术之诡；术谋之人，以思谋为度，故能识策略之奇而或失遵法之良；伎俩之人，以邀功为度，故能识进趣之功而不通道德之化；言语之人，以辩析为度，故能识捷给之慧而不知含章之美，是以互相非驳，莫肯相是。凡此之类，皆谓一流。故一流之人能识一流之善，二流之人能识二流之美。尽有诸流，则亦能兼达众材矣。又曰：夫务名者不能出陵己之后，是故性同而相倾，则相援而相赖也；性同而势均，则相竞而相害也。此又同体之变，不可不察也。

夫圣贤之所美，莫美乎聪明；聪明之所贵，莫贵乎知人。知人识智，则众材得其序，而庶绩之业兴矣又曰：夫天下之人不可尽与游处。何以知之？欲观其一隅，则终朝足以识之；将究其详，必三日而后足。何谓三日而后足？夫国体之人，兼有三材，故不谈三日，不足以尽之。一以论道德，二以论法制，三以论策术。然后乃能竭其所长，而举之不疑。然则何以知其兼偏而与之言乎？其为人也，务以流数，抒人之所长，而为之名目，如是者兼也；好陈己善，欲人之称，不欲知人之所有，如是者谓偏也。是故仲尼训六蔽①，以戒偏材之失仁者爱物，蔽在无断；信者诚露，蔽在无隐。此偏材之常失也。思狂狷以通拘抗之材。疾空空而无信，以明为似之难保。察其所安，观其所由，以知居止之行。率此道也，人焉廋哉？人焉廋哉？

---

① 六蔽：孔子提出的因为不好学而造成的六种弊端，语见《论语·阳货》。六蔽分别是：好仁不好学，其蔽也愚；好知不好学，其蔽也荡；好信不好学，其蔽也贼；好直不好学，其蔽也绞；好勇不好学，其蔽也乱；好刚不好学，其蔽也狂。

知人第五

译文

  我听说带兵的主将，必须了解部下将士的内心世界。但是人不容易被了解，了解别人也不容易。东汉光武帝刘秀是个善于辨别臣下意见的君主，但却被庞萌所迷惑；曹操是洞察别人的高手，但也被张邈骗了。为什么呢？这是因为事物有相似性，互相之间很容易混淆。因此说，行动迟缓的人，貌似有智慧，但其实并不是；愚蠢之人，像是君子，其实并不是；鲁莽的人，看上去很勇敢其实和勇敢差别很大。亡国的君主看上去智慧高深，亡国的臣子似乎很精忠报国，混杂在禾苗里的莠草还是幼苗时与禾苗没有区别，长着黄色花纹的牛很像老虎，白骨像是象牙，碔砆很像是美玉，这些都是貌似相同但实际大相径庭的事物。《人物志》称：随便许诺的人给人的印象似乎是正直刚毅的，但缺少信用；什么事都可一试的人似乎很有才能，但终究不会有成就；热衷进取的人似乎精明强干，但热情来得快去得也快；苛刻之人似乎考察很仔细，但处理事情就会很烦琐；轻易许诺施予别人的人似乎很慷慨，但最终不会落到实处；表面百依百顺的人似乎忠诚不二，但背后就会阳奉阴违。这些都是似是而非的情况。当然也有似非而是的情况，执掌大权的人似乎奸诈，但能建立大功业；有大智慧的人看似痴愚，而内心明鉴；博爱之人看似虚伪，但实际上厚重充实；正直之言虽听起来不顺耳，但却是一片赤诚。若不是天下精明之至的人，谁能将这些似是而非的事物的真实面目分辨清楚呢？

卷一 文上

孔子说:"人心比山川还要险恶,了解人比了解上天还难。天还有春、秋、冬、夏、早、晚的区别,但人外表敦厚,但真实的情感深藏不露。故而有的人外貌温顺但内心骄横,有的人貌似忠厚长者而其实品行不端,有的人外表柔顺而内心刚直,有的人外表坚强而内心柔弱,有的人外表平实而其实内心焦躁。"

姜太公说:"士人中有看似庄重而其实品行不端的人,有看似温柔敦厚而实为盗贼的人,有外貌恭敬而其实内心傲慢的人,有貌似兢兢业业而其实心猿意马的人,有外表风光无限但实际一无所成的人,有表面果断而实际优柔寡断的人,有表面恍恍惚惚但其实内心坚定踏实的人,有表面拖拖拉拉但办事其实很有效率的人,有外表勇猛狠辣但其实内心怯懦的人,有迷迷糊糊但实际恰恰相反的人。有的人可以被人随心所欲地驱使,只要去做就没有办不好的事,但依然被天下人看不起,只有圣人才推崇他。凡夫俗子不知道他的高妙,只有有大智慧的人才能洞察真相。"这些都是士人之中外貌与真实情况并不吻合的实例。桓范说:贤人与愚人的差异,就好像葵花与苋菜的区分,怎能说不好辨别呢?至于莠草和禾苗,虽然类似但实际并不相同,好像是好的但实际却不是。扬子《法言》称:有人问到了解人有多困难时说:人要区别泰山与蚂蚁穴口的小土堆、大江大河与水洼的大小,当然就不难了。但要区分大圣与大奸,这就难了。哎呀,只有掌握了辨别人的本领,才能说了解人并不困难。

了解这类士人还是有办法的。详细查问,仔细观察他说些什么;刨根问底,观察他的应变能力;与他策划密谋,观察他诚实与否;提出一些显而易见的问题,以观察他的品德;使他出外处理钱财之事,观察他廉洁与否另一种说法是:把钱财交给他处理,观察他是否仁义;拿利益诱惑他,观察他是否廉洁;用女色试探他,观察他是否贞洁另一种说法是:用美色来愉悦他,以观察其是否淫乱;告诉他将来的艰难困苦,观察他是否有勇气另一种说法是:告诉他目前的危难情形,观察他是否有勇气。另一种说法是:突然使他恐惧,以考察其特别之处。用酒灌醉他,观察他是否失态另一种说法是:用酒灌醉他,观察他是否有原则。另一种说法是:用酒灌醉他,观察他是否言行一致。

《庄子》称:派人出使远方,可观察他是否忠诚另一种说法是:派人出

知人第五

使远方，观察他是否有二心；就近调用，观察他是否尽忠职守另一种说法是：调用于身边，亲爱他，以观察他是否阿谀奉承；频繁使用他，以观察他的办事才能另一种说法是：频繁要求他处理不同的事情，以观察他处理繁杂事务的本事；突然提问，以观察他是否机智另一种说法是：略施计谋考验他，以观察他是否机智。姜太公说：连续不断地做事还能应付自如，就是有谋略；仓卒间与之约定某事，以观察他讲信用的程度姜太公说：在任用他人做事的过程中，不向你隐瞒情况的，就是讲信用；让他和不同的人相处，以观察他的神色另一种说法是：使之观察各种事物，看他在哪些方面是坚持不变的。

《吕氏春秋》称：仕途通达时观察他是否还能保持礼义原则，显贵时观察他推荐任用什么样的人另一种说法是：显达时，观察他举荐什么样的人；富贵时观察他能否恩泽大众另一种说法是：一个人富贵时观察他给予别人什么。还有一种说法是：富贵之人，要看他对别人是否有礼貌，是否乐于施舍。姜太公说：富贵又没有骄奢淫逸的毛病，这种品质就称之为仁；听其言，首先观其行行就要行仁德之事；想要接近一个人，首先要观察他的爱好另一种说法是：观察他的居室，了解他亲近的是什么人。另一种说法是：了解他的居处，可以观察他是否保持善良。了解他的交游，可以观察他的志向；想要熟悉一个人，就要观察他讲些什么人喜好的都应该是仁义，讲的都应该是道德；一个人穷困的时候，要观察他不喜欢什么另一种说法是：穷困时观察他是否会为非作歹。另一种说法是：穷困时观察他不敢做什么；一个人身处贫贱的时候，要观察他不做什么另一种说法是：贫贱之人，要观察他们是否有德行操守。使他高兴，借此观察他的自制力另一种说法是：使他高兴，以观察他是否轻佻；使他快乐，以观察他有什么邪僻另一种说法是：使他愉悦快乐，以观察他是否俭朴；使他愤怒，借此观察他是否有节操另一种说法是：用仇人触怒他，以观察他是否有怨恨；使他悲哀，借此观察他是否有仁爱之心仁人见到悲哀之事就会悲哀；使他困苦，以观察他的志向是否坚定另一种说法是：考验他，观察他对艰难困苦能否泰然处之。

经书上说：对受宠爱的人，要观察他是否骄奢姜太公说：富贵而不骄奢的人，可称之为义；对被疏远和罢黜的人，要观察他是否背叛；对荣耀显赫的人，要观察他是否骄矜夸耀；对默默无闻的人，要观察他是否能做到不惧权贵。对年少的人，要观察他是否恭敬、好学，能否对兄弟爱护谦

卷一　文上

让《人物志》称：从小立志的人，在孩童时期就会有一定的苗头。所以说文才本于辞藻丰富，辩才始于口齿伶俐，仁爱出于慈悲怜悯，好施在于大方，谨慎在于有畏惧之心，廉洁表现为不取不该拥有的东西。及至壮年，要观察他是否廉洁、务实、大公无私；及至老年，要观察他是否思虑慎重，不断加强自己不足的方面，而且又能谨守道德规范。父子之间，要观察他们是否父慈子孝；兄弟之间，要观察他们是否和睦友爱；邻里之间，要观察他们是否讲信义；君臣之间，要观察臣子是否忠心，君主是否宽大恩惠姜太公说：交给他权力还能不变的人，就是忠臣。以上办法称之为观诚。傅玄说：了解一个人的困难，最难的就是辨别真伪。假设一个人的思想源于道家，他讲的就是自然，尊崇的是玄学的虚幻；思想源于儒家的人，所谈就是分官设职的制度，崇尚的是公平正直；思想源于纵横家的人，他讲的就是权宜机变，崇尚的是不拘泥于常规。九家都有不同的追求，各有所长，这并不难于分辨。所谓了解一个人的困难，是对沉默不语的人要观察他的行动，对滔滔不绝的人要观察他的言辞，对外出为官的人要观察他如何治理，对闲云野鹤的人要观察他的学问。这四种人的德行各不相同，仔细观察，也不难发现其不同，因此这也不能说难。所谓了解人的困难，是指那些说起话来引经据典，诡辩巧驳，变化无穷，品格低下反而大谈德行高妙，贪婪不已反而大谈廉洁无私，荼毒天下反而说仁爱百姓，懦弱无能反而说勇猛无比，欺世盗名反而说真诚有信用，淫奢极欲而言贞洁自好的人。这些都是以假乱真，混淆视听，也是人们常被迷惑，明君特别嫉恨的。德行君子心灵纯洁，虚怀若谷，洁身立世，保持端方正直的品德。九流人等都有自己的处世原则，且坚定不移。内心坚守正道，外表坚定不移，那么虚伪小人就无所遁形了。空话容易说，但如果一定要求具体的落实效果，那么真实情况立刻可见。所以韩非子说：人如果都睡了，就无法知道谁是瞎子；人如果都默然不语，哑巴也难于分辨出。睡醒后使他们看东西，提问使他们回答，那么瞎子、哑巴就显现无遗了。只是看看马的牙齿和毛色，即使是伯乐也不能分辨马的好坏。必须要让马架上车，试跑一段路程，那么即使奴婢也能确定马的好坏。只是看颜色，察纹理，即使是最善观剑的欧冶子也分辨不出剑的好坏；用剑在陆地斩杀狗马，在水里斩杀蛟龙，即使是蠢人也能看得出剑是否锋利。由此可见，通过实践考察事情，是最高明的办法。

《人物志》称凡是有血气的生物，没有一个不是禀阴、阳二气成就品性，合金、木、水、火、土五种元素成就它的外形。所以对他们的本体而言，木骨、金筋、火气、土肌、水血，这是五种物质的表象。五种物质，各有各的功能：**骨骼如柱而外表能**

柔和的，本性就坚强刚毅。坚强刚毅，那是仁的品质木的本性是垂而阴湿，是仁的品质。本质不坚强刚毅，不能成仁。气质清新爽朗的，称之为文理。文理，是礼的本原火的本性是照亮万物，是礼的品质。若品质没有文理，就不能成为礼。体貌端庄坚实的，称之为贞固。贞固，是诚信的基础土的本性是生万物，为诚信的基础。基础不贞固，就不能成为信。筋脉强劲而有神气，称之为勇敢。勇敢，是舍生取义的前提金的本性能断削，是义的前提。没有勇敢，就不能成就义。气色平和舒畅者，称之为通微。通微是智的源泉水流疏通畅达，是智慧之源。源不通畅，不能成智。五种物质的属性不可变更，故谓之五常。

因此说，劲直而不刚硬就是木木性太僵直就会枯干，就将丧失其本色，强劲而不精致就是蛮力因为背起巨鼎而折断腿骨，就是因为不能用巧力，固执而不端正就是愚钝只考虑对自己有利，自以为是，就会陷入痴愚憨直，有血性但不纯净就会放纵表达不纯净平顺，一旦放纵过头就会一事无成，通畅而不平和就是放荡喜欢无休止地表现自己的才智，一旦放荡就会迷失自己。然而，平实还是偏颇的性情取决于是否有神气神气，是气质之本。因此神气平实的人气质上也会平和，神气偏颇的人气质也会偏颇，明智还是愚笨取决于精气精气，是实体之本。精气清爽则智明，精气浑浊则愚昧，勇敢还是怯懦的区别在于筋脉筋脉，是气魄的基础。因此筋脉强劲则气魄宏大，筋脉弱则显得懦弱，坚强还是柔弱的区别在于骨骼骨骼，是体质的基础。因此骨骼粗壮则体质强健，骨骼细软则体质柔弱，急躁还是平静取决于气气，是决断的基础。气太盛决断则显得急躁，气平和决断就会比较冷静，悲伤还是喜悦表现在人的面色面色，是内心的象征。因此面色憔悴是由于内心悲伤，面色喜悦是由于内心高兴，外貌的疲惫庄重在于仪表仪表，是外貌的表象。因此仪表颓唐就显得外貌疲惫，仪表堂堂则显得外貌肃穆庄重，态度的变化表现于容颜容颜，是内心的表征。内心悲哀那么容颜就显得悲哀，内心端正则容颜从容。缓急的情绪会在言谈中流露言谈，是内心的表白。内心宽容则言语宽和，内心偏急则言语急躁。假若一个人心性质朴恬淡，内心睿智，外表开朗，筋脉强劲，骨骼坚固，声音清脆，面色喜悦，仪表高洁，容颜端方，这就是具有纯粹品德的人。

人都有气。气聚于人的形体之中，必然表现于形体之外。因此说，心气粗疏的人,他的声音也会沉重散漫;心气安详谨慎的人,他的声音必然平和而有节制;心气鄙陋乖戾的人,他的声音必然粗犷;心气宽厚柔顺的人,他的声音必然温和圆润。有信用的人心气中正平易,讲道义的人心气从容不迫,内心平和的人心气简易随和,勇猛之人心气雄壮奇绝。用这种办法观察人叫做"听气"凭借声音的区别,判断他真实的品性。气产生物质,物质发出声音。声音有刚、柔、清、浊的区别,都能从声音上判断。通过听声音,观其气,考查所作所为,就可以了解人的信、义、和、勇等不同品性。

还有"察色"的方法。察色就是说,一个人的心气藏于体内,但可以通过神色去了解它。真正聪慧的人一定有难以穷尽的神色另一种说法是:真正聪慧的人必有明朗、通达的神色,真正仁厚的人一定有值得尊重的神色另一种说法是:真正仁厚的人一定有温柔的神色,真正勇敢的人一定有不惧威慑的神色另一种说法是:真正勇敢的人一定有自负奋发的神色,真正忠诚的人一定有赏心悦目的神色,真正高洁的人一定有不可玷污的神色,真正有节操的人一定有值得信赖的神色。质朴的神色,浩气凛然,坚固稳重;虚伪的神色游移不定,让人烦燥不安。这就叫"察色"。《人物志》称:心地朴实正直的人,他的仪表必然强劲坚定;心地平和的人,他的仪表必然安闲自在。一个人的仁爱之心达到极致时,就会显得笃实而端庄;勇敢达到极致时,神色就显得粲然刚强。人有忧患,神色就会显得疲乏而且茫然;人有疾病,神色就会显得蓬头垢面;人有喜色,必然欢快畅达;人有恼怒,神色必然抑制不住地严厉;人有困惑,神色必然冒昧莽撞。所以说,言辞动听,表情神色却与言语不协调,心中必有疙瘩未解;言辞不通顺,而表情神色给人以信赖感,表明其人不善言辞;没说话就怒形于色的,表明该人义愤填膺;言语伴随愤怒同时迸发,表明该人要强迫别人改变他认为不对的事情。诸如此类,说明虽然言语想掩盖某种真实,但外在的表情神色却把他出卖了。即便通过威胁、恐吓的方式,这样的变化依然会被洞察。

察人还有"考志"的方法。所谓考志,是通过与考察对象交谈来考察他的志向。如果一个人的语气宽厚柔和,神色谦恭而不谄媚,礼仪比别人更周到,不轻易表达自己,经常能发现自己的缺点与不足,这种人对别人是有裨益的。如果一个人说话盛气凌人,心高气傲,总想在言语上胜别人一头,想方设法避免暴露自己的不足,掩盖自己的无能,这种人只能给别人带来损害姜太公说：好与人争辩、高谈阔论，完全不顾现实情况的，这是奸人，君王切勿宠幸他们。如果一个人外表刚直而不可轻侮，说话公正而无私心，不夸大自己的长处，不隐瞒自己的缺点，不掩盖自己的过失，这种人是质朴之人另一种说法是：给予他好处而不喜形于色，夺走他的财产而不愤怒，沉静寡言，恪守信用而不形之于外，这是朴实沉静之人。评论：姜太公说：不打扮，不修饰，不好华服，口中讲的是清静无为，求的却是功名利禄；口中说的是无求无欲，实际上贪得无厌，这是虚伪之人，君王切勿接近他。那些貌似质朴的人中就有这种伪君子。如果一个人神情曲意媚人，说话阿谀乖巧，刻意修饰自己的外表，说一些琐屑之事，以此自鸣得意，这就不是质朴之人评论：晏子说：进谗言、行奸佞的小人在君王左右，他们都有非常的才能。那些心中隐藏着大大的不忠诚的人，必然会将小小的忠诚显露出来，以便成就其大大的不忠诚。这种人是最难考察的。荀悦说：观察人时，当一个人的言行并不合乎道义，而他千方百计来取悦自己，这种人一定是奸佞之徒；如果一个人的言行虽然与自己的看法并不相同，但合乎道义，这种人就是正人君子。这正是考察人的一个方面。假如一个人感情的喜怒不会因外界环境的变化而表现出来，不因为遇到烦乱之事就心志迷惑，不会为厚利所动，不会在威胁面前卑躬屈膝，这种人是内心平静、坚贞不屈之人另一种说法是：给他足够使他荣耀的财物而不会喜形于色，仓促之间受到恐吓也不惧怕，坚守正义而不变，面对财宝而心不动，这是真正的正人君子。评论：孔子说选拔人才的办法，是不取那些着意进取的人，着意进取的人往往表现贪婪。着意进取的弊端竟是如此之大！如果一个人很容易因外界的环境影响而表现出或喜或怒的情绪，或遇到烦乱之事而意志动摇，遇到利益就怦然心动，遇到威胁就丧气恐惧的，是心性鄙陋、志气不坚定的人另一种说法是：那种容易被言辞所打动，意志不坚定，已经许诺又犹豫不决的人，是情感脆弱之人。面对困难屡屡都能果断处理，对突然的惊扰屡屡处变不惊，虽然文采不足但内心聪慧的，是有智慧、有思想的人评论：姜太公说：有名而无实，不同场合表达不一致，张扬自己的优点，掩饰自己的缺陷，进退都是为了功名利禄，君王切勿与这种人谋事。有智慧、有思想的人，经常会犯这个毛病。如果一个人不懂得处事应物，不愿意听取别人劝告，固守一个观念而不知变通，固执己见而不知改变，这是愚笨固执之人评论：志士坚守节操，而愚笨固执之人难于变通，两者都是不变，但还是

卷一　文上

有愚笨和聪明的区分，应以是否坚持道义为衡量的标准。为什么这么说呢？西汉陆贾《新语》说：善于应变的人能应付各种欺诈，通达事理的人不会惊慌于各种怪异，谨慎言辞的人不会被言辞所迷惑，秉承信义的人不会为利益所动摇。因此君子开始尽可能博闻广见，但选择的时候却要非常谨慎。力求博学，但行为却很敦厚。眼睛不好炫耀之色，耳朵不爱听阿谀之辞。即便拿齐、鲁的财富来引诱他也矢志不移，即使许诺让其活到仙人王乔、赤松子那样长的寿命也不改变自己的做事方式。始终坚持自己的道义，保持自己的节操，谨慎从事自己的事业，建立自己的功名。观察他对待道德、事业的态度，这就可以辨别愚笨固执与志士坚守节操的不同。如果不听别人讲的道理，自私而不加约束，明明不对还要坚持错误，这就是好诬枉、嫉妒之人评论：刘备让一个门客去见诸葛亮，并认为此人很贤良。诸葛亮说：看此人的言谈举止，神色游移畏惧，低着头，多次有违逆的迹象，奸形外露，邪心内藏，一定是曹操派来的刺客。后来果然发现是刺客。奸佞之人的行为举止大体都是这个样子。何晏、夏侯玄和邓飏等人都想和傅嘏交友，但傅嘏不答应。有人感到奇怪，就去问傅嘏，傅嘏回答：夏侯玄志气很大，虚有其名而无实才；何晏说话故弄玄虚但又急功近利，喜好辩论，但没什么真正的成就，他就是那种会因为逞口舌之利而导致国家颠覆之人；邓飏做事抓不住重点，在外贪求名利，对自己缺乏约束的尺度，喜欢与自己意见相投的人，嫌弃与自己意见相左的人，喜欢发表议论，但又嫉妒前贤。话多的人一定会有失误，嫉妒前贤就很难有成就。我看这三人，都是败坏道德的人。远远躲开他们还担心会连累自己，更何况与他们亲近呢？后来三人的结局都被傅嘏言中。嫉妒他人者的下场就是如此。以上说的就是"考志"的方法。《人物志》说：精神应该深沉悠远，气质应该美好凝重，志气应该弘远广大，心地应该谦虚谨慎。深沉悠远可以进入神妙的境界，美好凝重才能尊崇道德节操，志向远大才能担当重任，谦虚谨慎才能不出差错。因此《诗经》歌咏周文王"小心翼翼"，连讲话都不敢大声，谨慎小心啊；"王赫斯怒"，是说周文王志气远大，心怀天下。由此看来，谨慎而志气远大，这是圣贤的品格；狂放又志气远大，这是豪杰的品格；狂放而志气不大，这是放荡任性之徒的品格；谨慎小心而又志气不大，这是拘谨怯懦之人的品格。

　　了解人还有"测隐"的方法。所谓测隐，是指观察一个人，如果他吃小亏而要占大便宜，小利退让，大利必争，信誓旦旦以争取人心，假装慈爱以示忠厚，伪装行为高洁，以求取美名。这就是用仁爱贤良来隐藏自己真实本质的人。荀子说：孔子门中连五尺童子都羞于谈论霸道，这是为什么呢？这是因为霸道不是政治教化之道，不能使人心悦诚服，以小利退让掩饰其大利必争，表面上仁德，实际上孜孜以求的是利益。霸道只是势利小人达到目的的工具罢了，怎么会在孔子这样大君子的门中谈论呢？假若问而不答，须要详细回答的问题却含糊其词，外表显得高深有余，打着仁义的幌子来放纵自己，遇到困难，穷于应变就故作深沉。这是借学识文理来掩饰自己的贫乏另一种说法是：本来没有虔诚之心，却以伴装不说来掩饰，本来没有诚心，而在神情上却显得诚恳之至。这是用小聪明来掩盖自己的虚伪。《人物志》称：一些人有甘居人后的特点，喜欢随众人之愿，表面上能听取意见，给人以行事果断的印象；有的人遇到困难就回避，外表上似乎胸有成竹，实际上一筹莫展；有的人对自己的过错、失误进行辩解，说得头头是道，似乎有不可驳倒的理由。这几种人，是很容易迷惑众人的。假若有的人高谈阔论以显示自己的廉洁，假装雷厉风行以显示自己的勇敢，内心恐惧，外表却虚张声势，夸夸其谈，在众人面前称英雄。这是用廉洁、勇敢来掩饰自己的私欲与怯懦评论：姜太公说：没有奇谋远略，只是为了立功才能获取的金钱、爵位，强装勇敢，轻视敌人，抱着侥幸心理去打仗。对这种人，做君主的千万不能让他担任将军，率兵打仗。以上是强装勇敢的弊端。假若有的人侍奉君王和双亲时，喜欢向别人炫耀对君亲的忠孝，但内心并无忠孝的虔诚，只不过是为博取忠君孝亲的美名，达到自己发迹的目的。这就是那种借忠孝之名掩饰自己虚伪本质的人。以上所说的就是所谓"测隐"的方法。《人物志》称：最为高妙的人，内心精纯，不做表面文章；最为虚伪的人，大言不惭，刻意修饰，其实内心完全相反。人们追求新奇，不以精微的洞察力窥测其中的玄机，或者由于某人其貌不扬而遗憾，或者将仪表堂堂视为伟人，或者以真情流露视作虚浮，或者以巧妙掩饰作为真实。怎样才能了解一个人的真实面貌呢？这就需要测隐。

一个人言行不一，前后相悖，外表与内心不相吻合，假立名节以迷惑他人耳目，这就叫"毁志"。《人物志》称：纯粹攻击别人短处的人，本性是违背常理的，对人对事自然也不会公正无私。攻击者看上去似乎很直率，实际攻击的是善良之辈。真正的放荡之人似乎不愿受到拘束，但不能通晓正道。依照放荡行事，似乎可以不受拘束，但行为狂傲，必然违背礼节。因此说直率的人与攻击别人的人在揭露短处这一点上是相同的，但主观动机不同；不受拘束的人与放荡的人在率性自然这一点上是相同的，但本质却不相同。考察他们动机的本质区别，那么"毁志"的含义就明白了。

卷一　文上

假若一个人与别人因酒肉吃喝而相亲，因行贿送礼而相交，损人利己以相合，以权力荣誉来掩藏自己的物欲，这种人就是所谓贪婪卑鄙之人姜太公说：果敢而视自己的生命为轻，如果只是为了贪求爵禄，而不是为了伟大的事业，只是为利禄所动，这种人君王切勿任用他。如果一个人只有小聪明，但不能大彻大悟，只是在小事上逞能而无法成就大事，只是懂得小道理，而不知大的伦常，这种人叫"华诞"《文子》称：每个人都有自己的短处，只要大节不坏，虽有小过失，不会对他有所拖累。若大节不讲，而只注意街头巷尾的芝麻小节，是不值得赞扬的。

　　了解人还有"揆德"的方法。所谓揆德，就是估量一个人的品德并予以判断。有的人言语忠信，行为平易，坚持自己的志向，大公无私，给人恩惠而不求回报。内心忠厚而且能明察秋毫，其貌不扬但性情安稳，这是心地仁厚之人。对突然事变能予以有效的处理，处穷困之境而能奋进，投身功名而能如愿，这是有智慧的人。如果一个人虽然富贵，但恭敬勤俭而不失威严，彬彬有礼而不骄傲，这是有德行的人评论：三国时魏国人鱼豢说：贫穷的人无需学习俭朴，卑贱的人无需学习谦恭，这不是人性而是环境使然。因此知道一个人是不是真正的谦恭勤俭，必须看他富贵之后的表现才能鉴别出来。有的人在穷愁忧困的情况下无所畏惧，处于安乐条件下不奢侈，功勋卓著而本质不变，喜怒也有节制，这样的人称之为有操守的人。对君王恭敬有礼，对双亲恩爱有加，与人感情不合也不做出背叛之事，山穷水尽时也不放弃原则，这样的人可以称之为忠孝之人。这就是"揆德"的方法桓范说：历来的帝王无不羡慕那些成就霸业的君主能任用贤能，痛恨亡国之君失去人才。但是他们依然要任用那些凶险愚顽之人，以至于国破身亡的现象接连出现。这是什么原因呢？这是因为亡国之君选人不要求该人是否合乎道德标准，而只是看他是否符合自己的意旨。所以《人物志》称：纯粹而有节操之人，以真实公正为尺度，所以他审视人才时，一方面能够识别每个人性格品行的常态，同时又能对他们的诡诈之术也能保持警惕性；计谋深远之人，以思虑谋划为尺度，所以能够识别策略奇特与否，但往往忽视遵纪守法的良才；玩弄权术之人，以能否建功立业为尺度，因此能够识别进趋的功用，但不明白道德教化的效用；能言善辩之人，以辩论与折服别人为尺度，因此能够识别辩论的捷径与技巧，但不知文采的内在之美，因而互相辩驳，彼此不服。凡此种种，都称

知人第五

之为一流。所以一流之人能识别一流之善,二流之人能识二流之美。若合诸流之长尽有之,那么也就能兼达众才了。另一种说法是:追求名声的人总是不甘人后,因此性情相同而才能有别的人可以相互支援和依赖,性情相同而势力相当的人就会互相竞争,彼此伤害。这是本体一样而表现各自不同的情况,不能不详加考察。

　　圣贤最赞赏的是聪明。聪明人最注重的是知人。知人识才,各种人才会各得其所,这样各项事业就会兴旺起来另一种说法是:天下之人不可能都与之和睦相处,如何才能做到知人呢?了解一个人的某一方面,一天时间就够了。要全面了解,需要三天时间才够。为什么说三天时间就足够了呢?这是因为栋梁之才,必须兼备三种才能,如果不交流三天,就不足以完全了解。一是谈论道德,二是谈论法制,三是谈论谋略。然后才能尽显他的才智,举荐不疑。但是何以知道他是偏材还是兼众长之材,然后与之有针对性地谈论呢?如果他的为人务求与他人相容,不断讲别人的长处,并为所赞颂者找出许多理由与名目来,这种人就是兼众长之材。好讲自己的优点,也总希望别人称颂自己,不愿看到别人的长处,这种人就是偏材。因此孔子训诫他的弟子时提出"六蔽",以提醒偏材的缺失。仁者爱物,弊端在于优柔寡断;信者坦诚,弊端在于不善保密,这是偏材最容易缺失的。他还指出狂狷与耿介的偏失,以疏导有偏执拘谨或高傲刚直缺陷的人材;厌恶空言而没有信用,以说明虚伪的东西终究还是会被识破的。观察一个人安身立命的所在,考察他做事的动机和方法,借此了解他的日常行为。按照这种办法去观察人,还有什么能掩饰得住?还有什么掩饰得住呢?

卷一 文上

察相第六

原文

　　《左传》①曰：周内史②叔服如鲁，公孙敖③闻其能相人也，见其二子焉。叔服曰："谷也食子也，难收子。谷也丰下，必有后于鲁国杜预④曰：丰下，谓面方也。"郑伯享赵孟于垂陇，七子从。赵孟曰：七子从君，以宠武也。请皆赋以卒君贶，武亦以观七子之志。子展⑤赋《草虫》。赵孟曰：善哉！人之主也。抑武也不足以当之。印段⑥赋《蟋蟀》。赵孟曰：善哉！保家之主。吾有望矣。子展其后亡者也，在上不忘降。印氏其次也，乐而不荒，乐以安人，不淫以使之，后亡，

---

　　①《左传》：亦称《春秋左氏传》或《左氏春秋》。儒家经典之一。旧传春秋时左丘明所撰。清代今文经学家认为系刘歆改编。《左传》用事实阐释《春秋》，书中保存了大量古史材料，文字优美，记事详明，实为中国古代一部史学和文学名著。
　　② 内史：官名。西周始置，掌管著作简册，册命诸侯卿大夫以及爵禄的废置。
　　③ 公孙敖：春秋时鲁国贵族，孟孙氏，鲁桓公之孙，公子庆父之子。
　　④ 杜预：西晋大臣、学者，字元凯。初任镇南大将军，都督荆州诸军事，镇襄阳。继羊祜后，积极策划灭吴。全国统一后，他在江南兴修水利，公私受益万余顷。多谋略，时号"杜武库"。博学多通，于经济、政治、军事、历律、工程等方面均有著述或研究。在群经中，特好左氏。撰有《春秋左氏传集解》等，为现存最早之《左传》注本，收入《十三经注疏》。
　　⑤ 子展：即公孙舍之，名舍之，字子展，春秋时郑国大臣，郑穆公的孙子。在郑简公时为上卿，是垄断了郑国六卿的"七穆"家族之一罕氏的宗主。
　　⑥ 印段：名段，字子石，谥号献，是子张的儿子，春秋时郑国大臣。是郑简公时垄断了郑国六卿的"七穆"家族之一印氏的宗主。

察相第六

不亦可乎？

《汉书》①曰：高祖立濞②为吴王。已拜，上相之曰："汝面状若有反相，汉后五十年，东南有乱，岂非汝耶？天下一家，慎无反！"经曰：眉上骨斗高者，名为九反骨。其人恒有包藏之志。又曰：黄色绕天中，从发际通两颧，其两眉下各发黄色，其中正上复有黄色直下鼻者，三公相也。若下贱有此色者，能杀君父。《春秋左氏传》曰：楚子将以商臣为太子，访诸令尹子上。子上③曰：是人也，蜂目豺声，忍人也，不可立也。弗听。后谋反，以宫甲围成王，缢之。又曰：楚司马子良生子越椒，子文④曰：必杀之。是人也，熊虎之状而豺狼之声。弗杀，必灭若敖氏矣。谚曰狼子野心，是乃狼也，其可畜乎？子良不可，后果反，攻王，楚王鼓而进，遂灭若敖氏。又曰：晋韩宣子⑤如齐，见子雅。子雅⑥召其子子旗，使见宣子。宣子曰：非保家之主也，不臣。杜预曰：言子旗志器亢也。后十年，来奔。周灵王⑦之弟儋季卒，其子括将见王而叹。单公子愆期闻其叹，叹也，入以告王曰：不戚而愿大，视躁而足高，心在他矣，不杀必为害。王曰：童子何知！及灵王崩，儋括欲立王子佞夫。周大夫杀佞夫。齐崔杼⑧帅师伐我，公患之。孟公绰曰：崔子将有大志，不在病我，必速归，何患焉？其来也不寇，使人不严，异于他日。齐师从归，果弑庄公。晋、楚会诸侯而盟。楚公子围设服离卫。鲁大夫叔孙穆子⑨曰：楚公子美矣，君哉！杜预曰：设，君服也。此年，子围篡

---

① 《汉书》：我国第一部纪传体断代史。东汉班固撰。全书起汉高祖元年，迄王莽地皇四年，记西汉230年史事，共一百卷。

② 刘濞：西汉诸侯王，刘邦之侄，封吴王。他在封国内铸钱煮盐，招纳亡命之徒，大力扩张势力。景帝时他联合赵、楚等七国发动叛乱，被周亚夫击溃，逃至东越，被东越人所杀。

③ 子上：春秋时楚国令尹，名勃，字子上，若敖氏后裔。城濮之战时辅佐子玉，指挥楚军右翼，被晋文公击溃。楚成王打算立熊商臣为太子，他提出不同意见，因此遭到商臣的怨恨。

④ 子文：又名斗谷於菟，是楚国第十三代国君若敖的孙子，担任楚国令尹27年，辅佐国君楚成王开拓了国家的疆域，壮大了楚国的国力，是历史上少有的良臣贤相。

⑤ 韩宣子：名韩起，谥号宣，史称韩宣子，是春秋时晋国韩氏第六任领袖。

⑥ 子雅：齐惠公之孙，公子坚之子，春秋时齐国的大夫，栾氏的始祖。

⑦ 周灵王：周简王之子，东周第23代君主，在位27年，弭兵会盟即发生在他在位时期，此后周王室在诸侯中的威望日渐衰落。

⑧ 崔杼：春秋时齐国大夫。齐太史及其两弟三书"崔杼弑其君"，他连诛太史兄弟三人，但终不能使之绝书。及崔氏内乱，庆封攻灭其族，崔杼自杀。

⑨ 叔孙穆子：名豹，谥号为穆，因此也称为叔孙穆子、穆叔等，叔孙氏第五代宗主，春秋时鲁国贵族，最早提出"三不朽"。《左传·襄公二十四年》载：豹闻之，太上有立德，其次有立功，其次有立言，虽久不废，此之谓不朽。

卷一 文上

位。卫孙文子①来聘，君登亦登。叔孙穆子趋进曰：诸侯之会，寡君未尝后卫君，今吾子不后寡君，未知所过。吾子其少安。孙子无辞，亦无悛容。穆叔曰：孙子必亡。为臣而君，过而不悛，亡之本也。后十四年，林父逐君。初，郑伯享赵孟，七子赋诗，伯有赋《鹑之贲贲》。享卒，赵孟告叔向曰：伯有将为戮矣。诗以言志，志诬其上，而公怨之，以为宾荣，其能久乎？魏时管辂相何晏、邓飏当诛，死。辂舅问之，答曰：邓飏行步，节不束骨，脉不制肉，起立倾倚，若无手足，谓之鬼躁。何足视候，魂不守宅，面无华色，精爽烟浮，容若枯木，谓之鬼幽。鬼躁者，为风所收；鬼幽者，为火所烧。自然之符，不可蔽也。宋孔熙先②就姚生曰：夫相人也，天欲其圆，地欲其方，眼欲光曜，鼻须柱梁，四渎欲明，五岳欲强。此数者，君无一焉。又君之眸子，服服如望羊，行委曲而失步，声嘶散而不扬。岂唯失其福禄，将乃罹其祸殃。后皆谋反，被杀之矣。

由此观之，以相察士，其来尚矣。故曰富贵在于骨法，忧喜在于容色。经曰：青主忧，白主哭泣，黑主病，赤主惊恐，黄主庆喜。凡此五色，并以四时判之。春三月，青色王，赤色相，白色囚，黄、黑二色皆死。夏三月，赤色王，白色、黄色皆相，青色死，黑色囚。秋三月，白色王，黑色相，赤色死，青、黄二色皆囚。冬三月，黑色王，青色相，白色死，黄与赤二色囚。若得其时，色王、相者，吉；不得其时，色王、相若囚、死者，凶。魏管辂③往族兄家，见二客。客去，辂谓兄曰：此二人，天庭及口耳之间同有凶气俱起，双魂无定，流魄于海，骨归于家。后果溺死。此略举色变之效。成败在于决断，以此参之，万不失一。

经曰：言贵贱者存乎骨骼，言修短者存乎虚实。经曰：夫人喘息者，命之所存也。喘息条条，状长而缓者，长命人也；喘息急促，出入不等者，短命人也。又曰：骨肉坚硬，寿而不乐；体肉软者，乐而不寿。《左传》曰：鲁使襄仲④如齐，复曰：臣闻齐人将食鲁之麦。以臣观之，将不能。齐君之语偷。臧文仲⑤有言曰：人主偷，必死。后果然。郑伯如晋拜成，授玉于东楹之东。晋大夫贞伯曰：郑伯其死乎？自弃

---

① 孙文子：即孙林父，春秋时卫国大夫。谥文，称孙文子、孙良夫子。

② 孔熙先：南朝宋文帝时大臣。甚有才能，但囿于门第，不能升迁。后联合范晔等人试图拥戴宋文帝的弟弟刘义康为帝，事泄被杀。

③ 管辂：三国时魏国人，字公明，通易经，善卜筮，相传所占无不应。

④ 襄仲：东门氏，名遂，字襄仲，也称东门襄仲、公子遂。春秋时鲁庄公之子，鲁僖公的弟弟。

⑤ 臧文仲：名辰，谥号文，臧哀伯次子，因此死后又称臧文仲。春秋时鲁国大臣，世袭司寇，执礼以护公室。

察相第六

也已！视流而行速，不安其位，宜不能久。杜预曰：言郑伯①不端谛也。六月卒。天王②使刘康公③、成肃公④会晋侯伐秦。成子受脤于社，不敬。刘子曰：吾闻之，人受天地之中以生，所谓命也。是以有动作、礼义、威仪之则，以定命也。能者养之以福，不能者败以取祸。是故君子勤礼，小人尽力。勤礼莫如致敬，尽力莫如敦笃。敬在养神，笃在守业。国之大事，在祀与戎。祀有执膰，戎有受脤，神之大节也。今成子惰，弃其命矣。其不及乎？五月，卒于瑕。晋侯嬖程郑⑤，使佐下军⑥。郑行人⑦公孙挥如晋聘。程郑问焉，曰：敢问降阶何由？子羽不能对。归以语然明，然明曰：是将死矣！不然将亡。贵而知惧，惧而思降，乃得其阶，下人而已，又何问焉？且夫既登而求降者，知人也，不在程郑。其有亡衅乎？不然，其有惑疾，将死而忧乎？明年，程郑卒。天王使单子会韩宣子于戚，视下言徐。著叔向曰：单子其将死乎？朝有著定，会有表，衣有袷，带有结。会朝之言，必闻于表、著之位，所以昭事序也。视不过结、袷之中，所以道容貌也。言以定命之，容貌以明之，失则有阙。今单子为王官伯而命事于会，视不登带，言不过步，貌不道容，而言不昭矣。不道不恭，不昭不从，无守气矣。此冬，单子卒。宋平公⑧享昭子，宴饮乐，语相泣也。乐祁佐，退而告人曰：今兹君与叔孙其将死乎？吾闻之，哀乐而乐哀，皆丧心也。心之精爽，是谓魂魄。魂魄去之，何以能久？此年，叔孙、宋公皆卒。邾隐公⑨来朝，执玉高，其容仰。鲁公受其玉卑，其容俯。子贡⑩曰：以礼观之，二君皆有死气。高仰，骄也；卑俯，替也。骄近乱，替近疾。君为主，其先亡乎？此年，公薨。哀七年，以邾子益归。卫侯会吴于郧。吴人藩卫侯之舍。子贡说太宰⑪嚭而免之。卫侯归，效夷言。子之尚幼，曰：君必不免。其死于夷乎？执焉，而又说其言，从之固矣。后卒死于楚。鲁公作楚宫，穆叔曰：《泰誓》云：

---

① 郑伯：此处指郑简公，姬姓，名嘉。春秋时郑国的君主，郑僖公之子。
② 天王：指周天子。春秋时，楚、吴等诸侯相继称王，故尊称周天子为天王。
③ 刘康公：名季子，春秋时刘国开国君主，周顷王的儿子，周匡王、周定王的弟弟。
④ 成肃公：春秋时期成国的诸侯。
⑤ 程郑：春秋时晋国大夫。
⑥ 下军：古代的军事编制称谓，大国分为上军、中军、下军三级，次一级的国家分为上军和下军两级。
⑦ 行人：官名。掌朝见聘问。春秋、战国时各国都有设置。
⑧ 宋平公：春秋时宋国第二十五任君主，本名成，宋共公之子。
⑨ 邾隐公：曹姓，名益，春秋时邾国第十七代君主，邾庄公的儿子。
⑩ 子贡：本名端木赐，字子贡，儒商之祖，孔门七十二弟子之一，善于雄辩，办事通达。
⑪ 太宰：古官名，掌管国家的治典、教典、礼典、政典、刑典、事典等六种典籍，用来辅佐国王治理国家。

卷一 文上

人之所欲，天必从之。君欲楚也夫，故作其宫。不复适楚，必死是宫。六月辛巳，公薨于楚宫。晋侯使郤犨送孙林父于卫。卫侯飨之，苦成叔敖。卫大夫宁子曰：苦成家其亡乎？古之飨食也，以观威仪，省祸福。故《诗》云：兕觥其觩，旨酒思柔。彼交匪敖，万福来求。今夫子敖，取祸之道也。十七年，郤氏亡。齐侯与卫侯会于商任，不敬。叔向曰：二君者必不免。会朝，礼之经也。礼，政之舆也。政，身之守也。怠礼失政，失政不立，是以乱也。二十五年，齐弑光。二十六年，卫弑剽也。**言灵性者存乎容止。斯其大体。**

夫相人先视其面。面有五岳四渎五岳者，额为衡山，颏颐为恒山，鼻为嵩山，左颧为泰山，右颧为华山。四渎者，鼻孔为济，口为河，目为淮，耳为江。五岳欲耸峻圆满，四渎欲深大，崖岸成就。五岳成者，富人也，不丰则贫；四渎成者，贵人也，不成则贱矣。**五官六府**五官者，口一，鼻二，耳三，目四，人中五。六府者，两行上为二府，两辅角为四府，两颧衡上为六府。一官好，贵十年；一府好，富十年。五官六府皆好，富贵无已。左为文，右为武也。**九州八极**九州者，额从左达右，无纵理，不败绝，状如覆肝者为善。八极者，登鼻而望，八方成形不相倾者为良也。**七门二仪**七门者，两奸门①，两阙门②，两命门③，一庭中④。二仪者，头圆法天，足方象地。天欲得高，地欲得厚。若头小足薄，贫贱人也；七门皆好，富贵人也。总而言之，夫额为天，颐为地，鼻为人，左目为日，右目为月。天欲张，地欲方，人欲深广，日月欲光。天好者贵，地好者富，人好者寿，日月好者茂。上亭为天，主父母贵贱；中亭为人，主昆弟、妻子、仁义年寿；下亭为地，主田宅、奴婢、畜牧、饮食也。

若夫颧骨才起，肤色润泽者，九品之候也又曰：腰腹相称，臀髀才厚及高视广步，此皆九品候也。夫色须厚重，腰须广长。故经曰面如黄瓜，富贵荣华。白如截脂，黑色如漆，紫色如椹，腰广而长，腹如垂囊，行如鹅龟，此皆富贵人也。凡称夫公侯将相已下者，不论班品也。**辅骨⑤小见，鼻准微端者，八品之候也**又曰：胸背微丰，手足悦泽及身端步平者，此皆八品之候也。夫鼻须洪直而长，胸脾须丰厚如龟

---

① 奸门：双耳以下为奸门。
② 阙门：双眉后、额角处为阙门。
③ 命门：太阳穴下、颧骨后为命门。
④ 庭中：面之正中为庭中。
⑤ 辅骨：双眉与上发际中间的额骨。

察相第六

形，手足色须赤白，此皆富贵人也。故经曰手足如绵，富贵终年。手足厚好，立使在傍也。**辅角成棱，仓①、库②皆平者，七品之候也**又曰：胸厚颈粗，臂胫傭均及语调顾定者，此皆七品之候也。夫颈须粗短，手臂须纤长，语须如篁及凤，此皆贵相也。故经曰额角高耸，职位优重。虎颈圆粗，富贵有余。牛顾虎视，富贵无比。天仓满，得天禄；地仓满，丰酒肉也。**天中③丰隆，印堂端正者，六品之候也**又曰：脑起身方，手厚腰圆及声清音朗者，此皆六品之候也。夫人额上连天中，下及司空，有骨若肉如环者，名曰天城。周匝无缺者大贵，有缺若门者为三公。夫声者须深实，大而不浊，小而能彰，远而不散，近而不亡，余响激澈，似若有篁，宛转流韵，能圆能长，此善者也。官声重大沉壅，商声坚劲广博，角声圆长通彻，徵声抑扬流利，羽声奄蔼低曳，此谓正声也。**伏犀④明峻、辅角丰秾者，五品之候也**又曰：颈短背隆，乳阔腹垂及鹅行虎步者，皆五品之候也。夫人脑缝骨起，前后长大者，将军二千石，领兵相也。出发际，为伏犀，须耸峻棱利，公侯相也。不用宽平，有坎者，迍剥；有峰者，大佳。宽平者，犹为食禄。夫腹须端妍。故曰马腹庞庞，玉帛丰秾也。**边地⑤高深，福堂⑥广厚者，四品之候也**又曰：头高面丰，长上短下及牛顾龙行者，此皆四品之候也。边地，在额角近发际也；福堂，在眉尾近上也。夫头须高大。故经曰牛头四方，富贵隆昌。虎头高峙，富贵无比。象头高广，福禄长厚。犀头榫崒，富贵郁郁。狮头蒙洪，福禄所钟。虎行将军，雁行大富也。**犀及司空、龙角⑦纤直者，三品之候也**又曰：胸背极厚，头深且尖及志雄体柔者，此皆三品候也。司空从发际直下，次天庭是也。龙角，在眉头上也。**头顶高深，龙、犀成就者，二品之候也**又曰：头骨奇起，支节合度，及貌杰性安者，此皆二品之候也。夫容貌慷慨，举止汪翔，精爽清澄，神仪安定，言语审谛，不疾不徐，动息有恒，不轻不躁，喜怒不妄发，趋舍合物宜，声色不变其情，荣枯不易其操，此谓神有余者，主得贵位也。**四仓尽满，骨角俱明者，一品之候也**头颈皆好，支节俱成及容质姿美、顾视澄澈者，此皆一品之候也。

---

① 仓：此指额头、鬓角处。
② 库：下颏处。
③ 天中：从发际到眉心分为五等分，依次为天中、天庭、司空、中正、印堂。
④ 伏犀：由鼻骨直上至天庭，再由天庭直贯。
⑤ 边地：发际边缘。
⑥ 福堂：太阳穴。
⑦ 龙角：即辅骨。

卷一　文上

似龙者为文吏似龙者甚贵。龙行者为三公也。似虎者为将军虎行者为将军。驿马骨①高，为将军也。似牛者为宰辅，似马者为武吏似马亦甚贵也，似狗者有清官，为方伯似猪、似猴者，大富贵。似鼠者，唯富而已。凡称似者，谓动静并似之。若偏似一处，乃贫寒者也。

天中主贵气，平满者宜官禄也天中最高，近发际，发黄色，上入正角，至高广，参驾迁刺史、牧、守。黄色如日月，在天中左右，侍天子也。黄色出天中，圆大光重者，暴见天子，经年及井、灶，有功受封，恒有黄气如悬钟鼓，三公之相也。又发黄气如龙形，亦受封也。四时官气发天部，如镜光者，暴贵相也。天庭主上公②，大丞相之气天庭直下，次天中，有黑子，市死③。司空主天官，亦三公之气司空直下，次天中，色恶，主上书，大凶。中正主群寮之气，平品人物之司也中正直下，次司空，色好者，迁官转职。若司空、中正，发赤色而历历者，在中正为县官，在天庭为郡官、州县、兰台、尚书，各视所部也。印堂主天下印绶，掌符印之官也印堂在两眉间，微下眉头少许，次中正。发赤色，如连刀，上至天庭，下至鼻准，为县令；直阙庭，发色者，长吏也。如车轮与辅角相应者，大贵。印堂，一名阙庭④也。山根平美及有奇骨伏起，为婚连帝室，公主婿也山根⑤直下，次印堂，亦主有势、无势也。高广主方伯之坐从天中横列至发际，凡七名，高广位在第三。高广忽发黄色如两人捉鼓者，将军相也。阳尺主州佐之官横次高广，位在第四。阳尺亦主少出，方伯有气，忧远行也。武库主兵甲典库之吏横次阳尺，位在第五。辅角主远州刺史之官横次武库，位在第六。骨起色好，主黄门舍人之官也。边地主边州之任横次辅角，位在第七。有黑子，落难为奴也。日角主公侯之坐从天庭横列至发际，凡八名，日角位在第一。平满充直者，宜官职。房心主京辇之任横次日角，位在第二。房心左为文，右为武。骨起宜作人师。黄色见房心，上至天庭，为丞令。直见房心而光泽者，召为国师也。驿马主急疾之吏横次，

---

① 驿马骨：指颧骨稍向上翘，至眉尾。
② 上公：上公指位在三公以上的公。西汉时，有太师、太傅、太保，称为上公，而东汉上公则仅有太傅一人，但不常设，一般是皇帝初即位时，为总揽朝政才设。
③ 市死：在闹市处死。指弃市，古代死刑之一。
④ 阙庭：即印堂。
⑤ 山根：内眼角间鼻凹处为山根。

察相第六

位在第七。驿马好色应印堂上，秋冬得官也。**额角主卿寺之位**从司空横列至发际，凡八名，额角横次，位第一。色红黄，大吉昌也。**上卿主帝卿之位**横次额角，上卿跃跃，封卿大乐。**虎眉主大将军**从中正横列至发际，凡九名，虎眉横次，位在第二。发青白色者，应行。**牛角主王之统师小将**横次虎眉，位在第三，亦主封侯食禄。成角者，更胜于肉也。**玄角主将军之相**横次，位在第五。无角者，不可求官。凡欲知得官在任久不，先视年上发色长短，发色长一分主一年，二分二年，以此消息，则可知也。有恶色间之者，主其年有事。白色，遭丧；赤色，弹夺；黑色，病；青色，狱厄。天中有气横干者，无官也。然官色既久，忽有死厄色间之者，代人死也。若年上有好色，如连山出云雨，处处皆通，则无处不达。发际有黄气，为已得官；若黑气，未也。有黄气如衣带发额上，迁官益禄也。

夫人有六贱：**头小身大，为一贱**又曰：额角陷缺，天中洼下，亦为一贱。经曰：额促而窄，至老穷厄。蛇颈薄曲，糟糠不足。蛇头平薄，财物寥落。貉头尖钝，穷厄无计也；**目无光泽，为二贱**又曰：胸背俱薄，亦为二贱。经曰：陷胸薄尻及猴目，皆穷相也；**举动不便，为三贱**又曰：音声雌散，亦为三贱。经曰：语声喷喷，面部枯燥，面毛戎戎，无风而尘，皆贫贱相也。夫声之恶者，粗浊飞散，细嘎聊乱，声去则若尽，往则不还，浅乱涩细，沉浊痿弊，舌短唇强，謇吃无响，此恶相也。夫人不笑似笑，不嗔似嗔，不喜似喜，不畏似畏。不醉似醉，常如宿醒；不愁似愁，常如忧戚；容貌阙乏，如经痼病；神色凄怆，常如有失；举止惶惶，恒如趋急；言语涩缩，若有隐藏；体貌低摧，如遭凌辱。此并神不足也。神不足者，多牢狱厄。有官隐藏而失，有位贬逐而黜者也。**鼻不成就，准向前低，为四贱**又曰：眇目斜视，亦为四贱。经曰：人中平满，耳无轮郭，皆贫贱相也；**脚长腰短，为五贱**又曰：唇倾鼻曲，亦为五贱。经曰：蛇行雀趋，财物无储。鼻柱薄，主立诺。鼻头低垂，至老独吹。摇腰急步，必无所使。腰短者则被人夺职也；**文策不成，唇细横长，为六贱**又曰：多言少信，亦为六贱。经曰：口薄，人不提携，僻侧，为人所毁。口如吹火，至老独坐。舌色白，下贱人也；舌短，贫穷人也。凡欲知人是贱者，贵处少而贱处多。多者，广也；少者，狭也。六贱备具，为仆隶之人。**此贵贱存乎骨骼者也**论曰：尧眉八彩，舜目重瞳，禹耳三漏，文王四乳，然则世人亦时有四乳者，此则驽马一毛似骥也。若日角月偃之奇，龙栖虎踞之美，地静镇于城垣，天关运于掌策，金槌玉枕，磊落相望，伏犀起盖，隐辚交映。井宅既兼，仓匮已实。斯乃卿相之明效也。若深目长颈，颓颜魔魑，蛇行鸷立，虾啄鸟咮，筋不束体，面无华色，手无春荑之柔，发有寒蓬之悴，是则穷乏征验

卷一　文上

也。昔姑布子卿①谓子贡曰：郑东门有一人，其长九尺六寸，河目而隆颡，其头似尧，其项似皋陶，其肩似子产，然自腰以下不及禹三寸，儡然若丧家之狗。河目谓上下匡而长也。颡，额也。汉高隆准而龙颜。准，鼻也。颜，额颡也。两角为龙角，一角为犀角，言高祖似龙，两眉颧骨高而鼻上隆。魏陈留王②丰下兑上，有尧图之表。陈宣帝③颈镇，貌若不惠。初贱时，杨忠④见而奇之曰：此人虎头，必当大贵。后皆果然。此贵贱之效也。

夫木主春，生长之行也春主肝，肝主目，目主仁。生长敷荣者，施恕惠与之意也。**火主夏，丰盛之时**夏主心，心主舌，舌主礼。丰盛殷阜者，富博宏通之义也。**金主秋，收藏之节也**秋主肺，肺主鼻，鼻主义。收藏聚敛者，吝啬悭鄙之情也。**水主冬，万物伏匿之日也**冬主肾，肾主耳，耳主智。伏匿隐弊者，邪谄奸佞之怀也。**土主季夏，万物结实之月也**季夏主脾，脾主唇，唇主信。结实坚确者，贞信谨厚之理也。

故曰凡人美眉目、好指爪者，庶几好施人也肝出为眼，又主筋，穷为爪，荣于眉，藏于魂。经曰：凡人眉直而头昂，意气雄强。缺损及薄，无信人也。如弓者，善人也。眼有光彩而媚好者，性识物理而明哲人也。眼光溢出睑外，不散不动，睑又不急不缓，而精不露者，智惠人也。睑蹇缩、精无光者，愚钝人也。眼光不出睑者，藏情人也，加以睑涩盗视，必作偷也。若修喻（音成）䁘暧（而叶切）者，蛆嫉人也。急䁜（侧夹切）者，不嫉妒则虚妄人也。盯（竹耕切）䀹䁖血者，恶性人也。瞳䁪（时间切）晠晃者，憃噴（呼个切）人也。䀹（丁念切）瞷（馨念切）䁸睒（时巾切）者，淫乱人也。弥词瞎瞎者，奸诈人也。泚澄拗（乌巧切）䁷（胡巧切）者，倔强人也。羊目眐（乌江切）瞳（敕江切）者，毒害人也。睢盱䁱烁者，回邪人也。精色杂而光彩浮浅者，心意不定，无信人也。精清光溢者，聪明人也。精沉光定者，大胆人也。上目眦下，眦中深厚，气色秾厚者，有威武，亦大胆人也。气色飘眇，浅薄人也。土地不洁者，无威，怯懦人也。精紫黑而光彩端定者，刚烈人也。精洁白而端定者，好隐遁人也。精多光而不溢散，清澈而视端审者，直性人也。精黄而光彩澄澈者，慕道术人也。点精近上

---

① 姑布子卿：春秋战国时期最著名的相士，相术精明，影响甚大，后世相士把他奉为相人术之祖，相人术也被后人称为姑布子卿术。

② 陈留王：即三国时魏国最后一个皇帝魏元帝曹奂，字景明，曹操孙。由司马昭拥立，实为司马氏的傀儡。司马炎代魏称帝，他被废为陈留王。

③ 陈宣帝：名顼，字绍世，南北朝时陈的皇帝，陈文帝之弟。乘北齐衰乱，一度收复淮南，北周崛起后，陈朝据江而守，国土日削。

④ 杨忠：南北朝北周大将。隋文帝之父。

者，志意下劣人也；点精近下者，志意高尚人也；点精近里者，自收敛人也；点精近外者，傲慢憨人也。羊目直视，能杀妻子；猪目应澄，刑祸相仍；鹰视狼顾，常怀嫉妒；蝼蛄目，心难得。夫指者欲纤秾如鹅，有皮相连者，性淳和人也。指头方怼者，见事迟人也。妍美者，嘱授人信之；恶者，人不遵承也。**毛发光泽，唇口如朱者，才能学艺人也**心出为舌，又主血。血穷为毛发，荣于耳，藏于神。经曰：野狐鬓，难期信；殁猊鬓，多狐疑。唇急齿露，难与为友；唇宽端正，出言有章；唇口不佳，出言不信。口边无媚，好扬人恶；口喙如鸟，不可与居，恶心人也。口急缓如鸟，言语皆撮聚者，此人多口舌。缓急不同，少信人也。**鼻孔小缩，准头低曲者，悭吝人也**肺出为鼻孔，又主皮肤，又为气息，藏于魄。好鼻者，有声誉。鼻柱薄而梁陷者，多病厄人也。鼻无媚，憨蠢人也。蜣螂鼻，少意智人也。**耳孔小，齿瓣细者，邪谄奸佞人也**肾出为骨，又主髓。髓穷为耳孔，骨穷为齿，藏于志。经曰：耳孔深广者，心虚而识玄。耳孔丑小者，无智而不信神理。耳边无媚，鄙拙人也。耳孔小而骨节曲戾者，无意智人也。老鼠耳者，杀之不死。又云，鼠耳之人，多作偷盗者也。**耳轮厚大，鼻准圆实，乳头端净，颏颐深广厚大者，忠信谨厚人也**脾出为肉，肉穷为孔，又主耳轮、准、鼻梁、颏颐等，藏于意。经曰：夫头高大者，性自在而好凌人。头卑弊者，性随人而细碎。故曰鹿头侧长，志气雄强，兔头蔑颌，意志下劣；獭头横阔，心意豁达。夫颈细而曲者，不自树立人也。若色斑驳或不洁净者，性随宜而不坚固。夫手纤长者，好舍施；短厚者，好取，舍则庶几，取则贪惜。故曰手如鸡足，意智褊促。手如猪蹄，志意昏迷。手如猴掌，勤勉伎俩。夫背厚阔者，刚决人也；薄者，怯弱人也。夫腹端妍者，才华人也。故曰牛腹婪贪，财物自淹。蛤蟆腹者，懒人也。夫腰端美者，则乐而能任人也。蜥蜴腰者，缓人也。夫臂髀厚广者，可倚任，安稳人也。夫蛇行者，含毒人也，不可与之共事。乌行跄跄，性行不良，似乌鹊行也。鹰行，雄烈。豺狼行者，性粗觅利人也。牛行，性直也。马行，猛烈之人也。**此性灵存乎容止者也**范蠡曰：越王①为人，长颈鸟喙，可与共患难，不可与共安乐。尉缭②曰：秦始皇隆准长目，鸷膺豺声，少恩信，虎狼心。居约易出人下，得志亦轻食人，不可与之久游。叔鱼生，其母视之曰：是虎

---

① 越王：即勾践。春秋时越国君主，曾败于吴，屈服求和。后卧薪尝胆，发愤图强，终成强国。公元前473年灭吴。

② 尉缭：战国时秦国大臣，名缭，尉为官名。入秦说秦王，得重用，任国尉。主张以重金收买六国权臣，瓦解敌方阵营。助秦掌军事，筹划统一战争，有大功。

目而豕心，鸢肩而牛腹。溪壑可盈，是不可厌也。晋叔向①欲娶于巫臣氏，其母不欲，曰：昔有仍氏生女，鬒黑而甚美，光可以鉴物，名曰玄妻。乐正后夔娶之，生伯封，实有豕心，贪婪无厌，忿类无期，谓之封豕。有穷后羿灭之，夔是以不祀。且三代之亡，皆是物也。汝何为哉？天有尤物，足以移人。苟非德义，则必有祸。叔向惧，乃止。魏安釐王问子从曰：马回梗梗亮直，大夫之节，吾欲为相，可乎？答曰：长目而豕视，则体方而心圆。每以其法相人，千百不失一。臣见回非不伟其体干，然甚疑其目。平原君②相秦将白起，谓赵王曰：武安君之为人也，小头而锐下，瞳子白黑分明，视瞻不转。小头而锐下者，断敢行也；瞳子白黑分明者，见事明也；视瞻不转者，执志强也。可与持久，难与争锋。王莽大口蹶颐，露目赤精，声大而身长七尺五寸，反膚仰视，瞰临左右。或言莽所谓鸱目虎吻，豺狼之声，故敢食人，亦当为人所杀。莽后篡汉位，后兵败归，果被杀也。

　　夫命之与相，犹声之与响也。声动乎几，响穷乎应，必然理矣。虽云以言信行，失之宰予③；以貌度性，失之子羽④。然《传》称：无忧而戚，忧必及之；无庆而欢，乐必还之。此心有先动而神有先知，则色有先见。故扁鹊⑤见桓公，知其将亡；申叔⑥见巫臣⑦，知其窃妻。或跃马膳珍，或飞而食肉，或早隶晚侯，或初刑末王，铜岩无以饱生，玉馔终乎饿死。则彼度表扪骨，指色摘理，不可诬也。故列云尔。

------

① 叔向：羊舌氏，名肸，春秋末期晋国人。以博闻著称，曾任晋平公的太傅。主张维持旧制，反对政治改革，指责郑国的子产铸造刑鼎。

② 平原君：即赵胜，战国时赵国大臣，赵惠文王弟，任赵相。能礼贤下士，手下门客达数千人，为"战国四君子"之一。长平战后，秦军围邯郸，他尽散家财，组织士兵坚守三年，并积极向魏楚求救，终于打败秦军。

③ 宰予：一名宰我。孔子学生，以擅长言语著称。因对孔子提倡的守丧三年表示怀疑，孔子认为他不仁。

④ 子羽：号澹台明灭。春秋鲁国人，孔子学生。貌丑，品性端正。孔子曾说："以貌取人，失之子羽。"

⑤ 扁鹊：战国时医学家。姓秦，名越人。能医治妇科、五官科、小儿科等多种疾病。后被秦武王太医令派人刺杀而死。

⑥ 申叔：春秋时楚国大夫，名展，又称申叔展、叔展。

⑦ 巫臣：字子灵，又称屈巫，原是战国时楚国的大夫。楚庄王破陈国，他见到夏徵舒的母亲夏姬十分美丽，动了色心。楚庄王、庄王的弟弟子反都想娶夏姬，都被巫臣婉转地劝停了。最终楚庄王把夏姬嫁给了连尹襄老。邲之战中，巫臣暗箭杀死了连尹襄老，尸体被晋国带走。巫臣借接连尹襄老的尸体为名，送夏姬到了郑国，两人由郑国逃到了晋国，被晋景公任命为邢大夫。子反因此诛灭巫臣全家。巫臣使晋国联合吴国进攻楚国，终使楚国衰落。

察相第六

译文

　　《左传》称：周襄王派他的内史叔服到鲁国去参加葬礼，公孙敖听说叔服善于看相，就邀请叔服为自己的两个儿子看相。叔服说："你的儿子谷会供养你，难会安葬你。谷丰下，其后代必然在鲁国有出息杜预注：丰下，是指脸是方形的。"春秋时郑简公在垂陇宴请赵孟，带了郑国最有权势的"七穆"家族的七位宗主作陪。赵孟说：您让这七位随您一起来，是我的荣幸。大王能否请他们赋诗来感谢大王的恩赐，我也可以通过诗来观察七位的志向。于是罕氏宗主子展赋了一首《草虫》。赵孟说：好啊！这是百姓之主。我赵孟实在是甘拜下风。印段赋了一首《蟋蟀》。赵孟说：好啊！这是能守成的人，将来可以保护您的家族绵延不绝，我对他很有期望。后来事实印证了赵孟的预测，子展的罕氏家族在最后灭亡，因为他虽然身居高位，但能够时刻不忘谦逊退让。印段的印氏家族的灭亡仅比罕氏家族早一点，因为他虽然喜好乐舞但很有节制。乐舞可以安定百姓之心，只要不过分沉浸其中，就于国于民有利，他的家族得以绵延很长时间，有什么不可以的呢？

　　《汉书》上说：高祖刘邦立刘濞为吴王，已行拜礼，高祖相了刘濞的面后说："你脸上似有反相，汉朝建立五十年后，东南将有内乱，作乱的难道就是你吗？天下本是我刘姓一家，你要慎重，不要造反啊！"经书上说：眉毛上两块骨头太高，称之为九反骨，这种人常常包藏祸心。还说：黄色环绕天中，并从发际通到两颧，两眉骨下各发黄色，或黄色从中正直通鼻梁，这是位列三公的贵相。如果出身低贱的人有这样的情况，那就是弑君杀父的征兆。《春秋左氏传》说：

卷一　文上

楚成王准备立商臣为太子，征询令尹子上的意见。子上说：这个人呀，两眼像胡蜂，声音像豺狼，是个残忍的人，不能立为太子。楚成王不听。后来商臣果然谋反，带领东宫的甲士围住楚成王，把楚成王勒死。又记载说：楚国的司马子良生了个儿子叫越椒，子良的哥哥子文说：必须杀掉他。这个孩子长成熊、虎的模样，发出的是豺狼的声音，如果不杀，将来必连累我若敖氏一族灭亡。谚语说：狼子野心。既是一只狼，又怎么可以畜养呢？子良不同意，越椒长大后果然谋反，攻打楚王，楚王击鼓而进，遂将若敖氏族灭。又记载说：晋国韩宣子到齐国去，见子雅。子雅将儿子子旗召来见韩宣子。宣子说：这不是一位保护家族绵延不绝的人，也不是一个遵纪守法的臣子。杜预说：宣子这里是指子旗志高气傲。鲁襄公十年，子旗果然因作乱失败而投奔鲁国。周灵王的弟弟儋季死了，儋季的儿子儋括见灵王之前发出一声叹息。单公的儿子愆期听到了这声叹息声，进宫告诉周灵王说：儋括不但不悲伤，并且欲望很大，看人时焦躁，又趾高气昂，说明他的心思在别的事情上，现在不杀他将来一定会为害周室。灵王说：他还是小孩子，知道什么！灵王死了以后，儋括打算立王子佞夫为王。周朝的大夫联合杀了佞夫。齐国的崔杼率军队攻打鲁国，鲁襄公很担忧。孟公绰说：崔杼有贰心，志不在鲁，一定会很快撤退，有什么值得担忧的？崔杼来，不四处滋扰，军纪也不严明，与过去完全不同。崔杼的部队果然很快撤退了，回去后就把齐庄公杀了。晋国、楚国约各国诸侯结盟。楚国的公子围穿着国君的衣服离开卫国。鲁国大夫叔孙穆子说：楚公子多有气派啊！真像个国君。杜预说：这是指楚公子穿着君王的服饰。这年，公子围果然篡夺了王位。卫国的孙文子来鲁国访问，鲁襄公登上台阶，文子也跟着登上台阶。叔孙穆子快步上前说：诸侯会盟，我国君主从未走在你卫君的后面，现在您居然走在我们君主的前面，我们君主不知有什么过错？请您稍停一会儿吧。孙文子无言以对，但也没有惭愧的神色。穆叔说：孙文子必然灭亡。身为臣子，却要摆君主的派头，有了错误，又不想悔改，这是灭亡的根本原因。鲁襄公十四年，孙文子驱逐了他的国君卫献公。当初，郑简公宴请赵孟，七个人赋诗，一个叫伯有的人赋诗《鹑之贲贲》。宴会结束后，赵孟告诉叔向说：伯有将会被处死。诗以言志，诗中诬蔑君王并公开表示自己的怨恨，以此来恭维客人，这样做能长命吗？三国时魏国的管辂看了何晏、邓飏的相后，认为他们日后会被诛杀。后何晏、邓飏果然被杀。管辂的舅舅问他怎么知道。管辂回答说：邓飏走路时关节约束不住骨头，筋脉牵制不住肌肉，站时歪斜着，就像没有手足，这种相称之为"鬼躁"。何晏看人看物的时候，魂不守舍，面无血色，精神漂浮，如同枯木，这种相称之为"鬼幽"。鬼躁将会被风所收，鬼幽将会被火所烧。这是自然生就的相，无法掩饰。南北朝时宋的员外散骑侍郎孔熙先找姚生看相，姚生说：相人要看前额是否饱满，下颌是否方圆，眼神是否灵光，鼻梁是否挺直。两眼、人中、嘴这四渎要棱角分明，五官要圆满。以上数条，您一个也不具备。另外，您的眼神流动不止，走路左右摇摆，声音嘶哑，这不仅会失去福禄，将来还会有灾祸。后来，孔熙先果然因为谋反被诛杀。

由上面的现象来看，以看相来观察士人，由来已久了。所以说看一个人是否富贵，要看他的骨骼。看一个人是高兴还是忧伤，主要观察他的面色。经书上说：从面色上看，青色主忧愁，白色主哭泣，黑色主疾病，赤色主惊恐，黄色主喜庆。这五种面色又与四时相对应。阳春三月青色旺，赤色次旺，白色却处在囚禁的状态，黄色、黑色处在死静状态。夏季三月赤色最旺，白色、黄色次旺，青色死静，黑色处囚禁状态。秋季三月则白色旺，黑色次旺，赤色处在死静状态，青、黄二色处在囚禁状态。冬季三月黑色最旺，青色次旺，白色死静，黄与赤色处囚禁状态。五行所对应的面色与人的身心所处的状态以及四时的变化密切相关。如果时节合适，面色旺或次旺的就很吉利；时节不合适，面色旺、次旺的就像死静、囚禁的情况，这是大凶之兆。三国时魏国的管辂在族兄家中见到两位客人。客人走后，管辂对族兄说：这两个人，天庭以及口、耳之间同时有凶气，突异事变必将发生，两人魂魄漂移不定，将会魄流于海，骨归于家。"后来两人果然双双淹死。此处概括地列举了面色变化的征验。**成功与失败的关键在于能否作出决断**。在此基础上，再参考他的相貌，判断就基本上万无一失了。

经书上说：人的贵贱取决于骨骼，人的寿命长短在于精神气质的虚实。经书上说：人的呼吸是生命存在的关键。呼吸均匀，气长而舒缓者，是长命之人。呼吸急促，呼气吸气不均匀者，则寿命短。又说：骨肉坚硬的人虽然寿命长但欢乐少，骨肉柔软的人寿命短但快乐多。《左传》上说：鲁国派襄仲出使齐国，襄仲回国后复命说：我听说齐国人准备来抢夺鲁国的小麦，但在我看来，齐国不可能这样做。齐国君主说话吱吱唔唔，含混不清。臧文仲曾经说过：君王说话支支吾吾，必死。后来果然如此。《左传》还记载：郑悼公前往晋国庆祝结盟成功，授受璧玉的仪式在厅堂之东举行。晋大夫贞伯说：郑悼公只怕是快要死了吧？他在放弃自己。目光流散，行步匆匆，不安于自己的位置，大概活不长久了。杜预说：这是说郑悼公不能集中注意力。郑悼公果然于该年六月死去。公元前578年春，周简王派刘康公、成肃公联合晋厉公讨伐秦国。成肃公在土地庙中接受祭肉时，态度不敬。刘康公说：我听说人秉受天地之间的中和之气降生，这就是命。因此产生了行为、礼义、威仪的准则，这是为了巩固命。能遵守这些准则的人，就能获得幸福，不能遵守这些准则的人，就会自取祸败。因此，君子们对这

卷一 文上

些准则总是很诚恳谨慎,老百姓也是尽力而为。诚恳谨慎不如恭敬,尽心尽力不如敦厚笃实。恭敬在于供养神灵,笃实在于安守本分。国家的大事,就是祭祀与征战。祭礼时供献熟肉和作战前接受生肉的仪式是与神交接的重大礼节。现在成肃公怠慢神灵,这是自己放弃自己的性命,恐怕他再也不能返回故国了吧?"这年五月,成肃公果然死在瑕这个地方。晋平公宠幸程郑,让他担任下军的佐领。郑国负责外交的官员公孙挥到晋国访问,程郑问他:怎样才能降低官阶?公孙挥无法回答。回国后,他将程郑的问题告诉然明。然明说:程郑快要死了,或者将逃亡。富贵而知恐惧,恐惧而想降职,才能得到应有的官阶。他将自己的官职下降就是了,又何必问人呢?况且既已高贵而求降职的人,只有智者才这样,但程郑不是这种人。他要求降职,大概是遇到了必须逃亡的挑战吧?不然,就是有困惑,因为担心会死而忧虑吧。第二年,程郑果然病死。周景王派单成公到戚邑会见韩宣子。单成公目光低垂,言语迟缓。叔向说:单成公恐怕要死了吧?大臣上朝都有一定的位置,诸侯会见时进退都有一定的秩序,衣服的左右襟在胸前交会,腰带的结打在前面。上朝会见的言语,必须使前后左右的人都能听到,以便把意思表达清楚。眼神不超出腰带结与左右襟交会之间,这是为了端正容貌。用语言明确自己所说的事情,用端正的容貌来加强它,丧失了这些准则就会有损形象。今天单成公作为周王的特使来传达周王的命令,眼神注视的地方比腰带还低,声音传不出一步远,神情委靡不振,言语含混不清。神情不振不能让人恭敬,言语不清就无法让人顺从,他已经没有守护自己的精神气质了。这年冬天,单成公果然病死。宋平公宴请鲁国大夫叔孙昭子。宴会气氛很欢乐,但两人谈话时又都哭起来了。当时乐祁陪宴,出来后告诉别人:我们的国君和叔孙昭子只怕快要死了吧?我听说,该悲哀时却快乐,该快乐时却悲哀,这是丧失心志的表现。心志精爽,人才有魂魄,魂魄走了,又怎能长久呢?这年,叔孙昭子、宋平公果然都死了。邾隐公到鲁国朝见,手执玉圭,举得很高,头向上仰。鲁公接受玉圭时,手低垂,俯身弯腰。子贡说:就礼仪来看,二位君王都有或死或逃亡的征兆。高仰,是骄人之气。卑俯,是衰颓之状。骄人很容易制造动乱,衰颓说明很可能有病。我们国君是主人,他是要先死吗?这年,鲁公果然死。鲁哀公七年,鲁国释放了被俘的邾隐公。卫出公与吴王在郧邑会见。吴国人包围了卫出公的住地。子贡说服了吴国的太宰嚭,才撤走了包围。卫出公归国后,学说吴语。子之年龄尚小,对出公说:君王您一定不能免除灾祸,恐怕会死于异国吧?您被人家抓起来过,而您还要学说吴国的语言,您是死心踏地要跟从他们了。后来卫出公最终死于楚国。鲁襄公建造楚国风格的宫殿。穆叔说:《尚书·泰誓》称:人所企望的,上天一定会满足他。君王是想到楚国去吧？所以才修造这座楚式风格的宫殿。如果不再去楚国，也必定会死在这所宫殿里。这年六月，鲁襄公果然死于楚宫。晋厉公派郤犨送孙文子去卫国。卫定公宴请苦成叔郤犨，他表现得有点傲慢。卫国大夫宁子说：苦成叔的家族要灭亡了吧？古人设宴，是为观察威仪，思虑祸福。所以《诗经》称：牛角酒杯弯弯，香甜美酒绵软。彼此交往谦恭没傲气，各种幸福自然会来临。如今苦成叔如此傲慢，是取祸之道。鲁成公十七年，郤氏果然灭亡。齐庄公与卫国君主公孙剽以及众诸侯国会盟于商任，二人态度不恭敬。叔向说：两位君主必不能免祸。会盟和朝见，是礼仪的经纬；礼仪，是政治的工具；政治，是身家性命的守护者。于礼懈怠，政治有失，就不能安身立命，这是祸乱的根源。鲁襄公二十五年，齐国杀死了国君齐庄公吕光，鲁襄公二十六年，卫国又杀死了卫国的君主公孙剽。说到灵气与性情，都是通过人的相貌与言谈举止表现出来的。以上所举的事实，大体说明了这一道理。

相人先要看他的面相。脸上有五岳四渎五岳：前额为衡山，下颌为恒山，鼻子为嵩山，左颧骨为泰山，右颧骨为华山。四渎：鼻孔为济水，口为黄河，眼睛为淮河，耳朵为长江。五岳要高耸奇峻并圆满，四渎要深大，分明。五岳长得好，为富人相，不丰满就是贫穷相。四渎分明，是贵人相，不分明就是下贱人相，有五官六府五官为口、鼻、耳、目、人中。六府为额头两旁、两颧骨、下巴两旁。其中一官生得好，贵十年，一府生得好，富十年。五官六府都好，富贵无比。左为文，右为武，有九州八极九州指前额从左到右无纵纹理，不将前额纹理断开，形状如倒过来的肝一样为妙。八极指以鼻梁为中心，八方成形且不相倾斜为好，有七门二仪七门为两奸门、两阙门、两命门、一庭中。二仪为头像天一样圆，脚像地一样方，即头、脚为二仪。天希望它高，地就希望它厚。如果头小脚薄，是贫贱人的相。七门都好，是富贵之人。总而言之，前额为天，下颌为地，鼻为人，左眼为日，右眼为月。天要伸展开，地要方圆，人要深广，日月要有光泽。天生得好主贵，地生得好主富，人生得好主寿，日月生得好主旺盛。又可把人的面相分为上、中、下三亭。上亭为天，主父母贵贱；中亭为人，主兄弟、妻子、仁义、年寿；下亭为地，主田宅、奴婢、畜牧、饮食。

假若一个人颧骨稍微隆起，并且肤色润泽，就是九品官的相还说：腰、腹匀称、臀、髀稍厚，眼睛平视，走路平稳，这都是九品官的相。肤色要厚重，腰要宽长。因此经书上说：面如黄瓜，富贵荣华。白如凝脂，或黑色如漆，或紫色如桑椹，腰宽长，腹部像下垂的包袱，走路像鹅、龟，这都是富贵人之相。凡是说到公侯将相以下的人，不分班品。辅骨微微显露，鼻梁稍微端正的，就是八品官的相

卷一　文上

还说：胸、背有点丰满，手、脚光润悦目，以及身材端庄、走路平稳，都是八品官的相。如果鼻梁直而且长，胸、脾丰厚像龟形，手足颜色白里透红，这都是富贵人之相。因此经书上说：手足软如绵，富贵终年。手脚厚好，有人伺候。**下巴有棱角，仓、库皆平，是七品官的相**还说：胸脯厚实，脖颈粗壮，手臂脚趾均匀，以及语调坚定的，都是七品官的相。脖颈要粗短，手臂要纤长，说话顿挫像吹奏篁，发音像凤凰鸣叫，这都是贵人之相。因此经书上说：额角高耸，位高权重。虎颈圆粗，富贵有余。像牛一样稳重地左顾右盼，有像老虎一样威严的眼神，富贵无比。天仓饱满能做官，食君之禄，地仓圆满有财富，酒肉丰足。**天中丰满隆起，印堂端正的，是六品官的相**还说：后脑隆起，身材方正，手厚腰圆以及声清音朗，这些都是六品官的相。一个人前额上连天中，下及司空，有骨若肉，如环形，名叫天城，周围没其他缺陷的人大贵，有缺口像门形状的，是做三公的贵相。声音要深沉厚实，大声的时候没有浊音，小声的时候能非常清晰，在远处听声音不散，在近处听也不会消失。余音激澈，像竹笛，宛转流韵，能圆能长，这才是好的声音。发五音时，宫声要浑重厚实，商声要坚劲广博，角声要圆润通彻，徵声要抑扬流畅，羽声要低绵流长，这就是所谓正声。**伏犀骨隐约分明，下巴丰满的，是五品官的相**还说：脖颈短，脊背隆起，以及鹅行虎步，都是五品官的相。人的脑骨隆起，并且前后又长又大的人，是俸禄二千石将军之相，可以担任领兵将帅。伏犀从发际而出，耸峻分明，这是公侯之相。不需要宽平，有坎，凸凹有起伏的就更好了。宽而平的，也是吃皇家俸禄的，可以担任一般官吏。腹部要端正美好。因此说：马腹庞庞，玉帛丰盛。**边地高起深广，福堂饱满的，是四品官的相**还说：头高并且脸部丰满，上身长下身短，像牛一样稳重地左顾右盼，走路像龙一样有气势，这些都是四品官的相。边地在额角靠近发际处，福堂在眉毛尾稍靠上的部位。头一定要高大。因此经书上说：头像牛一样，四四方方，富贵隆昌。头像虎一样高耸，富贵无比。头像大象一样高而且广，福禄长厚。头像犀牛一样高峻，富贵繁盛，头像狮子一样大而蓬松，福禄所钟。走路步态像虎的是将军，步态像大雁的会大富。**伏犀骨及司空、龙角纤细而且直的，是三品官的相**还说：胸、背极厚，头长且尖，志气雄壮但身体柔软，这都是三品官的相。司空在从发际直下至天庭的位置，龙角在眉头上。**额头高广，龙角、犀骨完美无缺的，是二品官的相**还说：头骨奇异突起，支节大小合适，以及相貌突出，性情安稳，这都是二品官的相。容貌慷慨，举止稳重广博，精神爽朗清澈，仪态安定宁静，言语谨慎仔细，行为不急不慢，动、静有恒，不轻不躁，喜怒不一惊一乍，取舍合乎情理，声音、脸色不因情绪而变化，节操不因荣辱而改变，这叫做神色有余，是位高权重的象征。四仓都很圆满，各个骨、角都很分明完善，是一品官的相头、颈都生得好，支节都完美无缺，神情气质都很美好，看上去清澈通透，这都是一品官的相。

行动坐卧像龙的是文官之相像龙的大贵。走路像龙的是位列三公的贵相，行动坐卧像虎的是将军之相走路像虎的是将军之相。驿马骨高，也是将军之相，行动坐卧像牛的是宰辅之相，像马的是武官之相像马的也大贵。行动坐卧像狗的是清官之相，为一方诸侯之相像猪的、像猴的，都是大富大贵之相。像老鼠的，只会大富而已。只要讲到像什么，是指行动坐卧都相似。如果只有某个方面相似，那是贫寒之相。

天中预示着是否有贵气，平和饱满的应该会是食俸禄的官员天中最高，靠近发际，若呈现黄色，向上进入正角，高而且广，是参军、幕僚之相，并可能会升官做刺史、牧、守。如果天中呈现的黄色像日、月的形状，围绕在天中左右，是保卫天子的近臣之相。黄色从天中而出，圆形、大、发光、浓重的，预示着会突然得到天子召见，黄色能到井、灶位的，预示着将有功名，要受封赏。井、灶之位一直有黄气，像悬挂的钟鼓，是能位列三公的贵相。如果还能发像龙形一样的黄气，也预示着将会受封。四时官气发自天部如镜中之光，这是突发的贵相。天庭预示着有位在三公之上的上公、大丞相之气天庭直下至天中，有黑子，主将处市死之刑。司空预示着有天官之气，也有三公之气司空直下至天中，颜色差，主将向皇帝上书，大吉。中正预示着百官之气，会担任品评人物之职中正直下至司空，颜色好，即将加官进爵。假若司空、中正发红色并且历历在目的，红色在中正的可做县官，在天庭的可做郡官。其余做州县、兰台、尚书等，视各部颜色而定。印堂预示着将掌握天下印绶，是执掌符印的官员印堂在两眉间稍微向下一点至中正。如果印堂呈现赤色，形状像连着的几把刀，上至天庭，下至鼻梁，这是县令之相；至厥庭，发出颜色，这是县级官吏之相。如果印堂像车轮一样，与辅角相对应，主大贵。印堂又名阙庭。山根平实美丽，有奇骨突起，预示着将会与王室联姻，有机会做驸马山根笔直下垂至印堂，也主有势无势。高广是一方诸侯之相从天中横列至发际，有七个部位，高广在第三个。高广突然发出黄色，如同两人捉鼓的形状，这是将军之相。阳尺是会担任州里辅佐的官员之相从天中横列排，阳尺在高广之后，居第四位。阳尺也主少年成名，有一方诸侯之相。有远离故土之忧。武库预示着将担任兵甲典库的官吏武库在阳尺之后，居第五位。辅角预示着将担任远州刺史之官辅角在武

卷一　文上

库之后，居第六位。骨骼隆起，颜色好，主黄门侍郎与太子舍人之官。**边地预示着在边疆就职**边地在辅角之后，居第七位。若边地有黑子，预示着会落难为奴隶。**日角预示着会有做公侯的命**从天庭横列至发际，有八个部位。日角在第一。日角平满充直的，主有官职。**房心是将担任为京师帝王驾车马的官职之相**房心在日角之后，排在第二。房心左为文，右为武。房心骨骼隆起适合做教师。房心呈现黄色，上至天庭，可为县丞、县令。房心能直接看到，并且有光泽的，即将被皇帝召为国师。**驿马是很快就会做官的相**横着排列，驿马排在第七。驿马色泽好，并与印堂对应，秋、冬时节可得到官职。**额角预示着将会担任九卿、寺、监之位**从司空横列至发际，有八个部位。额角横列居第一位。额角颜色红中带黄，昌盛大吉之相。**上卿预示着将担任帝王的卿相之位**上卿的位置在额角之后。上卿跳动，官拜卿相而大乐。**虎眉是大将军之相**从中正横列至发际，有九个部位。虎眉横列居第二位。虎眉呈现青白色，预示着将会出行。**牛角是君王的统兵小将之相**牛角在虎眉之后，位居第三。亦主封侯食禄之事。牛角成角，比肉团更吉利。**玄角是将军之相**玄角在牛角与辅骨之后，位在第五。玄角如果没有角的形状，不能求官。凡是想知道得官后能在位多久，先看每年头发的颜色与长短，每年头发长一分主一年，二分二年，从这里可以知道在位时间是否长久。如果头发有其他不好的颜色夹杂其中，表明这一年有事。白色主将遭丧事，赤色预示着官职将被褫夺，黑色预示着将会染病，青色预示着将遭牢狱之灾。天中有气成一横干形状的，表明丢官。如果有官色时间已经很长了，忽然有死厄色夹杂其中，表明要代人去死。如果一年中有好的神色，就如连山出云雨，表明处处都通，并且无处不达。发际有黄气，表明已经得官，如果是黑气，表明尚未得官。如果从额头上发出有如衣带的黄色，表明即将升官或增加俸禄。

人有六种贱相。**头小身子大，是第一种贱相**另一种说法是：额角有缺陷，天中向下洼，也是一种贱相。经书上说：前额短促狭窄，主到老都会贫穷而且有厄运。长着如蛇一样细长的脖颈，主连糟糠都不会充足。长着像蛇一样平薄的头，主财物稀少。长得像狢一样尖而且钝的头，主穷困潦倒没着落。**眼睛没有光泽，是第二种贱相**另一种说法是：胸和背都单薄，也是第二种贱相。经书上说：胸脯陷进去，臀部瘦小以及猴眼，都是穷酸相；**举动不协调，是第三种贱相**另一种说法是：说话带女声且散乱，也是第三种贱相。经书上说：说话太快，面部枯燥，脸上的毛发很茂盛，看上去好像随时都覆盖着一层灰尘，都是贫贱之相。说话恶声恶气，发音混浊、短细、刺耳、无韵，又沉闷无中气，舌短唇强，结结巴巴，都是恶相。不笑似笑，不嗔似嗔，不喜似喜，不畏似畏。不醉似醉，常常有醉酒的神态；不愁似愁，常常像无比忧愁的状态。容貌困乏，好像经历过痼病一般，神色凄怆，常恍若有失，举止张皇失措，一直保持随时很着急的样子。说话畏畏缩缩，吞吞吐吐，似乎隐瞒了什么似的。身体样貌都很低迷摧残，像遭受过凌辱一样，这些都是精神气质不足。精神气质不足，预示着将多牢狱之灾。当了官也会丢官，现在虽然有地位，将来也会被贬黜撤职；**鼻子不成形，隆准向前低垂，是第四种贱相**另一种说法是：一只眼睛失明，斜视，也是第四种贱相。经书上说：人中平满，耳朵轮廓不明显，都是贫贱相；**脚长腰短，是第五种贱相**另一种说法是：嘴唇倾斜，鼻子弯曲，也是第五种贱相。经书上说：像蛇一样行走，像麻雀一样跳跃，预示着将存不下财物。鼻柱薄，说明讲信义，重诺言。鼻头低垂，到老孤独无伴。走起路来很急，腰部摇动，预示着一定没有人可供使唤。腰短预示着将被人夺去官职；**口型不好，嘴唇细而横长，是第六种贱相**另一种说法是：话多而少信义，也是第六种贱相。经书上说：口薄，不会得到别人的提携；口歪，容易为他人所毁。口如吹火的形状，到老没人陪。舌头的颜色发白，是下贱人之相；舌头短，是贫穷人之相。凡欲知人是贱者，总是贵处少而贱处多，有贱相的人多，有贵相的人少。六种贱相都具备的人，一定是奴仆之类的人。**上面讲的就是贵贱之相要看骨骼的情况**评论：传说尧的眉毛有八种颜色，舜的眼睛有四个瞳子，禹的耳朵有三个孔，周文王有四个乳头，然而世人也不时有四个乳头的，这叫做"劣马也有一撮毛像千里马"。假若一个人的长相有日角像半弦月的奇特贵相，有虎踞龙蟠的美丽，地角方圆，天庭开阔，像金槌玉枕，俊伟相对。伏犀隆起，若隐若现，互相辉映。额头鬓角都很丰满，各种骨相完美无缺，这是上卿宰相的明显特征。如果是凹眼长脖子，神色颓废，面容愁苦，走路像蛇一样摇摆，站立像鸷鸟一样懒散，嘴像虾嘴、鸟嘴，筋脉不能约束身体，脸上没有光彩，手不像春芽一样柔软，头发又像寒蓬之憔悴，这都是穷乏寒酸的特征。姑布子卿曾经对子贡说：郑国东门有一个人，身高九尺六寸，眼睛窄而长，额头隆起，他的头和尧的头相似，脖颈和皋陶的脖颈相似，肩和子产的肩相似，但是自腰以下和大禹相差三寸，看上去像一条丧家之犬。河目，指上下眼窄而长。颡，指额头。汉高祖隆准而龙颜。准，指鼻。颜，指额头。两角为龙角，一角为犀角。指汉高祖长得像龙，两眉、额骨高而鼻上隆。三国时曹魏的最后一个皇帝曹奂，下颌丰满但额头尖，看上去和尧的画像相似。南朝时陈宣帝脖颈细，其貌不扬。他当初未富贵时，北周的大将军杨忠见到他感到很奇特，并说：此人长有一个虎头，今后一定会大贵。后来果然做了

卷一 文上

皇帝。这些都是长相贵贱的证明。

木主春，是万物生长的标志春主肝，肝主目，目主仁。欣欣向荣之人，性好宽恕、乐善好施。火主夏，是丰盛之时的标志夏主心，心主舌，舌主礼。丰盛富足之人，性喜宏通广博。金主秋，是收藏之时的标志秋主肺，肺主鼻，鼻主义。收藏聚敛之人，性好敛聚，吝啬。水主冬，是万物隐藏之时的标志冬主肾，肾主耳，耳主智。隐藏遮蔽之人，易生邪诋奸佞之心。土主季夏，是万物结果的标志季夏主脾，脾主唇，唇主信。果实坚硬，标志着人秉性忠厚、敦实。

因此说，大凡人的眉毛、眼睛生得好，十指纤细柔软，多半是乐善好施之人肝在外体现在眼睛，又主筋脉，直到手指，显示在眉毛，藏于魂。经书上说：凡是人的眉毛直而且头昂起，表示意气雄壮坚强。眉毛有缺损且单薄，多半是没有信用的人。眉像弯弓，多半是善良之人。眼睛有光泽且娇媚，是明事理而且睿智通达之人。眼光溢出眼睑之外，不散不动，眼睑眨动又不急不缓，且精神不外露，这是智慧之人。眼睑困顿，眼睛无光泽，这是愚钝之人。眼光不出眼睑之外，这是将情绪隐藏起来的人，再加上眼睑晦涩并喜欢偷看，这种人一定是盗贼。如果谄媚眨眼，眼珠转动，属于卑鄙小人。把眼睛张得很大，不是嫉妒就是狂妄之人。睁眼仰视，且以目使人，是邪恶之人。左顾右盼，眼睛无神，为憨厚或痴傻之人。眼睛低垂，是淫乱之人。漫天谎言，眼睛迷离，是奸诈之人。眼神清澈坚定的，是倔强之人。像羊一样眯缝着眼，是狠毒之人。仰视眨眼，为奸邪小人。眼珠的颜色杂而眼光浮浅的，是心意不定且不讲信用之人。眼珠清澈而且眼光流溢的，是聪明人。眼珠看上去给人沉静的感觉，眼光镇定，是大胆之人。上眼角下垂，且眼角深厚，气色浓厚的，是威武且大胆之人。气色飘渺，是浅薄之人。眼、眉周围不干净，是没有威严而且怯懦之人。眼珠的颜色紫黑，且光彩端正坚定的，是威猛刚烈之人。眼珠的颜色洁白而端正坚定的，是喜欢隐居逃避现实的人。精神焕发，眼珠流光不散，清澈且眼神端正的，是直性子的人。眼珠的颜色发黄，但光彩澄澈，是向往道术之人。眼球靠上，是意志低劣之人；眼球靠下，是意志高尚之人。眼球向里凹，是行为检点收敛之人。眼球向外凸，是傲慢愚钝之人。像羊一样眼睛直视之人，心毒能杀妻子；像猪一样眼睛瞪视之人，表明刑罚、灾祸不断。像鹰一样注视，如狼般四处察看，这种人常怀嫉妒之心；眉像蝼蛄，内心难测。至于手指，若十指纤细柔嫩，如鹅皮相连，这是性情淳和之人。指头方正且相互冲撞，这种人反应迟钝。指头美好的，说的话别人容易相信；指头不美好的，别人不愿恭敬地听从。毛发有光泽，嘴唇红润，这是有才能、技艺的人心主舌，又主血。血直贯至毛发，显示于耳朵，藏于神。经书上说：长着狐狸鬓的人，是难以期望讲信义的人。长着公羊鬓的人，是性情多狐疑之人。嘴唇短，牙齿外露的人，是难于作朋友的人。嘴唇宽而且端正的人，出口成章；嘴唇长得不好看的人，信口开河。嘴边没有媚态，喜欢到处说别人的坏话。嘴唇长得像鸟嘴，不能与之一起居住，这是内心险恶之人。嘴动起来的缓急程度像鸟嘴一样的节奏，说话时嘴唇看上去也是一直聚拢在一起的，这种人多嘴多舌。缓急不同，缺少信用。**鼻孔小并往里缩，鼻头低且弯曲之人，是吝啬人**肺在外体现为鼻孔，又主皮肤，又为呼吸之用，藏于魄。鼻子生得好，一定会有声誉。鼻柱薄而鼻梁塌陷之人，是多病多灾之人。鼻子长得媚，是憨厚愚笨之人，鼻形像屎壳郎一样的人，是缺少智力与意志的人。**耳孔小，齿瓣细的，是奸邪谄佞之人**肾在外体现为骨骼，又主骨髓。骨髓止于耳孔，骨骼止于牙齿，藏于志。经书上说：耳孔深广，虚心而见识深邃。耳孔丑而且小的，智商低而且不信神理。耳边长得不好看，是笨拙粗陋之人。耳孔小而且骨节弯曲乖戾的，是缺乏精神与智慧之人。耳朵长得像老鼠耳的，命大，杀不死。另一种说法是：耳朵长得像老鼠耳的人多为盗贼。**耳轮厚大，鼻梁圆实，乳头端正干净，下巴深广厚大者，是忠信、谨慎、厚重之人**脾主肉，肉止于耳孔，脾又主耳轮、鼻梁、下巴等，藏于意。经书上说：头高大的人，性情自在并且喜欢欺凌别人。头小有缺陷的人，性格随和并且琐碎。因此说头像鹿头一样长，志气雄强；头像兔头一样小，意志卑下恶劣；头像獭一样横阔，心意豁达通透。脖颈细小并弯曲，是没有自信心的人。如果脸色斑驳或不洁净，性情随意而且意志不坚固。手纤细而长，乐善好施；手短而厚，好取为己有，施舍别人的时候非常吝啬，取为己有的时候就唯恐不多。因此说手像鸡爪，心胸狭隘急躁。手像猪蹄，意志沉迷。手像猴掌，勤劳一生。背部厚而且宽阔的，是刚强果决之人。背部薄的，是怯弱之人。腹部端正美好，是有才华之人。因此说腹部像牛的肚子，贪婪财物。腹部像蛤蟆的肚子，是懒散之人。腰部端正美好，生性快乐而且知人善用。腰像蜥蜴一样，是迟缓之人。臀膀、髀部厚实，可以倚重，是安静稳重之人。走路像蛇，心中毒辣，不能与之共事。走路像鸟一样的节奏，品性不良。像鹰一样行走，为人雄烈。像豺狼一样行走，性情粗犷，是注重实利之人。像牛一样行走，性情耿直。像马一样行走，是勇猛刚烈之人。**以上说的是人的性格命运能够从容貌、举止等大致推测的情形**春秋时越国的范蠡说：越王这人脖颈长，嘴像鸟嘴，可与之共患难，不可与之共安乐。战国时秦国的尉缭说：秦始皇，鼻梁高，眼睛长，鹰胸，豺狼之声。这种人缺少恩信，心如虎狼，受约束时甘居人下，一旦得志，就可轻易食人。不能与这种人长期相处。春秋时晋国的叔鱼出生后，

卷一 文上

他的母亲说：长着老虎般的眼睛，心像猪，肩膀像鹰，腹部像牛肚，只有吞下整个溪谷才可以填满，他的欲望很难满足。晋国叔向想娶巫臣氏绝美女子为妻。他的母亲不愿意，说：过去有仍氏生了一个女儿，头发黝黑而且很美丽，光彩照人，取名叫玄妻。后来嫁给了乐正后夔，生了个儿子叫伯封，伯封生有猪一样的心，贪婪无厌，家人对他感到怨怒，叫他封豕。有穷氏的后羿将其消灭，后夔因此绝后了。夏、商、周三代的灭亡，都是由于绝世美人的缘故，你为什么还要去重蹈复辙呢？天生尤物，足以改变一个人一生的命运。假使不是非常有德性之人，如果娶了绝世美人，必定会带来灾祸。叔向害怕了，于是打消了娶巫臣氏绝美女子的念头。战国时魏国安釐王问子从：马回性情耿直，有大夫的节操，我打算任命他为宰相，可以吗？子从回答说：马回眼睛细长，像猪一样看人，外表虽然长得方正，但内心一定很圆滑。我以这种方式相人，千百个人中不会有一个失误。臣看马回身体长得并非不魁伟，但我非常怀疑他的眼睛，这是一个不好的面相。平原君看了秦国大将白起的面相后，对赵王说：武安君白起这人，头小尖下巴，瞳子黑白分明，看东西目不转睛。头小下巴尖，表明做事果敢；瞳子黑白分明，表明他对事情有见地；目不转睛，表明他意志坚强。这种人可以和他打持久战，不能和他争一时长短。新朝开国皇帝王莽嘴大，下巴短，眼球凸出并带红色，声音大，个子高达七尺五寸，挺胸仰视，俯瞰左右。有人说王莽眼睛像鹞鹰，嘴巴似老虎，声音似豺狼，所以敢吃人，也会被人所杀。王莽后来篡夺汉帝之位，后来兵败，果然被人所杀。

命运与相貌的关系，就像声音与回响一样，声音发出，就会有回响，这是必然的道理。虽然根据言语来判断一个人的信义与德行，会出现像孔子冤枉他的学生宰予那样的失误；以相貌判断一个人的品性，则会错过像子羽这样优秀的人才。然而《左传》称：没有忧虑却心情悲伤，忧虑就会到来；没有喜事却很欢乐，欢乐也一定会降临。这就是说，人们的心理活动都存在超前的感应，并且这种感应会事先在面色上反映出来。因此扁鹊见到桓公，就知道他不久将会死去；申叔展见到巫臣，就知道他有偷人之事。有的人骑宝马吃珍馐，有的人四方游说也不乏肉吃，有的人早年作奴隶，晚年封侯拜爵，有的人当初受刑而最后却能称王，有的人拥有铜山却不能一生衣食无忧，有的人曾经享受山珍海味最终却不免饿死。因此说，对于揣度一个人的相貌，摸清他的骨骼，判断其面色，按照相术原则进行推理预测的方法，是不应该轻易否定的。这就是本书列"察相"一章的原因。

论士第七

原文

臣闻黄石公曰:"昔太平之时,诸侯二师,方伯三师,天子六师。世乱则叛逆生,王泽竭则盟誓相罚。德同无以相加,乃揽英雄之心。故曰得人则兴,失士则崩。"何以明之?昔齐桓公见小臣稷,一日三往而不得见,从者止之,桓公曰:"士之傲爵禄者,固轻其主;其主傲霸王者,亦轻其士。纵夫子傲爵禄,吾庸敢傲霸王乎?"五往而后得见。

《书》① 曰:能自得师者王。何以明之?齐宣王②见颜斶③曰:"斶前。"斶亦曰:"王前。"议曰:夫斶前为慕势,王前为趋士。与使斶为慕势,不若使王为趋士。宣王作色曰:"王者贵乎?士者贵乎?"对曰:"昔秦攻齐,令曰:'有敢去柳下季垄五百步而樵采者,罪,死不赦。'令曰:'有能得齐王头者,封万户侯,赐金千镒。'由是言之,生王之头,曾不如死士之垄。"宣王竟师之。宣王左右曰:大王据千乘之地,而建千石

---

① 《书》:指《尚书》。亦称《书》、《书经》,儒家经典之一。中国上古历史文献和部分追述古代事迹著作的汇编。

② 齐宣王:名田辟疆,战国时齐国国君,齐威王之子,齐国第五代国君。为招揽人才,建立稷下学宫,集中了各家学派的人才,著书立说,开展学术研究,形成了前所未有的"百家争鸣"。

③ 颜斶:战国时齐国人,隐居不仕,曾经游说齐宣王礼贤下士,齐王悦服,请受为弟子,许以富贵,斶谢绝,辞归。

卷一 文上

之钟，东南西北莫敢不服。今夫士之高者，乃称匹夫，徒步而处于农亩，之下则鄙野监门、闾里，士之贱也，亦甚矣。胪曰：古大禹之时，诸侯万国。舜起农亩而为天子。及汤之时，诸侯三千。当今之世，南面称寡人者，乃世四。由此观之，非得失之策与？稍稍诛灭，灭亡无族之时，欲为监门、闾里，安可得哉？《易传》① 不云乎：居上位，未得其实。故无其实而喜其名者削，无其德而望其福者约，无其功而受其禄者辱，祸必掘。故曰矜功不立，虚愿不至。此皆夸其名，华而无其实德也。是以尧有九佐，舜有十友，禹有五丞，汤有三辅。自古及今，而能虚成名于天下者无有。是以君王无羞亟问，不愧下学，而成其道。老子曰：虽贵，必以贱为本；虽高，必以下为基。是以侯王称孤、寡、不穀。夫孤、寡者，困贱下位者也，而侯王以自谓，岂非以下人而尊贵士与？夫尧传舜，舜传禹，周成王任周公旦，而世世称明，是以明乎士之贵也。

谚曰：浴不必江海，要之去垢；马不必骐骥，要之善走；士不必贤也，要之知道；女不必贵种，要之贞好。何以明之？淳于髡②谓齐宣王曰："古者好马，王亦好马；古者好味，王亦好味；古者好色，王亦好色；古者好士，王独不好。"王曰："国无士耳，有，则寡人亦悦之。"髡曰："古有骅骝骐骥，今之无有，王选于众，王好马矣；古有豹象之胎，今之无有，王选于众，王好味矣；古有毛嫱③、西施④，今之无有，王选于众，王好色矣；王必待尧、舜、禹、汤之士而后好之，则尧、舜、禹、汤之士，亦不好王矣。"鲁仲连⑤谓孟尝君⑥曰：君好士，未也。孟尝君曰：文不得士，故也。对曰：君之厩马百乘，无不被绣衣而食菽粟，岂有骐骥騄耳哉？后宫十妃，皆衣缟纻，食粱肉，岂有毛嫱、西施哉？色与马取于今之世，士何必待古哉？故曰

---

① 《易传》：一部战国时期解说和发挥《易经》学说的论文集，共十篇，自汉代起，又被称为"十翼"。

② 淳于髡：战国时齐国大臣，学者。姓淳于，因受髡刑（截去头发），故称"淳于髡"。博学，滑稽多辩。

③ 毛嫱：春秋时越国的绝色美女，与西施同一时代。相传为越王勾践的爱姬，最初人们对她的称道远远超过西施。

④ 西施：原名施夷光，春秋末期越国人，天生丽质，与王昭君、貂蝉、杨玉环并称为中国古代四大美女。

⑤ 鲁仲连：战国时齐国人。有奇策，但不肯仕宦任职，常周游各国，排难解纷。

⑥ 孟尝君：即田文，战国时齐国大臣。礼待士人，豪爽好客，手下门客号称三千，封于薛，为"战国四君子"之一。

君好士，未也。张敞与朱邑书曰：饥者甘糟糠，饱者厌梁肉。何则？有无之势异也。昔陈平虽贤，须魏倩而后进；韩信虽奇，赖萧何①而后信。故士各达其及时之宜。若待古之英俊，必若伊尹、吕望而后荐之，则此人不因足下而进矣。《淮南》曰：待騕褭、飞兔而后驾，则世莫乘车矣；待西施、洛浦②而后妃，则终身不家矣。然不待古之英俊而自足者，因其所有而遂用之也。"

语曰：琼艘瑶楫，无涉川之用；金弧玉弦，无激矢之能。是以分挈而无政事者，非拨乱之器；儒雅而乏治理者，非翼亮之士。何以明之？魏无知③见陈平于汉王，汉王用之。绛、灌④等谗平曰："平盗嫂受金。"汉王让魏无知，无知曰："臣之所言者，能也；陛下所问者，行也。今有尾生、孝己⑤之行，而无益于胜负之数，陛下假用之乎？今楚汉相距，臣进奇谋之士，顾其计诚足以利国家耳。盗嫂受金，又安足疑哉！"汉王曰："善。"

黄石公曰："有清白之士者，不可以爵禄得；守节之士，不可以威刑胁。致清白之士，修其礼；致守节之士，修其道。"何以明之？郭隗⑥说燕昭王⑦曰："帝者与师处，王者与友处，霸者与臣处，亡国者与厮役处。诎指而事之，北面受学，则百己者至；先趋而后息，先问而后默，则什己

---

① 萧何：西汉大臣，早年为秦沛县狱吏，秦末辅佐刘邦起义，西汉建国后担任丞相，为汉初三杰之一，谥号文终侯。

② 洛浦：代指洛神，即宓妃，传说原是伏羲氏的女儿，因迷恋洛河两岸的美丽景色，降临人间，加入洛河边的有洛族，教会他们结网捕鱼，还把从父亲那里学来的狩猎、畜牧的好方法传给他们。

③ 魏无知：秦末人，在楚汉相争时跟随汉王刘邦。陈平背楚降汉，正是通过他求见刘邦，并得到重用。

④ 绛、灌：绛指绛侯周勃。西汉大臣。秦末从刘邦起兵，以军功封绛侯。惠帝立，为太尉。吕后死，与陈平等定计，诛诸吕，迎立文帝，任右丞相。灌即灌婴。西汉大臣。原以贩卖丝绸为生。秦末从刘邦起兵，以善战被封昌文侯。后攻杀项羽。汉立，封颍阴侯，任车骑将军。后与周勃等灭诸吕迎立文帝，任太尉、丞相。

⑤ 孝己：人名，传说为殷高宗武丁之子，以孝行著称于世，后遭后母谗言，被放逐而死。被后世用作孝子的典范。

⑥ 郭隗：战国时燕国人。燕昭王欲向齐国报仇，准备招徕人才，向他问计。他说："请自隗始。"昭王即为其筑宫室而敬以为师。于是乐毅等相继而至。

⑦ 燕昭王：战国时燕国君主，名职，燕王哙之子，原在韩国为人质，其父哙死后被燕国迎回为王。为求才向齐国报国仇，千金买骨，立黄金台，最终招得乐毅等人。后派乐毅伐齐，下七十余城。

者至；人趋己趋，则若己者至；凭凡据杖，晌视指使，则厮役之人至；恣睢奋击，呴藉叱咄，则徒隶之人至矣。此乃古之服道致士者也。"

黄石公曰："礼者，士之所归；赏者，士之所死。招其所归，示其所死，则所求者至矣。"何以明之？魏文侯太子击礼田子方①，而子方不为礼，太子不悦，谓子方曰："不识贫贱者骄人乎？富贵者骄人乎？"子方曰："贫贱者骄人耳，富贵者安敢骄人！人主骄人而亡其国，大夫骄人而亡其家，贫贱者若不得意，纳履而去，安往而不得贫贱乎？"

宋燕相齐，见逐，罢归，谓诸大夫曰："有能与我赴诸侯乎？"皆执杖排班，默而不对。燕曰："悲乎！何士大夫易得而难用也？"陈饶曰："非士大夫易得而难用，君不能用也；君不能用，则有不平之心。是失之于己而责诸人也。"燕曰："其说云何？"对曰："三升之稷，不足于士，而君雁鹜有余粟，是君之过一也；果园梨栗，后宫妇女以相提挈，而士曾不得一尝，是君之过二也；绫纨绮縠，美丽于堂，从风而弊，士曾不得以为缘，是君之过三也。夫财者，君之所轻；死者，士之所重。君不能行君之所轻，而欲使士致其所重，譬犹铅刀畜之，干将用之，不亦难乎？"宋燕曰："是燕之过也。"

语曰：夫人同明者相见，同听者相闻，德合则未见而相亲，声同则处异而相应。韩子曰："趣舍同则相是，趣舍异则相非。"何以明之？楚襄王问宋玉曰："先生其有遗行欤？何士人众庶不誉之甚？"宋玉②曰："夫鸟有凤而鱼有鲲。凤凰上击九万里，翱翔乎窈冥之上。夫蕃篱之鹦，岂能与料天地之高哉？鲲鱼朝发于昆仑之墟，暮宿于孟津。夫尺泽之鲵，岂能与量江海之大哉？故非独鸟有凤而鱼有鲲，士亦有之。夫圣人瑰琦意行，超然独处。夫世俗之民又安知臣之所为哉？"议曰：世之善恶，难得而知；苟非其人，莫见其际，何者？夫文章为武人所嗤，未必鄙也；为扬、马所嗤，此真

---

① 田子方：战国时魏国大臣。子贡的学生，与子夏、段干木等同为魏文侯所礼遇。曾劝魏文侯不要迷恋声色，劝武侯不要骄人失国。
② 宋玉：战国时楚国辞赋家。相传为屈原弟子，楚襄王时为大夫。《汉书·艺文志》著录其赋十六篇。今存作品唯《九辩》最为可信。

鄙矣。夫人臣为桀、纣所毁，未必为愚也；必若尧、舜所毁，此真愚矣。世之毁誉，不足信也。故曰不夜出，安知有夜行人？太公曰：智与众同，非人师；伎与众同，非国工。老子曰：下士闻道，大笑之；不笑，不足以为道。故曰凡人所贱，圣人所贵。信矣哉！

语曰：知人未易，人未易知。何以明之？汗明①说春申君，春申君悦之。汗明欲谈，春申君②曰："仆已知先生意矣。"汗明曰："未审君之圣孰与尧？"春申君曰："臣何足以当尧！""然则君料臣孰与舜？"春申君曰："先生即舜也。"汗明曰："不然。臣请为君申言之。君之贤不如尧，臣之能不及舜。夫以贤舜事圣尧，三年而后乃相知也。今君一时而知臣，是君圣于尧而臣贤于舜也。"

《记》曰：夫骥，唯伯乐独知之，若时无伯乐之知，即不容其为良马也。士亦然矣。何以明之？孔子厄于陈、蔡，颜回③曰："夫子之德至大，天下莫能容。然夫子推而行之，世不我用，有国者之丑也。夫子何病焉故曰文王明夷则主可知，仲尼旅人则国可知？"《穀梁传》④曰：子既生，不免乎水火，母之罪也；羁冠成童羁冠，谓交五剪发；成童，谓八岁以上，不就师傅，父之罪也；就师，学问无方，心志不通，身之罪也；心志既通，而名誉不闻，友之罪也；名誉既闻，有司不举，有司之罪也；有司举之，王者不用，王者之过也孔子曰：夫内行不修，己之罪也；行修而名不彰，友之罪也。

论曰：行远道者假于车马，济江海者因于舟楫。故贤士之立功成名，因于资而假物者。何以明之？公输子⑤能因人主之材木以构宫室台榭，而不能自为专屋狭庐，材不足也。欧冶能因国君之铜铁以为金炉大钟，而不能自为壶鼎盘盂，无其用也。君子能因人主之政，朝以和百姓，润

---

① 汗明：战国时楚国春申君舍人。初见春申君不得见，等候三个月方才得见，后与春申君相知。
② 春申君：战国时楚国大臣，名黄歇。博学多闻，长于论辩。门下有食客三千，为"战国四君子"之一。曾任楚国令尹，后被人刺杀。
③ 颜回：字子渊，又称颜渊、颜子，人称复圣，孔子最得意的学生。
④ 《穀梁传》：春秋三传之一，相传为战国时穀梁赤所作。
⑤ 公输子：姓公输，名般，春秋时鲁国人，因"般"与"班"，故人们常称他为鲁班。他出生于工匠世家，后称为著名的能工巧匠，被后世奉为木工的祖师爷。

卷一　文上

众庶，而不能自饶其家，势不便也。故舜耕于历山，恩不及州里；太公屠牛于朝歌，利不及于妻子。及其用也，恩流八荒，德溢四海。故舜假之尧，太公因之周文。君子能修身以假道，不能枉道而假财。《慎子》①曰：螣蛇游雾，飞龙乘云，云罢雾霁，与蚯蚓同，则失其所乘矣。韩子曰：千钧得船则浮，锱铢失船则沉，非千钧轻而锱铢重，有势之与无势耳。故势有不可得，事有不可成。乌获②轻千钧而重其身，非其身而重于千钧也，势不便也；离娄③易于百步而难于眉睫，非百步近而眉睫远，道不可也。

语曰：夫有国之主，不可谓举国无深谋之臣，阖朝无智策之士，在听察所考精与不精，审与不审耳。何以明之？在昔汉祖，听聪之主也。纳陈恢④之谋，则下南阳；不用娄敬⑤之计，则困平城。广武君⑥者，策谋之士也。韩信纳其计，则燕、齐举；陈余⑦不用其谋，则泜水败。由此观之，不可谓事济者有计策之士，覆败者无深谋之臣。虞公不用宫之奇⑧之谋，灭于晋；仇由不听赤章之言，亡于智氏；蹇叔之哭⑨，不能济崤渑之覆；赵括之母⑩，不能救长平之败。此皆人主之听不精、不审耳。天下之国，莫不皆有忠臣谋士也议曰：天下无灾害，虽有贤德，无所施才。老子曰：大道废，有仁义；国家昏乱，有忠臣。《淮南子》曰：未有其功而知其贤者，唯尧

---

① 《慎子》：书名。战国时齐稷下学者到慎著。反对儒家"尚贤"，主张法治。
② 乌获：战国时秦国的力士，据说能举千钧之重，享年八十以上。
③ 离娄：古代传说中的人名，亦作离朱，能视于百步之外，见秋毫之末。
④ 陈恢：南阳人，西汉刘邦的谋士，曾直言劝谏沛公。
⑤ 娄敬：西汉刘邦的谋士，一名刘敬。初以戍卒见刘邦，建议刘邦都关中有功，被赐姓刘。汉立，封关内侯。后刘邦败于匈奴，他提出和亲主张，刘邦采其议，并命他出使匈奴，缔结和约。
⑥ 广武君：即李左车，秦汉之际的策谋之士，韩信曾用他作军师。
⑦ 陈余：秦末诸侯王，与张耳为刎颈交，同为战国末魏国的名士。秦末参加农民军，从武臣北定赵地，先后立武臣、赵歇为王，自任大将军。钜鹿之战中，因拥兵不援张耳，遂绝交。后项羽封张耳为王，他独为侯。不平，击走张耳，自立为代王。后被汉将韩信所杀。
⑧ 宫之奇：春秋时虞国的大夫。晋献公十九年，献公厚贿虞公，借道伐虢，虞公许之。宫之奇谏无效。后晋国又借道伐虢，宫之奇再谏，虞公不听，三月晋灭虢，回师灭虞。
⑨ 蹇叔之哭：春秋时，秦国蹇叔谋划国政，秦国日强。公元前628年，秦谋袭郑，蹇叔哭泣劝阻，穆公不听。兵果败于殽。
⑩ 赵括之母：战国时赵国欲用已故大将赵奢之子赵括为将。赵括之母力陈自己的儿子不能担任赵国的大将。赵王不听，结果导致长平之败，赵国四十万军队被秦将白起活埋。

之知舜也；功成事立而知其贤者，市人之知舜也。陆机①曰：飞辔西顿，则离朱与矇瞍收察；悬景东秀，则夜光与碱砆匿耀。是以才换世则俱困，功偶时而并劭。以此推之，向使殷无鸣条之事，则伊尹，有莘之媵臣；周无牧野之师②，则太公，渭滨之渔者耳。岂能勒名帝籍，策勋天府乎？故曰贤、不肖者，才也；遇与不遇者，时也。诚哉是言也。

　　黄石公曰："罗其英雄，则敌国穷。"夫英雄者，国家之干；士民者，国家之半。得其干，收其半，则政行而无怨。知人则哲，唯帝难之。慎哉！

---

① 陆机：字士衡，西晋文学家。官至郎中令，河北大都督等。所作《文赋》为文学批评史重要著作，后人辑为《陆士衡集》。
② 牧野之师：牧野在今河南淇县西南。牧野之师指周武王与反商纣王的诸侯会师，渡孟津，在牧野大败商朝的军队。

卷一 文上

论士第七

译文

　　我听闻黄石公说过:"过去太平盛世,诸侯有两支军队,方伯有三支军队,天子有六支。世道乱了之后就会发生叛乱,王权衰落,恩泽枯竭,诸侯就开始互相结盟、立誓或征伐。诸侯的道德品行不相上下,无法一决高低,于是就千方百计招揽人才,以收英雄之心。因此说得到人才国家就能兴旺,流失人才就会亡国。"为什么这么说呢?过去齐桓公去见一个叫稷的小官,一天去了三次都没见到,侍从就劝桓公别去了。桓公说:"士人不以官爵、俸禄为意的,当然就会轻视给予他爵禄的君主;而君主如果无意做天下的霸主,当然也会轻视士人。即便他视官爵、俸禄如浮云,我怎么会不重视做天下霸主这件事呢?"结果第五次终于见到了。

　　《尚书》称:能访得贤人为师的诸侯就可以成霸业。为什么这么说呢?战国时齐宣王召见颜斶说:"颜斶你到我这里来。"颜斶也说:"大王你到我这里来。"评论说:颜斶到齐宣王面前去表明他仰慕权势,齐宣王到颜斶面前去表明他礼贤下士。与其让颜斶做出仰慕权势的姿态还不如让齐宣王做出礼贤下士的姿态。宣王勃然大怒说:"究竟是君主尊贵,还是士人尊贵?"颜斶回答说:"过去秦国攻打齐国,曾下过一道命令:'有谁敢去柳下季的坟墓周围五百步内打柴的,一律处死,永不赦免。'又下一道命令：'有人能得到齐王首级的，封万户侯，并赐金千镒。'由此看来，活着的齐王的首级，还不如已死士人的坟墓。"宣王于是被说服，拜颜斶为师。齐宣王身边的人说：大王的国家有千乘之地，建有千石之钟，东西南北的国家，没有敢不服从的。如今名声高的士人也只不过是一名匹夫而已，每天都要步行在田地之中。有的还住在穷乡僻壤，做守门人之类低贱的职业，士人的下贱，真是到极点了。颜斶说：大禹的年代，各地诸侯号称有一万多。舜从在农田中耕作开始，最终成为天子。到商汤的年代，诸侯有三千个。当今之世，南面称君王的，不超过四代。这么说来，不正是由于不重视士人造成的吗？诸侯一旦被诛杀，失去国家，亲族灭亡，即使要去守门，住穷乡僻壤，也不可能做到吧？《易传》上不是说：居于高位，但没有实在的才能品德。没有实在的才能但喜好名声的就会日益削弱，没有实在德行但祈求福禄的人就会日益窘迫，没有功劳而享受俸禄的人就会遭受屈辱，招来灾祸。因此说好大喜功的人一定无法建功立业，没有实在的才能和德行，终究不能实现自己的理想。这都是那些爱虚名、喜浮夸但没有实在才能德行之人的下场。所以尧有九个助手，舜有十个朋友，禹有五个助手，汤有三个助手。自古至今，没有真才实学就成名于天下的还没有过。因此，做君王的不应以向别人求教而感到羞耻，不以向下属学习而感到惭愧，这样才可以实现他的理想。老子说：虽然尊贵，必须以卑贱为根本；虽然高峻，必以低下为根基。所以诸侯、君王们都自称孤、寡、不穀。所谓孤、寡，是表示穷困、下贱的意思，而诸侯、君王以此自称，难道不是谦居下位而尊重士人吗？尧传位于舜，舜传位于禹，周成王任用周公旦，后世称他们为明君，就是因为他们懂得士人的可贵。

有谚语说：沐浴不一定要去大江大海，只要够洗去污垢就可以了；马不一定非要骐骥这样的名马，只要能跑就可以了；士人不必有那么多德行，只要他明白治国之道就可以了；女人不必出身高贵，只要她贞节漂亮就可以了。"为什么这么说呢？淳于髡对齐宣王说："古人喜欢马，大王也喜欢马；古人喜欢美味，大王也喜欢美味；古人喜欢美色，大王也喜欢美色；古人喜欢士人，唯独大王不喜欢士人。"齐宣王回答说："我的国家没有士人呀，如果有，我也会喜欢的。"淳于髡说："古时有骅骝骐骥这些宝马良驹，如今没有，大王却能从众多马中挑选出好的，说明大王喜欢马；古人喜欢吃豹子、大象的胎盘，如今也没有，大王却能从众多美味中挑选出好的，说明大王喜欢美味；古时有毛嫱、西施这样的美女,如今也没有,大王却能从众多美女中挑选出姿色尚佳的,说明大王喜欢美色。大王如果要等到像尧、舜、禹、汤时期的那些贤士出现,才会喜欢他们,那么,尧、舜、禹、汤时期那样的贤士出现以后,恐怕也不会喜欢您这样的大王呢!"鲁仲连对孟尝君说:您并不喜欢士人。孟尝君说:这是因为我田文还没有得到士人的缘故啊。鲁仲连说:您的马厩中有好马百余匹,没有一个不是身披绣衣,吃着上等的饲料,难道这些马都是骐骥、騄耳这样的千里马?您的后宫有十个妃子,都穿着绫罗绸缎,吃着美味佳肴,难道这些妃子都像毛嫱、西施一样漂亮吗?美色与马都是取之于当世,但唯独士人一定要古代那样的吗?所以说,您实际上并不喜欢士人。张敞写给朱邑的信中说:饥饿之人认为糟糠也是美味,而吃饱了的人对粱肉也不感兴趣。为什么呢?这是有和没有的形势不同而造成的。秦末之时陈平虽是贤才,但也要靠魏倩的引荐才能得到刘邦的重用;韩信虽然是奇才,但也要依赖萧何的推荐才能得到信任。因此,士人的发达有个时运问题。如果一定要是古代的英雄豪杰,有像伊尹、吕望那样的人才才推荐,那么这些贤才也不必靠您推荐才能上位了。《淮南子》称:要等到骥骤、飞兔这样的骏马才驾车,那么世人就不要指望乘车了;一定要等到西施、洛神这样的美女才娶为妃,那么可能终身都不要指望成家了。如果不是一定要苛求非古时贤才不用,而是选择现有的人才来使用,其实也绰绰有余。

俗语说:美玉做成的船、桨,无法渡江;金玉制造的弓弦,不能发射。因此清高而无政治才能的人,不是拨乱反正的人才;儒雅但缺乏治理才能的人,不是能辅佐霸业的人。为什么这么说呢?魏无知把陈平推荐给汉王刘邦,汉王重用陈平。周勃、灌婴进谗言诋毁陈平说:"陈平与自己的嫂子私通,还曾经接受别人的贿赂。"汉王因此责怪魏无知。魏无知说:"我推荐陈平是因为他的才能,别人向陛下讲述的是陈平的德行。如果现在有尾生、孝己那样有德行的人,但没有能力改变战局,陛下能够任用这样的人吗?如今楚汉相争,我推荐的是奇谋之士,是考虑到他的才能谋略对大王的称霸大业有帮助。即便是陈平真的与嫂子私通,或者真的曾经接受贿赂,这和他的才能大小又有什么关系呢?"汉王说:"说得好。"

黄石公说:"品性高洁的人,爵禄无法打动他;有气节操守的人,威胁的手段改变不了他。对品性高洁的人,要以礼相求;对有气节操守的人，要用道义去打动他。"为什么这么说呢？战国时郭隗对燕昭王说："称帝的和能做他老师的人相处，称王的和能做他朋友的人相处，称霸的和能做他臣子的人相处，亡国之君就只愿意和能做他仆役的人相处。能够放下身段，曲意顺从，虚心求教，那么才能超过自己百倍的人就会来到你的身边；求才心切，比别人早一步行动，永远坚持到最后，虚心请教，然后洗耳恭听，欣然受教，那么才能超过自己十倍的人就会来到你的身边；跟在别人屁股后面，别人找什么样的人才自己也去找什么样的人才，那么才能跟你差不多的人才会来到你身边；坐着不动，颐指气使，就只能得到听话的仆役之类的人；骄横暴躁，随意斥责怒骂，就只能得到奴才了。"这里讲的就是古代招揽人才的方法。

黄石公说："讲礼义，士人自然就会归附；重奖赏，士人就会以死相报。把讲礼义和重赏赐的做法都展示给士人，那么想求的人才就能得到。"为什么这么说呢？魏文侯的太子魏击向田子方行礼，田子方却不回礼，太子很不高兴，对子方说："不知道是贫贱的人傲慢呢？还是高贵的人傲慢？"子方回答说："当然是贫贱的人傲慢呀，富贵之人怎敢傲慢？君主傲慢将会亡国，大夫傲慢将会亡家。贫贱者如果不高兴，穿上鞋子就走，到哪里不能做一个贫贱的人呢？"

宋燕在齐国担任宰相，被罢免后，对诸位大夫说："你们中间有谁愿意同我一起去投奔别的诸侯？"大家都执杖排队，默不作声。宋燕说："可悲啊！为什么士大夫易得而难用呢？"陈饶说："不是士大夫易得而难用，是您不知道怎么用；您不能善加重用，士大夫就会有不平之心，这是您自己的失误，为什么反而责备别人呢！"宋燕说："你这是什么意思？"陈饶说："您连给士人的三升粮食都给不足，但您饲养的雁、鹜等鸟随时有吃不完的粮食，这是您的第一大过失；您果园中的梨、栗子，后宫的妇女随意享用，而士人连尝一下都不行，这是您的第二大过失；绫罗绸缎，您的堂上到处都是，有的都已经被风吹坏了，而士人却得不到一件去做衣裳，这是您的第三大过失。财富，您从未看重；生死，是士人最重要的抉择。您连自己不看重的东西都没办法赏赐给士人，却指

卷一　文上

望士人为您出生入死，您对待士人的方式好比像铅刀那样收藏着，却期望有一天让铅刀发挥出世所罕有的宝刀那样的作用，这不是太难了吗？"宋燕如梦方醒，说："是我的过错。"

　　俗语说：人们有同样明亮的眼睛，才能看见同样细小的东西；耳朵一样敏锐，才能听见同样细微的声音；德行能够互相认同的人，虽然从未相见，依然觉得很亲切；乡音一样，即使处在不同的地方，也一样会互相呼应。韩非子说："志趣相同的人才会彼此欣赏，志趣不同就会互相排斥。"为什么这么说呢？楚襄王问宋玉说："先生您莫非在哪方面做得不够好吗？为什么士人和老百姓都不喜欢您呢？"宋玉说："鸟中有凤凰，鱼中有巨鲸，凤凰可以飞翔在九万里的高空，翱翔于窈冥青天之上，而那些寄宿在篱笆上的小鹌鹑怎么能够和凤凰探讨天究竟有多高，地究竟有多广呢？鲸鱼早晨从昆仑山脚下出发，晚上就能到达孟津，那些小水沟里的小鱼，怎能像鲸鱼一样知道江海有多大呢？并非只有鸟中有凤凰，鱼中有巨鲸，士人也有非同寻常之辈。圣人有非凡的思想行为，超然于世俗之外。世俗之人，又怎会理解我的所作所为呢？"评论说：人世的善与恶，很难确切了解，若不是非凡之人，无法洞悉其底蕴。为什么呢？假如一个人的文章被舞刀弄枪的粗人所嗤笑，这文章未必不行；如果是被扬雄、司马迁所嗤笑，这就真不行了。一个人被桀、纣那样的暴君认为不行，这个人未必就真不行；如果被尧、舜认为不行，这就真不行了。这就是说，他人的评价不可以完全相信。所以说如果晚上不出门，怎么知道路上还有没有夜行人呢？姜太公说：智慧与众人一样，不足以成为别人的老师；技艺与众人相同，不足以成为国家的能工巧匠。老子说：见识浅陋的人听到"道"会大笑，不被他们大笑，"道"就不足以为"道"。所以说凡夫俗子轻贱的，有可能就是圣人觉得珍贵的。实在是有道理啊。

　　俗语说：了解一个人不容易，人也不容易被人了解。为什么这么说呢？战国时汗明去游说楚国的春申君，春申君很喜欢他。汗明正要开口，春申君说："我已经知道先生的来意了。"汗明说："如果拿您和尧比，不知谁更圣明？"春申君说："我怎么敢同尧相比呢！"汗明说："那么您认为如果拿我和舜相比呢？"春申君说："先生和舜相当。"汗明说："不是这样，我请求为您说明理由。您的贤良比不上尧，我的才能也比不上舜。以贤能的舜追随圣明的尧，直到三年后两人才互相了解。现在您一见到我就说知道我，这是说您比尧圣明，我比舜贤能了。"

《礼记》称：千里马只有伯乐能发现，如果当今之世没有伯乐，千里马就会被埋没。士人也是这样。为什么这么说呢？孔子被困在陈、蔡，颜回说："先生的德行至高至大，天下没一个地方能容得下。但先生向世人推行您自己的学说，当世却不加采用，这是那些当权者的丑陋。先生有什么可不高兴的呢？"所以说，周文王被囚禁在羑里，那么周文王的国君商纣王是什么人就可以知道了。孔子被困于陈、蔡，那陈、蔡国君的愚昧就可以了解了。《春秋穀梁传》称：孩子生下后，不能免于水火之灾，这是母亲的罪过；羁贯成童羁贯，指六岁剪发。成童，指八岁以上，这里指到了读书识字的年龄，不让孩子去跟着师父学习，这是父亲的罪过。拜师学习，求学无方，心志不通，这是自己的责任；心志已通，但名气不大，这是朋友的责任；名气已经很大了，有关部门不向朝廷举荐，这是有关部门的罪过；有关部门举荐了，但得不到君王重用，这是君王的责任。"孔子说：内在的品行不好，是自己的罪过；品行已经很出色了，但名气不大，是朋友的罪过。

有评论说：走远路的人，要凭借车马；渡江海的人，要借助渡船。因此贤能之士立功成名，就需要有外在的帮助。为什么这么说呢？鲁班能用国君的木料来建筑宫室台榭，却不能为自己建造一间狭小的房屋，这是因为建筑材料不足。欧冶子能用国君的铜铁铸成金炉大钟，却不能为自己打造壶、锅、盘、盂等日常用具，因为没有足够的材料。君子能借助朝廷的力量团结百姓，惠泽万民，却不能使自己的家庭变得很富裕，这是条件不允许的缘故。因此，舜在历山耕种的时候，恩惠也不能远至都市；姜太公在朝歌宰牛，他的妻子却不能获得一点利益。等到他们被重用，恩德就可以遍流八荒四海。因此说舜需要尧的重用，太公需要周文王的赏识。君子能够凭借修行自身等待当权者的赏识，却不能打着道义的旗号为自己谋私利。《慎子》称：腾蛇驾雾，飞龙乘云，到云散雾尽，它们就和蚯蚓没有两样，那是因为它们失去了赖以凭借的东西。韩非子说：千钧重的东西有船就能浮在水面，像锱铢一样轻的东西没船装着就会沉入水中，这并不是千钧轻而锱铢更重，而是在于有凭借和没有凭借罢了。失去了凭借，事情就很难成功。乌获能轻易举起

卷一　文上

千钧重物而不能举起自己的身体，这并不是他的身体比千钧更重，而是因为无法自己举自己。离娄的眼睛能看到百步之外的细小东西，但却看不到自己的眉睫。并非百步近而自己的眉睫远，只不过是因为眉睫并不在眼睛的视力范围之内罢了。

俗语说：一个国家的君主，不能轻易说举国没有一个深谋远虑的大臣，满朝文武没有一个充满智慧、善于筹划的有志之士，其实这关键在于君主自身考察人才精当与否，仔细与否。为什么这么说呢？从前的汉高祖，也是一个能听取意见的明君。他采纳陈恢的计谋，一举攻下了南阳；但也因为不采用娄敬的计策，结果被匈奴围困在平城。广武君是一个足智多谋的人。韩信采纳了他的计策，顺利攻下了燕、齐之地；而陈余不用他的计谋，最终造成了泜水之败。由此看来，不能因为事情成功了就归功于有计策之士，失败了就归咎于缺乏深谋之臣。虞公不用宫之奇的计谋，为晋所灭；仇由不听赤章的谏言，对智氏手软而亡国；蹇叔哭谏，不能挽救秦国崤、渑战争的失败；赵括母亲的公允之见，不能挽救赵国长平之战的失败。这都是因为当权者对别人的意见不够审慎的缘故。天下任何一个国家，都不可能没有忠贞善谋之士。评论说：天下如果没有灾难祸害，虽然有贤德之士，也无从施展他的才能。老子说：社会的正义遭到废弃，仁义才会产生；国家昏乱，才有忠臣出现。《淮南子》称：当一个人还没有做出功绩时就知道他是贤德之人，只有尧对舜的赏识才算得上；当一个人建立功绩后才了解他的才能，普通人大多是通过这种方式才认识到舜的贤德。陆机说：飞马西去之后，能看到百步之外的离朱和盲人一样都看不见；秀丽的美景在东方闪耀，使似玉的美石与夜明珠都大失光彩。因此说，才能与时世相辅，功绩与时运相成。以此推断，如果商汤没有在鸣条打败夏桀，那么伊尹只能还是有莘氏的厨子；周朝没有牧野之战的胜利，姜太公就还只是在渭水河畔钓鱼的老翁。他们又怎么能够名留青史，功勋记入史册呢？所以说贤与不贤，是才能决定的；能否发挥才能，要靠机遇成全。这话说得很对。

黄石公说："把敌国的英雄豪杰都网罗到自己这边，敌国自然就会势穷力竭。"英雄，是国家的栋梁；士民百姓，是国家的中枢。只有得到英雄与士民百姓的拥戴，国家的政令才能通行无阻，百姓也不再会有怨言。能够发现称得上圣哲的人才，对帝王来说，是最困难的。千万要谨慎。

政体第八 议曰：夫政理，得人则兴，失人则毁。故首简才行，次论政体焉

原文

古之立帝王者，非以奉养其欲也，为天下之人。强掩弱，诈欺愚，故立天子以齐一之。谓一人之明，不能遍照海内，故立三公、九卿以辅翼之。为绝国殊俗，不得被泽，故立诸侯以教诲之。夫教诲之政，有自来矣。何以言之？管子曰："措国于不倾之地，有德也。周武王问于鬻子①曰：寡人愿守而必存，攻而必得，为此奈何？对曰：攻守同道，而和与严，其备也。故曰和可以守，而严不可以守，严不若和之固也；和可以攻，而严不可以攻，严不若和之得也。故诸侯发政施令，政平于人者，谓之文政矣；接士而使吏，礼恭于人者，谓之文礼也；听狱断刑，治仁于人者，谓之文诛矣。故三文立于政，行于理，守而不存，攻而不得，自古至今，未之尝闻。尸子曰：德者，天地万物之得也；义者，天地万物之宜也；礼者，天地万物体也。使天地万物，皆得其宜、当其体，谓之大仁。文子曰：夫人无廉耻，不可以治也；不知礼义，不可以行法也。法能杀人，不能使人孝悌。能刑盗者，不能使人有廉耻。故圣王在上，明好恶以示之，经非誉以导之，亲贤而进之，贱不肖而退之，刑措不用，礼义修而任得贤也。又曰：夫义者，非能尽利天下者也，利一人而天下从；暴者，非能尽害海内者也，害一人而天下叛。故举措废置，不可不审也；积于不涸之仓，务五谷也。晁错说汉文帝曰：今土地人民不减乎古，无尧、汤之水

---

① 鬻子：也写作鬻子，名熊，春秋战国时楚国君主的祖先。在商末西周初之际，鬻子率部弃商从周，为文王、武王师，成为楚国的肇业奠基之人，著有《鬻子》一书记录其思想。

卷一 文上

旱，而蓄积不及古者，何也？地有遗利，人有余力，生谷之土未尽垦辟，山泽之利未尽出，游食之人未尽归农也。当今之务，在于贵粟。贵粟之道，在于使人以粟为赏罚。今募天下之人入粟塞下，得以拜爵，得以除罪。如此，则富人有爵，农人有钱，粟有所余，而国用饶足。不过三岁，塞下之粟必多矣。汉景帝①诏曰：雕文刻镂，伤农事者也；锦绣纂组，害女工者也。农事伤则饥之本也，女工害则寒之原也。夫饥寒并至而能毋为非者，寡矣。朕亲耕，后亲桑，以奉宗庙，为天下先，欲天下务农蚕，素有畜积，以备灾害。《盐铁论》②曰：国有沃野之饶，而人不足于食者，工商盛而本业荒也。有山海之货，而人不足于财者，不务人用而淫巧众也；**藏于不竭之府，养桑麻、育六畜也**汉景帝诏曰：农，天下之本也。黄金珠玉，饥不可食，寒不可衣。其令郡国劝农桑，益种树，可充衣食物。吏发人取庸、采黄金珠玉者，坐赃为盗，二千石，听者与罪同。《申鉴》③论曰：人不畏死，不可惧之以罪；人不乐生，不可劝之以善。故在上者先丰人财，以定其志也；**下令于流水之原，令顺人心也**《尉缭子》④曰：令，所以一众心也。不审所出，则数变。数变则令虽出，众不信也。出令之法：虽有小过，无更，则众不二听，即令行矣。尹文子⑤曰：父之于子也，令有必行，有不必行者。去贵妻，卖爱妾，此令必行者也。因曰汝无敢恨，汝无敢思。令不行者也。故为人上者，必慎所出令焉。《文子》曰：治国有常，而利人为本；政教有道，而令行为古也，**使民于不诤之官，使人各为其所长也**孙卿曰：相高下，序五谷，君子不如农人；通财货，辨贵贱，君子不如贾人；设规矩，便备用，君子不如工人。若夫论德而定次，量能而授官，言必当理，事必当务，然后君子之所长。《文子》曰：力胜其任，即举之不重也；能胜其事，则为之不难也；**明必死之路，严刑罚也**议曰：孔子曰：上失其道而杀其下，非理也。故三军大败，不可斩；狱犴不治，不可刑。何也？上教之不行，罪不在人

---

① 汉景帝：名刘启，是汉文帝刘恒的长子，母亲是汉文帝皇后窦氏（即窦太后）。刘启在位期间，削诸侯王封地，平定七国之乱，巩固中央集权，勤俭治国，发展生产，他统治时期与其父汉文帝统治时期合称为"文景之治"。

② 《盐铁论》：书名。西汉桓宽编著。该书记录汉昭帝时盐铁会议的文献，内容涉及政治、经济、军事、外交、文化等各个方面。

③ 《申鉴》：书名。东汉荀悦著。以儒术谈政治，主张德刑并用，反对占田逾限等。

④ 《尉缭子》：书名，中国古代著名兵书。其作者和成书年代说法不一。一般认为是战国时魏人尉缭所撰，有疑为秦王政时尉缭所作，也有疑为后人伪托。

⑤ 《尹文子》：先秦论法术和形名的专著。作者尹文，战国时期齐国人，大致活动在齐宣王、愍王之际，与宋钘、田骈、彭蒙等齐名。《尹文子》今本仅一卷，分上下两篇，语录与故事混杂，各段自成起讫。上篇论述形名理论，下篇论述治国之道，可以看作是形名理论的实际运用。

故也。夫慢令致诛,贼也;征敛无时,暴也;不诚责成,虐也。政无此三者,然后刑,即可也,陈道德以先服之;犹不可,则尚贤以劝之;又不可,则废不能以惮之。而犹有邪人不从化者,然后待之以刑矣。袁子①曰:夫仁义礼制者,法之本也;法令刑罚者,治之末也。无本者不立,无末者不成。何则?夫礼教之法,先之以仁义,示之以礼让,使之迁善,日用而不知。儒者见其如此,因谓治国不须刑法。不知刑法承于下,而后仁义兴于上也。法令者,赏善禁淫,居理之要。商、韩见其如此,因曰治国不待仁义为体,故法令行于下也。故有刑法而无仁义则人怨,怨则怒也;有仁义而无刑法则人慢,慢则奸起也。本之以仁,成之以法,使两道而无偏重,则治之至也。故仲长子②曰:昔秦用商君之法,张弥天之网。然陈涉大呼于沛泽之中,天下响应。人不为用者,怨毒结于天下也。桓范曰:桀、纣之用刑也,或脯醢人肌肉,或刳割人心腹,至乃叛逆众多,卒用倾危者,此不用仁义为本者也。故曰仁者,法之恕;义者,法之断也。是知仁义者乃刑之本。故孙子曰:令之以文,齐之以武,是谓必取。此之谓矣。**开必得之门,信庆赏也**《吕氏春秋》曰:夫信立则虚言,可以赏矣,六合之内皆可以为府矣。人主见此论者,其王久矣;人臣知此论者,可以为王者佐矣。徐幹《中论》③曰:天生蒸人,其情一也。刻肌亏体,所同恶也。被文垂藻,所同好也。此二者常在,而人或不理其身,有由然也。当赏者不赏,而当罚者不罚,则为善者失其本望,而疑其所行;则为恶者轻于国法,而恃其所守。苟如是,虽日用斧钺于市,而人不去恶矣;日赏赐爵禄于朝,而人不兴善矣。蜀张裔谓诸葛亮曰:公赏不遗远,罚不阿近,爵不以无功取,刑不可以势贵免,此贤愚之所以佥忘其身也。**不为不可成,量人力也**《文子》曰:夫债少易偿也,职寡易守也,任轻易劝也。上操约少,下效易为之功,是以为君为臣,久而不相厌也。末世之法,高为量而罪不及,重为任而罚不胜,危为难而诛不敢。人困于三责,即饰智以诈上,虽峻法严刑,不能禁其奸也。《新语》曰:秦始皇设刑法,为车裂之诛,筑城域以备胡、越,事愈烦,下愈乱;法愈众,奸愈纵。秦非不欲治也,然失

---

① 袁子:即袁宏。东晋文学家、史学家。著有《后汉纪》等书。

② 仲长子:即仲长统。字公理。东汉末年哲学家、政论家。仲长统才华过人,但洒脱不拘,敢直言,不矜小节,默语无常,时人称为狂生。凡州郡召他为官,都称疾不就。到汉献帝时,尚书令荀彧闻其名声,举荐他为尚书郎。之后,曾参与丞相曹操的军事,但没有得到曹操的重用,不久便又回到尚书郎的位置。仲长统的思想和才华集中表现在《昌言》一书之中。

③ 徐幹《中论》:徐幹,东汉末文学家,字伟长,擅诗赋,曾任曹操五官中郎将文学。为"建安七子"之一,文辞甚为曹植推重。《中论》为徐幹代表性著作,分上下两卷,共二十篇。曹丕称赞此书"成一家之言,辞义典雅,足传于后"。

卷一 文上

之者，举措太众，刑罚太极故也；**不求不可得，不强人以其所恶也**故其称曰：政者，政之所行，在顺人心；政之所废，在逆人心。夫人恶忧劳，逸乐之；人恶贫贱，富贵之；人恶危坠，存安之；人恶绝灭，生生者育之。能逸乐之，则人恐之忧劳；能富贵之，则人恐之贫贱；能存安之，则人恐之危坠；能生育之，则人恐之绝灭。故从其四欲，则远者自亲；行其四恶，则近者亦叛。晏子曰：谋度于义者必得，事因于仁者必成。反义而行，背仁而动，未闻能成也。《吕氏春秋》曰：树木茂则禽兽归之，水泉深则鱼鳖归之，人主贤则豪杰归之。故圣主不务归之者，而务其所归。故曰强令之笑，不乐；强令之哭，不悲；强之为道，可以成小，而不可以成大也；**不处不可久，不偷取一世宜也**董仲舒曰：安边之策，欲令汉与匈奴和亲，又取匈奴爱子为质。班固以匈奴桀骜，每有人降汉，辄亦拘留汉使以相报复，安肯以爱子为质？孝文时，妻以汉女，而匈奴屡背约束，昧利不顾，安在其不弃质而失重利也？夫规事建议，不图万事之固，而偷恃一时之事者，未可以经远。晁错①说汉文帝②，令人入粟塞下，得以拜爵，得以赎罪，上从之。荀悦③曰：圣人之政，务其纲纪，明其道义而已。若夫一切之计必推其公议，度其时宜，不得已而用之，非有大故，弗由之也。

　　知时者，可立以为长范蠡曰：时不至，不可强生；事不究，不可强成。管子曰：圣人能辅时，不能违时。语曰：圣人修德，以待时也；**审于时，察于用，而能备官者，可奉以为君**议曰：孙卿曰：盗王者之法，与王者之人为之，则亦王矣；盗霸者之法，与霸者之人为之，则亦霸矣；盗亡国之法，与亡国之人为之，则亦亡矣。夫与积礼义之君子为之，则王矣；与端诚信令之士为之，则霸矣；与权谋倾覆之人为之，则亡矣。三者，明主之所谨择，此能察于用也。管子曰：大位不仁，不可授以国柄；见贤不让，不可与尊位；罚避亲戚，不可使主兵；不好本事，不可与都邑。又曰：使贤者食于能，则上尊崇；斗士食于功，则卒轻死。使二者设于国，则天下理。傅子曰：凡都

---

① 晁错：西汉大臣。官至御史大夫。因为主张削减诸侯国的土地，遭到诸侯王的疾恨。吴楚之乱发生后，为政敌袁盎所谮，被汉景帝灭族。

② 汉文帝：名刘恒，汉高祖刘邦第四子，汉惠帝刘盈之弟，最早被立为代王。吕后死，吕产、吕禄企图发动政变夺取帝位。刘恒在周勃、陈平支持下诛灭了诸吕势力，登上皇帝宝座，是为文帝。他和其子汉景帝统治时期，政治稳定，经济生产得到显著发展，被史家誉为"文景之治"。

③ 荀悦：中国东汉末期政论家，史学家，字仲豫。幼时聪颖好学，家贫无书，阅读时多用强记，过目不忘。汉灵帝时由于宦官专权，荀悦隐居不出。献帝时，应曹操之召，任黄门侍郎，累迁至秘书监、侍中。侍讲于献帝左右，日夕谈论，深为献帝嘉许。献帝以《汉书》文繁难懂，命荀悦用编年体改写。乃依《左传》体裁，写成《汉纪》三十篇，时人称其"辞约事详，论辨多美"。

县之考课有六：一曰以教课治，则官慎德；二曰以清课本，则官慎行；三曰以才课任，则官慎举；四曰以役课平，则官慎事；五曰以农课等，则官慎务；六曰以狱课讼，则官慎理。此能备官也。故曰明版籍，审什伍，限夫田，定刑名，立君长，急农桑，去末作，敦学教，核才艺，简精悍，修武备，严禁令，信赏罚，纠游戏，察苛克，此十五者，虽圣人复起，必此言也。夫欲论长短之变，故立政道以为经焉。

卷一　文上

政体第八 评论说：任何政治制度，人才济济就会兴盛，人才流失就一定会衰败。因此本书首先简单讨论了人才的品行，然后才能讨论政体

译文

　　古代之所以拥立帝王，并非是为了满足他们个人的欲望，而是为了天下的百姓。因为总是有以强凌弱、以奸欺愚的问题，大众才会拥立天子来解决社会公平的问题，万众一心。又因为天子无论如何英明，也不能管到天下所有的地方，所以才设立三公、九卿来辅佐天子。又因边远偏僻之地风俗不同，感受不到天子的恩泽，因此设立诸侯来治理教化他们。这种通过分封诸侯、广施教化的政治体制由来已久了。为什么这么说呢？管仲说："能够使国家不被倾覆，是因为有了道德。周武王问粥子：寡人我希望做到坚守一地就一定能保有它，要攻占一地就一定能夺取它，有什么办法吗？粥子回答说：攻与守的道理相同，而和睦与严厉是需要同时具备的基本手段。因此说，和睦可以用于防守，但严厉不能用于防守，从这点上说，严厉不如和睦之稳固。和睦可以进攻，而严厉不可以进攻，严厉不如和睦容易成功。因此诸侯发布政令，能公正对待百姓，称之为文政；接待士人，使用官吏，都能做到恭敬有礼，是文礼；断案用刑，能做到以仁义待人，就是文诛。如果能用这"三文"作为基本国策，并且在执政过程中认真落实，那么坚守不能保有、攻占不能夺取的情况，从古到今都没听说过。《尸子》称：德，天地万物生生不息的产物；义，天地万物和谐融洽的产物；礼，是天地万物井然有序的产物。使天地万物各得其所，使形式和本质相统一，就是最大的仁。《文子》称：人没有廉耻，就无法管理。不知道礼义，就无法实行法治。法律能定人死罪，

但不能使人孝顺父母，友爱兄弟。法律能使盗贼受到惩罚，但不能使人知道廉耻。因此圣明的君王在位，应将善恶明明白白地给天下人指出，通过毁誉来引导百姓的行为，对贤人亲近并加以重用，对小人表示轻蔑，并加以黜退。刑罚暂时搁置一边，先修明礼义，重用贤人。又称：仁义并不能对天下每一个人都有利，只要有利于和天下人利益一致的某一个人，天下人就会去追随它；残暴并不能害尽天下之人，但只要危害到和天下人利益一致的某一个人，天下之人就会相继叛乱。因此说任何措施的实施还是放弃，不能不慎重。**使仓库内的粮食取之不尽，是因为重视农业生产**。晁错对汉文帝说：如今土地、人民并不比古代少，更没有出现尧、汤之时的水旱之灾，但粮食的积蓄却不如古代，这是为什么呢？这是因为土地还没有充分开发，百姓耕作的积极性还没有充分调动，生长五谷的土地还没有全部得到开垦，山河湖泊的资源还没有全部利用，流民还没有全部回乡务农。当务之急，在于重视粮食生产。措施就是以生产粮食的多少作为赏罚的标准。应当招募百姓到边疆地区去开垦土地。粮食生产多的人，可以给他们赐封爵位，有罪的也可以免除刑罚。这样，富人有爵位，农民有钱，粮食有了富余，国库就充足了。不超过三年，边疆的粮食也一定会多起来。汉景帝下诏说：制作仅供玩乐、欣赏的玩意，一定会耽误农业生产；把蚕丝用于制作华丽的刺绣，那么一定会影响织布穿衣。农业生产受到伤害，将会导致饥荒，织布穿衣受到影响，百姓就会挨冻。百姓吃不上、穿不暖还不为非作歹，那几乎是不可能的。寡人我要亲自耕作，皇后要亲自采桑养蚕，生产衣食以供奉宗庙，为天下做榜样，使天下之人都能安心从事生产，让衣食常年有积蓄，防备灾荒的到来。《盐铁论》称：国家有很多肥沃的土地，百姓却吃不上饭，这还是因为从事工商业的百姓太多，把农业都荒废了。山林湖海出产的物资很丰富但百姓却不够用的，是因为这些物资很多都用于制作没有多少实际用处的观赏物、奢侈品，用于生产百姓实用日常用品的太少了。**使府库里的储藏用之不竭，是因为大力种植桑麻，饲养六畜**。汉景帝下诏说：农业，是立国之本。黄金珠玉这些东西，饿了不能吃，冷了不能穿。要下令各郡县、诸侯国鼓励百姓从事农业生产，种桑养蚕，多种树，保证百姓衣食无忧。官员有征发、雇佣人去开采黄金珠玉的，以盗窃罪论处。开采数量在二千石以上的，官员听任其开采的，与开采者同罪。《申鉴》说：对不怕死的人，你拿治罪来吓唬他是不会起到任何作用的；人都不希望活下去了，劝导他们行善也没什么实际意义。因此，执政者要先让人们富裕起来，然后才能稳定人心。**制定政策针对治理的根源，是因为这样更能顺应民心**。《尉缭子》称：法令，是为了聚拢人心。如果不在发布之前反复斟酌，发布后就会反复改变；朝令夕改，法令即使颁布

卷一 文上

了，众人也不会相信。因此，颁布的法令即使有不恰当的地方，也不能轻易更改，这样百姓就不会无所适从，法令也就能够真的贯彻执行了。《尹文子》称：父亲给儿子下的命令，有的会照办，有的却不会。如果命令儿子休掉出身高贵的妻子，卖掉心爱的小妾，儿子肯定会照办。如果命令儿子不能有怨恨，不要有想法，儿子肯定做不到，他自己也无法控制。因此执政的人，在颁布法令的时候一定要谨慎。《文子》称：治理国家的基本原则是以有利于百姓为出发点，政治与教化有各自的规律，但二者都是以令行禁止为最高原则的。**使官吏不需要犯颜直谏，是因为已经让他们都能从事自己擅长的工作。**荀子说：察看地势高下，安排五谷播种，君子不如农民；促进货物流通，掌握货物行情，君子不如商人；熟练使用规、矩，制造器皿方便使用，君子不如工匠。至于说评价德行的高低，因材授职，说话入理，做事能抓住要害，这就是君子的特长。《文子》称：一个人有能力举起一个物体，那这个物体对他来说就不重；一个人有能力去做一件事情，那这件事情对他来说就不难。**明确告诉天下人哪是必死之路，是为了严肃刑罚**。评论：孔子说：当权者不讲道义却归罪于属下，这是不合理的。因此，三军大败，不能轻易斩杀兵士；有法不依，不能轻易施以刑罚。为什么呢？因为责任在上面而不在当事者本人。蔑视法律而被诛戮的是盗贼，征敛无度的是暴君，事先不进行训诫而事后责怪的是险恶。制度上没有这三种弊端，然后才能实行法治。先用道德说服，若不行，则以先贤事迹进行劝诫；又不行，则进行轻微惩罚以示警诫。如果还有顽固不化之人不接受教化，那就只好用刑罚严厉制裁了。袁宏说：仁、义、礼仪、制度，是法治的根本；而法、令、刑、罚，是法治的执行。没有根本，法治无法建立；没有执行，法治就不会成功。为什么呢？因为以道德教化为主的治国方法，先要用仁义感化，再用礼仪示范，使人们知道去恶向善，并成为日常生活中的自觉行动。儒家看到这种情况，会认为治理国家不须刑法。他们不明白只有这一切是建立在刑法基础之上的，仁义才会在上面发挥作用。法令是为了惩恶扬善，是治国的关键。法家的商鞅、韩非等见到这种情况，会认为治理国家不必以仁义为本，只要推行法令就可以了。但是，只有法令而不讲仁义，人民就会怨恨，有了怨恨就会进一步产生愤怒；讲仁义但不以刑法为准绳，人民就会轻慢，一旦轻慢那为非作歹的情况就会发生。以仁义为本，以法令为用，双管齐下，无所偏颇，这才是治理国家的最高境界。因此东汉末年的仲长统说：过去秦朝采用商鞅的法律，张开弥天大网约束天下百姓。然而陈胜在沛县大泽乡振臂一呼，天下响应。举国上下都不愿意为朝廷所用，因为天下人对朝廷充满了怨恨。桓范说：夏桀、商纣使用刑罚，或者把人煮成肉酱，或者剖开人的身体，以致反叛的人越来越多，国家因此灭亡，就是因为不把仁义作为治国的根本。因此说，仁，是法律宽容的一面；义，是法律决断的一面。由此可以明白，仁义是刑罚的本体。所以孙子说：以仁义的一面要求他，以暴力的一面约束他，这样就可以无往而不利。说的就是这个道理。**开启无往而不利的大门，是因为赏罚的制度得到了严格执行**。《吕氏春秋》称：信用建立了，你说什么别人都会听从，四海之内的任何地方你都可以游刃有余地治理。君王懂得这个道理，他的基业就能长久；大臣懂得这个道理，就可以成为君王的好帮手。徐幹在其所著的《中论》一书中称：上天孕育万民，他们的情感是相通的。身体受到伤害，人人都会感到厌恶。生前荣耀，死后留名，人人都会喜欢。而伤害和荣耀两个方面每时每刻都在发生着，但有的人还是不能修养自身，这是有原因的。应当赏赐而不赏赐，应当惩罚而不惩罚，那么行善之人就失去了信念，甚至对自己的所作所为是否正确产生了怀疑；作恶的人就会蔑视国家法律，并不为自己的行为感到羞耻。如果是这样，虽然每天都在集市上砍头示众，人们也不会减少作恶；每天都在朝廷上大加封赏，人们也不会兴起行善积德的风气。三国时西蜀的张裔称颂诸葛亮说：诸葛先生赏赐时不会落下和自己疏远的人，惩罚时不会偏袒和自己亲近的人。爵位不能无缘无故地获取，刑罚不会因为有权有势而得到免除。这就是蜀国无论贤愚都愿意为国家舍生忘死的原因。**不做不可能成功的事，因为凡事都要量力而行**。《文子》称：欠的债少，就容易偿还，责任小就容易做到恪尽职守，任务轻就容易上进。君王约束少，臣民建立功业就更容易，这样君臣相处虽久，也不会互相厌恶。一个王朝走向没落，法律会变得越来越琐碎，但往往会留下更多的漏洞，最终无法真正约束犯罪；虽然刑法一再加重，但仍然是罚不胜罚；对社会的危害越来越重，已经到了无法下手惩治的地步。人们被这三种重负所困扰，只得变着法子欺骗上级，虽然采用严刑峻法，但也不能禁止奸诈。《新语》称：秦始皇设立刑法，使用车裂的酷刑。修筑长城以防备匈奴。事情越来越麻烦，下面越来越乱，法律条文越来越多，奸邪之人越来越放纵。秦朝并非不想治理，但他的一系列举措反而让他丢了天下，原因就在于举措太多、刑罚太严的缘故。**不追求不可能得到的东西，不勉强他人做他们厌恶做的事**。所以说所谓政治，它所施行的是顺乎民心的制度，它所要废除的，是违背民心的制度。人都厌恶忧虑和劳苦，那就要设法给人们带来安逸欢乐；人都厌恶贫贱，那就要设法给人们带来富贵；人都厌恶危难、动荡，那就要设法给人们带来安定的生活；人都害怕没有后代，那就设法帮助人们繁衍后代。能给人们带来安逸快乐的人，人们就会担心他会陷入忧虑、劳苦；能使人们富贵的人，那人们就会担心他贫贱；能给人以安定生活的人，那人们就会担心

卷一 文上

他有危难、生活动荡；能帮助人们繁衍后代的人，那人们就会担心他绝后。顺从百姓的这四种欲望，那么遥远的人也会前来亲近，反之，亲近的人也会背叛。晏子说：以义为标准来进行谋划，就必然成功，根据仁的原则做事，就必然能成功。违背仁义的行为，还没有听说有成功的。《吕氏春秋》称：树木茂盛，飞禽走兽才会来栖息；水深，则鱼、鳖才会到这里来居住；君主圣贤，豪杰自然就会归附。因此圣主不刻意要求豪杰来归依自己，而是创造豪杰归依的条件。因此说强迫人发笑，不会使人真的感到快乐；强迫人去哭，也不会使人真的感到悲伤。强硬地推行某种政策，只能在小处有收获，而不可能成就大的功业。**不要久处于不可久留之地，不为一时方便而苟且敷衍。**董仲舒说：安抚边境的策略是让汉与匈奴和亲，又以匈奴单于的爱子作为人质。班固认为匈奴人桀骜不驯，每当匈奴人中有人投奔汉朝，他们就马上拘留汉朝的使者报复，怎么会同意以自己的爱子作人质呢？孝文帝时，朝廷将汉朝的女子嫁给单于作妻子，而匈奴还是屡次违背双方达成的协议。昧于小利而不顾大义，怎么能指望他们不会为了重利而丢弃人质呢？谋划大事，议定国策，不图长治久安，只求一时之计，这种人不可以规划长远之计。晁错劝汉文帝下令移民到边塞垦荒，以交纳粟的多少给予爵位或赎罪，文帝采纳了他的建议。荀悦说：圣明君王专心于纲纪的制定、道义的阐述就可以了。如果国家一切大计都要大家去评论其是否合乎时宜，最后迫不得已才采用它，这种做法，若非有重大变故，都不应当这样做。

懂得把握时机的人，可以任命他为一方长官。范蠡说：时机不到，不可以勉强植物的生长；形势不允许，不可以强求成功。管仲说：圣人只能相时而动，不能违背时机强求。俗语说：圣人修炼德行，只等时机到来。**能审时度势，对一切必备条件了然于胸，并能恰当选用人才的人，可以拥护他做君主。**评论：荀子说：盗取了帝王的治国方法，给予能做帝王的人去实行，他就会成为真正的帝王；盗取了霸主的治国方法，给予能做霸主的人去实行，他就可以称霸了；盗取了亡国之法，给予会亡国的君主去施行，他的国家就会灭亡。选择与讲究礼义道德的君子共事，那就可以称王；选择与正直诚信的士人共事，那就可以称霸；选择与权谋奸诈之人共事，那就是自取灭亡。以上这三种情况，明君必须谨慎选择，这对人才的使用得当与否很关键。管仲说：当权者不讲仁德，就不能将国家大权给他；有了比自己更贤能的人还不让位，便不可以让他占据关键的岗位；因为是自己的亲戚，犯了错也不用法律进行制裁，这种人不能让他掌握兵权；不重视农业生产，这种人不能让他担任地方长官。又说：使贤能之人发挥自己的才智，那么君主就会受到臣子的尊重；使战士的战功能够得到相应的回报，那么士兵就会拼死卖命。如果这两方面都能得到执行，那国家就可以繁荣昌盛。傅玄说：考察国都与郡县官吏有六条标准：一是通过考察文明教化的状况来考察政绩，这样官吏就会重视道德教化；二是以清正廉明来考察官吏的自我约束，这样官吏就会谨言慎行；三是以才能来考察官吏是否能够胜任，这样官吏举荐人才就会很谨慎；四是以徭役来考察是否公平，这样官吏就会处事谨慎；五是以农业生产来考察官吏的水平，这样官吏就会致力于农业；六是以刑狱情况来考察官员执法，这样官吏就会更谨慎地审理案件。这样做，能很好地解决官吏的考察与任用。因此说，户籍管理清晰，乡里组织健全，限定每个劳动力耕种的土地数量，制定法律，设立地方长官，加强农业生产，抑制工商业，注重教育，考核士人的才艺，精简政府机构，修造兵器，严明法制，赏罚令出必行，纠正不严肃的行为，检讨苛刻的条文律令，这十五条，即使圣人再世，说到国家治理，也一定是这样要求的。想要探究一个政权有长有短的原因，就要将上述为政之道作为基本原则。

卷二 文中

君德第九

原文

夫三皇无言伏羲、女娲、神农，称三皇也，化流四海，故天下无所归功。帝者，体天则地，有言有令，而天下太平。君臣让功，四海化行，百姓不知其所以然。故使臣不用礼赏有功，美而无害。黄帝者，顺天地之纪，时播百谷，勤心力耳目，节用水火时物，有土德之瑞，故号黄帝；颛顼者，养材以任地，载时以象天，依鬼神以制义，治气以教化，洁诚以祭祀，动静之物，大小之神，日月所照，莫不砥砺；高辛者，取地之财而节用之，抚教万人而利诲之，历日月而迎送之，明鬼神而敬事之，其色郁郁，其德嶷嶷；帝尧者，其仁如天，其智如神，就之如日，望之如云，富而不骄，贵而不舒；虞舜者，善无微而不著，恶无隐而不彰，任自然以诛赏，委群心而就制。故能造御乎无为，运道于至和，百姓日用而不知，合德若自有者。此五帝德也。**王者制人以道，降心服志**。议曰：韩信云：项王所过无不残灭，百姓不亲，特劫于威，强服耳。名虽为霸，实失天下心。故曰其强易弱。诸葛亮曰：荆州之人附操者，逼兵势耳，非心服。今将军诚命猛将与荆州协规同力，破操军必矣。由此言之，人心不服，其势易破。故王者之道，降心服志也。**设矩备衰，有察察之政、兵甲之备，而无争战血刃之用。天下太平，君无疑于臣，臣无疑于主。国定主安，臣以义退，亦能美而无害**。昔三代明王，启建洪业，文质殊制而令名一致。故曰夏人尚忠，忠之弊也朴，救朴莫若敬，殷人革而修焉；敬之弊也鬼，救鬼莫若文，周人矫而变焉；文之弊也薄，则又反之于忠。三代相循，如水济火。所谓随时之宜，救弊之术，此三王之德也。**霸主制士以权，结士以信，使士以赏。信衰，**

士疏，赏毁，士不为用。《左传》曰：楚围宋，宋如晋告急。先轸①曰：报施救患，取威定霸，于是乎在矣。狐偃曰：楚始得曹而新婚于卫，若伐曹、卫，楚必救之，则齐、宋免矣。于是乎搜于被庐，作三军，谋元帅，使郤縠将中军。晋侯始入而教其民。二年，欲用之，子犯曰：人未知义，未安其居。于是乎出定襄王，入务则利人，人怀生矣。将用之。子犯曰：人未知信，未宣其用。于是乎伐原以示信。人易资者，不求丰焉，明征其辞。公曰：可矣？子犯曰：民未知礼，未生其恭。于是乎大搜以示之礼，作执秩以正其官，人听不惑而后用之。出谷戍，释宋围，一战而霸，文之教也。此五霸德也。故曰理国之本，刑与德也。二者相须而行，相待而成也。天以阴阳成岁，人以刑德成治。故虽圣人为政，不能偏用也。故任德多、用刑少者，五帝也；刑德相半者，三王也；杖刑多、任德少者，五霸也；纯用刑强而亡者，秦也。议曰：古之理者，其政有三：王者之政化之，霸者之政威之，强国之政胁之。故化之不变而后威之，威之不变而后胁之，胁之不变而后刑之。故至于刑，则非王者之所贵矣。故虞南云：彼秦皇者，弃仁义而用威力，此可以吞并而不可以守成，此任刑之弊也。

或曰：王霸之道，既闻命矣。敢问高、光二帝，皆拔起垄亩，芟夷祸难，遂开王业。高祖豁达以大度，光武谨细于条目，各擅其美，龙飞凤翔，故能掇乱庇人，拯斯涂炭。然比大德，方天威，孰为优劣乎？曹植②曰："昔汉之初兴，高祖因暴秦而起，遂诛强楚，光有天下，功齐汤、武，业流后嗣，帝王之元勋，人君之盛事也。然而名不纯德，行不纯道。身没之后，崩亡之际，果令凶妇肆酷虐之心，嬖妾被人彘之刑，赵王幽囚，祸殃骨肉。诸吕专权，社稷几移。凡此上事，岂非高祖寡计浅虑以致斯哉？然其枭将画臣，皆古今之所鲜，有历代之希睹。彼能任其才而用之，听其言而察之，故兼天下而有帝位也。世祖体乾灵之休德，禀贞和之纯精，蹈黄中之妙理，韬亚圣之懿才。其为德也，聪达而多识，仁智而明恕，重慎而周密，乐施而爱人。值阳九无妄之世，遭炎精厄会

---

① 先轸：春秋时晋国大夫。有勇有谋，在晋、楚城濮之战中，大败楚师。后又与秦战于淆，俘秦将孟明视、西乞术、白乙丙三人。

② 曹植：三国时魏国人，字子建，曹操之子。少善诗文，深得曹操宠爱，曹操屡次想立其为太子，遭到他的哥哥曹丕的忌恨。魏文帝、魏明帝时，屡次遭贬抑，郁郁而死。曹植在"建安七子"中影响最大。

卷二 文中

之运，殷尔雷发，赫然神举，奋武略以攘暴，兴义兵以扫残，军未出于南京，莽已毙于东都。尔乃庙胜而后动众，计定而后行师，故攻无不陷之垒，战无奔北之卒。宽仁以和众，迈德以来远，故窦融①闻声而影附，马援②一见而叹息。敦睦九族，有唐虞之称；高尚纯朴，有羲皇之素；谦虚纳下，有吐握③之劳；留心庶事，有日昃之勤。是以计功则业殊，比隆则事异，旌德则靡愆，言行则无秽，量事则势微，论辅则臣弱，卒能效乾图之休征，立不刊之遐迹，金石铭其休烈，诗书载其懿勋。故曰光武其优也。"荀悦曰：高祖起于布衣之中，奋剑而取天下，不由唐虞之禅，不阶汤、武之士，龙兴虎变，率从风云。征乱伐暴，廓清帝宇。八载之间，海内克定。遂荷天衢，登建皇极。上古以来，书籍所载，未尝有也。非雄俊之才，宽明之略，历数所授，神祇所相，安能致功如此？焚鱼断蛇，异物同符，岂非精灵之感哉？《书》曰：天功人其代之。《易》曰：汤、武革命，顺乎天而应乎人。斯之谓矣。夏尚忠，忠之弊野朴，故殷承之以敬。敬之弊鬼，故周承之以文。文之弊薄，救薄莫若忠。三王之道，周而复始。周、秦之间，可谓文弊。秦不改，反酷刑。汉承其弊，得天统矣。孔融曰：周武从后稷以来，至其身，相承积十五世，但有鱼鸟之瑞。至如高祖，一身修德，瑞有四五，白蛇分，神母哭；西入关，五星聚。又武王伐纣，斩而枭之。高祖入秦，赦子婴④而遣之。是其宽裕又不如高祖。虞南曰：帝者与师处，王者与友处，霸者与臣处。汉祖之臣，三杰是也；光武之佐，二十八将是也。岂得以邓禹⑤、吴汉⑥匹于张良、韩信者乎？然汉祖功臣，皆以强盛诛灭；光武佐命，悉用优秩安全。君臣之际，良可称也。绝长补短，抑其次焉。由此言之，夫汉高克平秦、项，开创汉业，衣冠礼乐垂之后代，虽未阶

---

① 窦融：东汉大臣，字周公，王莽末据守河西，称河西五郡大将军。后归刘秀，攻灭隗嚣，封安丰侯，迁大将军。

② 马援：东汉名将，字文渊。曾任陇西太守。建武十七年，为伏波将军，镇压交趾征侧、征贰。后击五溪蛮，病死军中。

③ 吐握：传说周公礼贤下士，一次吃饭时，有士人来访，周公赶快将饭吐出，接待客人。连续三次，谓之周公"三吐握"。

④ 子婴：即秦三世，嬴姓，名子婴，或单名婴。秦朝最后一个统治者，在位仅46日。

⑤ 邓禹：字仲华，东汉开国云台二十八将之首。早年跟汉光武帝刘秀为布衣之交，后协助刘秀建立东汉，平定河西，出击汉中。

⑥ 吴汉：字子颜，东汉开国云台二十八将之一。在其二十年戎马生涯中，曾参与镇压铜马、青犊等农民起义军，铲除王郎、刘永、董宪、隗嚣、卢芳等势力，历任偏将军、大将军、大司马，封广平侯。

王道，霸德之盛也。

或曰：班固称周云成、康①，汉言文、景，斯言当乎？虞南曰："成、康承文、武遗迹，以周、召为相，化笃厚之氓，因积仁之德，疾风偃草，未足为喻。至如汉祖开基，日不暇给，亡嬴之弊，犹有存者。太宗体兹仁恕，式遵玄默，涤秦、项之酷烈，反轩、昊之淳风，几致刑厝，斯为难矣。若使不溺新垣②之说，无取邓通③之梦，懔懔乎庶几近于王道。景帝之拟周康，则尚有惭德。"《汉文赞》曰：文帝即位二十三年，宫室苑囿，车骑服御，无所增益。有不便，辄施以利人。南越尉佗自立为帝，召贵佗兄弟，以德怀之，佗遂称臣。与匈奴结亲，而背约入盗；令边备守，不发兵深入，恶烦百姓。吴王诈病不朝，赐以几杖，群臣谏说虽切，常假借纳用焉。张武等受赂金钱，觉，加赏赐，以愧其心。专务以德化人，是以海内殷富，兴于礼义，断狱数百，几致刑措。呜呼，仁哉！或问傅子曰：汉太宗除肉刑，可谓仁乎？对曰：匹夫之仁也。夫王天下者，大有济者也，非小不忍之谓。由此言之，班固以太宗为仁，不在除肉刑矣。《景帝赞》曰：孔子称：斯人也，三代之所以直道而行，信哉！周、秦之弊，网密文峻，而奸宄不胜。汉兴，扫除烦苛，与人休息。至于孝文，加之以恭俭。孝景遵业，五六十载之间，至于移风易俗，黎人醇厚。周云成、康，汉言文、景，美矣哉！此王道也。

或曰：汉武帝雄才大略，可方前代何主？虞南曰："汉武承六世之业，海内殷富。又有高人之资，故能总揽英雄，驾御豪杰，内兴礼乐，外开边境，制度宪章，焕焉可述，方于始皇，则为优矣。至于骄奢暴虐，可以相亚。并功有余而德不足。"《武帝赞》曰：汉承百王之弊，高祖拨乱反正，文、景务在养人，至于稽古礼文之事，犹多阙焉。孝武初立，卓然罢黜百家，表章六经，遂畴咨海内，举其俊茂，与之立功。兴太学，修郊祀，改正朔，定历数，协音律，作诗乐，建封禅，礼百神，绍周后，号令文章，焕焉可述。后嗣得遵洪业，而有三代之风。如武帝之雄材大略，不改文、景之恭俭，以齐斯人，虽《诗》、《书》所称，何有加

---

① 成、康：指西周时周成王、周康王两位皇帝。成、康时期，是西周最为强盛的阶段，史称天下安宁，刑具四十余年不曾动用，故有"成康之治"的赞誉。

② 新垣：即新垣平，是西汉文帝时期的一个方士，因靠骗术骗取汉文帝的信任，后被揭发。

③ 邓通：西汉文帝时大臣，初为黄门郎，后得宠幸，为上大夫。文帝身患毒疮，因邓通常为其吸吮患处，文帝常感念他的恩德，对邓通赏赐无数，又准许他私自铸钱，邓氏钱遍天下。景帝立，被免官，家财被没收。邓通亦穷困而死。

卷二 文中

焉？推此而言之，彼汉武、秦皇，皆立功之君，非守成之主也。

昔周成以孺子继统，而有管、蔡四国之变①；汉昭幼年即位，亦有燕、盖、上官逆乱之谋②。成王不疑周公，汉昭委任霍光。二主孰为先后？魏文帝曰："周成王体圣考之休气，禀贤妣之胎诲，周、召为保傅，吕望为太师，口能言则行人称辞，足能履则相者导仪。目厌威容之美，耳饱德义之声，所谓沉渍玄流，而沐浴清风矣。犹有咎悔。聆二叔之谤，使周公东迁，皇天赫怒，显明厥咎，然后乃寤。不亮周公之圣德，而信金縢之教言，岂不暗哉？夫汉昭父非武王，母非邑姜，养惟盖主，相则桀、光，保无仁孝之质，佐无隆平之治，所谓生于深宫之中，长于妇人之手。然而德与性成，行与礼并，在年二七，早知凤达，发燕书之诈，亮霍光③之诚。岂将启金縢、信国史，而后乃寤哉？使成、昭钧年而立，易世而化，贸臣而治，换乐而歌，则汉不独少，周不独多也。"大将军霍光及上官桀④秉政，桀害光宠，欲诛之，乃诈为帝兄燕旦上书，称光行上林称跸等事。帝不信。

或曰：汉宣帝政事明察，其光武之俦欤？虞南曰："汉宣起自间阎，知人疾苦，是以留心听政，擢用贤良，原其循名责实，峻法严令，盖流出于申、韩⑤也。古语云：图王不成，弊犹足霸；图霸不成，弊将如何？光武仁义，图王之君也；宣帝刑名，图霸之主也。今以相辈，恐非其俦。"议曰：元帝之为太子，尝谏宣帝，以为持法太严。帝作色曰：我汉家以霸王之道杂之，奈何纯任德化，用害政乎？虽以此言之，知其量度不远，然宽猛之制有自来矣。昔高祖入秦，约法三章，秦人大悦。此言缓刑之美也。郭嘉说曹公云：汉末政失于宽，

---

① 管、蔡四国之变：周成王年少即位，由成王的叔叔周公旦辅政。成王的另两个叔叔管叔、蔡叔联合发动叛乱。周公发兵讨平了叛乱，重新稳定了周朝的统治。

② 燕、盖、上官逆乱之谋：西汉昭帝即位后，由霍光等辅政。昭帝之兄燕王旦、盖长公主，以及与霍光同受诏辅政的上官桀等妄图发动政变，以燕王旦取代昭帝，被霍光等镇压。

③ 霍光：西汉大臣，字子孟。武帝时，为奉车都尉。武帝死，与桑弘羊等同受遗诏，辅佐昭帝，为大司马、大将军。昭帝死，迎立昌邑王刘贺为帝。不久废掉，又迎立宣帝。霍光死后，因其族党满朝，权倾内外，被宣帝夷其族。

④ 上官桀：字少叔，汉武帝、西汉昭帝时大臣。少为羽林期门郎，累迁未央厩令、侍中、太仆。昭帝即位，受遗诏辅政，封安阳侯；儿子上官安，任车骑将军，封桑乐侯；孙女为昭帝皇后，一门显贵。后与大将军霍光争权，欲谋杀光，并废昭帝立燕王旦，事败被族诛。

⑤ 申、韩：申，指申不害；韩，指韩非。两人均是战国时期法家的代表人物。

君德第九

绍以宽济,故不摄;公纠之以猛,而上下知制。此言严刑之当也。故《传》曰:政宽则人慢,慢则纠之以猛;猛则人残,残则施之以宽。宽以济猛,猛以济宽,政是以和。《书》曰:刑罚世轻世重。《周礼》①曰:刑新国用轻典,刑乱国用重典,刑平国用中典。由此观之,但问时代何时耳。严刑恶足小哉。

或曰:汉元帝才艺温雅,其守文之良主乎?虞南曰:"夫人君之才,在乎文德武功而已。文则经天纬地,词令典策;武则禁暴戢兵,安人和众。此南面之宏图也。至于鼓瑟吹箫,和声度曲,斯乃伶官之职,岂天子之所务乎?"议曰:元帝多才艺,善鼓瑟琴,虽如此,非善之善也。何则?徐幹《中论》曰:夫详小事而略大道,察近物而暗远数,自古及今,未有如此而不乱也,未有如此而不亡也。所谓详小事、察近物者,谓耳聪于丝竹歌谣之和,目明于雕琢彩色之章,口给于辩惠切对之词,心通于短言小说之文,手习于射御书数之巧也。所谓远数、大道者,谓仁足以覆焘群生,惠足以抚养百姓,明足以照见四方,智足以统理万物,权足以应变无端,义足以阜生财用,威足以禁遏奸非,武足以平定祸乱。详于听受而审于官人,达于废兴之原,通于安危之分。如此,则君道毕矣。昔鲁庄多伎艺,诗人刺之;鲁昭善容仪,有出奔之祸。由是言之,使人主视如离娄、听如师旷②、射如夷羿③、书如史籀,可谓善于有司之职,何益于理乎?匡衡④《谏元帝改政书》曰:受命之王,务在创业垂统,传之无穷。继体之君,必存于承宣先王之德而褒大其功。今陛下圣德天覆,子爱海内,然阴阳未和、奸邪未禁者,殆议论者未丕扬先帝之盛功,争言制度不可用。臣窃恨国家释乐成之业,而虚为此纷纷也。愿陛下详览统业之事。此守文也。

或曰:观伪新王莽,谦恭礼让,岂非一代之名士乎?至作相居尊,骄淫暴虐,何先后相背甚乎?虞南曰:"王莽天姿惨酷,诈伪人也。未达之前,徇名求誉;得志之后,矜能傲物。饰情既尽,而本质存焉。愎谏

---

① 《周礼》:儒家经典,相传为西周时期的周公旦所著,《周礼》所涉及之内容极为丰富。大至天下九州,天文历象;小至沟洫道路,草木虫鱼。凡邦国建制,政法文教,礼乐兵刑,赋税度支,膳食衣饰,寝庙车马,农商医卜,工艺制作,各种名物、典章、制度,无所不包。堪称为上古文化史之宝库。

② 师旷:字子野,春秋时著名乐师。他生而无目,故自称盲臣、瞑臣。为晋大夫,亦称晋野,博学多才,尤精音乐,善弹琴,辨音力极强。以"师旷之聪"闻名于后世。

③ 夷羿:据《吕氏春秋》记载,夷羿,相传为尧时善射者。尧时十日并出,猛兽为害,羿受尧命,上射十日,下射封豕长蛇,为民除害。

④ 匡衡:西汉经学家,字稚圭。能文学,善说诗,时引经义议论政治得失。元帝时,任丞相,封乐安侯。成帝时,为司隶校尉王尊所劾,后免官。

卷二 文中

自高,卒不改寤,海内冤酷,为光武之驱除焉。"班固曰:王莽①始起外戚,折节力行,以要名誉。哀、成之际,勤劳国家,直道而行,动见称述,岂所谓在国必闻,在家必闻,色取仁而行违之者也?莽既非仁,而有邪佞之材,又承四父世业之权,遭汉中微,国统三绝②。而太后寿考,为之宗主,故得肆其奸慝,以成篡盗之祸。推此言之,亦有天时,非人力所致。及其窃位南面,处非所据,颠覆之势,险于桀、纣,而莽晏然,自谓皇、虞复出也。乃奋其威诈,滔天虐人,是以海内嚣然,丧其乐生之心。内外怨恨,远近俱发,城池不守,肢体分裂,遂令天下城邑为墟,自《书》、《传》所载,乱臣贼子,无道之人,未有如莽之甚者也。紫色蛙声,余分闰位,为圣王之驱除云。吴王孙权论吕蒙曰:子明少时,孤谓不辞剧易,果敢有胆而已。长大学问开益,筹略奇至,可以次于公瑾③。图取关羽,胜于子敬。子敬答孤书云:帝王之起,皆在有驱除,羽不足忌。此子敬④内不能办,而外为大言耳。孤亦恕之,不苟责也。此驱除之意也。

夏少康⑤、汉光武,皆中兴之君,孰者为最?虞南曰:"此二帝皆兴复先绪,光启王业,其名则同,其实则异。何者?光武之世,藉思乱之民,诛残贼之莽,取乱侮亡,为功差易。至如少康,则夏氏之灭已二代矣羿⑥及寒浞⑦。藐然遗体,身在胎孕,母氏逃亡,生于他国,不及过庭之

---

① 王莽:新朝创建者,字巨君,东汉元帝皇后侄子,后篡汉自立新朝。在位期间,实行改制。因法令苛细,引起全国人民大起义。绿林军攻入长安,被商人杜吴杀死。

② 国统三绝:指西汉汉成帝、汉哀帝、汉平帝三帝均无后代,故称"国统三绝"。

③ 公瑾:即周瑜,字公瑾,三国时吴国名将。有姿貌、精通音律,江东向有"曲有误,周郎顾"之语。少与孙策交好,追随孙策征战。后孙策遇刺身亡,周瑜以护军的身份与长史张昭共掌众事,公元208年,周瑜率东吴军与刘备军联合,在赤壁击败曹操。公元210年,周瑜在伐蜀路上逝世,年仅36岁。

④ 子敬:即鲁肃,字子敬,三国时吴国大臣。曾为孙权提出鼎足江东的战略规划,因此得到孙权的赏识,于周瑜死后代其领兵。此后鲁肃为索取荆州而邀荆州守将关羽相见,然而却无功而返。公元217年,鲁肃去世,年仅46岁,孙权亲自为鲁肃发丧,诸葛亮亦为其发哀。

⑤ 夏少康:即杜康。夏朝第六任君主,相的遗腹子。其母后缗氏在其父相被大臣相逼自杀后逃出,第二年生下少康。流亡中的少康能体察百姓疾苦,宣传祖先禹的功德,努力争取人民支持他复兴故国,并召集夏朝的旧臣前来和他会合。在夏遗臣的帮助下,灭了篡位的寒浞父子,恢复夏代统治。史称"少康中兴"。传说他是高粱酿酒的发明者。

⑥ 羿:即后羿,夏东夷族的首领,号有穷氏。善射,以凶猛见称。夺得夏朝统治后,荒于狩猎,不理政事,宠信奸小,后被近臣寒浞杀死。

⑦ 寒浞:夏国贵族。因其逸邪被其君伯明放逐,为后羿所留用,并委任为相。他行媚于内,施贿于外,杀羿,占其妻妾,自立为王,袭有穷之号。杀夏氏,灭夏后相。后被少康所杀。

训，曾无强近之亲，遭离乱之难，庇身非所。而能踦跂于丧乱之间，遂成配天之业。中兴之君，斯为称首。"魏高贵乡公问荀𫖮①曰：有夏既衰，后相殄灭，少康收辑夏众，复禹之绩。高祖拔起垄亩，芟夷秦、项。考其功德，谁为先后？𫖮对曰：造之与因，难易不同。少康功德虽美，犹为中兴，汉世祖同流可也。至如高祖，臣等以为优。上曰：少康生于灭亡之后，降为诸侯之隶，能布其德而兆有其谋，卒灭过、戈，复禹之绩，祀夏配天，不失旧物，非至德弘仁，岂能济斯勋乎？汉祖因土崩之势，收一时之权，为人子则数危其亲，为人君则因贤相，为人父则不能卫其子，身没之后，社稷几倾。若与少康易时而处，或未能复大禹之绩也。推此言之，宜高夏康而下汉祖矣。

后汉衰乱，由于桓、灵二主，凶德谁则为甚？虞南曰："桓帝赫然奋怒，诛灭梁冀，有刚断之节焉。然阉人擅命，党锢事起②，非乎乱阶，始于桓帝？古语曰：天下嗷嗷，新主之资也。灵帝承疲民之后，易为善政，黎庶倾耳，咸冀中兴。而帝袭彼覆车，毒逾前辈，倾覆宗社，职帝之由，天年厌世，为幸多矣。"议曰：桓帝问侍中爰延③曰：朕何如主也？对曰：汉中主。何者？尚书令陈蕃④任事则理，中常侍黄门豫政则乱。是以知陛下可与为善，可与为非。此中主之谓也。虞南曰：夫岷江初发，其源可以滥觞。及其远也，方舟而后能济。元帝之时，而任弘恭、石显⑤；暨于桓、灵，加以单超⑥、张让⑦；既斁彝伦，遂

---

① 荀𫖮：字景倩，东汉尚书令荀彧第六子。他博学多闻，理思周密。曾与钟会就《易经》问题进行辩难。又和扶风王骏辩论仁、孝的先后。他通"三礼"（即《周礼》、《仪礼》、《礼记》），识朝廷大仪，曾和羊祜、任恺共同修订晋朝礼法。

② 党锢事起：党锢之祸指东汉桓帝、灵帝时，士大夫、贵族等对宦官乱政的现象不满，与宦官斗争引发的政治事件。事件因宦官以"党人"罪名禁锢士人终身而得名。前后共发生过两次，以宦官诛杀士大夫一党几尽而结束，史称"党锢之祸"。

③ 爰延：字季平，东汉时大臣。清苦好学，能通经教授。品性质朴诚信，少言辞。

④ 陈蕃：字仲举，东汉末大臣，汉桓帝时为太尉，汉灵帝时为太傅。此人为官耿直。桓帝朝，因犯颜直谏曾多次左迁；灵帝朝虽得信任重用，却因和大将军窦武共同谋划剪除阉宦，事败而死。

⑤ 弘恭、石显：均为汉宣帝时宦官，并得到汉宣帝重用。后二人结成死党，排斥异己，把持朝政，在当时甚至丞相、御史大夫等朝廷重臣都要巴结他们。

⑥ 单超：东汉宦官，桓帝初为中常侍，与宦官徐璜、具瑗、唐衡等共谋诛灭外戚梁冀兄弟，以功封新丰侯，为"五侯"之一，食邑二万户。后官拜车骑将军，不久，卒。

⑦ 张让：东汉宦官，汉灵帝时，张让、赵忠一齐升任中常侍，被封为列侯，与郭胜、孙璋等人一齐被称为"十常侍"。他们独霸朝纲，权倾天下。公元189年，何进谋诛宦官，事情泄露后，何进被张让和赵忠等杀死。不久袁绍捕杀宦官，张让投河自尽。

卷二 文中

倾宗国。其所由来者渐矣。故曰荧荧不灭，炎炎奈何？言慎其始也。呜呼！百代之后，其鉴之哉。古语曰：寒者易为衣，饥者易为食。晁错云：夫国富强而邻国乱者，帝王之资。由此言之，是知昏乱之君将以开圣德矣。

自炎精不竞，宇县分崩，曹孟德挟天子而令诸侯，刘玄德①凭蜀汉之阻，孙仲谋负江淮之固，三分天下，鼎足而立，皆肇开王业，光启霸图。三方之君，孰有优劣？虞南曰："曹公兵机智算，殆难与敌，故能肇迹开基，居中作相，实有英雄之才矣。然谲诡不常，雄猜多忌。至于杀伏后②，鸩荀彧，诛孔融，戮崔琰③，娄生毙于一言，桓邵④劳于下拜，弃德任刑，其虐已甚，坐论西伯，实非其人。许劭所谓治世之能臣，乱世之奸雄，斯言为当。刘公待刘璋⑤以宾礼，委诸葛而不疑，人君之德，于斯为美。彼孔明者，命世之奇才，伊、吕之俦匹，臣主同心，鱼水为譬。但以国小兵弱，斗绝一隅，支对二方，抗衡上国。若使与曹公易地而处，骋其长算，肆关、张之武，尽诸葛之文，则霸王之业成矣。孙主因厥兄之资，用前朝之佐，介以天险，仅得自存，比于二人，理弗能逮。"陈寿云：刘备机权干略不逮魏武，所以基宇亦狭。张辅⑥曰：何为其然？夫拨乱之主，当先以收相获将为本，一身善战，不足恃也。诸葛孔明达礼知变，殆王佐之才，玄德无强盛之势而令委质；关羽、张飞皆人杰也，服而使之。夫明暗不相为用，能否不相为使。武帝虽处安强，不为之用也，况在危急之间乎？若令玄德据有中州，将与周室比隆，岂徒二杰而已？魏帝问吴使赵咨曰：吴王何等主也？咨对曰：聪、明、仁、智、

---

① 刘玄德：即刘备，字玄德。汉中山靖王刘胜的后代，三国时蜀开国皇帝。他为人谦和、礼贤下士，宽以待人，志向远大，知人善用，素以仁德为世人称赞。谥号昭烈帝，庙号烈祖，史家又称其为先主。

② 伏后：东汉献帝皇后。父伏完，任侍中。伏后写信给其父，要他与人密谋杀曹操。后事泄，伏后被幽闭而死。

③ 崔琰：东汉末年曹操部下。崔琰相貌俊美，很有威望，曹操对他也很敬畏。公元216年，崔琰在给杨训的书信中写道"时乎时乎，会当有变时"，曹操认为此句有不逊之意，因而将崔琰下狱，不久即被曹操赐死。

④ 桓邵：三国时沛国人，曾轻贱曹操，及操贵，欲报旧怨，邵惧而逃至交州避难，操遣使令太守士燮尽诛其族。邵被带到操前，叩头谢罪，操仍杀之。

⑤ 刘璋：字季玉，东汉末年割据军阀之一。继父亲刘焉担任益州牧，后为刘备所败投降，被迫离开益州，病逝于荆州。

⑥ 张辅：字世伟，东汉时著名天文学家、发明家张衡的后代。后任西晋官员，官至秦州刺史。

雄、略之主也。帝问其状，咨曰：纳鲁肃于凡品，是其聪也；拔吕蒙①于行阵，是其明也；获于禁而不害，是其仁也；取荆州兵不血刃，是其智也；据三州虎视天下，是其雄也；屈身于陛下，是其略也。孙策②疮甚，呼弟权曰：举江东之众，决机于两阵之间，与天下争衡，卿不如我；举贤任能，各尽其才，以保江东，我不如卿。陈寿③云：孙权④屈身忍辱，任才尚计，有勾践之奇，人之杰也。故能自擅江表，成鼎峙之业。

晋宣帝⑤雄谋妙算，诸葛亮冠世奇才，谁为优劣？虞南曰："宣帝起自书生，参佐帝业，济世危难，克清王道。文武之略，实有可称。而多仗阴谋，弗由仁义，猜忍诡伏，盈诸襟抱。至如示谬言于李胜⑥，委鞫狱于何晏，愧心负理，君子不为。以此伪情行之万物，若使力均势敌，俱会中原，以仲达之奸谋，当孔明之节制，恐非俦也。"吴张俨《默记》⑦论诸葛亮、司马宣王二相优劣，曰：汉朝倾覆，天下分崩，二公并遭际会，托身明主。孔明起蜀汉之地，蹈一州之土，方之大国，盖有九分之一也。提步卒数万，长驱祁山，慨然有饮马河洛之志；仲达据天下十倍之地，仗兼并之众，据牢城，拥精锐，无擒敌之意，务自保而已。使彼孔明若此而不亡，则凉、雍不解甲，中国不释鞍，胜负之势亦已决矣。方之司马，不亦优乎？

---

① 吕蒙：三国时吴国名将，字子明。少英猛有大志，得孙策重用。鲁肃死后，代统其军，破关羽，取荆州，封孱陵侯。

② 孙策：字伯符，孙坚长子，孙权长兄，东汉末年割据江东一带的军阀，汉末群雄之一，三国时期吴国的奠基者之一。为继承父亲孙坚的遗业而屈事袁术，后脱离袁术，统一江东。在一次狩猎中为刺客所伤，不久后身亡，年仅二十六岁。

③ 陈寿：字承祚，西晋史学家，《三国志》的作者。他小时候好学，师事同郡学者谯周，在蜀汉时曾任卫将军主簿、东观秘书郎、观阁令史、散骑黄门侍郎等职。当时，宦官黄皓专权，陈寿因为不肯屈从黄皓，所以屡遭贬黜。入晋以后，历任著作郎、长平太守、治书待御史等职。280年，晋灭东吴，结束了分裂局面。陈寿当时四十八岁，开始撰写《三国志》。

④ 孙权：字仲谋，三国时期吴国的开国皇帝，公元229至252年在位。幼年跟随兄长孙策平定江东，孙策英年早逝，孙权继位为江东之主，他任贤用能，挽救了江东危局，保住了父兄基业。

⑤ 晋宣帝：即司马懿，字仲达，三国时期魏国杰出的政治家、军事家，西晋王朝的奠基人。曾任职过曹魏的大都督、太尉、太傅。是魏国三代的托孤辅政重臣，后期成为掌控魏国朝政的权臣。平生最显著的功绩是多次亲率大军成功对抗诸葛亮的北伐。死后谥号舞阳宣文侯，司马炎称帝后，追尊司马懿为宣皇帝。

⑥ 李胜：三国时魏国大臣，字公昭。出任荆州刺史时，曹爽要他去探望在家养病的司马懿。司马懿装昏出病重将不久于人世的样子，致使李胜信以为真，于是去报告曹爽。公元249年，司马懿发动政变，一举将曹爽、李胜等人逮捕并诛杀。

⑦ 张俨《默记》：净戒院刊本原为"张微"，据史料及上下文，应为"张俨"。张俨为三国时吴国大鸿胪，为宫廷礼仪的官员。其所著《默记》最早记载了诸葛亮所著《后出师表》。

卷二　文中

或曰：晋景、文兄弟孰贤？魏明帝崩，立养子齐王芳，遗诏使曹爽①与司马宣王辅政。宣王诛爽，自专政。宣王薨，子景王名师字子元，代立辅政，废齐王芳，立高贵乡公。景王薨，弟文王名昭字子上，又代立辅政，杀高贵乡公②，立陈留王。后陈留王③以魏禅晋。武帝名炎字安世，即位，平吴，天下一统。及子惠帝立，天下大乱，五胡入中原矣。虞南曰："何晏称：惟深也，故能通天下之志，夏侯太初④是也；惟几也，故能成天下之务，司马子元⑤是也。故知王佐之才，著于早日。及诛爽之际，智略已宣。钦、俭称兵⑥，全军独克，此足见其英图也。虽道盛三分，而终身北面，威名振主而臣节不亏，侯服归全，于斯为美。太祖嗣兴，克宁祸乱，南定淮海，西平庸蜀，役不逾时，厥功为重。及高贵篡历，聪明凤智，不能竭忠协赞，拟迹伊周，遂乃伪谤士彦，委罪成济⑦，自贻逆节，终享恶名。斯言之玷，不可磨也。"干宝⑧《晋总论》曰：昔宣帝以雄才硕量，应运而仕。值魏太祖创基之初，筹画军国，嘉谋屡

---

①　曹爽：三国时魏国大臣，字昭伯，魏明帝时为武卫将军。明帝病重，拜大将军，受诏与司马懿共辅少主。明帝死后，任用何晏等人为心腹，排斥司马懿。公元249年，司马懿发动政变，先免其官，后夷其族。

②　高贵乡公：即三国时魏国皇帝曹髦，曹丕之孙。公元254年，司马师废曹芳，立曹髦。他不甘心作傀儡皇帝，于公元260年亲率护兵攻击司马昭，被司马昭的心腹贾充派人杀死。死后谥为高贵乡公。

③　陈留王：即曹奂，本名曹璜，是曹操的孙子，是三国时魏国的第五代皇帝，也是末代皇帝，虽为皇帝却无权，政权早已落入司马氏之手。公元265年，司马炎称帝，改国号为晋，曹奂被废黜，降封为陈留王。

④　夏侯太初：即夏侯玄，字太初，三国时期魏国大臣，玄学家。夏侯玄少时博学，才华出众，尤其精通玄学，被誉为"四聪"之一，他和何晏等人开创魏晋玄学的先河，是早期的玄学领袖。在政治上，他提出"审官择人"、"除重官"、"改服制"等制度，司马懿认为"皆大善"。此后夏侯玄因卷入谋杀司马师的阴谋之中而被司马师杀害，惨遭夷灭三族之祸。

⑤　司马子元：即司马师，字子元。三国时期曹魏权臣，官至大将军。西晋王朝的奠基人之一。他是司马懿的长子，司马昭的兄长，西晋开国皇帝司马炎的伯父。司马师沉着坚强，雄才大略。他继承父亲的权力，废魏帝曹芳，平定淮南三叛，攻破东吴诸葛恪的大军。基本控制了曹魏政权。

⑥　钦、俭称兵：钦指文钦，俭指毋丘俭，均为西晋大将。公元255年，文钦任扬州刺史，毋丘俭任镇东将军，矫诏讨伐司马师，率兵北上，结果被司马师打败，毋丘俭被射杀，文钦逃往东吴。

⑦　成济：三国后期魏国武将，被司马昭的心腹贾充指使，用戟刺死魏主曹髦，后司马昭为平息众怒，将成济全家杀死。

⑧　干宝：东晋史学家。字令升，新蔡人。领修国史，写成《晋纪》。又好阴阳术数，搜集古今神怪轶闻，撰《搜神记》。《晋总论》为干宝《晋纪》中一篇，也称《晋纪总论》。

中，遂服舆轸，驱驰三世。性深阻，有城府，而能宽绰以容纳，行任数以御物，而知人，善采拔，故能西擒孟达①，东举公孙渊②，内夷曹爽，外袭王陵，屡距诸葛亮节制之兵，而东支吴人辅车之势。于是百姓与能，大象始构矣。世宗承基，太祖继业，玄、丰乱内，钦、诞寇外，潜谋虽密，而在机必兆；淮、浦再扰，而许、洛不震，咸默异图，用光前烈。然后推毂钟、邓，长驱庸蜀。三关电扫，刘禅入臣。天符人事，于是信矣。始当非常之礼，终受备物之锡。至于世祖，遂享皇极。仁以厚下，俭以节用，和而不弛，宽而能断。故人咏惟新，四海悦劝矣。泛舟三峡，介马桂阳，役不二时，江湖来同。夷吴、蜀之垒垣，通二方之险塞。太康之中，天下书同文，车同轨。虽太平未洽，亦足以明。吏奉其职，人乐其生，百代之一时也。武皇既崩，山陵未干，而杨骏③被诛，母后废黜，朝士旧臣夷灭者数十族。寻以二公④、楚王之变⑤，宗子无维城之助，而阏伯实沈之隙⑥岁构。师尹无具瞻之贵，而颠坠戮辱之祸日有。方岳无钧石之镇，关门无结草之固。李辰、石冰，倾之于荆、扬；刘渊、王弥，挠之于青、冀。二十余年而河洛为墟，戎羯称制。二帝失尊，山陵无所。何哉？树立失权，托附非才，四维不张，而苟且之政多也。故观阮籍之行⑦而觉礼教崩弛之所由，察庾纯、贾充之事⑧而见师尹之多

———

① 孟达：三国时人物。本为刘璋属下，后降刘备。奇袭荆州之战时因不发兵救关羽而触怒刘备，于是投奔魏国，在魏官至散骑常侍、建武将军，封平阳亭侯。此后又欲反曹魏而归蜀汉，事败而死。

② 公孙渊：三国时辽东地方割据首领，公孙康之子。魏明帝时，渊夺其叔公孙恭之位，割据辽东，明帝拜公孙渊为扬烈将军、辽东太守。渊又遣使南通孙权，孙权立其为燕王，后明帝拜渊大司马，封乐浪公。公元237年叛魏，自立为燕王。公元238年，明帝遣太尉司马懿出兵辽东。渊大败，为魏军所斩。

③ 杨骏：西晋大臣，字文长。初为高陆县令，累迁至车骑将军，封临晋侯。因女为晋武帝皇后，受武帝宠信，与弟杨珧、杨济势倾天下，时称"三杨"。

④ 二公：指张华、裴頠。张华，西晋大臣、文学家。晋初任中书令。惠帝时，历任侍中、中书监、司空。后被赵王司马伦和孙秀所杀。裴頠，西晋哲学家。官至尚书左仆射。为赵王司马伦所杀。

⑤ 楚王之变：晋武帝死，惠帝贾后与辅政的外戚杨骏争权。公元291年，贾后杀骏，以汝南王司马亮辅政，又指使楚王司马玮杀亮，随后又杀玮。

⑥ 阏伯、实沈之隙：阏伯、实沈相传为高辛氏（帝喾）之子，他们原来一起住在旷野里，整天打架，互相征伐。帝喾没有办法，只好把阏伯迁到商丘，让他管理东方的商星；迁实沈于大夏，去管理西方的参星。商星和参星位于天文学上的黄道的东西两端。每当商星从东方升起，参星已没于西方的地平线下；而当参星从东方升起，商星也没于西方地平线下，二星在天空中绝不会同时出现。从此，阏伯、实沈兄弟二人各居一方，永不能相见了。

⑦ 阮籍之行：阮籍，魏晋名士，竹林七贤之一。因不满司马氏专权，轻蔑礼法，纵酒昏酣。其行为多不遵礼法。

⑧ 庾纯、贾充之争：贾充，西晋大臣，为司马氏篡夺曹魏政权立有大功，故深得司马氏宠幸。当时的侍中裴楷、任恺、河南尹庾纯都与贾充不合，恰逢鲜卑寇乱秦、雍一带，任恺等乘机向武帝推荐贾充去边关镇抚，庾纯亦赞同其事。实际上是让他外任，以削弱其权力。

卷二 文中

僻，思郭钦之谋①而瘖戎、狄之有衅，核傅玄之奏、《钱神》②之论而睹宠赂之彰。民风国势如此，虽以中庸之才，守文之主治之，辛有必见之于祭祀，季札③必得之于乐声，范燮必为之请死，贾谊④必为之痛哭，又况我惠帝以荡荡之德而临之哉？淳耀之烈未渝，故大命重集于中宗元皇帝也。

东晋自元帝以下，何主为贤？虞南曰："晋自迁都江左，强臣擅命，垂拱南面，政非己出。王敦⑤以盘石之宗，居上流之要，负才矜地，志怀问鼎，非肃祖之明断，王导之忠诚，则晋祚其移于王氏矣。若使降年永久，仗任群贤，因瀍、涧之遗黎，乘刘、石之衰运，则克复中原，不难图也。"元帝值天下崩离，创立江左，后肃祖⑥即位，大将军王敦威震内外，将谋为逆。帝与王导⑦、温峤等决计征敦。敦败，死也。

或曰：伪楚桓玄有奇才远略，而遂至灭亡，何也？桓玄，字敬道，父温。大司马玄博综术艺，以雄豪自处。晋安帝以为丞相，封楚王，遂禅位。虞南曰："夫人君之量，必虚己应物，覆载同于天地，信誓拟于暄寒，然后万姓乐推而不厌也。彼桓玄者，盖有浮狡之小智，而无含弘之大德。值晋末衰乱，威不逮下，故玄得肆其爪牙，以侥幸之余，而逢神武之运，至于夷灭，固其宜也。"《鬻子》曰：发政施令，为天下福者，谓之道。上下相亲，谓之和。民不求而得所欲，谓之信。除天下之害者，谓之仁。仁与信，和与道，帝王之器也。由

---

① 郭钦之谋：郭钦为西晋武帝时侍御史，他曾向武帝建议，向西北边境移民，而把魏晋以来进入内地的少数民族迁出境外，严加防守，武帝不听。

② 《钱神》：即西晋鲁褒所作之《钱神论》。该书对货币权力作了揭露和嘲讽。

③ 季札：春秋时吴王寿梦少子，孔子的老师，与孔子齐名的圣人，同时也是孔子最仰慕的圣人。有一次，吴国派遣季札出使鲁国。到了鲁国，季札听到了蔚为大观的周乐。季札以深密的感受力和卓绝的见识，透析了礼乐之教的深远蕴涵，以及周朝的盛衰之势，语惊四座，使众人为之侧目。

④ 贾谊：西汉大臣，政论家。少以文才名世，文帝时为博士，迁太中大夫。因倡言改革政治，遭权贵周勃等妒忌毁谤，被贬长沙王太傅等。著有《过秦论》、《论积贮疏》等。

⑤ 王敦：东晋大臣，字处仲，晋武帝之婿。两晋之际，官至镇东大将军、都督江扬荆湘交广六州诸军事。与堂弟王导等拥护司马睿建立东晋政权，升任大将军、荆州牧。后司马睿抑制王氏势力为由，于公元322年起兵攻入建康，杀尚书令刁协等人。后谋篡司马氏政权，晋明帝乘其病危，发兵讨灭之。

⑥ 肃祖：指晋明帝司马绍，字道畿，东晋的第二个皇帝，晋元帝之子，庙号肃宗。生来像鲜卑人，为人豪爽，在位期间曾平定王敦叛乱。

⑦ 王导：东晋大臣，字茂弘。帮助司马睿建立东晋，居官宰辅，总揽元、明、成三朝国政，时有"王与马，共天下"之说。

君德第九

此言之，豪雄小智，何益于乐推哉。

宋祖①诛灭桓玄，再兴晋室，梁代裴子野优之于宣、武，其事云何？虞南曰："魏武，曹腾②之孙，累叶荣显，濯缨汉室三十余年。及董卓之乱，乃与山东俱起，诛灭元凶，曾非己力。晋宣历任卿相，位极台鼎，握天下之图，居既安之势，奉明诏而诛逆节，建瓴为譬，未足喻也。宋祖以匹夫提剑，首创大业，旬月之间，重安晋鼎，居半州之地，驱一郡之卒，斩谯纵③于庸蜀，禽姚绍④于崤、函，克慕容超⑤于青部，枭卢循⑥起于岭外，戎旗所指，无往不捷。观其豁达，则汉祖之风；制胜胸襟，则光武之匹。惜其祚短，志未可量，此为优矣。"裴子野⑦曰：宋武皇帝苟迹多于魏武，大德厚于晋宣。拔足行间，却孙恩蚁聚之众；奋臂荆、郢，扫桓玄盘石之宗；方轨长驱，则三齐无坚垒；回戈内赴，则五岭靡余妖。命孙季高⑧于巨海之上而番隅席卷，擢朱龄石⑨于百夫之下而庸蜀来王。羌胡畏威，反为表里，董率虎旅，以事中原。然后请呼上帝，步骤前王，光有帝图，谓之义取者也。又曰：桓敬道有文武奇才，志雪余耻，校动离乱之中，奄有天下而不血刃。既而啸命六合，规模进取。未及逾年，坐盗

---

① 宋祖：指刘宋高祖刘裕。南北朝刘宋王朝开国之主。先为北府兵中下级军官。桓玄代晋后，与北府兵中下级军官结盟，起兵反对桓玄，并将桓玄诛灭。公元420年，代晋称帝，建立宋朝。

② 曹腾：东汉宦官，字季兴。汉顺帝即位后，被升为中常侍。后因策划迎立桓帝有功，被封为费亭侯，升为大长秋。曹腾用事宫中三十多年，未有显著过失，并能推荐贤人。曹腾死后由子曹嵩嗣为侯，曹操是他的孙子。

③ 谯纵：十六国时期后蜀国君，初任东晋安西府参军。公元405年据蜀，称成都王。次年向后秦姚兴称臣。公元413年，为东晋朱龄石所灭。

④ 姚绍：十六国时期后秦将军，封东平公。刘裕北伐，绍领兵拒守潼关，被刘裕攻破，长安始平。

⑤ 慕容超：十六国时期南燕国君，鲜卑族。在位不理政事，国渐衰弱。刘裕灭南燕，超被俘送至建康斩杀。

⑥ 卢循：东晋末农民起义领袖，字于先。初随孙恩起义。恩亡，他率领余部，转战浙东一带，泛海南下至广州，赶走刺史吴隐之，自摄州事，号平南将军，后受抚为广州刺史。公元410年乘刘裕北伐，进军建康，兵败投水自杀。

⑦ 裴子野：南北朝梁武帝时期任著作郎，将沈约写的史书《宋书》删撰为《宋略》二十卷。此书一出来，立即博得朝野上下一致赞赏。除《宋略》外，裴子野还有《众僧传》、《续裴氏家传》、《方国使图》等著作行世。

⑧ 孙季高：即孙恩，东晋末年农民起义领袖。被刘裕打败，投水而死。

⑨ 朱龄石：东晋末年刘裕系大将，自幼轻佻好武，后随刘裕平定桓玄、卢循之乱，受命为元帅讨伐占领四川的谯纵，威名甚著，倍得信任，诸事皆参与谋划。后以都督关中诸军事之职北伐后秦，功成后镇守要地。胡夏南下略地关中，刘宋势力全线崩溃，朱龄石因水道被断遭擒，押解至长安被杀。

社稷，自以名高汉祖，事捷魏晋，思专其侈，以冀恭己。若王谧①、桓谦②以人望镇领袖，王绥③、谢混④以后进相光辉，群从兄弟，方州连郡，民骇其速而服其强，无异望矣。高祖于时，朱方之一匹夫也，无千百之众，纠合同盟，电击二州，未及半旬，荡清京邑，号令群后，长驱江汉，推亡楚于匪隙，援衰晋于已颠。自轩辕以来，用兵之疾，未始有也。自非雄略不世，天命底止，焉能若此者乎？于是人知攸暨，而王迹兴矣。

宋孝武、明帝二人孰贤？虞南曰："二人残忍之性，异体同心。诛戮贤良，割剪枝叶，内无平、勃之相，外阙晋、郑之亲，以斯大宝委之昏稚，故使齐民乘衅宰制天下。未逾岁稔，遂移龟玉。缄縢虽固，适为大盗之资。百虑同失，可为长叹。鼎社倾沦，非不幸也。"孝武名骏，文帝第三子，为江州刺史。弟劭既弑逆帝，与颜竣于江州起义征邵，平之。明帝名彧，文帝第十八子，即位尽杀孝武诸子，务为雕饰，天下骚然。崩，子昱立，无道，萧道成杀之。

齐建元、永明之间，号为治世，诚有之乎？虞南曰："齐高创业之主，知稼穑之艰难。且立身俭素，务存简约。武帝则留意后庭，雕饰过度，然能委任王俭⑤，宪章攸出，礼乐之盛，咸称永明。宰相得人，于斯为美。"议曰：子言卫灵公之无道，康子曰：夫如是，奚为不丧？孔子曰：仲叔圉⑥治宾客，祝鮀治宗庙，王孙贾治军旅。夫如是，奚其丧？此言委任有德之美也。田单相齐，过淄水，有老人涉淄而寒。田单⑦解裘而衣之。襄王恶之，曰：田单之厚施，将欲

---

① 王谧：东晋大臣，王导之孙。少有美誉，与桓胤、王绥齐名。刘裕为布衣时，众人都不觉得有什么出奇之处，只有王谧一见之下，认为刘裕将来一定大富大贵。

② 桓谦：东晋末期人物，桓玄叔父桓冲次子。桓玄叛晋战死后，桓谦仍然抵抗东晋，并于失败后出奔后秦。后又因支持谯纵对抗东晋而入蜀，在西蜀的军事行动中被刘道规杀死。

③ 王绥：东晋人，桓玄外甥，甚得宠爱。桓玄篡位，为中书令。刘裕讨桓玄，以为冠军将军，累迁荆州刺史。

④ 谢混：东晋文学家，谢安的孙子。号称"风华江左第一"，少年时就享有大名。他的《游西池》诗歌对东晋诗风的推广有一定影响。

⑤ 王俭：南北朝齐国大臣，学者，字仲宝。幼孤，好学，手不释卷。历任侍中、尚书令、中书监等。萧道成代宋建齐，禅代诏策多出其手。撰有《元徽四部书目》，是古代著名目录学家之一。

⑥ 仲叔圉：即孔文子，他和后面提到的祝鮀、王孙贾都是春秋时卫国的大夫。仲叔圉聪明好学，又非常谦虚，因而死后被授予"文"的谥号。后人就尊称他为孔文子。

⑦ 田单：战国时齐国大将。公元前284年，燕国将乐毅破齐都临淄，他东奔即墨，被推为将，固城拒燕。公元前279年，用反间计使燕王改派骑劫为将，以火牛阵大破燕军，复齐失地，被齐襄王任为相。后以故奔赵为将，曾败魏、韩军，拜赵相。司马迁称其"用兵出奇无穷"。

君德第九

以取我国乎？不早图，恐后之。此言委任有德之恶也。故齐侯恶陈氏厚德，晏子①谓齐侯曰：在礼，家施不及国，大夫不收公利，可以止之。齐襄恶田单厚施，贯珠者②谓襄王曰：王不如嘉单之善，令曰寡人忧人之饥也，单收而食之；寡人忧人之寒也，单解裘而衣之。称寡人意。单有是善而王嘉之善，单之善亦王之善也。后里闾相与语曰：田单之爱人，乃王之教也。夫收臣下之权，宜如晏子及贯珠者。昔汉祖疾甚，吕后问为相，曰：曹参可。问其次，曰：王陵可。然少戆，陈平可以助之。陈平智有余，然难独任。周勃厚重少文，然安刘氏者，必勃也，可令为太尉。宋高祖大渐，诫太子曰：檀道济③虽有干略而无远志，徐羡之④、傅亮⑤当无异图。谢晦⑥常从征伐，颇识机变，若有同异，必此人也，可以会稽处之。夫任贤能宜如汉高及宋祖矣。

宋、齐二代，废主有五，并骄淫狂暴，前后如一。或身被贼杀，或倾坠宗社，岂厥性顽凶，自贻非命，将天之所弃，用亡大业乎？虞南曰："夫上智下愚，特禀异气；中庸之才，皆由训习。自宋、齐以来，东宫师傅，备员而已。贵贱礼隔，规献无由，多以位升，罕由德进。此五君者，禀凡庸之性，无周、召⑦之师，远益友之箴规，狎宵人之近习。以斯下质生而楚言，覆国亡身，理数然也。"议曰：贾生云：昔成王幼，在襁褓之中，召公为太保，周公为太傅，太公为太师。保，保其身体；傅，傅之德义；师，导之教训。此三公之职也。又置三少，曰少傅、少保、少师，是与太子宴者也。乃孩抱有识，三公、三少固明孝、仁、礼、义，以导习之，逐去邪人，不使见恶行；选天下之端士、

---

① 晏子：即晏婴，春秋后期齐国一位重要的政治家、思想家、外交家。以生活节俭，谦恭下士著称。据说晏婴身材不高，其貌不扬。

② 贯珠者：即穿珠子的工人，战国时齐国人，在史书上没有留下名字，但他颇有智慧，因势利导，巧妙化解上下级关系，因而被史书记载。

③ 檀道济：南北朝刘宋王朝将领。宋朝开国皇帝刘裕死后，受顾命辅少帝。后参与废杀少帝。文帝时官至征南大将军。征伐多建奇功，雄名威振。为文帝所忌，被杀。

④ 徐羡之：南北朝宋朝大臣，字宗文。东晋时官至尚书仆射，入宋迁至司空、录尚书事。刘裕死，受顾命辅佐少帝。后废少帝，迎立文帝，进司徒。文帝以杀少帝之事问罪，被迫自杀。

⑤ 傅亮：南北朝时宋朝大臣，文学家，字季友。曾担任中书令，总揽国政。刘裕死后，受命辅少帝。后废少帝立文帝。公元426年因杀少帝之罪被文帝处死。

⑥ 谢晦：南北朝时宋朝大臣，字宣明。善言笑，博览多闻，为刘裕所重，官至中领军、中书令。刘裕死后，受顾命辅政，废少帝立文帝。后被文帝所杀。

⑦ 周、召：周成王时共同辅政的周公旦和召公奭的合称。两人以现今河南省三门峡市的"陕原"为分界线，把西周王朝的统治区划分为东西两大行政区，两人分别治理，皆有美政。

卷二　文中

孝悌、博闻有道术者，以翼卫之，使与太子居处。故太子乃生见正事，闻正言，行正道，左右前后皆正人也。夫习与正人居，不能无正，犹生长齐地，不能不齐言也；习与不正人居，犹生长楚地，不能不楚言也。秦使赵高①傅胡亥，而教之狱，所习者非斩、劓人则夷人之三族也。故胡亥今日即位，明日射人。忠谏者谓之诽谤，深计者谓之妖言，视杀人为刈草菅然。岂胡亥②之性恶哉？彼其所以导之者，非其理也。晋惠帝太子遹③有罪，阎缵上书谏曰：臣伏念遹长养深宫，沉沦富贵，受饶先帝，父母骄之。每见选师傅，下至群吏，率取高梁，击钟鼎食之家，希有寒门儒素，如卫绾④、周文；洗马、舍人，亦无汲黯⑤、郑庄之比，遂使不见事父君之道。古礼，太子以士礼与国人齿，欲令知贱，然后乃贵。自顷东宫亦微太盛，所以致败，非但东宫。诸王师友、文学，亦取豪族力能得者，岂有切磋能相长益？今遹言语悖逆，受罪之日，不失子道，尚可重选师傅，置游谈文学，皆选寒门孤宦、以学行自立者，及涉履艰难、名行素立者，使与游处。绝贵戚子弟，轻薄宾客，但通古今孝子慈亲，忠臣事君，及思愆改过，皆闻善道，庶几可全。由此观之，故知太子者，选左右俾谕教之，最急也。

　　梁元帝聪明才学元帝，梁武第七子，名绎，为荆州刺史。破侯景，都荆州，为西魏万纽于谨来伐，执帝害之，**克平祸乱，而卒致倾覆，何也？**虞南曰："梁元聪敏伎艺，才兼文武，仗顺伐逆，克雪家冤，成功遂事，有足称者。但国难之后，伤夷未复，信强寇之甘言，袭褊心于怀楚。蕃屏宗支，自为仇敌。孤远悬僻，莫与同忧。身亡祚灭，生人涂炭，举鄢、郢而弃之，良可惜也。"议曰：《淮南子》云：夫仁智，才之美者也。所谓仁者，爱人也；所谓智者，知人也。爱人则无虐刑，知人则无乱政。此三代所以昌也。智伯有五过人之才，而不免于身死人手者，不爱人也；齐王建有三过人之巧，而身虏于秦者，不知贤也。故仁

---

　　① 赵高：秦朝宦官。原系赵国人，入秦后，任中车府令，兼行玺符令事，通律令。公元前210年，始皇死，与李斯伪造遗诏，迫使始皇长子扶苏自杀。立胡亥为二世皇帝，自任郎中令，控制朝政。后杀丞相李斯，自任丞相。前207年，与其婿阎乐杀二世，立子婴为主，旋为子婴所杀。
　　② 胡亥：即秦二世，是秦始皇第十八子，从中车府令赵高学习狱法。秦始皇出游南方病死沙丘，秘不发丧，在赵高与李斯的帮助下，杀死兄弟姐妹二十余人，并逼死扶苏而当上秦朝的二世皇帝。
　　③ 太子遹：西晋惠帝之子。自幼聪颖，为祖父晋武帝所钟爱。惠帝不敏，晋武帝将希望寄托于太孙遹。然晋武帝死，太子遹却被惠帝皇后贾南风所害。
　　④ 卫绾：西汉代国人。他臂力过人，擅长御车之术。一生为官，位居显要，既无拾遗补阙之功，更谈不上兴利除弊之绩，只是默默无言，守道而已。汉武帝时，以不称职之名被免官。死后，谥号哀侯。
　　⑤ 汲黯：西汉名臣，字长孺。好直谏廷诤，武帝称为"社稷之臣"。主张与匈奴和亲。后犯小罪免官，居田园数年，召拜淮阳太守，卒于任上。

君德第九

莫大于爱人,智莫大于知人。二者不立,虽察慧捷巧,不免于乱矣。或曰周武之雄才武略,身先士卒,若天假之年,尽其兵算,必能平宇内,为一代之明主乎?虞南曰:周武骁勇果毅,有出人之略,观其卑躬厉士,法令严明,虽勾践、穰苴①,亦无以过也。此猛将之任,非人君之度量也。由此观之,夫拨乱之主,当先以收相获将为本,一身善战,不足恃也。故刘向曰:知人者,王道也;知事者,臣道也。伎艺善战,何益哉?

后齐文宣帝宣帝名洋,后齐高欢第二子,受后魏禅也,狂悖之迹,桀、纣之所不为,而国富人丰,不至于乱亡,何也?虞南曰:"昔齐桓奢淫亡礼,人伦所弃。假六翮于仲父,遂伯诸侯。宣武帝鄙秽忍虐,古今无比。委万机于遵彦,保全宗国,以其任用得才,所以社稷犹存者也。"议曰:殷有三仁②,太康有五弟③,亦皆贤者,而国为墟,何哉?《鬻子》④云:君子与人之谋也,能必用道,而不能必见受也;能必忠,而不能必见入也;能必信,而不能必见信也。故虞公不用宫之奇谋,灭于晋;仇由不听赤章之言,亡于智氏。天下之国,莫不有忠臣谋士,但在用与不用耳。苟为不用,反贻君谛,贤人君子,安能救败乱乎?

陈武帝起自草莱,兴创帝业,近代以来,可方何主?虞南⑤曰:"武帝以奇才远略,怀匡复之志,龙跃海隅,豹变岭表,扫重氛于绛阙,复帝座于紫微。西抗周师,北夷齐寇,宏谋长算,动无遗策,实开基之令主,拨乱之雄才。比宋祖则不及,方齐高则优矣。"

隋文帝起自布衣,光有神器,西定庸蜀,南平江表,比于晋武,可为俦乎?虞南曰:"隋文因外戚之重,周室之微,负图作宰,遂膺宝命。

---

① 穰苴:即司马穰苴,春秋时齐国的大夫,田氏,名穰苴,深通兵法。其兵法后被整理成书,称《司马穰苴兵法》。
② 三仁:商纣王时,微子见纣王昏乱残暴而离去,箕子、比干劝谏而被纣王辱杀。孔子称他们为"三仁"。
③ 五弟:夏朝太康沉湎于声色酒食之中,政事不修,促使内部矛盾日趋尖锐,外部四夷背叛。东夷族有穷氏首领后羿看到夏王朝内部矛盾重重,藉太康外出狩猎数月不归之时,乘机掌握了夏的政权。太康有五个弟弟,都很贤良,作"五子之歌",追述其祖父夏禹的训诫。
④ 《鬻子》:书名。周朝鬻熊所撰。《汉书·艺文志》道家有《鬻子》二十二篇,小说家类有《鬻子说》十九篇。刘勰《文心雕龙·诸子第十七》载:至鬻熊知道,文王咨询,余文遗事,录为《鬻子》。今传《鬻子》仅二卷。
⑤ 虞南:即虞世南,唐初大臣、书法家。字伯施,唐太宗称他德行、忠直、博学、文词、书翰为五绝。

卷二 文中

留心政治，务从恩泽，故能绥抚新旧，缉宁遐迩，文武制置，皆有可观。及克定江淮，咸同书轨，率土黎献，企伫太平。自金陵灭后，王心奢汰，虽威加四海，而情坠万机，荆璧填于内府，吴姬满于下室。仁寿雕饰，事将倾宫，万姓力殚，中民产竭。加以猜忌心起，巫蛊事兴，戮爱子之妃，离上相之母猫鬼事起，秦王妃及仆射杨素①母皆坐焉，纲维已紊，礼教斯亡，牝鸡晨响②，皇枝剿绝，废黜不辜，树立所爱废太子勇③为庶人，立晋王广④也，功臣良佐，诛翦无遗。季年之失，多于晋武，十世不永，岂天亡乎？"议曰：汉高祖欲以赵王如意⑤易太子，叔孙通⑥谏曰：昔晋献公以骊姬⑦故，废太子，立奚齐⑧，晋国乱者数十年，为天下笑。秦以不早定扶苏⑨，令赵高得以诈立胡亥，自使灭祀。此陛下所亲见。今陛下必欲废嫡而立少，臣愿先伏诛，以颈血污地。帝曰：吾直戏耳。通曰：太子天下本，本之一摇，天下震动。奈何以天下戏？乃听之。袁绍爱少子尚，乃以太子谭继兄后。沮授谏曰：世称万人逐兔，一人获之，贪者悉止，分定故也。且年均以贤，德均以长，上古之制也。愿上惟先代成败之诫，下思逐兔分定之义。若其不改，祸始此矣。绍不从，后果构隙。故曰立嫡子者，不使庶孽疑焉。疑则动，两则争。子

---

① 杨素：隋朝权臣、诗人，杰出的军事家、统帅。他出身北朝士族，北周时任车骑将军。他与隋文帝杨坚深相结纳。杨坚为帝，任杨素为御史大夫，后以行军元帅率水军东下攻陈。灭陈后，进爵为越国公，任内史令。杨广即位，拜司徒，改封楚国公。

② 牝鸡晨响：指隋文帝皇后独孤氏干预朝政。在诸如废太子、杀大臣高颎这样的大事上，隋文帝都是依照独孤氏的意思去做，因而对隋王朝的兴亡造成了重大的负面影响。

③ 太子勇：隋文帝长子。隋立，为皇太子，参决军政大事。后遭其母独孤氏猜忌，加上杨广、杨素陷害，被废为庶人。公元604年，杨广杀文帝后，勇被赐死，其子亦遭杀害。

④ 晋王广：即隋炀帝，隋文帝次子。先为晋王，后陷其兄勇，夺得太子位。公元604年，杀父自立。初尚承文帝遗风，使隋朝进一步强盛。后逐渐骄怠，滥用民力，穷兵黩武，终至国败身亡。

⑤ 赵王如意：汉高祖刘邦之子，戚夫人所生。刘邦宠爱戚夫人，几次欲立赵王如意，后因大臣反对作罢。刘邦死，赵王被吕后毒杀。

⑥ 叔孙通：秦末汉初儒生，初为秦博士。楚汉战争中，先属项羽，后归刘邦，任博士。汉立，深得刘邦赏识，任太常，后任太子太傅。

⑦ 骊姬：春秋时骊戎国君之女。晋献公灭骊戎，纳为夫人，甚得宠信。生子奚齐，其妹生卓子。诬陷并杀害了太子申生，公子重耳、夷吾都不得不出奔。晋献公死后，骊姬为晋大夫里克所杀。

⑧ 奚齐：春秋时晋献公之子，因其母骊姬有宠，献公废太子申生，尽逐群公子，欲立其为嗣。献公病危，嘱托大夫荀息主政，助其继位，献公死后，晋国内乱，为里克所杀。

⑨ 扶苏：秦始皇长子。因数次直言进谏惹怒了秦始皇，被派往上郡到大将蒙恬那里任监军。公元前210年，始皇遗嘱以扶苏为皇位继承人。始皇死，宦官赵高与丞相李斯伪造诏书，迫令其自杀。

君德第九

两位者，家必乱；子两位而家不乱者，亲犹在也。恃亲不乱，失亲必乱。有旨哉！

或曰：王霸之略，请事斯语矣。敢问殁而作谥及改正朔、易服色，以变人之耳目，其事奚象？对曰：古之立谥者，将以戒夫后代。随行受名，君亲无隐。今之臣子，不论名实，务在尊崇。斯风替也久矣。

昔季康子①问五帝之德于孔子，孔子曰："天有五行，木、火、金、水及土，分时赞化，育以成物—岁三百六十日，五行，行七十二日，化生长育。其神为五帝纬五帝，五行之神。"古之王者，易代改号，取法五行。五行更王，终始相生，亦象其义。故其生为明王者，而死配五行。是以太皞配木勾芒为木正也，炎帝配火祝融为火正也，少皞配金蓐收为金正也，颛顼配水玄冥为水正也，黄帝配土后土为土正也。帝王改号，于五行之德各有所尚，从其所王之德次焉木家次位，火也。木家尚赤，以木德义之普，循其母兼其子也。夏后氏以金德王而尚黑，殷人以水德王而尚白水家尚青，而尚白者，避土家之尚青也。土家宜尚白，为土者，四行之主，主于四季。五行用事，先起于木，故土家尚木，色青也，周人以木德王而色尚赤，此三代之所以不同也。及汉之初，公孙臣②、贾谊以为汉土德，以五行之传，从所不胜传，移之传也。五行相代，常从金、木、水、火、土相胜之法也。秦在水德，故谓汉据土而克之。刘向③父子以为帝出于震，故庖犧氏始受木德，其后以母传子，终而复始，自神农、黄帝，下历唐虞三代，而汉得火焉。故高祖始起，神母夜号，着赤帝之符，得天统矣。昔共工以水德间于木、火，与秦同运，非其次，故皆不永也。以吾观之，帝王之兴，各本其所出五帝之后，以定五德。何以明之？汉，尧后也。尧，火德王，故汉为火焉。袁绍时，耿包曰：赤德衰尽，袁为黄胤，以为袁舜后，舜，土德君，故劝进焉。是知帝王之兴，各本其所出五帝之后，有自来矣。今秦，颛顼后，水德也。故秦为水德焉。以此观之，虽百代可知也。

---

① 季康子：即季孙肥，春秋时期鲁国的正卿，事鲁哀公，此时鲁国公室衰弱，以季氏为首的三桓强盛，季氏宗主季康子位高权重，是当时鲁国的权臣。

② 公孙臣：西汉初年学者。文帝时召拜博士，上书言五德始终之说，称汉为土德，其符应有黄龙见，当改正朔，易服色。丞相张苍以为妄说，罢弃。后有人称在成纪县看到黄龙出现，文帝遂召他为博士，草立土德时历制度，改变年号为后元元年。

③ 刘向：西汉大臣，刘汉宗室。忠心耿耿，反对外戚宦官专权，遭到打击撤职。后埋头整理古籍图书，撰《别录》，开目录学之宗。刘向亦是汉代的大儒，对儒学的贡献甚大。

卷二　文中

君德第九

译文

　　三皇虽然没有留下什么至理名言伏羲、女娲、神农，称为三皇，但他们品德的影响遍布四海，天下百姓却不知道把功劳记在谁的头上。帝王体察上天意旨，效法大地诸神，有理论，有法则，因而天下太平。有了功劳，君臣互相谦让，四海之内倾慕他们的德行并且进行仿效，百姓自觉施行却不知其所以然。所以古代帝王驱使群臣不必借助那么多礼仪法规、赏罚奖励，就能做到和美而互不伤害。黄帝依据阴阳四时制定历法，遵照农时播种百谷，充分发挥心智、体力、耳朵、眼睛的功能，节制使用水、火等资源，有土德将兴的预兆，因此称为黄帝；颛顼保护资源，耕种土地，依据天象制定历法，按照鬼神尊卑制定礼仪。依四时五行之气以教化百姓，虔诚地祭祀天地鬼神。无论动物还是植物，大小之神，凡日月所照之处，没有不臣服的；帝喾高辛取山川大地的财货而合理使用，抚育万民，引导他们获取利益。依照日月运行的规律而安排生活作息，认识到鬼神的来龙去脉而虔诚地祭祀他们。整个部落一片兴旺，民众的道德风气空前高尚；尧帝做了领袖，他的仁德如昊天之广博，他的智慧像神灵一样高明，人民像追随太阳一样紧随着他，像企盼云雨一样仰望他。他富有而不骄奢放纵，尊贵而不傲慢；虞舜为帝，无论多微小的善事都要广泛传播，无论多隐蔽的恶行都要暴露于天下。运用自然的法则惩恶扬善，群臣心悦诚服而各就其职。因此五帝能够运用无为的法则，体现出最高的和谐。百姓在日常生活中享受到了恩惠，却不明白其中道理，行为合乎德义却好像生来就有这种修养，这就是五帝仁德的具体展现。君王以德治国，征服人心。评论：韩信说：

君德第九

项王所经过的地方都生灵涂炭,百姓并不真心服从,只是慑于淫威,勉强服从罢了。所以他名义上是霸王,实际上已经失去了天下人心。因此说他的强大只是表面上的假象。诸葛亮说:荆州百姓名义上归附曹操,但只是迫于形势罢了,并非心服。现在将军只要命令猛将与荆州的部队协同一致,攻破曹军是必然的。由此说来,只要人心不服,强势一方的优势只是暂时的。因此王者的策略,是要征服人心。**制定方略以预防衰败,政治清明,军事上有充足的防备,并且没有战乱,天下太平。君臣之间不互相猜疑,国家安定,君主平安,朝臣遵循礼义进退,也能达到盛世太平的美好景象。**夏、商、周三代的明主,开创万世基业,虽然国家的形式和制度不同,但最终都得到了一致称赞。所以说,夏朝人推崇忠义,忠义过了头就会产生形式粗陋的问题。挽救形式粗陋的办法就是崇敬,殷商时代予以修正。崇敬过了头就会产生盲目崇拜鬼神的问题。挽救盲目崇拜鬼神的最好办法就是礼仪教育,周人顺时做出改变。礼仪教育过了头就会产生过于追求形式的虚伪,因此需要返回到夏代的忠义。三代周而复始,互为补充。所谓因时制宜,救弊补偏,这就是三代明王的治国之术。**霸主的治国之道是凭借权力来驾驭士人,以信义来结交士人,借助赏赐来使用士人。如果信义衰落,士人疏远,赏罚制度毁坏,士人就会离去。**《左传》称:楚国包围宋国,宋国派人到晋国求救。晋国大夫先轸说:报恩、救难、立威、称霸,都在此一举。晋国另一大臣狐偃说:楚国刚得到曹国,并且新近又与卫国结亲,如果派兵讨伐曹、卫,楚国必定去救,那么宋、齐之围自然就解了。晋国在被庐举行阅兵,组建三军,选定元帅,由郤縠统帅中军。晋文公回到晋国后开始训练民众。第二年,晋文公就想使用这些经过训练的百姓出兵。狐偃说:晋国战乱多年,人们还不知道什么叫义,而且也没有安居乐业呢。于是晋文公只得暂缓出兵。他进行外交斡旋,护送周襄王回国复位,又为民谋利,使百姓安于生计。二年后,他又准备使用这些百姓,狐偃说:人们还不知道什么是信,也没有向他们宣传信的作用。于是晋文公又取消了用兵的计划。晋文公又征伐了原国,约定三天内攻不下来就撤兵。三日后晋文公真的信守诺言,退兵三十里,向国内外证明了他的信用。在晋文公的示范下,晋国商人做生意不求暴利,明码标价,在全国形成了讲信用的风气。晋文公说:现在总可以了吧?狐偃说:百姓还不懂得礼,没有处事恭敬之心。于是晋文公大规模阅兵以显示礼仪的威严,并且设执法官管理官员。到此时,百姓已经没有任何疑虑,习惯服从命令,可以使用他们了。于是晋国出兵,经过城濮之战,不仅解了宋国之围,还一战而成为春秋五霸之一,这都是晋文公教化训练民众的结果。以上是五霸之主以仁德治国的一个例子。**所以说,**

卷二 文中

治理国家的根本,是刑法与仁德,二者要并行不悖,相辅相成。天以阴、阳二气构成一年四季,人以刑法、仁德构成治国之道。即使圣人执政,二者也不可偏废。过去运用仁德较多,运用刑法较少的是五帝时期;刑法和仁德各半的是三王;运用刑法多,仁德少的是五霸;纯粹运用刑法,先强盛而后亡国的是秦朝。评论:古代治理国家的,一般有三种类型:王者之政以教化为主,霸者之政以威慑为主,强国之政以胁迫为主。教化不行就用威慑,威慑不行就用胁迫,胁迫不行就用刑法。主要用刑法治理百姓,这不是王者之政所提倡的。因此虞世南说:秦始皇抛弃仁义而用暴力,这种作法可以用来吞并他人,但不可以守住天下。这就是只靠刑法治国的弊端。

有人问:王霸之道,我们已经了解了,请问就西汉高祖、东汉光武两位开国之君而言,他们都是从乡间崛起的,通过平定天下祸乱,开创了帝王基业。汉高祖性格豁达大度,光武帝谨慎细心,二人各有所长,龙飞凤翔,但都能够拨乱反正,拯救百姓于水火之中。如果就他们的济世大德、帝王天威而言,这两个人谁更出色呢?曹植说:"过去汉朝初兴,高祖刘邦因反对秦朝暴政而起义,诛灭强盛的项羽,一统天下,功业与商汤、周武王相等,伟业流传子孙,他是帝王中的元勋,人君中建立了最盛大功业的人。然而他的名声、品行并不完全合乎道德的标准,以致他死去之后,他凶狠的老婆吕后能肆无忌惮地干那些残忍暴虐的事情,把高祖宠妾戚夫人剁去四肢,割掉舌头,挖去眼睛,丢到粪坑里。高祖的亲生骨肉屡屡被残害,他与戚夫人所生之子赵王如意被囚禁,最后惨遭杀害。吕后让自己的兄弟、侄儿们把持朝政,汉朝江山也差一点易主了。凡此种种,难道不是汉高祖缺乏深谋远虑的后果吗?但另外一个方面,虽然高祖手下的猛将谋臣都是古今少有的奇才,高祖却能根据他们的才能合理任用,虚心听取他们的建议,因此他才能一统天下,登上帝王的宝座。光武帝刘秀继承了皇室家族的仁德,禀承了忠贞温和的优良传统,遵循外修风度、内修精神的准则,有足以媲美亚圣孟子的美德和才华。他具有聪明豁达、博学多识、仁义智慧、开明宽容、谨慎周密、乐善好施以及仁爱的美好品德。正当王莽新朝气数将尽,世道艰难之际,他犹如一声春雷,举兵起事,组织武装力量以抗击暴政,扫残除秽。军队还未出南阳，王莽已在洛阳被杀。像光武帝这样，谋定而后动，因此能够做到攻无不克，士卒都奋勇争先；宽厚仁义以团结百姓，德行高尚使远方的士人都慕名而来效命。因此窦融了解到他的文韬武略后就像影子一般追随他，马援一见到他就赞叹不已。他像虞舜一样，使九族亲密和睦；像羲皇一样，德行高尚纯朴；谦虚采纳下属的意见，有周公吐握的精神；勤勉于日常政事，从早忙到晚。因此论功劳，他非比寻常；论兴盛，无与伦比；论道德，无可挑剔；论言行，几无瑕疵。他初起时势力微弱，文臣武将也比不上汉高祖，但他最终能够一统乾坤，建立不可磨灭的功勋，让金石铭刻他的功绩，诗书文献记载他的美德殊勋。因此说光武帝优于汉高祖。"荀悦说：汉高祖出身于普通百姓，靠推翻暴政取得天下，既不是通过唐尧禅位给虞舜那样的方式，也没有商汤、周武王时那样的名臣辅佐。他如龙腾虎跃，使得风起云涌，征乱除暴，廓清天下，八年之内，海内平定，于是踏上通天之道，登上帝王宝座。自上古以来，书籍中记载的，从来没有能和他比肩的。如果不是雄俊之才，没有宽容开明的策略，天命所授，神灵扶助，怎么能建立如此大的功业？武王焚鱼敬授天命，高祖挥剑劈斩白蛇，虽然预示天命的事物不同，难道不都是神灵感应吗？《尚书》上称：上天的事要由人来代替完成。《易经》上称：商汤、周武王革命，顺应了天心，符合了民意。讲的就是这个道理。夏朝人推崇忠义，忠义过了头就会产生形式粗陋的问题。挽救形式粗陋的办法就是崇敬，殷商时代予以修正。崇敬过了头就会产生盲目崇拜鬼神的问题。挽救盲目崇拜鬼神的最好办法就是礼教，周人顺时做出改变。礼教过了头就会产生过于追求形式的虚伪，因此又需要返回到夏代的忠义。三代周而复始。秦朝取代周朝的时候，存在礼教过了头的弊端，秦朝不仅不改回到忠义的道路上去，反而以酷刑取代。正是因为秦有这个问题，汉朝才能最终取得天下。孔融说：周武王是后稷的子孙，到周武王的时候已经十五代了，才有了白鱼跃入舟中、赤乌落在屋上的祥瑞。至于高祖，只他一人积的仁德引起的祥瑞就有四五起，如他挥剑斩白蛇，蛇母化作老妇向他哭诉；梦见西入长安，五星相聚。又如武王伐纣，斩了纣王的头挂起来示众。高祖进入秦朝都城咸阳后，却赦免了秦王子婴，并放了他。因此说周武王在宽厚仁德方面不如汉高祖。虞世南说：称帝的和足以做他老师的人共事，称王的和足以做他朋友的人共事，称霸的和能够做他的大臣的人共事。汉高祖的大臣，有萧何、张良、韩信三杰；光武帝的辅佐，是云台二十八将。怎么能将邓禹、吴汉等人与张良、韩信相比呢？然而汉高祖的功臣在他们强盛之年几乎都被高祖诛杀了，光武帝的开国元勋全都

卷二 文中

被重用,俸禄优厚,处境安全。从君臣之间的关系来说,光武帝确实是值得称道的。至于对这两个人截长补短地进行比较,或许在其次吧?由此而言,汉高祖战胜秦朝、项羽,开创汉朝基业,将汉朝江山传至后代,虽然最终没有走上王者之道,但作为霸者的功业可以说很伟大了。

有人问:班固在《汉书》中说周朝帝王当属周成王、周康王,汉朝的皇帝当属汉文帝、汉景帝。这话正确吗?虞世南说:"周成王、周康王继承周文王、周武王的帝业,有周公、召公这样的贤臣做宰相,百姓也都淳朴厚道。成、康二王仰仗先世积累下来的仁德,如同疾风去吹已经倒伏的草,没什么特别了不起的。等到汉高祖开创了汉朝基业,百废待兴,秦朝的弊端,仍然还存留了不少。文帝以仁慈宽恕为本,以清静无为为法,彻底清除了秦朝、项羽时期残酷暴虐的政策,恢复了黄帝、尧、舜时期温和淳厚的社会风气,几乎使刑罚搁置,这实在太难了。如果文帝不沉溺于新垣平的妖言惑众,不因为梦见有黄衣人助他上天而宠幸邓通,他差不多就接近王道了。至于将汉景帝比周康王,那么还是有很多不足之处的。"《汉书·汉文赞》称:文帝在位二十三年,宫室园林、车马服饰都没什么增加。人民有困难,就用国家积蓄进行救济,以帮助百姓。南越尉佗自立为帝。文帝将尉佗兄弟召来,使其富贵,以仁德感化他们,尉佗最终对汉称臣。与匈奴结亲,而匈奴背约入侵边境,文帝命令戍边守护,不发兵深入,生怕战争烦扰百姓。吴王诈称有病,不到京师朝见,文帝赐给他手杖以示慰问,虽然大臣们劝说文帝对吴王采取强硬措施,文帝都是表面上接受,实际上并不采纳。张武等人接受过吴王的金钱贿赂,文帝发觉后却予以赏赐,使他们内心惭愧。文帝专门以仁德感化人,因此天下百姓富裕,礼义兴盛。他每年判定的刑事案件只有几百起,刑罚几乎都搁置不用了。哎,文帝真是仁德之君。有人问傅玄说:汉文帝时废除了断趾、割鼻等肢体的刑罚,可以称得上仁德吗?傅玄说:这是匹夫之仁。作为天下君主,要考虑全局的利益,不能只注重这些小事。由此说来,班固认为文帝的仁德,并不只是废除肢体刑罚那么简单。《汉书·景帝赞》称:孔子说过:这个人,要能继承夏、商、周三代一直传下的正直无私的治国之道。汉景帝就是这样的人。周朝和秦朝的弊端是政策法规周密而严峻,但奸邪之事却层出不穷。汉朝建立后,废除苛刻烦琐的刑法,让百姓休养生息。到了文帝时,又增加了恭敬节俭的作风。景帝坚持遵循先辈的政策,前后五六十年时间,便做到了移风易俗,民风淳厚。谈周朝一定要称颂周成王、周康王,说汉代就一定要褒扬文帝、景帝,美啊!这就是王道。

有人问：汉武帝雄才大略，可与前代哪位君王相比？虞世南说："汉武帝继承汉高祖以来六世的基业，天下百姓无比富裕。他本人有高人一等的资质，因此他能总揽英雄，驾驭豪杰。内政方面，提倡礼乐，对外开拓疆土，制度法规，焕然一新，可称道的地方很多。与秦始皇比较，更胜一筹。至于骄奢暴虐的毛病，也没有秦始皇多。他们都是功劳有余，而德行不足。"《汉书·武帝赞》上称：汉朝累积了历朝历代的弊端，高祖一举拨乱反正，文帝、景帝注重休养生息，至于考究古代礼乐制度之事，还非常不够。汉武帝一即位，就高瞻远瞩，罢黜百家，显扬六经，独尊儒术。并且在全国访求人才，选择其中优秀的，使其建功立业。兴办太学，修建祠庙，改定正朔，修定历法，协和音律，制定诗歌乐曲的章法，举行封禅大典，祭祀百神，加封周朝后裔。法制文章，都焕然一新，足以称道。他的后代得以遵循他创下的洪基伟业，具备了先世贤王的风范。像武帝这样雄才伟略的人，如果他不改变文帝、景帝时恭谨俭朴的风格，并致力于救助百姓，即使《诗经》、《尚书》中所称颂的历代贤王，又有几个能胜过武帝呢？由此推断，汉武帝、秦始皇，都属于建功立业的君王，并不是守成的君主。

从前周成王年少登基，管叔、蔡叔发动三监叛乱；汉昭帝幼年即位，燕王旦、盖长公主、上官桀阴谋造反。在这种情况下，周成王不怀疑周公的忠诚，借助他平定了三监之乱；汉昭帝委任霍光，依靠他挫败了造反的阴谋，两位君主谁做得更好？魏文帝曹丕说："周成王继承了其父周武王的圣王气质，禀承了贤母的胎教，以周公、召公为太保、太傅，以姜太公吕望为太师。当他刚学说话时就有人教他辞令，刚会行走时就有人教他礼仪。眼睛看惯了威严壮美的仪容，耳朵听惯了道德仁义的声音，可谓血液中浸透了高贵的精神，时时沐浴在高尚德行的清风之中。即便如此，他还是听信了两位叔叔对周公的诽谤，使周公东迁，致使上天发怒，显出凶兆，然后才醒悟过来。不明察周公的圣德，却只是相信所谓秘藏于金柜中周公的祷告，这不是很不明智吗？汉昭帝父亲没有周武王那样仁德，母亲也没有成王之母邑姜那样贤良，抚养他的只是盖长公主，辅佐的大臣是上官桀、霍光。老师没有仁孝的品质，辅臣没有治国安邦的才能，他属于那种生长于深宫之中，成长于妇人之手的人。然而他的美德天然生成，行为天生就合乎礼义。十四岁时，就表现得成熟

卷二　文中

睿智。他能够发现燕王旦诬陷霍光的书信有诈，明察霍光的忠诚。他哪里是开启了金柜、看到了国史后才醒悟的啊！如果使周成王与汉昭帝的年龄相等，换了时代，换了辅臣，换了礼乐制度，那么汉昭帝的功业肯定不会比周成王少。大将军霍光与上官桀共同辅政，上官桀嫉妒霍光得到昭帝宠信，计划诛杀霍光，于是以昭帝之兄燕王旦的名义起草了一封伪书，诬陷霍光以帝王的仪仗检阅羽林军以及种种意欲谋反的行为。昭帝不信。

有人问：汉宣帝明察政务，他是能和光武帝相比肩的国君吗？虞世南说："汉宣帝在市井里巷长大，深知民间疾苦，因此他能留心政务，提拔重用贤良之士。追根溯源，他不图虚名，注重实效，严明法令，大体上是得自先秦法家申不害、韩非子的那一套理论。古语说，追求王者之政不成，以现有的条件还可以追求霸者之政；但如果追求霸者之政不成，那还能做什么呢？光武帝实行仁义政治，是追求王者之政的君主。宣帝强调严刑峻法，是追求霸者之政的君主。现在拿这两个人来对比，恐怕不是一个档次的。"评论：汉元帝做太子时，曾经向宣帝提意见，认为宣帝持法太严。宣帝很不高兴地说：我们汉家江山一直是以霸道、王道掺杂使用，如果纯粹用仁德来治理国家，这难道不是来危害我们的统治吗？虽然从这话来看，可以明白宣帝的度量不够大。但是采用宽容、苛刻的两种统治手法的做法还是有根据的。从前汉高祖进入秦都咸阳，约法三章，秦人因此大为高兴。这是从刑罚宽松的好处方面讲的。曹操的谋臣郭嘉对曹操说：东汉末年政治的失误在于刑罚太宽松，袁绍却用更宽松的方法去纠正，自然不会有任何结果，您用严刑峻法来纠正，正是切中要害，从而使上下都认识到制度法规的存在。这是讲严刑峻法的合理性。所以《左传》上称：国家治理宽松那么百姓就会因缺乏约束而散漫，散漫就要用严刑峻法来纠正。法令太严苛，人民就会受到伤害，受到伤害就要施行宽松的治理措施。用宽松来解决严苛的问题，用严苛来解决宽松的弊病，国家就会变得和谐。《尚书》称：刑罚要时轻时重。《周礼》称：治理新建的国家要用宽松的法典，治理动乱的国家则要使用严峻的法典，治理安定的国家则要用中庸的法典。由此看来，使用何种治理措施只要弄清处在什么时代就可以了。怎么可以轻视严刑峻法的作用呢？

有人问：汉元帝多才多艺，温文尔雅，是以文教礼乐治民的好皇帝吗？虞世南说："君主的才能，在于文治与武功两方面。文治就需要对天地自然的法则有很好的把握，并能以此为指导思想来制定国家的政策；武功则是要能够禁止战乱，平息战火，安定人心，和睦百姓，这才是南面称帝者的宏图伟业。至于鼓瑟吹箫，和诗谱曲，这是乐官的职责，哪里是天子所要做的事情？"评论：元帝多才多艺，善于弹琴奏瑟，虽然如此，这并不是什么突出的优点。为什么这么说呢？徐幹在《中论》中说：身边的小事明白，而在大是大非上糊涂；对自己身边的事物一清二楚，而对于更复杂的规律则茫然无知。自古至今，没有不因此而发生动乱的。这里所说的"小事明白、对自己身边的事物一清二楚"，指的就是那些耳朵擅长辨别丝竹歌谣之乐，眼睛能鉴别书法雕刻的精妙，能言善辩，对诗词文章非常拿手，对于射箭、驾车、书法、术数很有心得。这里所说的"大是大非、复杂的规律"，是指仁慈足以覆盖苍生，恩惠足以抚养百姓，明察足以照亮四方，智慧足以统御万物，权谋足以应对变化万端，信义足以使经济繁荣，威望足以惩治奸邪，勇猛足以平定祸乱。能认真听取臣民的意见，并能够辨别意见的真伪，明白天下兴亡的至理，能精确把握安危的差别。能做到这些，那为君之道就完美无缺了。从前鲁庄公能歌善舞，于是有人写诗讽刺他；鲁昭公注重仪容的修饰，最后导致逃亡晋国的灾祸。由此看来，即使君主的视力像离娄一样能看到百步之外的微小事物，听觉像师旷一样敏锐，射箭如夷羿一样准确，书法像史籀一样高明，这都只能是专门负责某项事务的臣子应该具备的才能，对君主治理国家又有什么好处呢？西汉匡衡《谏元帝改政书》说到：秉承天命的帝王，要致力于建功立业，继往开来，使王朝传之无穷。继位的君主，必须承继先王的仁德，并发扬光大。现在陛下圣明贤德是上天赐予的，且爱民如子。然而阴阳不和，违法乱纪的事还没有完全禁绝，恐怕是由于参政议政的官员没有弘扬先帝的丰功伟绩，反而对制度应否执行争辩不休。我痛恨这种不去发扬先帝伟业，反而把精力浪费在这些华而不实的争论上的做法。希望陛下从大局出发来考虑治理国家的事情，这才是以文教礼乐治民的好皇帝。

有人问：仔细考察伪新朝王莽，当初他谦恭礼让，难道不是一代名士吗？等到他做了宰相、皇帝之后，骄奢淫佚，暴虐无度，为什么先后判若两人呢？虞世南说："王莽天生残酷不仁，是个典型的奸诈虚伪之人。未发达之前，沽名钓誉；得志之后，骄矜傲物，目中无人。虚伪的掩饰一旦撕破，就只剩下本来的面貌了。他刚愎自用，自视太高，且至死不醒悟。四海之内冤狱重重，怨声载道，最后被光武帝推翻了。"班固说：王莽由外戚出身，纡尊降贵，身体力行，借此获得美名。哀帝、成帝时，他勤勤恳

卷二 文中

恩,为国事操劳,为人处事正直谦恭,处处被人称道。莫非他是那种"在国有名,在家有誉,表面上仁义厚道,行动上背道而驰"的伪君子吗?王莽不是仁义君子,有虚伪奸诈之才,又继承了四位叔父的权力。正赶上汉室衰落,三位皇帝都没有后代,而他的姑母王太后寿命又长,成为王莽的宗主靠山,王莽才得以玩弄奸诈之术,最后酿成了夺位篡权的灾祸。由此推论,王莽篡位也是天意,并非单凭他个人的奸诈所能做到的。等到王莽篡夺了政权,占据他不应该拥有的帝位,被人推翻的形势比夏桀、商纣王时还要险恶,但王莽若无其事,还自命为黄帝、虞舜再世。他倚仗自己的权势和奸诈,无法无天,残虐百姓。因此海内哗然,百姓丧失了生活下去的信心,内外怨恨,远近举事,各地城池失守,国家分崩离析,致使天下的城市都化为废墟。从《尚书》到《左传》等史书所记载的情况,乱臣贼子、无道昏君,没有超过王莽的。王莽不是名正言顺的天子之命,就如同每年的多余日子所构成的闰年闰月,最终是要被贤圣君王推翻的。吴王孙权在谈论吕蒙时说:吕子明年少时,我只是认为他不辞辛劳,果敢有为罢了。他长大后学问渐长,谋略奇计层出不穷,仅次于周瑜;图谋关羽的荆州,才能胜过鲁肃。鲁肃在回我的信中说:帝王兴起之际,都要扫除障碍,关羽没什么好怕的。鲁肃没能力做事,只是对外说大话而已。我已经宽恕他了,没有苛责于他。以上说的就是驱除的意思。

  夏代的少康、东汉的光武帝都是中兴之君,谁更值得称道? 虞世南说:"这两位帝王都是复兴先人事业,使先王的事业发扬光大的人,名义上相同,但实质上却并不一样。为什么这么说呢?光武帝的时代,他借助百姓反对新朝、思念汉朝统治的民心所向,杀死篡国逆贼王莽,趁天下大乱而一举击败眼见亡国的新朝,相对比较容易。夏代少康的时候,夏朝的灭亡已经有两代了 后羿及寒浞。祖先的事业已经很遥远,他身在胎孕之中就开始跟随母亲逃亡,生在别国,没接受过父亲的教诲,又没有强大近亲的帮助,遭受艰难的离乱,流离失所。但他能在艰难坎坷之中奋斗,终于成就帝王大业。作为中兴之君,少康当为第一。"三国时魏国高贵乡公问大臣荀颉:夏朝既然已经衰落,君臣都相继死去。而少康又能号召集合夏朝百姓,恢复大禹的帝业。汉高祖出身布衣,最终能够铲除秦朝、项羽。如果要比较二人的功德,谁大谁小?荀颉回答说:创造与继承,难易不同。少康功德虽大,毕竟是中兴之主,只能与光武帝相比。至于汉高祖,臣以为还是比少康更胜一筹。高贵乡公说:少康在国破家亡后,沦落为诸侯的奴隶。但他能广施恩德,深谋远虑,最终还是消灭了过、戈两个部落,恢复了大禹开创的基业,夏朝的宗庙得以重新祭祀,祖先的遗产没有散失。如果不是大仁大德之人，怎能立下这样的伟大功勋呢？汉高祖借助当时土崩瓦解的形势，最终取得天下。但他作为儿子，多次使父亲遭受危难；作为君主，他过分依靠他的贤能宰相；作为父亲，却不能保护好自己的儿子赵王如意。身死之后，社稷几乎被吕后颠覆。假若他与少康换过来，他就未必能够光复大禹的事业。从这个方面来说，少康就应该在汉高祖之上了。

　　东汉衰乱，起因于桓、灵二帝的凶残无能，二人谁的责任更大？虞世南说："桓帝盛怒之下，将把持朝政的国舅梁冀诛杀，有刚毅果断的气概。然而宦官专权，士人与宦官起争端，发生党锢之祸，朝政混乱，不正是从桓帝开始的吗？古语说：天下嗷嗷待哺，正是新继位的君主可以借此建功立业的良机。汉灵帝继位之时，正是国家衰落、百姓疲惫之时，是推行善政的好时机。当时百姓都侧耳倾听，希望灵帝能中兴汉朝。但灵帝重蹈覆辙，残酷暴虐更胜桓帝，把国家推向了毁灭的边缘。像灵帝这样的作为，居然没有死于非命，实在是太幸运了。"评论：桓帝问侍中爱延：我是怎样的君主？回答说：在汉朝皇帝中属于中等。为什么呢？您让尚书令陈蕃主政，国家就大治；您让宦官干政，国家就大乱。所以陛下既可以为善，也可以为非，全在一念之间。这就是中主的意思。虞世南说：岷江源头，水小到仅能浮起酒杯。到了下游，要坐大船才能渡江。元帝时信任宦官弘恭、石显；到了桓、灵二帝，宦官单超、张让干政，败坏了伦常道德，遂使国家倾覆。信任宦官的祸根是由来已久。因此说星星之火不灭，一旦形成燎原之势又有什么办法呢？可见开始就要谨慎防备。呜呼，百代之后，都要以此为鉴。古语说：寒不择衣，饥不择食。晁错说：国家富强而邻国动乱，正是有帝王之志的人的大好机会。由此看来，昏君是为盛世的出现做铺垫的。

　　自汉室衰落，天下分崩离析，曹操挟天子以令诸侯，刘备凭借蜀、汉之险，孙权依靠江、淮的坚固，三分天下，鼎足而立。这三个人都开创了帝王基业，建立了宏图霸业。这三个人，谁强谁弱？虞世南说："曹操用兵谋略，无人能敌，因此打下魏国的基础。虽然官居朝廷宰相，实际怀有更大的英雄壮志。但是他阴谋狡诈，心性多猜忌，以至于因汉献帝的伏皇后指使亲族反对自己而灭了伏皇后全族，因为荀彧和自己意见不合而毒死他，因为嫉恨孔融不与自己合作而杀死他，因为猜疑崔琰有不逊之言而将他下狱赐死。娄生只因说错一句话就被杀了头，桓邵已经认罪，跪下求饶，还是不免一死。抛弃仁德，滥用刑罚，暴虐已甚。然而他自比周文王，其实相差太远。汝南名士许劭说他是'治世之能臣，乱世之奸雄'，这个评价很恰当。刘备占据巴蜀后对原来的益州牧刘璋能以宾客之礼相待，重用诸葛亮而从不加以猜忌，作为一个君王来说，这样的德行已经很出色了。诸葛亮这个人，是举世闻名的奇才，是和伊尹、吕望一个级别的贤臣。当时君臣同心，可以用鱼和水的关系来比喻他们。但刘备毕竟国家小，军事实力弱，偏安于西南一隅之地，还要同时与魏、吴两个大国抗衡，显然力不从心。假若他与曹操互换地盘，使他的长远计划得以一步步实现，依靠关羽、张飞的勇猛，充分发挥诸葛亮的才能，那么他的霸王之业必定成功。孙权凭借他的哥哥孙策留下来的基业，使用的也是他哥哥留下的辅佐大臣，又依仗天险，也仅仅能够自保。和曹操、刘备相比，实在要差一点。"陈寿说：刘备的智谋才干比不上曹操，因此国土也小很多。张辅说：为什么这样说呢？拨乱反正的君主，应当首先以取得优秀的人才作为根本，一个人能打不算什么。诸葛亮精通礼义，对天下形势有充分的了解，是辅佐帝王的股肱之才。刘备并没有强大的实力，但可以使诸葛亮为他鞠躬尽瘁；关羽、张飞也是人中俊杰，但都能诚心诚意地服从刘备，为他效力。光明正大的人不会与阴险奸诈的人合作，有才能的人不会与愚蠢的人共事。即使曹操势力强大，这些人才也不会为他效命，更别说危难紧急的时候了。假若让刘玄德占据中原，他创立的基业将会与周朝媲美，岂只是与曹操并称二杰？魏文帝曹丕曾经问吴国的使者赵咨：吴王是怎样的一位君主？赵咨回答说：聪、明、仁、智、雄、略之主。曹丕问他怎么解释，赵咨回答说：鲁肃出身贫寒，吴王能起用，这是他的聪；将吕蒙从普通士兵里选拔出来，这是他的明；抓获你们的大将于禁而不加害，这是他的仁；能兵不血刃地取得荆州，这是他的智；占据三州之地，而能虎视天下，这是他的雄；他能屈身陛下，向您称臣纳贡，这是他的略。孙策被暗箭谋害，箭伤发作厉害时，将其弟孙权呼唤到帐前说：统率江东的士卒，对阵决战，争天下，你不如我；举贤任能，各尽其才，保护江东，我不如你。陈寿说：孙权能够忍辱负重，任用贤能，崇尚计谋，有越王勾践的奇才，是人中的俊杰。因此他能独据江淮，成就三分鼎立的霸业。

晋宣帝司马懿老谋深算，诸葛亮是旷世奇才，他们哪一个更出色？虞世南说："司马懿以一介书生起步，参与创立曹魏帝业，在世事危难之际挺身而出，恭行王道，文才武略，确实有可称道的地方。然而他一生好玩弄阴谋，不讲仁义，内心充满猜疑、残忍、狡诈。比如在李胜面前故意装病，蒙骗李胜，使曹爽等人放松对他的警惕，最后一举消灭曹爽。把何晏等人下狱后，任由狱吏审讯拷打，最后诛连三族。像这类伤天害理昧良心的事，正人君子是不会做的。以这样狡诈的阴谋应对万事万物，假若在势均力敌的情况下逐鹿中原，以司马懿的奸诈阴谋对付诸葛亮的统御方略，恐怕就不是对手了。"三国时吴国的张俨在其所著的《默记》一书中讨论诸葛亮与司马懿二人的优劣时说：汉朝倾覆，天下分崩离析，二人一并遭此际遇，投靠了各自的明主。孔明在蜀汉之地起事，地盘只有大概一个州，和大国相比，面积大约只有九分之一的大小。但他率领数万军队，出祁山，长驱直入，意气风发，大有一举打到渭河、洛水的气势；而司马懿拥有比诸葛亮大十倍的地盘，依仗从各个地方兼并而来的大军，占据坚固的城池，拥有精锐的部队，却做不到开疆拓土，只能做到自保而已。假使诸葛亮当时不是病死在五丈原，凉州、雍州的军队和武器装备还在，继续打下去的话，谁胜谁败已经一目了然了。诸葛亮比起司马懿来，不是更高明吗？

　　有人问：奠基晋朝基业的司马师、司马昭兄弟哪个更贤良？魏明帝曹睿去世后，立养子曹芳为帝，遗诏托付曹爽与司马懿共同辅佐曹芳。司马懿用阴谋诡计诛杀曹爽，独霸朝纲。司马懿死后，他的儿子景王司马师代替司马懿辅佐天子，废掉齐王曹芳，另立高贵乡公为帝。司马师死后，他的弟弟文王司马昭代替司马师辅佐天子，杀死高贵乡公，立陈留王为帝。后来陈留王将魏国天下禅让给司马昭的儿子司马炎。司马炎字安世，立国号为晋。晋武帝登上帝位后，平定吴国，天下又归于一统。等到武帝的儿子惠帝即位，天下大乱，五胡乱中原。虞世南说："何晏说过，只有对事物研究深刻，才能领会心怀天下的壮志，夏侯玄就是这样的人；只有把握住事物的细微精妙之处，才能成就天下大事，司马师就是这样的人。因此我们明白司马师很早就显示出将相之才的天赋。到了诛杀曹爽的时候，他的机智谋略已经开始崭露头角。曹魏的大将文钦、毋丘俭举兵淮南讨伐司马师，但很快就被他击败，由此可见他的英明和宏图大志。他虽然在谋略上胜人三分，但终身安于宰辅之位。尽管他威名震主，但能一直不忘做臣子的礼节，最终成全了他作为臣子的名节。这方面很值得称赞。司马昭代替司马师辅佐天子之后，向南平定了诸葛诞的叛乱，向西消灭

卷二 文中

了不堪一击的蜀国,用兵打仗能够做到及时取胜,战功最大。到高贵乡公即位,这位少年君王聪明睿智,但司马昭不能为国尽忠,用心辅佐天子,取得伊尹、周公那样的美名,而是诽谤高贵乡公,把刺杀高贵乡公一事完全推到成济一个人头上,自毁名节,在后世永远背负着弑主犯上的罪名。这种历史的污点是不可能磨灭的。"东晋的干宝在《晋纪总论》中称:从前司马懿以雄才伟略,顺应时事走入仕途。正赶上魏太祖曹操创业之初,司马懿参与军国大事的谋划,提出的谋略屡屡成功。于是便又投身军事,为曹丕、曹睿、曹芳三代政权效犬马之劳。他生性深沉而有城府,但也能听取别人的意见,并且知人善任,敢于任用下属担当大任。因此他能够在西边活捉了西蜀大将孟达,在东边平定了公孙渊,在内消灭了与他同时辅政的曹爽,在外杀了扬州都督王陵,并且屡次抵挡住了诸葛亮统率的西蜀大军,在东南顶住了吴国为配合西蜀而发动的攻势。这样,百姓一致称赞他的才能,晋朝一统天下的形势在他这里已经开始初步萌芽。司马师、司马昭兄弟继承了他的基业。当时夏侯玄、李丰在京城内叛乱,文钦、诸葛诞在扬州造反。这些反对他的密谋虽然很隐蔽,但最后还是走漏了消息;虽然淮南一再起兵反叛,而许昌、洛阳岿然不动,各种推翻他们的图谋也被一一挫败,司马氏的基业反而更加稳固强大。后来,他起用钟会、邓艾,长驱直入打到蜀国腹地,迅速取得胜利,西蜀灭亡,刘禅投降,入洛阳称臣。天意人事都倾向于司马氏得天下,不得不使人相信。司马氏终于一步步接受了曹魏的禅让,一统天下,建立晋朝。到了世祖司马炎,终于称帝,为晋武帝。晋武帝秉持仁德,厚待下属,勤俭节约,平和而不松懈,宽厚又能遇事果断。因此百姓都歌颂国家维新,四海欢腾。然后又泛舟于三峡,驰马于桂阳,所到之处望风披靡,连边远的少数民族都来归顺,一举铲平了吴、蜀,使两国的险塞要地都畅行无阻。在晋武帝太康年间,天下书同文,车同轨。虽然没完全达到太平景象,但也足够使人欣慰了。当时官吏都能很好地行使自己的职责,人民安居乐业,可谓百代以来难得一见的盛世。但晋武帝一死,皇陵的土还没有干,就发生了动乱,国丈杨骏被杀,武帝杨皇后被废为庶人,前朝旧臣被抄家灭族的不下数十。不久又发生了贾后假传诏书让楚王司马玮杀害太宰司马亮的事件,事后楚王又被贾后以擅杀大臣的罪名诛灭。这样杀来杀去,导致了一有危险,都没有人帮助皇室子弟守护城池,而手足相残的事却年年发生。而忠臣义士不仅没有出头之日,而且还可能随时有被侮辱诛灭的危险。致使国家守备松懈,对外毫无还手之力。李辰、石冰等流民领袖占据荆、扬二州,刘渊、王弥的铁骑在青州、冀州骚扰。二十余年里,河洛地区一片废墟,胡人相继建国。晋怀帝、晋愍帝被匈奴俘获成为奴仆，晋朝的祖坟也被夷为平地。为什么会这样呢？是因为晋惠帝被架空，将相所托非人。礼义廉耻不被重视，因循苟且成为常态。因此只要深入分析阮籍荒唐的行为，就可以明白礼教崩坏的缘由；考察庚纯、贾充之争，可见朝堂斗争的荒诞乖张；认真思考下郭钦所献的向边境移民之策不被接受，就可以明白北方各族为什么有机可乘；细看傅玄的奏章、鲁褒的《钱神论》，就知道行贿受贿、买官邀宠是如何的明目张胆。国家的形势、民间的风气到了这个地步，即使有中庸之才的将相辅佐，坚持仁政的君王主持朝政，也无法起死回生了。如果真的有起死回生的奇迹出现，辛有一定会在祭祀中看到，季札一定会从乐声中体会到，范燮必然会为之请死效命，贾谊将会为之叹息痛哭，晋惠帝这种荒唐的君王当政又怎么可能出现呢？不过司马氏的基业尚未就此毁于一旦，复兴的重大使命落到了晋元帝司马睿头上。

东晋自元帝司马睿以下，哪个皇帝较为贤明？虞世南说："晋朝自从迁都建邺后，权臣专政，皇帝不过是权臣的傀儡，政令都不是由君王制订。王敦凭借琅琊王氏牢固的士族基础，以荆州刺史的身份占据长江上游的军事要塞，恃才傲物，目中无人，野心勃勃，一心要取代晋朝，自己做皇帝。如果不是晋明帝司马绍英明决断，丞相王导忠诚报国，那么晋朝司马氏早就被王氏取代了。如果晋明帝寿命再长一些，依仗忠心维护晋朝的忠臣良将，依靠跟随南迁的洛阳精锐部队，趁着称帝的刘聪、匈奴石勒衰弱之际，那么收复中原的宏图大业还是有可能成功的。"晋元帝司马睿在国家分崩离析之时创立东晋政权。明帝即位以后，大将军王敦威震内外，准备谋夺政权。明帝与王导、温峤等人决定征讨王敦，结果王敦兵败而死。

有人问：建立楚政权的桓玄有奇才远略，但最后兵败灭亡，为什么呢？桓玄，字敬道，父亲是桓温。桓玄曾任东晋大司马，博学多才，经常以英雄豪杰自居。晋安帝任命他为丞相，封为楚王。后他又强迫晋安帝让位给他。虞世南说："作为一个君王的度量，必须虚怀若谷，气度和天地一样能够承载万物，还要取信于民，这样百姓才会甘心拥戴而不抛弃他。桓玄这个人，只有轻浮狡诈的小聪明，缺少宽宏大度的品德。他只是正好赶上晋朝末年的衰败乱世，皇帝的威严不足以服众，因此桓玄得以恣意妄为，侥幸取得帝位。但最后他赶上宋高祖刘裕大发神威扫荡群雄，终于身首异处，诛灭九族，也是应得的下场。"《鬻子》上称：能够借助颁发政策法令为天下谋福祉的，

卷二 文中

就是道；上下和睦相亲，就是和；百姓不用追求就能得到自己想要的东西，就是信；扫除危害天下的邪恶势力，就是仁。仁与信，和与道，这才是做帝王应该具备的品质。由此看来，乱世英雄轻浮狡诈的小聪明，百姓怎么会乐于拥戴呢？

南朝宋高祖刘裕诛灭桓玄，恢复了晋朝的统治，梁朝的裴子野认为他比晋宣王司马懿、魏武帝曹操优秀，这话有道理吗？虞世南说："魏武帝是宦官曹腾的孙子，家族已经经历了很多代的荣耀显赫，已经为汉室效忠三十多年了。到了董卓乱汉室，曹操便和山东豪杰一起举兵，诛杀董卓，但并非他一己之力。晋宣王司马懿在魏国已经是几朝元老，位极人臣，手握天下生杀之权，地位很牢固。而他利用皇太后的诏书诛杀曹爽，处在居高临下的形势，不能与刘裕相提并论。宋高祖刘裕从一介匹夫开始，征战沙场，创立大业。用不到一个月的时间就平定了叛乱，重新稳固了晋朝的江山。他的地盘当时只有半个州那么大，统率的也只有相当于一个郡的士卒，却能在西蜀斩杀成都王谯纵，西入长安，擒获后秦姚绍家族，在山东打败了南燕之主慕容超，在广州斩杀了卢循。帅旗所指，无往不克。观察他的豁达，有汉高祖的遗风；制胜的胸襟，可以和汉光武帝媲美。可惜在位时间不长，否则他的志向不可限量。因此说他比魏武帝曹操、晋宣帝司马懿更优秀。"裴子野说：宋武帝的劣迹比曹操多，但仁德又比司马懿厚重。他从普通士卒做起，剿灭了孙恩的乌合之众；在荆州、郢州振臂一呼，扫荡了桓玄牢不可破的家族势力；战车长驱直入，山东一带军事重镇——被攻破；回戈江湘，五岭一带大小匪贼一概剿灭；命孙处从海路袭击番禺，城池被迅速收复；起用不为人知的朱龄石，西蜀谯纵不得不向晋朝称臣；羌族姚氏建立的后秦被他的军威震慑，使两国优劣形势得以迅速扭转。他亲自带领虎狼之军平定中原，而后假托天命，效法司马炎，登上皇帝宝座。这可以说是以仁义取天下。又说：桓玄有文武奇才，立志雪洗国破家亡的耻辱。正值天下大乱，桓玄几乎兵不血刃就取得了天下盟主的地位。继而号令天下，准备北伐，不到一年，就取代晋朝，自立为皇帝。他自以为名望超过了汉高祖，功业比得上曹操、司马懿，希望天下人都能顺从自己，一逞私欲。王谧、桓谦等作为有名望的绅士都服从于他，王绥、谢混等作为后起之秀都一心考虑为他增添光辉，他的亲戚兄弟，都做了州郡长官。老百姓对他能如此迅速夺位都很惊讶，不得不屈服于他的强权，不敢有什么反对的声音。刘裕在当时不过是丹徒的一个普通老百姓，参军后率领的部队也不过数十人。后来他纠集自己家乡的伙伴，共谋举事，讨伐桓玄，闪电般攻下了徐州和京口，迅速荡平了建康。于是开始号令群雄，长驱直入江汉，不容桓玄有喘息之机，迅速将其消灭，使濒临灭亡的东晋又得以重生。自黄帝以来，用兵如此神速的还没有先例。若不是雄才盖世，桓玄的气数已尽，怎么可能做到呢？由此可知，当人民需要休养生息时，能收拾丧乱的王朝一定会兴起。

宋孝武帝、宋明帝二人，哪一个更贤明？虞世南说："二位皇帝都有残忍的本性，虽然是两个人，但本质是相同的。诛杀贤良，手足相残。朝内没有像陈平、周勃那样的贤臣名相，外部没有唇齿相依的友好邻邦。把国家大权交给愚昧无知的人，以致萧道成乘机崛起，控制天下，不到一年，就把政权夺过去，建立了齐朝。珍贵之物，封存得越是牢固，恰恰是为大盗窃取提供了方便。虽然他们在世时为使自己的天下永世不衰而做了各方面的考虑，但一朝之间，终究全部失败，真是可悲可叹啊！至于社稷倾覆沦丧，已经不是最不幸的事了。"孝武帝名骏，是文帝的第三个儿子，曾任江州刺史。太子刘劭杀害文帝后，刘骏与颜竣在江州起兵讨伐刘劭，将刘劭打败，自己做了皇帝。明帝名彧，是文帝的第十八个儿子，即位后，把孝武帝的儿子全部杀死，又千方百计掩饰自己的恶行，以致天下骚动。明帝死后，他的儿子刘昱即位，一样荒淫无道，被萧道成杀死。

南朝齐高帝建元年间至齐武帝永明年间，被称为太平盛世，真是如此吗？虞世南说："齐高帝萧道成是开创基业的君主，知道百姓耕种的艰难。而且他自己节俭朴素，衣食务求简单节省。齐武帝萧赜则重视后宫的华美，雕饰过度，但是他能够委任王俭这样较有才能的士族，朝廷的法令典章都由王俭制定，齐朝礼教文化的兴盛，就数永明年间最好。得到贤良宰相的辅助，这样已经很不错了。"评论：孔子说卫灵公是无道昏君，康子说：如果是这样，他为什么还不亡国呢？孔子说：有仲叔圉这样的人才管理外交，由祝鮀这样的人才管理宗庙祭典，由王孙贾这样的人才统领军队。既然这样，他怎么还会亡国呢？这里说的是任用有德行之人的好处。田单做齐国宰相的时候，有次他经过淄水，有一位老人淌水过河，冻得直发抖，田单解下自己的皮衣送给老人。齐襄王很不高兴，说：田单给人如此重的恩惠，是不是想收买人心，夺取我的江山？不及早提防他，恐怕他就要先下手了。这里说的是委任有德行之人的坏处。因此齐景公嫉恨齐国大夫陈

卷二 文中

氏的德行过高，晏子对齐景公说：从礼制上讲，个人给别人的恩惠不能比国家给的更多，大夫不能假公济私，这种行为必须制止。齐襄王厌恶田单对别人施予厚恩，貫珠者对襄王说：大王您不如嘉奖田单的善心，并下令说：我担心有人挨饿，田单就收养吃不饱饭的人到府上，供给他们饮食；我担心有人挨冻，田单就解下自己的皮衣送给他们。田单的行为我很满意。这样田单做善事，大王就嘉奖他，田单做的善行也就成了大王的了。后来，街头巷尾的人都说：田单之所以仁爱百姓，是齐王教给他的。由此看来，君王要限制臣子的功劳超过自己，应当像晏子、貫珠者说的那样去做。汉高祖病危，吕后问宰相人选的问题，高祖说：曹参可以担任。再问除了曹参以外，还有谁可以，回答说：王陵可以。但是王陵有些憨厚，陈平可以协助他。陈平智慧有余，但难以当大任。周勃敦厚但缺少文化修养，但今后能安定刘氏天下的，必定是周勃。可以任命他为太尉。宋高祖刘裕临终之际，训诫太子说：檀道济虽有才干谋略，但没有远大志向，徐羡之、傅亮应当都没有野心。谢晦经常跟着我征战四方，很知道一些机权变化，将来有什么变故，必定是此人，可以安置他担任会稽太守。在任用贤能的问题上，都应该像汉高祖刘邦和宋高祖刘裕那样。

南北朝时期的宋朝和齐朝，被废掉的君主有五个，都是骄奢淫逸之辈，彼此没有什么不同。他们有的被杀害，有的干脆国破身亡。是不是他们本性凶顽，自取其祸，因而被上天抛弃，故意让他们国破家亡呢？虞世南说："极端的聪明和愚笨都是天生的，而天赋一般的人，都要靠后天的培养与训练。自宋朝、齐朝以来，太子东宫的少师、少傅，都仿佛是形同虚设。贵族和贱民，因为礼教的原因，都被明确地分开。贱民即使有才能，因为礼教隔离的问题，也没有办法把自己的才能贡献给太子。太子的老师，大多因为官位升迁而担任，很少有根据德、才的优劣来选拔的。这五位后来做了君王的太子，禀承的都是平庸的天性，又没有周公、召公那样的师傅训导，没有益友规劝，学到的都是地痞恶少的习气。以如此卑下的品质，生活在野蛮粗俗的环境中，国破身亡，注定是无法避免的。"评论：贾谊说：周朝时，成王还在襁褓之中的时候，召公做他的太保，周公担任他的太傅，姜太公担任他的太师。保，就是保护太子身体；傅，就是传授给他仁义道德；师，就是用知识礼仪教育太子。这是太保、太傅、太师的职责。此外又设置三少，为少傅、少保、少师，是照顾太子饮食起居的。为使太子在孩童时期就开始增广见闻，三公、三少就用孝、仁、礼、义来教育培养他。让太子远离奸邪之人，不使

君德第九

他见到邪恶行为;选择天下正直、孝顺、与兄弟友爱、博闻、有道德、懂权术的人做他的随从,与他朝夕相处。这样,太子生下来见到的都是正直无私的行为,听到的都是正直的谈话,走的都是正道,左右前后,都是品行端正的人。一个人与品行端正的人生活在一起,品行就不可能不端正,就好像一个人生活在齐国的土地上,就不能不说齐国高雅的方言,否则无法和周围的人交流;与品行不端正的人生活在一起,就好像生长在楚国的地方,不能不说楚国粗俗的方言,否则也会被孤立起来。秦始皇让赵高做儿子胡亥的师傅,教胡亥学习判案,学到的不是斩首就是割鼻子,或者灭人三族之类的。因此胡亥今天即位,明天就用活人作靶子射箭玩。忠心规劝的人他说是诽谤,为他深谋远虑他认为是妖言惑众,把杀人看作割草一般儿戏。难道胡亥生来本性就恶毒吗?只是因为教给他的知识都不是正确的道理罢了。西晋惠帝太子司马遹被诬陷有罪,阎缵上书进谏:臣认为太子遹一直生活在深宫之中,沉缅于富贵尊荣,受到先帝的宠爱,父母也都娇惯他。每次给他选的老师,都是出身于名门望族的富贵之家,很少有出身寒门的饱学之士,没有像汉武帝做太子时的卫绾、周文那样的老师。东宫的官员太子洗马、太子舍人等也没有汉代刚正不阿的汲黯、郑庄那样的人,致使他无法学到为国尽忠、事亲尽孝的道理。古代的礼仪规定,太子要以士人的交际方式与百姓平等相处,目的是让他懂得什么是贫贱,然后才会珍惜做贵人。如今东宫衰败已经很严重了,但这不仅仅是东宫太子一个人的问题,诸王子的老师、朝夕相处的友人、互相往来的文人墨客都是出身豪门,和这些人朝夕相处,怎么可能在学问上切磋,取长补短呢?现如今太子虽然言语忤逆,但他甘心接受惩罚,仍然恪守作为儿子应该遵守的孝道,这说明他还有可取之处,还可以重新为他选择良师,让他改过自新。将来选择的朝夕相处的师友,交往的文人墨客,多选择一些出身寒门,在学问、德行方面能够有可取之处的人,或者是那些经过了艰难奋斗,名声、气节都得到了肯定的人。让这样的人与太子朝夕相处,杜绝太子和纨绔子弟、轻薄宾客的往来。与太子讨论的只能是孝子如何奉事双亲,忠臣如何服事君主,以及知过即改这样的道理。听到的都是善道,这样就万无一失了。由此看来,对于太子来说,谨慎选择对他进行引导教育的人,是最重要的事。

梁元帝聪明有才学 元帝,梁武帝第七子,名绎,早年担任荆州刺史。后攻破侯景,立都荆州。西魏大将于谨侵犯梁朝,梁元帝被俘,后被加害,还曾经平定了国内的动乱,但最后还是国破家亡,这是为什么呢?虞世南说:"梁元帝天资聪明,多才多艺,文武双全。曾经率领正义之师讨伐逆贼侯景,一举成功,洗刷了梁简文帝被杀的国耻家仇,最终登上皇位,确实有很多值

卷二 文中

得称道的地方。但在平定了侯景之乱以后，创伤还没有完全恢复，却听信强寇西魏的甜言蜜语，因偏爱江汉而留连楚地，放弃了原来的国都。对自己的家族宗室纷纷疏远，最终成为仇敌，把他们放逐到偏远的地方，使他们在真正危难之际无法为自己分忧，最后国破身亡，百姓惨遭涂炭，鄢、郢两州被西魏夺去，真是可惜。"评论：《淮南子》上称：仁和智，是最美好的才能。仁的意思就是能仁爱他人，智的意思就是能知人。能仁爱他人就不会有残酷的刑罚，能知人国家就不会混乱。这就是夏、商、周三代之所以昌盛的原因。智伯有五种过人的才能，但最后不免身死他人之手，原因在于他不能仁爱他人；齐王建有三种过人的本领但仍然被秦人俘获，原因是他不能分辨贤愚。因此我们知道，仁的关键是能仁爱他人，智的关键是能知人。如果做不到这两点，即便明察聪慧，灵敏机巧，还是不能避免祸乱。或者有人问：周武帝宇文邕雄才伟略，身先士卒，如果上天能让他更长寿一点，让他充分发挥自己的军事谋略，他能够平定全国，成为一代明主吗？虞世南说：周武帝骁勇善战，处事果断，有超人的谋略。他礼贤下士，号令严明，即便是勾践、穰苴也无法相比。然而这都是勇猛大将的品质，并不是一代明君的度量。由此看来，凡是拨乱反正的君主，应当首先以求取贤臣良将为要务。只是本人善战，还远远不够。所以刘向说：分辨人才优劣是君王的工作，懂得如何做好事情是臣子的工作。多艺多才，能征善战，对一代明君来说，又有多大作用呢？

南北朝时期的北齐文宣帝宣帝名洋，东魏高欢第二个儿子，接受东魏禅让称帝，狂乱悖逆之极，他的行为比夏桀、商纣有过之而无不及。但他统治时期，国家富裕，人民丰足，没有引起国乱身亡。这是为什么呢？虞世南说："春秋时齐桓公奢侈淫佚，不遵礼法，为人伦道德所唾弃。但他知人善任，把内政外交全权交给管仲，最终成为春秋一霸。文宣帝卑鄙、污秽、残忍、暴虐，古今无人可比。但他把国家大事统统交给尚书令杨愔，得以保全国家宗族。因为他用人得当，所以社稷才能够保存。"评论：殷朝有"三仁"这样的贤臣，夏朝太康年间有五位贤良的弟弟，但最终都无法避免国家成了废墟，这是为什么呢？《鹖子》上称：君主任用臣子治理国家，虽然主观上都能认识到必须行正道，但臣子的正确意见不一定会被采纳；能想到一定要任用忠臣，但忠臣未必有机会被他发掘出来；能想到必须讲信用，但不见得能付诸行动。所以才有虞公不听宫之奇唇亡齿寒的建议，结果导致虞国被晋国灭了；仇由不听赤章的意见，最终为智氏所灭。天下无论哪个国家，都有忠臣谋士，只是在于用还是不用罢了。假若不能任用忠臣谋士，反而误了军国大事。到了那时，问题已然形成，贤人君子又有什么办法挽救这败局呢？

陈武帝陈霸先出身草野乡民，最终能够开创帝王大业，近代以来，可以和哪个皇帝类比呢？虞世南说："陈武帝凭借奇才远见，胸怀匡复梁朝的志向，有如龙跃大海之中，豹腾峻岭之上，扫除了笼罩于皇宫的阴气，恢复了梁朝的天下。西边抗击北周的进攻，北边打败了入侵的北齐军队，谋略宏大，眼光长远，法令政策严谨无疏漏，确实是开创基业的明君，拨乱反正的英雄之才。比起宋高祖刘裕可能有所不及，不过比齐高帝萧道成强多了。"

隋文帝杨坚从普通老百姓起家，最终登上皇位。西边平定了蜀，南边打败了陈，与晋武帝司马炎相比，是否可以相提并论？虞世南说："隋文帝凭借外戚的身份，利用北周皇室的衰微，担负起辅佐皇帝的重任，最后自己登位称帝。他留心政务，一心要为人民谋福利，所以他能安抚新旧权贵，使朝廷地方都能平稳过渡。他在文治武功方面，都有不俗的建树。等到平定江淮，统一了文字和国家制度，普天之下的百姓都开始企盼太平。但是自从灭了金陵的陈以后，他开始变得奢侈无度，虽然威震四海，但并不留心处理繁杂的国家大事。珍宝填满内府，佳丽充斥后宫。修建仁寿宫耗尽了国库，致使万民财力枯竭，中等家产的人都面临破产。加上隋文帝猜忌心重，猫鬼巫蛊事发，他杀死了爱子秦王杨俊的妃子，离间了杨素的母亲独孤皇后的异母弟独孤陀用猫鬼巫蛊，诅咒皇后，秦王杨俊的妃子和杨素的母亲都受到了牵连。朝纲紊乱，礼教衰亡。独孤皇后干预朝政，致使皇子或杀或废，陷害无辜之人，扶持自己宠爱之子将太子杨勇废为庶人，将晋王杨广立为太子。功臣良将，一一被诛杀，没有一个遗漏。隋文帝晚年的过失，比晋武帝还多，立国不到三十年就亡了国，是自作孽，怎能归因于天意？"评论：汉高祖打算改立赵王如意为太子，叔孙通进谏：过去晋献公宠幸骊姬，废掉太子申生，立骊姬的儿子奚齐为太子，结果导致晋国内乱数十年，成为天下的笑柄。秦朝由于不早定扶苏为太子，使得赵高有机会假传圣旨立了胡亥，致使国家灭亡。这些教训想必陛下都很清楚。现在陛下一定要废嫡子而立少子如意为太子，我愿以死相谏。高祖说：我只不过是开玩笑而已。叔孙通说：太子是天下的根本，根本

卷二 文中

一动摇，天下震动，怎么能拿天下来开玩笑呢？高祖听从了他的劝告。袁绍喜欢他的小儿子袁尚，就把长子袁谭过继给自己的哥哥，好让袁尚接替自己。大臣沮授进谏说：人们常说，万人追逐一只野兔，有人捕获后，其余想得到的人都会停下来，这是因为名分确定了的缘故。再说，同年岁的以贤能为贵，品德不相上下，则以年长的为贵，这是自古以来约定俗成的制度。希望主上能吸取前代的教训，慎重思考逐兔定名分的含义。假若固执己见，祸乱将不可避免。袁绍不听，后来袁氏兄弟果然结下了梁子。所以说，立嫡长子，就是要打消庶出之子的非分之想。有非分之想，就会有行动，两个人都有可能，就会发生争夺。两个儿子都有机会做继承人的，家一定会出乱子，如果两个儿子都有机会继承家还不乱的，那是因为双亲还健在。双亲在不乱，双亲不在必乱。这大有深意。

或者有人问：王道、霸道的道理，你说得很好。敢问人死后赐谥号，以及改用历法，变换衣服颜色，从而使人耳目一新，这又代表什么？回答是：古代确定谥号，是为告诫后代。根据人的品行，给予一个谥号，对君主和亲属没有什么隐瞒的。如今的臣子不管名声功业如何，只求让谥号尊贵崇高就可以了，这种不实事求是的风气存在已经很长时间了。

从前季康子向孔子请教五帝德行的问题，孔子说："天有五行：木、火、金、水和土。这五行交替变化，滋育生成万物一年三百六十天，五行中每一行有七十二天，以便生成万物。五行由五帝掌管五帝就是主管五行的天神。"古代帝王，改朝换代的时候都要改变国号，效法五行的变化。五行正神轮流主事，有始有终，相生相克，有象征性的意义。所以生而为王的人，死后要配五行。因此太皞配木勾芒为木行的正神，炎帝配火祝融为火行的正神。少皞配金蓐收为金行的正神。颛顼配水玄冥为水行的正神，黄帝配土后土为土行的正神。帝王改国号，对五行象征的德行，各有各的崇尚，而所崇尚的只是在五行中排在自己后面的物质的德行在五行中排木的后面的是火，崇尚木德的，他崇尚的是就是火的颜色即赤色。木是本，木生火，所以木与火的关系就像母与子的关系。夏代后稷以金德称王却崇尚黑色，殷商以水德称王却崇尚白色水德本应崇尚青色，之所以崇尚白色，是因为避讳土德崇尚青色。土德本应崇尚白色，但因为土是其余四行之主，四季中都由土德主事。五行主事，首先从木开始，所以土德崇尚木的颜色，就是青色。周人以木德称王却崇尚赤色。这就是三代服饰颜色区分的原因。到了汉代之初，公孙臣、贾谊等认为汉朝是以土德称王，顺应了五行转移的法则，所以无往不利五行更替，常根据金、木、水、火、土相克的法则。秦朝是以水德称王，所以说汉朝依靠土德克制了秦朝的水德。刘向、刘歆父子认为帝王是从木德代表的震位即东方产生的，所以庖牺氏首先受的是木德。其后，母传子，依次木生火、火生金、金生水、水生土、土生木。自神农、黄帝往下经过唐虞三代，汉朝应该是火德。所以汉高祖起事之初，神母夜哭，应了白帝死、赤帝生的祥瑞，是天命所归。过去共工以水德夹于水生木、水克火之间，与秦朝是同等的命运，因为处的位次不对，所以国运不长久。在我看来，帝王的兴起，探究它的本源，都是出自于五帝之后，所秉承的五德，也是从五帝那里继承而来的。为什么这样说呢？汉朝，是尧的后裔，尧以火德称王，五行转了一圈，适逢汉朝建立，所以汉也是火德。袁绍的属下耿包说：赤色的火德已经衰败，袁氏是舜的后人，舜是以土德称王，正合五行相生相克，所以你应该进取。因此说帝王的兴起，各有各的本源，五帝之后各有传承。秦是颛顼之后，秉承颛顼的水德，所以秦朝也是以水德称王。由此看来，即使经历百代之后，也能够从五行相生相克的关系中看出朝代的兴衰成败。

卷二 文中

臣行第十

原文

夫人臣萌牙未动，形兆未见，昭然独见存亡之机，得失之要，豫禁乎未然之前，使主超然立乎显荣之处，如此者，圣臣也。虚心尽意，日进善道，勉主以礼义，谕主以长策，将顺其美，匡救其恶，如此者，良臣也。夙兴夜寐，进贤不懈，数称往古之行事，以厉主意，如此者，忠臣也或问袁子曰：故少府杨阜，岂非忠臣哉？对曰：可谓直士，忠则吾不知。何者？夫为人臣，见主失道，指其非而播扬其恶，可谓直士，未为忠也。故司空陈群①则不然，其谈语终日，未尝言人主之非，书数十上而外不知，君子谓陈群于是乎长者，此为忠矣。明察成败，早防而救之，塞其间，绝其源，转祸以为福，使君终已无忧，如此者，智臣也。依文奉法，任官职事，不受赠遗，食饮节俭，如此者，贞臣也。国家昏乱，所为不谀，敢犯主之严颜，面言主之过失，如此者，直臣也。是谓六正桓范《世要论》曰：臣有辞拙而意工，言逆而事顺，可不恕之以直乎？臣有朴骏而辞讷，外疏而内敏，可不恕之以质乎？臣有犯难以为上，离谤以为国，可不恕之以忠乎？臣有守正以逆众意，执法而违私欲，可不恕之以贞乎？臣有不屈己以求合，不祸世以取名，可不恕之以贞乎？臣有从仄陋而进显言，由卑贱而陈国事，可不恕之以难乎？臣有孤特而执节，介立而见毁，可不恕之以劲乎？此七恕者，皆所以进善也。

---

① 陈群：三国时魏国大臣，字长文。初从刘备，后归曹操。曹丕称帝前，他建议实行九品中正制，以争取世家大族支持。曹魏立国后，多次上书言事，官至司空。史书称他有清流雅望。

臣行第十

　　安官贪禄,不务公事,与世沉浮,左右观望,如此者,具臣也。主所言皆曰善,主所为皆曰可,隐而求主之所好而进之,以快主之耳目,偷合苟容,与主为乐,不顾后害,如此者,谀臣也。中实险诐,外貌小谨,巧言令色,又心疾贤,所欲进则明其美,隐其恶;所以欲退则彰其过,匿其美,使主赏罚不当,号令不行,如此者,奸臣也。智足以饰非,辩足以行说,内离骨肉之亲,外妒乱于朝廷,如此者,谗臣也。专权擅势,以轻为重,私门成党,以富其家,擅矫主命,以自显贵,如此者,贼臣也。谄主以佞邪,坠主于不义,朋党比周,以蔽主明,使白黑无别,是非无闻,使主恶布于境内,闻于四邻,如此者,亡国之臣也。是谓六邪桓范《世要论》曰:臣有立小忠以售大不忠,效小信以成大不信,可不虑之以诈乎?臣有貌厉而内荏,色取仁而行违,可不虑之以虚乎?臣有害同侪以专朝,塞下情以壅上,可不虑之以嫉乎?臣有进邪说以乱是,因似然以伤贤,可不虑之以谗乎?臣有因赏以偿恩,因罚以作威,可不虑之以奸乎?臣有外显相荐,内阴相除,谋事托公而实挟私,可不虑之以欺乎?臣有事左右以求进,托重臣以自结,可不虑之以伪乎?臣有和同以取谐,苟合以求进,可不虑之以祸乎?臣有悦主意以求亲,悦主言以取容,可不虑之以佞乎?此九虑者,所以防恶也。

　　子贡曰:"陈灵公君臣宣淫于朝①,泄冶谏而杀之。是与比干同也。可谓仁乎?"子曰:"比干②于纣,亲则叔父,官则少师,忠款之心,在于存宗庙而已,固以必死争之,冀身死之后而纣悔寤,其本情在乎仁也。泄冶位为下大夫,无骨肉之亲,怀宠不去,以区区之一身,欲正一国之淫昏,死而无益,可谓怀矣。《诗》云:民之多僻,无自立辟。其泄冶之谓乎?"

　　或曰:叔孙通阿二世意,可乎?司马迁曰:"夫量主而进,前哲所

---

① 陈灵公宣淫于朝:春秋时郑穆公的女儿夏姬嫁给陈国的大夫御叔。丈夫死后,夏姬和陈灵公及朝中大夫孔宁、仪行父私通。陈国大夫泄冶提出规谏,陈灵公无颜面对泄冶,买通一个刺客把泄冶杀了。

② 比干:商帝丁的次子,帝乙的弟弟,商纣王的叔父。20岁就以太师高位辅佐帝乙,又受托孤重任辅佐纣王。从政四十多年,主张减轻赋税徭役,鼓励发展农牧业,提倡冶炼铸造,富国强兵。因屡次劝谏纣王,被剖心而死。

卷二 文中

毙。叔孙生希世,度务制礼,进退与时变化,卒为汉家儒宗。古之君子,直而不挺,曲而不挠。大直若诎,道同逶迤,盖谓是也。"议曰:太公云:吏不志谏,非吾吏也。朱云①廷诘张禹②曰:尸禄保位,无能往来,可斩也。班固曰:依世则废道,违俗则危殆,此古人所以难受爵位。由此言之,存与死,其义云何?对曰:范晔称,夫专为义则伤生,专为生则骞义。若义重于生,舍生可也;生重于义,全生可也。

或曰:然则窦武③、陈蕃,与宦者同朝廷争衡,终为所诛,为非乎?范晔④曰:"桓、灵之世,若陈蕃之徒咸能树立风声,抗论昏俗,驱驰岨峻之中,而与腐夫争衡,终取灭亡者,彼非不能洁情志,违埃雾也。悯夫世士,以离俗为高,而人伦莫相恤也。以遁世为非义,故屡退而不去;以仁心为己任,虽道远而弥厉。及遭值际会,协策窦武,可谓万代一时也。功虽不终,然其信义足以携持世心矣。"议曰:此所谓义重于生,舍生可也。

或曰:臧洪死张超之难⑤,可谓义乎?范晔曰:"雍丘之围,臧洪之感愤,壮矣!想其徒跣且号,束甲请举,诚足怜也。夫豪雄之所趣舍,其与守义之心异乎?若乃缔谋连衡,怀诈算以相尚者,盖惟势利所在而已。况偏城既危,曹、袁方穆,洪徒指外敌之衡,以纾倒悬之会。忿恫之师,兵家所忌。可谓怀哭秦之节,存荆则未闻。"昔广陵太守张超委政臧洪,后袁绍亦与结友。及曹操围张超于雍丘,洪闻超被围,乃徒跣号泣,勒兵救超,兼从绍请兵。绍不听,超城陷,遂族诛超。洪由是怨绍,与之绝。绍兴兵围之,城陷,诛

---

① 朱云:西汉大臣,字游。元帝时因上书请求诛杀佞臣张禹获死罪,赖辛庆忌搭救免死。
② 张禹:西汉大臣,字子文。年轻时学《易经》、《论语》,为博士。汉元帝时,教太子刘骜《论语》。汉成帝刘骜继位,以帝师为关内侯,与大将军王凤领尚书事。生活奢侈,常为子婿求官。有大事,汉成帝常常咨询他。
③ 窦武:东汉大将、外戚,字游平。在担任城门校尉时多方招揽名士,并把朝廷的赏赐捐给太学生。灵帝立,拜大将军,封闻西侯,掌握朝政。起用反对宦官的李膺等人。联络太学生,与陈蕃等定谋诛宦官,事泄,兵败自杀。
④ 范晔:字蔚宗,南北朝宋时史学家,史学名著《后汉书》的作者。博涉经史,善文章,通音律。
⑤ 臧洪死张超之难:东汉末年,广陵太守张超把政务都委托给臧洪。曹操围雍丘,臧洪向好友袁绍求救,袁绍不肯出兵。雍丘破,张超被族诛。臧洪愤于袁绍见死不救,与袁绍绝交。袁绍围攻臧洪,城破被杀。

臣行第十

死。议曰：臧洪当纵横之时，行平居之义，非立功之士也。

或曰：季布①，壮士。而反摧刚为柔，髡钳匿匿，为是乎？司马迁曰："以项羽之气，而季布以勇显于楚，身屡典军，搴音绮连反旗者数矣，可谓壮士。然至被刑戮，为人奴而不死，何其下也。彼必自负其材，故受辱而不羞，欲有所用其未足也，故终为汉名将。贤者诚重其死，非夫婢妾贱人感慨而自杀者，非勇也，其计画无复之耳。"议曰：大史公曰：魏豹②、彭越③虽故贱，然以席卷千里，南面称孤，喋血乘胜，日有闻矣。怀叛逆之意，及败，不死而虏，身被刑戮，何哉？中材以上且羞其行，况王者乎！彼无异，故智略绝人，独患无身耳。得摄尺之柄，其云蒸龙变，欲有所会其度，以故幽囚而不辞云。此则纵横之士，务立其功者也。又《蔺公④赞》曰：知死必勇，非死者难也，处死者难。方蔺相如引璧睨柱，及叱秦王左右，势不过诛，然士或怯懦不敢发。相如一厉其气，威信敌国；退而让廉颇，名重太山。其处智勇，可谓兼之矣。此则忠贞之臣，诚知死所者也。管子曰：不耻身在缧绁之中，而耻天下之不理；不耻不死公子纠，而耻威之不申于诸侯。此则自负其才，以济世为度者也。此皆士之行己，死与不死之明效也。

或曰：宗悫⑤之贱也，见轻庾业，及其贵也，请业为长史，何如？裴子野曰："夫贫而无戚，贱而无闷，恬夫天素，弘此大猷，曾、原之德⑥也；降志辱身，俛眉折脊，忍屈庸曹之下，贵骋群雄之上，韩、黥

---

① 季布：秦汉之际的游侠。初为霸王项羽帐下五大将之一，数次围困刘邦，后为刘邦所用，拜为郎中，历仕惠帝中郎将、文帝河东郡守。季布为人仗义，好打抱不平，以信守诺言、讲信用而著称。所以楚国人中广泛流传着"得黄金百斤，不如得季布一诺"的谚语。"一诺千金"就得自季布的故事。

② 魏豹：战国时魏国贵族，秦末诸侯王。楚怀王时恢复故地，自立为王。后从项羽人关，改封西魏王。后属汉，复叛。韩信俘之，令其守荥阳。后为汉将周苛所杀。

③ 彭越：西汉初年诸侯王。楚汉战争中归刘邦，屡立奇功。汉朝建立，封为梁王。后被诬以谋反罪，为吕后所杀。

④ 蔺公：即蔺相如。战国时赵国上卿，著名的政治家、外交家。根据《史记·廉颇蔺相如列传》所载，他的生平最重要的事迹有完璧归赵、渑池之会与负荆请罪等。

⑤ 宗悫：南朝宋时一个出身贫寒的书生。其同乡庾业是大族出身，瞧不起他。后来宗悫因功做了豫州刺史，聘请庾业做了长史。

⑥ 曾、原之德：曾指孔子学生曾参，原指孔子学生原宪。二人都是蓬户、褐衣、蔬食而不减其乐的人。

卷二 文中

之志①也。卑身之事则同,居卑之情已异。若宗元幹无怍于草具,有韩、黥之度矣,终弃旧恶,长者哉!"宋宗悫之贱也,州人庾业丰富,待客必方丈。其为悫设则粟饭,悫亦致饱。及为豫州,请业为长史也。

世称郦寄②卖交,以其绐吕禄③也,于理何如?班固曰:"夫卖交者,谓见利忘义也。若寄,父为功臣而执劫,虽权吕禄以安社稷,义存君亲,可也。"

或曰:靳允④违亲守城,可谓忠乎?徐众⑤曰:"靳允于曹公,未成君臣。母,至亲也,于义应去。昔王陵母为项羽所拘,母以高祖必得天下,因自杀以固陵志。明心无所系,然后可得事人,尽其死节。卫公子开方仕齐,十年不归。管仲以为不怀其亲,安能爱君?不可以为相。是以求忠臣必于孝子之门。允宜先救至亲。徐庶⑥母为曹公所得,刘备乃遣庶归。欲为天下者,恕人子之情,公又宜遣允也。"魏太祖征徐州,使程昱⑦留守甄城。张邈叛太祖,迎吕布⑧,布执范令靳允母。太祖遣昱说靳允,无以母故,使固守范。允流涕曰:不敢有二也。

---

① 韩、黥之志:指西汉大将韩信、黥布。二人未富贵时能忍辱负重,从事贱业。后成为一代名将,为西汉的建立立下不朽功勋。
② 郦寄:西汉大臣。与吕禄友善。吕后死,周勃、陈平等谋除诸吕,郦寄跑到吕禄家中喝酒谈天,使吕禄放松警惕,不作戒备,以使周、陈之谋得遂。
③ 吕禄:西汉大臣,吕后之侄。吕后在世时,吕禄掌握禁军。吕后死,陈平、周勃设谋,将诸吕一网打尽,使刘氏皇位得以复定。
④ 靳允:东汉末年兖州范县县令。吕布与曹操争夺兖州时,曹操谋士程昱劝说靳允智识明主,不要屈从吕布。其时,吕布已抓走了靳允的母亲、弟弟和妻子儿女,很有可能被杀害。但靳允在听完程昱的至理劝说后,毅然作出弃亲从操的抉择。
⑤ 徐众:东晋人,撰有《三国评》,最早著录其书的史志是《隋书经籍志》,称其为《三国志评》,是一部值得注意的史学著作。
⑥ 徐庶:三国时魏国大臣,字元直,原名福。少好任侠,后致力于学问。东汉末客居荆州,与诸葛亮友善,向刘备推荐诸葛亮。后辞刘备归曹操,仕魏至右中郎将、御史中丞。
⑦ 程昱:三国时魏国名臣。本名程立,因梦中于泰山捧日,更名程昱。曾于东阿率领民众抗击黄巾。后从曹操于兖州,封寿张令。曹操征徐州时,程昱与荀彧留守后方,阻吕布、陈宫大军,保住三城,因功受封为东平相,屯于范县。
⑧ 吕布:字奉先,东汉末年群雄之一。曾先后为丁原、董卓的部将,也曾为袁术效力,后被封为徐州牧,自成一方势力,公元198年在下邳被曹操击败并处死。

臣行第十

魏文帝问王朗①等曰："昔子产治郑，人不能欺；子贱②治单父，人不忍欺；西门豹治邺，人不敢欺。三子之才，于君德孰优？"对曰："君任德，则臣感义而不忍欺；君任察，则臣畏觉而不能欺；君任刑，则臣畏罪而不敢欺。任德感义，与夫导德齐礼，有耻且格，等趋者也；任察畏罪，与夫导政齐刑，免而无耻，同归者也。优劣之悬，在于权衡，非徒钧铢之觉也。"

或曰：季文子③、公孙弘④，此二人皆折节俭素，而毁誉不同，何也？范晔称："夫人利仁者，或借仁以从利。体义者，不期体以合义。季文子妾不衣帛，鲁人以为美谈；公孙弘身服布被，汲黯讥其多诈。事实未殊而毁誉别者，何也？将体之与利之异乎？故前志云：仁者安仁，智者利仁，畏罪者强仁。校其仁者，功无以殊；核其为仁，不得不异。安仁者，性善者也；利仁者，力行者也；强仁者，不得已者也。三仁相比，则安者优矣。"议曰：夫圣人德全，器无不备。中庸已降，才则好偏。故曰柴⑤也愚，参⑥也鲁，师⑦也僻，由⑧也喭。由此观之，全德者鲜矣。全德既鲜，则资矫情而力善矣。然世恶矫伪，而人贤任真。使其真贪愚而亦任之，可为贤乎？对曰：吁！何为其然？夫霄精天地，负阴抱阳，虽清浊贤愚，其性则异，而趋走嗜欲，所规则同。故靡颜腻理，人所悦也；乘坚驱良，人所爱也；苦心贞节，人所难也；徇公灭私，人所苦也。不以礼教节之，则荡而不制，安肯攻苦食淡，贞洁公方，临财廉而取与义乎？故《礼》曰：欲不可纵，志不可满。古语曰：廉士非不爱财，取之以道。《诗》云：如切如磋，

---

① 王朗：三国时魏国大臣，字景兴。初从陶谦、孙策，后应曹操之召，潜返中原，官至少府、奉常、大理，以善处理案件知名。曹魏立国后任司空、司徒等职。

② 子贱：春秋时鲁国人，孔子的学生。曾在鲁国做过官，鲁国君主任命其为单父宰，派他去治理单父。

③ 季文子：春秋时鲁国大夫。名行父，季友之孙。以廉洁著称。历相宣、成、襄三公。家无衣帛之妾，厩无食粟之马，府无金玉。

④ 公孙弘：西汉大臣。少为狱吏，后累官至丞相，封平津侯。公孙弘虽为三公，但生活非常节俭。以为"人主病不能广大，人臣病不节俭"。他常盖布被，吃饭时不吃两种以上的肉菜。

⑤ 柴：即高柴，字子羔。孔子学生。

⑥ 参：即曾参，字子舆。孔子学生。

⑦ 师：即颛孙师，字子张。孔子学生。

⑧ 由：即仲由，字子路，又字季路，孔子学生。

如琢如磨。皆矫伪之谓也。若肆其愚态，随其鄙情，名曰任真而贤之，此先王之罪人也。故吾以为矫伪者，礼义之端；任真者，贪鄙之主。夫强仁者，庸可诬乎？

或曰：长平之事，白起①坑赵卒四十万，可为奇将乎？何晏曰："白起之降赵卒，诈而坑其四十万，岂徒酷暴之谓乎？后亦难以重得志矣。向使众人豫知降之必死，则张虚拳犹可畏也，况于四十万被坚执锐哉？天下见降秦之将头颅似山，归秦之众骸积成丘，则后日之战，死当死耳，何众肯服，何城肯下乎？是为虽能裁四十万之命，而适足以强天下之战；欲以要一朝之功，而乃更坚诸侯之守。故兵进而自伐其势，军胜而还丧其计。何者？设使赵众复合，马服②更生，则后日之战必非前日之对也。况今皆使天下为后日乎？其所以终不敢复加兵于邯郸者，非但忧平原之补缝，患诸侯之救至也。徒讳之而不言耳。且长平之事，秦人十五以上皆荷戟而向赵矣。夫以秦之强，而十五已上死伤过半，此为破赵之功小，伤秦之败大也。又何称奇哉！"议曰：黄石公称，柔者能制刚，弱者能制强。柔者，德也；刚者，贼也。柔者，人之所助；刚者，怨之所居。是故纣之百克，而卒无后；项羽兵强，终失天下。故随何曰：使楚胜，则诸侯自危惧而相救。夫楚之强，适足以致天下之兵耳。由是观之，若天下已定，藉一战之胜，诈之可也。若海内纷纷，雄雌未决而失信义于天下，败亡之道也。当七国之时，诸侯尚强，而白起乃坑赵降卒，使诸侯畏之而合纵。诸侯合纵，非秦之利，为战胜而反败。何晏论当矣。

或曰：乐毅③不屠二城，遂丧洪业，为非乎？夏侯玄曰："观乐生遗燕惠王④书，其殆乎知机合道，以礼终始者欤！夫欲极道德之

---

① 白起：战国时秦国名将，绰号"人屠"。白起担任秦国将领三十多年，攻城七十余座，被封为武安君。白起一生有伊阙之战、鄢郢之战、华阳之战、陉城之战和长平之战等辉煌胜利，《千字文》将白起与王翦、廉颇和李牧并称为战国四名将。

② 马服：战国时赵国地名，赵国名将赵奢被封于此，因此也代指赵奢。赵奢，战国时期赵国的著名将领，赵王宗室，赵括之父，秦赵阏与之战的赵国主将。

③ 乐毅：字永霸，战国后期杰出的军事家，拜燕上将军，受封昌国君，辅佐燕昭王振兴燕国，报了强齐伐燕之仇。公元前284年，他统帅燕国等五国联军攻打齐国，连下七十余城，创造了中国古代战争史上以弱胜强的著名战例。

④ 燕惠王：战国时燕国国君。燕惠王做太子时，与乐毅有隙，即位后对乐毅用而不信，后以骑劫代之，乐毅逃亡至赵国。公元前279年齐人田单在即墨以火牛阵击败燕军，骑劫战死，齐国悉复其故城。燕惠王责备乐毅避亡到赵国，乐毅回致一封《报遗燕惠王书》。

量,务以天下为心者,岂其局迹当时、止于兼并而已哉?夫兼并者,非乐生之所屑;强燕而废道,又非乐生之所求。不屑苟利,不求小成,斯意兼天下者也。举齐之事,所以运其机而动四海也。围城而害不加于百姓,此仁心著于遐迩矣;迈令德以率列国,则几于汤、武之事矣。乐生方恢大纲,以纵二城。收人明信,以待其弊;将使即墨、莒人,顾仇其上。开弘广之路,以待田单之徒;长容善之风,以申齐士之志。昭之东海,属之华裔,我泽如春,人应如草,思戴燕主,仰风声,二城必从,则王业隆矣。虽淹留于两邑,乃致速于天下也。不幸之变,世所不图,败于垂成,时变所然。若乃逼之以兵,劫之以威,参杀伤之残,以示四海之人,虽二城几于可拔,则霸王之事,逝其远矣。乐生岂不知拔二城之速了哉?顾城拔而业乖也。岂不虑不速之致变哉?顾业速与变同也。由是观之,乐生之不屠二城,未可量也。"或曰:乐毅相弱燕,破强齐,合五国之兵,雪君王之耻,围城而不急攻,将令道穷而义服,此则仁者之师,咸以为谟谋胜武侯也。可乎?张辅曰:夫以五国之兵共伐一齐,不足为强;大战济西,伏尸流血,不足高仁。彼孔明包文武之德,长啸俟时。刘玄德以知人之明,屡造其庐,咨以济世,奇策泉涌。遂东说孙权,北抗大魏,以乘胜之师,翼佐取蜀。及玄德临终,禅以大位,在扰攘之际,立童蒙之主,设官分职,班叙众才,文以能内,武以折冲,然后布其恩泽于国中之人。其行军也,路不拾遗,毫毛不犯。勋业垂济而陨。观其遗文,谟谋弘远矣。己有功则让于下,下有阙则躬自咎。见善则迁,纳谏则改,故声烈震遐迩也。孟子曰:闻伯夷之风,贪夫自廉。余以为睹孔明之忠,奸臣立节。殆将与伊、吕争胜,岂徒乐毅为伍哉。

或曰:商鞅起徒步,干孝公,挟三术之略,吞六国之纵,使秦业帝,可为霸者之佐乎?刘向曰:"夫商君,内急耕织之业,外重战伐之赏,不阿贵宠,不偏疏远,虽《书》云'无偏无党',《诗》云'周道如砥,其直如矢',《司马法》①之厉戎士,周后稷之劝农业,无以易此。此所

---

① 《司马法》:古代著名兵书之一,又称《司马兵法》、《司马穰苴兵法》,其成书年代和作者颇多争议,主要记录了中国古代的军礼和军法,对于礼学研究非常重要,受到历代兵家和史学家的重视。

卷二 文中

以并诸侯也。故孙卿曰：'四世有胜，非幸也，数也。'夫霸君若齐桓、晋文者，桓不倍柯之盟，文不负原之期①，而诸侯信之，此管仲、咎犯之谋也。今商君倍公子卬之旧恩，弃交魏之明信，诈取三军之众，故诸侯畏其强而莫亲信也。藉使孝公遇齐桓、晋文，得诸侯之统将，合诸侯之君，驱天下之兵以伐秦，秦则亡矣。天下无桓、文之君，故秦得以兼诸侯也。卫鞅始自以为知王霸之德，原其事，不论也。昔周、召公施美政，其死也，后世思之。蔽芾甘棠之诗，是尝舍于树下，不忍伐其树，况害于身乎？管仲夺伯氏骈邑三百户，无怨言。今卫鞅内刻刀锯之刑，外深铁钺之诛，身死车裂，其去霸者之佐亦远矣。然惠王杀之②，亦非也。可辅而用，使卫鞅施宽平之法，加之以恩，申之以信，庶几霸者之佐乎？"议曰：商鞅初因景监③求见秦孝公，说以帝道，孝公意不入，时时睡，后又与鞅语，不知膝之过席。景监曰：子何以中吾君？君之欢甚也。鞅曰：始吾说公以帝道，而君曰久远，安能邑邑待数十百年以子孙成事乎？吾又说以霸道，其意欲之而未能也。吾又以强国之术说君，君大悦之。然亦难以比德于殷、周矣。昔齐桓公与鲁庄公会于柯而盟，曹沫④以匕首劫桓公反鲁侵地。桓公许之，后悔，欲无与鲁地而杀曹沫。管仲曰：弃信于诸侯，失天下之援，不可。于是与曹沫三败所亡地。诸侯闻之，皆信齐而欲附焉。山戎伐燕，燕告急于齐。齐桓公救燕而还，燕庄公送桓公入齐境。桓公曰：非天子，诸侯相送，不出境。吾不可以无礼于燕。于是分沟割燕君所至与燕君，令复修召公之政，纳贡于周，诸侯闻之皆从，齐桓公于是始霸。由此观之，商鞅深刻弃信，非霸者之佐，明矣。然孝公欲速，不从鞅言，孝公过也。商鞅牵于世，迫于君，不得行其志耳。刘向以鞅无霸王之术，谬矣。

---

① 原之期：春秋时，晋文公围攻原邑，与城中居民约定，三日攻城不下，就领兵而去，决不为争夺城池杀伤百姓。后来果然如期退兵。

② 惠王杀之：净戒院刊本原为"孝公杀之"，实际应为继任孝公执掌秦国的秦惠文王，原文误。

③ 景监：战国时人秦孝公宠幸的臣子，曾引荐商鞅，为商鞅三劝秦孝公，成功为商鞅变法铺路。

④ 曹沫：春秋时鲁国人，以力大勇敢著称。鲁公对他很欣赏，任命他为将军，同齐国交战。未料三战皆败，鲁公心怯，赶紧商议割地求和。齐桓公和诸侯在柯地会盟，曹沫持匕首劫持齐桓公，迫使齐桓公将侵占的鲁国土地归还。

臣行第十

诸葛亮以马谡①败于街亭,杀之。后蒋琬②谓亮曰:"昔楚杀得臣,然后文公喜,可知也。天下未定,而戮智计之士,岂不惜哉?"亮流涕曰:"孙武所以能制胜者,用法明也。是以杨干③乱法,魏绛④戮之。四海分裂,兵交方始,若复废法,何用讨贼耶?"习凿齿⑤曰:"诸葛亮之不能兼上国也,岂不宜哉?夫晋人视林父⑥之后济,故废法而收功;楚成暗得臣⑦之益己,故杀之以重败。今蜀僻陋一方,才少上国,而杀其俊杰,退收驽下之用。明法胜才,不师三败之道,将以成业,不亦难乎?"晋侯使荀桓子与楚战于邲,桓子败归而请死,晋侯欲许之。士贞子⑧曰:不可。城濮之役,晋师三日馆穀,文公犹有忧色。左右曰:有喜而忧,如有忧而喜乎?公曰:得臣犹在,忧未歇也。困兽犹斗,况国相乎!及楚杀子玉,公喜而后可知,曰:是晋再克而楚再败也。楚是以再世不竞。今天或者大警晋也,而又杀林父,以重楚胜,其无乃不竞乎?林父之事君也,进思尽忠,退思补过,社稷之卫也。君若之何杀之?夫其败也,如日月之蚀,何损于明。晋侯使复其位也。

代以周勃功大,霍光何如?对曰:"勃本高帝大臣,众所归向,居太尉位,拥兵百万。既有陈平、王陵之力,又有朱虚诸王之援,郦

---

① 马谡:字幼常,三国时期蜀汉大臣。初以荆州从事跟随刘备取蜀入川,后蜀汉丞相诸葛亮用为参军。马谡才器过人,好论军计。诸葛亮向来对他倍加器重,每引见谈论,自昼达夜;但马谡却于诸葛亮北伐时因作战失误而失守街亭,因而被诸葛亮斩首。

② 蒋琬:三国时期蜀汉大臣,字公琰。诸葛亮死后封大将军,录尚书事,封安阳亭侯,旋受命开府,加大司马,辅佐刘禅,总揽蜀汉军政,统兵御魏。采取闭关息民政策,国力大增。

③ 杨干:春秋时晋悼公之弟。

④ 魏绛:春秋时晋国国卿。在执法上刚毅方正,在政治上具有远见卓识,而且还是一位善于领兵作战的将领,执法严明。

⑤ 习凿齿:东晋大臣,著名文学家、史学家,字彦威。博学多文。荆州刺史桓温召为从事。累迁别驾。温谋称帝,习凿齿著《汉晋春秋》,推蜀为正统,贬曹魏为篡逆,用以讽温。该书54卷,今已佚。

⑥ 林父:也称荀林父,因任中行之将,故以中行为氏,称中行伯。因死后的谥号为"桓",所以又称荀桓子、中行桓子。春秋中期晋国正卿,中军元帅,名将,从晋文公称霸时期开始崭露头角。

⑦ 得臣:即成得臣,字子玉,春秋时楚国大夫。治军严励,性刚愎。因伐陈有功,被任为令尹。公元前632年,他不听楚成王撤军命令,与晋军战于城濮,被晋军打败。后受责自杀。

⑧ 士贞子:春秋时晋国太傅,也称为士渥浊。公元前597年,邲之战后,荀林父向晋景公请死,士渥浊劝止。公元前594年,荀林父破狄有功,晋景公赏赐他,并将瓜衍封给士贞子。公元前586年,士渥浊认为赵婴和庄姬私通,被放逐。公元前573年,晋悼公即位,以士渥浊为太傅。

卷二 文中

寄游说以谲诸吕。因众之心，易以济事。若霍光者，以仓卒之际，受寄托之任，辅弼幼主，天下晏然。遇燕王旦之乱，诛除凶逆，以靖王室。废昌邑，立孝宣，任汉家之重，隆中兴之祚，参声伊、周，为汉贤相。推验事效，优劣明矣。"袁盎①问汉文帝曰：陛下以绛侯周勃何如人？上曰：社稷臣也。盎曰：所谓功臣，非社稷臣。社稷臣者，主在与在，主亡与亡。方吕后时，刘氏不绝如带，绛侯为太尉，主兵柄，不能正。吕后崩，大臣相与诛诸吕，太尉主兵，适会其成功。所谓功臣，非社稷臣也。

后汉陈蕃上疏荐徐稚、袁闳、韦著三人。帝问蕃曰："三人谁为先后？"蕃曰："闳生公族，闻道渐训；著长于三辅②，礼义之俗，所谓不扶自直，不镂自雕；至于稚者，爰自江南卑薄之域，而角立杰出，宜当为先。"

或曰：谢安石③为相，可与何人为比？虞南曰："昔顾雍④封侯之日，而家人不知，前代称其质重，莫以为偶。夫以东晋衰微，疆场日骇。况永固苻坚⑤字也六夷⑥英主，亲率百万；苻融⑦俊才名相，执锐先驱，厉虎狼之爪牙，骋长蛇之锋锷，先筑宾馆，以待晋君。强弱而论，鸿毛太山

---

① 袁盎：亦称爰盎，西汉大臣，字丝。文帝时，初为中郎将、西都尉。后为齐相、吴相。与晁错有怨，七国之乱起，谗言景帝诛灭晁错。后为楚相，因病免职居家，被梁孝王刺杀。

② 三辅：是汉代负责京畿长安附近地方行政事务的京兆尹、左冯翊、右扶风的合称，后来"三辅"一词便用来指称长安一带的地区。

③ 谢安石：东晋大臣，名安，字安石。年四十余始出仕，官至司徒。公元383年，前秦苻坚大举南下，朝廷震恐，他出奇制胜，以少胜多，获得淝水大捷，并乘机收复河南失地。因位高招忌，被迫出镇广陵，不久病卒。

④ 顾雍：三国时吴国大臣，字元叹。初为合肥长，后为会稽郡丞，行太守事，深得孙权信任。官至丞相。

⑤ 苻坚：十六国时期前秦的皇帝。苻坚在位前期励精图治，使前秦基本统一北方。但后来在伐晋的淝水之战中大败，自此一蹶不振，又遭到之前投降的鲜卑、羌人的背叛而出逃，最后被羌人姚苌所杀。

⑥ 六夷：指魏晋时期西北地区的六个少数民族：匈奴、羯、羌、氐、鲜卑、东胡。

⑦ 苻融：字博休，十六国前秦将领，苻坚的弟弟。文学、玄学、武艺、政事等样样精通。在其兄苻坚登位后累官司隶校尉、冀州刺史等，封阳平公。他力阻苻坚发动对东晋战争，但苻坚没接受。

不足为喻。文静深拒桓冲①之援，不喜谢玄②之书，则胜败之数，固已存于胸中矣。夫斯人也，岂以区区万户之封，动其方寸者欤？若论其度量，近古已来，未见其匹。"

隋炀帝在东宫，尝谓贺若弼③曰："杨素、韩擒虎、史万岁三人，俱称良将，其间优劣何如？"对曰："杨素是猛将，非谋将议曰：胆气果敢，猛将也；渊而有谋，谋将也；韩擒虎④是斗将，非领将议曰：奋捷矫悍，斗将也；御军齐肃，领将也；史万岁⑤是骑将，非大将议曰：领一偏师，所向无敌，骑将也；包罗英雄，使群才各当其用，大将也。"太子曰："善。"

故自"六正"至于"问将"，皆人臣得失之效也。古语曰：禹以夏王，桀以夏亡；汤以殷王，纣以殷亡。阖庐⑥以吴战胜，无敌于天下，而夫差⑦以见擒于越；穆公以秦显名尊号，而二世以劫于望夷。其所以君王者同而功迹不等者，所任异也。是以成王处襁褓而朝诸侯，周公用

---

① 桓冲：桓温的弟弟，东晋将领。忠于晋室，虽桓氏与陈郡谢氏有所冲突，但仍以国家为重，牺牲宗族利益，将原本桓温时取得的扬州刺史职位让给谢安，自愿出镇外地。后与谢氏于东西两边协力防御前秦的进攻，助东晋于淝水之战中获胜。

② 谢玄：东晋名将，文学家，谢安的侄子。二十一岁时担任大司马桓温的部将，有经国才略，善于治军。为抵御前秦袭扰，经谢安荐为建武将军、兖州刺史，领广陵相，监江北诸军事。他招募北来民众中的骁勇之士，组建训练一支精锐部队，号为"北府兵"。

③ 贺若弼：隋朝大将，字辅伯。北周时，官至寿州刺史。隋初，任吴州总管。献灭陈十策，为文帝所重。以平陈有功，进位上柱国。官至右武侯大将军。后为炀帝忌杀。

④ 韩擒虎：隋朝大将，字子通，一名豹。北周时为新安太守。入隋，为庐州总管。以大将职参与灭陈，最先攻入陈朝富城台城，俘陈后主。以功进上柱国。后任凉州总管。

⑤ 史万岁：隋朝大将。北周时为上将军。入隋，又以军功迁车骑将军，进位柱国。后遭杨素忌恨，进谗言于文帝，被冤杀。

⑥ 阖庐：春秋时吴国国君。亦作阖闾，姬姓，名光，即公子光，吴王诸樊之子。他执政时以楚国旧臣伍子胥为相，以齐人孙武为将军，使国势日益强盛。公元前506年，吴军在孙武、伍子胥率领下，从淮水流域西攻到汉水，五战五胜，攻克楚之郢都，逼得楚昭王出逃。

⑦ 夫差：春秋时吴国国君，阖闾的儿子。即位初，常以报越仇为志。任用伯嚭为太宰。三年后，在夫椒大败越军，迫使越为属国。继而北上争霸。公元前482年与诸侯会于黄池，从晋手中争得盟主之位。公元前473年，越王勾践灭吴，夫差自杀。

卷二 文中

事也；赵武灵王①年五十而饿死于沙丘，任李兑②也。故魏有公子无忌③，削地复得；赵任蔺相如，秦兵不敢出；楚有申包胥④，而昭王反位；齐有田单，而襄王得国。因斯而谈，夫有国者，不能陶冶世俗，甄综人物，论邪正之得失，撮霸王之余议，而能立功成名者，未之前闻故知量能授官，至理之术。

---

① 赵武灵王：战国时赵国国君，曾提倡胡服骑射。在位时移风易俗，国力渐强。先后灭中山，破林胡，败楼烦，拓地燕代。后让位给少子何，引起内乱，被困沙丘宫，饿死。

② 李兑：战国时赵国大臣。公元前295年，公子章反叛，他与公子成起兵保卫惠文王，杀公子章及其党徒，困死赵武灵王于沙丘宫。后至相国，颇有政绩。

③ 公子无忌：战国时魏安釐王弟，封信陵君。礼贤下士，曾率军救赵败秦。后十年，又多次击败秦军。遭谗言免职，郁郁而死。

④ 申包胥：春秋时楚国大夫，与伍子胥为至交。后伍子胥率领吴军破楚，申包胥到秦国求救，在秦宫中"七日不食，日夜哭泣"，秦哀公乃遣车五百乘救楚。楚昭王返国后要封赏申包胥，申包胥不接受。

臣行第十

译文

　　作为一个大臣，能够在事情还处在萌芽状态、兆头并未显现的时候，就已经能独具慧眼，率先发现存亡的先机，得失的关键，做到防患于未然，使他的君主超然独立，永远站在显赫尊荣之处，这种人，就是圣臣。虚心尽忠，每日进言的都是利国利民的谋略，勉励自己的君主躬行礼义，劝说君主要目光远大。使君主的美德发扬光大，对君主的恶行能及时给予匡正补救。这种人，就是良臣。早起晚睡，推举贤能，终生不懈。经常向君主进言古时明君圣主的历史经验以激励君主，这种人，就是忠臣有人问晋朝史学家袁宏：三国时期魏国的少府杨阜，难道不是忠臣吗？回答说：可以称得上正直之士，忠臣就很难说了。为什么这么说呢？作为臣子，看到君主无道，当众指出他的错误，让他的恶名传扬天下，只能是正直之士，而不是忠臣的做法。当时的司空陈群就不同了，他和同僚即使聊上一整天，也不会提及君主的错误，只是经常通过奏折上书给皇帝提意见和建议，但他从不让外人知道奏折的事情，正人君子都认为陈群是个忠厚长者。这才叫做忠臣。明察成败得失的原因，并且能够提早防范，采取补救的措施，堵塞漏洞，断绝不利因素的源头，达到转祸为福的目的，使君主自始至终都没什么可忧虑的。这种人，就是智臣。奉公守法，忠于职守，清正廉洁，不接受别人赠送的东西，饮食节俭朴素。这样的人，就是贞臣。当君主昏庸、国家动荡的时候，不阿谀奉承，不怕触怒君主，

卷二　文中

敢当面数说君主的过失。这种人，就是直臣。这就是六种好官——"六正"。桓范的《世要论》称：大臣中有不善言辞但很内秀的，说话虽然不是很顺耳，但能秉承君主意志行事。对这种官员难道不应当体谅他的心直口讷，对他宽容一些吗？大臣中有憨厚、朴素且不善言辞，不修边幅但却内心聪慧敏锐的。对这种官员难道不应当体谅他质朴的本性，对他宽容一些吗？大臣中有为主上不畏艰难，为国家甘受诽谤的。对这种官员难道不能体谅他的忠心，对他宽容一些吗？大臣中有坚守正义而不随波逐流，因严明执法而牺牲个人利益的，对这种官员难道不能体谅他的公正，对他宽容一些吗？大臣中有道德标准比较高，不愿意为了迎合别人而改变自己的态度，不为了获取个人的好名声而做出祸害社会的事，对这种官员难道能体谅他的忠贞，对他宽容一些吗？大臣中有虽然自身物质条件很差，但往往能向朝廷贡献真知灼见，自己地位低贱，却能心系国家大事的，对这种官员难道不能体谅他为国尽忠之难，对他宽容一些吗？大臣中有个性孤僻独特，但有着高尚的节操，因耿直而被毁谤的人，对这种官员难道不能体谅他的个性独特，对他宽容一些吗？以上这七种官员，都是利国利民的好官，应当受到朝廷的重用和提拔。

有的官员对工作没什么追求，做官只为拿俸禄，不能专心公事，随大流，瞻前顾后，与人比较得失。这种人就是具臣。有的官员坚持只要是君主说的，一律都是好的，君主做的，一律都是对的。暗地里揣摩君主的喜好并投其所好，让君主看了舒心，听了高兴。这种官员奉承迎合君主，使自己能够苟且地坐稳官位，只考虑君主的喜好，而不顾对天下、对百姓后患无穷，这样的人就是谀臣。内心阴险狡诈，而外表小心谨慎，巧言令色，嫉妒贤能，想推荐提拔的人就夸大其优点，隐瞒他的缺点，想要打击的人就夸大他的过失，隐瞒他的优点。致使君主赏罚不当，号令无法贯彻。这种人，就是奸臣。有的官员很有些小聪明，善于掩饰自己的过错，争辩起来振振有词，小则可以离间骨肉亲情，大则在朝廷煽风点火，制造矛盾。这种人，就是谗臣。位高权重，对别人的轻微过失给予重罚。培植私人势力，结党营私，假传圣旨，以显示自己的尊贵。这种人，就是贼臣。在君主面前谄媚，诱导他往奸邪的道路上去，陷君主于不义，结党营私，互相包庇，蒙蔽君主，使君主黑白不分，是非不明。使君主的过失传遍全国，连邻邦都知道了。这种人，就是亡国之臣。

以上是六种奸臣——"六邪"。桓范的《世要论》称：大臣中有在小处表现得忠心耿耿，其实是为了掩饰他的大不忠之心，在小事上表现得很讲信用，其实是为了更大的欺骗。对这种官员难道不应该担心他的狡诈吗？大臣中有外表很有魄力其实内在很缺乏胆识，表面上仁义而实际行动上完全不是那么回事。对这种官员难道不应该担心他的虚假吗？大臣中有陷害同僚以便独揽朝政，想尽办法阻止下面向君主反映真实情况。对这种官员难道不应该担心他的妒嫉吗？大臣中有向皇帝进歪理邪说，以混淆是非，貌似有理实际上是对真正的贤能之士大大不利的。对这种官员难道不应该担心他进谗言吗？大臣中有借公家的赏赐来偿还自己的私人恩情，借不公正的处罚来树立自己的威信。对这种官员难道不应该担心他的奸诈吗？大臣中有外表要荐举某人，实际上却是要搞垮此人，打着公事公办的旗号，实际上怀着自己不可告人的私人目的。对这种官员难道不应该担心他欺上瞒下吗？大臣中有专门结交上司身边的人，以求升官，或者依附于重要人物借以巩固自己的权力和地位。对这种官员难道不应该担心他的伪装吗？大臣中有随声附和以取悦别人，通过苟合别人达到自己往上爬的目的。对这种官员难道不应该担心他将来会成为祸患吗？大臣中有一味地顺从君主的意思，求得君主的欢心，一味地说君主爱听的话，求得君主的信任。对这种官员难道不应该担心他是佞臣吗？以上这九种官员，都需要提防他们作恶。

　　子贡说："陈灵公君臣和夏姬公然在朝廷上淫乱，泄冶因为规劝而招致杀身之祸，他的遭遇和比干是一样的，泄冶的行为称得上仁吗？"孔子说："比干和商纣王的关系，从亲情来讲比干是叔父，从官位来讲比干是少师，比干是为了保住商朝的宗庙社稷，所以下决心牺牲自己，耿耿忠心，只为身死之后可以使纣王悔悟，其本心是真正的仁爱之心。泄冶的官位不过是一个下大夫，和陈灵公也没有什么骨肉亲情，因为不愿失去陈灵公的宠信而没有离去。他不自量力，以区区一身，想要纠正一国君主大臣的淫乱昏庸，即便死了也对国家没有什么帮助，不过这种精神还是值得怀念的。《诗经》上有诗称：民之多僻，无自立辟。寻常百姓一旦走到偏激的路子上去，很难让他们回头。这说的不就是泄冶吗？"

　　有人问：叔孙通曲意逢迎秦二世胡亥，这样可以吗？司马迁说："考虑君主是否英明来决定自己的进退，这种做法是得到前世圣哲所认可的。叔孙通生在那样的时代，根据君主的需要制定礼仪，根据时代变化而做增删，最终成为汉代的儒学宗师。古代君子，正直而不固执，懂得应变但能坚持自己的原则。所以非常直的路看起来也好似弯弯曲曲，说的就是这个意思吧。"评论：姜太公说：做官不给领导提意见，这种官员要不得。朱云在朝廷上当面责问张禹：你尸位素餐，只想保住你的尊贵地位，使朝廷言路不通，你应该被斩首。班固说：人生在世如果你跟着世俗随波逐流的话就会违背道义，丧失信仰，如果逆潮流而动，就会举步维艰，处处荆棘，这就是古人不愿求取功名的原因。由此看来，生存与死亡，应该如何取舍呢？回答是：范晔称：一心追求大义就会危及生存，一心升官发财就会有违大义。人需要斟酌所处的环境，如果坚持大义比生存更重要，那就舍生忘死；如果生存下来还有机会完成更有意义的事情，比一味坚持大义更重要，那就先保全生命再说。

有人问：东汉的窦武、陈蕃与宦官抗争，最终还是被宦官杀了，他们做错了吗？范晔说："汉桓帝、灵帝时期，像陈蕃这样的人，能够树立社会的正义，与浑浑噩噩的世俗风气抗争，犹如骏马驰骋在坎坷崎岖的险路之上。与宦官斗争，最终遭到身死的命运，他们并非不能洁身自好，明哲保身。他们不屑于退隐避世的做法，鄙视不关心社会、没有人情味的士人。他们认为逃避现实是不道德的，所以虽然屡遭打击也不退让；以恢复仁义道德为己任，虽然明知任重道远，但意志更加坚定。一旦遇到合适的机会，他们马上协助窦武，力图扫除宦官势力，做的是千秋万世难得一见的功业。虽然最终没有成功，但他们的精神却世世代代引导着世道人心。"评论：这就是所谓坚持大义比生存更重要，那就舍生忘死。

有人问：臧洪为朋友张超而死，这可以称之为义吗？范晔说："曹操兵围雍丘，张超处境危急，臧洪为友悲愤交加，壮哉！他光着脚奔走呼号，到处去求救，确实值得同情。可是英雄豪杰在特定形势下对是非善恶的取舍，与一般人的讲信义是否一样呢？即便是表面上缔结盟约，联合抗敌，而实际上却心怀鬼胎，私底下打自己的小算盘，这都是形势需要、利益驱使而已。况且当时张超驻守的雍丘只是一个危急的偏远小城，曹操、袁绍正是关系和睦的时候，臧洪只想借用已与曹操联合的袁绍军队以缓解张超的燃眉之急。再说逞一时义愤，贸然起兵，这是兵家大忌。这与楚国申包胥到秦国请兵帮助楚国雪吴国破楚之仇，哭了七天七夜一样,在个人情感上无可指责,但实际作用却不大。"从前广陵太守张超把政务委托给臧洪管理,后来袁绍也和臧洪成为朋友。曹操在雍丘兵围张超以后,臧洪听到这个消息,光着脚到处奔走呼号,到处去请兵救张超,这其中也到袁绍那里请兵相助。袁绍没有答应,雍丘被攻陷,曹操杀了张超全家。臧洪由此怨恨袁绍,并和他绝交。袁绍一气之下派军队围攻广陵,城破,臧洪被袁绍诛杀。评论称:臧洪处在合纵连横的时期,但奉行的却是和平时期的大仁大义,他是很难建功立业的。

　　有人问:季布是壮士,在跟随项羽败给刘邦以后,一反昔日刚勇豪迈的气概,剃发毁容,四处逃匿,这样对吗?司马迁说:"在以英雄气概著称的楚霸王项羽帐下,季布还能靠英勇出名,常常身先士卒,多次夺旗斩将,真可以说是一个真正的壮士。然而失败后被刘邦追杀,他宁愿做别人的奴隶也不自杀,又显得多么下贱。他肯定坚信自己是个不凡的人才,所以才能忍辱负重,委曲求全,盼望能有机会施展自己未尽的才能,所以最终成了汉朝的名将。贤德之人,固然把死看得很重,但不会像凡夫俗子一样,为了一点小事不如意而自杀。因为这并非是有勇气的表现,而是觉得局面无法挽回,生活在人世已没有意义,所以才去自杀。"评论:司马迁说:魏豹、彭越虽然出身低贱,但他们有自己的军队,攻城略地,席卷千里,最终得以南面称王。他们每天都活在腥风血雨之中,想着的都是杀敌取胜。后来他们起兵造反,却只落得失败收场,即便如此,他们也没有选择自杀,而是选择被俘虏,在受尽凌辱之后被斩首,为什么呢?即使中等的人才也会为这种身为阶下之囚、受尽凌辱而死的结局感到羞耻,何况是一个君王呢?他们之所以不自杀而甘愿成为阶下之囚,受尽凌辱而死,没有别的原因,只因为他们认为自己智慧谋略都高人一等,最害怕的是性命不保,那就再无翻身之日了。他们只要不死,即使获得很小的权力,也会于风云际会之中发挥自己的作用。所以他们宁愿被囚受辱,也不愿轻言自杀。这是纵横之士的心态,他们一心想的都是建功立业而已,受什么委屈都在所不惜。司马迁在《蔺相如列传·赞》中称:有勇气面对死亡,对死者本身来说并不难,难的是如何死。当蔺相如捧着和氏璧,眼睛看着秦国朝廷上的柱子,随时做好玉石俱焚的时候,他厉声斥责秦王左右的人,心里已经很清楚,形势大不了是一死,但在场的秦国勇士竟然被蔺相如的凛然正气吓倒而不敢轻易动手。蔺相如一身正气,威震敌国;回赵国后,又百般谦让老将廉颇,使将相和睦,赢得重于泰山的好名声,流芳千古。他可以说是智勇双全。这就是忠贞之臣的典范,了解死得其所的道理。管仲说:我不因曾被囚禁而感到耻辱,能让

卷二　文中

我感到耻辱的是天下不能得到治理；我不认为没有同公子纠一道去死就很耻辱，而耻辱的是不能使齐国称雄于诸侯。这是认为自己天纵奇才，以济世救民为目标的人的生死观。士人对自己一生的行为，乃至死与不死，都有明确的价值观与判断标准。

有人问：宗悫出身低贱，曾被庾业轻视。等到自己显贵之后，还能请庾业做他的长史，这事应该如何评价？裴子野说："一个人贫穷时不沉迷于悲伤，低贱时不苦闷，能够坦然面对自己的处境，但又不放弃自己的雄心壮志，这是孔子学生曾参、原宪才有的品德气度；不得志的时候，不惜降低理想要求，甚至能够忍受人格侮辱。低眉折腰，能够甘愿屈居无能之辈的手下，等到扬眉吐气，也能在英雄豪杰面前指点江山，这是韩信、黥布的志向与处世心态。这两种人卑微的处境相同，但是心态却完全不同。至于宗悫，当庾业高朋满座时冷落自己，依然可以面不改色，确实有韩信、黥布那样的气度。后来不计前嫌，请庾业做长史，确实有长者之风。"南北朝时宋朝的宗悫还没有发达的时候，同乡庾业有钱有势，招待客人一定要用大桌子，唯独招待宗悫时只有粗茶淡饭，宗悫也坦然接受，填饱肚子就行。等到宗悫做了豫州刺史，竟能够聘请庾业做自己的长史。

世人认为郦寄为了给了周勃等人推翻吕氏的机会，把吕禄骗到郊外游玩，是出卖自己的至交。这又是何道理？班固说："出卖至交，是说那种见利忘义的行为。至于郦寄，他的父亲郦食其是功臣，郦寄本人在吕氏阴谋篡夺政权的劫难中，用欺骗手段帮助周勃把吕氏集团摧毁，安定了社稷。从道义上讲，虽然出卖了至交吕禄，但是为了捍卫君王父辈开创的大业，没有什么不对的。"

有人问：靳允置亲人于不顾，死守范城，可以称之为忠吗？东晋《三国评》的作者徐众说："靳允对曹操来说，不算是君臣关系。而他的母亲，对他来说是至亲，从道义上讲，应该放弃守城去救母亲。过去王陵的母亲被项羽抓住囚禁，他的母亲认为刘邦一定会得天下，担心王陵为自己毁了大好前途，于是便自杀以坚定王陵对抗项羽的意志，让王陵心无牵挂，一心一意跟随刘邦，誓死效忠。战国时卫国公子开方在齐国做官，十年不归。管仲认为开方这人连自己的亲人都不记挂，怎么会爱君主呢？认为不可以让他担任宰相。这就是说看一个人是否是忠臣，先要看他是否能做到孝顺父母。因此，靳允应该先救母亲。东汉末年，徐庶的母亲被曹操抓了，要挟徐庶归顺自己，刘备毅然决定放徐庶去归顺曹操。想得天下的人，首先必须尊重人的母子亲情。所以说曹操也应该让靳允弃城救母。"曹操征讨徐州，让程昱留守甄城。张邈叛变。曹操只好回来迎战吕布。吕布将范县县令靳允的母亲抓住囚禁起来，逼他投靠自己。曹操闻讯，赶紧派留守甄城的程昱去游说靳允，要靳允不要因为母亲的缘故投靠吕布，让他坚守范县。靳允流泪说：我不敢有二心，一定守好范城。

魏文帝曹丕问大臣王朗等人说："过去子产治理郑国，部下和百姓都不能欺骗他；孔子的学生子贱治理单父时，受其道德感化，人们不忍心欺骗他；西门豹治理邺的时候，由于他法令严明，且能洞察一切，部下和百姓不敢欺骗他。这三人的治理才能和你的才能相比，哪个更好？"王朗回答说："君王以德治天下，那么臣子感念他的仁义，不忍欺君；君王对臣子的动态能做到了如指掌，那么臣子担心他发觉，就不能欺君；君王靠严刑峻法治天下，那么臣子就会害怕，不敢欺君。以德治天下，百姓感念他的仁义，这就合乎孔子提出的用仁德进行说教，使国人都懂得礼仪，这样百姓就会知道什么事可以做，什么事不可做的道理；至于靠明察秋毫、严刑峻法来治天下，这和孔子所说的靠政治法令来治理国家，用刑罚来管理人民，人们为免受法律的惩罚不去做违背法律的道理是一样的。这两种方法差别很大，关键在于统治者能权衡把握大方向，而不是斤斤计较，因小失大。"

有人问：季文子、公孙弘，这二人虽然都是显贵之人，但都能做到生活简朴，不过后世对他们的毁誉完全不同，这是为什么？《后汉书》的作者范晔说："有的人做事完全以仁义为出发点，有的只是借仁义的名义来谋取私利。真正身体力行去实践仁义的人，并不知道自己的行为是否真正合乎仁义。春秋时季文子身为鲁国宰相，他的侍妾从不穿华美的衣服，鲁国人将此传为美谈。公孙弘身为汉武帝的宰相，穿麻布衣服，用麻布被子，当时有名的敢言直谏的监察御史汲黯讥讽他假装俭朴。两者行为相同，而评价却不一样，这是为什么呢？是不是目的不同的缘故呢？所以《汉书·志》称：有德行的人把仁义作为自己的行为标准，有智慧的人借助仁义的旗号谋取利益，担心犯罪的人不得不按照仁义的标准做事情。比较起来，行为合乎仁义表面上是一样的，但仔细考察，三者之间有很大差别。把仁义作为自己行为标准的人，本性善良；借助仁义的旗号谋取利益的人，努力用仁义的标准要求自己，并能身体力行；不得不按照仁义的标准做事情的人，是勉强这样做罢了。三种仁义的行为相比，把仁义作为自己行为标准的最好。"评论：圣人道德完备，才能、学问、品德无不完美。中等禀赋的人，才能各有所长。所以孔子评论他的学生说：高柴愚笨，曾参鲁莽，颛孙师孤僻，仲由粗俗。由此看来，德才兼备的太少了。既然德才兼备的人很少，就需要通过克服、纠正自己的缺点，以达到尽善尽美的境界。但是世人又讨厌矫情虚伪，喜欢坦率真实。不过，如果一个贪婪愚蠢的人并不隐瞒自己的贪婪和愚蠢，表现得很坦率，难道这种人也是好的吗？回答说：当然不是。为什么会这样呢？因为人是秉承天地之性而生，具备阴阳两面。虽然有清秀、混浊、贤良、愚蠢的区别，个性也都各自不同，但总的趋向、走势、嗜好、欲望大体是相同的。所以说，对于迷人的美貌，细腻的皮肤人人都喜欢；坐坚固的车，骑上等的马，人人都喜爱；苦其心志，洁身自好，坚守贞操，人人都感到困难；真要做到大公无私，人人都感到痛苦。如果不拿道德礼义来约束，那么人心就会放荡没有节制，怎么会肯吃苦耐劳，生活简朴，忠贞高洁，大公无私，看到财富也不动心呢？所以《礼记》称：欲望不可放纵，志向不可立得太高。古语说：廉洁的人并非不喜欢财宝，只是取之以道。《诗经》称：如切如磋，如琢如磨。就是叫人用后天努力的慢功，象玉匠琢磨宝石那样，雕凿自己，打磨自己，把自己不完善的、伪劣的地方去掉，这样才能成为珍宝。假若任其愚蠢之态放肆发展，放任卑劣之情泛滥，还美其名曰顺其自然，并加以赞赏，这都是违背了先王的教诲。所以我认为，矫正、假装仁义，是实现礼义教化的开始；任其自然，最终会被贪婪卑鄙所主宰。即使用强制手段去推行仁义，也不可以被轻易否定。

有人问：长平之战，秦将白起活埋了赵国的四十万降兵，他可称得上历史上的奇将吗？《魏略》的作者何晏说："白起诱使赵军投降，是因为他当时欺骗说投降了就不杀，结果人家投降了，他就把投降的四十万人给活埋了，这岂止是个残酷暴虐的问题？从此以后再也没有人相信他了。如果当时赵军都知道投降必死，那么四十万人即使赤手空拳反抗，也是很可怕的事情。何况当时四十万人都是全副武装的士兵呢？天下之人见到投降秦国的将军们头颅堆成山，归顺秦国的士兵们尸体积成丘，那日后再与秦国作战的时候，战死也就战死了，怎么还会有人肯归顺，还会有城池肯投降呢？所以秦国虽然坑杀了四十万人的生命，但反而告诉天下各国要拼死与秦国一战；白起贪一时之功，反而坚定了六国保家卫国的决心。所以说，这一做法是在进攻时自己削弱了自己的兵势，军事上的一时胜利而造成了战略上的失败。为什么这样说呢？假如赵国的军队能够重新振作，赵奢这样的大将重生，那日后之战一定和前日之战截然不同，何况从今以后，白起使各国都对秦朝同仇敌忾了呢！后来秦国之所以不敢再派兵攻打赵国的都城邯郸，并非只是忧虑平原君赵胜统帅的抵抗部队，而是担心各国联合起来援救赵国。这个原因只是秦国忌讳不说出来罢了。况且长平之战，十五岁以上的国人，都征召入伍与赵军作战。打到最后连秦国这样强大的国家，十五岁以上的国人已经死伤过半。从长远来看，破赵之功小，秦的元气损失更大。白起又怎么能说是奇将呢？"评论：黄石公称柔能克刚，弱能胜强。柔，是指行为符合道德标准；刚，是指行为背离道德标准。行为符合道德标准的人更容易得到别人的帮助，行为上背离道德标准的人更容易成为千夫所指的对象。所以，商纣王打了一百次胜仗，最后还是国破家亡；项羽兵强马壮，但最后还是丢了天下。因此西汉的随何说：如果项羽获胜，那么各路诸侯就会人人自危而互相扶助。说明项羽虽然强大，他的强大只会把天下的军事力量吸引过来与自己作对罢了。由此看来，如果天下已定，借助一战而得天下，即便像白起那样靠欺诈的做法也未尝不可；倘若海内纷乱，鹿死谁手还没有定论，就不能不顾信义而做出残暴的行为，这样做的最终结果一定是自取灭亡。当战国七雄争霸的时候，诸侯势力还很强大，而白起却坑杀赵国降卒，使诸侯人人自危而联合抗秦。诸侯合纵，对秦国非常不利，所以从战略意义上说，这次胜利实际上是失败。何晏的观点很正确。

  有人问：战国时燕国的乐毅联合五国之兵攻打齐国，齐国只剩下莒城、即墨两个城池没有被攻破，乐毅没有继续攻打而退兵，丧失了一举定天下的机会，这是不是错了？《乐毅论》的作者夏侯玄说："看了乐毅写给燕惠王的信，知道他差不多是一个懂得把握机遇、行事合乎道义，并且能按礼义善始善终处理大事的人吧！一个人要在最大限度内贯彻道德原则，把兼济天下作为自己的责任，怎么会拘泥于一时的得失，仅仅

卷二 文中

把兼并敌国、称霸诸侯作为目标呢？乐毅不屑于兼并他国，他也不愿意为了燕国的强大而不讲道义。不屑于苟且得到的好处，不贪图渺小的成就，这就是那种志在一统天下之人的胸襟。与五国联合伐齐，是他运用智谋使四海震动的结果；围困齐国仅剩的两座城池而不加害百姓，这是为了向世人显示他的仁爱之心；通过广布恩德来吸引其他国家追随自己，这几乎和商汤和周武王的做法类似了。乐毅正准备展开自己的远大战略，对这两座城池围而不歼，以期得到百姓的信任，等待齐国犯错，使被围的即墨、莒城两座城池的百姓怨恨他们的主上。到那时他再敞开宽大的道路，以期田单等齐国将领前来归顺。他将用宽容和善的政策，使齐国的志士都有伸展才华的机会。在东海之滨做出表率，在华夏大地收到效果，使燕国的恩泽如同春风春雨一样和煦，让普天下的人民象春草一样受到滋润。天下百姓感激燕王的恩德，两座城池的百姓闻风而降，必定归顺，帝王之业就可以唾手可得了。乐毅虽然为了这两座城池迟疑滞留了五年之久，但目的却是要尽快以德服天下。至于后来的情况发生了意外变化，这是无法事先预料的。乐毅功败垂成，完全是时势变化造成的。如果他改变策略，借助兵力上的优势进逼，以凌厉的攻势洗劫、屠杀两座城池的百姓，把自己的残暴不仁暴露于天下，虽然两座城池可以攻下，那燕国称霸天下的大业也就完了。乐毅怎么会不知道如何才能速战速决地占领这两座城池？他只是考虑如果这样攻下这两座城池，燕国称霸天下的大业也就被破坏了。他难道不担心因为不能速战速决而会有变数吗？他只是考虑到速战速决和时局变化的危害没什么不同罢了。由此看来，乐毅不灭即墨、莒城，他的抱负是不能用常人的思维去考量的。"或者有人问，乐毅辅佐弱小的燕国，攻破强大的齐国，联合五国之兵，洗雪了燕昭王遭受齐闵王侵犯的耻辱。他攻陷齐国七十余城后，对剩下的即墨、莒城却不急于攻取，意欲让齐走投无路后投降。这就是所谓仁者之师。世人都以为乐毅在谋略方面超过了武侯诸葛亮，可以这样说吗？西晋的张辅说：联合五国的兵力共同讨伐一个齐国，不能算是强大；在济水西岸大战一场，血流成河，不能说是仁义。诸葛孔明兼有文武之德，在隆中仰天长啸，等待出山的时机。刘备有知人之明，三顾茅庐，请教经世济用的策略。诸葛亮的奇计良策有如泉水一般涌出，把天下形势透彻地分析了一番。于是诸葛亮终于出山，被刘备任用为军师，到江东说服孙权，联合对抗北方的曹操，借在赤壁击败曹操的大好形势，辅佐刘备取得四川。刘备临终之际，考虑把帝位禅让给诸葛亮。在危急存亡之秋，诸葛亮辅佐幼主刘禅即位，建立统治架构，使人尽其才，对内用礼义教化百姓，对外用武力对抗外敌，然后广施仁政，使蜀国每个百姓都得到恩惠。他行军打仗，纪律严明，路不拾遗，秋毫无犯。可惜的是在他大功尚未告成之际不幸病死。读他遗留下来的文章，他的谋划是多么远大。他自己立了功，就把功劳让给下属，下属犯错，他就引咎自责。他能够听从别人好的建议，接受意见就一定会改正，因此他的声望名震天下。孟子说：听到伯夷的风范，贪婪的人都会自觉地变得廉洁。我认为如果亲眼看到诸葛亮的忠心，连奸臣都会变得有气节。诸葛亮是与伊尹、吕望相媲美的贤臣，乐毅怎么能比得上？

　　有人问：商鞅是平民出身，靠计策谋略说服秦孝公，挟帝术、王术、霸术三种谋略和吞并六国的纵横捭阖策略，奠定了秦国称霸天下的基业，他算是打算称霸之人理想的助手吗？《战国策》的作者刘向说："商鞅这人，对内重视农耕，在外重视对有战功之人的赏罚。他不依附权贵，执法过程中对亲疏远近没有偏向。《尚书》上所说的'不偏私，不结党'，《诗经》上说的'周朝的治国之道象盘石一样公平坦白，象射出去的箭一样正直无私'，《司马法》所说的善于激励将士，周后稷的善于发展农业，商鞅所实行的政策和他们相比，都有过之而无不及。这也是秦国最后能兼并诸侯的原因。所以荀子说：'秦国四代都有胜过别国的地方，这不是幸运，而是治理得法的必然结果。'就春秋五霸的齐桓公、晋文公来说，齐桓公不违背柯地会盟的承诺，归还了鲁国的土地，晋文公不负原邑之约，如期撤兵，从此以后，诸侯信任他们，最终赢得了盟主的地位。这当然要归功于齐桓公的谋臣管仲和晋文公谋臣咎犯的智谋。商鞅背叛与魏国公子卬的友情，抛弃与魏国缔结的信约，以诈取胜魏国三军，从此后诸侯惧怕他强横不讲信用，没有人敢和秦国建立友好关系。假使秦孝公遇到的是齐桓公、晋文公这样的对手，他们联合各诸侯国的君主，率领天下之兵讨伐秦国，秦国一定会灭亡。然而当时天下已经没有齐桓、晋文这样的君主了，所以秦国得以逐一兼并各国诸侯。商鞅开始以为自己懂得王霸之道，但他的所作所为和王霸之道却背道而驰。过

卷二 文中

去周公、召公施行仁善的政策，他们死后，后世之人一直在思念他们。后人作了《蔽芾甘棠》的诗来歌颂他们。曾经在甘棠树下休息过的人，不忍心砍伐甘棠树，更不用说去伤害周公、召公本人了。齐桓公曾经把伯氏的骈邑三百户赏赐给管仲，伯氏没有怨言。如今商鞅对内施行杀人、断趾的刑罚，在外穷兵黩武，东征西伐，最后自己落得个车裂而死。他离称霸者的理想助手还相差很远呢。不过秦惠文王杀商鞅也不应该。他在任用商鞅变法的同时，也要要求商鞅施行宽大平和的法律，并广施恩德，再向天下证明自己的信用，那商鞅就差不多真能做到是称霸者的理想助手了。"评论：商鞅最初借秦孝公宠臣景监的引荐才得以觐见孝公，为孝公陈说帝者之道，而孝公听不进去，不时听着听着就睡着了。后来与商鞅交流，不知不觉膝盖就移向商鞅这边，到了坐席的外面。景监说：您说了什么会让我的君王如此感兴趣？商鞅说：开始的时候，我向孝公陈述帝者之道，而孝公说那是很久远的事情，我们怎么能安心等上数十百年让子孙去做成这些事呢？我又向孝公陈述霸者之道，他的意思是虽然想这样做，但目前还做不到。我又向孝公陈述强国之道，他才大为高兴。但强国之道今后很难达到殷、周那样的盛德。春秋时齐桓公与鲁庄公在柯地会盟。鲁庄公的臣子曹沫突然冲出来用匕首挟持齐桓公，迫使他归还齐国侵占鲁国的土地。齐桓公被迫答应归还，事后想反悔，想不还土地给鲁国，并把曹沫给杀了，管仲说：如果对诸侯不讲信用，将来出事将得不到天下的支援，千万不能这样做。于是齐国遵守承诺归还了三次打败曹沫而夺去的土地。诸侯听说后，都相信齐国讲信用，并打算依附于齐国。山戎攻打燕国，燕国向齐国告急。齐桓公领兵救燕，成功救燕后回国，燕庄公送齐桓公，一直送入齐国国境。齐桓公说："如果不是天子，诸侯相送不能送出自己的国境，我不能失礼于燕国。于是齐桓公便将燕庄公所到的地方划为齐国和燕国的国界，把已经走过的齐国土地送给了燕国，并要求燕国重新复兴召公的制度，向周王纳贡。诸侯听说后都对齐国心服口服，齐桓公于是一举建立了霸业。由此来看，商鞅严刑峻法，背信弃义，显然不是打算称霸之人的理想助手，这已经很清楚了。然而秦孝公想迅速强盛起来，不选择商鞅提出的帝者、霸者之术，这其实是秦孝公的问题。商鞅屈从于当时的形势，迎合君王的意思，不能真正施展自己的志向。刘向认为商鞅不懂霸者之术，这是不对的。

诸葛亮因为马谡不遵军命导致街亭失守，将马谡杀了。后来蒋琬对诸葛亮说："过去楚、晋交战，楚国元帅得臣兵败自杀，晋文公听说后非常高兴，这事不能不引以为戒。现在天下未定就斩杀马谡这样有谋略的大将,岂不可惜?"诸葛亮流着眼泪说:"孙武之所以能制胜,是因为他军法严明的缘故。晋悼公伐郑,战于虎牢时,杨干仗着是晋悼公的弟弟,不听军令,被司马魏绛以军法处死。如今四海分裂,战争刚开始,如果再做不到军法令出必行,还怎么讨伐贼寇呢?"《汉晋春秋》的作者习凿齿说:"诸葛亮不能兼并魏国,不是理所当然的吗?晋侯观察荀林父将来必有作为,因此没有因为一时的兵败而处死他。三年后,他率师攻破赤狄潞氏,为晋国立下大功。楚成王不了解得臣对自己的重大意义,所以因为一次失败而杀了得臣,最终导致了更大的失败。如今蜀国偏安西南,有才能的人比不上魏国,如今又将国中俊杰杀了,只好使用才能更加低下的人才。把严明法纪看得比人才更重要,不吸取三次北伐失败的教训,还想成就帝业,这不是很困难吗?"晋景公令荀林父在邲这个地方与楚国交战,荀林父战败,请求将自己军法处置。景公本来想答应他一死。士渥浊进谏说:不可以让他去死。城濮之战时,晋军占据了楚军的大寨,粮食很多。晋军整整吃了三天,但晋文公脸上仍有忧虑之色。左右问:有喜事但还不高兴,难道有了忧心的事才会高兴吗?晋文公说:楚军的统帅得臣还在,我忧心的事还在呢。困兽犹斗,何况他还是一位国相呢?等到楚成王杀了得臣,文公才喜形于色地说:这是晋国的再次胜利,楚国的又一次失败。楚国两代也翻不了身。现在上天或许是严重警告晋国,如今要杀荀林父,这是要让楚国取得双重胜利,是不是要使我晋国也陷入永不翻身的境地呢?荀林父为您办事,处理军务时竭尽忠诚,回家还想着如何弥补过失,这是国家的栋梁之材啊,国君为什么要杀他呢?他的这次军事上的失败,只不过像太阳有日蚀,月亮有月蚀一样,是暂时的自然现象,怎么能损害日月的光明呢?晋景公接受了劝谏,让荀林父官复原职。

汉代的周勃平定了诸吕之乱,恢复了汉家江山,历来被认为功劳很大。霍光跟他相比如何?回答说:"周勃本是汉高祖时的大臣,众望所归,官居太尉之职,拥兵百万。既有陈平、王陵这样的文人谋士相助,又有朱虚侯刘章这样的皇室宗亲施以援手,加上郦寄在吕氏中的周旋游说,欺骗诸吕,靠着众人同心谋划,所以诛灭诸吕很容易就成功了。至于霍光,因为汉武帝突然病重,仓卒间接受托孤的重任,辅佐年幼的汉昭帝,在他的努力下做到了天下太平。后来遭遇燕王刘旦发动的叛乱,霍光以大无畏的气概,迅速平定内乱,诛杀了叛乱元凶,肃清了朝廷里的反对势力。汉昭帝去世后,原为昌邑王的刘贺即位,很快被霍光废除,改立汉武帝曾孙刘洵为汉孝宣帝。霍光肩负起汉王朝的重任,使汉室实现中兴。霍光的名声与伊尹、周公不相上下,是汉朝的贤良宰相。从他与周勃对汉家稳定与发展所做的贡献来看,谁优谁劣是很明显的。"袁盎问汉文帝:陛下认为绛侯周勃是怎样一个人?文帝说:匡复社稷的重臣。袁盎说:可以说是功臣,但不能说是匡复社稷的重臣。匡复社稷的重臣,君主在他在,君主亡他也亡。在吕后篡权后,刘氏的子孙还很多,周勃担任太尉,掌握兵权,却不能拨乱反正。吕后死后,其他大臣共同讨论诛灭诸吕,周勃正好掌握兵权,适逢其会,顺势成功。所以说他是功臣,而不是匡复社稷的重臣。

东汉的太尉陈蕃上奏折向汉桓帝推荐徐稚、袁闳、韦著三个人。桓帝问陈蕃:"三人中谁更强一些?"陈蕃说:"袁闳出生于名门望族,通晓了安身立命的道理后逐渐修行,行为基本符合圣人遗训;韦著长在京畿重地,自小耳濡目染礼义道德的教诲,正所谓不扶自直,很容易做到洁身自好;至于徐稚,他是江南人氏,生长在礼义道德比较薄弱的地区,但他持身恭俭,能做到卓尔不群,应该说他比较突出。"

有人问:东晋谢安担任宰相,可以拿哪个宰相来类比?虞世南说:"东吴时顾雍受封为侯的那一天,连自己的家人都不知道,前代的人都夸他质朴稳重,无人能及。谢安做宰相的时候,正逢东晋国势衰微,对外征战形势严峻,而且身为六个少数民族国家盟主的永固 即前秦王苻坚,字永固 亲自率兵百万进攻东晋。有苻融这样的俊才名相指挥精锐部队为前锋,百万大军如狼似虎,像一条长蛇一样直逼江南。苻坚还事先建造了宾馆,打算安顿被俘的东晋君王。就双方的强弱来说,用鸿毛与泰山相比,还不足以显示差距。但谢安在大兵压境之时,依旧坦然自若,拒绝了坐镇上游的桓冲的主动支援,对侄子谢玄送来的报捷书仍然不动声色。这说明,胜败之数他早已了然于胸。谢安这个人,怎么会因为区区万户侯的封赏,就方寸大乱呢?就其度量来说,近古以来,还没有人能比得上他。"

隋炀帝在东宫做太子的时候,曾经问大将贺若弼说:"杨素、韩擒虎、史万岁这三个人，都是良将，他们三人谁强谁弱？"贺若弼回答说："**杨素是猛将，但不是谋将**评论：有胆识、果断，是猛将；精通兵法、胸有谋略，是谋将；**韩擒虎是斗将，不是领将**评论：斗志冲天，行动敏捷，矫健彪悍的，是斗将；统帅军队纪律严明，军容整齐，雄壮肃穆的才是领将；**史万岁是骑将，不是大将**评论：只能率领一支部队，作战所向无敌的是骑将；能聚集英雄豪杰，并使人尽其才的才是大将。"太子说："说得好。"

从"六正"说到隋炀帝的"问将"，本章讲的都是总结人臣得失的经验。古语说：大禹是夏朝的王，开辟了夏朝的江山；夏桀也是夏朝的王，他却使夏朝丢了江山。商汤是商朝的王，他开辟了商朝的江山；商纣也是商朝的王，他却使夏朝丢了江山。春秋时阖庐是吴国的君主，他使吴国无敌于天下，成为春秋五霸之一；然而他的儿子夫差则被越国所擒，国破身亡。战国的秦穆公是秦国的君主，他使秦国显赫于诸侯，得到周王的封赏；秦二世胡亥也是秦国的君主，被劫杀于望夷宫。为什么同样一个王朝的君主，各自功业差距那么大呢？究其原因，是各自任用的臣子不同。之所以周成王还在襁褓时诸侯都来朝拜，因为周公执掌朝政。赵武灵王五十岁时被围困在沙丘饿死，就是因为他任用了李兑这样的大臣。所以魏国有公子魏无忌这样的贤臣，被割去的土地能再收回来；赵国重用蔺相如，秦兵不敢再来骚扰；楚国有申包胥，楚昭王得以重返王位；齐国有田单，齐襄王得以复国。由此看来，一个国家的君主，如果不能够领导国家移风易俗，不去网罗选拔人才，不了解正义与邪恶的得失，不吸取历史上称霸的人和称王的人的经验教训，就能够建功立业，名垂千古，还从来没有过先例所以我们明白，拥有鉴别大臣的能力，并任用他们担任合适的职位，是治理国家最重要的方面。

卷二 文中

德表第十一

原文

孔子曰："性相近也，习相远也。"言嗜欲之本同，而迁染之途异也。夫刻意则行不肆，牵物则其志流。是以圣人导人理性，裁抑流宕，慎其所与，节其所偏。故《传》曰：审好恶，理情性，而王道毕矣。治性之道，必审己之所有余，而强其所不足。盖聪明疏通者，戒于太察；寡闻少见者，戒于壅蔽；勇猛刚强者，戒于太暴；仁爱温良者，戒于无断；湛静安舒者，戒于后时；广心浩大者，戒于遗忘。

《人物志》曰：厉直刚毅，材在矫正，失在激讦强毅之人，佷刚不和，不戒其强之唐突，而以顺为挠，厉其亢。是故可与立法，难与入微也；柔顺安恕，美在宽容，失在少决柔顺之人，缓心寡断，不戒其事之不摄，而以亢为刿，安其舒。是故可与循常，难与权疑也；雄悍桀健，任在胆烈，失在少忌雄悍之人，气奋英决，不戒其勇之毁跌，而以顺为恇，竭其势。是故可与涉难，难与居屈也；精良畏慎，善在恭谨，失在多疑精慎之人，畏患多忌，不戒其懦于为义，而以勇为悍，增其疑。是故可与保全，难与立节也；强楷坚劲，用在桢干，失在专固凌楷之人，秉意劲持，不戒其情之固护，而以辩为虚，强其专。是故可与持正，难与附众也；论辩理绎，能在释结，失在流宕博辩之人，论理赡给，不戒其辞之泛滥，而以楷为系，遂其流。是故可与泛序，难与立约也；普博周洽，崇在覆裕，失在混浊弘普之人，意爱周洽，不戒其友之混杂，而以介为狷，广其浊。是故可与抚众，难与厉俗也；**清介廉洁，节在俭固，失在拘局**狷介之人，砥砺清激，不戒其道之隘狭，而以普为秽，益其拘。是故可与守节，难与变通也；**休动磊砢，业在攀跻，失在疏越**休动之人，志慕超越，不戒其意之太猥，而以静为滞，果其锐。是故可与进趋，难与持后也；**沉静机密，精在玄微，失在迟懦**沉静之人，道思回复，不戒其静之迟后，而以动为疏，美其懦。是故可与深虑，难与捷速也；**朴露径尽，质在中诚，失在不微**朴露之人，中款实确，不戒其质之野直，而以谲为诞，露其诚。是故可与立信，难与消息也；**多智韬情，权在谲略，失在依违**韬谲之人，原度取容，不戒其术之难正，而以尽为愚，贵其虚。是故可与赞善，难与矫违也。此拘亢之材，非中庸之德也。

《文子》曰：凡人之道，心欲小，志欲大，智欲圆，行欲方，能欲多，事欲少。所谓心小者，虑患未生，戒祸慎微，不纵其欲也。志大者，兼包万国，一齐殊俗，是非辐辏，中为之毂也。智圆者，终始无端，方流四远，深泉而不竭也。行方者，直立而不挠，素白而不污，穷不易操，达不肆志也。能多者，文武备具，动静中仪也。事少者，执约以治广，处静以待躁也。夫天道极即反，盈则损。故聪明广智，守以愚；多闻博辩，守以俭；武力毅勇，守以畏；富贵广大，守以狭；德施天下，守以让。此五者，先王所以守天下也。《传》曰：无始乱，无怙富，无恃宠，无违同，无傲礼，无骄能，无复怒，无谋非德，无犯非义。此九言，古人所以立身也。

《玉钤经》[①]曰：夫以明示者浅，有过不自知者弊，迷而不反者流，以言取怨者祸，令与心乖者废，后令缪前者毁，怒而无威者犯，好众辱人者殃，戮辱所任者危，慢其所敬者凶，貌合心离者孤，亲佞远忠者亡，信谗弃贤者惛，私人以官者浮，女谒公行者乱，群下外恩者沦，凌下取胜者侵，名不胜实者耗，自厚薄人者弃，薄施厚望者不报，贵而忘贱者不久，用人不得其正者殆，为人择官者失，决于不仁者险，阴谋外泄者

---

① 《玉钤经》：即《素书》，相传是黄石公传给西汉名臣张良的一部传奇著作，又名《钤经》、《玉钤经》。作者黄石公为秦汉时人，是一位精通道家学说的大隐士。《玉钤经》的体例类似于语录体。《长短经》中对《玉钤经》的内容多有记述。

卷二 文中

败，厚敛薄施者凋。此自理之大体也孙卿曰：口能言之，身能行之，国宝也；口不能言，身能行之，国器也；口能言之，身不能行之，国用也；口言善，身行恶，国妖也。故傅子曰：立德之本，莫尚乎正心。心正而后身正，身正而后左右正，左右正而后朝廷正，朝廷正而后国家正，国家正而后天下正。故天下不正，修之国家；国家不正，修之朝廷；朝廷不正，修之左右；左右不正，修之身；身不正，修之心。所修弥近，所济弥远，禹、汤罪己，其兴也勃焉，正心之谓也《尸子》曰：心者，身之君也。天子以天下受令于心，心不当则天下祸；诸侯以国受令于心，心不当则国亡；匹夫以身受令于心，心不当则身为僇矣。

德表第十一

译文

孔子说:"性相近也,习相远也。"意思是说,人的嗜好、欲望从本性上讲是相近的,但因为环境不同,教育途径不同,所以每个人的个性、志趣才会千差万别。一般来说,一个人刻意修炼自己的意志,其行为就会符合伦理道德的规范,不会放任自流;相反,追求物质享受,容易被环境影响的人,就会意志软弱,随波逐流。因此圣人非常强调引导人理智对待自己的行为,帮助人克服他的任性与放荡,慎重选择他的交往对象,对他的偏激嗜好努力加以节制。所以《左传》上称:审视人的好与恶,理顺人的性情,王者之道的关键就在于此。要修身养性,必须要认真分析自己的长处,努力克服自己的不足。总的来说,聪明爽朗的,要警惕对某一事情过于苛求;孤陋寡闻的,要警惕自己视野不够,固步自封;勇猛刚强的,要警惕急躁粗暴;善良温和的,要警惕优柔寡断;恬静从容的,要警惕错过机会;心胸开阔的,要警惕粗心大意。

《人物志》上称:严厉正直、刚正不阿的人,适宜于做纠正失误、整顿治理的工作。但又容易犯偏激过火、攻击别人短处的毛病**刚强宏毅之人,性格耿直,不容易和人和睦相处,容易忽视因为耿直而造成处事唐突的毛病,认为柔顺就是屈从,以致于变本加厉地加强自己的过火行为。所以这种人可以让他参与制定法律,但不能让他处理具体或细微的事务性工作;性情温柔随和,大度不苛求的人,优点**

卷二 文中

是宽容大度，缺点是不容易当机立断温柔随和的人，性格随遇而安，很难当机立断，容易忽视自己处事不及时、执行力不强的问题，反而认为刚强决断会伤人，对自己的不紧不慢认为理所当然。因此这种人可让他做循规蹈矩的日常事务，不能裁决疑难问题；彪悍而又精力旺盛的人，侠肝义胆，勇于担当，但不太顾忌别人的情面，不太考虑事情的不良后果彪悍的人，意气风发，处事果断，不警惕因逞匹夫之勇可能带来的挫折和失败，反而认为随和是胆小怕事，因而做事一定要竭尽全力，不留退路。因此这种人可以让他去做充满艰难险阻的工作，但很难去做委屈求全的事；精明能干，小心谨慎的人，为人处事恭敬谨慎，但遇事容易多疑，顾虑重重精明谨慎的人，瞻前顾后，顾虑重重，容易忽视自己不敢勇于承担的问题，反而认为勇猛果断是瞎闹，加重了他的猜疑之心。因此这种人可以让他去做继业守成的工作，很难让他开创局面，树立榜样；不畏艰难、干劲冲天的人，能给他人起到表率作用，但有时会显得专横固执凌厉劲直的人百折不挠，意志坚定，但容易忽视自己固执己见的问题，反而认为细察辨别是没有意义的，更加一意孤行。因此这种人可以让他做坚持正义的执法工作，但很难得到别人的拥戴；善于论证辩驳、推理分析的人，优点是能够解惑说理，化解矛盾，但有时会有夸夸其谈的问题博学善辩之人，说理清晰，口若悬河，但容易犯过于啰嗦、华而不实的毛病，反而认为一定的法式都是束缚人的枷锁，结果使自己放任自流。因此这种人可以让他做泛泛而论、不要求精密结果的工作，而不能让他去制定法规条约；乐善好施，普济博爱之人，优点是能造福百姓，解救危难，缺点是不分好坏，做滥好人格局宏大、普度众生的人，喜欢把周围的人方方面面都照顾得很周到，但容易有交友良莠不分的问题，反而认为对别人要求严格的耿介之士是浮躁之人，结果使自己的交际圈鱼龙混杂。因此这种人可以让他去团结大众，但不能让他整顿社会风气；清正廉洁之人，优点是俭朴节约，缺点是过于拘泥，格局不大洁身自好，不肯同流合污之人，嫉恶如仇，不随波逐流，但容易有狭隘偏激的问题，认为广交朋友是有辱声名，结果更加拘谨、孤僻。因此这种人可以让他去做坚守节操的工作，但不能做灵活变通的事情；注重行动，才能卓越的人，优点是勇攀高峰，超越同辈，但容易好高骛远注重行动，才能卓越之人，羡慕并立志超越别人，但容易有做事大而化之，马马虎虎的问题，反而认为沉静就是停滞不前，因而更加锐气凌人。因此这种人可以让他去开拓进取，而不适合做打基础、做后援的工作；沉静老练，机敏周密的人，对于细微玄奥的事情很拿手，问题是性格有些迟钝懦弱沉静之人,什么事都要反复推敲,但容易有因为过于推敲而贻误良机的问题,反而认为贸然行动就会疏忽,因而更加迟钝懦弱。因此这种人可以让其去做深思熟虑的工作,不能交给他需要雷厉风行、讲究效率的工作;**质朴坦率、一览无余的人,具有真诚的品质,但往往城府不足**质朴坦率之人,即使有疑问,也愿意相信这是事实,但容易有粗疏直率的问题,反而以为讲谋略是荒诞的行为,因而更加坦露自己的真诚。因此这种人可以让他去做必须讲信用的工作,而不能让他去做需要保密的工作;**足智多谋,胸怀韬略的人,做事老谋深算,诡计多端,缺点是老奸巨猾,对任何事都模棱两可**满腹计谋之人,凡事都能审时度势,找到最恰当的解决方案,但容易把计谋用偏,走向狡诈的路子,他往往认为坦诚就是愚蠢,越发推崇自己的权术。因此这种人可以让他去做积德扬善的工作,而不能去做查处违法乱纪的工作。上面列举的这十二种人,都是有用之才,但也都有其不足和缺陷,不是标准适度、德才兼备的人才。

《文子》称:人的美德,归纳起来就是心小、志大、智圆、行方、能多、事少。所谓"心小",是说心要谨慎周密,在祸患还没发生的时候,就要事先考虑到预防措施,灾祸刚刚显露征兆,就要提高警惕,有所戒备,更不要放纵内心的欲望。所谓"志大",是说立志要宏大,以实现天下万国的共同利益为己任,在错综复杂的是非面前,坚持不偏不倚、公正无私的原则。所谓"智圆",是说智慧要圆融通达,没有起点,也没有尽头,包容四方,没有达不到的地方,有如深井中的泉水,永不枯竭。所谓"行方",是说行为要正直,不屈不挠,品德高洁没有污点,贫穷不能动摇他的操守,飞黄腾达之后也不会冲昏头脑。所谓"能多",是说才能要文武兼备,不管是有所作为还是坚守孤独,言行都能合乎道德规范。所谓"事少",是说要把握事情的关键,做到举一发而动全身,处静以待躁。天道运行的规则是物极必反,盈满就会亏损。所以要做到聪明、大智慧,就需要时刻保持求知的心态;要做到见识广博,善于辩驳,就要时刻对不懂的东西保持好奇心;要做到身体强健,刚毅勇猛,就必须使自己明白天外有天的道理,永远处在有所敬畏的状态;要做到大富大贵,就必须让自己的物质欲望永远有所节制;要做到兼济天下,泽被苍生,就必须时刻保持谦让恭顺的美德。这五条原则,是先贤们能够一直得到天下景仰的秘诀。《左传》称:不首先挑起事端,不要因为富有而向他人炫耀,不要依仗得

卷二 文中

宠就胡作非为,不要特立独行,不要傲慢无礼,不要恃才傲物,不要为同一事情反复发怒,不要谋划不道德的计划,不要去做不义的事。这九句话,是古人赖以安身立命的原则。

《玉铃经》称:喜欢显露自己本事的人很肤浅,有过错而不自知的人很蠢,执迷不悟的人将被淘汰,出言不逊的人将会招来灾祸,口是心非的人将会被大家抛弃,文过饰非的人是自己毁了自己,即使发怒别人也不会害怕的人容易成为别人侵犯的对象,喜欢当众凌辱别人的人一定会遭殃,杀害、侮辱自己重用的人处境很危险,怠慢自己敬重的人将会带来凶险,与别人貌合神离的人会被别人孤立,听信谗言、疏远贤良的人很昏庸,喜欢私下封官许愿的人很轻浮,女人干预政治必将引起混乱,部下向外人施恩的人事业将会沦落,欺凌部下邀功请赏的人自己早晚被赶下台,名不副实的人终有一天会被看穿,肥了自己,苦了部下的人会被人唾弃,给人以微薄的施舍而想要得到丰厚回报的人想法必定落空,富贵了却忘记贫贱之时的人好景不长,任用心思不正的人必定会出现危机,因为和自己的亲密关系而去选择任用官员的人一定会失败,让不仁不义的人为自己出谋划策一定会有危险,阴谋被泄露的人必将失败,取之于民的多,用之于民的少,一定会导致民生凋敝。以上都是自我修行提高需要警惕的主要问题荀子说:能说会做的是国宝;不会说但会做的是国家的人才;只能说不会做的人能够为国所用;说得天花乱坠,做的是污秽不堪,这是国家的妖孽。因此《傅子》称:树立道德的根本,最重要的是正人心。人心正了才能身正,身正之后左右之人也跟着正了,左右之人正了以后朝廷也就正了,朝廷正了以后国家自然就正了,国家正了以后才能做到天下正。反过来说,天下不正,就要加强国家的治理;国家不正,就要加强朝廷的管理;朝廷不正,就要整顿左右之人;左右之人不正,就要修行自身;自身不正,就要从内心进行深刻反省。整治的对象和自己越近,带来的效果就越久远。大禹、商汤反躬自省,所以国家才兴旺,这就是正人心的意义《尸子》称:心是身体的君主。天子把自己当作天下的心,心不正,天下就会遭殃;诸侯把自己当作国家的心,心不正国家就会灭亡;平民百姓把思想作为身体的指导,思想不正确,身体也就难保不会受到伤害。

理乱第十二

原文

夫明察六主，以观君德；审惟九风，以定国常；探其四乱，核其四危，则理乱可知矣。

何谓六主？荀悦曰："体政性仁，心明志固，动以为人，不以为己，是谓王主议曰：王主者，谓天姿仁德；克己恕躬，好问力行，动以从义，不以从情，是谓治主议曰：治主者，谓抑情割欲；勤事守业，不敢怠荒，动以先公，不以先私，是谓存主议曰：存主者，谓拘法守律；悖义交争，公私并行，一得一失，不纯道度，是谓衰主；情过于义，私多于公，制度逾限，政教失常，是谓危主；亲用谗邪，放逐忠贤，纵情追欲，不顾礼度，出入游放，不拘仪禁，赏赐行私，以越公用，忿怒施罚，以逾法理，遂非文过，而不知改，忠言雍塞，直谏诛戮，是谓亡主。"故王主能致兴平，治主能修其政，存主能保其国，衰主遭无难则庶几能全，有难则殆；危主遭无难则幸而免，有难则亡；亡主必亡而已矣。

何谓九风[①]？君臣亲而有礼，百僚和而不同，让而不争，勤而不怨，唯职是司，此理国之风也《尹文子》曰：上不能胜其下，下不能犯其上，上下不相胜犯，故禁令行，人人无私，虽经崄易而国不可侵，治国者也；礼俗不一，职位

[①] 九风：下文所列共八风，与九之数不合，疑有误。

卷二 文中

不重，小臣谗疾，庶人作议，此衰国之风也尹文子曰：君年长，多妾媵，少子孙，疏强宗，衰国也；君臣争明，朝廷争功，大夫争名，庶人争利，此乖国之风也；上多欲，下多端，法不定，政多门，此乱国之风也《尹文子》曰：君宠臣，臣爱君，公法废，私欲行，乱国也；以侈为博，以伉为高，以滥为通，遵礼谓之拘，守法谓之固，此荒国之风也议曰：夫晋家尚于浮虚①，所以败也。此之谓矣；以苛为察，以利为公，以割下为能，以附上为忠，此叛国之风也叔向曰：大臣重禄而不极谏，近臣畏罪而不敢言，下情不上通，此患之大者也；上下相疏，内外相疑，小臣争宠，大臣争权，此危国之风也；上不访下，下不谏上，妇言用，私政行，此亡国之风也《尹文子》曰：国贫小，家富大；君权轻，臣势重，亡国也。内无专宠，外无近习，支庶繁息，长幼不乱，昌国也。农桑以时，仓廪充实；兵甲劲利，封疆修理，强国也。《文子》曰：夫乱国若盛，治国若虚，亡国若不足，存国若有余。虚者，非无人，各守其职也；盛者，非多人，皆邀于末也；有余，非多财，节欲事寡也；不足者，非无货，人躁而费多也。

何谓四乱？管子曰："内有疑妻之妾，此家乱也；庶有疑嫡之子，此宗乱也；朝有疑相之臣，此国乱也；任官无能，此众乱也故曰立天子者，不使诸侯疑焉；立诸侯者，不使大夫疑焉；立正妻者，不使嬖妾疑焉；立嫡子者，不使庶孽疑焉。疑则动，两则争，杂则相伤。故臣有两位者，国必乱；臣两位而国不乱者，君犹在也，恃君不乱，失君必乱矣。子两位者，家必乱；子两位而家不乱者，亲犹存也，恃亲不乱，失亲必乱矣。臣疑其君，无不危之国；孽疑其宗，无不危之家也。"

何谓四危？又曰："卿相不得众，国之危也；大臣不和同，国之危也；兵主不足畏，国之危也；民不怀其产，国之危也。"此治乱之形也。

凡为人上者，法术明而赏罚必者，虽无言语而势自治；法术不明而赏罚不必者，虽曰号令，然势自乱管子曰：理国有三器，乱国有六攻。明君若能胜六攻而立三器，故国理；不肖君不能胜六攻而立三器，故国乱。三器者，何也？曰号令也，斧钺也，禄赏也。六攻者，何也？曰亲也，贵也，货也，色也，巧佞也，玩好也。三器之用，何也？曰非号令无以使下，非斧钺无以威众，非禄赏无以劝人。六攻之

---

① 浮虚：西晋时玄学流行，玄学探讨一些纯哲理思辨的问题，诸如世界由什么构成之类。世人认为玄学玄之又玄，斥为浮虚之学。

败,何也?曰虽不听而可以得存,虽犯禁而可以得免,虽无功而可以得富。夫国有不听而可以得存者,则号令不足以使下;有犯禁而可以得免者,则斧钺不足以威众;有无功而可以得富者,则禄赏不足以劝人。号令不足以使下,斧钺不足以威众,禄赏不足以劝人,则人君无以自守也。**是故势理者,虽委之不乱;势乱者,虽勤之不治。尧、舜拱己无为而有余,势理也;胡亥、王莽驰骛而不足,势乱也**《商子》①曰:法令者,人之命也,为治之本也。一兔走而百人逐之,非以兔可分以为百,由名分之未定也。夫卖兔者满市,盗不敢取,由名分之定也。故夫名分定,势治之道也;名分不定,势乱之道。故势治者,不可乱也;势乱者,不可治也。夫势乱而欲治之,愈乱矣;势治而治之,则治矣。故圣人治治,不治乱也。圣人为人作法,必使之明白易知,愚智遍能知之。故圣人立天下而天下无刑死者,非可刑杀而不刑杀也,万人皆知所以避祸就福而皆自治也。明主因治而治之,故天下大治也。

故曰善者,求之于势,不责于人。是故明主审法度而布教令,则天下治矣《左传》曰:国将亡,必多制。杜预云数变法也。

论曰:夫能匡世辅政之臣,必先明于盛衰之道,通于成败之数,审于治乱之势,达于用舍之宜,然后临机而不惑,见疑而能断。为王者之佐,未有不由斯者矣。

---

① 《商子》:书名,即《商君书》。战国时商鞅及其后学的著作合编。《汉书·艺文志》著录29篇,现存24篇。书中叙述商鞅变法主张,提出发展耕织、奖励军功的农战政策等。

卷二 文中

理乱第十二

译文

　　分辨清楚六种类型的君主，就可以用来观察君王的德行。总结九种类型的社会风气，就可以鉴定国家的状态。探讨四种乱国的表现，核定四种危国的征兆，那么治国安邦、拨乱反正的方针也就清楚了。

　　有哪六种君主的类型呢？《汉纪》的作者荀悦说："执政时本性仁慈，内心清醒，意志专一，所做的一切都是为了别人，而不是为了自己的私欲，这就是所谓'王主'<small>评论：王主的意思是说他具有先天的仁慈品德</small>；能克制自己的私欲，性格宽厚，能身体力行，勤学好问，办事遵循仁义的原则，而不是感情用事，这就是所谓'治主'<small>评论：治主的意思是说他可以克制感情，割舍欲望</small>；勤勤恳恳，兢兢业业地保护先辈开创的基业，不敢有丝毫怠慢荒废，处理国家大事能做到先公后私，这就是所谓'存主'<small>评论：存主的意思是说他奉行先王的法律法规</small>；行事往往违背伦常道德，朝廷里争斗不断，公私不分，执政有得有失，政策并不完全符合道德法度，这就是所谓'衰主'；执政私情大过公义，谋求私利大过公众利益，制度往往不符合道德法度，政治和教化失去常态，这就是所谓'危主'；亲近、重用喜欢进谗言、行为邪恶的小人，排挤、打压忠良贤臣，放纵个人的情欲，行事完全不顾礼教法度，出入游幸放荡，不受礼仪的约束，拿国家的赏赐奖赏亲近自己的人比用于国家公事的还多，根据个人好恶乱施刑罚，完全不依据法理，文过饰非，不知悔改，忠心的进谏听不到，冒死劝谏的大臣被杀死，这就是所谓'亡主'。"所以说王主能带来兴旺太平；治主能够对政治进行整顿；存主能够保全国家；衰主如果不遇到大难，差不多也能保全，但如果遭难就很危险；危主如果碰不到大难还可以有幸免予灭亡，有大难就一定会灭亡；亡主那就必亡无疑了。

九种类型的社会风气有哪些？君臣相亲而且彬彬有礼，百官和睦但各有主见，互相谦让，不争名夺利，勤勤恳恳，没有抱怨，一心一意做好自己的本职工作，这就是"理国之风"《尹文子》称：上级不压制下属，下属不冒犯上级，上下融洽，并能做到令行禁止，人人没有私心，即使历经危难险阻而国家凛然不可侵犯，这就是治国；礼仪风俗不统一，当官的不受敬重，基层官员攻击国家的弊病，老百姓议论时政，这就是"衰国之风"《尹文子》称：一个年长的国君还拥有很多妻妾，而子孙很少，有势力的宗族被疏远，这就是衰国；君臣之间争荣誉，朝廷上下争功劳，士大夫争名声，老百姓争私利，这就是"乖国之风"；上层多私欲，下层作恶多端，法制朝令夕改，政出多门，这就是"乱国之风"《尹文子》称：君王宠信臣子，臣子只爱君王，国家法律废弛，私欲横行。这就是乱国；把奢侈误认为繁盛，把骄纵误以为高贵，把自由散漫误以为开明，认为遵守礼义是被拘束，认为守法就是顽固，这就是"荒国之风"评论：西晋崇尚玄虚之学，所以很快就灭亡了。这就是明证；把苛刻看作认真考察，把捞好处作为处理公务的常态，把剥削下民看作能耐，把对上级溜须拍马看作忠诚，这就是"叛国之风"叔向说：大臣只看重利禄而不能做到忠心进谏，身边的近臣害怕开罪于人而不敢直言，下面的真实情况无法传达到朝廷，这才是最大的隐患；上下互相疏远，内外互相猜忌，小官争着讨大官的欢心，大官忙着争权夺利，这就是"危国之风"；上层官员不了解下层的基本情况，下层官员不愿意向上反映情况，听信妇人之言，自己想怎么办就怎么办，这就是"亡国之风"《尹文子》称：国家贫困弱小，个人富有强大；君主的权势轻，大臣的权势重，亡国指日可待。宫内没有专宠，朝廷没有弄臣，子孙繁盛，长幼不乱，这是昌盛之国。注重农时，仓库储备充实，有精锐之师，疆土治理得很好，这就是强国。《文子》称：动乱的国家看上去很繁盛，治理得有条不紊的国家看上去很空虚，即将灭亡的国家看上去匮乏不足，图存之国看上去像富足有

卷二　文中

余。空虚，并不是没有人，而是各负其责；繁盛，并不是人多，而是都在追逐蝇头小利；富足有余，并不是财富太多，而是欲望有节制，少生事；匮乏不足，并不是没有财货，而是人心浮躁，耗费多。

四种乱国的表现又是怎样的呢？管仲说："家里有惦记正妻地位的小妾，这是家乱；庶子惦记嫡子的地位，这是族乱；朝廷有惦记宰相之位的大臣，这是国乱；任用的官吏无能，这是众乱。"所以说确定天子的人选，可以使诸侯之间不相互猜疑；确立诸侯的人选，可以使大夫之间不相互猜疑；确立正妻的人选，可以使妾室之间不相互猜疑；确立嫡子的人选，使庶子之间不相互猜疑。有猜疑就会有行动，有两个人选竞争就会起争执，多人互相猜疑就会互相伤害。所以如果拿一个职位让两个大臣竞争，国家就会动乱，如果还没乱，那是因为君王还健在，君王在不会乱，君王一死一定乱。把嫡子之位让两个儿子竞争，家就一定会乱，如果不乱，是因为父母还健在。父母在不会乱，父母一去世就一定会乱。臣子猜疑君主，没有不危害国家的；庶子猜疑家长，没有不危害家庭的。

四种危国的征兆有哪些呢？管仲又说："公卿、丞相得不到百姓拥护，国家就会有危险；大臣之间不能同心协力，国家也会有危险；统帅军队的将军没有让人闻风丧胆的威信，国家也会有危险；百姓不关心生产，国家也会有危险。"这就是识别天下大乱还是大治的征兆。

作为君主，政策法规明确，赏罚一定会兑现，这样的君主即使不发布什么号令，国家也会达到大治；政策法规不明确，赏罚不一定兑现，虽然每天发布号令，国家也会内乱。管仲说：大治之国有三器，大乱之国有六攻。贤明的君主能克服六攻并且掌握三器，国家就能得到治理；昏君不能克服六攻并且掌握三器，所以国家会大乱。三器是什么？一是号令，一是刑罚，一是俸禄和赏赐。六攻是什么？一是亲信，二是宾客，三是行贿之人，四是女色，五是善于钻营的小人，六是陪着玩乐的人。三器的作用是什么呢？没有号令不能驱使臣民，没有刑罚不能威慑民众，没有俸禄和赏赐不能鼓舞臣民效命。六攻是如何致败的呢？虽然不听法令也可以没事，虽然犯了法也可以免罪，虽然没有功劳也可以得到富贵。一个国家有人可以不听号令还没事，那么国家的号令就会失去作用；有人犯了法还可以免罪，那么刑罚就没有威严；没有功劳还能得富贵，那么俸禄和赏赐就不足以激励臣民了。号令不能驱使臣民，刑罚不能威慑民众，俸禄和赏赐不能激励臣民，那么君主还能拿什么来坐稳江山呢？因此国家已经形成大治的态势，即使君主把国家交给别人管理，国家也不会乱；国家已经形成大乱的态势，即使君主每日辛勤操劳，国家也不会得到治理。尧、舜无为而治，国家有条不紊，这就是已经形成了大治的态势；胡亥、王莽奔波劳碌，也制止不了天下大乱，这就是国家已经形成了大乱的态势《商君书》称：法令是人民的生命，治理国家的根本。一只野兔在跑而一百个人去追赶，并非这只兔子可以分成一百份，而是由于兔子的所有权没有确定。市场上到处有兔子卖，但是盗贼不敢随便拿，这是因为兔子的所有权已经确定了。因此说，确定名分，这是国家大治的重要前提。名分不定，必将引起混乱。如果已经形成了大治的态势，想乱也乱不了；已经形成了大乱的态势，想治也治不了。已经形成了大乱的态势还想治理，那只会越治越乱；已经形成了大治的态势再来治理，自然就会天下大治。因此，圣人只治理有大治可能性的国家，不会去试图治理已经形成大乱态势的国家。圣人为百姓制定法律，要求一定明白易懂，不管是愚蠢的还是聪明的都能明白。所以在圣人建立的国家里，天下之人没有因犯法而被杀的，不是该被杀而不杀，而是因为人人都知道避祸求福，都能很好地约束自己。英明的君主顺应大治的形势而加强治理，天下自然就可以达到大治了。

所以说：善于治理国家的人，追求的是形成国家大治的形势，而不是把希望寄托在他人身上。因此英明的君主详审法令制度，然后将法令公之于众并教会百姓遵守它，天下自然就大治了《左传》称：一个国家快要灭亡的时候，法令必然很多。杜预解释为是朝令夕改的原因。

评论：能够匡扶世道人心、辅佐朝政的大臣，必须先要搞清楚盛衰的道理，精通成败的规律，研究大治或大乱的形势，明白任用和罢免官员的合适方法，然后才能面对复杂的时局而不迷惑，遇到疑难才能做出决断。做为君主的辅佐，古往今来，都是从这一点开始做起的。

卷三　文下

卷三 文下

反经第十三 议曰：理国之要，以仁义赏罚，此其大略也。然用失其宜，反以为害。故著"反经"一章以明也

原文

臣闻三代之亡，非法亡也，御法者非其人矣。故知法也者，先王之陈迹，苟非其人，道不虚行。故《尹文子》曰：仁、义、礼、乐、名、法、刑、赏，此八者，五帝三王治世之术。故**仁者，所以博施于物，亦所以生偏私**反仁也。议曰：在礼，家施不及国，大夫不收公利。孔子曰：天子爱天下，诸侯爱境内，不得过所爱者，恶私惠也。故知偏私之仁，王者恶之也。**义者，所以立节行，亦所以成华伪**反义也。议曰：忘身殉国，临大节而不可夺，此正义也。若赵相虞卿①，弃相捐君，以周魏、齐之危；信陵无忌，窃符矫命，以赴平原②之急。背公死党之义成，守职奉上之节废，故毛公数无忌曰：于赵则有功矣，于魏则未为得。凡此之类，皆华伪者。**礼者，所以行谨敬，亦所以生惰慢**反礼也。议曰：汉时欲定礼，文帝曰：繁礼饰貌，无益于理，躬化谓可耳。故罢之。郭嘉谓曹公曰：绍繁礼多仪，公体任自然，此道胜者也。夫节苦难贞，故生惰慢也。**乐者，所以和情志，亦所以生淫放**反乐也。《乐书》③曰：郑、卫之音，乱代之音；桑间濮上之音，亡国之

---

① 虞卿：战国时赵国人，位至赵国上卿。他长于战略谋划，揣度情理。后因拯救魏相魏齐的缘故，抛弃高官厚禄离开赵国，终困于梁，遂发愤著书。著有《虞氏征传》、《虞氏春秋》等。

② 平原君：即赵胜，战国时赵国宗室大臣。惠文王之弟，任赵相，礼贤下士，门下宾客至数千人，为战国四君子之一。

③ 《乐书》：出自《史记》，深入地阐述了音、乐的区别以及二者的社会功能。

音也。故严安①曰：夫佳丽珍怪，固顺于耳目。故养失而泰，乐失而淫，礼失而彩，教失而伪。伪彩淫泰，非所以范人之道。**名者，所以正尊卑，亦所以生矜篡**反名也。议曰：古者名位不同，礼亦异数，故圣人明礼制以序尊卑，异车服以彰有德。然汉高见秦皇威仪之盛，乃叹曰：大丈夫当如此！此所以生矜篡。《老经》②曰：夫礼者，忠信之薄而乱之首，信矣哉。**法者，所以齐众异，亦所以生乖分**反法也。议曰：《道德经》云：法令滋彰，盗贼多有。贾谊云：法出而奸生，令下而诈起，此乖分也。**刑者，所以威不服，亦所以生凌暴**反刑也。**赏者，所以劝忠能，亦所以生鄙争**反赏也。

《文子》曰：圣人其作书也，以领理百事，愚者以不忘，智者以记事。及其衰也，为奸伪，以解有罪，而杀不辜反书也。《文子》曰：察于刀笔之迹者，即不知理乱之本；习于行阵之事者，即不知庙胜之权。《庄子》③曰：儒以诗礼发冢。大儒曰：东方作矣，事之何若？小儒曰：未解裙襦，口中有珠。《诗》固有之曰：青青之麦，生于陵陂。生不布施，死何含珠为？接其鬓，压其翙，儒以金椎控其颐，徐徐列其颊，无伤口中珠。由此言之，诗、礼乃盗资也。翙音许秽反，控音腔。**其作囿也，以奉宗庙之具，简士卒，戒不虞。及其衰也，驰骋弋猎，以夺人时**反囿也。齐宣王见文王囿大，人以为小，问于孟子④。孟子曰：周文王之囿，方七十里，刍荛者往焉，雉兔者往焉，与人同之，民以为小，不亦宜乎？臣闻郊关之内，有囿方四十里，杀其麋者，如杀人之罪，民以为大，不亦宜乎？楚灵王⑤为章华之台，伍举⑥谏曰：夫先王之为台榭也，榭不过讲军实，台不过望氛祥。其所不夺穑地，其为不

---

① 严安：西汉武帝文学侍从之臣之一，与司马相如等俱被尊学。曾上书汉武帝，陈述攻击匈奴的弊端，武帝召见他，拜为郎中。后为骑马令。

② 《老经》：即《道德经》。又称《道德真经》、《老子》、《五千言》、《老子五千文》，传说是春秋时期的老子所撰写，是道家哲学思想的重要来源。

③ 《庄子》：也叫《南华真经》，道家重要著作，战国时庄周及其门人、后学所著。全书现存33篇，为战国至秦汉间庄周学派的总集，发展了老子"道"的思想。庄周，战国时宋国人，曾任漆园吏，后拒绝楚、宋的迎聘，终身不复仕。

④ 孟子：名轲，战国时期邹国人。古代著名思想家、教育家，战国时期儒家代表人物。著有《孟子》一书。孟子继承并发扬了孔子的思想，成为仅次于孔子的一代儒家宗师，有亚圣之称，与孔子合称为"孔孟"。

⑤ 楚灵王：春秋时楚国国君。楚共王次子，名围，弑共王孙而自立为王，改名熊虔。

⑥ 伍举：春秋时楚国人，伍子胥的祖父。因封邑在椒地，又名椒举。因避祸奔郑、晋。靠楚国大夫蔡声子向令尹子木推荐，才得以返回楚国为官。以敢于直谏而著称。

卷三 文下

匮财用，其事不烦官业，其日不妨时务。夫为台榭，将以教人利也，不闻其以匮乏也。其上贤也，以平教化，正狱讼，贤者在位，能者在职，泽施于下，万人怀德。至其衰也，朋党比周，各推其与，废公趋私，外内相举，奸人在位，贤者隐处反贤也。太公谓文王曰：君好听世俗之所举者，或以非贤为贤，或以非智为智。君以世俗之所举者为贤智，以世俗之所毁者为不肖，则多党者进，少党者退。是以群邪比周而蔽贤，是以世乱愈甚。文王曰：举贤奈何？太公曰：将相分职，而君以官举人，案名察实，选才考能，则得贤之道。古语曰：重朋党则蔽主，争名利则害友，务欲速则失德也。

《韩诗外传》①曰：夫士有五反：有势尊贵，不以爱人行义理，而反以暴傲反贵也。古语曰：富能富人者，欲贫不可得；贵能贵人者，欲贱不可得；达能达人者，欲穷不可得。梅福②曰：存人所以自立也，壅人所以自塞也。家富厚，不以振穷救不足，而反以侈靡无度反富也；资勇悍，不以卫上攻战，而反以侵凌私斗反勇也。凡将帅轻去就者，不可使镇边，使仁德守之则安矣；心智惠，不以端计教，而反以事奸饰诈反智惠也。《说苑》③曰：君子之权谋正，小人之权谋邪；貌美好，不以统朝莅人，而反以蛊女从欲反貌也。此五者，所谓士失其美质。

太公曰："明罚则人畏慑，人畏慑则变故出反明罚也。明察则人扰，人扰则人徙，人徙则不安其处，易以成变反明察也。"太公曰：明赏则不足，不足则怨长。明王理人，不知所好，而知所恶；不知所归，而知所去。使人各安其所生，而天下静矣。晋刘颂④曰：凡监司欲举大而略小，何则？夫细过微阙，谬忘之失，此人情所必有，所固不许在不犯之地，而悉纠以法，则朝野无立人。此所谓以治而乱也。

晏子曰："臣专其君，谓之不忠；子专其父，谓之不孝；妻专其夫，

---

① 《韩诗外传》：西汉韩婴所著，一部运用《诗经》的示范性著作。为360条轶事、道德说教、伦理规范以及实际忠告等不同内容的杂编，一般每条都以一句恰当的《诗经》引文作结论，以支持政事或论辩中的观点。

② 梅福：西汉道家，字子真。少年求学长安，曾担任南昌县尉，经常上书言政。后辞官归隐学道。

③ 《说苑》：西汉刘向著，共二十篇。以阐明儒家的政治思想和伦理观点为主旨，分类纂辑先秦至汉初的历史、传说，间有议论。后世失传的古籍，有很多在《说苑》中有介绍和引用。

④ 刘颂：西晋大臣，字子雅。历任尚书三公郎、议郎守廷尉、三公尚书等司法官，秉公执法，时人把他比作西汉张释之。

谓之嫉妒反忠孝也。《吕氏春秋》曰：夫阴阳之和，不长一类；甘露时雨，不私一物；万人之主，不阿一人。《申子》曰：一妇擅夫，众妇皆乱；一臣专君，群臣皆蔽。故妒妻不难破家也，而乱臣不难破国也。是以明君使其臣，并进辐辏，莫得专君焉。"

《韩子》①曰：儒者以文乱法，侠者以武犯禁反文武也。曹公曰：恃武者灭，恃文者亡，夫差、偃王②是也。《吴子》③曰：昔承桑氏④之君，修德废武，以灭其国；有扈⑤之君，恃众好勇，以丧社稷。明主鉴兹，必内修文德，外治武训。故临敌而不进，无逮于恭；僵尸而哀之，无及于仁矣。《钤经》曰：文中多武，可以辅主；武中多文，可以匡君；文武兼备，可任军事；文武兼阙，不可征伐。

子路拯溺而受牛谢，孔子曰："鲁国必好救人于患也。"子贡赎人而不受金于府鲁国之法，赎人于他国者，受金于府也，孔子曰："鲁国不复赎人矣。"子路受而劝德，子贡让而止善。由此观之，廉有所在，而不可公行反廉也。匡衡云：孔子曰：能以礼让为国乎？何有？朝廷者，天下之桢干也，公卿大夫相与修礼恭让，则人不争；好仁乐施，则下不暴；上义高节，则人兴行；宽柔惠和，则众相爱。此四者，明王之所以不严而化成也。何者？朝有变色之言，则下有争斗之患；上有自专之士，则下有不让之人；上有克胜之佐，则下有伤害之心；上有好利之臣，则下有盗窃之人。此其本。

《慎子》⑥曰：忠未足以救乱代，而适足以重非。何以识其然耶？曰父有良子而舜放瞽叟，桀有忠臣而过盈天下。然则孝子不生慈父之家六亲不和有孝慈，而忠臣不生圣君之下国家昏乱有忠臣。故明主之使其臣也，忠

---

① 《韩子》：又名《韩非子》，法家著作。撰者韩非为战国时韩国公子，与李斯一同师事荀子，善著述。
② 偃王：西周时徐国国君。徐偃王对下属以仁义相待，有36个诸侯向他朝贡臣服。后来周穆王命造父联合楚军进攻徐国，徐偃王主张仁义不肯战，遂败逃，数万百姓感其义跟随。徐偃王临终说："吾赖于文德，而不明武务，以至于此。"
③ 《吴子》：又名《吴起兵法》，是吴起军事思想的主要载体。今本《吴子》共二卷六篇，依次为图国、料敌、治兵、论将、应变、励士。据《汉书·艺文志·兵书略》记载，《吴子》一书为48篇，与今本相差甚远。
④ 承桑氏：又名穷桑氏、空桑氏，即古代传说中的少昊（皞）氏，因生于西海之滨的穷桑，故名。
⑤ 有扈：有扈氏，传说为夏启的庶兄，因反对夏禹传位于启，与启大战失败，被灭。
⑥ 《慎子》：法家著作，撰者慎到，战国时期赵国人，原来学习道家思想，是从道家中分出来的法家代表人物。

卷三　文下

不得过职，而职不得过官反忠也。京房①论议，与石显有隙，及京房被黜为魏郡太守，忧惧上书曰：臣弟子姚平谓臣曰：房可谓小忠，未可谓大忠，何者？昔秦时，赵高用事，有正先者，非刺高而死，高威自此成。秦之乱，正先趣之。今臣得出守郡，唯陛下毋使臣当正先之死，为姚平所笑。由此而观之，夫正先之所谓忠，乃促秦祸，忠何益哉？

《鬼谷子②》曰：将为胠箧、探囊、发匮之盗胠，音起居反。胠，发也，从傍开为胠，为之守备，则必摄缄縢摄，结也，固扃鐍音决，纽也，此世俗之所谓智也。然而巨盗至，则负匮揭箧揭，音其谒反，担囊而趋，唯恐缄縢扃鐍之不固也。然则向之所谓智者，有不为盗积者乎？反智也。《孙子》曰：小敌之坚，大敌之擒也。其所谓圣者，有不为大盗守者乎？何以知其然耶？昔者齐国，邻邑相望，鸡狗之音相闻，罔罟之所布，耒耨之所刺，方二千余里。阖四境之内，所以立宗庙社稷，治邑、屋、州、闾、乡、里者，曷尝不法圣人哉！然而田成子③一朝杀齐君而盗其国，所盗者岂独其国耶？并与圣智之法而盗之。故田成子有乎盗贼之名，而身处尧、舜之安，小国不敢非，大国不敢诛，十二代而有齐国。则是不乃窃齐国，并与其圣智之法，以守其盗贼之身乎？反圣法也。昔叔向问齐晏子曰：齐其如何？晏子曰：此季世，吾弗知。齐其为陈氏矣。公弃其人而归于陈氏。齐旧四量：豆、区、釜、钟。四升为豆，各自其四，以登于釜，釜十则钟。陈氏三量，皆登一焉，钟乃大矣。以家量贷，而以公收之。山木如市，弗加于山；鱼盐蜃蛤，弗知于海。人三其力，二入于公而衣食其一。公聚朽蠹而三老④冻馁，国之诸市，屦贱踊贵，人多疾病，而或燠休之。其爱之如父母，归之如流水，欲无获人，将焉避之？

---

①　京房：西汉学者，著名的《易》学专家，今文《易》学"京氏学"的开创者，姓李，字君明。他曾在《易》学的框架内将灾异和政治联系起来，对后世影响深远。

②　鬼谷子：本名王诩，又名王禅。春秋战国时期著名的思想家、谋略家、兵家、教育家，是纵横家的鼻祖，是历史上一位极具神秘色彩的人物，被誉为千古奇人，常入云梦山采药修道。因隐居清溪之鬼谷，故自称鬼谷先生。长于持身养性，精于心理揣摩，深明刚柔之势，通晓纵横捭阖之术，独具通天之智。

③　田成子：即田常，一作陈恒、陈成子。春秋时齐国正卿。

④　三老：指上寿、中寿、下寿，又指工老、商老、农老。泛指老人。

跖之徒问于跖①曰："盗亦有道乎？"跖曰："何适其无有道耶？夫忘意室中之藏，圣也；入先，勇也；出后，义也；知可否，智也；分均，仁也。五者不备而能成大盗者，天下未之有也后汉末，董卓入朝，将篡位，乃引用名士。范晔论曰：董卓以虓阚为情，遭崩剥之势，故得蹈藉彝伦，毁裂畿服。夫以刳肝斮趾之性，则群生不足以厌其快，然犹折意缙绅，迟疑凌夺，尚有盗窃之道焉。"由是观之，善人不得圣人之道不立，盗跖不得圣人之道不行。天下之善人少，而不善人多，则圣人之利天下也少，而害天下也多矣反仁义也。议曰：昔仲由为邵宰，季氏以五月起长沟。当此之时，子路以其私秩粟为浆饭，以饷沟者。孔子闻之，使子贡往覆其饭，击毁其器。子路曰：夫子嫉由之为仁义乎？孔子曰：夫礼，天子爱天下，诸侯爱境内，大夫爱官职，士爱其家。过其所爱，是曰侵官。汉武时，河间献王②来朝，被服造次必于仁义。武帝色然难之，谓曰：汤以七十里，文王以百里，王其勉之！王知其意，归即纵酒。由是言之，夫仁义兼济，必有分乃可。故《尸子》曰：君臣父子，上下长幼，贵贱亲疏，皆得其分曰理，爱得分曰仁，施得分曰义，虑得分曰智，动得分曰适，言得分曰信，皆得其分而后为成人。由是言之，跖徒之仁义，非其分矣。

由是言之，夫仁、义、礼、乐、名、法、刑、赏，忠孝贤智之道，文武明察之端，无隐于人，而常存于代。非自昭于尧、汤之时，非故逃桀、纣之朝。用得其道则天下理，用失其道而天下乱孙卿曰：羿之法非亡也，而羿不世出；禹之法犹存也，而夏不代王。故法不能独立，得其人则存，失其人则亡矣。《庄子》曰：宋人有善为不龟手之药者，代以洴澼絖为事。客闻之，请买其方百金。客得之，以说吴王。越人有难，吴王使之将。冬，与越人水战，大败越人，裂地而封。能不龟手一也，或以封，或不免于洴澼絖，则其所用之异。故知制度者，代非无也，在用之而已。

---

① 跖：即盗跖，原名展雄，又名柳下跖、柳展雄，春秋时鲁国柳下惠之弟。领导了九千人的奴隶大起义，史称柳下跖起义。起义军转战黄河流域，各诸侯国望风披靡。后世有人认为盗跖是天下盗贼的祖先。

② 河间献王：即刘德，西汉景帝第三子。公元前155年受封为河间王，因死后谥号为献，所以也称河间献王。刘德修学好古，广求天下善书，推崇儒术，立《毛诗》、《左传》博士官职，聘毛苌为博士。

卷三 文下

反经第十三评论：治理国家，施行仁义、赏罚公平是核心，这是就总体情况来说的。但如果仁义、赏罚使用不得当，就会起反作用，对国家造成危害。因此我撰写"反经"这一章来说明这个问题

译文

我听说夏、商、周三代之所以灭亡，并不是因为它们的法规制度过时了，而是由于执行的人不合适。这说明法规制度虽然都是先王在实践中总结出来的，但如果没有先王们那样的圣人贤君，法规制度就得不到真正的贯彻执行。因此《尹文子》称：仁、义、礼、乐、名、法、刑、赏八项，是五帝、三王治理国家的根本方法。就仁来讲，它本应普遍、同等地施惠大众，但在实际执行过程中，又很容易产生偏颇，变成仅仅有利于一部分人私欲的行为这就是仁的负面作用。评论：按照约定俗成的礼法，只适用于家内分配钱物的原则，不应该用以处理国家大事，士大夫也不应该捞取公家的好处。孔子说：天子爱天下的老百姓，诸侯爱自己辖境内的老百姓。之所以爱施予的对象不能超过自己管辖的范围，是为了避免为了私心滥施恩惠。由此可知，那种偏颇、有利于一部分人私欲的"仁"，是当政者所厌弃的。就义来讲，它本是为了让人们树立正确的道德情操和品行，但也很容易促成华而不实、虚伪有害的行为出现这就是义的负面作用。评论：不怕牺牲，以身殉国，面临生死存亡选择的时候能做到不可夺志，不变节，这才是正义。如果像赵国的丞相虞卿那样宰相也不做了，背弃自己的国君，去帮助魏齐解除危难，或者像信陵君魏无忌那样，为了帮助平原君解除危急，盗窃虎符，假借国君的命令，出兵援助赵国。这样，虽然靠背弃国家利益成全了

帮助朋友的小义，但忠于职守、全心全意为国家的大节却被废弃了。所以，赵国隐士毛公责备魏无忌说：你对赵国是有功了，但对你自己的国家魏国却一点好处都没有。像虞卿、魏无忌这类行为，看似是义，实际都是华而不实、虚伪有害的。**就礼来讲，它本是为了使人们的行为严谨庄重，但很容易带来懒惰和散漫现象的产生**这就是礼的负面作用。评论：汉朝的时候，有人建议制定礼仪，汉文帝说：制定繁琐的礼仪，只能制造出一种矫饰虚假的形象，对国家的治理没什么好处，只要能做到以身作则地去感化大家就可以了。因此否定了这个建议。郭嘉对曹操说：袁绍制定的礼仪过于繁琐，曹公您却简单直接，顺其自然，这从道上就已经胜过他了。礼节繁琐到令人叫苦的地步，人们就很难持之以恒地坚持下去，因此人们就会逃避，产生懒惰和散漫的现象。**就乐来讲，它本是为了陶冶性情，使人们的心灵和谐、志趣高尚，但又很容易让人产生淫佚放荡的心思和行为**这就是乐的负面作用。《礼记·乐记》称：郑国、卫国的音乐，是乱世的音乐；反映桑间濮上男女偷情的音乐，是亡国的音乐。因此西汉的严安说：美人佳丽，珍奇怪诞，固然好听，好看，但是如果保养过度就容易让人耽于舒适，娱乐过度就容易令人甘于荒淫，礼节过度就容易使人追求华丽，管教过度就容易叫人言行虚伪。言行虚伪、追求华丽、甘于荒淫、耽于舒适，这些都不能用来规范人们的言行。**就名来讲，它本意是明确划分人们的尊卑等级，以示尊崇，但也容易使人产生骄矜篡夺的野心**这就是名的负面作用。评论：古时候名望地位不同，礼仪待遇也因此不同。所以圣人用礼制来明确规定人们的名望地位，使之尊卑有序，用不同色彩款式的车马服饰来表彰那些有德行的人。然而当汉高祖看见秦始皇仪仗的威武雄壮时，就感叹说：大丈夫应当如此！这就产生了骄矜篡夺的念头。老子《道德经》里称：礼仪这个东西，是忠信观念淡薄之后才不得不制定来约束人的，同时也是大乱产生的罪魁祸首。确实是这样。**就法来讲，它本意是约束和规范人们的言行，使大家安分守己，但也容易让人背离法规的宗旨，寻找法规的漏洞，做出违法的事来**这就是法的负面作用。评论：《道德经》称：法令制定得越多越明确，盗贼就越多。贾谊说：法令一出台，有人在做坏事之前先研究它的漏洞，做了坏事又不触犯法令，法令也拿他没办法。道高一尺，魔高一丈。高明的奸险谲诈之徒就是这样产生的。这就是乖分的意思。**就刑来讲，它本来是为了威慑、惩罚那些不服管理、触犯法律的人，但也容易发生一些执法犯法、以强凌弱、用暴力手段对付平民百姓的事情**这就是刑的负面作用。**就赏来讲，它本来是为了奖励那些忠诚贤能的人，但也容易造成赏罚不公的情况，导致一些

卷三 文下

人刻意邀功请赏这就是赏的负面作用。

《文子》称：圣人创造出文字，用来指导民众，理解天下百事的道理，使愚笨的人增强记忆，不忘记事情，而聪明的人则用来记载历史，传播知识。可是事与愿违，等到文化知识有了进一步发展，社会风气变坏之后，有学识的人把学到的文化知识作为自己为非作歹、作奸犯科的工具，为有罪的人辩护，冤杀无辜的人这就是文字的负面作用。《文子》称：那些熟谙书法、精通文字的人，并不懂得治国安邦之道；那些熟习行军打仗的人，却不懂得整个国家的施政方略。《庄子》称：读书人一边念着《诗经》、《周礼》，一边去挖坟盗墓。有一次他们去盗墓的时候，大的对小的说：东方发白，天快亮了，你挖得怎么样了？小的回答：我还没脱下死者的衣服，他口中还含有一颗宝珠呢。大的说：《诗经》里早就有这样的诗句：绿油油的麦子，长在山坡上，熟了以后让人吃。生前不向人布施恩惠，死后凭什么还将宝珠含在口里？快抓住他的头发，压住他下巴上的胡子。读书人用金椎打死者的脸颊，慢慢撬开他的牙关，小心翼翼以便不把口里的宝珠弄坏。由此可见，诗书礼乐不过是读书人盗墓的工具。国家建造园林，目的是用这个地方安置宗庙，存放祖宗灵位，平时就用来训练士卒，以防备意外变故的发生。可是后来园林的作用却发生了变化，成了人们驰骋打猎的场所，结果贻误农时，影响了生产这就是建造园林的负面作用。齐宣王看见周文王的园林很大，可老百姓却认为很小，就问孟子是什么道理。孟子说：周文王的园林，方圆有七十里，割草打柴的人可以自由出入，猎捕山鸡野兔的人也可以自由出入，这是与民同乐，所以老百姓认为周文王的园林很小，还可以再大一些，这不是很自然的事情吗？我听说大王您在城门内也修建了一座园林，方圆不过四十里，可老百姓如果进去打猎杀了你的麋鹿，就会被抓起来按杀人罪论处，老百姓认为您的园林太奢侈了，这不也是理所当然的吗？楚灵王修了座章华台，伍举劝谏说：先王们修建楼台亭榭，是为军事和生产服务的。亭榭只是用来训练和驻扎军队的，楼台只是用来瞭望和观察气象的。而且修建的场所不侵占老百姓的耕地，修建的费用不影响国家的财政，修建的工作不耽误公家的正常事务，修建的日子不妨碍农时。按照这样的宗旨和原则来修建亭榭楼台，是会让国家和老百姓得到好处的，没听说会让国家财政感到匮乏、老百姓生活感到困难的。尊崇、重用人才，本意是为了让文化教育能够得到普遍展开，刑罚判决能得到公正的处理，贤能之人能得到其应有的地位，有才能的人能得到合适的官职，君主的恩泽遍施普天之下的百姓，成千上万的老百姓都会感念这样贤明的君主带来的好处。但到了贤明政治衰败的时候，人们都利用尊崇、重用人才的借口拉帮结派，党同伐异，按照小集团的利益和标准，各自推举与自己要好的人，损害公家的利益，一心谋求私利，对小圈子内的人一味抬举，对小圈子外的人拼命排制，使得奸人窃据要位，贤人被迫退隐，不能发挥作用这就是贤的负面作用。姜太公对周文王说：大王您喜欢听取世俗之人的举荐，实际上他们有时把并非贤德的人当作贤德的人推荐给您，有时又把并非聪明能干的人当做聪明能干的人推荐给您。您把世俗举荐的人当作贤德的人、聪明能干的人，而把遭到世俗诋毁的人当作无用的人，这样就会让朋党多的人高升，而使朋党少的人受排挤，于是坏人们就越发结党营私，狼狈为奸，阻挡贤才被重用，使贤才发挥不了作用，结果天下就会越来越乱。周文王问：那么怎样才能得到真正的贤人呢？姜太公回答：把武将和文官的职权分开，各负其责，您按照国家的需要、官位的设置来选拔人才，考察他们的实绩和才能，这才是获得贤能人才的正确办法。古语说：把朋党的利益放在重于一切的位置，就会蒙蔽主上；彼此争名夺利，就会危害朋友；一味急功近利，就会变成德行有亏的人。

《韩诗外传》称：士大夫的行为有五种和本意相反的情况：有了权势、地位尊贵后，却不能够更加爱护别人，多行仁义，通情达理，而是变得对人残暴不仁、傲慢无礼这是贵的负面作用。古话说：自己富了又能让别人富起来的人，想要贫穷也贫穷不了；自己当官尊贵了又能让别人当官尊贵起来的人，想要卑贱也卑贱不了；自己交上了好运又能让别人交上好运的人，想要倒霉也倒霉不了。汉代仙人梅福说：成就别人实质上是成就自己，挡别人路最后把自己的路也堵死了；家财富足以后，却不愿周济穷人，救助那些衣食不足的人家，反而变得骄奢淫佚，挥霍无度这就是富足的负面作用；体格强壮，勇猛彪悍，却不肯保家卫国，效命战场，而是沉溺私斗，欺负弱小这就是勇的负面作用。凡是那些行动轻率的将帅，不能任用他们去镇守边疆，而任用那些仁德宽厚的人去镇守边疆，国家之间就可以相安无事了。很有智慧，却不能端正心思从事正当的事情，而是作奸犯科，文过饰非这是智慧的负面作用。《说苑》里称：君子用权谋办好事，小人用权谋办坏事。容貌标致漂亮，不是用来在众人面前树立好形象，而是用来蛊惑女人，满足自己的情欲这是美貌的负面作用。一个有教养的人如果使这

卷三 文下

五种优势走向反面,那就浪费了自身五种原本美好的素质。

姜太公说:"刑罚严明,就会使人们战战兢兢,提心吊胆;人们提心吊胆,反而更容易出乱子这是刑罚严明的负面作用。明察秋毫,人们就会感到困扰不安;人们困扰不安,就会迁移到其他地方;大家都迁移,就无法安居乐业,这样就容易发生变乱这是明察秋毫的负面作用。"姜太公说:事无巨细都要一一赏赐,反而容易使人感到不满足;感到不满足,就容易滋生怨恨。贤明的君主管理人民,不知道人民爱好什么,但一定要知道人民怨恨什么,不知道人民为什么归顺他,但一定要知道人民为什么离弃他。能够使人民安居乐业,天下也就平安无事了。晋朝的刘颂说:凡是负责吏治监察的官员,都会揭发大的案件,而忽略小的案件,为什么呢?这是因为细小的缺点、过失,偶尔的遗忘、谬误,这本来是人之常情,在所难免,不应当将它们归入犯法之列而通通按法律加以查办,如果通通按法律查办,那朝野上下就没有一个好人了。这就是本来是求治、结果却造成了动乱的意思。

晏子说:"臣子对国君的感情过于专一,就是不忠;儿子对父亲的感情过于专一,就是不孝;妻子对丈夫的感情过于专一,就是嫉妒这是忠孝的负面作用。《吕氏春秋》称:阴阳二气调和,滋养万物,不局限于某类物种;甘露雨水,普泽天下,不会单独滋润某一个事物;国君是万人之主,不能只偏爱某一个人。《申子》称:一个女人独霸了丈夫,其他的妾室就会乱套;一个臣子博得了国君的专宠,其他臣子的积极性就会被打压。因此说,嫉妒心强的妻子容易败家,专权的大臣容易亡国。因此贤明的国君任用臣下的原则就是让他们同心协力、各尽所能,就像车轮上的辐条一样齐头并进,而不让某一位臣子专宠擅权。"

《韩非子》称:读书人用文献经典来扰乱法制,游侠依仗武力来触犯国家的禁令这就是文武之道的负面作用。曹操说:单纯依靠武力或单纯依靠文治,都会导致亡国灭身的命运,吴王夫差和徐偃王就是这样的例证。《吴子》称:上古时候,承桑氏的国君专讲道德教化,而废弃了军事建设,最终导致国家灭亡;有扈氏的国君倚仗人多势众,喜欢蛮勇,最后也丢掉了江山。贤明的君主吸取了这个教训,坚持对内加强道德教化,对外加强武备。因此面对强敌而不进攻,这算不上是谦恭;看见阵亡将士的尸体而悲痛,也称不上是仁德。《钤经》里称:文臣多懂一些武将之事,才能更好地辅佐君主;武将多一些文化素养,才可以匡扶君主;文武全才的人,才可以担任军事要职;文也不行武也不行的,绝对不可以带兵打仗。

孔子的学生子路因为救了一名溺水的人,接受了别人一头牛的谢礼,孔子说:"从此以后,鲁国人一定效法子路,喜欢救人于危难。"子贡代别从别国赎回了亲人,却不按照法例收取政府的奖金鲁国的法律规定:从其他国家赎回鲁国人,可以向鲁国政府收取奖金。孔子说:"从此以后,鲁国再也不会有人愿意从别国赎人了。"子路接受了别人一头牛的谢礼,结果起到了鼓励大家行善的作用;子贡因为谦让而不收取奖金,结果却堵塞了行善的路。由此看来,讲廉洁谦让也是分场合条件的,不能无条件普遍地推行这就是廉洁的负面作用。匡衡说:孔子说过:能够靠礼让治国吗?哪里有这样的事。朝廷是天下的根本,朝廷的一举一动影响着社会风气。公卿大夫们相互恭敬礼让,老百姓就不会彼此争斗;公卿大夫们乐善好施,下级官员和老百姓就不会粗暴犯上;公卿大夫们高风亮节,老百姓也会跟着效仿这样的好风气;公卿大夫们宽厚温和,为老百姓办实事,老百姓就会受到影响,互相友爱。这四个方面,贤明的君主都无法依靠威严达成,而是需要依靠自身的实际行动感化百姓才能做到。为什么这样说呢?因为朝廷官员如果变脸争吵,出言不逊,那么下级官员和老百姓就会发展成斗殴;上级官员如果独断专行,那么下级官员和老百姓就会针锋相对,互不相让;上级官员如果用拉拢一些人来斗垮另一些人,那么下级官员和老百姓就会生出伤害别人的心思;上级官员如果唯利是图,那么下级官员和老百姓就会盗窃成风。这就是为什么说朝廷是天下的根本,一举一动都影响着社会风气。

《慎子》称:忠臣虽然是好的,但是在一个动荡的乱世里,忠臣是没有用武之地的,反而有可能因为忠心让社会变得更混乱。为什么这么说呢?话说舜的父亲瞽叟很坏,但却有个好儿子。瞽叟多次企图置舜于死地,舜都死里逃生,并原谅了父亲;夏桀虽然有不少忠臣,可是他自己却恶贯满盈。因此我们说家有慈父,就很难产生孝子六亲不和睦,才能看出子女的孝,父母的慈爱,忠臣不会产生在圣明的君主执政的时代国家昏乱,才能显示出忠臣的气节。因此贤明的君主使用臣子,既要让臣子尽忠,但不能让他们越过其职权范围;允许臣子运用职权,但不得超出其官阶的规定这就是忠的负面作用。京房议论朝政得失,与宦官石显有意见分歧。等到京房被降职为魏郡太守,石显还留在皇帝身边,他很害怕,上书给皇帝说:臣的弟子姚平对臣说:我只能算是小忠,不能算是大忠。为什么这样说呢?以前秦朝的时候,赵高专权,有位叫正先的大臣,因为非难、讽刺赵高而被处死,赵高的权威从此树立,因此可以说秦朝

卷三　文下

的天下大乱，是正先促成的。现在臣有幸出任魏郡太守，只希望陛下不要让我像正先那样死去，以至于被我的学生姚平讥笑。由此看来，像正先那样的忠，恰恰促成了秦朝的祸乱，这样的忠有什么好处呢？

《鬼谷子》称：人们为了防备那些撬门锁、掏口袋、掏箱柜的小偷，总是小心翼翼地把钱物藏进箱子、柜子里，外面还牢牢地捆扎起来，再加上大锁。这是世俗所谓聪明的防盗办法。可是一旦江洋大盗来了，连钱物带箱子柜子、包袱一起搬走了，还生怕这些箱子柜子、包袱锁得不牢、捆得不紧呢。虽然那些所谓的聪明人目的是为了防盗，可结果却让大盗把钱物整个搬走了，难道不可以说这些人是在为大盗积累财富吗？这就是聪明的负面作用。《孙子兵法》称：两军打仗，弱小军队的坚固装备，正好成为强大对手的战利品。那些被称作圣贤的人，难道不是替另一种意义上的江洋大盗积累精神财富吗？为什么这么说呢？从前的齐国，一个城邑连着一个城邑，城邑之间的距离近得可以彼此望得见，鸡犬相闻，捕鱼打猎的，耕田种地的，他们的足迹遍布在方圆二千余里的国境之内。在国境之内，他们建立宗庙社稷，整治城市乡村，哪一样不是按照圣人的法规制度办的呢？然而田成子一下子杀掉了齐简公，窃取了齐国的政权。田成子窃取的难道仅仅是齐国的政权吗？他是连圣人的法规制度一起窃取了。因此田成子虽然背上了窃国大盗的名声，可是他实际上却像尧、舜一样安安稳稳地坐了江山，周围的小国家不敢非难他，大国家不敢讨伐他，并且他把对齐国的统治一直传给了子子孙孙。由此看来，田成子不只窃取了齐国的政权，同时窃取了齐国圣明的法规制度，并且利用这些法规制度来保护他这个窃国大盗。这就是圣明制度的负面作用。以前晋国的叔向问齐国的晏子说：齐国的情况怎么样？晏子回答说：现在是齐国的没落时代，我也不知道它以后的情况究竟会怎么样。齐国终究要属于陈氏家族吧。齐国政府抛弃了民众，民众都归向了陈氏。齐国原有四级计量器具，即豆、区、釜、钟。四升为一豆，依次逢四进一级，进到釜的时候，却是十进位了，也就是十釜为一钟。陈氏用的是三级计量器具，但下一级向上一级进级的数量要求都比齐国公家多一倍，这样钟的容量就大多了。他用私家的计量标准大斗借贷，而用公家的计量标准小斗收进。他把山货木材运进集市里去卖，价格却不比山区里的贵；把鱼盐蜃蛤这些海产品运到市场上去卖，价格也不比海边上的贵。在当时,民众把自己的劳动所得分成三分,两分要交给公家,一分用于自己的衣食。公家积聚的钱物都多得发霉或被虫子蛀坏了,可是老百姓却挨饿受冻。由于滥用砍脚的酷刑,国都的各个集市上,鞋子的价格便宜,而假肢的价格却相当昂贵。老百姓的疾苦增多了,陈氏就去关心慰问老百姓,老百姓爱戴陈氏如同父母,而归附陈氏也就像水由高向低流那样自然了。要想陈氏不得民心,那怎么可能呢?齐国的灾祸,又如何可以避免呢?

盗跖的追随者们问盗跖:"当强盗也要讲道义吗?"盗跖回答:"什么事情会不讲道义呢?当强盗也有道义。准确探测、估计屋子里藏有什么东西,以便决定值不值得盗取,这是圣;动手时,一马当先,这是勇;得手以后,让别人先撤,自己最后才离开,这是义;能够清楚地知道每次行动是不是安全可行,这是智;偷来的财物,能够平均而合理地分配,这是仁。圣、勇、义、智、仁这五个方面的道义不具备还能成大盗的,普天之下还没有过。"东汉末年,董卓在朝廷为官,在他篡权之前,很会礼贤下士。《后汉书》的作者范晔评论这件事情说:董卓这人本性野蛮残暴,有如虎狼,碰上汉朝政权崩塌的局面,给了他野心得逞的机会,伦理道德被他践踏,纲常制度被他破坏,中央政权因他毁坏分裂。象董卓这样开人胸膛、剁人手足、残酷得吃人不吐骨头的人,就是杀尽了天下人都不会称心。但是就是这样坏透了的人,对于名士,还懂得故意表演礼贤下士那一套,以便逐步侵夺东汉政权,看来他很懂得偷窃之道啊。由此看来,不但好人要遵循圣人之道才能成就事业,像盗跖这类的强盗不按照圣人之道办事也行不通。天下的好人少,坏人多,那么圣人之道带给天下人的帮助也就少,而带给天下人的灾祸却很多这是道义的负面作用。评论:以前子路担任郈这个地方的长官,当时掌握鲁国政权的季氏想让百姓在五个月内开通一条长河,这太难了,民工都很辛苦。子路可怜那些开河的民工,在他们开工的时候,用自己家的粮食做成饭送给他们吃。孔子听说了这件事,就派子贡前往,把子路做好的饭菜倒掉,并把锅灶打烂。子路说:先生您这是嫉妒我做好事、行仁义吗?孔子回答说:按照礼法的规定,天子爱天下的老百姓,诸侯爱自己辖境内的老百姓,当官的只管自己份内的公事,普通老百姓,只爱自己的妻子儿女。如果超过了自己的范围干预别人的事,虽然是好心,但一样是侵犯了别人的权力。汉武帝时,河间献王刘德来朝见皇帝,穿着打扮、举止进退都很讲规矩,很有仁义之风。汉武帝见了,脸上很不高兴,对献王说:以前商汤、周文王打天下的时候,商汤的根据地只有方圆七十里,周文王的根据地也不过

卷三　文下

方圆一百里。你现在的领地比他们大多了,你好好干。献王听了,吃了一惊,知道汉武帝对自己很不放心。回到河间以后就纵情酒色,表示胸无大志。由此说来,要做到有仁有义,必须要知道自己的本分是什么。因此《尸子》称:无论君臣父子、上下长幼、贵贱亲疏,都要安于本分,这就叫做理;关爱别人恰如其分,就是仁;施舍钱物恰如其分,就是义;考虑问题恰如其分,就是智;行动举止恰如其分,就是适;言谈恰如其分,就是信。在关爱别人、施舍钱物、考虑问题、举止言谈几个方面都能做到恰如其分了,那我们就可以说这个人相当成熟了。由此看来,盗跖之徒讲的道义,所谓"盗亦有道",是不合乎他们本分的,是不恰当的。

　　总而言之,仁、义、礼、乐、名、法、刑、赏这八种治理国家的方法,以及忠、孝、贤、智这些做人的道德原则,文韬武略、审时度势的才能,这些都是时时存在的,并不会刻意向某人隐瞒。不是在唐尧、商汤的圣明时代它们就自动显露出来,到了夏桀、商纣的昏乱时期它们就故意避开了。关键是在于对它们的运用实施,运用恰当天下就能大治,不恰当就天下大乱荀子说:古代后羿的射箭方法虽然没有消亡,但他去世后,再也没有出现象后羿那样善射的人了;大禹的治国方法虽然还存在,但他建立的夏朝也没能一代一代传下去,到了桀的手里就被断送了。因此方法制度不能脱离人而独立存在,它在善于运用的人手里就能传承,遇到不善于运用的人就只能消亡。《庄子》称:宋国有一个人善于制造一种护肤药,人手涂上这种药冬天也不会皲裂。他家世世代代以漂布为生,冬天手不开裂,靠的就是这种药。有位过路的客人听说了这件事,想用一百两金子买下这种药的秘方。后来客人买到了这种秘方,拿去说服吴王用这种秘方制药。后来越国进犯吴国,吴王任命这位客人担任将军,带兵抵抗。到了冬天,吴军与越军打水战,由于吴军使用了这种护肤药,手足不开裂,战斗力增强,便得以大败越军。客人立了大功,分到了领地,封了侯。同样都拥有这种不皲手的护肤药,客人利用它立下战功,封侯拜将,而那家宋国人却只能以漂布为生。之所以出现这样大的差异,就是运用的方法不同。因此我们知道,好制度每个时代都会有,关键看你会用不会用了。

是非第十四

原文

夫损益殊途，质文异政。或尚权以经纬，或敦道以镇俗。是故前志垂教，今皆可以理违。何以明之？

是曰《大雅》①云：既明且哲，以保其身。《易》曰：天地之大德曰生。非曰语曰：士见危致命。又曰：君子有杀身以成仁，无求生以害仁。

是曰《管子》曰：疑今者察之古，不知来者视之往。古语曰：与死人同病者，不可生也；与亡国同事者，不可存也。非曰《吕氏春秋》曰：夫人以食死者，欲禁天下之食，悖矣；有以乘舟死者，欲禁天下之船，悖矣；有以用兵丧其国者，欲偃天下之兵，悖矣。杜恕②曰："夫奸臣贼子，自古及今，未尝不有。百岁一人，是为继踵；千里一人，是为比肩。而举以为戒，是犹一噎而禁人食也，噎者虽少，饿者必多。"

---

① 《大雅》：《诗经》的组成部分之一。《大雅》多为写西周王室贵族的作品，主要歌颂周王室祖先乃至武王等之功绩，有些诗篇也反映了厉王、幽王的暴虐昏乱及其统治危机。

② 杜恕：三国时魏国人，字务伯。曾为散骑黄门侍郎。后为幽州刺史，为程喜劾奏，徙章武郡卒。杜恕在朝中不结朋党，专心公事，每有政事得失，都据引纲纪来说理。在章武郡时写《体论》八篇，又作《兴性论》一篇。

是曰孔子曰："恶讦以为直。"非曰《管子》曰：恶隐恶以为仁者。魏曹羲①《至公论》曰：夫代人所谓掩恶扬善者，君子之大义；保明同好者，朋友之至交。斯言之作，盖闾阎之日谈。所以收爱憎之相谤，非笃正之至理，折中之公议也。世士不料其数而系其言，故善恶不分，以覆过为弘也。朋友忽义，以雷同为美也。善恶不分，乱实由之。朋友雷同，败必从焉。谈论以当实为情，不以过难为贵；相知以等分为交，不以雷同为固。是以达者存其义，不察于文；识其心，不求于言。

是曰《越绝书》②曰：炫女不贞，炫士不信。非曰《汉书》曰：大行不细谨，大礼不让辞。

是曰黄石公曰："务广地者荒，务广德者强。有其有者安，贪人有者残。残灭之政，虽成必败。"非曰司马错③曰："欲富国者，务广其地；欲强兵者，务富其人；欲王者，务博其德。三资者备，而后王业随之。"

是曰《传》曰：心苟无瑕，何恤乎无家？语曰：礼义之不愆，何恤乎人言？非曰语曰：积毁销金，积谗磨骨，众羽溺舟，群轻折轴。

是曰孔子曰："君子不器，圣人智周万物。"非曰《列子》④曰：天地无全功，圣人无全能，万物无全用全，备也。故天职生覆，地职载形，圣职教化。

---

① 曹羲：三国时魏国人，曹真之子，曹爽之弟。魏明帝曹睿去世后，曹爽和司马懿同受托孤辅政。曹爽排挤司马懿，将诸兄弟均进封为朝廷要职，曹羲受封中领军，掌握禁兵。曹爽经常外出狩猎，曹羲恐他人暗算，出言劝谏，但不被采纳。终于，司马懿借曹爽兄弟外出之际发动政变，曹爽兄弟均被剥夺兵权，不久以谋反罪斩首。著有《至公论》。

② 《越绝书》：地方志著作，记载的内容以春秋末年至战国初期吴越争霸的历史事实为主干，上溯夏禹，下迄两汉，旁及诸侯列国，对这一历史时期吴越地区的政治、经济、军事、天文、地理、历法、语言等多有所涉及，被誉为"地方志鼻祖"。其中有些记述，不见于现存其他典籍文献，而为此书所独详；有些记述，则可与其他典籍文献互为发明，彼此印证。

③ 司马错：战国时秦将。秦惠王听取司马错的主张，兴兵灭蜀，因以司马错为蜀郡守。

④ 《列子》：道家重要著作，亦称《冲虚真经》。旧题周朝（战国）列御寇撰。现存8篇，为东晋张堪辑集作注。内容多为民间故事、寓言和神话传说，以之寓托思想。

是非第十四

是曰孔子曰："君子坦荡荡，小人长戚戚。"非曰孔子曰："晋重耳①之有霸心也，生于曹、卫；越勾践之有霸心也，生于会稽。故居下而无忧者，则思不远；覆身而常逸者，则志不广。"

是曰韩子曰："古之人，目短于自见，故以镜观面；智疑于自知，故以道正己。"非曰老子曰："反听之谓聪，内视之谓明，自胜之谓强。"

是曰唐且②曰："专诸③怀锥刀而天下皆谓之勇，西施被短褐而天下称美。"非曰《慎子》曰：毛嫱、西施，天下之至姣也，衣之以皮倛，则见者皆走；易之以玄绤，则行者皆止。由是观之，则玄绤，色之助也，姣者辞之，则色厌矣。

是曰项梁曰："先起者制服于人，后起者受制于人。"《军志》④曰：先人有夺人之心。非曰史佚⑤有言曰：无始祸。又曰：始祸者死。语曰：不为祸始，不为福先。

是曰《慎子》曰：夫贤而屈于不肖者，权轻也；不肖而服于贤者，位尊也。尧为匹夫，不能使其邻家。及至南面而王，则令行禁止。由此观之，贤不足以服物，而势位足以屈贤矣。非曰贾子曰："自古至今，与民为仇者，有迟有速耳，而民必胜之矣。故纣自谓天王也，而桀自谓天父也，已灭之后，民亦骂之也。以此观之，则位不足以为尊，而号不足以为荣矣。"

---

① 重耳：即晋文公，春秋时晋国国君，晋献公之子，晋惠公之兄。他于公元前636年做晋国国君，在位时间仅八年。在做国君之前，他被迫流亡列国，历时达十九年之久。他是春秋时代第一强国的缔造者，开创了晋国长达一个多世纪的中原霸权。

② 唐且：即唐雎，战国时魏国人。在他九十多岁的时候，齐国、楚国攻打魏国，魏国向秦国求救，秦国按兵不动。唐雎向西游说秦王发兵去救魏国，魏国因此得以保全。

③ 专诸：春秋末吴国人，勇士。吴王僚代嫡继位，公子光不服，与伍子胥密计派专诸谋刺。在一次宴会上，专诸置匕首于炙鱼腹中，乘进肴之便，当场刺死吴王僚，他也被格杀。公子光即位，封其子为上卿。

④ 《军志》：反映西周军事思想的兵书，是中国最早的兵书。《军志》反映出的军事思想，大体可归结为三个方面：提出人心向背是战争胜负决定因素的战争观念；主张不要好战、穷兵黩武的战争原则；强调建立在量力而行基础上灵活的战术思想。

⑤ 史佚：周代史官，以秉笔直书著称于世。

卷三　文下

是曰汉景帝时，辕固①与黄生②争论于上前。黄生曰："汤、武非受命，乃杀也。"固曰："不然。夫桀、纣荒乱，天下之心皆归汤、武。汤、武与天下之心而诛桀、纣。桀、纣之人，弗为使而归汤、武，汤、武不得已而立，非受命为何？"非曰黄生曰："冠虽敝，必加于首；履虽新，必贯于足。何者？上下之分也。今桀、纣虽失道，然君上也；汤、武虽圣，臣下也。夫主有失行，臣不正言匡过以尊天子，反因过而诛之，代立南面，非杀而何？"

是曰太公曰："明罚则人畏慑，人畏慑则变故出。明赏则不足，不足则怨长。故明王之理人，不知所好，不知所恶。"非曰《文子》曰：罚无度则戮而无威，赏无度则费而无恩。故诸葛亮曰："威之以法，法行则知恩；限之以爵，爵加则知荣。"

是曰《文子》曰：人之化上，不从其言，从其行也。故人君好勇，而国家多难；人君好色，而国昏乱。非曰秦王曰："吾闻楚之铁剑利而倡优拙。夫铁剑利则士勇，倡优拙则思虑远。以远思虑御勇士，吾恐楚之图秦也。"

是曰《墨子》③曰：虽有贤君，不爱无功之臣；虽有慈父，不爱无益之子。非曰曹子建④曰："舍罪责功者，明君之举也；矜愚爱能者，慈父之恩也。"《三略》⑤曰：含气之类，皆愿得申其志。是以明君贤臣，屈己申人。

是曰《传》曰：人心不同，其犹面也。曹子建曰："人各有好尚，兰

---

① 辕固：西汉人。景帝时，因为擅长研究《诗经》被任命为博士。齐地因为研究《诗经》得到功名的，基本上都是他的弟子。

② 黄生：西汉时黄老学说的代表，司马迁父亲司马谈的老师。

③ 《墨子》：墨家学派代表作，是战国时墨子的弟子及其再传弟子对墨子言行的记录。《墨子》分两大部分：一部分是记载墨子言行，阐述墨子思想，主要反映了前期墨家的思想；另一部分《经上》、《经下》、《经说上》、《经说下》、《大取》、《小取》等六篇，一般称作墨辩或墨经，着重阐述墨家的认识论和逻辑思想，还包含许多自然科学的内容，反映了后期墨家的思想。

④ 曹子建：即曹植，三国时魏国文学家，字子建，曹操第三子，曹丕之弟。今存诗文约一百二十余篇（首）。

⑤ 《三略》：原称《黄石公三略》，相传作者为汉初隐士黄石公。《三略》是中国古代的一部著名兵书，与《六韬》齐名。此书侧重于从政治策略上阐明治国用兵的道理，不同于其他兵书。它是一部糅合了诸子各家的某些思想，专论战略的兵书。

是非第十四

芷荪蕙之芳，众人所好，而海畔有逐臭之夫；《咸池》、《六英》之发，众人所乐，而墨子有非之之论，岂可同哉？"非曰语曰：以心度心，间不容针。孔子曰："其恕乎！己所不欲，勿施于人。"

是曰《管子》曰：仓廪实，知礼节，衣食足，知荣辱。非曰古语曰：贵不与骄期而骄自至，富不与侈期而侈自来。

是曰语曰：忠无不报。非曰《左传》曰：乱代则谗胜直。

是曰韩子曰："凡人之大体，取舍同则相是，取舍异则相非也。"《易》曰：同声相应，同气相求，水流湿，火就燥，云从龙，风从虎。非曰《易》曰：二女同居，其志不同。语曰：一栖不两雄，一泉无二蛟。又曰：凡人情以同相妒。故曰同美相妒，同贵相害，同利相忌。

是曰韩子曰："释法术而以心理，尧、舜不能正一国；去规矩而妄意度，奚仲①不能成一轮。使中主守法术，拙匠执规矩，则万不失矣。"非曰《淮南子》曰：夫矢之所以射远贯坚者，弓弩力也；其所以中的剖微者，人心也。赏善罚暴者，政令也；其所以行者，精诚也。故弩虽强，不能独中；令虽明，不能独行。杜恕曰："世有乱人，而无乱法。若使法可专任，则唐、虞不须稷、契之佐，殷、周无贵伊、吕之辅矣。"

是曰虑不先定，不可以应卒；兵不先办，不可以应敌。《左传》曰：豫备不虞，古之善政。非曰《左传》曰：士芳②谓晋侯曰："臣闻之，无丧而戚，忧必仇之；无戎而城，仇必保焉。"《春秋外传》曰：周景王将铸大钱，单穆公曰："不可。古者天灾降戾，于是乎量资币，权轻重，以振救人。夫备预，有未至而设之修国备也。预备不虞，安不忘危，有至而后救之者救火、疗疾，量资币之属，是不相入也二者先后各有宜，不相入。可先而不备，谓之怠怠，缓也；可后而先之，谓之召灾谓人未有患，轻而重之，离人匮财，是以召灾也。周固赢国也，天未厌祸焉，而又离人以佐灾，无乃不可乎？"

是曰《左传》曰：古人有言，一日纵敌，数代之患也。非曰晋、楚遇于

---

① 奚仲：造车的鼻祖，相传为夏禹时人，因造车有功，被大禹封为车服大夫。
② 士芳：春秋时晋国大夫。曾为晋献公设法解除桓庄之族的进逼。此处引文，系士芳筑城不慎，回答晋侯责备时的话。

卷三　文下

鄢，范文子①不欲战，曰："吾先君之亟战也有故。秦、狄、齐、楚皆强，不尽力，子孙将弱。今三强服矣齐、秦、狄矣，敌，楚而已。唯圣人能内外无患。自非圣人，外宁必有内忧骄而亢，则忧患生，盍释楚以为外惧乎？"

是曰《三略》曰：无使仁者主财，为其多恩施而附于下。非曰陶朱公中男杀人，囚于楚。朱公欲使其少子，装黄金千镒，往视之。其长男固请，乃使行。楚杀其弟。朱公曰："吾固知必杀其弟。是长与我俱见苦为生之难，故重其财。如少弟生见我富，乘坚驱良，逐狡兔，岂知财所从来？固轻弃之。今长者果杀其弟，事理然也。无足悲。"

是曰语曰：禄薄者不可与入乱，赏轻者不可与入难。《慎子》曰：先王见不受禄者不臣，禄不厚者，不与入难。非曰田单将攻狄，见鲁仲子②，仲子曰："将军攻狄，弗能下也。何者？昔将军之在即墨，坐而织蒉，立而杖插，为士卒唱，此所以破燕。今将军东有掖邑之奉，西有菑上之娱，黄金横带，而驰乎淄、渑之间，有生之乐，无死之心，所以不胜也。"后果然。

是曰语曰：贫贱之交不可忘，糟糠之妻不下堂。非曰语曰：交接广而信衰于友，爵禄厚而忠衰于君。

是曰《春秋后语》③曰：楚春申君使孙子为宰。客有说春申君曰："汤以亳，武王以鄗，皆不过百里，以有天下。今孙子，贤人也，而君藉之百里之势，臣窃为君危之。"春申君曰："善。"于是使人谢孙子。孙子去之赵。赵以为上卿。非曰客又说春申君曰："昔伊尹去夏入殷，殷王而夏亡；管仲去鲁入齐，鲁弱而齐强。夫贤者之所在，其君未尝不尊，其国未尝不荣也。今孙子，贤人也，君何为辞之？"春申君又曰："善。"

---

① 范文子：即士燮，春秋时晋国大夫，晋国大臣士会之子。由于士会在晋国政坛长达40年的努力，使范氏成为晋国几个强大的家族之一。文子继承了乃父的不少品德，为人更显敦厚与耿直，更具长者风范。

② 鲁仲子：即鲁仲连、鲁连，战国时齐国人。常为人排难解纷，不计报酬。

③ 《春秋后语》：西汉孔衍撰。他比较《史记》和《战国策》的不同与相同，删削这二种史书，汇聚成一种记载，起名称叫做《春秋后语》。除掉东周、西周二周和宋、卫、中山四国史事，它所保留的只是剩下的秦、齐、燕、楚、三晋七国。《春秋后语》记事起自于秦孝公，结束于楚汉之际。

是非第十四

复使人请孙子。

是曰韩宣王谓摎留曰："吾欲两用公仲①、公叔②，其可乎？"对曰："不可。晋用六卿而国分，简公用田成、阚止③而简公弑，魏两用犀首④、张仪⑤，而西河之外亡。今王两用之，其多力者，内树其党；其寡力者，又藉于外权。群臣或内树其党，以擅主命；或外为势交，以裂其地，则王之国危矣。"又曰："公孙衍为魏将，与其相田儒不善。季文子为衍说魏王曰：'王独不见夫服牛骖骥乎？不可百步。今王以衍为可使将，固用之也，而听相之计，是服牛骖骥之道，牛马俱死而不成其功，则王之国伤矣，愿王察之。'"非曰《傅子》曰：天地至神，不能同道而生万物；圣人至明，不能一检而治百姓。故以异致同者，天地之道也；因物制宜者，圣人之治也。既得其道，虽有相害之物，不伤乎治体矣。水火之性，相灭也。善用之者，陈鼎釜乎其间，爨之煮之，而能两尽其用，不相害也。天下之物，为水火者多矣，何忧乎相害？何患乎不尽其用耶？《易》曰：天地睽而其事同也，男女睽而其志通也，万物睽而其事类也。

是曰陈登⑥为吕布说曹公曰："养吕布譬如养虎，常须饱其肉，不饱则噬人。"非曰曹公曰："不似卿言。譬如养鹰，饥则为人用，饱则扬去。"

是曰刘备来奔曹公，曹公以之为豫州牧。或谓曹公曰："备有雄志，今不早图，后必为患。"曹公以问郭嘉，嘉曰："有是。然公提剑起义兵，为百姓除暴，推诚仗信，以召俊杰，犹惧其未来也。今备有英雄之名，以穷归己而害之，以害贤为名，则智士将自疑，回心择主，公谁与定天下者？夫除一人之患，以沮四海之望，安危之机，不可不察。"曹公曰："善。"非曰傅子称，郭嘉言于太祖曰："备有雄志而甚得众心，关

---

① 公仲：战国时韩国贵族，曾为韩相。
② 公叔：战国时韩国贵族，曾为韩相。
③ 阚止：春秋时齐悼公家臣，字子我。受宠于齐简公。
④ 犀首：即公孙衍。战国时纵横家，曾佩五国相印。
⑤ 张仪：战国时纵横家，魏国人，游说入秦，首创连横之策。
⑥ 陈登：三国时魏国人，字元龙。在广陵地区素有威望名声。曾经担任伏波将军。陈登忠心为主，为人爽朗，性格沈静，有深谋大略，年轻时，有扶世济民之志。

羽、张飞皆万人之敌也，为之死用。以嘉观之，其谋未可测也。古人有言曰：一日纵敌，数世之患。宜早为之所。"曹公方招怀英雄，以明大信，未得从嘉谋。

是曰《家语》①曰：子路问孔子曰："请释古之道，而行由之意，可乎？"子曰："不可也。昔东夷慕诸夏之礼，有女而寡，为内私婿，终身不嫁。不嫁则不嫁矣，然非贞节之义也。仓吾娆音奴鸟反取妻而美，让与其兄。让则让矣，然非礼让之让也。今子欲舍古之道而行子之意，庸知子意以非为是乎？"语曰：变古乱常，不死则亡。《书》云：事弗师古，以克永代，匪说攸闻。非曰赵武灵王欲胡服，公子成不悦。灵王曰："夫服者，所以便用；礼者，所以便事。圣人观乡而顺宜，因事而制礼，所以利其人而厚其国。夫剪发文身，错臂左衽，瓯越之人也。黑齿雕题，鲲冠秫缝，大吴之国也。故礼服莫同，而其便一也。乡异而用变，事异而礼易。是以圣人谋可以利其国，不一其用；谋可以便其礼，不法其故。儒者一师而俗异，中国同礼而离教，况于山谷之便乎？故去就之变，智者不能一；远迩之服，贤圣莫能同。穷乡多异俗，曲学多殊辩。今叔父之言，俗也；吾之所言，以制俗也。叔父恶变服之名，以忘效事之实，非寡人之所望也。"公子成遂胡服。

是曰移风易俗，莫善于乐。非曰孟子曰："天道因则大，化则细。因也者，因人之情也。"

是曰李寻②曰："夫以喜怒赏诛，而不顾时禁，虽有尧、舜之心，犹不能致和平。善言古者，必有效于今；善言天者，必有征于人。设上农夫欲冬田，虽肉袒深耕，汗出种之，犹不生者，非人心不至，天时不得也。《易》曰：时止则止，时行则行，动静不失于时，其道光明。《书》曰：敬授人时。故古之王者，尊天地，重阴阳，敬四时，严月令，顺之以善

---

① 《家语》：即《孔子家语》，儒家典籍。原二十七篇，久佚。今本十卷四十四篇，为三国魏人王肃所传。书中杂采先秦两汉诸书所载有关孔子的遗文佚事，保存了一些古本书籍的记载。

② 李寻：西汉大臣，字子长。早年研究《尚书》，擅长《洪范篇》里的灾异学说，后来又学习天文、月令、阴阳等。汉哀帝时为黄门侍郎、骑都尉。因支持方士夏贺良等改元乱政，被流放到敦煌郡。

政，则和气可立致，犹枹鼓之相应也。"非曰太公谓武王曰："天无益于兵胜。而众将所居者九：法令不行而任侵诛，无德厚而用日月之数，不顺敌之强弱而幸于天，无智虑而候氛气，少勇力而望天福，不知地形而归过于时，敌人怯弱，不敢击而信龟策，士卒不勇而法鬼神，设伏不巧而任背向之道。凡天道鬼神，视之不见，听之不闻，不可以决胜败，故明将不法。"司马迁曰："阴阳之家使人拘而多忌。"范晔曰："阴阳之道，其弊也巫。"

是曰翼奉①曰："治道之要，在知下之邪正。人诚向正，虽愚为用；若其怀邪，智益为害。"非曰夫人主莫不爱己也；莫知爱己者，不足爱也。故桓子曰："捕猛兽者，不令美人举手；钓巨鱼者，不使稚子轻预。"非不亲也，力不堪也。奈何万乘之主，而不择人哉？故曰夫犬之为猛，有非则鸣吠，而不遑于夙夜，此自效之至也。昔宋人有沽酒者，酒酸而不售，何也？以有猛犬之故。夫犬知爱其主，而不能为其主虑酒酸之患者，智不足也。

是曰语曰：巧诈不如拙诚。非曰晋惠帝②为太子，和峤③谏武帝曰："季世多伪，而太子尚信，非四海之主，忧不了陛下家事。"武帝不从。后惠帝果败。

是曰《左传》曰：孔子叹子产曰："言以足志，文以足言，不言谁知其志？言之无文，行而不远。晋为伯，郑入陈，非文辞而不为功。慎辞也哉。"《论语》④曰：诵诗三百，授之以政，不达；使于四方，不能专对。虽多，亦奚以为？非曰汉文帝登虎圈，美啬夫口辩，拜为上林令。张

---

① 翼奉：字少君，西汉经学家，《齐诗》翼氏学派鼻祖。早年与萧望之、匡衡同时跟随后苍学习《齐诗》。元帝初待诏宦者署，后任中郎博士谏大夫。他解释《诗经》经常把意思附会到阴阳五行上去。

② 晋惠帝：即司马衷，字正度，西晋武帝第二子。除贪图享乐外别无所知。即位后不理政事，由贾后擅权。后为东海王司马越毒死。

③ 和峤：西晋大臣，字长舆。少有盛名，起家太子舍人，武帝时为黄门侍郎，迁中书令，深受器重。他富比王侯，但生性吝啬，时人谓之有"钱癖"。

④ 《论语》：儒家经典，孔子弟子及其后学关于孔子言行思想的记录，亦有弟子之间及弟子与再传弟子之间的谈话记录。书约成于战国初期。

卷三 文下

释之①前曰："陛下以绛侯周勃何如人也？"上曰："长者。"又问曰："东阳侯张相如②何如人也？"上复曰："长者。"释之曰："此两人言事，曾不能出口，岂效此啬夫，喋喋利口捷给哉！且秦以任刀笔之吏，争以函，疾苛察相高。然其弊徒文具耳，亡恻隐之实，以故不闻其过，陵迟至于二世，天下土崩。今陛下以啬夫口辞而超迁之，臣恐天下随风而靡，争口辩，无其实，且下之化上，疾于影响。举错之间，不可不审。"帝乃止。

是曰太史公曰："《春秋》推见至隐，《易》隐以之显。《大雅》言王公大人，而德建黎庶，《小雅》③讥己之得失，其流及上。所言虽殊，其合德一也。相如④虽虚辞滥说，然其要归，引之节俭，此与《诗》之讽谏何异？"非曰扬雄以为，赋者，将以讽也。必推类而言，极丽靡之辞，闳侈钜衍，竞于使人不能加也，既乃归之于正。然览已过矣。往时武帝好神仙，相如上《大人赋》欲以讽帝，帝反漂漂有凌云之志。由是言之，赋劝而不止，明矣。又颇类俳优，非法度所存。贤人君子，诗赋之正也。

是曰《淮南子》曰：东海之鱼名鲽音士盍反。与床榻字同，比目而行；北方有兽，名曰娄，更食，更候；南方有鸟，名曰鹣音兼，比翼而飞。夫鸟兽鱼鲽，犹知假力，而况万乘之主乎？独不知假天下之英雄俊士，与之为伍，岂不痛哉！非曰狐卷子⑤曰："父贤不过尧而丹朱⑥放；兄贤不过周公而管叔诛；臣贤不过汤、武而桀、纣伐。况君之欲治，亦须从身始，人何可恃乎？"

是曰孔子曰："不患无位，患己不立。"非曰孔子厄于陈、蔡，子路愠见

---

① 张释之：西汉初法律学家，字季。曾事汉文帝、汉景帝二朝，官至廷尉，以执法公正不阿闻名。
② 张相如：西汉大臣。高祖六年为中大夫，以河间守击陈豨，力战有功。文帝十一年封东阳武阳，食邑一千三百户。十三年为大将军，率军赶走匈奴。
③ 《小雅》：《诗经》中的一部分，共74篇，其中最突出的是关于战争和劳役的作品。
④ 相如：此指司马相如，西汉文学家，字长卿。少名犬子，因慕蔺相如之为人，遂更名相如。所著赋原集已佚，明人辑有《司马文园集》。
⑤ 狐卷子：战国时魏国人。他口才很好，脑子很聪明，对国家政治经常有深刻独到的见解，他与魏国君主探讨国家大事的对话，在史书中多有记载。此处引文，系他回答魏文侯所问父、子、兄、弟、臣"贤足恃乎"时的话。
⑥ 丹朱：传说为尧之子。母散宜氏。原名朱，因居丹水，故名丹朱。性傲狠，喜漫游。

曰:"昔闻诸夫子,积善者,天报以福。今夫子积义怀仁久矣,奚居之穷也?"子曰:"由,未之识也,吾语汝。汝以仁者为必信耶?则伯夷、叔齐①为不饿首阳。汝以智者为必用耶?则王子比干不见剖心。汝以忠者为必报耶?则关龙逄②不见刑。汝以谏者为必听耶?则伍子胥不见杀。夫遇不遇者,时也;贤不肖者,才也。君子博学深谋而不遇时者,众矣,何独丘哉?"

是曰神农形悴,唐尧瘦臞,舜黎黑,禹胼胝,伊尹负鼎而干汤,吕望鼓刀而入周,墨翟无黔突,孔子无暖席③。非以贪禄位,将欲起天下之利,除万人之害。非曰李斯④以书对秦二世云:"《申子》曰:有天下而不恣睢,命之曰以天下桎。若尧、舜然,故谓之桎也。夫以人徇己,则己贵而人贱;以己徇人,则己贱而人贵。故徇人者贱,而所徇者贵。自古及今,未有不然。夫尧、禹以身徇天下,谓之桎者,不亦宜乎?"

是曰《论语》曰:举逸人,天下之人归心焉。魏文侯⑤受艺于子夏⑥,敬段干木⑦,过其庐,未尝不式。于是秦欲伐魏,或曰:"魏君贤,国人称仁,上下和洽,未可图也。"秦王乃止。由此得誉于诸侯。非曰韩子曰:"夫马似鹿,此马值千金。今有千金之马,而无一金之鹿者,何也?马为人用而鹿不为人用。今处士不为人用,鹿类也。所以太公至齐而斩

---

① 伯夷、叔齐:商末孤竹国君之长子、少子。伯夷名允,叔齐名致。父死,遗命立叔齐为嗣君,叔齐坚辞不受,让给长兄伯夷,伯夷也不接受,弟兄互让,相偕出逃去周,投靠西伯姬昌。西伯死后,武王发兵灭商,他俩叩马进谏,认为父丧用兵,是"不孝不仁",但武王不听。武王灭商后,他俩愤而逃到首阳山,不食周粟而饿死。
② 关龙逄:又作豢龙逄,古代豢龙氏之后,夏朝大夫。夏桀作酒池,荒淫放荡,疏于政事,他极力抗辩劝阻,被桀囚禁杀害。
③ 黔突、暖席:又作"孔席墨突",成语,指孔子、墨翟四处奔走游说,常常连席子都没坐热,烟囱都没烧黑就走了。
④ 李斯:秦朝丞相。为秦王统一全国出谋划策。秦始皇死后,他与赵高合谋,伪造诏书,逼迫公子扶苏自杀,立始皇少子胡亥为二世皇帝。后遭赵高所忌,诬以谋反罪,腰斩于咸阳,灭三族。
⑤ 魏文侯:即魏斯,战国初魏国建立者。晚年任李悝为相,吴起、乐羊为将,西门豹为邺令,积极奖励耕战,支持变法改革。从此魏国日益富强,开始称雄诸侯。
⑥ 子夏:即卜商,春秋末晋国人。孔子得意门生,以文学见称。晚年讲学西河。
⑦ 段干木:战国时魏国人。少时贫贱,游西河,师事子夏。与田子方、李悝、吴起等居于魏,众人皆为将,唯段干木守道不仕。

华士，孔子为司寇而诛少正卯①。"赵主父②使李疵视中山可攻否。还报曰："可攻也。其君好见岩穴之士、布衣之人。"主父曰："如子之言，是贤君也，安可攻？"李疵曰："不然。夫上显岩穴之士，则战士殆；上尊学者，则农夫惰。农夫惰则国贫，战士殆则兵弱。兵弱于外，国贫于内，不亡何待？"主父曰："善。"遂灭中山。

是曰《汉书》曰：陈平云：我多阴谋，道家所禁。吾世即废亡已矣，终不能复起，以吾多阴祸也。其后玄孙坐酎金失侯。非曰《后汉》范晔论耿弇③曰："三代为将，道家所忌，而耿氏累叶以功名自终。将其用兵，欲以杀止杀乎？何其独能崇也？"

是曰《易》曰：崇高莫大于富贵。又曰：圣人之大宝曰位。非曰孙子为书谢春申君曰："鄙谚曰：厉人怜王。此不恭之言也。虽然，古无虚谚，不可不审察也。此为劫杀死亡之主言也。夫人主年少而矜材，无法术以知奸，则大臣主断图私，以禁诛于己也。故杀贤长而立幼弱，废正嫡而立不义。《春秋》戒之曰：楚王子围聘于郑，未出境，闻王病，反问病，遂以冠缨绞王杀之，因自立也。齐崔杼④之妻美，庄公通之。崔杼率其党而攻庄公，庄公走出，逾于外墙。射中其股，遂杀之而立其弟。近代李兑用赵，饿主父于沙丘，百日而杀之。淖齿⑤用齐，擢闵王⑥之

---

① 少正卯：春秋末鲁国人。相传他曾聚徒讲学，与孔子持论相反，影响颇大，使孔门"三盈三虚"。后被孔子所杀。
② 赵主父：即赵武灵王，战国时赵国国君，曾提倡胡服骑射。在位时移风易俗，国力渐强。先后灭中山，破林胡，败楼烦，拓地燕代。后让位给少子何，引起内乱，被困沙丘宫，饿死。
③ 耿弇：东汉初将领，字伯昭。更始帝在位时，率上谷的军队投奔刘秀，任大将军，随从平定王郎，镇压铜马、赤眉起义军。刘秀即位后，任为建威大将军。建武二年，封好畤侯。明帝时列为云台二十八将之一。
④ 崔杼：春秋时齐国大夫。棠公死，崔杼吊唁时发现棠姜很美，就娶了她。齐庄公与棠姜私通，崔杼遂弑庄公，立景公而自为相国。后为庆封所杀。
⑤ 淖齿：楚国将领。燕国乐毅率赵、秦、韩、魏、燕五国大军伐齐，齐湣王向楚国求救，楚顷襄王派淖齿率兵救齐，淖齿被齐湣王任命为齐相。后淖齿将齐湣王抽筋悬于庙堂之上杀死，与燕国一起瓜分了齐国的土地和宝器，后被齐人王孙贾率莒城中军民四百刺杀而死。
⑥ 闵王：即齐湣王。齐宣王之子，名地。因兵力甚盛，想并周室为天子，遭到燕、秦、楚、三晋合谋讨伐，逃亡到卫，又出走邹鲁，均不收纳，遂走莒，被楚使淖齿杀死。

筋，悬于庙梁，宿昔而死。夫厉虽肿胞之疾，上比前代，未至绞缨、射股也；下比近代，未至擢筋、饿死也。夫劫杀死亡之主，心之忧劳，形之困苦，必甚于厉矣。由此观之，厉虽怜王，可也。"

是曰《易》曰：备物致用，立成其器以为天下利者，莫大于圣人。非曰《庄子》曰：圣人不死，大盗不止。虽重圣人而治天下，则是重利盗跖也。为之斗斛以量之，则并与斗斛而窃之；为之权衡以称之，则并与权衡而窃之；为之符玺以信之，则并与符玺而窃之；为之仁义以教之，则并与仁义而窃之。何以知其然耶？彼窃钩者诛，窃国者为诸侯。诸侯之门，而仁义存焉，则是非窃仁义圣智耶？故逐于大盗，揭诸侯，窃仁义，并斗斛、权衡、符玺之利，虽有轩冕之赏弗能劝，斧钺之威弗能禁。此重利盗跖，而使不可禁者，是乃圣人之过也。故曰国之利器，不可以示人。彼圣人者，天下之利器也，非所以明天下也。

是曰《论语》曰：君子固穷，小人穷，斯滥矣。非曰《易》曰：穷则变，通则久。是以自天佑之，吉，无不利。太史公曰："鄙人有言，何知仁义？以飨其利者为有德。故伯夷丑周，饿死首阳山，而文、武不以其故贬王。跖、跻暴戾，其徒诵义无穷。由此观之，窃钩者诛，窃国者为诸侯。诸侯之门，仁义存焉，非虚言也。今拘学或抱咫尺之义，久孤于代，岂若卑论侪俗，与代沉浮而取荣名哉？"

是曰东平王苍①曰："为善最乐。"非曰语曰：时不与善，已独由之，故曰非妖则妄。

是曰庞统②好人伦，勤于长养，每所称述，多过于才。时人怪而问之，统曰："当今天下大乱，正道凌迟，善人少而恶人多。方欲兴风俗，长道业，不美其谈，则声名不足慕企。不足慕企，而为善者少矣。今拔十失五，犹得其半，而可以崇迈代教，使有志者自励，不亦可乎？"非曰《人

---

① 东平王苍：即东平王刘苍，东汉光武帝刘秀之子。少好经书，先后封东平公、东平王。明帝时拜骠骑将军，位在三公之上。后以皇帝至亲的身份辅政，声望日重，恐遭猜忌，数次上书乞退。

② 庞统：东汉末刘备谋士，字士元。初与诸葛亮齐名，号称"凤雏"。经鲁肃和诸葛亮推荐，得刘备器重，与诸葛亮并为军师中郎将。建安十九年，在进攻雒县时中流矢而死。

卷三 文下

物志》曰：君子知自损之为益，故功一而美二。小人不知自益之为损，故伐一而并失。由此论之，则不伐者，伐之也；不争者，争之也；让敌者，胜之也。是故郤至①上人，而柳下滋甚；王叔②好争，而终于出奔。蔺相如以回车取胜于廉颇③；寇恂④以不斗取贤于贾复⑤。物势之反，乃君子所谓道也。

是曰《孝经》⑥曰：居家理，治可移于官。非曰郦生落魄，无以为衣食业。陈蕃云："大丈夫当扫天下，谁能扫一室！"

是曰公孙弘曰："力行近乎仁，好问近乎智，知耻近乎勇。知此三者，知所自理。知所以自理，然后知所以理人。天下未有不能自理而能理人者也。此百代不易之道。"非曰《淮南子》曰：夫审于毫厘之计者，必遗天下之数；不失小物之选者，惑于大事之举。今人才有欲平九州，存危国，而乃责之以闺阁之礼，修乡曲之俗，是犹以斧剪毛，以刀伐木，皆失其宜矣。

是曰商鞅谓赵良⑦曰："子之观我理秦，孰与五羖大夫⑧贤乎？"赵良曰："夫五羖大夫，荆之鄙人也。闻缪公⑨之贤，而愿望见。行而无资，自鬻于

---

① 郤至：春秋晋景公时为温大夫，又称温季。
② 王叔：即王子虎，姬姓，东周皇室，周襄王季父，为太宰。
③ 廉颇：战国时赵国名将。以勇敢善战闻名于诸侯。惠文王时，率兵破齐，拜为上卿。公元前251年，他大破燕军，任相国，封信平君。晚年悒郁不得志，奔魏、适楚，死于寿春。
④ 寇恂：东汉初将领，字子翼。初为郡里的功曹，劝说太守耿况南迎刘秀，拜偏将军。后因功封雍奴侯。平素好学，修乡校，教生徒，经明行修，人称长者。
⑤ 贾复：东汉将领，字君文。少好学，习《尚书》，刘秀任命他为都护将军。跟随刘秀讨伐青犊军有功，拜执金吾，迁左将军。光武帝即位后，封胶东侯，明帝时，列为云台二十八将之一。
⑥ 《孝经》：儒家经典。主张孝是德之根本，以不亏体、不辱身、扬名显亲等为孝的重要内容，规定天子、诸侯、卿大夫、士及庶人之孝的不同内容，强调以孝治天下。
⑦ 赵良：战国时秦国人，商鞅变法时，曾代表贵族集团去见商鞅。开始时，赵良劝说商鞅让位，后来又劝商鞅取消残酷的刑罚，最后威胁商鞅，说他不遵守旧制，早晚要失败的。后来商鞅果然被车裂。
⑧ 五羖大夫：即百里奚，春秋时秦国大夫。少家贫困，乞食于齐，曾以养牛谋生。后为虞国大夫，晋献公灭虞后被虏，作为陪嫁的媵臣押送秦国。中途逃走，又被楚人捉去。秦穆公以五张黑牡羊皮将他赎回，故号"五羖大夫"。
⑨ 缪公：即秦穆公嬴任好，春秋时秦国国君。重用百里奚、蹇叔等人，奋发图强。向西开拓疆土千余里，称霸西戎。

秦客,被褐饭牛。缪公知之,举之牛口之下,而加之百姓之上,秦国莫敢望焉。今君之见秦王也,因嬖人景监以为主,非所以为名也。"非曰《史记》曰:蔺相如因宦者缪贤①见赵王。又曰:邹衍②作《谈天论》,其语闳大不经,然王公大人尊礼之。适梁,梁惠王郊迎,执宾主之礼;如燕,昭王拥彗先驱。岂与仲尼菜色陈、蔡,孟轲困于齐、梁同乎哉?卫灵公③问阵于孔子,孔子不答。梁惠王④谋攻赵,孟轲称太王去邠。持方柄欲纳圜凿,其能入乎?或曰:伊尹负鼎而辅汤以王,百里奚饭牛,缪公用霸。作先合,然后引之大道。邹衍其言虽不轨,亦将有牛鼎之意乎?

是曰陈仲举⑤体气高烈,有王臣之节;李元礼⑥忠壮正直,有社稷之能。陈留蔡伯喈⑦以仲举强于犯上,元礼长于接下。犯上为难,接下为易,宜先仲举而后元礼。非曰姚信⑧云:"夫皋陶戒舜,犯上之征也;舜理百揆,接下之效也。故陈平谓王陵言:'面折庭诤,我不如公,至安刘氏,公不如我。'若犯上为优,是王陵当高于良、平,朱云当胜于吴、邓乎?"

是曰《史记》曰:韩子称儒者以文乱法,而侠士以武犯禁。二者皆讥,而学士多称于世。至如以术取宰相、卿大夫,辅翼其世主,固无可言者。及若季次、原宪季次,孔子弟子,未尝仕,孔子称之,读书怀独行,议不苟合当世,当世亦笑之。今游侠,其行虽不轨于正义,然其言必信,

---

① 缪贤:战国时赵国的宦者令,曾向赵王举荐蔺相如。
② 邹衍:战国末期齐国人,阴阳学派创始人和代表人物,齐国稷下学宫的著名学者,主要学说为"五德终始说"和"大九州说"。
③ 卫灵公:春秋时卫国国君,卫襄公之子。其妻为南子。卫灵公一方面擅长识人,知人善任,使卫国成为当时的强国。另一方面他多猜忌,脾气暴躁。
④ 梁惠王:战国时魏国国君,魏武侯之子。好大喜功,不顾大臣的反对,在诸侯中率先称王。齐国派兵伐魏,在桂陵、马陵之战中击败魏国,魏国走向衰落。
⑤ 陈仲举:即陈蕃,字仲举,东汉末大臣,汉桓帝时为太尉,汉灵帝时为太傅。此人为官耿直。桓帝在位时,因犯颜直谏曾多次左迁;灵帝在位时虽得信任重用,却因和大将军窦武共同谋划蓟除阉宦,事败而死。
⑥ 李元礼:即李膺,东汉大臣。出仕之初举孝廉,后历任青州等地太守、乌桓校尉等,其德行在当时有很高的评价,被称为"天下楷模"。
⑦ 蔡伯喈:即东汉文学家、书法家蔡邕,字伯喈。
⑧ 姚信:三国时吴国人,字元直,又字德佑。吴国大将陆逊的外甥,精于天文易数之学,曾为吴国太常卿。

卷三 文下

其行必果,已诺必诚,不爱其躯,赴士之阨困,羞伐其德,盖亦有足多者。且缓急,人之所时有也。虞舜窘于井廪,伊尹负鼎俎,傅说①匿于傅岩,吕尚困于棘津。夷吾桎梏,百里奚饭牛,仲尼厄匡,菜色陈、蔡,此皆学士所谓有道仁人也,犹遭此灾,况以中材而涉近代之末流乎?其遇害何可胜道哉!而布衣之徒,设取予然诺,千里诵义,为死不顾世,此亦有所长,非苟而已也。故士穷窘而得委命,此岂非人之所谓贤豪者耶?诚使乡曲之侠,与季次、原宪比权量力,效功于当代,不同日而论矣。要以功见言信,侠客之义又曷足少哉!非曰《汉书》曰:天子建国,诸侯立家,自卿大夫以至庶人,各有等差,是以人服事其上,而下无觊觎。孔子曰:天子有道,政不在大夫。百官有司,奉法承令,以修所职,越职有诛,侵官有罚,然故上下相顺,而庶事理焉。周室既微,礼乐征伐出自诸侯。桓、文之后,大夫世权,陪臣执命,陵夷至于战国,合纵连横,力政争强。由是列国公子,魏有信陵,赵有平原,齐有孟尝,楚有春申,皆藉王公之势,竞为游侠,鸡鸣狗盗②,无不宾礼。而赵相虞卿,弃国捐君,以周穷交魏齐之厄;信陵无忌,窃符矫命,杀将专师,以赴平原之急。皆以取重诸侯,彰名天下。扼腕而游谈者,以四豪③为称首。于是背公党之议成,守职奉上之义废矣。及至汉兴,禁网疏阔,未之匡改也。魏其、武安④之属,竞逐于京师;郭解、剧孟⑤之徒,驰骛于闾

---

① 傅说:为殷商王武丁时的大宰相,他辅佐武丁安邦治国,商朝因此繁荣昌盛,史称"武丁中兴"。他还留下了千古不朽的《说命》三篇。傅说曾落难,做过傅岩筑墙的奴隶,后被武丁发现并提拔辅政。他筑墙时创造的"版筑"营造技术,是我国建筑史上的巨大成就。

② 鸡鸣狗盗:指卑不足道的本领。《史记·孟尝君列传》记载,战国时齐国的孟尝君被扣留在秦国,他的一个门客装狗夜入秦宫,盗出已经献给秦王的一件狐裘,送给秦王的一个爱妾,孟尝君才获得释放;又靠一个门客装鸡叫,骗开函谷关城门,才得以逃回齐国。

③ 四豪:指战国四君子,即魏国的信陵君魏无忌、赵国的平原君赵胜、楚国的春申君黄歇、齐国的孟尝君田文。

④ 魏其、武安:即西汉大臣魏其侯窦婴、武安侯田蚡。窦婴,窦太后侄,吴楚七国之乱平定后,因功封魏其侯,武帝时任丞相,后为窦太后贬斥,不久又因罪被杀;田蚡,汉景帝王皇后弟,好儒术,武帝时封武安侯,后迁丞相,为官骄横专断,曾诬杀窦婴及灌夫。

⑤ 郭解、剧孟:均为西汉游侠。郭解,河内轵人。少时任侠自喜,屡犯公法,均得赦脱。年长后,常以德报怨,远近豪贤争相归附,后因杀人被获,族诛。剧孟,洛阳人,以游侠称名于时,其母死,远方送丧者车达千乘,死后家无十金之财。

是非第十四

阎。权行州城,力折公侯。众庶荣其名迹,觊而慕之。虽陷刑辟,自与杀身成名,若季、路①、仇牧②,死而不悔也。曾子曰:上失其道,人散久矣。非明王在上,示之好恶,齐之以礼法,人曷由知禁而反正乎?古之正法,五伯,三王之罪人也;而六国③,五伯之罪人也;夫四豪者,六国之罪人也。况于郭解之伦,以匹夫之细微,窃杀生之权,其罪也,不容于诛矣!

是曰《尸子》曰:人臣者,以进贤为功;人主者,以用贤为功也。《史记》曰:鲍叔举管仲,天下不多管仲之贤,而多鲍叔能知人也。非曰苏建④常责大将军青⑤曰:"至尊重,而天下之贤士大夫毋称焉,愿观古今名将所招,选择贤者。"大将军谢曰:"自魏其、武安之厚宾客,天子常切齿,彼亲附士大夫、招贤黜不肖者,人主之柄也。人臣奉法遵职而已,何与招士?"其为将如此 议曰:此一是一非,皆经史自相违者。

班固云:"昔王道既微,诸侯力政。时君世主,好恶殊方。是以诸家之术,蜂起并作,各引一端,崇其所善,以此驰说,取合诸侯。其言虽殊,譬犹水火相灭,亦能相生也。仁之与义,敬之与和,事虽相反,而皆相成也。"《易》曰:天下同归而殊途,一致而百虑。此之谓也。

---

① 路:即子路,孔子得意门生,以政事见称,为人伉直鲁莽,好勇力,后在内讧中被杀。
② 仇牧:春秋宋闵公时大夫,因叱阻宋万弑闵公,被宋万杀害。
③ 六国:指战国时期除秦以外的齐、楚、燕、赵、韩、魏六国。
④ 苏建:西汉人,武帝时以校尉、将军、卫尉多次随大将军卫青击匈奴,封平陵侯,后为代郡太守。
⑤ 大将军青:即大将军卫青,字仲卿,汉武帝时的大司马、大将军,首次出征匈奴,即奇袭龙城,打破了汉初以来匈奴不败的神话,曾七战七胜,为汉朝北部疆域的开拓做出了重要贡献。

卷三 文下

是非第十四

译文

　　减少和增加是变革法令制度的两种不同方法，而使用仁义和礼乐是推行政治统治的两种不同方针。有的人崇尚用权力谋略来治理国家，有的人推崇用道德教化来管理社会。因此，前代众多思想家、史学家和典籍中留下的方方面面观点，都可以从中找出一正一反的论述。为什么这样说呢？

　　正方《诗经·大雅》称：既能明了善恶，又能明辨是非，才能确保生命安全。《易经》称：天地之间最伟大的德行就是爱惜生命。反方《论语》称：士人碰到危难，应当见义勇为，敢于奉献生命。又称：君子只有杀身成仁的，没有为求生而损害仁的。

　　正方《管子》称：如果现实生活使人困惑，就应看看古人；如果想预知未来，就应读读历史。古语说：与死人患同样的病症，是不能活命的；与已经灭亡的国家执行同样的政策，是不可能生存的。反方《吕氏春秋》称：看见有人吃饭不小心噎死了，就要禁止天下人吃饭，真是荒谬；看见有人乘船不小心淹死了，就想禁止天下人乘船，真是荒谬；看见有人因军队打败仗而亡国，就想取消天下所有的军队，真是荒谬。三国时的杜恕说："奸臣贼子，从古至今从来都有。如果一百年中间出现一个，就认为是奸臣贼子接踵而来；如果是方圆千里内遇上一个，就认为奸臣贼子是并肩而行。如果把这些问题作为举荐人才的禁忌，这就好比一个人吃饭噎死了就禁止大家吃饭，这样噎死的人虽然少了，但饿死的人肯定多了。"

正方孔子说："敢于憎恨那些揭发别人隐私的人，才是正直无私的人。"反方《管子》称：憎恨那些隐瞒别人恶行的人，才是有仁爱之心的人。三国时魏国的曹羲在《至公论》中称："世人所说的替别人掩盖恶行、彰显善举，是君子行为的最高准则；保持并发扬共同的兴趣爱好，是朋友间最深挚的情谊。这种说法，不过是市井俗人的陈词滥调罢了。这样做的结果只是集中了爱憎不同的人互相诋毁的语言，并不是笃实公正的真理。世上的读书人不琢磨其中的道理，只依据只言片语来下结论，因此善恶不分，是非不辨，世道人心的混乱往往就是这样造成的。朋友之间只是一味附和，事业失败也就随之而来。正确的做法，是在谈论是非的时候，应当坚持实事求是，而不应该把相互苛求、责难看作是精神可贵；知心朋友应当把平等、不欺骗作为交往的基础，而不应当把彼此附和当作巩固友谊的前提。因此豁达明智的人，只要大的原则一致，不必要求形式上相同；只看重心灵相通，不追求言语一致。"

正方《越绝书》称：卖弄风骚的女子不贞洁，自我炫耀的士人不守信用。反方《汉书》称：办大事的人不拘小节，讲大礼的人勿须在小事上谦让。

正方黄石公说："一心贪图扩充土地的国家，土地管理不好就会荒芜；努力追求广施仁德的国家，总会强大起来。享有自己所有的东西，生活自然安定；贪图占有别人拥有的东西，行为必然残暴。残暴的统治，虽然也能取得暂时的成功，但最终必然失败。"反方司马错说："要想使国家富强起来，就必须扩充它的领土；要想让军队强大起来，就一定要让人民生活富裕；要想称王于天下，就必须推广仁政。只有这三个条件都具备了，才能成就王业。"

正方《左传》称：只要思想纯洁无瑕，又何必担心自己没有归宿呢？俗话说，只要在道德上不出差错，又何必害怕别人说三道四呢？反方俗话

卷三 文下

说，众口铄金，积毁销骨；羽毛虽轻，装得太多，船也会被压沉；车上拉的虽然是比较轻的货物，但架不住拉得太多，车轴也会被压断。

正方孔子说："君子的智慧不像器皿一样，什么东西都能装下，只不过是在某些方面有专长；而圣人的智慧，就可以应付天地万物。"反方《列子》称：天地不是万能的，圣人也不是无所不知的，世间的万事万物也不是全部有用。所以天的职能是滋养众生，地的职能是承载万物，圣人的职责是教育民众。

正方孔子说："君子心地坦荡，胸怀宽广，小人时常面带忧伤，有所恐惧。"反方孔子说："晋国重耳的称霸雄心，是在流亡曹国、卫国遭到非礼的待遇后产生的；越王勾践的称霸雄心，是在困居会稽之时产生的。因此居于卑下的地位而没有忧虑的人，说明他缺乏远大的志向；处于困厄的境地而贪图安逸的人，说明他胸怀不广。"

正方韩非子说："古时候的人，由于眼睛看不到自己的面容，于是就发明了镜子来观察面容；由于思想上对自己是否正确产生疑惑，于是就用道义来修正自己的言行。"反方老子说："能听逆耳之言的叫做聪，能审察自己内心世界的叫做明，能战胜自己弱点的叫做强。"

正方战国时魏国人唐且说："专诸怀揣锥刀刺杀吴王僚，天下之人都赞扬他勇敢；西施身穿粗布短衣，天下人仍然觉得她美丽。"反方《慎子》称：毛嫱和西施，都是天下最漂亮的女子。她们如果穿上兽皮衣服，那么人们见了都会跑开；如果改穿黑色的细麻布衣服，那么过往行人见了都会停步欣赏。由此看来，美丽的姿色是需要好衣服衬托的，如果漂亮女子不穿上好衣服的话，那她们也会姿色大减。

正方秦末将领项梁说："先下手的制服别人，后下手的被别人制服。"《军志》上称：先动手的有威慑别人的心理优势。反方周朝史官史佚说过："不要带头闯祸。"又说过："带头闯祸的人必死无疑。"俗话说，既不要带头闯祸，也不要带头享福。

正方《慎子》称：贤能的人屈居于无能之辈之下，是因为贤能的人权力小；无能之辈服从贤能的人，是因为贤能的人地位高。唐尧身为平民的时候，连邻居都指使不动，等到他南面称王，就可以做到让天下人令行禁止。由此看来，贤德不能服人，可权势地位却可以叫贤能的人屈居人下。反方贾谊说："从古到今，与老百姓结仇的帝王，迟早要灭亡，民众一定会战胜他。因此尽管商纣自称天王，夏桀自称天父，可是他们国破以后，民众也同样咒骂他们。由此看来，权势地位并不值得尊崇，头衔称号也不值得炫耀。

正方汉景帝时，儒家的辕固和道家的黄生在皇帝面前争论。黄生说："商汤和周武王并不是受命于天，而是通过杀害夏桀和商纣王才得到王位的。"辕固反驳说："不能这么说。夏桀、商纣荒淫无道，天下人心都归向商汤、周武王。商汤、周武王顺应天下人心而诛杀夏桀、商纣王，夏桀、商纣王的臣民不愿听他们使唤而归顺了商汤、周武王，商汤、周武王不得已而自立为天子，这不是受命于天又是什么？"反方黄生说："帽子虽然破旧了，但还是戴在头上；鞋子虽然是新的，也得穿在脚下。这是为什么呢？因为上下有别。现在来看，夏桀、商纣王虽然荒淫无道，但毕竟是君主；商汤、周武王虽然圣明，但终究是臣子。君主有了过失，臣子不直言劝谏君主，匡正君主的过失，使他变得更加尊贵，反而抓住这些过失，诛杀君主，取而代之，自己南面称王，这不是通过谋害君主得天下又是什么？"

正方姜太公说："刑罚严明，人们就会感到害怕，感到害怕就会发生变故；有功必赏，就会滋长人们的贪心，就会感到不满足，感到不满足就会滋长怨气。因此贤明的国王治理民众的办法，是不能让老百姓轻易看出来自己好恶的。"反方《文子》称：惩罚无度，杀戮再多也起不到威慑作用；奖赏无度，花费再多人们也不知道感恩。因此诸葛亮说："为法律树立威信，执法严明，人们才会尊重法律；不轻易分封爵位，一旦爵位得到加封，人们才会感到很荣耀。"

正方《文子》称：人们顺从君主的教化，不是听他说什么，而是看他怎么做，然后上行下效。因此君主好勇斗狠，国家就会多灾多难；君主爱好女色，国家就会淫乱动荡。反方秦王说："我听说楚国的铁剑锋利，

卷三 文下

但倡优歌舞却相当拙劣。铁剑锋利，说明士兵英勇；倡优歌舞拙劣，说明君臣谋划长远。用长远的谋划来教育、驾御英勇的士兵，我担心楚国是在打我们秦国的主意。"

正方《墨子》称：国君虽然贤明，也不喜欢没有功劳的大臣；父亲虽然慈祥，也不喜欢无用的儿子。反方曹植说："宽恕有罪的人，鞭策有功的人，才是贤明的君主；怜悯愚笨的儿子，疼爱聪明能干的儿子，才是慈祥的父亲。"《三略》里称：凡是有志气的人，都希望能有一个施展抱负的机会，因此明君贤臣都能委屈甚至牺牲自己来成全别人，让别人有机会一展宏图。"

正方《左传》称：人的内心不同，就像人的面孔各异。曹植说："每个人都有各有的爱好。像兰芷荪蕙这类香草的芬芳，本是众人都喜欢的，可是大海之滨的渔夫却爱闻鱼腥味；《咸池》、《六英》这样美妙的音乐，众人都爱听，可墨子却有不同的看法。怎么能让天下人的爱好都相同呢？"反方俗话说，将心比心，人们就会融洽无间，连针尖那样小的隔阂都不会有。孔子说："可以终身奉行的道理大概就是'恕'吧！所谓'恕'，就是自己不愿干的事，就不要强加给别人。"

正方《管子》称：大小仓库里的物资都装满了，天下富足了，人们就会知道讲究礼节文明；过上丰衣足食的生活了，人们才会懂得荣耀和耻辱。反方古语说，地位尊贵了，虽然自己不想骄傲，可是骄傲却会不请自来；生活富裕了，虽然没打算奢侈，可是奢侈却会不请自来。

正方俗话说，献出了忠诚，一定能得到回报。反方《左传》称：生逢乱世，谗言诽谤胜过忠诚正直。

正方韩非子说："人与人之间的关系，如果彼此观点一致，取舍相同，就会相互认同；观点不同，取舍相异，就会相互排斥。"《易经》称：同类声音互相呼应，同样气质彼此寻找。水往潮湿的地方流，火向干燥的地方窜，天上的云随着龙涌动，山里的风伴着虎咆哮。反方《易经》又称：两个女人住在一起，各自想法也不一定相同。俗话说，一个窝里容不下两只雄性动物；同一眼泉水容不下两条蛟龙。俗话又说，两个人不相上下就会互相嫉妒，这是人之常情。因此说同样美丽的人互相嫉妒，同样尊贵的人互相伤害，利益有冲突的人互相忌恨。

正方韩非子说："不借助方法技术，只凭主观愿望去办事，尧、舜这样的圣君也无法治理好一个国家；丢掉规和矩，又忘记尺码标准，奚仲这样的名匠也造不成一只车轮。但如果让一个平庸的国君借助方法和技术去治理一个国家，让一个笨拙的工匠借助规和矩、按尺寸制造车轮，也能做到万无一失。"反方《淮南子》称：箭之所以能射往远处并穿透坚硬的物体，是因为它借助了弓弩的力量；但它之所以能射中目标，甚至连细小的目标也能一剖两开，却是由于人用心的缘故。奖善罚恶，这是政令的职能和作用；但政令之所以能贯彻执行，却是由于人的精诚。因此，弓弩的力量虽然强大，没有人心的作用也无法射中目标；政令虽然严明，但离开执行者的努力也不能自行生效。东汉的杜恕说："世上有犯上作乱的人，却没有杂乱无章的法律。如果法律制定出来可以自动生效的话，那么唐尧、虞舜就不需要后稷和契的帮助，商王、周王也就不必依赖伊尹和吕尚的辅佐了。"

正方思想上不预先有所准备，就无法应付突发事件；军队不事先武装、训练，就不可以上阵杀敌。《左传》称：过去好的政策都能做到预先有所准备，防患于未然。反方《左传》称：士芿对晋侯说："臣听说，没有丧事却悲戚起来，忧愁就会跟着来到；没有战事却修筑城防，内部的敌人一定会动乱，将城防据为堡垒。"《春秋外传》称：周景王打算铸造大钱，单穆公说："不可以。古时候天灾降临，于是政府根据灾情轻重增加货币发行量，用来赈救灾民。储备货币，有时是在灾祸还未出现时就进行了这是增加国库的储备，目的是防患于未然，居安思危。有时是等到灾祸发生后，根据需求量铸造，投入救灾如救火、治病，根据灾情大小决定货币的增加量之类。这是两件互不相关的事情两者情况不同，有先有后，不能混为一谈。可以提前储备的却不去办，叫做懈怠。可以在事后补救的却提前办了，叫做招灾这是说民众还未遭灾，就把救灾工作摆在最重要的位置，会使民众产生离心力，并引起国家资财的匮乏，由此招致灾患的发生。周本来是个弱国，老天降灾

卷三 文下

已经够多了，现在又要使民众离心离德来加重灾祸，恐怕不行吧？"

正方《左传》称：古人有句话：一旦放过了敌人，就会给几代人带来祸患。反方晋、楚两国军队在鄢陵遭遇。范文子不想作战，就说："我们的先君急于作战，是有原因的。因为当时的秦、狄、齐、楚都很强大，不全力拼搏，子孙就会被削弱。现在三强都已经降服了三强，指齐、秦、狄，我们的敌人仅剩下一个楚国而已。只有圣人，才能做到完全没有内忧外患。我们不是圣人，消除了外患，就会产生内忧太骄傲，太强硬，必然产生忧患。我们为什么不放走楚军，使这个外患时时提起我们的忧惧之心呢？"

正方《三略》称：不要让那些讲仁义的人管理资财，因为他们会施舍、恩赐过度，用以收买人心。"反方陶朱公的第二个儿子杀了人，被囚禁在楚国。他本来打算叫小儿子带千镒黄金去楚国看视打点，可他的大儿子却一再请求要自己去营救，他只好让大儿子去了。结果楚国没有答应大儿子的要求，把二儿子杀了。陶朱公说："我早知道他会害死他弟弟的，因为这个大儿子与我一起经历过生活的苦难，因此对钱财看得很重，舍不得花钱救人。而小儿子生下来就看见我很富有，乘好车，骑骏马，驰骋围猎，他怎么会知道钱财是怎么挣来的，因此挥金如土。现在大儿子果然害死了自己的弟弟，这是情理之中的事，用不着悲伤。"

正方俗话说，不要让俸禄少的人到动荡的地方去办事，也不要让受赏赐轻的人去完成艰巨的任务。《慎子》称：先王不任用那些不接受俸禄的人，对那些俸禄少的人，也不委派他们去办艰难的事。反方田单准备进攻狄人，去拜见鲁仲子。鲁仲子说："将军这次攻打狄人，是不会取胜的。为什么呢？以前将军您在即墨，坐下来就编筐，站起来就铲土，处处给士卒做表率。这就是您当年能打败燕国的原因。如今将军您在东边有掖邑的封地，西边有黄上的娱乐，腰系黄金腰带，驰骋在淄、渑之间，有生活的乐趣，却没有拼死打仗的决心，因此我说您这次不会取胜。"后来果然如此。

正方俗话说，对贫贱时结交的朋友不能忘，一起吃糠咽菜的妻子不能休。反方俗话说，交游广阔，对朋友的信用就会逐渐丧失；爵禄太优厚了，对君王的忠诚也会逐渐衰减。

正方《春秋后语》里记载：楚国的春申君任命孙子当邑宰。有一个门客劝春申君说："以前商汤以亳为根据地，周武王以鄗为根据地，这些根据地方圆都不超过百里，可后来他们都凭借这些根据地夺取了天下。现在的孙子，是个贤明能干的人，可您却给他提供方圆百里的地方给他管理，我实在觉得这样对您很危险啊。"春申君说："你说得很对。"于是就派人辞退了孙子。孙子离开楚国去了赵国，赵王任命他为上卿。反方门客又劝春申君说："以前伊尹离开夏到殷商任职，结果殷商得了天下，夏却亡了国；管仲离开鲁国去辅佐齐国，结果鲁国衰弱了，齐国却强大起来。由此可见，贤明的人在哪个国家，哪个国家的君主都会受到尊重，哪个国家的百姓也会感到荣耀。孙子这样贤明能干的人，您为什么要辞退他呢？"春申君又说："你说得很对。"又派人请回了孙子。

正方战国时韩宣王问摎留说："我想同时重用公仲和公叔，这样做可以吗？"摎留回答说："不可以。从前晋国同时重用六卿，导致国家分裂；齐简公同时重用田成子和阚止，结果齐简公自己被谋害；魏国同时重用犀首和张仪，导致西河以外的领土全部丧失。现在大王您如果同时重用公仲和公叔两个人，两人之中，势力大的在国内拉帮结派，势力小的又会求助于外部势力，大臣们有的会在国内培植党羽，借君主的名义号令臣民，有的就会里通外国，分裂国土，这样一来，大王您的国家就危险了。"摎留又说："公孙衍担任魏国大将的时候，与魏国宰相田儒关系不好。季文子替公孙衍向魏王说情：'大王您难道没见过把牛和马套在一起拉车的情形吗？那样拉车，连一百步也走不了。现在大王您任用公孙衍为大将，本来应该放手使用他，可您又听从宰相田儒的计策，这就和把牛和马套在一起拉车的道理一样，结果牛、马都累死了，拉车的事情还是没有办成。这样使用人才，大王的国家是会遭到损害的，希望大王您明察。'"反方《傅子》称：天地是最神奇的了，可是也不能按照同样的规律去滋生世上万物；圣人是最英明的了，也不能用样的办法去

卷三 文下

管理天下各个地方的百姓。因此,殊途同归是大自然的普遍规律,因地制宜是圣人治理天下的共同原则。懂得了这一规律和原则,即使有彼此不能相容的事物,也不妨碍从总体上统筹治理。例如,水和火在性质上是互灭的,可是善于利用水与火的人,把鼎、釜这类炊具放在水与火之间,烧火煮水,使水与火各尽其用,这样就不会互相危害了。天底下的事物,像水和火这样关系的还很多,只要善于利用它们,有什么理由害怕它们会互相危害,又有什么理由担心它们不能各尽其用呢?《易》称:天地的高低不同,可是它们滋生万物的功能是相同的;男女有别,可是他们的情感、意志是可以相通的;万物的形状、性质不同,可是它们的生长规律也是可以类比的。

正方陈登为吕布的事劝曹操说:"收养吕布,如同收养一只老虎,必须常常用肉喂饱它,一旦喂不饱,它就会咬人。"反方曹操说:"事情不像你说的那样。譬如喂养一只老鹰,饿了才会为人所用,吃饱了就会远走高飞。"

正方刘备来投奔曹操,曹操任命他为豫州牧。有人对曹操说:"刘备胸怀大志,现在不早点除掉他,将来必成大患。"曹操就此事询问郭嘉的意见。郭嘉说:"有这个可能。但是您提剑起兵的目的,是替老百姓铲除残暴势力,靠真诚和信用召集天下豪杰,即便这样还担心天下豪杰不来投奔您。现在刘备已经是天下有名的英雄,因为穷途末路来投靠您,如果此时您将他杀了,就会背上谋害贤能的罪名,那些有智谋的人就会怀疑自己投错了人,转变心思,另择明主,那时候您又与谁一起平定天下呢?因为担心一个人将来会成为后患而除掉他,却使普天下的英雄豪杰对您失望,事关大局安危,您不能不慎重考虑啊。"曹操说:"您说得对。"反方同样是这件事,傅玄却讲了一个不一样的版本:郭嘉对魏太祖曹操进言说:"刘备有雄心壮志而且很得人心,关羽和张飞都有万夫不挡之勇,甘心情愿为刘备拼死效命。依我郭嘉看来,刘备的谋略深不可测。古人有句话:一旦放过了敌人,就会带来几代人的祸患。您应该早做安排,把刘备杀了。"当时曹操正在招揽天下英雄,为了向世人表明他很讲信义，就没有听从郭嘉的建议。

正方《孔子家语》记载：有一次，子路问孔子："我请求您让我不再遵循古人的礼义规范，而只凭我自己的意愿行事，可以吗？"孔子回答说："不可以。以前东方的蛮夷民族仰慕华夏的礼仪，如果有女儿守了寡，就暗地里给女儿再招个夫婿，表面上终生不再改嫁。虽然是不改嫁，但却并不是真的守贞节。仓吾娆娶了个妻子，十分美丽，就把妻子让给了哥哥。虽然仓吾娆做的是谦让的事，但这种谦让却不是真正的礼让，而是不合乎礼义的。现在你想要舍弃古人的礼义规范，只按你自己的意愿办事，怎能知道你不会把自己错误的想法当作是正确的呢？"俗话说，改变古人的礼义，弄乱约定俗成的道德规范，结果只有死路一条。《尚书》称：办事不师法古人，却又想让国家永远传承下去，这种情况还从来没有听说过。反方赵武灵王想在赵国推行改穿胡人的服饰，他的叔父公子成很不高兴。赵武灵王说："衣着穿戴，是为了行动方便；礼仪规范，是为了办事方便。圣人入乡随俗，从实际出发制定与之相适应的礼仪，这样既对人民有利，又能使国家富强。剪发文身，衣襟向左开，这是越国的风俗；染黑牙齿，在面额上雕涂花纹，用河豚皮和粗劣的秣线缝制帽子，这是吴国的风俗。因此说，虽然礼仪服饰各不相同，但却都是为了行动、办事方便。地方不一样，使用的东西自然不同；事情在变化，礼仪自然也要发生变化。因此圣人只掌握能使国家、人民有利的总体原则，而不是在使用中顽固不化，坚持固有的模式；在意的是礼仪法规如何便于行动，而不是墨守成规。虽然拜的是同一个老师，但学生可以来自风俗习惯各不相同的地方；中原地区的国家即便礼仪相同，但风俗习惯也可以有自己的特色，又何况山野之民呢？因此，对方法的舍弃或保留，聪明人也不能强求一致，而只能变通处理；远近地区的人们穿着不同的服饰，就是圣贤也不能使之整齐划一。穷乡僻壤的地方风俗千奇百怪；怪异玄妙的学说大多与众不同，富于诡辩。叔父您说的是通常的风俗；而我所说的，却是要移风易俗。叔父厌恶改变服饰，是从形式上考虑问题，却忽略了便于行动的目的，这不是我所希望的。"这一席话说

卷三　文下

服了公子成，于是他也穿起了胡服。

正方移风易俗，没有比音乐更好的方法了。反方孟子说："顺应天道就能成就大事，不顺应天道路就会越走越窄。所谓顺应天道，就是顺应人之常情。"

正方西汉的李寻说："如果赏罚只凭个人好恶而不顾及当时的社会形势，那么即使具有尧、舜那样的圣人之心，也不能实现和平。善于研求、谈论古代历史的，一定会对今天的现实有所裨益；善于研求、谈论天道的，一定会对人事有所启迪。假如一位出色的农夫想在冬天里种田，即使他光着膀子努力深耕，汗流浃背地拼命播种，也还是长不出庄稼。这并不是这位农夫所用心力不够，而是因为那不是种庄稼的节气。"《易》称：该停止的时候就停止，该行动的时候就行动，一静一动都不失时机，前途就会一片光明。《尚书》称：要尊重天地所赋予的天时节气。因此，古代的帝王尊崇天地之道的变化，重视阴阳二气的调和，遵循四季节气，再用恰当的政策去顺应它，这样祥和之气即刻就可到来，就好像用鼓槌敲鼓，一敲就响。反方姜太公对周武王说："上天对战争的胜负没有决定性影响，将领们的表现对战争胜负的影响占了十分之九。诸如军法号令执行不了，反而任意侵凌，杀戮无辜；不厚待属下，却一味依赖占卜术数；不根据敌势强弱采取相应措施，而是怀着侥幸心理，寄希望于天命；没有深谋远虑，却只想着依据天象的变化来决定行动；在战场上缺乏勇气，却祈望上天赐福；不熟悉地形，却把问题都推给时机不合适；知道敌人怯弱却不敢主动出击，而相信龟策占卜所显示的吉凶；士卒不勇敢，不想办法鼓舞士气，却去求鬼神保佑；设埋伏不周密巧妙，却听命于地势向背的说法，这些都是导致失败的原因。一切天地鬼神，看不见，听不到，决定不了战争的胜负。因此英明的将帅从不指望求神拜佛。"司马迁说："阴阳家那一套，使人行动拘束，思想上有太多忌讳。"范晔说："阴阳家那一套，其弊端就是像巫术那样装神弄鬼。"

正方西汉的翼奉说："治国之道的要点，是在了解下属为人是正是邪。下属确实为人正派，尽管有点愚笨也可以任用；如果下属心术不正，越聪明反而越坏事。"反方作为君主，没有谁是不爱自己的。不知道爱自己的君主，也不值得别人去爱。因此桓玄说："猎户捕猛兽，是不会叫美女动手的；渔夫钓大鱼，是不能轻易让小孩参加的。这并不是不亲近他们，而是因为他们力气小，胜任不了这些繁重危险的工作。猎户、渔夫对参加干活的人尚且有所选择，作为一国之君，对参与治国的人怎能不加以选择呢？"就拿猛犬来说，它之所以厉害，是因为它一碰到非常的情况就叫，一碰到生人就咬，不管是在白天还是夜晚。可以说它自觉到极致了。以前宋国有家卖酒的，酒放酸了都卖不出去，这是为什么呢？原来是他家喂有猛犬，别人不敢进来买酒的缘故。那只猛犬知道爱自己的主人，却不能为主人考虑解决酒放酸了卖不出去的困难。这是因为这只猛犬不够聪明。

正方俗话说，做人机巧狡诈，结果往往比不上愚笨诚实。反方晋惠帝被立为太子的时候，和峤向晋武帝进谏说："现在世道险恶，人心多虚伪狡诈，但太子却崇尚信义，不是当天下之主的材料，继承不了陛下的大业。"晋武帝没有听从和峤的意见。后来晋惠帝果然败家亡国。

正方《左传》记载：有一次，孔子夸赞子产说："语言是表达思想的，文采是为语言服务的。不说出来谁能知道他的思想呢？但语言没有文采，也就不能传播到远方。晋国能当上霸主，使郑国主动依附晋国，都是因为子产能言善辩，辞令有文采，才有这样的效果。一定要慎重对待讲话的技巧。"《论语》称：一个人能熟读《诗经》三百篇，但如果把政事交给他，他却胜任不了；要他出使各国，又不能巧妙地应对。《诗经》读得多又有什么用呢？反方汉文帝到上林苑的虎圈去看虎，对管理虎圈的啬夫的口才很赏识，想提拔他做上林令。张释之闻听，上前问文帝："陛下认为绛侯周勃是个什么样的人？"文帝说："是位长者。"张释之又问："东阳侯张相如呢？"文帝又说："也是位长者。"张释之说："这两位长者议事时，常常结结巴巴讲不出话，哪像这位啬夫喋喋不休、口辞锋利呢？再回头看看秦朝所任用的刀笔吏，彼此竞争，看谁办事更快捷，对官吏的考察更严苛。但这种做法的弊病，就是只讲空洞的文采，却没有

卷三　文下

实际的爱民恻隐之心，因此君主听不到他们上奏自己的过失。这种坏风气延续到秦二世，天下终于土崩瓦解。现在陛下因为啬夫口才好就要破格提拔他，臣担心天下人追随这种风气而纷纷效法，争练口才，不求实际。并且下边臣民受君王的影响，效仿得比光速、声速还快，陛下的一举一动都要慎重啊。"汉文帝接受了他的劝谏，取消了原来的打算。

正方太史公说："《春秋》微言大义，通过史实来推论出深刻内涵；《易经》表述很神秘，反映的却是明显的人事；《诗经·大雅》讲的虽然是王公大人的事，但所含的道德礼教也影响到了黎民百姓；《诗经·小雅》讽喻的虽然是小我的得失，但它的寓意也影响到上层人物。这几部作品所讲的内容虽然有所不同，但它们都是合乎仁德的标准。司马相如的文章虽然文采华丽，夸张铺排，但他的写作目的却是要引导人们节约俭朴，这与《诗经》的讽谏用意又有什么不同呢？"反方扬雄认为，赋的作用就是讽谏，一定要推类铺排，用最华丽的词句和最宏大富丽的结构形式，以至于让人不能再在上面增加什么了。虽然它的目的是为了正面劝谏，可是看过以后，人们却把它的主题给忘记了。以前汉武帝爱好神仙之事，司马相如就献上《大人赋》来讽谏汉武帝。结果汉武帝看了，反而飘飘然，对神仙之事的向往追求更强烈了。由此说来，赋这种形式虽然有劝谏的意思，却起不到劝谏的作用，已经很清楚了。司马相如的赋又很像俳优们演出的滑稽剧，不遵循正统的法度。而贤人君子们的言论，才是诗赋的正统。

正方《淮南子》称：东海有一种鱼名叫鲽，总是双双头并头地游动；北方有一种兽名叫娄，总是轮换着吃食和守候；南方有一种鸟名叫鹣，永远比翼双飞。这些鸟兽鱼鲽，尚且知道互相借助对方的力量，万乘之主哪有不知道这个道理的呢？身为万乘之主，不知道借助于天下英雄的力量，与他们一起建功立业、治理国家，那岂不是令人痛心的事吗？反方战国时魏国人狐卷子说："没有比尧更贤明的父亲了，可他的儿子丹朱却被他流放；没有比周公更贤明的兄长了，可他的弟弟管叔却被他诛杀；没有比商汤、周武王再贤明的臣子了，可他们的国君夏桀和商纣王却遭到他们的讨伐。由此可知，国君要想治理好国家，也必须从严格要求自身开始，否则别人又怎么能靠得住呢？"

正方孔子说："不要担心自己没有地位，要担心的是自己品行不端，无法树立威信。"反方孔子被困在陈国和蔡国，子路有怨气，去见孔子说："以前听先生您说过，只要多做好事，上天一定会降福给他作为报答。现在先生积德讲仁义已经很久了，为什么还会穷困潦倒，落到如此境地呢？"孔子回答说："子路，你还不明白其中的道理，我告诉你吧。你以为讲仁义的人一定会被人尊重吗？真是这样的话，那么伯夷和叔齐就不会饿死在首阳山了。你以为有智慧的人一定会被重用吗？真是这样的话，那么王子比干就不会被剖腹挖心了。你以为忠诚的人一定会得到好报吗？真是这样的话，那么夏桀的忠臣关龙逢就不会被斩首了。你以为忠言进谏就一定会被听取吗？真是这样的话，那么伍子胥就不会被杀害了。一个人能不能遇到施展抱负的机会，是个时机问题；至于是贤明还是无能，却是自己的才能问题。君子有渊博的学问又能深谋远虑，却没有施展的机遇，这样的人太多了，何止我孔丘一个人？"

正方神农面容憔悴，唐尧身体瘦弱，虞舜皮肤黝黑，大禹手脚生茧。执掌厨房的伊尹帮助商汤得了天下；操刀屠牛的吕望辅佐周武王打下江山。墨子为了理想四处奔波，家里烟囱都很久不冒烟了；孔子周游列国，忙得连席子都没坐暖就要出发。这些人如此辛劳，并不是贪图功名利禄，而是想为天下人谋幸福，为亿万人除害。反方李斯上书给秦二世说："《申子》称：拥有天下却不肆意横行，这叫做以天下为桎梏。像唐尧、虞舜那样，就是把天下当成了自己的桎梏了。让别人为自己牺牲，别人就显得很卑贱，自己显得很尊贵；自己为别人牺牲，那么就显得自己卑贱，而别人显得尊贵。因此为别人牺牲的人是卑贱的，而让别人为自己牺牲的人则是尊贵的，从古至今，情况没有不是这样的。唐尧、夏禹那样为天下人献身，说他们把天下当成了自己的桎梏，岂不是很恰当吗？"

正方《论语》称：能够起用那些被世人遗忘的品行高洁的人才，天下人就会心悦诚服地归顺。魏文侯在孔子的学生子夏那里学过艺，对子夏

卷三 文下

的同学段干木也很敬重,每次坐车路过段干木的住处时,没有不扶着车前横木表示致敬的。当时,秦国想征伐魏国,有人劝秦王:"魏文侯很贤明,国内的老百姓都称赞他是位讲仁义的人,魏国上上下下都团结和睦,关系融洽,我们不应该打魏国的主意。"秦王就中止了伐魏的计划。通过这件事,魏文侯在诸侯中变得很有名气。反方韩非子说:"马长得像鹿一样,这样的马价值千金。现在像鹿的马价值千金,而真正的鹿却连一金都不值,这是什么原因呢?这是因为马能为人所用,鹿却不能。现在那些有才德却隐居不仕的人不能为君主所用,就像鹿一样没有价值。因此,姜太公到了齐国,就把那些只会讲漂亮话的士子杀掉了;孔子当上鲁国的司寇以后,也杀掉了少正卯。"赵武灵王派李疵去侦察中山国是否可攻,李疵侦察回来,报告说:"可以攻打,因为中山国君喜欢召见那些住在岩洞中的隐士和穿着布衣的平民。"赵武灵王说:"照你所说,中山国君是位贤君,怎么可以攻打中山国呢?"李疵说:"不是这样的。君主尊重那些住在岩洞中的隐士,那么战士们的意志就会懈怠;君主尊重那些不从事生产的学者,那么农夫们就会变得懒惰。农夫懒惰了,那么国家就会贫困;战士们意志懈怠了,军队的战斗力就会削弱。兵力明显薄弱,国内又很贫困,一旦遭遇外国进攻,不亡国还等什么呢?"赵武灵王说:"说得很对。"于是就灭了中山国。

正方《汉书》中记载,西汉时,陈平说:"我的许多阴险计谋,都是道家禁止使用的,到我这一代就要被废弃了。过去的事情算了吧,以后我再也没有复起的机会了,这都是因为我做了许多有损阴德的事。"后来,他的玄孙果然因为上贡的酎金不符合皇室宗庙祭祀的要求而被废除了侯位。反方《后汉书》的作者范晔评论耿弇时说:"一家人三代为将,领兵打仗,这是道家所忌讳的。但耿氏一家却是几代都以功名显赫而得到善终。这或许是因为用兵打仗,本来就是要用杀伐制止杀伐的吧?不然的话,怎么唯独耿氏一家能够得到如此尊荣呢?"

正方《易经》称:没有比富贵更崇高的了。又称:圣人最大的法宝就是他的权位。反方孙子写信辞谢春申君说:"民间的谚语说,连长癞疮的丑病人都可怜做君主的人。这是句不恭敬的话。可是这句古话说得实在、正确，并不虚伪、荒谬，因此不能不认真思考。这句话是针对那些被人杀害的亡国之君而言的。那些国君年轻气盛，恃才自傲，却缺乏心计和办法去识别奸臣，这样大臣们就会专权，图谋私利。大臣们怕自己有杀身之祸，于是他们不是杀掉贤明年长的国君，就是废黜正宫嫡系出身的国君，而扶持那些年幼力弱、不合道义的人为国君。《春秋》曾就这件事劝诫道：楚国的王子围到郑国去访问，还没走出国境，就听说楚王病了，他返回王宫问候病情，乘机用帽子上的带子把楚王绞死，然后自立为国王。齐国崔杼的妻子很漂亮，齐庄公与她私通，崔杼率领他的党羽围攻齐庄公，庄公逃出王宫，在翻越外墙时被箭射中大腿，崔杼赶上去将齐庄公杀死，另立庄公的弟弟为国君。李兑在赵国当政专权，把赵武灵王围困在沙丘宫，赵武灵王被围了一百天以后，饿死了。淖齿在齐国当政专权，抽掉了齐湣王的脚筋，在庙堂的房梁之上悬挂了一夜，把齐湣王杀死了。癞疮，不过是红肿、疱疖之类的皮肤病，虽然也痛苦难受，但是与前代的亡国之君相比，其痛苦还没到被帽带勒脖颈、被箭射中大腿那样的程度，与近代的亡国之君比，也没到被抽脚筋、活活饿死这样的程度。而那些被残杀而死的国君，心里感受的忧愁苦闷、身体遭受的摧残痛苦，一定比癞疮病人厉害多了。由此看来，说癞疮病人还要可怜做君主的人，也有一定的道理。"

正方《易经》称：储备物资以满足民众的各种需要，制作各种工具来方便天下人，在这方面最伟大的莫过于圣人。反方《庄子》称：圣人不死，大盗就不会停止活动。推崇圣人治理天下，实际上是给盗跖这类江洋大盗提供了最大的方便。圣人发明了斗、斛用来量东西，大盗偷东西的时候连斗、斛也一起偷了；圣人发明了秤锤、秤杆用来称东西，大盗偷东西的时候连秤锤、秤杆也一起偷了；圣人制作了兵符和玉玺用作传达军令、掌握政权的信物，大盗偷东西的时候连兵符和玉玺也一起偷了；圣人创立仁义道德来教育人民，大盗连仁义道德也偷走了。为什么这么说呢？那些偷了铁钩的人被作为罪犯杀掉了，而那些窃取了国家政权的

卷三 文下

人却当上了诸侯。只要做了诸侯,就表明他是一个讲仁义、有道德的人,这岂不是窃取了仁义道德、贤明智慧吗?于是人们争着去当大盗,当诸侯,窃取仁义的名声和斗斛、秤锤秤杆、兵符玉玺这些实际利益,虽然有高官厚禄的诱惑,有刀钺斧锯的危胁,仍旧阻止不了这些窃国大盗的行为。这实际上是给了盗跖这类江湖大盗最大的方便,而导致这种无法制止的后果,正是圣人们的过失。因此说国家的利器,是不可以让人看见的。那些圣人们,正是国家的利器,不可以把他们暴露给天下人。

正方《论语》称:君子再穷困也能坚守节操,小人穷困时就会胡作非为。反方《易经》称:处于困境就想要变通,变通了才能保持长久。因此得到上天的保佑,就会吉祥无比,无往而不利。司马迁说:"民间有句俗话说:怎样才知道一个人是不是仁义呢?那些给自己好处的人就是有道德的。因此,伯夷反对周武王伐纣,不吃周朝的粮食,饿死在首阳山,但周文王、周武王并没有因此而被贬低,认为他们不是一个贤能的君主;盗跖、庄𫏋暴戾残忍,但他们的信徒却极力歌颂他们讲仁义。由此看来,盗窃铁钩的人被杀掉,窃取国家政权的却当上了诸侯,有了诸侯的名义,就成了一个讲仁义道德的人,这并非虚言。现在有些人拘泥于自己的一点学问,或者固守着自己的一点道义,长期和世俗隔绝,怎么比得上不唱高调、与民众为伍、随时代前进而求取功名富贵来得实惠呢?"

正方东汉的东平王刘苍说:"做善事最快乐。"反方俗话说,所处的时代不以做善事为荣,你独自由着性子做善事,即使不被称为妖行惑众,也会被称为神经错乱。

正方三国时蜀国的庞统好讲人伦道德,喜欢品评人物,但他称道的人物,大多名声大,实际才能却有限。当时的人感到奇怪,问他为什么要这样做。庞统回答说:"当今天下大乱,正道衰微,世上好人少,坏人多。我想要振兴风俗,宏扬道义,不大力赞美这些人,他们的声名就不足以引起人们仰慕。他们的声名不引起人们仰慕,那么做善事的人就更少了。如今赞美、提拔十个人,有五个人不合格,但还有一半是合格的,这样可以让人们崇拜他们,用榜样教育人们,使有志气的人自我鼓励,这样做有什么不可以的?"反方《人物志》称:君子懂得吃点亏是有好处的,能获得好的名声,这样有一份功劳却能得到两份美誉。小人不懂得占便宜其实也是一种损失,因此自夸其功,便会连功劳带名声一起损失了。由此看来,不自夸功劳的,是真正地宣扬功劳;不争名夺利的,实际上是名利双收;对敌人有所让步的,实际上是以退为进。因此,春秋时的郤至喜欢抬举别人,实际上是借抬举别人而让自己显得更有风度,更有力地压倒别人;王叔爱跟别人争高低,结果被迫出逃;蔺相如用给廉颇让路的办法战胜了廉颇,使他诚心认错;寇恂用不与贾复争斗的方法,取得了比贾复更好的名声。事情反着做,反而能取得意想不到的效果,就是君子所说的"道"。

正方《孝经》称:居家能管理得井井有条,就可以把管理家的经验用在为官上,把国家管理好。反方西汉的郦食其落魄时,没有找到什么赚钱的职业来养家糊口。东汉的陈蕃说:"大丈夫应当以扫平天下为己任,怎么能只干清扫自己家房子这类小事呢?"

正方西汉大臣公孙弘说:"身体力行就接近了仁,勤学好问就接近了智,能知廉耻就接近了勇。懂得了这三点,就懂得怎么修身自律了。知道怎样修身自律,也就能知道怎样去管理别人了。天下没有那种连修身自律都做不到反而能管理好别人的人。这是百代都不能改变的真理。"反方《淮南子》称:那些只注意审察毫厘之差的人,一定会忽略对天下大势的了解;一点小事都不放过的人,对发生的大事常常会感到困惑不解。现在的人才胸怀大志,想要平定九州,挽救危国,可是如果要求他遵守家中的礼节,去学习乡间的民情风俗,这样做好比是用斧头剪毛发,用宝刀伐木,都是不合适的。

正方商鞅问赵良说:"你看我对秦国的治理,与五羖大夫百里奚比起来,谁更贤明呢?"赵良回答说:"五羖大夫不过是楚国的一个乡下老百姓,听说秦穆公贤明,就想去拜见。走到半路没有了路费,就把自己卖给了秦国的客商,穿着粗布衫给人喂牛。秦缪公知道他的事情,就把他从秦国的客商那里救了出来,让他不再喂牛,提拔他做官,最后五羖大

卷三 文下

夫位极人臣，秦国人没有谁能望其项背。现在你被秦王任用，是通过秦王的宠臣景监介绍的，并不是因为你有什么名气。"反方《史记》记载：蔺相如是因为宦官缪贤的推荐才被赵王重用。又记载：邹衍写了一篇《谈天论》，夸大其辞，荒诞不经，但王公大人们却很尊重他。他到了魏国，魏惠王亲自到城郊迎接，用宾主之礼款待他。他进入燕国，燕昭王亲自打扫道路欢迎他。这种四处受到欢迎的景象，与孔子在陈、蔡两国饿得面带菜色，孟轲受困于齐、梁两国的情形比起来，怎么可以同日而语呢？卫灵公向孔子请教行军布阵之法，孔子没有回答他；梁惠王谋划进攻赵国，征求孟轲的意见，孟轲却用周太王为了避开戎狄侵扰而离开邠邑的事打比方，建议他割让土地给赵国。这些言行都不合时宜，好比手持方木棒要插进圆形榫眼里一样，这怎么插得进呢？有人说：伊尹出身低贱，曾经是商汤的厨师，后来却辅佐商汤称王；百里奚穷困时曾以喂牛为生，后来秦缪公起用他，他最终帮助秦缪公成就了霸业。他们都是先以自己的行为引起君主的注意，然后才得以一展抱负的。邹衍的言语如此荒诞不经，难道也像百里奚放牛、伊尹做厨师一样，是为了引起君主注意吗？

正方东汉陈蕃性格高傲刚烈，有帝王之臣的节操；李膺为人忠诚正直，有治理天下的才能。陈留人蔡邕认为陈蕃勇于冒犯上司，李膺善于笼络下属。冒犯上司最难，善待下属相比要容易，因此陈蕃能力应该在李膺之上。反方晋代的姚信说："皋陶直言告诫虞舜，是犯上的表现；虞舜把百官治理得井井有条，这是善待下属的结果。因此西汉的陈平对王陵说：'当面指责君王过失，敢于据理力争，这点我不如你；至于安定刘氏天下，那你就比不上我了。'如果说敢于犯上是好的，那么王陵就比张良、陈平强，朱云就比吴汉和邓禹强，真是这样吗？"

正方《史记》记载：韩非子说读书人用文献经典来扰乱法度，游侠凭借武力来触犯国家的禁令。这两种人都受到韩非子的批评，但有学问的士人却大多受到世人的称赞。至于那些用权术谋取宰相、卿大夫地位，辅助君主的人，就更不必说了。但像孔子的学生季次、原宪那样 季次，孔子的弟子，没有出仕当官，孔子很赞赏他，读书明礼，胸怀大志，言论不愿意随波逐流，世人都讥笑他们。当代的游侠，行为虽然不合乎正统的道义，但他们言必信，行必果，答应别人的诺言一定认真地去兑现，不惜牺牲自己的性命，去解救危难中的士人君子，做了好事也不愿留名。这些行侠仗义之人也有许多值得肯定的优点。况且人都会遇到困难危急的情况，即便是圣贤也无法避免。例如舜的父亲要害他，在他打井的时候掩埋了井口，把他困在了井里；伊尹曾是有莘氏送嫁到殷汤的陪臣，是个厨师，背着做饭的鼎，借向商汤讲烹饪技术时才受到赏识；傅说曾经是在傅岩这个地方打土墙的奴隶；姜太公曾被困在棘津钓鱼；管仲曾被齐桓公囚禁；百里奚曾经给人家喂过牛；孔子在匡地受过困，在陈、蔡两国挨过饿。这些都是被读书人称道的有道德、有修养的圣贤，他们尚且遭受到这样的灾难困苦，更何况才能平庸又生活在乱世之中的人呢？他们遇到的灾难真是一言难尽啊！游侠们不过是普通老百姓，秉承取予不苟且、一诺重千金的行为准则，他们的英名义举被传颂四方。因此士人在穷困窘迫之际，就将解困救命的希望寄托在游侠们身上，这些游侠难道不正是人们所称道的圣贤豪杰之类的人吗？即使是乡间村野的一般游侠，与季次、原宪这些读书人比较起来，就其对社会的贡献而言，也是不能同日而语的，我们又怎么可以小看游侠呢！反方《汉书》称：天子得天下，诸侯得到分封，从卿大夫一直到普通百姓，等级差别很清楚。因此人们都能安心尊敬、服从上司，下级也没有僭越非分之想。孔子说："天子统治有方，政权就不会落在大夫们手里。"百官们各有权限，奉公守法，服从国家政令，各尽其责，如果超越自己职权就要被诛杀，侵犯别人职权的就要受罚。这样上下和顺，各种事情都会办好。周朝王室衰微以后，礼乐制度和征伐大权都由诸侯控制掌握。齐桓公、晋文公之后，大夫们世世代代掌握国家政权，臣子们替天子发号施令。这种混乱的情况延续到了战国，诸侯们不是合纵，就是连横，用武力和强权称王称霸。于是列国的公子们，魏国有信陵君、赵国有平原君、齐国有孟尝君、楚国有春申君，都凭借着王公的权势，竞相收罗游侠，对那些鸡鸣狗盗之徒，

卷三 文下

无不待以宾客之礼。赵国丞相虞卿不惜抛弃国家利益，背叛国君，去解救患难之交魏齐；信陵君魏无忌盗取虎符，假传军令，杀死将军晋鄙，夺取军权，去解救被围困的平原君。这些行为，都是为了取得诸侯的器重，扬名天下。那些扼腕而谈、慷慨陈词而四处游说的人们，都把信陵君、平原君、孟尝君、春申君等"四豪"当作第一流的豪杰。这样一来，背弃国家利益去为私交效命的行为被传为美谈，忠于职守、为国效力的大义却被废弃了。到了汉朝兴起以后，实行无为而治，政治宽松，这种现象也没有得到纠正。魏其侯窦婴、武安侯田蚡这些人，还在京师争权夺利；郭解、剧孟之流，仍然横行在街头巷尾，扰乱社会。他们的势力遍及地方州郡，公侯大臣都要对他们卑躬屈膝。百姓们都认为他们的事迹很光彩，羡慕并效法他们，即使触犯法律，受到制裁，还自认为杀身成仁，名扬后世，就像季布、子路、仇牧一样，死而不悔。孔子的弟子曾参说过："君主无道，人心涣散已经很长时间了。"要不是贤明的君主向民众讲清楚善恶的标准，然后用礼法来规范人们的言行，人们从哪里知道国家禁止的是什么，从而回归正道呢？按古代正统的观点看：春秋五霸，祸害了夏禹、商汤、周文王等三王的正道，是有罪之人；六国，又进一步祸害了春秋五霸的正道，也是有罪之人；而战国四公子，又对六国的正道进行祸害，也是有罪之人。至于像郭解这类游侠，凭借匹夫的卑微地位，竟然窃取了生杀之权，他们就更是罪不容诛了。

  正方《尸子》称：臣子为国君举荐贤能的人就算有功劳，而国君要任用贤者才算有功劳。《史记》称：鲍叔举荐管仲，天下人对管仲的贤能称赞的并不多，但却十分称赞鲍叔知人的才能。"**反方**西汉的苏建曾经责备大将军卫青说："你的地位尊崇至极，但天下贤明的士大夫却都不称颂你。希望你借鉴古今名将的做法，招揽选拔贤能的人才。"大将军卫青婉言谢绝说："自从魏其侯、武安侯招贤纳士，厚待宾客，结党营私事发后，天子常对这种做法深恶痛绝。因为团结士大夫为己所用、招贤纳士、罢黜不肖之人，那是国君的权力；作为臣子，只要奉公守法、履行自己的职责就行了，何必要去招贤纳士呢？"作为大将军，卫青一直都是这么做的评论：以上这些一是一非、一正一反的观点，都是经史典籍中自相违背和矛盾的记载。

　　班固说："以前周朝王道衰微，诸侯各国致力于自己政权的巩固。各国君主在执政方面喜好不同。因此诸子百家的学说百花齐放，大家各执一端，大力宣扬自己的观点，并用这些主张、观点四处游说，争取诸侯们的支持。他们的学说虽然彼此不同，但是又好比火与水的关系，既相克，又能相生。仁与义，敬与和，虽然相反，但都能相辅相成。"《易经》称：天下人虽然所走的道路不通，但最终的目的地只有一个。天下的真理只有一个，而人们思考、推究真理的思维方式和表述方式却是千差万别的。说的也是这个意思。

适变第十五

原文

昔先王当时而立法度，临务而制事。法宜其时则理，事适其务故有功。今时移而法不变，务易而事以古。是则法与时诡，而时与务易。是以法立而时益乱，务为而事益废。故圣人之理国也，不法古，不修今，当时而立功，在难而能免秦孝公用卫鞅。鞅欲变法，孝公恐天下议己，疑之。卫鞅曰：疑行无名，疑事无功。夫有高人之行，固必见非于世；有独智之虑者，必见傲于人。愚者暗于成事，智者见于未萌。人不可与虑始，而可与乐成。论至德者，不和于俗；成大功者，不谋于众。是以圣人苟可以强国，不法其故；苟可以利人，不修其礼。孝公曰：善。甘龙①曰：不然。圣人不易人而教，智者不变法而治，因人而教，不劳而功成。缘法而理，吏习而人安。卫鞅曰：龙之所言，世俗之言。常人安于习俗，学者溺于所闻。以此两者居官守法可也，非所以与论于法之外也。三代不同礼而王，五霸不同法而霸。智者作法，愚者制焉；贤者更礼，不肖者拘焉。杜贽②曰：利不百，不变法；功不十，不易器。法古无过，修礼无邪。卫鞅又曰：治代不一道，便国不必故。故汤、武不修古而主，夏、殷不易礼而亡。反古者不可非，而修礼者不足多。孝公曰：善。遂变法也。由是言之，故知若人者，各因其时而建功立德焉孟子曰：虽有兹基，不如逢时；虽有智惠，不如逢代。范蠡曰：时不至，不可强生；事不究，不可强成。语

---

① 甘龙：战国时秦国大臣，商鞅变法时反对派的领袖，秦国的世族名臣。
② 杜贽：战国时秦国大臣，商鞅变法时反对派的代表人物。

曰：圣人修德，以待时也。何以知其然耶？桓子①曰："三皇以道治，五帝用德化；三王由仁义，五霸用权智说曰：无制令刑罚，谓之皇；有制令而无刑罚，谓之帝；赏善诛恶，诸侯朝事，谓之王；兴兵众，立约盟，以信义矫代，谓之伯。《文子》曰：帝者，贵其德也；王者，尚其义也；霸者，迫于理也。道狭然后任智，德薄然后任刑，明浅然后任察。议曰：夫建国立功，其政不同也如此。"五帝以上，久远，经传无事，唯王、霸二盛之美，以定古今之理焉秦、汉居帝王之位，所行者霸事也。故以为德之次。夫王道之治，先除人害，而足其衣食论曰：五亩之宅，树之以桑，匹妇蚕之，年五十者，可以衣帛矣。百亩之田，数口之家，耕稼修理，可以无饥矣。鸡豚狗彘之畜，不失其时，老者可以食肉矣。夫上无贪欲之求，下无奢淫之人，藉税省少而徭役不繁，其仕者，食禄而已，不与人争利焉。是以产业均而贫富不得相悬，然后教以礼仪故明王审己正统，慎乃在位。宫室舆服，不逾礼制。九女②正序于内，三公分职于外。制井田以齐之，设诸侯以牧之，使饶不溢侈，少不匮乏，然后申以辟雍之化，示以揖让之容，是以和气四塞，祸乱不生，此圣王之教也。而威以刑诛，使知好恶去就虞帝先命禹平水土，后稷播植百谷，契班五教③，皋陶修刑，故天下太平也。是故大化四凑，天下安乐，此王者之术王者，父天母地，调和阴阳，顺四时而理五行，养黎元而育群生，故王之为言，往也。盖言其惠泽优游，善养润天下，天下归往之，故曰王也。霸功之大者，尊君卑臣，权统由一，政不二门，赏罚必信，法令著明，百官循理，威令必行夫霸君亦为人除难兴利，以富国强兵。或承衰乱之后，或兴兵征伐。皆未得遵法度、申文理，度代而制，因时施宜，以从便善之计，而务在于立功也。此霸者之术王道纯而任德，霸道驳而任法。此优劣之差也。

　　《道德经》曰：我无为而人自化。《文子》曰：所谓无为者，非谓引之不来，推之不往。谓其循理而举事，因资而立功，推自然之势也故曰智

---

① 桓子：指东汉桓谭，字君山。博学多通，著有《新论》一书，主张尊王贱霸，反对神学目的论和天人感应说。

② 九嫔：指九嫔。九嫔为王宫中女官，也是帝王的妃子。《周礼·天官内宰》：九嫔掌妇学之法，以教九御。唐朝规定：王后而下，以昭仪、昭容、昭媛、修仪、修容、修媛、充仪、充容、充媛作九嫔。

③ 契班五教：契颁行五常之教。班，同"颁"。《左传》记载：布五教于四方，父义、母慈、兄友、弟恭、子孝，是布五常之教也。

卷三 文下

而好问者圣，勇而好问者胜。乘众人之智，即无不任也；用众人之力，即无不胜也。故圣人举事，未尝不因其资而用也。故曰汤、武，圣主也，而不能与越人乘舲舟，泛江湖。伊尹，贤相也，而不能与胡人骑原马，服騊駼①；孔、墨，博通也，而不能与山居者入榛薄，出险阻。由是观之，人智之于物，浅矣。而欲以炤海内，存万方，不因道理之数而专己之能，则其穷不远。故智不足以为理，勇不足以为强，明矣。然而君人者，在庙堂之上，而知四海之外者，因物以识物，因人以知人也《吕氏春秋》曰：昊天无形，而万物以成；大圣无事，而千官尽能，此谓不教之教，无言之诏也。夫冬日之阳，夏日之阴，万物归之，而莫之使。至精之感，弗召自来。待目而昭见，待言而使令，其于理难矣《文子》曰：三月婴儿，未知利害，而慈母之爱愈笃者，情也。故曰言之用者小，不言之用者大。又曰不言而信，不施而仁，不怒而威，是以天心动化者也。施而仁，言而信，怒而威，是以精诚为之者也。施而不仁，言而不信，怒而不威，是以外貌为之也。皋陶喑而为大理，天下无虐刑；师旷瞽而为太宰，晋国无乱政《庄子》曰：天地有大美而不言，四时有明法而不议，万物有成理而不说。圣人无为，大圣不作，观于天地之谓也。不言之令，不视之见，圣人所以为师。此黄老之术也《文子》曰：圣人所由曰道，所为曰事。道犹金石，一调不可更；事犹琴瑟，每终而改调。故法制礼乐者，理之具也，非所以为理也。昔曹参②相齐，其治要用黄老术，齐国安集。及代萧何为汉相，参去，属其后相曰：以齐狱市为寄，慎勿扰也。后相曰：治无大于此者乎？参曰：不然。夫狱市者，所以并容也。今君扰之，奸人安所容乎？吾是以先之。由是观之，秦人极刑而天下叛，孝武峻法而狱繁，此其弊也。经曰：我无为而人自化，我好静而人自正。参欲以道化其本，不欲扰其末也。太史公曰：参为汉相国，清静寡欲，言合道意。然百姓离秦之酷扰，参与休息无为，故天下俱称其美矣。议曰：黄老之风，盖帝道也。

孔子闲居，谓曾参曰："昔者明王内修七教，外行三至。七教修而可以守，三至行而可以征。明王之守也，则必折冲千里之外；其征也，还

---

① 騊駼：青色的野马。《山海经·海外北经》记载：北海内有兽，状如马，名騊駼，色青。
② 曹参：西汉时继萧何之后的第二任宰相，字敬伯。跟随刘邦在沛县起兵反秦，身经百战，屡建战功。刘邦称帝后，对有功之臣，论功行赏，曹参功居第二，赐爵平阳侯，汉惠帝时官至丞相，一遵萧何约束，有"萧规曹随"之称。

师衽席之上。"曾子曰："敢问七教？"孔子曰："上敬老则下益孝，上尊齿则下益悌，上乐施则下益宽，上亲贤则下择交，上好德则下无隐，上恶贪则下耻争，上廉让则下知节，此之谓七教也七教者，治之本也。教定则本正矣。凡上者，人之表也，表正则何物不正也。"昔明王之治人也，必裂而封之，分属而理之，使有司月省而时考之，进贤良，退不肖然则贤良者悦，不肖者惧矣，哀鳏寡，养孤独，恤贫穷，诱孝悌，选才能，此七者修，则四海之内无刑人矣。上之亲下也，如腹心；则下之亲上也，如幼子之于慈母矣。其于信也，如四时；而人信之也，如寒暑之必验。故视远若迩，非道迩也，见明德也。是以兵革不动而威，用利不施而亲。此之谓"明王之守，折冲千里之外"者也议曰：昔管子谓齐桓公曰：君欲霸王，举大事，则必从其本矣。夫齐国百姓，公之本也。人甚忧饥而税敛重，人甚惧死而刑政险，人甚伤劳而上举事，不时。公轻其税，缓其刑，举事以时，则人安矣。此谓修本而霸王也。

曾子曰："何谓三至？"孔子曰："至礼不让，而天下之自理；至赏不费，而天下之士悦；至乐无声，而天下之人和。"何则？昔者明王必尽知天下良士之名。既知其名，又知其实。既知其实，然后因天下之爵以尊之。此谓至礼不让而天下治。因天下之禄以富天下之士，此之谓至赏不费而天下之士悦。如此，则天下之明誉兴焉，此谓之至乐无声而天下之人和故曰所谓天下之至仁者，能合天下之至亲；所谓天下之至智者，能用天下之至和；所谓天下之至明者，能举天下之至贤也。故仁者莫大于爱人，智者莫大于知贤，政者莫大于能官。有德之君，修此三者，则四海之内供命而已矣。此之谓折冲千里之外夫明王之征，必以道之所废，诛其君，改其政，吊其人，而不夺其财矣。故曰明王之征，犹时雨之降，至则悦矣，此之谓还师衽席之上言安而无忧也。故扬雄曰："六经之理，贵于未乱；兵家之胜，贵于未战。"此孔氏之术也议曰：孔氏之训，务德行义，盖王道也。

墨子曰："古之人未知为宫室，就陵阜而居，穴而处。故圣王作，为宫室。为宫室之法：高足以避润湿，边足以圉风寒，宫墙之高，足以别男女之礼。谨此则止，不以为观乐也。故天下之人，财用可得而足也。当今之王为宫室，则与此异矣。必厚敛于百姓，以为宫室台榭曲直之望，

卷三 文下

青黄刻镂之饰。为宫室若此，故左右皆法而象之。是以其财不足以待凶饥，振孤寡，故国贫而难理也。为宫室不可不节议曰：此节宫室者。古之人未知为衣服时，衣皮带茭，冬则不轻而暖，夏则不轻而清。圣王以为不中人之情，故圣人作，诲妇人以为人衣。为衣服之法：冬则练帛，足以为轻暖；夏则絺绤，足以为轻清。谨此则止，非以荣耳目，观于人也。是以其人用俭约而易治，其君用财节而易赡也。当今之王，其为衣服，则与此异矣。必厚敛于百姓，以为文彩靡曼之衣，铸金以为钩，珠玉以为珮。由此观之，其为衣服，非为身体，皆为观好也。是以其人淫僻而难治，其君奢侈而难谏。夫以奢侈之君，御淫僻之人，欲国无乱，不可得也。为衣服不可不节议曰：此节衣服也。"此墨翟之术也议曰：墨家之议，去奢节用，盖强本道。

商子曰："法令者，人之命也，为治之本《慎子》曰：君人者，舍法而以身治，则受赏者虽当，望多无穷；受罚者虽当，望轻无已。君舍法而以心裁轻重，怨之所由生也。是以分马者之用策，分田者之用钩，非以钩、策为过人之智也，所以去私塞怨也。故曰大君任法而不躬为，则怨不生，而上下和也。一兔走，百人逐之，非以兔可分为百，由名分之未定也。卖兔满市，盗不敢取者，由名分之定也。故名分未定，虽尧、舜、禹、汤，且皆加务而逐之；名分已定，则贫、盗不敢取。故圣人之为法令也，置官也，置吏也，所以定分也《尸子》曰：夫使众者，诏作则迟，分地则速，是何也？无所逃其罪也。言亦有地，不可不分，君臣同地，则臣有所逃其罪矣。故陈绳则木之枉者有罪，审名分则群臣之不审者有罪矣。名分定则大诈贞信，巨盗愿悫而各自治也《尹文子》曰：名定则物不竞，分明则私不行。物不竞，非无心，由名定，故无所措其心；私不行，非无欲，由分明，故无所措其欲。然则心欲人人有之，而得同于无心无欲者，在制之有道故也。"

《申子》曰：君如身，臣如手，君设其本，臣操其末。为人君者，操契以责其名。名者，天地之网，圣人之符。张天地之网，用圣人之符，则万物无所逃矣议曰：《韩子》曰：人主者，非目若离朱乃为明也，耳若师旷乃为聪也。不任其数而待目以为明，所见者少矣，非不蔽之术也。不因其势，而待耳以为聪，所闻者寡矣，非不欺之道也。明主者，使天下不得不为己视，使天下不得不为己听。身居深宫之中，明烛四海之内，而天下不能蔽、不能欺者，何也？匿罪之罚重，而告奸之赏厚也。孙

适变第十五

卿曰：明职分，序事业，材伎官能，莫不治理。如是则厚德者进，廉节者起，兼听齐明，而百事无留，故天子不视而见，不听而闻，不虑而知，不动而功，块然独坐而天下从之。此操契以责名者也。《尸子》曰：明君之立，其貌庄，其心虚，其视不躁，其听不淫，审分应辞，以立于朝，则隐匿疏远，虽有非焉，必不多矣。明君不长耳目，不行间谍，不强闻见，形至而观，声至而听，事至而应。近者不过，则远者理矣；明者不失，则微者敬矣。此万物无所逃也。**动者摇，静者安，名自正也，事自定也**议曰：《尸子》曰：治水潦者，禹也；播五谷者，后稷也；听狱折衷者，皋陶也；舜无为也，而为天下父母。此则名自正也。太公谓文王曰：天有常形，人有常生，与天人共其生者，而天下静矣。此则事自定之矣。**是以有道者因名而正之，随事而定之**《尹文子》曰：因贤者之有用，使不得不用；因愚者之无用，使不得用。用与不用，各得其用，奚患物之乱也？《尸子》曰：听朝之道，使人有分。有大善者，必问其孰进之；有大过者，必问其孰任之，而行罚赏焉。且以观贤、不肖也，明分则不弊，正名则不虚。贤则贵之，不肖则贱之。贤不肖，忠不忠，以道观之，犹白黑也。**昔者尧之治天下也以名，其名正则天下治；桀之治天下也，亦以名，其名倚而天下乱。是以圣人贵名之正也**议曰：夫暗主以非贤为贤，不忠为忠，非法为法，以名之不正也。

李斯书曰："韩子称'慈母有败子，而严家无格虏'者，何也？则罚之加焉必也。故商君之法，刑弃灰于道者。夫弃灰，薄罪也，而被刑，重罚也。夫轻罪且督，而况有重罪乎？故人弗敢犯矣。今不务所以不犯，而事慈母之所以败子，则亦不察于圣人之论矣。"商君之法，皆令为什伍，而相司牧，犯禁相连于不告奸者，明尊卑、爵秩等级，各以差次；田宅、妻妾、衣服，以家次。有功者显荣，无功者虽富无芬华。务于耕战。此商君之法也。**此商鞅、申、韩之术也**桓范曰：夫商鞅、申、韩之徒，贵尚谲诈，务行苛克。废礼义之教，任刑名之数，不师古始，败俗伤化。此则伊尹、周、召之罪人也。然则尊君卑臣，富国强兵，守法持术，有可取焉。逮至汉兴，有宁成①、郅都②之辈，放商、韩之治，专以杀伐残暴为能，顺人主之意，希旨而行，要时趋利，敢行祸败，此又商、韩之罪人也。然其抑

---

① 宁成：西汉酷吏。汉景帝时任济南都尉、中尉，因贪暴残酷，宗室豪杰人人惶恐。武帝时先后任内史、关都尉，出入关者说："宁见乳虎，无直宁成之怒。"

② 郅都：西汉酷吏。汉景帝时为中郎将，敢直谏，拜济南太守。为官忠于职守，公正清廉，对内不畏强暴，敢于对抗豪强权贵；对外积极抵御外侮，使匈奴闻风丧胆。行法不避贵戚，列侯宗室见都侧目而视，号曰"苍鹰"。后为窦太后斩杀。

卷三 文下

强族，抚孤弱，清己禁奸，背私立公，亦有取焉。至于晚代之所谓能者，乃犯公家之法，赴私门之势，废百姓之务，趋人间之事，决烦理务，临时苟辩，使官无谴负之累，不省下人之冤，复是申、韩、宁、郅之罪人。

由是观之，故知治天下者，有王、霸焉，有黄、老焉，有孔、墨焉，有申、商焉，此其所以异也。虽经纬殊制，救弊不同，然康济群生，皆有以矣。今议者或引长代之法，诘救弊之言议曰：救弊为夏人尚忠，殷人尚敬，周人尚文者；或引帝王之风，讥霸者之政，不论时变，而务以饰说。故是非之论，纷然作矣。言伪而辩，顺非而泽，此罪人也。故君子禁之。

适变第十五

译文

　　以前先王顺应时势而建立政治制度，根据事务的具体特点来制定有针对性的政策。政治制度与时势相符合，国家就能治理好；政策与事务的具体特点相适应，办事才会有成效。现在时势推移了，而政治制度依然不跟着变化；事务有了变动，却依然按古代的政策办。这样一来，政治制度跟不上时代发展，事务与政策脱节，政治制度虽然建立起来了，但时势却显得更加混乱，事务办不成，政策也如同废纸。因此圣人治理国家，既不拘泥于古法，又不只求权宜之计，而是顺应时势进行改革，讲求实效，遇到困难也能用正确的政策化解秦孝公重用商鞅。商鞅想变法，秦孝公担心引起天下非议，对改革迟疑不决。商鞅说：优柔寡断赢不来好名声，办事迟疑不决很难取得好的效果。如果做事高别人一等，本来就要被世俗非议；具有独特见解的谋士，必然会被没见识的人诋毁。愚昧的人对于既成的事实都还弄不明白，聪明的人在事情还未露出苗头时就能注意到。对于普通人，不可以在事情刚开始的时候就和他们商量，只能在事情成功之后和他们共同庆祝。道德高尚的人不附和世俗，总是和大众商量的人很难成就丰功伟业。因此圣人治国，只要可以使国家强盛，就不必效法旧的制度，只要可以使人民得好处，就不必遵循旧的礼制。秦孝公说：你说得好。甘龙却说：不是这样的。圣人不会靠改变民众的旧习俗来施行教化，聪明人不会靠改变旧有的法度来治理国家。顺应民众的习俗来施行教化，不费辛劳就能建成功业；遵循旧有的法度来治理国家，官吏既熟悉，民众也安心。商鞅说：甘龙大人

卷三 文下

所说的，是世俗之言。平庸的人安守旧的习俗，学究们拘泥于旧的见闻。让这两种人当官守法还可以，但与他们讨论旧法以外的新事物就不行了。夏、商、周三代的礼制不同，但都能称王天下；春秋五霸的法度不同，也都能称霸诸侯。聪明的人能创制法度，愚昧的人却只能受法度的制约；贤德有才的人改变礼制，不贤无才的人只能受礼制的约束。杜贽说：得不到百倍的利益，就不改变法度；收不到十倍的功效，就不更换工具。效法古代的法度没有过错，遵循古代的礼制不会出偏差。商鞅又说：治理国家不必采取同一种办法，为国家谋利益不必一定效法古代的制度。商汤、周武王没有遵循古代制度也能称王天下，夏桀、商纣王不革新礼制却亡了国。反对古代法度的人不应该遭受非议，而遵循古代礼制的人也不值得赞扬。秦孝公说：说得好。于是就同意商鞅进行变法。**由此我们可以说，像商鞅这样的人，都能够顺应时代而建功立业**孟子说：即使有肥沃的土地，也比不上按照季节时令耕种和收获好；即使有聪明才智，也不如赶上个好时代。春秋时越国的范蠡说：节气不到，不能强行要求禾苗生长；办事不经过仔细研究，也不能强求成功。《论语》称：圣人修习德行，专等时机到来。**怎么知道是这样的呢？东汉的桓子说："三皇靠道义治理天下，五帝用德行教化万民，三王用仁义引导人民，春秋五霸用权术智谋在列国中称雄。"**解释为：不靠礼制法令和刑罚就能治理天下的，称为皇；借助礼制法令治理天下，但没有刑罚的，称为帝；赏善诛恶，诸侯入朝议事的，称为王；兴兵动武，订立盟约，假借信义之名，取代天子地位的，称为霸。《文子》称：帝，看重的是道德；王，崇尚的是仁义；霸，就不得不用严刑峻法来统治天下。道义的作用变小了，就借助智谋；仁德的观念淡薄了，就借助刑罚；情况不够明朗，就加强考察。评论：这些人建国立功，采取的执政方略竟是如此不同。

　　五帝以前的事情相当久远，经、传中又没有记载，只有王道、霸道的美名盛传至今，我们只好借助它们的利弊来探讨古往今来治国的经验和教训了秦朝、汉朝的国君虽然居帝王之位，但推行的却是霸道，因此把他们的仁德放在次要的位置来讨论。**王道的统治是首先除掉祸害人民的势力，让人民丰衣足食**评论：一个妇女在五亩左右的田宅上种桑养蚕，家里五十岁上下的老人就可以有帛做的衣裳穿。百亩大小的田地，由数口之家耕种收拾，一家人就不会挨饿了。按时喂养鸡、猪、狗这类牲畜，老人就可以吃上肉了。只要上层人物不贪图私欲，下层人物不奢侈浪费，苛捐杂税少，徭役也不繁重，当官的只拿薪水，不与老百姓争利，这样就能做到各种产业收入平均，贫富之间也不会过于悬殊了。**丰衣足食**

之后，再教给他们礼仪因此贤明的君主经常审视自己的作为是否合乎道义，谨慎地巩固自己的统治。宫室、车舆、服饰不超过礼制规定，九嫔等主掌内官，三公等大臣分管国家大事。制定井田来统一农田的管理，设立诸侯来管理民众，使大家在丰收时不浪费奢侈，欠收时也不至缺衣少食，然后推行学校教育，树立谦恭礼让的榜样，这样到处洋溢着和睦的气氛，没有祸乱发生。这就是圣王教化民众、治理国家的办法，同时用刑罚来树立法规政令的威严，使民众懂得什么是好，什么是恶，什么不该做，什么该做舜首先命令禹治理水患，后稷播种百谷，发展农业，让契颁布施行五常的教化，由皋陶修定刑法，借助这些手段，天下就太平了。这样各种教化的因素、治理的方法综合起来，天下就安乐太平了。这就是王者治国的方法王者，以天为父，以地为母，调和阴阳二气，顺应四时变化，掌握五行的相克相生，教养黎民百姓，哺育生命，因此"王"的含义就是"往"。这大概是指王的恩泽浩荡，养育滋润了天下人，天下人一心归顺他、向往他，因此叫做"王"。那些成就伟业的霸主，能够做到君尊臣卑，大权掌握在君主一人手里，号令统一，不准政出多门，赏罚言出必行，法令严明，百官忠于职守，有法必依，执法必严那些霸主也为民众除害谋利，富国强兵。他们有的是在朝代衰落之后，有的是在兴兵讨伐叛乱之时，这时不能按照常规的法度、道德伦常办事，大多是根据时代和情况的变化制定政策，因时制宜，以方便、有利为原则，目的是建功立业，称霸天下，这就是霸者治国的方法王道纯正，用仁德治国，霸道驳杂无序，主要借助法治管理国家。这就是二者优劣的差别所在。

《道德经》称：我能做到清净无为，世人就能够自觉地自我管理。《文子》称：所谓无为，并不是指呼之不来，挥之不走，什么也不做。而是指按事物固有的规律办事，借助一定的工具和条件把事情办成功，也就是一切顺其自然因此说：既聪明又好问的人圣明，既勇敢又好问的人胜人一筹。发挥众人的智慧，就没有不能战胜的困难；利用众人的力量，就没办不成功的事情。因此圣人办事，都是借助各方面的力量，并善加利用。所以说商汤、周武王虽然是圣明的君主，却不能与越人一起乘着小篷船，泛舟江湖；伊尹虽然是位贤能的宰相，却不能和胡人一道骑野马，制服驹骎；孔子、墨子，虽然是知识渊博的学者，却不能与山里人一道去钻山林，出入险阻之地。由此可见，人的智慧和无限的世间万物来比，是非常有限的。然而要想

卷三 文下

探明世界的奥秘，感召万方，如果不去研究其中的规律，利用各种条件，而只是仰仗自己一个人的力量，那么很快就会陷入穷途末路。因此靠一个人的智慧不足以使天下大治，靠一个人的勇敢不足以使国家强大，这个道理是显而易见的。但作为统治百姓的君主，虽然身处庙堂之上，却能了解四海之外的人与事，原因就在于他善于利用各种条件，即利用已知事物的规律去认识其他事物，利用已有的智慧去了解别人《吕氏春秋》称：天虽然没有具体可见的形状，但却生成了万事万物；大圣人虽然不事事亲自动手，但却可以让成百上千的官吏各尽所能。这就是不是教导的教导，没有说出来的诏令。天下万物都向往冬天的阳光、夏天的阴凉，但其实并没有谁指使它们这样做。可见只要感情真挚精诚，人们所向往的事物就会不召自来。如果一定要等到以目示意或开口要求它们才这样做，这就很难达到无为而治的境界《文子》称：出生三个月的婴儿，不懂利害，但慈母爱子之情越发深厚，这就是亲情的表现。因此说语言的作用虽小，但语言背后的真情才是真正值得赞美的。《文子》又称：不讲话就能叫人信服，不施恩就能显示仁爱，不发怒就能让人感受到威严，这是自然之心感化人的结果。施了恩才能显示仁爱，说出来才能叫人信服，发了怒才能树立威严，这是人心的精诚所致。施了恩还显示不出仁爱，说出来还不能叫人信服，发了怒还不能树立威严，这是只是表面装样子而没有真情的缘故。皋陶虽然是个哑巴，但他当了大禹的司法官以后，天下再没有酷刑；师旷是个盲人，但他当了宰相以后，晋国就再没有出现过混乱的政局《庄子》称：天地有伟大的美德却不自我表白，四季有严格的区分却不乱加议论，万物有固定的规律却不四处游说。圣人无为而治，大圣人述而不作，这都是在效法大自然的规律。不说话就能发出命令，不睁眼就能看见四方，正是圣人之所以成为万民之师的重要原因。这就是黄老学说治国的原理《文子》称：圣人所要遵循的是道，按照道去办事叫做事。道就像金石发出的声音一样，只有一个曲调，永远不可改变；事却可以有多种形式，就像琴瑟各有音调，一曲终了还要改变调韵一样。因此，法制、礼乐只是治国的手段，并不是治国的原理和目的。以前曹参在齐国当丞相，他治国采用的正是黄老学说，齐国因此安定繁荣。等到曹参替代萧何的位置担任汉朝丞相，将要离开齐国，他嘱咐后任丞相说：我把齐国刑律、监狱管理等司法大权托付给你，望你谨慎从事，不要频繁打扰那些犯人。后任丞相说：难道这是您要交代的最重要的治国之事吗？曹参回答说：不能这样说。刑律、监狱这类工作，涉及到了大多数的社会问题。如果你再频繁打扰那些触犯刑律而受到惩治的囚犯，这些囚犯到何处去安身呢？因此我把这个问题放在首位。由此看来，秦国的刑罚苛刻，引起天下叛乱；汉武帝的法治严峻，导致全国刑狱案件增多。这都是严刑峻法的弊端。经书上称：我能做到清净无为，世人就能够自觉地自我管理。人民自然顺化；我内心平静，世人自然而然就能走向正道。曹参想用黄老之术的无为作为治国的根本，而不想把治国的重心放在刑罚、监狱这些细枝末节上。太史公司马迁说：曹参担任汉朝丞相时，清心寡欲，言行都合乎黄老之道。老百姓刚刚摆脱秦朝的酷政骚扰，曹参让百姓休养生息，无为而治，因此天下人都称赞他的美德。评论：黄老无为而治的主张，就是五帝的治国之道。

　　孔子在家闲居，对曾参说："以前圣明的君主对内注重'七教'，对外实行'三至'。'七教'做好了，就可以巩固内政，立于不败之地；'三至'实行了，就可以出兵征伐，开疆拓土。圣明的君主在考虑巩固内政的时候，就已经做好了用兵于千里之外的准备；一旦出征，就必然能顺利凯旋。"曾参问："先生，请问什么是'七教'？"孔子回答："君主尊敬老人，臣民就会更加孝顺父母；君主尊重比自己年长的人，臣民就会更加尊重兄长；君主乐善好施，臣民就会更加坦诚待人，相互体谅；君主亲近贤臣，臣民就会选择益友交往；君主讲究道德修养，臣民就不会互相欺瞒；君主憎恶贪婪，臣民就会耻于争夺名利；君主廉洁谦让，臣民就会讲究节操。这就是所谓的七教七教，是治国的根本。教化的原则确定下来了，治国的根本才能走上正轨。君主就是人民的表率，有了好的表率，还会有什么事不能纠正。"以前圣明的君主管理臣民，一定会把土地分封给诸侯，把民众交给他们去管理，然后叫政府有关部门的官员按时去考核他们，由官员向国家推荐贤良的人，向国家申请罢免不良分子这样一来，贤良的人高兴，不良分子也会感到畏惧。照顾鳏夫寡妇，抚养孤儿和独身老人，救济贫穷的人，引导人们孝顺、友爱，选拔有才能的人。这七件事情做好了，四海之内就不会有犯法的人。君主对臣民爱如心腹，臣民爱戴国君就会如同幼子爱慈母一般。君主对臣民守信用，就像四季轮换一样准确无误，那么臣民信任君主，就像信任大自然的寒暑更替一样。因此君主能视远若近，这并非是因为距离变近了，而是因为君主贤明的德行远播千里。

卷三 文下

于是兵革未动就显出了威力,不需要施以恩惠就能让人感到亲近。这就是"圣明的君主在考虑巩固内政的时候,就已经做好了用兵千里之外的准备"的意思评论:以前管仲对齐桓公说:您想称霸天下,成就大事,就必须从根本做起。齐国的百姓就是您的根本。人民非常担心吃不饱穿不暖,国君却横征暴敛;人民非常害怕死亡,国君却施行严酷的刑罚和苛刻的政治;人民非常恼火劳顿,国君却频繁征调,不守农时。您如果能减轻赋税,施行宽松的刑罚,征调有所限制并且不误农时,那么人民就安宁了。这就是所谓从根本做起成就霸业的意思。

曾参又问:"那么'三至'又是什么意思?"孔子说:"最大的礼义是不需要谦让,天下就能安定和平;最高明的奖赏是不铺张浪费,却能让天下的士子感到高兴;最悦耳的音乐是还没发出声音的时候,天下人却能同声应和。"这是什么原因呢?以前贤明的君主一定对天下名士的名字了如指掌;知道他们的姓名以后,进而了解他们的实际才能;知道了他们的实际才能以后,将朝廷的爵位授予他们,让他们因此受到世人的尊敬,这就是"最大的礼义是不需要谦让,而天下却能大治"的意思。用朝廷的俸禄使天下的士人富有,这就是"最大的奖赏是不铺张浪费,却能让天下的士子感到高兴"的意思。这样一来,天下人称颂贤明的美誉就兴盛起来,社会风气进而得到极大改善,这就是"最悦耳的音乐是还没发出声音的时候,天下的人却能同声应和"的意思因此说天下最仁爱的人,能凝聚天下人最亲密的感情;天下最聪明的人,能做到使天下人和睦共处;天下最贤明的人,能提拔天下最贤德的人才。因此可以说,对仁的要求,没有比热爱人民更重要的了;对智的要求,没有比了解贤才更重要的了;对执政者的要求,没有比知人善任更重要的了。如果仁德的君主能注重并做到这三点,那么四海之内的人民就一定可以俯首听命,甘心供你驱使了。这就是"做好了用兵千里之外的准备"的意思贤明的君主要对外征伐,一定是被征伐国家的君主的荒淫无道已经到了天理难容的程度,因此上天要借贤明君主的手杀掉这个昏君,改革他们的政治,抚慰那里的人民,但不夺取他们的财产。因此说贤明君主的征伐,就像及时雨,降到哪里,哪里的人民就会感到高兴。这就是"顺利凯旋而归"的意思是指胜券在握,安枕无忧。因此扬雄说:"六经的道理,可贵的地方在于国家尚未发生动乱就能及时治理；兵家用兵打仗，胜利的原因就在于还没有开战的时候就做好了准备。"这就是儒家的治国方法评论：儒家推崇的是修行自己的德行，施行仁义，这正是三王的治国之道。

墨子说："古时候的人不知道建造宫室，就在山陵的高处和岩洞里居住下来，圣王出现以后，才开始建造宫室。圣王建造宫室的方法：选择高处，避开潮湿雨水；选择在边角之处，方便抵挡风寒；建造宫墙的高度，只要能够起到满足生活中男女有别就可以了。仅此而已，他们并不把宫室作为观赏、享乐的场所。因此天下人的财富足以应付这项开支。当今君主建造的宫室，和圣王建造的宫室就大大不同了，他们只是为了自己观赏、享乐。他们建造宫室一定要向老百姓横征暴敛，目的只是为了建造豪华的亭台楼阁使宫室看上去更宏伟壮观，把宫室涂上青、黄等各种颜色，雕刻各种花纹作为装饰，使其看上去更华美。他们建造的宫室是如此华丽，以致左右大臣们都以此为模式加以仿效，所以天下的财富自然就不够了，国家就没有钱来抵御凶年饥荒和赈济孤儿寡妇，因此国家贫困到难以治理的地步。由此可见，建造宫室不能不讲究节约评论：这里讲的是节省宫室建造的开支。古时候的人不知道缝制衣服，那时候披兽皮、带树叶，冬天穿得虽然暖和却很笨重，夏天穿得虽然凉爽但也很笨重。圣王认为这不合人情，于是圣人出现以后，就教妇女缝制衣服。圣人缝制衣服的方法：冬天用练帛缝制，轻便又暖和；夏天用或细或粗的葛布缝制，轻便又凉爽。仅此而已，他们并非把穿戴当作娱人耳目、供人观赏的东西。因此老百姓的用度俭朴节约，容易管理；君主的财政支出节省，容易供养。当今的君主制作衣服就大大不同了。他们靠向百姓横征暴敛得来的财富制作文彩华丽的衣服，铸造黄金的挂钩，用美玉制作玉珮。由此看来，他们制作衣服，不是为了身体保暖，完全是为了看上去美丽。于是上行下效，老百姓也开始贪图安逸舒适的生活，难以管理；君主生活奢侈腐化，听不进逆耳忠言。像这样用奢侈腐化的君主来驾御贪图安逸舒适的老百姓，要想国家不乱，是不可能的。因此制作衣服，不能不讲究节俭评论：这里讲的是节省衣服制作的开支。这就是墨

卷三　文下

家的治国方法评论：墨子的主张是消除奢侈浪费，节约用度开支，目的是强固国家的根本。

商鞅说："法令是人民的生命，是治国的根本《慎子》称：为人君主的如果舍弃法制，只凭自己的意愿去治国，那么受赏者即使赏得适当，却也希望赏得越多越好，没有穷尽；受罚者虽然罚得适当，也会希望罚得越轻越好，没有止境。君主舍弃法制，而仅凭自己的主观意志决定赏罚的轻重，人们的怨恨就由此产生了。因此分马的人用抽签的方法、分田的人用抓阄的方法做出决定，这并不是因为抽签、抓阄的方法有什么特别过人的聪明之处，而是因为用这些方法可以消除私欲，堵塞怨恨。因此说国君使用法制而不以自己的私人好恶来治国处事，那么怨气就不会发生，全国上下也可以和睦相处。一只兔子在前面跑，一百个人跟着追逐，这并不是因为兔子可以分成一百份，而是由于兔子究竟属于谁的名分还没确定；市场摆满了售卖的兔子，盗贼却不敢拿，这是因为兔子属于谁的名分已经确定了。因为名分没有确定，即使是尧、舜、禹、汤这些圣人也会拼命追逐；如果名分已经确定了，就是穷人和盗贼也不敢擅自去拿。因此尧、舜这些圣人制定法令、设置官吏，目的都是为了确定名分《尸子》称：那些役使民众的官吏，对于下达的诏令，迟迟不愿动作；如果是划分属地、确定权限以后，动作就加快了。为什么呢？因为名分确定了，再也没有借口逃避责任。由言语形成的名分也有职责权限，不能不加以划分。如果国君与臣子的职责权限混淆，那么臣子就可以借此逃避自己的责任。就像用墨斗划线，弯曲的木头就可以被校正，审定君臣的名分以后，那些不守本分的大臣们就无法逃避自己的罪责了。**名分确定了，就是大骗子也会变得贞洁守信，大强盗也会变得忠厚老实，都各自安守本分。**"《尹文子》称：名分确定了，人们就不会发生争执；名分明确了，人们的私欲就无用武之地了。人们不发生争执，并不是因为没有私心，而是由于名分确定以后，就没有地方安置这些私心了；私欲无用武之地，并不是因为人们没有欲望，而是由于名分明确以后，就没有条件实现这些私欲了。然而，私心、私欲人人都有，但最终能做到人人无私心、人人无私欲，就是由于国君治国有道的缘故。

　　《申子》称：国君好像一个人的身体，臣子好像一个人的双手。国君创设国家的根本法制，臣子操持国家的具体事务。国君手持法制条文，检查臣子的言行是不是合乎他的职责，他的名分。所谓名分，就是涵盖天地的罗网、圣人之符。国君掌握了名分这个根本,就好比张开涵盖天地的罗网,手握圣人之符,天下万物就无所遁形了评论:《韩子》称:对国君来说,并不是要求他的眼睛像离朱那样才算明亮,也不是要求他的耳朵像师旷那样才算聪敏。如果不借别人的眼睛去看,只能依靠自己明亮的眼睛去观察,那么看到的东西就太有限了。这可不是使自己不被蒙蔽的好办法。不借助众人的帮助,而只是依靠自己灵敏的耳朵去倾听,能听得清的就很少,这也不是使自己不受欺骗的好办法。英明的国君,能使天下人不能不为自己去看,使天下人不能不为自己去听。他虽然身居深宫之中,却能明察四海之内,而天下人不能蒙蔽他、欺骗他,这是什么原因呢?是因为他给藏匿罪犯的人重罚,给举报恶行的人丰厚的赏赐。荀子说:只要明确职责,办事有序,材尽其用,官尽其能,国家就没有治理不好的。如果能这样做,那么品德好的人就会受到重视,讲廉洁的人就会得到起用,广泛倾听各方面的意见,什么事情都心中有数,天子就可以不用自己去看也能看见,不用自己去听也能听见,不用自己思考也能有见识,不用自己动手也能把事情办成功,自己安然独坐却能使天下人顺从他的意志。这就是他牢牢抓住名分这一关键的结果。《尸子》称:明君要确保自己的权势不受挑战,就应当做到体貌端庄,心怀谦虚,目视九州而不烦躁,耳听靡靡之音而不淫乱,文武百官的职责权力了然于心,言谈应对大方得体,安然端坐于朝廷之上,这样即使有一些隐瞒和疏漏,有值得非议的地方,也一定不多。明君不指使耳目去侦查,不派遣间谍去刺探,不强行去听去看,有形的物品到了就看,声音传来就听,事情临头就从容应付。明君处理身边的事物没有过错,远处的事物自然也就能处理好;对贤明的人安排没有失误,低贱的人也自然心怀敬意。这样天下万物就尽在掌握了。**该动的动,该安静的安静,该有名分的自然有名分,该办好的事情自然会办好**评论:《尸子》称:治水的是大禹,播种五谷的是后稷,听诉讼并公正办案的是皋陶。舜无为而治,却成为天下人敬之如父母的国君。这就是"该有名分的自然有名分"。姜太公对周文王说:天有固定的形状,人有一定期限的生命,如果能做到与天、人共同和谐地生活,那么天下就太平无事了。这就是"该办好的事情自然会办好"的意思。**因此有道明君能用名分去纠正那些与名分不相符合的事情,并且根据事物的不同性质确定不同的名分**《尹文子》称:因为贤德的人有用,国君不得不任用他们;因为愚笨的人没有用,国君没法任用他们。得到任用与得不到任用,都各得其所,这样又何必担心事情会乱套呢?《尸子》称:管理朝政的正确办法是使大臣们各有名分,各负其责。发现有特别出色的大臣,就要问清楚是谁举荐的,发现有重大过失的大臣,也要问清楚是谁聘任的，再对举荐、聘任的人进行赏罚。并且用这个方法来考察官员们的优劣，责任明确了，大臣们就不敢徇私舞弊，名正言顺了大臣们就不敢敷衍塞责。对贤能的人加以重用，对失职的人就加以贬斥。官员们究竟是贤能还是失职，是忠还是奸，用这个办法来加以观察辨别，一切就会黑白分明。以前尧治理天下，就是借助名分来管理朝政，因为名分正了，所以天下就大治；夏桀治理天下，用的也是名分，但他的名分不正，所以天下就大乱。因此圣人非常重视名分正与不正评论：那些昏庸的国君把无能之辈当作贤人，把奸佞当作忠臣，把非法当作合法，就是因为名分不正。

李斯上书说："韩非子称'慈母培养出来的往往是败家子，而严厉的主人却不会有强悍的奴仆'，这是什么原因呢？原因就在于能否严格执行赏罚。因此商鞅变法就规定将垃圾随意倾倒在路上的人要处以刑罚。随意倾倒垃圾是轻罪，而处以刑罚却是重罚。对轻罪尚且如此严加处治，更何况有重罪呢？因此人们再也不敢触犯刑律了。现在不着力研究如何使人们不犯法，却去学类似慈母培养败家子的方法，这实在是没有真正践行圣人的教诲。"商鞅变法，规定将百姓编进什、伍等组织，什、伍内的百姓互相监督，如果一家犯法，其他各家又不举报告发，就要连坐担责；明确规定尊卑、爵秩的等级，等级之间都有明显的差别，又规定田宅、妻妾、衣服的数量和品级，也因各个家庭不同而有差别。有功之人可以显耀荣华，无功之辈尽管富有也没有光彩。注重农耕与作战。这就是商鞅变法的内容。以上就是商鞅、申不害和韩非子等法家的治国方法《世要论》的作者桓范说：商鞅、申不害和韩非子这些人，崇尚奸诈诡谲的智谋，执行苛刻的法令，废除礼义教化，使用刑名之术，不师法古代仁政，伤风败俗，有负于伊尹、周公、召公等前辈的教诲；但他们主张君尊臣卑，富国强兵，信守法度，掌握治国方术，这又有可取之处。到了汉代兴起以后，又有宁成、郅都这些人，仿效商鞅、韩非子的治国之术，专门以杀伐残暴为能事，一味迎合国君的旨意行事，求名于当朝，趋利若鹜，肆无忌惮地败坏朝纲，祸害百姓，这又是辜负了商鞅、韩非子等人的教诲；但他们抑制豪强，扶助弱小，自身清正廉洁，迫使奸佞之徒奉公守法、不敢谋私利等方面，也有可取之处。至于近代的所谓能人，敢于冒犯国家法律，去依附私门，仰仗权势，不为老百姓办事，一心追求个人享受，在解决和处理烦难事务的时候得过且过，敷衍塞责，使官员不必担心受到谴责，不体察老百姓的冤情，因此他们又有负于申不害、韩非子、宁成、郅都等人的教诲。

综上所述，我们知道治理天下的方法有王道，有霸道，有黄、老学说，有儒家之术，有墨家之术，有申不害、商鞅的法家之术，各不相同。虽然他们的理论体系有别，修正弊政的方法也不同，但普济众生的愿望却是相同的。如今的一些批评者，有的援引长期通行的法令，来诘难改革弊政者的言论 评论：所谓改革弊政，是指夏代崇尚忠诚，商代崇尚尊敬，周代崇尚文德教化；有的借赞扬前代帝王的仁义之风，来讥讽霸道的政治制度。这些批评者不顾时代的变迁，而一味粉饰现实，于是对变革说三道四的言论纷然四起。他们言辞虚伪而进行诡辩，附和谬论还妄图自圆其说，这都是历史的罪人。因此有道德的君子要制止这种做法。

卷三 文下

正论第十六议曰:"反经"、"是非"、"适变"三篇,虽博辨利害,然其弊流遁漫羡,无所归。故作"正论"以质之

原文

孔子曰:"六艺①于治一也。《礼》以节人,《乐》②以发和,《书》以导事,《诗》以达意,《易》以神化,《春秋》以义司马谈曰:《易》著天地、阴阳、四时、五行,故长于变;《礼》经纪人伦,故长于行;《书》记先王之事,故长于政;《诗》记山川、溪谷、禽兽、草木、牝牡、雌雄,故长于风;《乐》乐所以立,故长于和;《春秋》辨是非,故长于理人也。"故曰入其国,其教可知也。

其为人也,温柔敦厚,《诗》教也;疏通知远,《书》教也;广博易良,《乐》教也;洁净精微,《易》教也;恭俭庄敬,《礼》教也;属辞比事,《春秋》教也。故《诗》之失愚,《书》之失诬,《乐》之失奢,《易》之失贼,《礼》之失烦,《春秋》之失乱。其为人也,温柔敦厚而不愚,则深于《诗》也子夏曰:声成文谓之音。治世之音安以乐,其政和;乱世之音怨以怒,其政乖;亡国之音哀以思,其人困。故正得失,动天地,感鬼神,莫近于

---

① 六艺:此处指经过孔子整理而传授的六部先秦经典著作,即《仪礼》、《乐经》、《尚书》、《诗经》、《周易》、《春秋》,又称六经。

② 《乐》:即《乐经》,今已失传。关于《乐经》的流传,有多种说法。一是认为《乐经》在秦始皇焚书坑儒时付之一炬;一是认为《周礼·春官宗伯》之"大司乐章"为《乐经》;一是认为本来就没有《乐经》这部经。第一种说法,即《乐经》在秦始皇焚书坑儒时付之一炬,较为可信,采纳的人也最多。

正论第十六

《诗》。太史公曰：《大雅》言王公大人，而德建黎庶；《小雅》讥己得失，其流及上。所言虽殊，其合德一也。晋时王政陵迟，南阳鲁褒①著《钱神论》，吴郡蔡洪②作《孤愤》，前史以为乱世之音，怨以怒，其政乖，此之谓也；**疏通知远而不诬，则深于《书》也**《书》著帝王之道，典、谟、训、诰、誓、誓、命之文③，三千之徒，并受其义也；**广博易良而不奢，则深于《乐》也**《乐书》曰：凡音者，生人心者也。情动其中，故形于声，声成文谓之音。是故治世之音安以乐，其政和；乱世之音怨以怒，其政乖；亡国之音哀以思，其人困。《乐书》曰：声音之道，与政相通。宫为君，商为臣，角为人，徵为事，羽为物。五者不乱，则无沾滞之音矣。宫乱则荒，其君骄；商乱则陂，其臣坏；角乱则忧，其人怨；徵乱则哀，其事勤；羽乱则危，其财匮。五者皆乱，则诬佚相陵，谓之慢。如此，国灭亡无日矣。夫上古明王举乐者，非以娱心快意，所以动荡血脉，流通精神，而和正心也。故宫动脾而和正圣，商动肺而和正义，角动肝而和正仁，徵动心而和正智，羽动肾而和正礼。故闻宫音者，使人温舒而广大；闻商音者，使人方正而好义；闻角音者，使人恻隐而爱人；闻徵音者，使人乐善而好施；闻羽音者，使人整齐而好礼。夫礼由外入，乐自内出。故圣王使人耳闻雅、颂之音，目视威仪之礼，足行恭敬之容，口言仁义之道。故君子终日言而邪僻无由入也。班固曰：乐者，圣人之所乐也，而可以善人心，其感人也深。故先王著其教焉。夫人有血气心知之性，而无哀乐喜怒之常。应感而动，然后心术形焉。故纤微憔悴之音作，而民思忧；阐谐慢易之音作，而民康乐；粗厉猛奋之音作，而民刚毅；廉直正诚之音作，而民肃敬；宽裕顺和之音作，而民慈爱；流僻邪散之音作，而民淫乱。先王耻其乱也，故制雅、颂之声。本之情性，稽之度数，制之礼义，合生气之和，导五常之行，使之阳而不散，阴而不集，刚气不怒，柔气不慑，四畅交于中，而发作于外。足以感人之善心，而不使邪气得接焉。是先王立乐之方也。《吕氏春秋》曰：亡国戮人，非无乐也，其乐不乐。溺者，非不笑也；罪人，非不歌也；狂者，非不舞也。乱世之乐，有似于此。范晔曰：夫钟鼓，非乐之本，而器不可去；三牲④，非孝之主，而养不可废。夫存器而亡本，

---

① 鲁褒：西晋大臣，字元道。好学多闻，以贫素自甘。他对晋惠帝元康年间以后的贪鄙之风深恶痛绝，便隐姓埋名，著《钱神论》加以讽刺。世人共传其文，后莫知所终。

② 蔡洪：西晋大臣，字叔开。有才名，曾作《孤愤》，与王沉《释时论》意同，读者莫不叹息。

③ 典、谟、训、诰、誓、命之文：《尚书》序中所分的六种体式，一般可粗分为四种体式，即典，记载古代典制；训诰，训诫诰命，包括君臣之间、大臣之间的谈话以及祈神的祷词；誓，君王诸侯的誓众词；命，君王任命官员或者赏赐诸侯的册命。

④ 三牲：指用于祭祀的牛、羊、猪。

卷三 文下

乐之失也。调气以和声，乐之盛也。崇养以伤行，孝之累也。行孝以致养，孝之大也。议曰：东方、角主仁，南方、徵主礼，中央、宫主信，西方、商主义，北方、羽主智。此常理也。今太史公以为徵动心而和正智，羽动肾而和正礼。则以徵主智，羽主礼，与旧例乖殊。故非末学所能详也；**洁净精微而不贼，则深于《易》也**《易》之精微，爱恶相攻，远近相取，则不能容人，近相害之；**恭俭庄敬而不烦，则深于《礼》也**太史公曰：余至大行礼官①，观三代损益，乃知缘人情而制礼，依人性而作义。人道经纬，万端规矩，无所不实，诱进以仁义，缚束以刑罚，故德厚者位尊，禄重者宠荣，所以总一海内而整齐万人也。人体安驾乘，为之金舆锡衡以繁其饰；目好五色②，为之黼黻文章以表其能；耳乐钟磬，为之调谐八音③以荡其心；口甘五味④，为之庶羞酸咸以致其美；情好珍善，为之琢磨珪璧以通其意。故大路越席⑤，皮弁布裳，朱绂洞越，大羹玄酒⑥，所以防其淫佚，救其弊也。是以君臣朝廷尊卑贵贱之序，下及黎庶车舆、衣服、宫室、饮食、嫁娶、丧祭之分，事有适宜，物有节文。周衰，礼废乐坏，大小相逾。管仲之家，遂备三归。循法守正者，见侮于世；奢溢僭差者，谓之显荣。自子夏门人之高弟也，犹云出见纷华盛丽而悦，入闻夫子之道而乐，二者心战，未能决。而况中庸以下，渐渍于失教，被服于成俗乎？孔子必正名，于卫所居不合，岂不哀哉！班固曰：人函天地阴阳之气，有喜怒哀乐之情，天禀其性而不节也，圣人能为之节，而不能绝也。故象天地而制礼乐，所以通神明、立人伦、正情性、节万事也。人性有男女之情，妒忌之别，为制婚姻之礼；有交接长幼之序，为制乡饮之礼⑦；有哀死思远之情，为制丧祭之礼；有尊尊敬上之心，为制朝觐之礼。哀有哭踊之节，乐有歌舞之容，正人足以副其诚，邪人足以防其失。故婚姻之礼废，则夫妇之道苦，而淫僻之罪多；乡饮之礼废，则长幼之序乱，而争斗之狱烦；丧祭之礼废，则骨肉之恩薄，而背死忘生者众；朝聘之礼废，则君臣之位失，而侵凌之渐起。故孔子曰：安上治人，莫善于礼；移风易俗，莫善于乐。揖让

---

① 大行礼官：即大行令官署。大行令，官名，西汉初已置，掌宾客之礼。
② 五色：指青、黄、赤、白、黑五色，也泛指各种色彩。古代以此五者为正色。
③ 八音：指用金、石、丝、竹、匏、土、革、木等八种材料所制的乐器。
④ 五味：指酸、甘、苦、辛、咸五种味道。
⑤ 大路越席：天子的大车上铺着蒲席。大路，即大辂，天子祭天时乘坐的大车；越席，蒲席，结蒲为席。
⑥ 大羹玄酒：肉汤和水酒。大羹，不和五味之羹，清水煮的肉汤；玄酒，即是水，因为水色黑，故谓之玄，古时无酒，故以水代酒，谓之玄酒。
⑦ 乡饮之礼：即乡饮酒礼。根据古代礼制，三年大比，诸侯的乡大夫向国君推献贤者能者，送行时以宾礼相待，与之饮酒。

而治天下者，礼、乐之谓也；**属辞比事而不乱，则深于《春秋》也**壶遂曰：昔孔子何为作《春秋》哉？太史公曰：余闻之董生曰：由周道衰微，孔子为鲁司寇，诸侯害之，大夫壅之。孔子知言之不用，道之不行也，是非二百四十二年之中，以为天下仪表。贬天子，退诸侯，讨大夫，以达王事而已矣。子曰：我欲载之空言，不如见之于行事之深切著明也。夫《春秋》，上明三王之道，下辨人事之纪，别嫌疑，明是非，定犹豫，善善恶恶，贤贤贱不肖，存亡国，继绝代，补弊起废，王道之大者也。拨乱代，反之正道，莫近于《春秋》。《春秋》之中，弑君三十六，亡国五十二，诸侯奔走不得保其社稷者，不可胜数。察其所以，皆失其本也。壶遂①曰：孔子之时，上无明君，下不得任用，故作《春秋》，垂空文以断礼义，当一王之法。今夫子上遇明天子，下得保其社稷者，不旷守职，夫子所论，欲以何明？太史公曰：伏羲至纯厚，作易八卦。尧、舜之盛，《尚书》载之，礼乐作焉。汤、武之隆，诗人歌之。《春秋》采善贬恶，推三代之德，褒周室，非独刺讥而已。汉兴以来，至明天子，受命于穆清②，泽流罔极，臣下百官，力诵圣德，犹不能宣尽其意。且士贤能而不用，有国之耻也；主上明圣，而德不布闻，有司之过也。且余掌其官，废明圣，罪莫大焉。余所谓述，非所谓作也，而君比之《春秋》，谬矣。

自仲尼没而微言绝，七十子丧而大义乖。战国纵横，真伪分争，诸子之言，纷然散乱矣。

儒家者，盖出于司徒③之官。助人君，顺阴阳，明教化者也。游文于六经之中，留意于仁义之际，祖述尧、舜，宪章文、武，崇师仲尼，此其最高也。然惑者既失精微，而僻者又随时抑扬，违离道本，苟以哗众取宠，此僻儒之患也司马谈曰：儒者，博而寡要，劳而少功，是以其事难尽从，然其叙君臣父子之礼，列夫妇长幼之别，不可易也。夫儒者，以六艺为法，经传以千万计，累世不能通其学，当年不能究其礼，故曰博而寡要，劳而少功。若夫列君臣父子之礼，序夫妇长幼之别，虽百家弗能易也。范晔曰：夫游庠序④，服儒衣，所谈者仁义，所传者圣法也。故人识君臣父子之纲，家知违邪归正之路。自桓、灵之间，朝纲日陵，

---

① 壶遂：西汉梁人，与太史公司马迁等制定汉律历，官至詹事。
② 穆清：指天。《史记·太史公自序》集解：如淳曰：受天命清和之气。正义曰：穆，美也。言天子有美德而教化清也。
③ 司徒：官名。汉代为三公之一。西汉哀帝元寿二年改丞相为大司徒。东汉建武二十七年去"大"字，称司徒，与太尉、司空分掌丞相职能。
④ 庠序：古代乡学，泛指学校。

卷三 文下

国隙屡启,中智以下,靡不审其崩离,而刚强之臣,息其窥盗之谋;豪俊之夫,屈于郦生之义者,民诵先王之言也,下畏逆顺之势也。至如张温①、皇甫嵩②之徒,功定天下之半,声驰四海之表,俯仰顾眄,则大业移矣,犹鞠躬昏主之下,狼狈折礼之命,散成兵、就绳约而无悔心者,斯岂非学者之效乎?故先师褒励学者之功笃矣。

  道家者,盖出于史官。历纪成败,秉要执本,清虚以自守,卑弱以自持,此君人南面者之术也。合于尧之克让,《易》之谦谦,此其所长也。及弊者为之,则欲绝去礼乐,兼弃仁义,独任清虚,何以为治?此道家之弊也司马谈曰:道家使人精神专一,动合无形,赡足万物,其为术也,因阴阳之大顺,采儒、墨之善,撮名法之要,与时迁徙,应物变化,立俗施事,无所不宜。指约而易操,事少而功多。夫道家无为又曰无不为,其实易行,其辞难知,其术以虚无为本,以因循为用,无成势,无常形。故能究万物之情。不为物先,不为物后,故能为万物主。有法无法,因时为业;有度无度,因物与合。故曰圣人不巧,时变是守。虚者,道之常;因者,君之纲。君臣并至,使自明也。

  阴阳家者,盖出于羲和③之官。敬顺昊天,历象日月星辰,敬授人时,此其所长也。及拘者为之,则牵于禁忌,泥于小数,舍人事而任鬼神,此阴阳④之弊也司马谈曰:阴阳之术,大详而众忌讳,使人拘而多畏,然其叙四时之大顺,不可失也。夫阴阳、四时、八位⑤、十二度⑥、二十四节⑦,各有教令。日

---

① 张温:东汉大臣,字伯慎。灵帝时历任大司农、司空、车骑将军、太尉、卫尉等职,封互乡侯。及董卓专权,与司徒王允共谋诛卓,事未及发,被董卓笞杀于市。

② 皇甫嵩:东汉大臣,字义真。灵帝时为左中郎将,因镇压黄巾起义有功封都乡侯,进封槐里侯。迁左车尉将军,领冀州牧。后为中常侍赵忠诬谄,贬为都乡侯。及董卓专权,几为所害。后官至太尉,以病卒。

③ 羲和:远古时掌管天文、历象的专官,人数不一。相传黄帝时,专司占日。尧时,羲仲、羲叔,和仲、和叔是两对兄弟,奉命分驻四方,观察日月星辰,制作历法,职位与诸侯相等。夏朝以后,改为二人。

④ 阴阳:古代气象学名词。阴阳原意为日照的向背,后引申为相反相成的两种事物及其属性,古人认为事物的发生、发展与变化是阴阳相互作用的结果,例如春夏秋冬、时之长短、日月之易分别是阴阳的推移、利用和变化。

⑤ 八位:古代气象学名词。指八个方位,除东、西、南、北之外,还有东南、西南、东北、西北。

⑥ 十二度:古代气象学名词。古人把黄赤道带自西向东划分为十二部分,称十二度,每度有对应的官名,共十二官。

⑦ 二十四节:古代气象学名词。古人根据太阳在黄道上的位置(黄经),将全年划分为二十四个段落,包括雨水、春分等十二个"中"气,立春、惊蛰等十二个"节"气,通称二十四节气。

正论第十六

顺之者昌,逆之者亡,未必然也。故曰使人拘而多忌。夫春生、夏长、秋收、冬藏,此天之大经,弗顺则无以为天下纪纲。故曰叙四时之大顺,不可失也。《汉书》曰:天人之际,精裖有以相荡,善恶有以相推。事作乎下者,象动乎上。阴阳之理,各应其感。阴变则静者动,阳蔽则明者暗。水旱之灾,随类而至。故曰日蚀、地震,皆阳微阴盛也。臣者,君之阴也;子者,父之阴也;妻者,夫之阴也;夷狄者,中国之阴也。《春秋》曰:日蚀三十六,地震五十二。或夷狄侵中国,或政权在臣下,或妇弃夫,或臣子背君父。事虽不同,其类一也。是以明王即位,正五事。五事者,貌、言、视、听、思也。建大中以承天心,则庶征序于下,日月理于上。如人君淫溺后宫,般乐游田,五事失于躬,大中之道①不立,则咎征降而六极②至。凡灾异之发,各象过失,以类告人。《传》曰:田猎不宿,饮食不享,出入不节,夺人农时及有奸谋,则木不曲直。又曰:弃法律,逐功臣,杀太子,以妾为妻,则火不炎上。又曰:好治宫室,饰台榭,内淫乱,犯亲戚,侮父兄,则稼穑不成。又曰:好攻战,轻百姓,饰城郭,侵边城,则金不从革。又曰:简宗庙,不祷祠,废祭祀,逆天时,则水不润下。管辂曰:贵人有事,其应在天。在天则日月星辰也。兵动人忧,其应在物。在物则山林鸟兽也。又曰:夫天虽有大象而不能言,故运星精于上,流神明于下,驱风云以表异,役鸟兽以通灵。表异者必有沉浮之候,通灵者必有宫③商之应。是以宋襄失德④,六鹢退飞,伯姬将焚,鸟唱其灾⑤;四国未火,融风已发;赤云夹日,殃在荆。此乃上天之所使,自然之明符也。后汉窦武上书曰:间者有嘉禾、芝草、黄龙之瑞见。夫瑞生必于嘉土,福至实由吉

---

① 大中之道:以儒家的礼、义为指导思想,反对怪力乱神,以达到改造现实、辅时及物的政治目的。大中之道源于儒家思想中的中庸观念,荀子在《儒效》一文中阐释到:先王之道,仁之隆也,比中而行之。何谓中?曰礼、义是也。道者,非天之道,非地之道,人之所以道也,君子之所道也。在唐代,大中之道经陆淳、柳宗元等大力提倡得以发扬光大。

② 六极:此处指六种极不幸的事,即疾、忧、贫、恶、弱、凶短折。《尚书·洪范》:威用六极。疏:贫、弱等六者,皆谓穷极恶事,故目之六极也。

③ 宫:中国五声音阶上的第一个音阶。五音分别为宫、商、角、徵、羽,相当于现行简谱上的1、2、3、5、6。

④ 宋襄失德:宋襄公,春秋时宋国国君,齐桓公死,他出兵干涉齐国内乱,企图代替齐国称霸,在会盟中被楚成王抓了。释放回来以后,又举兵伐郑。楚伐宋救郑,兵临泓水。他扬言先礼后兵,屡失战机,在溃败中受重伤,困辱而死。

⑤ 伯姬将焚,鸟唱其灾:秦、晋战于韩原,晋惠公被俘归秦国。身为秦穆公夫人、晋惠公姐姐的伯姬担心惠公受辱,就与太子登上高台,下面堆起柴火,做出准备点火自焚的架势,对穆公说:"晋君朝以入,婢子夕以死。君其图之!"穆公害怕了,改在馆驿款待晋惠公,并将其送回晋国。

人。在德为瑞，无德为灾。陛下所行不合天意，不宜称庆。又裴楷①曰：按春秋以来，及古帝王，未有河清者也。臣以为河者，诸侯位也。清者属阳，浊者属阴。河当浊而反清者，阴欲为阳，诸侯欲为帝也。京房《易传》曰：河水清，天下平。今天垂异，地吐妖，民疠疫，三者并时而有河清，犹春秋麟不当见而见。孔子书以为异也。魏青龙中，张掖郡玄川溢涌宝石负鼎状，麟凤龙马，炳焕成形，时人以为魏瑞，任令于绰贲以问张臶②，臶密谓绰曰：夫神以知来，不追以往。以祯祥先见，然后废兴从之。汉已久亡，魏以得之，何所追废兴征祥乎？此石当今之变异，而将来之祯祥。后司马氏果代魏。汉武时，巫为上致神君，神君但闻其声，不见其形。荀悦曰：《易》称有天道焉，有地道焉，有人道焉。各当其理而不相乱，乱则有气变而然。若夫大石自立，僵柳复生，此形之异也；男化为女，死而复生，此含气之异也；鬼神仿佛在于人间，言语音声，此精神之异也。夫形神之异，各以类感。善则生吉，恶则生凶。精气之际，自然之符异也。故逆天之理，则神失其节，而妖神妄兴；逆地之理，则形失其节，而妖形妄生；逆中和之理，则含气失其节，而妖物妄出。此其大旨也。若夫神君之类，精神之异也。《春秋传》曰：作事不时，怨讟动于人，则有非言之物而言。当汉武之时，赋敛繁众，人民凋敝，故有无形而言至也。其于《洪范》言僭则生时妖。此盖怨讟而生妖之类也。故通于道者，正身则万物精神形气，各反其本也。后汉陈蕃上书曰：昔春秋之末，周德衰微，数十年间，无复灾眚者，天所弃也。天之于汉，恨恨无已，故殷勤示变，以悟陛下，除妖去孽，实在修德。故《周书》③曰：天子见怪则修德，诸侯见怪则修政，大夫见怪则修职，士庶见怪则修身。神不能伤道，妖不能害德。《汉书》曰：夫动人以行不以言，应天以实不以文。此天人之大略矣。

法家者，盖出于理官④。**信赏必罚，以辅礼制，此其所长也。及刻者为之，则亡教化，去仁爱，专任刑法，而欲以致治，至于残贼至亲，伤恩薄厚，此法家之弊也**　司马谈曰：法家严而少恩，然正君臣上下之分，不可改也。夫法家不别亲疏，不殊贵贱，一断于法，则亲亲尊尊之恩绝矣。可使行

---

① 裴楷：字叔则，西晋时期重要的朝臣。裴楷少时聪悟有识，很早就以善谈《老子》、《易经》而知名于世。他风神高迈，容仪俊爽，即使粗服乱头，亦气宇不凡，时人称他为"玉人"。
② 张臶：三国时魏国人，字子明。汉、魏间征辟皆不应，遁徙常山，过隐居生活，不与时竞，以道自乐，卒年105岁。
③ 《周书》：《尚书》组成部分之一。相传是记载周代史事之书。
④ 理官：古代掌狱讼之官。后世称法官为司理、大理。

一时之计，而不可长用也。故严而少恩。至于尊主卑臣，明职分，不相逾越，虽百家不能改也。

名家者，盖出于礼官。古者名位不同，礼亦异数，孔子曰："必也正名乎！"此其所长也。及缴者为之缴，音工钩反，则苟钩𬺈析乱而已，此名家之弊也司马谈曰：名家使人俭而善失真。然其正名实，不可不察。夫名家，苛察缴绕，使人不得反其意，专决于名而失人情，故曰使人俭而善失真。若夫控名责实，参伍不失，此不可不察也。𬺈，音普觅反。

墨家者，盖出于清庙之官。茅屋采椽，是以贵俭；养三老五更①，是以兼爱；选士大射②，是以上贤；宗祀严父，是以右鬼右，信也；顺四时③而行，是以非命言无吉凶之命，但有贤、不肖、善、恶也；以孝示天下，是以上同言皆同于治也。此其所长也。及弊者为之，见俭之利，因以非礼；推兼爱之意，而不知别亲疏。此墨家之弊也司马谈④曰：墨者，俭而难遵，是以其事不可偏循。然其强本节用，不可废也。夫墨者亦上论尧、舜，言其德行曰：堂高三尺，土阶三等；茅茨不剪，采椽不斫。饭土簋，饮土形，粝粱之食，藜藿之羹。夏日葛衣，冬日鹿裘。其送死，桐棺三寸，举音不尽其哀。教丧礼，必以此为万人率。使天下法若此，则尊卑无别。夫世异时移，事业不同，故曰俭而难遵也。要曰强本节用，则家给人足之道。此墨家之所长，虽百家不能废也。汉武帝问董仲舒策曰：盖俭者不造玄黄旌旗之饰，及至周室，设两观⑤，乘大辂，八佾⑥陈于庭而颂声兴。夫帝王之道，岂异旨哉？对曰：制度文彩玄黄之饰，所以明尊卑，异贵贱，而劝有德也。故春秋受命，

---

① 三老五更：古代乡官名。相传古代设三老五更，以尊养老人。《礼记·文王世子》：遂设三老五更，群老之席位焉。郑玄注：三老、五更各一人也，皆年老更事致仕者也，天子以父兄养之，示天下之孝悌也。这种制度，汉代还保存着。

② 大射：古代重武习射，常举行射礼。射礼有大射、宾射、燕射、乡射四种。大射就是为祭祀而举行的射礼。

③ 四时：古代气象学名词。通常指四季，有时也指朝、暮、昼、夜。

④ 司马谈：西汉史学家。武帝初，官至太史令。著有《论六家要旨》，又据《国语》、《世本》、《战国策》等书撰写史籍，死后，由其子司马迁续写成《史记》。

⑤ 两观：又称阙或象魏，均指古代天子、诸侯宫门外的一对高建筑。按周制，天子、诸侯宫门皆筑台，台上起屋为宫门，台门两旁特为屋高出于门屋之上者，谓之"双阙"或"两观"。

⑥ 八佾：古代天子用的一种乐舞，排列成行，纵横都是八人，共六十四人。

卷三 文下

所先制者，改正朔①，易服色，所以应天也。然则官室旌旗之制，有法而然者也。孔子曰：奢则不逊，俭则固。俭非圣人之中制，故曰奢不僭上，俭不逼下，此王道也。

纵横家者，盖出于行人②之官。孔子曰："使乎，使乎！"言当权事制宜，受命不受辞，此其所长也。及邪人为之，则上诈谖许远反，而弃其信，此纵横之弊也荀悦曰：世有三游，德之贼也。一曰游侠，二曰游说，三曰游行。夫立气势，作威福，结私交，以立强于世者，谓之游侠；饰辩辞，设诈谋，驰逐于天下，以要时世者，谓之游说；色取仁，合时好，连党类，立虚誉，以为权利者，谓之游行。此之三者，乱之所由生，伤道害德，败法惑世，先王之所慎也。凡三游之作，主于季世，周、秦之末尤甚焉。上不明，下无正。制度不立，纲纪弛废。以毁誉为荣辱，不核其真。以爱憎为利害，不论其实。言论者，计厚薄而吐辞；选举者，度亲疏而下笔。然则利不可以不义求，害不可以道避。是以君子犯礼，小人犯法，饰华废实，竞取时利，薄骨肉之恩，笃僚友之厚，忘修身之道，而求众人誉。苞苴③盈于门庭，聘问交于道路，于是流俗成而正道坏矣。游侠之本生于武，毅不挠，久要不忘平生之言，见危受命，以救时难，而济同类，以正行之者，谓之武义。其失之甚者，至于为盗贼矣。游说之本生于是非，使于四方，不辱君命。出疆，有可以安社稷，利国家，则专对解结辞绎矣，民之瘼矣。以正行之者，谓之辩智。其失之甚者，至于诈矣。游行之本生于道德仁义，泛爱容众，以文会友，和而不同，进德及时，以立功业于世。以正行之者，谓之君子。其失之甚者，至于因事害私，为奸宄矣。甚相殊远，岂不哀哉？故大道之行，则三游废矣。

杂家者，盖出于议官。兼儒、墨，合名、法，知国体之有此，见王理之无不贯，此其所长也。及荡者为之，则漫羡而无所归心，此杂家之弊也。

农家者，盖出于农稷之官。播百谷，劝耕桑，以足衣食。孔子曰："所重人食。"此其所长也。及鄙者为之，则欲君臣之并耕，悖上下之序，农家之弊也班固曰：司马迁《史记》，其是非颇谬于圣人。论大道则先黄老，而后六经；序游侠则退处士，而进奸雄；述货殖则崇利势，而羞贱贫。此其所弊也。然其

---

① 正朔：正，一年的开始；朔，一月的开始。正朔就是一年第一天开始的时候。古时改朝换代，新王朝常重定正朔。

② 行人：官名，负责朝拜、觐见、选聘、策问等。春秋、战国时各国都有设置，汉代大鸿胪属官有行人，后改称大行令。

③ 苞苴：原指装鱼肉的蒲包，借指馈赠的礼物，引申指贿赂。

正论第十六

善序事理，辩而不华，质而不俚，其文直事核，不虚美，不隐恶，故世谓之实录。

文子曰："圣人之从事也，所由异路而同归。秦、楚、燕、魏之歌，异转而皆乐；九夷八狄①之哭，异声而皆哀。夫歌者，乐之微也。哭者，哀之效也。憎憎于中而应于外，故在所以感之矣。"论曰：范晔称百家之言政者，尚矣。大略归乎宁固根柢，革易时弊也。而遭运无恒，意见偏杂，故是非之论，纷然相乖。尝试论之：夫世非胥庭②，人乖鷇饮③，理迹万肇，情故萌生。虽周物之智，不能研其推变；山川之奥，未足况其纡险。则应俗适事，难以常条。何以言之？若夫玄圣御代，则大同极轨。施舍之道，宜无殊典。而损益异运，文朴递行。用明居晦，回沉于曩时；兴戈陈俎，参差于上世。及至戴黄屋，服绨衣，丰薄不齐，而致治则一。亦有宥公族，黥国仇。宽躁已隔，而防非必同。此其分波而共源，百虑而一致者也。若乃偏情矫用，则枉直必过。故葛履屡霜，弊由崇俭；楚楚衣服，戒在穷奢；疏禁厚下，以尾大陵弱；敛威峻法，以苛薄分崩。斯曹魏之刺，所以明乎国风；周、秦末轨，所以彰于微灭。故用舍之端，兴败资焉。是以繁简唯时，宽猛相济。刑书镌鼎，事有可详；三章在令，取贵能约。太叔致猛政之褒④，国子流遗爱之涕⑤，宣孟改冬日之和⑥，平阳循画一之法⑦，斯实弛张之弘致，庶可以征其统乎？"

---

① 九夷八狄：夷狄，是中国古代对东方和北方各族的泛称。《尔雅·释地》：九夷、八狄、七戎、六蛮，谓之四海。

② 胥庭：指赫胥氏、大庭氏，皆指炎帝。

③ 鷇饮：即鷇食，比喻生活俭朴，不求享受。

④ 太叔致猛政之褒：太叔，即游吉，春秋时郑国正卿。继子产执政，为政先宽后猛。时郑、宋一带流民结集在萑苻之泽，他大发徒兵，前往镇压，尽杀乃止，博得孔子的赞赏。

⑤ 国子流遗爱之涕：国子，此处指国弱、国景子，春秋时齐国大臣。鲁昭公元年，楚、晋、齐、郑等国在虢会盟，国子对楚公子围的僭越行为及为之辩护的伯州犁表示忧虑可悯，果然这年冬天公子围便篡位，连伯州犁也被公子围所杀。

⑥ 宣孟改冬日之和：宣孟，即赵盾，春秋时晋国正卿，赵衰之子。执政期间，节俭奉公，整饬政纪，大得民和；又以车八百乘平周乱，立匡王。贾季曾评论说："赵衰，冬日之日也；赵盾，夏日之日也。"

⑦ 平阳修画一之法：平阳，即曹参，西汉初大臣，继萧何为汉惠帝丞相，悉遵萧何旧制，举事无所变更，创造了一个相对安定的局面，即"修画一之法"。

数子之言,当世失得,皆悉究矣。然多谬通方之训,好申一隅之说。贵清净者,以席上①为腐议;束名实者,以柱下②为诞辞。或推前王之风,可行于当年;有引救弊之规,宜流于长世。稽之笃论,将为蔽矣。由此言之,故知有法无法,因时为业,时止则止,时行则行,动不失其时,其道光明。非至精者,孰能通于变哉?

---

① 席上:指儒家,《礼记·儒行》载:儒有席上之珍以待聘。故后世有"儒为席上珍"的说法。
② 柱下:指道家,老子曾担任周朝"柱下史"(御史)的官职。

正论第十六

译文

　　正论第十六评论:"反经"、"是非"、"适变"三篇,虽然广泛讨论了各家学说的利弊,但不足之处是过于散漫,不够系统。因此我又写了这篇"正论"加以完善

　　孔子说:"《仪礼》、《乐经》、《尚书》、《诗经》、《周易》和《春秋》这六种著作虽然内容不同,但教化百姓这一目的是一致的。《仪礼》用来规范人的行为,《乐经》用来陶冶人的情操,《尚书》用来指导人们为人处事,《诗经》用来表达情意,《周易》用来预测神奇的变化,《春秋》用来阐明道义。"司马谈说:《周易》阐述天地、阴阳、四时、五行的变化规律,因此以研究变化见长;《仪礼》阐明伦理道德,因此以指导行为见长;《尚书》记载了先王们的事迹,因此以讲政治见长;《诗经》记载了山川、溪谷、禽兽、草木、牝牡、雌雄,因此以反映风土人情见长;《乐经》用来论述音乐,因此以调和情志见长;《春秋》辨明是非,因此以引导民众行为合乎道德见长。因此说,进入一个国家,通过民风就可以感知到这个国家用的是哪种教化方式。如果民风温柔敦厚,是《诗经》教化的结果;知古通今,且有远见,是《尚书》教化的结果;胸怀广博,平易善良,是《乐经》教化的结果;思想洁净,见解精微,是《周易》教化的结果;恭敬俭朴,谦逊庄重,是《仪礼》教化的结果;善于言词,明白事理,是《春秋》教化的结果。但是,《诗经》的教化有时会失之于愚鲁,《尚书》的教化有时会失之于狡诈,《乐经》

的教化有时会失之于骄奢淫逸，《易经》的教化有时会失之于狡猾，《礼记》的教化有时会失之于繁琐，《春秋》的教化有时会失之于混乱。

民风温柔敦厚而又不愚鲁，这是深刻领会了《诗经》真谛的结果孔子的弟子子夏说：不同的声调经过艺术加工以后就变成了音乐。盛世的音乐安祥而欢乐，政治必然祥和；乱世的音乐怨恨而愤怒，政治一定反常；有亡国危险的国家的音乐悲哀而忧思，这个国家人民一定处在水深火热之中。因此要纠正得失，动天地，泣鬼神，没有比《诗经》的作用更贴切的了。司马迁说：《诗经·大雅》虽然说的是王公大臣们的事情，但它的道德教化却影响到一般的黎民百姓；《诗经·小雅》虽然讥讽的是平民小我的利害得失，但它的内容也影响到上层人物。它们所反映的内容虽然不相同，但在合乎道德这点上却是一致的。晋代朝政混乱，南阳人鲁褒因此写成《钱神论》，吴郡人蔡洪也写了《孤愤》。以前的史书认为"乱世的音乐怨恨而愤怒，政治一定反常"，这两篇文章的内容正好说明了这一点；民风知古通今，具有远见却不怀有欺诈之心，这是深刻领会《尚书》主旨的结果《尚书》讲述的是帝王治国之道和典、谟、训、诰、誓、命这类文章，孔子的三千学生都能精通《尚书》的教义；胸怀广博、平易善良却没有骄奢淫逸的毛病，这是深切领会《乐经》内涵的结果《乐经》称：凡是音乐，都是由于人心有所感触而产生的。感情在人心之内萌动，就表现出来，形成声调；声调按照一定的韵律、曲调组合起来，就成为音乐。因此，盛世的音乐安祥而欢乐，政治必然祥和；乱世的音乐怨恨而愤怒，政治一定反常；有亡国危险的国家的音乐悲哀而忧思，人民一定处在水深火热之中。《乐经》上称，声调和音乐的原理和治理国家的原理是相通的。五音中的宫调如同国君，商调如同臣子，角调如同民众，徵调如同事务，羽调如同万物。五音协调不混乱，就不会产生杂乱的噪音。如果五音中的宫调乱套了，乐曲就会荒唐，这说明国君骄纵；商调乱套了，乐曲就会有奸邪之音，说明臣子败坏；角调乱套了，乐曲就会忧郁，说明民众怨恨；徵调乱套了，乐曲就会哀伤，说明事务、劳役过于频繁了；羽调乱套了，乐曲就会流于危亡，说明财物匮乏。如果五音全部失调乱套，乐曲就会互相抵触干扰，这称之为慢。发生了这种情况，国家的灭亡就在眼前了。上古贤明的君主提倡音乐的目的，并不是为了感官的享受，而是借此激荡血脉，振奋精神，端正人心。因此，宫调音与脾脏相对应，可以调节信；商调音与肺脏相对应，可以调节义；角调音和肝脏对应，可以调节仁；徵调音和心脏对应，可以调节智；羽调音和肾脏对应，可以调节礼。所以听到宫调音，使人心情温和舒畅，胸襟开阔；听到商调音，使人大方端正，崇尚正义；听到角调音，使人心生恻隐,慈悲爱人;听到徵调音,使人乐善好施;听到羽调音,使人庄严肃穆,彬彬有礼。礼是对外在行为的约束,再进入心里去调和情态;音乐是对内心情态的感应,再向外扩展来影响人的行为举止。因此圣明的君主使人耳听雅、颂之类高雅的音乐,眼观威严肃穆的礼仪,走路仪态恭敬,言谈不离仁义。因此君子即使整天不停地讲话,奸邪的思想也没有机会侵蚀他的心灵。班固说:音乐是圣人喜欢的。它可以使人心地善良,能够深深地感动人,所以先王们都很注重它的教化作用。人的血气心智是天生的,而喜怒哀乐却是后天生发的。受到音乐的感染之后,心有所动,才形成和表露出一定的感情。因此,当轻柔感伤的音乐响起时,民众就变得悲伤忧愁;当平和的音乐响起时,民众就感到平静快乐;当粗犷猛烈的音乐响起时,民众就会有刚毅坚强的反应;当正直朴实的音乐响起时,民众就肃静庄严;当宽容祥和的音乐响起时,民众就显示出慈爱的表情;当奸邪散漫的音乐响起时,民众就会淫乱放荡。先王出于对淫乱放荡的痛恨,就创作了雅、颂这类高雅的音乐。依据人的性情,按照一定的韵律,制定合乎礼义的内容,注入蓬勃的生气,用伦理纲常来引导民众,使感情外露却不散漫、深沉却不郁积,阳刚之气和阴柔之气调和适中,既不过于猛烈,又不显得萎靡,用音乐表现出来。这样的音乐足以激发人的良知善心,而使邪气不能腐蚀人的心灵。这就是先王创立音乐的出发点。《吕氏春秋》称:国家灭亡或是行刑杀人,并不是没有对应的音乐,但是这种音乐并不能使人快乐。溺水的人,并不是不会笑,但这只能是一种苦笑;判罪的人,并不是不会唱歌,但这只能是一种哀号;发狂的人,并不是不会跳舞,但这只能是一种病态。乱世的音乐,与这些情况相类似。《后汉书》的作者范晔说:钟和鼓,并不是音乐的本质,但乐器中却不能缺少它们;用猪、牛、羊三牲祭祀,并不是孝道的主体,但赡养老人却不能少了它们。只重视乐器的重要性却丢掉了音乐的根本目的,这样音乐就失去了意义;用和谐的韵律来协调内心的气质,这才是音乐所追求的。崇尚赡养老人但行为上却不符合孝道,这种行孝就变成了一种形式;按照孝道的要求使老人得到赡养,这才是真正的大孝。评论:东方、角调音,与仁对应;南方、徵调音,与礼对应;中央、宫调音,与信对应;西方、商调音,与义对应;北方、羽调音,与智对应。这是音乐方面的常识。现今太史公司马迁却认为徵调音与心脏对应,可以调节智,羽调音与肾脏对应,可以调节礼,也就是认为徵调音主要与智对应,羽调音主要与礼对应。这与旧例恰好相反,因此这不是我所能参详的。**思想洁净,见解精微却不狡猾,这是深刻理解《易经》奥秘的结果**《易经》的精微之处,在于爱与恶互相攻伐,远与近相互吸取,就不会让人际之间过于亲近而互相伤害;**恭敬俭朴,谦逊庄重却不繁琐,**

卷三 文下

这是深刻领会《仪礼》要旨的结果 司马迁说：我曾到大行官署考察了夏、商、周三代礼仪的沿革，才真正明白了自古以来必须依据人情制定礼法，依照人性规定各种行为规范。人情、人性千头万绪，要把这些都能合理地调配，就需要用规矩贯穿其中，用仁义来诱导它们向善，用刑罚来束缚它们作恶，因此道德高尚的人才可以地位尊贵，俸禄厚重的人才能感到荣耀，目的是利用这些手段来统一海内、治理万民。人们的身体喜欢驾车乘船，就在车船上镶金锉银来加以装饰；人们的眼睛爱看五彩缤纷的颜色，就在衣服上绣各式花纹使它变得更好看；人们的耳朵爱听钟磬等乐器发出的声音，就用八种材料制出乐器来调谐韵律，振奋人们的精神；人们喜欢品尝各种美味的食物，就加工制作出各种各样的美味佳肴；人们爱好奇珍异宝，就雕琢出圭、璧那样的玉器来满足人们的猎奇心理。古代帝王座车上铺的不过是不收边的蒲草席，戴的不过是皮帽，穿的不过是素布衣裳，用的乐器不过是朱色丝弦和底部有孔的瑟，祭品不过是肉汤和水酒，这样做的目的就是防止奢侈淫佚，补救世风的凋敝。于是上至朝廷君臣尊卑贵贱的秩序，下到黎民百姓的车马、衣服、官室、饮食、嫁娶、丧葬祭祀的名分，每件事情都办得有分寸，每样物品都有所节制。周朝王室衰微以后，礼乐制度都遭到了废弃和破坏，君臣上下都超越了自身应有的限制，例如管仲的家里，就筑了和齐桓公一样的三归台。循规蹈矩的人遭到世人的欺侮，而奢侈僭越的人却被认为是显贵尊荣。连孔子的高足子夏也说：出去看见繁华的景象，心里就高兴；进来听了先生讲授的道理，心里也快乐。这两种感受在心里交战，无法决出胜负。子夏尚且如此，更何况平庸的人，受到不良教育的侵蚀，能不被这种庸俗的社会风气同化吗？孔子想在卫国纠正缺失名分的状况，但卫国的社会风气却与此格格不入，岂不是很悲哀！《汉书》的作者班固说：人吸纳了天地阴阳之气，有喜怒哀乐的感情，上天赋予的人性无法节制，圣人想办法节制，但也要避免把人性灭绝。因此圣人根据天地运行的自然规律制定礼乐制度，目的是为了沟通神明，树立人伦，端正性情，节制人事，使之符合人之常情。人性中有男女之情，有相互妒忌所产生的隔阂，为此圣人制定了婚姻的礼法来加以节制；人性中有交接之道和长幼的顺序，又为此制定宴饮的礼节来加以规范；人性中有哀悼死者、思念远祖的感情，圣人为此制定了丧葬祭祀的仪式加以表达；人性中有尊崇国君、敬重长者的心理，为此圣人制定了朝拜觐见的礼仪让人遵行。哀痛时有哭泣顿足的节奏，高兴时有载歌载舞的动作，这方面的礼仪，可以彰显正人君子的真诚，同时也可以防止那些奸邪之人行为失常。因此，婚姻的礼法一旦废弃了，夫妻之间的关系就会受到考验，而淫乱奸邪的恶行就会增多；宴饮的礼节一旦废弃了，长幼尊卑的秩序就会被打乱，你争我斗的现象就会增加；丧葬祭祀的仪式一旦废弃了，骨肉之间的亲情就会淡薄，而背叛死者、忘记生者的人就会大量出现；朝拜觐见的礼仪一旦废弃了，君臣之间的地位就会颠倒，犯上作乱的事情就会发生。所以孔子说：使主上安稳，治理臣民，没有比礼更好的办法了；移风易俗，没有比乐更好的办法了。所谓用谦恭礼让来治理天下，指的就是礼、乐；**善于言辞，明白事理又不混乱，这是深刻领会《春秋》微言大义的结果**壶遂问司马迁：以前孔子为什么要写《春秋》呢？司马迁回答：我听董仲舒先生说，周朝王室衰微时，孔子担任鲁国的司寇，诸侯陷害他，大夫阻挠他。孔子知道自己讲话不起作用，自己奉行的王道也行不通，于是就把自己的是非褒贬观念，寄托在《春秋》二百四十二年的历史记述之中，作为天下人的行为准则。不管是贬斥无道昏君，还是声讨僭越的诸侯和犯上的大夫，目的都不过是想振兴王道罢了。孔子说：我想与其空言说教，还不如用写书来表明我的主张，这样更深刻显明。《春秋》这部书，上能阐明三王的治国之道，下能辨清伦理纲常，判别嫌疑，明确是非，决定疑难之事，褒善贬恶，尊重贤者，鄙视不肖之人，记载亡国史迹，接续断绝了的历史传承，弥补残缺，振兴衰微，这些都是王道最重要的内容。拨乱反正，没有比《春秋》更适合的了。《春秋》中记载的被弑的国君有三十六人，被灭亡的国家有五十二个，四处流亡保不住自己江山社稷的诸侯，更是多得不可胜数。考察其原因，都是由于丧失了王道这个根本。壶遂又问：孔子那个时代，上没有贤明的国君，像孔子这样的仁人君子又得不到重用，因此才写《春秋》，留下议论，来判断人们的言行是否合乎礼义，以此作为统一的王法。如今先生您上遇圣明天子，官员们各自认真履行自己的职责，各得其所，先生您还要著书立说，想要以此说明什么呢？司马迁回答说：伏羲秉性最淳厚，为世人创造了八卦；尧、舜的盛德，在《尚书》里都有所记载，礼乐制度由此而兴盛起来；汤、武时代的兴隆景象，诗人们都在歌颂；《春秋》褒善贬恶，推崇三代的盛德，褒扬周室，不仅仅是讥刺而已。汉朝开国以来，到当今圣明天子，受命于天，朝野充满肃穆和顺的气氛，天子恩泽无边，臣下百官大力颂扬天子的盛德，还是不能充分表达心意。况且士人贤能却得不到重用，是国君的耻辱；国君圣明，但他的恩德却得不到宣扬，这却是官员的过错。而我正是掌管记述历史的官员，如果不宣扬圣明天子的恩德，这真是莫大的罪行。我写的书只是记述历史，并不是什么著作，而你却把它与《春秋》相比，大错特错了。

自从孔子去世以后，他的微言大义就绝迹了。他的七十二位弟子去世之后，儒家的大义要旨更混乱不堪了。战国时期，诸侯之间合纵连横，造成真伪纷争的局面，诸子百家的学说也就纷杂散乱了。

儒家大多出身于主管教化的司徒这类官员。他们是负责辅佐国君、

卷三 文下

理顺阴阳、昌明教化的。他们在遍读六经文字、留意仁义道德品质修养的时候，师法尧、舜，把周文王、周武王的事迹当作自己的榜样，以孔子为宗师，这是儒家学说最高明的地方。但是那些迷惑不解的人把握不住儒学的精妙之处，不守正统的人又随时代的变迁对儒学加以贬低或抬高，背离了儒学的根本，有人还把儒家学说当作哗众取宠的手段。这些都是部分浅薄无知的儒家学者带来的祸患司马谈说：儒家学说内容广博却缺乏要领，用力虽多却收效不大，因此它的主张难以全部遵从。但它阐明的君臣父子之间的礼节，区分夫妇长幼之间的差别，却是不可更改的。儒家以六艺作为师法的标准，经文及其注解的文字多得数以千万计，几代人研究一经都不能精通其中的学问，一个人终生都难以弄通它所阐明的礼仪。因此说它内容广博却缺乏要领，用力虽多却收效不大。至于它所阐明的君臣父子之间的礼节，区分夫妇长幼之间的差别，是其他各派学说都不能取代的。范晔说：身穿儒士衣服，到各地游学求教，口里所谈的都是仁义，传播的都是圣人的思想，因此信奉儒家学说的人都懂得君臣父子的伦理纲常，都知道改邪归正的道路和方法。自汉桓帝、汉灵帝在位期间以来，朝纲一天比一天败坏，国内矛盾屡屡爆发，就连中等才智以下的人都明白国家分崩离析原因，然而刚正不阿的大臣也只能做到窥破图谋不轨的奸贼的阴谋，胸怀大志的英雄豪杰也只能屈从于浅薄儒生的谬论，民众只会反复念叨先王的教导，臣子不敢反抗权势，担心由此带来的可怕后果。至于像张温、皇甫嵩这类人，也只是使国家的半壁江山稍有安定，名声已经远播四海，瞬息之间，天下又风云变幻，国家再次处于动荡之中，而他们仍然忠心耿耿地维护着昏君的统治，处境狼狈地奉行君王之命，收集残兵败将专心致力于讨贼，毫无怨恨，这难道不是儒学的功效在起作用吗？由此可见，儒家先师们褒奖鼓励后学们的功劳是笃实而卓著的。

　　道家一般出身于史官。他们记录了历代成败的史实及其经验教训，懂得执政的要点与根本，主张清净无为，善守本性，坚持卑下柔弱，为的是保持自己的本来面目。他们把这一原则作为君临天下、治国安邦的根本大法。道家的精神，合乎尧的克己谦让和《周易》的谦恭主张，这是道家的长处。但等到放浪形骸的人来施行道家的理论，他们试图摆脱礼乐制度的束缚，同时抛弃仁义原则，一味地清静无为，这怎么能治理好国家呢？这是道家的不足之处司马谈说：道家使人精神专一，主张行动要合乎无形的道，万物道性自足，不必向外界研求。道家的理论，来源于阴阳二气的运行转换规律，吸取了儒家、墨家的长处，集合了名家和法家的精华，随着时代的变迁而变迁，

正论第十六

顺应事物的变化而变化，在照顾风俗民情的基础上办事，就没有什么事办不好的。道家学说要点简约，容易操作，用力少而收效大。道家主张无为，却又说无不为，实际操作容易，但他们用词的含义却难于理解。他们的方法以虚无为理论根基，以顺应自然为实践原则。因为没有固定不变的态势和形状，所以能探明万物的实际情况。因为办事既不争先也不拖后，所以能涵盖万物。是有法则还是无法则，根据时势的变化来确定；是有法度还是无法度，根据事物本质的不同来决定。因此说圣人能够永垂不朽，原因就在于他们能把握住因时通变的原则。虚无是道家学说的根本，顺应自然是国君执政的纲领。君臣各尽其才，使他们各自都能自动明白，这才是统治天下的最高艺术。

阴阳家大多出身于负责天文历法的官员。他们敬重上天，认真推算日月星辰的运行规律，据此向百姓告知四时节令的变化，以利于调整农业生产，这是他们的长处。等到后来一些拘于成法的人从事阴阳家的学说时，就受到各种禁忌的牵制，拘泥于卜卦、算命等小的道术中，迷信鬼神的力量，忽视人的作用，这是阴阳家的不足之处司马谈说：阴阳家的方术博大详尽，但忌讳太多，使人感到拘束，总是怕这怕那。然而他们主张顺应四季运行的规律安排农业生产，却是必须要遵守的。阴阳四时、八位、十二度、二十四节气，都各有明确的界定和含义，但也不能说顺应四季运行的规律一定会昌盛，违背它必然会灭亡。阴阳之术忌讳太多，使人感到拘束，总是怕这怕那。但春生、夏长、秋收、冬藏，这是大自然运行的规律，如果不顺应它，就会导致天下万物失去了头绪，因此说顺应四季运行的规律安排农业生产，是必须要遵守的。《汉书》称：天和人之间，如果两者的精气互相抵触，就要彼此发生震荡，善与恶之间互相斗争，彼此也会推动。事情发生在人间，征兆就会在星空显示出来。所以阴阳之理，就在于会有天人感应。阴气变化了，静止的东西就会运动起来，阳气衰微了，明亮的东西就会变暗，水旱之类的灾害，就会随之降临，因此说日蚀、地震这类现象的出现，都是阳气衰微、阴气太盛的结果。对于君主来说，臣子是阴；对于父亲来说，儿子是阴；对于丈夫来说，妻子是阴，对于中原来说，夷狄等蛮荒之人是阴。《春秋》记载的三十六次日蚀、五十二次地震，有的是应验夷狄侵犯中原，有的应验的是政权被臣子把持，有的应验的是妇人抛弃了丈夫，有的应验的是臣子背叛了君主，儿子背叛了父亲。形式虽然不同，但都是天人感应的表现。因此贤明的君主即位后，首先要端正五件事。这五件事就是体貌、言语、目视、耳听、思考。秉承儒家的大中思想，上承天命，这样就可以将人间的事情处理得有条不紊，天上的日月星辰也就会正常运行。如果国君沉溺于后宫的荒淫生活，一味地游乐狩猎，自

卷三 文下

己带头不正五事,大中之道建立不起来,那就会招致凶兆降临,疾、忧、贫、恶、弱、凶短折等六种祸害也就会随之而来。凡是灾异的发生,都象征了人类的过失,上天就用这类征兆来警告人们。《左传》称:晚上不睡觉外出打猎,吃饭的时候不祭祀祖先,进出不守礼节,占用农民的耕作时间,以及发生奸谋的事件,就会发生树木长得该曲不曲、该直不直的怪现象。又称:废弃法律,驱逐功臣,杀太子,以妾为妻,就会发生火焰不向上烧而往下窜的怪现象。又称:大兴土木整治宫室,装修亭台楼榭,宫内淫乱,冒犯亲戚,侮辱父兄,就会发生庄稼没有收成的灾祸。又称:好战,轻视百姓疾苦,修造城郭,侵犯周边国家城池,就会发生金属武器割不破皮革的怪现象。又称:修建宗庙简单从事,不进祠堂祈祷,废弃了祭祀仪式,不按天时行事,那么连水都不向下渗透。三国著名术士管辂说:贵人有什么事情发生,都会在天象上感应出来,所谓天象,就是指日月星辰。战争发生,人民受到惊扰,就会在物象上感应出来,所谓物象,就是指山林鸟兽。又说:上天如果有大的异象要发生,却不能用语言表达出来,因此就通过天上星星的灵气驱动风云,来表露异象,通过地上流动的神明役使鸟兽,来宣告灵异。表露异象时一定会有上下沉浮的征候,宣告灵异时一定会有不同声音的响动。因此宋襄公失德的时候,就有六只鸰鸟在高空倒着飞过;伯姬将要自焚时,鸟儿为她的灾祸哀鸣;四国还没发生火灾,干燥的东北风就先刮起来了;红云包围着太阳,灾殃就在楚国降临。这都是上天的旨意,是天人感应的明证。后汉窦武上书说:近来陆续有嘉禾、芝草、黄龙等所谓祥瑞出现。祥瑞必定是在肥美的土地上出现,福气实际上是因为有吉祥之人产生才出现的。有了德行就成为祥瑞,没有德行就成为灾祸。陛下所作所为不合天意,不应该把它当作祥瑞庆贺。又有晋朝的裴楷说:据考查,春秋以来以及古代帝王时代,黄河一直没有清沏过。臣以为,黄河是与诸侯的地位相对应的。清沏属阳,混浊属阴,黄河应当是混浊的,现在反而变清了,这表示阴想转为阳,诸侯想要称帝了。西汉的京房在《易传》中称:河水清,天下平。现在上天显示异象,大地吐露妖气,民间疠疫流行,三种现象同时出现而黄河却变清了,这是不正常的,就像春秋时期麒麟不应当出现却出现了一样,孔子把这当作灾异记载下来。三国时魏国青龙年间,张掖郡的玄川涌出一块宝石,宝石上面背着一只鼎,整个形状既像麒麟,又像凤凰,既像腾龙,又像奔马,在光照下神形各异。当时人们都认为这是魏国的祥瑞之物,于是命令于绰带着去请教张玠,张玠偷偷告诉于绰说:神仙预知未来,而不追述过去。先显现祯祥之兆,然后废立的事情才会随之而来。汉朝已经灭亡很久了,魏国已经取得了天下,还追述什么废立的征兆呢?这块宝石是现今的异象,正是将来吉凶的征兆。后来司马氏果然取代了曹魏。汉武帝时期,巫师替皇帝召来了神君,但神君只发出声音,却不显露形体。荀悦解释说：《周易》称有天道、地道、人道。三道各有各的原理规则，彼此不相杂乱，一旦杂乱，就会产生精气的变异，出现各种征兆。例如巨石自动挺立起来，僵死的柳树突然再生，这是有形之物的变异；男人变化成女人，人死后又复活过来，这是人的变异；鬼神仿佛生活在人世间，并能讲话和发出各种声音，这是精神的变异。无论是形体的变异还是精神的变异，都是某类事件的自然感应，为善就感应出吉祥，作恶就感应出灾祸，这是精气之间的感应，自然现象会随之发生变异。因此，如果违背了天理，精神就会失去调节，精神上的妖怪就会猖獗起来；如果违背了地理，形体就会失去调节，形体上的妖怪就会产生出来；如果违背了中正平和的人理，人体内的精气就会失去调节，妖物就会出现。这是《周易》的主旨。至于神君之类，就是精神上的变异。《春秋》称：劳作不按农时，人民就会产生怨恨心理，那些不能说话的东西也能说话了。汉武帝时期，赋税繁重，民生凋敝，因此不露形体却能说话的神君就出现了。至于《洪范》中说的臣子僭越时就会出现妖怪的现象，这大概也属于怨仇产生妖怪的证明。因此，通大道的人言行正派，那么世上万物、精神形体都会返归本体。东汉的陈蕃上书说：春秋末期，周朝王室衰微，但数十年间都没有发生过灾害，这说明上天已经厌弃周室了。而上天对汉朝却眷恋不已，不断地降下灾害，目的是提醒陛下除去妖孽，实实在在地勤修德行。《周书》上称：天子看到怪异就加强德行修炼，诸侯看到怪异就专心于治理朝政，大夫看到怪异就专心于履行自己的职责，士人庶民看到怪异就修身。这样神灵就损伤不了道义，妖怪就损害不了德行。《汉书》称：用行动而不是言语来感动人，用事实而不是用文采来顺应天命。这就是天人感应的大略说明。

　　法家一般出身于司法官员。他们讲信用，赏罚分明，借此配合礼制来进行治理，这是他们的长处。但到了苛刻狠毒的人实行法治，他们完全不讲教化，抛却仁爱之心，只相信刑法的作用，而为了达到国家大治的目的，甚至于残害最亲的人，忘恩负义，这是法家的不足之处司马谈说：法家严酷，缺少恩情，但他们端正了君臣上下名分的区别，这却是别家替代不了的。法家不讲究亲疏关系，也不论尊卑贵贱，一律用法律来判别，这样爱亲属、尊师长的伦理就被抛弃了。这只能作为权宜之计，却不可以长期施行，因此说它严酷，缺少恩情。至于法家主张国君与臣子之间有尊卑之别，明确各自的名分和职权范围，彼此不能超越，这个原则是各家学派都不能替代的。

　　名家一般出身于掌管礼仪的官员。古时候名分地位不同，礼仪也不同。孔子说："一定要端正名分！"名家主张端正名分，这是他们的长

卷三 文下

处。等到有吹毛求疵怪癖的人来实行这种主张的时候，就只注意辨析名分的细节，把名分搞得支离破碎，这是名家的不足之处司马谈说：名家使人俭约，却失去了善的本意。但是它能端正名分，使名实相符，这点是不可不明察的。名家苛求于名副其实，在一些名词概念的细节上纠缠不清，使人难以理解它的真意，一切取决于名分，不顾及人之常情，因此说它使人俭约，却失去了真实。至于名家主张端正名分，做到名副其实，综合研究事物的本质，倒是很值得借鉴的。

　　墨家大多出身掌管宗庙的官吏。他们住在用木椽搭起来的茅屋里，生活清贫，注重节俭；赡养德高望重的老人，推崇兼爱；选拔贤才，举行大射典礼，提倡尊重人才；提倡祭祀活动，敬重父辈，因此信鬼神；顺应四时行事，因此不信天命是说不相信决定吉凶的天命，但相信有贤愚、善恶；重视以孝行天下，因此主张行为统一是说统一于天下大治。这就是墨家的长处。等到那些愚笨的人实行墨家主张的时候，只看见节俭的好处，进而否定必要的礼仪；只知道推崇兼爱，而不知道区别亲疏远近，这是墨家的不足之处司马谈说：墨家过于俭约，常人难以遵行，因此他们提倡的事也不可以普遍遵循。但他们强本节用的主张，却是不可废弃的。墨家也尊崇尧、舜，说起尧、舜的德行是：住的房子高仅三尺，土筑的台阶也只有三级，盖屋顶的茅草不加修剪，木质的屋檐也没有砍齐；吃饭用陶簋，喝水用瓦盆，饭用粗米做，喝的是野菜豆叶汤；夏天穿葛衣，冬天穿鹿皮。他们安葬死者，用的是三寸厚的桐木棺材，举行丧礼的时候哭声并不十分悲哀。他们教育人民都要如此办丧事，一定要把这作为千万民众的表率。但如果天下人都如此效法，那尊卑贵贱就没有差别了。世界在变化，时间在推移，功业也各有不同，所以说墨家学说虽然提倡节俭，但后世却难于遵行。墨家主张的强本节用，就是实现家家丰衣、人人足食的好办法。这是墨家学说的长处，是其它各家无法替代的。汉武帝问董仲舒：一般情况下，节俭的人是不造玄黄色旌旗的。到了周朝，门口高高树立起两观，出门乘坐大辂车，在朝堂上跳起八佾舞而颂声大作。帝王的治国之道，难道宗旨各不相同吗？董仲舒回答说：制造各种文彩、各种颜色的仪仗，是为了辨明尊卑、区别贵贱、奖励品德高尚的人。因此春秋时期受命于天的帝王，登基后做的第一件事就是更改历法，重新设立正朔的日期，改变服装颜色，目的是表示自己的朝廷是顺应天意的。然而宫室的建造和旌旗的制作，都是有一定规则的。孔子说：奢侈就不会谦逊，节俭才会强固。纯粹的节俭并不是圣人推崇的最适合的制度，自己奢侈就绝不能让君主节俭，自己节俭也不强行向下贯彻，这就是王道。

纵横家大多出身从事外交事务的官员。孔子说："使者，使者啊，这是一份难做的差事。"意思是说使者需要有较强的处事应变能力，应当权衡轻重缓急，因事制宜，因为他们接受的是出使的任命，而不是纠缠于外交辞令。这是纵横家的长处。但等到心术不正的人当外交使者的时候，他们崇尚欺诈，背信弃义，这是纵横家的不足之处荀悦说：世上有"三游"，都是道德有亏的人。三游，一是游侠，二是游说的人，三是游行的人。那些善于制造气势，擅长作威作福，交结私党，在世上逞强称霸的人，就叫做游侠；那些巧言善辩，阴险狡诈，在天下诸侯间奔走，以便取得时人好评的人，就叫做游说的人；那些善于以队伍的阵容博取民众的信任，迎合时尚所好，连络同党，树立虚假的声势，目的是为了获得某一方面的权利，就叫做游行的人。这三种人，都是祸乱产生的根源，伤害道德，破坏法律，迷惑世人，先王们对这三种人都慎重对待，特别警惕。三游的形成，主要是在政治腐败、世风日下的时代，周、秦两朝的末期尤其严重。上梁不正下梁歪，国君不贤明，臣子就不正派。制度不健全，朝廷纲纪就会松弛荒废。以别人的毁誉作为给予奖赏和惩罚的标准，却不核查真实情况。以个人的爱憎作为对国家有利有害的根据，却不从实际出发。发表意见时，先计算利益厚薄之后才开口讲话；举荐人才时，先考虑和自己关系亲疏之后才下笔。然而利益不是可以用仁义求得到的，危害也无法用道德避开。因此君子开始不遵从礼制，小人开始触犯刑法，大家都趋利若鹜，骨肉之间的亲情变淡了，更看重同事朋友之间的交情，忘记了修身之道，而去谋求大家的赞誉。当权者的家里每天都迎来送往各种送礼的人，用重金招聘、咨询的活动在大街上公开进行，于是庸俗的风气形成了，而高尚的道德情操却被破坏。游侠出身于刚毅顽强的武士阶层，他们不忍心拒绝有求于他们的人的苦苦请求，对于自己讲过的话铭记心中，一旦接受了人家的请求，舍了性命也要帮助他人排忧解难，或者接济与之同一类型的人。游侠如果走正道，就可以称之为义侠。那些过于偏激以至走上邪路的游侠，就变成盗贼了。游说脱胎于辩论是非，游说的人常常出使四方各国，陈述天下大义或国家大事，以便完成国君交给的任务。代表国家进行国家之间的活动，可以达到安定社稷、有利于国家的政治目的，有针对性地解决国与国的纠纷，找到事情症结，消除人民的困惑。游说的人如果走正道，那就是有辩才和智慧；如果运用过当又不走正道，就是一种欺诈行为了。游行本来是出于对仁义道德的追求，用博爱精神广交天下朋友，以文会友，关系和谐却不拉帮结派，随时用道义砥励对方，目的是为国家建功立业。如果方法得当，就是正人君子。如果方法不得当，甚至为了自己的目的损害了他人的私利，那就变成奸佞之徒了。

卷三 文下

一正一反，相差甚远，岂不是很可悲吗？因此，一旦正确的治国之道得到贯彻执行，那么三游的活动自然就会无用武之地了。

杂家一般出身于负责谏议的官员。他们兼采儒、墨两家的思想，揉合名家和法家的主张，他们知道要治理好国家，必须兼容各家学说，因为他们看出，各家学说在治国之道方面都是贯通一致的。这是杂家的长处。等到放荡不羁的人实践杂家主张的时候，就只一味追求广博，结果流于散漫，没有中心，这是杂家的不足之处。

农家一般出身于农业管理的官员。他们播种百谷，奖劝耕田植桑，以满足人们的衣食需要。孔子说："最应重视的是人民和粮食。"这是农家的长处。等到见识浅薄的人实践农家主张的时候，却想要求君臣都来从事耕种，弄乱了君臣上下之间的关系，这是农家的不足之处。班固说：司马迁写《史记》，评论是非的标准与圣人有很大不同。《史记》在论述治国原则的时候，最推崇的是道家的黄老之术，其次才是儒家的六经学说；讲述游侠的事迹时候，就贬低隐士，抬高奸雄；在阐述财政经济问题的时候，就尊崇财富和权势，以贫贱为耻。这些都是《史记》的缺陷。但它擅长于叙述事理的逻辑，善辩而不浮华，质朴而不俗气，文笔率直，记事能抓住重点，不虚声赞美，不隐瞒丑恶，因此后世称赞《史记》是历史的真实记录。

文子说："圣人做事，殊途同归。秦、楚、燕、魏这些地方的歌声，虽然转韵不同，但都表达了欢乐的感情；九夷、八狄这些民族的哭声，虽然声调不同，但都表露了悲哀的心情。因为歌声是欢乐的表现，哭声是悲哀的表达。内心安闲快乐，外表就要流露出来，因此也感动其他人一同欢乐起来。评论：范晔称诸子百家的政治言论，都是高尚的。要点是巩固根本，革除时弊。但国运和局势不是永恒不变的，各种意见偏颇繁杂，因此对是非的评论多种多样，有时还互相矛盾。我们试着作一番评论：世界已经不是黄帝、炎帝那时的远古时代，人们也不再是满足于生活简朴、不重视享乐的时候，世界上的事情千头万绪，人类的各种情欲也因此萌生出来。即使有足以应付一切事物的智慧，也不能穷尽世道的变迁；即使用高山大川的险峻幽深，也不能比拟人心难测。因此要顺应时代的变化，适应万事万物的发展变迁，就难以用常规的旧办法解决问题了。为什么这样说呢？如果圣人统御天下，那么实现大同世界的最高法则和具体措施的取舍，应该是一致的，但国家的政令法规应根据国运局势不同而增减，形式的复杂与简单也应交替施行。开创新局面或者保守旧传统，都要对过去的情况反复考量；是兴兵打仗或者是争取和平，也要用上代的得失进行参照。等到登上帝王的宝座，摆出天子的仪仗，穿上天子的龙袍，虽然厚薄、华美各有不同，但把国家治理好的宗旨却是一致的。有时为了形势需要，赦免名门望族，达官贵人，对乱臣贼子加以严惩，虽然宽严不同，但防止为非作歹的目的是一致的。不同时代的政治制度，形式虽然相异，本质却是相同的；思维方式虽然千差万别，但目标却是一致的。假如故意矫情用事，就会出现矫枉过正的弊端。因此穿着凉鞋过冬，就犯了过分俭朴的毛病；每天都打扮得衣冠楚楚，就应戒除过分奢侈的毛病；禁令不严，对下属过于宽容，就容易出现尾大不掉、欺凌弱小的情况；权力过于集中，刑法过于严酷，又容易导致分崩离析的局面。三国时曹魏时期，文人极尽讽刺之能事，我们就可以推断出那时的国家风气；从周、秦两朝末年在细节上的越轨行为，可以看出它们在政治上已经衰败。因此采用或舍弃什么制度，可以决定国家的兴盛与失败。由此可知，法规条文是繁杂还是简约，要根据当时的情况来决定，宽松和刚猛的政策也要互为补充。把刑书铸刻在鼎上，当然详细明晰；但把法令简化成三条内容，就贵在简明可行。春秋时郑国的游吉由于执政严苛而受到孔子的褒奖；而齐国的大臣国子却对楚国公子围的僭越行为流下怜爱的眼泪；晋国的赵盾一上台就改变了他父亲赵衰的休养生息的政策，整饬国家纲纪；而西汉的平阳侯曹参却悉遵前任丞相萧何的旧制，举事无所变更，创造了安定的政治局面。这些都是为政宽猛张弛不同的显明例证，又怎么能强求他们都一样呢？"

以上诸子百家对当世执政得失的观点，我们都已详细地分析了，然而世人对此大多流于表面的理解，喜欢偏执于某一种学说。尊崇道家清净无为学说的人，把儒家学说视为迂腐的议论；拘泥于名家学说的人，却认为道家学说荒诞不经。有的人推崇先王的王道，认为当代也可以施行；有的人推崇曾经挽救时弊的好方法，认为那是千古不变的真理，应当永远流传于后世。切实认真地考察起来，这些看法都有不足之处。由此看来，有法与无法，应当根据时代情况来确定。一个时代结束了，适用于那个时代的为政方针也就失效了；时代发展了，为政方针也要创新。政策合乎当世的特点，前途一定光明。不是绝顶聪明的人，谁又能通晓这因时制宜的奥妙呢？

全注全译本

古今谋略第一书

长短经

（唐）赵蕤 著

中

图书在版编目（CIP）数据

长短经：全注全译／（唐）赵蕤著；李孝国等注译．
—北京：中国书店，2013.1
ISBN 978 – 7 – 5149 – 0575 – 5

Ⅰ．①长…　Ⅱ．①赵…②李…　Ⅲ．①政治—谋略—中国—古代②《长短经》—注释③《长短经》—译文
Ⅳ．①D691

中国版本图书馆 CIP 数据核字（2012）第 287178 号

责任编辑：辛　迪
策划编辑：李孝国

长短经（中）

（唐）赵蕤　著　　李孝国等　注译　　董立平等　审校

出　　版：	中国书店
地　　址：	北京市西城区琉璃厂东街 115 号
邮　　编：	100050
发　　行：	全国新华书店经销
印　　刷：	北京东君印刷有限公司
开　　本：	700×1000　1/16
版　　次：	2019 年 3 月第 1 版第 4 次印刷
印　　张：	（总）54.25；（本册）15.75
字　　数：	（总）807 千字；（本册）234 千字
书　　号：	ISBN 978 – 7 – 5149 – 0575 – 5
定　　价：	98.00 元（上、中、下）

目　录

长短经（中）

卷四　霸纪上
　　霸图第十七　原文 …………………………………… 284
　　　　　　　　译文 …………………………………… 329

卷五　霸纪中
　　七雄略第十八　原文 ………………………………… 388
　　　　　　　　　译文 ………………………………… 415

卷六　霸纪下
　　三国权第十九　原文 ………………………………… 452
　　　　　　　　　译文 ………………………………… 488

卷四　霸纪上

霸图第十七

原文

　　臣闻周有天下，其理三百余年。成、康之隆也，刑措四十余年而不用。及其衰也，亦三百余年太公说文王曰：虽屈于一人之下，则申于万人之上，唯贤人而后能为之。于是文王所就而见者六人，求而见者十人，所呼而友者千人，友之友谓之朋，朋之朋谓之党，党之党谓之群，以此友天下，贤人者二人而归之，故曰三分天下有其二，以服事殷。此之谓者也。故五伯音霸更起。伯者，常佐天子，兴利除害，诛暴禁邪，匡正海内，以尊天子。五伯既没，贤圣莫续。天子孤弱，号令不行。诸侯恣行，强凌弱，众暴寡吴王问伍胥曰：伐楚如何？对曰：楚执政众而乖，莫适任患。若为三师以肄之，一师至，彼必皆出。彼出即归，彼归即出，楚必道弊，亟肄以疲之，多方以误之。既疲，而后以三军①继之，必大克。阖闾从之。楚于是乎始病。越王勾践问于大夫种曰：伐吴何如？对曰：伐吴有七术，其略云：尊天事鬼，以空其邪；遗之好美，以荧其志；遗之巧工，使起宫室，以尽其财；遗之谀臣，使之易伐；强其谏臣，使之自杀；坚甲厉兵，以承其弊。越王于是饰美女西施，献之吴王。吴王悦之。子胥谏，不受。吴王诛子胥。越又为荣楯，镂以黄金，献之吴王。吴王受之，而起姑苏之台，五年乃能成，百姓道死。越又蒸粟种遗吴王，吴王付人种之，不生，吴大饥。齐桓公欲弱楚，乃铸钱，市生鹿于楚。楚闻之，喜，废耕而猎鹿，桓公藏粟五倍。楚足钱而乏粟。桓公乃闭关，楚降者十四

---

① 三军：古代指前、中、后三军。

五。及柯之盟,桓公欲倍曹沫之约,管仲因而信之,诸侯由是归齐。故其称曰知与之为取,政之宝也。郑桓公欲袭郐,先问郐之豪杰、良臣、辩士,书其名姓,择郐之良田贻之,为官爵之名而书之,因为疆场郭门之外而埋之,衅以鸡猳之血。郐君以为内难也,尽杀之。桓公因袭郐。此皆诸侯恣行,天子之令不行也。**田常篡齐**①,**六卿分晋**②,**并为战国,此人之始苦也**齐侯与晏子坐于露寝,公叹曰:美哉兹室!其谁有此乎?晏子曰:如君之言,其陈氏乎?陈氏虽无大德,而有施于人,豆、区、釜、钟之数,其取之公也薄,其施之人也厚。公厚敛焉,陈氏厚施焉,人归之矣。《诗》云:虽无德与汝,式歌且舞。陈氏之施,人歌舞之矣。后世若少堕,陈氏而不亡,则国其国也已。后果篡齐。智伯③从韩、魏之君伐赵,韩、魏阴谋叛。智果④曰:二主殆将有变,不如杀之;不杀,则遂亲之。智伯曰:亲之奈何?智果曰:魏宣子之谋臣赵葭,韩康子之谋臣段规,是皆能移其君之计。君与二君约破赵,则封二子万家之县各一。如是,则二主之心可以无变。智伯不从。韩、魏果反,杀智伯。于是强国务攻,弱国务守,合纵连横,驰车毂击,介胄生虮虱,人无所告诉。

及至秦蚕食天下,并吞战国,一海内之政,坏诸侯之城,法严政峻,诟谇者众。使蒙恬将兵北攻胡,尉佗将卒以戍越,宿兵无用之地,人不聊生。始皇崩,天下大叛。陈涉、吴广举于陈陈涉、吴广戍渔阳,屯大泽。会天雨,道不通,度已失期,失期当斩。二人乃谋曰:今已失期,当斩。今举大计,亦死,死为国,可乎?乃先以鬼神威众,因斩尉。召令徒属曰:公等遇雨,皆已失期,失期当斩。藉第令无斩,而戍死者,固十六七耳。壮士不死则亡已,死则举大名。侯王将相,宁有种乎?徒属皆曰:敬

---

① 田常篡齐:田常即陈成子,又称田成子,春秋时齐国大臣。田常于齐简公四年杀死简公,拥立齐平公,任相国,从此陈氏在齐国专权。

② 六卿分晋:春秋时,晋国的范、中行、知、赵、韩、魏六大家族,世代都是晋卿,故称六卿。后来范、中行、知三家败亡,赵、韩、魏三家分晋而为诸侯,又称三家分晋。

③ 智伯:即知伯,又称知瑶、荀瑶,春秋时晋国大臣,智氏家族领主。他于公元前475年成为晋国执政,此后欲灭同列卿位的赵、魏、韩三家,并取代晋国,乃威胁魏、韩二家共同对赵国发动晋阳之战。此后赵襄子派人向魏、韩陈说利害,魏、韩因而与赵氏联合反攻智氏,智伯被赵襄子擒杀,智氏就此衰落。

④ 智果:即知果,又称辅果,春秋时晋国大夫。智氏族人。智宣子将立其子智瑶为继承人,智果谓不如立庶子,若立瑶,智氏宗族必灭。智宣子不听。后智氏果亡,惟智果独存。

卷四 霸纪上

受命。遂分将徇地，自立为陈王，**武臣**①、**张耳**②**举于赵** 武臣略定赵地，号武信君。蒯通③说范阳令徐公曰：臣范阳百姓蒯通也。窃悯公之将死，故吊。虽然，贺公得通而生也。徐公再拜曰：何以吊之？通曰：足下为令十年矣，杀人之父，孤人之子，断人之足，黥人之首，甚众。然而慈父孝子所以不敢倳刃公之腹中者，畏秦法也。今天下大乱，秦政不施。然而慈父孝子将争接刃公之腹，以复其怨，而成其名，此通之所以吊也。曰：何以贺得子而生也？通曰：赵武信君不知通不肖，使人候通，问其死生，通见武信君而说之曰：必将战胜而后略地，攻得而后取天下城，臣窃以为殆矣。用臣之计，无战而略地，不攻而下城，传檄而千里可定矣。彼将曰：何谓也？臣因说曰：范阳令宜整顿其士卒，以守战者也。怯而畏死、贪而好富者，故欲以其城先下君，先下君而不利，则边地之城皆将相告曰：范阳令先降而身死，必将婴城固守，皆若金城汤池，不可攻矣。为君计者，莫如以黄屋朱轮迎范阳令，使驰骛于燕、赵之郊，则边城皆将相告曰：范阳令先下而身富贵矣。必相率而降，犹如坂上走丸也。此臣所谓传檄而千里定者也。徐公再拜，遗其车马，遣通。通遂以此说武臣。武臣以车百乘、骑二百、侯印迎徐公。燕、赵闻之，降者三十余城，如蒯通策也。**项梁举吴** 梁令项羽杀假守通，便举兵起吴。吴，今苏州也。**田儋**④**举齐** 儋从少年，缚奴欲杀之，以见狄令，因杀令举兵也。**景驹**⑤**举郢**，**周市**⑥**举魏**，**韩广**⑦**举燕**。穷山通谷，豪杰并起而亡秦族矣。

---

① 武臣：秦末农民起义军将领。陈胜、吴广所率农民起义军建立张楚政权之后，命武臣为将军，攻夺赵地。武臣连续攻占赵地四十余城。攻占邯郸之后，经张耳、陈余劝说，于公元前209年8月立为赵王。自立为王后，他不受陈胜节制，拒绝出兵西上援助周文，致使周文农民军挫败，引起了其部下的不满。公元前208年，被其部将李良杀害。

② 张耳：秦末汉初人，曾参加秦末陈胜、武广农民起义，为武臣的校尉，随武臣自立为赵。楚汉战争时被项羽封为常山王，后归汉，被加封为赵王。

③ 蒯通：又名蒯彻，西汉初年人，著名谋士。秦末陈胜起义后，任武臣为将军，率军三千攻秦国燕赵之地。蒯通在范阳令徐公和武臣之间游说，使武臣遂不战而得燕赵三十余城。汉初蒯通又游说韩信引兵击齐。定齐后，又游说韩信背叛刘邦自立，韩信犹豫不忍，蒯通装疯而去。刘邦欲杀之，被他说服免罪。

④ 田儋：秦末齐国人，故齐王田氏宗族。公元前208年，田儋和从弟荣、田横击杀当地县令。田儋自立为齐王，占领整个齐地。后秦将章邯围攻齐王魏咎，田儋率兵救魏。章邯大破齐军，杀田儋。

⑤ 景驹：秦末楚国贵族。公元前208年张楚王陈胜被车夫庄贾所杀。陈胜的部下秦嘉在彭城自立为大司马，拥立景驹为楚王。不久原楚国贵族项梁称景驹、秦嘉背叛陈王，大逆无道，派英布打败秦嘉，并将景驹、秦嘉杀死。

⑥ 周市：秦末农民起义将领，陈胜派其收复魏国旧地，周市立魏国王裔魏咎为王，章邯攻打魏地，杀死了周市。

⑦ 韩广：战国时赵国上谷小吏。秦末随陈胜、吴广起义，被大将武臣派去安抚燕地，结果韩广一到燕地就很受欢迎，被当地贵族立为燕王。后项羽打算把韩广迁为辽东王，立韩广手下大将臧荼为燕王。韩广不肯搬迁，结果被臧荼杀害。

霸图第十七

汉高祖名邦,字季,姓刘氏,沛国丰邑人,为泗上之亭长。秦二世元年,陈胜等起,胜自立为楚王张耳、陈馀谏曰:将军出万死之计,为天下除害,今始至陈,而自立为王,是示天下之私也。不如立六国后,自为树党,进师而西,则野无交兵,城无守墙。诛暴秦,据咸阳,以令诸侯,天下可图也。胜不听。沛人杀其令,立高祖为沛公。时项梁①止薛,沛公往从之,共立义帝范增②说项梁曰:秦灭六国,楚最无罪。自怀王入秦不反,楚人怜之。故语曰:楚虽三户,亡秦必楚。今陈胜首事,不立楚后,其势不长。今君起江东,楚锋起之将,皆争附君者,以君世世楚将,为能复立楚后也。梁自求怀王孙心立也,约曰:"先入咸阳者王之。"秦将章邯③,大败项梁于定陶,梁死。章邯以为楚不足忧,乃北伐赵。楚使项羽等救赵。遣沛公别将西入关。沛公遂攻宛,降之沛公攻宛,南阳太守吕锜保城不下。沛公欲遂西,张良曰:强秦在前,宛兵在后,此危道也。乃围宛。宛急,锜欲自杀,其舍人陈恢逾城见沛公,曰:宛吏人惧死坚守,足下尽日攻之,死殪者必众,引兵而去,宛必随。足下前失咸阳之约④,后有强宛之患。不如约降,封其守,引其甲卒而西,诸城未下者,必开门而待足下。沛公曰:善。封吕锜为殷侯。**攻武关,大破秦军**赵高杀二世,立子婴,遣兵拒关。张良曰:秦兵尚强,未可轻也。愿益张旗帜诸山上,为疑兵。令郦食其持重宝啖秦。秦将果欲连和俱西。沛公欲听之。良曰:此独其将欲叛,恐士卒不从。士卒不从,必危。不如因其懈而击之。乃击秦军,破之。**入咸阳,与秦人约法三章**⑤秦人献牛、酒,沛公让,不受。于是人知德矣。遣兵拒关,欲王关中。是时项羽破秦军于河北,率诸侯兵四十万至鸿门,欲击沛公。沛公因项伯自解于羽。羽遂杀子婴而东都彭城,立沛公为汉王,王巴、汉汉王不肯就国,欲攻楚。萧何曰:王虽王汉之恶,不犹愈于死乎?且《诗》

---

① 项梁:秦末著名起义军首领之一,楚国贵族后代,项羽的叔父。在反秦起义的战争中,因轻敌,在定陶被章邯打败,战死。

② 范增:秦末农民战争中为项羽主要谋士,被项羽尊为"亚父"。随项羽攻入关中,劝项羽消灭刘邦,未被采纳。后在鸿门宴上多次示意项羽杀刘邦,终未获成功。后汉谋士陈平用计离间楚君臣关系,范增被项羽猜忌,辞官归里,途中病死。

③ 章邯:秦末著名将领,受命迎击陈胜起义军周文部,屡战屡胜,使秦廷得以苟延残喘。后攻杀反秦武装首领魏咎、田儋、项梁,移师渡河攻赵。钜鹿之战中被项羽击败,后投降项羽,封雍王。在楚汉战争中城破自杀。

④ 咸阳之约:指义帝楚怀王与秦末众起义军约定:先入咸阳者,王之。

⑤ 约法三章:汉王刘邦攻破咸阳后与当地人约定的三条禁令,即:杀人者死,伤人及盗者抵罪。

卷四　霸纪上

曰"天汉",其称甚美。夫能屈于一人之下,而申于万人之上,汤、武是也。愿大王王汉中,抚其士人,以致贤人,收用巴蜀,还定三秦①,天下可图。**于是用韩信策,乃东伐,还定三秦**汉王之国也。韩信亡楚,从入蜀,无所知名。数与萧何语,何奇之,荐为大将军。信拜礼毕,王曰:丞相数言将军,将军何以教寡人计策?信谢,因问王曰:今东向争权天下者,岂非项王耶?曰:然。信曰:大王自料勇悍仁强孰与项王比?汉王默然良久,曰:不如也。信再拜贺曰:虽信亦以为大王不如。然臣尝事之,请言项王之为人也。项王喑哑叱咤,千人皆废,然不能任属贤将,此特匹夫之勇也。项王见人恭敬慈爱,言语呴呕,人有疾病,涕泣分食饮。至使人有功当封爵者,销印列币,忍不能与,此所谓妇人之仁也。项王虽霸中国而臣诸侯,不居关中而都彭城,有倍义帝之约。而以亲爱王,诸侯不平。诸侯之见项王迁逐义帝,置江南,亦皆归逐其主而以自王善地。项王所过无不残灭者,天下多怨,百姓不亲附,特劫于威强服耳。名虽为霸,实失天下心。故曰其强亦弱。今大王诚能反其道,任天下武勇,何所不诛!以天下城邑封功臣,何所不服!以义兵从思东归之士,何所不散!且三秦王为秦将,将秦子弟数岁矣,杀亡不可胜计,又欺其众降诸侯。至新安,项王计坑秦降卒二十余万,唯独邯、欣、翳得脱。秦人父兄怨此三人,痛入骨髓。今楚强以威而王此三人,秦人莫威也。大王之入武关,秋毫无所害,除秦苛法,与秦约法三章耳。秦人无不欲得大王王秦者。于诸侯之约,大王当王关中,关中人户咸知之。大王失职入汉中,秦人无不恨者。今大王举而东,三秦可传檄而定。于是汉王大喜,遂听信计。初,汉王之国也,张良送至褒中,说汉王曰:王何不烧绝所过栈道,示天下无还心,以固项王意?汉王乃使张良还,因烧之。楚以此无忧汉王之心也。

田荣②怨项王之不己立,杀田市③,自立为齐王。羽北击灭齐项羽以吴令郑昌④为韩王,拒汉。张良遗项羽书曰:汉王失职之蜀,欲得王关中,如约即止,不

---

① 三秦:秦亡,项羽将秦朝故地关中分成三份,分封雍王章邯、塞王司马欣、翟王董翳,合称三秦。

② 田荣:秦末齐国人,故齐王田氏宗族。秦末陈胜、武广起义后,与其兄田儋在齐地响应,恢复齐国,田荣为相国。公元前206年7月,田荣自立为齐王,起兵反抗项羽。不久,项羽率大军讨伐齐国。后田荣兵败,为平原县民所杀。

③ 田市:秦末人,田儋的儿子。被叔叔田荣立为齐王。项羽后来封齐王田市为胶东王。田市胆小怕事,不听田荣的话,田荣一怒之下杀掉他,自立为齐王。

④ 郑昌:秦朝时吴县县令,与项羽关系很好,跟随项羽起兵。公元前206年,项羽杀死韩王韩成后,立郑昌为韩王,对抗汉王刘邦。刘邦攻取韩地,郑昌投降。

霸图第十七

敢反。又以齐反书遗羽，曰：齐欲灭楚。羽以故不西行，而北击齐。而使九江王①杀义帝于郴。汉王为之缟素发丧。临三日，以告诸侯董公说汉王曰：臣闻顺德者昌，失德者亡。兵出无名，事故不成。故曰明其为贼，敌乃可服，项王为无道，放杀其主，天下之贼也。夫仁不以勇，义不以力，三军之众为之素服，以告诸侯，为此东伐。四海之内，莫不仰德。此三王之举也。汉王曰：善。汉王因项羽之击齐，率诸侯之师五十六万东袭楚，破彭城。羽闻之，留其将击齐，自以精兵三万归击汉。汉王与羽大战彭城下，汉王不利，出梁地。至虞，谓左右曰："孰能为使淮南王黥布，令发兵背楚，留项王于齐数月，我之取天下，可以万全。"随何②乃使淮南，说布背楚随何说淮南王曰：汉王使使臣敬进书与大王御者，窃惟大王与楚何亲也？淮南王曰：寡人北面而臣事之。随何曰：大王与项王俱列为诸侯，北面而臣事之，必以楚为强，可以托国也。项王伐齐，身自负版筑，以为士卒先。大王宜悉淮南之众，身自将之，以为楚军前锋。今乃发四千人以助楚，北面而臣事人者，固若是乎？夫汉王战于彭城，项王未出齐也，大王宜扫淮南之兵渡淮，日夜会战彭城下。大王抚万人之众，无渡淮者，垂拱而观孰胜。夫托国于人臣者，固若是乎？大王提空名以向楚，而欲厚自托，臣窃为大王不取也。然大王不背楚者，以汉为弱也。夫楚兵虽强，天下负之以不义之名，以其背约而杀义帝也。然而楚王将以战胜自强，汉王收诸侯，还守荥阳，下蜀汉之粟，深沟高垒，分卒守徼乘塞。楚人还兵，间以梁地，深入敌国八九百里，欲战则不得，攻城即力不能，老弱转粮千里之外；楚兵至荥阳、成皋，汉坚守而不动，进则不得攻，退则不得解。故曰楚不足恃也。使楚胜，则诸侯自危惧而相救。夫楚之强，适足以致天下之兵耳。故楚不如汉，其势易见也。今王不与万全之汉，而自托于危亡之楚，臣窃为大王惑之。臣非以淮南之兵足以亡楚也。夫王发兵而倍楚，项王必留齐数月，汉之取天下，可以万全。臣请与大王提剑而归汉，汉王必裂土地而分天下，大王又况淮南？淮南必大王有也。故使臣进愚计，愿大王留意也。淮南王曰：请奉命。阴许叛楚与汉，未敢泄。楚使者在淮南，方急责英布发兵，传舍，随何直入，坐楚使者上坐，曰：九江王已归汉，楚何得以令发兵？布愕然。楚使者起。何因说布曰：事

---

① 九江王：名季布，因受秦律被黥，又称黥布，秦末汉初名将。初属项梁，后为霸王项羽帐下五大将之一，封九江王，后叛楚归汉，封淮南王，与韩信、彭越并称汉初三大名将，公元前196年起兵反汉，因谋反罪被杀。

② 随何：西汉初年人，汉高祖军中的谒者（主管传达禀报的人），被派去说服淮南王英布降汉，使英布投降。灭楚后，汉高祖贬低他的功劳，他用分析推理的手段为自己的功劳辩护。官至护军中尉。

卷四 霸纪上

已构矣，独杀楚使者，无使归，而疾走汉并力。乃如汉使者教。于是杀楚使者，因起兵攻楚也。**汉王如荥阳，使韩信击魏王豹，虏之**汉王问郦生曰：魏大将谁也？曰：柏直。王曰：此其口尚乳臭，不能当韩信。骑将冯敬①。王曰：不能当灌婴②。步将项他③。王曰：不能当曹参。在吾无患矣。王乃以信为左丞相，击魏。信进兵，为陈船，欲渡临晋，魏聚兵距之。信乃伏兵从夏阳以木罂渡军，袭安邑，虏魏王豹，便进兵伐赵也。**汉遂与楚相拒于荥阳。楚围汉王。用陈平计，间得出**汉王急问陈平：策安出？陈平曰：彼项王骨鲠之臣亚父、钟离昧之属，不过数人。大王能出捐数万金，行反间，间其君臣，以疑其心。项王为人，意忌信谗，必内相诛。汉因举攻之，破楚必矣。汉王乃以四万斤金与平，恣其所为，不问出入。平既多以金纵反间于楚军，宣言诸将钟离昧等为项王将功多矣，然终不能裂地而封，欲与汉为一，以灭项氏，分王其地。项王果疑。使使至汉。汉为太牢④之具，举进见楚使，即佯惊曰：吾以为亚父使，乃项王使也。复持去，以恶具进楚使。使归，具报项王。项王大疑亚父。亚父欲急击汉王，项王不信亚父。亚父闻项王疑，乃曰：天下事大定矣，君王自为之。愿赐骸骨。项王从之。**入关收兵，欲复东。辕生说汉王出军宛、叶，引项王南渡，使韩信等得集河北。羽果引兵南渡，如其策**辕生说曰：汉与楚相拒于荥阳、成皋数月，汉常困。愿王出武关，项王必引兵南走，王深壁，令荥阳、成皋间且得休息。使韩信等得集于河北赵地，君王乃复走荥阳。如此，则楚备者多，力分，汉得休息，复与之战，破楚必矣。汉王从此计，出军宛、叶间。项王闻汉王在宛，果引兵南渡，如辕生之策。**韩信与张耳以兵数万东下井陉击赵，破之。乃报汉，因请立张耳为赵王，以镇抚其国，汉王从之**初，赵王与成安君陈余闻汉且袭之，聚兵井陉口。广武君李佐车⑤说曰：闻汉将韩信涉西河，虏魏王，擒夏说，新喋血阏与。今乃辅以张耳，议欲下赵。此乘胜而去国远斗，其锋不可当。

---

①　冯敬：西汉大臣，曾为韩信部将。汉文帝时曾与丞相周勃、太尉灌婴共同诋毁才子贾谊。后出任雁门太守。公元前142年，匈奴进攻雁门，冯敬力战而死。

②　灌婴：西汉开国功臣，以力战骁勇著称。随刘邦南征北战斗，立下赫赫战功，吕后死，又与周勃等人斩除吕家势力，拥立汉文帝即位，为汉初三朝元老。

③　项他：项氏子弟，项羽族侄，政治才能比较突出，是项羽势力中重要的宗族骨干。后于彭城为刘邦部下灌婴所俘，投降。

④　太牢：古代祭祀时牛、羊、猪三牲俱全的叫太牢，后来也专指祭祀用的牛。

⑤　李佐车：秦汉之际谋士，赵国名将李牧之孙。秦末，六国并起，李左车辅佐赵王歇，为赵国下了赫赫战功，被封为广武君。赵亡以后，他帮助韩信收复燕、齐之地。李佐车给后世留下了"智者千虑必有一失，愚者千虑必有一得"的名言，另著有《广武君略》。

霸图第十七

臣闻千里馈粮，士有饥色；樵苏后爨，师不宿饱。今井陉之道，车不得方轨，骑不得成列，行数百里，其势粮食必在后。愿足下假臣奇兵三万人，从间道出，绝其辎重。足下深沟高垒，坚营勿与战。使前不得斗，退不得还。吾奇兵绝其后，野无所掠卤。不至十日，而两将之首可致于戏下。愿足下留意臣之计。不，必为二子所禽。成安君不听广武君，广武君策不用。信闻知之，大喜，乃进军击赵，破之。赵之破也，韩信令军中无杀广武君，有能生得者，购千金。于是有缚广武君而致戏下者。信乃解其缚，师事之。问曰：仆欲北攻燕，南伐齐，何若而有功？广武君辞谢曰：臣闻败军之将，不可与言勇；亡国之大夫，不可与图存。今臣败亡之虏，何足以权大事乎？信曰：仆闻百里奚居虞而虞亡，在秦而秦霸。非愚于虞而智于秦，用听与不用听也。试令成安君听足下计，若信者亦为擒矣。仆委心归计，愿足下勿辞。广武君曰：臣闻智者千虑，必有一失；愚者千虑，必有一得。故曰狂夫之言，圣人择焉。顾恐臣计未必足用，愿效愚忠。夫成安君有百战百胜之计，一旦而失之，军破鄗下，身死泜上。今将军涉西河，虏魏王，擒夏说阏与，一举而下井陉，不终朝破赵二十万众，诛成安君，名闻海内，威震天下，农夫莫不辍耕释耒，工女下机，褕衣甘食，倾耳以待命。若此者，将军之所长也。然而众劳卒疲，其实难用。今将军欲举倦弊之兵，顿燕坚城之下，欲战恐不得，攻城不能拔，情见势屈，旷日粮竭。而弱燕不服，齐必距境以自强也。燕、齐相持而不可下，刘、项之权未有所分也。若此者，将军之短也。臣愚，窃以为过矣。故善用兵者，不以短击长，而以长击短。韩信曰：然则何由？广武君曰：方今为将军计，莫如按甲休兵以镇赵，抚其孤弱，百里之内，牛、酒日至，以飨士大夫，醳兵。北首燕路，而后遣辩士奉咫尺之书，暴所长于燕，燕必不敢不听。燕已从，使喧言者东告齐，齐必从风而服。虽有智者，亦不知为齐计矣。如是，则天下事可图也。兵固有先声而后实者，此之谓矣。韩信曰：善。从其策，发使燕、齐，从风而靡也。

十二月，汉王拒楚于成皋，飨师欲复战。郎中郑忠说曰："王高垒深壁，勿与战，使刘贾①佐彭越入楚地，焚其积聚，破楚师必矣。"项羽乃东击彭越②，留曹咎③守成皋。时汉数困荥阳、成皋，计欲捐成皋以东，

---

① 刘贾：西汉初人，汉高祖堂兄。初任将军，从刘邦东击项羽。刘邦称帝后封荆王，王淮东。后淮南王英布反，东击荆，他率兵御之，为英布军所杀。

② 彭越：楚汉战争时汉军著名将领，西汉开国功臣，被封为梁王。与韩信、英布并称汉初三大名将，后因被告发谋反，为刘邦所杀。

③ 曹咎：楚汉相争时项羽手下大臣，在项羽叔侄还没有起义时，项梁曾因触犯刑法被抓，这时项梁委托曹咎写信给栎阳令司马欣，抵过了项梁的罪，因此受到项氏的信任。他虽然能力不强，但因为对项氏的绝对忠诚而被项羽重用，官至大司马，封海春侯。

卷四　霸纪上

屯巩、洛以距楚。用郦生计，复守成皋郦生说曰：臣闻知人之天者，王事可成；不知人之天者，王事不可成。王者以人为天，而人以食为天。夫敖仓，天下转输久矣。臣闻其中乃有藏粟甚多。楚人拔荥阳，不坚守敖仓，乃引而东，令适卒东守成皋，此乃天所以资汉也。方今楚易取而汉反却，自夺其便，臣以为过矣。且两雄不俱立，楚汉久相持不决，百姓骚动，海内摇荡，农夫释耒，工女下机，天下之心未有所定。愿足下急复进兵，收荥阳，据敖仓之粟，塞成皋之险，杜太行之路，拒飞狐之口，守白马之津，以示诸侯效实形制之势，则天下知所归矣。今燕、赵已定，唯齐未下。今田广①据千里之齐，田间将二十万之众，军于历城。诸田宗强，负海阻河。济南近楚，人多变诈。足下虽遣数十万师，未可以岁月破也。臣请得奉明诏说齐王，使为汉而称东藩。上曰：善。乃从其画，复守敖仓，而使郦生说齐王曰：王知天下之所归乎？王曰：不知也。曰：王知天下之所归，则齐国可得而有也。若王不知天下之归，即齐国未可得保也。齐王曰：天下何归？郦生曰：天下归汉。王曰：先生何以知之？郦生曰：汉王与项羽戮力西向击秦，约先入咸阳者王之。汉王先入咸阳，项王负约不与，而王之汉中。项羽迁杀义帝，汉王闻之，起蜀汉之兵，击三秦，出武关，而责义帝之处，收天下之兵，立诸侯之后。降城即以侯其将，得赂即以分其士，与天下同其利，英豪贤才皆乐为之用。诸侯之兵，四面而至；蜀汉之粟，万船而下。项王有背约之名，杀义帝之罪。于人之功无所记，于人之罪心不忘；战胜而不得其赏，拔城而不得其封。非项氏，莫能用事，为人刻印而不能授；攻城得赂，积财而不能赏。天下叛之，贤才怨之，而莫为用。故天下之士归于汉王，可坐而策也。夫汉王发蜀汉，定三秦。涉西河之外，拔上党之兵。下井陉之路，诛成安君之罪。北破魏，举二十三城。此蚩尤之兵，非人力也，天之福也。今已据敖仓之粟，塞成皋之险，守白马之津，杜太行之坂，拒飞狐之口，天下后服者先亡矣。王疾先下汉王，齐国社稷可得而保也；不下汉王，危亡立可待也。田广以为然，乃听郦生说，罢历下兵守。淮阴侯乃夜渡兵平原，袭齐。齐王烹郦生，引兵东走。初，郦生见沛公，沛公方倨床，使两女子洗足，而见郦生。郦生入则长揖不拜，曰：足下欲助秦攻诸侯耶？且欲率诸侯破秦耶？沛公骂曰：竖儒！天下同苦秦久矣，故诸侯相率而攻秦，何谓助秦攻诸侯乎？郦生曰：必欲聚徒，合义兵，诛无道之秦，不宜倨见长者。于是沛公辍洗足，起而谢之。**羽初东，嘱曹咎曰："汉即挑战，慎勿与战，勿令汉得东而已。"咎乃出战，死，汉王遂进兵取成皋**汉挑曹咎战，楚军不出。使人

---

① 田广：秦末齐国人，故齐王田氏宗族，田荣之子。田荣死后，被叔叔田横立为齐王。后烹杀了郦食其。后被韩信打败，被杀。

霸图第十七

辱之数日，咎怒，渡兵氾水上。士卒半渡，击破之，尽得楚国宝货。羽闻咎破，乃还军广武间，为高坛，置太公于其上。汉王遣侯公说羽，求太公，羽乃与汉约：中分天下，割鸿沟以西为汉，以东为楚，归汉王父母及吕后。项王解而东，汉王欲西，张良曰："今汉有天下大半，而诸侯皆附，楚兵疲，食尽，此天亡楚之时，不如因其东而取之。"汉王乃追羽。与齐王韩信、魏相彭越期，会击楚，皆不会。用张良计，信等皆进兵围羽垓下，遂灭项氏。汉王问张良曰：诸侯不从，奈何？良曰：楚兵且破，未有分地，其不至固宜，君王能与共天下，可立致也。齐王信之言，非君王意，信亦不自坚。彭越本定梁地，始君以魏豹故，越得拜为相国。今豹死，越亦望王，而君王不早定。今能取睢阳以北至谷城，以王彭越；从陈以东傅海，与齐王信。信家在楚，其意欲复得故邑。能出捐此地以许两人，使各自为战，则楚易败。于是汉王发使，使韩信、彭越、刘贾等皆引兵围羽垓下。

都洛阳，用娄敬①策，徙都长安 娄敬说上曰：陛下都洛，岂欲与周室并隆哉？上曰：然。敬曰：陛下取天下与周室异，周之先自后稷，尧封之于邰，积德累善，十有余世。公刘②避桀居邠，太王③以戎狄故，去邠，杖马箠，居岐，国人争归之。及至文王，为西伯，断虞、芮之讼④，始受命，吕望、伯夷自海滨来归之。武王伐纣，不期而会孟津之上者八百诸侯，皆曰纣可伐矣。遂灭殷。成王即位，周公之属傅相焉⑤，乃营成周洛邑，以此为天下之中也。诸侯四方咸纳职贡，道理均矣。有德则易以王，无德则易以亡。凡居此者，欲令周务以德致人，不欲依阻险，令后世骄奢以虐人也。及周之盛时，天下和洽，四夷向风，慕义怀德，附离而并事。天下不屯一黍，不战一士，四夷大国之民莫不宾服，效其贡职。及周之衰也，分而为两，天下莫朝，周不能制。非其

---

① 娄敬：汉初齐国人。是汉高祖刘邦的重要谋士之一，对于汉初政策的制定及西汉政权的稳定起过很大作用。

② 公刘：古代周人部落首领，周文王姬昌的祖先。公刘忠诚厚道，笃爱人民，勤劳刚毅，文武兼备，是一位具有政治远见、经济头脑、组织才能的古代英雄。

③ 太王：姓姬，名亶父，周朝先祖。因广施仁政，令不少部落归附。周灭商朝后，认为"王气"始于姬亶父，故追尊为太王。

④ 断虞、芮之讼：虞、芮是殷的属国，两国相邻，发生了领土争端。因慕周文王的威名，不朝殷，却"相与朝周"，请求周文王审断。二国君入周境之后，看到周朝"耕者让畔，行者让路"的景象，内心感到羞愧，回国后自动将所争地作了闲置处理。断虞、芮之讼，说明周已完全取得各小属国的信赖和拥戴。

⑤ 周公之属傅相焉：傅相，辅佐的意思。周成王即位年幼，其叔周公旦辅政，周公贤明勤政，周代统治趋向稳定清明，称周公之政。

卷四 霸纪上

德薄，形势弱也。今陛下起丰沛，收卒三千人，以之径往而卷蜀汉，定三秦，与项籍战于荥阳，争成皋之口，大战七十，小战四十，使天下之民肝脑涂地，父子暴骨于中野，不可胜数。哭泣之声未绝，伤夷之卒未起，而欲比隆于成、康之时，臣窃以为不侔矣。且夫秦地被山带河，四塞以为固，卒然有急，百万之众可拒，此所谓天府也。陛下入关而都之，山东虽乱，秦之故地可全而有。夫与人斗，不扼其喉而拊其背，未能全胜也。今陛下入关而都长安，业秦之故地，此亦扼天下之喉而拊其背。高祖以问群臣。群臣皆山东人，争言周王七百年，秦二世即灭，不如都洛阳。洛阳东有成皋，西有崤、渑，背河向伊、洛，其固亦足恃也。留侯曰：洛阳虽有此固，其中小，不过数百里，地薄，四面受敌，此非用武之国也。夫汉中左崤、函，右陇、蜀，沃野千里，南有巴、蜀之饶，北有胡苑之利。阻三面而独守一面，东制诸侯。诸侯安定，河、渭漕挽天下，足以西给京师；诸侯有变，顺流而下，足以委输。此所谓金城千里，天府之国，娄敬说是也。于是高帝即日驾，西都关中。**有告楚王韩信反，用陈平计擒之，废为淮阴侯**高帝问上将，将曰：亟发兵抗竖子耳。高帝默然。问陈平，平曰：人上书言信反，人有闻知者乎？曰：未有。曰：信知之乎？曰：不知。平曰：陛下精兵孰与楚？上曰：不能过。平曰：陛下将用兵，有能敌韩信乎？上曰：莫及也。平曰：今兵不如楚精，将又不及，而举兵击之，是趣战也，窃为陛下危之。上曰：为之奈何？平曰：古者天子巡狩，会诸侯。南方有云梦，陛下第出，伪游云梦，会诸侯于陈。陈，楚之西界。信闻天子以好出游，其势必郊迎，谒而陛下因擒之，此特一力士之事。高帝以为然，发使告诸侯。上因随行，信果迎道中。帝预具武士，见信，即执缚之。田肯贺上曰：甚善。陛下得韩信，又治秦中。秦，形胜之国，带河阻山，悬隔千里，执戟百万，秦得十二焉。地势便利，其以下兵于诸侯，譬犹居台之上建瓴水也。夫齐，东有琅邪、即墨之饶，南有太山之固，西有浊河之限，北有渤海之利，地方二千里，持戟百万，悬隔千里之外，齐得十二焉。此东西秦也，非亲子弟，莫可使王齐者。上曰：善。赐金五百斤。**陈豨为代相，与韩信、王黄等反，豨自立为代王，上自往破之**高祖敕赵、代吏人为豨所诖误者，赵相奏斩常山守、尉，曰：常山北二十五城，豨反，亡其二十城。上问曰：守、尉反乎？对曰：不反。上曰：是力不足也。赦之，复以为守、尉。上既至邯郸，喜曰：豨不南据漳水，北守邯郸，吾知其无能为也。问周昌①曰：赵亦有壮士可令为将者乎？对曰：见

---

① 周昌：秦时为泗水卒史。秦末农民战争中，随刘邦入关破秦，任中尉。后为御史大夫，耿直敢言。刘邦欲废太子，他直言谏止。后为赵王如意相，如意为吕后所杀，他托病不朝。

霸图第十七

有四人。四人谒,上漫骂曰:竖子能为将乎?各封之千户,以为将。左右谏曰:从入蜀、汉,伐楚,功未遍行,今此何功而封?上曰:非尔所知也。陈豨反,邯郸以北皆豨有也,吾以羽檄征天下兵,未有至者,今唯独邯郸中兵耳。吾何爱四千户,不封此四人以慰赵子弟心?皆曰:善。于是上曰:陈豨将谁也?曰:王黄、曼丘臣,皆故贾人。上曰:吾知之矣。乃各以千金购黄、臣等。其黄、臣等麾下受购赏,皆生得,以故陈豨军遂败。初,韩信知汉王畏恶其能。与陈豨谋反,高帝自将击豨,信称疾不从行,欲从中起。信舍人得罪,信囚之欲杀。舍人弟告信反状于吕后。吕后欲召,恐其党不就,乃与萧相国谋,诈令人从上所来,言豨已死矣,列侯群臣皆贺。相国诈信曰:虽病,强入贺。信入,吕后使武士缚信,斩之长乐宫矣。**尉佗王南越,反,高祖使陆贾**①**赐尉佗印绶,为南越王,令称臣,奉汉约**陆生至南越,尉佗椎髻箕踞②见陆生。陆生因进说曰:足下中国人,亲戚、昆弟、坟墓在真定。今足下反天性,弃冠带,欲以区区之越与天子抗衡为敌,因祸且欲及身矣。且夫秦失其政,诸侯豪杰并起,唯汉王先入关,据咸阳。项王背约,自立为西楚霸王,诸侯皆属,可谓至强。然汉王起巴、蜀,鞭笞天下,制诸侯,遂诛项羽,灭之。五年间,海内平定,此非人力,天之所建也。天子闻君王南越,不助天下诛暴逆,将欲移兵而诛王。天子怜百姓新劳苦,且休之,遣臣授君王印绶,剖符③通使。君王宜郊迎,北面称臣,乃欲以新造未集之越屈强于此。汉诚闻之,掘王先人冢,夷灭王宗族,使一偏将将十万众以临越,越则杀王以降,如反覆手耳。于是尉佗蹶然起,谢陆生。卒拜尉佗而还。初,南海尉任嚣病,且死,召龙川令赵佗谓曰:闻陈胜作乱,豪杰叛秦相立。番禺负山险,阻南海,东西数千里,颇有中国人相辅,此一州之主也,可以立国。即以佗行南海尉事。嚣死,佗移檄告诸郡曰:盗兵即至,急绝新道,聚兵自守,因稍以法诛秦所置长吏,以其党为假守,自立为南越武王。**高祖在位十二年崩,年六十二。**

惠帝立,吕后临政吕后时,陈平燕居深念。陆生曰:何念之深也?平曰:生揣吾何念?陆生曰:足下位为上相,食三万户侯,可谓极富贵,无欲矣。然有忧念,不过

---

① 陆贾:西汉大臣,有口才、善辩论,曾奉命出使南越,招故秦南海尉赵佗臣属汉朝,立为南越王。刘邦即位之初,重武力、轻诗书,陆贾建议重视儒学,提出"逆取顺守,文武并用"的统治方略,遂受命总结秦朝灭亡及历史上国家成败的经验教训,共著文十二篇,每奏一篇,高祖无不称善,故名其书为《新语》。

② 椎髻箕踞:椎髻,头发简单地梳成椎形发髻。箕踞,席地而坐叉开双腿,形状像箕。椎髻箕踞,言傲慢不敬状。

③ 剖符:古代帝王分封诸侯功臣,任命将帅郡守,把符节剖分为二,双方各执其一,作为信守的约证,叫做"剖符"。

卷四 霸纪上

患诸吕、少主耳。平曰：然。为之奈何？陆生曰：天下安，注意于相；天下危，注意于将。将相和，则士预附；士预附，天下虽有变，则权不分；权不分，为社稷计，在两君掌握耳。何不交欢太尉，深相交结？平用其计，竟诛诸吕。初，吕后之崩也，大臣诛诸吕。吕禄为将北军，太尉勃不得入北军。时郦商子寄与吕禄善。于是乃使人劫郦商，其子给吕禄。信之，故与出游，而太尉乃得入北军，诛吕氏也。**景帝时，吴、楚反，征平之**帝使太尉周亚夫①东击吴、楚，亚夫问父客邓都尉曰：策将安出？客曰：吴兵锐，甚难争锋；楚兵轻，不能持久。方今为将军计，莫若引兵东壁昌邑，以梁喂吴，吴必尽锐攻之。将军深沟高垒，使轻兵绝淮、泗口，吴粮道绝，使吴、梁相弊，而粮食竭，乃以全制其极，破吴必矣。条侯曰：善。因请上曰：楚兵剽轻，难与争锋，愿以梁喂之，绝其粮道，乃可制也。上许之。亚夫至荥阳，吴方急攻梁。梁急，请救。亚夫引兵东北走昌邑，深壁而守。梁王使使请亚夫，夫守便宜，不往，坚不出，而使弓高侯等屯吴、楚兵后，绝其饷道。吴、楚兵乏粮，饥，欲退，数挑战，终不出。吴、楚既饿，乃引兵而去。亚夫出精兵追击，大破吴也。**崩，太子彻立**是为武帝。**崩，子弗陵立**是为昭帝。霍光辅政，上官桀害光宠，诈为帝兄燕王旦上书，称光行上林称跸，又私调校尉。帝不信，而上官桀诈伪事果发，伏诛。**崩，立武帝孙昌邑王贺**贺，昌邑哀王髆之子。即位二十七日，事有千一百二十七条，霍光废贺为海昏侯也。**废，立武帝曾孙询**是为宣帝，卫太子之孙。**崩，立太子奭**是为元帝。**崩，立太子骜**是为成帝。委政诸舅王凤等，同日拜凤兄弟五人为侯，号曰五侯。五侯皆专政也。**崩，立宣帝孙定陶恭王子欣**是为哀帝。即位六年崩，无嗣。**崩，立帝弟中山孝王衎**是为平帝。帝年幼，为王莽所鸩。**崩，立宣帝玄孙婴**是为孺子，莽废婴自立。

伪新室王莽者，成帝舅王曼之子，元帝王皇后之侄也。元帝崩，成帝即位，以元舅凤为大司马，兄弟五人皆为侯元帝皇后，魏郡王禁之女，生成帝。时，凤秉政。同日封兄弟五人为五侯。曼早卒。凤将薨，以莽托太后太后，莽之姑也，封为新都侯。五侯竞为僭起，治第舍。莽幼孤贫，独折节恭谨，当世名士多为莽言，上由是贤之，拜为侍中②莽交结将相，收赡名士，赈

---

① 周亚夫：西汉时期的著名将军，名将绛侯周勃的次子。在七国之乱中，他统帅汉军，三个月平定了叛军。后死于狱中。

② 侍中：为少府属下诸官中直接供皇帝指派的散职，西汉时又为正规官职外的加官之一，文武大臣加上侍中之类名号可入禁中受事。汉武帝以后，侍中的地位渐高，等级超过侍郎。

霸图第十七

施宾客，故虚誉隆洽，倾炽其诸父矣。时成帝废许后，立赵飞燕①，飞燕女弟为昭仪。昭仪害后宫皇子，帝无嗣，乃立定陶王欣为皇太子欣者，宣帝孙，成帝弟之子。初，王祖母傅太后阴为求为汉嗣，私事赵皇后、昭仪及帝舅王根，故劝立之。莽以发定陵侯淳于长大奸，拜为大司马初，长与许皇后姊嬺私通，因嬺赂遗长。长许，欲白上为左皇后。时王根辅政，久病。长尝代根。莽心害长宠，白根曰：长与许贵人私交通，见将军久病，私喜。根怒，令莽白长，长下狱死，时年三十八。成帝崩，哀帝即位，立皇后傅后即帝祖母，定陶恭太后从女弟也，封后父傅晏为孔乡侯。帝母丁后曰恭皇太后，舅丁明为安阳侯。莽乞骸骨，避丁、傅也。哀帝崩，时莽以侯在第，太皇太后令莽备佐丧事太皇太后，元帝皇后也，复为大司马。征立中山王为帝即平帝，帝名衎，为中山王即孝王子也，太皇太后临朝，莽秉政，百官总己以听于莽附顺者拔擢，忤恨者诛灭，以王寻、王邑为腹心，甄丰、甄邯主击断，平晏典枢机，刘歆典文章，孙建为爪牙，皆以才能并任显职。莽色厉而言方，欲有所伪，征见风采，党与承意而显奏之。莽因固让，示不得已，上以感太后，下以取信于众庶。越常氏重译献白雉一，黑雉二。莽令益州讽群臣，奏言莽功德比周公，宜赐号安汉公。平帝崩，莽征宣帝玄孙广成侯子婴立之，年三岁。遂谋居摄，如周公故事时元帝统绝。宣帝曾孙五人，莽恶其长者，托以卜相宜吉，乃立婴也。东都太守翟义反，败死义，丞相方进子也，立刘信为天子也。莽自谓威德遂盛，获天人之助，用铜匮符命，遂即真梓橦人哀上铜匮符命。其九年，赤眉贼起琅琊女子吕母为子报仇，党众复浸多，号赤眉贼。十四年，世祖起兵，与王匡②等共立刘圣公③为更始皇帝更始，即世祖族兄。世祖及兄伯升与新市、平林兵士王匡等合军攻棘阳。莽遣王寻、王邑击更始，二公兵败于昆阳，汉兵遂入城中，人皆降，莽走渐台，藏于室中北隅间，校

---

① 赵飞燕：西汉汉成帝的第二任皇后，汉哀帝时的皇太后，其原名未被正史记载。赵飞燕体态轻盈，身轻如燕，传说能作掌上舞。

② 王匡：王莽新朝人，绿林军首领。公元17年，王匡与王凤在绿林山起义。山中瘟疫，他带领部众到南阳，即为新市兵。公元23年，拥立刘玄为更始帝，王匡为定国上公。新朝灭亡后，更始帝封他为比阳王。后被更始帝猜忌，投靠赤眉军，后转投光武帝刘秀，但半路上打算逃跑，被处斩。

③ 刘圣公：即刘玄，字圣公，西汉皇族后裔。公元23年，刘玄被绿林军立为皇帝，年号更始。当年新朝灭亡，刘玄入主长安，成为了天下之主。公元25年，更始政权在赤眉军和刘秀大军的两路夹击之下，土崩瓦解，刘玄向赤眉军出降，更始政权灭亡。不久，刘玄被赤眉军所杀。

卷四　霸纪上

尉公孙宾就斩莽，遂传首诣更始于宛。

　　世祖光武皇帝讳秀，字文叔，南阳蔡阳人，高皇帝之九代孙也。王莽末，天下连岁灾蝗，**寇盗蜂起**莽末，南方饥馑，人民群入野泽，掘凫茈而食，更相侵夺。新市人王匡为平理争讼，遂推为渠帅，时刘玄避吏平林。**时世祖避吏新野，因卖谷宛，宛人李通**①**以图谶说世祖**通父守，好谶记。通素闻守说云：刘氏复兴，李氏为辅。私尝怀之。及下江、新市兵起，通弟轶乃共计议曰：今四方扰乱，新室且亡，汉当更兴。南阳宗室，独刘伯升兄弟泛爱容众，可与谋大事。笑曰：吾意也。会世祖避事在宛，通闻之，即遣轶迎世祖，遂相约结。末，世祖与伯升、邓晨俱之宛，与穰人蔡少公等宴语。少公颇学图谶，言刘秀为天子。或曰：是国师刘秀乎？世祖笑曰：何用知非仆耶？坐者皆大笑，晨心独喜。后因谓世祖曰：王莽残暴，盛夏斩人，此天亡之时。往时之会宛语，独当应耶？世祖笑。及汉兵起，邓晨遂往从之，**世祖于是与通弟李轶起于宛，兄伯升起于舂陵，邓晨起新野，会众兵击长聚。新市人王匡等立刘圣公为天子，而害伯升**刘玄，字圣公，世祖族兄也。避吏于平林，王匡等立之。初，伯升自王莽篡汉帝，愤愤怀匡复社稷之虑。不事家人之居业，倾财破产交结天下雄俊。王莽末，盗贼群起。伯升召诸豪杰计议，于是使宾客邓晨②起新野，世祖、李轶起于宛，伯升发舂陵，子弟七八千人，部署宾客，自称"柱天都部"，使刘嘉诱新市、平林兵王匡、陈牧等合军而进，屠长聚。诸将议立刘氏，以从人望，豪杰咸欲归伯升。而新市、平林将帅乐放纵，惮伯升威明，贪圣公懦弱，先定策立之，然后召伯升示其议。伯升曰：诸将军欲尊立宗室，德甚厚焉。愚鄙之见，窃有未同。今赤眉起青、徐，众数十万，闻南阳立宗室，恐赤眉复有所立，如此，将内自争。今王莽未灭，而宗室相攻，是疑天下而自损权，非所以破莽也。且首兵唱号，鲜有能遂，陈胜、项羽即其事也。舂陵去宛三百里耳，未足为功。而遽自尊立，为天下准的，使后人承吾弊，非计善者也。今且称王以号令，若赤眉所立者贤，则相率而往从之；若无所立，破莽，除赤眉，然后举尊号，亦未晚也，愿善详思之。诸将不从，遂立圣公。由是豪杰失望。伯升都部将刘稷勇冠三军，闻更始立，怒曰：本起兵图大事者，刘伯升兄弟也。更

---

　　① 李通：东汉开国功臣，云台二十八将之一，字次元。家族世代经营商业。妻子是光武帝刘秀之妹刘伯姬。其父李守为王莽国师刘歆属下宗卿师，曾预言"刘氏复起，李氏为辅"。

　　② 邓晨：东汉初年官吏，字伟卿。初率宾客会棘阳，从妻刘秀起兵。刘玄称帝，封为偏将军，与刘秀略地颍川，击破王寻、王邑。刘玄北都洛阳，他为常山太守。后助刘秀镇压河北各地农民军，刘秀即帝位，封为房子侯。

始何者耶？更始君臣闻而心忌之。乃陈兵数千收稷。将诛之，伯升固争。李轶、朱鲔因劝更始并执伯升，即日害之。李轶与世祖既隙，后因冯公孙致密书，求效诚节，咸劝秘之。世祖乃班露轶书曰：李文季多诈，不信人也。今移其书告守、尉。书既宣露，朱鲔使人杀轶也，**号更始元年。更始使世祖为偏将军，徇昆阳。王莽闻汉帝立，大惧，遣大司徒王寻、大司空王邑将兵百万击世祖于昆阳，世祖破之**初，伯升拔宛已三日，而世祖尚未知，乃伪使人持书报城中"宛下兵到"，而佯堕下其书，寻、邑得之，不喜。诸将既经屡捷，胆气益壮，无不一当百，世祖乃与敢死者三千人，从城西出，冲中坚。寻、邑阵乱，乘锐崩之，遂杀王寻。莽兵大溃，走者自相腾践，奔殪百余里，间会大雷风，雨飞如注，滍水盛溢，虎豹皆战栗，溺死者以万数，水为之不流。**三辅豪杰共诛王莽，传首诣宛。**更始以世祖行大司马事，持节**北渡河，镇尉州郡**邓禹杖策北渡河，追世祖。世祖见禹甚欢，谓曰：我得专封拜，先生远来，宁欲仕乎？禹曰：不愿也。明公威德加于四海，禹得效其尺寸，垂功名于竹帛耳。世祖笑，因留宿禹。进说曰：更始虽都关西，今山东未安，赤眉、青犊之属动以万数，三辅假号，往往群聚。更始既未有挫而不自听断。诸将皆庸人崛起，志在财帛，争用威力，朝夕自快而已，非有忠良明智、深虑远图、欲尊主安人者也。四方分崩离析，形势可见。明公虽建蕃辅之功，犹恐未可成立。于今之计，莫如延览英雄，务悦人心，立高祖之业，救万人之命。以公而虑之，天下不足定也。世祖大悦，及从至广阿，披舆地图指示禹曰：天下郡国如是，今始得其一。子前言以吾虑之，天下不足定，何也？禹曰：今海内散乱，人思明君，犹赤子之慕慈母也。古之兴者，在德厚薄，不以小大。世祖笑悦。又冯异①说世祖曰：人思汉久矣。今更始诸将，纵横暴虐，所至虏掠，百姓失望，无所依戴。今公专命方面，施行恩德。夫有桀、纣之乱，乃见汤、武之功。人久饥渴，易为充饱，宜急分遣官属，巡行郡县理冤结，布惠泽。世祖纳之也。**王郎诈为成帝子子舆，立为天子，都邯郸，遣使降下郡国，世祖灭之**王昌，一名王郎，赵国邯郸人也。素为卜相，常以河北有天子气。时赵缪王子林好奇数，任侠赵、魏间，而郎与之善。初，王莽篡位，长安中或称成帝子子舆者，莽杀之。郎缘是称真子舆云。更始元年，林等率车骑数百，晨入邯郸城，立郎为天子。世祖进攻邯郸，郎少傅李立为反间，开门内汉军。遂拔邯郸，斩王郎。收文书，得人吏与郎交关谤毁上者

---

① 冯异：字公孙，东汉云台二十八将之一。在刘秀统一天下的过程中，任征西大将军，为刘秀平定关中立有大功。后在对陇右的作战中，病故于军中。

卷四　霸纪上

数十章。世祖不省，会诸将烧之，曰：令反侧以自安也。**世祖威声日盛，更始疑虑，乃遣使立世祖为萧王，令罢兵，与诸将有功者还长安，遣苗曾为幽州牧，韦顺为上谷守，并北之郡**时世祖居邯郸宫，耿弇请间，说曰：今更始失政，君臣淫乱，诸将擅命于畿外，贵戚纵横于都内。天子之命，不出城门。所拜牧守辄自迁易，百姓不知所从，士人莫敢自安，房掠财物，劫掠妇女。怀金玉者，至不生归。元元叩心，更思王莽。又铜马、赤眉之属数十辈，数及百万，圣公不能办也，其败不久。公首事南阳，破百万之军。今定河北，据天府之地，以义征伐，发号响应，天下可驰檄而定。天下至重，不可令他姓得之。闻使者从西方来，欲罢兵，不可从也。今吏士死亡者多，弇愿北归幽州，益发精兵，以集大计。世祖大悦。弇归上谷，斩韦顺等。**世祖辞不就征，斩苗曾等。自是始贰于更始。是时，长安政乱，四方背叛，皆平之**梁王刘永①擅命睢阳，公孙述②称王巴蜀，李宪③自立为淮南王，秦丰④自号为楚黎王，张步⑤起琅琊，董宪⑥起东海，岑延起汉中，田戎起夷陵，并置将帅，侵略郡县。又有赤眉、铜马之属，不可胜计。初，铜马降世祖，犹不自安。世祖知其意，敕令各归营勒兵马，乃自乘轻骑按行步阵。降者更相语曰：萧王推赤心致人腹中，安得不投死乎！由是悉服。世祖使耿弇讨张步。步闻之，乃使其大将费邑军历下，又分兵屯

---

① 刘永：西汉梁孝王刘武的八世孙，新朝末年，更始帝刘玄立，封刘永为梁王。后刘玄被赤眉军击败，刘永自称天子。后光武帝刘秀派虎牙大将军盖延等讨伐刘永。公元27年，刘永被部将庆吾所杀。

② 公孙述：字子阳，西汉末人，以父官荫郎，补清水县长。熟练吏事，治下奸盗绝迹，由是闻名。王莽篡汉，任命公孙述为江卒正（即蜀郡太守）。王莽末年，天下纷扰，群雄竞起，公孙述遂自称辅汉将军兼领益州牧。是时公孙述僭号于蜀，时人窃言王莽称黄，公孙述继之，故称白，自称"白帝"。

③ 李宪：王莽新朝时为庐江属令。王莽失败，李宪据郡自守。公元23年，李宪自称淮南王。公元27年，李宪更自立为天子。公元28年，光武帝派扬武将军马成等击李宪，围住庐江舒县，到公元30年，攻下舒县。李宪逃走，其军士帛意，追斩李宪而降，李宪的妻子都被杀。

④ 秦丰：王莽新朝末年地方割据势力首领。少时入长安求学，归南郡后任县吏。公元23年起兵。24年，称楚黎王。公元29年，为光武帝刘秀军所俘。

⑤ 张步：字文公。王莽新朝末年，遍地举义，张步亦继之起事。更始帝刘玄失败后，光武帝立，任命张步为东莱太守，而梁王刘永立张步为齐王。张步贪王爵，拒不受光武帝诏。光武帝于是派遣大将军耿弇率军讨张步。后光武帝亲临阵指挥战斗，张步出降，光武帝封其为安丘侯。

⑥ 董宪：王莽新朝末年东汉初年群雄之一，初为赤眉军别部校尉，率军数万人在梁郡活动。后脱离赤眉军，在东海郡割据。不久，接受梁王刘永的统治，担任翼汉大将军，后封海西王。后被光武帝刘秀讨伐，因妻子被俘，决定归降，被校尉韩湛斩杀。

霸图第十七

于祝阿，别于太山、钟城列营数十以待弇。弇乃渡兵先击祝阿，自旦攻城，日未中而拔之。故开围一角，令其众得奔归钟城。钟城闻祝阿溃，大惧，遂空壁亡去。费邑分遣其弟敢守巨里。弇留兵胁巨里，使多伐树木，扬言以填塞坑堑。数日，有降者言邑闻弇欲攻巨里，谋来救之。弇乃令军中曰：后三日当悉力攻巨里城。阴缓生口，令得亡归。归者以弇期告邑。邑至日果自将救之，弇喜谓诸将曰：吾所以修攻具者，欲诱致邑耳。今来，适所求也。即分三千人守巨里，自引精兵上冈坂，乘高合战，临阵斩邑。既而收首级以示巨里城。城中凶惧，费敢悉众亡归张步。步时都剧，使其弟蓝守西安，诸郡太守守临淄，相去四十里。弇进军居二城之间。弇视西安城虽小而坚，临淄虽大而实易攻。乃敕诸部，后五日攻西安城。蓝闻之，晨夜警守。至期，夜半，弇敕诸将皆蓐食，会明至临淄城。出其不意，半日拔之，入据其城。张蓝惧，遂将其众亡归剧。弇乃令军中无得妄掠剧下。须张步至，乃取之，以激怒步。步闻之大笑，至临淄攻弇。弇先出临淄水上，突骑欲纵。弇恐挫其锋，令步不敢进，故示若弱以盛其气，乃引归小城，陈兵于内。步气盛，直攻弇营，与刘歆合战，弇升王宫怀台望之，视韶锋交，乃自引精兵，以横突步阵，大破之。步走，降世祖。弇欲招其故众，令陈俊追斩诸贼，悉平之。**赤眉贼入函关，攻更始**。世祖乃遣邓禹引兵而西，以乘更始、赤眉之乱赤眉贼樊崇立刘盆子为天子，入长安，杀更始，寇掠关中。**于是诸将上尊号，乃命有司设坛于鄗南千秋亭五城陌，即皇帝位**诸将上奏曰：汉遭王莽，宗庙废绝，豪杰愤怒，兆人涂炭。王与伯升首举义兵。更始因其资以据帝位，不能奉承大统，而败乱纲纪，盗贼日多，群生危蹙。大王初征昆阳，王莽自溃；后拔邯郸，北州弭定，三分天下有其二；跨州据土，带甲百万，言武力则莫之敢抗，论文德则无所与辞。臣闻帝王不可以久旷，天命不可以谦拒。惟大王以社稷为计，万姓为心。又强华自关中奉赤伏符曰：刘秀发兵部不道，四夷云集，龙斗于野，四七之际，火为主。然后即皇帝位。**十月，驾东幸洛阳，赤眉降**大司徒邓禹、冯异、刘弘等征赤眉，异曰：异前与战，拒华阴，经数十日，虽屡获雄将，余众尚多，可稍以恩信倾，难卒用兵破也。上今使诸将屯渑池，要其东，异以击其西，一举而取之，此万成计也。禹、弘不从，遂大战，赤眉佯败，弃辎重，走。车皆载土，以豆覆其上，兵士饥，争取之。赤眉引还击弘等，弘等军溃乱，异与禹救之。赤眉小却，异归壁，约期会战。异使壮士变服色，与赤眉同，伏于道侧。旦日，赤眉使万人攻异前部，异裁出兵救之。贼见势弱，遂悉众攻异，异乃纵兵大战。日昃，贼气衰，伏兵卒起，衣服相乱，赤眉不复识，遂惊溃。赤眉君臣面缚，奉

卷四　霸纪上

皇帝玺绶，降世祖。平隗嚣①，灭公孙述，天下大定。崩于南宫，时年六十三世祖初起兵时，年二十八。

末孙灵帝用阉人曹节②等。矫制诛太傅陈蕃、李膺，其党人皆禁锢。中平九年，黄巾贼起巨鹿张角③自称"大贤良师"，奉事黄老道，畜养子弟，连结郡国，期三月五日内外俱起。唐周④告之，角便起，着黄巾为标帜也。灵帝崩，太子辩即位。董卓入朝，因废帝为弘农王，而立献帝。李傕⑤逼帝东迁，曹操迁帝都许。操薨，帝逊位于曹丕。

魏太祖武皇帝，沛国谯人也。姓曹，讳操，字孟德。灵帝时为典农校尉。汉末，阉竖擅权，何进⑥谋诛阉官，太后不听。进乃召四方猛将，使引兵向京师，欲以恐劫太后陈琳⑦进谏曰：《易》称即鹿无虞，说有掩目捕雀。

---

① 隗嚣：字季孟，王莽新朝人。出身陇右大族，以知书通经而闻名陇上。王莽的国师刘歆闻其名，举为国士。刘歆叛逆后，隗嚣归故里。后起兵占领平襄。公元24年，隗嚣归顺更始帝刘玄，封为右将军。这年冬天，隗嚣叔父隗崔、隗义合谋反叛，隗嚣告密，刘玄感其大义灭亲，封为御史大夫。光武帝刘秀即位后，隗嚣劝刘玄东归刘秀，刘玄不允。隗嚣欲挟持东归未遂，逃回天水，自称西州大将军，公元33年病故。

② 曹节：字汉丰，东汉时大宦官。汉桓帝时受宠，以迎立汉灵帝之功封长安乡侯。太后窦妙的父亲窦武有剪除宦官之意，事情涉露后，曹节劫持窦太后、汉灵帝，矫诏杀窦武、陈蕃。公元181年，曹节去世，被追赠为车骑将军。

③ 张角：东汉末年农民起义军黄巾军的领袖，太平道的创始人。他因得到道士于吉等人所传《太平经》，遂以宗教救世为己任，利用其中的某些宗教观念和社会政治思想，组织群众传道公元184年，张角以"苍天已死，黄天当立"为口号，率领群众发动起义，史称"黄巾起义"。不久张角病死，起义军也很快被镇压。

④ 唐周：东汉末年黄巾军领袖张角的弟子。曾被派往京城的信使，但他到京城后就背叛了张角，向汉王朝告发张角要发动黄巾起义，使张角失去了在朝廷的内应，使汉王朝有了准备的时间，使张角不得不仓促起事，直接导致黄巾起义失败。

⑤ 李傕：字稚然，东汉末年群雄之一。东汉末年汉献帝时的军阀、权臣。本为董卓部将，于董卓死后听谋士贾诩之策攻入当时的都城长安，掌控朝中大权，逼迫汉献帝东迁。此后李傕与同僚郭汜反目，自相残杀，曹操趁机奉迎汉献帝前往许昌。

⑥ 何进：字遂高，东汉末年外戚，何进的异母妹有宠于灵帝并被立为皇后，他也随之升迁。官至大将军，录尚书事，封慎侯。何进为了对付宦官而召董卓率军队入京，成为汉末大乱直至三国割据的重要事件之一，而自己也被宦官杀死。

⑦ 陈琳：字孔璋，东汉末年著名文学家，"建安七子"之一。汉灵帝末年，任大将军何进主簿。何进为诛宦官而召四方边将入京城洛阳，陈琳曾谏阻，但何进不纳，终于事败被杀。董卓肆虐洛阳，陈琳避难至冀州，入袁绍幕。袁绍使之典文章，军中文书，多出其手。袁绍大败，陈琳为曹军俘获。曹操爱其才而不咎，任命为司空、军师、祭酒等。

霸图第十七

夫物微，而尚不可欺以得志，况国之大事，而可诈立乎？今将军总皇威，握兵要，龙骧虎视，高下在心，以此行事，无异于鼓洪炉而燎毛发。但当速发雷霆，行权立断，违经合道，天人顺之。而反释其利器，更征于他。大兵一聚，强者为雄，所谓倒持干戈，授人以柄，必无成功，只为乱阶。进不纳其言。董卓①至，废帝为弘农王，而立献帝，京师大乱。太祖亡出关，至陈留，散家财，合义于己吾。与后将军袁术②、冀州牧韩馥③、豫州刺史孔伷④、兖州刺史刘岱⑤、渤海太守袁绍同时俱起，众各数万，推绍为盟主设坛场，共盟誓。臧洪⑥操歃盘血而盟曰：汉室不幸，皇纲失统。贼臣董卓，乘衅纵暴，害加至尊，毒流百姓。大惧沦丧，剪覆四海。兖州刺史刘岱、豫州刺史孔伷等纠合义兵，并赴国难。凡我同盟，齐心戮力，以致臣节，殒首丧元，必无二志。有渝此盟，俾坠其命，无克遗育。皇天后土，祖宗盟灵，实皆览之。洪慷慨，涕泗立下，闻者激扬。曹公行称奋武将军。卓闻兵起，乃徙天子都长安，卓留兵屯洛阳。司徒王允⑦与吕布杀卓，杨奉⑧、韩暹⑨

---

① 董卓：字仲颖，东汉末年少帝、献帝时权臣。原本屯兵凉州，于汉灵帝末年的十常侍之乱时受何进之召率军进京，旋即掌控朝中大权。其为人残忍嗜杀，倒行逆施，招致群雄联合讨伐，但联合军在董卓迁都长安不久后瓦解。后被其亲信吕布所杀。

② 袁术：字公路，东汉末年军阀，以南阳多数人口之地作为领地，出身于官宦名门，袁绍之弟，趁乱世称帝，却得不到支持，最终屡次兵败后吐血而死。

③ 韩馥：东汉末年军阀，字文节。担任过东汉的御史中丞，后被董卓派为冀州牧。在各诸侯起兵讨伐董卓时，韩馥也是其中之一的参与者。后袁绍用计夺取冀州，韩馥被迫投靠张邈。之后自杀。

④ 孔伷：字公绪，东汉末年军阀。据记载，公元189年，孔伷曾被董卓任命为豫州刺史，同时孔伷也是起兵讨董卓的地方势力之一。

⑤ 刘岱：字公山，东汉末年割据军阀，是西汉牟平共侯刘渫的后代，历任侍中、兖州刺史。依从袁绍、曹操起兵反对董卓。

⑥ 臧洪：东汉末年群雄之一，为人雄气壮节，曾为关东联军设坛盟誓，共伐董卓。袁绍非常看重臧洪，先后让他治理青州和担任东郡太守，臧洪在这些地方政绩卓越，深得百姓拥护。后臧洪因袁绍不肯出兵救张超，开始与其为敌，袁绍兴兵围之，经过几番恶战，臧洪被袁绍所擒，慷慨赴死。

⑦ 王允：字子师，东汉献帝初年任司徒、尚书令，录尚书事，总朝政。当时皇帝只是一个傀儡，董卓大权在握。王允成功策划了对董卓的刺杀，但是没有逃过董卓余党李傕等人的反扑，和他的家族一起被处死了。

⑧ 杨奉：东汉末年武将，原为黄巾余党，后成为李傕的部将。李傕、郭汜交兵之时杨奉率兵救驾，送汉献帝有功，拜为车骑将军。因粮草兵乱，还洛阳，不久被曹操击败，杨奉往投袁术，几经辗转，最终被刘备张斩。

⑨ 韩暹：东汉末年武将，杨奉好友。公元195年，协助杨奉在李傕、郭汜交战之时救驾，护送汉献帝有功，拜为征东大将军。因粮尽兵乱，还洛阳。曹操迎帝都许昌。韩暹、杨奉不能奉王法，逃奔。

卷四　霸纪上

以天子还洛阳。太祖至洛阳卫京邑，暹遁去。太祖以洛阳烧焚残破，奉天子都许。下诏责袁绍以地广兵强，专自树党，不闻勤王之师绍时并公孙瓒①，兼四州之地。绍遂攻许，太祖破之官渡，绍呕血死袁绍，字本初，汝南人也，为司隶校尉。董卓议废立，绍不听，卓怒，绍悬节于上东门，奔冀州。卓购求绍。伍琼②为卓所信，阴为绍说曰：夫废立大事，非常人所及。袁绍不达大体，恐惧出奔，非有他志。今急购之，势必为变。袁氏树恩四世③，门生故吏遍于天下，若收豪杰以聚徒众，英雄因之而起，即山东非公所有也。不如赦之，拜一郡守，绍喜于免罪，必无患矣。卓以为然，乃遣授绍渤海太守。绍乃与孔伷等同起义，袭夺韩馥冀州，据河北。拣精卒十万，骑万匹，欲进攻曹操于许。沮授④进说曰：近讨公孙，师徒历年，百姓疲弊，赋役方殷，此国之深忧也。宜先献捷天子，务农逸民，若不得通，乃表曹操隔我王命。然后进屯黎阳，渐营河南，益作舟船，缮治器械，分遣精骑，抄其边鄙，令彼不得安，我取其逸。如此，可坐定也。郭图⑤、审配⑥曰：兵书之法，十围五攻，敌则能战。今以明公神武，连河朔之强众以伐曹操，其势譬如覆手。今不时取，后难图之。授曰：盖闻救乱诛暴，谓之义兵；恃众凭强，谓之骄兵。兵义无敌，骄者先灭。曹操奉定天子，建官许都。今举兵相向，于义则违。且庙胜之策，不在强弱。曹操法令既行，士卒精练，非公孙瓒坐受围者也。今弃万安之术，而兴无名之师，窃为公惧之。图曰：

---

①　公孙瓒：字伯圭，东汉末年割据军阀。曾与刘备共同师事于卢植。镇守辽西时曾与乌桓、鲜卑等交战，尽选白马为先锋，自号"白马义从"。袁术派公孙瓒从弟公孙越与孙坚一同攻打周昂，没有获胜，公孙越为流矢所中死。公孙瓒以其弟被杀，将此事归罪于袁绍，并和袁绍争夺北方连年交战。公元199年被袁绍击败并杀害。

②　伍琼：字德瑜，东汉末年名士，董卓的亲信。武琼和周毖向董卓推荐韩馥、刘岱、孔伷、张邈等人，董卓将这些人封为州郡的长官，但后来这些人多数参与了讨伐董卓的战役，董卓认为周、伍二人与他们串通，于是杀害了二人。

③　袁氏树恩四世：据史书记载，袁绍高祖父袁安好学有威重，汉明帝时为楚郡太守，治楚王狱，成为当时名臣，汉章帝时为司徒。自袁安以下四世居三公位，袁氏权倾天下。

④　沮授：东汉末年袁绍帐下谋士。史载他"少有大志，擅于谋略"。曾为冀州别驾，袁绍占据冀州后任用沮授为从事。经常对袁绍提出良策，但很多时候袁绍并不听从。官渡之战时袁绍大败，沮授未及逃走，被曹操所获，誓死不降，因而被曹操处死。

⑤　郭图：字公则，东汉末年袁绍帐下谋士。官渡之战时力主趁机偷袭曹营，在此计失败后为免于责罚而归罪于率军偷袭曹营的张郃、高览，致使二人背袁投曹。袁绍死后为其长子袁谭效力，于公元205年和袁谭一同被曹操所杀。

⑥　审配：字正南，东汉末年军阀袁绍帐下谋士。袁绍领冀州，引为治中。后事袁尚。及邺城破，为曹操所擒，被杀。

霸图第十七

武王伐纣,不为不义,况兵加曹操而云无名!且公师徒精锐,将士思奋,而不及时早定大业,所谓天与不取,反受其咎,此越之所以霸,吴之所以亡也。监军之计在于持劳,而非见时知机之变也。绍遂不用沮授之计。曹公军官渡,绍将悉众而南,田丰说绍曰:曹公善用兵,变化无方,众虽少,未可轻也。不如以久持之。将军据山河之固,拥四州之众,外结英雄,内修农战。然后简其精锐,分为奇兵,乘虚迭实,以扰河南,救右则击其左,救左则击其右,使敌疲于奔命,人不得安业。我不劳而彼已困,不及三年,可坐克也。今释庙胜之策,而决成败于一战,若不如志,悔无及也。绍不从,遂攻操于官渡。绍自引兵至黎阳,沮授临行散其资财,会宗族以与之,曰:势在威无不加,势亡则不保其身,哀哉!其弟宗曰:曹操士马不敌,君何惧焉?授曰:以曹兖州之明略,又挟天子以为资,我虽克伯珪,众实疲弊,而主骄将汰,军之破败在此举也。扬雄有言:六国嗤嗤,为赢疲谁。殆今之谓耶!及渡河,临舟叹曰:上盈其志,下务其功。悠悠黄河,吾将济乎?绍果为曹公之所取。绍进保阳武,与操相持。沮授又说曰:北兵虽众,而果劲不及南;南谷虚少,财货不及北。南利在于急战,北利于缓搏,宜修持以久,旷以日月。绍不从。连营渐逼官渡。许攸进曰:曹操兵少,而悉师拒我,许下余守势必虚弱。若分遣轻骑,星行掩袭许,拔则操为成擒。如其未溃,可令首尾奔命,破之必也。绍又不能用。会攸家犯法,审配收系之。攸不得志,遂奔曹公。而说操使袭取淳于琼。琼时督军屯在乌巢,去绍军四十里。操自将急击之。时张郃①说绍曰:曹公兵精,往必破琼。琼破,则将军事去矣。宜引兵救之。郭图曰:郃计非也,不如攻其本营,势必还,此为不救而自解也。郃曰:曹公营固,攻之必不拔。若琼等见擒,吾属尽为虏矣。绍但遣轻骑救琼,而以重兵攻操营,不能下。曹公破琼,焚其积聚。绍军溃散奔北,曹公遂破绍,乃威震天下也。**太祖讨绍子谭、尚于黎阳。尚与熙奔辽东。太守公孙康②斩尚、熙,送其首,遂平河北**初,太祖讨谭、尚于黎阳,连战数克,诸将欲乘胜攻之,郭嘉曰:袁绍爱此二子,莫适立也。郭图、逢纪③为之谋臣;定斗其间,

---

① 张郃:字儁乂,三国时期魏国著名将领,五子良将之一。以临场巧变见称,先后跟随韩馥、袁绍。在跟随袁绍时遭到谋士郭图的诬陷,所以转投曹操,在曹操帐下常立功勋。后期对抗蜀国表现出色,多次抵御诸葛亮北伐。

② 公孙康:东汉末年割据辽东一带的军阀。他是辽东太守公孙度的儿子,在父亲死后继任辽东太守,曾经多次以高句丽为首的东夷人交战。

③ 逢纪:东汉末年袁绍的谋臣,字元图。逢纪聪达有计谋,袁绍非常相信他。官渡之战时,逢纪与审配共统军事。战后为袁谭所杀。

卷四　霸纪上

还相离也。急之则相持，缓之而后争心生。不如南向荆州征刘表，以待其变。变成而后击之，可一举而定也。太祖曰：善。太祖方征刘表，谭果与弟尚争冀州。谭遣辛毗①乞降，请赦。太祖以问群臣。群臣多以为表强，宜先平之，谭不足忧也。荀攸曰：天下方有事，而表坐保江、汉间，其无四方之志可知矣。袁氏据四州之地，带甲十万。绍以宽得众，欲使二子和睦，以守其成业，则天下之难未息。今兄弟构恶，其势不两全。若有所并则力全，力全则难图也。及其乱而取之，则天下不足定也，此时不可失也。太祖曰：善。乃许谭和，破袁尚。**太祖征刘表，会表卒，子琮降**刘表，字景升，山阳高平人。初平元年，诏以表为荆州刺史，南接五岭岭，北据汉川，地方数千里，带甲十余万。曹操与袁绍相持于官渡，绍遣人求助，表许之而不至，亦不援操，且欲观天下之变。刘先说表曰：今豪杰并争，两雄相持，天下之重在于将军。将军若有所为，起乘其弊可也。如其不然，固将择所宜从，岂可拥甲十万，坐观成败？求援而不能助，见贤士而不能归，此两怨必集于将军，恐不得复中立矣。曹操善用兵，且贤俊多归之，其势必举袁绍，然后移兵徇江、汉，恐将军不能御也。今之胜计，莫若以荆州附操，操必重德将军，长享福祚，垂之后嗣。此万全之策也。表不从。十三年，曹操自将征表，未至，表疽发背，卒。操军新野，傅巽说琮归降，琮曰：今与诸君据全楚之地，守先君之业，以观天下，何为不可？巽曰：逆顺有大体，强弱有定势。以人臣拒人主，逆道也；以新造之楚而御中国，必危也；以刘备而敌曹公，不当也。三者皆短，欲以抗王师之锋，必亡之道也。将军自料何如刘备？琮曰：不若也。巽曰：诚以备不足御曹公，即虽保全，楚不能以存。诚以刘备足敌曹公，则备不能为将军也。愿将军勿疑。琮遂举众降。时刘备奔在荆州，表不能用。闻荆州降，遂奔夏口也。**关中诸将马超②、韩遂③、成宜④等反，**

---

① 辛毗：东汉末年名士，曾是袁绍的谋士，后认为袁绍外宽内忌，好谋无决，就离他而去，投奔了曹操。

② 马超：字孟起，三国时蜀汉名将。马超是东汉初年伏波将军马援的后人，起初随父亲马腾在西凉为一方军阀，后与韩遂一同进攻潼关，被曹操以离间计击败。此后投奔张鲁。刘备入蜀后马超投奔刘备，并为刘备作前驱，进入成都。刘备称汉中王后拜马超为左将军。

③ 韩遂：字文约，东汉末年割据西凉一带的军阀。起初被羌胡起义军劫持并推举为首领，自此拥兵割据一方长达数十年。此后韩遂联合马腾，并与马腾结为异姓兄弟，同镇西凉，逐渐成为关中军阀中势力最强大的两支。

④ 成宜：东汉末年关中将领。公元211年，曹操发兵欲击汉中张鲁，关中诸将疑为袭己，成宜与马超、韩遂等相结，对抗曹操。曹操至潼关，大破关中诸将，成宜战死。

霸图第十七

曹公破之曹公与马超等夹关为界。曹公急持之,而潜遣徐晃①等夜渡蒲坂津,据河为营。公自潼关北渡,未济,超赴船急战。丁裴放牛马以饵贼。贼乱,取牛马,公乃得渡,结营渭南。超遣信求割地、任子以和,公伪许之。韩遂请与公相见。至期,交马上,语移时,不及军事,但说京都故旧,拊手欢笑。既罢,超问遂何言,遂曰:无所言。超疑之。他日,公又与遂书,多所改灭点窜,如遂改定者,超愈疑遂。曹公乃与战,大破之,关中平。诸将问公曰:初,贼守潼关,渭北道缺,不从河东击冯翊,而反守潼关,引日而复北渡,何也?公曰:贼守潼关,若吾入河东,贼必引守诸津,则西河未可渡也。吾故盛兵向潼关,贼必悉众南守,西河之备虚,故二将得擅取西河。然后引军北渡,贼不能与吾争西河者,以有二将之军。连车树栅为通道而南者,既为不可胜,且以示弱。渡渭为坚垒,虏至而不出,所以骄之也。故贼不为营垒,而求割地。吾顺言许之,所以从其意,使自安而不为备。因畜士卒之力,一旦击之,所谓疾雷不及掩耳,卒电不及瞑目。兵之乘变,固非一道也。**天子策命公为魏王**孙权称吴王,据江东;刘备袭益州牧刘璋,据蜀。天下遂三分矣。**二十五年,薨于洛阳。子丕嗣**丕字子桓,武帝太子也,是为文帝。**受汉禅。崩,子睿嗣**睿字元仲,文帝太子也,是为明帝。**崩,子齐王芳立**十五年废。**废,高贵乡公髦立**七年杀。**废,常道乡公璜立,璜禅晋**晋封为陈留王。

晋高祖宣皇帝名懿,字仲达,姓司马,河内温人也。仕于魏武之世,历文、明二帝,居将相之位,**平孟达**达为新城太守,反,**灭公孙度**②度世称燕王,据辽东。**擒王凌**凌谋立楚王为帝,兵败自杀。**魏明帝崩,遗诏使帝为太尉,与大将军曹爽辅少主**少主,齐王芳也。**帝诛曹爽**爽谋为不轨,宣帝谢病避之。爽党李胜为荆州别驾。帝诡为耄悟,云并州近胡,可为其备。胜退,谓爽曰:司马公尸居残气,神形已离,不足虞也。爽于是专恣,恶太后知政,迁于永宁宫。嘉平元年,天子谒高平陵,爽兄弟权兵从出。宣帝乃起奏永宁宫,废爽。然后勒兵至洛水,迎天子,奏爽与其党谋反,皆诛。**宣帝崩,子师代为相**师字子元,是为肃宗景皇帝。**镇东将**

---

① 徐晃:字公明,三国时期魏国名将。本为杨奉帐下骑都尉,杨奉被曹操击败后转投曹操,在曹操手下多立功勋,参与官渡、赤壁、关中征伐、汉中征伐等几次重大战役。樊城之战中徐晃击败关羽,因于此役中治军严整而被曹操称赞"有周亚夫之风"。

② 公孙度:即公孙渊,因避唐高祖李渊讳改。公孙渊字文懿,三国时辽东割据首领,魏明帝时拜渊为大司马,封乐浪公。公元237年公孙渊叛魏,自立为燕王,为司马懿所灭。

卷四　霸纪上

军毋丘俭、扬州刺史文钦反，征平之俭、钦初反也，景帝问王肃①曰：安国宁主，其术安在？肃答曰：昔关羽率荆州之众降于禁于汉滨，遂有北向争天下心。后孙权取其将士家属，羽士众一旦瓦解。今淮南将士父母皆在州，但急往御之，使不得前，必有关羽土崩之势。景王从之，遂破俭等也。景帝崩，弟昭代为相昭字子上，是为太祖文帝，辅政为司空。诸葛诞②据寿春，反，奉诏征平之。伐蜀，擒刘禅③。于时政出于权臣，人君主祭而已。魏帝不能容，自勒兵攻相府，太祖用长史贾充计，逆战，舍人成济执杀魏帝高贵乡公也，名髦，字士彦。乃伪令皇太后下令废少帝，又委罪成济，诛其三族。太祖崩，子炎受魏禅炎字子安，文帝太子，是为世祖武皇帝。既受魏禅，用羊祜、杜预计，征吴，平之。立二十五年崩，太子衷立字正度，是为惠帝，武帝太子。惠帝不惠，妃贾充女为皇后。后秉权，杀杨骏，废太后贾后淫妒，遇姑无礼，乃诈诬太后父杨骏反，使帝诛之，废太后于金墉城，饿杀之，诛太宰汝南王亮、太保卫瓘亮、瓘并以名德执政，后意不得行，乃使帝弟楚王玮矫诏诛亮、瓘，因又诛玮。戮楚王玮，殒太子遹贾后无子，乃诈有娠，养贾谧子为子。太子遹，官人谢氏生也，少而聪慧，贾后恶之，谮太子，废之金墉城，又遣小黄门杀太子，用赵王伦为相国。伦恶司空张华、仆射裴颜正直，矫诏诛之，伦遂篡帝位。于是齐王攸之子冏与帝弟成都王颖等起义兵诛伦。颖于是镇邺。并州刺史东瀛公腾、安北将军王浚又起兵讨颖。颖败，挟天子南奔洛阳。后惠帝复位，帝弟长沙王又谮冏，诛之。由是戎狄并兴，四方阻乱，遂分为三十六国刘元海④为匈奴质子，在洛阳，晋武帝

---

①　王肃：字子雍，三国时魏国著名经学家。曾遍注群经，对今、古文经义加以综合；以其深厚的文化底蕴，编撰《孔子家语》等书以宣扬道德价值，并以身为司马昭岳父之尊，将其精神理念纳入官学，其所注经学在魏晋时期被称作"王学"。

②　诸葛诞：字公休，三国时魏国大将。曾与司马师一同平定毌丘俭、文钦的叛乱。之后因与被诛的夏侯玄、邓飏交厚，且见到王凌、毌丘俭等人的覆灭而心不自安，起兵造反，次年被镇压，诸葛诞被大将军司马胡奋所斩，夷三族。

③　刘禅：即三国时蜀汉后主，字公嗣，又字升之。小名阿斗。刘备之子，母亲是昭烈皇后甘氏。公元263年蜀汉被曹魏所灭，刘禅投降曹魏，被封为安乐公。

④　刘元海：即十六国时期的后汉太祖光文皇帝刘渊，字元海，匈奴左贤王刘豹之子。十六国匈奴汉国的创立者。晋武帝司马炎曾以刘渊为匈奴北部都尉。

霸图第十七

与语，说之。谓王浑①曰：元海容仪机鉴，由余②、日䃅③，无以加也。浑对曰：元海容仪实如圣者，然其文武才干贤于二子远。陛下若任之以东南之事，吴会不足平也。帝称善。孔恂、杨珧④曰：臣观元海之才，当今无比，陛下若轻其众，不足以成事；若假之威权，平吴之后，恐其不复北渡也。非我族类，其心必异，任之本部，臣窃为陛下寒心。若举天阻之固以资之，无乃不可乎？帝默然。后秦、凉覆没，帝畴咨将帅，李憙曰：陛下诚能发匈奴五部之众，假元海一将之号，鼓行而西，指期可定也。孔恂曰：李公之言，未尽殄患之理。元海若能平凉州、渐树机能，恐凉州方有难耳。蛟龙得云雨，非复池中物也。帝乃止。惠帝失驭，寇贼蜂起。成都王颖镇邺，表元海行宁朔将军，监五部军事。及王浚等讨颖，元海说颖曰：今二镇跋扈，众十余万，恐非宿卫及近郡士众所能御之，请为殿下还说五部众，以赴国难。颖从之。元海至国，左贤王刘宣等上"大单于"之号，二旬之间，众以五万。遂寇平阳，陷之，入蒲。于时五胡乱中原矣。石勒⑤者，上党羯胡也，据于赵。幽州之牧王浚署置百官，勒有并吞之意，欲先发使以观之，议者佥曰：宜如羊祜、陆抗之事⑥，亢书相闻。时张宾⑦有疾，勒就而谋之，宾曰：王浚假三部之力，图称南面，虽曰晋藩，实怀僭逆之志，必思协英雄，图济事业。将军威振海内，去就为存亡，所在为轻重。浚之欲将军，犹楚之招韩信也。今权谲遣使，无诚款之形，脱生猜疑，图之兆露，后虽奇略，无所设也。夫立大事，必先为之卑，当称藩推奉，尚恐不信。羊祜之事，臣未见其可也。勒曰：君侯之计是也。乃遣其舍人王子春赍珍宝，推崇浚，浚谓子春曰：石公一时英武，据有旧赵，成鼎峙之势，何为称藩于孤，其可信乎？子春曰：石将军英才俊拔，士马盛强，实如圣者，仰唯明

---

① 王浑：字玄冲，三国至西晋时期的大臣。曾辅佐晋武帝司马炎和晋惠帝司马衷两代君主，在晋初的军事和政治上做出了一定贡献。特别是在对吴作战方面功绩显著。
② 由余：一作繇余，春秋时秦国大夫，辅佐秦穆公称霸西戎，被拜为上卿。
③ 日䃅：即金日䃅，西汉大臣，汉昭帝时与霍光、桑弘羊同受遗诏辅政。
④ 杨珧：字文琚，为晋武帝所宠，任尚书令、卫将军。晋惠帝即位，自虑权位过盛，固请辞位。贾后与楚王合力诛杨氏，与兄杨骏同时被杀。
⑤ 石勒：十六国时期后赵建立者，是一个成功从奴隶做到皇帝的人。字世龙，原名匐勒，后改名石勒。上党武乡羯族。公元319年称赵王。
⑥ 羊祜、陆抗之事：羊祜是晋景帝司马师的妻弟，在晋武帝司马炎接受魏国禅让建立晋朝以后，羊祜筹划灭吴。晋武帝泰始五年，羊祜出镇襄阳，做灭吴的准备。而表面上就和吴国的大将陆抗互通使节，各保分界。羊祜屡请出兵，均未得允许。临终，举荐杜预取代自己，终于灭了吴国。
⑦ 张宾：字孟孙，十六国时期后赵大臣，著名谋士和政治家。他胸怀大志，谋略过人，辅助石勒建立后赵，并订立各种国家制度，被石勒任命为大执法，专总朝政。

卷四　霸纪上

公，州郡贵望，累叶重光，出镇藩岳，威声播于八表。固以胡越钦风，戎夷歌德，岂唯区区小府，而敢不敛衽神阙者乎？昔陈婴①岂其鄙王而不王，韩信薄帝而不帝哉？但以帝王不可以勇致力争故也。石将军之拟明公，犹阴精之比太阳，江河之比洪海耳！项籍、子阳覆车不远，是石将军之明鉴也，明公亦何怪乎？自古诚胡人而为名臣者，实有之矣，帝王则未之有也。石将军非以恶帝王而让明公也，顾取之不为天下所许也。愿公勿疑。浚大悦，遣使报勒。勒复遣使奉表于浚，期亲诣幽州上尊号。亦修笺于枣嵩，乞并州牧、广平公，以见必信之诚。勒纂兵戒期，袭浚，而惧刘琨②及鲜卑为其后患，沉吟未发。张宾曰：夫袭敌国，当出其不意，军严经日不行，岂顾有三方之虑乎？勒曰：然，为之奈何？宾曰：王彭祖之据幽州，唯仗三部，今皆离叛，还为寇仇，此则外无声援以抗我也；幽州饥俭，人皆蔬食，众叛亲离，甲旅寡弱，此内无强兵以御我也。若大军在郊，必土崩瓦解。今三方未靖，将军便能悬军千里以征幽州也。轻军往反，不出二旬，就使三方有动。势足旋趾，宜应机电发，勿后时也。且刘琨、王浚虽同名晋藩，其实仇敌。若修笺于琨，送质请和，琨必欣于得我，喜于浚灭，终不救浚而袭我也。勒曰：善！于是轻骑袭幽州，勒晨至蓟北门，叱门者，疑有伏兵，先驱牛羊数千头，声言上礼，实填诸街巷，使兵不得动发。勒入，浚乃惧。勒入其厅事，令甲士执浚送于襄国市，斩之。此三十六国之大略也。**惠帝立十四年，崩。弟豫章王炽立**字丰度，**是为怀帝，都长安，为胡贼所杀**后魏拓跋氏以晋怀帝永嘉三年自云中入雁门，北有沙漠，南据阴山，众数十万。至孝文，乃改拓跋为元氏，都洛阳。肃宗崩，大都督尔朱荣③谋立庄帝，荣害灵太后及王公二千人，立庄帝。帝杀尔朱荣。左仆射尔朱世隆④率荣部曲自晋阳袭京城，执庄帝，杀之，而立恭帝，又废之。高欢乃立广平王子修。后为

---

① 陈婴：秦末东阳县令史，为人诚实而谨慎。为反抗暴秦统治，东阳县的少年杀死东阳县县令，打算立陈婴为王。陈婴的母亲劝他："自我为汝家妇，未尝闻汝先古之有贵者。今暴得大名，不祥。不如有所属，事成犹得封侯，事败易以亡，非世所指名也。"后率众投奔项梁，共立熊心为楚怀王，陈婴任上柱国，封五邑；后投靠刘邦，封堂邑侯。公元前183年陈婴去世，谥号安侯。

② 刘琨：字越石，西晋将领。曾与祖逖闻鸡起舞，永嘉之乱任并州刺史，据太原孤城抵御匈奴刘渊、刘聪和羯人石勒十余年，后败归辽东，欲与鲜卑合力恢复中原，被鲜卑猜忌而死。

③ 尔朱荣：字天宝，契胡族，南北朝时北魏末年将领、权臣。早年，他袭父爵做了契胡部第一领民酋长，是很有地位的部落贵族。尔朱荣于乱世中南征北战，逐渐弄清魏朝的虚弱，挟帝自重，权倾天下。最终由于骄横跋扈，为孝庄帝所杀。

④ 尔朱世隆：字荣宗，南北朝时北魏权臣尔朱荣从弟。随尔朱荣转战多年，官至骠骑大将军、尚书左仆射。公元530年北魏孝庄帝杀尔朱荣，他率众杀出洛阳，推长广王元晔为主，与尔朱兆等入洛，杀孝庄帝。继又废元晔，立节闵帝，总揽朝政。后为斛斯椿所杀。

霸图第十七

斛律斯椿所胁，走入关。周太祖宇文黑獭奉帝都长安，披草莱，立朝廷，是为西魏。诏授宇文泰①为丞相。泰又害出帝，立南阳王宝炬，是为文帝。文帝崩，立王子朗为帝，又废之，而立恭帝，泰为太师。泰薨，子觉嗣，封周公，魏帝禅位于觉。觉，泰第三子，受禅，国号周。至宣帝崩，禅于隋。初，尔朱世隆之杀庄帝也，高欢为晋州刺史，起兵诛之，立魏出帝，欢为丞相。后魏既西入关，乃立清河王之子善见为帝，迁都邺，是为东魏。高欢薨，子齐王洋受东魏禅，国号齐。至温公纬，为周所灭，周又为隋所灭。隋文帝既受周禅，又南灭陈，天下一统矣。**怀帝崩，立吴王晏子业，是为愍帝，亦为胡贼所杀**此时胡乱中原，晋元乃迁都江左也。

　　中宗元皇帝睿乃兴于江东睿字景文，宣帝曾孙也。元帝幼而聪敏，及中原丧乱，乃与王敦等渡江抚绥江左，甚得众心。后王敦于武昌反，至石头，帝攻之，不克，乃委政于敦。敦还镇武昌。**帝在位十六年崩，太子绍立**绍字道畿，是为肃宗明皇帝。**王敦威振内外，将谋为逆，肃宗征破之**用温峤②等决计征之。初，敦之谋反也，温峤为其从事中郎，夙夜综其府事，伪相亲善。京兆尹缺，峤说敦曰：宜自树腹心，以间构人主。愚谓钱凤可用。敦曰：莫若君。峤为辞让。临别之际，自峤起行酒。峤伪醉，以手板击钱凤帻，帻为之堕，乃作色曰：钱世仪何人，温太真自行酒而敢不饮？凤不悦，以醉为解。明日，峤将发，凤说敦留之。敦曰：峤常云钱世仪精神满腹，昨小加声色，岂得以此相逸耶？峤至都，陈敦反逆状。**三年，肃宗崩，至孝武帝昌明立**，简文帝第三子，**羌贼苻坚寇淮南，晋冠军将军谢玄等大破坚于淝水**苻坚以百万之众至淝水，谢玄乃选勇士八千人涉渡淝水。玄遣使谓坚曰：阻水为阵，旷日持久，请小却，与君周旋。秦诸将闻前军唱却，谓已失利。朱序之徒声云坚败。大军退，自相填籍，闻风声鹤唳，皆曰南军至也。遂大败，**坚还长安**苻坚因此卒亡灭也。**二十一年，帝崩，自后遂干戈相继，至安帝为桓玄所篡，宋祖刘裕平玄，至恭帝遂禅于宋。**

　　高祖武皇帝姓刘名裕，字德舆，彭城人。桓玄篡晋伪楚桓玄，字敬德，谯国龙亢人也，形貌瑰特。为江州刺史，袭杀荆州刺史殷仲堪。会稽王世子元显专政，

---

① 宇文泰：字黑獭，鲜卑族，南北朝时西魏王朝的建立者和实际统治者，西魏禅周后，追尊为文王，庙号太祖。

② 温峤：字泰真，一作太真，东晋政治家。性聪敏，有识量，博学能属文，少以孝悌称于邦族。刘琨讨石勒、刘聪时，温峤为刘琨谋主。

卷四　霸纪上

以玄跋扈，遣军征之。玄闻见讨，即率众下至京师，杀元显。诏以玄为丞相，封楚王，遂禅位。**高祖与刘毅①、何无忌②等潜谋匡复，起兵平玄**时桓玄使桓弘镇广陵，刘道规为弘中兵参军。令道规袭桓弘。修镇丹徒，高祖为修中兵参军，自袭修。克期同发，刘毅、道规等既袭广陵，斩桓弘，以其众南渡；高祖、何无忌袭京师，斩桓修，率二州之众千二百人进舍竹里，移檄京师。曰：夫成败相因，理不常奉，狡焉纵虐，或值圣明。自我大晋屡构阳九③之厄。隆安以来，皇家多故，贞良毙于豺狼，忠臣碎于虎口。逆臣桓玄敢肆凌慢，阻兵荆、郢，亟暴都邑，天未亡难。凶力实繁，逾年之间，遂倾皇祚，主上播越，流幸非所，神器沉辱，七庙④欲坠。虽夏后之羿浞、豷⑤，有汉之遭莽、卓，方之于玄，未足为喻。自玄篡逆，于今历载，弥年亢旱，民不聊生。士庶病于转输，文武困于版筑。室家分析，父子乖离，岂惟《大东》⑥ 有杼轴之悲，《摽有梅》⑦ 有倾筐之怨而已哉？仰观天文，俯察人事，此而可存，孰有可亡？凡在有心，谁不扼腕？裕等所以扣心泣血，不遑启处，夕寤宵兴，思奖忠烈，潜构崎岖过于履虎，乘机奋发，义不图全。辅国将军刘毅、广武将军何无忌等忠烈断金，精诚贯日，投袂荷戈，志在毕命。义众既集，文武争先，咸谓不有一统，无以辑辞不获已。遂总军要，庶上凭祖宗之灵，下罄义夫之力，剪馘逋逆，荡清华夏。公侯诸君，或世树忠贞，或身宠爵禄，而并俛眉猾竖，无由自效。顾瞻周道，宁不吊乎？今日之事，良其会也。裕以虚薄，才非古人，受任于既倾之运，势接于已践之机，丹诚未宣，感奋填激，望霄汉以永怀，顾山川而增伫。投檄之日，神驰贼廷。何无忌之辞也。桓玄使桓谦屯东陵，卞范之屯覆舟山。义军朝食，并其余进造覆舟山东，令羸兵登山，多张旗帜，布满山谷，高祖率众奔之，

---

① 刘毅：字希乐，小字盘龙，东晋末年北府兵将领。曾与刘裕、何无忌等举义兵消灭桓玄，后又参与讨伐卢循的战事。在晋官至卫将军、荆州刺史。因不服于刘裕，故此被刘裕所攻，兵败自杀。

② 何无忌：东晋末年将领。曾与刘裕等起兵讨伐篡位的桓玄，后官至江州刺史，在卢循之乱中与徐道覆作战而死。

③ 阳九：按古代术数家的学说，旱灾之年有九，称为阳九。

④ 七庙：历代帝王为推行宗法统治，设七庙供奉七代祖先。《礼·王制》：天子七庙，三昭三穆，与太祖之庙而七。后以七庙代称封建王朝。

⑤ 夏后之羿浞、豷：指后羿被寒浞父子杀害。后羿为夏朝东夷族首领。寒浞是东夷族寒氏的不肖子弟，被族人放逐，后羿收留了他。寒浞则进而造谣生事，煽动族众杀害后羿。浞，即寒浞。豷，浞之子。

⑥ 《大东》：是周代东方诸侯小国怨刺西周王室诛求无已、劳役不息的诗。诗中有句"小东大东，杼柚其空"，说东方诸侯所有丝布被周室搜刮将尽。

⑦ 《摽有梅》：是《诗经·召南》中的一篇，此篇诗歌唱出了女性内心深处对情感寄托的欲求。其中有句"摽有梅，顷筐墍之"，讲得是女性成熟之后对男女情感的渴求，埋怨男子还不开口。

霸图第十七

士皆殊死战。谦军一时溃走，玄挟单舸走江陵。玄将入蜀，奔至牧回州，逢益州参军费恬之党，射杀之，**奉天子反正，因居将相之任，封豫州郡公。蜀贼谯纵称王，高祖遣将征平之**高祖使朱龄石率众二万，自江陵伐蜀。高祖诫曰：刘敬宣往至黄武，无功而退。今者师出道青衣，贼料我出出其不意，复从内水。如此，则涪城之成必有重兵，若逼黄武，正堕其计。今军自外水出，取城都，疑兵向黄武，此制敌之上策。为书于函，署曰：至白帝发。诸将虽行，未知所趋。及次白帝，乃发书，书言：众军悉由外水，臧熹自中水出广陵。使羸弱乘高槛千余向黄武。谯纵果使谯道福重兵守涪城，朱龄石次彭模，拒成都二百里。谯纵大将侯晖等屯彭模。朱龄石谓刘钟曰：天方暑热，贼今固险，攻之难拔，只困吾师，欲畜锐息甲，徇隙而进，卿以为何如？钟曰：不然。前扬声言大众由内水，故谯道福不敢舍涪。今重兵卒出其不意，侯晖之徒已破胆矣。晖之阻兵，非坚壁也。因其惧而攻之，其势易克。克彭模，鼓行而前，成都不能守矣。缓兵相持，虚实将见，涪军复来，难为敌也。若进不能战，退无所资，二万余人同为蜀子虏矣。从之。明日遂攻，皆克，斩侯晖。于是遂进，克诸城，诸城守相次瓦解，纵自缢而死。**姚泓**①**僭号于西京，高祖征平之，擒泓**高祖既灭秦，入长安，留子义真镇长安，而还江南。时赫连都统万，闻之大悦，谓王买德曰：朕将进图长安，卿试言进取之方略。买德曰：刘裕灭秦，所谓以乱易乱，未有德政以济苍生。关中形胜之地，而以弱才小儿而守之，非经远之规。狼狈而反者，欲速成篡事，无胜有意于京师。陛下以顺伐逆，义贯幽显者，以君命望陛下旗鼓，以日为岁。清泥上洛，南师之要冲，宜置游军，断其去东之路，然后杜潼关，塞崤陕，绝其水陆之道，声檄长安，申布恩泽，三辅之人皆壶浆以迎王师矣。义真独坐空城，逃窜无所，一旬之间必见缚于麾下。所谓兵不血刃，不战而自定也。勃勃善之，南伐长安。高祖惧，召义真东镇洛阳，以朱龄石守长安，长安人逐龄石而迎勃勃，遂失关中也。**鲜卑慕容超据守青州，称燕王。高祖征，擒超**初，超叔父德盗有三齐。德死，超袭其位，遂寇淮北。高祖将有事中华，因其侵也，乃北伐超。大将军公孙五楼说超曰：吴兵轻锐，难与争锋。截断大岘，使不得入，上策也；坚壁青野，芟除粟麦，中策也；据城待战，下策也。超曰：引使过岘，我以铁骑蹂之，成擒矣。何据青野，自取蹙弱乎？初，谋是役也，谏者曰：贼若严守大岘，则坚壁广固，守而不出，军无所资，何能自支？高祖曰：不然。鲜卑性贪，略不及远，既幸其胜，且爱其谷。谓我孤军，将不及久，必将引我，且示轻战，师

---

① 姚泓：字元子，十六国时期后秦末主，后秦文桓帝姚兴长子。

卷四　霸纪上

一入岘，吾何患焉？既逾岘，虏军未出。高祖喜曰：天赞我也。众曰：军未克，公何悦焉？高祖曰：师既过险，士有必死之志；余粮栖亩，军无匮乏之忧，虏堕吾计，胜可必也。六月，慕容超使五楼据临朐，羸老守广固。闻军近，超亦会焉。距临朐四十里有巨蔑水，超使五楼往据之，曰：晋军得水则难败也。五楼驰进。前锋孟龙符奔就，争先得据之。五楼退。大军有四千人，分为两翼，方轨徐进，未及临朐，贼骑交至。龙符等拒之，日向昃，战犹酣。高祖谓檀韶等曰：虏之精兵悉于是矣，临朐留守必将寡弱。子以潜军逾其后，往必克城，多易旗帜，此韩信所以克赵也。且吾前言兵自海道往，必声之。韶等鼓行而进。贼望曰：海军至。超弃城走，遂克之。军闻城陷，惧而不敢动，高祖亲鼓，士兵咸奋，大奔崩之。超奔广固，进军围之。城陷，获超，归于京师，斩于建康市。**贼卢循①据南海，因高祖北伐燕，乘虚下袭建业。高祖还，乃平之。刘毅据荆州，贰于高祖，高祖遣将征，诛毅**裴子野曰：义旗同盟，莫有能全其功名者，何也？相与见畴日期之遄捷，不知王业之艰难。彼则褰裳濡足，唯利是视。我则芟夷群丑，宁或负人。刘希乐、诸葛长民皆人杰也，岂其暗于天命，亦势使然欤？假其何、孟龄长，庸讵其有血食？善哉！武王之作周也，八百诸侯皆同会，曰纣可伐矣。尚还师于孟津，岂不知顺人行戮，恶欲速多祸也。高祖东方之师，疾则疾矣，而侥幸之衅于是乎繁。呜呼，仁义之弊至于偷薄，而况奇功哉？**荆州刺史司马休之反，征之**裴之野曰：《书》称"虑善以动，动惟厥时"。若司马休之之动，非其时。天方厌晋，罔敢知去。已虽得众，能违天乎？五运推移②，无不亡之国。为废姓处乱朝，贤若三仁，且犹颠沛，而况豪侠者哉？昔中原殄灭，衣冠道尽，于时四海争奉中宗，岂徒系于晋德，实大有礼义，故能遂兼南国，其兴也勃焉。至乎义熙，不欲异于是矣。而宗室交流，未忘前事，波迸越逸，祸败相寻。岂龛黎③之伐弘多，将谷周之徒孔炽，不

---

① 卢循：字于先，小名元龙，东晋末年义军首领。出身门阀士族范阳卢氏，是司空从事中郎卢谌的曾孙。东晋末年孙恩以五斗米道起事，被平定后卢循统孙恩余众继续反抗晋廷，世称"孙恩卢循之乱"。终为交州刺史杜慧度所破，自杀死。

② 五运推移：五种运势推移。秦汉方士以金、木、水、火土五行相生相克的道理来附会五朝的命运，称五德，亦称五运、五行。

③ 龛黎：即戡黎，龛同"戡"。此处讲的是"西伯戡黎"。这一故事选自《尚书》，主要讲诉了还是殷商所封西伯侯的周文王姬昌战胜黎国之后，祖伊非常恐慌，急忙跑来告诉殷纣王，劝殷纣王改弦更张。周文王在公元前890年前后发动了讨伐纣王腹心之国黎国的战争，史称西伯戡黎。西伯戡黎之战规模并不算大，但意义却十分深远。正是这一战拉开了兴周灭殷的序幕，最终推翻了殷商政权，将历史大大向前推进了一步。

霸图第十七

达兴废，何其黯软？晋帝加高祖位相国，总百揆，扬州牧，封十郡，为宋公。晋安帝崩，大司马琅玡王即位，征帝入辅，禅位于宋帝奉表陈让，表不获通。宋台臣劝进，犹不许。太史令骆达陈天文符应曰：按晋义熙元年至元熙元年，太白昼见经天。凡七，占曰：太白昼经天，人更主，异姓兴。义熙七年，五虹见于东方。占曰：五虹见，天子黜，圣人出。十年，镇星、岁星、太白、荧惑聚于东井。十三年，镇星入太微。占曰：镇星守太微，有立王，有徙王。元熙元年，黑龙四登于天，《易传》曰：冬龙见，天子亡社稷，大人受命。汉建武至建安末一百七十六年而禅魏，魏自黄初至咸熙末四十六年而禅晋，晋自太始至今百五十六年。三代揖让，咸穷于六。六，亢位也。帝乃从之。永初元年六月丁卯，即帝位于南郊，设坛，柴燎告天①。礼毕，备法驾幸建康宫，临太极前殿，大赦，改元。在位三年崩初，大渐，召太子诫之曰：檀道济虽有干略而无远志，徐羡之与傅亮当无异图。谢晦常从征伐，颇识机变，若有同异，必此人也，可以会稽处之。后皆如言也，立太子义符是为荥阳王。即位昏乱，司空徐羡之辅政，废为荥阳王。废，立宜都王义隆是为文帝。帝，高祖第三子，为太子劭所杀。初，劭及弟浚并多乖礼度，惧上知，乃为巫蛊咒咀。帝闻之，大怒，将废劭而杀浚，更议所立。持疑未定，以事语浚母潘淑妃。潘淑妃以告劭，劭悖凶，乃弑帝于合殿，劭即位也。弑，立武陵王骏是为孝武皇帝。文帝第三子也。劭弑帝，骏起义兵至京，诛劭。崩，立太子子业是为前废帝。帝凶悖，左右寿寂之杀之。崩，立湘东王彧是为明帝。文帝第十八子也。孝武诸子，江州刺史晋安王勋、寻阳王子房等并举兵反，皆征平之。崩，立太子昱是为后废帝。在位凶悖，常欲杀杨玉夫，玉夫惧。是夜七夕，令玉夫伺织女渡报己。王敬则先与玉夫通谋，玉夫候帝眠熟，遂斩之，送首与齐王萧道成也。崩，立顺帝准是为顺皇帝。明帝第三子也，逊位于齐萧道成，凡八代六十年。

齐太祖高皇帝讳道成，姓萧氏，东海兰陵人也，为辅国将军。宋明帝初，会稽太守寻阳王子房反，在东诸郡起兵。徐州刺史薛安都据彭城，归魏，遣从子索儿攻淮阴。晋安王勋遣临川内史张淹自鄱阳道入三吴。帝并讨平之。使镇淮阴。七年，征还都宋明帝嫌帝非人臣相，而人间流言帝为天子，愈以为疑。帝初见征，部下劝勿就征，帝曰：主上自诛诸弟，为太子幼弱，作万

---

① 柴燎告天：祭天的一种仪式。《礼·祭法》：燔柴于泰坛，祭天也。

卷四 霸纪上

岁后计,何关他族?唯应速发,缓当见疑。骨肉相残,自非灵长之运;祸难方兴,与卿等戮力也。**至,拜常侍。明帝崩,遗诏使与袁粲共掌机事。江州刺史桂阳王休范举兵反,帝讨平之**初,范举兵,朝廷惶骇。帝与褚彦回①集中书省计议,莫有言者。帝曰:昔上流谋逆,皆因淹缓以败。休范必远惩前失,轻兵急下,乘我无备。请顿新亭,以当其锋。因索笔下议,余并注同。乃单车白服出新亭,筑垒未毕,贼骑交至,乃解衣高卧,以安众心,竟破之也。**迁中领军。苍梧王深相猜忌**帝昼卧,裸祖。苍梧王率数十人直入领军府,立帝于宫内,画腹为射的,自引满射之,左右玉夫因谏曰:领军腹大,是佳射堋,而一箭便死,后无复射,不如以骲箭射之。一箭中脐,苍梧投弓于地也,**尝语左右杨玉夫:"伺织女度,报我。"是夜七夕,玉夫惧,取千牛刀杀之**玉夫与王敬则通谋,杀苍梧。赍首送领军府报帝,帝行戎服,夜入殿中。明旦,召袁粲等计议。粲欲有言,帝鬓须尽张,眼光如电。敬则拔刀跳跃,麾众曰:天下之事皆应决萧公,敢有开一言者,染敬则刀。乃自取白纱帽加帝首,令即位。曰:事须及热。帝正色曰:卿都不自解也。**帝乃迎立顺帝。荆州刺史沈攸之反,帝讨之**初,攸之称太后名,已下都。袁粲、刘秉等见帝威名日盛,不自安,与攸之通谋,举事殿内。帝命王敬则于殿内诛之。**进位相国,封齐公,备九锡**②策曰:朕以不造,凤罹旻凶。嗣君失德,书契未纪,威侮五行,虔刘九族,神歇灵绎,海水群飞,缀旒之殆,未足为譬,岂直《小宛》③ 兴刺,《黍离》④ 作歌而已哉!天赞皇宋,实启明宰。爰登寡昧,篡承大业。高勋至德,振古绝伦,虽保衡翼殷,博陆匡汉,方斯蔑如也。今将授公典礼,其敬听朕命,乃者袁、刘构祸,实繁有徒。子房不臣,称兵协乱。顾瞻宫掖,将成茂草,言念邦国,剪为仇雠。当此之时,人无固志,投袂徇难,超然奋发。登戎车而戒路,报金版而先驱。麾钺一临,凶党冰泮。此则霸业之基,勤王之始也。安都背叛,窃据徐方,敢率犬羊,陵虐淮浦。索儿愚悖,同恶相济,天祚无象,背顺归逆,北鄙黔黎,奄坠涂炭。公受命宗社,精贯朝日,拥节军门,气逾霄汉。破釜

---

① 褚彦回:即褚渊,字彦回,南北朝时期刘宋皇朝宋明帝所倚赖的重臣。
② 九锡:传说中古代帝王尊礼大臣所给的九种器物,是最高的礼遇。九锡包括一锡车马,再锡衣服,三锡虎贲,四锡乐器,五锡纳陛,六锡朱户,七锡弓矢,八锡斧钺,九锡秬鬯。
③ 《小宛》:即《诗经·小雅·小宛》。《小宛》劝导人们"各敬尔仪,天命不又",表现出的是一种对现实政治的反思。和《小雅》篇中的其他篇目一样,有一定的批判精神。
④ 《黍离》:选自《诗经·王风》,采于民间,是周代社会生活中的民间歌谣。关于它的缘起,《毛诗》序称:《黍离》,闵宗周也。周大夫行役至于宗周,过宗庙公室,尽为黍离。闵宗周之颠覆,彷徨不忍去而作是诗也。这种解说在后代得到普遍接受,黍离之悲成为重要典故,用以指亡国之痛。

霸图第十七

之捷,斩馘蔽野;石梁之战,枭其渠帅;保境全人,江阳即序。此又公之功也。张淹迷昧,不顾本朝,爰自南区,志图东夏,潜军间入,窃觊不虞。于时江服未夷,皇途荐阻。公忠义奋发,在险弥亮,以寡制众,所向风偃。朝廷无东顾之忧,闽越有来苏之望。此又公之功也。匈奴野心,侵掠疆场,丑羯俳张,势振彭泗。公奉辞伐罪,戒且晨征,兵车始交,氛祲时荡,吊死扶伤,弘宣皇泽,俾我淮淝,复沾盛化,此又公之功也。自兹厥后,猃狁孔炽,封豕长蛇,重窥上国,而世故相仍,师出已老,角城高垒,指日沦陷。公眷言王事,发愤忘食,躬擐甲胄,视险若夷,分疆划界,开创青、兖。此又公之功也。桂阳负众,轻问九鼎,裂冠毁冕,拔本塞源,烈火焚于王城,飞矢集乎君屋。群后忧惶,元戎无主。公挺剑凝神,则奇谋不世;把旄指麾,则懦夫成勇,信宿之间,寅阳底定。此又公之功也。苍梧肆虐,诸夏糜沸,淫刑以逞,谁则无辜?黔首相悲,朝不谋夕,高祖之业已沦,文、明之轨谁嗣?公远稽殷汉之义,近遵魏晋之典,猥以眇身,入奉宗社,七庙清谧,九区反政。此又公之功也。袁、刘携贰,成此乱阶,丑图潜构,危机密发。据有石头,志犯应路。神谟内运,霜锋外举,拔弥载澄,国途悦穆,此又公之功也。沈攸包祸,岁月滋彰,蜂目豺声,阻兵安忍,乃眷西顾,缅同异域。而经纶维始,九伐①未申。长恶不悛,遂逞凶逆。公仗钺出关,凝威江甸。正情与皎日同亮,明略与秋云竞爽。至义所感,人百其心。积年逋诛,一朝显戮。湘浦安流,章台顺轨。此又公之功也。公有济天下之勋,加之以明哲,道庇生灵,志匡宇宙,戮力肆心,勤劳王室,险阻艰难,备尝之矣。若乃缔构宗社之勋,造物资始之泽。云布雾散,光被六合,弼余一人,永清四海。遐方款关而慕义,荒服重译而来庭。汪哉邈乎,无得而名之也。**四月,宋帝禅位于齐。甲午,即皇帝位于南郊,柴燎告天**曰:皇帝臣道成,敢用玄牡,昭告于皇皇后帝。夫肇自生灵,树以司牧,所以阐极则天,开元创物,肆涉大道,惟命不于常。昔在虞夏,受终上代;粤自汉、魏,揖让中叶。咸焕诸方册,载在典谟。水德既微,仍世多故,实赖道成匡救之功,以弘济于厥难,大造颠坠,再构区宇,诞惟天人,罔弗和会。乃仰协归运,景属与能,用集大命于兹,舜德匪嗣,至于累仍,而群公卿士,庶尹御事,爰及黎献,暨于百戎。佥曰:皇天眷命,不可以固违;人神无统,不可以旷主。畏天之威,敢不祗顺鸿历,敬简元辰,虔奉皇符,登坛受禅,告类上帝,以答人衷,式敷万国,惟明灵是飨。**礼毕,备法驾**

---

① 九伐:古代指对九种罪恶的讨伐,后泛指征伐。《周礼·夏官·大司马》:冯弱犯寡则眚之;贼贤害民则伐之;暴内陵外则坛之;野荒民散则削之;负固不服则侵之;贼杀其亲则正之;放弑其君则残之;犯令陵政则杜之;外内乱、鸟兽行则灭之。

卷四　霸纪上

幸建康宫，临太极前殿，大赦，改元建元。四年崩，立太子赜是为世祖武皇帝也。崩，立太孙昭业是为郁林王。即位无道，武帝梓宫下渚，帝于端门内奉辞，辒辌车载入阁，即奏胡伎，高宗杀之。崩，立弟昭文废为海陵王也。废，立西昌侯鸾是为高宗明皇帝。始安贞王道生子也。即位亟行诛戮，且寝疾经年，预为梓官。之故地，高武诸子扫地无遗也。崩，立太子宝卷是为东昏侯，即位凶暴，以金花帖地，令潘妃行上，曰：此步步生莲花也。又于苑中为市，自为市吏，以潘妃为市令。义师至，为左右所杀也。崩，立和帝宝融明帝第八子也，以位禅梁先是，文惠太子与才人共赋七言诗，句后辄云愁和帝，是验矣。东昏侯宫里作散叛譬，反根向后。东昏时，天下散叛矣。又立帽，骞其口而舒两翅，名曰凤渡三桥。裂裙向后，总而结之，名曰反缚黄鹂。梁武宅在三桥，而凤渡之名，凤翔之验也。黄鹂者，皇离也，而反缚之，东昏戮死之应也。先是，百姓及朝士以帛填胸，各曰假两。假者，非正名也。储两而假之，明不得真也。东昏诛，子废为庶人，假两之意也。

梁高祖武皇帝名衍，姓萧氏。为巴陵王法曹，后为竟陵王子良八友①初，皇考之薨，不得志，及至郁林失德，齐明帝作辅，将为废立计，常欲助齐明，倾齐武之嗣，以雪心耻。齐明亦知之，每与帝谋。时齐明将追随王，恐不从。又以王敬则在会稽，恐为变。以问帝，帝曰：随王虽有美名，其实庸劣，既无智谋之士，爪牙唯仗司马垣历生、武陵太守卞白龙耳。此并唯利是为。若啖以显职，无不载驰。齐王止须折简耳。敬则志安江东，穷其富贵，宜选美女以娱其心。齐明曰：吾意也。果如其策。魏将王肃攻司州，帝破之，以功封建康郡男。齐明帝崩，东昏即位，遗诏以帝为都督、雍州刺史东昏时，刘暄等六人更直省内，分日帖敕，世谓六贵。又有御刀等八人，号曰八要。皆口擅王言，权行国宪。帝谓张弘策②曰：政出多门，乱是阶矣。当今避祸，唯有此地，勤行仁义，可坐作西伯；但诸弟在都，恐罹时患也，须与益州图之耳。时上长兄懿罢益州还，仍行郢州州事，帝与谋，不从，懿寻被害也。长兄懿被害，帝起义召僚佐集于厅事，告以举兵，是日建牙。先是东昏以刘山阳为巴

---

① 竟陵王子良八友：即竟陵八友。《梁书·武帝本纪》：竟陵王子良开西邸，招文学，高祖（萧衍）与沈约、谢朓、王融、萧琛、范云、任昉、陆倕等并游焉，号曰八友。

② 张弘策：字真简，南北朝时梁武帝萧衍文献皇后的从父弟。自小以孝闻名。初任齐邵陵王国常侍，协助雍州刺史萧衍夺权。萧衍称帝后，加封为散骑常侍、洮阳县侯。后随梁武帝西征，担任辅国将军，迁升为卫尉卿。死后谥闽侯。

霸图第十七

西太守，使过荆州就行事萧颖胄以袭襄阳。帝知兵谋，乃遣王天武诣江陵，遍与州府人书，论军事。天武发，帝谓弘策曰：今日坐收天下矣。荆州得天武至，必恒惶无计，若不见同，取之如拾芥耳。断三峡，据巴蜀，分兵定湘中，便全有上流。以此威声，临九派，断彭蠡，传檄江南，风之靡草，不足比也。政小延引日月耳。江陵本惮襄阳人，加唇亡齿寒，必不孤立，宁得不见同耶？以荆、雍之兵，扫定东夏，韩、白①重出，不能为计，况以无算昏主，役御刀应救之徒哉？及山阳至巴陵，帝复令天武赍书与颖胄兄弟。去后，帝谓张弘策曰：用兵之道，攻心为上，攻城次之；心战为上，兵战次之。今日是也。近遣天武往州府，人皆有书，今假只有两封与行事兄弟，云：——具天武口。及问天武，口无所说。天武是行事心膂，彼闻，必谓行事兄弟共隐其事，则人人生疑。山阳惑于众口，判相嫌贰，则行事进退无以自明，是驰两空函，定一州也。山阳至江安，果疑不止。颖胄乃斩天武，送山阳，信之。至荆州，驰入城，将逾阙悬门，奋发折其辕，投车而走。陈秀拔戟逐之，斩于门外。颖胄即遣驿使传首于帝。仍以南康王尊号之，议来告曰：时不利，当须待来年二月。帝答曰：今坐甲十万，粮用日竭。若顿兵十旬，必生悔吝。且太白出西方，仗义而动，天时人谋，有何不利？昔武王伐纣，行逆太岁，复须待来年耶？帝不从，乃赫然大号也。**戊申，帝发自襄阳**帝留弟守襄阳城，谓曰：当置心襄阳人腹中，推诚信之，勿疑也，天下一家，乃当相见也。**郢、鲁诸城及诸将并降**初，东昏遣吴子阳十三军救郢州，进据巴口。帝命王茂潜师袭加湖，子阳窜走，众尽溺于江。郢、鲁二城相视夺气。先是东昏使陈伯之镇江州，为子阳声援。帝谓诸将曰：夫征讨未必须实力，听威声耳。今加湖之败，谁不詟服？陈武牙，即伯之之子，狼狈奔归。彼人之情当凶惧，我谓九江可传檄而定也。因命搜所获俘囚，得伯之幢主苏隆之，厚加赏赐，使致命焉，鲁山、城郢并降。伯之及子武牙见帝至，并束甲请罪。壬午，帝镇石头，命众军围六门。卫尉张稷斩东昏，以黄油裹首送军帝命吕僧珍勒兵封府库及图籍，收潘妃，诛之。以宫女二千人分赍将士也，平京邑，齐和帝以位禅梁，帝即位。太清元年，齐司徒侯景②以十三州内属。**侯景反，至京师，幽帝而崩**天监中，释宝志为诗曰：昔年三十八，今年八十三，

---

① 韩、白：即韩信和白起，均为名将。详前注。
② 侯景：字万景，鲜卑化羯人，南北朝时人。少年时行为不拘，善骑射，骁勇好斗。北魏末年边镇各胡族群起反抗鲜卑族的统治，侯景开始建立功勋，后来侯景投靠东魏丞相高欢。公元547年，侯景又率部投降梁朝，不久起兵反叛。公元551年侯景篡位自立为皇帝，改元太始，国号汉。公元552年，被陈霸先、王僧辩击败。侯景企图逃亡，被部下所杀。

卷四　霸纪上

四中复有四，城北火酣酣。帝封记之。帝三十八克建邺，八十三遇火灾，元年四月十四日同泰寺火灾，皆如其言，此之谓也。**侯景立武帝太子纲为帝，又为景所杀**追尊为太宗简文皇帝也。**湘东王绎于荆州使王僧辩**①**等平侯景，传首江陵**僧辩等劝进曰：军众以今月戊子总集建康，分勒武旅，百道同趋，轰然大溃，群凶四灭。伏惟陛下，咀痛茹哀，婴思愤酷。自紫庭绛阙，胡尘四起，披垣好畤，冀马云屯，豺狼当路，非止一人。鲸鲵不枭，经五载矣。天威既振，冤耻并雪，百司岳牧，仰祈宸鉴，咸以锡圭之功。既归有道，当辟之礼，允属圣明。而优诏谦冲，杳然凝邈；飞龙可跻，而乾爻在四；帝闻云叫，而闾阖未开；讴歌再驰，是用翘首。岂可久稽群议，有旷彝则也？丙子，**湘东王即位于江陵**是为孝元皇帝。武帝第七子也。**魏使万纽、于谨来攻，梁王萧詧**②**率众会之，帝见执，魏人戕帝**初，武陵之平，议者欲因其舟舰迁都建邺，宗懔、黄罗汉皆楚人，不愿移。曰：建邺王气已尽，渚宫洲已满百。于是乃留，寻而岁星在井，荧惑守心。帝观之，慨然谓朝臣曰：吾观玄象，将恐有贼，但吉凶在我，运数由天，避之何益？寻为魏军所逼，城陷见执，进土囊而殒之。古老相传云：洲满百，荆州出天子。桓玄为荆州刺史，内怀逆意，乃遣凿破一洲，以应百数。随而崩破，竟无所成。宋文帝为宜都王，在藩，一洲自立。俄而文帝篡统。太清末，枝江扬闾浦生一洲。明年，而梁元帝立。承圣末，其洲与大岸通也。**江陵既陷，王僧辩、陈霸先等议立帝子方智**是为敬皇帝，元帝第九子，**于江州奉迎至建邺即位。太平二年，禅位于陈。**

　　陈高祖武皇帝姓陈氏，名霸先，吴兴长城人也。梁武帝时为直阁将军。侯景反，高祖率所领与侯景大战。侯景败死，湘东王即位，授南徐州刺史，还镇京口。承圣三年，西魏攻陷西台，高祖与王僧辩立晋安王，进帝位。司空僧辩又与齐氏和亲，纳贞阳侯高祖叹曰：嗣主，高皇之孙，元皇之子，竟有何辜，坐见废黜，立见非次，此情可知也，高祖以为不义，潜师袭王僧辩于石头，克之。是夜缢僧辩，贞阳侯逊位，晋安王复立。徐嗣徽北

---

①　王僧辩：南北朝时梁朝名将，字君才，本姓乌丸氏。鲜卑族。梁武帝萧衍天监年间随父神念自北魏降梁，一直跟随萧绎。公元554年，西魏进攻江陵，王僧辩率军西上救援，未至而江陵破，萧绎死。后与陈霸先共迎立萧绎之子萧方智即位于建康。不久，接纳北齐扶植的萧渊明为帝，而陈霸先正想夺取萧梁政权，便从京口起兵偷袭石头城，杀王僧辩。

②　萧詧：南北朝时西梁的开国皇帝，梁武帝之孙、昭明太子萧统之第三子。字理孙，庙号中宗。

霸图第十七

引齐师，遣萧轨等四十六将济江至莫府山，高祖并破之。进位丞相，进爵为陈王。永定三年，梁帝禅位于陈。三年荧守心，人尊也，上崩时上长子衡阳王昌为质于周，乃立高祖弟，始兴列王长子蒨也，立弟子蒨是为世祖文皇帝也。崩，立太子伯宗是为废帝。废，立顼是为高宗宣皇帝，始兴列王第二子也。崩，立太子叔宝，是为长城公也。叔宝在东宫，好学，有文艺，及即位，耽酒色左右佞嬖珥貂①者五十人，妇人美貌丽服者千余人。常使孔贵妃等八人夹坐，江总、孔范等十人预宴，号曰狎客。先令八妇人襞彩笺，制五言诗，十客一时继和，迟则罚酒。君臣酣饮，从昏达旦。以此为常也。

　　隋文帝初受周禅，甚敦邻好。宣帝崩，遣使赴吊，修敌国之礼，书称名顿首。而后主骄奢，书末云：想彼统内如宜，此宇宙清泰。隋文帝不悦，以示朝臣，贺若弼、杨素等以为主辱，再拜请罪，并求致讨。文帝曰："我为人父母，岂可限一衣带水而不拯之乎？"命作战船人请密之，文帝曰：吾将显行天诛，何密之有？使投柿于江，若彼能改，吾又何求也，以晋王广为元帅，督八十总管以致讨初，隋师送玺书，暴后主恶，三十万纸，遍谕江东诸军。既下江，镇戍相继奏闻，沈客卿掌机密，抑而不言。隋军临江，后主曰：王气在此，齐兵三度来，周兵再度至，无不摧没。虏今来，必自败。纵酒作诗不辍。隋军或进拔姑孰，或断曲阿之冲，乃下诏曰：犬羊凌纵，侵窃郊畿，蜂虿有毒，宜时扫定。以萧摩诃为皇畿大都督，分兵守要害，僧、尼、道士执役。隋军南北道并进，众军败绩。韩擒虎入自南掖门，文武各官皆遁出，擒后主隋师之入也，仆射袁宪劝端坐殿上，正色待之。后主曰：锋刃之下，未可友当，吾自有计。乃逃于井，隋军人以绳引之，惊其太重，乃与张贵妃、孔贵人同乘而上。隋文帝闻之大惊。鲍宏对曰：东井于天文为秦分，今王都所在。投井，其天意也。先是江东多唱王献之《桃叶辞》，云：桃叶复桃叶，渡江不用楫。但渡无所苦，我自迎接汝。及晋王广军于六合镇，其山名桃叶，果乘陈船而渡之也。晋王广入据台城，送后主于东宫。三月癸巳，后主与王公百司发自建邺，之长安。及至京师，列陈舆服，引后主及王公。使宣诏让后主，后主雀息不能对，封长城公隋文帝东巡，登芒山，后主侍饮，赋诗曰：日月光天德，山河壮帝居。太平无以报，愿上东封书。及出，隋文帝目送之曰：此败岂不由诗酒？将作诗功夫，何如思安时

---

① 佞嬖珥貂：宠幸的妃子。

卷四　霸纪上

事也。**至仁寿四年，终于洛阳**先是，蒋山众鸟鼓翼抚膺曰：奈何帝，奈何帝。后主在东宫时，有鸟一足，集其殿庭，以嘴画地成文。曰：独足上高台，盛草化为灰，欲知吾家处，朱关当水开。解者以"独足"言后主独行无众，"盛草"言荒秽。隋承火运，草得火而灰。及至京师，家于都水台，所谓"高台当水"也。有会稽人史溥曾梦着朱衣人武冠自天而下，以手执金板。溥往看，上文曰：陈氏五主，三十四年。陈亡果如梦。梁末童谣云：可怜巴马子，一日行千里。不见马上郎，但见黄尘起。黄尘污人衣，皂荚相料理。及僧辩灭，群臣以谣言奏，言僧辩本乘巴马击侯景。马上郎，王字也；尘谓陈也；而不解"皂荚"之谓。既而陈灭于隋，说者以为江东谓羯羊角为皂荚，隋氏姓杨，杨，羊也。言终灭于隋。北齐末，诸省官多称省主，主将见省也。则知兴亡之兆，尽有征云。

　　隋高祖姓杨氏，名坚。周武帝初为隋州刺史，女为太子妃。周宣帝立，拜为大司马。宣帝崩，立靖帝，进爵为隋王，遂禅位焉，改号开皇元年。九年，平陈，废太子勇为庶人，立晋王广为皇太子。高祖崩，太子即位**是**为炀帝。**炀帝无道，盗贼蜂起。**十三年幸江都，李密设坛于巩，自署为**魏公**密，辽东人，蒲山公宽之子也。少倜傥有大志，常有思乱之心。与杨玄感①为刎颈交，玄感以势凌之。密怒曰：决机两阵之间，暗哑叱咤，三军披靡，邀功一时，密不如公；若涉彼长途，驱策贤俊，使各申其用，公不如密。岂可以一阶一级而轻天下士大夫耶？及玄感反，密归之，为其谋主。后玄感败，密变姓名，奔翟让②。让立密为魏公，开幕府，置僚属，凡十余万人。**梁师都**③**据夏州，刘武周**④**杀太原留守王恭，举兵**

---

① 杨玄感：隋朝大臣杨素之子，隋末最先起兵反隋炀帝杨广的贵族首领。因隋炀帝猜忌大臣，杨玄感开始策划谋反。炀帝第二次出征高句丽，命杨玄感在黎阳督粮。杨玄感遂于黎阳起兵，不久进围洛阳。久战不克，玄感军被迫西撤。被宇文述诸军追击，杨玄感大败，自知逃不了，让弟弟杨积善杀了自己。

② 翟让：隋末农民起义中瓦岗军前期领袖。武功高强有胆略，初为东郡法曹，犯法亡命至瓦岗，率众起义。李密来归，为其策划，合并附近各部义军，威震中原。后推密为魏公，自任上柱国，司徒，封东郡公。有人劝其总领军务，以夺密权，旋为密所杀。

③ 梁师都：隋末地方割据者，曾任隋朝鹰扬郎将。公元617年杀丞唐世宗，称大丞相起兵自立。联兵突厥共同对抗隋朝，攻占弘化、延安等郡以为根据以称帝，国号为梁。后被李世民平定，梁师都被杀。

④ 刘武周：隋末农民起义领袖，出身豪富之家。隋炀帝无道，刘武周率先起兵，占据晋阳，攻陷河东大部地区，威逼关中。后秦王李世民率军征讨刘武周，不到两年，就将刘武周全军击溃。刘武周投奔突厥，不久，因欲谋归马邑，事情泄露，被突厥杀死。

霸图第十七

反。窦建德①自号夏王，朱粲②自号楚王，刘元进③据吴都。炀帝闻群贼起，大惧。使冯慈明④征兵东都炀帝闻盗贼蜂起，召群臣问之，皆曰：此鼠窜狗盗，何足以忧？侍御史韦德裕曰：今海内土崩，纲纪大坏，而内史侍郎虞世基⑤、御史大夫裴蕴⑥等阿媚陛下，隐秘不言。所谓积薪已燃，宗庙必不血食矣。《周书》曰：绵绵不绝，将成江河。陛下勿以谀言不以介意。乃诏冯慈明诣东都征兵，将以讨密，为徼逻所获，归之李密。密闻慈明至，大悦，谓慈明曰：皇天无亲，唯德是辅。主上毒流四海，天下咸知。密纠合苍生，思平宇内。熊罴之士，百万有余。据敖仓之粟，带成皋之险，干戈精练，甲胄坚实，决东海可西流，蹶太山可东倒。以此御敌，何敌不摧？以此攻城，何城不陷？东都危急，不日将降。幸少留意，同建功名。慈明曰：蒲山公策名先帝，位极朝端。明公不思造我之恩，翻怀反噬之志，弃皇隋之大德，即枭感之顽嚣，恶积祸盈，败不旋踵，网漏吞舟，至于今日。昔巨君以天下之众，弊于光武；处仲以江左之师，穷乎明帝。明公以乌合之卒，不越数千，狼顾鸱张，强梁村坞。唯德是辅，公何预焉？密乃幽之于司徒府，慈明密令人诣东都，事泄，翟让杀之，诏唐国公渊⑦镇太原。五月甲子，唐公举义兵，遥尊炀帝为太上皇，立代王侑为天子，

---

① 窦建德：隋末农民起义领袖，世代务农，曾任里长，尚豪侠。炀帝募兵伐辽东，建德在军中任二百人长。目睹兵民困苦，遂抗拒东征，举兵抗隋。后称雄河北，建立夏国。为救王世充，在虎牢关一役被李世民击败并被俘，被唐高祖李渊处死于长安。

② 朱粲：曾是隋朝一个地方小官县佐吏。后聚众十余万人，从安徽转战到湖北、陕西、四川，拥众二十万，自称楚帝，建元昌达。公元619年，降唐封为楚王，后又依附王世充。公元621年，被李世民所擒，杀于洛阳。

③ 刘元进：隋末农民起义领袖。因反对隋炀帝横征暴敛，响应杨玄感而在吴地起义，势力遍及吴郡、毗陵、东阳、会稽、建安等地。后被王世充击败，兵败战死。

④ 冯慈明：字无伕，南北朝时期北齐皇室。历仕北齐、北周，后归顺大隋。在隋朝位至朝请大夫，摄江都郡丞事。李密兵围东都洛阳，奉旨追击被抓，不屈被杀。

⑤ 虞世基：字懋世，隋炀帝大臣，虞世南的哥哥。博学有高才，能写书法，尤善草隶。隋炀帝时拼命诣媚杨广，先后任光禄大夫、内史侍郎，生活豪奢。有专断之权，并借此收受贿赂。公元618年宇文化及弑杀炀帝，虞世基等也被诛杀。

⑥ 裴蕴：原为南朝陈的大臣，后入隋为官。是隋炀帝的重臣，在隋炀帝时宇文化及之乱中被杀。

⑦ 唐国公渊：原书为"唐国公讳"，因作者为唐朝人，需避帝王名讳，不能直接称"渊"，改"渊"为"讳"，简体版改回"唐国公渊"。

卷四　霸纪上

行伊、霍故事。传檄天下，闻之响应此裴寂①、殷开山②计也，代王侑③时在西京。秋七月，唐公将西图长安，仗白旗，誓众于太原之野，被甲三万，留公子元吉守太原。义师次霍邑，隋武牙郎将宋老生④拒义师。时连雨不霁，粮运不给，又讹言突厥将袭太原。唐公惧，命旋师。用秦王⑤谏，乃止秦王谏曰：独夫肆虐，天下崩离，狼顾蜂飞，跨州连县。丈夫不得耕耘，女子不得纺绩。故仗剑汾晋，举旆秦墟，将斩封豕以安万人，戮鲸鲵而清四海。据崤、函之固，挟天子之威，令诸侯，定天下。是以闻之响应，投赴如归。今遇小敌，便将返旆。恐义师一朝解体，大事去矣。势不可全，还守太原，则一城贼耳，恐不及旋踵，祸变仍生。乃止也。老生背城而阵，一战斩之，平霍邑诸城皆降，唯屈突通镇河东，坚守不下也。冬十月，义师次长乐宫，卫文升⑥挟代王乘城拒守。十一月，平京师，尊代王为天子，改元义宁遣使四出徇郡县。隋行官唐公悉罢之，后官还其亲属。初，隋将多侵百姓，百姓患之。及义师至，秋毫无犯，皆曰真吾君也。时炀帝将之丹阳，而大臣将卒皆北人，不愿南迁，咸思归。宇文化及⑦因百姓之不堪命，杀炀帝于江都。隋室王侯，无少长，皆斩之。立嗣王浩为天子，化及为丞相上曾梦见青衣儿谓曰：去亦死，住亦死，不若乘船渡江水。裴蕴、虞世基皆南人，赞成其事。将卒不愿南迁，将因会鸩之。南阳公主惧杀其婿，以谋告宇文士及。士及告其兄化及，遂反，执帝。帝曰：吾何负于天地而致此乎？马文举对曰：

---

① 裴寂：字玄真，唐高祖李渊时的宰相。与李渊交谊深厚，为李渊太原起兵策划者之一。又支持李渊称帝，唐建国后，他任尚书仆射，最为李渊所宠信。

② 殷开山：名峤，字开山。唐朝名将，凌烟阁二十四功臣之一。与刘弘基攻破长安，赐爵陈郡公，迁丞相府掾。后随李世民平薛仁杲、王世充，拜陕东道行台兵部尚书，进爵郧国公。征刘黑闼时病死军中。

③ 代王侑：即隋恭帝，隋炀帝孙，李渊攻入长安后拥立他为帝。在位半年，杨侑被降封为希国公，闲居长安。第二年去世，年仅15岁。

④ 宋老生：隋朝的虎牙郎将。率军在霍邑抵抗李渊的唐军，兵败被杀。

⑤ 秦王：即唐太宗李世民。在唐代隋的过程中立下赫赫战功，封秦国公，后晋升为秦王。发动宣武门之变，逼父亲李渊退位，登上皇位，为唐太宗，是中国历史上最著名的明君之一。

⑥ 卫文升：名玄，字文升，隋将。参与炀帝伐高句丽之战，独全军而还。杨玄感反隋，文升誓师苦战，竭力阻挡，寻与宇文述等击平之。李渊攻长安时忧惧不能理事，长安城破前病死。

⑦ 宇文化及：隋炀帝近臣，公元618年发动禁卫军兵变，弑君隋炀帝。后率军北归，被李密击败，退走魏县，自立为帝，国号"许"。立国半年，第二年被窦建德击败，擒而杀之。

霸图第十七

臣闻万姓不可无主，故立君以抚之。是知一人养万姓，非万姓养一人。高祖文皇帝粤有下国，丕隆大宝，除苛政，布恩德。南伐强陈，北灭狡房。二十余年，河清海晏。既而弃世升遐，陛下即位，违远社稷，委弃京都，巡游行幸，略无宁岁。漕通河洛，控引江淮。丁壮倦劳苦，老弱疲转饷。高颎、贺若弼，先朝重臣，勋德俱茂；薛道衡①，英华冠世，经纶之才，咸被非辜，卒遭夷戮。贤哲之士退，谄佞之子升。又频年讨辽，征役不息，行者不反，国用空虚。白骨被于原野，肝胆涂于草泽。悠悠冤魂，有请上帝，将假手于人矣。及在雁门，取辱戎虏，重围既解，理须宁息。方更巡游吴越，翱翔上江。头会箕敛，以供行乐。士卒无短褐，后宫厌罗绮。士卒无糟糠，犬马贱粟肉。甲胄生虮虱，戎马不解鞍。拒谏饰非，无心反驾。遂使九县瓜分，八纮幅裂。以天下之富，四海之贵，一旦弃之，犹曰无罪，臣窃为陛下羞之。乃默然，缢杀之。**五月戊午，天子侑逊位于别宫，禅位于唐，都长安**大业末，谣曰：桃李子，洪水远杨山，宛在花园里。李，唐姓也；洪水者，唐王讳也；杨，隋姓也；花者，华不实也；园，圃也，代王名侑，侑与圃音同。言杨侑虽为帝，终于历数有归，唐王当践其位也。**己巳，王世充②、段达等立越王侗③为皇帝于洛阳。六月，宇文化及自江都至彭城，据黎阳，称许。李密率大军，壁清淇。敦煌张守一闻密之拒化及也，说越王以讨，越王不用其策，用孟琮计，与密连和**张守一说曰：臣闻鸿鹄之翮未就，冲天之情已萌；武豹之文未备，食牛之心已成。今陛下据全周之地，背河面洛，带甲十万，粟支数十年，此霸王之资，非待翮成、文备之势也？固城自守，不以济世为心，何异夫群蚁之婴一穴乎？窃为陛下不取。越王曰：若之何？对曰：三王之兴，五伯之举，莫不由兵以成大业。故夏启有甘野之师，齐桓起召陵之众，皆以征讨不庭，伐叛威慝者也。今天下土崩，英雄竞起，为陛下腹心之患者，莫过夏、魏。夏遣师涉河，则东都非陛下之地；魏遣师逾洛，洛口之粟非陛下所有。累卵之危，无以加也。臣闻兵以正合，而以奇胜。韩信所以斩成安，子房所以降秦也。请选精锐之士二万人守洛阳，三万人循河而守，以备夏寇；陛下亲率大军出洛口，掩魏之师。魏之君臣谓陛下从天而

---

① 薛道衡：字玄卿。历仕北齐、北周。隋朝建立后，任内史侍郎，加开府，仪同三司。炀帝时，出为番州刺史，改任司隶大夫。他和卢思道齐名，在隋代诗人中艺术成就最高。

② 王世充：字行满，隋末割据军阀之一。祖籍西域，本姓支。曾镇压刘元进农民起义，升江州通守。后被调北援东都洛阳，为李密所败，遂占据洛阳。及炀帝被弑，他拥越王杨侗为帝，得以专权。旋废杨侗，自立称帝，国号郑。后降唐，被仇家所杀。

③ 越王侗：隋炀帝之孙，从小聪明过人，宽厚仁爱，公元618年东都洛阳群臣拥立他为帝，改元皇泰，史称"皇泰主"。在位不到一年，被王世充所弑。

卷四　霸纪上

至，仓卒之间，智者不为计矣。李密既灭，则建德慑气，逼守边疆。相时而动，则文皇之业可修，世祖之基不坠。越王曰：朕新受命，人神未附，兵革屡兴，恐士大夫解体于我。守一曰：陛下以累圣之资，继二祖之业，虽夏人之思禹德，复戴少康；汉室之恋刘宗，重尊光武。以今况古，彼有惭德，况密有可伐之势者三，何则？始，密与翟让同起乌合之众，大业已就，密乃杀让而夺其位。士卒初丧其主，鬼神新失其祀。人神未附，一也。地广兵众，法令不明，赏罚不信，二也。精锐之卒并拒秦王，巩、洛所留悉皆老病。乘其虚而袭之，必得志矣，三也。《志》曰：夺人之先。又曰：天时不如地利，地利不如人和。陛下兼此三事，又居之以先，无不克矣。王将从之。孟琮曰：化及率思归之众，其锋不可当。李密英雄，勇略不世，非密无以灭化及。且袭之不得，复生一化及。臣请说以利害，示以大节，使为元戎，以除凶慝，徐议其后，未为晚焉。王曰：善。孟琮东说密曰：明公以乌合之卒，密迩王城，罕慕德之人，无山泽之固，兵法所谓"四分五裂"，特所忌焉。今东有化及之师，西有东都之众。东拒化及，则王师袭其后；备东都而不行，则化及之师日至。于是六军出洛口，化及下武牢，诚恐不暇转旋，败亡已及。今皇帝，世宗成帝之子，世祖明帝之孙也。以累世之资，当乐推之运。士马百万，据有旧都。宇文化及怀音蔑闻，亲行枭獍。主人枕戈待旦，将卒蓄力待明。将军诚能率先启行，诛锄凶暴，则有盘石之安，无累卵之危也。晋文舍斩袪，齐桓置射钩。况主上圣哲自天，宽和容众，勿以畴昔之失，过望于皇帝也。狐裘羔袖，将军择焉。密初闻张守一之谋，大惧。及琮至，大悦。使记室李俭朝，越王大悦，拜密为太尉、魏国公。**李密无东都之虑，尽锐攻化及，破之。密自败化及，益以骄傲。越王命王世充击密。密不用祖君彦①计，密师败绩。遂西奔京师，寻谋叛，杀之**王世充之击密也，密会群僚议之。裴仁基②曰：世充今悉锐而至，洛下必空，但坚守其要路，无令得东而已。以锐卒三万循河曲西上，示逼东都，东都必急，世充必救。待其至洛，然后还军。如此我有余力，彼劳奔命，兵法所谓"彼出则归，彼归则出。数战以疲之，多方以误之"也。密曰：公知其一，不知其二。今世充之兵不可当者三：兵

---

①　祖君彦：南北朝时北齐仆射祖孝征之子。博学强记，属辞赡速。薛道衡推荐给隋文帝，不用。祖君彦自负其才，常郁郁思作乱。为李密草《为李密檄洛州文》，历数隋炀帝十大罪状。李密失败后，为王世充所杀。

②　裴仁基：字德本，隋朝名将。曾奉隋炀帝之命镇压瓦岗军。被监察御史萧怀静牵制，被迫投降李密。后来建议李密不要和王世充决战，李密不听，致使瓦岗军大败，裴仁基也被王世充俘虏。后因刺杀王世充失败而被杀。

霸图第十七

伏精锐，一也；决计深入，二也；食尽求战，三也。我但乘城固守，蓄力待时。彼欲战不得，求走无路。不盈十日，世充之首可致麾下。诸君以为何如？单雄信①曰：以乐战之兵当思归之卒，食饱不敌，战必克矣。祖君彦曰：不可。夫师曲为老，师正为直；曲则为饥，直则为饱。世充挟隋室之威，不可为曲；主公以逆为名，不可为直。裴光禄之谋，一时之上也；主公之策，持久之上也；单将军之言，灭亡之下也。夫物不两大，胜无常资。故庆者在闾，吊者在门。诚恐乘于化及，必殆于世充。请按甲息兵，俟时观衅。世充志大而体强，心勇而多悍，忸于自伐，必有异图。不盈数年，祸将作矣。然后仗顺而举，应天顺人。嵩岳为城，洛水为池。武臣劲兵经略于外，文吏儒士守之于内。孰与邀一时之功，坠万全之业？欲取之，先与之；将弱之，必强之。欲取而不与，必受天咎；将弱而不强，必受天殃。愿主公始与之而强之，我承其弊，以全制其后，无弗捷矣。密曰：智哉。欲不战。王伯当②、单雄信曰：天下安乐，百姓无事，耨文采墨，从容于庙堂，武不如文；四海沸腾，英雄竞起，角帝图王，荡清氛祲，文不如武。各有其时，不可戾也。越王淫虐之余，天厌之久矣。且天命不常，能者代之，何曲直之有？请以定乱属武臣，制治属文吏。今日不战，则大事去矣。密遂用单雄信策。合战，密师败绩。世充乘胜趋洛口。密左长史邴元真以仓城降。密奔武牢，不敢入。北渡河，遂奔唐。初，王伯当与单雄信、徐世勣③俱为密将，军中号为三杰。故密信之而战。**大唐武德二年，王世充杀越王侗于洛阳，僭称尊号，隋氏灭矣**梁时沙门宝志为书曰：牵三来就九，索房下殿走。意欲东南游，厄在彭城口。今兹三月，江东童谣曰：江水何冷冷，杨柳何青青。人今正好乐，已复戍彭城。牵三就九，十二年也；戍，言输也；吴人谓北人为虏；江都西有彭城村，村有彭城水，引其水入西阁之下，果于此被执。初，上在江都，闻英雄竞起，皆曰：此乃狂贼，终无所成。及闻义师起，上方卧，惊起，曰：此得之矣！杨广博览多闻，而不知李渊④

---

① 单雄信：隋唐十八好汉之一。单雄信与哥哥单雄忠读书练武，受人敬仰，并称二贤。瓦岗农民叛乱爆发，单雄信与同郡人李世勣等一同投奔。后瓦岗军内讧，单雄信投奔了王世充。后与唐军在伏牛山作战被俘，拒不投降，最后斩于洛阳。

② 王伯当：隋末瓦岗军将领，初于济阳率众起义，后归顺瓦岗寨，成为瓦岗寨的神射手。对李密忠心耿耿，一直陪伴其左右，最后和李密一起在熊耳山被杀。

③ 徐世勣：唐初名将，字懋功，亦作茂公。唐高祖李渊赐其姓李，后避唐太宗李世民讳改名为李勣。曾破东突厥、高句丽，与李靖并称为当时名将。历事唐高祖、唐太宗、唐高宗三朝，深得朝廷信任和重任，被朝廷倚之为长城。

④ 李渊：原文为"李讳"，因作者为唐朝人，需避帝王名讳，不能直接称"渊"，改"渊"为"讳"，简体版改回"李渊"。

卷四　霸纪上

为天子，安用圣为？抚心而叹，久之复卧，曰：王者不死，天自成人也。

　　论曰：干宝称："帝王之兴，必俟天命。苟有代谢，非人事也。尧、舜内禅，体文德也；汉、魏外禅，顺大名也；汤、武革命，应天人也；高、光争伐，定功业也。各因其运而得天下，随时之义大矣哉。"范晔曰："自古丧大业，绝宗禋，其所以致削弱祸败者，盖渐有由矣。三代以嬖色取祸，嬴氏以奢虐致灾，西京自外戚失柞，东都缘阉尹倾国。成败之来，先史商之久矣。自秦、汉迄于周、隋，观其兴亡，虽亦有数，然大抵得之者，皆因得贤豪，为人兴利除害；其失之也，莫不因任用群小，奢汰无度。孔子曰：'以约失之者鲜矣。'又曰：'远佞人，去僻恶。'有旨哉。"昔秦王见周之失统，丧权于诸侯，遂自恃任人，不封立诸侯。及陈胜、楚、汉咸由布衣，非封君有土而并灭秦。高祖既定天下，念项王从函谷入，而己由武关到，惟修关梁，强守御，内充实三军，外多发长戍。及王翁之夺取，乃不犯关梁，而坐得其处。王翁见以专国秉政得之，即抑重臣，收下权。及其失之，又不从大臣生焉。更始见王翁以失百姓心亡天下，既西到京师，恃人悦声，则自安乐，不纳谏臣。赤眉围其外，近臣反于城，遂以破败。由是观之，夫患害非一，何可胜为防备哉！贾谊曰：夫事有招祸，法有起奸，唯置贤良，然后无患耳。

霸图第十七

译文

　　臣听说周朝拥有天下，太平盛世有三百多年，到周成王、周康王时，刑罚被搁置四十多年不用。等到它衰落以后，又延续了三百多年。姜太公对周文王说：虽屈居于一人之下，却高居于万人之上，这只有在礼贤下士之后才能做到。于是周文王主动亲近而见到的贤人有六人，寻觅后见到的有十人，一经呼唤即成为好友的有上千人。友人的友人叫朋，朋的朋叫党，党的党叫群，由此不断扩展下去。周文王用这种逐步扩展的办法结交了天下三分之二的贤人，人民都归顺了他。周文王得了天下的三分之二，仍然向商纣王称臣。说的就是这种情况。周朝衰落以后，春秋五霸相继兴起。霸主们辅佐周朝天子，兴利除害，诛除暴虐，禁止邪恶之事，匡正天下人心，使天子得到天下人的景仰。五霸去世以后，天下有一段时间没有圣贤之人出现。天子孤单无助，号令无法施行，诸侯恣意妄为，以强凌弱，以众欺寡。吴王阖闾问伍子胥：你认为攻打楚国合适吗？伍子胥回答：楚国有才能的人虽然众多，但彼此意见不和，没有人能在危难时刻担起重任。如果派遣三支军队去骚扰楚军，一支军队攻到，楚军必然会全部出动。楚军一出动，我军立即撤回，楚军退归本国后，我们第二支军队又出动，楚军再次出动，我军又撤回，如此反复，楚军一定会疲于奔命，这样多次骚扰楚军，又多方面地对楚军进行误导。等到楚军疲劳之后，我们再将三支军队联合出动，这样一定会大败楚军。吴王听从了伍子胥的建议，多次骚扰楚军，楚军从此开始衰落。越王勾践问大夫文种说：你认为我们攻打吴国，胜败如何？文种回答说：攻打吴国的方法有七种，大致是这样的：尊仰上天、敬鬼

卷四　霸纪上

神，用来控制歪理邪说；送给吴王珍宝和美女，用来消弥他的志向；送给他能工巧匠，使他大修宫室，耗尽他的钱财；送给他善于阿谀奉承的臣子，让他妄自尊大，国力空虚；怂恿他的谏官对国家治理吹毛求疵，让他们互相争斗，等这些都发挥作用以后，调动精锐部队，就可以一举击败吴国。于是越王把美女西施打扮得漂漂亮亮地献给吴王。吴王很喜欢。伍子胥劝谏，吴王却不接受，还杀了伍子胥。越国又做好了华美的栏杆，雕刻上黄金，献给吴王。吴王欣然接受，拿来修姑苏台。足足花了五年姑苏台才修成，资财耗尽，老百姓饿死得不计其数。越王又将蒸过的粟作为种子送给吴王，吴王交给人播种，都长不出庄稼，吴国因此发生大饥荒。齐桓公想削弱楚国，于是铸造了很多钱币，花大价钱到楚国购买活鹿。楚国人听到这个消息很高兴，纷纷放弃耕种，专门狩猎活鹿。齐桓公偷偷储备粮食，所藏的粮食增加了五倍。而与此同时，楚国靠售卖活鹿赚了很多钱，但粮食却不够吃了。桓公于是封闭函谷关，拒绝向楚国出售粮食。楚国人没办法，十分之四五被迫投降齐国。等到诸侯在柯会盟，齐桓公本想违背在曹沫挟持下立下的约定，不把侵夺鲁国的土地还给鲁国。但在管仲的劝说下，齐桓公最终遵守了与曹沫的约定，归还鲁国土地，借此机会取信于诸侯。从此以后各诸侯国纷纷归附齐国。所以说知道在适当的时机给予，是夺取政权的法宝。郑桓公想要偷袭邻国，先打听清楚邻国的豪杰、良臣和能言善辩的人才，写下他们的姓名，然后挑选邻国的良田赏赐给他们，继而封给他们高官显爵，并把这些赐书写在册子上，把册子埋在城门外的战场上，用鸡和公猪的血来祭祀。邻国国君以为发生了内乱，便把这些豪杰、良臣、辩士全部杀了。郑桓公趁机袭击邻国。这些都是诸侯恣意妄为的例子，天子的号令已经得不到施行。

陈氏家族的陈成子篡夺齐国政权，晋国六大家族把持朝政，后来六大家族中的赵、魏、韩把晋国的疆土瓜分了，各自独立，并列为战国的诸侯，从此以后老百姓开始受苦齐景公与晏子坐在大堂上，齐景公感叹道：我这个官室真美呀，谁还能有这么好的呢？晏子说：照您这么说，难道是陈氏吗？陈氏虽然没有大的功德，却有恩于别人，官爵俸禄，他从您这儿索取的很少，但施予别人却很大方。您横征暴敛，陈氏施与别人却很优厚，所以老百姓都归顺他了。《诗经》称：虽无德与汝，式歌且舞。陈氏施恩的行为，百姓一定会用歌舞来赞诵。您的后代如果稍有懈怠，陈氏还健在的话，那么齐国将会被陈氏篡夺。后来陈氏果然篡夺了齐国的政权。晋国的智伯联合韩、魏两国的国君攻打赵国，韩、魏两国阴谋叛变。智果说：韩、魏两国国君打算叛变，不如杀掉这两个国君，如果不杀，就跟他们亲近。智伯问：亲近他们该怎么办？智果说：魏国国君魏宣子的谋臣赵葭、韩国国君韩康子的谋臣段规都是有能力劝说他的君主改变想法的人,您可以与二人约定:联军一旦攻破赵国,就送给这两个人有万户人家的县各一个。如果这样,那么韩、魏两国国君就不会有叛变之心了。智伯不听。韩、魏两国果然反叛,联合杀了智伯。**当此之时,强国致力于攻城略地,弱国致力于保卫疆土,合纵连横,战事频繁,士兵常年征战,老百姓的冤苦无处诉说。**

等到秦国蚕食天下,吞并六国,统一天下,攻破了各诸侯国的城池,就开始实行严酷的法律和残暴的统治,阿谀谄媚的大臣变得越来越多。秦国派蒙恬统率军队向北攻打匈奴,又派尉佗带兵镇守南越,在荒凉无用的地方也驻扎军队,搞得民不聊生。秦始皇驾崩后,天下大乱,叛军四起。**陈胜和吴广率先在陈地起义**陈胜、吴广到渔阳戍边,走到大泽乡驻扎。正赶上连日大雨,道路不通,无法启程,耽搁了很长时间。陈胜、吴广他们估计到达渔阳的时间肯定会超过朝廷规定的期限,而按秦的法律,超过期限要被杀头。两人于是商量:现在已经超过期限,肯定要被斩首。如果现在发动起义,大不了也是一死,为夺取国家政权而死不是更值得吗?于是两人先借鬼神的名义在众人面前树立自己的威信,趁势杀了押送的官员。然后召集全体前去戍边的人说:大家遇到大雨,无法在规定的期限内到达渔阳,按法律应当被斩首。现在既便不被斩首,而将来戍守边疆战死的几率本来也有十分之六七。况且大丈夫不死则罢,死就应当死得轰轰烈烈。王侯将相难道都是天生的吗?这些戍边的徒属都说:愿意听从你的号令。于是二人分派将领,举义旗,开始攻城略地,反抗秦朝,陈胜自立为陈王。**武臣、张耳在赵地起义**武臣平定赵地,自封为武信君。蒯通游说范阳县县令徐公说:我是范阳的一个普通老百姓蒯通,因私下里可怜先生你的处境,担心你快要死了,所以来吊唁。虽然这样,同时也要祝贺你,幸好遇到我蒯通,还有机会可以活下来。徐公拜了两拜说:你因为什么吊唁呢?蒯通回答:你做范阳县县令已经十年了,杀害过别人的父亲,曾经使别人的幼子成为孤儿,砍断过别人的手、脚,这样的事情太多了。但是慈父、孝子之所以不敢拿刀来杀你的原因是害怕秦朝严酷的法律。现在天下大乱,秦朝的统治长不了了,这样的话,那些慈父、孝子一定会趁此机会争先恐后地来杀你,以平复他们心中的怨恨,成就他们的美名。这就是我为什么来吊唁的原因。徐公又问:你又为什么祝贺,说我得到你就可以活下来呢?蒯通回答:赵国的武信君抬举我蒯通,派人来拜访我,询问攻打范阳县的成败。我将去拜见武信君,并劝他说:如果一定要等到战争胜利后才能夺得土地,攻破城池后才能获得天下的城池,我认为这样太危险了。如果你采用我的计策,可以不必通过战争就能夺取

卷四 霸纪上

土地，攻下城池，只要你下一纸文书，千里之地都可以平定。他一定会说：计策是怎样的？我就接着游说：你攻打范阳，范阳县令当然要调集部队守城，准备作战。周围城池中胆怯怕死、贪图富贵的人，本打算投降你避免战火，希望让范阳县先投降试探一下。范阳县投降你却没有得到好处，那么边地的城池都会互相转告，范阳县令先投降却被杀了。这样一来，他们一定会绕城固守，使城池都固若金汤，无法攻破。为你考虑，我建议你不如用高大的官室、华贵的马车来欢迎范阳令，让他自由地奔走于燕、赵边境。那么边地之城一定会互相转告，范阳县县令先投降，现在已经得到荣华富贵了。他们一定会争先恐后地向你投降，就像从山坡向下滚泥丸一样。这就是我所说的下一纸文书，就可以平定千里之地的计策。徐公再次拜谢，并准备车马送蒯通去游说武臣。蒯通于是用这种方法说服了武臣。武臣带着车百乘、战马二百、侯爵的印信迎接徐公。燕、赵之地的将领听说后，有三十多座城池紧跟着投降武臣。一切都像蒯通谋划的那样。**项梁在吴地举兵起义**项梁命令项羽杀掉代理郡守殷通，便在吴地起义。吴地，就是今天的苏州。**田儋在齐地举兵起义**田儋带着手下的年轻人，绑了自己的家奴，假装要杀他，在杀之前请求先见狄县的县令。在拜见县令的时候，他们乘机杀了县令，举兵造反。**景驹在郯地举兵起义，周市在魏地举兵起义，韩广在燕地举兵起义。**普天之下，豪杰并起，最终灭了秦王朝。

汉高祖名叫邦，字季，姓刘，沛国丰邑人，秦朝时曾担任泗水亭长的职务。秦二世元年，陈胜等人发动起义，**陈胜自立为楚王**陈胜的部下张耳、陈余劝陈胜：将军你不顾生命危险，替天下老百姓清除祸害，现在刚刚到陈地，就自立为王，这是告诉天下你起义是有私心的，不是很恰当。不如立六国君主的后代为诸侯王，慢慢培植自己的势力。这样你向西进军，那么在外不必交战，所到城池都会对你不设防，畅通无阻。诛杀残暴的秦王朝，占据秦朝的都城咸阳后，然后再号令诸侯，天下就完全在你的掌握中了。陈胜不听劝告。**沛地的百姓杀死了他们的县令，立刘邦做沛公。**当时，项梁驻军在薛地，刘邦前往追随他，一起立了**楚怀王的孙子做义帝**范增劝项梁：秦朝灭六国，楚国最无辜。自从楚怀王到秦国做人质，就没有机会返回楚国，天下百姓都怜悯他。所以有传言：楚国即使只剩下几户人家，灭掉秦朝的也必定是楚国。现在，陈胜首先发动起义，没有立楚国的后代，他的势力肯定不会长久。现在将军你从江东起兵，楚地的百姓纷纷归附你，都是因为将军你家世代都是楚国的将领，认为你一定会立楚国国君的后代为王。项梁于是派人寻找楚怀王的孙子熊心，立为怀王。义帝与众义军约定："先攻入咸阳的，就做关中王。"秦

霸图第十七

朝大将章邯在定陶大败项梁部队，项梁战死。章邯认为楚军不值得担忧，于是便向北去攻打赵地。义帝派项羽等率军救赵，派沛公为别将向西进攻，往函谷关进发。沛公于是攻打宛城，**宛城投降**沛公攻打宛城，南阳太守吕锜坚守城池，沛公久攻不下。沛公想要放弃宛城，绕道向西进兵，张良说：强大的秦兵在前方，后有宛城的军队牵制，这是很危险的。沛公听从张良的建议，加紧围攻宛城。宛城告急，吕锜想要自杀。吕锜有个门客陈恢，翻墙出城来拜见沛公，说：宛城的官员和老百姓害怕投降后被处死，所以坚守，沛公你连日攻打宛城，死伤的人一定很多，如果率军离开，宛城的部队一定会从后追杀。这样，沛公你向前就失去了先入咸阳做关中王的机会，后面还有强大的宛城部队这个后患。沛公不如招降宛城的部队，对宛城的太守大加封赏，然后再带领宛城的军队向西进军。其他未被攻下的城池，一定会大开城门迎接将军。沛公回答说：好。于是便加封吕锜为殷侯。**沛公又攻打武关，大败秦朝的部队**赵高杀掉秦二世，立子婴为秦王，派军队拒守函谷关。张良说：秦兵还很强大，不可轻敌。我们可以多插些旗帜在函谷关周围的山上，迷惑秦兵。再派郦食其拿着贵重的宝物贿赂秦朝的将领，引诱他们投降。秦朝的将领果然中计，想要跟沛公联合一起向西进攻秦朝。沛公准备答应他们。张良说：这只是将领想要背叛，恐怕士兵们不接受，士兵不投降，一定有危险。不如趁他们懈怠攻打他们，一举拿下。于是沛公派兵进攻，大败秦军。**沛公进入咸阳，与秦国人约法三章，杀人者死，伤人及盗者抵罪**秦国人献上牛肉、美酒，沛公推辞不要。这样秦国人都知道沛公是有德行的人。沛公派兵据守武关，准备称王关中。这时，项羽在黄河以北大破秦军，率领各诸侯兵四十万到达鸿门，准备攻打沛公。沛公由于项伯相救，才得以逃脱。项羽于是杀掉秦王子婴，向东定都彭城。封沛公为汉王，统治巴、蜀之地汉王不愿意去巴、蜀之地就任汉王，想要攻打楚国。萧何说：大王虽然被封于巴、蜀这样偏远的地方做汉王，不是比死要好得多吗？况且《诗经》上称"天汉"，汉王这个称呼很不错啊。能够屈居一人之下，而高居万人之上的，是商汤、周武王这样的圣人。希望大王您能就任汉中，安抚那里的士人，招揽贤能的人才，收巴、蜀的土地为已用，然后再回头平定三秦，就有可能夺得天下了。**刘邦采用韩信的计策，先向东进攻，然后回师平定了三秦之地**刘邦到巴、蜀之地就任汉王。韩信从楚国的军队逃了出来，跟着刘邦进入蜀地，没有什么人知道他的名字。韩信先是得以拜见萧何。萧何通过和韩信的几次交谈，认为韩信是个人才，便向刘邦推荐他做大将军，刘邦同意了。韩信被拜为大将军的仪式结束后，汉王刘邦问他：萧丞相多次夸赞将

· 333 ·

卷四　霸纪上

军有才能，将军认为我应该用什么计策统一天下呢？韩信拜谢，问汉王说：现在和你争夺天下的，难道不就是项羽吗？汉王说：是的。韩信又问：大王认为在英勇、骠悍、仁义、强大等几方面，您和项羽相比谁强？汉王默不作声很久，回答说：我不如项羽。韩信又施礼祝贺道：我也认为在这些方面大王比不上项羽。然而我曾经在项羽手下做事，对他有一些了解，请允许我谈谈项羽的为人。项羽武艺高强，叱咤风云，有万夫不挡之勇，然而却不善于启用有才能的人帮助自己，这只不过是匹夫之勇罢了。项羽遇见百姓，表现得恭敬而又慈爱，说话也和颜悦色。士兵生病，项羽会伤心哭泣，将自己的食物分给他们吃。但等到手下立下战功，应当分封爵位的时候，项羽却极度不舍得封赏，这只能说是妇人之仁。项王虽然在中原称霸，诸侯都向他称臣，但他定都彭城而不是关中，违背了和义帝的约定。任用和自己亲密的人为王，诸侯对此很不满。诸侯们看到项羽放逐义帝到江南，也纷纷放逐各自的君主，而在富庶之地自己称王。项羽所到之处，无不残害生灵，天下怨声载道，老百姓内心不愿意归顺他，只不过迫于他强大的势力，勉强归顺而已。项羽名义上虽然还是霸主，但实际上已经失去了天下的民心。所以说他的强大很容易变为弱小。现在大王您如果能够反其道而行之，重用天下英勇善战之人，何愁不胜！把夺来的天下城池封赏给有功的臣子，有谁会不服！以正义之师相号召，率领想要东归的士兵向东进攻，有什么不可以战胜的！况且三秦之地的王都是前秦的将领，统率秦朝的子弟许多年，战死的人已经不计其数，他们又欺骗部下投降诸侯。在新安，项王用计活埋了秦朝投降的士卒二十余万人，仅有章邯、司马欣、董翳三人得以逃脱。秦地的父老兄弟怨恨这三个人，已经恨之入骨了。现在楚国强行封这三人做三秦之地的王，三秦之地的老百姓都不拥戴他们。大王您进入武关，秋毫不犯，废除了秦朝严苛的法律，与秦地的老百姓约法三章，稳定了秦地的社会秩序，三秦之地的老百姓都希望大王您统治秦地。按照以前义帝和众义军的约定，大王您先入咸阳，应当是您做关中王，关中的老百姓人人都知道这件事。大王您没能做关中王，却只能去巴、蜀之地做汉王，秦地百姓都很遗憾。现在大王您举兵向东进军，三秦之地必定一呼百应，您发一纸檄文就可以拿下三秦之地。听了这番话，汉王刘邦很高兴，就听从了韩信的计策。当初，汉王到巴、蜀之地就任的时候，张良送他到褒中，劝汉王说：大王您为什么不烧掉所经过的栈道，向天下人表示自己没有返回关中的野心，来让项羽放心呢？听了这番话，汉王就派张良回去，烧掉了经过的栈道。项羽因此才不再担心刘邦有夺取关中的野心。

　　齐王田儋死后，他的弟弟田荣抱怨项羽没有立自己为齐王，于是杀掉了继任的齐王田市,自立为齐王。项羽率兵讨伐,灭了齐国项羽任用吴地县令郑昌为韩王对抗汉王刘邦。张良送信给项羽说:汉王做不了关中王,只得去巴、蜀之地,打算就任汉王。原来先入咸阳就做关中王的约定立即作废,汉王不敢谋反。又将齐国谋反的信拿给项羽看,说:齐国想要灭掉楚国。项羽因为这个缘故放弃向西进军,而是向北去讨伐齐国。又派九江王英布在郴地杀掉了楚国名义上的王义帝。汉王刘邦披麻戴孝,为义帝发丧。哀痛哭吊三天之后,把此事遍告天下诸侯董公劝汉王:我听说顺应民心的必定昌盛,失去民心的一定灭亡。出兵没有正当的名义,事情就不会成功。所以说,让天下人知道讨伐的敌人是贼寇,对方才可以被制服。项羽为人不合道义,放逐并杀害自己的君主,是天下的贼寇。行仁义而不是只靠勇猛,讲义气而不是只靠武力,三军士卒才能心悦诚服。我们要把项羽杀害义帝这件事遍告诸侯,再向东讨伐他。这样,四海之内没有不敬仰你的德行的。这才符合夏禹、商汤、周文王这样的贤王之道。汉王说:很对。刘邦趁着项羽攻打齐王,便率领诸侯联军五十六万人向东袭击楚国,攻破彭城。项羽听到这个消息,留下自己的属将攻打齐国,自己率领三万精兵回师迎击汉王刘邦。两军在彭城城下展开大战。刘邦不敌项羽,向梁地退却。到达虞县的时候,刘邦对身边的人说:"谁能够前去劝说淮南王英布发兵背叛项羽,把他的军队拖在齐国停留几个月,我就可以有时间从容安排,夺天下就万无一失了。"大臣随何请命出使,劝说英布背叛项羽随何游说淮南王英布说:汉王派使臣敬进书信给大王左右,不知大王与项羽是什么关系?英布说:我向项羽称臣。随何说:大王您与项羽同是诸侯,却向项羽称臣,一定是认为楚国强大,可以保护自己的国家。项羽讨伐齐国,亲自背着版筑,身先士卒。大王您应当调淮南所有的士卒,亲自为将,为项羽助阵,作为楚军的先锋。可是现在您仅派出四千军队帮助楚军,向北称臣的人应当是这样的吗?汉王攻打彭城,大王您就应当在项羽还没离开齐国回援的时候就尽拨淮南的军队北渡淮河,与汉军日夜会战于彭城之下。大王您拥有上万的士卒,却没有渡过淮河,只是隔河观望谁胜谁负。难道把国家托附给人家保护的,应当是这样的吗?大王您空有对楚称臣的名,却只想以此好好地保存自己。我私下里认为大王这样做是不可取的。然而大王您不背弃楚国的原因,是认为汉王的势力太弱。楚军虽然强大,天下的人却认为它是不义之师,因为楚王项羽违背了诸侯之间的约定,杀死义帝。楚霸王依靠战争取胜而强大起来。汉王兼并诸侯,回守荥阳,收取蜀汉之地的粮食,深沟高垒修筑防御工事,分兵把守边防要塞。楚军回兵攻汉,中间隔着梁地,深入到敌国内部

卷四　霸纪上

八九百里，想作战而不得，欲攻城而力量不够。楚军要用老弱之兵从千里以外的地方转运粮食供应军饷。楚兵到达荥阳、成皋，汉军坚守不出，楚军进不能攻，退不能守。所以说楚军是靠不住的。假使楚军胜利了，那么诸侯们人人自危，必须相互救助。楚军的强大，只不过使自己成为天下人攻击的对象罢了。所以说楚的实力比不上汉，这种形势是显而易见的。现在大王您不与万无一失的汉结为一体，却亲附处于危亡之中的楚国，我真的替大王感到迷惑。虽然我不认为淮南军队的实力足以灭了楚国，但只要大王您发兵背叛楚，项羽不得不留在齐地应付几个月，汉王夺取天下的计划就可以万无一失了。我请大王您率领淮南军队归顺汉王刘邦，汉王一定会分封土地给大王您。淮南这块小小的地盘，又有什么稀罕的？淮南一定还是大王您的。所以汉王派我向大王进献愚计，希望大王你考虑一下。淮南王说：就遵照你说的办。于是暗地里答应背叛楚国而归顺汉王，但表面不敢泄露消息。这时楚国的使者正在淮南，急着催促英布发兵协助楚军，住在传舍里。随何径直走进传舍，坐到楚国使者的上座，说：九江王英布已经归顺汉王，楚国凭什么命令他发兵？英布听到这话非常惊愕。楚国的使者起身离席，随何劝英布说：事情已然如此，只有杀了楚国使者，不让他回去，快些归顺汉王，合力攻打楚国。于是英布只得按照随何所说，杀掉了楚国使者，发兵攻打楚国。**汉王刘邦抵达荥阳，派韩信攻打魏王豹，俘虏了他**汉王问郦生：魏国统军的大将是谁？郦生答道：是柏直。汉王说：此人乳臭未干，比不上韩信。郦生说：骑将冯敬。汉王说：也比不上灌婴。郦生说：步将项他。汉王说：也比不上曹参。有曹参在，我就不用担心了。汉王于是任命韩信为左丞相，率军攻打魏国。韩信进兵，摆开船只想要渡过临晋，魏国聚集军队抵挡。韩信安排一支军队偷偷从夏阳这个地方用木罂送军队渡过河，偷袭安邑，俘虏了魏王豹，接着进兵攻打赵国。**汉军于是与楚军在荥阳对峙。楚军包围了汉军，汉王采用陈平的离间计才得以逃出**汉军被包围后，汉王着急地问陈平：有什么好计策突围吗？陈平说：项羽手下正直的大臣像亚父范增、钟离末之类的不过只有几个。只要大王能够拿出几万斤黄金给我，我使用反间计，离间他们君臣的关系，让他们彼此间产生疑心。项羽为人喜欢猜忌，听信谗言，一定会被离间，杀死自己亲信的大臣。汉军趁势举兵进攻，一定能打败楚军。汉王于是拿四万斤黄金给陈平，让他任意使用，不问进出数目和用处。陈平用许多黄金行反间计，在楚军中到处散布谣言说大将钟离末等人为项王立下很多战功，然而却不能获得分封土地。他们想与汉王连成一气，灭了项王，瓜分项王的土地。项羽果然起了疑心，派使者到汉军刺探。汉军为使者准备了上好的餐具和食物。献上后立即假装惊异道：我以为是亚夫范增的使者，原来是项王的使者。又把上好的餐具和食物拿走,用很差的食物招待楚军使者。使者回去后,把一切情况都报告给项王。项羽对亚父范增起了很大的疑心。亚父着急攻打汉王,项王却不相信他。亚父听说项王怀疑自己,于是说:天下的事情已基本上定下来了,大王你自己完全可以应付。希望大王允许我告老还乡。项王答应了他。**汉王回到关中招募军队,想要再次向东进攻。辕生劝汉王出兵宛、叶之间,引项羽南渡黄河,使韩信等人有机会在黄河以北集结。汉王听从他的建议,出兵宛、叶间,项羽果然引兵南渡黄河,和辕生的设想一样**辕生劝汉王说:汉军与楚军在荥阳、成皋相持了几个月,汉军一度被困。希望大王您能派兵出武关,项王一定会引兵南渡。大王你再深挖壁垒,令荥阳、成皋两地的士兵轮换着休息,让韩信等人有机会在黄河以北赵地集结,大王再移兵荥阳。这样,楚军要防御的地方就多了,力量就会分散。而汉军却得以休息,再与楚军决战,一定能攻破楚军。汉王听从了他的计策,进军宛、叶之间。项王听说汉王在宛驻军,果然率领军队南渡黄河,就像辕生计策所说的那样。**韩信和张耳率领几万军队,东下井陉,胜利攻下赵地。于是韩信报告汉王,请求立张耳为赵王,安抚赵国的百姓。汉王答应了**起初,赵王与成安君陈余听说汉军要袭击赵地,便在井陉路口集结军队,准备抵抗。广武君李佐车劝说道:听说汉将韩信渡过西河,俘虏了魏王,擒住了夏说,新近又在阏与打了胜仗。现在又加上张耳,打算联合攻打赵国。这是乘胜到自己的国土之外挑战,他的锐气势不可挡。我听说千里行军必然缺少粮食,战士面有饥色;整天打柴草做饭,军队吃不饱。现在井陉的道路上,战车不能够并行,骑兵不能够排成行列。要行军数百里,一定需要军粮在后面随行。希望将军您借给我三万精兵,从小道出发,截断汉军的粮草物资。将军您深沟高垒坚守营地,不与他们交战。这样汉军向前不能进行战斗,后退又不能退兵。我用奇兵绝其后路,使他们在野外找不到可以掳掠的食物。不到十天,我就可以把两位将领的脑袋交到将军帐下。希望将军您能考虑我的计策,不然,一定会被这两人擒住。成安君陈余没有听从广武君的劝告,计策未被采用。韩信听说后大喜。于是放心进军,攻破了赵国。赵国被攻破,韩信下令军中士卒不得杀害广武君李佐车,有能够活捉广武君的,赏金一千。战争结束后,有人便把广武君押到韩信帐下。韩信为他解开绳子,以敬师之礼对待。问广武君:我想要向北攻打燕地,向东讨伐齐地,如何才能成功?广武君推辞拜谢说:我知道俗话说得好,打了败仗的将领,不可以跟他谈论勇敢;亡国的卿大夫,不可以跟他谋划关系国家存亡的大事。现在我只是败军的一个俘虏,怎么能够帮你权衡国家大事呢?韩信说:我听说百里奚居住在虞国,后来虞国灭亡了。他

卷四 霸纪上

又住到秦国，秦国却能够称霸诸侯。这不是说百里奚在虞国的时候笨，在秦国就聪明了。只不过是君主用与不用、听与不听的问题。假使成安君陈余听了你的计策，我韩信早就被生擒了。我倾心听从你的计策，希望你不要推辞。广武君说：我听说有句话叫"智者千虑，必有一失；愚者千虑，必有一得"。所以说狂妄人所说的话，圣人也可能有选择地听取。虽然我的计策未必有用，但愿能够向您献上我的愚忠。成安君陈余有百战百胜的计策，一旦失算，就军败鄗下，身死泜水边。现在将军您渡过西河，俘虏了魏王，在阏与又擒获了夏说，一举攻下了井陉，没多久就打败了二十万赵军，杀了成安君陈余，名闻海内，威震天下。种田的都停下耕作，妇女们都放下织机，准备好美丽的衣服、甘甜的食物，竖起耳朵等候您的吩咐。像这些，是将军您擅长的。然而将士疲惫，实际上已经无法再上战场。现在将军您想要带领这些疲惫的士兵去进攻燕国坚固的城池，想战无法战，攻城又攻不下，情势危急，一旦时间长了，粮食用尽，弱小的燕国还没攻下，齐军必定乘机犯境以显示自己的强大。与燕、齐两国相对峙却拿不下，楚、汉也无法分出高下，这便是对将军不利的地方。我愚笨，认为这样对将军大大不利。善于用兵的人不拿自己的短处进攻别人的长处，而是用自己的长处去进攻别人的短处。韩信说：如此我该怎么办呢？广武君说：现今从将军的角度出发，倒不如按甲休兵，先安定赵地，安抚赵地孤弱之人，您的善政一旦在赵地传开，数百里以内的地方，每天都会给您送来肥牛、美酒犒赏您的士兵和将帅。您先派兵守住北边通往燕国的要道，然后派遣能言善辩之士往燕国下书，在燕国面前一展自己的长处，燕国一定不敢不归顺。燕国归顺以后，再派一个能言善辩之士向东到齐国劝说，齐国一定顺风归附。即使是有大智慧的人，也不知道怎样为齐国谋划了。这样，就可以图谋天下了。用兵之道本来就有先虚张声势而后凭借实力开战的，就是这个道理。韩信点头说：好。于是便按照广武君的计策，先后派使者到燕国和齐国，两国果然很快归顺了韩信。

  十二月，汉王在成皋与楚军相持不下，打算犒赏军队后继续作战。郎中郑忠进谏说："我建议大王你挖好深沟高垒防守，不要与楚军作战。然后偷偷派刘贾协助彭越绕道进入楚地，焚烧他们的粮草，这样楚军一定不攻自破。"此时项羽正向东攻击彭越的部队，留下曹咎守成皋。汉军在荥阳、成皋已经多次被楚军包围，正打算放弃成皋以东的地方，驻守到巩、洛地区，转换策略对抗楚军。郦食其向汉王献计，建议不要移兵。汉王听从了他的计策，决定坚守成皋郦食其劝汉王：我听说，懂得老百姓是天的道理，称霸天下就可以成功。反之，就一定会失败。做君主的以老百姓为天，而

霸图第十七

老百姓以食为天。敖仓这个地方,长久以来一直作为天下转运的枢纽。我听说敖仓那里储藏的粮食很多。楚军攻下荥阳,没有守好敖仓就率兵向东进发,仅安排少量士兵把守成皋。这是上天在帮助汉王。现今楚军给我们留下了进攻的机会,而汉军反而自己放弃有利时机,这是大错特错了。况且一山难容二虎,楚汉长期对峙,分不出高下,百姓骚动不安,天下局势动荡,农夫无法安心耕种,妇女无法安心纺织,天下人心不定。希望大王你赶紧再进兵,收复荥阳,占有敖仓的粮食,堵住成皋的险要之地,把守太行山的要道、飞狐隘口和白马渡头。向天下显示你强大的军事实力,那么天下人都知道应该如何选择了。现今燕、赵之地已经平定,只有齐地还没有攻下。齐王田广拥有千里之地,大将田间统率二十万军队驻扎在历城之下。几个田姓宗族势力强大,背靠大海,又有黄河、济水作屏障,南边靠近楚地,人都善变狡诈。大王你即使派几十万人马,也不可能一年半载攻下。我请求作为你的特使去游说齐王,使齐地成为汉的东部属国。汉王说:好。于是汉王便按照郦食其的谋划,重新坚守敖仓。然后又派郦食其出使齐国。郦食其劝齐王田广说:大王你知道天下将归谁吗?齐王说:不知道。郦食其说:大王你能够看清楚天下将来归谁,齐地就能够得以保存,为你拥有。如果大王你看不清形势,那么齐地就很难保全。齐王问:那天下将来究竟归谁?郦食其回答:天下将来属于汉王。齐王接着问:先生凭什么这么说?郦食其说:汉王和项羽并力向西攻秦,约定先进入咸阳的为关中王。汉王先进入咸阳,项羽却不遵守约定,不支持汉王做关中王,而让他做汉王。后来项羽放逐并杀害了义帝,汉王听说后,即调集汉中的军队为义帝复仇,讨伐三秦,出武关,寻找义帝的坟墓所在,招集天下的义军,拥立六国诸侯王的后代。汉王攻下城池后,就以侯爵来封赏有功将领;获得财物后,就分给自己的手下,与天下人共同分享他得到的好处。英雄豪杰都乐意为他所用。各路诸侯的军队从四面八方来归顺汉王,蜀、汉的粮食用成千上万只船装着送来作为军饷。项羽有背弃约定的恶名,杀害义帝的罪过,对于别人的功劳从来不放在心上,对于别人的过错却念念不忘;将领打了胜仗也得不到奖赏,攻下城池也得不到封爵。在项羽军中,不是项氏家族的人就不能执掌大权。替人家刻好了官印,项羽却不舍得授给官职;攻下城池获得好处,也不肯把积蓄的钱财赏赐给有功之臣。天下的人都背叛他,贤能的人因为得不到重用都埋怨他。所以天下有才能的人都归附了汉王,汉王坐在那里就可以指点江山了。汉王从蜀、汉之地出发,平定三秦。又渡过西河,攻克上党的军队。攻下井陉的要道,惩治成安君陈余的罪责。向北攻破魏国,攻克魏国三十二座城池。这是像蚩尤那样的神兵,不是人力能做到的,是上天赐予的福气所致。现在汉王已经占有了敖仓的粮食,堵住了成皋的险要之地,把守住了太行山的要道、飞狐隘口和白马渡头。天下不愿意归顺的一定会灭亡。大

卷四　霸纪上

王你赶紧早做打算，先归附汉王，齐国的社稷就能保全。不归附汉王，危险灭亡的事情马上就到了。田广认为郦食其说得好，于是听从了他的劝说，撤了历城守卫的兵将。淮阴侯韩信趁机连夜引兵渡过黄河，到达平原，偷袭齐国。齐王因此烹了郦食其，带领军队向东逃走。当初，郦食其拜见还是沛公的刘邦时，刘邦正倚在床上让两个女子替他洗脚。郦食其进来，只拱手作揖，不下拜，说：你是想要帮助秦朝打诸侯，还是想率领诸侯打秦朝呢？刘邦大骂：愚蠢的书生！天下的老百姓已经被秦朝的暴政欺压太久了，所以诸侯们才相继起来反抗秦朝，怎么说我要帮助秦朝打诸侯呢？郦食其说：如果你想聚集义兵诛伐无道的暴秦，就不应该如此傲慢，坐在床上接见长者。于是刘邦马上不再洗脚，起身向郦食其谢罪。项羽率军向东进军之前，曾嘱咐曹咎：“汉军来挑战，千万不要出战，你只要做到不让汉军向东进兵就可以了。”曹咎没有听项羽的话，出战，身死，汉王于是得以进兵拿下成皋汉军挑逗曹咎出战，楚军坚守不出。汉军派人辱骂曹咎好几天，终于激怒曹咎。曹咎引兵渡汜水，刚渡到河中间，汉军就开始进攻，楚军大败。汉军把楚国的财宝货物都抢了过去。项羽听说曹咎被打败，于是回师广武，在那里建了一座高坛，把刘邦的父亲太公放在高坛之上，威胁刘邦。汉王刘邦派遣侯公游说项羽，请求放回太公。于是项羽与汉王订立盟约：平分天下，划鸿沟以西归汉，以东归楚。项羽放回汉王的父母及妻子吕氏。议和已成，项羽撤军东归，汉王也想撤军西归，张良说：“汉拥有天下大半的土地，诸侯也都归附了。现在楚军疲惫，粮草也耗尽了，这是上天赐予的灭亡楚军的大好时机，不如趁着楚军东归的机会一举灭了楚军。”汉王听从了张良的建议，派兵追击项羽。又和齐王韩信、魏相彭越约定时间，一起会合进攻楚军，结果二人都没能按期来会合。后来还是张良使计，韩信等人才都发兵，一起把项羽围困在垓下，消灭了项羽汉王问张良：如果诸侯不听我的，不愿意联合进攻项羽，怎么办？张良说：楚军将要被打败，而韩信、彭越等人却没有分得土地，他们不来本是应当的。大王如果答应和他们共同拥有天下，就可以吸引他们马上过来。齐王韩信自立为王，不是大王您的本意，韩信自己的地位也不稳固。彭越本来是您派去平定梁地的，当初，大王因为魏王豹是魏国后裔的缘故，只能拜彭越做魏国相国来辅佐魏王豹。现在魏王豹已死，彭越正觊觎魏王的位子，而大王你却不趁早做决定。现在大王可以和二人约定，一旦击败楚国，就把睢阳以北到谷城的土地分给彭越，封他为王；把自

霸图第十七

陈以东近海的土地分给齐王韩信。韩信的老家在楚地,他早就想重新得到故乡的土地。如果大王能答应把这些土地分给此二人,使他们为自己作战,那战胜楚军就很容易了。汉王听从了张良的计策,派使者出使齐国、魏国,韩信、彭越、刘贾等果然马上都率军而至,将项羽围困在垓下。

　　汉王刘邦登基,称为汉高祖。他先定都洛阳,后来采用娄敬的计策,迁都长安娄敬劝汉王说:陛下定都洛阳,难道是想和周王室一样兴盛吗?刘邦说:是的。娄敬说:陛下得天下与周王室不同。周的祖先后稷,尧时被封于邰,行善积德十余代。周文王先祖公刘因为逃避夏桀的残暴,定居于邠。周太王亶父因为戎狄的侵扰离开邠地,百姓都拄着拐杖、骑着马匹,扶老携幼随太王一起迁居西岐,争着归附他。等到周文王做西伯的时候,以审断虞、芮的诉讼为标志,周开始成为天命所归。吕望、伯夷从滨海的地方来归顺文王。武王讨伐商纣,没经过事先约定,就有八百诸侯在孟津渡口会合声援,都说应该讨伐商纣王。于是周武王顺势灭了商朝。周成王登上王位时,周公旦等人辅佐他,建成周的东都洛邑,把这里作为天下的中心。四方的诸侯都向周王朝纳贡称臣。事理非常公平,有德行的人被重用,容易得到爵位,没有德行的人也很快会自取灭亡。凡是居住在洛阳的人,都希望周王室用德行来管理百姓,不希望周王室单单依靠险要的地理位置称王,使其继承人骄奢淫佚,虐待百姓。到周王朝全盛的时候,普天之下,民风融洽,四方蛮夷民族都仰慕周王朝的德政教化,纷纷前来依附,共同治理天下。全国不囤积一粒粮食,不养一兵一卒,四方夷族大国的百姓都甘心臣服,纳贡称臣,为周王室效力。等到周王室衰落,分成东西二周,天下诸侯都不来朝见,周王室也无法控制。这不是周王室的德行薄,是势力变弱了。现在大王你从丰沛起兵,召集义军三千人,带领这些人东奔西战,席卷蜀汉之地,平定三秦,与项羽会战荥阳,争夺成皋,进行了七十多次大战,四十多次小战,使天下的百姓肝脑涂地,父子的骨骸遍布荒野,不计其数。百姓的哭泣之声一直没有断绝,受伤的士兵还没有好起来,而大王却想与周成王、周康王的盛世相比,我认为这是不能等同的。秦地群山包围,黄河环绕,四面边塞坚固,即使突然有紧急情况发生,也可以马上召集到百万大军应付,这正是天府之地。如果陛下能进入武关,定都长安,太行山以东即使发生叛乱,秦朝的旧地也可以保全。与别人决斗,不扼住别人的咽喉而是去抓他的后背,这是不能取得最后胜利的。现在如果陛下入关,定都长安,控制住秦朝的旧地,这也就是扼住了天下的咽喉,并且也抓住了天下的脊背。高祖刘邦拿这件事询问群臣的意见。群臣都说自己是太行山以东的人,周王室拥有天下七百多年,而秦朝只两代就灭亡了,不如定都洛阳。洛阳东面有

卷四　霸纪上

成皋,西面有崤山、渑池,背靠黄河,面向伊河、洛水。有山川之险,足以固守。留侯张良说:洛阳虽然有这样的坚固屏障,但它太小,不过几百里的地方,土地贫瘠,容易四面受敌,这不是适合行军打仗的城邑。而关中左边是崤山、函谷关,右边是陇、蜀的群山,拥有肥沃的田野上千里,南面有富饶的巴、蜀之地,北边连接胡地,可以有放马牧羊的便利。关中三面有屏障而只需把守一面,向东又可以制约诸侯。诸侯安定,黄河、渭水的漕运就能正常运输全国的货物,向西供给京师;如果诸侯发生叛乱,大军可以顺流而下,可以保证及时到达。这就是通常所说的"金城千里,天府之国"。娄敬的说法是正确的。于是高祖听从了娄敬、张良的提议,当天便起驾向西,迁都关中。**有人告发楚王韩信谋反,刘邦采纳陈平的计策擒住了韩信,将他废为淮阴侯**韩信谋反后,高祖向各位将领询问如何应对,将领们说:应当迅速派兵讨伐这个小子。高祖默不作声。又问陈平,陈平说:有人上书说韩信谋反,还有其他人知道吗?高祖答道:没有。陈平又问:韩信知道他被举报谋反这件事吗?高祖回答:不知道。陈平问:陛下的精锐部队与楚军相比哪个更强?高祖说:楚军更强。陈平又问:陛下的大将,用兵有比韩信更好的吗?高祖说:没有。陈平说:现在朝廷兵比不上楚军精良,将又赶不上韩信,贸然派兵攻打楚军,这是自讨苦吃,我很为陛下担心哪。高祖问:那该怎么办?陈平回答:古时候天子常出巡各地,会见诸侯。南方有云梦泽,陛下可以考虑到那里出巡,假装去游云梦泽,实际上和诸侯相约在陈地相会议事。陈地正好位于楚国西部边界。韩信听说你喜欢出巡,势必会到郊外迎接拜谒,趁他拜谒陛下的时候可以趁机抓他,这只需要一个大力士就可以把他办了。高祖认为这个计策不错。于是派使臣通告各诸侯,高祖要出巡云梦泽。随后高祖就出发赶往云梦泽。韩信果然在路上迎接。高祖预先埋伏好武士,看到韩信过来拜见,立即捆了起来。大夫田肯祝贺高祖道:太好了,这样陛下既捉住了韩信,又解决了秦中的问题。秦国,是地势优越的地方,有黄河、太行山的险要作为屏障,南北相隔上千里,士兵百万,秦朝拥有天下十分之二的地方。这里地势便利,如果从这里派兵攻打诸侯,就好像站在高台上往下倾倒瓶里的水一样势不可挡。齐地,东有富饶的琅琊、即墨,南有险固的泰山,西边有浊河为界,北有渤海可以便利出海,方圆二千多里,军队百万,南北相距上千里,齐国拥有天下的十分之二。这其实相当于东西有两个秦国,不是自己亲近的子弟,不可以放心封为齐王。高祖说:对。于是赏赐给田肯黄金五百斤。**陈豨做代地的相国,同韩信、王黄等人一起谋反,陈豨自立为代王,高祖亲自率军讨伐,平定了叛乱**高祖赦免了赵、代两地被陈豨牵连的小官和百姓,赵国丞相上奏请求杀死常山的郡守和县尉,

霸图第十七

说：常山以北有二十五座城池，陈豨谋反后，就有二十座城池失守。高祖问道：郡守、县尉都谋反了吗？赵国丞相回答说：没有谋反。高祖说：是他们没能力守住这些城池。于是高祖赦免了他们，重新让他们做郡守、县尉。高祖到了邯郸，高兴地说：陈豨不在南面据守漳水，不在北边守住邯郸，我看他是个无能的人。又问大臣周昌：赵地也有可以封为大将的人才吗？周昌回答：有四人。四人进见，高祖谩骂道：这些小子能做大将吗？但还是封给他们四个每人一千户，拜为大将。身边大臣进谏说：自从进入蜀汉，攻打楚国，还有很多有功劳的都没有论功行赏，现在这四人凭什么得到这样优厚的封赏？高祖说：你们不懂。陈豨谋反后，邯郸以北都被他占了。我征召天下军队共同讨伐陈豨，却没有人来，现在只有邯郸城出兵，我怎能吝啬四千户的封邑，赏这四个人，实际是安慰赵国百姓的心哪。群臣都说好。于是高祖又问：陈豨有哪些大将？回答道：王黄、曼丘臣，都是以前的商人。高祖说：我知道了。于是分别悬赏千金捉拿王黄、曼丘臣等人。王黄、曼丘臣等的手下被人收买，投降后都得以生还。因此陈豨的军队大败。起初，韩信知道汉王刘邦担心自己的能力太强，便与陈豨密谋造反。高祖亲自带兵攻打陈豨，韩信称病没有随行，想要趁机起事。韩信的一个舍人得罪了韩信，韩信囚禁了舍人，准备杀掉他。舍人的弟弟把韩信要谋反的事告诉了吕后，吕后想要召见韩信，又怕他的同党不肯就范。于是与丞相萧何商量，让人谎称从高祖那里来，说陈豨已经被杀死了，诸侯群臣都来祝贺。萧丞相欺骗韩信说：你即使有病，也应该进宫祝贺啊。韩信听信了萧何的话。等他一进宫，吕后便派武士捆了韩信，在长乐宫把韩信杀了。**尉佗在南越称王谋反，高祖便派陆贾赐给他印绶，封他为南越王，要求他向汉朝称臣，服从汉朝的管理**陆贾到达南越后，尉佗对他很傲慢，散乱着头发叉开双腿席地而坐接见他。陆贾趁机劝他：你是中原人，亲戚、兄弟、祖坟都在真定。现在你违反人的天性，舍弃帽子和衣带，甘心做蛮夷，想要靠小小的南越与天子分庭抗礼，看来祸患马上就要落在你身上了。况且秦朝因为政治混乱才失去了政权，各地诸侯相继起兵，唯独汉王能够先入武关，占据咸阳。项羽背弃约定，没有封他为关中王，而是自立为西楚霸王，诸侯都归附他，可以说是足够强大了吧。然而汉王从巴、蜀起兵，横扫天下，制服诸侯，杀掉项羽，灭了西楚。在五年之内平定四海，这不是人力能办到的，而是上天要汉得天下。天子听说大王在南越称王，却不去帮助天下人铲除残暴的秦朝，就想要派兵来灭了你。不过天子怜悯百姓刚经受了刀兵之灾，所以暂且休兵，派我作为使者封你为南越王，赐给你印绶，和你建立君臣联系。大王你应该到郊外迎接我，向北称臣。可是你却想凭借羽翼未丰的南越勉强在这里称强。汉朝如果听到这件事，一定会挖

卷四　霸纪上

开你祖先的坟墓，诛灭你的宗族，然后派一个偏将带十万大军兵临南越讨伐，那么南越人自己就会杀死你，归降汉朝。这只是易如反掌的事罢了。听到这里，尉佗突然站了起来，向陆贾道谢。陆贾于是授给尉佗印绶，胜利回朝。当初，南海尉任嚣病危，在临死之前召见龙川令尉佗，对他说：听说陈胜叛乱，天下豪杰纷纷背叛秦朝，各自独立。番禺北有山岭为屏障，南有南海作为依托，东西纵横几千里，如果有中原人辅佐，你就可以成为这个地区的君主，建立国家。于是让尉佗接任东海尉。为任嚣送葬后，尉佗发布檄文告诫各郡：强盗的军队马上就要到了，大家应该迅速切断道路，招集军队自保。又一步步杀死秦在南越设置的官吏，用自己的同党担任代理郡守，自立为南越武王。汉高祖在位十二年后驾崩，享年六十二岁。

惠帝即位，吕后临朝听政吕后听政时，陈平退朝闲居，整日思索。陆贾问：您为什么整日思索？陈平说：先生猜猜我在思考什么呢？陆贾说：先生您位居上相，是有食邑三万户的侯爵，可以说是富贵至极，没什么好求的了。如果您有忧虑，也不过是担心吕氏家族和年少的君主争权罢了。陈平说：你说得对。但是该怎么办呢？陆贾说：天下太平的时候，人们关心丞相的举动；天下危急的时候，人们才会关心大将的举动。如果将相和睦，那么士人就会诚心归附；士人诚心归附，那么天下即使发生动乱，权力也不会分散；权力不分散，那么国家就掌握在您和太尉两个人手中。丞相您为什么不交好太尉周勃呢？陈平采纳了陆贾的计策，后来竟然诛灭了吕氏家族。起初，吕后驾崩，大臣准备诛杀吕氏家族。当时吕氏家族的吕禄担任北军统帅，太尉周勃的部队无法进入北军防区。郦商的儿子郦寄与吕禄交好，于是陈平派人劫持郦商，让他的儿子郦寄去劝说吕禄。吕禄相信了郦寄的话，与他一起出游，太尉才得以进入北军防区，诛杀了吕氏。

到汉景帝时，吴、楚两地谋反。景帝派兵征讨，平定了吴、楚叛乱汉景帝派太尉周亚夫向东攻打吴、楚，周亚夫问父亲周勃的门客邓都尉：应当采取什么策略平叛？邓都尉回答：吴国的军队很精良，难与争锋；楚国军队轻佻，不能长久作战。现在为将军考虑，不如率军东进，在昌邑修筑工事坚守，先让梁国抵挡吴国，吴国军队一定全力攻打梁国。将军深挖战壕，加高城垒，派少量士兵挖开淮河、泗水堤坝，淹没吴国的粮道。等吴、梁两国互相攻击到吴国粮食枯竭，我们再全力攻打疲惫的吴军，一定能取胜。条侯周亚夫说：好！于是周亚夫上奏汉景帝：楚兵骠悍勇猛，难以与它争锋，希望借助梁国的帮助，我军乘机断绝楚兵粮道，才可以制服他们。汉景帝答应了他的请求。周亚夫到荥阳时，吴军正在急攻梁地。梁地危急，请求救援。周亚夫不理，径直率军奔荥阳东北的昌邑，深挖壁战壕，加高城垒坚守。梁王派使臣向周亚夫求救，周亚夫

霸图第十七

坚持对作战有利的行动，不去救援，也不出战，而派弓高侯等人带兵驻扎在吴、楚军的后面，断了他们的粮道。吴、楚军缺粮，士兵饥饿，想撤军，多次挑战，周亚夫的军队始终不出战。吴、楚军中已经缺粮难支，只得带兵撤退。周亚夫派出精锐部队追击，大败吴、楚的军队。汉景帝驾崩，太子刘彻即位 即汉武帝。汉武帝驾崩，他的儿子刘弗陵即位 即汉昭帝。霍光受命辅佐汉昭帝处理政事，上官桀担心霍光得宠，独揽大权，便谎称皇帝哥哥燕王刘旦的名义上书，说霍光到上林苑游玩，却声称是帝王出行，清道戒严，又私自调动校尉。汉昭帝不相信。后来上官桀谋害霍光的事情暴露，被处死。汉昭帝驾崩后，立汉武帝的孙子昌邑王刘贺为帝 刘贺是昌邑哀王刘髆的儿子，在位二十七天，做的违反礼仪的事就有一千一百二十七条，霍光便将刘贺废为海昏侯。昌邑王刘贺被废后，霍光又立汉武帝的曾孙刘询为帝 即汉宣帝，是汉武帝之子卫太子刘据的孙子。汉宣帝驾崩，立太子刘奭为帝 即汉元帝。汉元帝驾崩，立太子刘骜为帝 即汉成帝。成帝把政权托付给舅舅王凤等人执掌，同一天封王凤兄弟五人为侯，号称"五侯"。五侯都掌握大权。汉成帝驾崩，立汉宣帝的孙子、定陶恭王的儿子刘欣为帝 即汉哀帝，汉哀帝即位六年后驾崩，没有子嗣。汉哀帝驾崩，立他的弟弟中山孝王刘衎为帝 即汉平帝。平帝年幼，被王莽毒死。平帝驾崩后，王莽又立汉宣帝的玄孙刘婴为帝 这就是孺子婴。后来王莽废掉刘婴，自立为皇帝。

伪新朝皇帝王莽，是汉成帝的舅舅王曼的儿子，汉元帝王皇后的侄子。元帝驾崩后，汉成帝即位，拜大舅王凤为大司马，王凤的同族兄弟五人都被封侯爵 汉元帝的皇后是魏郡王禁的女儿。即汉成帝的母亲。汉成帝即位后，王凤执掌大权，兄弟五人同一天被汉成帝封为侯。王曼死得早。王凤临死前，把侄子王莽托付给太后 太后也就是王莽的姑姑，王莽得以封为新都侯。五侯争先恐后地建造超越侯爵礼制的华丽宫室。王莽年幼就没了父亲，很贫弱，虽然家族势力庞大，但他屈己下人，对人恭敬，做事谨小慎微。当时的名士都为王莽说好话，汉成帝因此认为王莽很有才能，便拜他为侍中 王莽结交朝廷的将相，收罗供养名士，赈济施恩于宾客，所以有浮名，在士人当中的威望远远超过了他的几个叔伯父。当时，汉成帝废掉了许皇后，立赵飞燕为皇后，立赵飞燕的妹妹为昭仪。昭仪谋害了后宫皇子，导致汉成帝没了子嗣，于是立定陶恭王刘欣为皇太子 刘欣是汉宣帝的孙子，汉成帝弟弟的儿子。起初，

卷四 霸纪上

刘欣的祖母傅太后暗地为他谋求做汉朝的继承人，私下里求赵皇后和昭仪以及汉成帝舅舅王根等人，因此他们一起劝汉成帝立刘欣做皇太子。王莽因为告发定陵侯淳于长与许贵人勾结的事，被拜为大司马起初，淳于长同许皇后姐姐许孊私通，许孊贿赂淳于长。淳于长答应禀明汉成帝，封许孊为左皇后。当时，王根辅政，但因为长期有病，便让淳于长代理王根的职务。王莽担心淳于长得宠，私下里跟王根说：淳于长同许贵人暗中勾结，看到将军长期生病，暗中欣喜。王根很愤怒，让王莽举报淳于长。淳于长因此入狱死去，当时年仅三十八岁。汉成帝驾崩，哀帝即位，立傅后做皇后傅后就是皇帝祖母定陶恭太后的侄女，封傅皇后的父亲傅晏为孔乡侯，封哀帝的母亲丁后为恭皇太后，封哀帝的舅舅丁明为安阳侯。看到如此情形，王莽请求告老还乡，躲避丁、傅两家的锋芒。哀帝驾崩时，王莽以侯爵的身份在家养老。太皇太后命令王莽出山主持丧事太皇太后，就是汉元帝的皇后。又封他做大司马。汉哀帝没有后代，便征召中山王为帝即汉平帝。平帝名叫刘衎，是中山孝王的儿子。太皇太后临朝听政，王莽独揽大权，文武官员统一听命于王莽归附顺从王莽的人就可以得到提拔，忤逆怨恨他的人就被杀死。王莽重用王寻、王邑作自己的心腹，甄丰、甄邯主管刑罚，平晏主管机要，刘歆掌管礼乐法度，用孙建作亲信，他们都凭自己的本事才获得如此显要的官职。王莽外表矜严，言谈正直，想要做什么事情，略微露点眼色，手下就迅速按他的意思奏明平帝。王莽假意反复推让，好像很是迫不得已，对上可使太皇太后感动，对下能够取得百姓的信任。越常氏辗转献上白野鸡一只、黑野鸡两只，王莽的党羽鼓吹这是应了贤臣周公的祥瑞。王莽暗示益州上书群臣，群臣再上奏，说他王莽功劳德行可同周公相比，应赐予"安汉公"的封号。汉平帝驾崩，王莽征召汉宣帝的玄孙、广成侯三岁的儿子刘婴，立为皇帝。于是王莽图谋摄政，像周公辅政那样当时，汉元帝刘奭没有后嗣，汉宣帝有玄孙五个人。王莽厌恶汉宣帝最大的曾孙，假托用卜筮的方法选择合适的人，于是立了刘婴。东都太守翟义反叛，失败身死翟义是丞相翟方进的儿子，谋反后立刘信为天子。王莽自认为自己威望功德已经够大，又获得了上天和人民的帮助，便假借铜匮符命的启示，登上帝位梓人哀章进献铜匮装着的符命。王莽九年，赤眉军起义琅邪女子吕母为了替儿子报仇，聚集众人发动起义，号称赤眉军。王莽十四年，光武帝刘秀起兵，同王匡等人一起拥立刘玄为更始皇帝更始帝就是刘秀的同族兄长。刘秀同他的哥哥刘伯升和新市、平

霸图第十七

林兵的起义军领袖王匡等人联合攻打棘阳。王莽派王寻、王邑攻打更始帝的部队。两人在昆阳大败。更始帝的大军于是进入昆阳,城中百姓都投降了。王莽逃到渐台,躲到屋中北墙角,校尉公孙宾于是杀了王莽,把他的头转送到宛地献给更始皇帝。

汉世祖光武帝名刘秀,字文叔,南阳蔡阳人,是汉高祖刘邦的九代孙。王莽末年,天下连年发生蝗灾,各地盗匪蜂涌而起王莽末年,南方闹饥荒,百姓成群结队进入田野、水泽挖荸荠充饥,常常互相争抢。新市人王匡等为他们主持公道,于是大家推举王匡为首领。当时刘玄为逃避官吏的追捕正在平林。当时世祖刘秀到新野逃避官吏的追捕,由于一次到宛地卖谷子,遇到宛人李通,李通用图谶游说刘秀李通的父亲李守爱好图谶。李通平时常听父亲李守说:刘氏复兴,李氏为辅。暗地里记在心上。等到下江、新市人起兵,李通的弟弟李轶便同他商议:现在天下混乱,王莽新朝将要灭亡,汉朝必定再度兴起。南阳的皇族宗室只有刘伯升兄弟博爱宽容,能用人。我们可以和他们共谋大事。李通高兴地说:这也是我的意思。恰巧刘秀在宛地逃避官吏追捕,李通听说后,立即派李轶去迎接刘秀,于是三人相约联合起兵。王莽末年,刘秀与哥哥刘伯升以及邓晨一起到宛地,与穰人蔡少公等人吃饭聊天。蔡少公很通图谶,说刘秀将来会成为天子。有人问:是国师刘秀吗?刘秀大笑说:凭什么知道不是我呢?在坐的人都跟着大笑,邓晨心中暗自高兴。后来他对刘秀说:王莽残暴,不等到秋后处决,盛夏就杀犯人,这正是上天要他灭亡。过去在宛聚会时说的话,难道要应验了吗?刘秀笑了笑。等到刘秀起兵,邓晨立即率军追随他。刘秀于是与李通的弟弟李轶在宛起兵,刘秀的哥哥刘伯升在春陵起兵,邓晨在新野起兵,各路义军会合到一起攻打长聚。新市王匡等人立刘玄为天子,杀害了刘伯升刘玄,字圣公,是世祖的族兄。曾经为躲避官吏的追捕逃到平林,王匡等人拥立他称帝。起初,王莽篡夺汉朝天下,刘伯升经常忿懑不平,心怀匡复社稷的念头,因此不能专心经营家中的产业,倾家荡产去结交天下英雄豪杰。王莽末年,盗贼蜂拥而起,刘伯升召集众豪杰商议起兵。派宾客邓晨在新野举兵,刘秀、李轶在宛起兵,刘伯升起兵春陵,手下子弟共计有七八千人,安排门客统领,自称是"柱天都部"。又派刘嘉利诱新市、平林兵首领王匡、陈牧等人合军前进,一起拿下长聚。各位将领一起商议立刘氏兄弟为首领,豪杰都想归附刘伯升。但是新市、平林的将帅行事放纵,害怕刘伯升的威严圣明,贪图刘玄胆小懦弱,好控制,就预先制定计策,立刘玄为帝,然后召见刘伯升告诉他这件事。刘伯升说:各位将帅要尊立汉朝宗室,真是有德

卷四　霸纪上

之人。以我的愚见，私下里有不同意见。现在赤眉军发动青州、徐州地区的几十万人起兵。如果他们听说南阳军队立了汉朝宗室为帝，恐怕会另立一个君主。这样的话，义军就会自相残杀。现在王莽还没有消灭，而宗室之间却相互攻伐，这是让天下人怀疑我们自己争权夺利，并不是真心讨伐王莽的。况且首先起兵称立帝号的，很少能最后成功的，陈胜、项羽就是这样的例子。春陵离宛仅三百多里罢了，我们还没攻下几座城池，就急忙尊立皇帝，成为众矢之的，让后来起兵的人挑我们的毛病，这不是一条妙计。但事已至此，我们姑且先称王自立，发布号令，如果赤眉军拥立的君主更贤明，那我们就一起去归顺他；如果赤眉军没有拥立君主，等到打败王莽以后，铲除赤眉军，然后再拥立皇帝也不迟。希望大家好好考虑考虑。各位将领没有听从刘伯升的意见，坚持立刘玄为帝。因为这件事，天下豪杰大失所望。刘伯升的部将刘稷勇冠三军，听说大家拥立刘玄为皇帝，愤怒地说：本来最早起兵谋划天下大事的是刘伯升兄弟，更始皇帝又是干什么的？更始帝君臣听说这件事后，内心十分忌惮刘稷，于是派了几千士兵捉拿刘稷。准备杀刘稷的时候，刘伯升据理力争。李轶、朱鲔趁机劝更始帝把刘伯升也一起抓了，当天就杀害了他俩。李轶与刘秀便有了仇怨。后来李轶让冯公孙送秘信给刘秀，请求效忠。大家都劝刘秀收留他，刘秀把李轶的信给众人看，说：李轶的信中有许多诡诈之词，让人不能相信。现在我们就把李轶的信交给郡守、太尉。信的内容大白天下后，朱鲔便派人杀了李轶，**建号更始元年。更始帝刘玄封刘秀为偏将军，派他攻打昆阳。王莽听说起义军拥立汉朝宗室为帝，非常害怕，派大司徒王寻、大司空王邑率兵百万去昆阳讨伐刘秀，被刘秀击败**当初，刘伯升攻下宛地已经三天，刘秀还不知道，假装派人到昆阳城中报信，称"宛地援军到了"，送信人佯装跌倒，把信掉在地上，被人献给王寻、王邑，王寻、王邑看到后便担心起来。刘秀手下的将领们屡战屡胜，士气大盛，无不以一当百，刘秀亲自率领敢死队三千人从城西门冲出，直捣敌军的中军。王寻、王邑的阵营大乱，刘秀率军一鼓作气，急追敌军，杀死了王寻。王莽的军队大败，逃跑的人自相践踏，一直逃了将近一百多里。正赶上风雷交加，大雨倾盆，滍河水暴涨，溢过两岸堤坝，连虎、豹都战战栗栗，淹死的人数以万计，滍河水都因此被堵塞。京畿地区的豪杰共同诛杀了王莽，将他的脑袋转送到宛地献给更始帝刘玄。**刘玄让世祖刘秀担任大司马，北渡黄河，去镇守抚慰北方州郡**半路上，邓禹骑马北渡黄河，追上刘秀。刘秀看见邓禹后，很高兴地说：我有任命官吏的特权，先生远道而来，难道是想要做官吗？邓禹说：不是的。你威望德行已经传遍四海，我邓禹如果能有机会替您效力，将来一定能名垂青史。刘秀

霸图第十七

大笑,于是留邓禹住宿。邓禹进一步劝说道:更始帝定都关西,现在太行山以东地区没有平定,赤眉、青犊之类的起义军动辄数以万计,打着种种旗号成群地聚集在京畿地区。更始帝的军队还没能战胜他们,他们也不会听更始帝的号令。各将领都是从普通人中崛起的,志在求取钱财,争相使用武力,想的只是日夜寻欢作乐罢了,并不是什么忠良明智之士,也没有什么深谋远虑,并没考虑尊立君主,安抚百姓。四面八方分崩离析的局势很明显。你虽有帮助建国与辅佐取天下的大功,恐怕还不能成就大业。当今之计,不如自己招贤纳才,取悦民心,重新恢复高祖的基业,拯救天下百姓。如果你考虑这样做,天下一定可以平定。刘秀听后非常高兴。等到邓禹随刘秀到了广阿,刘秀打开地图指给邓禹看,说:天下郡国如此多,我现在只是得到其中的一个,你以前说只要我想成就大业,天下一定可以平定。为什么呢?邓禹说:现在天下大乱,百姓思念圣明的君主,就像儿子思念母亲。古时帝王能否兴起的原因在于德行的厚薄,而不在于地方的大小。世祖刘秀很开心地笑了。又有叫冯异的劝刘秀说:百姓思念汉朝很久了。现在更始帝手下的各位将领骄横暴虐,所到之处烧杀抢掠,百姓对此非常失望,但没有可以拥戴的明君。现在您在北方有自己决定军政事务的特权,能够为百姓广施恩德。有桀、纣的暴乱,才显示出商汤、周武王的功劳。老百姓长期忍饥挨饿,很容易满足。您应该迅速分派官吏巡查各郡县,审理冤案,广布恩德。世祖采纳了他的建议。**有个叫王朗的人谎称自己是汉成帝的儿子子舆,自立为天子,定都邯郸,派遣使臣让各郡国投降,刘秀剿灭了他**王郎,又名王昌,赵国邯郸人。平时以看相算命为职业,经常认为黄河以北有天子气象。当时,赵缪王的儿子刘林爱好奇门之术,在赵、魏之间行侠,王郎与他交好。当初王莽篡位,长安城里有自称为成帝儿子子舆的,被王莽杀害了。王郎于是称自己才是真正的子舆。更始元年,刘林等人带领数百车辆、马匹,一大早进入邯郸城,拥立王郎为天子。世祖刘秀进攻邯郸,王郎的少傅李立做他的内应,打开城门迎接汉军。于是刘秀攻占邯郸,杀死王郎。刘秀收集公文,其中有官吏与王郎串通毁谤更始帝刘玄的有几千篇。刘秀没有检查,召集各位将领当众烧掉它,并说:这是让那些有反复行为的人安心。**刘秀的威望声誉越来越大,更始帝开始疑虑起来,于是派使臣封刘秀为萧王,命令他罢兵,与各位有功的将领一起返回长安。派遣苗曾担任幽州牧,韦顺担任上谷郡守,一起管理北方的州郡**当时世祖刘秀住在邯郸官中,大将耿弇私下请求见刘秀,说:当今更始帝朝政混乱,君臣淫乱,各位将领在京师外擅自发布命令,贵族外戚在京都里骄横霸道,天子的命令没人听,都出不了皇城门。更始帝任命的州牧、郡守动辄自己调换升迁,百姓

卷四　霸纪上

无所适从，士人无法安心。掳掠财物、抢劫妇女的事时有发生。怀有财宝的人，出了门就担心不能活着回家。百姓扪心自问，反而怀念王莽当政的时候。另外，像铜马、赤眉之类的起义军有几十个，数量达到百万，而刘玄却不能控制，更始王朝的失败为时不远了。将军你首先从南阳举事，攻破王莽的百万大军。现在又平定黄河以北，占据天府之国，兴仁义之师来征战讨伐，只要你发布号令，必定很多人响应，凭借你一纸檄文，天下很快就可以平定了。刘氏得天下是最重要的，不能让外姓得到。听说更始帝的使臣从西面都城过来，想要你休兵，千万不要听从。现在你手下死了很多将士，我愿意回幽州替你多组织精兵，帮助你成就国家大计。刘秀听后非常高兴。耿弇回到上谷，斩杀了韦顺等人。**刘秀推辞，不接受更始帝的册封，并斩杀了苗曾等人。从此以后，刘秀开始脱离了更始政权。与此同时，长安城政治混乱，各地义军纷纷背叛自立，刘秀派兵平定了这些叛乱**梁王刘永在睢阳擅自独立，不受节制。公孙述在巴、蜀称王，李宪自立为淮南王，秦丰自号为楚黎王，张步在琅琊起兵，董宪在东海起兵，岑延在汉中起兵，田戎在夷陵起兵，他们纷纷设置将帅，侵掠周围郡县。又有赤眉、铜马这样的起义军，不计其数。当初，铜马军投降刘秀，又内心不安份。刘秀知道他们的意图后，命令他们各自回营约束兵马，自己骑着马按照行列安排阵势。投降的人都说：萧王对咱们推心置腹，怎能不以死相报呢？因此都诚心归服。刘秀派耿弇去讨伐张步。张步听到消息，就派大将费邑在历下城屯兵，又分一部分兵驻守祝阿，还在太行、钟城布置了几十座军营准备迎击耿弇的军队。耿弇渡过黄河，首先攻打祝阿。从早上开始攻城，没到中午就拿下了。但他又故意让开重围的一角，让祝阿的士兵得以逃往钟城。钟城的人听说祝阿的军队大败，非常害怕，就放弃钟城逃走了。费邑分派他的弟弟费敢把守巨里。耿弇留下部分军队威胁巨里，并派人多砍树木，扬言要填塞壕沟攻打巨里城。几天以后，有投降的人招供说费邑听说耿弇要攻打巨里，打算前来救援。耿弇于是下令：三天后全力攻打巨里城。耿弇暗地里把抓住的俘虏放了，让他们逃回费邑军中。逃回来的人果然把耿弇攻打巨里的日期告诉了费邑。等到攻城那天，费邑果然亲自带兵来救援巨里。耿弇高兴地对各位将领说：我之所以修造攻城的工具，是想引诱费邑前来。现在他来了，正是我想要的。于是分派三千人把守巨里，亲自带精兵登上山岗的高坡，利用高处与费邑军队会战，在阵前杀了费邑。不久，把费邑的头挂到巨里城外示众。城中的人非常害怕，费敢带领全部士兵逃回了张步的地盘。张步当时把都城建在剧地，便派自己的弟弟张蓝把守西安城，各郡太守把守临淄，两城相隔四十里。耿弇进军驻扎在两座城池之间。耿弇见西安城虽小，却异常坚固；临淄城虽大，实际上容易

霸图第十七

攻打。于是下令各部五天后攻打西安城。张蓝听说后,日夜警惕。到约定攻城那天的半夜,耿弇下令各位将领在寝席上进食,天亮时,出其不意地到了临淄城,半天就占领了临淄城。张蓝害怕,率部队逃回剧地。耿弇下令士卒不得随意在剧城抢掠,必须等到张步来了才去攻取,以此来激怒张步。张步听说后大笑,到临淄来攻打耿弇。耿弇先出兵临淄水上,想用骑兵冲击张步的军队。耿弇怕如此一来挫败了张步的锐气,使他不敢前进,所以就故意示弱,助长敌军的气焰,自己率兵回到小城,把军队都埋伏在小城内。张步军队气焰日益嚣张,叫嚣着直攻耿弇的阵营,与刘歆会战。耿弇登上临淄王宫残破的高台上观战,一看到刘歆与张步的部队交锋,自己便带着精兵横冲张步阵营,大败张步。张步逃跑,后来投降了世祖刘秀。张步想招降旧军,耿弇令陈俊追击斩杀,全部平定了张步的部队。

  赤眉军进入函谷关,攻打更始王朝。世祖刘秀派邓禹率兵向西,乘更始、赤眉军混乱之际从中取事赤眉军首领樊崇立刘盆子为天子,攻入长安,杀死更始帝,抢掠关中财物。于是各将领献上皇帝尊号,命主管祭礼的官员在鄗南千秋亭五城陌设立祭坛,世祖刘秀即皇帝位将领们上奏道:汉朝遭遇王莽篡权,宗庙之事废弛,天下豪杰愤怒,百姓处在水深火热之中。大王同您的兄长刘伯升率先举义旗。更始帝刘玄凭借资历占据帝位,却不能承袭汉朝大统,败坏纲纪,盗贼日渐增多,百姓处于苦难之中。大王初战昆阳,打败王莽;后来又攻下邯郸城,一一平定了北方州郡,占据了天下三分之二的地方。大王拥有多个州,土地众多,拥有士兵百万。论武力,没有谁敢跟您抗衡;说文德,人们简直找不到适当的词语来歌颂您。我们听说皇帝之位不能够长时间空缺,天命不能够谦虚推辞,希望大王从国家社稷考虑,顺应百姓的心愿。又有强华捧着赤伏符从关中而来,赤伏符上称:刘秀发兵攻打无道之人,四方蛮夷聚集,群龙斗于郊野,汉朝建立之日起二百二十八年之后,火再次为主。然后刘秀即皇帝位。十月,世祖刘秀驾临东都洛阳,赤眉军投降大司徒邓禹、冯异、刘弘等人征讨赤眉军。冯异说:我先前与赤眉军在华阴对峙,历时几十天,虽然多次擒获敌军勇将,但是余兵还很多,可以用恩义劝说这些士兵投降,用兵攻破就很难。皇上现在令各位将军驻扎在渑池,为了引诱敌军向东逃,我可以率军攻击敌人的西部,一举就可以攻破,这是万无一失的计策。邓禹、刘弘不认同冯异的计策,便与赤眉军展开正面大战。赤眉军假装溃败,抛弃辎重逃跑。在赤眉军扔下的车里都装着土,土上盖着豆子,汉朝的士兵饥饿,争先抢夺豆子吃。于是赤眉军杀了个回马枪,攻击刘弘的部队,刘弘溃败,冯异和邓禹救了他。赤眉军稍微向后撤退,冯异回营坚守,约定日

卷四 霸纪上

期同赤眉军会战。到约定日期的前一天，冯异偷偷让战士换上与赤眉军相同的服装，埋伏在道路两旁。第二天，赤眉军派一万人攻打冯异的先头部队，冯异分兵救援，赤眉军见对手实力不强，于是全力攻打冯异。冯异带领部队与赤眉军展开大战。等到太阳西斜的时候，赤眉军的士气衰落，冯异埋伏在路两侧的伏兵突然出击，冯异军与赤眉军的衣服混杂，赤眉军无法识别，于是惊慌溃败。赤眉军君臣把自己绑了，捧着皇帝的玺绶，向世祖刘秀投降。平定了隗嚣，消灭了公孙述，天下得以安定。公元57年，世祖刘秀在南宫驾崩，时年六十三岁世祖起兵的时候，年仅二十八岁。

世祖刘秀的末代孙汉灵帝重用宦官曹节等人。曹节等人假传圣旨杀害了太傅陈蕃、李膺，并把两人的同党都囚禁起来，这就是党锢之祸。汉灵帝中平九年，黄巾军起义爆发钜鹿人张角自称"大贤良师"，信奉黄老道，招收弟子，联络各个郡县的信徒，约定在三月五日一起起义。黄巾军的叛徒唐周向朝廷举报了这件事，张角仓卒举兵，参与起义的人都头扎黄巾作为标志，因此称为黄巾军起义。汉灵帝驾崩，太子刘辩即位，就是汉少帝。董卓借平定十常侍之乱的时机入朝掌管朝政，废汉少帝为弘农王，立陈留王刘协为汉献帝。后李傕逼迫汉献帝东迁，曹操又挟持汉献帝，把都城定在许昌。曹操死后，汉献帝被逼把帝位禅让给曹丕。

魏太祖武皇帝，姓曹，名操，字孟德，沛国谯地人。汉灵帝时担任主管屯田事务的典农校尉。东汉末年，宦官专权。大将军何进谋划诛杀宦官，太后不答应。于是何进召集四方猛将，让他们领兵向京师进军，想以此恐吓威胁太后陈琳劝何进说：《周易》称"到了山脚下就用不着看林人做向导了"，谚语有"蒙住眼睛捕捉麻雀"的说法，这些都是自欺欺人的做法。连微小的事物都不能靠欺诈得到，更何况国家大事，怎么能够用欺诈的手段达成呢？现在将军你依仗皇上的威严，手握兵权，以龙虎之威雄视天下，决断由心。如果你引兵进京，无异于烧旺炉火却燎了自己的毛发，得不偿失。将军应当速发雷霆之威，当机立断，独揽大权，虽然违背常理，但是符合天理，顺应上天和百姓的要求。但现在你反而放下对自己有利的权力，寻求外部援助。大兵一旦聚集到京师，势力强大的就会称雄，就好像把武器倒着拿，正好把武器送给别人来害自己。这样做一定不会成功，只会导致更大祸患。何进没有采纳陈琳的建议。董卓率军到京师，将汉灵帝废为弘农王，拥立汉献帝，京师大乱。太祖曹操刺杀董卓不成，逃亡出关，到达陈留，散尽

霸图第十七

家财，在己吾起兵。曹操与后将军袁术、冀州牧韩馥、豫州刺史孔伷、兖州刺史刘岱、渤海太守袁绍会盟，合兵数万，推举袁绍为盟主众人设置坛场，共同盟誓。当时名士臧洪举着盘子歃血盟誓道：汉朝宗室不幸，皇纲失统。贼臣董卓，乘乱肆行暴虐，残害皇帝，荼毒百姓。国家政权沦丧，董卓在四海之内剪除异己。兖州刺史刘岱、豫州刺史孔伷等人集合义军，同赴国难。凡是同盟之人，一定齐心协力，尽人臣之义，即使脑袋掉了，也决无二心。有背叛这盟誓的，断子绝孙，死无葬身之地。皇天后土，祖宗神灵，都可以做我们的见证。臧洪在盟坛下慷慨陈词，涕泪横流，听到的人都激动不已，曹操为奋武将军。董卓听说盟军举兵，于是胁持天子迁都长安，留下军队守卫洛阳。司徒王允与吕布联合杀掉了董卓。杨奉、韩暹护送天子返回洛阳。曹操到洛阳勤王，保卫京城，韩暹逃跑了。曹操以洛阳被焚烧、残损破坏为理由，请天子迁都许昌。汉献帝下诏谴责袁绍依仗兵多地广，专门结党营私，不为朝廷效力袁绍当时刚吞并了公孙瓒，兼有四州的土地。袁绍于是进攻许昌，曹操在官渡打败了他，袁绍吐血而死袁绍，字本初，汝南人，任司隶校尉。董卓商议废少帝，立献帝，袁绍没有同意，董卓大怒。袁绍害怕，便把司隶校尉的符节挂在上东门，逃奔冀州。董卓悬赏捉拿袁绍。伍琼是董卓的亲信，暗地里为袁绍游说：废立皇帝的大事，不是一般人能办到的。袁绍不识大体，害怕而逃走，并不是有异心。现在急着追捕他，形势一定会发生变化。袁氏家族树立恩德已经四代，门生旧吏满天下，如果袁绍招纳豪杰，聚集士兵，起兵谋反，那样太行山以东地区恐怕就将为他所有。不如赦免他，封他一个郡守之职，袁绍听说你赦免了他的罪过，一定很高兴，再也不会对你有贰心了。董卓听信了伍琼的话，派使臣授予袁绍渤海太守之职。袁绍与孔伷等人共同起义，偷袭并夺取了韩馥所在的冀州，占据了黄河以北。他训练了精兵十万，准备了战马万匹，想要进攻许昌的曹操。沮授进谏说：近来我们讨伐公孙瓒多年，百姓疲乏困顿，税收和兵役也很沉重，这是国家沉重的负担。今天胜利了，我们应该先向天子进献战利品，然后着重发展农业生产，让老百姓休养生息。如果这样行不通，然后再向天下宣告曹操阻隔我们和天子的联系，进军屯守黎阳，逐渐攻取黄河以南地区，多造船只，修造武器，派遣精锐部队偷袭边界地区，令他们不得安宁，我们以逸待劳，完全可以坐收其利。郭图、审配说：兵书上讲，当我们的兵力是敌军十倍的时候就围歼它，是敌军的五倍就追击攻打它，力量相当就可以与他作战。现在凭将军你的神武，联合黄河以北强大的军队攻打曹操，胜利简直易如反掌。现在若不及时攻取，以后再想讨伐他就难了。沮授说：听说挽救混乱的时

卷四 霸纪上

局、诛杀残暴之人的军队,称为仁义之师;依仗人多势众以众欺寡的,称为骄兵。兴仁义之师,所向无敌,而骄兵必败。曹操挟持天子,建宫于许昌,现在起兵攻打他,是有违大义的。况且克敌制胜的关键,不在于势力的强弱。曹操法令严明,已经得到百姓的认同,士兵精干,不同于公孙瓒坐困围城。现在放弃万无一失的战术,却兴无名之师,我真的很替将军担心。郭图说:周武王讨伐纣王,不可以说不义,何况现在攻打曹操,怎么能说师出无名呢!而且将军拥有精锐之师,将士都奋发有为,如果不及早实现称霸天下的大业,正是所谓"上天给你的你不要,最终却反受其害"。这正是越国之所以能成就霸业、吴国之所以灭亡的根本原因。监军的计策追求稳妥,而不是依据时势随机应变的良策。袁绍于是不用沮授的计策。曹操屯兵官渡。袁绍准备率兵向南,谋士田丰劝他说:曹操善于用兵,计策变化无方,虽然兵少,但不可轻视。不如做打持久战的打算。将军你占据泰山、黄河之险,拥有四州的地盘,如果能够在外结交英雄,对内治理农业,常修战备,然后再挑选精兵,分派奇兵,给曹操来个虚虚实实,不停骚扰黄河以南,敌人援救右边,我们就攻打他的左边,援救左边,我们就攻打他的右边,让敌军来回疲于奔命,百姓不能安居乐业。我军以逸待劳,用不了三年,可以坐等击败曹操那天了。现在将军放弃现成的克敌制胜的谋略,而把成败押宝在一次战斗上,如果不成功,后悔都来不及。袁绍没有听从,坚持前往官渡攻打曹操。袁绍亲自率兵到黎阳,沮授临行前把他的家财散给同族的人,并对他们说:势力强大的时候声威无所不至,势力不在了恐怕连自己的性命都保不住。真是悲哀啊!沮授的弟弟沮宗说:曹操的兵马比不上袁绍,你担心什么呢?沮授说:凭曹操的聪明和谋略,又挟持天子作为号令诸侯的资本,我们虽然打败了公孙瓒,士兵其实已经很疲劳了。而且袁绍骄横,手下将领残暴,大军的失败早已注定。扬雄曾经说过:六国嗤嗤,为赢疲谁。大概说的就是现在这样的情形吧。等到渡黄河时,沮授又临舟感叹:君主志大才疏,将领又贪图功劳。悠悠的黄河啊,我还能回来吗?袁绍果真被曹操打败。袁绍进兵保住阳武,同曹操对峙。沮授又劝袁绍说:北方的士兵虽多,但是果敢的劲头比不上南方士兵;南方军队谷物短缺,财物不如北方军队;速战速决对南方军队有利,持久战对北方军队有利。当今之计应当拖延时间,打持久战,用时间拖垮南方军队。袁绍没有采纳沮授的建议,又建起连营渐渐逼近官渡。许攸进谏说:曹操兵少,几乎出动了全部兵力来攻打我军,许昌留下的守卫一定很弱。如果我们能分派少量兵力,星夜奔驰去偷袭许昌,一举拿下的话,擒获曹操指日可待了。如果许昌的守卫没有溃败,也可以让曹军两头走应付,也一定能打败曹操。袁绍又没有听从许攸的建议。此时正碰上许攸家族的人犯法,审配囚禁了他们。许攸不能施展志向,于是投奔了曹操。许攸劝曹操偷袭淳于琼。淳于琼当时在乌巢督军,

霸图第十七

离袁绍的部队有四十里。曹操亲自引兵攻打乌巢。得知这一消息，张郃劝袁绍：曹操兵精，如果攻打淳于琼，一定会取胜。淳于琼兵败，那么将军的大业就会付之东流。我们应当派兵救援淳于琼。郭图说：张郃的计策不好。不如直接攻打曹操的大本营，曹操势必回兵救援，这样乌巢之围不必救援就自然解除了。张郃说：曹操军营坚固，攻打它必定无法攻破，如果因此无暇去救淳于琼，导致淳于琼被擒，那么我们这些人就要全部成为俘虏。袁绍决定只派少量部队救援淳于琼，却派重兵攻打曹操的阵营，无法攻克。曹操乘此打败淳于琼，烧掉乌巢的粮草。失掉了粮草，袁绍的军队见大势已去，四散奔逃而去。曹操最终打败了袁绍，得以威震天下。**曹操进兵黎阳，讨伐袁绍的儿子袁谭、袁尚。袁尚与袁熙逃奔辽东。辽东太守公孙康杀了袁尚、袁熙，把二人的脑袋送给曹操，于是曹操就平定了黄河以北地区**当初曹操在黎阳攻打袁谭、袁尚时，接连打了几次胜仗，将领们想乘胜追击。郭嘉说：袁绍喜爱这两个儿子，却没能选一个合适的继承自己的基业。郭图、逢纪分别是他们俩的谋士，一定互相争斗。如果我们攻打得太急，他们就会相互团结；如果我们不急于攻打，他们便又开始争位。现在不如先向南攻打荆州的刘表，等待袁谭、袁尚自己生变。生变之后，再攻打他们俩，就容易多了。曹操说：妙！曹操一去征讨刘表，袁谭果然开始与弟弟袁尚争夺冀州的控制权。袁谭派辛毗向曹操投诚，请求赦免。曹操询问群臣的意见。群臣中大多数认为刘表强大，应当先平定他，袁谭没什么好担心的。荀攸却说：天下正是多事之秋，而刘表只是稳守江汉之间，他没有什么大的志向，一看就知道。袁氏家族占据四州的地盘，拥有十万人以上的部队，靠为人宽厚得到众人的拥戴，本来他想让两个儿子和睦相处，守住自己创立的大业，这样天下就会干戈不止。现在兄弟之间结下仇怨，势不两立。如果两人联合，势力就会强大，就很难击败。现在趁他们混乱时讨伐，那么平定天下就指日可待了。千万不能错失良机。曹操说：好。于是曹操答应了袁谭的求和，打败了袁尚。**曹操转头去攻打刘表，正遇上刘表去世，刘表的儿子刘琮投降了曹操**刘表，字景升，山阳郡高平人。汉献帝初平元年，皇帝下诏拜刘表为荆州刺史，管理南接五岭、北到汉川方圆几千里的地方，军队有十多万人。曹操和袁绍在官渡对峙，袁绍派人请求刘表出兵协助，刘表答应了但没有派兵去，同时也没有支援曹操，而是坐观局势的变化。刘表的别驾刘先劝刘表说：现在天下豪杰争斗，两雄相持不下。天下的关键都掌握在将军手里。将军如果能有所作为，可以趁双方疲困之机起兵。如果不这样，就应该选择一个合适的人归顺，怎么能空有十万军队，却坐观成败呢？接到别人的求援不去相助，见到贤人又不能归顺，这样双方的怨恨必定都集中在将军身上，恐怕

卷四 霸纪上

不能再保持中立了。曹操善于用兵,贤良豪杰多归顺他,看形势必定会打败袁绍。等他打败了袁绍,然后再移兵江汉,恐怕将军抵挡不住。如果想现在占据先机,不如带着荆州百姓投降曹操,曹操一定铭记将军的恩德,将军可以长享富贵,福祚延及后代。这是万全之策。刘表没有听从。汉献帝十三年,曹操亲自率军攻打刘表。曹军还没有到,刘表背上疽发,不幸死去。曹操在新野屯军。傅巽劝刘琮投降,刘琮说:现在我与各位占据整个楚地,守住父亲的基业,坐观天下大事,有什么不可以的?傅巽说:是选择对抗还是顺从都要有一定的原则,强与弱有一定的规律。以臣子的地位抗拒君主,这是大逆不道;用刚建立的楚地来抵御中原大军,是危险的;用刘备去对抗曹操,是不恰当的。三方面都不行,想要抵抗君王的军队,是一定会灭亡的。将军自己觉得同刘备相比怎么样?刘琮说:我比不上刘备。傅巽说:假如刘备都不能抵抗曹操,那么将军你即使得以保全楚地,但也很难在诸侯中生存下去;假如刘备能够抵抗曹操,那么刘备也不可能一直为将军效力。希望将军不要再迟疑了。于是刘琮听信了他的话,率领军队归降曹操。当时,刘备在荆州逃亡避难,得不到刘表的重用。听说荆州已经投降曹操了,刘备只得逃往夏口。**关中大将马超、韩遂、成宜等谋反,也被曹操打败**曹操与马超等人的军队以潼关为界,各自占据两侧的地盘。曹操守住潼关,暗地里派徐晃等人连夜渡过蒲坂津,占据渭河西边,在那里扎营。曹操从潼关北渡渭河,还没渡过渭河,马超就带领船只前来进攻。大将丁斐放出牛、马引诱马超的军队抢夺。马超军队大乱,争着抢夺牛、马,曹操得以有惊无险地渡过渭河,在渭河南岸安营扎寨。马超送信给曹操,要求曹操先割地、送人质,然后双方和解。曹操假装答应。韩遂请求与曹操见面,到了约定日期,二人在马上交谈,谈了很久,内容不涉及军事,只说京都以前的老朋友,双方拉着手谈笑。等谈完了,马超问韩遂与曹操说了什么,韩遂说:没说什么呀。马超怀疑韩遂图谋不轨。又有一天,曹操给韩遂写了一封信,把信改了很多,做成好像是韩遂修改的。马超更加怀疑韩遂。曹操与马超会战,大败马超,关中平定了。将领们问曹操:当初,马超据守潼关,渭河北岸的道路没有军队据守,您不从渭河东边攻打冯翊,却反而死守潼关,拖延一段时间后再北渡渭河是为什么呢?曹操说:敌军据守潼关,如果我军进入渭河东边,敌军必定派兵把守各个渡口,那样的话,渭河以西的军队就不能渡过渭河,所以我故意用重兵攻打潼关;敌军全力在南部把守,西部守备空虚,因此徐晃二人可以顺利占领谓河西岸;然后,我率军北渡渭河,敌军不能与我军争夺渭河西岸,是因为有两位将军已经率先守在那里了。我们连接车辆、树立栅栏作为通道向南进军,就是向敌军示弱,暗示我军无法取胜。等我们率军渡过渭河后,扎好营垒,任凭敌军如何辱骂,都坚守不出,故意使他们骄纵。所以敌军不去修建营垒,反而请求割地。我顺势

霸图第十七

假装答应，是用来顺从他们的意志，让敌军自以为是，不作戒备，趁机让战士养精蓄锐，再出奇兵攻打，这就是所谓"迅雷不及掩耳，猝电不及瞑目"。用兵要随机应变，兵法本来就不是固定的。天子下诏任命曹操为魏王孙权称吴王，占据江东；刘备突袭益州牧刘璋，占据西蜀，天下于是一分为三。汉献帝二十五年，曹操在洛阳去世。曹操的儿子曹丕继位曹丕，字子桓，是魏武帝曹操的太子，是为魏文帝，接受汉献帝的禅让。魏文帝曹丕驾崩，他的儿子曹睿继位曹睿，字元仲，是魏文帝的太子，是为魏明帝。魏明帝曹睿驾崩，他的儿子齐王曹芳即位曹芳即位十五年后被废黜。曹芳被废黜后，高贵乡公曹髦即位曹髦即位七年后被杀。曹髦被杀后，常道乡公曹璜即位。后来，曹璜将皇位禅让给了晋朝司马炎晋时，曹璜被封为陈留王。

晋高祖宣皇帝司马懿，字仲达，是河内郡温地人。早年追随魏武帝曹操南征北战，后又经历魏文帝、魏明帝两朝，高居将相之位，屡立奇功。曾平息孟达的叛乱孟达是新城郡太守，后造反。消灭公孙渊的势力公孙渊当时称燕王，占据辽东，擒获叛军首领王凌魏明帝时，王凌谋划立楚王曹彪为帝，兵败后自杀。魏明帝驾崩，临死前下遗诏封司马懿为太尉，和大将军曹爽一起辅佐少主少主就是齐王曹芳。司马懿杀掉曹爽曹爽图谋作乱，司马懿称病不上朝避开他，曹爽的同党李胜当时做荆州别驾，被曹爽派来试探司马懿。司马懿假装老糊涂，说并州靠近胡人地盘，应当防备胡人骚扰。李胜从司马懿那儿回来后对曹爽说：司马懿神情恍惚，已是行尸走肉，神不附体，没什么好担心的。曹爽因此更加专横跋扈，他厌恶太后主持政事，把她搬到永宁宫。魏少帝嘉平元年，皇帝前去祭拜曹操陵墓，曹爽兄弟率军跟着皇帝出朝。司马懿于是到永宁宫奏明太后，解除了曹爽的权力。然后亲自率军到洛水迎接皇帝，弹劾曹爽及其同党谋反，把他们一起治了死罪。宣皇帝司马懿去世，他的儿子司马师接替他当了魏国丞相司马师，字子元，就是晋肃宗景皇帝。镇东将军毌丘俭、扬州刺史文钦谋反，司马师率兵平息起初，毌丘俭、文钦刚谋反的时候，司马师问王肃：安定国家，辅佐皇上，有什么好方法？王肃回答说：当初关羽率领荆州的军队在汉水边收服了魏将于禁，然后就有了向北扩张、统一天下的雄心。后来孙权带兵俘虏了关羽手下将士的家眷，关羽的部队一下子军心涣散。如今毌丘俭部队将士的父母都在扬州，情况紧急时就拿他们要挟毌丘俭，使毌丘俭的部队不能靠近，一定会使他们像关羽的士卒那样呈现土崩瓦解的局面。司马师

卷四　霸纪上

听从了王肃的计策，最终打败了毌丘俭的叛军。司马师死后，他的弟弟司马昭接替他当了魏国丞相司马昭，字子上，就是晋太祖文皇帝，辅佐朝政，担任司空。诸葛诞占据寿春城造反，司马昭奉诏平定了他们。司马昭又派兵讨伐蜀国，俘虏了蜀后主刘禅。这时魏国的大权已经旁落到当权大臣司马昭的手中，皇帝只不过走走过场，负责祭祀宗庙罢了。魏帝高贵乡公曹髦不能容忍，亲自率军围攻丞相府，司马昭采纳长史贾充的计策迎战，司马昭的门客成济捉住并杀死了魏帝曹髦就是高贵乡公，名髦，字士彦。司马昭又以欺诈的手段让皇太后下令废掉皇帝。把所有的责任嫁祸给成济，诛了他的三族。晋太祖司马昭死后，他的儿子司马炎接受魏国禅让，做了皇帝司马炎，字子安，是晋太祖文皇帝司马昭的太子，就是晋世祖武皇帝。司马炎接受魏国禅让做了皇帝后，便采纳羊祜、杜预的计策讨伐吴国，最终灭了吴国。司马炎在位二十五年后去世，太子司马衷继位司马衷，字正度，就是晋惠帝，是晋世祖武皇帝司马炎的太子。惠帝并不聪慧，娶了开国功臣贾充的女儿为妃，立为皇后。皇后独揽大权，杀死了大臣杨骏，废掉了太后贾皇后生活放荡又好嫉妒，对待婆婆很没有礼貌，反而诬陷太后的父亲杨骏谋反，唆使皇帝杀了他，并将太后废掉，囚禁在金墉城，将其活活饿死，又先后杀掉了太宰汝南王司马亮、太保卫瓘司马亮、卫瓘都凭借名望和德行身居高位，往往会逆皇后的意思。贾皇后一些见不得人的勾当得不到施行，于是指使晋惠帝的弟弟楚王司马玮假传圣旨杀害了司马亮和卫瓘。接着又杀害了司马玮。杀死楚王司马玮，将太子司马遹迫害致死贾皇后自己没有儿子，于是谎称怀孕，收养了贾谧的儿子。司马遹是官女谢氏所生，从小就很聪慧，贾皇后很忌妒他，诬陷太子，将他废黜在金墉城，又派遣小黄门杀死了太子司马遹。贾皇后又任用赵王司马伦为相国。司马伦厌恶司空张华、仆射裴頠的正直，假托皇帝的命令杀死了他们，并进一步篡夺了帝位。这时齐王司马攸之子司马冏和惠帝的弟弟成都王司马颖等一起起义兵诛杀司马伦。成功之后，司马颖镇抚邺地，自称皇太弟，弄权专政。并州刺史东瀛公司马腾、安北将军王浚又起兵讨伐司马颖。司马颖战败，胁迫天子向南逃奔洛阳。晋惠帝复位，惠帝的弟弟长沙王司马乂又诬陷齐王司马冏，杀害了他。从此天下大乱，西戎北狄纷纷兴起。四方割据纷乱，分裂为三十六国匈奴人刘元海作为人质住在洛阳。晋武帝司马炎与他交谈后，非常欣赏他。

霸图第十七

晋武帝对大臣王浑说：刘元海相貌威武，由余、金日磾等人都赶不上他。王浑答道：刘元海相貌风度确实很像圣人，并且他的文才武略远远超过由余和金日磾。陛下如果让他主持东南地区的政务，平定吴国不成问题。司马炎认为王浑说得对。大臣孔恂、杨珧却有另一种说法：我们观察刘元海的才能，当今天下无人能比，你如果轻视他们这些人，不足以成就大事；如果给他相当的权力，恐怕平定吴国之后他就不会再回朝称臣了。和我们不是同一族类，就和我们不是一条心。让他在我们的军队中担任重要职务，我很替陛下您担心。如果真的把一个险要的战略重地交给他，任他发展，恐怕不行吧？晋武帝沉默不语。后来秦、凉两地陷落，武帝向将帅们询问对策，李憙说：陛下如果能够发动匈奴五部的兵马，给刘元海一个大将的封号，让他擂鼓向西进军，平定秦、凉指日可待。孔恂说：李将军的话没有说明白平定祸患的道理。刘元海如果真的能平定凉州，斩杀敌军，树立威信，恐怕凉州才真正有大难了。蛟龙得到云雨，便不再是池中物了。晋武帝于是没有任用刘元海。后来晋惠帝失去了对国家的控制，各地义军蜂拥而起。成都王司马颖镇守邺地，上书请求封刘元海为宁朔将军并监管匈奴五部的军事。等到王浚等人讨伐司马颖之时，刘元海劝司马颖说：如今王浚等两部人马气焰嚣张，拥有十多万人的军队，恐怕不是目前的守城士兵和城市周围的士兵所能抗拒得了的，请让我回去为殿下您游说匈奴五部人马，前来帮助您共赴国家大难。司马颖听从了他的建议。刘元海回到匈奴，左贤王刘宣等人推刘元海为大单于，二十天之内，就招集了五万多兵马。于是刘元海率军首先攻陷平阳，进入蒲地。正是从这个时候开始，北方五个少数民族开始祸乱中原。石勒，是盘据在赵地的上党羯族人氏。幽州牧王浚模仿朝廷设置百官，石勒有吞并他的意图，准备先派使者打探一下虚实。参与议论此事的人都说：我们应当像羊祜、陆抗那样，虽然即将准备开战，现在还可以平等的礼节书信往来。这时正遇上石勒的谋士张宾生病，石勒亲自到张宾府上谋划这件事。张宾说：王浚凭借匈奴三部的力量，图谋南面称王，虽然表面上是晋朝的藩属之地，实际上心怀不轨，一定想招募英雄，图谋大业。将军你威震海内，你的离开或留下举足轻重，关系到这个地方的存亡。王浚希望结交将军，好比西楚渴望得到韩信。现在假意派遣使者，却没有真诚的态度，反而使对方怀疑，图谋消灭他的心思就会被看穿，被看穿后再去想对策，即使有奇妙的计策，也没有机会了。干大事必须事先表示出谦卑的姿态，我们现在应当向王浚称臣奉表表示臣服，这样还要担心得不到信任。羊祜那样的做法，我认为很不妥当。石勒说：你的谋划很正确。于是石勒派他的门客王子春带着珍宝和降书向王浚表示臣服。王浚对王子春说：石将军是当今天下的英雄，占据赵地，鼎立一方，为什么还要向我俯首称臣，这可信吗？王子春说：石将军英武超群，手下兵强马壮，确实像您所说，非同一般

卷四 霸纪上

人。他之所以尊奉将军您，是因为您是名门望族，几代以来都名扬天下，现在您出来镇守一方，更加威名远扬。所以胡地、赵地的人都钦佩您的名声，中原之地和周边的少数民族都歌颂您的德行，难道我们区区小府敢不到您门下俯首称臣吗？秦末的陈婴难道是因为鄙视王位而不称王，韩信难道是轻视帝王的位置而不做帝王吗？只不过帝王的位置不能单纯依靠武力争夺罢了。石将军和您相比，就像月亮和太阳相比，江河与大海相比呀！项羽和子阳失败的教训离现在还不远，这是石将军明智的选择，您还有什么感到奇怪的呢？自古以来，胡人成为名臣的真的有很多，至于成为帝王的还从来没有过。石将军不是因为心存对帝王的厌恶而跟您推让，而是环顾四周，觉得这样做天下人不答应。希望您不要再怀疑了。王浚非常高兴，派人回报石勒，石勒又重新派人捧着降表献给王浚，称期待亲自到幽州拜见王浚，敬上尊号。然后又写信给王浚的女婿枣嵩，请求赐封给他并州牧、广平公的官职和封号，以此褒扬自己的诚心。石勒做好战斗准备，计划袭击王浚，而又担心并州刺史刘琨以及鲜卑人乘机偷袭自己的地盘，因此考虑了很久也没有发兵。张宾说：袭击敌国应当出其不意，军队做好准备好几天了还没有出发，难道是有其他方面的顾虑吗？石勒说：是的，应该怎么办呢？张宾说：王浚占据幽州，仅仅是依靠匈奴三部的力量，如今都已同他离心离德，成为仇敌了，这是他外面没有援兵来对抗我们；幽州城内饥荒严重，老百姓都用蔬菜充饥，人心涣散，士兵不多而且身体素质差，这正是他在内部也没有强大的兵力来抵抗我们。如果我们的军队抵达城外，他一定会土崩瓦解，溃不成军。现在匈奴三部没有安定，将军便可出奇兵从千里以外征伐幽州，轻装骑兵迅速往返一次用不了二十天。即使三部作出反应，形势也有回旋的余地，应当乘机像闪电一样发兵，不要延误时机。况且刘琨、王浚虽然名义上都是晋的藩属，实际上却互相仇视，如果我们写信给刘琨，送人质给他请求和平相处，刘琨一定很高兴和我们结交，同时为王浚的灭亡感到高兴，一定不会去救助王浚而偷袭我们。石勒说：好！于是石勒派轻装骑兵前去袭击幽州。石勒率军到达蓟的北门，呼喊守门的人打开城门。石勒担心城内有伏兵，先赶进城里数千头牛羊，声称这是礼品，其实是为了用这些牛羊填堵街巷，使王浚的士兵不方便行动。石勒进入城中，王浚开始感到害怕。石勒进入他的官署，命令带甲士兵逮捕王浚并押解到街头，杀掉了他。这就是三十六国的大致情况。**晋惠帝在位十四年驾崩。他的弟弟豫章王司马炽被立为皇帝**司马炽，字丰度，就是晋怀帝，**定都长安，后来被胡人刘聪杀死**这以后北魏拓跋氏在晋怀帝永嘉三年从云中进入雁门，北靠沙漠，南邻阴山，拥有军队数十万人。到魏孝文帝元宏，把姓由拓跋改为元，迁都洛阳。肃宗元诩死后，大都督尔朱荣谋划立庄帝元子攸。

尔朱荣迫害了灵太后及王公二千人,拥立庄帝元子攸。庄帝元子攸杀死了尔朱荣,左仆射尔朱世隆率领尔朱荣的私人武装从晋阳出发袭击京师,抓住庄帝元子攸并杀掉他。另立恭帝元廓,后来又废掉了他。高欢又立广平王元怀的儿子元修为帝,后来被斛律斯椿胁迫入关。北周太祖宇文泰拥立元修为帝,定都长安,在艰苦的条件下建立了政权,这就是西魏。西魏出帝元修下诏书封宇文泰为丞相。宇文泰后来又害死了出帝元修,另立南阳王元宝炬为皇帝,就是西魏文帝。文帝死后,他的儿子元钦被立为皇帝,宇文泰又废掉了他,另立恭帝元廓,宇文泰被封为太师。宇文泰死后,他的儿子宇文觉继承了他的地位,被封为周公。后来西魏恭帝元廓把帝位禅让给了宇文觉。宇文觉是宇文泰的第三个儿子,接受了恭帝元廓的禅让,改国号为周,史称北周。到北周宣帝宇文赟死后,便把帝位禅让给了隋朝。当初,尔朱荣杀害北魏庄帝元子攸的时候,高欢是晋州刺史,起兵诛杀尔朱荣,立了北魏出帝元修,高欢被封为丞相。后北魏向西进入关内,另立朝廷,高欢便奉清河王的儿子元善见为帝,把都城迁到邺城,这就是东魏。高欢死后,他的儿子齐王高洋接受东魏皇帝的禅让,改国号为齐,史称北齐。到北齐后主、后被北周封为温国公高纬在位期间,北齐被北周灭掉,北周又被隋灭掉。隋文帝杨坚接受北周的禅位,又向南进军灭掉了南陈,统一了天下。晋怀帝司马炽死后,吴王司马晏的儿子司马业被立为皇帝,就是晋愍帝。愍帝后来也是被胡人刘聪所杀这时胡人已经搅乱了中原,东晋元帝司马睿于是将都城迁到江东。

东晋中宗元皇帝司马睿于是在江东兴起司马睿,字景文,是晋高祖宣皇帝司马懿的曾孙。司马睿小时候就聪明而敏锐,到五胡乱中原的时候,就与大臣王敦等人渡过长江,安定江东局势,很得百姓拥戴。后来王敦在武昌谋反,进兵到石头城南京,晋元帝司马睿率军讨伐他,没有战胜,便把国家大事交给王敦管理。王敦于是退兵,回到武昌郡镇守。**司马睿在位十六年驾崩,太子司马绍即位**司马绍字道畿,就是晋肃宗明皇帝。**王敦权倾朝野内外,又要谋划造反,晋肃宗司马绍率军讨伐,打败了他**晋肃宗采用温峤等人的计策打败王敦。当初王敦谋反时,温峤做他的从事中郎,白天黑夜替王敦奔波,假装与他亲近交好。后来京兆尹这一职位空缺,温峤对王敦说:应当培养自己亲近的人,这样才能使皇上众叛亲离。我认为钱凤可以担当这个职位。王敦回答说:他比不上你。温峤假意推让。临别的时候,温峤起身依次敬酒,假装喝醉,用手板打落钱凤的头巾,并大怒道:钱世仪是什么人,我温太真亲自敬酒竟敢不喝?钱凤不高兴,温峤用喝醉酒作解释。第二天,温峤将要返回京城,钱凤劝说王敦不要放他走。王敦说:人家温峤经常说你宽容大度,昨天即使稍有不对之处,你怎么能

卷四　霸纪上

够因此就说人家的坏话呢？温峤回到京城后，就向晋肃宗司马绍告发了王敦谋反的情况。肃宗在位三年驾崩。等到晋简文帝司马昱的第三个儿子晋孝武帝司马昌明继位，氐族首领苻坚侵入淮南，东晋冠军将军谢玄等人在淝水大败苻坚苻坚率领百万大军到达淝水。谢玄精选八千名勇敢的士兵渡过淝水，谢玄派使者对苻坚说：两军隔水对峙，旷日持久，难决胜负，也不是办法。我请求你方稍微后撤一下，让我们渡过河来与你们决一死战。苻坚答应了他的请求，向后撤军。前秦的将领们不明白情况，听说前边的军队后退，以为被打败了。东晋大将朱序等人又故意大喊苻坚被打败了，更让这些将领们坚信本方战败了。苻坚的部队败退时，自相践踏，听到刮风和鹤的鸣叫声都以为是东晋的军队过来了。于是苻坚的部队大败，苻坚向北返回长安苻坚因此很快就灭亡了。晋孝武帝在位二十一年驾崩。自此以后，天下战乱不休，到晋安帝司马德宗的时候被桓玄篡夺了政权。宋太祖刘裕平定了桓玄的叛乱。到晋恭帝司马德文时，就把帝位禅让给了宋。

宋高祖武皇帝姓刘名裕，字德舆，彭城人。桓玄篡夺了东晋政权伪楚王朝的桓玄，字敬德，是谯国龙亢县人，身体和相貌都很特别。他做江州刺史时，袭击并杀害了荆州刺史殷仲堪。会稽王的儿子司马元显执政，认为桓玄太专横跋扈，派兵讨伐他。桓玄听说将要被讨伐，立即带领部下赶到京城杀死了司马元显。晋安帝司马德宗无奈下诏任命桓玄为丞相，封为楚王，后来又把帝位禅让给了桓玄。宋高祖刘裕和刘毅、何无忌等大臣暗地里图谋重建东晋政权，起兵平定桓玄的叛乱当时桓玄让桓弘镇守广陵，刘道规当时做桓弘的中兵参军。刘裕打算令刘道规袭击桓弘。桓修镇守丹徒，刘裕是桓修的中兵参军，打算亲自袭击桓修。到了约定日期同时行动。刘毅、刘道规等人袭击广陵以后，斩了桓弘，率领桓弘的旧部向南渡过长江；刘裕、何无忌等人袭击京城，斩了桓修，率领两个州的兵马一千二百多人进军驻扎在竹里，向京城发布檄文，说：成功与失败互为因果，没有什么定数。狡猾之徒施行虐政，或许正是圣明的君主产生的时候。我们晋朝建国以来，多次遭受上天降下的厄运。晋安帝隆安年间以来，宫庭内多有变故，贤德之人都死于豺狼之手，忠臣被害于虎口。桓玄竟敢肆无忌惮地反叛，在荆、郢两地屯兵，使百姓遭受战乱的践踏，上天都不会忘记他所带来的灾难。然而他的力量确实很强大，一年多的时间，就颠覆了晋朝的政权，皇上颠沛流亡，居无定所，皇权惨遭侮辱，宗庙被破坏，即使夏后氏遭受寒浞等乱臣的算计，汉代遭到王莽、董卓等乱臣的破坏，与桓玄相比，也不值一提。自从桓玄篡夺帝位以来，连年干旱，民不聊生，士兵和百姓苦于奔波流离，文臣武将都困在修筑工事和出

霸图第十七

谋划策上。家庭解体,父子分离,悲惨情景何止像《诗经·大东》和《诗经·摽有梅》所描述的丝布被周王室搜刮殆尽的悲伤和女性对感情的渴求那样的怨恨?向上考查天文,向下对照人事,这如果都可以存在的话,还有什么应该铲除呢?天下有良心的人,有谁不是悲愤长叹?我刘裕等之所以呕心沥血,不敢逃避辛劳,日夜思索,就是准备要协同忠烈的义士暗地里谋划,共同为国家的重建尽一点力量,早已把生死置之度外。辅国将军刘毅、广武将军何无忌这些人,忠义之情可以断金,诚信可以贯日,挽起袖子,拿起武器,决心为国家完成这个使命。现在正义的力量已经集合起来,文臣武将都奋勇争先,发誓不恢复统一大业就不放弃斗争。于是率领军民,希望上借祖宗在天之灵的保护,下靠忠勇壮士的力量,打败反叛的不义之人,使华夏重新恢复往日的宁静。各位公侯,有的世代树立了忠义的名声,有的本人终生享受国家的爵位与俸禄,今天却一起甘愿受桓玄的摆布,不能报效国家,回头看看周代先人的道义,难道不可悲吗?今天起事,时机已经成熟。我刘裕凭借个人微薄的力量,比不上古代贤人的才能,在最危急的关头接受挽救国家命运的任务,把握国家命运交替的时机,满腔忠诚无从表达,心中已经被感慨和愤激填满。仰望天空,满怀豪情无法抑制;回首高山大河,伫立沉思,不愿马上离去。发布讨伐敌人的檄文时,心神仿佛早已投入杀敌报国的战场。这是何无忌写的。桓玄派桓谦驻守东陵,卞范之驻守覆舟山。刘裕组织的义军早晨吃饱喝足,全力向覆舟山东南进军。他们让身体差的兵士登上山多打旗帜,布满山谷。刘裕亲自率领大军朝着旗帜所指的方位展开进攻,士兵都拼死作战。桓谦的军队马上溃败下来,四散逃跑。桓玄一人骑马向江陵方向逃去。在即将进入蜀地的时候,改变方向逃往枚回州,正碰上益州参军费恬的部队,被他们用箭射死。**刘裕辅佐晋安帝重新恢复帝位,刘裕因此被委以将相的重任,被封为豫州郡公。蜀地的叛军谯纵割据称王,刘裕派遣手下将领讨伐并平定了叛乱**宋高祖刘裕派大将朱龄石率二万军队从江陵出发讨伐谯纵。刘裕告诫朱龄石说:刘敬宣以前从黄武出兵,无功而返。现在军队本应从青衣江出发,叛军料想到我们应该出其不意,还是从涪江进军。这样的话,涪城一定会有重兵把守,如果接近黄武,正好落进他们的圈套。现在军队从岷江出击取成都,派疑兵向黄武进发,这是克敌制胜的上策。刘裕把这些写成信函,封面写道:到白帝城后再打开看。将领们虽然出发,却不知道具体的去向。一直到了白帝城,才打开书信,上面说:所有军队都从岷江出击,只有臧熹率兵自中间水道从广汉出发,率领老弱者乘四方加板的千余艘大船向黄武进军。谯纵果然派谯道福率领重兵把守涪城。朱龄石进驻到彭模,距离成都二百多里。谯纵手下大将侯晖等人驻扎在彭模。朱龄石对刘钟

卷四　霸纪上

说：天气正值闷热的暑天，敌军现在凭借天然险阻，直接攻打很难取胜，白白困住我军。我想暂时养精蓄锐，寻找机会再攻打敌人，你认为怎么样？刘钟说：这样不行。先前我方故意放出风声说大军从涪江出击，所以谯道福不敢放弃涪城。现在大兵压境，侯晖等人已吓破了胆。侯晖的守军并非坚不可破，趁他们恐惧之机攻打他们，很容易攻克。攻克彭模，一鼓作气向前进军，谯纵的成都就守不住了。现在如果驻扎不动，虚实情况一定会暴露，涪城的敌人再来，可就不好对付了。如果向前不能作战，退后又没有什么依靠，二万大军很快就会成为谯纵的俘虏。朱龄石听从了刘钟的建议，第二天就开始攻打彭模，一战成功，顺利拿下，杀死了侯晖，接着连续攻取多城，守军相继瓦解。谯纵自杀身亡。**后秦姚泓在西京长安作乱，高祖刘裕派兵讨伐并平定了叛乱，擒获姚泓**高祖灭掉后秦以后，进入长安，留下儿子义真镇守长安，自己带兵返回江南。当时大夏王赫连勃勃在统万城建都，听说这件事后很高兴，对中郎将王买德说：我想进军攻打长安，请你谈谈如何进攻才是上策。王买德说：刘裕消灭后秦，是用混乱代替混乱，没有施行仁政赈济平民百姓。关中地势险要，却派一个才能一般的儿子把守，这不是长远的打算。他之所以狼狈赶回江南的原因，是想立即篡夺帝位，没有空闲时间经营中原。陛下以正义之师攻打叛逆，天下人都知道您的正义，百姓等着这一天早点到来，度日如年。从清泥到洛阳，南边是兵家必争之地，应该派机动部队截断往东的道路。然后守住潼关和崤山峡谷，断绝敌人水陆交通要道，向长安发布檄文，遍施陛下的恩德，长安附近的人就会热烈欢迎您的大军到来。刘义真孤立无援，把守空城，没有逃窜的地方，不到十天，一定被您擒获，这就是人们常说的兵不血刃，不用战斗就自行平定了。赫连勃勃认为分析得对，就向南攻打长安。宋高祖害怕，便让刘义真去镇守洛阳，换大将朱龄石去把守长安。长安人驱逐了朱龄石而迎接赫连勃勃，于是宋高祖丢掉了关中。**鲜卑人慕容超盘据青州，自称燕王。宋高祖刘裕派兵征讨他，擒获慕容超**当初，慕容超的叔父慕容德窃取三齐之地，慕容德死后，慕容超继承了他的权力，开始骚扰淮河以北地区。宋高祖刘裕想统一中华，抓住慕容超入侵的机会，开始向北讨伐慕容超。大将军公孙五楼劝说慕容超道：吴地的军队装备轻而且锐利，很难和他们对抗。我们派兵把守住大岘山，使刘裕军队不能进入，是上策；加固壁垒，转移人口物资，把粟麦收割干净，使敌人来了也一无所获，这是中策；呆在城中等待决战，是下策。慕容超说：我们只要派兵引诱敌人经过大岘山，然后用装备铁甲的骑兵践踏他们，就能擒获敌人，为什么要加固壁垒，转移人口物资，把粟麦收割干净而削弱自己呢？当初谋划这场战斗时，参与的人都提出敌人如果严密把守大岘山，不轻易出来交

霸图第十七

战,那么就会导致给养跟不上,不能坚持下去。宋高祖说:不会这样的。鲜卑人本性贪婪,没有长远的策略,既希望取胜,又吝啬那些庄稼,认为我们是孤军深入,不能长久坚持,必定会引诱我们同他决战,我们假装轻敌,等我们一过大岘山,我们就没有什么可担心的了。进入大岘山以后,敌军没有出动,宋高祖高兴地说:这是天助我也。众人问道:我们还没有打胜,您为什么这样高兴?宋高祖说:我们的军队已经通过了险要的地方,将士都有拼死作战的决心;田野里遍地都是粮食,军队没有粮草匮乏的后顾之忧。敌人中了我们的计策,打败他们是必然的。六月,慕容超派公孙五楼把守临朐,老弱士兵守广固。听说刘裕军队逼近,慕容超也明白了许多。离临朐四十里的地方有条巨蔑河,慕容超派公孙五楼去占住,说:如果晋朝的军队抢先占领巨蔑河,打败他们就很难了。公孙五楼飞快地进军。东晋前锋孟龙符抢在公孙五楼之前占领了巨蔑河。公孙五楼退了回来。孟龙符四千人的大军分两路缓缓前进,还没等到达临朐,慕容超的军队纷纷赶到。孟龙符等率军抵抗。太阳偏西的时候,战斗正激烈。宋高祖对檀韶等人说:敌人的精兵都在这里,临朐留守的士兵一定是些老弱病残,并且人数不会很多。您悄悄带人绕到他们的后边,前去袭击临朐,一定能攻占它。占领之后,大量地更换旗帜以迷惑敌人,这是韩信用来攻克赵地的方法。况且我以前声称军队从海道进发,你们到达后也要大力宣扬。檀韶等人击鼓进军。敌军看见后大惊失色,高喊:从海道来的军队到了。慕容超丢掉城池逃走,于是宋高祖攻下了临朐。敌军听说临朐已经被攻陷,惊恐万分,不敢轻举妄动。宋高祖亲自击鼓助威,士兵都奋勇作战,大败敌人。慕容超逃到广固,宋高祖刘裕进军包围了他。攻下城后,捉住慕容超,将他押到京城,并在建康大街上处决了他。**五斗米道的起义军卢循盘据在南海郡,趁宋高祖北伐,乘机攻下建业。宋高祖返回后,才平定了卢循之乱。刘毅占据荆州,背叛了宋高祖刘裕。宋高祖派将领讨伐,杀死了刘毅**裴子野说:树立义旗,结盟成就大事业的人,很少有能善始善终的,为什么呢?互相只是看见昔日成功胜利时的场景,不知道做帝王的艰难之处。互相计较轻重利害,彼此各不相让。认为别人都没有出什么大力,而我是消灭敌人的主力,所以宁可我对不起他,不能他对不起我。刘毅和诸葛长民都是人杰,曾经随刘裕南征北战,现如今都纷纷起了异心,难道是因为不知天命,还是形势发展逼迫他们这样做的?何无忌、孟昶这些共同起事讨伐桓玄的功臣如果有幸活得更长,又怎么知道不会有背叛之事招致灭门之祸呢?武王缔造周朝真了不起啊!八百诸侯同来会盟,都说"是时候讨伐无道的纣王了",可姜尚还是把军队退回孟津,难道是他不知道顺应民意、讨伐民贼吗?实在是担心性急会招致更多祸患。宋高祖的东方之师

卷四　霸纪上

快是够快了，但其中贪图侥幸取胜带来的争端也越来越多了。哎，仁义之道也会遇到社会风气浮薄的问题，更何况是建立奇功呢。**荆州刺史司马休之造反，宋高祖刘裕派兵讨伐他**裴子野说：《尚书》有一句话，考虑周全再采取行动，行动要把握住恰当的时机。像司马休之的反叛，就是没有把握好时机。上天正厌恶晋朝，谁也没办法再去救助，司马休之虽然很得民心，但能违抗天意吗？五种运势变化演进，没有不亡的国家。成为衰落的姓氏，处在昏乱的朝代，即使像商代的三位贤人那样有才能和德行，尚且难逃颠沛流离的命运，更何况豪杰侠义之士呢？中原被惨无人道地践踏的时候，道路上都看不到穿着整齐衣服的人，在那个时候，四海之内都争着侍奉东晋中宗司马睿，难道仅仅因为怀念晋朝的恩德吗？实际上中宗司马睿本人确实是仁义之君，讲礼义，所以他才能统一南方，生机勃勃地兴起。到了晋安帝司马德宗的时候，仍想维持那样的局面，可是宗室之间互相交流，一直没有忘记以前的辉煌，更加贪图安逸，灾祸和失败互相因循，岂止是周文王讨伐殷商王朝腹心之国黎国那样的事情更多了，连像殷商王朝怨恨大周一样有怨恨心理的人也很猖獗。这么久一直不能实现朝代更替，是多么黯淡啊。**晋安帝司马德宗加封刘裕为相国，统领百官，做扬州牧，封给十个郡的地盘，进爵为宋公。晋安帝死后，大司马琅琊王司马德文继位，召刘裕入朝辅政，并最终将帝位禅让给了刘裕**刘裕捧着表册前去推辞禅让，但没有被接受。刘裕的谏官劝说刘裕接受帝位，刘裕也没有答应。太史令骆达陈述上天针对此事赐予的征兆，说：从晋安帝司马德宗义熙元年到晋恭帝司马德文元熙元年，太白金星白天在天空中出现一共七次，卦辞都说：太白金星白天经过天空，人间更换皇帝，异姓兴起。晋安帝司马德宗义熙七年，五道彩虹出现在东方，又占卜，卦辞说：五道彩虹出现，皇帝将被废黜，圣人会出现。晋安帝司马德宗义熙十年，镇星、岁星、太白金星、火星在东井星附近聚集。晋安帝司马德宗义熙十三年，镇星进入太微，又占卜，卦辞说：镇星把守太微，有新立的人主，有流亡的人主。晋恭帝司马德文元熙元年冬天，黑龙四次升入天空，《易传》上说：冬天有龙出现，人主会失去社稷，另外有大人物秉承天命而做皇帝。东汉光武帝刘秀建武元年到汉献帝刘协建安末年共计一百七十六年，后来把帝位禅让给魏国。魏国从魏文帝曹丕黄初元年到魏元帝曹奂咸熙末年共有四十六年，后来把帝位禅让给晋国。晋国从晋武帝司马炎太始元年到今天已有一百五十六年。三代禅让帝位，都发生在逢六的年数上。刘裕于是便接受了晋恭帝司马德文的禅让。**宋武帝永初元年六月丁卯日，刘裕在南郊登上了皇位，修筑祭坛，柴燎祭天。礼仪结束后，刘裕驾临建康宫，登上太极前殿，大赦天下，并改用新的年号。**刘裕在位三年后驾崩**刘裕病情恶化后召见太子，告诫说：檀道济有才干和谋略，但没有远大的志向；徐羡之和傅亮应当不会有反叛的想法；谢晦经常跟着我南征北战，很善于审时度势，如果真有人谋反的话，那么一定是这个人，你可以派他戍守会稽。后来的情况果然如高祖刘裕所料。**立太子刘义符为皇帝**即荣阳王。刘义符做皇帝以后昏庸无能，司空徐羡之辅佐政事，将他废为荣阳王。**后被废，改立宜都王刘义隆为皇帝**即宋文帝，宋文帝是宋高祖刘裕的第三个儿子，后来被他的太子刘劭杀死。起初，刘劭和他的弟弟刘浚经常一起做出一些违背礼法的事情，害怕皇上知道，于是就搞巫蛊之术来诅咒皇上。宋文帝刘义隆听说这件事后非常愤怒，准备废掉太子刘劭，杀死刘浚，重新考虑太子的人选。正当他犹豫不决的时候，便把这件事情告诉了刘浚的母亲潘淑妃，潘叔妃又把这件事告诉了刘劭。刘劭忤逆悖乱，在合殿把宋文帝杀死，自己继承了帝位。**宋文帝被太子刘劭杀了，武陵王刘骏起兵讨伐刘劭，把刘劭杀了，刘骏被立为皇帝**即孝武皇帝，刘骏是宋文帝刘义隆的第三个儿子。刘劭弑父之后，刘骏兴兵到京城，杀死了刘劭。**孝武皇帝驾崩，太子子业被立为皇帝**即前废帝。前废帝刘子业凶横悖乱，被他身边的侍卫寿寂之杀了。**前废帝刘子业死后，湘东王刘彧被立为皇帝**即宋明帝，宋明帝刘彧是宋文帝刘义隆的第十八个儿子。孝武帝刘骏的几个儿子江州刺史晋安王刘勋、寻阳王刘子房等起兵反叛，刘彧带兵把他们都平定了。**宋明帝驾崩，太子刘昱继承了皇位**即后废帝。后废帝在位时凶横悖乱，总叫嚷着要杀死近侍杨玉夫。杨玉夫非常害怕。七月初七日七夕节的夜晚，后废帝刘昱叫杨玉夫等到织女渡河的时候告诉他，如果看不到织女渡河，醒来就杀了杨玉夫。杨玉夫吓坏了，就去找宫廷侍卫王敬则。王敬则早就和杨玉夫串通，准备谋害刘昱，觉得此时不得不动手了。杨玉夫等到刘昱睡熟后便把他杀了，将他的首级送给了齐王萧道成。**刘昱被杀以后，顺帝刘准继承了皇位**即顺皇帝，是宋明帝刘彧的第三个儿子。后来顺皇帝刘准把帝位禅让给齐王萧道成。刘宋王朝一共经历了八个帝王，历时六十六年。

齐太祖高皇帝名道成，姓萧，东海郡兰陵县人，是刘宋王朝的辅国将军。宋明帝刘彧初年，会稽太守寻阳王刘子房以及东部的各郡兴兵叛乱。徐州刺史薛安都占据彭城，投靠北方的魏国，派自己的义子索儿攻打淮阴。晋安王刘勋派遣临川内史张淹取道鄱阳进入三吴地区。萧道成带兵一并平定了他们的叛乱。宋明帝刘彧让萧道成镇守淮阴。泰始七年，

卷四　霸纪上

宋明帝刘彧把萧道成召回京城宋明帝刘彧认为萧道成的相貌不像当臣子的,而且当时民间又有传言说萧道成将来会成为天子,更加怀疑他。萧道成起初被征召回京城的时候,他的部下们劝他不要应召。萧道成说:皇上当初杀死自己的几个弟弟,是因为太子年幼太弱小的缘故,他为自己死后继位的问题考虑,关外族人什么事呢?我应该马上应召出发,一旦慢了就会被皇上怀疑。更何况骨肉自相残杀,本来就不是绵延久长的运数。当祸患刚刚兴起的时候,我将和你们一同努力去挽救国家。萧道成回到京城,被封为常侍。宋明帝刘彧驾崩,遗诏要萧道成和袁粲一同掌管国家的军政大事。**江州刺史桂阳王刘休范起兵谋反,萧道成带兵讨伐,平定了叛乱**起初,刘休范一起兵谋反,朝廷内外都很害怕。萧道成和大臣褚渊一起到中书省谋划如何平定,没有一个人开口说话。萧道成说:以前皇室的近亲叛乱,都是由于行动迟缓而失败。这次刘休范一定会吸取以前的教训,派精锐的部队轻装急速进兵,趁我们还没有来得及准备就进行偷袭。请允许我驻军新亭阻挡刘休范的先头部队。接着萧道成又找来笔墨记下了这次讨论的结果,其他人都附和着赞同。于是萧道成便身穿白衣坐车来到了新亭。工事还没修好,刘休范的骑兵就来到了新亭。萧道成脱下衣服,悠闲地卧躺着,以此来稳定军心。最后竟然把刘休范给打败了,**被改封为中领军。后废帝、死后被贬为苍梧王的刘昱非常猜忌萧道成**萧道成白天在领军府内裸露着身子躺在床上,苍梧王刘昱带领数十人闯进领军府,让萧道成站立在府中,在他肚皮上画上圆圈,作为射箭的靶子,亲自拉满了弓准备射他。苍梧王刘昱的近侍杨玉夫劝谏道:领军大人的肚子很大,确实是一个好箭靶,可是一箭射过去就要了他的命,以后就没法再射了,不如用骨制箭头的箭射他。刘昱一箭射中了萧道成的肚脐,然后将弓投掷在地上罢手。他有一次对身边的杨玉夫说:"等到织女渡银河的时候告诉我。如果等不到我就杀了你。"那天晚上正好是七月初七七夕节,杨玉夫非常害怕,便用千牛刀杀死了苍梧王刘昱杨玉夫和王敬则串通杀了苍梧王刘昱,把他的首级送到了领军府,报告萧道成。萧道成于是穿上战袍,连夜入宫。第二天一早,萧道成召袁粲等人来商议。袁粲刚想发表意见,萧道成大怒,头发和胡须都张开了,目光像闪电一样犀利。王敬则拔刀跳出来对大家说:天下的事情都应该由萧公一个人来裁决,有谁敢乱说话,别怪我王敬则不客气。然后王敬则拿出白纱帽戴在萧道成头上,请萧道成即皇帝位。说:事情应该趁热打铁。萧道成严厉地说:你们大家怎么还不明白,这是有人要谋反啊,怎么能不阻止?后来萧道成迎安成王刘准进京,立为宋顺帝。**荆州刺史沈攸之起兵谋反,萧道成领兵讨伐他**起初,沈攸之打着太后的旗号谋反,已经攻下了都城,袁粲和刘秉等人看到萧道成的威名一天比一天强大,心里感到很不安宁,于是就和沈攸之串通,图谋在宫内起事作乱。萧道成命令王敬则在宫内把他们都杀了。宋顺帝晋升萧道成为相国,并策封为齐公,赐给他皇帝才能用的九锡策封的诏书上写道:因为我没有能力,曾经遭受过困苦和不幸。继承皇位后不讲道德,书籍和文契上都没有记载。威仪冒犯五常伦理,杀害我们刘姓九族子弟,刘氏遭到上天的厌弃,海水翻腾汹涌,危险的形势难以言表,《诗经》中《小宛》和《黍离》篇中所叙述的也有所不及。上天帮助皇皇大宋,恩赐给我们一个贤明的相国。他帮助我这见识浅薄的人登上皇位,承继帝王大业,他显著的功绩、高尚的德行,自古以来找不出第二个。即使是伊尹辅佐商殷、霍光匡扶汉室的功绩,与他相比也没什么了不起的。现在朕给你举行隆重的典礼,希望你好好听从我的命令。当初袁粲、刘秉谋反时,同党众多。刘子房没能尽到做臣子的本分,反而领兵协同谋反。环视整个官廷,简直快要荒废成一片野草地了。嘴上说的是为了国家,实际上完全是为了剪除异己。那个时候,人们都失去了原则,而相国你却能挽起袖子共赴国难,赴汤蹈火,在所不辞。相国登上战车亲自守卫道路,身先士卒,冲锋在前。大军一到,叛军就像融冰一样迅速瓦解。这是你成就霸业的基础,为国君效命的开始。薛安都反叛时,偷偷地占据徐州,竟敢赶着牛羊入侵淮浦。而他的义子薛索儿愚蠢而又大逆不道,与薛安都狼狈为奸,互相支援。天子没有复兴的迹象,国运背叛正义而归顺叛逆,北部边疆地区的老百姓,全都落到了极端不幸的地步。相国你受命于祖宗神灵,精气贯日月,率军出征,气势冲霄汉。破釜沉舟,拼死一战,终于取得胜利,敌人的死尸漫山遍野。石梁地区一战,杀死了叛军头目薛索儿,保卫国土,安定百姓,长江以南地区治理得井井有条,这又是您的功劳。张淹无知而受人迷惑,不顾国家的利益,私自来到南方,妄图窃取东南的土地,偷偷派遣军队进入江南,暗地里觊觎自己不应该得到的东西,此时,江河湖海都还没有平定,朝廷前景不明。相国忠义之心奋然勃发,在国家危难之时显得更加突出。相国用兵,以少胜多,所到之处叛军纷纷俯首归降,朝廷解除了对东南的忧虑,闽越两地的百姓又从疾苦中重新获得新生,这又是相国的功劳。北方的匈奴野心勃勃侵占我国疆土,羯族气焰嚣张,势力达到彭城和泗水地区。你又奉命出征讨伐,昼夜征战,战车和军队互相交织,气氛浸染着动荡的气息。您吊唁死亡的将士,救助受伤的士卒,大力宣扬皇上的恩德,使淮河和淝水流域重新归于我们大宋的疆土,这又是将军的功劳。自此以后,匈奴人的气焰越发嚣张,他们像封豕、长蛇,妄图吞并我中原国家,而由于种种变故,我军一出兵就处于劣势,就连那些坚固的城池也不出几天就惨遭沦陷。相国时刻考虑着国家利

卷四 霸纪上

益,废寝忘食,亲自率兵出征,置个人生死于不顾,坚决打击敌军,与敌国划定疆界,重新收回青州、兖州,这又是你的功劳。桂阳王刘休范仗着自己人多势众,妄图篡权夺位,背弃礼法,侵犯天子的领地,将战火烧到京城,把飞箭射进皇宫,后宫内的妇女们都惊慌失措,我方的军队也失去了主心骨。此时又是相国沉着镇定,挺身而出,采用历史上从来没有过的奇谋善策,手持大旗指挥我军作战,即使那些懦夫此时也被您的精神所感染而变成了勇士。于是没过多久就平息了叛乱,这又是你的功劳。后废帝刘昱肆虐横行,滥用酷刑,荼毒百姓,无辜而惨遭杀害的人不可胜数,人民痛苦不堪,朝不保夕。高祖刘裕所建的功业几乎丧失,文明教化的道义又能由谁来继承?相国的道义远追商殷和汉代,严格遵守魏晋以来的臣子礼仪,不顾自己身体虚弱,勉力出来主持宗庙社稷大事。宗庙得以清静安宁,天下安定太平,这又是你的功劳。袁粲和刘秉两个人怀有反叛之心,意图犯上作乱,妄图分裂国家,秘密采取行动,带兵占据了石头城,扰乱民心。又是你胸怀奇谋善策,手持锋利的兵器,一举铲除叛军,使国家重新安定,这又是你的功劳。沈攸之包藏祸心,随着时间的推移反叛之心更加明显,他的眼睛像蜂,声音像豺狼,行凶作恶有恃无恐,向西图谋不轨,与异族勾结。而朝廷筹划平定以来,数次讨伐都没有成功,他长期作恶,死不悔改。为了逞凶伐逆,你领兵出征,在江南大展雄风,浩然正气与皎日同辉,英明策略与秋云竞爽,至情至义感动万民,人人与你同心同德。为害多年的乱臣贼子,被你一朝铲除,国家重新走上了正常发展的轨道,这又是你的功劳。你有平定天下的功勋,加上英明果断,庇佑百姓,匡扶天下,为王室尽心尽力,经历过了种种艰难困苦。至于说重新恢复国家的功劳,拯救百姓于水火和安定民心的恩德,就像阳光驱散云雾一样,光辉灿烂,普照天下。你助我重新登上帝位,天下永远安定。远近的百姓都仰慕你的英名而归顺我们宋朝。你的功劳实在伟大得无法用言语表达。**公元479年4月,宋顺帝刘准把帝位禅让给萧道成。甲午日这一天,萧道成正式登基,在南郊燎柴祭天**祭文写道:人世间的皇帝,您的臣子萧道成虔诚地把黑色的公牛奉献给伟大而光明的天帝,并向天帝禀告。自从有人类以来,就开始建立起一套管理百姓的体制,用来顺应天意开创人间盛世,而使正道发扬光大。但自古以来天命就不是固定不变的。从前,有虞氏和夏后氏两人各自从上一代继承天命;自从汉魏以来,中期就有这种天命的交接,这些在历史上都有记载。目前刘宋王朝的水德已经衰落,世上混乱不堪,确实是依仗我萧道成的拯救,才避免了这场大的灾难,使社会重新安定下来。上天经常把管理百姓和土地的权力交给那些德才兼备的人,我本人多次谢绝百姓的拥戴,没有接受皇帝的禅让,可是天下人都说:这是上天要你做的，你是不能违背的，国家不能没有主心骨。我不敢违抗上天的旨意，只好顺从上天的安排，恭敬地挑选出这个吉祥的日子，虔诚地捧着受命的大符，登上高台接受上天恩赐的帝位，并把这些报告给上天，以表明我的心迹，让天下人都晓得。请上天接受我的供奉。祭天完毕，萧道成乘车回到了建康宫，亲临太极前殿，大赦天下有罪之人，并采用新的年号纪年。萧道成在位四年后驾崩。太子萧赜继承皇位即齐世祖武皇帝。齐武帝萧赜死后，萧道成的孙子萧昭业被立为皇帝即郁林王。郁林王萧昭业继位后昏庸无道，齐武帝萧赜安葬那天，萧昭业按礼仪应该在端门内向灵车告别，可灵车刚穿过大门，他就去和湖妓鬼混去了，被后来继位的齐高宗萧鸾杀死了。萧昭业被杀后，他的弟弟萧昭文继承了皇位后来被废为海陵王。萧昭文被废后，西昌侯萧鸾被立为皇帝即齐高宗明皇帝，萧鸾是始安贞王萧道生的儿子。萧鸾即位后就大肆屠杀，由于他长年卧病，就提前为自己准备好了棺材。到他的棺材进入祖宗墓地的时候，齐高祖萧道成和齐武帝萧赜的儿子们全被他杀光了。萧鸾死后，太子萧宝卷继承了皇位即东昏侯。东昏侯萧宝卷即位后凶残暴虐，在皇宫内用金花铺地，让姓潘的妃子在上面行走，说：这就是步步生莲。接着又在宫中后花园建起市场，他亲自担任市吏，让潘妃做市令。后来义军攻入皇城，萧宝卷被左右的侍从杀了。萧宝卷被杀后，萧宝融被拥立为皇帝，即齐和帝萧宝融是齐明帝萧鸾的第八个儿子。齐和帝萧宝融最后又把帝位禅让给了梁在这之前，齐世祖萧赜的文惠太子萧长懋和宫中的妃嫔们一同作七言诗，每句诗的后面都有一个"愁"字，这都应验在齐和帝萧宝融身上了。东昏侯萧宝卷在位的时候，宫里的人都梳反根向后的"散叛髻"，所以在东昏侯在位时，天下散乱背叛。又戴一种帽子，掀开帽口而舒展开两个帽翅，人们称它为"凤渡三桥"。把裙子向后撒开再把它系在一起，人们称它为"反缚黄鹂"。梁武帝萧衍的家在三桥，有凤凰飞向那里，这些暗示以后的政权将转交给梁武帝萧衍，"黄鹂"与"皇离"谐音，而"反缚黄鹂"预示东昏侯萧宝卷以后将被处死。在这以前，民间的百姓和朝廷中的官员们都用布帛填在衣服的胸部，称为"假两"，假，就是不是正名。两名储君名都不正，意思是没有得到真正的人主。东昏侯萧宝卷被杀后，他的儿子被废为庶人，这就是"假两"所暗示的意思。

梁高祖武皇帝名衍，姓萧，是齐朝巴陵王萧子伦手下一名主管刑法的官员，后来成为竟陵王萧子良八友之一当初，萧衍的父亲死了，他在巴陵王萧子伦手下很不得志，等到郁林王萧昭业失德，齐明帝萧鸾辅政之后，萧鸾准备废掉郁林王萧昭业，萧衍经常想帮助萧鸾完成这件事，以洗雪他当年在齐武帝之子巴陵王那里

卷四　霸纪上

不得志的耻辱。齐明帝也了解萧衍的这种想法，经常与他一起谋划。当时，齐明帝萧鸾想拉拢随王萧子隆，害怕他不会顺从；又因为王敬则盘踞在会稽，担心有什么变化。于是就向萧衍问计。萧衍回答说：随王虽然有很好的名声，但实际上平庸无能。既没有智谋之士辅佐，手下也仅仅依仗像司马垣历生、武陵太守卞白龙这样的人罢了。这些人都是一些唯利是图的人，如果能用显要的官职引诱他们，都会为您效劳的。所以说随王那里您只须随便寄封信去就可以了。王敬则志在安守江东，享尽荣华富贵罢了，您应该多选一些美女赏赐给他，让他高兴。齐明帝萧鸾说：这正是我的想法。后来的发展果然就像萧衍计策中所设想的。**北魏的将领王肃带兵攻打司州，萧衍率兵打败了他，因此被封为建康郡男爵。齐明帝萧鸾死后，东昏侯萧宝卷即位，齐明帝萧鸾遗诏封萧衍为都督、雍州刺史**东昏侯在位的时候，刘暄等六人掌管中书省大权，每天发布敕令，时人称他们为"六贵"。还有御刀等八个有实权的人被称为"八要"。这些人平时都擅自假传皇帝谕旨，行使国家大权。萧衍经常对亲信张弘策说：政令出自多个地方，混乱就会由此产生，现今能躲避祸乱，唯有我们这个地方。如果我们能多行仁义，就可以坐享其成，成就周文王那样的基业。但是我有很多兄弟住在京城，担心他们会遇害，必须和益州的兄长一同谋划这件事。当时萧衍的长兄萧懿被罢免了益州的官职，仍然在郢州主持政务，萧衍和他商量谋反的事，萧懿不从。不久，萧懿被杀害。**萧懿被杀后，萧衍就起兵谋反**萧衍把部下召集到府中议事，把起义的事告诉了他们，并在当天树起义旗。在这之前，东昏侯萧宝卷任命刘山阳担任巴西太守，让他率兵到荆州，伙同荆州行事萧颖胄兄弟一起去袭击襄阳。萧衍知道了这件事，就派王天武到江陵去，给州府的每一个人都发了书信，论及起义的事情。王天武出发后，萧衍对张弘策说：现在坐着不动就能得天下了。荆州的官员等王天武一到，一定会惊慌失措，无计可施。如果他们不站在我们这边，那么我们拿下荆州就会像从地上捡起草芥那样容易。然后我们再截断三峡的通道，占据巴蜀，派兵平定湘江中游地区，这样湘江的上游就全归我们所有了。依仗这样的声势，兵临长江，截断彭蠡湖，向江南发布檄文，风吹过伏草也没这么容易。政令稍微延伸，就可以上贯日月。江陵人本来就怕襄阳人，加上唇亡齿寒，一定不愿意孤立存在，他们怎么能够不和我们同心协力呢？依仗荆州和雍州的军队，平定东南地区，即使韩信、白起这样的名将重生，也不能拿我们怎么样，更何况是东昏侯那样昏庸无能的君主役使御刀、刘暄那样的无能之辈呢。等到刘山阳到达巴陵后，萧衍又派王天武带书信给萧颖胄兄弟。王天武走后，萧衍对张弘策说：用兵打仗的道理，最重要的是瓦解敌人的军心，其次才是攻打敌人的城池，心战为上，兵战次之,今天的情况正是这样。先前派王天武去州府,给他们每个人都带了书信,今天却只发了两封书信给萧颖胄兄弟,上面写道:一切由王天武亲口传达。等到他们问王天武,可王天武却什么也说不出来。而王天武是萧颖胄兄弟的亲信,别人知道这件事后就一定认为萧颖胄兄弟共同隐瞒了信的内容。这样一来,人人都会猜疑。刘山阳听到别人的议论后也会迷惑不解,进而对二人产生怀疑,可萧氏兄弟无论如何都无法向别人解释清楚这件事。这就叫做用两个空信封平定一州。刘山阳到江安后,果然猜疑萧氏兄弟,萧颖胄兄弟于是杀了王天武,并把他的首级送给刘山阳看,刘山阳才相信了他。刘山阳到荆州,急忙入城。将要过阆悬门时,猛然折断车辕弃车逃走。萧颖胄兄弟的手下陈秀拿着戟追赶他,将其斩于阆悬门外。萧颖胄兄弟就派人把刘山阳的脑袋送给萧衍。但萧颖胄兄弟并不打算立即起兵,依然以请求南康王萧宝融答应即位为借口,对萧衍派来商议起事的人说:如今时机不利,应当等到明年二月再行动。萧衍回答说:现在我们有十万大军,粮食和日用品日益枯竭,如果再按兵不动等上一百多天,就一定会后悔不已,更何况太白星从西方出现,仗义行动,天赐良机,众人齐心谋划,有什么不利?当初周武王讨伐商纣王时,出兵之时正好触犯了太岁星,难道也要等到来年吗?萧衍没有听从萧颖胄兄弟的奏议,依然发兵起义。**戊申日,萧衍从襄阳北部发兵**萧衍留自己的弟弟守卫襄阳城,对他说:你应当真诚地相信并团结襄阳的百姓和官吏,不要乱猜疑,天下一家人的局面很快就会出现,那时我们再见面。**城郢、鲁山等城池以及守城的将领都归降了萧衍**开始时,东昏侯萧宝卷派吴子阳带领十三路人马援救郢州,占据了巴口。萧衍派王茂秘密回师袭击加湖,吴子阳逃跑,他的部下尽数淹死在江中。而城郢、鲁山两城里的守军互相看着,已被萧衍大军的声威吓破了胆,不敢出城救援。在这以前,东昏侯萧宝卷曾派陈伯之守卫江州,作为吴子阳的后援。萧衍对他的将领们说:讨伐敌人并不一定非用真正的实力不可,借助军队的声威也可以做到。现今我们在加湖大败敌军,谁敢不服?陈伯之的儿子陈武牙本来来帮助吴子阳,现在也狼狈地逃了回去,他一定非常害怕我们。所以说我们只要发布一个檄文就能把九江平定。接着萧衍下令搜查擒获的俘虏,找到了陈伯之手下大将苏隆之,大大地赏赐了他,使他心甘情愿为自己效命,鲁山、城郢两座城池也都投降了萧衍。陈伯之和儿子陈武牙看见萧衍大军兵临城下,便一起脱下铠甲向萧衍请罪。**壬午日,萧衍到达石头城,命令部队把石头城的六个城门围住,卫尉张稷杀死了东昏侯萧宝卷,用黄油纸包裹住东昏侯的脑袋送到萧衍军中**萧衍命令吕僧珍带兵查封了石头城的府库和存放图书的地方。抓住萧宝卷的妃子潘妃,把她杀了,把二千名宫女分赏给手下的将士们。

卷四 霸纪上

平定都城后，齐和帝萧宝融被迫将帝位禅让于梁，萧衍即位。梁武帝太清元年，原齐朝的司徒侯景率领原齐朝的十三州归顺萧衍。后来，侯景谋反，一直打到京城，幽禁了萧衍，萧衍驾崩梁武帝天监年间，和尚宝志作诗道：昔年三十八，今年八十三。四中复有四，城北火酣酣。萧衍查封了此书，把上面的话记下来。梁武帝萧衍在三十八岁的时候攻克了建业，八十三岁的时候遇到了火灾。梁武帝大同元年四月十四日同泰寺起火，宝志和尚诗句所言一一应验。侯景专权，先立梁武帝的太子萧纲为帝，后来又把他杀了后世追尊他为太宗简文皇帝。湘东王萧绎在荆州派大将王僧辩等将领平定了侯景的叛乱，并把侯景的首级送到了江陵王僧辩等人劝萧绎登基做皇帝，说：这个月的戊子日，军队全部集结到建康，然后分兵从不同的道路追击叛乱的残敌，凶恶的贼人轰然溃败，四处逃散，希望您能忍住痛苦和悲哀，忍住悲伤和愤怒。自从叛乱开始以来，官廷混乱，胡尘四起，大江南北，北马践踏。奸臣当道，不只是一个人而已。恶人横行，这样的情况已经五年多了。如今上天再次发威，冤仇和耻辱都得到了洗刷，朝廷内外的大小臣工都盼望您的到来，都认为国家应该交给像您这样德才兼备的人来管理。可您却谦虚地推辞，不肯登基做皇帝，所以我们再一次请求，希望得到您的答复，您怎能长久不考虑我们的建议而耽误上天旨意的执行？丙子日，湘东王萧绎在江陵登基做了皇帝即梁元帝，梁元帝萧绎是梁武帝萧衍的第七个儿子。西魏派万纽、于谨率兵前来进攻，梁王萧詧率领部队与敌军会战，梁元帝萧绎被俘，西魏人杀死了他当初在平定武陵之后，曾有人建议利用那里的大船把都城迁到建业，由于重臣宗懔、黄罗汉都是楚地人氏，不愿意迁移。说：建业帝王的气象已经耗尽，江陵附近江中的江心洲已经达到一百个了，预示着江陵将出天子。于是梁元帝萧绎仍然把都城设在了江陵。不久，岁星出现在井宿上空，火星出现在心宿的上空。萧绎看到这些，感慨万千地对朝中的大臣们说：我夜观天象，恐怕将有贼人出现。然而吉凶在我，运数由天，躲避又有什么用呢？不久江陵被西魏的军队包围，江陵城失陷，梁元帝萧绎被魏军俘虏，被装进土囊中杀死。民间相传：江陵附近的江心洲达到一百个，荆州就会有天子出现。桓玄在做荆州刺史时，有反叛之意，当时江心洲已经有九十九个，于是桓玄就派人把一个江心洲凿开变成两个，从而凑成一百个江心洲，但不久被冲坏，桓玄的叛乱也最终没有成功。宋文帝刘义隆做宜都王时，这个地方自己形成了一块新陆地，不久宋文帝刘义隆就篡夺了政权。梁武帝萧衍太清末年，在枝江杨阊浦这个地方生出了一块陆地，第二年，萧绎就被立为皇帝。梁元帝萧绎承圣末年，这块陆地和江岸连成了一片。江陵被攻陷后，王

霸图第十七

僧辩、陈霸先等人商议立梁元帝萧绎的儿子萧方智为皇帝即梁敬帝，梁敬帝萧方智是萧绎的第九个儿子。众人把萧方智从江州迎接到建业登基。梁敬帝萧方智太平二年，萧方智把帝位禅让给了陈。

陈高祖武皇帝陈霸先，吴兴郡长城县人。梁武帝萧衍在位时担任直阁将军。侯景谋反时，陈霸先带兵与侯景作战。侯景战败身死，湘东王萧绎继承了皇位，任命陈霸先为南徐州刺史，回去镇守京口。梁元帝萧绎承圣三年，西魏军队攻陷西台，陈霸先和王僧辩拥立晋安王萧方智为皇帝。司空王僧辩又与北齐和亲，拥立从北齐回归的贞阳侯萧渊明为皇帝陈霸先叹道：晋安王萧方智是高皇帝的孙子，元皇帝的儿子，他有什么过错，平白无故地被废掉呢？不按次序立皇帝，他的险恶用心不言自明。陈霸先认为这样做是不合情理的，偷偷地回师石头城，打败了王僧辩。当天晚上就用绳子把王僧辩勒死了，贞阳侯萧渊明退位，晋安王萧方智重新做了皇帝。徐嗣徽从北面引北齐的军队来帮忙，并派萧轨等四十六个将领带兵渡过长江到达幕府山，妄图反叛，陈霸先把他们一一击破。陈霸先进位为丞相，加封爵位为陈王。公元559年，梁敬帝萧方智把皇位禅让给了陈霸先，是为陈武帝。三年以后火星出现在心宿的上方，表明人君将有大祸，陈霸先驾崩当时，陈霸先的大儿子衡阳王在周朝做人质，于是陈霸先的弟弟始兴列王陈道谈的大儿子陈蒨继承了皇位，他弟弟的儿子陈蒨被立为皇帝即陈世祖文皇帝。陈文帝陈蒨驾崩后，太子陈伯宗立为了皇帝即废帝。陈伯宗被废后，陈顼被立为皇帝即陈高宗宣皇帝，是始兴列王陈道谈的第二个儿子。陈宣帝陈顼驾崩后，太子陈叔宝被立为皇帝，这就是长城公。陈叔宝在东宫做太子的时候，喜欢读书学习，有文学和艺术方面的修养。等他即位以后，却沉湎于酒色陈叔宝身边受宠爱的妃子有五十多人，穿着华丽、长相漂亮的妇女有一千多人。他经常让孔贵妃等八个女子并排坐在一起，邀请大臣江总、孔范等十个人参加宴会，被称为狎客。他先让那八个女子在彩纸上写好五言诗，然后再让这十个客人和诗，谁和得迟了，就罚喝酒。君臣酣饮，通宵达旦，这样的事情他们都习以为常了。

隋文帝杨坚接受北周静帝宇文阐禅让之初，非常注意与周边的邻国处理好关系。陈宣帝陈顼驾崩，他派人前去吊唁，学习敌国的礼节，写信时，称名，用顿首礼。可是陈后主陈叔宝却十分的骄傲，回信的末尾

卷四　霸纪上

写道：想要治理好你统治的地区就应该如此，这样天下就太平了。隋文帝杨坚看了很不高兴，把信拿给朝臣看。大臣贺若弼、杨素等人认为隋文帝受到侮辱，拜了两拜请罪，并请求兴兵讨伐陈后主陈叔宝。隋文帝说："我作为天下人的父母，怎么能因为只是隔着一条衣带那么宽的河，就不去拯救那里受苦受难的老百姓呢？"于是下令制造战船有人请求秘密制造战船。文帝说：我们明明是奉上天旨意讨伐昏君，为什么要秘密制造呢？假使将木片投放长江中，他看到后能自己知道悔改，那不是更好。**隋文帝派晋王杨广为元帅，指挥八十多员大将兴兵讨伐陈后主**起初，隋朝军队把三十多万份上面写着陈后主罪恶并盖有皇帝玉玺的传单散发到南陈的军队中。江镇被攻陷后，有人向南陈朝廷奏报了这件事，沈客卿掌管机密事务，接到奏报后没有声张。隋朝军队已经到了长江边，陈后主陈叔宝说：天子的祥瑞之气在我这里，以前北齐的军队三次来这里，北周的军队两次来这里，全都被摧垮消灭了。今天隋朝的军队又来到这里，简直是自取灭亡。陈后主于是依旧每日饮酒作诗不停歇。当隋朝的军队有的攻陷了姑孰城，有的已经截断练湖附近的交通要道，陈后主才颁布诏书说：羊和狗欺凌放纵，侵入到京城附近，蜜蜂的刺有毒，我们应该及时把它消灭。于是任命萧摩诃为守卫京城的大都督，分兵驻守重要的关口和道路。就连和尚、道士、尼姑也都被抓起来服役。隋朝军队从南北同时进军，陈后主的军队大败。**隋朝军队攻入南陈的都城建邺，韩擒虎带兵自南掖门进入，陈朝的文武百官纷纷逃跑，隋军俘虏了陈后主**隋军进入南陈都城建邺后，仆射袁宪劝陈后主端端正正地坐在金銮殿上，大义凛然地等待敌军的到来。陈后主说：敌军锋利的刀刃底下，可不是闹着玩的，我自己有办法应付。于是陈后主逃到皇官的一口井的井底，当隋军士兵用绳子往上拉他时，非常奇怪陈后主为什么这么重，原来他是与张贵妃、孔贵人一同上来的。隋文帝杨坚听说这件事后感到非常吃惊。大臣鲍宏对他说：井宿在天文上是秦地的分野，现在的王都所在。天象表明，陈后主投井是上天的旨意。在这以前，江南人很多都会唱王献之的《桃叶辞》：桃叶复桃叶，渡江不用楫，但渡无所苦，我自迎接汝。等到隋朝的晋王杨广率军驻扎在六合镇的时候，那里真的有一座山叫作桃叶山，杨广果然乘坐陈国的战船渡过了长江。晋王杨广占领台城，把陈后主送往东宫。三月癸巳日这天，又把陈后主和他手下的贵族、王公大臣们一起从建邺送到长安。等到了隋朝都城长安，隋文帝用陈国原来的服饰车马接待陈后主和他手下的王公大臣。当隋

霸图第十七

文帝让人宣读责备陈后主的诏书时，陈后主屏住呼吸不能应对。随后隋文帝封陈后主为长城公隋文帝到东边出巡，登上芒山，陈后主陪隋文帝饮酒，即兴赋诗一首：日月光天德，山河壮帝居，太平无以报，愿上东封书。等到出来后，隋文帝望着陈后主远去的背影说：他的失败不就是因为太喜欢饮酒作诗吗？如果他把作诗的功夫用来思考安定天下的问题，那该有多好。隋文帝仁寿四年，陈后主在洛阳去世在这之前，蒋山里的一群鸟儿拍动翅膀发出声音好像在说：奈何帝，奈何帝。陈后主在东宫时，有一只一条腿的鸟飞到金殿上，用嘴在地上写字，内容是：独足上高台，盛草化为灰，欲知吾家处，朱关当水开。有人解释说"独足"是说陈后主后来孤单一人没有随从；"盛草"是说后主荒淫污秽。隋秉承火运建国，盛草遇到火便变成了灰；等到陈后主来到隋朝都城长安后，住在都水台，正是"高台当水"。以前有一个会稽人史溥曾经做过一个梦，梦见一个穿着红衣服头戴武士帽的人从天而降，手中拿着一块金牌，史溥向前仔细看，上面写着：陈氏五主，三十四年。陈朝的灭亡果然就像史溥梦见的那样。梁朝末年，有一首童谣：可怜巴马子，一日行千里。不见马上郎，但见黄尘起。黄尘污人衣，皂荚相料理。王僧辩被杀以后，大臣把这个童谣报呈给梁敬帝萧方智，解释说：王僧辩本来是骑着巴地的马击败侯景的，"马上郎"是一个"王"字，"尘"字与"陈"谐音，但搞不清"皂荚"那句是什么意思。等到陈朝灭亡后，大家才明白，江南人称羯羊角为皂荚，隋朝皇帝姓杨，"杨"与"羊"谐音，这是说陈最终被隋朝灭掉。北齐末年，各省的主管官员都被称为省主，暗示皇帝将要被废除。这样看来，王朝的兴亡都有预兆。

隋高祖姓杨名坚，周武帝宇文邕初年担任隋州刺史，女儿是周太子宇文赟的妃子。周宣帝宇文赟继位，封杨坚为大司马。宇文赟驾崩，周靖帝宇文阐即位，杨坚进爵为隋王。后来周靖帝宇文阐又把帝位禅让给杨坚。杨坚改国号为隋，年号为开皇。隋文帝开皇九年，杨坚平定南陈，将太子杨勇废为平民，改立晋王杨广为太子。杨坚驾崩后，太子杨广即帝位即隋炀帝。隋炀帝杨广昏庸无道，各地义军风起云涌。隋炀帝十三年巡视江都时，李密便在巩地修筑高坛，自封为魏公李密是辽人，蒲山公李宽的儿子，年轻的时候就有大志，一向有反叛的想法。他和杨玄感是生死之交，但杨玄感却经常依仗权势欺凌他，李密气愤地说：在两军交锋的战场上，英勇杀敌，所向披靡，建一时之功，我不如你；但是如果从长远来看，指挥天下德才兼备的志士，使他们各自发挥自己的特长，你就比不上我李密了。你怎么能够因为自己的官衔稍微大一点就

卷四 霸纪上

瞧不起天下有才德的士大夫呢？等到杨玄感起兵造反时，李密就追随他，成为他谋士中的首领。后来杨玄感兵败，李密改名换姓，投奔瓦岗寨翟让。翟让封李密为魏公，开幕府，设置幕僚，拥有十余万兵力。**梁师都占据夏州。刘武周杀死太原留守王恭，举兵造反。窦建德自封为夏王，朱粲自称楚王，刘元进盘踞在吴都。隋炀帝听说有这么多人造反后，十分恐惧，便派冯慈明到东都洛阳去招募军队平叛**隋炀帝听说各地义军风起云涌，便召集大臣商量应对的办法。大臣们都说：这只不过是一些小偷小摸罢了，有什么可担心的？侍御史韦德裕却说：如今天下土崩瓦解，朝廷纲纪遭到破坏，可是内史侍郎虞世基、御史大夫裴蕴他们却都奉承陛下，隐瞒实情不报。现在的情况已经像堆起的柴被点燃了一样，如果任由这个形势发展下去，祖宗的宗庙由于叛乱军队的破坏一定会得不到祭祀。《周书》上称：一点一滴的水珠，如果不断汇合，就会发展成长江黄河。陛下您千万不能因为听了阿谀奉承的话就不把这件事放在心上。隋炀帝于是派冯慈明到洛阳去招募军队，准备用来讨伐李密的叛军。冯慈明行踪败露，被瓦岗寨巡逻的士兵抓住，押送到李密跟前。李密听说抓到了冯慈明，非常高兴，对冯慈明说：皇皇上天没有什么亲疏远近，谁有德行它就会帮助谁。当今皇帝毒害百姓，天下人都知道。我李密召集百姓，是想安定天下。如今我们手下已有一百多万精明强干的战士，拥有像敖仓那样多的粮食，加上成皋一样险要的地势，再加上武器精良，甲胄坚实，挖开东海就可以让它改向西流，踢泰山就会使它向东倾斜。以我们这样雄厚的实力，什么敌人不能摧毁？以此攻打城池，什么城池不能攻陷？隋朝的东都洛阳已经十分危急，很快就会投降，希望你能认清形势，和我们一起建功立业，成就不世之名。冯慈明回答说：你的父亲蒲山公曾为隋朝立过大功，很得先帝的信任，权倾朝野。你却不思朝廷造就你的恩德，反而心怀反叛之志，舍弃隋朝对你们一家的恩情，像杨玄感那些人一样顽固不化，恶贯满盈，你很快就会失败的。渔网的漏洞可以容得下大船，以至于有今天。以前王莽依仗全天下的军队，却在光武帝刘秀面前一筹莫展；王敦拥有江左之师，在晋明帝司马绍面前也走到了穷途末路。你纠集乌合之众，不超过数千人，飞扬跋扈，强占村庄。只有有德行的人才能得到上天的帮助，与你有什么相干呢？李密于是把他软禁在司徒府中。冯慈明暗中派人去洛阳报信，事情泄露后，翟让杀死了冯慈明。另外颁布诏书让唐国公李渊驻守太原。隋炀帝大业十三年五月甲子日那天，李渊率部起义，遥尊杨广为太上皇，拥立代王杨侑为皇帝，效仿商朝伊尹和汉朝霍光的做法。然后向天下发布檄文，很多听说这件事的人纷纷起兵响应**这是裴寂、殷开山的计策。**当时，代王杨侑在西京

霸图第十七

长安。这年秋天七月,唐国公李渊想向西图谋拿下长安,便在太原郊外举白旗誓师,当时披甲执锐的将士有三万人。李渊让大公子李元吉留守太原。义军到达霍邑,隋朝派武牙郎将宋老生率军抵抗李渊的义军。当时秋雨连绵,军队的粮饷供给不上,又有谣传说突厥的军队将要袭击太原。李渊非常害怕,准备命义军回师太原。后来听了秦王李世民的劝说,才没有这样做李世民劝李渊道:隋炀帝肆意施行暴虐,天下分崩离析,人心涣散,跨州连郡,起义风起云涌。男的不能从事农业生产,女的无法进行纺织劳动。所以我们才在汾水仗剑而出,在太原举起义旗,准备斩杀无道,安定天下,杀戮叛乱之人,使四海清平。我们凭借崤山和函谷关的险要地形,再加上我们尊奉代王杨侑为帝,以帝王的名义来传令诸侯,安定天下。因此听说的人都纷纷响应,投奔我们就像回家一样。现今遇上这样一小股敌人就想退缩回去,我怕这样军队一下子就散了,大势已去,无法扭转。我们回师守太原的话,只能算是拥有一座城池的小盗贼,恐怕过不了多久,祸及身家性命的变乱就会接连发生。听了李世民一番话,李渊终于下定决心放弃了回师太原的计划。宋老生背城与李渊决一死战,被李渊一战杀之,起义军平定了霍邑附近的城池都投降了,唯独屈突通镇守河东,顽强坚守,攻不下来。这年冬天十月,起义军到达长安长乐宫。卫文升挟持代王杨侑顽强防守长安城。十一月,李渊起义军平定了京师长安,尊立代王杨侑为天子,改年号为义宁李渊派使臣四处巡视各郡县的情况。李渊把隋朝建造的行宫都查封了。让后宫的宫女妃子们都回到自己的亲属那里。起初,由于隋朝的军队到处侵扰老百姓,老百姓把他们视为祸患。等到李渊率领的起义军到达后,不动老百姓一丝一毫。于是老百姓都说:这是我们真正的天子。这时候,隋炀帝打算逃去丹阳,但他的大臣和将士们都是北方人,不愿意向南迁徙,都只想回到北方。宇文化及见老百姓实在不堪忍受隋炀帝的暴政,就在江都把隋炀帝杀了。隋朝王室的王侯,不论年龄大小,全被杀死。然后立太子杨浩为皇帝,宇文化及自己做丞相隋炀帝曾经梦见一个穿青色衣服的小孩对他说:离开也是死,住在这里也是死,不如坐船渡过长江去。于是打算南迁,裴蕴、虞世基这些宠臣都是南方人,很赞成南迁的想法。可是隋炀帝手下的将领们都不愿意去南方,裴蕴、虞世基准备用毒酒把不愿南迁的人毒死。南阳公主由于害怕自己的丈夫宇文士及也被害,便把这件事告诉了宇文士及。宇文士及接着又把这件事告诉了他的哥哥宇文化及。于是宇文化及趁机谋反,囚禁了隋炀帝。隋

卷四　霸纪上

炀帝说：我有什么有负天地的事情而导致今天的下场？马文举回答说：臣子我听说，天下的百姓不能没有君主，所以上天要立一个皇帝来抚育他们。因此说，是皇帝要抚育百姓，并不是百姓非要养活皇帝。我们高祖文皇帝掌握国家大权，使国家兴隆，废除严刑酷法，广施恩德，向南征讨强大的陈国，向北平定了外族的入侵。二十多年后，天下太平。可是，不久他却逝世了。陛下您做了皇帝以后，不理朝政，离开京师，到处巡游作乐，搞得老百姓没有一天安宁日子。为方便您寻欢作乐，便要开挖运河，连通黄河和洛水，贯通长江和淮河。年轻健壮的百姓为开挖河道身心疲惫，年老体弱的在转运粮饷中疲于奔命。高颎、贺若弼两人都是先帝的重臣，功劳和品德都很突出；薛道衡才华出众，是治理天下的人才，然而都无辜地、猝不及防地被您杀害。从此，朝中贤能的人士纷纷选择退隐，而那些专会投机钻营的小人却一天天多了起来。再加上您连年兴兵征讨辽东，徭役从没停过，出去讨辽的将士全都客死他乡，国库也因为战争变得非常空虚。天下间尸骨漫山遍野，怨声载道。正是这些死去的冤魂到上天那里告了您的状，上天才假手于人来征讨您。那次在雁门地区，您受到北方敌国的羞辱，解围以后，您按理应该就此罢休，没想到您又巡游到南方的吴越之地，在长江上来回驱驰。靠按人头征收重税，供您自己寻欢作乐。将士连粗布衣服都没的穿，而您后宫里的妃子却连续罗绸缎都穿厌了；将士们连糟糠都没的吃，可您养的犬马却连粟肉都吃腻了。士兵们在外征战多年，铠甲上都生了虱子，战马从来没有机会御下鞍子。而您却拒绝大臣劝谏，粉饰太平，没有心思返回长安主持政务。于是天下九州被瓜分，叛乱四起。本来繁荣安定的局面一下子被您搞得一塌糊涂，而您还说自己没有罪过，连我都为您感到羞耻。隋炀帝于是沉默不语，最终被勒死了。第二年五月戊子日，天子杨侑在别宫退位，把帝位禅让给了唐。大唐建立，定都长安隋炀帝大业末年，有歌谣唱道：桃李子，洪水远杨山，宛在花园里。李，是唐朝皇帝的姓；洪水，指的是"渊"字；杨，是隋朝皇帝的姓；花，是说没有果实。园，就是囿，代王名侑，"侑"和"囿"字同音，是说杨侑虽然是皇帝，但是由于上天安排隋朝的命运已经结束，唐王应当登上帝位。已巳日，王世充、段达等人在洛阳拥立越王杨侗为皇帝。六月，宇文化及从江都进军到彭城，占领黎阳，称帝，建国号为许。李密率领大军在清淇修筑堡垒。敦煌的张守一听说李密和宇文化及打仗，便劝说越王杨侗趁机兴兵讨伐李密，越王杨侗没有采纳张守一的建议，而是用孟琮的计策，和李密联合起来张守一劝越王杨侗说：我听说鸿鹄这种鸟翅膀还没有长成的时候，就已经有了冲向万里碧空的志向；勇猛的豹子身体还没有发育成熟的时候，就已经具备

霸图第十七

了吃掉牛的雄心。如今陛下您拥有整个周朝的土地,背靠黄河,面向洛水,手下拥有十万精兵,粮草足以支撑数十年,这是您成就统一霸业的资本,难道陛下您非要等翅膀长成和身体壮实的时候才去统一天下吗?整天把守城门不出,不把安定天下作为自己的目标,与那些整天在一个巢穴里爬来爬去的蚂蚁有什么区别呢?我私下里认为陛下您不该这样做。越王回答说:那我应该怎么办?张守一说:古代商汤、周文王、武王和春秋五霸的兴起,都是凭借军队来奠定自己的帝王大业。所以夏启有甘野之师,齐桓公发动召陵的兵众起事。他们都是依靠军队讨伐那些不守规矩和失去民心的人,从而统一天下。如今天下形势一片大乱,英雄豪杰相继而起,足以成为您心腹大患的,莫过于窦建德的夏国和李密的魏国两家。窦建德一旦派兵渡过黄河,那么洛阳就不是陛下的土地了;李密一旦派兵渡过洛河,那么洛口地区的粮草便不再为陛下所拥有。即使是累卵之危,也不会比这更严重了。我听说军队作战要靠正义的理由才能发动,靠奇谋才能取胜。这就是韩信之所以能够斩杀成安君陈余、张良之所以能使秦朝投降的原因。请您派二万精兵驻守洛阳,另外派三万人沿着黄河岸边巡逻防守,以防备窦建德的夏军袭击。然后陛下您亲自率大部队从洛口出发,迅速去攻打李密的魏国军队,魏国的群臣以为陛下从天而降,仓卒之间,有智谋的人也来不及谋划了。等李密消灭以后,窦建德就会被您的气势所慑服。我们再把守好边疆,寻找时机行动,这样就能建立像文帝那样的功勋并重新恢复隋朝的统治。越王说:我刚登基不久,上天和百姓都还没来得及归心于我,战争却屡屡发生,我担心士大夫会背叛我。张守一说:陛下您是隋朝的嫡传后代,继承着二位先祖的基业,这样就像夏的臣民怀念大禹的恩德,重新辅助他的后代少康;汉的臣民留恋刘氏的仁政,而重新接受光武帝刘秀的统治。用今天的事情来对比古代的事情,您的机会更加好。更何况李密有三条理由应该被讨伐,是什么呢?第一,李密开始是与翟让一同领兵起义的,等成就大业后,他却杀了翟让,夺取了他的位置。起义军刚刚丧失他们的领导者,宗庙鬼神刚刚失去祭祀,因此上天和军队都对他不满。第二,他占地广,军队多,但他的军令不严,赏罚不明,军队的战斗力很弱。第三,他的精锐部队都用来对付秦王李世民了,留在巩、洛地区的部队都是些老弱残兵,如果我们乘虚袭击,那么一定能成功。《军志》上称:要在战争中抢占主动地位。又称:时机好不如地势好,地势好不如军队上下一心,团结一致。如今陛下您兼有这三方面的条件,又加上抢占了主动地位,可以说无往而不利。听了这番话,越王杨侗准备采纳张守一的计策。而此时孟琮却说:宇文化及率领的都是一些归心似箭的军队,他的锋芒锐不可挡。李密是天下的大英雄,英勇、智谋无人能比。除了李密,天下没有人能消灭宇文化及。况且一旦袭击李密不成功,那么等于又造就了一个宇文化及。请允许我去劝说李密,晓以利害,示以大

卷四　霸纪上

节，让他为我们所用，帮助我们扫平前进路上的障碍。至于以后的事情，慢慢再说也不晚。越王说：好。孟琮于是去劝李密说：您率领一群乌合之众，暗地想要进攻洛阳，没有什么有德行的人辅佐，也没有险要的地势作为保障，正如兵法上所说的"四分五裂"，这是很忌讳的。现在你东面有宇文化及的部队，西面有洛阳王世充的部队。如果你抵抗宇文化及，王世充就会领兵抄你的后路；如果你防备洛阳王世充的部队而不采取行动，那么宇文化及的军队又会一下子攻来。如今六军驻扎在洛口等待你进攻的命令，宇文化及也已攻下武牢，恐怕你还来不及谋划，失败的形势就注定了。当今皇上是世宗成帝杨昭的儿子，世祖明帝杨广的孙子，凭借皇室贵胄的身份，天下人都乐意拥戴。手下又拥有上百万的军队，占据着以前隋朝的都城。宇文化及似乎看不到这一点，不但不来归顺，反而兴兵作乱，目前皇上枕戈达旦，已经做好了一切进军围剿他的准备。如果将军能率领军队提前行动，帮助皇上去铲除宇文化及，那么取胜肯定是万无一失了。古代的晋文公不计较寺人披斩袪的旧怨，齐桓公不记管仲射钩的前仇，都最终得以称霸天下。更何况当今皇上圣明，有容人之量，请您不要因为以前的过失，过于责怪当今的皇上。目前在您面前摆着的是大好形势，只是略微需要一些努力，将军自己选择吧。李密起初听到张守一的谋略，心里非常害怕，等到孟琮一来，感到十分高兴，于是派记室李俭朝前去朝拜越王杨侗，承认越王杨侗的帝位。越王非常高兴，封李密为太尉，进爵魏国公。李密和越王杨侗联合之后，再没有了洛阳王世充部队袭击的担忧，动用了全部精锐部队去攻打宇文化及，最后把宇文化及打败了。自从打败了宇文化及以后，李密更加骄傲。越王杨侗又派王世充带兵攻打李密。李密没有采纳祖君彦的计策，导致大败。于是向西逃往长安，投奔李渊的部队，不久因为图谋背叛李渊而被杀当王世充袭击李密时，李密召集手下的谋士商量这件事。裴仁基说：现在王世充带领他的全部精锐部队来攻打我们，洛阳的防备一定很空虚，只能做到坚守战略要地，不让我们向东进兵而已。如果此时我们能派出三万精锐的部队沿黄河河漕而上，一定可以逼近洛阳。洛阳防守一吃紧，王世充必定回师救援。等王世充返回洛阳后，我们再把军队退回来。这样，我们有余力，而王世充的部军就会疲于奔命。这就是兵法上所说"敌人出来我们就回去，敌人回去我们就出来。频繁出战使敌人疲于奔命，多方进攻使其判断失误"。李密说：你只知其一，不知其二。如今王世充的军队锐不可挡的原因有三个：第一，士兵精锐；第二，深入进攻的决心很大；第三，粮草快吃光了，只求速战速决。我们只要坚守城池，积蓄力量，等待时机。敌人想作战而苦于没有机会，想退去又无路可走。这样用不了十天，王世充的脑袋就会

霸图第十七

被送到我们的营帐中来。诸位认为怎么样？单雄信说：敌方的士兵思念故土，食不裹腹，我方的战士热情很高，乐于参战。两相比较，我们一定能够打败敌人。祖君彦说：这样行不通。理亏的军队衰弱，正义的部队坚强。理亏就好比饥饿，正义就好比吃饱了。王世充打着隋朝的旗号出兵，不能算是理亏；主公被老百姓认为反叛，不能算作正义。光禄大夫裴仁基的计谋，可以说是速战速决的上策；主公你的谋划，是打持久战的好方法；单雄信将军的计策，可能会直接导致失败。更何况事物的力量不可能永远强大，胜利的局面也不可能永远维持。俗话说得好，祝贺的人还没走，吊唁的人就已经上门了。我实在是担心我们虽然能战胜宇文化及，却被王世充打败。请魏公您按兵不动，等待时机。王世充身强力壮，志向高远，强悍而粗心，为人却很低调，一定包藏祸心，用不了几年时间，就会叛乱。到那时，我们再打着顺乎天意、合乎民心的正义旗号去攻打他，凭借嵩山为城，洛水为城池，派武将带兵征战于外，文臣儒士坚守于内。这与因一时意气用事而使已经初具规模的事业瞬间崩溃相比，哪个更好？想夺取别人的东西，一定要先给他点什么；要削弱他人的力量，一定要先使他强大一点。一味的只想索取而什么也不愿付出，一定会遭到上天的惩罚；只顾削弱别人而一点也不让别人发展，也一定会受到上天的惩罚。希望主公您能首先给他点甜头尝尝，让他强大一点，然后再抓住他的弱点全力攻打他，没有不取胜的。李密说：聪明啊。于是便不准备和王世充交战。王伯当、单雄信说：天下太平无事、老百姓安居乐业的时候，吟诗作画、主持祭祀宗庙之类的事情，武将比不上文臣；而天下大乱，英雄竞起，图谋称王称霸，铲除邪恶，安定局势，文臣则比不上武将。文臣武将都有各自的用场，不可以互相替代。当今越王杨侗昏庸无道，上天已经厌弃他很久了。更何况天命并不是一成不变的，谁有能力就可以取而代之。哪有什么是非曲直的说法？请您把安定天下局势的使命交给武将，而把统治天下百姓的任务交给文臣，如果今天放弃作战，那将来可能什么也干不成了。李密于是采纳了单雄信的建议，与王世充的军队交战，结果被打得大败。王世充则乘胜占领了洛口。李密手下的左长史邴元真在仓城投降。李密逃往武牢，不敢进城，于是向北渡过黄河，投奔李渊而去。当初，王伯当、单雄信、徐世勣在李密的军队中被称为"三杰"，所以李密才相信他们的话而与王世充交战。**大唐高祖武德二年，王世充在洛阳杀死越王杨侗，自立为皇帝，隋朝灭亡**南朝梁时，一个名叫宝志的和尚在书中写道：牵三来就九，索房下殿走。意欲东南游，厄在彭城口。武德二年三月，江南又有一首童谣唱道：江水何冷冷，杨柳何青青。人今正好乐，已复戍彭城。"牵三就九"指的是十二年；"戍"暗喻"输"，戍与输谐音；吴地的人称北方人为

卷四 霸纪上

"虏";江都的西边有个彭城村,村里有一条彭城河。杨广曾经把彭城河的水引到西阁的下边,后来他果然在这里被抓住。当初,杨广在江都的时候,听说各地的起义军风起云涌,可他手下的人都说:只是些猖狂的盗贼,成不了什么气候。后来,听说李渊在太原起义兵,杨广刚刚躺下,一下子被惊起,说:我现在明白了!我杨广见多识广,却不知道原来是李渊做天子,哪里有什么圣德?他抚摸着胸口长叹,过了很久,又重新躺下,说:现在皇帝还没有死,可上天就已开始成就他人了。

评论:《晋纪》作者干宝称:"古代帝王的出现,一定得等待天命的安排,如果有更替变换,也不是人力所能够左右的。尧、舜把帝位禅让给内定的继承人,体现的是讲求道德的政体;汉、魏时把帝位禅让给外姓人,是顺应当时的潮流;商汤、周武王的革命,是顺应上天和百姓的要求;汉高祖和东汉光武帝的征战,是为了建立自己的功勋和基业。这些人都是由于他的运数而得到天下的。这种根据时代发展而创造历史的含义真的很深奥啊。"《后汉书》的作者范晔说:"自古以来丧失祖宗基业、断绝宗庙祭祀的帝王,之所以遭到削弱灭亡的厄运,大概都是有原因的。夏、商、周三代都是由于过分宠爱后宫的妃嫔才招来祸患,秦朝是因为对百姓施行暴虐统治而招致灾难,西汉是由于外戚专政而灭亡,东汉是因为宦官专权而导致国家倾覆。对于成功和失败的原因,古代的史官已经讨论好长一段时间了。从秦、汉到北周、隋,分析每个朝代兴亡的原因,虽然也有因为上天运数的缘故,然而大抵得到天下的那些帝王,都是由于他们得到德才兼备的忠臣良将辅佐,为人民谋求利益,消除祸害;而最终丢了天下的那些人,都是因为他们大量任用奸险小人,奢侈无度、劳民伤财造成的。孔子说:'懂得注意自身修养,约束并控制自己行为的君主,丧失政权的很少。'又说:'要远离奸佞之人,除去自身不良嗜好和恶习。'这话很有深意。"从前,秦始皇看到周朝最终是被自己分封的诸侯灭掉的,于是便转而依靠自己,让他人为自己所用,不再分封诸侯。然而没想到秦朝最终被陈胜、刘邦和项羽这些出身普通草民的人推翻了。汉高祖刘邦平定天下以后,想到项羽从函谷关进入关中,自己由武关到达关中,得了天下以后便拼命加强对险要关隘的把守,在内充实三军,常年注意对边关的防守。等到王莽夺取汉朝政权,竟然不是从关隘进入而得天下,而是通过在内部专权坐收其利。王莽想到自己是由于先从内

霸图第十七

部把持朝政大权后才篡夺了政权，因此他登基后不断削弱大臣们的权力。然而他失去天下，和大臣专权没有丝毫关系。更始帝刘玄看到王莽丢天下是因为丧失了天下万民的人心，于是在占领长安后处心积虑地想出一些表面上看似能安抚百姓的措施，并自认为能借此安定天下，而不注意采纳谏官的意见。最终却落得被赤眉军包围于外，加上大臣在身边背叛，最终导致灭亡。由此看来，招来祸患的原因不一而足，那是防不胜防的！贾谊说：做任何事情都有可能招来祸患，再好的法治措施也难免会被奸猾的人钻空子。只有任用那些德才兼备的贤臣良将，然后才能避免难以预料的祸患。

卷五　霸纪中

卷五　霸纪中

七雄略第十八

原文

　　臣闻天下，大器也；群生，重蓄也。器大不可以独理，蓄重不可以自守。故划野分疆，所以利建侯也；亲疏相镇，所以关盛衰也。昔周监二代，立爵五等，封国八百，同姓五十五。深根固本，为不可拔者也。故盛则周、召相其治，衰则五霸扶其弱。所以夹辅王室，左右厥世，此三圣制法之意文、武、周公为三圣。然厚下之典，弊于尾大。自幽、平①之后，日以陵夷，爵禄多出于陪臣，征伐不由于天子。吴并于越越王勾践败吴，欲迁吴王于甬东，与百家君之。吴王曰：孤老矣，不能事君王。遂自刭死。越王灭吴，**晋分为三晋**昭公六年卒，六卿②欲弱公室，遂以法尽灭羊舌氏之族，而分其邑为十县，六卿各以其子为大夫。晋益弱，六卿皆大。哀公四年，赵襄子、韩康子、魏桓子共杀智伯，尽分其地。至烈公十九年，周威王赐赵、韩、魏皆命为诸侯，晋遂灭，**郑兼于韩**郑桓公③者，周厉王少子也，幽王以为司徒。问太史伯④曰：王室多故，予安逃死乎？太史伯曰：独有洛之东土、河、济之南可居。公曰：何如？对曰：地近虢、郐，虢、郐之君贪而好利，百姓不附。今公为司徒，

---

① 幽、平：幽指周幽王姬宫涅。西周末国王，宣王之子。平指周平王姬宜臼，一名宜咎。东周第一代国王，幽王之子。
② 六卿：春秋后期晋国有范氏、中行氏、知氏、韩氏赵氏、魏氏六家为卿，并称六卿。六卿都曾改革田亩制和税制，图谋富强。
③ 郑桓公：即姬友，西周末年郑国建立者。
④ 太史伯：伯为排行，是为家中老大。太史是官名，负责掌管记载本国发生的真实事件的史官。

七雄略第十八

民皆爱公,请试居之,民皆公之民也。桓公曰:善。竟国之。至后世君乙①,为韩哀侯②所灭,并其国,郑遂亡。**鲁灭于楚**鲁顷公二十四年,楚考烈王灭鲁。鲁顷公亡,迁于卞邑,为家人,鲁遂绝,**海内无主四十余年而为战国矣。秦据势胜之地,骋狙诈之兵,蚕食山东,山东患之。**

苏秦,洛阳人也,合诸侯之纵③以宾秦。张仪,魏人也,破诸侯之纵以连横④。此纵横之所起也议曰:《易》称先王建万国,而亲诸侯。孔子作《春秋》为后世法。讥世卿不改制世侯。由是观之,诸侯之制,所从来上矣。荀悦曰:封建诸侯,各世其位。欲使视人如子,爱国如家,置贤卿大夫,考绩黜陟,使有分土而无分人。而王者总其一统,以御其政。故有暴于其国者,则人叛。人叛于下,诛加于上。是以计利思害,劝赏畏威,各竟其力,而无乱心。天子失道则侯伯正之,王室微弱则大国辅之。虽无道,不虐于天下,此所以辅相天地之宜,以左右人者也。曹元首⑤曰:先王知独理之不能久,故与人共理之;知独守之不能固,故与人共守之。兼亲疏而两用,参同异而并进。轻重足以相镇,亲疏足以相卫。兼并路塞,逆节不生也。陆士衡曰:夫为人不如厚己,利物不如图身;安上在乎悦下,为己存乎利人。夫然则南面之君,各矜其治;九服⑥之人,知有定主。上之子爱于是乎生,下之体信于是乎结。世治足以敦风,道衰足以御暴。强毅之国不能擅一时之势,雄俊之人无以寄霸王之志。盖三代所以直道,四王所以垂业。夫兴衰隆替,理所固有;教之废兴,存乎其人。愿法期于必谅,明道有时而暗。故世及之制,弊于强御;厚下之典,漏于末折。浸弱之衅,构自三季;陵夷之祸,终于七雄。所谓"末大必折,尾大难掉",此建侯之弊也。

苏秦初合纵,至燕周武定殷,封召公于燕,与六国并称王,**说燕文侯曰:**

---

① 君乙:春秋末年郑国国君。
② 韩哀侯:战国时韩国国君,韩景侯曾孙。与赵、魏分晋。攻灭郑国。
③ 纵:即合纵。战国时,弱国联合起来进攻强国,称为合纵。战国后期,秦国最强大,合纵即指齐、楚、燕、赵、韩、魏六国联合抗秦。
④ 连横:也称合横、连衡。战国后期,秦最强大,连横即指齐、楚、燕、赵、韩、魏六国中的某几国联合秦国进攻其他弱国。一说秦地偏西,六国居东,东西为横,故六国从秦谓之连横。
⑤ 曹元首:即曹冏,三国时魏国政论家,曹操从子。有文才。有感于曹魏政权不重用宗室、大权将会旁落外姓的危险,于是著《六代论》。论夏、商、周、秦、汉、魏六代兴亡之事,建议分封宗室子弟,授以军政实权,以抑制异姓权臣,巩固曹魏统治。
⑥ 九服:指京畿以外的九等地区,即侯服、甸服、男服、采服、卫服、蛮服、夷服、镇服、藩服。后泛指藩属。

卷五　霸纪中

"燕东有朝鲜、辽东，北有林胡①、楼烦②，西有云中③、九原④，南有呼沱⑤、易水⑥，地方二千余里，带甲数十万，车六百乘，骑六千匹，粟支数年。南有碣石、雁门之饶，北有枣、栗之利。民虽不田作，而足于枣、栗矣。此所谓天府者也。夫安乐无事，不见覆军杀将，无过燕者。大王知其所以然乎？夫燕所以不犯寇被甲兵者，以赵之为蔽其南也。秦、赵相毙，而王以全燕制其后，此燕之所以不犯寇也。且夫秦之攻燕也，逾云中、九原，过代、上谷今易州也，弥地数千里，虽得燕城，秦计固不能守也，秦之不能害燕亦明矣。今赵之攻燕也，发号出令，不至十日，而数十万之军，军于东垣矣；渡呼沱，涉易水，不至四五日，而距国都矣。故曰秦之攻燕也，战于千里之外；赵之攻燕也，战于百里之内。夫不忧百里之患，而重于千里之外，计无过于此者。是故愿大王与赵从亲，天下为一，则燕国必无事矣。"燕文侯许之乐毅献书燕王曰：比目之鱼，不相得则不能行，故古者称之，以其合两而如一也。今山东不能合弱而如一，是山东之智不如鱼也。又譬如军士之引车也，三人不能行，索二人，五人而车因行矣。今山东三国弱而不能敌秦，索二国，因能胜秦矣。然而山东不知相索，则智固不如军士矣。胡与越人，言语不相知，志意不相通，同舟而渡波，至其相救助如一。今山东之相与也，如同舟而济，秦之兵至，不能相救助如一，智又不如胡、越之人矣。三物者，人之所能为一。山东主遂不悟，此臣之所为山东苦也，愿大王熟虑之。今韩、梁、赵三国已合矣。秦见三晋之坚也，必南伐楚。赵见秦之伐楚，必北攻燕。物固有势异而患同者，秦久伐韩，故中山灭。今秦之伐楚，燕必亡。臣窃为大王计，不如以兵南合三晋，约成韩、梁之西边。山东不能为此，此必皆亡矣。燕果以兵南合三晋。赵将伐燕，苏代⑦为燕说赵王曰：

---

① 林胡：古族名。亦称澹林。战国时分布在今山西朔县北至内蒙古自治区内。从事畜牧，精骑射。
② 楼烦：古县名。战国赵武灵王置。治所在今山西灵武附近。
③ 云中：郡名。战国赵武灵王置。秦代治所在云中（今内蒙古托克托东北）。
④ 九原：古县名。本战国赵邑，秦置县。为九原郡治所。治所在今内蒙古包头市西。秦末地入匈奴，郡、县俱废。
⑤ 呼沱：即滹沱河。子牙河北源。在河北省西部。
⑥ 易水：在河北省西部。大清河上源支流，有北、中、南三支，均源出易县境，汇合后入南拒马河。
⑦ 苏代：战国时纵横家。苏秦族弟。一说为苏秦后裔。初事燕王哙，他求见燕王，提出以楚、魏为援国，共制齐、秦的主张。燕王遂使约诸侯从亲。又事齐愍王。后还燕，遇子之之乱，复至齐、至宋，燕昭王召为上卿。

今者臣从外来，过水，见蚌方出曝，而鹬啄其肉，蚌合而挟其喙。鹬曰：今日不雨，明日不雨，必见蚌脯。蚌亦谓鹬曰：今日不出，明日不出，必见死鹬。两者不肯相舍，渔父得而并擒之。今赵且伐燕，燕、赵久相支，以弊其众，臣恐强秦之为渔父也。愿大王熟计之。赵王乃止。齐宣王因燕衰，伐燕，取十城。燕易王谓苏秦曰：先生能为燕得侵地乎？秦曰：请为王取之。遂如齐，见齐王，拜而庆，仰而吊。齐王曰：是何庆吊相随之速也？苏秦曰：臣闻饥人之所以饥而不食乌喙者，为其愈充腹而与死人同患也。今燕虽小弱，即秦王之女婿也。大王利其十城而长与强秦为仇。今使弱燕为雁行，而强秦推其后，是食乌喙之类也。齐王曰：然则奈何？苏秦曰：臣闻古之善制事者，转祸而为福，因败而为功。大王诚能听臣，归燕十城，燕必大喜。秦王知以己之故而归燕之十城，亦必喜。此所谓弃仇雠而结硕友也。齐王曰：善。于是归燕十城。

　　苏秦如赵 赵之先与秦同祖，周缪王①使造父②御，破徐偃王③，乃赐造父以赵城，赵氏世为晋卿也。说赵肃侯曰："臣窃为君计，莫若安民无事，且无庸有事民为也。安民之本，在于择交。择交而得则民安，择交而不得，则民终身不安。请言外患。齐、秦为两敌，而民不得安。倚秦攻齐，而民不得安；倚齐攻秦，而民不得安。君诚能听臣，燕必致毡裘狗马之地，齐必致鱼盐之海，楚必致橘柚之园，韩、魏、中山皆可使致汤沐④之俸，而贵戚、父兄皆可受封侯。夫割地利邑，五伯之所以覆军擒将而求也；封侯贵戚，汤、武所以放弑而争也。今君高拱而两有之，此臣之所为君愿也。夫秦下轵道⑤，则南阳危；劫韩苞周，则赵自销操兵；据卫取淇、卷，则齐必入朝秦。秦欲已得乎山东，则必举兵而向赵矣。秦甲渡河逾

---

　　① 周缪王：即周穆王姬满。西周国王，昭王之子。曾西击犬戎，俘虏五王，把一批部落迁至太原。还东攻徐戎，在涂山会合诸侯。
　　② 造父：西周著名御车者。传说他曾取良马八匹，献给周王而御之，西行至昆仑，见西王母，乐而忘返。后闻徐偃王反，又亲御穆王，兼程东返，平定乱事，因功封于赵（今山西洪洞北），为赵国之始祖。
　　③ 徐偃王：西周时徐国（今江苏泗洪南）国王。戎族，偃姓，统辖淮、泗一带，约方圆五百里，四邻纳贡者三十六国。后为楚攻灭。
　　④ 汤沐：指汤沐邑。诸侯朝见天子，天子赐以王畿以内的、供住宿和斋戒沐浴的封邑。后指国君、皇后、公主等受封以收取赋税的私邑。
　　⑤ 轵道：古道路名。位于今河南济源县境内，为豫北平原进入山西高原的通道，自古为兵家必争之地。

卷五　霸纪中

漳，据蕃吾，则兵必战于邯郸之下矣。此臣之所为君危也。当今之时，山东之建国，莫强于赵。赵地方二千余里，带甲数十万，车千乘，骑万匹，粟支数年。西有常山，南有河、漳，东有清河，北有燕。燕固弱国，不足畏也。秦之所害于天下，莫如赵。然而秦不敢举兵而伐赵者，何也？畏韩、魏之议其后也。然则韩、魏，赵之南蔽也。秦之攻韩、魏也，无名山大川之险，稍稍蚕食之，傅国都而止。韩、魏不能支秦，必入臣于秦。秦无韩、魏之规，则祸必中于赵矣。此臣之所为君患也。臣闻尧无三夫之分，舜无咫尺之地，以有天下；禹无百人之聚，以王诸侯；汤、武之士不过三千，车不过三百乘，卒不过三万，立为天子，诚得其道也。是故明主外料其敌之强弱，内度其士卒贤不肖，不待两军相当，而胜败存亡之机，固已形于胸中矣。岂掩于众人之言，而以冥冥决事哉？臣窃以天下之地图按之，诸侯之地，五倍于秦；料度诸侯之卒，十倍于秦。六国并力，西面而攻秦，秦必破矣。今西面而事之，见臣于秦，夫破人之与见破于人，臣人之与见臣于人也，岂可同日而论哉？夫衡人者，皆欲割诸侯之地以与秦。秦成，则高台榭，美宫室，听笙竽之音，国被秦患而不与其忧。是故衡人日夜务以秦拥恐吓诸侯，以求割地。愿大王熟计之。臣闻明主绝疑去谗，屏流言之迹，塞朋党之门。故尊主强兵之臣，得陈忠于前矣。故窃为大王计，莫若一韩、魏、齐、楚、燕，从亲以叛秦。合天下之将相，会于洹水之上，通质，刑白马而盟。约曰：秦攻楚，齐、魏各出锐师以佐之，韩绝其粮道，赵涉河、漳，燕守常山之北；秦攻韩、魏，则楚绝其后，齐出锐师以佐之，赵涉河、漳，燕守云中；秦攻齐，则楚绝其后，韩守成皋，魏塞其粮道，赵涉河、漳、博关，燕出锐师以佐之；秦攻燕，则赵守常山，楚军武关，齐涉渤海_{今沧州也}，韩、魏皆出锐师以佐之；秦攻赵，则韩军宜阳，楚军武关，魏军河外，齐涉清河_{今贝州也}，燕出锐师以佐之。诸侯有不如约者，以五国之兵共伐之。六国从亲以宾秦，则秦甲必不敢出于函谷以害山东矣。如此则霸王之业成矣。"赵王曰："善。"秦既破赵长平军，遂围邯郸。赵人震恐，东徙。乃使苏代厚币说秦相应侯①，曰：武安君擒马服子乎？曰：然。又欲围邯郸乎？曰：然。代曰：赵亡则秦王矣。夫武安君所为秦战胜攻取者，七十余城，南取鄢、郢、汉中，北擒马服之军，虽周、召、吕望之功不益于此。赵亡即秦王矣。以武安君为三公，君能为之下乎？欲无为之下，固不得矣。秦攻韩，围邢丘，困上党。上党之人皆归赵，不乐为秦人之日久矣。今赵北地入燕，东地入齐，南地入韩、魏。君之所得，无虑几何。故不如因而割之，无以为武安君之功也。于是应侯言于秦王曰：秦兵疲劳，请许韩、赵之君割地以和。秦既罢军，赵王使赵赦约事秦，欲割六城而与之。虞卿谓王曰：秦之攻赵也，倦而归乎？其力尚能进，爱王而弗攻乎？王曰：秦之攻我，无余力矣，必以倦归耳。虞卿曰：秦以其力攻其所不能取，倦而归，王又割其力之所不能取以送之，是助秦自攻耳。来年秦复求割地，王将与之乎？弗与，则弃前功而兆后祸也；与之，则无地以给之。语曰：强者善攻，弱者善守。今听秦，秦兵不弊而多得地，是强秦而弱赵也。以益秦之强而割逾弱，其计固不止矣。且王之地有尽而秦之求无已，以有尽之地而给无已之求，其势必无赵矣。王计未定，楼缓②从秦来，王以问之。缓曰：不如与之。虞卿曰：臣言勿与，非固勿与而已也。秦索六城于王，王以六城赂齐。齐，秦之深仇也，得王之六城，并力而西击秦，齐之德王，不待辞之毕也。则王失之于齐，取偿于秦。而齐、赵之深仇可以报矣，且示天下有能为也。王以此发声，兵未窥于境，秦之重赂必至于赵而反请和于王。秦既请和，韩、魏闻之，必尽重王；重王，必出重宝以一于王。则是王一举而得三国之亲，而秦益危矣。赵王曰：善。即遣虞卿东见齐王，与之谋秦。虞卿未及发，而秦使者已在赵矣。楼缓闻之，亡去。秦围赵，王使平原君③入楚从亲而请其救。平原君之楚，见楚王，说以利害，日出而言，日中不决。毛遂④乃按剑历阶而上，谓平原君曰：纵之利害，两言而决耳。今日出而言，日中不决，何也？楚王叱曰：胡不下！吾与汝君言，汝何为者？毛遂按剑而前曰：王之所以叱遂者，以楚国之众也。今十步之内，王不

---

① 应侯：即范雎。一作范且。字叔。战国时秦国大臣。长于口辩。原为楚国人，后西入秦，游说秦王，拜为相。因食邑在应（今河南宝丰南），故号应侯。

② 楼缓：战国时游说之士。曾事赵武灵王，主张与秦、楚联合。支持赵武灵王推行胡服骑射。后入秦，事秦昭王。秦与赵、宋联合图谋对抗齐、魏、韩三国，由他出任秦丞相。次年三国攻入函谷关，秦求和。再次年被免去相职。长平战后，又为秦入赵，诱赵王纳城讲和，无成而去。

③ 平原君：名胜，赵武灵王之子。在赵惠文王和赵孝成王时任相，是当时著名的政治家之一，以善于养士而闻名，门下食客曾多达数千人。和齐国孟尝君、魏国信陵君魏无忌、楚国春申君黄歇合称"战国四公子"。

④ 毛遂：战国时人，赵国平原君门下食客。邯郸围急时，他自荐随同平原君前往楚国求援。谈判中，他慷慨陈词，说服楚王同意赵、楚合纵。有"毛遂自荐"故事传世。

卷五 霸纪中

得恃楚国之众，王之命悬于遂之手矣。吾君在前，叱者何也？且遂闻汤以七十里之地立为天子，文王以百里之壤而臣诸侯，今楚地方五千里，持戟百万，此霸王之资也。以楚之强，天下莫能比而不能当也。白起，小竖子耳，率数万之众，兴师以与楚战，一战而举鄢、郢，再战而烧夷陵，三战而辱王之先人。此百代之怨，赵之所羞而王不知耻焉。今合纵者为楚不为赵也。楚王曰：苟如先生之言，谨奉社稷以从。楚遂出兵救赵。赵孝成王时，秦围邯郸，诸侯之救兵莫敢击秦。魏王使晋鄙救赵，畏秦，止于汤阴不进。魏使客将军新垣衍①间入邯郸，令赵帝秦。此时鲁连适游赵，会秦围邯郸。闻魏欲令赵尊秦为帝，乃见平原君曰：梁客新垣衍安在？吾请为君责而归之。平原君曰：胜请为绍介。鲁连见新垣衍而无言。新垣衍曰：吾视居此围城之中，皆有求于平原君也。今观先生之玉貌，非有求于平原君也，曷为久居围城之中而不去乎？鲁连曰：世以鲍焦②为无从容而死者，皆非也。众人不知为一耳。彼秦者，弃礼义而上首功之国，权使其士，虏使其人。彼即肆然而为帝，过而遂政于天下，则连有蹈东海而死耳，吾不忍为之人也。所以见将军者，欲以助赵。衍曰：先生助之，将奈何？鲁连曰：吾将使梁③及燕助之，齐、楚则固助之矣。衍曰：燕则为请以从矣。若乃梁者，即吾乃梁人也，先生恶能使梁助之？鲁连曰：梁未睹秦称帝之害故耳。使梁睹秦称帝之害，则必助赵矣。衍曰：秦称帝之害何如？连曰：昔者齐威王尝为仁义矣，率天下诸侯而朝周。周贫且微，诸侯莫朝，而齐独朝之。居岁余，周烈王崩，齐后往。周怒，赴于齐曰：天崩地坼，天子下席。东蕃之臣田婴④后至，则斮！齐威王勃然怒曰：叱嗟！而母，婢也。卒为天下笑。故生则朝周，死则叱之，诚不忍其求也。彼天子固然，其无足怪。衍曰：先生独不见夫仆乎？十人而从一人者，宁力不足而智不若耶？畏之也。鲁连曰：呜呼！梁之比秦，若仆耶？衍曰：然。鲁连曰：吾将使秦王烹醢⑤梁王。衍怏然曰：亦甚矣，先生之言也。先生又恶能使秦王烹醢梁王？连曰：固也。待吾将言之。昔者，九侯、鄂侯、文王，纣之三公也。九侯有子而好，故献之纣。纣以为丑，醢九侯。鄂侯争之强，辩之疾，故脯鄂侯。文王闻之，喟然而叹，故拘之牖里之库百日，欲令之死。曷为人俱称王，卒就脯

---

① 新垣衍：一作辛垣衍，战国时魏国人，游说之士。入魏为客将军。曾奉魏王令出使赵国。

② 鲍焦：古代的廉士。耕田而食，穿井而饮，非自己妻子所织的布制成的衣服不穿。子贡讥讽他，他因此抱木而死。

③ 梁：即魏国。战国时，魏国迁都大梁后，也称梁国。

④ 田婴：战国时齐国宗室大臣。齐威王的小儿子，孟尝君之父。初为齐将，后因马陵之战中有功，擢升为相。后弄权行私，曾威逼主上。因受封于薛地，故自称薛公。

⑤ 醢：古代的一种酷刑，把人剁成肉酱。

临之地？齐湣王将之鲁，夷维子①为御，执策而从，谓鲁人曰：子将何以待吾君？鲁人曰：吾将以十太牢待子君。夷维子曰：安以取礼而来？彼吾君者，天子也。天子巡狩，诸侯避舍，纳管钥，摄衽抱机，视膳于堂下。天子已食，若退而听朝也。鲁人投其钥，不果内，不得入于鲁。将之薛，假途于邹。当是时，邹君死，湣王欲入吊，夷维子谓邹之孤曰：天子吊，主人必将倍殡，设几北，面于南方，然后天子南面吊也。邹之群臣曰：必若此，将伏剑而死！故不敢入于邹。邹、鲁之大夫，生则不得事养，死则不得赗襚，然且欲行天子之礼于邹、鲁，邹、鲁之臣不果内。今秦，万乘之国也。梁，亦万乘之国也。俱据万乘之国，交有称王之名，睹其一战而胜，遂欲从而帝之，则且变易诸侯之大臣。彼将夺其所不肖而与其所贤，夺其所憎而与其所爱，又将使其子女谗妾为诸侯妃姬。处梁之宫，梁王安得晏然？而将军又何得故宠乎？于是，新垣衍起，再拜，谢曰：吾请出，不敢复言帝秦。秦将闻之，为退军五十里。

苏秦如韩韩之先与周同姓，事晋，得封于韩，为韩氏。后周烈王赐韩侯，得列为诸侯也，说韩宣王曰："韩北有巩、成皋之固，西有宜阳、商阪之塞，东有宛、穰、洧水，南有陉山。地方九百余里，带甲数十万。天下之强弓劲弩，皆从韩出。韩卒超足而射，百发不暇止，远者栝洞胸，近者镝掩心。韩之剑戟，则龙泉、太阿，皆陆断牛马，水截鹄雁。夫以韩卒之劲，与大王之贤，乃西面而事秦，交臂而服焉。羞社稷而为天下笑，无大于此者也。是故愿大王熟计之。大王无事秦，事秦必求宜阳、成皋，令兹效之，明年又复求割地。与之，则无地以给之；不与，则弃前功而受后祸。且夫大王之地有尽，而秦之求无已；以有尽之地，而逆无已之求，此所谓市怨结祸者，不战而地已削矣。臣闻鄙谚曰：宁为鸡口，无为牛后。今王西面交臂而臣事秦，何异于牛后乎？夫以大王之贤，挟强韩之兵，而有牛后之名，窃为大王羞之。"韩王勃然作色，按剑太息曰："寡人虽不肖，不能事秦。"从之韩攻宋，秦大怒，曰：吾爱宋，韩氏与我交，而攻我所甚爱，何也？苏秦为韩说秦王曰：韩氏之攻宋，所以为王也。以韩之强，辅之以宋，楚、魏必恐，恐必西面而事秦。王不折一兵，不杀一人，无事而割安邑，此韩氏之所以祷于秦也。韩惠王闻秦好事，欲罢其人，无令东伐，乃使水工郑国②来间秦，说秦王，

---

① 夷维子：战国时齐湣王的随从侍臣。
② 郑国：战国时水利专家。公元前237年奉韩国命令赴秦国，游说秦国兴修水利，企图消耗秦的国力，以阻止和延缓对韩国等国的兼并战争。秦王政采纳郑国的建议，修建了郑国渠。

卷五 霸纪中

令凿泾水以溉田。中作而觉，欲诛郑国。郑国曰：始臣为间，然渠成亦秦之利。臣为韩延数年命，为秦开万代之利也。王从之。

苏秦如魏魏之先，毕公高①之后，与周同姓。武王伐纣，封高公于毕，以为姓。毕万②事晋献公，献公封万于魏，以为大夫。后周烈王赐魏，俱得为诸侯，说魏襄王曰："大王之地，南有鸿沟、陈、汝，东有淮、颍、煮枣，西有长城之界，北有河外、卷、衍。地方千里，地名虽小，然而田舍庐庑，曾无刍牧之地。人民之众，车马之多，日夜行不绝，輷輷殷殷，若有三军之众。魏，天下之强国也；王，天下之贤主也。今乃有意西面而事秦，称东藩，筑帝宫，受冠带，祠春秋，臣窃为大王耻之。臣闻越王勾践战弊卒三千，擒夫差于干遂；武王卒三千，革车三百乘，制纣于牧野。岂其卒众哉？诚能奋其威也。今窃闻大王之卒，武士二十万，仓头、奋击二十万，厮徒十万，车六百乘，骑六千匹，此过越王勾践、武王远矣。今乃听于群臣之说，而欲臣事秦。夫事秦必割地以效实，故兵未用而国已亏矣。夫为人臣割其主之地以外交，偷取一旦之功，而不顾其后，破公家而成私门，外挟强秦之势，以内劫其主，以求割地，愿大王熟察之。《周书》曰：绵绵不绝，蔓蔓奈何。毫厘不伐，将用斧柯。前虑未定，后有大患，将奈之何？大王诚能听臣，六国从亲，专心并力，则必无强秦之患。故敝邑赵王使臣效愚计，奉明约，在大王诏之。"魏王曰："谨奉教。"虞卿说春申君伐燕，以定身封。春申君曰：所道攻燕，非齐即魏。魏、齐新恶楚，楚虽欲攻燕，将何道哉？对曰：请令魏王可。虞卿遂如魏，谓王曰：夫楚亦强大矣，天下无敌，乃且攻燕。魏王曰：向也子云"天下无敌"，今也子云"乃且攻燕"者，何也？对曰：今谓马力多则有矣，若曰胜千钧则不然者，何也？夫千钧非马之任也。今谓楚强大则有矣，若夫越赵、魏而开兵于燕，则岂楚之任哉？非楚之任而楚为之，是弊楚也。弊楚即强魏。其于王孰便？魏王曰：善。从之。

---

① 毕公高：周文王第十五子。武王克殷，封高于毕国（在今陕西西安、咸阳北），即以毕为姓。

② 毕万：春秋时晋国大夫。毕公高的后裔。晋献公十六年（公元前661年），晋灭魏，命为魏大夫，是晋卿魏氏的始祖。

七雄略第十八

苏秦如齐齐太公望,吕尚者,事周,为文、武师,谋伐纣。武王已平商,封尚父于齐营丘也,说齐宣王曰:"齐,南有泰山,东有琅邪,西有清河,北有渤海,此四塞之国也。临淄甚富而实,其民无不吹竽鼓瑟,弹琴击筑,斗鸡走狗,六博、蹴鞠者也。临淄之途,车毂击,人摩肩,连衽成帷,举袂成幕,挥汗成雨,家殷人足,志高气扬。夫以大王之贤,与齐之强,天下莫能当也。今乃西面事秦,窃为大王羞之。且夫韩、魏之所以畏秦者,为与秦接境壤界也。兵出相当,不出十日,而战胜存亡之机决矣。韩、魏战而胜秦,则兵半折,四境不守;战而不胜,是国已危,亡随其后也。是故韩、魏之所以重与秦战,而轻为之臣也。今秦之攻齐则不然。倍韩、魏之地,过卫阳晋之道,经于亢父之险,车不得方轨,骑不得比行,百人守险,千人不敢过也。秦虽欲深入,则狼顾,恐韩、魏之议其后。是故洞疑虚喝,骄务而不敢进。夫不深料秦之无奈齐何也,而欲西面事之,是群臣之计过也。今无臣秦之名而有强国之实,故愿大王少留意计之。"齐王曰:"善。"苏秦说闵王曰:臣闻用兵而喜先者忧,约结而喜主怨者孤。夫后起者,藉也;而远怨者,时也。故语曰:骐骥之衰也,驽马先之;孟贲①之倦也,女子胜之。夫驽马、女子之筋骨力劲,非贤于骐骥、孟贲也,何则?后起之藉也。臣闻战攻之道非师者,虽有百万之军,北之堂上;虽有阖闾、吴起之将,擒之户内;千丈之城,拔之樽俎之间;百尺之冲,折之于席上。故钟鼓竽瑟之音不绝,地可广而欲可成;和乐倡优之笑不乏,诸侯可同日而致也。故夫善为王业者,在劳天下而自佚,乱天下而自安。诸侯无成谋,则国无宿忧也。何以知其然耶?昔魏王拥土千里,带甲三十万,从十二诸侯朝天子,以西谋秦。秦恐,寝不安席,食不甘味。卫鞅谋于秦王曰:王何不使臣见魏王,则臣必请北魏矣。秦王许诺。卫鞅见魏王,曰:大王之功大矣!令行于天下矣!所从十二诸侯,非宋、卫则邹、鲁、陈、蔡。此固大王之所以鞭箠使也,不足以王天下。不若北取燕,东伐齐,则赵必从矣;西取秦,南伐楚,则韩必从矣。大王有伐齐、

---

① 孟贲:战国时卫国的勇士。相传他力大无穷,与夏育、乌获并称。也有史书称他即是秦武王信任的勇士齐国人孟说,孟说因秦武王举鼎而死事件被族灭。

卷五　霸纪中

楚之心，而从天下之志，则王业见矣。大王不如先行王服，然后图齐、楚。魏王善之，故身广公宫，制丹衣，柱建九游，从七星之旗。此天子之位也，而魏王处之。于是齐、楚怒，诸侯奔齐，齐人伐魏，杀太子，覆其十万之军。是时，秦王拱手受河西之外。故卫鞅始与秦王计也。谋约不下席，而魏将已擒于齐矣；冲橹未施，而西河之外已入于秦矣。此臣之所谓北之堂上、擒将户内、拔城于樽俎之间、折冲于席上者也。楚怀王使柱国昭阳①将兵伐魏，得八城，又移兵而攻齐。齐湣王患之。陈轸②曰：王勿忧也，请令罢之。即往见昭阳于军，再拜，贺战胜之功，起而请曰：敢问楚之法，覆军杀将，其官爵何也？昭阳曰：官为上柱国，爵为上执圭。陈轸曰：贵于此者，何等也？曰：唯有令尹耳。轸曰：令尹贵耳，王非置两令尹也？臣窃为君譬之，可乎？楚有祠者，赐其同舍人酒一卮，舍人相谓曰：数人饮之不足，一人饮之有余，请画地为蛇，先成者饮酒。一人蛇先成，引酒且饮之。乃左手持卮，右手画地，曰：吾能为之足。足未成，一人蛇复成，夺其卮，曰：蛇固无足，子安能为之足乎？遂饮其酒。为蛇足者，终亡其酒。今公攻魏，破军杀将，得八城，而又移兵攻齐。齐畏公甚，以此名君足矣，冠之上非可重也。战无不胜而不知止，身且死，爵且归，犹为蛇足者也。昭阳以为然，引军而去。

苏秦如楚 楚之先，出自帝颛顼③，帝喾④高辛时为火正，命曰祝融⑤。其后苗裔事周文王。当周成王⑥时，举文、武勤劳之后嗣，而封熊绎⑦于楚蛮，以子男之田，姓芈氏，甚得江汉间人和。至熊通⑧，使使随人之周，请尊其号。周不听，熊通怒，乃自立为武王，**说威王曰："楚，天下之强国也；王，天下之贤主也。西有黔**

---

①　柱国昭阳：柱国为古官名，战国时楚国设置，原为保卫国都之官，后为楚的最高武官，也称上柱国。昭阳是楚怀王时楚国的柱国。

②　陈轸：战国时纵横家。曾游说入秦国，受秦惠文王礼遇，与张仪不相上下。张仪任相，他去秦国至楚国，在出使途中，说魏国犀首北连燕国、赵国，胁齐国为联盟，共制强秦。后韩国、魏国相争，他又献策秦惠文王，坐视两败俱伤，以便乘机取利。

③　颛顼：传说中炎黄联盟重要首领之一，号高阳氏，下分八个氏族。

④　帝喾：一作帝俈。传说中炎黄联盟重要首领之一，号高辛氏。与颛顼有近亲联系。所领部落由八个氏族组成。

⑤　祝融：一作祝诵、祝和。传说中颛顼后裔的一支。分为八姓。帝喾时，任火正，因以火施化，被奉为火神。

⑥　周成王：即姬诵。西周国王。文王之孙，武王之子。

⑦　熊绎：西周时楚国建立者。熊盈族（祝融氏）鬻熊一支的后裔。熊盈族助武庚叛周，失败后被迫南下，另图发展。周成王时，他开始受封，都丹阳（今湖北秭归东南）。

⑧　熊通：春秋时楚国君主。自立为武王。

七雄略第十八

中、巫郡，东有夏州、海阳，南有洞庭、苍梧，北有陉塞、郇阳。地方五千余里，带甲百万，车千乘，骑万匹，粟支十年，此霸王之资也。夫以楚之强，大王之贤，天下莫能当也。今乃西面而事秦，则诸侯莫不西面而朝章台之下矣。秦之所害，莫如楚。楚强则秦弱，秦强则楚弱，其势不两立。故为大王计，莫如从亲以孤秦。大王不从亲，秦必起两军，一军出武关，一军下黔中，则鄢、郢动矣。臣闻治之其未乱也，为之其未有也。患至而后忧之，则无及也。故愿大王早熟计之。大王诚能听臣，臣请令山东之国，奉四时之献，以承大王之明诏。委社稷，奉宗庙，练士励兵，在大王所用之。故纵合则楚王，衡成则秦帝。今释霸王之业，而有事人之名，窃为大王不取也。夫秦，虎狼之国也，有吞天下之心。秦，天下之仇雠也，衡人皆欲割诸侯之地以事秦，此所谓养仇而奉雠。大逆不忠，无过此者。故从亲，则诸侯割地以事楚；衡合，则楚割地以事秦。此两策者，相去远矣，二者大王何居焉？故敝邑赵王使臣效愚计，奉明约，在大王之诏诏之。"楚王曰："善。谨奉社稷以从。"楚襄王①既与秦和，虑无秦患，乃与四子专为淫侈。庄辛②谏不听，辛去之赵。后秦果举鄢、郢，襄王乃征辛而谢之。庄辛曰：臣闻鄙谚曰：见兔而顾犬，未为晚也；亡羊而补牢，未为迟也。臣闻汤、武以百里王，桀、纣以天下亡。今楚国虽小，绝长补短，犹以千里，岂特百里哉！王独不见夫蜻蛉乎？六足四翼，飞翔乎天地之间，俯蚊虻而食之，仰承白露而饮之，自以为无患，与人无事也。不知夫五尺童子，方将调饴胶丝，加己乎四仞之上，而下为蝼蚁之食。蜻蛉其小者也，黄雀因是以，俯啄白粒，仰栖茂树，鼓翅奋翼，自以为无患，与人无事。不知夫公子王孙，左挟弹，右摄丸，以其颈为的。昼栖乎茂树，夕调乎酸咸。黄雀其小者也，蔡圣侯③因是以，南游乎高陂，北陵乎巫山，饮茹溪之流，食湘波之鱼，左枕幼妾，右拥嬖女，与之驰骋乎高蔡之中，而不以国家为事。

---

① 楚襄王：即战国时楚国国君楚顷襄王，楚怀王之子。

② 庄辛：战国时楚国人，为楚襄王的谋臣，当面直谏楚襄王，被面责为"老悖"，离楚去赵。秦军攻占郢都后，襄王悔悟，又从赵国将他召至城阳。他再陈亡羊补牢之策，大获成功。襄王授庄辛以执圭，赐予淮北之地，封为阳陵君。

③ 蔡圣侯：春秋时蔡国国君。蔡景侯之子，名般。弑景侯自立，后被楚灵王诱杀。

卷五 霸纪中

不知夫子发方受令乎灵王，系己以朱丝而见之也。蔡圣侯事其小者也，君王因是以，左州侯，右夏侯①，饭封禄之粟，而载方府之金，与之驰骋乎云梦之中，而不以天下国家为事。不知夫穰侯②方受命乎秦王，填渑塞之内，而投己于渑塞之外。襄王闻之，身体战栗，乃执圭而授庄辛，与之谋秦，复取淮北之地。楚人有以弱弓微缴加归雁之上。楚襄王召问之，乃对以秦、燕、赵、卫为鸟，以激怒王。曰：夫先王为秦所欺，而客死于外，怨莫大焉。今以匹夫尚有报万乘，子胥、白公③是也。今以楚之地方五千里，带甲百万，犹足以踊跃于中野。而坐受伏焉，臣窃为大王弗取。襄王遂复为纵，约伐秦。

六国既合纵，苏秦为纵约长，北报赵。赵肃侯封秦为武安君。乃投纵约书于秦，秦不敢窥兵函谷十五余年。

后张仪为秦连衡秦欲攻魏，先败韩申差④军，斩首八万，诸侯震恐。而仪乃来说魏王，说魏王曰秦孝公时，公孙鞅请伐魏，曰：魏居岭阨之间，西都安邑，与秦界河，而独擅山东之利。利则西侵秦，病即东收地。今以君贤圣，国赖以盛，宜及此时伐魏。魏不支，秦必东徙。东徙则据山河之固，东向以制诸侯。此帝业也。自是之后，魏果去安邑，徙都大梁："魏地方不至千里，卒不过三十万，地四平，诸侯四通，条达辐凑，无名山大川之限。从郑至梁二百余里，车驰人走，不待倦而至梁。南与楚境，西与韩境，北与赵境，东与齐境，卒戍四方，守亭障者不下十万。梁之地势大梁，今汴州是也，固战场也。梁南与楚，不与齐，齐攻其东；东与齐，不与赵，赵攻其北；不合于韩，则韩攻其西；不亲于楚，则楚攻其南。此所谓四分五裂之道也。且诸侯之为纵者，将以安社稷、尊主、强兵、显名也。今为纵者，一天下约为昆弟，刑白马以盟洹水之上，以相坚也。而亲昆弟，同父母，尚有争钱财，而欲恃诈伪反复苏秦之谋，其不可成亦以明矣。大王不事秦，秦下兵攻河外，据

---

① 州侯、夏侯：战国时楚襄王的宠臣。
② 穰侯：即魏冉。战国时秦国大臣。原为楚国人，后四任秦相，党羽众多。因食邑在穰（今河南邓县），故号穰侯。
③ 白公：指白公胜。以白为氏，即王孙胜。春秋时楚国公族，楚平王之孙。父太子建被陷害，他出奔吴。楚惠王时，被令尹子西召回，以为巢大夫，号白公。
④ 申差：战国时韩国将军，著名思想家申不害之子。

卷、衍、酸枣①，劫卫取阳晋，则赵不南。赵不南则梁不北，梁不北则纵道绝，纵道绝则大王之国欲无危，不可得也。秦折韩而攻梁，韩怯于秦，秦、韩为一，梁之亡立可须也。此臣之所为大王患也。为大王计，莫如事秦。事秦，则楚、韩必不敢动；无楚、韩之患，则大王高枕而卧，国必无忧矣。大王不听秦，秦下甲士而东伐，虽欲事秦，不可得也。且夫从人多奋辞而少可信。说一诸侯而成封侯之业，是故天下之游谈士，莫不日夜搤腕、瞋目、切齿，以言纵之便，以说人主。人主贤其辩而牵其说，岂得无眩哉？臣闻之，积羽沉舟，群轻折轴，众口铄金。故愿大王审计定议。"魏王于是倍纵约，而请成于秦范雎说秦昭王曰：夫穰侯越韩、魏而攻齐刚、寿，非计也。少出师不足以伤齐，多出师则害于秦也，其于计疏矣。且齐湣王南攻楚，破军杀将，再辟地千里，而齐尺寸之地无得者，岂齐不欲得地哉？形所不能有也。诸侯见齐之罢落，兴师伐之，士辱兵顿。故齐所以大破者，以其破楚肥韩、魏也。此所谓借贼兵而资盗粮也。王不若远交而近攻，得寸则王之寸，得尺则王之尺。今释近而攻远，不亦谬乎？昔者中山之国五百里，赵独吞之，功成名立而利附焉，天下莫之能争。今夫韩、魏，中国之处而天下之枢。王若欲霸中国而为天下枢，以威楚、赵。楚强则附赵，赵强则附楚。楚、赵皆附，齐亦惧矣。齐惧必卑辞重币以事秦。齐已附，则韩、魏因可虑也。王曰：善。乃拜雎为客卿，谋兵事，伐魏，拔怀及邢丘。齐、楚来伐魏，魏王使人求救于秦，冠盖相望而秦救不至。魏人有唐雎②者，年九十余矣，谓王曰：老臣请西说秦王，令兵先臣出。王再拜遣之。唐雎到秦，入见秦王，秦王曰：丈人芒然而远至，此甚苦矣。夫魏之来求救数矣，寡人知魏之急也。唐雎曰：大王知魏之急而救兵不发，臣窃以为用策之臣无任矣。夫魏，万乘之国也，然所以西面而事秦、称东藩、筑帝宫、受冠带、祠春秋者，以为秦之强足以与也。今齐、楚之兵已合于魏郊，而秦救不发，亦将赖其未急也。使之而急，彼且割地而约纵，王当奚救焉？必待其急而救之，是失一东藩之魏，而强二敌之齐、楚，则王何利焉？于是秦王遽发兵救魏。

张仪说楚怀王曰："秦地半天下，兵敌四国，被山带河，四塞以为固

---

① 酸枣：春秋时郑邑，秦置县。治所在今河南延津西南。
② 唐雎：战国时魏国著名谋士。为人有胆有识，忠于使命，不畏强权，敢于斗争并敢于为国献身。曾于90多岁高龄西说强秦使秦不敢加兵魏国。在魏国灭亡后出使秦国，冒死与秦王抗争，粉碎秦王吞并安陵（魏国属国）的阴谋。

卷五　霸纪中

范雎说秦昭王曰：大王之国，四塞以为固，北有甘泉、谷口，南有泾、渭，右陇、蜀，左关、阪。奋击百万，战车千乘。利则出攻，不利则入守，此王者之地。民怯于私斗，勇于公战，此王者之人。王并此二者而有之，以当诸侯，譬如放韩庐①而捕蹇兔也。虎贲之士②百有余万，车千乘，骑万匹，粟如丘山，法令既明，士卒安乐，主明以严，将智以武。虽无出甲席卷常山之险，必折天下之脊，天下后服者先亡矣。且夫为纵者，无以异驱群羊而攻猛虎。虎之与羊，不格明矣。今王不与虎而与群羊，臣窃以为大王之计过也。凡天下强国，非秦而楚，非楚而秦，两国交争，其势不两立。大王不与秦，秦下甲据宜阳，韩之上地不通；下兵河东、成皋，韩必入臣，则梁亦从风而动。秦攻楚之西，韩攻其北，社稷安得无危？臣闻兵不如者，勿与挑战；粟不如者，勿与持久。秦西有巴、蜀，大船积粟，起于汶山，浮江而下，至楚三千余里。舫舟载卒，一载五十人，日行三百里。里数虽多，然不费牛马之力，不至十日，而拒捍关矣。扞关警，则从境以东，尽城守矣。黔中、巫郡，非王之有也。秦举甲出武关，南面而伐，则北地绝。秦兵之攻楚也，危虽在三月之内；而楚待诸侯之救，在半岁之外。此其势不相及也。夫待弱国之救，忘强秦之祸，此臣为大王患也。大王尝与吴人战，五战而胜，阵卒尽矣。偏守新城，存民苦矣。臣闻功大者易危，而人弊者怨上。夫守易危之功，而逆强秦之心，臣窃为大王危之。凡天下而信约纵亲者，苏秦封为武安君也。苏秦相燕，即阴与燕王谋伐齐，破齐而分其地。乃佯为有罪，出走入齐，齐王因受而相之。居二年而觉，齐王大怒，车裂③苏秦于市。夫以一诈伪之苏秦，而欲经营天下，混一诸侯，其不可成，亦明矣。今秦与楚接境壤界，固形亲之国也。大王诚能听臣，臣请使秦太子入质于楚，楚太子入质于秦，请以秦女为大王箕帚之妾，效万室之都，以为汤

---

① 韩庐：战国时产于韩国的一种名犬。
② 虎贲之士：贲同奔，像虎一样奔跑，言其勇猛，古时代指勇士，后专指守卫王宫、护卫君主的专职人员。
③ 车裂：亦称"轘"或"轘裂"，俗称"五马分尸"。这是中国古代一种残酷的死刑，即将犯人头和四肢分别拴在五辆车上，以五马驾车，同时分驰，撕裂肢体。

七雄略第十八

沐之邑，长为昆弟之国，终身无相攻。臣以为计无便于此者。"楚王乃与秦从亲。白起将兵来伐楚，楚襄王使黄歇说秦昭王，曰：天下莫强于秦、楚，今则闻大王欲伐楚，此犹两虎相与斗，而驽犬受其弊，不如善楚。臣请言其说。臣闻之，物至则反，冬夏是也；智至则危，累棋是也。今大国之地半天下，有二垂，此从生人已来，万乘之地未尝有也。王若能持功守威，黜攻伐之心，肥仁义之德，则三王不足四，五霸不足六也；王若负人徒之众，挟兵革之强，欲以力臣天下之主，臣恐其有患也。《诗》云：靡不有初，鲜克有终。《易》曰：狐涉水，濡其尾。此言始之易而终之难也。何以知其然耶？智伯见伐赵之利而不知榆次之祸，吴王见伐齐之便而不知干遂之败。此二国者，非无大功也，没利于前而易患于后也。今王妒楚之不毁也，而忘毁楚之强韩、魏也。臣为王虑，而不取也。王无重世之德于韩、魏，而有累世之怨焉。夫韩、魏，父兄子弟接踵而死于秦者，将十世矣。身首分离、暴骸草泽者，相望于境；系颈束手为群虏者，相望于路。故韩、魏之不亡，秦社稷之忧也。今王信之，与兵攻楚，不亦过乎？臣为王虑，莫若善楚。楚、秦合为一以临韩，韩必敛手。王施以山东之险，带以河曲之利，韩必为关内侯。若是，而王以十万戍郑，梁之人寒心，许、鄢陵婴城，而上蔡、召陵不往来也。如是，魏亦为关内侯矣。王善楚而关内侯两万乘之主，注地于齐，齐右壤可拱手而取也。然后危动燕、赵，摇荡齐、楚，此四国者不待痛而服也。秦王曰：善。止不伐楚。楚顷襄王谋与齐、韩连和，因欲图周。周赧王①使臣武公说楚相昭子。昭子曰：乃图周则无之。虽然，周何故不可图？对曰：夫西周之地，绝长补短，不过百里。名为天下共主，裂其地不足以肥国，得其众不足以劲兵，虽攻之不足以尊名。然而好事之君，喜攻之臣，发号用兵，未尝不以周为终始，是何也？则祭器在焉。欲器之至而忘弑君之乱。今韩以器之在楚，臣恐天下以器仇楚。于是，楚计辍不行。秦武王使樗里疾②以车百乘入周，周君迎之甚敬。楚王让周，以其重秦客也。游胜③为周谓楚王曰：昔者智伯欲伐仇犹，遗大钟，载以广车，因随之以兵。仇犹卒已，无备故也。齐桓公之伐蔡也，号曰诛楚，其实袭蔡。今秦者，虎狼之国，有独吞天下之

---

① 周赧王：即姬延。东周末代国王。在位60年，为周朝在位时间最长的一位君主。周赧王时期，秦昭襄王基本上取代了周天子的地位。
② 樗里疾：战国时秦国贵族。秦惠王的异母弟，名疾，居于樗里，因称樗里子。秦武王时，与甘茂为左右丞相。
③ 游胜：又名游腾，战国时周朝辩士。

卷五 霸纪中

心,使樗里子疾以车百乘入周,周君惧焉。以蔡、仇犹为戒,故使长兵居前,强弩居后,名曰卫疾,而实囚之。周君岂能无爱国哉?恐一旦国亡而忧大王也。楚王乃悦。楚襄王有疾,太子质于秦,不得归。黄歇说秦相应侯曰:今楚王疾,恐不起。秦不如归太子。太子即位,其事秦必谨;若不归,则咸阳一布衣耳。楚更立太子,必不事秦。失一国而绝万乘之和,非计也。愿相国虑之。应侯为言于秦王,王不肯。乃遁也。

张仪如韩,说韩宣王曰:"韩地险恶山居,五谷所生,非菽而麦。地方不过九百里,无二年之食。料大王之卒,悉举不过三十万,而厮徒负养在其中矣。今秦带甲百万,车千乘,骑万匹,虎贲之士,跿跔科头①,贯颐奋戟②者,不可胜数。山东被甲蒙胄以会战,秦人捐甲徒裼③以趋敌,左挈人头,右挟生虏。秦逐山东之卒,犹孟贲之与怯夫;以轻重相压,犹乌获之与婴儿。诸侯不料地之弱,食之寡,而听纵人之甘言好辞,比周以相饰,诳误其主,无过此者。大王不事秦,秦下甲据宜阳,断韩之上地,东取成皋、荥阳,则鸿台之宫,桑林之苑,非王有也。夫塞成皋,绝上地,则王之国分矣。故为大王计,莫如为秦。秦之所欲弱,莫如弱楚;而能弱楚者,莫如韩。非以韩能强于楚也,其地势然也。今西面而事秦,以攻楚,秦王必喜。夫攻楚而私其地,转祸而悦秦,计无便于此者。"宣王听之范睢说秦王曰:秦、韩之地形相错如绣,秦之有韩,譬如木之有蠹,人之有腹心病也。天下无变则已,有变,其为秦患者,孰大于韩乎?王何不收韩?王曰:吾固欲收韩,韩不听,为之奈何?对曰:韩安得不听?王若下兵攻荥阳,则成皋之道不通;北断太行之道,则上党之师不下。王一兴兵而攻荥阳,则其国断而为三,韩必见危亡矣。安得不听?若听,则霸事因可虑矣。王曰:善。乃从之。

张仪说齐湣王曰:"天下强国,无过齐者。大臣、父兄殷,众富乐。然为大王计者,皆为一时之说,不顾百代之利。纵人说大王者,必曰:'齐西有强赵,南有韩、梁。齐,负海之国也,地广民众,兵强士勇,虽有百秦,将无奈齐何也。'大王贤其说,而不计其实。臣闻齐与鲁三战而

---

① 跿跔科头:腾跳踊跃,不戴头盔冲入敌阵。
② 贯颐奋戟:两手捧着下巴而直入敌阵。形容英勇无畏。
③ 裼:袒开或脱去上衣,露出内衣或身体。

鲁三胜，国以危，亡随其后。虽有战胜之名，而有破亡之实。是何也？齐大而鲁小也。今秦之与齐也，犹齐之与鲁也。今秦、楚嫁女娶妇，为昆弟之国，韩献宜阳，魏效河外，赵入朝歌、渑池，割河间以事秦。大王不事秦，秦驱韩、梁攻齐之南地，悉赵兵渡清河，指博关，临淄、即墨，非王有也。国一旦见攻，虽欲事秦，不可得也。是故愿大王熟计之。"齐王许之燕攻齐，取七十余城，唯莒、即墨不下。齐田单以即墨破燕，杀骑劫①。燕将惧诛而保聊城，不敢归。田单攻之岁余，聊城不下。鲁连乃为书，约之以矢射城中，遗燕将军曰：吾闻之，智者不倍时而弃利，勇士不怯死而灭名，忠臣不先身而后君。今君行一朝之忿，不顾燕王之无臣，非忠也；杀身亡聊城，而威不信于齐，非勇也；功废名灭，后世无称，非智也。故智者不再计，勇者不再却。今死生、荣辱、尊卑、贵贱，此其时也。愿公详计，而无与俗同。且楚攻齐之南阳，魏攻平陆，而齐无南面之心，以为亡南阳之害小，不若得济北之利大。故定计而坚守之。今秦人下兵，魏不敢东面，横秦之势成，则楚国之形危。且前弃南阳，断右壤，存济北，计犹且为之也。今楚、魏交兵于齐，而燕救不至。以全齐之兵，无天下之规，与聊共据。期年之弊，即臣见公之不能得也。齐之必决于聊，公无再计。彼燕国大乱，上下迷惑。栗腹②以百万之众，五折于外。万乘之国被围于赵，壤削主困，为天下笑。国弊祸多，人无所归。今又以弊聊之人，距全齐之兵，期年不解，是墨翟之守也；食人炊骨，士无反外之心，是孙膑③、吴起④之兵也，能见于天下矣。故为公计者，不如罢兵、休士，全军归报燕王，燕王必喜。士民见公如见父母，攘臂而议于世，公业可明也。意者，怼燕弃世，东游于

---

① 骑劫：战国时燕国将领。燕惠王时取代乐毅任燕国大将。骑劫将乐毅"以德服人"的政策完全颠覆，引起了军士和百姓的不满。公元前279年，田单在即墨城以火牛阵大破燕军，骑劫也在此战中阵亡。
② 栗腹：战国时燕国丞相，劝燕王攻赵国，自己和卿秦为将。结果被赵国大将廉颇击败，被杀身死。
③ 孙膑：战国时军事家，齐国人，孙武后裔。因受庞涓暗害，被处膑刑，故称孙膑。齐国欣赏其兵法韬略，偷偷将他救回齐国，被田忌善待。后通过田忌赛马被引荐给齐威王任军师。马陵之战，身居辎车，计杀庞涓，打败魏军。著有兵书《孙膑兵法》。
④ 吴起：战国时军事家，卫国人。通晓兵家、法家、儒家诸家思想。一生历仕鲁、魏、楚三国，在内政、军事上都有极高的成就，仕鲁时曾击退齐国的入侵；仕魏时屡次破秦，尽得秦国河西之地，成就魏文侯的霸业；仕楚时主持改革，史称"吴起变法"。著有《吴子兵法》。

卷五　霸纪中

齐乎？请裂地定封，富比乎陶、卫①，世世称孤，此亦一计也。二者，显名厚实，愿公察之，熟计而审处一焉。且吾闻之，效小节者，不能行大威；恶小耻者，不能成荣名。昔管仲射桓公，中其钩，篡也；遗公子纠②，不能死，怯也；束缚桎梏，辱也。此三行者，乡里不通，世主不臣。使管仲终穷有抑而不出，不免为辱人贱行，然而管子弃三行之过，据齐国之政，一匡天下，九合诸侯，名高天下，光照邻国。曹沫为鲁君将，三战而丧地千里。使曹子计不顾后，死而不生，则不免为败军擒将。曹子以一剑之任，劫桓公于坛位之上，颜色不变，辞气不悖，三战之所丧，一朝而反之，天下震动，名传后世。若此二公，非不能行小节，死小耻也。以为杀身绝世，功名不立，非智也。故去忿恚之心，而成终身之名。故业与三王争流，名与天壤相弊也。公其图之。燕将得书曰：敬闻命矣。遂自刎。昔雍门周③以琴见齐孟尝君，孟尝君曰：先生鼓琴，亦能令人悲乎？对曰：臣之所能令悲者，先贵而后贱，古富而今贫。不若，摈压穷巷，不及四邻；不若，身材高妙，怀质抱真，逢逸离谤，怨结而不得伸；不若，交欢而结爱，无怨而生离，远赴他国，无相见期；不若，幼无父母，壮无妻儿，出以野泽为都，入用窟穴为家，困于朝夕，无所假贷。若此人者，但闻雏鸟之号，秋风鸣条，则伤心矣。臣一为之援琴而长太息，未有不悽恻而涕泣者也。今足下居则广厦高堂，连闼洞房，罗帷来清风，倡优在前，诣谀在侧，扬《激楚》，舞郑妾，流声以娱耳，彩色以淫目。水嬉则舫龙舟，建羽旗鼓，钓乎不测之渊也。野游则登乎平原，驰广囿，强弩下高鸟，勇士格猛兽，置酒设乐，沉醉忘归。方此之时，视天地曾不若一指，虽有善鼓琴，不能动足下也。孟尝君曰：固然。雍门周曰：臣窃为足下有所常悲。夫角帝而困秦者，君也；连五国而伐楚者，又君也。天下未尝无事，不纵即衡，纵成则楚王，衡成则秦帝。夫以秦、楚之强而报弱薛，犹磨萧斧而伐朝菌也。有识之士，莫不为足下寒心。天道不常盛，寒暑更进退。千秋万岁之后，宗庙必不血食，高台既已倾，曲池又已平，坟墓生荆棘，狐狸穴其中，游儿、牧竖踯躅其足而歌其上，曰：夫以孟尝君之尊贵，亦犹若是乎？于是孟尝君喟然太息，涕泪垂睫

---

① 陶、卫：魏冉和商鞅的并称。魏冉，战国时秦大臣，曾封于陶邑，富比王室；商鞅，战国时卫人，亦称卫鞅，秦孝公采用其变法主张，秦国因之富强。

② 公子纠：春秋时齐国人，齐襄公之弟。襄公政令无常，滥杀无辜，群弟恐祸及，故公子纠携管仲等人奔鲁。后在鲁国支持下回齐争位，被公子小白即后来的齐桓公击败。在齐国的要挟下，公子纠被鲁国国君杀死。

③ 雍门周：战国时齐国的琴演奏家，名周，他居住在齐国的首都西门，当时称"雍门"，故以为号，亦称雍门子或雍门子周。雍门周以琴见孟尝君，事见汉刘向《说苑·善说》。

七雄略第十八

而交下。雍门周引琴而弹之，孟尝遂歔欷而就之曰：先生鼓琴，令文若亡国之人也。

张仪说赵王曰："敝邑秦王，使臣效愚计于大王。大王收天下以宾秦，秦兵不敢出函谷关，是大王之威行于山东。敝邑恐惧慑伏，缮甲厉兵，唯大王有意督过之也。今以大王之力，举巴蜀，并汉中，包两周，迁九鼎，守白马之津。秦虽僻远，然而心忿含怒之日久矣。今有弊甲凋兵军于渑池，愿渡河，据蕃吾，会战邯郸之下，以甲子合战，以征殷纣之事。故使臣先以闻于左右。凡大王之所信为纵者，恃苏秦。苏秦荧惑诸侯，以是为非，以非为是，欲反覆齐国，而自令车裂于市。夫天下之不可一混，齐亦明矣。今楚与秦为昆弟之国，而韩、梁称为东藩之臣，齐献鱼盐之地，此断赵之右臂也。夫断右臂而与人斗，失其党而孤居，求欲无危，岂可得乎？今秦发三军，其一军塞午道，告齐使兴师渡河，军于邯郸之东；一军军于成皋，驱韩、梁军于河外；一军军渑池，约四国而攻赵。赵服，必四分其地。是故不敢匿意隐情，先以闻于左右。臣窃为大王计，莫如与秦王遇于渑池，面相见而口相约，请案兵无攻，愿大王之定计。"赵肃侯许之武安君破赵长平军，降其卒四十余万，皆坑之。进围邯郸，而军粮不属，乃遣卫先生言于秦昭王曰：赵国右倍常山之险，而左带河、漳之阻，有代马车骑之利。民人气勇，好习兵战，常会诸侯而一，约为之纵长，明秦不弱则六国必灭。秦所以未得志于天下者，赵为之患也。今赖大王之灵，赵军破于长平，其信臣锐卒莫不毕死，邯郸空虚。百郡震怖，士民咸怨其主。诚以此时遣转输，给足军粮，灭赵必矣。灭赵以威诸侯，天下可定，而王业成矣。秦王欲许之，应侯妒其功，不欲使成，言于秦王曰：秦虽破赵军，士卒死伤亦众，百姓疲于远输，国内空虚。楚、魏乘虚为变，将无以自守，宜且罢兵。王从之。后三年，复欲将白起伐赵，起不肯。王乃使应侯责之曰：楚地方五千里，持戟百万，君前率数万之众入楚，拔鄢、郢，焚其郊庙，楚人震恐，东徙而不敢西向。韩、魏相率兴兵甚众，君所将不能半，而破之伊阙，流血漂橹，韩、魏已服，至今称东藩。此君之功，天下莫不闻。今赵卒之死于长平者，已十七八，是以寡君愿使君将，必欲灭之。君常以寡击众，取胜如神，况以强击弱，以众击寡乎？武安君曰：是时楚王恃其国大，不恤其政，而群臣相妒以功，谄谀用事，良臣疏斥，百姓离心，城池不修，既无良将，又无守备。故臣得引兵深入，兵多倍城邑，发梁焚舟，以专人心；掠于郊野，以足军食。当此之时，秦之士卒以军中为家，以将为父母，不约而亲，不谋而信。一心同力，死不旋踵。楚人自战其地，咸顾其家，各有散心，莫有斗意，是以能有功也。伊阙之战，韩顾魏，不欲先用其众；魏

卷五　霸纪中

恃韩之锐，欲推以为锋。二军争便，其力不同。是以臣得设疑兵以待韩阵，专军并锐，触魏之不意。魏军既败，韩军自溃。以是之故，果能有功，皆计利，形势自然之理，何神之有？今秦军破赵军于长平，不遂以时，乘其震惧而灭之，畏而释之，使得耕稼以益蓄积，养孤长幼以益其众，缮理兵甲以益其强，增浚城池以益其固。主折节以下其臣，臣推体以下死士。至平原之属，皆令妻妾补缝于行伍之间，臣民一心，上下同力，犹勾践困于会稽①之时也。以今伐之，赵必固守。挑其军战，必不肯出。围其国都，必不可克。攻其列城，必不可拔。掠于郊野，必无所得。兵久无功，诸侯生心，外救必至。臣见其害，未睹其利，又病，不能行。应侯惭而退。秦乃使王龁②将伐赵，楚、魏果救之也。

张仪说燕昭王曰："大王之所亲信，莫如赵。昔赵襄子尝以其姊为代王妻，欲并代。约与代王遇于勾注之塞，乃令工人作为金斗，长其尾，令可以击人。与代王饮，阴告厨人曰：'即酒酣乐，进热啜，反斗以击之。'于是酒酣乐，取热啜，厨人进斟，因反斗击代王，杀之，肝胁涂地。其姊闻之，因磨笄以自杀，故至今有磨笄之山，天下莫不闻至汉高祖时，陈豨以赵相国监赵、代边兵，举兵反，上自行至邯郸，喜曰：豨不南据漳水，北守邯郸，吾知其无能为也。及豨败，上曰：代居常山北，赵乃从山南有之，远，乃立二子为代王也。夫赵王之狼戾无亲，大王之所明见。且以赵为可亲乎？赵兴兵攻燕，再围燕都，而劫大王，大王割十城以谢。今赵王已入朝渑池，效河间以事秦。今大王不事秦，秦下甲云中、九原，驱赵而攻燕，则易水、长城，非王有也。今王事秦，秦王必喜，赵不敢妄动，是西有强秦之援，南无齐、赵之患。是故愿大王熟计之。"燕王听张仪。仪归报秦燕王使太子丹③入质于秦。秦欲使张唐④相燕，与共伐赵，以广河

---

① 会稽：指会稽山，在今浙江省中部，是钱塘江支流浦阳江与曹娥江的分水岭。春秋时越国为吴国所败，勾践退居于此。

② 王龁：战国末期秦国大将，初为白起的锋芒所掩盖，白起死后也未有大功绩，但是王龁经历三代秦王，为秦国宿将，曾与蒙骜王陵交替征战，秦始皇称帝后第二年，王龁战死。

③ 太子丹：战国末期燕王喜的太子。秦灭韩前夕，做秦国人质，因不受礼遇，怨而逃归。后派荆轲刺秦王，事败，秦发兵攻燕。后被其父燕王喜用计斩首献给秦国。

④ 张唐：战国末秦国将军，秦昭王时多次带兵攻魏、赵，夺取大片土地，斩杀甚众，赵人恨之入骨，曾下令能得张唐者赏百里之地。秦王政时，吕不韦曾命其出使燕国，张唐恐遭不测，不想前往。经甘罗劝说遂行，秦、燕联合，迫使赵献地求和。

七雄略第十八

间地。张唐谓吕不韦①曰：臣尝为昭王伐赵，赵怨臣。今之燕必经赵，臣不可行。不韦不快，未有以强之。其舍人甘罗②年十二，谓不韦曰：臣请为君行之。遂见张唐曰：君之功孰与武安君？唐曰：武安君南挫强楚，北灭燕、赵，战胜攻取，破城堕邑，不可胜数。臣之功不如也。甘罗曰：应侯之用于秦，孰与文信侯专？唐曰：应侯不如文信侯专。甘罗曰：昔应侯欲伐赵，武安君难之，去咸阳十里，赐死于杜邮。今文信侯自请君相燕，而不肯行，臣不知君所死处也。张唐惧曰：请因孺子行。行有日矣，甘罗又谓文信侯曰：借臣车五乘，请为张唐先报赵。文信侯遣之。甘罗如赵，说王曰：王闻燕太子丹入秦乎？曰：闻之。闻张唐之相燕乎？曰：闻之。甘罗：燕太子丹入秦者，燕不欺秦也。张唐相燕者，秦不欺燕也。燕、秦不相欺，无异，故欲攻赵而广河间地。王不如赉臣五城，以广河间，臣请归燕太子，与强赵攻弱燕。赵王曰：善。立割五城与秦。燕太子闻而归，赵乃攻燕，得二十城，令秦有其十也。

于是楚人李斯、梁人尉缭说于秦王曰："秦自孝公已来，周室卑微，诸侯相兼，关东为六国，秦之乘势侵诸侯，盖六代矣。今诸侯服秦，譬若郡县。其君臣俱恐，若或合纵而出不意。此乃智伯、夫差、湣王所以亡也。愿王无爱财，赂其豪臣，以乱其谋，秦不过亡三十万金，则诸侯可尽。"秦王从其计，阴遣谋士赍金玉以游诸侯。诸侯名士，可与财者，厚遗给之；不肯者，利剑刺之。离其君臣之计，乃使良将随其后，遂并诸侯天下之士合纵相聚于赵，而欲攻秦。应侯曰：王勿忧也，请令废之。秦于天下之士，非有怨也。相聚而攻秦者，以欲富贵耳。王见王之狗乎？数千百狗为群，卧者卧，行者行，止者止，无相与斗者。投之一骨，则群起相呀，何者？有争意也。今令载五千金随唐睢，并载奇乐居武安，高会相饮，散不能三千金，天下之士相与斗也。

秦既吞天下，患周之败，以为弱见夺。于是笑三代，荡灭古法 孔融

---

① 吕不韦：卫国人，战国末期秦国大臣。原为大商人，在邯郸市上偶遇为质于赵的秦公子子楚，挟为奇货。后来，子楚（即庄襄王）即位，他受任为相，号文信侯。他组织门客编写的《吕氏春秋》共二十六卷，为杂家代表作。

② 甘罗：战国时楚国人，后为秦国大臣。名臣甘茂之孙。从小聪明过人，是著名的少年政治家。小小年纪就拜入秦国丞相吕不韦门下，做其门客。后为秦立功，被秦王拜为上卿。

卷五　霸纪中

曰：古者王畿①之制千里，寰②内不以封诸侯。祭公③曰：夫先王之制，邦内④甸服⑤，邦外⑥侯服，卫宾服，蛮夷⑦要服，戎狄⑧荒服。甸服者祭⑨，侯服者祀⑩，宾服者享⑪，要服者贡⑫，荒服者王⑬。荒服者亡。日祭月祀、时享、岁贡、终王，先王之训也。有不祭则修思，有不祀则修言，有不享则修文，有不贡则修告，有不王则修德。序成而又不至，则修刑。于是有刑不祭，伐不祀，日祭，征不享，让不贡，告不王。于是有刑罚之辟，有攻伐之兵，有征讨之备，有威让之命，有文告之辞，而又不至，则增修其德，无勤人于远，此古制也，削去五等⑭，改为郡县。自号为皇帝，而子弟为匹夫。内无骨肉本根之辅，外无尺土蕃翼之卫。吴、陈奋其白梃白梃，木杖，刘、项随而毙之。故曰周过其历⑮，秦不及其数，国势然也荀悦曰：古之建国，或小或大者，监前之弊，变而通之也。夏、殷之时，盖不过百里，故诸侯微而天子强。桀、纣得肆其虐害，纣脯鄂侯而醢鬼侯，以文王之盛德，不免于羑里。周承其弊，故建大国，方五百里，所以崇宠诸侯而自损也。至其末流，诸侯强大，更相侵伐，而周室卑微，祸难用作。秦承其弊，不能正其制以求其中，而遂废诸侯，改为郡县，以壹威权，以专天下，其意主以自为，非以为人也。故秦得擅海内之势，无所拘忌，肆行奢淫、暴虐于天下，然十四年而灭矣。故人主失道，则天下遍被其害；百姓一乱，则鱼烂土崩，莫之匡救。汉兴，承周、秦之弊，故杂而用之，然六王、七国之难者，诚失之

---

① 王畿：古代指直属于天子的地域。
② 寰：古代指距京都千里以内的地面，即王畿。
③ 祭公：指祭公谋父，周朝卿士。周穆王将征犬戎，祭公谋父进谏，以为先王"耀德不观兵"。穆王不听。
④ 邦内：国都四面近郊五百里以内地区。
⑤ 甸服：古代在天子的领地外围，每五百里为一服役地带，从近到远分为甸服、侯服、绥服（本书中作"宾服"）、要服、荒服五等，总称"五服"，见《尚书·禹贡》。
⑥ 邦外：国都四面近郊五百里以外地区。
⑦ 蛮夷：古代中原人对南方各少数民族的泛称之一。
⑧ 戎狄：古代中原人对北方各少数民族的泛称之一。
⑨ 祭：古时祭祀天子祖父、父亲的一种祭礼。
⑩ 祀：古时祭祀天子曾祖、高祖的一种祭礼。
⑪ 享：古时祭祀天子始祖的一种祭礼。
⑫ 贡：古时祭祀天子远祖和天地之神时贡献礼品的一种祭礼。
⑬ 王：指夷狄等少数民族首领承认并朝见周王的一种仪式。
⑭ 五等：指公、侯、伯、子、男五等爵位。
⑮ 历：古代阴阳家臆测一个朝代的享国年数。

七雄略第十八

于强大,非诸侯治国之咎。

汉兴之初,海内新定,同姓寡少。惩亡秦孤立之败,于是割裂疆土,立爵二等大者王,小者侯,功臣侯者,百有余邑,尊王子弟,大启九国。国大者,跨州兼郡,连城数十,可谓矫枉过正矣。然高祖创业,日不暇给,孝惠①飨国之日浅,高后②女主摄位,而海内晏然,无狂狡之忧。卒折诸吕之难,成太宗③之基者,亦赖之于诸侯也。夫原本以末大,流滥以致溢。小者淫荒越法,大者睽孤横逆,以害身丧国。故文帝采贾生之议,分齐、赵贾谊曰:欲天下之理安,莫若众建诸侯而少其力,力少则易使义,国小则无邪心。令天下之制,若身之使臂,臂之使指,陛下割地定制。今齐、赵、楚各为若干国,使其子孙各受祖之分地,地尽而止。天子无所利焉。又上疏曰:陛下即不定制,如今之势,不过一传再传,诸侯犹且人恣而不制,豪植而大强,汉法不得行矣。陛下所以为藩扞及皇太子之所恃者,唯淮阳、代二国耳。代北边匈奴,与强敌为邻,能自完则足矣。而淮阳之北大诸侯,厪如黑子之着面,适足以饵大国,不足以有所禁御。方今之制在陛下,而令子适足以为饵,岂可谓万代利哉?臣之愚计,愿举淮南地以益淮阳;而为梁王立后,割淮阳北边二、三列城与东郡,以益梁。不可者,可徙代王而都睢阳。梁起于新郪以北,著之河;淮阳包陈以南,捷之江。则大诸侯之有异心者,破胆而不敢谋。梁足以扞齐、赵,淮阳足以禁吴、楚。陛下高枕,终无山东之忧,此万世之利也。臣闻圣王言问其臣,而不自造事,故使人臣得毕其愚忠。唯陛下裁幸。文帝于是从谊计,乃徙淮阳王武④为梁王,界北泰山,西至高阳,得大县四十余城;徙城阳王喜⑤为淮南王,抚其人。后七国反,不得过梁地,贾生之计也。**景帝用晁错之计,削吴、楚**晁错说上曰:昔高帝初定天下,昆弟少,诸子弱,大封同姓,故孽子悼惠王⑥王齐七

---

① 孝惠:即汉惠帝刘盈,汉高祖刘邦之子。
② 高后:即吕雉,汉高祖刘邦的皇后。汉高祖刘邦驾崩,汉惠帝刘盈即位,由高后代理朝政。刘盈死,立少帝,她自己临朝称制。前后执政实际上达十六年。
③ 太宗:即汉文帝刘恒,汉高祖第四子。
④ 淮阳王武:指刘武。汉文帝第二子,西汉诸侯王。封为代王,徙封淮阳,又徙封梁。筑东苑方圆三百余里,扩广睢阳城七十里。
⑤ 城阳王喜:指刘喜。城阳景王刘章之子,西汉诸侯王。公元前178年继承淮阳王位,后徙封淮南王。
⑥ 悼惠王:即刘肥,西汉诸侯王。汉高祖刘邦之子,后封齐王。

卷五　霸纪中

十二城，庶弟元王①王楚四十城，兄子王吴五十余城，封三庶孽，分天下半。今吴王前有太子之隙，称病不朝，于古法当诛。文帝不忍，因赐几杖，德至厚也。不改过自新，乃益骄恣。公即山铸钱，煮海为盐，诱天下亡人谋作乱逆。今削之亦反，不削亦反；削之反亟祸小，不削反迟祸大。于是汉臣庭议削吴，吴乃反矣。**武帝施主父②之策，推恩之令**主父偃说上曰：古者诸侯地不过百里，强弱之形易制。今诸侯或连城数十，地方千里，缓则骄奢，易为淫乱；急则阻其强而合纵，以逆京师。今以法割削，则逆节萌起，前日晁错是也。今诸侯子弟或十数，而嫡嗣代立，余虽骨肉，无尺地封，则仁孝之道不宣。愿陛下令诸侯得推恩，分子弟，以地侯之，彼人人喜得所愿。上以德施，实分其国，必稍自弱矣。上从其计也。**景遭七国之难，抑诸侯，减黜其官。武有淮南、衡山之谋，作左官之律**仕于诸侯王为左官，**设附益之法**封诸侯过限曰附益，**诸侯唯得衣食租税，不与政事。至于哀、平之际，皆继体苗裔，亲属疏远，生于帷墙之中，不为士民所尊**割削宗子，有名无实。**天下旷然，复袭亡秦之轨矣。故王莽知汉中外殚微，本末俱弱，无所忌惮，生其奸心，因母后之权，假伊、周之称，专作威福庙堂之上，不降阶序而运天下。诈谋既成，遂据南面之尊，分遣五威之吏，驰传天下，班行符命。汉诸侯王瞡角稽首，奉上玺绂，唯恐居后，岂不哀哉！及莽败，天下云扰**隗嚣拥众天水，**班彪③避难从之，嚣问彪曰：往者周失其驭，战国并争，天下分裂，数世乃定。意者纵横之事，复起于今乎？将承运迭兴，在于一人也？愿先生试论之。对曰：周之废兴与汉异矣。昔周爵五等，诸侯从政，根本既微，枝叶强大。故其末流有纵横之事，势数然也。汉承秦制，改立郡县，主有专己之威，臣无百年之柄。至于成帝，假借外家，哀、平祚短，国嗣三绝。故王氏擅朝。因窃号位，危自上起，伤不及下，是以即真之后，天下莫不引领而叹，十余年间，中外骚动，远近俱发。假号云合，咸称刘氏，不谋同辞。方今雄杰带州跨城者，皆无七国世业之资，而百姓讴吟，思仰汉德，可以知之。**

　　**光武中兴，纂隆皇统，而犹遵覆车之遗辙，养丧家之宿疾。仅及数

---

① 元王：即刘交，西汉诸侯王。刘邦庶弟，封楚王。
② 主父：即主父偃。汉武帝时大臣。出身贫寒，早年学长短纵横之术。到中年，听汉武帝重视儒术，改学《周易》、《春秋》和百家之言。为汉武帝所重用，曾建议推恩令，使诸侯王分封自己的子弟，诸侯王土地被分割，权力因此大减。后因贪腐被族诛。
③ 班彪：字叔皮，东汉史学家。作《史记后传》数十篇，由其子班固、女班昭按断代体例续成巨著，称为《汉书》。

七雄略第十八

世，奸宄充斥，卒有强臣专朝，则天下风靡；一夫纵横，则城池自夷，岂不危哉！在周之衰，难兴王室也，放命者七臣，干位者三子，嗣王委其九鼎①，凶族据其天邑，钲鼙震于阃宇，锋镝流于绛阙。然祸止畿甸，害不覃及，天下晏然，以治待乱。是以宣王兴于共和，襄、惠振于晋、郑，岂若二汉阶闼暂扰，而四海已沸；孽臣朝入，而九服夕乱哉！远惟王莽篡逆之事，近览董卓擅权之际，亿兆悼心，愚智同痛。岂世乏曩时之臣，士无匡合之志欤？盖远绩屈于时异，雄心挫于卑势耳陆机曰：或以诸侯世位，不必常全；昏主暴君，有时比迹。故五等所以多乱也。今之牧守，皆方庸而进，虽或失之，其得固多，故郡县易以为治也。夫德之休明，黜陟日用，长率连属，咸述其职，而淫昏之君无所容过，何则其不治哉？故先代有以之兴矣。苟或衰陵，百度自悖。鬻官之吏，以货准才，则贪残之萌皆群后也，安在其不乱哉？故后王有以之废矣。且要而言之，五等之君为己思治，郡县之长为利图物。何以征之？盖企及进取，仕子之常志；修己安民，良士所希及。夫进取之情锐，而安民之誉迟。是故侵百姓以利己者，在位所不惮；损实事以养名者，官长所夙夜也。君无卒岁之图，臣挟一时之志。五等则不然，知国为己土，众皆我民。民安己受其利，国伤家婴其病，故上制人欲以垂后，后嗣思其堂构。为上无苟且之心，群下思胶固之义。使其并贤居治，则功有厚薄；两愚处乱，则过有深浅。然则探八代之制，几可以一理贯，秦、汉之典，殆可以一言蔽也。

魏太祖武皇帝躬圣明之姿，兼神武之略，龙飞谯、沛，凤翔兖、豫。观五代之存亡，而不用其长策；睹前车之倾覆，而不改其辙迹。子弟王空虚之地，君有不使之人，权均匹夫，势齐凡庶。内无深根不拔之固，外无磐石宗盟之助，非所以安社稷，为万世之业也。且今之州牧、郡守，古之方伯②、诸侯，皆跨有千里之土，兼军武之任。或比国数人，或兄弟并据。而宗室子弟，曾无一人间厕其间，与相维持，非所以强干弱枝，备万一之虑也。时不用其计，后遂凌夷。此周、秦、汉、魏立国之势。是以究其始终、强弱之势，明鉴戒焉荀悦曰：其后遂皆郡县治人，而绝诸侯。

---

① 九鼎：夏朝初年，夏王大禹划分天下为九州，令九州州牧贡献青铜，铸造九鼎，将全国九州的名山大川、奇异之物镌刻于九鼎之身，以一鼎象征一州，九鼎成了王权至高无上、国家统一昌盛的象征。

② 方伯：古代诸侯中的领袖之称，指一方之长。《礼记·王制》：千里之外设方伯。

卷五　霸纪中

当时之制，亦未必百王之治也。

　　论曰：周有天下八百余年，后代衰微，而诸侯纵横矣。至末孙王赧降为庶人，犹能枝叶相持，名为天下共主。当是时也，楚人问鼎，晋侯请隧，虽欲阚周室，而见阤诸姬。夫岂无奸雄？赖诸侯以维持之也。故语曰：百足之虫，至死不僵，扶之者众。此之谓乎？及嬴氏擅场，惩周之失，废五等，立郡县。君有海内，而子弟为匹夫，功臣效勤而干城无茅土。孤制天下，独擅其利。身死之日，海内分崩。陈胜偏袒唱于前，刘季提剑兴于后，虎啸龙睎，遂亡秦族。夫刘、陈诸杰，布衣也，无吴、楚之势，立锥之地，然而驱白徒之众，得与天子争衡者，百姓思乱，无诸侯勤王之可惮也。故语曰：夫乱政虐刑，所以资英雄而自速祸也。此之谓矣。夫伐深根者难为功，摧枯朽者易为力。今五等，深根者也；郡县，枯朽者也。故自秦以下，迄于周、隋，失神器者非侵弱，得天下者非持久，国势然也。呜呼！郡县而理，则生布衣之心；五等御代，则有纵横之祸。故知法也者，皆有弊焉。非谓侯伯无可乱之符，郡县非致理之具。但经始图其多福，虑终取其少祸，故贵于五等耳。圣人知其如此，是以兢兢业业，日慎一日，修德以镇之，择贤而使之。德修贤择，黎元乐业，虽有汤、武之圣，不能兴矣，况于布衣之细，而敢偏袒大呼哉？不可不察。

七雄略第十八

译文

　　臣听说天下就像一个庞大的容器，万物就像珍贵的积蓄。容器太大，一个人就管理不了；积蓄太多、太贵重，自己一个人就守不住。因此，就要划分疆域而治，要建立诸侯国。亲疏之间要相互制约，这关系到天下的盛衰。从前，周王朝吸取夏、商两个朝代的经验和教训，设立五等爵位，分封八百个藩属国和五十五个同姓王。这些建制都根基深厚，是不可动摇的。所以，周朝兴盛的时候就有周公、召公辅佐治国，周朝衰败的时候便有春秋五霸扶助弱小的周王室。以此共同辅助王室，左右那个时代，这就是三位圣人当初制定分封制的本意周文王、周武王、周公被称为"三圣"。然而，厚赏臣下的典章制度，弊病在于臣子势力大到一定程度，君主无法指挥调度。自从周幽王、周平王之后，周王室日趋衰落，爵位俸禄大多由左右大臣来进行赏赐，征战讨伐的事也不由天子决定。**吴国被越国吞并**越王勾践打败了吴国，想把吴王迁往甬东，给他一百户人家让他统治。吴王说：我老了，不能再侍奉你了。于是吴王便自刎而死，越王灭了吴国。**晋国被一分为三**晋昭公六年，昭公去世。晋国最有势力的六个公卿想要削弱晋昭公亲族的势力，就设法灭了羊舌氏一族，并将羊舌氏的封邑分成十个县，六卿让他们自己的儿子做这十个县的大夫。晋国越来越衰弱，六卿的势力不断强大起来。晋哀公四年，赵襄子、韩康子、魏桓子合谋杀死了智伯，把晋国的土地瓜分殆尽。到晋烈公十九年，周威

卷五　霸纪中

王赐封赵、魏、韩三家，把他们都封为诸侯。晋国就这样灭亡了，**郑国被韩国兼并**郑桓公是周厉王的小儿子，周幽王时他担任周朝的司徒。他问太史伯说：周王室多灾多难，我怎样才能逃脱一死呢？太史伯说：只有到洛水的东边，黄河、济水的南面可以躲过灾难。郑桓公说：为什么要到那里去呢？太史伯回答说：那个地方邻近虢国、邻国，虢、邻的君主都贪婪好利，百姓人心思变。如今你当司徒，民众都爱戴你，请你试一试到那里居住，民众都会成为你的子民。郑桓公说：很好。于是便在那里建立了国家。到了后世国君君乙的时候郑国被韩哀侯所灭，韩国兼并了郑国。郑国就这样灭亡了，**鲁国被楚国灭亡**鲁顷公二十四年，楚考烈王灭了鲁国。鲁顷公逃亡到卞邑，当了人家的仆人。鲁国就这样灭亡了，海内没有一个号令天下的君主，这样的状况延续了四十多年，就形成了战国时代。秦国占据形势险要之地，借助多谋善战的军队，一点点地吞并了太行山以东的各国，太行山以东的诸侯国对此深感忧虑。

苏秦，洛阳人，联合诸侯抵抗秦国。张仪，魏国人，破坏诸侯的合纵之策，而让他们随从秦国进攻其他弱国。这就是合纵连横的缘起评论：《周易》称赞先代圣王们建立万国而亲近诸侯，孔子写作《春秋》作为后世治国的法则。这是讥讽历代的执政者不知改革分封制度，仍然世代代继承王侯爵位。由此看来，分封诸侯的制度，是从先代留传下来的。《汉纪》作者荀悦说：分封诸侯国，让他们各自世代继承爵位。要想使诸侯看待百姓如同自己的子女一样，爱国如家，就必须任用贤能的卿、大夫，考核他们的政绩进行罢免或提拔，使他们能分到土地而不能分裂子民，天子可以总揽天下，实现统治。因此，有以残暴手段施政的诸侯，就会有子民起来反叛。如果施政不当，在下会有子民起来反叛，在上有天子处以诛杀的刑罚，所以这些诸侯就要考虑利害得失，渴望得到君王的奖赏，担心天子可能处以的刑罚，使诸侯们各自用心治理，而不敢有叛乱之心。天子不守正道就由侯、伯来纠正他，王室衰微就会有强大的诸侯国辅助他们。这样，即使天子无道也不会使天下百姓受到虐待。这就是以辅佐来顺应天道并掌握人才的道理。《六代论》的作者曹冏说：先代圣王们知道独力治理国家无法做到长治久安，所以才与别人共同治理它；知道独自守护天下不能使之牢固，所以与别人共同守护它。兼用亲疏两方面的人才，求同存异而共同进取。使权力大、权力小的人也能够相互制约，亲疏之间也能互相关照。共同扫除政治道路上的障碍，叛逆的事情就不会发生了。西晋的陆机说：一心为他人不如厚待自己，扶助外人不如为自身谋取；要使在上的人安稳关键在于让在下的人满意，为自己谋利就得先让别人获利。这样，身

七雄略第十八

居尊位的君主们都能认真治理自己的国家，四海之内的子民都知道国家有值得依靠的君主。君主对子民的仁爱布施开去，子民的诚信于是就得以形成。这样天下大治时足以正风气，世道衰微时也足以抵御强暴。强盛有实力的国家不能逞一时之威，有雄才大略的人也无从施展称王称霸的野心。这大概就是夏、商、周三代之所以能够奉行正道，夏禹、商汤、周文王、周武王四王之所以能够建立功业的原因。国家的兴衰更替，是必然的现象；礼教的兴废，在于统治者的做法。治国的法则有时也许不能正确施行，真理有时被歪曲。因此，世代承袭爵位的制度，弊病在于培植了地方豪强；厚赏臣子的制度，失误在于下属权重，危及上级。王室日渐衰弱的开端，始于夏、商、周三朝的末期；其祸患，到战国七雄时才结束。所谓"下属权重，就会危及上级；部下的势力很大，就无法指挥调度"，就是分封诸侯的弊端。

苏秦开始到各国游说，组织合纵联盟，先到了燕国周武王平定殷商，封召公于燕地，战国时与六国并称王。他游说燕文侯说："燕国东边有朝鲜、辽东，北边有林胡、楼烦，西边有云中、九原，南边有滹沱河、易水，国土方圆二千余里，拥兵数十万，战车六百辆，战马六千匹，粮食可供全国百姓数年食用。南边有碣石、雁门的富饶物产，北面有枣、栗子等丰富的经济作物。民众即使不从事田间耕作，而枣、栗子也完全可以让他们丰足。这真是天府之国。国内太平无事，对外没有损兵折将的战争之事，这些有利条件没有哪个国家可以和燕国相比。大王知道这是为什么吗？燕国之所以不遭受战争的困扰，是因为有赵国作为屏障挡在燕国的南边。秦国、赵国相互争战致使双方都疲惫不堪，而大王却以整个燕国在后面牵制他们，这就是燕国不受侵犯的原因。况且秦国如果攻打燕国，必须经过云中、九原、代和上谷上谷即今易州，有绵延数千里的路程，即使得到燕国的城邑，秦国估计也守不住。秦国不能损害燕国也是明摆着的。如今赵国若是攻打燕国，号令一发，不出十天，数十万的大军就可以进驻东垣。再渡过滹沱河，趟过易水，不到四五天，就能到达燕国国都了。所以说，秦国攻打燕国，需要远征千里；赵国攻打燕国，只是在百里之内开战。不担心百里之内的祸患，却注重结交千里之外的秦国，没有比这更错误的策略了。因此希望大王与赵国合纵友好，与天下诸侯结成同盟，那么燕国就必定会平安无事。"听了这番话，燕文侯许诺苏

卷五 霸纪中

秦参加合纵抗秦 乐毅写信给燕王说：比目鱼，两条不配合在一起就不能游动，所以古人称赞它们，是因为它们能合二为一。如今太行山以东的各国都很弱小，如果不能团结如一，这只能说明各国君主们还不如比目鱼聪明。再比如说军士拉车，三个人拉不动，又找来两个人，五个人一起用力，车就可以前进了。如今山东三国弱小，无法战胜秦国，如果再找两个国家联合在一起，就可以战胜秦国了。然而山东各国不知道联合在一起对抗秦国，只能说明各国君主们还不如军士聪明。胡人与越人，言语相互不通，思想也不能相互沟通，而在他们同船渡河的时候，当风浪到来，却能做到相互救助，亲如一家。如今山东各国之间的关系，就像同船渡河，如果秦国的军队攻来了，他们却不能做到相互救助，亲如一家，那只能说明各国君主们还不如胡人、越人这些蛮荒民族聪明。比目鱼配合同游、军士合作拉车、胡、越人相助渡河这三件事之所以能圆满解决，都是因为大家都做到了团结如一人。山东各国的君主们到现在就是觉悟不到这一点，这是臣为山东各国所担心的，希望大王深思熟虑这些道理。如今韩、魏、赵三国已经联合了，秦国见这三国结成牢固的同盟，必定会向南讨伐楚国。赵国见秦国讨伐楚国，必定要向北攻打燕国。万事万物本来有形势相异而忧患相同的情况，秦国长时间讨伐韩国，因此赵国趁机攻打中山国，将中山国灭了。如果现在秦国转而征伐楚国，那赵国必定趁机攻打燕国，那到时候燕国也一定会灭亡。臣私下为大王打算，不如向南与韩、赵、魏三国兵合一处，约定共同防守韩国、魏国的西部边境。山东各国如若不能这样做，必定都会遭到灭亡的下场。燕国果然派军队向南与韩、赵、魏联合对抗秦国。赵国准备攻打燕国，苏代替燕国劝赵王说：今天臣从外地来的时候，经过易水边，看见河蚌正出来晒太阳，却被鹬鸟啄住蚌肉，蚌壳一合拢便夹住了鹬鸟的嘴。鹬鸟说：今天不下雨，明天不下雨，你早晚会成为死蚌。河蚌也对鹬鸟说：今日不放你出来，明日不放你出来，你也是一只死鹬。双方互不相让，渔夫看见了，就一并捉住了它们。现在赵国准备攻打燕国，燕、赵长久相持不下，使国内民众疲惫不堪，臣恐怕强秦就要成为那个渔夫了。希望大王认真考虑这件事。赵王一听，便停止了对燕国出兵。齐宣王趁燕国衰弱，就发兵攻打燕国，夺取了十座城邑。燕易王对苏秦说：先生能想办法为燕国夺回被侵占的土地吗？苏秦说：那就让我去为大王取回失地吧。于是他到了齐国，见到齐王，俯身下拜时表示祝贺，抬起头来却又表示哀悼。齐王说：为什么刚祝贺完就马上表示哀悼呢？苏秦说：臣听说饿了的人之所以饿着也不吃乌嘴，是由于吃了乌嘴肚子越饱死得越快。当今燕国虽然弱小，燕王却是秦国的女婿。大王夺了燕国十座城池，但和强大秦国的仇也就结定了。现在假若燕国是大雁在前面飞行，那么强秦已经虎视眈眈地紧跟在后面了。所以贪图燕国城池之利与吃乌嘴是一个道理啊。齐王说：那又该怎么办呢？苏秦说：臣听说古代善于办事的人，能够化险为夷，反败为胜。大王如果能听从臣的意见，把燕国的十座城池归还给燕国，燕国必定会非常高兴。秦王知道是因为自己的缘故而使齐国归还了燕国十座城池，也必定很高兴。这就是所谓放弃仇恨结成好朋友呀。齐王说：好吧。于是归还了燕国的十座城池。

苏秦又到了赵国赵国与秦国是同一个祖先。周缪王派造父驾驶战车打败了徐偃王，就把赵城赐给了造父，赵氏世代都担任晋国的卿，劝赵肃侯说："臣私下为大王着想，最好让百姓安居乐业，不要多生事端骚扰他们。使百姓安居乐业的根本，就在于选择交往的邻邦。选择邦交策略得当，百姓就能安定；选择邦交策略不得当，百姓就永远无法安定。请允许我为您说说赵国的外患。齐国和秦国，是赵国的两大强敌，正是因为和他们的对抗，才使得老百姓始终不得安宁。依靠秦国去攻打齐国，百姓会不得安宁；依靠齐国攻打秦国，百姓同样也会不得安宁。如果大王能听从我的意见，燕国必定会为您献上盛产毛毡、裘皮、良狗、好马的土地，齐国也必定会为您献上盛产鱼、食盐的海域，楚国必定会位您献上盛产柑橘、香柚的果园，韩国、魏国、中山国也会把他们自己的汤沐邑送给您，那么大王的宗族亲戚都可以受封侯爵了。从别国分割土地得到财物之利，这是春秋五霸不惜损兵折将也要追求的霸业；让宗族亲戚受封侯爵，这是商汤、周武王经过弑君争战也要争取的权利。如今大王唾手可得这两个好处，这是为什么臣为大王祝贺的原因。如若秦军沿轵道而下，南阳就会处于危险之中；秦国再侵夺韩国，包围周室，那么赵国随时会被消弱；秦国再占据卫国，攻取淇水、卷邑，那么齐国就不得不臣服于秦国了。秦国的欲望一旦在太行山以东各国得逞，就必然会大举发兵进攻赵国。秦军渡过黄河，越过漳水，占据番吾，就可以兵临赵国都城邯郸城下了。这正是臣替大王担忧的。当今这个时代，太行山以东的各国，没有比赵国更强的。赵国的土地方圆二千余里，拥兵数十万，战车千辆，战马万匹，粮食可供数年之用。赵国西有常山，南有黄河、漳水，东有清河，北有燕国。燕国本来就是弱国，不足为惧。而秦国在天下各诸侯国中最害怕的，就是赵国。然而，秦国不敢发兵攻打赵国的原因是什么呢？是

卷五　霸纪中

担心韩国、魏国从后面抄它的后路。因此，韩国、魏国是赵国南面的屏障。如果秦国要攻打韩国、魏国，韩国、魏国没有名山大川的屏障，只要一点点蚕食，早晚能逼近两国的都城。如果韩国、魏国不能抵抗秦国，必然会向秦国称臣。秦国扫除了韩、魏这两个障碍，那么祸患必定会降临到赵国。这是臣替大王忧虑的。臣听说尧起初没有一点权势地位，舜起初也没有一丁点土地，但最后都得到了天下；禹最初率领的不过百人，而最终却能统领诸侯；商汤、周武王的带甲勇士不超过三千，战车不超过三百辆，步卒不超过三万人，最终也能成为天子。其中根本原因是他们都实施了正确的治理方略。所以英明的君主对外能判断敌国的强弱，对内能洞察部下的贤愚，不用等到两军在战场上较量，已经对胜败存亡的关键了然于胸了。他们怎么会被众人的闲言碎语所蒙蔽，导致糊里糊涂地决断大事呢？臣私下按照天下各诸侯国的版图进行考察，发现山东六国的土地相当于秦国的五倍；山东六国的军队是秦国的十倍。如果六国能齐心合力，一致向西，秦国必然会被攻破。可是如今各国却向西臣服秦国，甘愿对秦称臣，击败别人与被别人击败，使别人臣服与向别人称臣，怎么可以同日而语呢？那些主张连横的人，都主张割让诸侯的土地与秦国讲和。那是因为一旦与秦国讲和成了，那些人就可以拥有高大的楼台阁榭，住着豪华的宫室，听着美妙的音乐。但一旦国家遭受秦国的进攻，他们却不能与君主分忧。因此，主张连横的人整天拿秦国的权势恐吓诸侯，以求得诸侯割让土地，希望大王认真思量这件事。臣听说英明的君主能够果断不疑，不听信谗言，抵制流言蜚语，杜绝结党营私，所以那些尊奉君主、具有富国强兵谋略的贤能之臣，就能够在圣明的君主麾下效忠。因此我私下为大王盘算，不如联合韩、魏、齐、楚、燕各国的力量，建立合纵联盟来对抗秦国。集合各诸侯国的将相到洹水之滨会盟，相互交换人质，杀白马而盟誓。约定：如果秦国攻打楚国，齐国、魏国就各派精兵帮助楚国，韩军断绝秦军粮道，赵军渡过黄河、漳水，燕国据守常山的北部；如若秦国攻打韩国、魏国，那么楚军就断绝秦军后路，齐国派精兵援助韩、魏两国，赵军渡过黄河、漳水牵制，燕军据守云中；如果秦国攻打齐国，那么楚军就断绝秦军后路，韩军把守成皋，魏军堵住秦军粮道，赵军渡过黄河、漳水，挥军博关，燕国派精兵救援；如果秦国攻打燕国，那么赵军就防守常山，楚军驻扎武关，齐军渡过渤海指今沧州，韩、魏两国派精锐部队救援；如果秦国攻打赵国，那么韩军就驻扎宜阳，楚军驻扎武关，魏军驻扎在黄河以南，齐军渡过清河指今贝州，燕国派出精锐部队救援。六个诸侯国中有不遵守盟约的，其余五国将共同讨伐它。六国建立合纵联盟对抗秦国，那么秦军必定不敢出兵函谷关侵害山东各国了。这样，大王的霸王大业就成功了。"赵王说："好，就依你所言。"秦军在长平大败赵军后，就包围了邯郸城。赵国人都震惊恐慌，纷纷向东迁移。于是赵国派苏代携重金去游说秦国的相国应侯范雎。苏代说：武安君白起捉拿了赵奢的儿子赵括，是吗？应侯说：是的。武安君又打算攻打邯郸吗？应侯范雎回答说：是的。苏代说：赵国灭亡，那么秦国就可以称王天下了。那武安君为秦国南征北战，攻城略地，攻占了七十多座城池，向南拿下了楚国都城郢、鄢、汉中，向北大败赵括带领的赵军，即使是周公、召公、吕尚的功绩也比不上他。赵国一旦灭亡，秦国就可以称王天下了。秦国一旦称王，一定会加封武安君，让他位列三公，您能甘心位居他之下吗？就是您不想位居武安君之下，也是不可能的。秦国攻打韩国，图谋占领邢丘，围困上党。上党的人都归顺了赵国，他们不乐意当秦国的子民已经很久了。如果现在秦国灭了赵国，那赵国北方的领土就会归入燕国，东方的领土就会归入齐国，南方的领土就会归入韩国、魏国。这样，您能得到的，不知道还有多少呢？因此，不如趁机让赵国割地讲和，不要让武安君独得这份功劳。于是，应侯范雎向秦昭王进言说：秦军征战已经很疲劳了，请大王准许韩、赵两国割地求和。秦国就撤回了军队，赵王派赵赦去秦国订立和约，打算割让六座城池给秦国。虞卿对赵王说：秦国攻打赵国，最后退兵，是因为秦军疲倦了吗？还是因为秦军还有足够的力量进攻，但由于怜惜大王而不再进攻了？赵王说：秦国攻打我国，当然不遗余力，必定是因为疲倦了才退军吧。虞卿说：秦国不自量力，攻打自己没有能力拿下的赵国，最后疲倦了才撤军，而大王反而割让秦国无法夺取的城池给它，这岂不是帮助秦国攻打自己吗？明年，秦国如果再要求割地，君王还给它吗？不给，那就会前功尽弃而且后患无穷；给的话，总有一天我们会没有土地割让给秦国。俗话说：强者善于进攻，弱者善于防守。如果这次按苏代的安排割地求和，秦国就可以不费吹灰之力得到赵国的土地，这一定会使秦国更强盛，而使赵国更衰弱。这样做有利于日渐强大的秦国，却会削弱日渐衰弱的赵国，这样的策略本来就不该

卷五　霸纪中

接受。况且大王的土地有限而秦国的索取无止境，以有限的土地去供给无止境的索取，这样赵国早晚会灭亡。赵王正在犹豫不决的时候，楼缓从秦国来到赵国，赵王就询问他的意见。楼缓说：不如把六城割给秦国。虞卿说：臣说不给，并不是根本不考虑割让土地给别人。既然秦国向大王索取六座城池，大王就将这六座城池送给齐国。齐国是秦国的仇敌，得到大王的六座城池，就可以帮助我国一起攻打秦国。齐王听了大王的想法，不用等到话说完就会同意的。那么，大王虽然失去了送给齐国的六座城池，将来却能从秦国得到补偿。而齐国、赵国的深仇可以得到化解，如此一来还可以向天下显示赵国有能力成就一番事业。大王就地发布号令，兵众还没等望见秦国的边境，秦国的重礼必定会送到赵国来，反过来向大王求和。秦国一求和，韩国、魏国听到这个消息，必定会敬重大王；敬重大王，就必定会献出贵重宝物以求与大王联合。这样大王一个举措就可以得到和韩、魏、齐三国的睦邻友好，而使秦国更加危急。赵王说：很好。于是就派虞卿向东去见齐王，与齐王共同谋划攻打秦国。虞卿还没有出发，秦国的使者就已经到赵国来求和了。楼缓听到这个消息，便逃跑了。后来，秦军围困赵国都城邯郸，赵王派平原君去楚国游说楚王，要求与楚国建立合纵联盟，请求楚国救援。平原君前往楚国，见到楚王，向他陈说合纵的利害关系，从早晨太阳升起时一直说到中午太阳当头也没有决定下来。平原君的门客毛遂便手按佩剑，登阶到了堂上，对平原君说：合纵的利害关系很明显，这事只需三言两语就可以决定。今天从早晨谈到中午，楚王还不能决断，是为什么呢？楚王大声呵叱：为什么还不退下去！我和你的主人谈判，你想干什么？毛遂手握剑柄走向前说：大王之所以敢呵斥我毛遂，是因为依仗楚国人多势众。现在咱们相距仅在十步之内，大王你无法依靠楚国的人多势众，大王的性命已经掌握在毛遂的手中了。我的主人就在这里，你有什么资格呵斥我？况且毛遂听说商汤凭着方圆七十里的地盘最终能够当上天子，周文王凭着方圆百里的地盘最终使诸侯臣服。如今楚国拥有方圆五千里的领地，拥兵百万，这是称霸天下的资本。以楚国的强大，天下没有哪个诸侯国能媲美，没有哪个诸侯国是楚国的对手。秦将白起，不过是个小毛孩罢了，他带领几万人的军队，起兵与楚军交战，第一战就攻下了鄢郢，第二战就烧毁了夷陵，第三战便攻进了楚国的宗庙，使大王的先祖蒙羞。这是楚国百世不解的怨仇，赵国人都替你感到羞耻，而大王却不感到羞耻。如今合纵联盟的谋略应该说是为了楚国而不是为了赵国。楚王说：如果真像先生所说的那样，我竭尽楚国全国的力量履行合纵盟约。于是楚国就答应出兵援救赵国。到赵孝成王在位时，秦军再次围攻邯郸，各诸侯国的援兵都不敢进攻秦军。魏王派晋鄙率兵救赵，由于畏惧秦军，到汤阴就停下来不走了。魏国又派客居魏国的将军新垣衍悄悄进入邯郸城，让赵国尊秦王为帝。这时鲁仲连恰好游历到赵国，碰上

七雄略第十八

秦军围困邯郸,听说魏国想要赵国尊秦王为帝,就去见平原君说:魏国客人新垣衍在哪里?请让我替您骂他一顿,让他滚回魏国去。平原君说:好,那就让我替你们引荐一下。鲁仲连见了新垣衍,却一言不发。新垣衍说:我观察居住在这个被围城池中的人,他们都对平原君有所求。今天我看先生的举止容貌,不像有求于平原君的,那又为什么久居这个围城之中而不离去呢?鲁仲连说:世人认为廉士鲍焦不是从容死去的,这种看法是不对的。现在只有那些没见识的人才会仅仅为自己打算。秦国是个不讲信义而又穷兵黩武的国家,用权术诱骗它的社会上层支持自己,像对待奴隶那样役使它的百姓。秦王如果肆无忌惮称了帝,就会用暴虐的手段统治天下,那么我鲁仲连只有跳入东海而死了,我不愿做秦国驯服的子民。我之所以来见将军,是想为赵国出点力。新垣衍说:先生想帮助赵国,有什么打算呢?鲁仲连说:我会去游说魏国和燕国来援助赵国,齐、楚两国本来就已经在援助赵国了。新垣衍说:燕国,我想你应该可以说服;但至于魏国,我就是魏国人,先生打算如何说服魏国援助赵国呢?鲁仲连说:魏国现在还没有援助赵国,只是由于魏国还没有意识到秦王称帝的危害罢了。假使魏国看到了秦王称帝的危害,那就一定会援助赵国的。新垣衍说:秦王称帝有什么危害?鲁仲连说:从前,齐威王曾经施行仁义,倡导天下诸侯去朝见周天子。那时周王室既贫困又衰弱,诸侯都不去朝见,只有齐王独自去朝见周王室。过了一年多,周烈王死了,诸侯都去吊丧,齐国使者最后才赶到。周王室君臣发怒了,发讣告给齐国:'天崩地裂,周烈王驾崩,新天子罢朝守丧。东部蕃国齐国的使臣田婴最后才到,应该斩首。齐威王勃然大怒说:呸!你母亲原来不过是个婢女罢了。最终成为天下笑柄。所以周烈王活着的时候,虽然诸侯都不去朝拜周天子,齐王还坚持独自朝拜周天子,等周烈王死了,齐国使者晚到一些,齐威王居然就被周王室君臣叱责,齐威王勃然大怒,实在是因为忍受不了周天子的苛求。那秦王一旦成为天子也会像周天子那样苛求,这是不足为怪的。新垣衍说:先生难道没注意过那些仆人吗?十个仆人跟从一个主人,难道是力量不足、才智不如主人吗?是畏惧主人罢了。鲁仲连说:呜呼!魏国对于秦国,也像仆人吗?新垣衍说:对。鲁仲连说:那我将请求让秦王把魏王剁成肉酱。新垣衍吃惊地说:先生所说的话也太过份了吧!先生又如何能使秦王将魏王剁成肉酱呢?鲁仲连说:当然可以,让我慢慢说给你听。从前,九侯、鄂侯、文王,是商纣王的三公。九侯有个女儿很漂亮,献给了纣王。纣王却认为她丑,就把九侯剁成肉酱。鄂侯极力为九侯辩护,言辞激烈,纣王因此杀了鄂侯,把他晒成肉干。文王听说了这件事,喟然长叹,纣王因此把文王抓进了牖里的监牢,关了一百天,想把他杀死。为什么他们都具备称王的条件,其中却有人最终落到了被做成肉干、肉酱的境地呢?齐湣王准备到鲁国去,夷维子负责驾车,手执马鞭跟随湣

卷五　霸纪中

王。到了鲁国，他问鲁国人：你们准备怎样款待我们国君？鲁国人说：我们将用十太牢的国宴来款待你们国君。夷维子说：你们从哪里找来这样的礼仪款待我们的国君呢？我们国君是天子身份，天子外出视察诸侯的封地，诸侯不光要让出自己的宫室，交出钥匙，还要像仆人那样撩起衣襟，双手捧着几案，站在堂下侍候天子用餐。天子吃完后，他们才可以退下来上朝理政。鲁国人听后立即锁上城门，不让他们入境。齐湣王一行无法进入鲁国，又准备到薛国去，路经邹国。此时邹国国君刚去世，齐湣王打算去吊丧。夷维子对邹国新君说：天子来吊丧，主人必须把灵柩转个方向，陈设的几案也要南北换个方位，座位面向南，然后让天子南面致吊礼。邹国的群臣说：如果一定要这样，我们就自刎而死，决不受辱！齐湣王便不敢进入邹国。邹国、鲁国的臣子们，活着的时候没能到天子面前当差服侍，死了当然也轮不到按隆重的丧礼安葬，但齐湣王自己也不是真正的天子，却想叫邹、鲁两国用接待天子的礼仪接待自己，邹、鲁两国的大臣当然不让他入境。如今秦国和魏国都是拥有上万辆战车的强国。拥有上万辆战车的国家，都有称王的条件，可是魏国看到秦国打了一次胜仗，就想臣服秦国并尊秦王为帝。如果秦王真的称帝，秦王一定会更换诸侯的大臣，罢免他认为无能的人，任用他认为贤能的人；削夺他所厌恶的人的财物，而把这些财物送给他所喜欢的人。他还要把自己的女儿和那些爱说别人坏话的小妾嫁给诸侯做妃嫔。这样的人一旦进入魏国的宫室，魏王怎么能有安生日子？而将军又凭什么保住原来的尊贵地位呢？听到这里，新垣衍站起身来对鲁仲连拜了两拜，告辞说：请允许我离去，再不敢说尊秦王为帝了。秦国将领听说这件事后，随即退兵五十里。

苏秦又到了韩国韩国的祖先与周同姓，曾服事晋国，被封在韩地，以韩为姓。后来周烈王赐封诸侯，韩便被列为诸侯国之一。他劝韩宣王说："韩国北边有巩、成皋那样坚固的城池，西边有宜阳、商阪那样险要的关塞，东边有宛地、穰地、洧水，南边有陉山，土地方圆九百余里，拥兵数十万。天下的强弓劲弩都出自韩国。韩国的士兵使用踏弩踏步发射，百发百中，远处可射中胸膛，近处可射穿心脏。韩国士兵的剑和戟，就如龙泉、太阿宝剑一般，在陆地上可以斩断牛、马，在水上能击中天鹅、大雁。靠着韩军的强劲和大王的贤明，却向西臣服秦国，这简直是自缚臂膀，使国家蒙受羞辱而被天下人耻笑，没有再过分的奇耻大辱了。因此希望大王深思熟虑这件事。大王不要去讨好秦国，您一讨好秦国，秦国必定向您索要宜阳、成皋。如今答应了它的要求，明年又会再次要求您割地。如果继续答应它割地的要求，您总有一天会无地可割；如果以后您不答应它割地的要求，就将前功尽弃，继续遭受秦国的侵害。况且大王的土地有限，而秦国的欲望无穷，以有限的土地去迎合无止境的欲望，这就是所谓自己招来怨恨、主动引来灾祸，没有经过争斗土地就被人割去了。臣听俗话说：宁为鸡头，不为牛尾。如今大王向西拱手臣服秦国，与做牛尾巴有什么区别呢？以大王的贤能，又拥有强大的韩国军队，却落下个牛尾巴的骂声，我私下替大王感到羞愧。"韩宣王听了愤然变了脸色，手按宝剑叹息说："我虽然不贤明，也不能臣服秦国。"于是韩国也加入了合纵联盟。韩国攻打宋国，秦王大怒，说：我喜爱宋国，韩国与我们交好，却去攻打我喜爱的国家，这是为什么？苏秦为韩国劝秦王说：韩国之所以攻打宋国，是为了大王。凭借韩国的强大，再加上宋国的辅助，楚国、魏国必定会恐惧，他们一恐惧就必然向西臣服秦国。大王不损失一兵一卒，不杀戮一人，白白得了安邑，这是韩国要以此来向秦国祈求的原因。韩惠王听说秦国喜好征战，就想阻止秦军，不让他们东伐来攻打自己，于是派水利专家郑国到秦国去做内应，说服秦王，让秦国消耗资财开凿渠道引泾水灌溉田地。在开凿的过程中，韩国的意图被发觉，秦王想诛杀郑国。郑国说：起初臣是做内应，但是渠修成了对秦国也是有利的。臣的努力不过为韩国延长了几年的寿命，却为秦国开辟了万代的福泽。秦王认为郑国说得有道理，便放了他。

　　苏秦又到了魏国魏国的祖先是毕公高的后人，与周王室同姓。周武王讨伐商纣王，把毕这个地方赐封给毕公高，从此他就以毕为姓。毕万侍奉晋献公，晋献公封毕万于魏地，任命他当大夫。后来周烈王赐封魏为诸侯，魏国也得以成为诸侯之一。他劝魏襄王说："大王的土地，南边有鸿沟、陈地、汝南，东边有淮水、颍水、煮枣，西边有长城为界，北边有河外、卷地、衍地。土地方圆千里，地方的名声虽小，却到处是田地和房屋，少有放牧牛马的荒地。人民众多，车马也多，日夜往来不断，轰轰隆隆，如同三军将士的声势。魏国，是天下的强国；大王，是天下的明君。如今大王却有意向西臣服秦国，自称为秦的东方属国，为秦王修筑帝王的宫殿，接受秦王赐给的帽子和绶带，春秋两季向秦国祭祀纳贡，臣私下替大王感到羞耻。臣听说越王勾践依靠三千名疲弊的士兵在干遂擒住了夫差；周武王依靠三千名士兵、三百辆战车，在牧野制服了商纣王。难道是他们的士兵多吗？其实是他们能振作精神，充分发挥自己的潜能罢了。如今我听说大王有正规军二十万，地方部队二十万，后勤人员十万，战车有六百辆，战马有六千匹。这远远超过了越王勾践、周武王的兵力。现在大王却听从群臣的意见，打算向秦国俯首称臣。而向秦国称臣，就必定得割让土地以证明自己的真心，因此部队还没上战场国家就已经受到了损失。那些身为人臣的，以割让君主的土地作为外交的手段，窃取一时的功名而不顾及国家的将来，破坏国家的利益而成全私人的欲望，在国外依仗强秦的权势，以便在国内胁迫自己的君主，要求向秦国割让土地。希望大王能够明察。《周书》称：野草微小时不拔除，长大了就难以斩草除根；细小的树苗不随时除掉，长大了就只能用斧子砍。事前不能当机立断，事后必有大祸临头，到那时又能怎么办？大王如果真的能听从臣的意见，六国建立合纵联盟，齐心合力，就必定不会遭到强秦的侵害。因此我们赵王派臣进献愚计，奉上盟约，听大王的诏令定夺。"魏王说："那就听你的。"虞卿劝说春申君讨伐燕国，从而确定自己的封地。春申君说：讨伐燕国所要经过的道路，不是齐国就是魏国。魏国、齐国最近和楚国结下怨仇，楚国想要攻打燕国，应该从哪条路过呢？虞卿说：请允许我说服魏王同意我们借道魏国。于是虞卿到了魏国，对魏王说：楚国很强大，称得上天下无敌，他们竟然准备进攻燕国。魏王说：你先说"天下无敌"，又说"竟然准备进攻燕国"，这是为什么？虞卿回答说：比方说马的力气很大，这是事实；但如果说马的力气能够驮起千钧重的东西，却不然。为什么呢？因为千钧的重量，不是马所能承担的。现在说楚国强大，这是事实；但如果说楚国可以跨越赵国、魏国而对燕国开战，楚国又怎么能够做得到呢？既然楚国不能胜任，但楚国却偏要去做，这必定会导致楚国衰败。使楚国衰败就是使魏国强盛。这两种情况对于大王来说，哪一种更有利？魏王说：你说得对。于是便听从了虞卿的意见，借道给平原君讨伐燕国。

苏秦又到了齐国齐太公望就是吕尚，他辅佐周王室，为周文王、周武王的军队谋划讨伐商纣王。周武王攻灭商朝后，封吕尚于齐地营丘。他劝齐宣王说："齐国南边有泰山，东边有琅邪山，西边有清河，北边靠近渤海，是个四面都有险要关塞的国家。齐国都城临淄十分富裕，这里的民众生活都很富足安逸，闲下来的时候，喜欢吹吹竽，鼓鼓瑟，弹弹琴，击击筑，斗斗鸡，赛赛狗，下下棋，踢踢球等等。临淄的道路上，车辆一辆接一辆，轮子紧挨着轮子，行人肩挨着肩，连起衣襟可以成为帷帐，举起衣袖可以遮起帐幕，挥洒汗水就如同下雨。家家殷实富足，人人志气高昂。以大王的贤明与齐国的强盛，天下无人能抵挡。如今大王却要向西臣服于秦国，我私下为大王感到羞耻。韩国、魏国之所以畏惧秦国，是因为他们与秦国接壤。双方出兵对阵，不到十天，胜败存亡的局势就决定了。即便韩国、魏国战胜秦国，他们自己也要损失一半兵力，四面的边境就无法防守；假如打不赢秦国，他们的国家就会处于危险之中，亡国的结局也会随即到来。因此韩国、魏国都不敢轻易与秦国作战，向秦国屈服称臣就不需要考虑那么多了。但齐国就不同了，秦国攻打齐国，背面是韩国、魏国的地盘，卫国的阳晋是必经之路。秦军经过亢父的险关隘口时，战车不能并排，战马不能并行，一百人守住险关，即便上千人一起攻打也无法通过。秦国虽然想深入齐国境内，却有后顾之忧，恐怕韩、魏两国从后方袭击它。因此只好虚张声势，吓唬疑心重的人，装腔作势却不敢前进。不深入考虑秦国对齐国无可奈何这一现状，却打算贸然向西臣服于秦国，这是齐国群臣谋略的失误。如果齐国一起合纵抗秦，就不会背上向秦国称臣的骂名，却有使齐国更加强大的好处，希望大王稍加留意，仔细考虑。"齐王说："你说得对。"苏秦劝齐湣王说：臣听说喜好首先挑起战争的人，必然会有祸患；不顾招人怨恨而缔结盟约的人，必定会被孤立。后发制人的人必然有所凭借，远离怨恨的人一定善于把握时机。所以谚语说：良马衰老时，劣马也能比它跑得快；勇士孟贲疲倦时，一个弱女子都能胜过他。劣马、女子的筋骨力气并不比良马、孟贲强，为什么能做到反败为胜呢？是因为凭借了后起的优势。臣听说过用兵打仗的道理，决定胜败的关键不在军队，即使有百万军队，对手也可以通过在庙堂之上的谋划打败他们；即使有阖闾、吴起那样的大将，也可通过帷幄之中的运筹擒住他们；千丈高的城池，可以通过酒宴间的应酬一举夺取它；百尺长的战车，可以通过枕席上的应对摧毁它。所以即便每天听歌赏曲，国土面积也可以扩大并且愿望可以实现；即便每天歌舞升平，也可以做到让各诸侯国同一天来拜见。所以善于成就帝王大业的，在于调动天下人为自己效劳而自己安逸，让天下大乱而自己得保平安。如果能使其他诸侯国的谋略无法奏效，那自己的国家就没有什么心头之患了。为什么这么说呢？从前魏王拥有土地千里，军队三十万，联合十二国诸侯朝拜周天子，想向西图谋攻打秦国。秦王恐慌，觉

卷五　霸纪中

都睡不安稳，饭也吃不出滋味。卫国人商鞅向秦王献计：大王为什么不派臣去见魏王，臣一定可以让魏王失算。秦王答应了商鞅的请求。商鞅去见魏王，对魏王说：大王的功业太大了！大王的号令几乎可以通行天下！但大王所联合的十二国诸侯，不是宋国、卫国，就是邹、鲁、陈、蔡这些小国。他们本来就是大王用鞭子就可以驱使的小国，不配与大王共治天下。大王不如向北联合燕国，向东讨伐齐国，那么赵国必定会顺从大王；向西联合秦国，向南讨伐楚国，那么韩国必定会顺从大王。大王如果能有讨伐齐国、楚国的野心，这正符合天下人的愿望，那么大王的帝王大业就指日可待了。大王不如先准备好帝王的服饰，然后再图谋进攻齐国、楚国。魏王认为商鞅的主意很好，因此亲自指挥扩建宫殿，制作红色龙袍，竖起九游之柱，张起七星之旗。这是天子才能有的待遇，魏王却都为自己用上了。于是齐国、楚国愤怒了，各诸侯国都来支援齐国，齐国联合他们一起讨伐魏国，杀了魏太子，摧毁了魏国十万大军。而与此同时，秦王不费吹灰之力就拿下了被魏国夺去的西河土地。这正是商鞅与秦王仅仅靠在大殿之上的谋划，就能使齐、魏两国开战，魏将被擒；军车战船还没有派上用场，而西河之外的土地已回到秦国手中了。这就是臣所说的在厅堂上击败敌军，在帷幄内擒拿敌将，在酒席宴间攻下城池，在座席上折毁敌方军车啊。楚怀王派柱国昭阳率兵讨伐魏国，夺了八座城池后，又调动军队攻打齐国。齐湣王对此很忧虑。陈轸说：大王不要担心，请派我去说服他们撤军。于是陈轸立即前往楚军营地去见昭阳，先向他拜了两拜，祝贺他取得了战胜之功，起身后问昭阳：我能不能问问，按楚国的军法，击败敌军、斩杀敌将，他可以得到怎样的官爵？昭阳说：官为上柱国，爵可封为上执圭。陈轸说：还有比这更尊贵的官爵吗？昭阳说：只有令尹而已。陈轸说：既然只有令尹比您尊贵，楚王应该不会要设置两个令尹吧？臣私下为您打个比方，可以吗？楚国有个举行祭祀的人，赏给他手下的人一壶酒。这些人相互商议说：几个人一起喝这壶酒，酒不够；一个人喝这壶酒，酒绰绰有余。那不如咱们在地上画蛇，谁先画成谁就喝这壶酒。这中间一个人先画成了，拿起酒壶准备喝。他左手端着酒壶，右手继续在地上画，说：我有时间能给蛇添上脚。蛇脚还没画成，另一个人也画好了蛇，夺过那酒壶，说：蛇本来就没有脚，你怎能替它添上脚呢？于是独自喝了这壶酒。画蛇添足的人，最终没能喝上这壶酒。如今您进攻魏国，击溃敌军、斩杀敌将，夺取了八座城池，接着又要调兵攻齐，齐国非常害怕您，您因此威震天下，这已经足够了，您的官职、爵位也不可能再增加了。战无不胜的人却不知道适可而止，自己必将死于战事，爵位也将属于别人，就像画蛇添足的人一样。昭阳认为这话有道理，便放弃攻齐，收兵回国了。

七雄略第十八

　　苏秦又到了楚国楚国的祖先是颛顼的后代,到帝喾高辛氏时担任火正,帝喾赐名叫祝融。后来他的子孙后代曾侍奉周文王。到周成王时,提拔文王、武王时功臣的后代,封熊绎于楚蛮地区,赐给他子爵、男爵应得的田地,姓芈氏。楚地芈氏深得长江、汉水一带百姓的拥护。到熊通这一代,曾派遣使者到周朝去,请求周朝封给他尊号。周天子不答应,熊通大怒,就自立为楚武王。苏秦劝楚威王说:"楚国是天下的强国,大王是天下的贤明君主。楚国西面有黔中、巫郡,东面有夏州、海阳,南面有洞庭、苍梧,北面有陉塞、郇阳,国土方圆五千余里,拥兵百万,战车千辆,战马万匹,国库的粮食可供国民十年食用。这些是建立霸业的资本。凭借楚国的强盛和大王的贤明,完全可以无敌于天下。如今连楚国都要向西臣服于秦国,那么各诸侯国也只能都向西面去秦国的章台之下朝拜了。在诸侯各国中,秦国最担心的就是楚国。楚国强盛,秦国就必然衰弱,秦国强盛,楚国就必然衰弱,两国势不两立。所以替大王打算,不如加入合纵联盟以孤立秦国。大王不加入合纵联盟,秦国必定会两路出兵:一路兵出武关,一路兵下黔中。这样一来,楚国都城就危险了。臣听说要在祸患发生之前开始治理,要在事故发生之前进行预防。祸患发生了然后再担心,那就来不及了。因此臣希望大王能在问题发生之前深思熟虑这件事。大王如果真能听从臣的意见,臣就能让山东各诸侯国一年四季向楚国进贡礼物,服从大王英明的诏令。他们都会把国家和祭祀宗庙的大事委托给大王,并训练军队供大王调遣使用。所以说合纵联盟一旦建成,楚国就能称王;连横一旦成功,秦国就能称帝。如今楚国放弃霸业,却只得到了臣服别人的骂名,我私下认为大王万万不可这样。秦国是像虎、狼一样贪婪暴虐的国家,有吞并天下的野心。秦国是天下诸侯的仇敌,主张连横的人都想分割诸侯的土地来讨好秦国,这就是所谓养虎为患,认贼作父。大逆不道,没有比这更过分的了。所以说合纵联盟一旦成功,诸侯就会割让土地来讨好楚国;连横如果取得成功,楚国就要割让土地去讨好秦国。这两种策略,相去甚远,大王会选择哪一种呢?因此敝国赵王派臣来献上愚计,奉上合纵盟约,任凭大王吩咐。"楚王说:"好,谨以国家的名义听从你的意见。"楚襄王与秦国议和后,认为秦国不会再祸害楚国了,就与四个宠臣一起贪图享乐,追求奢侈糜烂的生

卷五　霸纪中

活。大臣庄辛劝谏，襄王不听，庄辛不得不离开楚国前往赵国。后来秦军果然攻打楚国，直攻到都城，楚襄王征召庄辛回国救难，并向他道歉。庄辛说：臣听乡下谚语说，看见野兔再回头招呼狗，并不算晚；羊丢了再补羊圈的栅栏，还不算迟。臣还听说从前商汤、周武王凭借百里的地盘都能建国称王；夏桀、商纣拥有天下的土地，结果却身败国亡。如今楚国虽小，截长补短，国土至少还有方圆几千里，可不止有百里啊！大王难道没见过蜻蜓吗？它六只脚、四个翅膀，在空中飞来飞去，俯身捉到蚊子和苍蝇就吃，仰头接到露水就喝，自以为没有灾难，与谁都没有竞争。它不知道那五尺来高的儿童，正在调胶液挽丝网，要把它从两丈高的地方粘下来，丢在地上当蚂蚁的食物。蜻蜓如果还算小的，大一点的黄雀却也是这样。它低头啄食谷米，仰起身栖息在茂密的树丛中，扑打着翅膀，自由地飞翔，自以为没有什么灾难，与谁都没有竞争。它不知道那公子王孙，左手挟弹弓，右手取弹丸，正瞄着它当靶子射。黄雀白天还在茂密的树丛中栖息，晚上就成了抹上调味品的美食。黄雀如果还算小的，大如蔡圣侯却也是这样。他南游高陂，北登巫山，饮茹溪的清水，吃湘江的鲜鱼，左臂枕着年轻的妃子，右臂搂着宠爱的侍女，与他们驱车跃马，在高蔡一带游乐，不把国家大事放在心上。他不知道大将子发正带着楚灵王的命令，要用红绳捆绑他去见灵王。蔡圣侯的事如果还算小的，大如君王您不也是这样嘛？您左有宠臣州侯，右有宠臣夏侯，吃的是国库的公粮，挥霍的是国库的钱财，和州侯、夏侯一起驱车跃马，在云梦一带游乐，完全不把国家大事放在心上。您却不知道穰侯正带着秦王的命令，在渑塞之内布满秦兵，要把大王赶出渑塞之外。楚襄王听了这番话，浑身发抖。于是亲自拿着圭璧，授庄辛以重任，和他共同谋划对付秦国。楚国不久就收复了淮北的失地。楚国有个人用低劣的弓箭轻轻一拉弓弦，就射中了南归的大雁。楚襄王把这个人召来询问。这个人就把秦、燕、赵、卫比作鸟，进而激怒襄王。他说：从前楚怀王被秦国欺凌，客死在外国，怨仇没有比这更大的了。现在有人即便身为平民百姓，尚且有向万乘之君报仇的志向，伍子胥、白公胜就是这样的人。如今楚国国土方圆五千里，拥兵百万，足以在中原广阔的战场上纵横驰骋。现在楚国却在那里坐以待毙，臣私下替大王觉得不值。听了这番话，楚襄王下定决心加入合纵联盟，共同讨伐秦国。

在苏秦的游说下，齐、楚、燕、赵、韩、魏六国组成合纵联盟，苏秦担任合纵盟约长。他把这一情况向北通报赵国，赵肃侯封苏秦为武安君。于是六国将合纵盟约书投递给秦国，从此，秦国十五年不敢从函谷关出兵侵犯六国。

七雄略第十八

　　后来张仪为秦国组织连横，邀各国与秦国联合打击他国秦国准备攻打魏国，先击败了韩国将军申差的部队，斩杀八万人，诸侯大为震惊。张仪正是在这种形势下来劝说魏王。他劝魏王说秦孝公时，商鞅就提出讨伐魏国，说：魏国处在险要的地势之中，定都西部的安邑，与秦国以黄河为界，独自占尽了山东的有利地势。魏国一旦得势，就可以向西入侵秦国，一旦在和秦国的对抗中居于弱势，还可以向东发展。如今大王您贤能圣明，国家依靠您的努力得以强盛，应该趁此时机讨伐魏国。魏国支持不住，秦国就可以向东扩展地盘，向东迁移。秦国一旦向东迁移，就可以占据山河的险要地势，可以控制山东各诸侯国。这是称帝的大业啊。后来魏国果然离开安邑，迁都大梁。"魏国的土地方圆不到千里，军队不超过三十万。国土平坦，与四方诸侯相通，就像车轮辐条通向车轴一样畅通，境内更没有名山大川的阻隔。从郑国到魏国首都大梁只有二百多里路，车奔人跑，不等疲倦就到了。魏国南与楚国接壤，西与韩国接壤，北与赵国接壤，东与齐国接壤。魏国士兵防守四方，仅仅驻守在四方边塞城堡的士兵就不下十万人。大梁的地理位置，本来就是兵家必争之地大梁，就是今天的汴州。如果魏国向南结交楚国而不结交齐国，齐国就会攻打魏国的东边；如果向东结交齐国而不结交赵国，赵国就会攻打魏国的北边；不与韩国联合，那么韩国就会攻打魏国的西边；不与楚国亲近，那么楚国就会攻打魏国的南边。这就是所谓四分五裂的形势吧。况且，诸侯之所以主张合纵，是为了使国家安定、君主尊贵、军队强大、显扬名声。现在合纵要求诸侯统一行动，相约结为兄弟联邦，在洹水上杀白马，订盟约，发誓言，是为了建立坚定的合作基础。可是，即使是同父母的亲兄弟，尚且还有争夺钱财，更何况仅仅是定盟的诸侯？魏国要依靠狡诈虚伪、反复无常的苏秦的计谋来安定国家，这明显是不可能取得成功的。如果大王不去臣服秦国，秦国就会发兵攻打河外，占据卷、衍、酸枣等地，控制卫国，夺取阳晋，那么赵国就不能南下；赵国不能南下，那么魏国就不能北上；魏国不能北上，那么合纵的道路就断绝了；合纵的道路一断绝，那么大王的魏国想没危险，那是不可能的。秦国如果威逼韩国来攻打魏国，韩国迫于秦国的压力不敢不从。秦、韩两国一旦联合成一个整体，魏国就马上有灭亡的危险，这是臣之所以替大王忧虑的原因。替大王考虑，不如臣服秦

卷五　霸纪中

国。臣服于秦国，那么楚、韩两国必定不敢轻举妄动；没有楚国、韩国的侵扰，那么大王您就可以高枕无忧，国家也必定没有忧患了。如果大王不臣服于秦国，秦国就会出动军队向东讨伐，那时大王即使想向秦国称臣，也不可能了。况且那些主张合纵的人，大多是慷慨陈词却很少有可以信赖的，他们游说诸侯联合对付秦国，只不过是为了成就他的封侯之业。所以天下的游说之士，没有谁不是日夜都挽袖瞪眼、咬牙切齿高谈合纵的好处，劝说各国君主。做君主的被他们的花言巧语所迷惑，怎么会不被弄得晕头转向呢？臣听说羽毛虽轻，堆积多了也可以把船压沉；东西虽轻，装得过多也会把车轴压断；众口一词，可以把金子都熔化了。因此希望大王审慎考虑，再做决定。"魏王于是背弃了合纵盟约，向秦国求和。范雎劝秦昭王说：穰侯魏冉越过韩国、魏国去攻打齐国的刚、寿，这很不明智。如果出兵少，不足以挫败齐国；出兵多，那么又损害了秦国的国力，这样的考虑是有疏漏的。况且，当年齐闵王向南攻打楚国，打败楚军，斩杀楚将，又开辟了上千里土地，而齐国最终却连尺寸土地都没有得到，难道是因为齐国不想得到土地吗？只是形势变化不允许罢了。诸侯见齐国疲弊不堪，就发兵讨伐它，使齐国损兵折将。所以，齐国最终大受损失，是因为齐国虽然打败了楚国却使韩国、魏国渔翁得利的缘故。这就是所谓借武器给贼、资助粮食给强盗的道理。大王您不如与远方的国家结交而攻打邻近的国家，得到一寸土地就是大王的一寸土地，得到一尺土地就是大王的一尺土地。如今大王放弃邻近的国家而去攻打遥远的国家，不是很荒谬吗？从前，中山国方圆五百里，赵国独自吞并了它，既成就了功业又树立了威名，也得到了利益，天下各国都无法与赵国争夺。现在的韩国、魏国，地处中原，是天下的交通枢纽。大王如果想占有中原而控制天下的枢纽，必须运用威势对楚国、赵国施加压力。楚国强大了就使赵国来依附秦国，赵国强大了就使楚国来依附秦国。楚国、赵国都归附秦国了，齐国也就害怕了。齐国恐惧，就必定会派人带着许多钱财低声下气地向秦国称臣。齐国已经归附了，那么韩国、魏国就可想而知了。秦王说：好。于是秦昭王便任命范雎为客卿，谋划出兵攻打魏国，攻占了怀邑以及邢丘。魏国臣服秦国后，齐国、楚国一同讨伐魏国，魏王派人向秦国求救，派出的使节一批接着一批，但秦国的救兵还是不来。魏国有个名叫唐雎的人，年纪有九十多岁了。他对魏王说：老臣我请求向西出使去游说秦王，让秦兵在臣回国前就赶来救援。魏王于是又派遣唐雎出使秦国。唐雎到达秦国，入宫见到秦王。秦王说：老先生怀着渺茫的希望从远地来到这里，太辛苦了。魏国派来求救的使者已经有好多批了，我知道魏国的形势很紧急。唐雎说：大王您知道魏国已经很危急而不派兵去救，臣私下认为这是替大王出谋划策的大臣失职。魏国是一个拥有万辆兵车的大国，然而之所以要向西臣服于秦国，自称为秦国的东方属国，为秦国修筑帝王宫殿，接受秦国所给的服饰，每年春、秋两季送来祭祀供品，是以为秦国的强大足以帮助魏国。如今齐国、楚国的军队已经汇合到魏国的郊外了，但秦国的救兵还不出发，是认为魏国还没到危急时刻。假如魏国情况紧急，它就将割让土地加入合纵联盟，到时候大王即使想去救，哪里还来得及呢？一定要等到魏国危急了才去救援，那不仅是使秦国失去了一个东方属国，而且还会使齐、楚两个强国更加强大，这对大王有什么好处呢？于是秦王悔悟，立即发兵援救魏国。

张仪游说楚怀王说："秦国土地广阔，占了天下一半；兵力强盛，可以与四方诸侯抗衡；高山耸立，大河环绕，四面都有险要关隘作为坚固的国防屏障范雎游说秦昭王说：大王的国家，四面都有险要关隘作为坚固的国防屏障。北面有甘泉、谷口，南面有泾水、渭水，右面有陇山、蜀地，左面有函谷关、崤山。国家有军队百万，战车千辆。形势有利就进攻诸侯，形势不利就退守关隘，这正是做帝王的人天然的根据地。民众不敢私下殴斗却勇于为国家战斗，这是做帝王的人所需要的子民。大王具备了这两个有利条件，用它们来对抗诸侯，就像用良犬去追捕跛脚的兔子一样容易。秦国还有勇猛的战士一百多万人，战车千辆，战马万匹，国库粮食堆积如山。军队法令严明，士兵安乐。君主贤明威严，将帅智勇双全。秦国一旦出兵，就可以轻而易举地夺取像恒山那样的险隘，控制天下的战略要塞，各诸侯国臣服晚了的一定会被灭亡。况且那些组织合纵的人，无异于驱赶群羊去进攻猛虎。猛虎与弱羊，不用真的作战，胜负已经很明显了。现在大王不与猛虎结交，却与群羊为伍，臣私下认为大王的主意打错了。大凡天下的强国，不是秦国就是楚国，不是楚国就是秦国。两国相互争斗，势不两立。如果大王不与秦国联合，秦国出兵占据宜阳，韩国的上党要道就会被截断；秦国出兵黄河以东，占据成皋，韩国必然向秦国称臣，那么魏国也将随风而动，顺势臣服秦国。这样一来，如果秦国进攻楚国的西部，韩国攻打楚国的北部，楚国江山怎能没有危险呢？臣曾听说，兵力不如对手的，不要向对手挑战；粮食不如对手充足的，不要与对手打持久战。秦国西有巴山蜀水，如果用大船

卷五　霸纪中

运粮，从汶山起航，顺长江而下，到楚国有三千余里。用两船相并的舫舟运兵，一舫可载五十人，一天可走三百里。路程虽长，却不费牛、马的脚力，不到十天，就到达扞关了。如果扞关被惊动，那从竟陵以东都要全力防守，黔中、巫郡就很可能不再是大王的了。秦国再出兵武关，向南进攻，那么楚国的北部交通也将被切断。秦军进攻楚国，三个月之内就可以危及楚国江山。而楚国要求诸侯来救援，援兵至少要半年以后才能到，这样势必无济于事。期待弱国的救助，忽视强秦的虎视眈眈，这就是臣为大王忧虑的。大王曾经与吴国交战，五战三胜，士兵几乎战死殆尽，又要想法守住远方新夺取的城池，百姓深受其苦。臣听说功业大的人容易遭受危险，而人民困苦往往容易埋怨君上。守着容易遭遇危险的功业，而违背强秦的意愿，臣暗自替大王担心。在天下诸侯中坚持合纵的苏秦，被赵国封为了武安君。苏秦后来出任燕国相国，就暗中与燕王谋划讨伐齐国，攻下齐国后，就一起瓜分齐国的土地。他假装在燕国获罪，逃到齐国，齐王接纳了他并任命他为相国。过了两年，苏秦的阴谋被发觉，齐王大怒，便在闹市把他五马分尸。那个一贯靠诳骗欺诈吃饭的苏秦，想要图谋经营天下，统一诸侯，怎么可能成功呢？如今秦国与楚国接壤，本来应该是友好的邻邦。大王如果能听从臣的劝告，臣可以向秦国要求把秦国太子送到楚国做人质，让楚国太子到秦国做人质，让秦国女子到楚国来做侍奉大王的侍妾，秦国再献出拥有万户的大城池作为大王的私家城邑，从此，秦、楚两国永远结为兄弟之邦，互不侵犯。臣认为没有比这更有利于楚国的了。"楚王于是与秦国建立了睦邻友好关系。秦将白起率兵攻打楚国，楚襄王派春申君黄歇去游说秦昭王罢兵。黄歇说：天下间没有比秦、楚两国更强大的国家了，现在却听说大王您准备讨伐楚国，这好比两虎相争，而让劣狗从中得利，我认为大王不如与楚国友好相处。请让臣细说其中的利害。臣听说，事物发展到极点，就会走向反面，冬去夏来就是这样。智力用到极点，就会出现危险，堆叠的棋子越高越容易倒就是这个道理。如今贵国的土地几乎占了天下一半，又占据着天下三面的边陲，这是自从有人类以来从来没有过的大国领地。大王如果能保持既有的功业，守住已有的威势，收敛征战之心，推广仁义道德，那么，先代三王也不足以和您媲美，春秋五霸也无法和您比肩。大王如果依仗人多势众，想凭借武力强大征

七雄略第十八

服天下诸侯,臣担心必将来会有祸患。《诗经》称:万事都有个开头,但很少能够善始善终。《易经》称:狐狸渡河,水会弄湿它的尾巴。这说的就是开始容易而善始善终难。为什么这样说呢?从前,智伯只看见最初讨伐赵国的好处,但怎么会预知自己在榆次会有杀身之祸;吴王只知道最初征伐齐国的便利,而没有预知自己在干遂有国亡身死的惨败。这两个国家并不是没有大功绩,只是由于他们都贪图眼前的利益,容易招致后患。现在大王只是愤恨楚国不灭亡,却忘了楚国亡了反而会增强韩、魏两国的势力。臣为大王考虑,这样做是不可取的。大王的祖上历来对韩、魏两国无恩,彼此之间却有着世代的仇怨。韩、魏两国的宗室贵族接连死于秦国的将近有十代了。身首异处,暴尸荒野,尸体枕藉,满目皆是;带着枷锁手铐成为俘虏的,路上到处都是。所以,韩国、魏国如果不灭亡,才是秦国的心腹之患。现在大王居然相信韩、魏两国,与他们共同发兵攻打楚国,不是大错特错吗?臣替大王考虑,不如与楚国友好。秦、楚两国联合一致,一起出兵韩国,韩国必然束手就擒。大王凭借山东的险要地势,拥有黄河的屏障,韩国必然只能是秦国附属的"关内侯"。这样,大王以十万大军保卫韩国都城,魏国人就会胆寒,如果许城、鄢陵据城固守,那么楚国的上蔡、召陵就会与魏国隔绝,无法往来,这样,魏国也会成为秦国另一个附属"关内侯"了。大王一旦与楚国友好,就可以拥有两个万乘大国的"关内侯",土地直接与齐国接壤,这时,齐国的西部领土就唾手可得。这样,势必会使得燕、赵两国害怕,齐、楚两国动荡,这四国都不等您进攻,很快就会降服了。秦王说:你说得对。于是停止出兵,不再考虑进攻楚国了。楚顷襄王谋划与齐国、韩国联合,打算共同进攻东周。周赧王派大臣武公游说楚国丞相昭子。昭子说:我们没有图谋周的想法。虽然这样,周又为什么不能攻打呢?武公回答说:周这个地方,去长补短,不过方圆百里。周王名义上是天下的君主,而即使分割周的土地也不足以使其他国家富足,获得周的军队也不足以使他国军队更强大。即使哪个国家攻下了周,也不足以提高它的威名。然而那些穷兵黩武的诸侯、大臣,每次发动战争、出兵作战,没有谁不是打着替周天子讨伐的旗号。这是为什么呢?因为周朝祖先的灵位在那里,周王是天下合法的君主。有些诸侯为了达到挟令天下的目的,竟然不怕背上弑君的罪名。如今,韩国妄图把挟天子令诸侯的罪名加在楚国头上,我担心天下诸侯因此而仇恨楚国。昭子被这番话说服,楚国最终放弃了进攻周的计划。秦武王派樗里疾动用一百辆战车去朝拜周王室,周赧王迎接他的礼仪非常隆重。楚王因为周赧王尊重秦国的使者而责备周赧王。周赧王的大臣游腾替周赧王对楚王说:从前,智伯想要讨伐仇犹国,就先送一个大钟给仇犹国,用大车载着往仇犹国进发,而跟随在运送大钟的大车后面的是智伯的军队。仇犹国很快就灭亡了,因为他们毫无防备。齐桓公准备讨伐蔡国,却事先扬言要消

卷五　霸纪中

灭楚国，实际上却是去袭击蔡国。如今的秦国，是如狼似虎的国家，有吞并天下的野心。秦王派樗里疾动用百辆战车进入周地，周王对此非常害怕。由于有蔡国、仇犹国为前车之鉴，周王便派戈矛兵在前，强弩兵在后，名义上是保卫樗里疾，而实际上是把他包围起来。周王哪能不爱自己的国家呢？他是担心一旦周灭了，大王您也会失去屏障。楚王听了这才高兴起来。楚襄王得了重病，楚太子在秦国做人质不能回来。春申君黄歇前去游说秦国宰相、应侯范雎说：现在楚王病重，恐怕将一病不起，秦国不如让楚国太子回国探病。楚太子回国后，一旦即位，对待秦国必定会事事恭谨；如果不让他回国，那么留在咸阳只不过和一名普通老百姓没什么区别。假如楚国另立太子，新太子必定不会事事听从秦国。秦国失去一个友好邻邦，从此断绝了与一个万乘大国的和睦共处，这不是个好主意。希望相国认真考虑这件事。于是应侯范雎替楚国太子去向秦王说情，秦王不答应。楚太子便悄悄逃回了楚国。

　　张仪到了韩国，游说韩宣王说："韩国地势险恶，百姓大多依山而居，出产的粮食不是大豆就是麦子。土地方圆不过九百里，国库储备的粮食不足两年食用。大王的士兵，总共加起来也不足三十万，这还连那些养马、做杂役的都包括在其中了呢。如今秦国有军队百万，战车千辆，战马万匹，勇猛之士、上阵杀敌连盔甲都不穿、奋不顾身的，不计其数。山东各诸侯国的士兵，要披上铠甲戴着头盔才能去迎战。秦国士兵却能赤膊上阵，左手提着敌人的头颅，右臂挟着敌军俘虏。秦国的士兵和山东诸侯国的士兵相比，就像勇士孟贲和懦夫相比一样；秦国重兵压向山东六国，就像大力士乌获对付婴儿一般。各诸侯国不考虑自己地势不利、兵力很弱、粮食短缺，却听信主张合纵之人的甜言蜜语，这些主张合纵的人相互勾结、装腔作势，欺骗贻误君主，没有比他们更可怕的了。大王如果不臣服于秦国，秦国就会出兵占据宜阳，断绝韩国的上党要道，向东夺取成皋、荥阳，那么鸿台离宫、桑林御苑就不再是大王的了。如果秦国封锁成皋，截断上党要道，那么大王的国家就会从中间截断了。因此为大王考虑，不如结交秦国。秦国的愿望主要在于削弱楚国，而能使楚国消弱的，只有韩国。这并不是因为韩国的国力比楚国强，而是韩国的地理位置造成的。现在如果大王向西臣服于秦国，并去帮助秦国攻打楚国，秦王必定很高兴。进攻楚国能够占领楚国的土地，还能够取悦秦王，转祸为福，没有比这更好的计策了。"韩宣王听信了张仪的话范雎游说秦王说：秦、韩两国接壤，地形相互错落有致，如同锦绣。秦国对于韩国的存在，就像树木生了蠹虫、人患了心腹之病一样。天下不发生变故倒也罢了，一旦有了变故，对秦国危害最大的莫过于韩国，大王何不去收服韩国？秦王说：我本来也打算收服韩国，可是韩国不听从，这该怎么办？范雎回答说：韩国怎么会不答应？大王如果出兵进攻荥阳，那么成皋的交通要道就不通了。北面截断太行的要道，那么上党的援兵就会被截住。大王一出兵进攻荥阳，就可将韩国截为三段。韩国看到如此危险的形势，怎么会不答应呢？如果韩国答应大王的要求，那么大王的霸业可图。秦王说：好。于是便听从了范雎的建议。

张仪游说齐湣王说："天下强国没有哪个可以超过齐国，齐国朝廷大臣、宗室贵族人多势众，而且都十分富足。可是替大王出谋划策的人，都只看到眼前一时的利益，而不顾及百代的长远利益。主张合纵的人来游说大王，必定会说：'齐国西部有强大的赵国，南部有韩国、魏国，是一个靠海的国家，土地广阔，人口众多，兵力强大，将士勇敢，即使有一百个秦国，对齐国也无可奈何。'大王认为这番游说之辞很好，而不去深究说得到底对不对。臣听说齐国与鲁国曾三次交战，鲁国虽然三战三胜，可是却发生了危机，亡国的大祸接踵而来。鲁国空有战胜之名，却落得个亡国的结果。这是为什么呢？因为齐国强大而鲁国弱小。如今秦国与齐国相比，就像齐国与鲁国相比一样。现在秦国、楚国联姻，相互结为兄弟之国。韩国献出宜阳，魏国献出黄河以南，赵王到朝歌、渑池与秦会盟，割河间给秦国以示依附。大王如果不依附秦国，秦国就会让韩国、魏国进攻齐国的南部，调集全部赵国的军队渡过清河，直指博关，到那时恐怕临淄、即墨就不是大王的了。齐国一旦被攻打，即使再想依附秦国，也不可能了。因此希望大王深思熟虑这件事。"齐王同意了张仪的主张燕国进攻齐国，夺了齐七十多座城池，只剩下莒、即墨还没攻下。齐将田单依靠即墨这座危城的残兵打败了燕军，杀了燕将骑劫。燕将害怕回国被杀，便退守聊城，不敢返回燕国。田单攻聊城攻了一年多，始终无法攻克。于是鲁仲连就写了一封信给燕将，把信绑在箭杆上，射进城中。他给燕将的信中说：我听说聪明的人不会违背时势而放弃利益，勇敢的人不会因为害怕死去而坠了名声，忠臣不会先顾自己而后顾君

卷五 霸纪中

主。现在您逞一时的激愤,不顾燕王失去一个忠实的大臣,这不叫忠诚;牺牲自己、失去聊城,却没能在齐国显扬威名,这不是勇敢;战功被废弃、一世英名毁于一旦,得不到后世称颂,这不叫聪明。因此聪明的人不会犹豫不决,勇敢的人不会临阵退却。现在生死、荣辱、尊卑、贵贱都取决于您的选择,希望您周详谋划,而不要与庸俗之辈一般见识。况且楚国正攻打齐国的南阳,魏国正攻打齐国的平陆,齐国已无暇南顾,他们认为失去南阳的危害小,不如收回聊城的好处多,因此决计要收回聊城。现在秦国派兵来援助齐国,魏国又不敢再向东攻打齐国。秦、齐连横之势已成,楚国的形势就很危急。况且齐国已经打算放弃南阳,割舍平陆,坚决要收回聊城,一定会想尽一切办法来实现这一计划。现在楚军、魏军都已退出齐国,而燕国的援兵还没到。齐国倾全国之力,并且没有天下诸侯掣肘,誓与聊城共存亡。两军这样相持已经一年多了,聊城中将士都已疲惫不堪,即使在臣下看来,大将您也是守不住这座城的。齐国必定要在聊城决一胜负,您不要再犹豫不决了。燕国现在已经大乱,君臣上下都迷惑慌张,束手无策。燕将栗腹率领百万军队攻打赵国,士兵已经有大半战死在外。拥有万辆战车的燕国被赵国围困,国土割削,君主困窘,被天下人耻笑。国家疲惫,祸乱日多,民心大乱,不知道归向哪里。现在大将您又被围困在聊城,对抗全齐国的大军,整整一年多无法解围,这只是像墨翟一样,只知道防守。城中粮食已断绝,士兵饿得以死人为食,以骨为柴,但坚守空城决无二心,这完全和孙膑、吴起训练的士兵一样。这些都已经为天下诸侯所共见。因此为您考虑,不如停战休兵,保全军队,回去向燕王汇报,燕王必定欢喜。燕国百姓看见您如同见到父母,大家兴奋地评议和称赞您的决定,您的功业也可以得到显扬。或者,您对燕国不满,是否可以放弃燕国,归顺齐国呢?我可以请求齐王分给您土地,赐给您爵位,让您可以像魏冉和商鞅一样富贵,世世代代承袭爵位,这也是一种打算。这两种方式,都可以显扬名声,多得实惠,希望您明察,慎重选择其中之一。况且我听说专门注重小节的人,是做不出有威望的大事的;不能忍受小耻辱的人,也无法建立荣誉和美名的。以前管仲曾经拿箭射齐桓公,射中了他的带钩,这是篡逆;他没有为公子纠舍身殉难,这是怯懦;后来他还被带上脚镣手铐,这是受辱。有篡逆、怯懦、受辱这三样,连乡民百姓都不会与他交往,诸侯更不会接纳他做臣子。如果管仲因此终身穷困抑郁而不出门,那么,他这一辈子也只是个做过卑贱屈辱之事的下贱人。可是管仲放下了这三样过错,奋发图强,最终掌握了齐国的政权,帮助齐桓公一举称霸天下,领袖诸侯,盛名传扬天下,光彩照耀邻国。曹沫是鲁国的将领,和齐国作战三战三败,丧失了千里国土。如果曹沫当时不去考虑以后,不知暂时退却而只知拼死,就只不过做个战败军队的被擒将领罢了。而曹沫知耻而后勇,在柯地会盟时,凭借手中一支宝剑挟持齐桓公，面不改色，义正辞严，使三战三败所丧失的土地，一下子全部收回来了。他的行为威震天下，名声传于后世。像管仲、曹沫这两个人，并不是不能讲究小节、为小耻辱而死。只是他们认为杀身辞世而功名不立不是聪明之举。因此他们能排遣怨恨的情绪，而最终成就了一生的大名。所以功业能与古代三王比高下，名声与天地共存亡。希望您认真考虑。燕将得到书信以后说：谨遵先生之命。于是便自刎而死。从前，雍门周拿着琴去见齐国的孟尝君。孟尝君说：先生鼓琴，能令人悲伤吗？雍门周回答说：臣弹琴之所以能令人悲伤，是由于能表现先高贵而后卑贱，过去富有而今贫穷的变故。不顺利时，被逼住在穷巷，比不上四周邻里；不顺利时，身材高大端庄，胸怀质朴纯正，却遭遇谗毁、离间、诽谤，怨愤郁结而得不到申诉；不顺利时，相交欢悦而彼此珍爱，没有怨恨却活生生分离，远赴异国他乡，没有相见的时日；不顺利时，幼年失去了父母，壮年还没有妻室儿女，出门以田野水泽为去处，回来把窟穴作为家，早晚日窘，却无处可借贷。像如此境况的人，即使听见小鸟的鸣叫、秋风吹动树枝的声响，也会伤心。我每次为这些落魄的人抚琴就要大声叹息，都会因情景凄凉而悲伤，搞得涕泪交流。如今您住的是广厦高堂，房屋深邃，落下绫罗帷帐，四面清风徐来，歌舞艺人在前表演，谄媚阿谀的小人在旁边奉承，扬起《激楚》的音乐，跳起优美的郑妾舞蹈，欢快的节奏是那样悦耳，五彩缤纷的颜色令人目不暇接。水上的娱乐则有并行的龙舟，树立起用羽毛装饰的旗帜，在神秘莫测的深渊中垂钓；郊野的游乐则是登临平原之上，追逐在广大的园林之中，强弓射下高飞的鸟儿，勇士与猛兽奋力格斗，备下酒宴，奏起音乐，使人沉醉，流连忘返。当这个时候，看天地只不过如一个指头般大小。那时虽然有善于弹琴的高手，也不能感动足下您啊。孟尝君说：的确是这样。雍门周说：臣暗地里常常替您感到悲哀。角逐帝位而使秦国困窘的，是您；联合五国讨伐楚国的，又是您。天下并不是太平无事，不是要合纵就是要连横，合纵成功楚国就称王，连横成功秦国就称帝。以秦国、楚国的强盛来报复弱小的薛国，就像拿利斧去砍伐朝生暮死的朝菌，多此一举。有见识的人士，没有不为您寒心的。上天的规律不会有永恒的兴盛，寒来暑往，更相进退。千秋万代之后，宗庙一定不杀牲取血祭祀，高台也一定已经倾塌，河流池塘也已经成为平地。您的坟墓上也会长满荆棘，狐狸钻进墓穴之中，游玩的儿童、放牧的孩子，徘徊在墓地，在坟头上唱道：以孟尝君那样的尊贵地位，也会落到如此地步吗？于是孟尝君长声叹息，涕泪交流。雍门周抚琴弹奏，孟尝君抽咽着靠近他说：先生鼓琴，使田文我像亡国之人啊。

张仪游说赵王说："敝国秦王，特派臣来向大王献计。大王统帅天

卷五　霸纪中

下诸侯对抗秦国，秦兵因此不敢出函谷关。大王的声威，远震山东各诸侯国。我们秦国恐惧而不敢作声，修缮武器、训练军队，只担心大王故意来找茬。如今秦国仰仗秦王的威名，攻下了巴、蜀，兼并了汉中，收纳了两周，据有国宝九鼎，守住了白马要津。秦国虽然地处偏远，但是心怀愤怒已经很久了。现在敝国有残兵败将驻扎在渑池，希望渡过黄河，据守番吾，与赵军在邯郸城下会战。仿效武王伐纣，在甲子日交战。为此，秦王派臣先来将这些告知赵王您的左右大臣。过去大王之所以相信合纵联盟，是由于信赖苏秦。苏秦使诸侯迷惑，以是为非，以非为是，阴谋颠覆齐国，结果自己被车裂在齐国闹市中。山东六国不可能结成联盟，齐国已经很清楚了。如今楚国与秦国结为兄弟之国，而韩国、魏国也成为秦国的东方属国，齐国献出了盛产鱼、盐的土地，这是断了赵国的右臂。断了右臂还要与别人格斗，失去了同盟陷入孤立的境地还想求得没危险，这怎么可能呢？现在秦国派出三路大军，一路把守交通要道，通告齐国，使其派军渡过黄河，驻扎在邯郸以东；一路驻扎在成皋，驱使韩、魏两国派兵驻扎在黄河以南；一路驻扎在渑池。秦、齐、韩、魏四国相约攻打赵国。赵国投降后，四国必定要将赵地一分为四。因此，我不敢隐瞒实情，事先将这些告知您的左右大臣。我私下替大王考虑，大王您不如与秦王在渑池会晤，面对面交换意见。我可以请求秦王先按兵不动，希望大王尽快决定。"赵肃侯听从了张仪的游说武安君白起在长平大败赵军，迫使赵军四十余万士兵投降，然后将降兵全部活埋了。白起进而围困邯郸，可是军粮供应跟不上，于是派遣卫先生向秦昭王请命说：赵国右面紧靠恒山的险阻，而左面有黄河、漳水的阻隔，河流又有代替车马驮运的便利。民众气势勇猛，喜好操习武艺，训练攻战，经常会合诸侯，而被一致推举为合纵同盟的合纵长，明言如果秦国不衰弱，那么六国必定灭亡。秦国之所以还没能统一天下，是因为赵国这个心腹之患。现在凭借大王的神威，我们在长平大败赵军，赵国的忠臣、精兵全部战死。赵国都城邯郸空虚。赵国上下震惊，百姓全都怨恨他们的君主。如果确实能在这个时候调遣军需，给足军粮，那么灭赵是十拿九稳的。用灭赵来威慑诸侯，天下可以平定，君主您的霸业可成。秦王本想同意白起的请求，而应侯范雎妒嫉白起的功劳，不想让这件事成功，就对秦王说：秦军虽然打败了赵军，但秦军士兵死伤也很多，百姓因运送给养也疲惫不堪，

七雄略第十八

国内财物空虚。楚国、魏国一旦乘虚发动变乱,秦国将无法防守,现在应该暂且收兵休战。秦王听从了范雎的意见,没有拨粮草给白起。三年以后,秦王准备再次任命白起为将,率兵进攻赵国,白起不肯受命。秦王就派应侯范雎前去责备白起说:楚国土地方圆五千里,拥兵百万,您以前率领几万人马就攻入了楚国,攻下了楚国首都,火烧它的郊庙,楚国人大为震惊,纷纷向东迁徙。韩、魏两国联合发兵,兵多势众,您所带领的部队不足敌军一半,却在伊阙打败了他们。战斗惨烈,血流成河。经此一战,韩、魏两国都被降服,直到现在还自称是秦国的东部属国。这是您的功劳,天下人没有不知道的。现在,赵国的士兵在长平战场上已经死了十分之七八,所以君主想派您担任大将,一举消灭赵国。您常常以少胜多,用兵如神,何况现在是以强击弱、以多击少呢?武安君白起说:以前的时候,楚王自恃国家强大,不理朝政,而群臣以忌贤妒能邀功,谄媚阿谀的小人得到重用,忠臣被疏远、斥退,老百姓人心涣散,城池不加修缮,军中既无良将,又军备松懈。因此臣得以引兵深入楚国。到了楚国以后,士兵大多远离城池扎营,又拆毁回去的桥梁,焚烧船只,以此坚定军心;部队需要在荒郊野外捕食来补足军粮。在这个时候,秦国的士兵们都把部队当作自己的家,把将领当作自己的父母,彼此不相约也相互亲近,不相约也相互信任,团结一心,视死如归。楚国的士兵是在自己国家的土地上作战,全都顾虑自己的家,军心涣散,没有斗志,因此我们才得以建立军功。伊阙这一战,韩国指望着还有魏国参与,因此不想先消耗本国的兵力;魏国认为韩国军队精锐,因而想让韩国的军队打先锋。韩、魏两军都争着占便宜,不能同心协力。因此,臣才得以设置疑兵,假装要与韩军对阵,而暗中却调遣精兵强将,出其不意地袭击魏军的大本营。一击成功,魏军败走,韩军也不攻自溃。就因为这个缘故,我们才取得了一些功绩,都是顺应了有利的形势,有什么神奇的呢?现在秦军在长平打败赵军后,没能抓住时机,乘赵军军心不稳时消灭他们,错过了好时机,使赵军得以有时间耕种庄稼来增加粮食积蓄,扶养孤儿培养幼童,来增加他们的人口,修缮兵器、甲胄来增强他们的作战力量,增修城墙、疏浚城池来坚固他们的城防。做君主的能放下架子礼遇他的臣子,做臣子的能推心置腹地善待他手下不怕死的勇士。就连平原君那样的名士都让自己的妻妾到部队做缝缝补补的工作,臣民一心,上下同力,就像勾践当年被困在会稽的时候一样。在现在这种状况下攻打赵国,赵国必定闭城固守。我们挑逗守军出战,他们必定不肯出来迎战。围困赵国国都,必定不可能攻克。攻打其他城池,也不可能成功。到郊野去劫掠军粮,也一定没有什么收获。师久无功,诸侯们就会蠢蠢欲动,救兵早晚会到来。臣看到了此时进攻赵国的危害,却没看见此时攻打赵国的好处,再加上我又在病中,恐怕不能受命前往。应侯范雎听了这番话,深感惭愧,起身告退。秦国只得

卷五 霸纪中

派王龁为将攻打赵国，楚、魏两国果然发兵援救赵国。

张仪游说燕昭王说："大王最亲近、信赖的莫过于赵国。从前赵襄子把他的姐姐嫁给代国国君为妻，企图吞并代国，他和代国国君约定在边塞勾注会晤。他事先令工匠制作了一把大铜勺，将铜勺把儿做得长一些，长到可以用来打人。到了勾注，赵襄子与代国国君宴饮，暗中告诉厨师：'等到酒兴正浓的时候，端上热汤，你就操起铜勺，用勺底袭击代国国君。'当时，酒宴上正酒酣耳热之际，便要热汤。厨师上来献热汤，假意用铜勺舀取热汤，乘机用铜勺底袭击代国国君，代国国君顿时肝脑涂地，一命呜呼了。赵襄子的姐姐听说代国国君被自己的弟弟杀了，就将簪子磨利自杀了。因此到现在还有个磨笄山，天下无人不知到汉高祖时，陈豨以赵国相国的身份监管赵、代两地的边防部队，后来起兵谋反。高祖亲自领兵征讨，到邯郸时，欣喜地说：陈豨不懂得在南边依靠漳水为屏障，在北边守住邯郸，我知道他不可能成就大事。等到陈豨兵败，高祖说：代地处恒山以北，赵却在恒山以南，相隔太远了，难以兼管。于是便封二皇子刘恒当了代王，令其镇守那里。那赵武灵王像狼一样暴戾，心狠手辣，六亲不认，大王应该看得很清楚。难道您还认为赵国是可以亲近的吗？赵国兴兵进攻燕国，两次围困燕国国都，胁迫大王您，大王只得割十座城池向赵国赔罪。现在赵王已经到渑池，准备献上河间的土地来讨好秦国。如现在大王如果不依附秦国，秦国就会出兵云中、九原，迫使赵国进攻燕国，那么易水、长城就不会再是大王的了。现在如果大王依附秦国，秦王必定高兴，赵国也就不敢轻举妄动。如此一来，燕国就会西有强秦的援助，南边又没有齐国、赵国的侵害。因此希望大王认真考虑这件事。"燕王听从了张仪的游说。张仪回去向秦王汇报燕王送太子丹到秦国做人质。秦王打算派张唐去燕国当相国，与燕国共同讨伐赵国，以扩大河间一带的地盘。张唐对吕不韦说：臣曾经替昭王攻打赵国，赵国人很恨我。如今我到燕国去，必定要经过赵国，我不能去。吕不韦听了很不高兴，但也没有强迫他去。吕不韦的门客甘罗当时年仅十二岁，对吕不韦说：臣请求替您劝他去。于是甘罗去见张唐，说：您的功劳与武安君白起相比谁大？张唐回答说：武安君在南边挫败了强大的楚国，北边战胜了燕国、赵国，屡战屡胜，夺下的城池不计其数。臣的功劳不如他。甘罗说：应侯范雎在秦国掌权时，与现在的文信侯吕不韦相比谁的权力更大？张唐说：应侯不如文信侯的权力大。甘罗说：当年应侯想攻打赵国，武安君认为难以获胜而不受命，结果获罪，被赐死在离咸阳十里的杜邮。现在文信侯亲自请您到燕国做相国，而您却不肯前去，我不知您将死在何处啊。张唐恐惧地说："那我只能听你的，就答应去燕国吧。张唐走后好多天了，甘罗又对文信侯吕不韦说：请您借给臣五辆车，让我先去替张唐通报赵国。文信侯就派甘罗去了。甘罗到了赵国，游说赵王说：大王您听说燕国的太子丹到秦国做人质的事了吧？赵王说：听说了。甘罗又问：大王您听说张唐去燕国做相国的事了吧？赵王说：听说了。甘罗说：燕太子丹到秦国做人质，是表明燕国不会欺骗秦国。张唐到燕国做相国，是表明秦国不会欺骗燕国。燕国、秦国相互不欺骗，没有别的缘故，就是想要进攻赵国而扩大秦国在河间的地盘。大王您不如赏赐给臣五座城池，以扩大河间的地盘。臣去请求秦王放燕国太子丹回去，然后和强大的赵国一起攻打弱小的燕国。赵王说：好。便立即割了五座城池给秦国。燕国太子丹听到这个消息后，便悄悄逃回燕国。赵王于是进攻燕国，夺了燕国二十座城池，把其中十座分给了秦国。

张仪瓦解了六国的合纵联盟，各国相继与秦国建立了连横关系，在这种形势下，楚国人李斯、魏国人尉缭劝秦王说："自从秦孝公以来，周王室日渐衰微，诸侯相互兼并，函谷关以东分化为六国，秦国乘势侵扰诸侯各国，已经六代了。如今诸侯臣服于秦国，好比地方郡县服从中央一样。诸侯各国君主、臣下都很害怕秦国，如果此时有人出人意料地提出合纵抗秦，那我们就会措手不及，就会像智伯、夫差、闵王当年那样，因为没有提防意外而失败。希望大王不要吝惜钱财，拿出金银财宝去贿赂各诸侯国的豪强权臣，扰乱他们国家的政策。秦国花费的不过是三十万两黄金，换来的却是吞并诸侯，一统天下。"秦王听从了他们的计谋，暗中派遣谋士携带金银财宝去各诸侯国活动。诸侯各国的知名人士，接受财物的，就以丰厚的财物赠送他；不肯接受的，就派人暗杀他。秦国先离间各国君臣，随即派良将率兵讨伐，一举兼并了各诸侯国，统一了天下天下各诸侯国的谋士组织合纵联盟，在赵国相聚，准备进攻秦国，应侯范雎对秦昭王说：大王您不要担忧，请让我为您废了合纵联盟。秦国并没有和天下谋士结怨，他们相聚图谋攻打秦国，只是想谋求富贵罢了。大王见过您的狗吗？成百上千的狗聚成一群，有的卧着，有的立起，有的行走，有的静止不动，没有相互争斗的。如果此时您投给它们一块骨头，那么群狗就会相互撕咬，这是为什么呢？就是为了争一块骨头。现在

卷五 霸纪中

您可以令唐雎带着五千两黄金，并带上乐队前去赵国，住在武安，大摆宴席招待宾客，花费还不到三千两黄金，天下诸侯的谋士们就会相互争斗起来了。

秦国统一了天下以后，总结周朝灭亡的原因，认为周朝是由于统治力量薄弱才被夺了权，于是废除了上古三代的分封旧制，废除古法孔融说：在古代，直属于天子的领地方圆千里，天子的直辖区域不会拿来分封诸侯。祭公说：古代君王的礼制，邦国以内是甸服，甸服以外五百里是侯服，侯服以外五百里是宾服（绥服），宾服以外五百里的蛮夷地区是要服，要服以外五百里的戎狄地区是荒服。甸服地区参与天子的祭礼，侯服地区参与天子的祀礼，宾服地区参与天子的享礼，要服地区进贡，参与天子的贡礼，荒服地区入朝朝见天子。按日行祭礼，按月行祀礼，按季行享礼，按年行贡礼，终身行一次王礼，这是古代君王的训示。如果有不按制参与祭礼的，那么天子就要端正自己的思想；有不按制参与祀礼的，那么天子就要检点自己的言论；有不按制参与享礼的，那么天子就要修正教化；有不来进贡参与年贡礼的，那么天子就要修正进谏的言路；有不来朝见天子的，那么天子就要规范德行。以上五方面都按次序做到了，但还有不前来尽责的，那么天子就要使用刑罚了。于是对不按制行祭礼的施以刑罚，对不按制行祀礼的予以讨伐，对不按制行享礼的予以制裁，对不按制行贡礼的予以指责，对不按制行王礼的予以警告。于是就有刑罚这样的法律条文，有攻伐这样的兵力，有制裁这样的准备，有严厉指责这样的诏令，有警告这样的辞令。这样，还是不能前来尽责的话，那么天子就要增修德行，不要使边远地区的人民劳苦。这就是古制。废除过去的五等爵位，改为郡县制，秦王嬴政自己称"皇帝"，而把自己的子弟都视作平民百姓，不加以封赐。朝廷内没有骨肉同胞、宗族亲人的辅佐，外没有受封尺寸之地的藩臣护卫。因此吴广、陈胜得以揭竿而起，刘邦、项羽随后就灭了秦朝。所以说，周朝远远超过了阴阳家预期的享国年数，秦朝还远远没有达到阴阳家预期的享国年数，这都是国家的形势造成的《汉纪》作者荀悦说：古时候建国，有小有大，但都是在总结了前朝的弊端之后加以变通才成功的。夏朝、商朝的时候，诸侯国的地盘不过方圆百里，所以诸侯势力微弱而天子势力强大。桀和纣得以肆无忌惮地残害天下，纣王把鄂侯做成肉干，将鬼侯剁成肉酱，就连以美德著称的文王也不能幸免，被关在羑里的监狱。周朝吸取了前代的教训，所以就分封方圆五百里的大诸侯国，是为了壮大诸侯的势力而抑制君主自己的势力。到了周朝末年，诸侯的势力越发强大，进而相互侵扰攻伐，而周王室则更加衰微，祸患不断发生。秦朝总结周朝的弊端，但是不能真正修正其制度，走向极端，一下子全部废弃了分封诸侯的制度，改为郡县制，统一用中央的威权号令天下。这样做的目的是加强君主自身的权力，不是为老百姓考虑的。因此秦王得以独揽海内的大权，无所顾忌，放肆奢侈淫逸，暴虐骄横，然而统治才十四年就灭亡了。所以说君主无道，那么他的危害就会遍及天下，老百姓一乱，那么国家就会像鱼儿腐烂，如土崩瓦解，想救助都来不及。汉朝兴起，总结周、秦两朝的弊端，所以将分封制和郡县制兼而用之，然而也发生了六王叛逆、七国之乱这样的祸难。这确实是由于国家政权不够强大才造成的，不是诸侯治国的过错。

汉朝建立之初，海内刚刚平定，皇室同姓之人很少，为了不再重蹈秦朝由于孤立而亡国的覆辙，于是裂土封疆，分封二等爵位功大的封王，功小的封侯。开国功臣封侯的，受封的城邑多达一百多个。王室子弟也封了九个诸侯国。诸侯国大的，往往跨州连郡，拥有数十座城池，与秦朝相比，可称得上矫枉过正了。然而，汉高祖创业，日理万机，没有闲暇多想。后来孝惠帝执政时间很短，接着吕后以女主的身份临朝摄政，而使海内太平无事，没有狂乱狡诈的忧患，和分封诸侯是分不开的。后来铲除诸吕外戚的祸乱，成就汉文帝刘恒登上皇位的，也依然是诸侯的力量。先使树木的根长壮实末梢才能强大，河流多了才会导致河水满溢。这好比后来汉朝地方诸侯权力膨胀，轻则荒淫无耻，违犯国法，重则明目张胆，举兵造反，以致危害自身，祸乱国家。因此，汉文帝刘恒采纳了贾谊的建议，将齐、赵等大诸侯国的封地进一步分割贾谊说：想要把天下治理得井然有序，最好的办法是分封更多的诸侯国，从而削弱单个诸侯国的力量，力量小就容易为大义驱使，国家小就不会产生邪念。让国家的制度，像身体支配手臂、手臂支配手指那样。陛下您应下达圣旨，命令诸侯各国划土分疆，把齐、赵、楚各自再划分成若干个小诸侯国，让他们的子孙都能享受到继承先辈封邑的权利，直到将那块封邑全部分光为止。看上去天子在这方面无利可图。贾谊又上疏说：陛下如果不尽快制定国策，如今的形势是诸侯代代相传，他们越来越骄横而不受约束，地方豪强更加强大，使得大汉朝廷的法令不能推行。陛下所倚重以及皇太子所依靠的，只有淮阳和代两个诸侯国罢了。代国北部边境靠近匈奴，与强敌相邻，能够保全自己就已经不错了。而淮阳的北面大的诸侯国更是星罗棋布，淮阳足以引诱诸侯，但它绝对难以抵抗攻击。如今的国策，全在陛下如何制定，让您的儿子成为别人的诱饵，这怎么能称得上是利在千秋万代呢？臣有个愚笨的设想，陛下可以将淮南的封地划归淮阳，以扩大淮阳王的领地；而为

卷五 霸纪中

梁王确立继承人，分割淮阳北边的两三座城给东郡，以扩大梁王的领地。如果这样做不行，还可调代王坐镇睢阳。重新划分梁的国界，西起新郪北部，北到黄河，南至陈地南部，濒临长江，把淮阳保卫起来。这样，大诸侯即使别有用心的，吓破了胆也不敢谋反了。因为梁国足可控制齐、赵两国，淮阳足以抑制吴、楚两国。陛下可以高枕安卧，再也不会担心山东诸国出问题了，这才是功在千秋、利传万代的计策。臣听说，圣明的君王有事自己先不表态，而是先询问臣子的意见，这样，臣子们就可以畅所欲言，毫无保留地发表意见。我的意见就是这样，请陛下裁决。汉文帝于是采纳了贾谊的计策，调淮阳王刘武为梁王，扩大梁封地，北部以泰山为界，西部直至高阳，把四十多座大城池划入梁国领地；调城阳王刘喜为淮南王，并好言安抚。后来七国之乱爆发，叛军骚乱被阻挡在梁国无法通过，这正是贾谊妙计的作用。**汉景帝采用了晁错的建议，削夺吴、楚两国的势力**晁错劝景帝说：从前高祖刚平定天下，兄弟少，儿子们也都幼小，才大封同姓王。因此庶子悼惠王刘肥赐了齐地七十二座城池，庶弟元王刘交赐了楚地四十座城池，兄长的儿子刘濞赐了吴地五十多座城池，赐封这三个旁支所出的王，就分去了天下一半的土地。如今吴王刘濞因先前与太子有矛盾，就假称有病不来朝觐，这按古法应当杀头。汉文帝不忍心这样做，反而赐给他几案和手杖，恩德已经够深厚的了。可是刘濞不知道改过自新，反倒更加骄横妄为，公然开山铸钱，煮海制盐，引诱天下的亡命之徒图谋叛乱。现在削夺藩王他们要反，不削夺藩王他们也要谋反，削藩，藩王们会立即谋反，但为祸较小，不削藩，藩王们谋反或许会迟缓一些，但为祸更大。于是，汉朝的大臣们在朝廷上公开商议削弱吴国的问题，吴王很快就造反了。**汉武帝在削藩这件事上，采取了主父偃更为稳妥的策略——推恩令**主父偃劝皇上说：古代的诸侯国不过方圆百里，不管势力强弱，都很容易控制。现在的诸侯国，有的都拥有数十座城池，占地方圆千里，管理宽松一些，他们就骄横奢侈，容易淫乱；管理严格一些，他们就会连络地方豪强对抗中央政府。现在依法削藩，那么他们就会萌生谋反的念头，前面晁错就是这样主张的。如今诸侯子弟有的多达十几人，而只有嫡长子才能继承爵位，其余的人即使是骨肉同胞，也没有尺寸封地。这样，仁孝之道就得不到弘扬。希望陛下能发布诏令，使诸侯们广行德政，让宗室子弟也能感受到陛下的恩泽，将诸侯的封地分给自己的子弟们，封他们为侯。诸侯子弟人人都会欢呼雀跃，因得到封地而开心。表面上皇上施行德政，实际上却分散了单个诸侯国的势力，诸侯们必然会一步步自己把自己削弱，再也没能力对抗中央政府了。汉武帝听从了主父偃的建议。**汉景帝时，爆发七国之乱。平定叛乱后，朝廷又进一步抑制诸侯，罢黜了诸侯**

所属的大批官吏。汉武帝时，发生了淮南王、衡山王的叛乱，朝廷制定规范左官行为的法律_{左官，指朝廷派遣到诸侯国辅佐侯王的官吏}，发布附益之法_{分封诸侯超过限度称"附益"}。诸侯只能在自己的封地内享受衣食、租税权利，不能参与国家政事。直到汉哀帝、汉平帝时，承继侯王爵位的刘氏子孙都已经世袭了数代，与皇室渐渐疏远，诸王都生活在高墙深院之中，不再受到士子和百姓的重视了_{削夺诸侯，使诸侯王有名无实。天下放任自流，正是重蹈秦朝灭亡的覆辙}。因此，外戚王莽知道汉室朝廷内外已经衰微，本末都很羸弱，气数将尽，于是便肆无忌惮，萌生野心，仗着太后的权力，假托伊尹、周公的名义，作威作福。在朝廷之上，不顾君臣礼节，把持朝政。他的阴谋诡计终于得逞，便立即窃据汉朝江山，南面称帝。官分五等，晓谕全国，发布号令。汉朝分封的诸侯王们都俯首贴耳，恭恭敬敬奉上印玺，唯恐落后，这不是很悲哀吗？等到王莽失了天下，全国又像乱云翻滚，纷扰不定_{隗嚣在天水拥兵自重，班彪避难到那里追随他}。隗嚣问班彪：过去周王朝失去了驾驭天下的权力，接着战国纷争，天下四分五裂，好几百年才安定下来。我推想，战国时期合纵连横的纷争局面又要重演了吧？国家的兴衰存亡将系于一人吗？先生能否谈谈这件事。班彪回答说：周朝的兴亡，与汉朝不一样。从前周朝分封五等爵位，诸侯都可以干预朝政，本根已经衰微，枝叶却很强大，所以到周朝末年才出现了合纵连横的混乱局面，这是时势造成的。汉朝承袭秦朝的体制，改为设立郡县，君主独揽朝政，臣子没有永远不变的权力。到汉成帝时，开始借重外戚的力量，哀帝、平帝在位时间都很短，皇家三代没有直系后裔。因此王莽才得以篡夺朝权，窃取帝王的名号。危乱自上而起，伤害还未遍及地方，所以王莽正式称帝之后，全国民众无不摇头叹息。可是十余年之间，朝野骚动，各地起义军风起云涌。这些起义军，不约而同都是打着匡扶汉室的名义起兵的。当今的英雄豪杰势力虽然也割据一方，但他们都没有战国七雄那样世代积累的资本，而老百姓也都怀念汉朝的德政，从这点就可以知道周朝的兴废与当今的形势完全不同。

　　光武帝刘秀复兴汉室，恢复刘家天下，可是不能吸取西汉灭亡的教训，汉朝由来已久的弊端在东汉没有得到根本的改变。仅仅数代之后，朝廷上就又充斥着奸佞之臣，最终造成一有权臣独揽朝权，各地趋炎附势的人就纷纷投靠；一有人作乱，守城官员就会不战而逃。长此下去，

卷五　霸纪中

东汉王朝怎能不危险呢？周朝周王室蒙难时，朝中尚且还有辅政大臣七名，摄政大臣三名，新继位的周王可以将国家大政全权委托给他们。暴乱分子即使占据京城，战鼓敲得震动内宫，乱箭从皇宫上方呼啸而过，可是祸乱也只是局限在京城附近，危害不会波及全国，天下大势还算太平，可以通过治理来防止祸乱发生。所以周宣王能够在共和时期振兴周室，周襄王、周惠王能够借助晋国、郑国的力量重振王室。哪里像西汉、东汉，朝廷稍有风吹草动，整个国家都会乱成一锅粥；乱臣贼子早晨刚有异动，文武大臣晚上就会乱作一团，不知所措了。远有王莽篡权叛逆的事件，近有董卓独揽朝权的教训，实在是令亿万人痛心疾首。难道当今之世缺乏以往那样的治世之能臣，士大夫们没有救世的大志了吗？只不过时代不同了，壮志是有，无奈地位太低，难以实现雄才大略罢了陆机说：有人认为诸侯的爵位不应该世代沿袭，因为一旦世袭，昏主暴君比比皆是。因此，五等封爵制容易发生动乱。如今的地方大员，都是国君任命的，即使任命偶有失当，但这种做法的优点也很多，因为这样国家更易于掌握全局。当政治清明时，官吏的提拔任免制度时刻约束着他们，各级官吏都要各负其责，逐级向上陈述他们尽职的表现，最终向皇帝负责。即使昏庸淫乱的君主也可以约束官吏们，他们又怎能不专心政事呢？所以过去有靠施行郡县制兴盛的先例。可是国家政权一旦衰落，各种国家制度也会运转失灵。卖官鬻爵的官吏，会以钱财作为衡量人才的标准，那么上行下效，贪污受贿就会成风，国家怎么能不乱呢？因此后代君主又有人把这个制度废除了。再简明扼要地总结一下这个问题：五等封爵时代的诸侯，是为了自己来治理自己的领地；而郡县长官的目的则是为了向朝廷争取利益。这如何证明呢？希望积极进取，这是仕子们常抱的志向；努力提高自身的修养，为百姓带来福祉，这是贤良的士大夫们所希望做到的。积极进取的志向很容易实现，而为百姓带来福祉的美誉就没那么容易获得。因此，那些侵害百姓以求私利的贪官污吏，在位时就肆无忌惮；那些歪曲事实以求欺世盗名的官吏，往往日夜不停地大造舆论吹嘘自己。如果采用郡县制，君主就不会有长远的打算，臣子也会只顾眼前的一时之利。五等封爵制就不是这样，诸侯知道国家是自己的领地，百姓都是自己的子民；百姓都安居乐业能给自己带来切实的利益，国家受到伤害自家也会直接蒙受损失。所以君主治理国家，抚育百姓，目的是想传给后世子孙，后嗣继承祖业，也会觉得基业来之不易。做君主的没有苟且偷安的思想，群臣百官想的都是如何治国安邦的方法。假使君臣都贤能，一起在位治理国家大事，那么功劳会有大小之分；如果君臣都愚昧，相互扰乱朝政，那么过失也会有深浅之别。探究上古以来的政治制度，都是五等封爵制一个核心贯穿其中，秦、汉两朝的典章制度，也大致可以用郡县制来概括。

魏太祖武皇帝曹操睿智英明，文武双全。起家谯、沛，成名于兖、豫。他考察了过去五代的存亡得失，却不能借鉴其成功的策略；目睹了前朝灭亡的悲剧，却不能避免走过去的老路。他的子弟被分封到空虚无用之地做诸侯王，统领的都是一些平庸无能的人，诸侯王的权力与百姓一样，势力与普通人没有区别。朝廷内没有像深根大树那样不可动摇的牢固根基，外无坚如磐石般宗族同盟的辅助，这不是用来安定国家政权、建立万世功业的长远做法。况且如今的州牧、郡守，古代的方伯、诸侯，他们的领地都跨越千里，兼军政大权于一身，或者几个人结成一个政治小集团，或者兄弟几个合力割据一方，而宗室子弟，却不曾有一个人参于到他们中间，与他们相抗衡，这不是为了弱化地方权力，加强中央集权统治，而是为了防备万一。事前不制定妥善的策略，事发之后就会遭受祸患。这是周朝、秦朝、汉朝、曹魏立国时的形势，之所以探究历代兴亡、强弱发展演变的规律，是为了让人们懂得以历史为鉴，方便现在的人吸取教训荀悦说：这以后的朝代都采用郡县制管理百姓，废除了封建诸侯的制度。那是当时产生的一种制度，也未必适应于每一个朝代的治理。

评论：周朝统治天下八百余年，到了后期，王室衰微，才出现了诸侯合纵连横的局面。到东周末代君主周赧王被降为庶人前，诸侯各国仍能够像树枝树叶般相互扶持，周王名义上还是天下共同的君主。东周时，楚王、晋侯都曾有觊觎天子之位的想法，试图颠覆周王室，但都被姬姓诸侯扑灭。难道当时没有奸雄吗？这都是依靠分封诸侯才稳定了局势。所以俗话说：百足之虫，死而不僵，是因为支撑它的腿脚够多。说的不正是这个道理吗？等到秦朝建国，吸取了周朝失败的教训，废除五等封爵制，建立了郡县制。君主拥有天下，但他的子弟只是普通百姓，功臣们虽然勤恳效力，但也不会赐封给他尺寸土地。秦始皇独揽国家大权，靠一个人治理天下。等到他死了，国家马上呈现出分崩离析的局面。陈胜振臂一呼在前，刘邦提剑兴兵在后，以虎啸龙吟之势，迅速推翻了秦

卷五 霸纪中

王朝。那刘邦、陈胜等豪杰,都是平民出身,没有吴、楚那样诸侯国的势力,甚至连立锥之地也没有,然而他们能够带领一班无业游民,敢与天子争衡,正是由于百姓思乱,又不用担心诸侯国来勤王。俗话说乱政酷刑,是帮助英雄成名而加速统治者自身灭亡的祸根。说的正是这个道理。砍伐一株根深叶茂的大树很难,而摧折一根枯枝朽木却很容易。如今说五等封爵制好比根深叶茂的大树,郡县制就如同枯枝朽木。因此自秦朝以来,直到后周、隋朝,失去国家大权的不一定是由于自身衰弱,取得了天下的也不一定能持久,这是由国家形势造成的。呜呼!采用郡县制,容易使平民百姓萌生篡逆之心;采用五等封爵制世代相传,又会产生合纵连横的祸端。因此我们可以知道,任何制度都是有弊病的。不能说分封诸侯就没有动乱,郡县制也不一定是治理国家最好的工具。但是,考虑到郡县制能为国家造福的地方更多,最终带来的祸端更小一些,因此说它要强于五等封爵制。贤明的君主明白这个道理,所以兢兢业业,每一天都谨慎行事,加强自身德行修养,推行德政,选择贤能的官吏加以任用。如果能做到德政昌明,选贤任能,黎民百姓安居乐业,即使有商汤、周武王那样贤人,也不会有用武之地,更何况小民百姓,谁又敢振臂一呼来造反呢?这些道理,不能不认真考虑。

卷六 霸纪下

卷六　霸纪下

三国权第十九_{蜀、吴、魏}

原文

　　论曰：臣闻昔汉氏不纲，网漏凶狡。袁本初虎视河朔，刘景升鹊起荆州，马超、韩遂雄据于关西，吕布、陈宫①窃命于东夏。辽河海岱，王公十数，皆阻兵百万，铁骑千群，合纵缔交，为一时之杰也。然曹操挟天子，令诸侯，六七年间，夷灭者十八九，惟吴、蜀蕞尔国也。以地图案之，才四州之土，不如中原之大都。人怯于公战，勇于私斗，轻走易北，不敌诸华之士。角长量大，比才称力，不若二袁、刘、吕之盛。此二雄以新造未集之国，资逆上不侔之势。然能抚剑顾眄，与曹氏争衡。跃马指麾，而利尽南海，何哉？则地利不同，势使之然耳。故《易》曰：王侯设险，以守其国。古语曰：一里之厚，而动千里之权者，地利也。故曹丕②临江，见波涛汹涌，叹曰："此天所以限南北。"孙资称南郑③为"天狱"，

---

　　① 陈宫：字公台，东汉末年吕布帐下谋士。性情刚直，足智多谋，年少时与海内知名之士相互结交。曾任中牟县令。一度归附曹操，后背叛曹操迎吕布入兖州，辅助吕布攻打曹操。吕布战败后，随吕布等一同被曹操所擒，慷慨赴死。

　　② 曹丕：字子桓，谥文皇帝，魏文帝，三国时魏国开国皇帝，曹操的嫡子。他继承父亲的魏王封号与丞相的大权，最终迫使东汉王朝的末代皇帝禅让，取而代之。除军政以外，曹丕自幼好文学，于诗、赋、文学皆有成就，尤擅长于五言诗，与其父曹操和弟曹植，并称三曹，今存《魏文帝集》二卷。

　　③ 南郑：在陕西省西南部、汉江上游，邻接四川省。因"郑人南奔"而得名，汉中大地上的古地名。公元前770年，居住在今陕西华县一带的一小部分郑国人为躲避犬戎侵略向南逃至汉中市区一带，并聚居在此，因与秦人有乡党之谊，便以"南郑"来命名。秦始置县。

斜谷道①为"五百里石穴"，稽诸前志，皆畏其深阻矣。虽云天道顺，地利不如人和。若使中材守之，而延期挺命可也。岂区区艾、濬②得奋其长策乎？由是观之，在此不在彼。於戏！智者之虑，必杂于利害，故不尽知用兵之害，则不能知用兵之利，有自来矣。是以采摭其要，而为此权耶。夫囊括五湖，席卷全蜀，庶知害中之利，以明魏家之略焉。

蜀

天帝③布政房、心④，致理参、伐。参、伐⑤则益州分野以东井、南股、距星为界，东井、南股、距星连钺者是也。觜星度在参右足，玉井所衔星是西距星，即参中央三星西第一星是也。按《职方》⑥则雍州之境，据《禹贡》⑦则梁州之域。地方五千里，堤封四十郡，实一都会也常璩⑧《国志》⑨云：蜀，其卦直坤，故多斑彩之章；其辰直未，故尚滋味。《诗》称文王之化，被于江汉之域。有文王之化焉。秦、豳同诗，秦、蜀同分，故有夏声云。故古称天府之国，沃野千里，其有以矣。王莽末，公孙述据蜀述字子阳，扶风茂陵人也，王莽时为导江卒正，治临邛。及更始立，豪杰各起其县以应汉，南阳人宗成略汉中，商人王岑亦起兵于雒

---

① 斜谷道：古道路名。秦岭太白山发源的褒水向南流入汉水，斜水向北流入渭水，利用这两条河谷开辟的道路叫褒斜道，又叫斜谷道，斜谷的北口在今陕西眉县西南。

② 艾、濬：艾，指邓艾，字士载，三国时魏国人。初为司马懿属官，后为魏镇西将军。公元263年，邓艾同钟会分军灭蜀。最后他率先进入成都，使得蜀汉灭亡。后因遭到钟会的污蔑和陷害，被司马昭猜忌而被收押，最后与其子邓忠一起被田续所杀。濬指王濬，字士治，西晋大将。曾两任益州刺史。公元279年受命攻吴，次年克武昌，直取吴都建康，接受孙皓投降。官至抚军大将军。

③ 天帝：古星名，也叫帝星，北极五星中最明亮的一颗。

④ 房、心：房，星名，亦称天驷。二十八宿之一，青龙七宿的第四宿。心，星名，亦称商星、大火。二十八宿之一，青龙七宿的第五宿。

⑤ 参、伐：参，星名，二十八宿之一，白虎七宿的末一宿。伐，星名，属参宿，共有三颗星。

⑥ 《职方》：《周礼·夏官·大司马》中的一篇。写作时代约在战国，作者不详。所记和《尚书·禹贡》不尽相同，但同样是有价值的古代地理著作。

⑦ 《禹贡》：《尚书》中的一篇。《禹贡》以自然地理实体（山脉、河流等）为标志，将全国划分为九个区（即"九州"），并对每区的疆域、山脉、河流、植被、土壤、物产、贡赋、少数民族、交通等自然和人文地理现象作了简要的描述。

⑧ 常璩：字道将，东晋史学家。曾在成汉任散骑常侍等职，入晋后居建康。著有《华阳国志》、《汉之书》等。

⑨ 《国志》：即《华阳国志》。十二卷，附录一卷。记述远古到东晋穆帝永和三年（公元347年）期间巴、蜀史事，是研究中国西南少数民族的重要资料。

卷六　霸纪下

县，自称定汉将军，以应成。述闻之，遣使迎成。成等至成都，掳掠暴横，述意恶之，召县中豪杰谓曰：天下同苦新室，思刘氏久矣。故闻汉将军到，驰迎道路。今百姓无辜而妇子系获，室屋烧燔，此寇贼，非义兵也。吾欲保郡自守，以待真主，诸卿欲并力者即留，不欲者便去。豪杰皆叩头愿效死。述于是使人诈称汉使者自东方来，假述辅汉将军、益州牧。乃选精兵千余人而击宗成等，破之。别遣弟恢于绵竹击更始所置益州刺史张忠，又破之，由是威震益部者也，益部功曹李熊①说述曰："方今四海波荡，匹夫横议。将军割据千里，地什汤、武。若奋发威德，以投天隙，霸王之业成矣。今山东饥馑，人民相食，兵所屠灭，城邑丘墟。蜀地沃野千里，土壤膏腴，果实所生，无谷而饱。女工之业，覆衣天下。名材竹干，器械之饶，不可胜用。又有鱼盐铜铁之利，浮水转漕之便。北据汉中，杜褒斜②之隘；东守巴郡，拒扞关之口。地方数千里，战士不下百万。见利则出兵而略地，无利则坚守而力农。东下汉水，以窥秦地；南顺江流，以震荆、扬。所谓用天因地，成功之资。今君王之声闻于天下，而位号未定，志士狐疑，宜即大位，使远人有所归依述曰：帝王有命，吾何德以当之？熊曰：天命无常，百姓与能，能者当之。王何疑焉？遂然之也。"建武元年四月，遂自立为天子，号成家，色尚白使将军侯丹开白水关，北守南郑，将军任满从阆中下江州，东据扞关，于是尽有益州之地也。

　　自更始败后，光武方事山东，未遑西伐。关中豪杰，多拥众归述。其后平陵人荆邯③见东方将平，兵且西向，说述曰："兵者，帝王之大器，古今所不能废也。隗嚣遭遇运会，割有雍州，兵强士附，威加山东。不及此时推危乘胜，以争大命，而返欲为西伯之事，偃武息戈，卑辞事汉，喟然自以文王复出也。今汉帝释关陇之忧，专精东伐，四分天下而有其三。使西州豪杰咸

---

　　① 李熊：两汉交替之际西蜀公孙述的心腹。公孙述自立为王后，担任大司徒。他劝说公孙述自立的一段话为名段，和诸葛亮的隆中对相类。

　　② 褒斜：古道路名。位于秦岭山脉中，贯穿关中平原与汉中盆地的山谷，其南口曰褒，北口曰斜。自战国起，就有人在谷中凿石架木，修筑栈道，历代踵继，多次增修，后人就命名为"褒斜道"。

　　③ 荆邯：东汉初巴蜀割据势力公孙述属吏，任骑都尉。见东方为刘秀荡平，兵将西指，遂劝说公孙述先发制人。公孙述认可他的计策，但蜀人及公孙述的弟弟公孙光以为不宜，遂停止发兵，致使刘秀得陇望蜀，兵临城下。

居心于山东，发间使，招携贰，则五分而有其四。若举兵天水，必至沮溃。天水既定，则九分而有其八。陛下以梁州之地，内奉万乘，外给三军，百姓愁困，不堪上命，将有王氏自溃之变。臣之愚计，以为宜及天人之望未绝，豪杰尚可招诱，急以此时发国内精兵，令田戎①据江陵，临江南之会，倚巫山之固，筑垒坚守，传檄吴、楚，长沙以南，必随风而靡。令延岑②出汉中，定三辅，天水、陇西拱手自服，如此海内震摇，冀有大利。"述以问群臣，博士吴柱曰：昔武王伐纣，八百诸侯不期同辞，然犹还师以待天命，未闻无左右之助，而欲出师于千里之外，以广封疆者也。邯曰：今东帝无尺寸之柄，驱乌合之众，跨马陷敌，所向辄平，不亟乘时与之争功，而坐谈武王之说，是效隗嚣欲为西伯也。范晔曰：援旗纠族，假制明神迹。夫创图首事，有以识其风矣。终于孤立一隅，介于大国，陇坻虽隘，非有百二之势，区区两郡以御堂堂之锋，则知其道有足怀者，所以栖有四方之杰。夫功全则誉显，业谢则衅生，回成丧而为其议者，或未闻焉。若嚣命会符运，敌非天力，坐论西伯，岂多訾乎？述不听邯计。光武乃使岑彭、吴汉伐蜀，破荆门，长驱入江关岑彭③为蜀刺客所杀，吴汉并将其军，入犍为界，诸县皆城守。汉乃进军攻广都，拔之。遣轻骑烧成都，市桥、武阳以东诸小城皆降。光武戒汉曰：成都十万众，不可轻也。但坚据广都，待其来攻，勿与争锋。若不敢来攻，转营迫之，须其力疲，乃可击也。汉乘利将步、骑二万余人进逼成都，去城十余里，阻江北为营，作浮桥。使副刘尚将万余人屯江南，相去二十余里。光武闻之大惊，让汉曰：贼若出兵缀公，而以大众攻尚，尚破，公即败矣。幸本无他者，急引兵还广都。诏书未到，述果使其将谢丰攻汉，使别将劫刘尚，令不得相救。汉乃闭营三日不出，多树幡旗，使烟火不绝。夜衔枚引兵与尚军合，丰等不觉。明日，乃分兵拒水北，自将攻江南。汉破之，斩谢丰。于是引还广都，以状闻，光武报曰：公还广都，甚得其宜，述必不敢略尚而击公也。若先攻尚，公从广都五十里悉步、骑赴之，适当值其疲困，破之必矣。自是汉与述战于广都、成都之间，八战八克，遂军其郭中。述乃悉散金帛，募敢死士五千人，以配延岑。岑于市桥伪建旗帜，鸣鼓

---

① 田戎：新朝末年东汉初年武将，以南郡夷陵为根据地的新末汉初群雄之一，后来成为蜀地成家皇帝公孙述的部将，被刘秀军所杀。
② 延岑：新朝末年至东汉初年武将，割据群雄之一。初期主要在汉中、荆州南阳郡一带活动，后为蜀公孙述属下。与刘秀军作战失败，投降刘秀部将吴汉，被灭族。
③ 岑彭：字君然，东汉光武帝中兴功臣云台二十八将之一。王莽时为南阳棘阳县长，后归刘秀，任刺奸大将军，刘秀即位，任廷尉、行大将军事，封舞阴侯，守益州牧，为刺客所杀。

卷六 霸纪下

挑战，而潜遣奇兵出吴汉军后袭击，破汉。汉堕水，缘马尾得出。述乃自将攻汉，三合三胜。自旦及中，军士不得食，并疲。汉因命壮士突之，述兵大败也。**军至成都，述出战，兵败被刺，洞胸死。**夷述妻子，焚其宫室光武闻之，怒以谯汉曰：城降三日，吏人服从。一旦放兵纵火，良失斩将吊人之义也。乃下诏慰之。其忠节志义之士，并蒙旌显。李育①以有才干，擢用之。于是西土感悦，莫不归心焉。范晔曰：昔尉佗王番禺，公孙亦窃帝蜀汉，推其无他功能，而至于后亡者，将以边地处远，非王化之所先乎？不能因隙立功，以会时变，方乃坐饰边幅，以高深自安，昔吴起所以惭魏侯也。及其谢群臣，审废兴之命，与夫泥首衔玉②者，异日谈也。**至灵帝时，政理衰缺，王室多故，雄豪角逐，分裂疆宇，以刘焉③为益州牧④焉，**鲁恭王⑤后也。时四方兵寇，焉以为刺史威轻，乃建议改置牧伯，镇安方夏⑥，清选重臣以居其任，以焉为益州牧。是时，凉州贼马相聚疲役之人数千，先杀绵竹令，进攻雒县。州从事贾龙⑦先领兵数千在犍为，遂纠合吏人攻相，破之。乃选吏迎焉，遂领益州牧也。**焉死，子璋立**州大吏赵韪等贪璋温仁，立为刺史。初，南阳、三辅人数万户流入益州，焉悉收以为兵，名曰"东州兵"。璋性柔宽，无威略，东州人侵暴。赵韪因人情不缉，乃结州中大姓。东州人畏见诛灭，乃同心并力，为璋殊死战，斩赵韪⑧。时张鲁⑨亦以璋懦

---

① 李育：东汉著名今文经大师，其学宗主今文，旁览古文。李育是当时今文家代表人物，可惜现在没有流传下来他的任何著作。

② 泥首衔玉：古代战败出降者以泥涂首，表示自辱服罪；口含玉璧以示国亡当死。

③ 刘焉：东汉末年割据群雄之一，刘璋的父亲。以汉朝宗室身份，拜为中郎，历任雒阳令、冀州刺史、南阳太守、宗正、太常等官。后因益州刺史郗俭在益州大事敛ություն，贪婪成风，加上当时天下大乱，刘焉欲取得一身安立命之所，割据一方。于是刘焉向朝廷求为益州牧，封阳城侯。后卒于益州牧任上。

④ 州牧：古代分九州，每州设牧，为一州的长官。后来指朝廷委派的州郡长官。汉灵帝时，州牧掌一州的军政大权，统治一方，位在郡守之上。

⑤ 鲁恭王：即刘余，西汉景帝子。初立为淮阳王，后徙王鲁。谥为"恭"。

⑥ 方夏：方，四方；夏，华夏。古代泛指中原地区。

⑦ 贾龙：东汉末年益州牧刘焉手下校尉，为当时益州当地世族代表人物，后起兵发动反对刘焉的叛乱，被刘焉所杀。

⑧ 赵韪：东汉末年益州牧刘焉手下将领。刘焉赴益州领益州牧时，时任太仓令的赵韪追随前往，为刘焉重要部下。刘焉死后，拥立刘璋为益州刺史。后起兵反刘璋，被镇压，赵韪逃入江洲。不久，赵韪遭到部下庞乐、李异的反攻，兵败身死。

⑨ 张鲁：东汉末年五斗米道首领，字公祺。东汉末年割据汉中的军阀，汉末群雄之一。他是西汉留侯张良的十世孙、五斗米道教祖张陵的孙子，五斗米道的第三代天师，在祖父和父亲去世后继续在汉中一带传播五斗米道，并自称为"师君"。后投降曹操，官拜镇南将军，封阆中侯。

弱，不承顺璋，遂自雄于巴蜀也。**为刘备所围，遂降**备迁璋于公安，归其财宝。后以病卒。

　　初，刘备为豫州牧也备，字玄德，涿郡涿县人也。少言语，善下人，喜怒不形于色。徐州牧陶谦①表先主为豫州牧。后谦病，使人迎先主，先主曰：袁公路近在寿春，此君四世五公，海内所归，君以州与之。陈登曰：袁公路骄豪，非治乱之主。今欲为使君合步、骑十万，上可以匡主济人，成五霸之业；下可以割地守境，书功于竹帛。若使君不见听，登亦未敢听使君。孔融谓先主曰：袁公路岂忧国忘家者耶？冢中枯骨，何足介意？今日之事，百姓与能。天与不取，悔不可追。遂领徐州。陈登遣使诣袁绍曰：天降灾沴，祸臻鄙州，州将殒殂。士人无主，恐奸雄一旦承隙，以贻盟主日昃之忧，辄共奉平原相刘府君以为宗主，永使百姓知有依归。方今寇难纵横，不遑释甲，谨遣下吏奔告执事。绍答曰：刘玄德，弘雅有信义。今徐州乐戴之，诚副所望也。**为曹公所破，走屯新野**时刘表薨，诸葛亮说攻琮，荆州可有。先主曰：荆州临亡，托我以遗孤，吾不忍也。荆州人多归先主，先主日行十余里。或曰：宜速行保江陵。先主曰：夫济大事者，以人为本。今人归吾，何忍弃去？习凿齿曰：刘主虽颠沛险难，而信义愈明；势逼事危，而言不失道。追景升之顾，则情感三军；恋赴义之士，则甘与同败。视其所以结物情，岂徒投醪、抚寒、含蓼、问疾而已？其终济大业者，不亦宜乎？**闻诸葛亮躬耕南阳，乃三诣亮于草庐之中**，屏人言曰："汉室倾颓，奸臣窃命，主上蒙尘。孤不度德量力，欲信大义行于天下，而智术浅短，遂用猖蹶，至于今日。然意犹未已，君谓计将安出？"亮答曰："自董卓已来，豪杰并起，跨州连郡者，不可胜数。曹操比于袁绍，名微而众寡，然遂能克绍，以弱为强者，非唯天时，抑亦人谋也。今操已拥百万之众，挟天子而令诸侯《传》云：求诸侯，莫如勤王。此之谓也，此诚不可与争锋。孙权据有江东，已历三代，国险而民附，贤能为用。此可与为援，而不可图也。荆州北据汉、江，利尽南海，东连

---

① 陶谦：字恭祖，东汉末年割据军阀。陶谦少好学，温厚纯笃。公元185年3月，陶谦随左将军皇甫嵩出征三辅，被任命为扬武校尉。公元188年任徐州刺史。公元190年，史载"徐州百姓殷盛，谷米封赡，流民多归之"。董卓被杀后，各路军阀陷入混战，陶谦加入了袁术、公孙瓒的阵营，对抗袁绍、曹操。

卷六　霸纪下

吴会，西通巴蜀，此用武之国，而其主不能守，此殆天所以资将军也。益州险塞，沃野千里，天府之国，高祖因之以成帝业。刘璋暗弱，张鲁在北，民殷国富，而不知恤。智能之士，思得明后。将军既帝室之胄，信义著于四海，总览英雄，思贤如渴。若跨有荆、益，保其岩阻，西和诸戎，南抚夷越，结好孙权，内修政理。天下有变，则命上将将荆州之军以向宛、洛；将军身率益州之众出于秦川，百姓孰不箪食壶浆，以迎将军者乎？诚如是，则霸业可成，汉室可兴矣。"

时曹公破荆州，先主奔吴先主之奔吴也，论者以孙权必杀之。程昱料曰：曹公无敌于天下，初举荆州，威震江表。权虽有谋，不能独当也。刘备，英雄也；关羽、张飞，皆万人之敌。权必资以御于我，难解势分，备资以成，不可得杀也。权果多与备兵，以御太祖。时益州刺史刘璋闻曹公征荆州，遣别驾张松①诣曹公。曹公时已定荆州，走先主。曹公不存录松，松劝璋自绝。习凿齿曰：昔齐桓一矜其功，而叛者九国；曹操渐自骄伐，而天下三分。皆勤之于数十年之内，弃之于俯仰之顷，岂不惜乎？是以君子劳谦日昃，虑以下人，功高而居之以让，势尊而守之以卑，夫然后能有其富贵，保其功业，传福百代，何骄矜之有哉？君子是以知曹操之不能遂兼天下也。**备用亮计，结好孙权，共拒曹公于赤壁，破之。曹公北还，权乃以荆州业备**周瑜上疏谏曰：刘备以枭雄之姿，而关羽、张飞熊虎之将，必非久屈为人用者。愚谓大计，宜徙置吴，盛为筑室，多其美女玩好之物，以娱其耳目。比三人各置一方。使如瑜者，得挟与攻战，大事可定也。今猥割土地以资业之，聚此三人俱在疆场，恐蛟龙得云雨，非复池中物也。权以曹公在北方，当广揽英雄，故不纳也。庞统说备曰："荆州荒残，人物殚尽，东有吴孙，北有曹氏，鼎足之计，难以得志。今益州国富人强，户口百万。郡中兵马所出毕具，宝货无求于外，今可权借以定大事。"备曰："今指与吾为水火者，曹操也。操以急，吾以宽；操以暴，吾以仁；操以

---

① 张松：字子乔，东汉末年官吏。公元208年，为益州牧刘璋别驾从事，被派遣至曹操处而不为其所存录，因而怀怨恨。回蜀后，劝刘璋与操断绝关系，并说璋连好刘备；其后，又说璋迎备以击张鲁，皆为璋所采纳。公元212年，暗助刘备夺益州，为其兄张肃所告发，刘璋怒而将他斩杀。

谲，吾以忠。每与操反，事乃可成耳。今以小故而失信义于天下者，吾所不取也。"统曰："权变之时，固非一道所能定也。兼弱吞昧，五伯之事。逆取顺守，报之以义。各事定后，封以大国，何负于信？今日不取，终为人利耳。"备乃使关羽守荆州，欲自取蜀时孙权遣使报备，欲共取蜀，曰：米贼张鲁君王巴汉，为曹操耳目，规图益州，刘璋不能自守。若操得蜀，则荆州危矣。今欲先攻取璋，进讨张鲁，首尾相连，一统吴、楚，虽有十操，无所忧也。或说备宜报听许，吴终不能越荆有蜀，蜀地可有也。主簿殷观①曰：若为吴先驱，进未能克敌，返为吴所乘，则大事去矣。备从之，拒答权曰：益州民富国强，土地阻险，刘璋虽弱，足以自守。张鲁虚伪，未必尽忠于操。今暴师于蜀汉，转运于万里，欲使战克攻取，举不失利，此吴起不能定其规，孙武不能善其事。今曹操三分天下有其二，将饮马沧海，观兵于吴。而同盟无故自相攻伐，借枢于操，使敌乘其隙，非计也。权知备意，乃止也。

会刘璋闻曹公向汉中讨张鲁，内怀恐惧。别驾张松说璋曰："曹公兵强，无敌于天下。若因张鲁之资以取蜀土，谁能御之？刘豫州，使君之宗，而曹公之深仇也。若使之讨鲁，鲁必破。鲁破则益州强。曹公虽来，无能为也。"璋然之。遣法正迎先主时黄权②谏曰：左将军有枭名，今以部曲遇之则不满其心，以客礼待之则一国不容二君，若客有泰山之安，则主有垒卵之危。愿且闭境以待河清。时刘巴③亦谏曰：备，雄杰人也。入必有为，不可内也。既入，巴又曰：若使备讨张鲁，是放虎于山林也。璋并不听。先主与璋会涪。璋既还成都，先主当为璋北征汉中。统复说备曰："阴选精兵，昼夜兼道，径袭成都，璋既不武，又素无豫备，大军卒至，一举便定，此上计也。杨怀④、高

---

① 殷观：字孔休，汉末三国时期人物，在刘备担任荆州牧时任他的谋士。其子殷纯在蜀汉官至太尉。
② 黄权：字公衡。东汉末、三国时官员，历仕刘璋、蜀汉及曹魏三个势力。
③ 刘巴：字子初，三国时蜀汉大臣。少时素有才名。曹操下荆州时，刘巴归顺曹操。后入蜀，被任命为左将军西曹掾。刘备自立为汉中王后，刘巴为尚书、尚书令。刘巴为人节俭，不愿与人交往，只重公事。刘备登基后，所有文诰策命都出自刘巴之笔。
④ 杨怀：东汉末年益州牧刘璋的属下，白水都督，后被刘备所杀。

卷六　霸纪下

沛①，璋之名将，各仗强兵，据守关头，闻数有笺来谏璋，使发遣将军还荆州，将军未至，遣与相闻，说荆州有急，欲还救之，并使装束，外作归形。此二子既服将军英名，又喜将军之去，必乘轻骑来见将军，因此执之，进取其兵，乃向成都，此中计也。返还白帝，连引荆州，徐还图之，此下计也。若沉吟不去，将致大困，不可久矣。"先主然其中计。

初，张松、法正②见备，备以私意接纳，尽其殷勤。因问蜀中兵器、府库、人马众寡及诸要害，松等具为言之，又画地图，处置山川，由是尽知益州虚实。先主北到葭萌，未即讨鲁，厚树恩德以收众心。明年，曹公征孙权，权呼先主自救。备乃从璋求万兵及资宝，欲以东行救权，璋但许兵四千，其余皆半给。备因激怒其众曰：吾为益州征强敌，师徒勤瘁，不遑宁居。今积帑藏之财，而吝于赏功，望士大夫为出死力战，其可得乎？乃召璋白水军督杨怀，责以无礼，斩之。使黄忠③等勒军向璋。先主迳至关，质诸将士卒妻子。引兵从忠等进到涪，据其城。璋所遣将皆破败也，即斩怀等。自葭萌南还取璋。

时郑度④说璋曰："左将军袭我，兵不满万，士众未附，野谷是资。计莫若尽驱巴西、梓潼人，内涪水以西，其仓廪野谷，一皆烧除，高垒深沟，静以待之。彼请战不许，久无所资，不过百日，必将自走。走而击之，则必禽矣。"璋不用度计。先主遂长驱，所过必克，而有巴蜀刘备袭蜀，丞相掾赵戬⑤曰：刘备其不济乎？拙于用兵，每战必败，奔亡不暇，何以图人？蜀虽小国，险固四塞，独守之国，难卒并也。征士⑥傅干⑦曰：刘备宽仁有度，能得人之死力；诸葛亮达理知变，正而有谋，而为之相；张飞、关羽勇而有义，皆万人之敌，而为之将。此三人者，皆人杰也，以刘备之略，三杰佐之，何为不济？先主围成都数十日，璋出降。蜀中殷盛丰乐，先主置酒大飨士卒，取蜀城中金银分赐将士，还其谷帛。

---

① 高沛：东汉末年益州牧刘璋属下，与杨怀镇守白水关。刘备欲图益州，用庞统之计，诱二人至而斩之。

② 法正：字孝直，三国时刘备手下第一谋士。初为刘璋部下，刘备入蜀时归于刘备帐下，屡献奇策，深受刘备信任和敬重。

③ 黄忠：字汉升，三国时蜀汉名将。本为刘表部下中郎将，后归刘备，并助刘备攻益州刘璋。刘备称汉中王后改封后将军，赐关内侯。次年，黄忠病逝，谥曰刚侯。

④ 郑度：益州牧刘璋的州从事。刘璋投降后，郑度隐世不仕，终于家。

⑤ 赵戬：三国时人，曾任蜀汉丞相掾（丞相府的辅佐官员）。

⑥ 征士：同"征君"。旧称曾经朝廷征聘而不肯受职的隐士。

⑦ 傅干：三国时人，曾为曹操的谋士，字彦材。

三国权第十九

初，攻刘璋，备与士众约曰：若事定，府库百物，孤无豫焉！及拔成都，士众皆舍干戈赴诸藏，竞取宝物。军用不足，备甚忧之，刘巴曰：易耳！但当铸直百钱，平诸物价，令吏为官市。备从之。数月之间，府库充实。先主领益州牧，诸葛亮为股肱，法正为谋主，关羽、张飞、马超为爪牙，许靖①、糜竺②、简雍③为宾友。董和④、黄权、李严⑤等本璋之援用也；吴壹⑥、费观⑦等又璋之婚亲也；彭羕⑧者，又璋之所排摈也；刘巴者，宿昔之所忌恨也。皆处之显任，尽其器能。有志之士无不竞劝也。

群臣劝先主称尊号，先主未许。诸葛亮曰："昔吴汉、耿纯等劝世祖即帝位，世祖辞让，前后数四。耿纯⑨进言曰：'天下英雄，喁喁冀有所望，如不从议者，士大夫各归求主，无为从公也。'世祖感纯言深至，遂然诺之。今曹氏篡汉，天下无主。大王刘氏苗族，绍世而起，即帝位，乃其宜也。士大夫久勤苦者，亦望尺寸之功名，如纯言耳。"先主于是即帝位谯周⑩等劝进云：臣父群未亡时，言西南数有黄气，直立数丈，见来积年，时时有景云、祥风从璇玑⑪下应之。此为异瑞。又二十二年中，数有气如旗，从西竟东，中天而行。图书⑫曰：

---

① 许靖：字文休，三国时著名人物，年轻时即为世人所知。后经刘翊推举许靖为孝廉，担任尚书郎。受到益州牧刘璋邀请，受任为巴郡、广汉太守，刘备入蜀后，担任要职，位列三公。

② 糜竺：字子仲，三国时人，原为徐州牧陶谦属官。谦死，辅刘备领徐州，后以其妹嫁备。刘备占据益州，拜他为安汉将军。

③ 简雍：字宪和，三国时人，刘备的幕僚。简雍本姓耿，而幽州人将耿说成简，便改为姓简。年少时与刘备相识。公元184年，刘备加入对抗黄巾军的战争，简雍便跟随他奔走。后担任类似说客的职务。简雍擅于辩论、议事。性情简单直接、不拘小节。

④ 董和：三国时蜀汉大臣，字幼宰。曾任刘璋所署成都令、益州太守。刘备占据益州，征为掌军中郎将。

⑤ 李严：三国时蜀汉大臣，字正方。原为刘璋部属，后归附刘备。

⑥ 吴壹：东汉末年人，是益州牧刘璋的儿女亲家。初为刘璋部属，后归附刘备。

⑦ 费观：字宾伯，三国时蜀汉大臣。初为刘璋部将，刘璋妻以女。后归附刘备。

⑧ 彭羕：三国时蜀汉大臣，字永年。曾为刘璋部下小吏，后为刘备幕僚。

⑨ 耿纯：字伯山，东汉名将。初事更始帝刘玄，为骑都尉，后归刘秀，积功为前将军，任东郡太守。封高阳侯、东光侯。

⑩ 谯周：字允南，三国时蜀汉学者、官员，著名的儒学大师和史学家，史学名著《三国志》的作者陈寿即出自他的门下。蜀汉灭亡后降晋，在晋官至散骑常侍。谯周被称为"蜀中孔子"。

⑪ 璇玑：即魁星。北斗七星中的前四星，即天枢、天璇、天玑、天权的总称。有时亦专指天枢星。

⑫ 图书：当指据河图制作的一种谶书，专用来预言吉凶的。《易·系辞上》称：河出图，洛出书。即是古代有关《周易》和《洪范》两书来源的传说。

卷六　霸纪下

必有天子出其方。如是年，太白①、荧惑②、镇星③常从岁星④，相追近。汉初兴，五星⑤从岁星，其岁星主义。汉位在西，义之上方。故汉法常以岁星候人主，当有圣主起于此州，以致季兴。时许帝⑥尚存，故群下不敢漏言。顷者荧惑复追岁星，见在胃⑦、昴⑧。胃、昴为天纲。经曰：帝皇处之，众邪消亡。愿大王应天顺人，速即洪业，以宁海内也。

时曹公拔汉中初，魏太祖破张鲁于汉中，刘晔⑨进计曰：明公北破袁绍，南征刘表，九州百郡十并其八，威震天下，势慑海外。今举汉中，蜀人望风破胆失守，推此而前，蜀可传檄而定。刘备，人杰也。有度而迟，得蜀日浅，蜀人未附，人心震恐，其势自倾。因其倾而压之，无不克也。若小缓之，诸葛孔明明于治体，关羽、张飞勇冠三军，武毅以威之，文德以抚之，据险守要，不可犯矣。今时不取，必有后忧。太祖不从。居七日，蜀降者言蜀中惊扰，虽斩之，犹不禁。太祖又问晔曰：蜀可伐不？对曰：今以小安，不可动也。法正说先主曰："曹操一举降张鲁，定汉中，不因此势以图巴蜀，而留夏侯渊⑩、张郃屯守，身遽北还。此非其智不逮、力不足也，将内有忧逼故耳。今算渊、郃才略，不胜国之将，率举众往讨，则必克之。克之日，广农积谷，观衅伺隙，上可以倾覆寇敌，尊奖王室；中可以蚕食雍、凉，广境拓土；下可以固守要害，为持久之计。此盖天以与我，时不可失也。"先主善其策。乃率诸将进兵汉中，正亦从行。先主由阳平南渡沔水，缘山

---

① 太白：即金星。我国古代也叫启明、长庚或明星等。
② 荧惑：即火星。
③ 镇星：即土星。
④ 岁星：即木星。以上四星均属太阳系九大行星。
⑤ 五星：指金、木、水、火、土五大行星。
⑥ 许帝：指当时在许昌的汉献帝刘协。他即位时东汉政权已名存实亡。公元196年，他被曹操迎于许昌，成为傀儡。公元220年，曹丕代汉称帝，他被废为山阳公。
⑦ 胃：星名。二十八宿之一，白虎七宿的第三宿。
⑧ 昴：星名。二十八宿之一，白虎七宿的第四宿。
⑨ 刘晔：字子扬，光武帝刘秀之子阜陵王刘延的后代，三国时期魏国著名的战略家。刘晔年少知名，人称有佐世之才，是曹操手下举足轻重的谋士，他屡献妙计，对天下形势的发展往往一语中的。刘晔历仕数朝，是曹魏的三朝元老。
⑩ 夏侯渊：字妙才，东汉末年曹操部下名将，夏侯惇族弟，擅长千里奔袭。初期随曹操征伐。后率军驻凉州，逐马超，破韩遂，灭宋建，横扫羌、氐，虎步关右。张鲁降曹操后夏侯渊留守汉中，于定军山被刘备部将黄忠所袭，战死。谥曰愍侯。

稍前，于定军兴势作营。渊将兵来争其地。正曰："可击矣。"先主命黄忠乘高鼓噪，攻之，大破渊军。渊等授首，遂奄有梁、汉。时魏使夏侯楙①镇长安，蜀将魏延②就诸葛亮请兵从褒中出，循秦岭而东，当子午③而北，以袭长安，亮不许《魏略》曰：夏侯楙为安西将军，镇长安。诸葛亮于南郑与群下计议，魏延曰：闻夏侯楙少，主婿也，怯而无谋，今假延精兵五千，负粮五千，直从褒中出，循秦岭而东，当子午而北，不过十日可到长安。闻延奄至，必乘船逃走，长安唯有御史、京兆太守，横门邸阁与散人之谷，足周食也。比东方相合聚，尚二十许日，而公从斜谷来，亦足以达。如此则一举而咸阳以西可定矣。亮以为悬绝，不如安从，阻道可以平取陇右，万全必克而无虞，故不用延计也。延每随亮出，辄欲请兵万人与亮异道会于潼关，如韩信故事。亮制而不许。延常谓亮为怯，叹恨己才用之不尽也。

其后吴孙权袭关羽，取荆州范晔曰：刘备令关羽镇守荆州。吴将吕蒙拜汉昌太守，与关羽分土接境，知羽枭雄，有兼并心，且居上流，其势难久。蒙乃密陈计策曰：今征虏守南郡，潘璋将游兵万人循江上下，应敌所在，蒙为国家前据襄阳。如此，何忧于操？何赖于羽？将图之，会羽讨樊，留兵将备南郡。蒙上疏曰：羽讨樊而多留备兵，必恐蒙图其后故也。蒙常有病，乞分众还建业，以治病为名。羽闻之，必撤备兵，尽赴襄阳。大军浮江，昼夜驱上，袭其空虚，则南郡可下，而羽可擒也。遂称病笃，权乃露檄召蒙还，阴与图计。羽果信之，稍撤兵赴樊。权遂行，遣蒙在前，伏其精兵于䑦艫中，使白衣摇橹作商贾服，昼夜兼行，至羽所置江边屯候，尽缚之，是故羽不闻知。蒙入据城，尽得羽及将士家属，皆抚慰纳，约令军不得干历人家，有所求取。羽还，在道路数使人与蒙相闻，蒙辄厚遇其使。羽使人还，咸知家门无恙，见待过于平时，故羽吏士无斗心，皆委羽而降，即父子俱获。初，孙权之讨羽也，遣使报魏云：欲讨关羽自效，乞不漏露，令羽有备。群臣咸言密之是宜。董昭④曰：军事尚权，期于合宜，宜露其事。羽闻权上，即当还护其城，围得速解，便获其利。可使两贼相持，以待其弊。若密而不露，交权得志，非计之上也。乃使射书于围中及羽屯内，

---

① 夏侯楙：三国时魏国驸马，字子林。夏侯渊之子，曹操女清河公主之夫。
② 魏延：字文长，三国时期蜀汉重要将领，深得刘备信任。为人高傲自大，野心大，一直想争取表现；曾向诸葛亮提出突袭长安之子午谷之计，但不被采纳。
③ 子午：即子午道。在陕西秦岭东部。是古代沟通关中平原和汉中平原的一条南北谷道。西汉开凿。古人以"子"为北，"午"为南，故名。
④ 董昭：字公仁，三国时曹魏大臣。原仕袁绍，多有功劳，因受谗言而离开，后随张杨迎接汉献帝，被拜为议郎。董昭建议曹操将汉献帝迁往许昌，从此成为曹操的谋士，深受信赖。曹丕、曹叡执政期间，董昭也多有谋划，官至司徒。

卷六 霸纪下

羽犹豫未去。陆逊①至，破江陵。羽走至临沮，为吴将潘璋②所杀也。**先主怒吴，伐之。败绩，还蜀，至永安而崩**初，魏文帝闻备东下与孙权交战，树栅连营七百余里，谓群臣曰：备不晓兵机，岂有七百里营可以距敌乎？包原隰阻险而为军者，为敌所禽，此兵忌也。孙权上事今至矣。后七日，权破备于夷陵书至。

后主禅即位下诏曰：朕闻善积者昌，祸积者丧，古今常数也。曩者汉祚中微，网漏凶慝，董卓造难，震荡京畿。曹操阶祸，窃执天衡。子丕孤坚，敢寻乱阶，盗据神器，更姓改物，世济其凶。当此之时，天下无主，则我帝命殒越于下。昭烈皇帝光演文武，存复祖业，诞膺皇纲，不坠于地。万国未竭，早世遐殂。朕以幼冲，继统鸿业，未习保傅之训，而婴祖宗之重，光戴前绪，未有攸济，朕甚惧焉。诸葛丞相弘毅忠壮，忘身忧国，今授之以旄钺之重，付之以专命之权，统领步、骑二十万众，董督元戎，龚行天罚，除患宁乱，克复旧都，在此行也。伐其元帅，吊其残人，他如诏书律令者也。**先是，吴主孙权请和**吴使张温③使蜀，权谓温曰：卿不宜远出，恐诸葛孔明不知吾所以与曹氏通意。故屈卿行。行人之义，受命不受辞也。对曰：臣入无腹心之规，出无专对之用，惧无张老④延誉之功，又无子产陈事之效。然诸葛亮达见计数，必知神虑屈伸之宜，加受朝廷天覆之惠。推亮之心，必无疑贰。温至蜀，诣阙拜章曰：昔高宗以谅暗，昌殷祚于中兴。成王以幼冲，隆周德于太平。今陛下以聪明之姿，等契往古，总百揆于良佐，参列精之炳耀，逖迩望风，莫不忻赖。吴国勤任旅力，清澄江浒，愿与有道平一宇内，委心协规，有如河水。使下臣温通致情好。陛下敦崇礼义，不便耻忽。臣自入远境，及即近郊，频蒙劳来，以荣自惧。蜀使马良使吴。良谓亮曰：今衔国命，协穆二家，本为良介于孙将军。亮曰：君试自为文。良即草曰：寡君遣掾马良⑤通聘继好，以绍昆吾⑥、豕韦⑦之勋。其人吉

---

① 陆逊：本名陆议，字伯言。三国时期东吴名将，历任吴国大都督、丞相等。东吴孙权兄长孙策之婿。公元222年，陆逊在夷陵击败刘备所率蜀汉军，一战成名。晚年因卷入立嗣之争、力保太子孙和而累受孙权责罚，忧愤而死。

② 潘璋：字文圭，三国时期东吴重要将领。吕蒙偷袭荆州后，关羽自麦城逃走，潘璋与朱然一同率部拦截关羽，他部下的马忠生擒关羽及其子关平等人。

③ 张温：三国时吴国大臣，字惠恕。少修节操，容貌奇伟。孙权召拜议郎、选曹尚书，徙太子太傅。

④ 张老：指张昭，三国时吴国大臣，字子布。

⑤ 马良：字季常，三国时期蜀汉官员，马谡的哥哥。马良兄弟五人都有才名，而马良又在五人中最为出色，因此有"马氏五常，白眉（马良）最良"的赞誉。

⑥ 昆吾：夏的同盟部落。己姓。生活的故地在今河南濮阳西南。其人民善于制造陶器和铸造铜器，夏启曾命人在昆吾铸鼎。后为商汤所灭。

⑦ 豕韦：上古部落名。彭姓。生活的故地在今河南滑县境。后被商所灭。

士，荆楚之令，鲜于造次之华，而有克终之美。愿降心存纳，以慰将命。权敬待之也。

丞相诸葛亮虑权闻先主殂，有异计，乃遣邓芝①修好于权。权果狐疑，不时见芝。芝自表请见，权语芝曰："孤诚愿与蜀和亲，然恐蜀主幼弱，国小势逼，为魏所乘，不自保全，以此犹豫耳。"芝对曰："吴、蜀二国，四州之土。大王命世之英，诸葛亮一时之杰也。蜀有重险之固，吴有三江之阻。合此二长，共为唇齿，进可兼并天下，返可鼎足而立。此理势之自然也。大王今若委质于魏，魏必上望大王之入朝，下求太子之内侍。若其不从，则奉辞伐叛，蜀必顺流见可而进。如此，江南之地，非复大王之有也。"权默然良久曰："君言是也。"遂自绝魏，与蜀连和。

时司徒华歆②、司空王朗③等与诸葛亮书，陈天命，欲使举国称藩。亮不答书，作《正议》曰："昔在项羽，起不由德，虽处华夏，秉帝者之势，卒就汤镬，为后来戒。魏不审鉴，今次之矣。免身为幸，灭在君子孙。而二三子多逞苏、张诡靡之说，奉进驩兜④滔天之辞，欲以诬毁唐帝，讽解禹、稷，所以徒怀文藻，烦劳翰墨。大雅君子，所不为也。又《军志》曰：'万人必死，横行天下。'昔轩辕氏⑤挈卒数万，制四帝⑥，定海内。况以数十万之众，据正道而临有罪，可得干拟者哉？"亮死后，魏令邓艾伐蜀，蜀兵败。后主用谯周策，降魏议曰：国君为社稷死则死，为社稷亡则亡。谯周劝后主降魏，可乎？孙盛⑦曰：《春秋》

---

① 邓芝：三国时蜀国将领，字伯苗。性格正直、简单，不会修饰情绪，所以没有士人愿意和他结交。而且对当时的人无甚敬重，只曾器重姜维。为将军二十多年，赏罚明断，体恤士卒。身上的衣食从官府资取，不治私有财产。

② 华歆：字子鱼，三国时期曹魏大臣。曾参与了汉献帝禅让帝位给曹丕的过程，在曹魏位列三公，官至司徒、太尉。

③ 王朗：本名王严，字景兴。三国时魏国名士，官至司徒、兰陵侯，与钟繇、华歆并为三公。去世后谥号为"成侯"。

④ 驩兜：传说中的恶人，又作欢兜或驩头，是古代传说中的三苗族首领，传说因为与共工、鲧一起作乱，被舜流放至崇山。事见《尚书·舜典》。

⑤ 轩辕氏：即黄帝。《史记·五帝本纪》：黄帝者，少典之子，姓公孙，名轩辕。他播百谷草木，大力发展生产，始制衣冠，建造舟车，发明指南车，定算数，制音律，创医学等，在此期间有了文字。曾于阪泉战胜炎帝，于涿鹿战胜蚩尤，诸侯尊为天子，后人以之为中华民族的始祖。

⑥ 四帝：指四方的部落联盟首领，如炎帝、蚩尤等。

⑦ 孙盛：字安国，东晋人，是一位"词直而理正"的史学家，曾官至秘书监。著有《魏氏春秋》、《晋阳秋》等。世称良史。

卷六　霸纪下

之义，国君死社稷，卿大夫死位，况称天子而辱于人乎？周谓万乘之君，偷生苟存，亡礼希利，要冀微荣，惑矣。且以事势言之，理不可尽，何者？禅虽庸主，实无桀、纣之酷；战虽屡北，未有土崩之乱，纵不能君臣固守，背城一战，自可返次东鄙，以思后图。是时罗宪①以重兵据白帝，霍弋②以强卒镇夜郎，蜀土险狭，山水峻隔，绝巇激湍，非步卒所涉。若悉收舟楫，保据江州，征兵南中，乞师东国，如此则姜、廖③五将，自然云从；吴之二师，承命电赴。何投寄之无所，而虑于必亡耶？魏师之来，搴国大举。欲追则舟楫靡资，欲留则师老多虞，且屈伸有会，情势代起，徐因思旧之人以攻骄惰之卒，此昭王所以走阖闾、田单所以摧骑劫也。何为悠悠，遽自囚虏，不坚壁于敌人，致斫石之至恨哉？葛生有云：事不济即亡耳，安能复为之下？壮哉斯言！可以立懦夫之志矣。观古燕、齐、荆、越之败，或国覆主灭，或鱼悬鸟窜，终成建功立事，康复社稷。岂曰天助，抑人谋也。向使怀苟存之计，纳谯周之言，何颓基之能构，令名之可获哉？禅既暗主，周实驽臣，方之申包胥、田单、范蠡、大夫种④，不亦远乎？

晋时，李特⑤**复据蜀**初，特在蜀暴横，晋乃募取特兄弟，许以重赏。未暇，宣闻，遂不藏。李特弟骧见书，悉改其购云：敢斩六郡人头首李、任、阎、赵等及氐侯王一人，诣官，许以重赏。六郡人见之大骇，遂并反归特。益州牧罗尚⑥遣隗伯攻李雄⑦于郫城，迭有胜负。冬十月，雄与朴泰⑧金，鞭之流血，令泰伴得罪奔尚，欲为内应。尚信之，以兵随。泰、雄内外击之，大破尚军。雄乘胜追蹑，夜至城下，因称万岁，诳

---

① 罗宪：字令则，三国时人。初仕蜀汉，后归晋，持节领武陵太守。

② 霍弋：字绍先，三国时蜀汉建宁太守。公元263年，邓艾灭蜀后，他率部降魏，被拜为南中都督。

③ 姜、廖：姜指姜维，三国时蜀汉大将，字伯约。原为曹魏天水郡的中郎将，后降蜀汉，深受诸葛亮器重。诸葛亮死后，姜维先后十一次伐魏。蜀汉后主刘禅降魏后，姜维打算利用钟会野心复国，降钟会。但因事败，死于乱军之中。廖指廖化，三国时蜀汉将领，本名廖淳，字元俭。初为前将军关羽主簿，关羽战败后，曾诈降东吴，后诈死，带着母亲回到蜀国。刘备封廖化为宜都太守，后官至右车骑大将军，封中乡侯，以勇敢果断著称。

④ 大夫种：即春秋末越国大夫文种。原为楚国人。字伯禽，一作子禽。越王勾践的谋臣，为勾践灭吴制定了"伐吴七术"，为勾践复国立下赫赫功劳。公元前472年，灭吴后，自觉功高，不听从范蠡劝告，继续留下为臣。后为勾践所不容，自刎而死。

⑤ 李特：西晋时流民起义首领。字玄休，十六国时期成汉建立者李雄之父，是成汉政权的奠基人。率领因齐万年之乱受害的流民进入巴蜀，和当地刺史赵广发生冲突，之后李特便率部攻破成都，斩杀赵广。后因中了刺史罗尚的诈降计而被杀。

⑥ 罗尚：字敬之。为西晋梁州刺史，后为益州牧。李特在蜀起事，罗尚用计讨平之。

⑦ 李雄：字仲俊，氐人，十六国时期成汉政权的第一个皇帝，李特第三子。公元304年称成都王，建元建兴，公元306年称帝，国号大成，改元晏平。

⑧ 朴泰：李雄部属。

尚城中云：已得郫城。尚信之，开少城门，雄军得入。尚遂遁走，遂克成都称王也，晋桓温①灭之。至晋义熙中②，谯纵又杀益州刺史毛璩于成都，称成都王初，毛璩③使任约赴义军。军至枝江，会刘毅④败，约奔桓振⑤。璩闻约奔桓振也，自将兵三千由外水下。谯纵为之参军，使将梁州兵五百人从内水发。梁州人不欲东，遂推纵为主，反攻涪城，克之。璩闻难作，自洛阳城步还。至成都，为纵党所杀也。宋使朱龄石灭之。此蜀国形也议曰：吴、蜀，唇齿之国，蜀灭则吴亡，信乎？陆士衡曰：夫蜀盖蕃援之与国，而非吴人之存亡也。何则？其郊境之接，重山积险，陆无长毂之径，川隘流迅，水有惊波之难，虽有锐师百万，启行不过千夫；舳舻千里，前驰不过百舰。故刘氏之伐陆公，譬之长蛇，其势然也。故黄权称曰：可以往，难以返，此兵之绝地也。古云：夫道狭路险，譬如两鼠斗于穴，将勇者胜也。

吴

丑⑥为星纪⑦，吴、越之分⑧。上应斗牛之宿⑨，下当少阳⑩之位今之会稽、九江、丹阳、豫章、庐江、广陵、六安、临淮，皆吴之分野；今苍梧、郁林、合

---

① 桓温：东晋大将，字元子，晋明帝之婿。因领兵消灭成汉而声名大盛，又曾三次领导北伐，掌握朝政并曾操纵废立，更有意夺取帝位，但终因最后一次北伐大败而令声望受损，受制于朝中王氏和谢氏势力而未能如愿。

② 晋义熙中：净戒院刊本原为"宋义熙中"，义熙为东晋晋安帝司马德宗的年号，刘裕此时尚未建立宋。因此，此处称"宋义熙中"有误，应为"晋义熙中"。

③ 毛璩：东晋著名将领，担任过谢安父子和谯王司马恬的参军、幕僚，参加过淝水之战，正是他把苻坚赶得风声鹤唳，后来担任益州刺史，在梁王寿春起事后，与武陵王等共同起兵反对桓玄篡位，被谯纵叛军杀害。

④ 刘毅：字希乐，小字盘龙，东晋末年北府兵将领。曾与刘裕、何无忌等举义兵消灭桓玄，后又参与讨伐卢循的战事。在晋官至卫将军、荆州刺史。因不服于刘裕，故此被刘裕所攻，兵败自杀。

⑤ 桓振：东晋大臣。曾迎晋安帝于行宫，阳奉玺绶，自为都督八州军事、荆州刺史。后被刘毅等人击杀。

⑥ 丑：古代用以记时的十二支（子、丑、寅、卯、辰、巳、午、未、申、酉、戌、亥）之一。

⑦ 星纪：古代用以量度日、月、行星位置和运动的十二次之一。与十二辰相配为丑。十二次名称是：星纪、玄枵、娵訾、降娄、大梁、实沈、鹑首、鹑火、鹑尾、寿星、大火、析木。十二次在星占术中也被用作分野的一种天空区划系统。

⑧ 分：即分野。我国古代星占术中的一种概念。它认为，地上各州郡邦国和天上一定的区域相对应，在该天区发生的天象预兆着各对应地区的吉凶。

⑨ 斗、牛之宿：二十八宿中的斗宿、牛宿。

⑩ 少阳：《易经》四象之一。《易经》象数之学以七为少阳，八为少阴，九为老阳，六为老阴。

卷六　霸纪下

浦、交趾、九真、日南、南海，皆越之分野。古人有言曰：大江之南，五湖之间，其人轻心，扬州保强保，恃也。三代要服，不及以正。国有道则后服，无道则先叛。故《传》曰：吴为封豕长蛇①，荐食上国。为上国之患，非一日之积也。

汉高帝时，淮南王英布反布都六安，今寿州是也。反书闻，上召诸将，问："布反，为之奈何？"汝阴侯滕公②曰："臣客故楚令尹薛公③有筹策，可问。"初，滕公问令尹，令尹曰：是故当反。滕公曰：上裂地而王之，疏爵而赏之，南面而立万乘之主，其反何也？令尹曰：往年杀彭越，前年杀韩信，此三人同功一体之人也，自疑祸及，故反耳。上乃召见，问薛公，薛公对曰："布反，不足怪也。使布出于上计，山东非汉之有也；出于中计，胜败之数未可知也；出于下计，陛下安枕而卧矣。"上曰："何谓上、中、下计？"令尹曰："东取吴苏州是也，西取楚荆州是也，并齐取鲁齐，青州；鲁，兖州，传檄燕、赵，固守其所，山东非汉之有也议曰：合从山东，为持久之策，上计也。何谓中计？东取吴，西取楚，并韩取魏，据敖仓之粟，塞成皋之口，胜败之数未可知也议曰：长驱入洛，以决一朝之战，中计也。何谓下计？东取吴，西取下蔡，归重于越，身归长沙，陛下安枕而卧，汉无事矣议曰：自广江表，无窥中原之心，下计也。"桓谭《新论》④曰：世有围棋之戏，或言是兵法之类也。及为之，上者遂基疏张，置以会围，因而伐之，成多得，道之胜。中者则务相绝遮要，以争便求利，故胜败狐疑，须计数而定。下者则守边隅，趋作罫，以自生于小地。然亦不如察薛公之言，上计云：取吴、楚，并齐、鲁及燕、赵者。此广道地之谓。中计云：取吴、楚，并韩、魏，塞成皋，据敖仓。此趋遮要争利者也。下计云：取吴、下蔡，据长沙以临越。此守边隅，趋作罫者也。罫，音为卦反。上曰："是计将安出？"令尹对曰："出下计。"上曰："何为废上、中计而出下计？"令尹曰："布，

---

① 封豕长蛇：大猪和长蛇，比喻贪暴者、侵略者。
② 汝阴侯滕公：即夏侯婴。西汉王朝的开国功臣之一。他与刘邦是少时的朋友，跟随刘邦起义，立下战功，后封为汝阴侯。
③ 薛公：秦汉时期人，善筹谋策划。楚、汉相争时，曾任楚令尹。后到夏侯婴处做了夏侯婴的宾客。为汉高祖分析了英布叛变的三种进攻方法，并认定了英布的失败。汉高祖大喜，封其为千户侯。
④ 桓谭《新论》：桓谭为东汉初哲学家，字君山。有《新论》二十九篇，早佚，南朝佛教文集《弘明集》中载有《新论》的"形神"一文。清学者和近人对《新论》做了辑佚工作。

三国权第十九

故郦山之徒①也。自致万乘之国，此皆为身，不顾其后，为万世虑者。故曰出下计。"上曰："善。"果如策乃封薛公千户。

是后，吴王刘濞以子故而反。初发也，其大将田禄伯②曰："兵屯聚而西，无他奇道，难以就功。臣愿得奇兵五万人，别循江淮而上，收淮南、长沙，入武关，与大王会，此亦一奇也。"吴王太子谏曰："王以反为名，此兵难以藉人，人亦且反王。"吴王不许。其少将桓将军复说吴王曰："吴多步兵，步兵利险阻；汉多车骑，车骑利平地。愿大王所过城邑，不下宜弃去，疾西据洛阳武库，食敖仓之粟，阻山河之险，以令诸侯。虽无入关，天下固已定矣。即大王徐行，留下城邑，汉车骑至，驰入梁、楚之郊，事败矣。"王问诸老将，老将曰："此年少摧锋之计耳，安知大虑！"吴王不从桓将军之计，乃自并将其兵。汉以太尉周亚夫击吴、楚。亚夫用其父客计客计在"霸纪上"，遂败吴。

淮南王刘安③怨望其父厉王长④死，谋为叛逆。问伍被⑤曰："吾举兵西向，诸侯必有应者，即无，奈何？"被曰："南收衡山衡州，以击庐江庐州，有浔阳之船，守下雉之城在江夏，县名也，结九江之浦，绝豫章洪州是也之口，强弩临江而守，以禁东郡之下，东收江都扬州也、会稽越州也，南通劲越，屈强江淮间，犹可一举得延岁月之寿。"王曰："善。"未得发，会事泄，诛。

至后汉灵、献时，阉人擅命，天下提契，政在家门何进谋诛阉官，太后不从。进乃召董卓诣京师，以胁迫太后。密令卓上书曰：中常侍张让等窃幸乘宠，浊乱海内。昔赵鞅兴晋阳之甲，以逐君侧之恶。辄鸣钟如洛阳，讨让等罪。卓未至，进败。及卓到，遂

---

① 郦山之徒：指发配在骊山服劳役的人。秦始皇在骊山为自己修建陵墓，征各地囚徒到骊山服役，即称之为郦山之徒。

② 田禄伯：西汉景帝时人。事吴王刘濞。公元前154年，吴王濞联合楚、赵等七国叛乱，举兵西进，他被任为大将军。

③ 刘安：西汉文士，汉高祖孙，汉武帝的叔叔。汉文帝时袭父封淮南王。招致宾客方术之士数千人，编成《淮南子》。

④ 厉王长：即淮南厉王刘长，西汉初诸侯王，刘邦少子。汉文帝时，图谋叛乱，事泄被拘，废王号。

⑤ 伍被：西汉时人，淮南王刘安幕僚。

卷六　霸纪下

废立，天下乱矣。议曰：家门，大夫也。时长沙太守孙坚①杀南阳太守张咨②，袁术得据其郡。坚与术合纵，欲袭夺刘表荆州。坚为流矢所中，死初，刘表据荆州也，闻江南贼盛，谓蒯越③等曰：吾欲征兵，恐不集，其策焉出？对曰：众不附者，仁不足也；附而不理者，义不足也。苟仁义之道行，百姓归之如水之趋下，何患不附？袁术勇而无谋，宗贼贪暴，为下所患，若示之以封，必以众来。君诛其无道，抚而用之，人有乐存之心，必襁负而至。兵强士附，南据江陵，北守襄阳，八郡可传檄而定，术等虽至，无能为也。后果然。**孙坚死，子策领其部曲，击扬州刺史刘繇**④**，破之，因据江东**策闻袁术将欲僭号，与书谏曰：昔董卓无道，陵虐王室，祸加太后，暴及弘农，天子播越，官庙焚毁。是以豪杰发愤，沛然俱起。然而河北异谋于黑山，曹操毒被于东徐，刘表僭乱于荆南，公孙叛逆于朔北。正礼阻兵，玄德争盟，当谓使君与国同规，而舍是弗恤，窥然有自取之志，惧非海内企望之意。昔成汤伐桀，犹云有夏多罪。武王伐纣，曰殷有重罚。此二王者，虽有圣德，假时无失道之过，无由逼而取也。今主上非有恶于天下，徒以幼小，胁于强臣，异于汤、武之时也。使君五世相承，为汉宰辅，荣宠之盛，莫与为比。宜效忠节，以报王室。术不纳，策遂绝之。**策闻魏太祖与袁绍相持于官渡，将渡江袭许。未济，为许贡客**⑤**所杀**初，策有是谋也，众皆惧。魏谋臣郭嘉料之曰：策，英雄豪杰，能得人死力。然轻而无备，虽有百万之众，无异于独行中原。若刺客伏起，一人之敌耳。以吾观之，必死于匹夫之手。果为许贡客所杀也。**策死，弟权领其众**时吴割据江南，席卷交广也。**属曹公破袁绍，兵威日盛，乃下书责孙权，求质**。张昭等会议不决，权乃独将周瑜诣其母前定议。瑜曰："昔楚国初封于荆山之侧，不满百里之地。继嗣贤能，广

---

①　孙坚：字文台，东汉末年军阀，是东吴孙氏开创人。史书说他"容貌不凡，性阔达，好奇节"。据《三国志》记载是大军事家孙武的后裔。孙权称帝后，追封为武烈皇帝。

②　张咨：字子仪，东汉末年南阳太守。董卓乱京之后，为了笼络人心，巩固地位，特别对官僚士大夫做出了一些姿态。其中包括任命张咨为南阳太守等。公元190年夏，孙坚率兵北伐董卓，路经南阳，向张咨借粮未答应，孙坚遂杀之。

③　蒯越：字异度，三国时人，原为荆州牧刘表谋士，曾经在刘表初上任时帮助刘表铲除荆州一带的宗贼（以宗族、乡里关系组成的武装集团）。刘表病逝后与刘琮一同投降曹操。曹操曾说："吾不喜得荆州，喜得异度也。"

④　刘繇：字正礼，东汉末年的扬州牧。初举孝廉，为郎中，授下邑长，因拒请托而弃官。后辟司空掾，除侍御史不就，避居淮浦，诏书命为扬州刺史。先后与袁术、孙策战，败归丹徒，未几，病卒。

⑤　许贡：东汉兴平初为吴郡太守。欲送密信给曹操，要曹操注意孙策，却被孙策发现而被杀。后来他的三名食客袭击并杀死了孙策。

土开境，立基于郢，遂据荆、扬，至于南海，传业延祚九百余年。今将军承父兄余资，兼六郡之众，兵精粮多，将士用命。铸山为铜，煮海为盐，境内富饶，人不思乱。泛舟举帆，朝发夕到。士风劲勇，所向无前，有何逼迫，而欲送质？质子一入，不得不与曹氏。曹氏命召，不得不往，便见制于人也。岂与南面称孤同哉？不如勿与，徐观其变。若曹氏率义以正天下，将军事之未晚；若图为暴乱，兵犹火也，不戢，必将自焚。韬勇抱威，以待天命，何送质之有！"权母曰："公瑾议是也。"遂不送质策薨，权年少，初统事。太妃忧之，引见张昭、董袭①等。问曰：江东可保安不？袭对曰：江东地势有山川之固，而讨逆明府，恩德在人。讨虏承基，大小用命。张昭秉众，袭等为爪牙，此地利、人和之时也，万无所忧。众皆壮其言也。

后曹公入荆州，刘琮举众降初，刘表死，鲁肃进说曰：夫荆楚与我邻接，水流顺北，外带江汉，内阻山陵，有金城之固。沃野万里，士人殷富。若据而有之，此帝王之资也。肃请得奉命，吊表二子，并慰劳军中用事者。说刘备使抚养表众，共拒曹操。肃未到，琮已降也，曹操得其水军船、步卒数十万。吴将士闻之皆恐，孙权延见群下，问以计策。议者咸曰："曹公，豺虎也。托名汉相，挟天子以征四方，动以朝廷为辞。今日距之，事更不顺。且将军大势可以距操者，长江也。今操得荆州，奄有其地。刘表治水军，蒙冲斗舰，乃以千数。操悉以沿江，兼有步兵，水陆俱下，此为长江之险，已与我共之矣。而势力众寡，又不可论。愚谓大计，不如迎之。"周瑜曰："不然。操虽托名汉相，其实汉贼。将军以神武之雄才，兼仗父兄之烈，割据江东，地方数千里，精兵足用，英雄乐业，尚当横行天下，为汉家除残去秽，况操自送死，而可迎之耶？请为将军筹之。今使北土已安，操无内忧，能旷日持久来争疆场，又能与我校胜负于舟楫，可也。今北土既未安，马超、韩遂尚在关西为操后患。且舍鞍马，仗舟楫，与吴越争衡，本非中国所长。又今盛

---

① 董袭：字元代，东汉末年东吴将领。跟随孙策讨伐山阴宿贼黄龙罗、周勃等，董袭斩黄龙罗、周勃首，因此迁扬武都尉。后从策攻皖，讨刘勋，伐黄祖。孙策死后，袭讨鄱阳贼彭虎等众数万人，旬日尽平，拜威越校尉，迁偏将军。

卷六　霸纪下

寒，马无藁草。驱中国士众，远涉江湖之间，不习水土，必生疾病。此数四者，用兵之患也，而操皆冒行之。将军擒操，宜在今日。瑜请得精兵三万人进住夏口，保为将军破之。"权曰："老贼欲废汉自立久矣，徒忌二袁、吕布、刘表与孤耳。今数雄已灭，唯孤尚存，孤与老贼，势不两立。君言当击，甚与孤合，此天以君授孤也。"时权军柴桑，刘备在樊。曹公南征刘表，会表卒，子琮举众降。先主不知曹公卒至，至宛乃闻之，遂率其众南行，为曹公所追破。刘备至夏口，诸葛亮曰：事急矣，请奉命求救孙将军。遂见，说曰：将军起兵江东，刘豫州亦收众汉南，与曹操并争天下。今操芟夷大难，略已平矣。遂破荆州，威震四海，英雄无所用武，故豫州遁逃至此。将军量力而处之，若能以吴越之众与中国争衡，不如早与之绝。若不能当，何不按兵束甲，北面而事之？今将军外托服从之名，而内怀犹豫之计，事急而不断，祸至无日矣！权曰：苟如君言，刘豫州何不遂事之乎？亮曰：田横①，齐之壮士耳，犹守义不辱，况刘豫州王室之胄，英才盖世，众士慕仰，若水之归海。若事之不济，此乃天也，安得复为人之下？权勃然曰：吾不能举全吴之地、十万之众受制于人。吾计决矣，非刘豫州莫可以当曹操者。然豫州新败之后，能抗此难乎？亮曰：豫州军虽败于长坂，今战士还者及关羽所将精甲万人，刘琦②合江夏战士亦不下万人。曹操之众，远来疲弊，间追豫州，骑一日一夜行三百里，此所谓强弩之末，不能穿鲁缟者也。故兵法忌之曰：必蹶上将军。且北方人不习水战，又荆州之人附操者，逼兵势耳，非心服也。今将军诚命猛将统兵数万，与豫州协规同力，破操军必矣。操军破，必北还，如此则荆、吴之势强，鼎足之形成。成败之机，在于今日。权大悦，即遣周瑜、鲁肃随亮诣先主，并力拒曹公也。**周瑜等水军三万，与刘备并力距曹公，用黄盖③火攻策，遂破曹公于赤壁**初一日交战，曹公军破，返引次江北，瑜等在南岸。瑜部将黄盖曰：今寇众我寡，难与持久。然观操军，方连船舰，首尾相接，可烧而走也。乃取蒙冲斗舰数十艘，实以薪草，膏灌其中，裹以帷幕，

---

①　田横：秦末人，本是齐国贵族，秦末，从兄田儋起兵，重建齐国。楚汉战争中，自立为齐王。汉朝建立，率部众五百余人逃亡海岛。汉高祖命他到洛阳，他被迫前往，途中自杀。留居海岛的部众听说田横已死，也全部自杀。

②　刘琦：三国时人，荆州牧刘表的长子。

③　黄盖：字公覆，东汉末年孙权麾下将军，是孙家三代元勋。赤壁之战中施诈降计，大败曹操。

三国权第十九

上建牙旗。先书报曹公,欺以欲降。盖又预备走舸,各系火船后,因引次俱前。曹公军吏士皆延颈观望,指言盖降。去北军二里余,同时发火。火烈风猛,船去如箭,飞埃绝焰,烧尽北船,延烧岸上营落。顷之,烟焰涨天,人马烧溺死者甚众。瑜率轻锐寻继其后,雷鼓大进。曹公留曹仁①等守江陵,径自北归。瑜又进南郡,与曹仁相对,仁遂退也。**曹公败,径北还。权遂虎视江表**时刘璋为益州牧,外有张鲁寇侵。瑜乃诣京见权曰:今曹操新衄,方忧腹心,未能与将军连兵相事也。乞奋威俱进,取蜀,得蜀而并张鲁,留奋威固守其地,好与马超结援。瑜与将军据襄阳以蹙操,北方可图也。权许之。会瑜卒,不果也。

初,周瑜荐鲁肃才宜佐时。权即引肃对饮曰:"今汉室倾危,四方云扰,孤承父兄遗业,思有桓、文之功。君既惠顾,何以佐之?"肃对曰:"昔高帝区区,欲尊事义帝而不获者,以项羽为害也。今之曹操,犹昔项羽,将军何由得为桓、文乎?肃窃料之,汉室不可复兴,犹曹操不可卒除。将军为计,唯有鼎足江东,以观天下之衅。规模如此,亦自无嫌。然后建号帝王,以图天下,此高帝之业也。"及是平一江浒,称尊号,临坛顾谓公卿曰:"昔鲁子敬尝道此,可谓明于事势矣。"议曰:陆士衡称,孙权执鞭鞠躬,以重陆公之威;悉委武卫,以济周瑜之师;卑官菲食,以丰功臣之赏;披怀虚己,以纳谋士之算;屏气局蹐,以伺子明之疾;分滋损味,以育凌统②之孤。是以忠臣竞尽其能,志士咸得肆力,而帝业固矣。黄石公曰:贤人之政,降人以体;圣人之政,降人以心。体降可以图始,心降可以保终。降体以体,降心以心。由此观之,孙权"执鞭鞠躬",降体者也;"披怀虚己",降心者也。善终令始,不亦宜乎?**黄武元年,魏使大司马曹仁步、骑数万向濡须,濡须督朱桓③破之**初,曹仁欲以兵袭取中州,伪先扬声欲东攻羡溪,桓分兵赴羡溪。既发卒,而仁奄至。诸将业业,各有惧心。桓喻之曰:凡两军交战,胜负在将,不在众寡。诸君闻曹仁用兵孰与桓耶?兵法所以称"客倍而主人半"者,谓俱在平原,无城池之守,又谓士众勇怯齐等故耳。今仁既

---

① 曹仁:三国时魏国将领,字子孝,曹操堂弟。早年跟随曹操,善守能攻。樊城之战中虽被关羽以水围城,但亦能激厉将士死守樊城,直至徐晃救援与东吴偷袭关羽,最终击退关羽。曹魏建立后,曹仁官至大司马,封陈侯,谥曰忠侯。
② 凌统:字公绩,三国时吴国名将。凌操之子,官至偏将军。
③ 朱桓:字休穆,东汉末年至三国时东吴的武将,参加过东吴建国初期至中期的多场战斗,作战勇猛而有智谋。

卷六 霸纪下

非智勇,加其士卒甚怯,又千里步涉,人马疲困。桓与诸将共据高城,南临大江,北背山陵,以逸待劳,为主制客,此百战百胜之势也。桓因偃旗鼓,外示虚弱,以诱致仁。仁果遣子泰攻濡须城,分遣诸将袭中州。中州者,部曲妻子所在。泰等退,桓遂枭其诸将也。**七年,又使大司马曹休①骑十万至皖城,迎周鲂。鲂欺之,无功而返**吴鄱阳太守周鲂②谲诱遭休。休迎鲂至皖城,知见欺,当引军还,自负众盛,邀于一战。朱桓进计于元帅陆逊曰:休本以亲戚见任,非智勇名将也。今战必败,败必走,走道当由夹石、挂车。此两道也,皆阨险。若以万兵柴路,则彼众必尽,而休可生虏。臣请将所部以断之,若蒙天威,得以休自效,便可乘胜长驱,进取寿春,割有淮南,以窥许、洛。此万代一时,不可失也。权先与陆逊以议,逊以为不可,故计不施行也。

至权薨,皓即位,穷极淫侈,割剥蒸人,崇信奸回,贼虐谏辅。晋世祖③令杜预等伐吴,灭之议曰:昔魏武侯④浮西河,顾谓吴起曰:山河之固,此魏国之宝也。吴起对曰:昔三苗⑤氏左洞庭而右彭蠡,德义不修,禹灭之;夏桀之君,左河济右太华,伊阙在其南,羊肠在其北,仁政不修,汤放之。由此观之,在德不在险。今孙皓席父祖之资,有天阻之固,西距巫峡,东负沧海,长江判其区宇,峻山带其封域,地方几万里,荷戟将百万。而一朝弃甲,面缚于人。则在德之言为不刊之典耶?对曰:何为其然?陆机云:《易》曰:汤、武革命,顺乎天。《玄》⑥曰:乱不极,则理不形。言帝王之因天时不如地利。《易》曰:王侯设险,以守其国。言国之恃险也。又曰:地利不如人和,在德不在险。言守之由人也。吴之兴也,叁而由焉。孙卿所谓"合

---

① 曹休:字文烈,三国时曹魏武将,《三国志》记载为曹操族子。于曹操起兵讨伐董卓时前往投奔,曹操称赞其为"千里驹",如同亲子般看待,并使他领虎豹骑宿卫。公元228年,曹休在魏吴石亭之战中大败,不久因背上毒疮发作而去世。

② 周鲂:三国时吴国鄱阳太守,字子鱼。他少年好学,被举荐为孝廉,很有施政和军事才能。曾担任过宁国长,因其功勋卓著,随后又被升为鄱阳太守,任期十三年,赏罚分明,恩威并施。公元228年,他诱魏国大将曹休攻吴,使其大败。

③ 晋世祖:即晋武帝司马炎。晋朝建立者。

④ 魏武侯:姬姓,魏氏,名击。战国初期魏国国君与中原霸主。魏文侯之子。他是三家分晋后魏国的第二代国君,在位期间将魏国的百年霸业再一次推向高峰。

⑤ 三苗:古族名。亦称有苗、苗民。《史记·五帝本纪》载其地在江、淮、荆州(今河南部至湖南洞庭、江西鄱阳一带)。传说舜时被迁到三危(今甘肃敦煌一带)。

⑥ 《玄》:即《太玄经》。西汉扬雄著。全书以"玄"为中心思想,相当于《老子》的"道"和《周易》的"易"。

其叄"者,及其亡也,恃险而已。娄敬①曰:周之衰也,分而为两,天下莫朝,周不能制。非其德薄也,形势弱也。由此观之,国之兴亡亦资险,云"非唯在德而已矣"。至晋永嘉中,中原丧乱,晋元帝复渡江,王江南。宋、齐、梁、陈皆都焉事在"霸纪上"也。此吴国形也。

魏

古者天子,守在四夷;天子卑弱,守在诸侯。当汉之季,奸臣擅朝,九有不澄,四郊多垒。虽复诸侯释位以间王政,然皆包藏祸心,各图非冀。魏太祖略不世出,灵武冠时。值炎精幽昧之期,逢风尘无妄之世,瞋目张胆,首建义旗。时韩暹、杨奉挟献帝自河东还洛阳灵帝崩,太子辩即位,并州牧董卓入朝,因废帝为弘农王,而立献帝,以董卓为太师,迁都长安。司徒王允诛卓,卓将郭汜②、李傕③围长安城。城陷,杀王允。后李傕与郭汜有隙,傕质天子于其家。傕将杨奉谋杀傕,事泄,叛傕。傕衰弱,天子乃得出奔。杨奉欲以天子还洛阳,郭汜追天子于弘农之曹阳。奉等败,杀公卿略尽。天子渡河,都安邑,以韩暹为征东将军,持政还洛阳。洛阳宫室烧尽,百官披荆棘。太祖迎天子都许。韩暹、奉出奔也,太祖议迎都许。或以为山东未定,不可。荀彧劝太祖曰:"昔晋文纳周襄王,而诸侯景从;高祖东伐,为义帝缟素,天下归心。自天子播越,将军首唱义兵,以山东扰乱,未能远赴关右。然犹分遣将帅,蒙险通使。虽御外难,乃心无不在王室。是将军匡天下之素志也。今车驾旋轸,义士有存本之思,百姓感旧而增哀。诚因此时奉主上以从人望,大顺也;秉至公以服雄杰,大略也;挟弘义以致英俊,大德也。天下虽有逆节,不能为累明矣。韩暹、杨奉其敢为害,若不时

---

① 娄敬:西汉谋臣。因为建议刘邦向西定都关中有功,赐姓刘氏,拜郎中,号奉春君。后为关内侯。

② 郭汜:又名郭多,东汉末年将领。原为董卓女婿牛辅的部下。董卓被杀后,郭汜归无所依,于是采用贾诩之谋,伙同李傕、张济、樊稠等原董卓部将攻向长安,击败吕布,杀死王允等人,占领长安,把持朝廷大权。几年后,郭汜被部将杀死。

③ 李傕:字稚然,东汉末年将领。本为董卓部将,于董卓死后,伙同郭汜等攻入当时的都城长安,掌控朝中大权。此后李傕与郭汜反目,自相残杀,曹操趁机奉迎献帝前往许。公元198年,曹操派裴茂率领关中诸将段煨等人诛杀李傕,并夷其三族。

卷六　霸纪下

定，四方生心，后虽虑之，无及。"太祖至洛阳，奉天子都许，维其弛紊，纫其赘旒，俾我汉家不失旧物矣。于是运筹演谋，鞭挞宇内，北破袁绍，南戾刘琮，东举公孙康，西夷张鲁议曰：刘表诸杰，虽中间自有吞并，乃扬雄所谓"六国蚩蚩，为嬴弱姬者也"。并吞虽众，适所以为吾奉也。九州百郡，十并其八，志绩未究，中世而殒曹操，字孟德，少机警，有权数，而任侠放荡，不治行业，故世人未之奇也，唯乔玄①异焉，谓曰：天下将乱，非命世之才，不能济也。能安之者，其君乎？太祖为东郡太守，治东武阳，军顿丘。黑山贼于毒②等攻东武阳，太祖引兵西入山，攻毒等本屯。诸将皆以为当还自救，太祖曰：昔孙膑救赵而攻魏，耿弇欲走西安而攻临淄。使贼闻我西而还，是武阳自解也；不还，我能败房家，房不能败武阳，必矣。乃行，毒闻之，弃武阳还，太祖要击，大破之。初，辽东太守公孙康恃远不服，袁尚、袁熙依之。及太祖破乌丸③，或说公遂征之，尚兄弟可擒也。公曰：吾方使康送尚、熙首，不烦兵矣。九月，公引军自柳城还，康即斩送尚、熙首。众将问曰：公还，而康斩送尚、熙，何也？公曰：彼素畏尚等，吾急之，则并力；缓之，则自相图，其势然也。太祖攻吕布于下邳，不拔，欲还，荀攸④曰：布勇而无谋，今三军皆北，其锐气衰。三军以将为主，主衰则军无奋意。陈宫有智而迟。今及布气未复，宫谋之未定，进急攻之，布可拔也。乃决沂、泗灌城，城溃，生擒布。袁绍将文丑⑤与太祖战，荀攸劝太祖以辎重饵贼，贼遂奔之，阵乱，斩文丑。太祖与袁绍相持于官渡，时公粮少，与荀彧书，议欲还许。彧曰：绍悉众聚官渡，欲与公决胜败。公以至弱当至强，若不能制，必为所乘，是天下之大机也。且绍，布衣之雄耳，能聚人而不能用。夫以公之神武明哲，而辅以大顺，何向而不济？今军虽少，未若楚、汉在荥

---

① 乔玄：字公祖，《后汉书》作"桥玄"，东汉大臣。性格刚强，不阿权贵，待人谦俭，虽历高官，不以官爵私亲。为官清廉，家贫无家业，卒后无葬资，时称为名臣。曾任太尉，以国政衰弱，而已无能为力，遂称疾免官。

② 于毒：东汉末年黑山起义军首领，曾与曹操在东郡大战，被曹操所败。不久随张燕破邺城，杀太守栗成。后袁绍引军讨于毒，围攻五日破之，斩于毒及长安所署冀州牧壶寿。

③ 乌丸：即乌桓。古族名。东胡族的一支。秦末东胡遭匈奴击破后，部分迁乌桓山，因以为名。以游牧射猎为生。

④ 荀攸：字公达，三国时曹魏大臣，曹操五谋臣之一，荀彧的侄子。荀攸行事周密低调，计谋百出，深受曹操称赞，被曹操称为"谋主"。公元214年，荀攸死于曹操伐吴路上。

⑤ 文丑：东汉末年冀州牧袁绍帐下的大将。公元200年，袁绍命文丑率军于延津攻曹操，曹操以诱敌之计大破文丑一军，文丑于此战中丧生。罗贯中在《三国演义》中根据此段历史描写关羽斩文丑的故事，并广泛流传于后世。

三国权第十九

阳、成皋时也。是时,刘、项莫肯先返,先返者势屈。公以十分居一之众,画地而守之,扼其喉而不得进,已半年矣。情见势竭,必将有变。此用奇之时,不可失也。又绍谋臣许攸贪财,绍不能纵,来奔,说太祖袭绍别屯,燔其粮谷。遂破绍。张绣①在南阳与荆州牧刘表合,太祖征之。谋臣进曰:绣与刘表相恃为强,然绣以游军而食于表,表不能供也。急之,则并力;缓之,则自离。太祖不从,征。表果遣兵救绣,太祖兵败。三年春,太祖还许,绣兵来追,太祖军不得进,与荀彧书曰:贼来追吾,虽日行数里,吾策之至安众,破之必也。果设奇伏,攻破之。公还许,荀彧问:前何以策贼必破?对曰:虏遏归师,与吾死地战,吾是以知胜。西平麹光杀其郡守以叛,诸将欲击之。张既②曰:唯光等造反,郡人未必悉同。若便以军临之,吏人、羌、胡必谓官家不别是非,更使皆相恃著,此为虎傅翼也。光等欲以羌、胡为援,今先使羌、胡钞击,重其赏,所虏获者,皆以畀之。外阻其势,内离其交,必不战而定。乃檄告谕:诸为光等所误者,原之;能斩贼师送首者,加封。于是光部党斩送光首。此九州百郡,十并其八之大略也。**夫能扶天下之危者,则据天下之安;能除天下之忧者,则享天下之乐;能救天下之祸者,则得天下之福**董昭等欲共进曹公九锡备物,密访于荀彧,彧不许。操心不平,遂杀之。范晔论曰:世之言荀君通塞,或过矣。常以中贤以下,遂无求备。智算有所研疏,原始未必要终,斯理之不可全诘者也。夫以卫赐③之贤,一说而毙两国,彼非薄于人而欲之,盖有全必有衰也。斯又功之不可兼者矣。方时运之遭,非雄才无以济其弱。功高势强,则皇器自移矣。此又时之不可并也。盖取其归正而已,亦杀身以成仁之义也。**曹氏率义拨乱,代载其功。至文帝时,天人与能矣,遂受汉禅**刘若④劝进曰:臣闻符命不虚见,众心不可违。故孔子曰:周公其不圣乎?以天下让,是天下日月轻去其万物也。是以舜享天下,不拜而受

---

① 张绣:东汉末年割据宛城的军阀,汉末群雄之一。官渡之战前夕,听从贾诩的建议投降曹操,官至破羌将军。

② 张既:三国时魏国大臣,字德容。出身寒门庶族,家中殷富,为人有容仪。早年为曹操平定各地叛乱立下战功。魏国建立后,任尚书,后担任雍州刺史。

③ 卫赐:春秋时卫国的端木赐,即孔子学生子贡。他善言巧辩游说各国,曾有存鲁乱齐、破吴霸越之说。

④ 刘若:三国时魏国重要将领。早年追随曹操起兵,在曹营众将中地位较高,与夏侯惇、刘勋等并列。公元210年,与夏侯惇等众将上书劝曹操进爵魏公。公元220年,率众将一百二十人上书劝魏王曹丕称帝。

卷六 霸纪下

命。今火德气尽，炎上数终。帝迁明德，祚隆大魏，符瑞昭晰，受命既固。光天之下，神人同应。虽有虞之仪凤，周之跃鱼，方之今事，未足为喻。而陛下违天命以饰小行，逆人心以守私志，上误皇穹乃眷之旨，中忘圣人达节之数，下孤人臣翘首之望，非所以扬圣道于高衢，垂无穷之懿勋也。臣等闻事君有献可替否之道，奉上有逆鳞固争之义。臣等敢以死请。太史丞许芝①曰：《易传》曰：圣人受命而王，黄龙以戊巳日见。七月四日戊寅，黄龙见。此帝王受命之符瑞最著明也。又曰：圣人以德亲比天下，仁恩洽普，麒麟以戊巳日见。厥应圣人受命。臣闻帝王者，五行之精，易姓之符，代兴之会，以七百二十年为一轨。有德者过于八百，无德者不及四百载。是以周家八百六十七年，夏家四百数十年。汉行夏政，迄今四百二十六岁。天之历数，将以尽终。斯皆帝王受命易姓之符瑞也。夫得岁者，道始兴。昔武王伐殷，岁在鹑火，有周之分野也。高祖入秦，五星聚于东井，有汉之分野也。今兹岁在大梁，有魏之分野也。而天之瑞应，并集来臻，伏惟殿下体尧、舜之圣明，应七百之禅代，天下学士所共见也。谨以上闻。给事中苏林等又曰：天有十二次，以为分野。王公之国，各有所属。天子受命，诸侯以封。周文王受命，岁在鹑火②，至武王伐纣，十三年，岁星复在鹑火。故《春秋传》曰：武王伐纣，岁在鹑火，则我有周之分野也。昔光和七年，岁在大梁。武王始受命为将，讨黄巾。建安元年，岁复在大梁，始拜大将军。十三年，复在大梁，始拜丞相。今二十五年，复在大梁，陛下受命。此魏得岁与文王受命相应。舜以土德承尧之火，今亦以土德承汉之火，于行运会于尧、舜授受之次。陛下宜改正朔，易服色，正大号，天下幸甚。

王室虽靖，而二方未宾。乃问贾诩③曰："吾欲伐不从命，以一天下，吴、蜀何先？"对曰："攻取者先兵权，建本者尚德化。陛下应期受禅，抚临率土，若绥之以文德，而俟其变，则平之不难矣。吴、蜀虽蕞尔小国，依阻山水，刘备有雄才，诸葛亮善治国，孙权识虚实，陆逊见兵势，据险守要，泛舟江湖，皆难卒平也。用兵之道，先胜后战。量敌论将，故举无遗策。臣窃料群臣无权、备对，虽以天威临之，未见万全

---

① 许芝：三国时魏国官吏。东汉末，为太史丞，向曹丕上符命，称谶语中预言魏将代汉。曹丕称帝后，升为太史令。后曾写信给诸葛亮，让其举国称藩。

② 鹑火：星纪十二次之一。与十二辰相配为午，与二十八宿相配为柳、星、张三宿。

③ 贾诩：字文和，三国时魏国著名谋士。曾先后担任三国军阀李傕、张绣、曹操的谋士。官至魏国太尉。

之势。昔舜舞干戚而有苗服。臣以为当今宜先文后武。"文帝不纳，后果**无功**三苗国，今岳州是也。蜀相诸葛亮出斜谷，屯渭南。司马宣王距之。诏宣王：但坚壁距守，以挫其锋。彼进不得志，退无与战，久停则粮尽，虏掠无所获，则必走矣。走而追之，以逸待劳，全胜之道。亮送妇人衣以怒宣王，宣王将出战，辛毗仗节不许，乃止。宣王见亮使，唯问寝食及事繁简，不及戎事。使答曰：笞罚二十以上，皆亲览焉，啖食不至数升。宣王曰：亮毙矣。寻果卒也。

至甘露元年，始以邓艾为镇西将军，距蜀将姜维。维军败，退守剑阁。钟会①攻维不能克，乃上言曰："今贼摧折，宜遂乘之。从阴平由邪径经汉德、阳亭趣涪。出剑阁西百里，去成都三百余里，奇兵冲其腹心，剑阁之守必还赴涪，则会方轨而进；剑阁之军不还，则应涪之兵寡矣。《军志》有之：攻其不备，出其不意。今掩其空虚，破之必矣。"冬十月，艾自阴平行无人之地七百余里，凿山通道，山高谷深，艾以毡自裹，推转而下，将士皆攀木缘崖，鱼贯而进，先登至江由。蜀将诸葛瞻②自涪还绵竹，列阵待艾。艾遣子忠等出战，大破之，斩瞻。进军到雒县，**刘禅遂降**后主用谯周策，奉玺书于艾曰：限以江汉，遇值深远，阶缘蜀土。计绝一隅，干运犯冒，渐苒历载。每惟黄初中，宣温密之诏，申三好之恩，开示门户，大义炳然。而不德暗劣，贪窃遗绪，俛仰累纪，未率大教。天威既震，人鬼归能之数，咸骇王师，神武所次，敢不革面，顺以从命？艾大喜，报书曰：王纲失道，群英并起，龙战虎争，终归真主。此盖天命去就之道也。自古圣帝，爰建汉、魏，受命而王者，莫不在乎中土。河出图，洛出书③，圣人则之，以兴洪业。其不由此，未有不颠覆者矣。隗嚣凭陇而亡，公孙据蜀而灭，斯实前代覆车之鉴。圣上明哲，宰相忠贤，将比隆黄轩，俟功往

---

① 钟会：字士季，太傅钟繇之幼子，三国后期灭蜀的曹魏重要将领。曾在魏国官居要职，包括有镇西将军、司徒。后与邓艾分兵灭掉蜀汉，却因意图谋反，死于乱军之中。著有《道论》二十篇，今佚。

② 诸葛瞻：字思远，三国时期蜀汉大臣，蜀汉丞相诸葛亮之子。邓艾伐蜀时，他与长子诸葛尚及蜀将张遵等人死守绵竹，后在与邓艾军交战时阵亡，绵竹也因此失守。

③ 河出图，洛出书：古代儒家关于《周易》和《洪范》两书来源的传说。传说伏羲氏时，有龙马从黄河出现，背负"河图"；有神龟从洛水出现，背负"洛书"。伏羲根据这种"图"、"书"画成八卦，就是后来《周易》的来源。一说禹治洪水时，上帝赐给他以《洪范九畴》（即《尚书·洪范》）。刘歆认为《洪范》即洛书。

卷六　霸纪下

代。衔命来征，思闻嘉响，果烦来使，告以德音。此非人事，乃天意也。昔微子①归周，实为上宾。君子豹变，义存大易。来礜谦冲，以礼举榇，此皆前哲归命之典。全国为上，破国次之。自非通明智达，何以见王者之义乎？后主至洛阳，策命之为安乐公，曰：盖统天载物，以咸宁为大；光宅天下，以时雍为盛。乃者汉氏失统，六合②震扰。我太祖承运龙兴，弘济八极③。是用应天顺人，抚有区夏。于时乃考因群杰虎争，九服④不靖，乘间阻远，保据庸蜀，几将五纪⑤。朕永惟祖考，思在绥辑四海，爰整六师，曜威梁、益。公恢崇德度，应机豹变，履信思顺，以左右无疆之休，岂不远欤？往钦哉！其祗服朕命，克广德心，以终乃显烈。初，晋文王欲遣钟会伐蜀。邵悌⑥曰：今钟会十万余众伐蜀，愚谓会单身无重任，不若余人。文王曰：我宁当复不知此耶？若灭蜀后，如卿所虑，当何能办？凡败军之将，不可以语勇；亡国之大夫，不可以图存。心胆已破故也。若蜀已破，遗人震恐，不足与图事。中国将士，各自思归，不肯与同也。若作恶，祗自族灭耳。会果与姜维反。魏将士愤发，杀会及维也。至晋末，谯纵复窃蜀。宋刘裕使朱龄石伐蜀，声言从内水取成都，败衣赢老进水口。谯纵果疑其内水上也议曰：内水，涪江也，悉军新城以待之。乃配朱龄石等精锐，迳从外水议曰：外水，泯江也。若中，今雒县水是也，直至成都，不战而禽纵事具"霸纪上"。此灭蜀形也。

魏嘉平中，孙权死。征南大将军王昶⑦、征东大将军胡遵⑧、镇南将军毋丘俭等表征吴。朝廷以三征计异，诏访尚书傅嘏，嘏对曰："昔夫差

---

① 微子：商纣王庶兄。名启，一作开，受封于微（今山西梁山西北）。他见国势日危，多次强谏，因纣王不悔悟，愤然出走。周灭商时，他乞降，后以殷嗣受封。为宋国始祖。
② 六合：指上下和东西南北四方，即天地四方，也泛指天下或宇宙。
③ 八极：极边远的地方。《淮南子·坠形训》：天地之间，九州八极。
④ 九服：指京畿以外的九等地区，即侯服、甸服、男服、采服、卫服、蛮服、夷服、镇服、藩服，后泛指藩属。
⑤ 五纪：此处指古代纪年单位。古代以十二年为一纪。
⑥ 邵悌：字元伯，三国时曹魏权臣司马昭的心腹。公元264年，为西曹掾。时司马昭欲遣钟会伐蜀，悌进言谏止，昭不纳。
⑦ 王昶：三国时魏国大臣，字文舒。少时知名，初为曹丕的文学侍从，后任散骑侍郎、兖州刺史、徐州刺史等。伐吴之后升任征南大将军。讨伐毋丘俭之乱后升任骠骑将军，又因平定诸葛诞有功而升任司空。王昶著有《治论》、《兵书》等数十篇论著。
⑧ 胡遵：三国时魏国征东将军。随同司马懿参与辽东讨伐战。在魏吴东兴之战中担任魏军的统帅，被吴将丁奉击败。此后随司马师讨伐毋丘俭，与王基一同围攻毋丘俭最后的据点项城。

胜齐陵晋，威行中国，不能以免姑苏之祸；齐闵辟土兼国，开地千里，不足以救颠覆之败。有始者不必善终，古事之明效也。孙权自破蜀兼荆州之后，志盈欲满，凶亢已极。相国宣、文王先识取乱侮亡之义，深达宏图大举之策。今权已死，托孤于诸葛恪①。若矫权苛暴，蠲其虐政，民免酷烈，偷安新惠，外内齐虑，有同舟之惧，虽不能终自保完，犹足以延期挺命于深江之外矣。今议者或欲泛舟径济，横行江表；或欲倍道并进，攻其城垒；或欲大佃疆场，观衅而动。此三者皆取贼之常计。然施之当机则功成，若苟不应节，必贻后患。自治兵已来，出入三载，非掩袭之军也。贼丧元帅，利存退守。若罗船津要，坚城清野，横行之计，其殆难捷也。贼之为寇几六十年，君臣伪立，吉凶同患。若恪蠲其弊，天夺之疾，崩溃之应，不可卒待也。今贼设罗落，又将重密。间谍不行，耳目无闻。夫军无耳目，投察未详，而举大众以临巨险，此为睎幸邀功，先战而后求胜，非全军之长策也。唯有大佃最差完牢，兵出民表，寇钞不犯；坐食积谷，不烦运士；乘衅讨袭，无远劳弊。此军之急务也。夫屯垒相逼，巧拙得用。策之而知得失之计，角之而知有余不足之处。情伪将焉所逃？夫以小敌大，则役烦力竭；以贫敌富，则敛重财匮。故敌逸能劳之，饱能饥之，此之谓也。然后盛众厉兵以振之，参惠倍赏以招之，多方广似以疑之。由不虞之道，以间其不戒。比及三年，左提右挈，虏必冰散瓦解，安受其弊，可坐算而得也。昔汉氏历世常患匈奴。朝臣谋士，早朝晏罢；介胄之将，则陈征伐；缙绅之徒，咸言和亲；勇奋之士，思展搏噬。故樊哙②愿以十万横行匈奴，季布面折其短；李信③求以

---

① 诸葛恪：字元逊，三国时东吴重臣诸葛瑾之子，东吴的权臣、太傅。孙权临终时以其为辅政大臣，辅助太子孙亮。孙亮继位后，诸葛恪独揽军政，初期笼络民心，东兴之战胜利后颇有众望；但事后因轻敌而大举进攻魏国，最终大败而回，渐失民心，未有反思失败，仍独断专权。最后孙峻发动政变，诸葛恪在酒宴上为孙峻所杀。

② 樊哙：西汉开国元勋，大将军，左丞相，著名军事统帅。为吕后妹夫，深得汉高祖刘邦和吕后信任。后随刘邦平定臧荼、卢绾、陈豨、韩信等，为西汉开国皇帝汉高祖刘邦第一心腹。

③ 李信：战国末年的秦国名将，在灭燕国之战中立有大功。后领兵二十万攻打楚国，先是一路凯歌，后被楚将项燕大破之，之后李信行踪便不见于史书。另外，李信是汉代飞将军李广的祖先。

卷六　霸纪下

二十万独举楚人，而果辱秦军。今诸将有陈越江陵之险，独步房庭，即亦向时之类也。以陛下圣德，辅相贤智，法明士练，措计于全胜之地，振长策以御之，房之崩溃，必然之数。故兵法曰：屈人之兵而非战也，拔人之城而非攻也。若释庙胜必然之理，而行百一不全之略，诚愚臣之所虑也。故谓大佃而逼之计最长。"时不从毗言，诏昶等征吴。吴将诸葛恪距之，大败魏军于东关。魏后陵夷，禅晋。世祖即位王昶等败，朝议欲贬黜诸将。景王曰：我不听公休以至此，我过，诸将何罪？时雍州刺史陈泰①讨胡又败，景王又谢朝士曰：此我过也，非玄伯之责。于是魏人悦睦，思报之也。

至世祖时即晋武帝也，羊祜②上《平吴表》曰："先帝顺天应时，西平巴蜀，南和吴会，海内得以休息，兆庶有乐安之心。而吴复背信，使边事更兴。夫期运虽天所授，而功业必由人而成。不一大举扫灭，则众役无时得安。亦所以隆先帝之勋，成无为之化也。故尧有丹水之伐，舜有有苗之征，咸以宁静宇宙，戢兵和众者也。蜀平之后，天下皆谓吴当并亡。自此来十三年，是谓一周，平定之期，复在今日。议者常言吴、楚有道后服，无礼先强，此乃诸侯之时耳。当今一统，不得与古同论。夫适道之论，皆未应权。是故谋之虽多，而决之欲独。凡以险阻得存者，谓敌者同，力足以自固。苟其轻重不齐，强弱异势，则智士不能谋，而险阻不可保也。蜀之地，非不险也，高山寻云霓，深谷肆无景，束马悬车，然后能济。皆言一夫荷戟，千人莫当。及进兵之日，曾无藩篱之限，斩将搴旗，伏尸数万，乘胜席卷，径至成都。汉中诸城，皆鸟栖而不敢出。非皆无战心，诚力不足相抗。至刘禅降服，诸营堡者，索然俱散。今江淮之难，不过剑阁；山川之险，不过岷、汉；孙皓之暴，侈于刘禅；吴越之困，甚于巴蜀。而大晋兵众，多于前世；资储器械，盛于往时。今不于此平吴，而更阻兵相守，征夫苦役，日寻干戈，经历盛衰，不可

---

① 陈泰：字玄伯，三国时魏国名将，司空陈群之子。陈泰曾在司马懿政变之时劝曹爽投降，因此为司马氏所信任。之后外出到雍州任职，多次成功防御蜀将姜维的进攻。后来陈泰被调回中央，不断升迁，直至尚书左仆射。

② 羊祜：字叔子，西晋军事家、政治家、文学家，博学能文，清廉正直。羊祜出身泰山名门望族羊氏家族，家族人才辈出，东汉名臣蔡邕为其外祖父，世代皆有人在朝为官。

长久。宜当时定，以一四海。今若引梁、益之兵，水陆俱下；荆楚之众，进临江陵；平南、豫州，直指夏口；徐、扬、青、兖，并向秣陵。鼓旆以疑之，多方以误之。以一隅之吴，当天下之众，势分形散，所备皆急。巴汉奇兵，出其空虚。一处倾坏，则上下震荡。吴缘江为国，无有内地，东西数千里，以藩篱自恃。所敌者大，无有宁息。孙皓①恣情任意，与下多忌；名臣重将，不复自信。是以孙秀②之徒，皆畏逼而至。臣疑于朝，士困于野，无有保势之计，一定之心。平常之日，犹怀去就；兵临之际，必有应者。终不能齐力致死，已可知也。其俗急速，不能持久，弓弩戟楯，不如中国。唯有水战，是其所便。一入其地，则长江非复所固。还保城池，则去长入短。而官军悬进，人有致节之志；吴人战于其地，有凭城之心。如此，军不逾时，克可必矣。"帝深纳焉。乃令王濬等灭吴。天下书同文，车同轨矣时吴王皓有兼上国之心，使陆抗③为荆州牧。晋使羊祜与吴人相持。祜增修德政以怀吴。吴每与战，必克日而后合，间谋掩袭并不为。若临阵俘获，军正将斩之，祜辄曰：此等死节之臣也。为之垂涕，亲加殡，给其家，迎丧者，必厚为之祀而归之。吴将有来者，辄任其所适。若欲返吴，便为祖道④。吴将有二儿，皆幼，在境上戏，为祜军所略经月。其父谓之已死，发丧。祜亲自免劳供养，遣归。父后感其恩德，率众二千来降。于是陆抗每告其众曰：彼专为义，此专为暴，是不战而自服也。各保分界，无求细益而已。称曰：羊叔子虽乐毅、诸葛亮，何以过之？陆抗将死，言于吴王皓曰：西陵、建平，国之蕃表，处在上流，受敌二境。臣父逊昔垂没，陈言：西陵，国之西门。如其有虞，当举国争之。臣愚以为，诸侯王幼冲，未掌事，乞简阅一切，以辅疆场。晋南征大将军羊

---

① 孙皓：字元宗，一名彭祖，字皓宗。三国时期吴国末代皇帝。吴大帝孙权之孙，孙和之子。在位初期虽施行过明政，但不久即沉溺酒色，专于杀戮，变得昏庸暴虐。公元280年，吴国被西晋所灭，孙皓投降西晋，被封为归命侯。

② 孙秀：西晋骠骑将军。孙策幼弟孙匡之孙，宗室至亲，曾任吴国前将军、夏口督，为吴主孙皓所不容，于是投奔晋。

③ 陆抗：三国时吴国大将。字幼节，陆逊之子。年二十为建武校尉，领其父众五千人。后迁立节中郎将、镇军将军等。公元272年，击退晋将羊祜进攻，并攻杀叛将西陵督步阐。后拜大司马、荆州牧，卒于官，终年49岁。

④ 祖道：旧时为出行者祭祀路神，并饮宴送行。

卷六　霸纪下

祜来朝，密陈伐吴之计，使王濬治船于蜀，方舟百余步皆为城郭，门施楼卤①，首画怪兽，以惧江神。容二千余人，皆驰马往还。及柿流于吴，建平太守吾彦②取其流柿以呈吴王，曰：晋必有攻吴之计，宜增建平兵。建平不下，终不敢渡江。吴王皓不从。彦乃辄为铁锁，加之锥刺，以断于江，阻于我也。濬闻之，乃为大筏，缚草为人，伏习流者，下施竹炬，以碍锁锥，乃兴师。果如濬策，弗之患也。太康元年，安东将军王浑击横江，破之。龙骧将军王濬克建平、丹阳二城。杜预又分遣轻兵八百，乘篝船潜渡江，上乐乡岸，屯巴山，多张旗帜，起火山上，出其不意破公安。时诸将咸谓百年之寇，未可全克，且春水方生，难于持久，宜待来冬，更克大举。预喻之曰：昔乐毅藉济西一战以并强齐，今兵威已振，譬如破竹，数节之后，皆迎刃而解耳。抗表论之，上深然焉。吴遣张悌③、沈莹④济江，莹谓悌曰：晋作战船于蜀久矣，今倾国大动，万里齐起，并悉益州之众浮江而下，我上流诸军无有戒备，恐边江诸城莫尽能御也。晋之水军必至于此，宜畜力，待来一战。若破之日，江西自清，上方虽坏，可还取也。今渡江逆战，胜不可保。若或摧丧，则大事去矣。张悌不从，遂济江，尽众来逼，王师不扰。其众返而兵乱，晋军乘之，大破吴师。吴王皓乃降于濬，戎卒八万，方舟鼓噪，入于石头。皓面缚、舆榇，濬焚榇，礼也。赐皓爵为归命侯。

至晋惠庸弱，胡乱中原，天子蒙尘，播迁江表。当时天下复分裂矣。出入五代，三百余年。隋文帝受图，始谋伐陈矣。尝问高颎⑤取陈之策，颎曰：“江北地寒，田收差晚。江南土热，水田早熟。量彼收获之际，微征士马，声言掩袭，贼必屯兵坚守，足得废其农时；彼既聚兵，我便解甲。再三如此，贼以为常。后更集兵，彼必不信。犹豫之顷，我乃济师登陆而战，兵气益倍。又江南土薄，舍多竹茅，所有储积皆非地窖。密遣行人因风纵火，待其修立，复更烧之。不出数年，自可财力俱尽。"上行其

---

① 楼卤：亦作楼橹。古时军中用以侦察、防御或攻城的高台。
② 吾彦：三国时吴国建平太守，字士则。公元280年，晋军大举攻吴，吴军纷纷溃败，他仍据城坚守。孙皓降晋后，他才归降。
③ 张悌：三国时吴国大臣，丞相。字巨先。公元280年，他率沈莹、诸葛靓等率众三万渡江逆之。所领奋勇死战，无去意。军败，为王浑军所杀。
④ 沈莹：三国时吴国大臣。公元280年，他随丞相张悌拒晋兵，战败被杀。
⑤ 高颎：一名敏，字昭玄，隋朝杰出的政治家，著名的战略家、谋臣，隋代名相。其父高宾是上柱国独孤信的僚佐，官至刺史。

策,陈人益弊。后发兵,以薛道衡为淮南道、行台尚书,兼掌文翰。及王师临江,高颎召道衡夜坐幕下,因问曰:"今师之举,克定江东以不?君试言之。"道衡答曰:"凡论大事成败,先须以至理断之。《禹贡》所载九州,本是王者封域。后汉之季,群雄竞起,孙权兄弟遂有吴、楚之地。晋武受命,寻即吞并。永嘉南迁,重此分割。自尔已来,战争不息。否终斯泰,天道之恒。郭璞①有云:江东偏王三百年,还与中国合。今数将满矣。以运数而言,其必克一也。有德者昌,无德者亡。自古兴灭,皆由此道。主上躬履恭俭,忧劳庶政。叔宝②峻宇雕墙,酗酒荒色,上下离心,人神同愤,其必克二也。为国之体,在于任寄。彼之公卿,备员而已。拔小人施文庆③,委以政事。尚书令江总④唯事诗、酒,本非经略之才。萧摩诃⑤、任蛮奴⑥是其大将,一夫之用耳,其必克三也。我有道而大,彼无德而小。量其甲士,不过十万。西自巫峡,东至沧海,分之则援悬而力弱,聚之则守此而失彼,其必克四也。席卷之兆,其在不疑。"颎忻然曰:"君言成败,理甚分明,吾今豁然矣。本以才学相期,不意筹略乃至此也。"遂进兵,虏叔宝。此灭吴形也议曰:

---

① 郭璞:字景纯,东晋著名学者,既是文学家和训诂学家,又是道学术数大师和游仙诗的祖师,他还是中国风水学鼻祖,著有《葬经》。原有集,已佚。明人辑有《郭弘农集》。

② 叔宝:即陈后主,字元秀,小字黄奴。南朝陈末代皇帝,荒淫无道,被隋文帝杨坚亡国。明人辑有《陈后主集》。

③ 施文庆:南朝陈官吏。初事太子陈叔宝,陈叔宝即位,提拔为中书舍人。与沈客卿等肆意搜刮百姓,以供后主挥霍,甚得后主宠信。公元589年,授予其都督,代晋熙王陈叔文为湘州刺史。隋军攻入建康(今江苏南京)时被杀。

④ 江总:字总持,南朝陈大臣、诗人。他出身高门,早年即以文学才能被梁武帝赏识,官至太常卿。江总是陈代亡国宰相,后宫"狎客",在历史上声名不佳。

⑤ 萧摩诃:字元胤,南朝陈大臣。以功累官侍中、骠骑大将军,封绥远郡公。入隋,授开府,仪同三司。

⑥ 任蛮奴:即任忠,字奉诚,小名蛮奴,南朝陈大臣。出身卑微,善骑射,谲诡多计略。入南朝陈时,历官安湘太守、右军将军。再升迁为霍州刺史,陈后主时封梁信郡公。隋军攻陈,陈后主以任忠为镇东大将军,屯守朱雀门。后降于韩擒虎,入隋,授开府,仪同三司。

卷六　霸纪下

昔三国时，蜀遣宗预①使吴。预谓权曰：蜀土虽云邻国，东西相赖，吴不可无蜀，蜀不可无吴。孙盛曰：夫帝王之保，唯道与义。道义既建，虽小可大，殷、周是也；苟仗诈力，虽强必败，秦、项是也。况乎偏鄙之城，恃山水之固，而欲连横万里，永相资赖哉！昔九国建合纵之计，而秦人卒并六合；嚣、述营辅车之谋，而光武终兼陇蜀。夫以九国之强、陇汉之大，莫能相救，坐观屠覆，何者？道德之基不固，而离弱之心难一故也。而云吴不可无蜀，蜀不可无吴，岂不诒哉！由此观之，为国之本，唯道义而已，君若不修德，舟中之人尽敌国也。有矣夫。自隋开皇十年庚戌岁灭陈，至今开元四年丙辰岁，凡一百二十六年，天下一统。

论曰：《传》称：都城过百雉②，国之害也。又曰：大都偶国，乱之本。古者诸侯不过百里，山海不以封，毋亲夷狄，良有以也。何者？贾生有言：臣窃迹前事，夫诸侯大抵强者先反。淮阴王楚③最强，则最先反；韩信④倚胡则又反；贯高⑤因赵资则又反；陈豨兵精则又反；彭越因梁则又反；黥布用淮南则又反；卢绾⑥最弱最后反。长沙乃在二万数千户耳，功少而最完，势疏而最忠。非独性异人也，亦形势然也。曩令樊、郦、绛、灌⑦据数十城而王，今虽以残亡可也。令信、越⑧之伦，列为彻侯而居，虽至今存可也。然则天下之大，计亦可知已。欲诸侯之皆忠附，则莫若令如长沙王；欲臣子之勿俎醢，则莫若令如樊、

---

① 宗预：三国时蜀汉大臣，字德艳。蜀亡时，年逾七十。公元264年，与廖化一同迁徙洛阳，死于途中。
② 雉：古代计量城墙的单位，长三丈，高一丈，为一雉。
③ 淮阴王楚：即西汉开国功臣楚王韩信，后被降为淮阴侯。
④ 韩信：秦末汉初的人物，西汉初年被刘邦封为韩王，后来投降匈奴，公元前196年与汉军作战时被杀。为避免与同时期同名的淮阴侯韩信混淆，史书上多称其为韩王信。
⑤ 贯高：西汉赵王刘敖之相。他为人耿直仗义，因刘邦对其主吆三喝四，蛮横无礼，贯高便与手下赵午等密谋杀之。后来刘邦再次途经赵国，贯高等背着赵王前往行刺。因刘邦命大，临时易处躲过此劫。此事后被人告发，贯高与赵王都被打入大狱。
⑥ 卢绾：西汉开国功臣，与刘邦是同乡好友，和刘邦同一天生日。刘邦当泗水亭长时，常随出入上下。楚汉战争中，官至太尉，刘邦建立汉朝，被封为燕王。后谋反，兵败，携家人奔走匈奴。匈奴大单于便封他为东胡庐王。后卢绾因病死于匈奴。
⑦ 樊、郦、绛、灌：指西汉开国功臣樊哙、郦食其、周勃、灌婴。
⑧ 信、越：指西汉开国功臣韩信、彭越。

郦等；欲天下之治安，则莫若众建诸侯而少其力。以此观之，令专城者，皆堤封千里，有人民焉，非特百里之资也；官以才居，属非肺附，非特毋亲之疏也；吴据江湖，蜀阻天险，非特山海之利也；跨州连郡，形束壤制，非特偶国之害也。若遭万世之变，有七子之祸，则不可讳。有国者不可不察魏明帝问黄权曰：今三国鼎峙，何方为正？对曰：当以天文正之。往年荧惑守心①，而文帝崩，吴、蜀二国主无事。由是观之，魏正统矣。

---

① 荧惑守心：荧惑指火星，火星在心宿徘徊不去，星占学上认为这是大不祥，象征皇帝驾崩，丞相下台。

卷六　霸纪下

三国权第十九蜀、吴、魏

译文

评论：臣听说从前东汉末年朝政混乱，豪强四起。袁绍在河北虎视眈眈，刘表在荆州起兵，马超、韩遂雄据关西，吕布、陈宫割据东夏，辽河、渤海、山东一带，十几路诸侯屯兵百万，战马成群，他们共同缔结盟约，成为当时的英雄豪杰。然而曹操挟天子以令诸侯，在六七年间，将各路豪雄消灭了十有八九。只剩下吴、蜀两个小国。从地图上看，吴、蜀加起来只占据了四个州的地盘，甚至比不上中原的一个大都城。那里的人害怕为国作战，却常常私下争斗，打仗时动辄临阵脱逃，敌不过中原的军队。衡量其长短、大小、才智、实力，孙权、刘备甚至比不上袁术、袁绍、刘表、吕布。但正是这二位豪杰，凭借刚建立的弱小国家，在实力完全不对等的形势下，不畏强敌，敢与曹操抗衡。跃马扬鞭，指挥战斗，在江南和西蜀占尽优势。这是为什么呢？不过是仰仗地利和特殊的形势罢了。所以《周易》称：王侯凭借天险来据守他的国家。古语说：争夺方圆一里的土地，却要动用获取千里之地的权谋，这就是地利的作用。因此，曹丕面对长江，看到波涛汹涌的江流，感叹说："这是上天设置的南北界限。"孙资称南郑为"天狱"，称斜谷道为"五百里石穴"，查考诸多史料，这些地方都有险阻幽深、令人畏惧的记载。顺应天时的情况下，地利不如人和重要。如果是让一个中等才能的人守吴、蜀，避免过早灭亡的命运是完全可能的，怎么可能让小小的邓艾、王濬有机会施展他们的策略？由此看来，胜败的关键在于人和，不在地利。唉！有头脑的人谋划，必定会全面权衡利害得失。所以说不了解用兵的险恶，那么就不能充分发挥军队的作用，自古以来就是如此。因此，我摘录了三国历史上权谋的精要，汇成了这篇"三国权"。从其中统一江南、覆灭蜀国的全过程，我们可以充分了解这些历史事件中天时、地利、人和利与害的辩证关系，从而明白曹魏的谋略。

蜀

天帝布置政局，房、心二星宿合该治理参、伐。参、伐星区，就是益州的分界以东边的井星、南边的股、距二星为分界，东边的井星和南边的股、距二星连带钺星这个范围就是参星。觜星应在参星的右边，玉井星所含的就是这个星。西边的距星就是参星中央三星从西边数第一颗星。按照《职方》的记载，蜀地在雍州的境内，根据《禹贡》的记载，蜀地又属于梁州的地界。蜀地方圆五千里，有四十多个郡，实际上可算是一个诸侯国常璩的《国志》称：蜀地按八卦方位论恰好属坤，所以这里多有五彩斑斓的修饰；按十二干支属未，所以这里的人们喜好美味。《诗经》称周文王的教化，恩泽遍及长江、汉水流域。那么这里应该已经接受了周文王的教化了。秦地和豳地有同样的诗风，秦地与蜀地是同等的，所以他们都有华夏的音乐。因此古代称蜀地为天府之国，有广阔的肥沃田野，这其中是有原因的。王莽新朝末年，公孙述占据蜀地公孙述，字子阳，是扶风茂陵人。王莽新朝年间担任蜀郡太守，治所在临邛。到更始帝刘玄建国时，四方豪杰纷纷在自己所在郡县起兵响应，南阳人宗成占领了汉中，商人王岑也在雒县起兵，自称定汉将军，响应宗成。公孙述听说后，派遣使者迎接宗成。宗成等人到达成都后，烧杀掳掠，暴虐横行，公孙述心中十分痛恨他，便召集县中豪杰，对他们说：天下百姓都深受王莽新朝统治的苦难，早就盼望着刘氏汉家天下复兴。因此我一听说汉将军来到，便飞奔迎接。但是如今宗成进了成都后，无辜百姓惨遭祸殃，连妇孺都被送进监狱，所到之处房舍被焚烧，这是一班草寇，哪里是什么义军。我想守住我们的郡县等待有道明君的到来，各位想助我一臂之力的就留下，不愿效力的可以离开。豪杰们都纷纷叩头，表示愿意效死力。公孙述于是派人诈称是从东方来的汉朝使者，任命公孙述为辅汉将军、益州牧。公孙述随即选派精兵一千余人去攻打宗成等人，打败了他们。又派遣他弟弟公孙恢

卷六 霸纪下

到绵竹攻打刘玄所封的益州刺史张忠,又打败了他。于是,公孙述便威震益州。益州功曹李熊劝公孙述说:"当今天下动荡,目光短浅的人只知道空谈,将军您割据方圆千里的地方,土地相当于当年商汤、周武王的十倍,如果能够奋发有为,遍施仁德,利用天赐良机,就可以成就霸王大业。现在山东正闹饥荒,老百姓饿得要吃人,军队所过之处,城邑都成了一片废墟。蜀地拥有沃野千里,土壤肥沃,盛产各种水果,老百姓即使没有粮食也可以填饱肚子。女子缝制的衣物,足以供天下人穿用。名贵的木材、竹竿和各种器械丰足,用也用不完。蜀地还盛产鱼、盐、铜、铁,有水上运输的便利条件。军事方面,北部可以守住汉中,堵住褒斜道的险阻;东部可以据守巴郡,防住扞关要道。蜀地拥有方圆千里的土地,有不少于百万的军队。如果形势有利,就可出兵向外攻城略地;如果形势不利,就可以坚守城池,发展农业。蜀兵东下汉水,可以伺机夺取秦地;向南顺江流而下,可以威慑荆州、扬州地区。这就是所谓拥有天时和地利,是取得成功的资本。如今君王您的声威已经名闻天下,但是帝位和名号还没有确定,有志之士还在犹豫不决。您应当马上登基,使远在四方的人能找到归向和依托。"公孙述说:帝王自有天命,我有什么德才担当大任呢?李熊说:天命没有永恒不变的,百姓拥护贤能的人,贤能的人就应该担当天下重任,大王还有什么可犹豫的呢?公孙述便采纳了李熊的意见。东汉刘秀建武元年四月,公孙述自立为天子,定国号为"成家",以白色为贵。公孙述派遣将军侯丹驻守白水关,向北镇守南郑地区;将军任满从阆中直下江州,据守东边的扞关。于是公孙述据有了整个益州。

更始帝刘玄失败后,光武帝刘秀专注于山东的战事,还顾不上平定西南,关中的豪杰们大多带领部队归顺了公孙述。此后,当平陵人荆邯看到刘秀即将平定中原,准备向西攻打西南,便劝公孙述说:"军队是帝王成就大业的关键,从古到今都不能荒废。隗嚣恰好赶上了好机会,割据雍州,兵强马壮,士人纷纷投奔他,他的势力威震山东地区,牵制着刘秀。如果不在这个时候乘机出兵,与刘秀一争天下,却要退守西蜀,仿效西伯侯的做法,放弃武力争斗,谦卑地臣服刘秀,喟然慨叹自己是周文王复生。如今汉王刘秀暂时放下汉中、益州的问题,专心致力于东征,若将天下划分成四等份,他已经占有了其中三份。致使西部州郡的豪杰们,都对山东的刘秀有归附之心,如果刘秀派出离间的使者,招集怀有贰心的人,那么他实际上已经得到天下的五分之四了。刘秀如果发兵攻打天水,必定会使蜀军溃败。天水关一旦被他占领,刘秀就得到了天下的九分之八。陛下您依靠梁州的土地,对内负担各级官吏的俸禄开支,在外要供给三军将士的粮饷,老百姓困苦不堪,无力承担君王的要求,恐怕将来会有王莽那样的内乱。依臣的愚计,认为应该趁天意人望还没有对您失去信心,豪杰们还可以招纳,赶紧征调国内精兵,令田戎据守江陵,在江南倚仗巫山天险,修筑堡垒,坚守城池,把征讨的文书宣告吴、楚一带,长沙以南地区,必定会闻风归顺。然后再令延岑出兵汉中,平定三辅,天水、陇西地区必定拱手臣服。这样,全国形势就会发生重大变化,可望出现对陛下大为有利的局面。"公孙述就这事询问群臣的意见,博士吴柱说:从前周武王伐纣,八百诸侯不约而同地拥护周武王,但是武王仍然还要回师等待天命。没听说过只有左右的辅助,就想出兵千里之外,以求拓展疆域的。荆邯说:现在东边的光武帝刘秀还没拥有足够的权力,却能率领着乌合之众,冲锋陷阵,所向披靡。如果我们不乘此时机与他争功,而坐谈周武王的先例,这是仿效隗嚣,想做西伯侯姬昌那样的人啊。《后汉书》作者范晔称:举旗纠集族人起兵,假借神明的旨意,公孙述在开始谋划起事的时候就已经显露出风范了。后来终于自立于西南一角,在大国之间生存。陇坻虽然狭小,势力不强,公孙述却能以这里区区两个郡的兵力去抵御堂堂刘秀大军的锋芒,就可以知道他的施政之道有足以感化人的地方,所以才能笼络住四方的豪杰。功德圆满名誉就会显扬,功败垂成争端就会发生,回避成败的问题而展开议论,还从来没有听说过。如果像隗嚣那样假借符命兴兵,不是依靠上天的帮助,坐在这里议论西伯侯的旧事,太可笑了吧?由于其他人的反对,公孙述没有听从荆邯的计策。光武帝刘秀就派遣岑彭、吴汉征讨蜀地,攻破了荆门,大军长驱直入江关岑彭被蜀地的刺客杀死,吴汉把岑彭的军队合并过来,进入犍为地界,各县都闭城防守。吴汉就进军攻打广都,攻下了它,派遣轻骑兵火烧成都,市桥、武阳以东的小城镇都投降了吴汉。光武帝刘秀告诫吴汉说:成都有十万民众,不可轻视。你可以坚守广都,等蜀军来攻,不要与他们硬拼。如果蜀军不敢来攻,就转而设法

卷六　霸纪下

逼迫他们，必须等他们精疲力尽，才可以发起攻击。吴汉抓住有利时机，率领步兵、骑兵二万余人进逼成都，在离城十余里的地方驻扎，在江北建立营地，搭建浮桥。他派副将刘尚率领一万余人驻扎在江南，与主力相距二十余里。光武帝听到后大惊失色，责备吴汉说：敌人如果出兵牵制你，而用大队人马去攻打刘尚，刘尚军一旦被攻破，你也会马上失败。侥幸现在还没有发生意外，你赶紧领兵回广都。刘秀的诏书还没到，公孙述果然派大将谢丰攻打吴汉，派其他将领劫击刘尚，使刘尚、吴汉两军彼此不能相互救援。吴汉紧闭营门三天不出，在营内多树幡旗，并使烟火不断，营造军队未动的假象。夜间，他率领军队悄无声息地去与刘尚的部队会合，谢丰等人完全没有察觉。第二天，谢丰才分兵拒守江北，亲自率兵攻打江南。吴汉打败了谢丰的部队，斩杀了谢丰。吴汉率军返回广都，把情况汇报给了光武帝刘秀。光武帝回复说：你返回广都，很合机宜，公孙述必定不敢分兵侵犯刘尚而又攻打你了。如果他先攻刘尚，你从五十里外的广都率步兵、骑兵奔赴敌阵，正好赶上敌军疲劳困顿的时候，一定能击败他。从那以后，吴汉和公孙述在广都、成都之间交战，八战八胜，于是便把军队驻扎在城郭中。公孙述散尽黄金、布帛，招募敢死队五千人，配合延岑作战。延岑假装在市桥树起旗帜，敲响战鼓向吴汉挑战，暗地里却派遣突袭部队从吴汉军队的后面袭击，打败了吴汉。吴汉堕入水中，靠抓住马尾巴才得以浮出水面。公孙述又亲自率军攻打吴汉，三战三胜。公孙述的部队从早晨到中午一直没有吃饭，都疲惫不堪。吴汉趁机命令部队突袭公孙述，公孙述的部队大败。吴汉的部队到达成都，公孙述出城迎战，大败而归，他自己也被刺穿心肺而死。公孙述的妻子儿女都被杀死，宫室被焚烧光武帝刘秀听说了这件事，愤怒地谴责吴汉：全城被破三日后，官员百姓就会投降了。你纵容士兵放火，这有违军队作战不伤及无辜百姓的大义。光武帝亲自下诏抚慰老百姓。那些忠臣义士受到了表彰。李育因为有才干，受到了提拔任用。于是西蜀的人们都心悦诚服，无不归心向汉。《后汉书》作者范晔称：从前赵陀在番禺称王，公孙述也在蜀汉称帝，推究起来，他们并没有什么功德才能，而能够延续到最后才灭亡的原因，也许是由于地处边远，不是君王施行教化最先考虑到的地方吧？公孙述不能趁此时机建功立业，不能顺应时势改变策略，却只知道悠然坐在那里修饰仪表，自以为谋略高深而怡然自得，这与从前吴起愧对魏侯的情形是一样的。如果那时公孙述能不理会群臣的高谈阔论，认真审视蜀汉兴衰的命运，那与今天国破人亡的情形，就不可同日而语了。到了东汉灵帝时，国家衰败，王室问题不断，地方豪强争权夺利，弄得国家四分五裂。汉灵帝任命刘焉当益州牧刘焉是西汉鲁恭王的后代。刘焉在朝廷做宗正时，四方兴兵，盗贼四起，刘焉认为刺史的权力小，建议朝廷改设牧伯负责治理天下各州，精选重臣担任这个职务，于是朝廷就任命刘焉为益州牧。刘焉上任之时，梁州反贼马相聚集几千名被徭役折磨得疲惫不堪的百姓，先杀死绵竹县令，接着攻打雒县。益州从事贾龙先在犍为率领数百名士兵纠结地方官吏剿办马相，打败了他，然后贾龙再派官吏前去迎接刘焉，刘焉正式上任益州牧。**刘焉死后，他的儿子刘璋被拥立为益州牧**益州部将赵韪等人因刘璋温和仁爱，容易控制，便拥立他为刺史。当初，南阳、三辅一带有数万户百姓流入益州，刘焉把他们全部收编为兵，称为"东州兵"。刘璋性格温柔宽厚，没有威严和谋略，东州兵却暴躁好斗。赵韪因为与人不和睦，便纠集州中的士族大姓闹事。东州兵害怕被赵韪谋害，就同心协力，为刘璋殊死战斗，斩杀了赵韪。当时张鲁也因为刘璋懦弱，不愿意归顺刘璋，就自己在巴蜀地区称雄。**后来，刘璋被刘备围住，便投降了刘备**刘备把刘璋安置到公安，归还了他的财宝。后来刘璋因病死去。

　　当初，刘备担任豫州牧时刘备，字玄德，涿郡涿县人。平日寡言少语，礼贤下士，喜怒不形于色。徐州牧陶谦上表朝廷请求任命他为豫州牧。后来陶谦病了，派人前去迎接刘备来接任徐州牧。刘备说：袁术近在寿春，这个人祖上世代为朝廷重臣，是天下人心所向，您可以将徐州托付给他。陶谦的幕僚陈登说：袁术为人骄横傲慢，不是能够平定乱世的君主。现在我们想为您集结步兵、骑兵十万人，使您上可以匡扶君主、救济百姓，成就春秋五霸那样的功业；下可以割据一方，功绩载于史册。如果您不听从我的意见，陈登我也就不敢听命于您。孔融对刘备说：袁术难道是忧国忧民、不计较自身利益的人吗？他就像坟墓中的枯骨一样，哪里值得托付？现在的情况是，老百姓愿意拥护贤能的人。上天赐给您良机，您却不懂得抓住它，将来一定会追悔莫及的。刘备被他们说动，就接受了徐州牧这个职务。陈登作为使者去见袁绍说：天降灾难，灾祸殃及我们徐州，徐州将要灭亡了。百姓无主，恐怕奸雄会乘机作乱，使得盟主您日夜忧虑，于是我们就共同推举平原相刘备为宗主，使百姓有所归依。如今战乱频繁，刘将军都顾不上卸下盔甲，谨派下官我赶来把情况汇报给您。袁绍回答说：刘玄德宽弘文雅，讲信义，现在徐州人乐于拥戴他，他一定能不负众望。**被曹操打败，撤退到新野安身**当时荆州之主刘表死了，诸葛亮劝刘备攻打刘表的儿子刘琮，趁机占有荆州。刘备说：刘表临死时，托孤给我，我不忍心夺他的荆州。刘备准备离开荆州另寻安身之地，荆州百姓大多愿意追随刘备，刘备带着他们行军，一天只能走十余里，有人说：应该丢下百姓，火速行军，前去保住江陵。刘备说：成就大事业的人，要以百姓为本，现在百姓愿

卷六　霸纪下

意追随我，我怎么能忍心丢下他们而去呢？《汉晋春秋》的作者习凿齿说：刘备虽然处在颠沛流离、艰难危险的困境中，却能越发讲信义；形势紧迫事情危急，还能够不失道义。追念刘表的眷顾之恩，真情感动三军将士；不忘荆州百姓的追随之情，甘愿与他们同败。观察他待人接物的做法，难道仅仅是嘘寒问暖、关心疾苦而已吗？他能成就一番大业，不也是必然的嘛。刘备听说诸葛亮在南阳隐居田园，就三次到诸葛亮的草庐中去请诸葛亮出山。在草庐中，刘备屏退身边的人，对诸葛亮说：汉朝天下衰微，董卓、曹操等奸臣窃取了君权，致使君主蒙受耻辱。我不自量力，只想为天下伸张正义，可是由于我智谋短浅，因此失败了，弄成今天这个局面。先生能告诉我该怎么办吗？"诸葛亮回答说："从董卓作乱以来，各地豪强纷纷起兵，跨州连郡，割据一方的，不计其数。曹操和袁绍相比，名气小而且兵少，然而他却能打败袁绍、由弱变强，这不仅仅是天时，更关键的还在于人的谋划得当。现在曹操已经拥有了百万之众，挟天子以令诸侯《左传》称：想要当诸侯，最好的办法就是起兵解救王室的危难。就是这个意思，此时确实不可以与他针锋相对，一争高下。孙权占据江东地区，已经经营了三代，国家地势险要，而且民心所向，贤能的人能够得到重用。孙权可以做我们的援手，不可以图谋夺取。荆州北部有长江、汉水，南海的物产尽归所有，东部紧连吴会，西部直通巴蜀，是适合用兵的战略要地，但它的君主却没有能力守住它，这大概是上天赐给将军的礼物。益州关塞险要，有广阔肥沃的土地，是个富饶的地方，汉高祖当年凭着它成就了帝王大业。现在的益州牧刘璋为人懦弱，张鲁在他的北边虎视眈眈。那里人口众多，物产丰富，但刘璋不知道体恤民情，有才能的人士都在期盼贤明君主的到来。将军您是皇室后裔，仁义之名天下尽知，一心想广招天下英雄，对贤才求之若渴。如果您能一并占有荆州、益川，守住险要的地方，与西南相邻的各少数民族和平共处，对外与孙权交好，对内实行仁政。一旦天下形势有变，就派一员上将率领荆州的军队直下宛、洛，将军您亲自率领益州的大军出兵秦川，百姓谁能不拿着食物、美酒来欢迎将军的队伍呢？如果真能这样，那么您就可以成就霸业，汉室就能复兴了。"

后来，曹操攻破了荆州，刘备败退到东吴境内刘备投奔东吴的时候，人

三国权第十九

们都认为孙权一定会杀了他。曹操的名士程昱却有不同的看法：曹公天下无敌，刚刚攻破荆州，威震江表。孙权虽然有谋略，也不能独自与曹操抗衡。刘备是个英雄，关羽、张飞都是能力敌万人的虎将，孙权必定会借助他们来抵御我们。等到双方的战事出现难分难解的局面时，刘备就会借此成事，孙权到时也杀不了他了。孙权果然借给刘备许多兵马抵御曹操。当时益州刺史刘璋听说曹操正攻打荆州，就派遣别驾张松去见曹操，曹操这时已经夺取了荆州，赶走了刘备。曹操没有存恤录用张松，于是张松劝刘璋与曹操断绝来往。东晋史学家习凿齿称：从前齐桓公居功自傲，导致九个国家背叛他；曹操逐渐变得骄傲自满，最终导致天下三分。他们都曾经历了数十年的潜心经营，却在顷刻之间毁弃，这难道不是很可惜吗？因此君子勤劳而谦虚，礼贤下士，功劳虽高却心存礼让，权势尊贵却态度谦卑，然后才能永保富贵，功业持久，福传百代，又有什么可骄傲自满的呢？有识之士因此可以明白曹操为何不能统一天下了。**刘备采用诸葛亮的策略，与孙权结盟，联合起来在赤壁大败曹操。曹操退回北方后，孙权就把荆州借给了刘备**周瑜上书劝谏孙权说：刘备是天下的枭雄，关羽、张飞是熊虎一般的猛将，必定不肯长期屈居人下，为人所用。我认为当务之急，应该把刘备留在东吴，为他大兴土木，修筑宫室，多送他美女和珍贵玩物，使他玩物丧志，乐不思蜀。将刘备、关羽、张飞这三个人各置一方，派一个像周瑜我这样的人去挟持他们一起打仗，东吴统一天下的大业就可以奠定了。如今反而委屈自己割让土地，作为他成就大业的资本，这三个人一旦在疆场并力作战，恐怕就会像蛟龙得到云雨一样，不再是池中之物了。孙权认为曹操雄霸北方，当下应当广揽人才共同对付曹操，因此没有采纳周瑜的建议。庞统劝刘备说："荆州由于战乱而土地荒芜，家园残破，人口稀少，物产匮乏。东有孙权，北有曹操，三国鼎立的局面一时难以形成。如今益州国富民强，人口百万，郡中兵强马壮，物资丰富，应有尽有。我们可以权且借过来，来成就大事。"刘备说："当今与我水火不相容的是曹操。曹操从严治理，我宽以待人；曹操残暴，我仁爱；曹操狡诈，我忠厚。每每与曹操相反，才能成就大事。现在因一点小事就失信于天下人，是我不愿做的。"庞统说："现在是需要权变的时候，不能被道义束缚。兼并弱小国家，吞并昏君的地盘，这是春秋五霸的做法；用非常的手段夺取，用正当手段来守护，以仁义回报对方。等大事已定，再赐给他一个大国，又怎么能叫失信呢？你今天不取益州，将来怕要被别人得到好

卷六 霸纪下

处了。"于是刘备就派关羽守荆州,打算亲自率军去夺取蜀地正在此时,孙权派使者通报刘备,想要和他一起去攻取蜀地,说:米贼张鲁在巴汉称王,是曹操的耳目,正图谋夺取益州。刘璋没能力自保。如果曹操得到蜀地,那么荆州就危险了。现在我打算先打刘璋,进而讨伐张鲁,你我首尾相连,一举统一吴、楚,到时即使有十个曹操,也没什么好担心的了。有人劝刘备答应孙权,说东吴终究不能越过荆州而占有蜀地,一旦拿下,蜀地就是我们的了。主簿殷观说:如果我们做东吴的先遣部队,一旦拿不下蜀地,退回来又被东吴乘机攻打,那么统一大业就给断送了。刘备听从了殷观的意见,拒绝孙权说:益州国富民强,地势险要,刘璋虽然懦弱,但足以自保。张鲁虚伪,未必会真的尽忠于曹操。如今把军队开进蜀地,转战万里,想要战无不克、攻无不胜,那是连吴起、孙武都无法办到的事情。现在曹操占有了天下的三分之二,将要一举打到沧海之滨,陈兵东吴,而你我同盟内部无故窝里斗,这会给曹操可乘之机攻打我们,此计不妥。孙权知道刘备明白了他的用意,就停止了攻打刘璋的计划。

这时候,恰逢刘璋听说曹操派兵讨伐汉中的张鲁,内心十分恐慌。别驾张松劝刘璋说:"曹操兵力强大,天下无敌。如若曹操打败张鲁,借着汉中的地利来攻打益州,有谁能抵挡他?刘备是使君您的同宗兄弟,和曹操有深仇大恨。如果能请他讨伐张鲁,一定能取胜。张鲁一失败,我们拿下汉中,益州的实力就会增强,到时即使曹操来攻,也无能为力了。"刘璋赞同张松的意见,派法正前去迎接刘备当时,谋士黄权劝刘璋说:刘备是天下枭雄,您拿他当部下,他一定会不满意;如果您对他以礼相待,那么一国不容二君。如若这位宾客安如泰山,那么君主您的处境就危如累卵了。希望您权且紧闭四境,静等事态发展。谋士刘巴也劝谏说:刘备是英雄豪杰,他到益州必定有所图谋,不能放他进来。刘备进入益州后,刘巴又说:如果让刘备去讨伐张鲁,是放虎归山啊。刘璋还是不听。刘备与刘璋在涪城相见。刘璋返回成都以后,刘备就去替刘璋讨伐张鲁。庞统再次劝刘备说:"我有三条计策:秘密选派精兵,昼夜兼程,直接偷袭成都。刘璋不会打仗,平时又没有防备,大军突然到来,一战就能夺取成都,这是上策。杨怀和高沛是刘璋手下的名将,都手握重兵,据守在险关要地,听说他们多次写信劝刘璋,要刘璋打发将军您回荆州。在我们还没被遣返之前,可以事先散布消息,说荆州军情紧急,我们打算回军救荆州,并且让军队整束行装,表面上做出回荆州的样子。

这两个人都仰慕将军的英名，又暗喜将军要离去，必定会快马来见将军，我们趁机捉住他们，进而夺取他们的兵马，然后再攻取成都，这是中策。我军返回白帝城，与荆州相互策应，再慢慢等机会夺取，这是下策。如果犹豫不决而不肯离去，将会有大麻烦，支持不了多久。"刘备同意了他的中策起初，张松、法正来拜见刘备，刘备私下里殷勤地接待他们，乘机向他们询问蜀中的武器装备、国库存储、兵马多少等重要情况，张松等人都一一明言，又画了地图，把山川地势指给他看，因此刘备已经完全了解了益州的虚实。刘备向北赶到葭萌，没有立即讨伐张鲁，而是广施恩德，收买人心。第二年，曹操讨伐孙权，孙权向刘备求救。刘备向刘璋提出借一万兵以及资助钱财宝物，准备向东出兵救孙权。刘璋仅答应借兵四千，其余的军需物资也只给一半。刘备借势刺激他的手下说：我为益州讨伐强敌，大家都非常辛苦，连安稳觉都睡不上。现在刘璋却把钱财藏在府库中，舍不得犒赏有功的人，却希望士大夫们为他拼死作战，怎么可能呢？于是刘备召来刘璋的白水军都督杨怀，责备他无礼，以此为借口杀了他。然后派黄忠等人率军进攻刘璋。刘备直入白水关，把各位将领和他们的部卒、妻子儿女扣押作为人质，随即率兵与黄忠等人进军涪地，占据了涪城。刘璋派遣的部将全都大败而归，很快设计杀了杨怀等人，再从葭萌关南下攻打刘璋。

当时，谋士郑度劝刘璋说："刘备袭击我们，兵不满万人，人心也没有归附他，仅靠野草谷物充作军需。我们最好的策略就是把巴西、梓潼的人全部迁到涪水以西，并将那里的粮仓、野谷全部烧掉，我们高筑堡垒，深挖壕沟，静待时机。他们请战我们不理会，时间一长，军需物资匮乏，不出一百天，刘备必将主动撤退。到时我们再出兵追击，必定可以捉住刘备。"刘璋没有采纳郑度的计谋。刘备于是长驱直入，每战必胜，进而占领了巴蜀刘备袭击蜀地，蜀丞相的属官赵戬说：刘备怎么会成功呢？他不善用兵，每战必败，逃跑还来不及，凭什么图谋别人？蜀虽然是个小国，但地形险要，易守难攻，他很难一下子兼并。征士傅干说：刘备宽厚仁慈，处事很有分寸，能够使人为他效死力；诸葛亮通达事理，深知权变，正直而又足智多谋，刘备用他做丞相；张飞、关羽，勇猛而讲信义，都是能力敌万人的勇将，刘备用他们做大将。这三个人，都是人中豪杰。凭着刘备的雄才大略，加上这三位豪杰辅佐，他怎么能不成功呢？刘备围攻成都数十天后，刘璋出城投降。蜀中富裕，物产丰盛，民众安乐，刘备摆酒设宴犒

卷六　霸纪下

劳将士，取出城中的金银赏赐给将士，把谷物、布帛归还给百姓。当初攻打刘璋的时候，刘备与众将士约定：如若事情成功，府库内的一切财物我都不要！等到攻下成都，士兵们都丢掉武器奔向各府库，竞相捞取宝物。军中费用不足，刘备很是忧虑。刘巴说：这事很容易！铸造价值以一当百的钱币来平抑物价，让官吏到官市做买卖就可以了。刘备听从了刘巴的建议。几个月之后，府库就充实了。刘备自封为益州牧，诸葛亮担任辅相，法正做谋主，关羽、张飞、马超做大将，许靖、糜竺、简雍做幕僚。董和、黄权、李严等人，本来是受刘璋重用的人；吴壹、费观等人，与刘璋是儿女亲家；彭羕从前被刘璋排挤；刘巴从前被刘璋所忌恨。这些人都被委以重任，以便尽量发挥他们的器识、才能。因此，有志之士无不争相劝勉效力蜀汉。

群臣都劝刘备建国号称帝，刘备不答应。诸葛亮说："过去吴汉、耿纯等人劝世祖刘秀称帝，刘秀先后四次推辞谦让。耿纯进言说：'天下的英雄豪杰都盼着能有明君主政，您如果不听我们的建议，大家只能各自去寻求自己的明主，不会继续追随您了。'刘秀被耿纯的诚意所打动，就同意登基称帝。如今曹操篡夺汉朝江山，天下没有真正的君主，大王您是皇室后裔，继承祖业登上帝位是理所当然的。我们这些人长久以来千辛万苦追随您，也希望能建功立业，和耿纯当年的想法是一样的啊。"于是刘备就顺势登基称帝谯周等人劝刘备登帝位，说：臣的父亲谯群没去世的时候就说过西南方曾多次出现黄气，直立好几丈高，已经出现好几年了，并且常常有彩云、祥风从北斗中的璇玑星宿下与黄气相应，这是特别的祥瑞。在汉献帝建安二十二年，又多次出现像旌旗一样的气体，从西向东，在天空中横贯穿行。谶书上说：这预示着必定有天子出现在那个方向。也就是在这一年，太白星、荧惑星、镇星常常向岁星接近。汉朝建立之初，五星跟随岁星，说明岁星主义。汉室的方位在西边，是义所配属的方位上方。因此汉朝的占星术士通常认为岁星在等候人主，说明应当有圣明的君主在这个州郡兴起，中兴汉室。当时许都的汉献帝还在位，所以群臣都不敢泄漏这些说法。不久，荧惑星又迫近岁星，出现在胃、昴二星宿中间。胃、昴二星宿主天纲。经书上称：帝王所在的地方，一切奸邪都会消亡。希望大王顺应天命人意，迅速承继帝业，以便安定天下。

这时，曹操夺取了汉中魏太祖曹操在汉中打败了张鲁后，刘晔向曹操献计说：曹公您向北打败了袁绍，向南征服了刘表，天下九州百郡您已经兼并了十分之八，威震天下，名扬海外。现在又一举拿下汉中，蜀人闻风丧胆，无法防守，如果我们继续向前推进，只需像发布一道征伐檄文那样简单就可以平定蜀地。刘备是人中豪杰，他有气度但略微迟疑，占领蜀地的时间不长，蜀地的人还没有完全归附，人心不稳，还有从内部自我颠覆的危险。我军可以乘蜀地未稳之际以强兵压境，一定可以取胜。如果我们现在给他们喘息之机，诸葛亮精于治理，关羽、张飞勇冠三军，等到他们靠武力威震蜀地，用教化安抚住蜀人，占据险关，坚守要塞，就不可轻易冒犯了。现在不马上进攻，一定会留下后患的。曹操不听。停留七天后，蜀地投降的人说蜀地人心浮动，即使严刑杀之，也不能禁止骚动。曹操又问刘晔：现在还可以进攻蜀地吗？刘晔回答说：现在蜀地已经稍稍安定，已经很难攻打了。法正劝刘备说："曹操一举降服了张鲁，平定了汉中，不趁这个有利形势进攻巴蜀，却只是留下夏侯渊、张郃驻守汉中，自己立即返回北方，这并不是因为他谋略不行、兵力不足，一定是他国内出了问题。以夏侯渊、张郃的才能谋略，比不上我国的将帅，如果我们派兵前去征讨，必定会打败他们。取得胜利后，一边大力发展农业、积蓄谷物，一边观察形势，等待时机。一旦时机来临，上可以消灭魏国，复兴汉室；中可以蚕食雍州、凉州，拓展国土；下可以守住要害之地，作打持久战的准备。这大概是上天赐给我们的机会，千万不可错过。"刘备认为法正的计策很好，就统率将士进兵汉中，法正也跟随前往。刘备从阳平关向南渡过沔水，绕着山往前走不远，在定军山安营扎寨扎。夏侯渊率兵来争夺营地，法正说："可以出击了。"刘备命令黄忠登高呐喊，乘势进攻，一举大败夏侯渊的军队，夏侯渊等人被杀死，随后刘备就全部占据了梁州、汉中一带。当时魏国派夏侯楙镇守长安，蜀军将领魏延向诸葛亮请求领军从褒中出击，沿着秦岭向东，到子午谷后再向北进发，去袭击长安，诸葛亮不准《魏略》上称：夏侯楙是魏国安西将军、镇守长安。诸葛亮在南郑与属下众人商议如何北伐，魏延说：听说夏侯楙年轻，是曹操的女婿，胆怯无谋。如果您能给我魏延精兵五千，带上够五千兵马用的粮草，径直从褒中出发，顺着秦岭向东，到子午谷后再向北行进，不到十天，就可以到达长安。夏侯楙听说我突然杀到，必定会乘船逃走，长安只剩下御史、京兆太守等一般官吏。剑阁和崤谷一带，粮草也足够食用。等到东部援军前来会合，还需二十天左右。而您从斜谷带大军前来，也完全可以赶到。这样我们就可以一举平定咸阳以西的广大地区了。诸葛亮认为这样做太危险，不如稳妥地从平坦的道路出兵攻取陇右，这样有必胜的把握，还

卷六 霸纪下

没有危险,所以就没有采用魏延的计策。魏延每次随诸葛亮出征,都想要请求分一万兵众给他,与诸葛亮分路出发而在潼关会合,就像韩信当年所做的那样。诸葛亮制止了他。魏延经常说诸葛亮胆小,恨自己的才能不能尽情发挥。

后来,东吴孙权偷袭关羽,夺取了荆州《后汉书》作者范晔称:刘备令关羽镇守荆州,东吴将领吕蒙被封为汉昌太守,与关羽的辖境接壤。吕蒙知道关羽是一介枭雄,且素有吞并东吴的野心,而且关羽的军队驻扎在长江上游,双方各自保守辖境的和平形势难以持久。吕蒙于是向孙权秘密献计说:如今征虏将军孙皎防守南郡,潘璋领游兵一万沿长江上下巡逻,随时应付曹操敌军,我吕蒙再为国家守住襄阳,如此这般,对曹操有什么可担忧的?又何必再依赖关羽?吕蒙的计策将要施行的时候,恰逢关羽去攻打樊城,却要留兵防守南郡。吕蒙给孙权上书说:关羽前去攻打樊城,却留下许多守军,一定是害怕我吕蒙图谋他的大后方。我常常有病,请求带一部分兵丁回建业,名义上说回去治病。关羽听说这事后,必定会撤去南郡守军,将他们全部调赴襄阳作战。到那时,我们再出其不意地出动大军,渡过长江,日夜兼程沿长江而上,袭击关羽空虚的后方,那么南郡就可以轻松攻下,更可以捉住关羽。于是,吕蒙便对外声称病重,孙权就公开召回吕蒙,暗中与他商量计策。关羽果然信以为真,陆续撤掉南郡守兵,把他们调赴樊城。孙权立即发兵,派遣吕蒙为先锋,在大船中埋伏下精兵,让摇橹的士兵穿上白色的商人服装,昼夜兼程赶往南郡。途中遇到关羽设置的江边哨兵,一律捆绑起来,因此关羽浑然不知。吕蒙顺利进入南郡,占据了郡城,将关羽的将士及家属全部俘获,细心安抚慰问,并严令全军不得冒犯百姓和索取钱物。关羽从樊城班师,多次派人打探吕蒙的情况,吕蒙总是热情款待关羽的使者。关羽的使者回去后把情况进行了通报,将士们都知道家人平安无事,又看见受到的待遇比平时还好,因此都丧失了斗志,纷纷离开关羽投降吕蒙,吕蒙很快就将关羽父子抓获。当初,孙权准备讨伐关羽的时候,曾派人到魏国报信说:我准备亲自讨伐关羽,请你们不要把这消息泄漏出去,让关羽有所防备。群臣都说应当保守秘密。魏国大臣董昭说:军事重在权变,懂得抓住时机。现在我们应该把这事透露出去,关羽听说孙权进兵偷袭南郡,就会立即回军,守护他的城池,这样,樊城之围就自然可以解了,我们可以从中获利。另外,我们还可使他们双方互斗,静坐可乘之机。如果把这个消息密而不宣,让孙权的计谋得逞,这对我们来说就不是上策了。于是魏国就派人把写有这个消息的书信绑在箭上,射进被围的樊城中以及关羽的军营内。关羽犹豫不决,没有立即撤军。陆逊率军赶到南郡,攻下了江陵。关羽逃奔到临沮,被东吴将领潘璋杀死了。刘备对东吴的行为深感愤怒,于是便兴兵讨伐东吴，大败而回。在返回蜀地途中，刘备病逝于永安当初魏文帝曹丕听说刘备东下与孙权交战，在密林深处扎下七百里连营，就对群臣说：刘备不懂兵法，怎么能在密林深处扎七百里的连营对敌呢？春秋时晋国大将包原隰在险阻地带扎营布阵，结果为敌军所擒，这是用兵的大忌。孙权的大好机会来到了。七天以后，孙权在夷陵大败刘备的战报就送到了。

蜀后主刘禅即位刘禅下诏说：我听说积累善行的，国家就会昌盛，积累祸患的，国家就会灭亡，这是自古以来的常理。先前汉室衰落，极恶之人成为漏网之鱼，逍遥法外。董卓发难，震动京城。曹操趁机起事，窃取了天子的权柄。他儿子曹丕是个大逆不道的小子，趁天下大乱改朝换代，后代承继了他的叛逆行为。处在这天下大乱的时期，天下无主，我大汉皇帝命归黄泉。我父皇昭烈皇帝发扬光大文治武功，复兴了祖先的基业，使大汉天下得以传下来，不至于灭亡。可惜当天下还没有肃清之时，先帝就不幸长逝。我年纪尚幼就继承大统，还没来得及好好学习治国之道，就担负起祖宗留下的重任。一切托前辈的福，但自己还没有成就什么大事，心中感到十分不安。诸葛丞相志向远大，坚毅忠诚，鞠躬尽瘁，忧国忧民。现在我授予他执掌军队的重任，把治国大权交给他，让他统领步兵、骑兵二十万，总督大军，替上天讨伐叛逆，清除祸患，平定战乱，光复旧都，就在此一举了。讨伐敌军的元凶，慰问那些被残害的人民等等其它各项事务，都遵照诏书和律令执行。**在此之前，东吴君主孙权派使者到蜀国求和**东吴使者张温出使蜀国前，孙权对他说：你本不应该远行出使，但我唯恐诸葛亮不明白我与曹操交往的真正用意，因此才请你屈尊前去。为人臣的大义，应该是接受命令不推辞。张温说：臣在朝中没提出过什么真知灼见，在外又不曾独立处理外交事务，恐怕不能像张昭老先生那样美名远播。我又没有春秋时郑国的子产那样善于陈说事理的才能，然而诸葛亮却见多识广，必定知道把握进退、屈伸的时机，明白这对两国都是大有好处的，推究诸葛亮的内心，一定不会有什么疑心的。张温到了蜀国，到大殿之上拜见说：从前殷高宗在居丧期间能使中兴时期的殷王朝更加昌盛，周成王以幼小的年纪能使太平盛世的周朝更加兴隆。如今陛下您天赋聪颖，可以与古代明君相比，有贤良的宰相总揽朝政，还有诸多足以彪炳史册的辉煌业绩，远近的人们都望风归顺，希望得到陛下的保护。我们吴国君臣勤恳奋斗，使江东呈现一派清平景象，但愿能与有道明君一起完成统一天下的大业，如同大河流水一样同心协力。为此，特派下臣张温致情通好。陛下您崇尚礼义，待人宽厚，谨请您不要忽视这件事。臣自从进入蜀国以后，直到都城近郊，多次承蒙慰劳款待，受宠若惊，深感不安。蜀国派马良回访吴国。马良对诸葛亮说：现在

卷六 霸纪下

我身负国家使命,来协助吴、蜀两国实现睦邻友好,希望您把我马良好好介绍给孙将军。诸葛亮说:你试着自己说说看。马良于是起草文书:我蜀国君主派下臣马良访问贵国,以便加强友好,效仿昆吾、豕韦互助的旧事。马良这人是个贤人,曾经在荆楚之地为官,虽然言辞上很少刻意讲究浮华,而处事却有善始善终的美德。希望贵国能屈尊接纳,以便让他完成使命。孙权以隆重的礼节接待了马良。丞相诸葛亮担心孙权听到先主刘备死去的消息后另有打算,就派遣邓芝出使吴国,与孙权结好。孙权果然犹豫不定,不肯及时接见邓芝,邓芝便主动上书求见。孙权对邓芝说:"我的确很想与蜀国和好,但是担心后主刘禅年幼,国家弱小而形势逼人,可能会被魏国乘机吞并,不能自我保全,因此犹豫不决。"邓芝回答说:"吴、蜀两国,加起来只有四个州的地方,大王您是盖世英雄,诸葛亮也是当代的豪杰。蜀国有重重险关可以固守,东吴有长江天险作为屏障,集合我们两家的优势,结为唇齿相依的邻邦,进可以统一天下,退可以维持三国鼎立的局面,这是事理形势的必然结果。大王现在如果臣服魏国,魏国必然会首先要求大王您去魏国朝见,然后要求东吴太子去魏国做人质。如果吴国不答应,那么魏国就会以征讨叛逆为托词攻打东吴,蜀国也会顺流东下趁机来进攻。这样,江南的疆土,就不再是大王您的了。"孙权默默想了很长时间,说:"你的话很有道理。"于是主动与魏国断绝了交往,与蜀国结盟。

当时魏国的司徒华歆、司空王朗等人写信给诸葛亮,说魏国取代汉朝是上天的旨意,想让蜀国做魏国的附属国。诸葛亮没有直接回信,而是写了一篇《正议》,称:过去的西楚霸王项羽,靠武力称雄,不讲求仁德,虽在华夏称王,可是最终还是失败了,成为后人的前车之鉴。魏国不吸取项羽败亡的历史教训,却要重蹈其覆辙,即使魏国君主自身幸免,他的子孙也必然会灭亡。可是你们这些人硬要学战国时苏秦、张仪的诡辩游说,居然献上像骧兜那样罪恶滔天的叛逆说辞,妄图诋毁尧、禹、后稷那样的圣明君主,真可谓是空怀词藻,徒劳笔墨,这是正人君子不愿做的。还有,《军志》上称:如果一万名士兵都抱着必死的决心,那就可以天下无敌了。从前黄帝带领几万名士卒,制服了四方君主,使天下得以平定。何况我们有几十万兵马,替天行道,讨伐有罪之人,天下有谁可以和我们相比呢？诸葛亮死后，魏国派邓艾攻打蜀国，蜀军大败。后主刘禅采纳了谯周的计策，投降魏国评论：国君应该和国家共存亡。谯周劝后主刘禅投降魏国，合适吗？《魏氏春秋》的作者孙盛称：春秋时所说的大义是：国君与国家共存亡，卿大夫与自己的职责共存亡。称天子的怎么能够屈辱地投降他人呢？谯周说大国君主不应该与国家共存亡，而应当苟且偷生。这是丢弃礼义、贪图小利的做法，目的是追求微不足道的荣华，太糊涂了。况且，根据当时的事理和形势，蜀国本来还不至于灭亡。为什么呢？刘禅虽然是个平庸的君主，但确实不像夏桀、商纣那样残酷；蜀国虽然屡战屡败，但还没有出现土崩瓦解的局面；即使君臣不能死守，但还可以撤到东部的边远之地，保存实力以便再作打算。这个时候，蜀将罗宪还手拥重兵，把守白帝城，霍弋还带着精兵强将镇守夜郎。蜀国地势险要，地域狭小，山水阻隔，山峰陡峭，水流湍急，步兵无法长驱直入。如果能收集所有的船只，保住江州，再去南中招募士兵，同时向东吴求援，这样，姜维、廖化等几员勇将必然会积极响应，吴国的水陆二军也会迅速赶来救援，怎么会认为无处投奔，必定会亡国呢？魏国大军远道而来，倾其全国之兵力大举进攻，想追击又没有船只，想打持久战又担心将士疲惫而陡生不测，况且是屈是伸要因时而定，形势也在不断变化，到时再慢慢召集旧部去反击曹魏骄横疲惫的军队，这和从前楚昭王回避吴王阖闾大军、田单最终打败骑劫是一个道理啊。何必要满心不情愿地主动投降，却不坚守城池抗击敌人，最后招致千古遗恨呢？葛生有句话：大事不成，只有一死罢了，怎么能再屈居人下呢？这句话说得真是悲壮啊！它足以使懦弱的人重燃斗志。纵观古代燕国、齐国、楚国、越国战败的情况，他们有的曾经国破君死，有些曾落得如鸟兽散，却最终都能重新建功立业，复兴社稷。这肯定不只是上天庇佑，一定也有君臣自身的努力。假使那些人像刘禅那样自己心怀苟且，采纳谯周那样的建议，怎么还能够重建颓废的基业，最终获得美名呢？由此可见，刘禅是昏庸的君主，谯周是无能的臣子，将他与申包胥、田单、范蠡以及大夫文种相比，不是差得太远了吗？

晋朝时，流民领袖李特占据了蜀地起初，李特在蜀地横行暴虐，朝廷就重金悬赏捉拿李特兄弟。通缉令发布不久，李特兄弟便不再躲藏了。李特的弟弟李骧看到通缉令，就偷偷将其中悬赏条款改成：有能斩六郡人首领李、任、阎、赵等以及氐侯王一人的，送交官府，可以获得重赏。六郡人看见这悬赏布告后十分惊骇，于是一起反叛，归顺了李特。益州牧罗尚派遣部将隗伯在郫城攻打李特的儿子李雄，双方互有胜负。寒冬十月，李雄秘密奖给部下朴泰黄金，然后朴泰假装犯了罪，李雄把他鞭打得皮开肉绽，让他去投奔罗尚，在罗尚军中做内应。罗尚相信了朴泰，派士兵跟随他。朴

卷六　霸纪下

泰、李雄内外夹击，大败罗尚的军队。李雄乘胜追击，夜晚到达成都城下，于是高呼万岁，哄骗城中的罗尚说：官军已经攻取了郫城。罗尚信以为真，打开了小城门，李雄的军队得以进入城内。罗尚急忙逃走，于是李雄攻下成都，自立为王，李特的儿子李雄建立的成汉政权后来被东晋大将桓温所灭。到了东晋义熙年间，谯纵在成都杀死了益州刺史毛璩，自称成都王当初，毛璩派部下任约去投奔义军，军队到达枝江时，正碰上刘毅叛军兵败，任约就去投奔了桓振。毛璩听说任约投奔了桓振，就亲自带领三千士兵由岷江东下。谯纵是毛璩的参军，毛璩派他率领梁州兵五百人从涪江出发。梁州兵不愿意东行，就推举谯纵为主帅，反攻涪城，占领了涪城。毛璩听说后方发生了叛乱，就从洛阳率步兵返回，到达成都，被谯纵一伙人杀了。南朝宋武帝刘裕派大将朱龄石灭了谯纵。以上就是蜀国兴亡的大概情形评论：吴国和蜀国是唇齿相依的邻邦，蜀国灭亡那么吴国必然灭亡，确实是这样吗？陆机称：蜀国是靠四面藩国的支援来维持国家的生存，并不依赖于吴国的存亡。为什么呢？蜀国的边境连接着重山峻岭，陆地险要，路径狭窄，山川阻隔，河流湍急，即使有百万雄师，能同时前进的，也不会超过千人；船只相连千里，同时启航的，也不能超过百艘。因此，刘备讨伐东吴陆逊的阵势被比喻为长蛇，这是由于蜀国的地势造成的。所以黄权称：蜀国易进难退，是兵家的绝地。古语说：道路狭窄险要，就像两只老鼠在洞穴中争斗，必将是勇敢的一方取胜。

吴

丑在星占术中与十二次相配为星纪。吴、越的分野，恰好上与斗、牛二星宿遥相呼应，下正处在八卦少阳的位置今天的会稽、九江、丹阳、豫章、庐江、广陵、六安、临淮，都是吴国的分野；今天的苍梧、郁林、合浦、交趾、九真、日南、南海，都是越地的分野。古人有云：生活在长江以南、五湖之间的人比较漫不经心。扬州在这一地域比较强势，尧、舜、禹三代时这里属于边远地带，王风教化没有普及，民众还做不到符合中原正统。当中原王朝政治强盛的时候，这个区域最晚臣服；当中原王朝政治衰落时，此地又最先反叛。因此《左传·定公四年》称：吴国是贪暴者、侵略者，一再吞食中原国家。吴国成为中原国家的大患，由来已久了。

汉高祖刘邦时，淮南王英布谋反英布建都六安，就是今天的寿州。消息传到朝廷，皇上召集众将商议，问："英布造反，我们应该怎么办？"汝阴侯滕公说:"臣的门客、原楚国的令尹薛公有筹谋策划的才能,可以问问他。"起初,滕公向薛公问英布的事情,薛公说:这个人必定谋反。滕公问:皇上分土地给他,封他为王,赏给他爵位,让他成为南面为尊的大国君主,他为什么还要谋反呢?薛公说:往年杀彭越,前年杀韩信,这三个人功劳差不多,情况类似,英布疑心灾祸将来会殃及自身,因此会谋反。皇上于是召见薛公,询问对策。薛公回答说:"英布谋反,不足为怪。如果英布使用上策,崤山以东地区就不是汉朝的了;使用中策,谁胜谁败还不好说;使用下策,陛下您就可以高枕无忧了。"皇上说:"什么叫做上、中、下策?"薛公说:"英布如果向东夺取吴地即苏州,向西夺取楚地即荆州,兼并齐地即青州,夺取鲁地即兖州,号令燕、赵一起行动,据守已取得的地区,崤山以东地区就不会是汉朝的了评论:联合山东诸侯,是长治久安的策略,这是上策。什么是中策?如果英布向东攻取吴地,向西夺取楚地,兼并韩地,夺取魏地,控制敖仓的粮食,堵塞成皋的交通要道,谁胜谁败就不好说了评论:长驱直入进入河洛地区,与汉军一决胜负,这是中策。什么是下策?英布如果向东夺取吴地,向西夺取下蔡,返回去把重点放在越地,他自身返回长沙,陛下您就可以高枕无忧,汉朝也就平安无事了评论:自行拓展长江以南地区,没有窥伺中原的用心,这是下策。"桓谭《新论》称:世上有围棋这种游戏,有人说这和兵法类似。做到上等棋手,从长远布局,不计较尺寸得失,最后才会合包围,凭借大势攻击对手,会取得绝对的胜利。中等棋手则致力于阻绝、拦截,以争取自活,求得小利,因此这棋局上的胜败难定,必须计算小分才能判定胜负。下等的棋手就固守边、角,亦步亦趋按照围棋盘上画的方格子,在一块小小的地方自求活路。然而,这种说法还是不如薛公的言论精到,薛公的上策是:夺取吴、楚,兼并齐、鲁,号令燕、赵。这和下围棋时要通观整体布局是一样的道理。中策是:夺取吴、楚,兼并韩、魏,阻塞成皋要冲,据守敖仓米粮。这是致力于阻绝、拦截以争取小利的做法。下计是:夺取吴地、下蔡,据守长沙来控制越地。这是固守边、角,在一块小小的地方自求生存的做法。汉高祖刘邦说:"英布会用哪一个计策呢?"薛公回答说:"会用下策。"刘邦说:"他为什么舍弃上、中策而用下策呀?"薛公说:"英布本是在郦山为秦始皇修陵墓的一名苦役,发展到皇皇大国很不容易,这些都是安于现状、只顾现在不顾将来、更不会考虑万世基业的人。因此说他会用下策。"刘邦说:"你说的很对。"结果英布的策略正如薛公的预计于是朝廷封薛公为千户侯。

这之后，吴王刘濞因儿子被皇太子击杀的缘故而谋反。刘濞刚起兵时，他的大将田禄伯说："聚集兵马向西进军，要循大路而进，无法奇袭，难以成功。臣愿意带五万突袭部队，从另一条路沿长江、淮水而上，夺淮南、长沙，进武关，再与大王会合，这一定会起到出人意料的作用。"刘濞的太子规劝刘濞说："父王以造反为名，这支奇兵就不能交给别人指挥，别人也可能会带领这支奇兵背叛父王。"因此刘濞没有答应田禄伯的请求。小将桓将军又劝吴王说："吴军大多是步兵，步兵利于在崎岖不平的地带作战；汉军大多是战车骑兵，战车骑兵利于在平地作战。希望大王攻不下所经过的城邑时，便放弃它，急速向西去占据洛阳的兵器库，占据敖仓的粮食作为我们军粮，凭借山河的险阻，号令诸侯。到那时，虽然我们还没有进入关内，天下其实已经平定了。假如大王行军迟缓，滞留在城市中，汉军的战车骑兵一到，一旦进入梁、楚的郊野，我们就败定了。"吴王询问各位老将的意见，老将们说："这只是年轻人追求冒险的做法，怎么知道考虑大局的周全！"吴王没有采纳桓将军的计谋，便把他的部队统一归自己统带。汉朝派太尉周亚夫阻击吴、楚叛军，周亚夫采用他父亲门客的计策，一举击败了吴王的军队门客的计策在"霸纪上"一卷有记载。

淮南王刘安不满他的父亲厉王刘长因为获罪被贬，途中不食而死，图谋作乱。他询问伍被说："我起兵向西进攻，诸侯必定会有起来响应的。假如没有响应者，我应该怎么办呢？"伍被说："占据南面的衡山衡州。从那里出发进兵庐江庐州。占有浔阳的船只，守住下雉下雉是县名，在江夏。在九江边扎下营寨，阻绝豫章就是洪州的通路。在江边设置弓箭手防御，禁止南郡派兵向下；东取江都就是扬州、会稽就是越州，向南连通强势的越地，这样不仅可以称雄于长江、淮河一带，而且还可以拖延时间。"淮南王说："好。"他还没来得及发兵，谋反的事就已经败露，招来了杀身之祸。

东汉灵帝、献帝当政时，宦官把持朝政，天下被其控制，国家大权落在了奸臣贼子的手里大将军何进密谋诛杀宦官，何太后不同意。何进便召董卓进京，借此胁迫太后。他暗中令董卓上书说：中常侍张让等人骗取了皇上的欢心，倚仗得宠，弄得天下混乱不堪。春秋时晋国大夫赵鞅曾有过调动晋阳的兵力驱逐君王身边恶人的先例。臣要鸣钟击鼓进入洛阳，讨伐张让等人的罪责。董卓的军队还没赶到，何进就失败了。等到董卓一到京城，立即废少帝，立献帝，天下大乱。当时长沙太守孙坚杀了南阳太守张咨，袁术乘机占据了张咨的南阳郡。孙坚与袁术联合，准备突袭夺取刘表的荆州。在夺取荆州的战斗中，孙坚被乱箭射中而死当初，刘表占据荆州，听说江南乱贼很多，就对蒯越等人说：我想招募士兵，担心招募不来，你们有什么好办法？蒯越回答说：老百姓不归附的原因是您的仁义不足；归附了不能好好管理是因为道义不够。如果仁义之道能够推行，老百姓就会像水往低处流那样归顺您，哪里用得着担心不归附？袁术勇猛而无谋略，身为乱贼头目，贪婪而残暴，他的下属深以为患，如果答应给他们加官进爵，厚加赏赐，必定有人率众前来归顺。您剪除他们当中胡作非为的人，安抚并重用他们。人人都希望能好好生存，这样就会有更多的人携家带口前来投靠。等到您兵力强大，士人归附，就南取江陵，北守襄阳，周边八郡轻而易举就可以平定，袁术等人即使前来，也不会有什么作为。后来果真如此。孙坚死后，他的儿子孙策统领他的部队攻打扬州刺史刘繇，一战而胜，乘机占据了江东孙策听说袁术要篡位称帝，便写信规劝他说：从前董卓无道，凌辱王室，加害何太后，废汉少帝刘辩为弘农王，天子逃亡，皇宫、宗庙被焚毁。因此四方豪杰激愤，纷纷揭竿而起。虽然如此，但河北袁绍在黑山另有图谋，曹操在东徐荼毒生灵，刘表在荆南作乱，公孙述在朔北谋反。你匡正礼义，阻止兵祸，远播德行，争取同盟，应当说你的做法于国有利，但你却毫不吝惜地舍弃了这些做法，突然之间打算篡位自立，这恐怕不是天下百姓所企盼的。从前商汤讨伐夏桀，还要宣称夏桀罪孽深重。周武王讨伐商纣王，还要宣称纣王犯了重大过错。这两位君王，虽然都具有圣明的德行，但假如当时桀、纣没有暴虐无道的罪过，他们也就没有机会取而代之。如今天子没有对天下百姓做坏事，仅仅因为年纪幼小，被权臣胁迫，这和商汤、周武王时代的形势完全不同。您祖上五代公卿，都是汉朝的辅佐重臣，荣耀宠信已经达到了极点，没有谁能比得上，更应该尽忠报国，报效朝廷。袁术不听，孙策就与袁术绝交了。孙策听说曹操与袁绍在官渡相持不下，便准备渡江偷袭许昌。孙策以前曾因故杀死了吴郡太守许贡，他的门客一直试图报仇。孙策还没来得及渡江，就被许贡的门客找到机会偷袭，一举杀死了他当初，孙策有渡江偷袭许昌这一打算

卷六　霸纪下

时，曹操的部下都很害怕。魏国的谋臣郭嘉预料说：孙策是英雄豪杰，能使别人为他效死力。但是他过于轻敌，毫无防备，即使拥有百万大军，也像独自行走在中原一样。如果派刺客伏击，一个人就能对付他了。依我的观察，他必定会死在平民百姓手中。孙策后来果真被许贡的门客杀了。**孙策死后，他的弟弟孙权接替他统领江东部众**当时孙吴割据江南，势力远及交州、广州一带。当时，正值曹操刚刚打败袁绍，兵力日益强盛，便下书责备孙权，并要求吴国向朝廷献人质。大臣张昭等人在一起讨论，始终拿不定主意。孙权于是单独带着周瑜到他母亲面前去商议。周瑜说："从前楚国刚被封在荆山旁边的地方，方圆不足百里。但由于楚国的后人都很贤能，开疆拓土，在郢地建立基业，后来又占据了荆州、扬州，势力直达南海，国家世代相传了九百多年。如今将军您凭借父兄遗留下的基础，兼并了六郡，兵精粮足，将士听命。我们可以开矿山炼铜，煮海水制盐，吴国境内物产富饶，人心安定。水路畅通，交通便利，民风剽悍勇敢，所向无敌。我们有什么理由接受逼迫，送人质给曹操呢？人质一入曹魏，便不得不听命于曹操，他下令召见就不得不去，这样便受制于人，和南面称王怎能同日而语呢？不如我们不给他人质，静观事态变化。如果曹操能够推行大义来匡正天下，将军再归顺他也不晚；倘若他图谋暴乱，战争犹如烈火，不及时扑灭必然要烧到自己。我们应当保存实力来抵抗外敌，等待时机，又有什么必要送人质呢？"孙权的母亲说："公瑾说得对。"于是孙权便没有送人质给曹操孙策死的时候，孙权年纪还小，刚刚统领国事。他的母亲太妃对此很是担忧，便让孙权带张昭、董袭等重臣来见。太妃问：江东可以保证长治久安吗？董袭回答说：从地势来说，江东有山川作为坚固的屏障，而讨逆将军孙策为政清明，恩德已广施民间；讨虏将军孙权承继基业，大小臣僚都尽心效命。张昭主持全局，我董袭等人作为干将，这是地利、人和都具备了，没有什么可担忧的。众人都很赞赏董袭这番话。

后来曹操攻入荆州，刘表的儿子刘琮率众投降当初，刘表刚死，鲁肃进言劝孙权说：荆楚之地与我东吴相邻接壤，河流顺接北方，外面环绕着长江、汉水，境内耸立着高山峻岭，城防坚固。荆楚之地沃野万里，百姓富足。倘若将荆楚之地据为己有，这真是成就帝王霸业的资本。我鲁肃请求前往荆州安抚刘表的两个儿子，并慰劳他们军中有实力的人，劝说刘备让他安抚刘表的部下兵将，一起对抗曹操。还没等鲁肃赶到,刘琮就已经投降了,曹操得到了荆州水军的战船和数十万士兵,东吴将士们听说这事后都很恐慌。孙权召集手下大臣商议,询问对策。众人都说:"曹操生性残暴,就像豺狼猛虎一样,他托名汉朝的丞相,挟制天子以征伐四方,动辄假借朝廷的名义攻打别人,现在与他为敌,事情会更加糟糕。况且对将军来说,可以用来对抗曹操的优势就是长江天险。如今曹操已经夺得荆州,占有荆州全部的土地。刘表训练的水军拥有大小战船数以千计,曹操全部将其调遣到江边,配合步兵,水陆齐下,这样就等于和我们共同拥有长江天险了。至于双方的兵力多寡,根本不可相提并论。依我们的愚见,最好的办法就是归顺曹操。"周瑜说:"不是这样。曹操虽然名义上是汉朝丞相,其实是汉朝的乱贼。将军您英武过人,有雄才大略,又有父兄遗留的基业,割据江东,占地数千里,将士英勇善战,军中物资充足,英雄豪杰都乐于效命,所以应当横行天下,为汉朝除去奸贼。况且曹操是自己来送死,怎么能归顺他呢?请让我为将军分析一下形势。现在假使北方已经安定,曹操没有内患,能够旷日持久地与我们作战,又能够和我们的水军一较高下,那归顺没问题;不过现在北方并未安定,马超、韩遂还盘踞在关西,是曹操的后患;况且舍弃鞍马、依仗舟楫来与吴越人一争高下,本来就不是中原人的特长;再加上现在正值寒冬,马无草料;驱使中原的战士远道而来跋涉在江河湖海之间,他们因水土不服,必定会生病。以上这四个方面,都是用兵的大忌,而曹操竟然都犯了。将军捉拿曹操的机会,就在今天。我周瑜请求率领三万精兵进驻夏口,保证为将军打败曹操。"孙权说:"曹操老贼早就想废汉自立,只因顾忌袁绍、袁术、吕布、刘表和我罢了。如今几位豪杰都已经被消灭了,只有我还在,我与老贼势不两立。你说应当抗击曹贼,很合我的心意,这是上天安排你来帮助我啊!"当时,孙权驻军在柴桑,刘备的部队驻扎在樊城。曹操南征刘表,正逢刘表病逝,刘表的儿子刘琮率部投降。刘备不知道曹操突然到来,等曹军到了宛城,刘备才得到消息,于是率军向南逃走,被曹操追杀击溃。刘备逃到夏口,诸葛亮说:事情很紧急了,请让我去向孙将军求救。他立即赶去见孙权,游说孙权说:将军您起兵江东,刘豫州也在汉南兴兵,与曹操一起争夺天下。如今曹操铲除北方对手的大事已经基本完成。于是他又乘机攻陷荆州,

卷六 霸纪下

威震四海。英雄没有了用武之地,所以刘豫州逃到了夏口。将军可以估量一下实力然后做决定。倘若以吴越的兵力有把握能与中原的曹军抗衡,就不如尽早与曹操决一死战;如若不能抵挡曹军,为什么不放下武器,投降曹操呢?如今将军表面上假托服从的名义,而内心却犹豫不决。事态危急而不能决断,大祸很快就要临头了!孙权说:如果像您说的,刘豫州为什么不投降曹操呢?诸葛亮说:田横,只是齐国的一介武士罢了,尚且能坚守气节不受屈辱,何况刘豫州是皇室的后裔,英才盖世,士众们仰慕他有如江河归大海。倘若事情不能成功,这就是天意,怎么能再去屈居人下呢?孙权十分激动地说:我不能拿全东吴的土地、十万的将士受制于他人。我已经打定主意了,除了刘豫州再没有人可以与我共同抵挡曹操了。不过,刘豫州刚刚战败,他还有什么办法对抗强敌呢?诸葛亮说:刘豫州的军队虽然在长坂战败,但撤回的将士以及关羽所带领的精兵加起来也有上万人,刘表的长子刘琦率领的江夏部队也不下万人。曹操大军远道而来,疲惫不堪,听说他们为了追击刘豫州,战马一日一夜跑了三百里,这就是所谓"强弩之末,势不能穿鲁缟"。所以兵法上这是大忌,称"必蹶上将军"。况且北方人不熟悉水战,加上荆州水军投降曹操完全是遭到武力胁迫,并不是真心服从。现在将军如果能令猛将统兵数万,与刘豫州同心协力,一定能打败曹军。曹军战败,势必会返回北方,这样,荆州和东吴的势力就会增强,三足鼎立的局面就形成了。成败的关键,就在于今天。孙权听了很高兴,立即派周瑜、鲁肃等人跟随诸葛亮去拜见先主刘备,携手共同对抗曹操。**周瑜等带领水军三万,与刘备合力对抗曹操,他们运用黄盖的火攻计策,在赤壁打败了曹操**第一天交战,曹军败退回江北扎营。周瑜等人在长江南岸扎营。周瑜的部将黄盖说:现在敌众我寡,很难与他们打持久战。不过我观察曹军正在连接战船,船与船首尾相接,可以用火攻,他们一定会落荒而逃。于是,周瑜抽调大小战船数十艘,在船上装满柴草,将油膏浇灌在柴草上,用帷幕裹严实,上面悬挂以象牙为装饰的将军战旗。然后黄盖事先写信给曹操,骗他说自己要去投降。黄盖又准备好快船,分别系在火船之后,然后指挥船队依次向前进发。曹操军中将士都伸长脖子观望,指点着说是黄盖前来投降。船队距离曹军还有二里多,一起点火,火烈风猛,船速如箭,一时间灰尘飞扬,烈焰滚滚,曹军的战船全部被烧尽。火焰还漫延到江岸边的营房。顷刻间,烟火冲天,曹军人马被烧死、淹死的不计其数。周瑜率领轻骑精兵紧随其后,擂鼓助战,大举进兵。曹操留下曹仁等据守江陵,自己抄小路逃回北方。周瑜又进攻南郡,与曹仁对战,曹仁于是弃城退走。**曹操战败以后,从小路逃回了北方,孙权于是称霸江东**当时刘璋任益州牧,正碰上张鲁侵犯益州。周瑜便去京口拜见孙权说：如今曹操刚遭到挫败，正担忧内部不稳，顾不上与将军交战相争。我请求与奋威将军孙瑜一起进兵攻打蜀地，夺得蜀地后再吞并张鲁，然后留下奋威将军孙瑜守住夺取的地盘，以便与马超互为援应。我周瑜与将军您据守襄阳，以使曹操窘迫不安，不得逞志，这样就有机会可以图谋北方了。孙权同意了周瑜的计策。不久赶上周瑜去世，未能实施这个计划。

当初，周瑜推荐鲁肃，认为他的才能足以辅佐君王。孙权立即召见鲁肃，和他一起饮酒。孙权说："如今汉朝危机四伏，天下纷扰不安。我继承父兄遗留下来的基业，想建立齐桓公、晋文公那样的功业，您既然屈尊来到我这里，您打算怎样帮助我实现这个愿望呢？"鲁肃回答说："从前汉高帝刘邦一心想拥戴楚国义帝而不能如愿，是由于项羽从中作梗。如今的曹操就像当年的项羽，将军怎么能成为当世的齐桓公、晋文公呢？我私下认为，汉朝不可能再复兴，就好像曹操不可能一下子除掉。将军要谋划的只能是占据江东，和曹操、刘备鼎足而立，静观天下的风云变幻。能够达到这样的规模，将军也应该满足了。然后再找机会建号称帝，进而图谋统一天下，这是汉高祖那样的功业啊。"后来，当孙权平定长江沿岸，建号称帝的时候，他登上祭坛，回头对大臣们说："从前鲁肃曾经跟我描绘过现在的局面，他可以称得上明察世事的趋势啊。"评论：西晋文学家陆机称赞孙权：他执鞭驾车、鞠躬致敬，借此提高陆逊的威信；将自己的卫队全部交给周瑜，协助周瑜的军事行动；自己住简陋的官室，节衣缩食，只是为了使功臣的奖赏更丰厚；他虚怀若谷，虚心接受谋士的建议；他屏住呼吸，轻手轻脚，只为了不打扰吕蒙养病；他减少自己的饮食，将美味让给凌统的遗孤。因此忠臣都竞相效忠，恪尽职守，将士都竭尽全力，保护他帝王大业的稳固。黄石公说：贤能的人执掌朝政，靠身体力行使别人心服口服；品德高尚的圣人执掌朝政，靠他崇高的德行使人心悦诚服。靠身体力行使别人心服口服的人可以开创基业，靠高尚的德行影响别人的人可以永保基业。使人们的行为统一规范靠的是明达干练，使人们的思想统一规范靠的是仁德真诚。由此看来，孙权"执鞭鞠躬"，可以吸纳人才；"披怀虚己"，更可以收买人心。说他能将良好的开端保持到最终，实在是很准确。孙权黄武元年，魏国派大司马曹仁率领步兵、骑兵数十万向东吴的濡须进兵，濡须守将朱桓打败了他们

当初，曹仁要进兵攻打中州，假意先扬言说要向东攻打羡溪，朱桓便分兵往羡溪助守。

卷六　霸纪下

朱桓一发兵，而曹仁的军队很快便开到了濡须。朱桓手下将领都战战兢兢，很是慌张。朱桓为众将分析：大凡两军交战，胜负的关键在于主将，而不取决于军队的多少。诸位说说曹仁用兵和我朱桓相比，谁优谁劣？兵法上说"客方兵力超过主方一倍，而主方仍能取胜"，是指双方都在平原上，没有城池可以据守，又指在双方士卒的斗志相当的情形下的结果。现在曹仁既不是智勇双全的主帅，加上他的士卒又很胆怯，又是步行上千里来攻，人困马乏。我朱桓与各位将领一起据守这高大的城池，南面滨临长江，北面紧靠山陵，以逸代劳，以主制客，这是百战百胜的形势啊。朱桓于是偃旗息鼓，对外示弱，引诱曹仁攻城。曹仁果然派儿子曹泰向濡须城发起进攻，又分兵派诸将去偷袭中州。中州是朱桓部属的妻子儿女们所在的地方。曹泰等人兵败后退，朱桓便顺势消灭了曹仁诸将。孙权黄武七年，魏国又派大司马曹休带领十万骑兵到达皖城，去迎接吴国鄱阳太守周鲂归降。周鲂本来是诈降诱骗曹休，曹休无功而返吴国鄱阳太守周鲂诈降引诱曹休。曹休到皖城去迎接周鲂归降，知道被骗后，本应当率军返回，但他自恃兵多势盛，主动要求决一死战。朱桓向元帅陆逊献计说：曹休是凭着亲戚关系才被任用，并不是智勇双全的名将。现在和我军开战，他一定会战败。战败后，他一定会逃跑。逃跑时理当取道夹石、挂车，这两条路地势都很险要。如果我们派一万士兵沿小路伏击，那么曹休的部队必定会被消灭尽，曹休也可以活捉。臣请求带领所属部队去截击曹休军，如果借助上天的神威，能够消灭曹休而壮大自己的力量，就可以乘胜长驱直入，进兵夺下寿春，割据淮南，进而伺机夺取许都、洛阳。这是千载难逢的好时机，不可错失。孙权先与陆逊就此商议，陆逊认为不可行，所以，这个计策没能施行。

　　孙权死后，孙皓继位。他荒淫无度，穷奢极欲，盘剥老百姓，残害苍生，崇信小人，残害忠臣。晋世祖司马炎命令杜预等人起兵讨伐吴国，吴国灭亡评论：战国时，魏武侯渡西河时，回头对吴起说：我们山河险要，是魏国防守的坚固屏障，这是魏国的国宝啊。吴起回答说：从前，三苗氏的部族占据地理优势，左有洞庭湖，右有彭蠡湖，但他们不重视推行仁义道德，大禹把它灭了。夏朝末代君主夏桀，国土左有黄河、济水，右有太华山，伊阙在它的南面，羊肠在它的北面，但他不推行仁政，最终被商王成汤放逐了。由此可见，国家的长治久安在于德政而不在山河险要。如今孙皓承袭祖先遗留下来的基业，有天然的险阻作为坚固的屏障，国土西到巫峡，东临大海，尽有长江两岸的疆域，崇山峻岭环绕着它的边境，国土方圆几万里，拥兵上百万。然而，他最终也只能放下武器，束手被擒。这样看来，国家的长治久安在于德政的说法真的是颠扑不破的真理吗？为什么呢？陆机说：《周易》称"商汤、周武王的变革是顺应了天意"，《太玄经》称"乱政不达到极点就不能形成治理的形势"，这是说帝王施政要顺应天时。《周易》称"君王、诸侯设置险阻来守护他的国家"，这是说国家的稳固可以倚仗天然险阻。又称"地利不如人和，国家的长治久安在于德政不在于地势险要"，这是说要守住国家要靠人和。东吴的兴起，天时、地利、人和三方面的因素都有。这就是荀子所说的"合其三"的情形。至于东吴的灭亡，则是由于仅仅倚仗自然的险阻而已。娄敬说：周朝衰微，分裂为东周、西周，天下诸侯不再朝拜，周王室无法节制。这不是由于周王室的德政薄弱了，而是由于国力衰弱。由此看来，国家的兴衰有时也要依靠有无地利的优势，并不是只依靠德政就行了。到了晋朝永嘉年间，中原地区发生战乱，东晋元帝司马睿又渡过长江，在江南建立了东晋。以后的宋、齐、梁、陈全部都建都江南具体情况详见"霸纪上"。这就是吴国兴亡的大概情形。

魏

古代的天子负责掌管国家，守护四方边疆；天子力量衰微的时候，就由诸侯掌管守卫职责。汉朝末年，奸臣把持朝政，天下不得安宁，四处都是战乱。虽然有诸侯参与朝政，但都包藏祸心，图谋不轨。魏太祖曹操雄才大略，举世无双，机智勇武，冠于当时。正赶上朝政昏暗、天下动荡的时代，他敢作敢为，首先举起义旗。当时韩暹、杨奉挟持汉献帝从河东返回洛阳汉灵帝驾崩，太子刘辩登基。并州牧董卓进京诛宦官，乘机废汉少帝刘辩为弘农王，拥立汉献帝刘协，奉董卓为太师，把都城迁到长安。司徒王允设计杀了董卓，董卓手下的将领郭汜、李傕围攻长安城。长安城攻陷后，王允被处决。后来李傕与郭汜之间有了矛盾，李傕把献帝扣留在他家中做人质。李傕手下的将领杨奉图谋刺杀李傕，事情泄漏，便背叛了李傕。李傕的势力衰弱，皇帝得以出逃。杨奉想要挟持献帝返回洛阳，郭汜紧追皇帝到弘农县的曹阳墟。杨奉等人失败，郭汜等肆意杀戮，几乎杀尽公卿。献帝渡过黄河，暂时以安邑为都城，封韩暹为征东将军，主持朝政，计划还都洛阳。洛阳的宫室已被烧毁，文武百官无处安身。魏太祖曹操迎接献帝定都许昌。韩暹、杨奉分别出逃。魏太祖曹操提议迎接献帝定都许昌，有人认为山东尚未平定，不可以这样做。荀彧劝太祖说："从前，晋文公助周襄王复位，诸侯都听命于他；汉高祖东征，为义帝戴孝，赢得天下人心。自从天子

卷六 霸纪下

流亡，将军您首倡义兵，虽然因为山东地区混乱，未能远赴关外，然而仍能派遣将帅，历尽艰险与外族通使。虽然抵御着外敌，但您的心无时不在牵挂着汉朝王室的安危，这是将军匡正天下的一贯志向。如今皇帝车驾返回都城，将士都有复兴汉室的之心，百姓们感怀过去而倍感哀伤。将军如果确实能趁此时机迎接皇帝来顺应百姓的期待，这是大顺；秉持公道来征服各路豪杰，这是大略；弘扬仁义来招揽天下英雄，这是大德。天下即使有些逆贼，也不足为患，这是很明显的事。韩暹、杨奉他们敢于作乱，如若不及时制定对策，四方的人都会萌生反叛之心，一旦天下大乱，到时再去考虑对策，就来不及了。"魏太祖马上赶到洛阳，保护献帝迁都许昌。他平定了动乱，重振朝纲，使汉朝王室重新恢复旧观。曹操又运筹策划，肃清海内，北破袁绍，南俘刘琮，东挫公孙康，西灭张鲁评论：刘表等各路豪杰虽然在此期间各自互有吞并，那只不过是扬雄所说"六国扰扰攘攘，都是在替秦国削弱周王"的情形罢了。他们兼并的地方虽然很多，只不过是为曹魏准备的礼物罢了。九州百郡，曹操已经兼并了十分之八，可是壮志未酬，功业未能最后实现，就中途去世曹操，字孟德。年少时就机灵敏捷，有随机应变的本领，但他以侠义自任，行为放荡，不务正业，因此，世人都不认为他是什么治国安邦的奇才，只有乔玄认为他是个不平凡的人。乔玄曾对曹操说：天下将要大乱，不是身怀治国奇策的人才不能拯救乱世。能安定天下的，难道就是你吗？曹操任东郡太守时，治理东武阳，驻军顿丘。黑山的反贼于毒等人来攻打东武阳，曹操领兵向西进入黑山，攻打于毒等人的大本营。众将都认为此时应当回师自救，曹操说：从前孙膑为了援救赵国而去攻打魏国，耿弇要逃奔西安却反而去攻打临淄。现在我是要使贼兵听到我军向西攻打他们的大本营而撤兵，这样东武阳就自然解围了。如果贼兵不撤，我军一定能捣毁敌人的老巢，敌人一定无法攻陷东武阳，这是肯定的。于是便率军西行，于毒听到这个消息后，便放弃东武阳撤兵，曹操在半路截击，大败于毒军。当初，辽东太守公孙康倚仗他地处偏远而不归顺，袁绍兵败后，他的儿子袁尚、袁熙赶去投靠公孙康。等到曹操攻克乌丸，有人劝说曹操：我们不如趁机去讨伐辽东，就可以活捉袁熙、袁尚兄弟俩了。曹操说：我正让公孙康送袁尚、袁熙的首级来，不烦劳兵士们了。九月，曹操领军从柳城班师，公孙康立即斩了袁尚、袁熙，把他们的首级送到曹营。众将很惊奇，问曹操道：您一班师，公孙康就斩了袁尚、袁熙的首级送来，这是为什么？曹操说：他一向畏惧袁尚等人,如果我逼他逼得比较紧,他们就会联合对抗我;如果我对他宽松,那么他们就会自相残杀,这是他们之间的矛盾纠葛和力量对比造成的。曹操在下邳攻打吕布,久攻不下,准备撤军。荀攸说:吕布有勇无谋,如今三军都已经失败,他的锐气已经衰退了。三军都以主将为主心骨,主将锐气衰退,那么全军就会没有斗志。他的谋士陈宫虽然有智谋,但性情迟缓。现在趁吕布的士气还没有恢复,陈宫还没拿定主意,我们急速进军攻打他们,就可以击败吕布了。于是,曹军便决开沂水、泗水河口,水淹下邳城,城墙溃坏,曹军活捉了吕布。袁绍的大将文丑与曹操对阵,荀攸劝曹操以军用器械、粮草等引诱敌兵抢夺,敌兵果然因为争抢军资而阵脚大乱,曹军斩了文丑。曹操与袁绍在官渡相持不下的时候,曹操军中缺粮,他就写信给荀彧,称准备撤军回许昌。荀彧说:袁绍把所有的军队都集中在那里据守官渡,准备与曹公您一决胜败。您以至弱对至强,如果不能制服对方,必定会被敌方乘机制服,这是天下最关键的时刻。况且袁绍只是匹夫之勇罢了,能够聚集人才,但不知道如何使人才各尽其用。凭着曹公您的神机妙算、勇猛无敌,并且顺应天时,有什么不能成功的?如今虽然兵少,但还远比不上楚汉相争时楚军、汉军在荥阳、成皋时的力量对比。那个时候,刘邦、项羽没有谁肯先撤退,先撤退的一方势必屈服于另一方。曹公您以仅占敌军十分之一的兵众,与敌军分庭抗礼,掐住敌军的咽喉要道使其不能前进,已经坚持半年了。眼看敌方势力已经衰竭,必将发生变故。这是运用奇谋的好机会,机不可失啊。又赶上袁绍的谋臣许攸因贪图钱财犯法,袁绍不能容他,便来投奔曹操,并劝说曹操去袭击袁绍的其它军营,烧了他的粮草。于是曹操借此打败了袁绍。张绣在南阳与荆州牧刘表会合,曹操出兵讨伐他们。谋臣进言说:张绣与刘表相互仰仗,自以为势力强大,然而张绣的部队作为游军要依靠刘表供养,但刘表是没有能力供养的。您逼急了他们,他们就会联合起来,齐心合力对抗您;如果您缓一缓,他们就会自行分开。曹操不听。刘表果然派兵救援张绣,曹操兵败。汉献帝初平三年春天,曹操撤兵回许昌。张绣的军队前来追击,曹操的军队无法前进,曹操写信给荀彧说:敌兵来追击我,我们一天只能行军几里,依我估计,到了安众,我军一定能打败他们。后来曹操果然靠奇兵伏击打败了张绣。曹操回到许昌,荀彧问:之前您如何能预计到一定可以打败敌兵呢?曹操回答说:敌人拦截我军的归路,把我军逼到绝境同我们作战,我因此知道我们会取胜。西平郡麹光杀了西平郡守,起兵谋反,曹军众将要求兴兵攻打他。谋士张既说:西平郡只有麹光等造反,郡中的其他人未必都同样谋反。如果这时挥军攻打他们,当地官吏、羌人、胡人一定会认为朝廷不分是非,更加使他们相互抱团,这是替老虎加上翅膀啊。麹光等人要以羌人、胡人作为援应,现在我们先使羌人、胡人从背后攻打他们,给羌人、胡人以丰厚的奖

卷六　霸纪下

赏,再把战争所俘虏的人送给他们充作奴婢,在外阻遏他们的势头,在内离间他们的交情,这样必定会不战而平定叛乱。于是曹操发布檄文,告知那些跟随麹光叛乱的人:凡是被麹光等人所迷惑犯错的,都予以赦免;能够斩杀乱贼首领送来首级的,重加封赏。于是,麹光的部下便杀了麹光,给曹军送来了麹光的首级。以上是曹操兼并九州百郡中十分之八的大概情形。**能够匡扶天下危难的人,就会拥有天下的安定;能够消除天下忧患的人,就能享有天下的快乐;能够解救天下灾难的人,就会得到天下的幸福**董昭等人打算一起向曹操进献天子才能使用的九锡礼器,秘密征求荀彧的意见,荀彧不同意。曹操心中愤愤不平,于是杀了荀彧。《后汉书》作者范晔评论说:世人都说荀彧懂得进退权变,也许评价过高了。我常常认为,中等才智以下的人,德行方面不必追求完美,在智谋计算方面也时有疏漏,能推究开始未能把握结局,这是因为事理本来就不可能彻底推究。凭着子贡的巧舌如簧,一番说词就颠覆了两个国家,不是他轻视仁义而想这样做,大概是国家有所保全也一定会有所伤害吧,这又是功业与仁义不能兼顾的情形。正当天下动荡之时,不具备雄才大略就无法拯救国家的衰落。具有雄才大略的英雄匡时救世,功劳超群,势力强大,那么皇权自然就会转移到他手里。这又是雄才大略之英雄与国家安定不可同时并存的情形。只要是让国家统治回到正常的轨道上,我们也不应该求全责备,和杀身成仁的道理类似。**曹操兴仁义之师拨乱反正,他的功业世代传诵。到魏文帝曹丕时,顺应天意人心,接受了汉献帝的禅让,自立为天子**魏国大将刘若劝曹丕登帝位,说:臣听说祥瑞不会凭空出现,众人的心愿不可违背。所以孔子说:周公难道不圣明吗?他却把天下让给了周成王,这就像天地日月不吝惜万物一样。因此,尧要把天下禅让给舜,舜一点儿也没有推辞。如今汉朝气数已尽,刘汉皇朝国运将终。上天感念大魏有明德,赐福给我大魏,祥瑞已经多次出现,大魏顺天应命已是必然。光天化日之下,神人都将共同响应。即使是有虞氏时出现的仪凤、武王伐纣时跃出水面的鱼,与今天的祥瑞也无法相比。然而陛下您却违背天命而纠缠于小节,违背众人的愿望而强调个人的志向,在上忤逆了皇天眷顾的旨意,在中忘记了圣人通达权变的教诲,在下令人臣翘首期待的心愿落空,这样并不是身居高位弘扬圣人之道的做法,也不能把伟大功勋永传后世。我们这些臣子听说侍奉君主左右的人,有进谏正确意见的责任,忠于天子的大臣有冒死纠正天子的义务。所以我们臣下敢于冒死请求陛下登基。太史丞许芝又说:《易传》称:圣人承天命称王,黄龙在戊巳日出现。七月四日是戊寅日,有黄龙出现。这是帝王承天命的祥瑞征兆,已经很明显了。《易传》又称:圣人以德行使天下归心,仁爱恩泽普施天下,麒麟在戊巳日出现，这应验在圣人秉承天命上。臣听说帝王是五行的精华。异姓更替，朝代轮回，以七百二十年为一个周期。有德行的王朝统治可能会超过八百年，没有德行的王朝统治也可能不到四百年。因此，周朝君临天下达八百六十七年，夏朝的统治却只有四百几十年。汉朝施行的是夏朝那样的统治，建国至今已经有四百二十六年了。按照天命的规律，汉朝的统治将要终结了。这些都是帝王承天命改朝换代的征兆。得到岁星照耀的势力，其统治开始兴起。从前周武王讨伐商纣的时候，岁星在鹑火旁出现，鹑火所在的天区正是周的分野。汉高祖进入秦地，五星都聚集在东井附近，这是应了汉的分野。现在岁星照耀大梁，应了魏国的分野。而且天赐的祥瑞征兆，一并出现在魏国，谨请陛下能身体力行尧、舜的圣明，承继七百年的禅让兴替，这是天下有学之士的共同想法。谨将以上这些情况报告给陛下。给事中苏林等人又说：天上有十二星次，来作为地上相应的分野。王公的国家，各有自己的分野。天子借此领受天命，诸侯以此受封。周文王承天命，岁星出现在鹑火旁；周武王讨伐殷纣王，这是在十三年之后，岁星又出现在鹑火旁。因此《春秋传》称：周武王讨伐商纣，岁星出现在鹑火旁，就是我们大周朝的分野。从前汉灵帝光和七年，岁星照耀大梁，魏武王曹操开始受命为将，征讨黄巾军。汉献帝建安元年，岁星再次照耀大梁，魏武王曹操正式拜为大将军。十三年后岁星又照耀大梁，魏武王正式拜为丞相。现在是二十五年之后，岁星又出现在大梁上空，陛下应该顺应天命，接受汉朝禅让。魏国得到岁星照耀，和当年周文王秉受天命相对应。舜帝以土德承继尧帝的火德，如今大魏也是以土德承继汉朝的火德，在五行运行中，汉、魏交替正好和尧、舜的禅让相对应。陛下应当更改年号，变换服色，建帝号，这是天下百姓的大幸。

　　曹魏朝廷内部虽然安定了，但是吴、蜀两国还没有归顺。于是魏文帝曹丕问贾诩说："我想讨伐不听从朝廷命令的逆臣，统一天下，吴国和蜀国应该先讨伐哪一个呢？"贾诩回答说："攻城略地首先要重视用兵权谋，建立基业应该崇尚文德教化。陛下应天命接受禅让，君临天下，如若以文德教化来安抚天下，然后静观吴、蜀的变化，那么平定他们也并不困难。吴、蜀虽然是区区小国，但都有高山依傍、河水阻隔，而且刘备有雄才大略，诸葛亮善于治国，孙权懂得虚实进退，陆逊善于用兵，他们占据险要的地势，战船往来于江湖之中，都很难一下子消灭掉。用兵之道，是先具备了必胜的条件然后再出战，依据敌方的具体情况选派将领，这样行动才不至于失策。臣私下盘算，群臣中没有人是孙权、刘

卷六　霸纪下

备的对手，即使凭借您的威势去讨伐他们，也没有必胜的把握。从前舜帝挥舞干戚征服了有苗。臣认为，当今应该先文后武。"文帝不采纳贾诩的意见，后来果然没有成功三苗国，就是今天的岳州。蜀国丞相诸葛亮兵出斜谷，驻扎在渭南。司马懿率兵阻截。朝廷诏令司马懿：只须加固壁垒，坚持防守，以挫伤蜀军的锐气。蜀军前进不能如愿，后退也不与他交战，这样长久耗下去他们必定会将粮草耗尽。他们到当地抢掠粮草又没有收获，就一定会退走。蜀兵一退我军就追击，以逸待劳，这正是大获全胜的办法。诸葛亮为了激怒司马懿，就给他送去女人的衣服，讥讽他打仗像女人。司马懿气急败坏，准备出兵迎战，军师辛毗拿着御赐的符节制止了他，司马懿不得不放弃出战。司马懿会见诸葛亮的使者时，只问诸葛亮的起居饮食情况，以及公事的繁琐与简易情况，并不提及打仗的事。使者回答说：鞭笞超过二十下的处罚，他都要亲自过问，每天饭也吃不了多少。司马懿说：诸葛亮快要死了。不久诸葛亮果然去世了。

东吴末帝孙皓甘露元年，魏国任命邓艾为镇西将军，抵御蜀国将领姜维。姜维的军队失败，退守剑阁。魏将钟会进攻姜维无法取胜，于是就上书说："现在敌人受到了挫折，应该乘胜前进。从阴平走小路经过汉德、阳亭，直奔涪县。涪县离剑阁向西约百里，距离成都三百余里。然后我们以奇兵直捣蜀军腹地，剑阁的守军必定返回救援涪县，这样我军就可以并行进击；如果剑阁的守军不回去救援，那么救援涪县的军队就会很少了。《军志》上有这样的话：攻其不备，出其不意。现在趁敌方空虚进击，一定可以打败他们。"当年冬天十月，邓艾率兵从阴平出发，在荒无人烟的地带行进了七百余里，他们凿山开道，逢水架桥。一路山高谷深，艰险重重。遇到陡坡，邓艾便用毡子裹住身体，一路翻滚下去。将士们都攀着树枝藤条、抠着石缝，一个接一个地向前行进。队伍先到达江由，蜀国将领诸葛瞻从涪县退回到绵竹防守，摆好阵势等邓艾来攻。邓艾派儿子邓忠等人出战，大败蜀军，杀了诸葛瞻。邓艾进军到洛县，刘禅就投降了蜀汉后主刘禅听信谯周的建议，捧着玉玺和降书献给邓艾，降书上说：因长江、汉水的阻隔，我们远离朝廷，身处蜀地。我们偏安一隅，有违天命，一晃已经好几年了。曾在魏黄初年间，魏文帝下诏以示亲好，申明三国友好的恩德，向我敞开大门，显扬大义。可是不才我愚昧顽劣，贪图继承先辈的遗业，俯仰之间过了很多年,依然未能接受诏命。如今天威震怒,人鬼都择贤而从,这是大势所趋。朝廷的军队威震天下,神威勇武之师所向披靡,我们怎敢不洗心革面,顺从朝廷的诏命?邓艾大喜,回复刘禅说:朝纲失统,群雄各显神通,竞相奋起,龙争虎斗,而天下最终归于真命天子。这大概是天命主宰兴替的必然规律。自古以来的圣明帝王,下至汉、魏,秉受天命而做君王的,无不在中原兴起。黄河出现《河图》,洛水出现《洛书》,圣人借助它们来振兴宏伟的事业。如果不遵循此道,没有不动荡以至灭亡的。隗嚣割据陇右,过于依赖陇山的险阻,最终灭亡;公孙述占据蜀地,过于自信地势险要,因此兵败身亡,这些都是前车之鉴。我们魏国君主聪颖睿智,宰相忠诚而贤能,完全可以与黄帝轩辕氏时期的盛况比肩,能与历代王朝的功业一较高下。我们奉皇命出征,一直希望能够听到好消息,今天您终于派遣来使,把这个英明的决定通知我们。这些都不是只靠人力能完成的事,而是仰仗天意。从前微子归顺周朝,后来成为周朝的上宾。君子顺时而有所变通,是心存天下大局;来函中语辞谦虚恭顺,是以礼相亲,这些都是前代贤哲顺应天命的典范。处事要以保全国家为上策,使国家败亡是下策。如果不是通达明智的人,怎么可能显现出王者的大义呢?蜀后主刘禅到达洛阳后,魏国朝廷策封他为安乐公。诏书称:通常统治天下,运筹万物,以天下安宁为上;治理国家,以时世太平为大。过去,汉朝丧失纲纪,天下大乱。我魏太祖秉承天命,龙腾于世,志在救济八方。因此应天命,顺人愿,掌握了天下。在那个时候,你的父亲刘备因为各路豪杰龙争虎斗,天下不安宁,乘机占据了偏远的蜀地,到现在将近六十年了。我继承祖辈的遗愿,志在一统天下,万众归心,于是整顿六军,于梁州、益州用兵。你发扬光大前贤的德行和气度,把握时机而懂得变通,恪守信誉而顺应人愿,使天下永享太平,岂不是永远会受到人们敬重?你敬遵皇命,尽心修德,也是为了使你先辈的功业能善始善终。当初,晋文王司马昭打算派钟会进攻蜀国,他的心腹邵悌说:如今钟会率领十万大军进攻蜀国,我认为钟会独自出兵,恐怕有负重托,不如派其他人去。司马昭问:我难道还不知道这一点吗?如果蜀国被灭以后,出现像你所担心的情况,应该如何应付呢?败军之将,称不上勇敢;亡国的士大夫,不可以和他们商量如何稳固社稷。这是因为他们已经吓破胆的缘故。如果蜀国已经攻破,亡国的遗民都会震惊恐慌,成不了什么大事。中原的将士们都思念回归故土,一定不肯与钟会同心协力。如果钟会想造反,只是自取灭亡罢了。钟会果然与姜维谋反,魏国将士奋起反击,杀了钟会和姜维。到了晋朝末年,谯纵又在蜀地自立为王。宋公刘裕派朱龄石讨伐谯纵,表面宣称从内水直取成都,而实际上却是派老弱残兵去驻扎在内水水口。谯纵果然怀疑

卷六　霸纪下

他们是从内水发兵内水，指涪江，就把军队全部驻扎在新城等朱龄石来攻。而实际上刘裕却让朱龄石带领精锐部队从外水进兵外水，指岷江，大概就是今天横贯洛县的河流，直取成都，不费吹灰之力就活捉了谯纵事情经过，详细记载在"霸纪上"。这就是蜀国灭亡的大概情形。

魏齐王曹芳嘉平年间，东吴孙权去世。曹魏征南大将军王昶、征东大将军胡遵、镇南将军毋丘俭等人上奏请求征讨吴国。朝廷因为三个人征讨吴国的策略各有不同，便下诏询问尚书傅嘏的意见。傅嘏回复说："春秋时吴王夫差战胜齐国，欺负晋国，在中原横行霸道，最终也只落得在姑苏败亡的下场；战国时齐闵王开疆拓土，兼并弱国，拓展国土上千里，却不能够挽救被颠覆的命运。事情有好的开始，不一定有好的结局，古代的事实已经很好地证明了这一点。孙权自从打败蜀国、夺取荆州之后，就志得意满，凶残堕落到了极点。相国宣王司马懿、文王司马昭等最先认识到自取混乱必然遭致亡国辱家的道理，深明使国家大展宏图的策略。现在孙权已经死去，把国家大事托付给诸葛恪。如果诸葛恪能纠正孙权的严苛残暴，废除孙权的暴虐政策，使民众免遭苛政荼毒，在江东苟且偷安，实行救国的新政，朝廷内外万众一心考虑保全国家的大计，同舟共济，即使不能最终保全吴国，但依然还可以在江东苟延残喘一段时间。如今各位将领有的想乘船径直渡江，在江面与东吴一决胜负；有的想从相反的两条路一起进军，多头出击敌军的城池、堡垒；有的想要大军在吴国边境屯田，等待时机进兵。这三种策略，都是对敌作战的常用计策，但只有抓住合适的时机施行才能成功，如若实施的时机不对，必定会留下后患。自从兴兵以来，军队在各地征战已经三年了，但都不是善于偷袭的部队。敌军没了主帅，最有利的方式就是撤退坚守。如果他们搜罗船只列阵重要渡口，实行坚壁清野，这时我们再用江面决战的计策，恐怕就很难取胜了。敌人在江东为寇已经六十年了，私自设立君臣之位，上下已能做到同患难了。如果诸葛恪能消除孙权执政时的弊端和上天令其覆亡的隐患，吴国就不可能马上灭亡了。现在敌军设下罗网，又防守严密，使我们的间谍无所作为，探子也一无所闻。军队没有探子做耳目，对敌军的行动侦察就不能详细，而在这种情况下轻率地出动大军必然面临巨大的危险，这是希望侥幸成功获得奖赏、先开战然后再想办法取胜的策略，并不是保全军队的长远之计。只有大军在吴国边境屯田相对来说是最稳妥的办法，士兵来自于老百姓，必定对地方秋毫无犯；驻军可以以自己种的粮食为军粮，不需要动用劳役运粮；抓住时机偷袭作战，不需要长途跋涉的劳苦、费用。这些都是行军打仗中的紧要事务。安营扎寨，逼迫敌军，巧妙笨拙的计策都得以运用，认真策划就可以知道计谋的得与失，在战场角逐起来就会知道自己长处和短处。这样一来，敌方的真实情况也就一览无余了。以寡敌众，就会战事频繁，兵力衰竭；以贫敌富，就会税赋沉重，财物匮乏。因此，敌军安逸，我们就要能够使其疲劳；敌军粮草充足，我们就要能够使其匮乏，说的就是这个意思。然后，我们再派大批精锐部队去震慑敌军，同时多施恩惠、加倍行赏以便招降敌人，多方设计、广布疑兵以便使敌人疑惑。再由出其不意的进军路线出兵，乘机去攻打敌方毫无戒备的据点。这样等到三年之后，再左右夹击，敌军必定会像冰雪消融那样分散瓦解，我军坐等敌军分崩离析，成功唾手可得。过去汉朝历代常以匈奴侵扰边境为大患，朝中大臣、谋士，都从早到晚日夜思考对策。披甲戴盔的将士们，则主张征战讨伐；豪门贵族绅士之流，都说要和亲联姻；勇敢奋发的志士，想要施展全力搏斗厮杀。因此，樊哙打算用十万大军横扫匈奴，季布当面指责其出兵的弊端；战国时秦国李信请求用二十万大军专门攻打楚国人，结果却使秦军战败受辱。如今各位将领中有人陈说要越过江陵的险阻，孤军深入敌境，这和过去樊哙、李信的情况类似。凭着陛下您的圣明仁德，辅佐大臣的贤能智慧，加上我军纪律严明，将士干练，完全可以把对吴作战建立在求取全胜的基础之上，施展长远的战略来对抗敌军，敌军的崩溃是必然的。所以兵法说：从根本上战胜敌人并不是靠战斗，攻克敌人的城池并不是靠强攻。如果我们放弃稳操胜券的战略，却去实行仅有百分之一把握的用兵计划，这确实是很值得担忧的事。所以说目前在吴国边境屯田逼迫敌军的计策是最好的。"朝廷最终没听傅嘏的谏

卷六　霸纪下

言，下诏命令王昶等人立即征讨吴国。吴国将领诸葛恪率军抵抗，在东关大败魏军。此后魏国逐渐衰落，最后禅让给晋朝，晋世祖司马炎登上帝位王昶等人兵败，朝廷提出要罢免参战的所有将领。景王司马师说：是我不听傅嘏的意见才落到这个地步，这是我的过错，各位将领有什么错？当时，雍州刺史陈泰征讨胡人又打败了，景王司马师又跟大臣们谢罪说：这是我的过错，不是陈泰的责任。于是魏国人从此愉悦和睦，都想着要报答景王司马师。

晋世祖执政时世祖即晋武帝司马炎，羊祜上表请求平定吴国，说："先帝顺应天时，向西平定了巴蜀，向南与东吴讲和，使天下战乱平息，百姓安居乐业。可是吴国又背信弃义，使边界战事再起。运气定数虽然是上天授予的，但是成就功业必须要靠人，如果不一次消灭吴国，那么百姓就会不得安宁。况且这样做也可以光大先帝的功业，成就无为而治的德政教化。所以尧攻打丹水，舜讨伐三苗，都是为了天下太平、平息战争、百姓安居乐业才使用武力的。平定蜀国以后，天下人都说吴国应该一并消灭了。从那时到现在已经十三年了，可以说是世事循环的一个周期。如今平定吴国的日子又再次来临了。人们常说，吴、楚是在中原政治清明的时候最后归附的，在中原政治衰弱的时候最先强盛的，这说的只不过是春秋战国时的诸侯争霸。当今天下一统，不可与古代同日而语。适合一般规律的理论，都难以灵活变通，因此谋划虽然很多，而最终的决策只有一个。大凡依靠地势险峻得以生存的国家，只是在敌我力量相当的情况下，才可凭借险阻保存自己。如果双方兵力不对等，势力强弱发生变化，那么足智多谋的人也会束手无策，即使地势险要，国家也不能自我保全。蜀国的地势，不能说不险峻，高山耸立，直入云霄，山谷幽深，看不到太阳。车马临近，只有勒紧马的缰绳，悬起车辆，才能通行，都说那里一夫当关，万夫莫开。可等到我们进兵攻打时，却连篱笆那样的屏障也没遇到，过关斩将，攻城略地，敌军死伤数万，我军乘胜席卷蜀地，径直进入成都。汉中各城的守军都躲在城里不敢出兵，并不是他们都没有抵抗的想法，确实是实力悬殊，无法和我们抗衡。到刘禅投降归顺，各城的将士都全部离散。现在攻打江淮地区的困难，不可能比攻打剑阁更难；吴国的山川的险要，也比不上岷山、汉水的险要。孙皓的残暴，远超刘禅；东吴的困窘，比蜀国更严峻。可是我大晋的将士，比以前更多了；粮草武器的储备，比以往更足了。如今不乘机平定吴国，而只是派兵在边境按兵不动，战士们苦于兵役，时间一长，就会寻衅闹事，军队的战斗力也会由盛转衰，万不可长久相持下去。我们应当早做决定，以便尽快一统天下。现在如果令梁州、益州的军队水陆并进，荆、楚的军队进逼江陵，平南、豫州的军队直指夏口，徐、扬、青、兖各州的军队一齐奔向秣陵。到处擂起战鼓、竖起战旗使敌人起疑心，多方出兵以迷惑吴国。以偏处一隅的吴国，抵挡天下各处的军队，兵力必然会分散，所有防守都会吃紧。然后我们从巴、汉出奇兵突袭吴国防守空虚的地方。这样，只要吴国一处失守，那么全国上下都会震动。吴国沿江建国，没有内地，从东到西长达数千里，以自然边界为屏障，所要防守的地域很广，我们一进攻，吴国到处都不得安宁。孙皓放纵任性，对下属多所猜忌，名臣重将已经对他失去了信心。所以连孙秀这样的皇族，都会因害怕受到迫害而归顺大晋。朝廷内大臣受到猜忌，朝廷外贤士报国无门，全都无心考虑如何稳住国家形势，安定天下。即便在平常的日子，都还在盘算着是离去还是留下，一旦兵临城下，必定会有投降的。吴国上下最终不可能齐心合力，拼死抵抗，这完全是不言自明的。吴国人性急，作战不能持久，他们的弓弩戟盾等武器，不如中原的精良，只有水战是他们优势。我军一旦能够进入吴国，那么长江就不再是他们坚固的屏障；如果吴军转而坚守城池，那就是放弃自己的水战优势，落入被动的局面。这样，我军深入敌国，将士一定会有拼死决战的决心。吴国人在本国作战，想的都是凭借城池固守。这样，用不了多久，一定可以打败吴国了。"晋世祖非常赞同羊祜的意见，于是下令王濬等人率军消灭了吴国。这样，天下便书同文，车同轨，重新实现了统一 当时，吴王孙皓有兼并大国的图谋，派陆抗任荆州牧。晋国派羊祜与吴军对峙。羊祜采取加强仁德之政的方法来感化吴军。羊祜的部队每次和吴军交战，一定会定好日期再交锋，离间、偷袭之类的事都不做。如果临阵抓获吴军俘虏，军政官要杀了他们，羊祜就说：这些都是为国尽忠的臣子啊。边杀边为他们流眼泪，并亲自为他们殓葬，接济他们的家人。家

卷六　霸纪下

人来迎丧的，必定会先举办隆重的祭祀再送他们回去。吴军将领有人来投奔，就任命他们担任合适的职务；如果想要返回吴国，就为他们隆重送行。吴军一位将领有两个儿子都还年幼，在边境上玩耍，被羊祜的部下扣留。过了一个月，小孩的父亲以为他们已经死了，便为他们发丧。羊祜亲自供养两个小孩，并把他们送了回去。小孩的父亲感激羊祜的恩情，带着两千士兵前来归顺。这样，陆抗便经常告诫他的部下说：人家专门行仁义，我们专门用暴力，这是不战而自己先败了呀。你们各自保卫疆界，不要贪图小的利益。陆抗称赞羊祜说：羊叔子这个人，即使是乐毅、诸葛亮，又怎能超过他？陆抗临死前对吴王孙皓说：西陵、建平是吴国的屏障和门户，处在长江上游，两面受敌。臣的父亲陆逊临终时嘱咐：西陵是国家的西大门，如果西陵有危险，应当举全国之力把它夺回来。臣愚昧，认为众侯王年纪都还小，没有执掌国家大事，请求简省他们的开支，尽量保证战场上军队的开支。晋国南征大将军羊祜回到朝中，秘密陈述伐吴的计谋，让王濬在蜀地造船，大船长达百余步，上面都建造了城楼，四面门楼都设置有攻城的高台，船头画有怪兽图案，说是要以此威慑江神。每条船可容纳二千多人，在船上都能骑马往来。后来，晋国人造船时削下的木片顺流漂到吴国境内，建平太守吾彦捞起那些木片呈给吴王说：晋国一定有攻打吴国的计划，我们应当增加建平的兵力，建平守住了，晋兵就不敢渡江。吴王孙皓不听吾彦的意见。吾彦于是就自己铸造带有锥刺的铁锁链拦在江上，借此阻挡晋军。王濬听到这个消息后就制造了大木筏，木筏上竖起用草扎制的草人，让熟习水性的人埋伏在下面，遇到带有锥刺的铁锁链就用竹炬挡住，然后战船再前进。结果正如王濬设计的那样，没有出现意外情况。晋武帝太康元年，安东将军王浑攻打横江，攻下了它，龙骧将军王濬又攻下建平、丹阳二城。杜预又派轻兵八百人乘小船悄悄渡江，抵达乐乡上岸，屯驻在巴山，悬挂起许多晋国旗帜，在山上燃起大火，出乎意料地顺利攻下了公安县。各位将领都说东吴已有百年的基业，不可能马上全线战胜它，况且春水正在上涨，部队难以持久作战，应该等待冬季来临时再大举进攻。杜预为将士们分析道：从前乐毅借济西一战而兼并了强大的齐国，如今我们军威已经大振，势如破竹，等竹子破开数节之后，一切都迎刃而解了。"杜预顶着非议上表详细说明了这些问题，晋武帝司马炎深以为然。吴国派遣张悌、沈莹渡江，沈莹对张悌说：晋国在蜀地制作战船已经很长时间了，现在又发动全国的兵力展开大规模的军事行动，万里阵线一齐出兵，并且令益州的全部将士渡江而下，我国上游各地守军毫无戒备，恐怕长江沿岸各城都无法抵挡晋军的进攻。晋国的水军一定会打到这里，我军应当保存实力等待晋军到来，再决一死战。如果能打败晋军，长江西岸自然肃清，长江上游关隘即使被攻破，还可以再夺回来。现在如果渡江前去迎战，不能确保胜利，如果万一兵败受挫，那就大势已去了。张悌不听，于是倾尽全部兵力渡江进逼。晋朝的军队并不应战。张悌的士兵撤退时阵势大乱，晋军趁机反击，大败吴军。吴王孙皓便投降了王濬，八万晋国士兵乘坐大船叫嚷着驶入石头城建业。孙皓自己绑了双手，用车拉着棺材去见王濬，王濬烧了棺材，以示以礼相待。晋武帝赐封孙皓为归命侯。

  到晋惠帝时，天子平庸懦弱，胡人扰乱中原，天子蒙受侮辱，被迫迁徙到长江以南。当此之时，国家再次分裂。自此天下进入五代时期，前后共三百余年。隋文帝杨坚得到图谶的指示，开始图谋讨伐陈朝。隋文帝曾经向大臣高颎询问攻取陈朝的计策，高颎说："长江以北，天寒地冻，农田收获较晚；长江以南，水土温热，庄稼成熟较早。等到陈朝收获的季节，我们稍微征调些兵马，声言要偷袭，敌军必定会陈兵防守，这样就可以使他们错过收割的季节。敌人一聚集军队，我军便解散，多次反复，敌军就会习以为常。后来等我们真正集中兵力，敌人必然不相信，当他们犹豫之际，我军便渡江登陆作战，军队士气也会更加高涨。又加上江南土层薄，房子大多以竹子、茅草构造，所有储备积蓄，都不是存放在地窖之中。我们偷偷派人顺风放火，烧掉他们的房子；等敌人将房舍修好，我们再放火烧掉它。这样不出几年，陈朝财力自然会消耗殆尽。"隋文帝杨坚采纳了高颎的计策，导致陈朝上下越来越疲弊。随后隋文帝发兵，派薛道衡为淮南道、行台尚书，兼职掌管文书。等到文帝的军队兵临长江，高颎把薛道衡叫来，夜晚一起坐在军帐中，问他说："如今大军兴兵，是否能够平定江东呢？你谈谈看。"薛道衡回答说："凡是谈论大事的成功与失败，首先必须用正常的道理去推断。《禹贡》所记载的九州，本来是君王的封地。后汉末期，群雄竞相起兵，孙权兄弟便占有了吴、楚的土地。晋武帝承天命即位，立即吞并了吴、楚之地，到晋怀帝永嘉年间南迁时，又分裂开来。从那时以后，战争不断。世道混乱到了极点以后，必定会走向太平，这是永恒的天理。郭璞曾经预言：'江东偏安王朝延续三百年后，还会与中原合并。'如今这个期限就要到了。从运数来讲，这是陈朝必败的第一个原因。有德行的人事业昌盛，无德的人必然败亡，自古以来兴盛与灭亡都离不开这个规律。我们的君

卷六 霸纪下

主自身恭敬节俭，勤恳地为百姓、为国家大事操劳。陈后主叔宝却只知道扩建宫室，雕饰宫墙，沉湎酒色，君臣上下都离心离德，人神共愤，这是陈朝必败的第二个原因。建立国家的体制，重要的在于任用足以托付大事的公卿大臣，而陈朝的公卿大臣，只是滥竽充数罢了。陈后主提拔小人施文庆，委以国家大事。尚书令江总只会喝酒吟诗，本来就不是经国安邦的人才；萧摩诃、任忠是陈国的大将，只不过是匹夫之勇，谈不上有什么韬略。这是陈朝必败的第三个原因。我军讲道义所以强大，敌军无德行因此弱小。我估计敌军士兵不过十万。陈国西起巫峡，东到沧海，如果分兵把守，就会力量薄弱，互相之间缺少救援；如果聚兵守一地，那么就会顾此失彼。这是陈朝必败的第四个原因。大军席卷江南的前提就在于认清形势，不疑惑。"高颎欣喜地说："你谈论战事的成败，条理很分明，我今天豁然开朗了。我本来认为你只在才能学问方面会有所建树，没想到你的韬略竟也达到了如此高的程度。"于是隋朝进兵江南，俘虏了陈后主叔宝。这就是吴国灭亡的大概情形评论：在三国时，蜀国派宗预出使吴国。宗预对孙权说：蜀国与东吴是邻邦，两国相互依赖，吴国不可以没有蜀国，蜀国也不可以没有吴国。《魏氏春秋》的作者孙盛称：帝王守江山，只能靠道德和仁义，讲道德和行仁义已经形成风气，即使是小国也可以变成大国，商朝、周朝就是这样；如果靠欺诈立国，即使强大也必定会走向衰败，秦始皇、项羽就是这样。更何况地处偏远的小国，凭借地势的险阻，却要连接万里之外的力量，永久相互依赖呢！战国时九个诸侯国用合纵的计策共同对付秦国，而秦国人最终还是统一了天下；隗嚣、公孙述采取联合的策略，而光武帝刘秀最终还是收服了陇、蜀之地。凭着九个诸侯国联合的强大，陇、汉之地的广阔，都不能相互救援，各自坐观友邦被屠杀、倾覆，这到底是为什么呢？是由于道德的根基不牢固，离散、衰弱的人心难以统一的缘故。可是宗预却说"吴国不可以没有蜀国，蜀国不可以没有吴国"，这不是谄媚嘛！由此看来，治理国家的根本只有道德和仁义，君主如果不能够重视修养德行，施行仁义之政，与自己同坐在一条船上的人都会成为敌国。世间真的有过这样的情况。从隋文帝开皇十年灭掉陈朝，到如今的唐开元四年，已经有一百二十六年了，天下一直是统一的。

评论：《左传》称：诸侯国的都城城墙超过一百雉，是国家的祸害。

《左传》又称：大的城邑与国都一样大，是动乱的根源。古代的诸侯国面积不超过百里，山、海不作为封地，不许亲近夷狄，这是有原因的。为什么呢？贾谊曾经说过："臣私下考察历史发现，诸侯中先谋反的往往是势力最强大的。淮阴侯韩信分封在楚，势力最强，最先谋反；韩王信勾结胡人，又谋反；贯高靠赵国的资助，又谋反；陈豨军队精锐，又谋反；彭越靠梁国的帮助，又谋反；英布借用淮南王的势力，又谋反；卢绾势力最弱，最后谋反。长沙王吴芮受封只有二万几千户，功劳最少，但最终能保全自己，最为疏远却最忠诚。这不仅仅是各人的性情不同，而是形势造成的。假设以前让樊哙、郦食其、周勃、灌婴各自拥有数十座城池而称王，到如今可能已经国破家亡了；如果让韩信、彭越之辈只是位居列侯，到如今他们势力可能仍在。既然这样，那么治理天下的大计也就很清楚了。想要让诸侯都忠诚服从，最好的办法就是分封给他像长沙王那样小的诸侯国；想要让臣子免遭被剁成肉酱的下场，最好让他像樊哙、郦食其等人那样没有封地；想要让天下长治久安，最好是多分封诸侯，削弱他们每一个的势力。"由此可以看出，让掌管一城的地方官去管理千里之地，拥有众多的百姓，这就不仅仅是"都城过百雉"的谋反资本了；提拔有才能的人，培植亲信，任用心腹，这就不再是"不亲近夷狄"那样的孤立状态了。吴国占据长江、五湖，蜀国拥有高山险阻，这就不仅仅是拥有山、海险阻的地理优势了；国土横跨州郡，进行治理，城邑就不只是有国都那样大了。如果国家遭到重大变故，有汉朝七国之乱那样的祸患，结果就不好说了。当权者不可不明察魏明帝问大臣黄权说：如今三国鼎立，哪一方是正统？黄权回答说：应当用天象验证这事。往年荧惑星在心宿徘徊不去，而魏文帝崩逝，吴、蜀两国的君主平安无事。由此看来，魏国是正统。

全注全译本

古今谋略第一书

长短经

（唐）赵蕤 著

下

中国书店

图书在版编目（CIP）数据

长短经：全注全译/（唐）赵蕤著；李孝国等注译.
—北京：中国书店，2013.1
ISBN 978－7－5149－0575－5

Ⅰ.①长…　Ⅱ.①赵…②李…　Ⅲ.①政治—谋略—中国—古代②《长短经》—注释③《长短经》—译文
Ⅳ.①D691

中国版本图书馆 CIP 数据核字（2012）第 287178 号

责任编辑：辛　迪
策划编辑：李孝国

长短经（下）

（唐）赵蕤　著　　　李孝国等　注译　　　董立平等　审校

出　　版：	中国书店
地　　址：	北京市西城区琉璃厂东街 115 号
邮　　编：	100050
发　　行：	全国新华书店经销
印　　刷：	北京东君印刷有限公司
开　　本：	700×1000　1/16
版　　次：	2019 年 3 月第 1 版第 4 次印刷
印　　张：	（总）54.25；（本册）19.75
字　　数：	（总）807 千字；（本册）294 千字
书　　号：	ISBN 978－7－5149－0575－5
定　　价：	98.00 元（上、中、下）

目 录

长短经（下）

卷七　权议

惧戒第二十　原文 …………………………………… 530
　　　　　　译文 …………………………………… 558
时宜第二十一　原文 ………………………………… 597
　　　　　　　译文 ………………………………… 602

卷八　杂说

钓情第二十二　原文 ………………………………… 612
　　　　　　　译文 ………………………………… 616
诡信第二十三　原文 ………………………………… 622
　　　　　　　译文 ………………………………… 625
忠疑第二十四　原文 ………………………………… 630
　　　　　　　译文 ………………………………… 632
用无用第二十五　原文 ……………………………… 635
　　　　　　　　译文 ……………………………… 637
恩生怨第二十六　原文 ……………………………… 639
　　　　　　　　译文 ……………………………… 641
诡顺第二十七　原文 ………………………………… 643
　　　　　　　译文 ………………………………… 647
难必第二十八　原文 ………………………………… 653

| | 译文 …… | 655 |

运命第二十九 原文 …… 658
　　　　　　　译文 …… 664
大私第三十　原文 …… 672
　　　　　　译文 …… 673
败功第三十一　原文 …… 675
　　　　　　　译文 …… 677
昏智第三十二　原文 …… 679
　　　　　　　译文 …… 682
卑政第三十三　原文 …… 685
　　　　　　　译文 …… 687
善亡第三十四　原文 …… 690
　　　　　　　译文 …… 691
诡俗第三十五　原文 …… 693
　　　　　　　译文 …… 695
息辩第三十六　原文 …… 697
　　　　　　　译文 …… 699
量过第三十七　原文 …… 701
　　　　　　　译文 …… 702
势运第三十八　原文 …… 704
　　　　　　　译文 …… 706
傲礼第三十九　原文 …… 708
　　　　　　　译文 …… 710
定名第四十　原文 …… 712
　　　　　　译文 …… 716

卷九　兵权

引言　原文 …… 722
　　　译文 …… 724
出军第一　原文 …… 725

	译文	……	727
练士第二	原文	……	730
	译文	……	732
结营第三	原文	……	734
	译文	……	736
道德第四	原文	……	738
	译文	……	739
禁令第五	原文	……	741
	译文	……	743
教战第六	原文	……	745
	译文	……	747
天时第七	原文	……	749
	译文	……	752
地形第八	原文	……	755
	译文	……	758
水火第九	原文	……	762
	译文	……	765
五间第十	原文	……	768
	译文	……	771
将体第十一	原文	……	775
	译文	……	778
料敌第十二	原文	……	782
	译文	……	784
势略第十三	原文	……	787
	译文	……	789
攻心第十四	原文	……	791
	译文	……	792
伐交第十五	原文	……	794
	译文	……	796

格形第十六	原文	……………………………………	798
	译文	……………………………………	800
蛇势第十七	原文	……………………………………	802
	译文	……………………………………	804
先胜第十八	原文	……………………………………	806
	译文	……………………………………	808
围师第十九	原文	……………………………………	811
	译文	……………………………………	813
变通第二十	原文	……………………………………	815
	译文	……………………………………	817
利害第二十一	原文	……………………………………	819
	译文	……………………………………	821
奇正第二十二	原文	……………………………………	824
	译文	……………………………………	825
掩发第二十三	原文	……………………………………	826
	译文	……………………………………	828
还师第二十四	原文	……………………………………	830
	译文	……………………………………	831

附录

乾隆御题赵蕤《长短经》 …………………………………… 834

钦定四库全书《长短经》提要 …………………………………… 835

卷七　权议

卷七 权议

惧戒第二十

原文

《易》曰：汤、武革命，顺乎天而应乎人。《书》曰：抚我则后，虐我则仇。《尸子》曰：昔周公反政，孔子非之曰："周公其不圣乎？以天下让，不为兆人也。"议曰：昔尧称：吾以天下授舜，则天下得其利而丹朱病；授丹朱，则天下病而丹朱得其利。吾终不以天下之病而利一人，遂禅于舜。今周公不以天下为务，而自取其让名，非为圣达节者也，故孔子非之。董生[①]曰："虽有继体守文之君，不害圣人之受命。"古语曰：穷鼠啮狸，匹夫奔万乘。故黄石公曰："君不可以无德，无德则臣叛。"孙卿曰："能除患则为福，不能则为贼。"孙卿子曰：昔者，天子初即位，上卿进曰：能除患则为福，不能则为贼。授天子一策。中卿进曰：先事虑事谓之接，接则事优成；先患虑患谓之豫，豫则祸不生；事至而后虑者谓之后，后则事不举；患至而后虑者谓之困，困则祸不御。授天子二策。下卿进曰：庆者在堂，吊者在闾，祸与福邻，莫知其门。豫哉，豫哉！授天子三策。此诫之至也。何以明之？昔文王在酆，召太公曰："商王罪杀不辜，汝尚助余忧人，今我何如？"太公曰："王其修身，下贤，惠人，以观天道。天道无殃，不可以先唱；人道无灾，不可以先谋。必见天殃，又见人灾，乃

[①] 董生：指董仲舒，西汉哲学家、今文经学大师，主张"罢黜百家，独尊儒术"，为汉武帝所重用，时称董子、董生。著有《春秋繁露》及《董子文集》。

惧戒第二十

可以谋。与民同利。同利相救，同情相成，同恶相助，同好相趋。无甲兵而胜，无衡机而攻，无渠堑而守。利人者天下启之，害人者天下闭之。天下非一人之天下也。取天下若逐野兽，得之而天下皆有分肉。若同舟而济，皆同其利，舟败皆同其害。然则皆有启之，无有闭之者矣。无取于民者，取民者也；无取于国者，取国者也；无取于天下者，取天下者也议曰：沛公之起也，虎啸丰谷，饮马秦川，财宝无所收，妇女无所取，降城则以侯其将，得赂则以分其士而已。无私焉。所私者，私于天下也。故老子曰：夫唯不私，故能成其私。是知无取人，乃大取也。取民者民利之，取国者国利之，取天下者天下利之。故道在不可见，事在不可闻，胜在不可知，微哉，微哉！鸷鸟将击，卑身翕翼；猛兽将搏，俛耳俯伏。圣人将动，必有愚色。唯文唯德，谁为之式？弗观弗视，安知其极？今彼殷商，众口相惑；吾观其野，草茅胜谷；吾观其群，众曲胜直；吾观其吏，暴虐残贼，败法乱刑。而上不觉，此亡国之则也。"文王曰："善。"贾子①曰：殷汤放桀，武王杀纣，此天下之所同闻也。为人臣而放其君，为人下而杀其上，天下之至逆也。而所以长有天下者，以其为天下开利除害，以义继之也。故声名称于天下而传于后世也。太公曰：天下者，非一人之天下，天下人之天下也。与天下同利者，得天下；擅天下之利者，失天下。天有时，地有利，能与人共之者，仁也。仁之所在者，天下归之。免人之死、解人之难、救人之患、济人之急者，德也。德之所在，天下归之。与人同忧、同乐、同好、同恶者，义也。义之所在，天下归之。凡人恶死而乐生，好德而归利。能生利者，道也。道之所在，天下归之也。

楚共王②薨，子灵王即位。群公子因群丧职之族，杀灵王而立子干。立未定，弟弃疾又杀子干而自立弃疾，平王也。五人③皆共王子也。初，子干之入也，韩宣子④问于叔向曰："子干其济乎？"对曰："难。"宣子曰：

---

① 贾子：即贾谊。西汉大臣，政论家。详前注。

② 楚共王：春秋时楚国国君。名熊审，楚庄王之子，公元前579年即位，公元前560年去世。下文的灵王、子干、弃疾都是他的儿子。灵王名围，楚共王的次子，杀掉自己的侄子郏敖自立为王。楚国人推翻灵王，迎立子干为王。不久，子干被自己的弟弟弃疾所杀，弃疾自立为楚平王。

③ 五人：指楚共王的五个儿子康王、灵王、子干、子皙、弃疾，五人因夺位而自相残杀。

④ 韩宣子：即韩起。春秋时晋国人。晋悼公时为卿。

卷七　权议

"同恶相求，如市贾焉，何难？"对曰："无与同好，谁与同恶？取国有五难：有宠而无人，一也宠须贤人而固也；有人而无主，二也虽有贤人，当须内主为应也；有主而无谋，三也谋，策谋也；有谋而无民，四也民，众也；有民而无德，五也四者既备，当以德成。子干在晋十三年矣，晋、楚之从，不闻达者，可谓无人；族尽亲叛，可谓无主无亲族在楚；无衅而动，可谓无谋召子干时，楚未有大衅也；为羁终世，可谓无民终身羁客在晋，是谓无民；亡无爱征，可谓无德楚人无爱念之者。王虐而不忌灵王暴虐，无所畏忌，将自亡也，楚君子干，涉五难以杀旧君，谁能济之？有楚国者，其弃疾乎？君陈、蔡，城外属焉城，方城也。时穿封戌①既死，弃疾并领陈事也。荷慝不作，盗贼伏隐，私欲不违，民无怨心，先神命之，国人信之。芈姓有乱，必季实立，楚之常也。获神，一也当璧拜也；有民，二也人信之也；命德，三也无荷慝也；宠贵，四也贵妃子也；居常，五也弃疾，季也。有五利以去五难，谁能害之？子干之官，则右尹也；数其贵宠，则庶子也；以神所命，则又远之。其贵亡矣，其宠弃矣父既没矣，民无怀焉非令德也，国无与焉无内主也，将何以立？"宣子曰："齐桓、晋文，不亦是乎皆庶贱也？"对曰："齐桓，卫姬之子也，有宠于僖②，有鲍叔牙③、宾须无、隰朋以为辅佐，有莒、卫以为外主齐桓奔莒，卫有舅氏之助，有国、高以为内主国氏、高氏，齐上卿也。从善如流，下善齐肃齐，严；肃，敬，不藏贿清也，不从欲俭也，施舍不倦，求善不厌，以是有国，不亦宜乎？我先君文公，狐季姬之子也，有宠于献公。好学不贰，生十七年，有士五人狐偃、赵衰④、颠颉⑤、魏

---

① 穿封戌：春秋时楚国县尹，楚灵王部下，在楚国攻克陈国后，灵王派穿封戌驻守陈国。
② 有宠于僖：指齐桓公从小被其父齐僖公宠爱。
③ 鲍叔牙：姒姓，鲍氏，亦称鲍叔、鲍子，春秋时代齐国大夫，管仲的好朋友。早期管仲贫困，鲍叔牙时常接济他。后来管仲侍奉齐襄公的儿子公子纠，鲍叔牙侍奉公子纠的弟弟公子小白。齐国内乱，公子小白继承君位，公子纠被杀，管仲被囚车运送回国。鲍叔牙推荐管仲当宰相，被时人誉为"管鲍之交"。
④ 赵衰：嬴姓，赵氏，名衰，字子余，谥号曰成季，故史称赵成子。春秋时期的晋国晋文公时大夫。曾随公子重耳出奔，重耳继位为晋文公后，倚为重臣。后帮助晋文公称霸诸侯。
⑤ 颠颉：春秋时晋国大夫，曾随当时还是公子重耳的晋文公出奔，并助晋文公回国继位。后因触怒晋文公被杀。

惧戒第二十

武子①、司空季子②，五士从出者也。有先大夫子余、子犯以为腹心子余，赵衰；子犯，狐偃，有魏犨、贾佗③以为股肱，有齐、宋、秦、楚以为外主齐妻以女，宋赠以马，楚王飨之，秦伯纳之，有栾、郤、狐、先以为内主谓栾枝④、郤縠⑤、狐突⑥、先轸⑦也。亡十九年，守志弥笃。惠、怀弃民，从而与之，献无异亲，民无异望献公之子九人，唯文公在，天方相晋，将何以代之？此二君者，异于子干。共有宠子，国有奥主谓弃疾也，子干无施于民，无援于外。去晋，晋不送；归楚，楚不迎，何以冀国？"子干果不终，卒立弃疾，如叔向言初，楚共王无冢嫡，有宠子五人，无适立焉。乃大有事于群望，而祈曰：请神择于五人者，使主社稷。乃遍以璧见于群望曰：当璧而拜者，神所立也。乃密埋璧于太室之庭，使五人齐，而长幼入拜。康王跨之，灵王肘加焉，子干、子晳皆远之。平王弱，抱而入，再拜，皆压纽。平王即弃疾也。

鲁昭公⑧薨于乾侯。赵简子⑨问于史墨⑩曰："季氏出其君而民服焉，诸侯与之，君死于外而莫之或罪，何也？"对曰："物生有两、有三、有

---

① 魏武子：即魏犨，姬姓，魏氏，名犨，谥武，春秋时期晋国大夫。曾追随公子重耳出亡19年。后晋文公逃亡回晋国当上国君后，便封其为大夫。城濮之战中，堵截楚国败兵，给予楚军极大杀伤。

② 司空季子：即胥臣，春秋时代晋国政治家、教育家。由于封地于臼（在今山西运城），曾任司空，所以又称臼季、司空季子。早年是公子重耳的师傅，曾追随公子重耳出亡19年。胥臣还是教育家，提出了比孔子早一百多年的因材施教的教育思想。

③ 贾佗：姬姓，贾氏，名佗，春秋时晋国大夫。曾追随公子重耳出亡19年。贾佗是晋国公族，见多识广而谦恭有礼，晋文公像对待兄长一样事奉他。

④ 栾枝：姬姓，栾氏，名枝，谥贞，又被称为栾贞子，春秋时晋国下军将。

⑤ 郤縠：姬姓，郤氏，名縠，春秋时晋国公族，晋国中军将。

⑥ 狐突：姬姓，狐氏，字伯行，春秋时晋国大夫，晋文公的外祖父。

⑦ 先轸：因采邑在原，又称原轸，春秋时晋国大夫。公元前632年，先轸率晋军在城濮之战中打败楚国。

⑧ 鲁昭：名裯，鲁襄公庶子，春秋时鲁国第二十六代君主。公元前542年即位，公元前517年，鲁昭公伐季孙氏，但大败，鲁昭公逃到齐国。公元前510年，昭公死。

⑨ 赵简子：春秋时晋国赵氏的领袖，原名赵鞅，又名志父，亦称赵孟。晋昭公时，公族弱，大夫势力强，赵简子为大夫，专国事，致力于改革，为后世魏文侯李悝变法、秦孝公商鞅变法和赵武灵王改革首开先河。

⑩ 史墨：春秋时晋国大夫、太史，思想家。姓蔡，名墨。长于天文星象、五行术数与筮占，熟悉各诸侯国内政。其认为"社稷无常奉，君臣无常位，自古以然"。

卷七 权议

五、有陪贰。故天有三辰谓有三也，地有五行谓有五也，体有左右谓有两也，各有妃耦谓陪贰也。王有公，诸侯有卿，皆其贰也。天生季氏，以贰鲁侯，为日久矣。民之服焉，不亦宜乎？鲁君世纵其失，季氏世修其勤，民忘君矣。虽死于外，其谁矜之？社稷无常奉奉之无常人，言唯德也，君臣无常位，自古以然。故《诗》曰：高岸为谷，深谷为陵。三后之姓，于今为庶，主所知也三后，虞、夏、商也。在《易》卦，雷乘乾曰大壮䷡乾下震上，大壮。震在上，故曰雷乘乾也，天之道也乾为天子，震为诸侯，而在乾上，君臣易位，犹人臣强壮，若天上有雷也。政在季氏，于此君也，四公矣。民不知君，何以得国？是以为君，慎器与名器，车、服也。名，爵、号也，不可以假人。"议曰：刘向称：人君莫不欲安，然而常危矣；莫不欲存，然而常亡，失御臣之术也。夫人臣操权柄，持国政，未有不为害者也。昔晋有六卿，齐有田、崔，卫有孙、甯，鲁有季、孟，常掌国事，世执朝柄。终复田氏取齐，六卿分晋，崔杼弑其君光，孙林父、甯殖①出其君衎②，弑其君剽③，季氏八佾舞于庭，三家者以雍彻④，并专国政，卒逐昭公，皆阴胜而阳微，下失臣道之所致也。范雎说秦昭王曰：夫三代所以亡国者，常纵溢驰骋弋猎，不听政事。其所授者，妒贤嫉能，取下蔽上，以成其私，不为主计，而主不觉悟，故失其国。今自有秩已上至诸史及王左右，无非相国之人者。见王独立于朝，臣窃为王恐，恐万世之后，有秦国者，非王子孙也。由是观之，《书》称臣之有作威作福，害于而家，凶于而国。孔子曰：禄之去公室，政逮于大夫，亡之兆也。信哉是言也。

孔子在卫，闻齐田常将欲为乱专齐国，有无君之心，而惮鲍、晏鲍氏、晏氏，齐之世卿大夫，因移其兵以伐鲁初，田常相齐，选国中女长七尺者三百人以为后官，宾客、舍人出入不禁。田常后有七十余男，因此以盗齐国也。孔子会诸弟子曰："鲁，父母之国，不忍观其受敌，将欲屈节于田常以救鲁，二三子

---

① 甯殖：即甯惠子，春秋时卫国的卿。公元前559年，卫献公不敬孙林父和甯殖，孙林父联合甯殖，逐出卫献公，立卫殇公。
② 衎：春秋时卫国国君。即卫献公，名衎。
③ 剽：春秋时卫国国君。即卫殇公。名剽，字子叔。
④ 三家者以雍彻：三家指春秋后期掌握鲁国政权的三家贵族，即孟孙氏（一作仲孙氏）、叔孙氏、季孙氏。雍是指古时天子撤去祭品所奏的音乐。鲁国三家贵族撤去祭品时采用天子才能用的雍乐，是逾越他们应得的礼制的做法，是大不敬。

惧戒第二十

谁使？"子贡请使，夫子许之。遂如齐，说田常曰："今子欲取功于鲁，实难；若移兵于吴，则可也。夫鲁，难伐之国。其城薄以卑，地狭以泄，其君愚而不仁，大臣伪而无用，其士民又恶甲兵之事，此不可与战。夫吴，城高以厚，地广以深，甲坚以新，士选以饱，重器精兵，尽在其中，又使明大夫守之，此易伐也。"田常忿然作色曰："子之所难，人之所易；子之所易，人之所难。而以教常，何也？"子贡曰："夫忧在内者攻强，忧在外者攻弱。今君忧在内矣。吾闻子三封而三不成，是则大臣不听也。今君破鲁以广齐，战胜以骄主，破国以尊臣晏等帅师，若破国则益尊，而子之功不与焉，则交日疏于主。是君上骄主心，下恣群臣，求以成大事，难矣。夫上骄则恣，臣骄则争。是君上与主有郤，下与大臣交争也。如此，则子之位危矣。故曰不如伐吴。伐吴而不胜，民人外死，大臣内空。是君上无强臣之敌，下无民人之过，孤主制齐者，唯君也。"田常曰："善。然兵业已加鲁矣，不可更，如何？"子贡曰："子缓师，吾请救于吴，令救鲁而伐齐，子以兵迎之。"田常许诺。子贡遂南说吴王曰：王者不绝世，霸者无强敌，千钧之重加铢而移。今以万乘之齐而私千乘之鲁，与吴争强，其为患之甚。且夫救鲁，显名也；伐齐，大利也。以抚泗上诸侯，诛暴齐以服晋，利莫大焉。名存亡鲁，实困强齐，智者不疑也。吴王曰：善。然吾实困越。越王今苦身养士，有报吴之心。子待吾先伐越，然后乃可。子贡曰：越之劲不过鲁，吴之强不过齐，而王置齐而伐越，则齐已平鲁矣。王方以存亡继绝为名，而畏强齐，伐小越，非勇也。勇者不避难，仁者不穷约，智者不失时，义者不绝世，以立其义。今存越示天下以仁，救鲁伐齐，威加晋国，诸侯相率而朝吴，霸业成矣。且王必或恶越，臣请东见越君，令出兵以从，此则实空越，而名从诸侯以伐也。吴王悦，乃使子贡之越。越王郊迎，自为子贡御，曰：此蛮夷之国也，大夫何足俨然辱临之？子贡曰：今者吾说吴王以救鲁伐齐，其志欲之而畏越，曰待我伐越乃可。如此，则破越必矣。且无报人之志而令人疑之，拙也；有报人之意而使人知之，殆也；事未发而先闻，危也。三者，举事之大患也。吴王为人猛暴，群臣弗堪；国家疲于数战，士卒不忍；百姓怨上，大臣内变，子胥以谏死，太宰嚭用事，顺君之过以安其私，此王报吴之时也。诚能发卒佐之，以激其志，而重宝以悦其心，卑辞以尊其礼，则伐齐必矣。此圣人之所谓屈节以期达者也。彼战不胜，王之福也。若胜，必以兵临晋。臣还北请见晋君，共攻之，其弱吴必也。其锐兵尽于齐，

卷七 权议

重甲困于晋,而王乘其弊,灭吴必矣。越王许诺,乃使大夫种以三千人助吴。吴遂伐齐于艾陵,果以兵临晋,遇于黄池。越王袭吴之国,遂灭吴。孔子曰:夫其乱齐存鲁,吾之始愿也。若乃强晋以弊吴,使吴亡而越霸,赐之说也。美言伤信,慎言哉!

秦始皇游会稽,至沙丘,疾甚。始皇令赵高为书,赐公子扶苏,未授使者,始皇崩时始皇有二十余子。长子扶苏,使监兵上郡,蒙恬①为将。少子胡亥,爱,请从,上许之。余子莫从。丞相李斯以为上在外崩,无真太子,故秘之。群臣莫知也。赵高因留所赐扶苏玺书②,而谓公子胡亥曰:"上崩,无诏封王诸子,而独赐长子书。长子至,即位为皇帝,而子无尺寸之地,为之奈何?"胡亥曰:"固然也。吾闻明君知臣,明父知子。父既捐命,不封诸子,何可言也?"赵高曰:"不然。方今天下之权,存亡在子与高及丞相耳,愿子图之。且夫臣人与见臣于人,制人与见制于人,岂可同日而道哉?"胡亥曰:"废兄而立弟,是不义也;不奉父诏而畏死,是不孝也;能薄而材谫,强因人之功,是不能也。三者逆德,天下不服。"高曰:"臣闻汤、武杀其主,天下称义焉,不为不忠;卫君杀其父③,而卫国载其德,孔子著之,不为不孝议曰:乱臣贼子,自古有之。生而楚言,可为痛哭者,胡亥是也。夫大行不细谨,大德不辞让,乡曲各有宜,而百官不同功。故顾小而忘大,后必有害;狐疑犹豫,后必有悔。断而敢行,鬼神避之,后有成功。愿子遂之也。"胡亥喟然叹曰:"今大行未发,岂宜以此事干丞相哉?"高曰:"时乎,时乎!间不及谋,赢粮跃马,唯恐后时。"胡亥既然高之言,高乃谓丞相斯曰:"上崩,赐长子书,与丧俱会咸阳,而立为嗣。书未行,今上崩,未有知者,事将何以?"斯曰:"安行亡国之言耶?"

---

① 蒙恬:秦朝著名将领。其祖先本齐人,自祖父蒙骜起世代为秦重臣。曾经北防匈奴多年,威震北方。秦始皇驾崩之后,因为支持太子扶苏,被宦官赵高设计处决。

② 玺书:古代以印信封记的文书。秦以后专指皇帝的诏书。

③ 卫君杀其父:春秋时,卫庄公(名蒯聩)为太子时,因欲谋杀其父(灵公)之夫人南子,事觉被逐。灵公死,蒯聩在外不得立,国人遂立蒯聩之子辄为君,是为卫出公。这时流亡在外的蒯聩又借助晋国赵氏的力量回国与其子争位,被卫人击败。卫国载其德,孔子著之。实际蒯聩并未被其子杀死。疑赵高诳胡亥之语。

惧戒第二十

高曰:"君自料才能,孰与蒙恬?功高,孰与蒙恬?谋远不失,孰与蒙恬?无怨于天下,孰与蒙恬?长子旧而信之,孰与蒙恬?"斯曰:"此五者皆不及蒙恬,而君责之何深也!"高曰:"高,故内宫之厮役也。幸得以刀笔之吏进入秦宫,管事二十余年,未尝见秦免罢丞相。功臣有封及二世者也,卒皆以诛亡。皇帝二十余子,皆君之所知。长子刚毅而武勇,信人而奋事,即位必用蒙恬为丞相,君侯终不怀通侯之印归于乡里,明矣。高受诏教习胡亥学法,仁慈笃厚,轻财重士,秦之诸子,皆莫及也,可以为嗣。君计而定之。"斯曰:"斯,上蔡闾巷布衣也。上幸擢为丞相者,固将以存亡安危属臣也,岂可负哉!夫忠臣不避死而庶几,孝子不勤劳而见危,君其勿复言。"高曰:"盖闻圣人迁徙无常,龙变而从时,见末而知本,观指而睹归,物固有之,安得常法哉?方今天下之权,悬命于胡亥,高能得志焉。且夫从外制中谓之惑,从下制上谓之贼。故秋霜降者草华落,水风摇者万物作,此必然之效也,君侯何见之晚也?"斯曰:"吾闻晋易太子,三世不安①;齐桓兄弟争位,身死为戮;纣残贼亲戚,不听谏者,国为丘墟。三者逆天,宗庙不血食,斯其由人哉?安足与谋!"高曰:"上下合同,可以长久;中外若一,事无表里。君听臣之计,则长有封侯,世世称孤,必有松、乔之寿,孔、墨之智。今释此而不从,祸及子孙,足为寒心。善者因败为福,君何处焉?"斯乃仰天而叹,垂涕太息曰:"既已不能死,安托命哉?"乃听高立胡亥,改赐玺书,杀扶苏、蒙恬初,李斯从荀卿学帝王之术,欲西入秦。辞于荀卿,曰:斯闻得时无怠。今万乘争时,游者主事。今秦王欲吞天下,称帝而治,此布衣驰骛之时,而游谈者之秋也。故斯将西说秦王。至秦,为吕不韦舍人,不韦贤之,任以为郎。说秦王阴遣谋士赍金玉以游说诸侯。诸侯名士,厚给遗之;不肯者,利剑刺

---

① 晋易太子,三世不安:春秋时晋献公因宠骊姬而废太子申生,另立骊姬子奚齐,属其大夫荀息辅之。献公死,荀息立奚齐,大夫里克不服,乃杀之。荀息又立骊姬妹之子卓子,里克又杀之,而迎当时居秦之公子夷吾为君,是为惠公。惠公立十四年死,其子圉立,是为怀公。当时国内一直混乱,秦人遂乘机又送公子重耳回国,杀怀公而自立,是为文公。此后晋国始安,前后乱了十四年。

卷七 权议

之。离其君臣之计，遂吞天下，皆斯之谋也。

秦二世末，陈涉①起蕲，兵至陈。张耳、陈余说涉曰："大王兴梁、楚，务在入关，未及收河北也。臣尝游赵，知其豪杰，愿请奇兵略赵地。"于是陈王许之，与卒三千，从白马今滑州白马县界也渡河，至诸郡县，说其豪杰曰："秦为乱政虐刑，残灭天下。北为长城之役，南有五岭②之戍，外内骚动，百姓罢敝。头会箕敛，以供军费。财匮力尽，重以苛法，使天下父子不相聊生。今陈王奋臂为天下唱始，莫不响应。家自为怒，各报其怨。县杀其令、丞，郡杀其守、尉，今已张大楚，王陈。使吴广、周文③将卒百万西击秦，于此时而不成封侯之业者，非人豪也。夫因天下之力，而攻无道之君，报父兄之怨，而成割地之业，此一时也。"豪杰皆然其言。乃行收兵，下赵十余城议曰：班固云：昔《诗》、《书》述虞、夏之际，舜、禹受禅，积德累仁数十年，然后在位。殷、周之王，乃由契、稷，历十余世，然后放杀。秦起襄公稍蚕食六国，至于始皇，乃并天下。秦既称帝，患周之败，以为诸侯力争，以弱见夺。于是削去五等，隳城销刃，钳语烧书，内锄雄俊，外攘胡、越，用一威权，以为万世安。然十余年间，强敌横发乎不虞，谪戍强于五伯，闾阎④逼于戎狄，响应喑于谤议，奋臂威于甲兵。向秦之禁，适所以资豪杰，自速其毙也。由是观之，夫豪杰之资，在于虐政矣。

韩信既平齐，为齐王，项王恐，使盱眙人武涉⑤往说齐王，使三分天下。信不听。武涉已去，蒯通知天下权在韩信，欲为奇策而感动之，以相人说韩信曰："仆尝受相人之术。"韩信曰："先生相人何如？"对

---

① 陈涉：即陈胜，字涉。秦朝末年反秦义军的首领之一，与吴广一同在大泽乡率众起兵，成为反秦义军的先驱。不久后在陈郡称王，建立张楚政权。后被秦将章邯所败，遭车夫刺杀而死。

② 五岭：山名。指大庾岭、骑田岭、都庞岭、萌渚岭、越城岭。另一说指大庾、始安、临贺、桂阳、揭阳五岭。

③ 周文：秦末农民起义军将领，即周章。战国末年，曾为项燕军观测太阳变化，推算时辰吉凶。侍奉过春申君黄歇，自称懂得兵法。陈胜称王后，授予他将军印，西向攻秦。后为章邯所败，自杀。

④ 闾阎：旧时本指里巷的门，借指里巷，亦借指平民。

⑤ 武涉：秦末盱眙人。曾游说韩信与刘邦、项羽三分天下，韩信不忍心背叛汉王，武涉即离去。

惧戒第二十

曰："贵贱在于骨法，忧喜在于容色，成败在于决断。以此参之，万不失一。"信曰："先生相寡人如何？"对曰："愿请间。"信曰："左右远。"蒯通曰："相君之面，不过封侯，又危不安；相君之背，贵乃不可言<small>背畔，则大贵也</small>。"韩信曰："何谓也？"蒯通曰："天下初发难，俊雄豪杰建号一呼，天下之士云合雾集，鱼鳞杂遝，烟至风起。当此之时，忧在亡秦而已。今楚、汉分争，使天下无罪之人肝胆涂地，父子暴骸，骨肉流离于中野，不可胜数。楚人起于彭城，转斗逐北，至于荥阳，乘利席卷，威振天下。然兵困于京、索之间，迫西山而不能进者，三年于此矣。汉王将数十万之众，距巩、洛，阻山河之险，一日数战，无尺寸之功，折北不救，败荥阳，伤成皋，遂走宛、叶之间，此所谓智勇俱困者也。夫锐气挫于险塞，而粮食竭于内藏，百姓罢极怨望，无所依倚。以臣料之，其势非天下圣贤，固不能息天下之祸。当今两主之命，悬于足下。足下为汉则汉胜，与楚则楚胜。臣愿披腹心，输肝胆，效愚计，恐足下不用也。诚能听臣之计，莫若两利而俱存之，三分天下，鼎足而居，其势莫敢先动。夫以足下之贤圣，有甲兵之众，据强齐，从燕、赵，出空虚之地而制其后。因民之欲，西向为百姓请命，则天下风起而响应矣，孰敢不听？割大弱强，以立诸侯。诸侯已立，天下服听，而归德于齐。国之故，有胶、泗之地，怀诸侯以德，深拱揖让，则天下之君王，相率而朝于齐矣。盖闻天与不取，反受其咎；时至不行，反受其殃。愿足下熟虑之。"韩信曰："汉王遇我厚，载我以其车，衣我以其衣，食我以其食。吾闻之，乘人车者，载人之患；衣人衣者，怀人之忧；食人之食者，死人之事。吾岂可以向利背义乎？"蒯生曰："足下自以为善汉王，欲建万世之业，臣窃以为误矣。始常山王①、成安君②为布衣时，相与为刎颈之

---

① 常山王：即张耳。详前注。
② 成安君：即陈余。详前注。

卷七 权议

交,后争张黡、陈泽之事①,二人相怨。常山王奉项婴头鼠窜,归于汉王。汉王借兵东下,杀成安君泜水之南,头足异处,卒为天下笑。此二人相与,天下至欢。然而卒相擒者,何也?患生于多欲,人心难测也。今足下欲行忠信以交于汉王,必不能固于二君之相与也,而事多大于张黡、陈泽。故臣以为足下必汉王之不危己,亦误矣。大夫种、范蠡存亡越,霸勾践,立功成名而身死亡。谚曰:野兽尽而猎狗烹,敌国破而谋臣亡。夫以交友言之,则不如张耳之与成安君也;忠臣言之,则不过大夫种之于勾践也。此二人者,足以观矣,愿足下深虑之。且臣闻勇略震主者身危,而功盖天下者不赏。臣请言大王功略:涉西河,虏魏王,擒夏说②;引兵下井陉,诛成安君;徇赵,胁燕,定齐;南摧楚人之兵二十万;东杀龙且③,西向以报。此所谓功无二于天下,而略不世出者也。今足下载震主之威,挟不赏之功,以归楚,楚人不信;归汉,汉人震恐。足下欲持是安归乎?夫势在人臣之位,而有震主之威,名高天下,窃为足下危之。"韩信谢曰:"先生且休矣,吾将念之。"

后数日,蒯通复说曰:"夫听者,事之候;计者,事之机也。听过计失而能久安者,鲜矣。听不失一二者,不可乱以言;计不失本末者,不可纷以辞。夫随厮养之役者,失万乘之权;守担石之禄者—担,一斛之余也,阙卿相之位。故智者,决之断也;疑者,事之害也。审毫厘之小计,遗天下之大数。智诚知之,决不敢行者,百事之祸也。故猛虎之犹

---

① 后争张黡、陈泽之事:张黡、陈泽均是秦末赵王赵歇部将。张耳和陈余本是刎颈之交。在与秦国的钜鹿之战中,张耳和赵歇被秦将王离围困在钜鹿城,陈余率领数万军队驻扎在钜鹿之北,张耳苦等陈余来救,一直没消息。于是张耳派出张黡、陈泽杀出重围,请陈余出兵,陈余不答应。在张黡、陈泽一再坚持下,陈余只好拨了五千士兵给二人救援钜鹿,果然是全军覆没。后项羽解了钜鹿之围,张耳与陈余再次见面,愤怒的张耳再次责备陈余,并打听张黡、陈泽在哪里。陈余说明了情况,但张耳并不相信,以为是陈余杀害了二人。张耳和陈余因此闹翻。

② 夏说:秦末陈余部将,被陈余劝派去劝田荣借兵反张耳,打败张耳后任代国国相。公元前205年,在韩信攻赵时被杀。

③ 龙且:秦末项羽部将。公元前203年,项羽派遣龙且率兵二十万攻打韩信,双方在潍水对阵。韩信在夜间于潍水上流堆土袋造堰塞水。韩信率军半渡攻击龙且军,假装败走。龙且率军追击。韩信反击,决堰淹龙且军,龙且被杀。

惧戒第二十

豫,不如蜂虿之致螫;骐骥之踟躅,不如驽马之安步;孟贲之狐疑,不如庸夫之必至也。虽有舜、禹之智,沉吟而不言,不如瘖聋之指麾也。夫功者,难成而易败;时者,难得而易失也。时不再来,愿足下详察之。"韩信犹豫,不忍背汉,又自以为功多,汉王终不夺我齐,遂谢蒯生。蒯生曰:"夫迫于苛细者,不可与图大事;拘于臣虏者,固无君王之意。"说不听。因去,佯狂为巫议曰:昔齐崔杼弑庄公,晏子不死君难,曰:君人者,岂以陵人?社稷是主;臣君者,岂为其口实?社稷是养。故君为社稷死则死之,为社稷亡则亡之,若为己死,而为己亡,非其亲暱,谁敢任之?孟子谓齐宣王曰:君之视臣如手足,则臣视君如腹心;君之视臣如草芥,则臣视君如寇仇。虽云君,天也,天不可逃。然臣缘君恩以为等差,自古然矣。韩信以汉王遇厚,不背其德,诚足怜耳。

吴王濞以子故不朝孝文帝时,吴太子入朝,侍皇太子饮博,争道,不恭,皇太子引博局投吴太子,杀之,及削地书至,于是乃使中大夫应高①誂田鸟反胶西王②,无文书,口报曰:"吴王不肖,有宿夕之忧,不敢自外,使喻其欢心。"王曰:"何以教之?"高曰:"今者主上兴于奸雄,饰于邪臣,好小善,听谗贼,擅变更律令,侵夺诸侯之地,征求滋多,诛罚良善,日以益甚。语有之曰:舐糠及米。吴与胶西,知名诸侯也,一时见察,恐不得安肆矣。吴王身有内病,不能朝请二十余年,常患见疑,无以自白。今胁肩累足,犹惧不见释。窃闻大王以爵事有适直革反,所闻诸侯削地,罪不至此,此恐不得削地而已。"王曰:"然,有之。子将奈何?"高曰:"同恶相助,同好相留,同情相成,同欲相趋,同利相死。今吴王自以为与大王同忧,愿因时循理,弃躯以除患害于天下,抑亦可乎?"王瞿然骇曰:"寡人何敢如是!今主虽急,固有死耳,安得弗戴?"高曰:"御史大夫晁错荧惑天子,侵夺诸侯,蔽忠塞贤,朝廷疾怨,诸侯皆有背叛之意,人事极矣。彗星夕出,蝗虫数起,此万世一时,而愁劳,圣人之所起也。故吴王内欲以晁错为讨,外随大王后车,傍徉天下。所乡音向者降,所指者下,天下莫敢不服。大王诚幸而许之一言,则吴王帅楚王略

---

① 应高:西汉大臣,汉景帝时吴王刘濞的中大夫,曾为吴王成功策反胶西王。
② 胶西王:即刘卬,西汉初诸侯王。曾参与七王之乱,事败被诛。

卷七 权议

函谷关，守荥阳、敖仓之粟，距汉兵。治次舍，须大王。大王有幸而临之，则天下可并，两主分割，不亦可乎？"王曰："善。"七国皆反，兵败伏诛。太史公曰：汉兴，孝文施大德，天下怀安。至孝景，不复忧异姓。而晁错刻削诸侯，遂使七国俱起，合从西向，诸侯大盛，而错为之不以渐也。及主父偃言之，而诸侯以弱。卒以安危之机，岂不以谋哉？

淮南王安怨望厉王死 厉王长，淮南王安父也。长谋反，槛车迁蜀，至雍，死。上怜之，封其三子，以安为淮南王也，欲谋叛逆，未有因也。及削地之后，其为谋益甚。与左吴①等日夜按舆地图，部署兵所从入。召伍被与谋，被曰："上宽赦大王，王复安得亡国之言乎？臣闻子胥谏吴王，吴王不用。子胥曰：'臣今见麋鹿游于姑苏之台。'臣今亦见宫中生荆棘，雾露沾衣也。臣闻聪者听于无声，明者见于未形。故圣人万举万全。昔文王一动，而功显于世，列为三代，此所谓因天心以化者也。故海内不期而随。此千岁之可见者。夫百年之秦，近世之吴、楚，亦足以喻国家之存亡矣。臣不敢避子胥之诛，愿大王无为吴王之听。昔秦绝圣人之道，杀术士，燔诗书，弃礼仪，尚诈力，任刑罚，转负海之粟，致之西河。当是之时，男子疾耕，不足于糟糠；女子纺绩，不足以盖形。遣蒙恬筑长城，东西数千里，暴露兵师，常数十万，死者不可胜数。僵尸千里，流血顷亩，百姓力竭。故欲为乱者，十家而五。又使徐福②入海，求异物及延年益寿之药，还为伪辞曰：'臣见海中大神，曰以令名，振男女振，童男女也，与百工之事，即得之矣。'秦皇大悦，遣振男女三千人，资之种种、百工而行。徐福得平原广泽，止王不来。于是百姓悲痛相思，欲为乱者，十家而六。又使尉佗逾五岭，攻百越。尉佗知中国劳极，止王不来。使人上书，求女无夫家者三万人，以为士卒衣补，秦皇可其万五千人。于是百姓离心瓦解，欲为乱者，十家而七。客谓高皇帝曰：'时可矣。'高皇

---

① 左吴：西汉淮南王刘安幕僚。
② 徐福：即徐市，字君房，秦朝著名方士。他博学多才，通晓医学、天文、航海等知识，且同情百姓，乐于助人，在沿海一带民众中名望颇高。后来徐福被秦始皇指派出海采仙药，一去不返。

惧戒第二十

帝曰：'待之，圣人当起东南间。'不一年，陈胜、吴广发矣。高皇始于丰、沛一唱，天下不期而响应者，不可胜数也。此所谓蹈瑕候间，因秦之亡而动者也。百姓愿之，若旱之望雨。故起于行阵之中，而立为天子，功高三王，德传无穷。今大王见高皇得天下之易也，独不观近世之吴、楚乎？夫吴王赐为刘氏祭酒，授几杖，不朝。王四郡之众，地方数千里，内铸铜以为钱，东煮海以为盐，上取江陵木为船，国富人众。举兵而西，破于大梁，败于狐父，奔走而东，至于丹徒，越人擒之，身死绝祀，为天下笑。夫以吴、楚之众，不能成功者，何也？诚逆天道而不知时也。方今大王之兵众，不能十分吴、楚之一；天下安宁，又万倍于秦时。愿大王从臣之计。大王不从臣之计，今见大王事必不成，而语先泄也。臣闻箕子过故国而悲，于是作《麦秀之歌》①，是痛纣之不用王子比干也。故孟子曰：'纣贵为天子，死曾不若匹夫。'是纣先自绝于天下久矣，非死之日而天下去之也。今臣亦窃悲大王弃千乘之尊，必且赐绝命之书，为群臣先死于东宫也王时所居。"于是王气怨结而不扬，涕满眶而横流，即起，历阶而去。

后复问伍被曰："汉廷治？乱？"被曰："窃睹朝廷之政，君臣之义，父子之亲，夫妇之别，长幼之序，皆得其理。上之举措，遵古之道，风俗纲纪，未有所缺。南越宾服，羌僰入献，东瓯入降。广长杨塞名，开朔方，匈奴折翅伤翼，失援不振，虽不及古太平之时，然犹为治也。王欲举事，臣见其将有祸而无福也。"王怒，被谢死罪。王曰："陈胜、吴广，无立锥之地，千人之众，起于大泽。奋臂大呼，而天下响应，西至于戏许宜反，而兵百万。今吾国虽小，然而胜兵者可得十余万，非直适戍之众，鑯凿棘矜也大镰谓之鑯，五哀反。或是钺。矜，音其巾反，公何以言有祸无福？"被曰："秦无道，残贼天下，兴万乘之驾，作阿房音旁之宫，收太半之赋，发闾左之戍，父不宁子，兄不便弟，政苛刑峻，天下敖然若燋。民皆引领而望，倾耳而听，悲号仰天，扣心而怨上。故陈胜一呼，

---

① 《麦秀之歌》：即《麦秀之诗》。殷亡后，箕子朝周，过殷故都，眼见昔日繁华变为废墟，十分感伤，遂作诗而歌。全诗共四句：麦秀渐渐兮。禾黍油油。彼狡童兮。不与我好兮。

卷七 权议

天下响应。当今陛下临制天下，一齐海内，泛爱蒸庶，布德施惠。口虽未言，声疾雷霆；令虽未出，化驰如神。心有所怀，威动万里，下之应上，犹影响也。而大将军材能，不特章邯、杨熊①也，大王以陈胜、吴广喻之，被以为过。"王曰："苟如公言，不可侥幸耶？"被曰："被有愚计。"王曰："奈何？"被曰："今朔方之郡，田地广，水草美，民徙者不足以实其地。可伪为丞相、御史请书，徙郡国豪杰任侠及有耐罪以上轻罪不至于髡，完其耐鬓，故曰"耐"。又曰律：耐为司寇，耐为鬼薪、白粲②。耐，犹任也，赦令除家产五十万已上者，皆徙其家属朔方之郡，益发甲卒，急其会日。又伪为左右都司空、上林中都官诏狱，逮诸侯太子、幸臣宗正③有左右都司空，上林有司空，皆主囚徒官也。如此则民怨，诸侯惧。即使辨武人名随而说之，倘可侥幸，十得一乎？"王曰："此可也。"欲如伍被计。使人伪得罪而西，事大将军、丞相，一日发兵发淮南兵，使人即刺杀大将军青，而说丞相已下，如发蒙耳。又欲令衣求盗衣，持羽檄，从东方来，呼曰："南越兵入！"欲因以发兵，未得发，会事泄，诛武帝时，赵人徐乐④上书言世务曰：臣闻天下之患，在于土崩，不在瓦解，古今一也。何谓土崩？秦之末世是也。陈涉无千乘之尊，无疆土之地，身非王公大人，名族之后，无乡曲之誉，非有孔鲁、墨子之贤，陶朱⑤、猗顿⑥之富也。然起穷巷，奋棘矜，偏袒大呼，而天下风从，此其故何也？由其民困而主不恤，下怨而上不知，俗乱而政不修。此三者，陈涉所以为资也。是谓之土崩。故曰天下之患，在于土崩。何谓瓦解？曰吴、楚、齐、赵之兵是也。七国谋为大逆，号皆称万乘之君，带甲数十万，威足以严其境内，财足以劝其士

---

① 杨熊：秦朝大将。公元前207年，杨熊与奉义帝令进军关中的刘邦一战白马，二战曲遇东，大败。杨熊退守荥阳，秦二世派使者问罪，斩杨熊。
② 鬼薪、白粲：秦汉时的两种徒刑。鬼薪，指男犯要为祭祀鬼神而去上山砍柴；白粲，即是女犯要为祭祀鬼神择米做饭。
③ 宗正：此指官署宗正府。秦代始置，替王室亲族办事的事务机关，长官称宗正。
④ 徐乐：西汉武帝最重要的文学侍臣之一。徐乐在任上的政绩已无从可考，但《汉书》本传中留下了他一篇近千言、给汉武帝的上书。
⑤ 陶朱：指范蠡。详前注。
⑥ 猗顿：战国时大工商业者。以经营河东盐池起家，后成富商。他又曾经营珠宝，以能识别宝玉著称。一说他原为鲁国贫寒书生，吃不饱穿不暖，因此求计于范蠡。范蠡教他蓄牧，他即往猗氏（今山西临猗南）大畜牛羊，十年后成为巨富。

民,然不能西攘尺寸之地,而身为擒于中原者,此其故何也?非权轻于匹夫,而兵弱于陈涉也。当是之时,先帝之德泽未衰,而安土乐俗之民众,故诸侯无境外之助。此之谓瓦解。由是观之,天下诚有土崩之势,虽有布衣、穷处之士或首恶而危海内,陈涉是也。况三晋之君或存乎?天下虽未有治也,诚能无土崩之势,虽有强国劲兵,不待旋踵而身已擒矣,吴、楚、齐、赵是也。况群臣、百姓能为乱乎哉?此二体者,安危明要也,贤主之所宜留意而深察也。间者,关中五谷数不登,推数循治而观之,则人且有不安其处者矣。不安故易动。易动者,土崩之邻也。愿修之庙堂之上,销未形之患也。

后汉灵帝以皇甫嵩为将军,讨破黄巾,威震天下。而朝政日乱,海内虚困,故信都令阎忠①来说嵩曰:"难得而易失者,时也;时至不旋踵者,机也。故圣人顺时以动,智者因机以发。今将军遭难得之运,蹈易骇之机,而践运不抚,临机不发,将何以保大名乎?"嵩曰:"何谓也?"忠曰:"天道无亲,百姓与能。今将军受钺于暮春,收功于末冬。兵动如神,谋不再计,摧强易于折枯,消坚甚于汤雪。旬月之间,神兵电扫,封户刻石,南向以报德,威名震本朝,风声驰海外。虽汤、武之举,未有高将军者也。今身建不赏之功,体兼高人之德,而北面庸主,何以求安乎?"嵩曰:"夙夜在公,心不忘忠,何故不安?"忠曰:"不然议曰:记有之,亲母为其子抆秃出血,见者以为爱子之至。使在于继母,则过者以为憎也。事之情一矣,所以从观者异耳。当今政理衰缺,王室多故,将军处继母之位,挟震主之威,虽怀至忠,恐人心自变。窃为将军危之!且吾闻之,势得容奸,伯夷可疑;苟曰无猜,盗跖可信。今拥兵百万,势得为非,握容奸之权,居可疑之地,虽竭忠信,其能喻乎?比田单解裘,所以见忌也。愿将军虑之。阎生合将此类以破其志,便引韩信喻之,实不解公不忘忠之意,谈说之机,漏于此矣。昔韩信不忍一飧之遇,而弃三分之业。利剑已揣其喉,方发悔毒之叹者,机失而谋乖也。今主上势弱于刘、项,将军权重于淮阴。指挥足以振风云,叱咤可以兴雷电。赫然奋发,因危抵颓,崇恩以绥先附,振武以临后服,征冀方之士,动七州之众。羽檄先驰于前,大军响振于后,蹈流漳河,饮马孟津,诛阉官之罪,除群怨之积。虽童儿可使奋拳以致力,女子可使褰裳以用命,况厉熊罴

---

① 阎忠:东汉末年信都(治所在今河北冀县)县令,凉州人,善于识人,曾劝皇甫嵩政变但不成功。公元189年被凉州叛军推为首领,不久病死。

卷七 权议

之卒,因迅风之势哉?功业已就,天下已顺,然后请呼上帝,示以天命,混齐六合,南面称制。移宝器于将兴,推亡汉于已坠,实神机之至会,风发之良时也。夫既朽之木不雕,衰世之朝难佐。若欲辅难佐之朝,雕朽败之木,是犹逆坂走丸,迎流纵棹,岂云易哉?且今宦竖群居,同恶如市,上命不行,权归近习。昏主之下,难以久居。不赏之功,逸人侧目。如不早图,后悔无及。"嵩惧曰:"非常之谋,不施于有常之势。创图大功,岂庸才所致!黄巾细孽,敌非秦、项。新结易散,难以济业。且民未忘主,天不佑逆。若虚造不冀之功,以速朝夕之祸,孰与委忠本朝,守其臣节?虽云多谗,不过放废,犹有令名,死且不朽。反常之论,所不敢闻。"议曰:夫明暗不相为用,能否不相为使。智士不为勇将谋,勇夫不为怯将死。自古然矣。故《传》曰:忠为令德。非其人犹不可,况不令乎?《军势》① 曰:使义士不以财。故义者不为不仁者死,智者不为暗主谋。所以伊挚去夏,不为伤德;飞廉②死纣,不可谓贤。今时昏道丧,九域焚如,而委忠危朝,宴安昏宠,忠不足以救世,死不足以成义。且为智者,固若此乎?阎忠又合以此意说也。忠知说不用,因亡去。董卓擅朝权,征皇甫嵩。梁衍③说令讨卓。又陶谦等共推朱儁④为太师,不使受。李傕征二人,皆不从。范晔评曰:皇甫嵩、朱儁并以上将之略,受脉仓卒之时。值弱主蒙尘,犷贼放命,斯诚叶公⑤投袂之机,翟义鞠旅之日。故梁衍献规,山东连盟,而舍格天下之大业,蹈匹妇之小谅。卒狼狈虎口,为智士笑。岂天之长斯乱也,何智勇之不终,甚乎!议曰:楚白公胜杀子西⑥,劫惠王。叶公闻白公为乱,率国人攻白公,白公

---

① 《军势》:古代军事著作《六韬》里记载的一篇文章,记录在"龙韬篇",论述的是作战指挥的一般原则。

② 飞廉:亦作蜚廉,商纣王的大臣,是春秋战国时期秦国、赵国两国国君的先祖。

③ 梁衍:东汉末年官吏,皇甫嵩的心腹。

④ 朱儁:一作"朱隽",字公伟,东汉末年与皇甫嵩齐名的大将。曾领兵平定东汉末交趾的民变以及黄巾之乱。后曾试图讨伐董卓但失败,董卓死后应朝廷征召,到李傕等董卓余部控制下的东汉朝廷,意图藉李傕等人相争的机会从众将手中夺回朝权,但在李傕、郭汜二将相争期间却被郭汜留为人质,朱儁愤而发病而死。

⑤ 叶公:即沈诸梁,春秋末年楚国大夫,字子高。封地在叶(今河南叶县南),故称叶公。刘在其所编的《新序·杂事》中,写下了"叶公见龙而走"的段子,成为后世"叶公好龙"之说的来源。

⑥ 子西:熊氏,名申,又名宜申,字子西,春秋时楚国大臣,楚惠王当政时为楚国令尹。楚平王之庶子,楚昭王的兄长。

败亡也。

　　王莽时，寇盗群发。莽遣将军廉丹①伐山东。丹辟冯衍②为掾，与俱至定陶。莽追诏丹曰："将军受国重任，不能捐身中野，无以报恩塞责。"丹惶恐，夜召衍，以书示之。衍因说丹曰："衍闻之，顺而成者，道之所大也；逆而功者，权之所贵也。是故期于有成，不问所由；论于大体，不守小节。昔逢丑父伏轼而使其君取饮③，称于诸侯；郑祭仲立突而出忽，终得复位④，美于《春秋》。盖以死易生，以存易亡，君子之道也；诡于众意，宁国存身，贤者之虑也。故《易》曰：穷则变，变则通，通则久。是以自天佑之，吉，无不利。若夫知其不可而必为之，破军残众，无补于主。身死之日，负义于世，智者不为，勇者不行。且衍闻，得时无怠。张良以五代相韩，椎秦始皇于博浪之中，勇冠乎贲、育⑤，名高于太山。将军之先，为汉信臣。新室之兴，英俊不附。今海内溃乱，民怀汉德，甚于诗人之思召公也。爱其甘棠，而况子孙乎？民所歌舞，天必从之。方今为将军计，莫若屯据大郡，镇抚吏士，砥砺其节。百里之内，牛、酒日赐。纳雄杰之士，询忠智之谋，要将来之心，待纵横之变，兴社稷之利，除万人之害。则福禄流于无穷，功烈著于不灭。何为军覆于中原，身膏于草野，功败名丧，耻及先祖哉？圣人转祸而为福，智士因败而为功。愿将军深计而无与俗同。"丹不能从。进及睢阳，复说丹曰："盖闻明者见于未形，智者虑于未萌，况其昭晰者乎？凡

---

① 廉丹：王莽新朝时大司马，庸部（益州）牧。
② 冯衍：字敬通。新朝王莽年间为廉丹幕僚。廉丹死，他投奔刘玄。后降刘秀。东汉明帝时遭谗毁，潦倒而死。著有《显志赋》等。
③ 逢丑父伏轼而使其君取饮：春秋时齐、晋两国交战，齐顷公的部属逢丑父估计齐顷公可能会被擒，就与顷公换了座位。当晋国将领韩厥捉拿他们的时候，逢丑父冒充顷公，像顷公一样凭倚着车箱前面的横木，而让真正的顷公借下车取水之机逃走。
④ 祭仲立突而出忽，终得复位：春秋时，宋庄公听说郑庄公的儿子忽（即郑昭公）立为国君，便把郑国大臣祭仲诱招到宋国并逮捕了他，说："不立公子突就杀了你。"郑庄公听说祭仲被挟立公子突为国君，于是就逃奔卫国。后来公子突跑到栎地去了，祭仲再迎郑昭公复位。
⑤ 贲、育：贲指孟贲，战国时勇士。育指夏育，战国时勇士，卫国人，传说能力举千钧，为田搏所杀。此处以"贲、育"代指勇士。

患生于所忽，祸发于细微。败不可悔，时不可失。公孙鞅曰：'有高人之行，必负非于世；有独见之虑，必见赘于民。'故信庸庸之论，破金石之策；袭当世之操，失高明之德。夫决者，智之君也；疑者，事之役也。时不再来，公勿再计。"丹不听。进及无盐，与赤眉战，死时汝南郅恽①仰观天象而谓友人曰：今镇、岁、荧惑②，并在汉分翼、轸③之域，去而复来，汉必再受命。如有顺天发策者，必成大功。以此说丹，丹并不用其言也。衍乃亡命河东。议曰：昔蒯通说韩信，阎忠说皇甫嵩，冯衍说廉丹，此三人皆不从，甘就危亡，何也？对曰：范晔曰：夫事苦，则矜全之情薄；生厚，故安存之虑深。登高不惧者，胥靡④之人也；坐不垂堂者，千金之子也。由此观之，夫人情，乐则思安，苦则图变，必然之势也。今三子或南面称孤，或位极将相，但图自安之术，无虑非常之功，不知势疑则衅生，力侔则乱起。势已疑矣，弗能辞势以去嫌；力已侔矣，弗能损力以招福。迟回犹豫，至于危亡，其祸在于矜全，反贻其败者也。语曰：心死则生，幸生则死。数公可谓幸生也。

来歙⑤说隗嚣遣子入侍。嚣将王元⑥以为天下成败未可知，不愿专心内事。遂说嚣曰："昔更始西都，四方响应，天下嗷嗷，谓之太平。一旦坏败，大王几无所措。今南有子阳⑦，北有文伯⑧，江湖海岱，王公十数。而欲牵儒生之说，弃万乘之基，羁旅危国以求万全，此循覆车之轨，计之不可者也。今天水完富，士马最强。北取西河、上郡，东收三辅之地，案秦旧迹，表里山河。元请以一丸泥为大王东封函谷关，此万代一时也。若计不及此，宜蓄

---

① 郅恽：东汉时官吏，字君章。刚正不阿，擅长天文历数。早年举孝廉，为上东门侯。后授皇太子《韩诗》，侍讲殿中。
② 镇、岁、荧惑：指土星、木星、火星。
③ 翼、轸：二十八宿中的翼宿、轸宿。
④ 胥靡：战国时代对一种家内男性奴隶的称谓，因被用绳索连着强制劳动，故名。
⑤ 来歙：字君叔，东汉名将。初事更始帝刘玄，后归东汉光武帝刘秀，官到中郎将。终赠征羌侯，谥节。
⑥ 王元：字惠孟，东汉初年将领。原为隗嚣部将，后在隗嚣之子隗纯投降之后跟随公孙述，后投降东汉将领臧宫。
⑦ 子阳：即彭修，字子阳，新莽末年南方割据势力。
⑧ 文伯：指卢芳，字君期，王莽新朝、东汉之交割据势力。新莽末年，自称为武帝曾孙刘文伯，联合三水地区羌、胡贵族起兵。后在匈奴扶植下割据五原、朔方等五郡，建都九原。建武十六年底降汉，封代王。后二年复叛，留匈奴中十余年，病死。

惧戒第二十

糗粮，养士马，据隘自守，旷日持久，以待四方之变。图王不成，其弊犹足以霸。要之，鱼不可脱于泉，神龙失势，即还与蚯蚓同。"嚣然元计。虽已遣子入质，犹负于险阨，欲专制方面。遂背汉贾复①曰：图尧、舜之事而不能至者，汤、武是也；图汤、武之事而不能至者，桓、文是也；图桓、文之事而不能至者，六国是也；定六国之规而欲安守之而不能至者，亡六国是也。

魏太祖与吕布战于濮阳，不利。袁绍使人说太祖连和，使太祖遣家居邺。太祖将许之。程昱见曰："窃闻将军欲遣家居邺，与袁绍连和，诚有之乎？"太祖曰："然。"昱曰："意者，将军殆临事而惧，不然，何虑之不深也？夫袁绍据燕、赵之地，有并天下之心，而智不能济也。将军自度能为之下乎？将军以龙虎之威，可为韩、彭之事耶？昱愚，不识大旨，以为将军之志不如田横。田横，齐一壮士耳，犹羞为高祖之臣。今将军欲遣家往邺，将北面而事袁绍。夫以将军之聪明神武，而反不羞为袁绍之下，窃为将军耻之。今兖州虽残，有三城；能战之士，不下万人。若与文若、昱等收而用之，霸王之业成也。愿将军更虑之。"太祖乃止议曰：陈寿称先主弘毅宽厚，知人待士盖有高祖之风，英雄之器也。机权干略，不逮魏武。然折而不挠，终不为下者，抑揆彼之量必不容己，非唯竞利，且以避害。语曰：一栖不两雄，一泉无二蛟。由此观之，若位同权均，必不容己，有自来矣。曹公欲遣家居邺，与袁绍连和，惑之甚也。

袁绍为盟主，有骄色。陈留太守张邈②正义责之。绍令曹操杀邈，操不听。邈心不自安。及操东击陶谦，令其将陈宫屯东郡。宫因说邈曰："今天下分崩，雄杰并起。君拥十万之众，当四战之地，抚剑顾眄，亦足以为人豪。而反受制于人，不亦鄙乎？今州军东征，其处空虚。吕布壮士，善战无前。若迎之共据兖州，观天下之形势，俟时事之变通，此亦

---

① 贾复：字君文，东汉开国功臣云台二十八将之一，出身儒生。新莽末年，聚众加入绿林军，后归刘秀，任都护将军。刘秀即位，任执金吾，封冠军侯。刘秀统一全国，封胶东侯。贾复临阵身先士卒，屡受重创。晚年退居私第，仍参议国家大事。

② 张邈：字孟卓。东汉末年割据军阀之一。汉献帝时为陈留太守，曾参与讨伐董卓。先与曹操过从甚密，后曹操带兵讨伐陶谦时，张邈与陈宫叛曹迎吕布为兖州牧。后吕布被曹操击败，张邈跟随吕布投奔刘备，全家及弟弟张超都被曹操杀于雍丘。张邈在向袁术借兵的路上，为部下所杀。

卷七 权议

纵横之一时也。"邈从之,而反曹公议曰:曹公与邈甚相善,然邈包藏祸心者,迫于事也。故每览古今所由改趋,因缘侵辱,或起瑕衅,若韩信伤心于失楚,彭宠①积望于无异,卢绾嫌畏于已郤,英布忧迫于情漏,此事之缘也。由此观之,夫叛臣逆子,未必皆不忠也。或心怨意危,或威名震主,因成大业,自古然之矣。

钟会、邓艾既破蜀,蜀主降。会构艾,艾槛车征。会阴怀异图,厚待蜀将姜维等。维见而知其心,谓可构成扰乱,徐图克复也。乃诡说之曰:"闻君自淮南以来,算无遗策,晋道克昌,皆君为之。今复定蜀,威德震世。民高其功,而主畏其谋,欲以此安归乎?夫韩信不背汉于扰攘,而见疑于既平;大夫种不从范蠡于五湖,卒伏剑而妄死,岂暗主愚臣哉?利害使之然也。今君大功既立,大德已著,何不法陶朱泛舟绝迹,全功保身,登峨眉之岭,而从赤松游乎?"会曰:"君言远,我不能行。且为今之道,或未尽于此也。"维曰:"其他则君智力之所能,无烦于老夫矣。"由是情好欢甚。会自称益州牧以叛,欲授维兵五万人,使为前驱。魏将士愤发,杀会及维张华②外镇,当征为尚书令。冯𬘘③疾之,侍帝,从容论魏晋故事,因曰:臣尝谓钟会之反,颇由太祖。帝勃然,曰:何言耶?𬘘曰:臣以为夫善御者,必识六辔盈缩之势;善治者,必审官方控带之宜。是故汉高八王,以宠过夷灭;光武诸将,以抑损克终。非上有仁暴之异,下有愚智之殊,盖抑扬与夺使之然欤。钟会才见有限,而太祖奖诱太过,嘉其谋猷,盛其名位,授以重势,故会自谓算无遗策,功在不赏,辀张利害,遂构凶逆耳。向太祖录其小能,节以大礼,抑之以权势,纳之以轨度,则逆心无由而生,乱事无阶而成也。世祖曰:然。𬘘稽首④曰:陛下既然愚臣之言,思坚冰之道,无令如会之徒复致覆败。世祖曰:当今岂有如会者乎?𬘘曰:陛下谋谟之臣,总戎马之任者,皆在陛下圣虑耳。世祖默然,俄而征华,免官也。

---

① 彭宠:东汉大臣,字伯通。更始帝刘玄时为渔阳太守,后归附刘秀,封建忠侯,赐号大将军。

② 张华:字茂先,西晋时期政治人物、文学家,官至司空。晋惠帝执政时期,八王之乱爆发,张华被赵王司马伦杀害。曾著《博物志》十篇。今传《张司空集》,系后人辑本。

③ 冯𬘘:西晋大臣,字少胄。深得晋武帝司马炎宠信。因与大臣张华有隙,曾在晋武帝面前说张华的坏话,导致晋武帝没能征召张华入朝任尚书令,为世所讥。

④ 稽首:古时的一种跪拜礼。叩头到地,是九拜中最恭敬的一种。

惧戒第二十

晋怀帝时,辽东太守庞本①私憾东夷校尉李臻②。鲜卑索连、木津③等为臻兴义,实因而为乱。遂攻陷诸将。大单于慕容廆④之长子翰言于廆曰:"臣闻求诸侯莫若勤王。自古有为之君,靡不仗此以成事业者也。今连、津跋扈,王师覆败,苍生屠鲙,岂甚此乎?竖子外以为名,内实幸而为寇。辽东倾没垂已二周,中原兵乱,州师屡败。勤王仗义,今其时也。单于宜明九伐⑤之威,救倒悬之命,数连、津之罪,合义兵以诛之。上则兴复辽邦,下则并吞二部。忠义彰于本朝,私利归于我国。此则吾鸿渐之始也,终可以得志于诸侯。"廆善之。遂诫严讨连、津,斩之,立辽东郡议曰:古人称始祸者死,谓首乱先唱,被奸雄不逞之辈,外托义兵以除逆节,内包凶悖,因兹而起,皆勤王助顺,用时取权,廆之谓矣。

前秦⑥秦王苻生⑦杀害忠良,秦人度于一时,如过百日。权翼⑧乃说东海王坚⑨曰:"今主上昏虐,天下离心。有德者昌,无德受殃,天之道也。一旦有风尘之变,非君王而谁?神器业重,不可令他人取之。愿君王行汤、武之事,以从民心。"坚然之,引为谋主。遂废生,立坚为秦王议曰:《传》云:圣达节,次守节,下失节。仲虺⑩称惟天生人有欲,无主乃乱。惟天生聪明时乂,有夏昏德,人坠涂炭。惟王弗迩声色,弗殖货利。推亡固存,邦乃其昌。

---

① 庞本:西晋官吏,晋怀帝时曾任辽东太守,因私怨杀死时任东夷校尉的李臻,后被继任东夷校尉封释所杀。

② 李臻:西晋名将,晋怀帝时曾任东夷校尉。

③ 索连、木津:二人均为西晋末年鲜卑族将领。

④ 慕容廆:鲜卑人,前燕建立者慕容皝之父,吐谷浑第一代首领慕容吐谷浑是其庶兄。五胡乱始时期,慕容廆于公元307年自称鲜卑大单于。慕容廆政事修明,爱护人才,故士大夫和民众多归附之。

⑤ 九伐:古代指对诸侯违反王命的九种罪恶的讨伐,后泛指征伐。

⑥ 前秦:净戒院刊本原为"后秦",根据后文所称秦王苻生推断,此处应为"前秦"之误。

⑦ 苻生:字长生,十六国时期前秦暴君,苻健第三子。勇猛善战,立为太子。公元355年,苻健卒,继位称帝。为政无道,公元357年被苻坚废为越王,随即被杀。

⑧ 权翼:十六国时秦王苻坚的幕僚。早年追随姚弋仲,后来在姚襄的手下当参军。公元357年姚襄兵败被前秦苻黄眉击杀后,他跟随姚苌投向了前秦。苻坚时为给事黄门侍郎、司隶校尉、侍中、尚书左仆射。后在前秦淝水之战失败后,又投靠了后秦。

⑨ 东海王坚:指十六国时前秦皇帝苻坚,字永圈,一名文玉,氐族。初为东海王,后杀死苻生,自立为前秦皇帝。

⑩ 仲虺:又叫莱朱,是商汤时的著名大臣。他与伊尹并为商汤左、右相,辅佐商汤完成大业。

卷七 权议

殖有礼，覆昏暴。钦崇天道，永保天命。许芝曰：《春秋传》云：周公何以不之鲁？盖以为虽有继体守文之君，不害圣人受命而王。京房作《易传》曰：王者主之，恶者去之，弱者夺之。易姓改代，天命无常。人谋鬼谋，百姓与能。由此观之，苻坚自立而废生，此圣人达节，以天下为度者也。

宋孔熙先者，广州刺史默之子也，有奸才，善占星气。言江州分野出天子，上当见弑于骨肉。及大将军彭城王义康①幽于安城郡，熙先谓为其人也。遂说王詹事范晔曰："先君昔去广州，朝谤纷纭。藉大将军深相救解，得免艰危。曩受遗命，以死报德。今主上昏僻，殆天所弃。大将军英断聪敏，人神相属，失职南垂，天下愤怨。今人情骚动，星文舛错。时至则不可拒，此之谓乎？若顺天人之心，收慕义之士，内连宠戚，外结英豪，潜图构于表里，疾雷奋于肘腋，然后诛除异义，崇奉圣明，因人之望，以号令天下，谁敢不从！小人维以七尺之躯，三寸之舌，立功立事，而归诸君子。丈人谓为何如？"晔甚愕然。熙先重曰："昔毛玠②竭节，不容于魏武；张温毕议，见逐于孙权。彼二人者，国之信臣，时之俊乂③。岂疵瑕暴露，言行玷缺，然后至于祸哉？皆以廉直劲正，困于邪枉；高行妙节，不得久容。丈人之于本朝，不深于二主；人间雅誉，有过于两臣。逸夫侧目，为日久矣。比肩竞逐，庸可遂乎？近者殷铁④一言，而刘班⑤碎首；彭城斥逐，徐童⑥见疑。彼岂父母之仇，万代之怨，寻戈拔棘，自幼而然？所争不过荣名势利，先后之闻耳。及其末也，唯恐陷之不深，发之不早，戮及百口，犹曰不厌。是岂书籍远事？可为寒心悼栗者也。今建大勋，奉贤哲，图难于易，以安易危，比之泰山，而去累卵，何苦不就？且崇树圣明，至德也；身享卿相，大业也；授命幽居，鸿名也；比迹伊、周，美号也。若夫至德、大业、鸿名、美

---

① 彭城王义康：即刘义康。南朝宋武帝第四子，封彭城王。
② 毛玠：净戒院刊本原为"毛琢"，查《三国志》及上下文，应为"毛玠"之误。毛玠，东汉末曹操部属，字孝先，为曹操规划天下大计，后因被毁谤得罪曹操，被免职。
③ 俊乂：亦作"俊艾"。旧时称贤能的人。
④ 殷铁：南朝宋官吏。
⑤ 刘班：南朝宋官吏。
⑥ 徐童：南朝宋彭城王刘义康幕僚。

惧戒第二十

号,三王五霸所以覆军杀将而争之也。一朝包括,不亦可乎? 又有过于此者,愚则未敢道。"晔曰:"何谓?"熙先曰:"丈人奕叶清华①,而不得连姻帝室,国家作禽兽相处,丈人曾未耻之。"晔门无内行,故熙先以此为激。晔默然。自是情好遂密,阴谋构矣,熙先专为谋主。事露,皆伏诛裴子野曰:夫有逸群之才,必思冲天之举;据盖俗之量,则暗常均之下。其能导之以道,将之以识,作而不失于义,行而无犯于礼,殆难为乎?若晔等忸志而贪权,矜才以徇逆,天方无衅,以欲干时。及罪暴刑行,父子相哭,累叶风素,一朝而殒。所谓智能翻为亡身之具。心逆而险,此之谓乎?

周大将军郭荣②奉使诣隋高祖高祖杨坚,时为定州总管,高祖谓荣曰:"吾雅尚山水,不好缨绂。过藉时来,遂叨名位。愿以侯归第,以保余年,何如?"荣对曰:"今主上无道,人怀危惧。天命不常,能者代有。明公德高西伯,望极国华,方据六合以慰黎庶,反效童儿女子,投坑落阱之言耶?"高祖大惊曰:"无妄言,族矣。"及高祖作相,笑谓荣曰:"前言果中。"后竟代周室议曰:昔武王至殷,将战,纣之卒甚盛。武王惧,曰:夫天下以纣为大,以周为细;以纣为众,以周为寡;以周为弱,以纣为强;以周为危,以纣为安;以周为诸侯,以纣为天子。以此五短,击彼五长,其可以济功成事乎?太公曰:王无恐且惧。所谓大者,尽得天下之人;所谓众者,尽得天下之众;所谓强者,尽用天下之力;所谓安者,能得天下之欲;所谓天子者,天下相爱如父如子,此之谓天子。今日之为天下除残去贼也。周虽细,曾残贼一人不当乎?武王大喜,曰:何谓残贼? 太公曰:收天下珠玉、美女、金银、彩帛,藏之不休,此谓残也;收暴虐之吏,杀无罪之人,非以法度,此谓贼也。由此言之,苟为残贼之行,虽大,亡也。故知王者之势,不在众寡。有自来矣。

隋高祖崩,葬于太陵。初疾也,玺书征汉王谅③谅时镇并州。谅闻高祖崩,流言杨素篡位,大惧,以为诈也,发兵自守,阴谋为乱。南袭蒲

---

① 奕叶清华:累世清高显贵。
② 郭荣:字子荣,官宦世家,历仕北周三位皇帝、隋朝两位皇帝,为一代名将。郭荣一生效命沙场,身经两朝五帝,虽未战死疆场,却丧命于军帐,最终马革裹尸。
③ 汉王谅:即杨谅,隋文帝杨坚第五子,被封汉王。公元597年出任并州(治今山西太原)总管,统治北部五十二州。太子杨勇被废,他愤愤不平。炀帝即位,他发兵反叛,为杨素所败,废为庶人,幽死。

卷七 权议

州，取之谅初反也，王颋①说谅曰：王之将吏家属，尽在关西。若用此等，即宜长驱深入，直据京师，所谓疾雷不及掩耳。若但欲割据旧齐之地，宜任东人。谅不从其言，故败也。司兵参军②裴文安③说谅曰："兵以拙速，不闻巧迟。今梓宫尚在仁寿，比其征兵东进，动移旬朔。若骁勇万骑，卷甲宵行，直指长安，不盈十日。不逞之徒，擢授高位，付以心膂，共守京城，则以山东府县非彼之有。然后大王鼓行而西，声势一接，天下可指麾而定也。"谅不从。乃亲率大军，屯于并、介之间。上闻之，大惧，召贺若弼议之。弼曰："汉王，先帝之子，陛下之弟。居连率之重，总方岳之任。声名震响，为天下所服。其举事毕矣。然而进取之策有三：长驱入关，直据京师，西拒六军，东收山东，上策也，如是则天下未可量；顿大军于蒲州，使五千骑闭潼关，复齐旧境，据而都之，中策也，如是以力争议曰：齐旧境，谓北齐时境土也，非今青州之齐也；若亲居太原，徒遣其将来，下策也，如是成擒耳。"上曰："公试为朕筹之，计将何出？"弼曰："萧摩诃，亡国之将，不可与图大事；裴文安，少年虽贤，不被任用。余皆群小，顾恋妻孥，苟求自安，不能远涉。必遣军来攻蒲州，亲居太原，为之窟穴。臣以为必出下策。"果如弼所筹。乃以杨素为将，破之议曰：初，汉王阴谋为乱，声言讨素。司马皇甫诞④谏曰：大隋据有天下二十余载，兆庶乂安，难以摇动，一矣；万姓厌乱，人思安乐，虽舜、禹更生，其望未从，二矣；太子聪明神武，名应图谶⑤，素曾不得捧毂，庸敢生心？三矣；方今诸侯王列守州郡，表里相制，势不可举，四矣。以兹四固镇临天下，得兴祸乱，未之前闻也。汉王不从，故败。由此观之，天下无思乱之心，土崩之衅。虽有吴、楚之众，犹不能成，而况于么么乎？故先王貊其德音，勤恤人隐者，盖为是也。

---

① 王颋：隋朝官吏，汉王杨谅的幕僚。
② 司兵参军：官名。隋朝时为州郡佐吏，主管兵事。在府称兵曹参军，在州称司兵参军。
③ 裴文安：隋朝官吏，汉王杨谅谋士，曾任司兵参军。
④ 皇甫诞：隋朝官吏，字玄虑。隋文帝时，为治书侍御史，旋被选任为并州总管司马，辅佐总管汉王杨谅。炀帝即位，谅起兵作乱，他劝谏无效，被囚禁。后杨谅出战，被主簿豆卢毓所释，与毓闭城拒谅，城破后同被谅杀。
⑤ 图谶：即"谶书"。西汉以来宣扬神学迷信的一种图书，由巫师或方士制作的隐语或预言作为吉凶的征兆。

惧戒第二十

隋炀帝亲御六军伐高丽。礼部尚书、楚国公杨玄感据黎阳反。李密说玄感曰："天子远征辽左，地去幽州，悬隔千里。南有巨海之限，北有胡戎之患，中间一道，理极艰危。今公权兵，出其不意，长驱入蓟，直扼其喉。前有高丽，退无归路，不过旬月，资粮必尽，举麾一召，其众自降，不战而克，计之上也——本云：今车驾在辽，未闻斯举。分万余人电发，捍临渝关，绝其归路，不经一月，仓廪必竭。东拒大敌，西迫我师，进无所依，退无所据，百万之众，可使为鱼。此不战而屈人，上策也；关中四塞，天府之国，有卫文升，不足为意。今若率众西入长安，天子虽还，失其襟带，据险临之，故当必克，万全之策，计之中也——本云：自上君临，天下胥怨。明公，上将之子，恩被黎元。长驱入关，中策也；若随近逐便，先向东都，顿兵坚城之下，胜负都未可知，此计之下也——本云：樊子盖①不达大体，奸谋雄断，据全周之地，恃甲兵之强，召之则不来，攻之则不陷。顿兵牢城之下，外无同力之师。攻洛阳，下策也。"玄感利洛阳宝货，曰："公之下策，我之上计也。"遂围之。玄感失利，宵溃，王师追斩之议曰：玄感之反也，太白入南斗②。谚曰：太白入南斗，天子下殿走。由是天下持两端。故《三略》曰：放言过之。裴子野曰：夫左道怪民，幻挟罔诞，足以动众，而未足以济功。今以谚观之，左道可以动众者，信矣。故王者禁焉。李密乃亡归翟让议曰：太公称利天下者取天下，安天下者有天下，爱天下者久天下，仁天下者化天下。《吕氏春秋》曰：庖人调和而不敢食，故可以为庖人矣。若使庖人调和而食之，则不可为庖矣。霸王之君亦然。诛暴而不私，以封天下之贤者，故可以为霸王；若使霸王之君诛暴而私之，则亦不可以为霸王矣。由是观之，夫与之为取，政之宝也。今玄感利洛阳宝货，安得霸王之事哉？

隋炀帝初猜忌，唐高祖知之，常怀危惧唐公为太原留守，炀帝自辽东还，征唐公诣行在所，时遇患不瘳，未得时谒。唐公外甥王氏充选后宫，炀帝问曰：汝舅来何迟？甥以实对，帝曰：可得死否？高祖知之，每怀危惧也。为太原留守，以讨击不利，恐为炀帝所谴，甚忧之。时太宗从在军中，知隋将亡，潜图义举，

---

① 樊子盖：隋朝将领，字华宗。曾镇守洛阳。为官清廉谨慎，不纳贿，治军严，平叛乱有功，封建安侯，后进爵为济公。公元615年卒，时年72岁。

② 南斗：即斗宿，二十八宿之一，玄武七宿第一宿。因同北斗相对来说位置在南，故俗称南斗。

卷七　权议

以安天下。乃进白曰："大人何忧之甚也？当今主上无道，百姓愁怨，城门之外，皆已为贼。独守小节，必旦暮死亡。若起义兵，实当人欲。且晋阳，用武之地，足食足兵，大人居之，此乃天授。正可因机转祸，以就功业。既天与不取，忧之何益？"高祖大惊，深拒之。太宗趋而出。明日，复进说曰："此为万全之策，以救灭族之事。今王纲弛紊，盗贼遍天下。大人受命讨捕，其可尽乎？贼既不尽，自当获罪。且又世传李氏姓膺图箓。李金才①位望隆贵，一朝族灭。大人既能平贼，即又功当不赏，以此求活，其可得乎？"高祖意少解，曰："我一夜思量，汝言大有道理。今日破家灭身，亦由汝；化家为国，亦由汝。"于是定计。乃命太宗与晋阳令刘文静②及门下客长孙顺德③、刘弘基④等募兵，旬日之间，众且一万。斩留守副王威⑤、高君雅⑥，以其诡请高祖祈雨于晋祠，将为不利故也。用裴寂计，准伊尹放太甲、霍光废昌邑故事，尊炀帝为太上皇，立代王侑以安隋室。传檄诸郡，以彰义举。秋七月，以精甲三万，西图关中。高祖仗白旗，誓众于太原之野，引师即路，遂亡隋族，造我区夏

晋阳令刘文静尝窃观太宗，谓裴寂曰：非常人也。大度类于汉高，神武同于魏帝。年虽少，乃天纵也。后文静为李密亲戚，被禁。太宗阴有异志，入禁所看之。文静大喜，亦觉太宗有非常之意，因叹曰：天下大乱，非有汤、武、高、光之才，不能定也。太宗知其意，报曰：卿安知无？但恐常人不能别耳。文静起忭曰：久知郎君乃潜龙也。今时事

---

① 李金才：隋末官吏。隋朝开国功臣李穆之子，曾官至右骁卫大将军。因为隋炀帝杨广所忌，在公元615年，被杨广以谋反罪处死。

② 刘文静：字肇仁，唐朝开国功臣，隋末曾任晋阳（今山西太原）令。他联络裴寂与李世民协助李渊起兵反隋。唐高祖李渊时官民部尚书、陕东道行台左仆射。公元619年，被人诬告谋反，被杀。

③ 长孙顺德：唐初大臣，长孙无忌族叔。初仕隋。后随李渊、李世民起兵反隋，战功累累，进左骁卫大将军，封薛国公。

④ 刘弘基：唐开国名将。隋朝末年，为避从征高句丽，故意私宰耕牛，被关进监狱。后投奔太原，追随李渊父子，与李世民友善。唐建国后，以功授右骁卫大将军。玄武门之变拥立有功，贞观年间授卫尉卿，封夔国公。

⑤ 王威：隋末太原郡丞。因获知李渊欲起兵反隋，与武牙郎将高君雅密谋于晋祠诛杀李渊，结果事情败露，反被李渊诬以谋反罪名而杀害。

⑥ 高君雅：隋末武牙郎将。因获知李渊欲起兵反隋，与太原郡丞王威密谋于晋祠诛杀李渊，结果事情败露，反被李渊诬以谋反罪名而杀害。

惧戒第二十

如此,正是腾跃之秋。素禀膺箓之资,仍怀拨乱之道,此乃生人有息肩之望,文静知攀附之所。太宗喜曰:计将安出?文静对曰:今李密长围洛邑,主上流播淮南。大贼连州郡,小盗阻山泽者,以千万数。但须真主驭驾用之。诚能应天顺人,举旗大呼,则四海不足定也。今并州百姓避盗贼者,皆入此城。文静为令数年,知其豪杰。一朝啸集,立地可数万人。尊公所领之兵复且数万,一言出口,谁敢不从?乘虚入关,号令天下,不盈半岁,帝业可成。太宗笑曰:卿言善,合人意。于是部署宾客,阴图起义。高祖乃命文静诈为炀帝敕,发太原、雁门、马邑数郡人二十已上、五十已下悉为兵,以岁暮集涿郡。由是人情大扰,思乱者益众。又令文静与裴寂诈作符敕,出宫监库物,以供留守资用。因募兵集众而起,改旗帜以彰义举。又令文静连突厥。突厥始毕①曰:唐公举义,欲何为也?文静曰:文皇帝废冢嫡,传位后主,因致斯祸乱。唐公,国之懿戚,不忍坐观成败,欲废不当立者,愿与可汗兵马同入京师。人众、土地入唐公,财帛、金宝入突厥。始毕大悦,即遣兵随文静而至,兵威益盛矣。

  由此观之,是知天下者,非一人之天下也,天下人之天下也。所以王者必通三统②,明天命所受者博,非独一姓也。昔孔子论《诗》,至于"殷士肤敏,祼将于京",喟然叹曰:"富贵无常,不如是,王公其何以诫慎,民萌其何以劝勉?"《易》曰:安不忘危,存不忘亡。是以身安而国家可保也。故知惧而思戒,乃有国之福者矣。

---

  ① 始毕:姓阿史那,名咄吉世(或咄吉),在公元609年至公元619年间为东突厥可汗(最高统治者)。

  ② 三统:本指夏、商、周三代的正朔。夏朝以正月为岁首,称为人统;商朝以十二月为岁首,称为地统;周朝以十一月为岁首,称为天统。此处以三统更替变化,指王朝兴衰更迭。

卷七 权议

惧戒第二十

译文

　　《周易》称：商汤、周武王的革命，既顺应天意又符合百姓的要求。《尚书》称：安抚关爱我的，我就把他当作君主，残害虐待我的，我就把他看作仇敌。《尸子》称：从前周公把统治权归还给周成王，孔子认为不对，就指责他说："周公他难道不圣明吗？把治理天下的大权让给周成王，不为亿万民众着想。"评论：从前尧说：如果我把治理天下的大权交给舜，那么天下人就会得益，可是对我的儿子丹朱却有害；如果我把治理天下的大权交给丹朱，那么对天下人就有害，可是丹朱却会因此得益。我终究不能以损害天下人的利益为代价去让自己的儿子得益。于是便把帝位禅让给了舜。如今周公不把让天下人得益作为自己的责任，却只图自己获得退位让贤的美名，不能像圣人那样不拘常规而合于节义，所以孔子责备他。董仲舒说："即使有继承大位遵守成法的君主，也不妨碍圣人秉承天命取代他。"古语说：老鼠逼急了也会咬猫，老百姓走投无路时就会奋起反抗。所以黄石公说："君主不可以没有道德品行，君主一旦没有道德品行，臣子就会造反。"荀子说："能免除祸患就会享福，不能免除祸患就会受到伤害。"荀子说：从前，天子刚刚登基，上卿就进言说：能免除祸患就是福分，不能免除祸患就会受到伤害。然后进献给天子一个计策。中卿又进言说：在事情发生之前就要考虑到事情的发展，这叫做超前，超前考虑，那么事情就会圆满完成；在祸患出现之前就考虑到了，这叫做预见，有预见那么灾祸就不会发

惧戒第二十

生；事情已经发生了然后才考虑的，这叫做滞后，滞后考虑，那么事情就不会成功；祸患来临了然后才考虑的，这叫做因循，因循考虑，那么灾祸发生时就无法抵御。然后进献给天子第二个计策。下卿再进言说：庆祝的人还在厅堂，吊丧的人就已经走进了大门，祸患与福气相邻相伴，没有人知道通向它们的门径。做事要预先考虑啊！然后进献给天子第三个计策。这的确是至理名言。这用什么来证明呢？从前周文王在酆邑召见姜太公，说："商纣王捏造罪名，滥杀无辜，你既然要帮助我拯救天下的老百姓，能不能告诉我现在该怎么办？"姜太公说："大王您应该努力提高自己的品德修养，礼贤下士，善待百姓，同时注意观察上天的运行规律。上天没有降下祸殃，就不可以提前主张讨伐商朝；人间没有灾难，就不可以图谋兴师动众。必须要既发生天灾，又发生了人祸，才可以谋划征讨商朝。大王应该与民众有共同的利益，有共同的利益就会相互救助，有共同的情感就会相互成全，有共同的憎恶就会相互协助，有共同的喜好就会相互接近。这样，即使不靠战争也能胜利，没有好时机也能进攻，没有战壕屏障也能防守。造福百姓的人，天下人都会打开大门欢迎他；祸害百姓的人，天下人都会关紧大门拒绝他。天下并不是某个人的天下，争夺天下就像狩猎，一旦得到它，那么天下人都可以分到肉吃。又好像同坐一条船，成功渡河后大家都同受其利；如果船中途出事，大家就会同受其害。如果做到这样，争夺天下的人就会到处受到欢迎，而没有人关门拒绝。不从百姓那里索取的人，就是得到百姓的拥护；不靠国家捞取私利的人，就可以取得国家政权；不从天下获取利益的人，就可以取得整个天下 评论：汉高祖刘邦在丰谷起兵，占据了秦川一带，财物重宝一点也不拿，也没有搜罗妇女据为己有，攻下城池都拿来封赏给他手下的将领，得到财物也都分给他的士兵们。刘邦没把这些东西据为己有，他的私心却是把天下据为己有。所以老子说：只有没有私心，才能实现他的私利。由此可知，不向人索取，是更大的索取。取信于百姓的人，百姓使他获利；取信于国家的人，国家使他获利；取信于天下的人，天下使他获利。所以，规律是看不到的，事情的变化是听不到的，胜败是不可预知的。玄妙啊，玄妙！凶猛的鸟儿要攻击时，会伏低身子收缩翅膀；凶猛的野兽要搏斗时，会先耷拉着耳朵低下身子；圣人将要有所行动时，必定先韬光养晦。说到美德，谁可以

卷七　权议

作为榜样呢？不仔细观察，怎么能知道它的穷尽呢？现在的商朝，谣言四起，人人疑惑。我观察商朝的田野，野草长得比谷物还茂盛；我观察商朝的群臣，曲意奉承的奸佞小人全面压倒了正人君子；我观察商朝的官吏，个个暴虐残酷，败坏法纪，乱取暴利。而商朝的君主对此却没有察觉，这是国家灭亡的征兆啊！"周文王说："好。"贾谊说：商汤放逐夏桀，周武王讨伐商纣，这是天下人都知道的事。身为臣子却放逐自己的君主，身为人臣却杀了他的国君，这是天下最大的叛逆。然而，他们之所以能够长期拥有天下，是因为他们为天下人造福除害，坚持行仁义，所以他们被天下人称赞并且美名流传于后世。姜太公说：天下，并不是某个人的天下，而是天下人的天下。与天下人有着共同利益的人，就能够得到天下；独自享有天下利益的人，就会失去天下。天有天时，地有地利，能够与人分享天时、地利的，就是仁爱。有仁爱之心的人，天下人就归附他。免除别人的死罪，解决别人的困难，拯救别人的灾难，帮别人摆脱危急的人就是有德行的人，天下人都会归附他。与别人共同忧愁、共同欢乐、共同爱好、共同憎恶的，这就是正义。有正义感的人，天下人都会归附他。人都厌恶死亡而愿意生存，喜欢有德行的人而归附能给自己带来利益的人。能够给天下人带来利益的，就是道义。讲道义的人，天下人都会归附他。

　　楚共王去世，次子灵王登位。共王其他的儿子依靠那些丧失职权的一伙亲族杀害了灵王，拥立共王的三儿子子干为国君。子干的王位还没有坐稳，他的弟弟弃疾又杀了子干自立为国君弃疾，就是楚平王。康王、灵王、子干、子皙及平王五人都是共王的儿子。起初，子干刚回到楚国，韩宣子问叔向："子干能成功吗？"叔向回答说："很难。"韩宣子又问："人们有共同的憎恶而相互需求，如同商人做买卖一样，有什么难的？"叔向回答说："没有人和他有共同的爱好，谁会和他有共同的憎恶？要取得国家有五大难处：有了国君的喜爱却没有贤人辅佐，这是一被国君宠爱必须有贤人辅佐才能稳固地位；有了贤人辅佐而没有支持的势力，这是二即使有了贤人辅佐，还应当在国家内部有支持自己的势力；有了支持自己的势力而没有谋略，这是三谋，就是策划谋略；有了谋略而没有百姓支持，这是四民，就是百姓；有了百姓支持却没有德行，这是五前四条已经具备了，就要靠德行来成就功业。子干在晋国，已经有十三年了。晋国、楚国追随他的人中，没

惧戒第二十

有听说有贤能的人,可以说没有贤人辅佐;族人被消灭,亲人背叛,可以说没有支持自己的势力子干没有亲人、族人在楚国;没有恰当的举事理由就轻举妄动,可以说没有谋略召回子干时,楚国没有大的事端可以利用;常年流亡在外地,可以说没有百姓支持终身在晋国流亡,所以说没有百姓支持;流亡在外没有被怀念的迹象,可以说没有德行楚国人没有怀念、爱戴他的。楚灵王暴虐而肆无忌惮楚灵王暴虐,无法无天,没有什么忌惮的,是自取灭亡,楚国以子干为国君,面临这五大难处而又杀死了原来的国君,谁能帮助他成功呢?拥有楚国的,大概是公子弃疾吧?弃疾统治着陈、蔡这两个地方,方城以外的土地也归属于他城,指方城。当时楚国镇守陈国的穿封戌已经死了,弃疾一并管理着这几个地方的事务。这些地方没有苛政和邪恶的事情,盗贼藏匿不敢横行,虽然行私欲但也没有违背礼义,百姓没有怨恨之心。神灵护佑他,百姓相信弃疾。芈姓发生动乱,必定是小儿子被立为国君,这是楚国的常例。得到神灵的护佑,这是一楚共王为选择继承人,在祖庙内偷偷埋下玉璧,谁对着玉璧跪拜,谁就应该是继承人。然后让诸王子入内跪拜,只有弃疾面对玉璧下拜;拥有百姓的支持,这是二百姓相信弃疾;有美好的德行,这是三弃疾所统治的地方没有苛政和邪恶的事情发生;受宠而显贵,这是四弃疾是贵妃所生的儿子,得到共王的宠爱;年纪最小,合乎楚国的常例,这是五弃疾,是楚共王最小的儿子。弃疾有这五个有利条件,解决了五大难处,谁还能够妨碍他?子干的官职,不过是右尹;他的地位,不过是庶出的儿子;论神灵的护佑,他又没有。他的显贵丧失了,他的宠信没了父亲共王已经去世,百姓不怀念他没有美好的德行,国内没有亲附他的国内没有支持他的势力。他凭什么做国君?"韩宣子说:"齐桓公、晋文公不也是这样吗齐桓公、晋文公都是庶出,身份卑贱?"叔向回答说:"齐桓公是卫姬的儿子,受到父亲齐僖公的宠爱,有鲍叔牙、宾须无、隰朋等贤臣辅佐;有莒国、卫国作为外援齐桓公曾出逃莒地,卫国是他的舅舅家;有国氏、高氏作为内应国氏、高氏,即国子、高子,都是齐国的上卿。从善如流,治下甚严,行为庄重,不藏匿财物廉洁,不放纵私欲俭朴,施舍不知疲倦,求善没有满足。齐桓公因为这样而能成为齐国的国君,不是很应该吗?我们的先君晋文公,是狐

卷七 权议

季姬的儿子,受到父亲晋献公的宠爱。他爱好学习,专心致志,十七岁就得到了五位贤士的辅佐狐偃、赵衰、颠颉、魏武子、司空季子五位贤士,都是跟随他从晋国出逃的人。有先朝大夫子余、子犯作为心腹子余,即赵衰。子犯,即狐偃,有魏犨、贾佗作为臂膀,有齐国、宋国、秦国、楚国作为外援齐国把女儿嫁给他,宋国赠给他马匹,楚王供给他饮食,秦伯接纳他为宾客,有栾氏、郤氏、狐氏、先氏作为内应指栾枝、郤縠、狐突、先轸。逃亡在外十九年,意志更加坚定。晋惠公、晋怀公抛弃自己的百姓,百姓都成群结队地追随晋文公。晋献公没有别的亲人,民众没有别的可指望的人献公的儿子有九人,只有文公健在,上天正在保佑晋国,又有谁能取代文公呢?这两个国君,不同于子干。子干的父亲共王还有其他宠爱的儿子,楚国国内还有高深莫测的君王说的是弃疾,子干对百姓没有施过什么恩惠,对外没有伸过援手。离开晋国,晋国没有人送行;回到楚国,楚国没有人迎接,他凭什么觊觎楚国国君的权位?"子干果然不得善终。楚国拥立弃疾为国君,正如叔向所言当初,楚共王没有嫡长子,共有五个宠爱的儿子,不知道应该立谁为继承人。于是他就遍祭名山大川的神灵,祈祷说:请求神灵在五人中选择一个,让他继承楚国国君。于是就到处把一块玉璧展示给名山大川的神灵说:正对着玉璧下拜的,就是神灵所立的楚国储君。然后楚共王秘密把玉璧埋在祖庙的庭院里,让五个人斋戒沐浴,然后按长幼次序到祖庙祭拜。康王两脚跨在玉璧上,灵王的胳膊肘压在玉璧上,子干、子皙都远离玉璧。平王当时年幼,让人抱着进来,两次下拜,都压在玉璧的纽上。平王,就是弃疾。

鲁昭公死在晋国的乾侯。赵简子问史墨说:"鲁国的季氏赶走了他的国君,而百姓追随他,诸侯认可他。国君死在外地而没有人去怪罪季氏,这是为什么呢?"史墨回答说:"事物的存在,有的成双,有的成三,有的成五,有的要有助手。所以天有日、月、星三辰指事物有的成三,地有金、木、水、火、土五行指事物有的成五,身体有左右指事物有的成双,人各有配偶指事物有的要有助手。天子有公,诸侯有卿,都是他们的辅佐。天生了季氏,让他辅佐鲁侯,已经很久了。百姓追随他,不也很正常吗?鲁国的国君世世代代放纵失德,季氏世世代代勤恳为民,鲁国百姓已经忘记他们的国君了。因此即使国君死在外地,又有谁怜惜他呢?国家没

惧戒第二十

有固定不变的统治者统治国家的人没有固定不变的，人们说唯有有德行的人才能承担统治国家的大任。君臣的地位没有永远不变的，自古以来就是这样。所以《诗经》说：高高的堤岸变为河谷，深深的河谷变为山陵。三后的子孙在如今已经变成了平民三后，指舜、禹、汤，君主应当都知道。在《易经》的卦象上，雷乘乾，叫做大壮乾卦在下，震卦在上，叫做大壮。震卦在乾卦之上，所以叫做"雷乘乾"，这是天道乾卦代表天子，震卦代表诸侯。震卦在乾卦之上，君主和臣子互换位置，卦象表示臣子过于强大，好像天上有雷一样。鲁国政权掌握在季氏手中，到鲁昭公已经是四代了。百姓不知道国君是谁，君主怎么能掌握国政？因此当君主的要谨慎地对待器与名器，指车马、服饰。名，指爵位、称号。不可随便送给别人。"评论：刘向说：君主没有谁不想安定，可是时常处在危险之中；没有谁不想生存，可是经常会有国破身亡的情况，这是因为丧失了驾御臣子的权术。做臣子的一旦手握权柄，把持朝政，没有不危害君主的。从前晋国有范氏、中行氏、智氏、韩氏、赵氏、魏氏六卿，齐国有田氏、崔氏，卫国有孙氏、宁氏，鲁国有季氏、孟氏，这些人都掌管国家大事，世世代代执掌朝中权柄。到后来，田氏窃取了齐国；六卿瓜分了晋国；崔杼杀了他的国君齐庄公光；孙林父、宁殖赶走了他们的国君卫献公衎，杀了他们的国君卫殇公剽；鲁国的大夫季孙氏在家里使用天子才能用的八佾乐舞，季孙、孟孙、叔孙三家逾越礼制使用天子才能使用的雍乐，共同掌管朝政，最终赶走了他们的国君鲁昭公。这些事例都是由于阴胜而阳弱，在下的臣子丧失了做臣子的道义所造成的。范雎劝秦昭王说：夏、商、周三代之所以会亡国，就是由于君主整天饮酒作乐、骑马驰骋、游玩打猎，不过问国家大事。他们任命的人，大都妒贤嫉能、欺下瞒上，只知道获取自己的私利，完全不为君主打算，可是君主却不觉悟，因此才失去了自己的国家。如今从右秩这样的小官往上到诸史等大官以及君王左右的随从，没有一个不是相国的人。看见君王在朝中孤立无援，臣暗地里为大王担心，恐怕千秋万代之后，拥有秦国的就不再是大王您的子孙了。由此可见，《尚书》称做臣子的如果作威作福，就会有害于他的家、有祸于他的国是正确的。孔子称俸禄不再由君主发放，国家大权转移到臣子手中，这是国家灭亡的先兆。这些话太有道理了。

孔子在卫国的时候，听说齐国的相国田常将要作乱田常独揽齐国大权，有取君王而代之的野心，可是他害怕鲍牧、晏圉从中作梗鲍家、晏家在齐国都是世袭的卿大夫，因此便调他的部队去讨伐鲁国，想因此建立功勋，扩大自

卷七 权议

己的影响力 当初,田常在齐国任相国,他挑选国内身高七尺的女子三百人充作后宫,他的宾客和左右亲近都可以自由出入后宫。田常后来生了七十多个儿子,因此凭借七十多个儿子的威势窃取了齐国的政权。孔子召集众弟子说:"鲁国是我们的祖国,我不忍心看着它遭到敌国的入侵,想要派人委屈一下去求田常,挽救鲁国的灾难。你们这些人中谁可以替我出使齐国?"子贡请求领命出使,孔子答应了。子贡于是到了齐国,劝田常说:"如今您想攻打鲁国以取得功名,真的没那么容易;如果转移方向去攻打吴国,那就没问题。鲁国是个不能轻易攻打的国家。鲁国的城墙既薄又矮,国土既狭窄又零散;鲁国的君王愚昧而且不讲仁义,大臣虚伪而且无能;鲁国的将士和百姓又厌恶用兵打仗。这些都是您不能攻打鲁国的原因。说起那吴国,城墙既高又厚,国土既广阔又深远,武器铠甲既新又结实,士兵都是精挑细选,又丰衣足食,城中尽是宝物和精兵,又派了能征惯战的大夫据守都城,这才是易于攻打的。"田常勃然大怒,变了脸色,说:"你认为难的,人家都认为容易;你认为容易的,人家都认为很难。你对我说这些,到底是什么意思?"子贡说:"大凡忧患在内部的国家,就会去攻打强国,忧患在外部的,才会去攻打弱国。现在你的忧患在国内。我听说您三次受封却三次没有封成,这是朝中大臣有反对你的人在啊。现在您要攻下鲁国来扩张齐国的领土,如果打胜了,齐国君主就会因此更骄傲;攻破了鲁国,带兵打仗的人会因此更受尊重晏氏等人带兵出战,如果攻破了鲁国,那么他们就会更加受到尊重。可是功劳却没您的份,而且您和君主的交情也会日渐疏远。你打败鲁国,只会使您的君主骄傲,使朝中大臣更加居功自傲,想因此来成就您的大事,太难了。君主一旦骄傲了,就会放肆,朝中大臣骄傲了,就会和您争权夺利。如此一来,您上与君主多了嫌隙,下有大臣跟您争权夺利。到如此地步,那么您在齐国的地位就危险了。因此我说您不如去攻打吴国。攻打吴国可能无法取胜,但百姓在外战死,大臣率兵出战,朝内空虚。这样,您在上没有有权有势的大臣对抗,下没有百姓的怪罪,您就可以孤立齐国君主以控制齐国了。"田常说:"你说得很好。可是现在我的军队已经出发去攻打鲁国了,现在也改变不了

惧戒第二十

了，这又如何是好？"子贡说："您先按兵不动，我去替鲁国向吴国求援，让吴国前来救鲁伐齐，您趁机发兵迎击就行了。"田常答应了子贡的要求。子贡于是前往吴国去劝吴王夫差，说：做君王的，不会眼睁睁看着自己的诸侯属国被人消灭，做霸主的不容许有强敌和自己作对，这好比两边相互平衡的千钧重量，只要在一边加上一铢的重量，重心就会移动。现在强大的齐国要去攻打弱小的鲁国，想与吴国争强，这样对吴国很危险。况且援救鲁国，可以显扬吴国正义的美名；讨伐齐国，大有好处。这样一方面可以安抚泗水一带的诸侯，又可以诛灭残暴的齐国，降服晋国，没有比这更大的好处了。去挽救即将灭亡的鲁国，实际上牵制了强大的齐国的扩张，聪明人是很容易看到这一点的。吴王说：你说得很好。可是我实在很担心越国，越国国君如今不辞劳苦训练士卒，有向吴国复仇的决心。您且等我先去平定越国，然后再去救鲁伐齐。子贡说：越国不可能比鲁国更强大，吴国也不如齐国强大，大王您先不管齐国攻鲁，只顾讨伐越国，等您拿下越国，恐怕齐国早已经攻下鲁国了。大王您以挽救危亡、拯救即将灭绝的国家为名，却畏惧强大的齐国，只顾讨伐弱小的越国，这不是勇者所为。勇敢的人不回避危难，仁义的人不背弃盟约，聪明的人懂得把握时机，仗义的人不会让一个国家灭亡，以此来彰显他们的道义。如今您可以让越国得以生存向天下显示您的仁爱，解救鲁国的危难，讨伐强大的齐国，威慑晋国，让您的美名传扬天下。到那时，诸侯各国将一个接一个前来朝拜吴国，您称霸天下的大业就成功了。况且如果大王真的厌恶越国，臣请求向东去面见越国国君，要他随您出兵，这样名义上是跟随您讨伐齐国，实际上是使越国内部空虚。吴王听了很高兴，就派子贡到越国去游说越国国君。越国国君听说子贡到越国来，便到城郊去迎接子贡，亲自为子贡驾车，说：我们越国是偏僻落后的国家，大夫您怎么会屈尊到我们这里来呢？子贡说：现在我已经说服吴王去救鲁伐齐，吴王心里愿意这样做，可是担心越国趁机进攻吴国，吴王对我说：等我先打下越国才行。这样说来，那么他是一定要攻破越国的。况且，没有向他人复仇的心意却让人怀疑，这很笨；有向他人复仇的心意而被人知道，这很不安全；事情还没有发动却先走漏了风声，这很危险。这三点，是成事的大忌。吴王为人凶狠残暴，臣子们都不堪忍受；吴国因连年战争很疲惫，士兵们已无法忍受。老百姓怨恨主上，朝中大臣内部生变，伍子胥因为直言进谏被杀，太宰嚭掌管政事，他明知吴王错了也不纠正，只是顺着吴王的意思来，借此保全自己的私利。这是大王您向吴王复仇的好机会。如果您能发兵帮助吴王去救鲁伐齐，激励他的斗志，并用重宝来获取他的欢心，用谦卑的言辞和礼节来表示尊重，那么他一定会去讨伐齐国。这是圣人所说的委屈自己的尊严以求达到

卷七 权议

自己的目的。他伐齐无法获胜,那是大王您的福气。如果他取胜了,必定会去进攻晋国。那时我再去求见晋国国君,要他共同来对付吴军,这样,削弱吴国是必然的。等到吴国的精锐部队全部调去讨伐齐国,大军又被晋军牵制,然后,大王您就趁吴军顾此失彼的时候去进攻,一定可以灭掉吴国。越国国君答应了子贡,承诺依计行事,于是派大夫文种率兵三千人协助吴国去救鲁伐齐。吴国和齐国在艾陵打了一仗,取胜后果真调兵向晋国进逼,与晋军在黄池遭遇。越国国君趁机发兵袭击吴国,一举灭了吴国。孔子说:扰乱齐国、挽救鲁国,是我最初的目的。至于使晋国强大,让吴国大伤元气,使吴国灭亡,越国称霸,这是子贡游说的结果。花言巧语会损害一个人的信用,说话要谨慎啊!

　　秦始皇出巡会稽郡,到达沙丘时,病得很重。秦始皇便命赵高起草遗诏赐给公子扶苏,遗诏写好后还没来得及交给使者,秦始皇就驾崩了秦始皇有二十几个儿子,长子扶苏被派到上郡监督军队防御匈奴,蒙恬担任那里的大将。小儿子胡亥深得秦始皇的宠爱,请求跟秦始皇一起出巡,秦始皇答应了。其余的儿子都没跟来。丞相李斯认为皇上在国都之外驾崩,朝廷又没有选定太子,担心出乱子,因此隐瞒秦始皇驾崩的消息,大臣们都不知道这事。赵高趁机扣留了秦始皇赐给扶苏的诏书,转而对公子胡亥说:"皇上驾崩,没有遗诏封诸子为王,却单独赐了诏书给长子扶苏。等扶苏一到,登位做了皇帝,你就得不到一点封地,现在该怎么办呢?"胡亥说:"本来就应该是这样。我听说贤明的君主最了解他的臣子,贤明的父亲最了解自己的儿子。我父亲当然知道该让哪个儿子继承帝位,现在他已经去世,却没有分封诸位王子,那还有什么好说的?"赵高说:"不是这样的。当今天下大权就掌握在你、我和丞相李斯手中,希望你认真考虑这件事。让别人向自己称臣和自己向别人称臣,控制别人与受制于人,怎么可以同日而语呢?"胡亥说:"废长立幼,这不合乎大义;因为害怕不能继位而被杀,因而不遵从父亲的遗诏,这是不孝;自己能力不强,资质差,勉强依靠他人登上帝位,这是无能。这三条都违背道德,天下人不会心服口服的。"赵高说:"臣听说商汤、周武王杀了他们的君主,天下的人却都称赞他们的行为符合大义,不能算不忠;卫出公杀了他的父亲,而卫国人却歌颂他的德行,孔子还著书记载这件事,卫出公不能算是不孝评论:乱臣贼子,自古以来就

惧戒第二十

有。身为秦国人而生来就说楚国话,让人痛心悲愤到极点的,就是胡亥。办大事的人不可拘泥于小节,大的德行不必讲究推辞谦让,一个地方一个风俗,不可能相同,一个长官一个做法,不必划一。因此,凡事只顾小节而忘记大局,必有后患;犹疑不决,后来必有遗憾。果断而敢做敢为,连鬼神也会回避他,后来一定会成功。但愿你依从我的意见去做。"胡亥长声叹息说:"现在父皇刚去世,还未发丧,怎么可以拿这件事去打扰丞相呢?"赵高说:"时机,时机啊!我们稍一放松就可能没有机会再筹划这件事了。就像有人要带足干粮骑着快马赶路一样,只是担心错过了时机。"胡亥只好同意了赵高的想法。赵高便去对丞相李斯说:"皇上驾崩,赐了遗诏给长子扶苏,要他参与丧事,到咸阳会齐,然后即位为帝。遗诏还没来得及送走,皇上就驾崩了,还没有人知道这一消息。现在遗诏和玉玺就在小皇子胡亥那里,谁来做太子就取决于胡亥、你、我三个人了。现在该怎么办?"李斯说:"你怎么能说出这么大逆不道的话?这是亡国之论啊。"赵高说:"您自己估量才能与蒙恬相比如何?功劳与蒙恬相比谁高?深谋远虑而不致失算方面与蒙恬相比谁强?和蒙恬相比,谁更不会被天下人抱怨?和蒙恬相比,谁和长子扶苏的感情更深,更得信任?"李斯说:"这五个方面我都比不上蒙恬,可是您对我的责备为什么如此重呢?"赵高说:"我赵高本来只是内宫中一名供人驱使的杂役,所幸因为熟悉刑法得以进入宫廷,掌管刑法事务已经二十多年了,不曾见过秦王罢免丞相。功臣有在两朝连续为官的,最后都被诛戮身亡。皇帝的二十多个儿子,您都很了解。长子扶苏刚强坚毅、威武勇敢,信任别人又勤奋办事。他继承皇位之后,必定任用蒙恬为丞相,您无论如何也不可能平安无事地告老归家,这是明摆着的。我赵高被皇帝任命教胡亥学习法律,胡亥这个人仁慈忠厚,轻财重士,秦国的诸位公子都比不上他,他可以作为帝位继承人。请您考虑一下是否可以定他为帝位继承人。"李斯说:"我李斯原来只是上蔡这个地方的一名普通百姓,幸亏皇上提拔我当丞相,原本是要把国家存亡安危的重任交托给我,我怎么可以辜负皇上呢!忠臣不会为苟全个人而逃避危难,孝子不会担心因为勤

卷七　权议

劳侍奉双亲而被谗言陷害，你不要再说了。"赵高说："我曾听说圣人处事灵活，一切依据事物的变化而顺应时势，看见事物的细枝末节就能知道它的发展趋向，观察事物发展的趋向就能知道它最终的归宿。事物的发展本来就有各自的规律，哪里会有永恒不变的法则呢？如今天下的大权掌握在胡亥手中，我赵高就有机会实现我的志向。况且，外面的人要制约朝廷，那叫做妄想；以臣子的身份挟制君上叫做乱贼。秋霜一降则花草凋零，春冰化解则万物生长，这是必然的结果。君侯您怎么事到如今还不明白呢？"李斯说："我听说晋献公废太子申生改立庶子奚齐，结果招致三世不得安定；齐桓公和弟弟公子纠争夺王位，公子纠被杀戮身死；商纣王残杀叔父比干，不听劝谏，弄得国都变成一片废墟。这三件事都违背天理，都落得宗庙无人祭祀。我李斯岂是那样的人？怎么能打那种主意！"赵高说："上下同心协力，就可以长久掌握大权；内外保持一致，事情就会得心应手。您听从我的计策，就可以长享荣华富贵，世代相传，而且您也必定会有仙人王子乔、赤松子那般长寿，有孔子、墨子那样的智慧。现在您舍弃这样的好计谋而不肯听从，将会祸及子孙，实在令人寒心。善于处事的人能够转祸为福，您打算如何自处呢？"李斯于是抬头仰望天空，流着泪长叹道："既然已经不能以死来报答皇上，我只能听命于你了。"于是李斯听任赵高改立胡亥为太子，改赐遗诏给胡亥，并设计杀了扶苏、蒙恬起初，李斯跟随荀子学习帝王之术，学成后，打算到西方秦国去。他向荀子告辞，说：我曾听说一个人如果遇到好的时机，千万不可懈怠。如今正处在诸侯争霸之时，游说之士大行其道。现在秦王想吞并天下，称帝后统治各国，这正是普通百姓发挥才能的好机会，是游说之士的时代。所以我准备到西方去游说秦王。李斯到了秦国，做了吕不韦的门客，吕不韦认为他很有才能，便任命他为郎官。李斯因此得到机会，便游说秦王嬴政暗中派遣谋士带着金、玉等宝物去游说诸侯。诸侯各国的知名人士，凡可以用财物拉拢过来的，就用丰厚的礼物收买他；那些不肯被拉拢的，就派刺客刺杀他。秦王采用李斯离间诸侯君臣的计策，终于吞并了天下。

秦二世末年，陈胜在蕲县起兵，率兵打到了陈。张耳、陈余劝陈胜说："大王从梁、楚一带兴兵，主要目标是进入关中灭秦，还没有顾得上收复河北一带的赵国故地。我们曾经游历过赵国，对那里的英雄豪杰很

惧戒第二十

熟悉,请大王给我们一支奇兵去夺取赵国的故地。"于是陈胜答应了他们的请求,拨给他们三千兵马。张耳、陈余率军从白马津渡河_{白马津在今滑州白马县交界处}。到了河北一带的郡县,游说当地的豪杰说:"秦朝朝政混乱,刑罚暴虐,残害天下百姓。他们在北方征发苦役修筑长城,在南方征召兵丁据守五岭,弄得内外骚动,百姓疲惫不堪。可是,官吏们却仍旧按照人头聚敛财物,用来供给军费,百姓财物匮乏、精力耗尽,官府又施以严刑峻法,使天下的父子都不能互相保护,民不聊生。如今陈胜揭竿而起,首举义旗,天下没有不响应的。家家都有积压的怒火,各自得报积压的仇怨,县里杀掉了县令、县丞,郡里杀了太守、郡尉。现在陈胜已经建立了大楚政权,在陈地称王,并派吴广、周文率领百万大军向西进攻秦朝。有这样大好的机会,如果还不能成就割地封侯的功业,那怎么算得上人中豪杰。依靠天下人的力量,推翻无道昏君,为父兄报仇,成就割地封侯的功业,这真是千载难逢的好机会。"当地的豪杰都认为他们的话很有道理。于是大家纷纷行动,很快就攻下了赵地十多座城邑_{评论:班固说:从前,《诗经》、《尚书》记述了虞、夏之时舜、禹接受禅让,他们都是积累德行仁义达数十年之后才登上帝位的。殷、周的王位,始自殷契和后稷,历经十几代,到商汤放逐了暴君夏桀、周武王杀了暴君商纣王才取得的。秦朝从秦襄公开始,逐渐吞并了齐、楚、燕、赵、韩、魏六国,到秦始皇执政时,才统一了天下。秦始皇称帝以后,担心秦朝也会重蹈周朝的覆辙,他认为周朝灭亡是由于诸侯力量太强大并相互争斗,周王室力量微弱才被夺去了王权。因此他撤去了公、侯、伯、子、男五等爵位,毁坏城池,销毁兵器,限制言论,焚烧书籍,对内铲除英雄豪杰,对外抵御胡、越等少数民族的入侵,以为凭着威势和强权就可以做到秦王朝基业传之千秋万代。然而,仅仅十余年的时间,以陈胜、吴广为首的戍守边疆的士卒突然发动叛乱,猝不及防。被遣送去防守边疆的士卒们,力量居然比春秋五霸还强大;平民百姓对秦王朝的威胁,更甚于戎、狄等少数民族的威胁;百姓们响应起义对秦王朝的打击,远比儒生的指责、议论对秦王朝的打击沉重;起义军奋臂一呼的威力,远比秦国军队的威力大。从前秦王朝的苛刻禁令,正好帮助了起义的豪杰,而加速了秦王朝自己的灭亡。由此可以看出,英雄豪杰们的胜利,恰恰是因为秦王朝的暴政导致的。}

韩信平定齐国以后,被立为齐王。项羽对此有些恐惧,便派盱眙人

卷七　权议

武涉前往齐国游说齐王韩信，让韩信与汉、楚一起三家平分天下，被韩信拒绝了。武涉走了以后，齐国人蒯通深知当时天下大权归属的关键还在于韩信，便想用奇谋感动他，用相人的学说来游说韩信，他说："在下曾经学过相人术。"韩信说："先生相人术的方法是怎样的？"蒯通回答说："一个人的贵或贱，要观察他骨骼的表象；忧或喜，要观察他容颜的气色；成或败，要观察他对事物决断的能力。从这三个方面综合判断，可以做到万无一失。"韩信说："先生看我的相如何？"蒯通回答说："希望能请左右回避。"韩信说："你们先退下吧。"蒯通说："看您的面相，只不过能封个侯爵，而且还会有危险；看您的脊背，那是贵不可言 如果背叛，那么就能大富大贵 。"韩信说："这话是什么意思？"蒯通说："天下刚开始起兵抗秦，只要有英雄豪杰自立为王，登高一呼，天下的有志之士就都纷纷聚集到一起来，一时像云合雾集，如鳞次栉比，若风烟四起。当这个时候，人们所考虑的仅仅在于如何使秦王朝灭亡罢了。如今楚、汉争夺天下，使天下无辜的百姓都肝脑涂地，父死子亡，尸骨被抛弃在荒野，数也数不清。楚人项羽在彭城起兵，四处转战，节节胜利，一直打到荥阳，乘胜席卷秦朝大部分土地，威震天下。然而，楚军在京、索二地之间受困，在西部山区一带受阻而不能前进已经三年了。汉王刘邦带领数十万大军，据守巩县和洛阳，凭借山河的险阻，一天打好几仗，却没有获得一点儿战功，屡战屡败，部队之间也做不到互相支援，以致有荥阳的大败，成皋的伤亡，于是逃到了宛城和叶县一带，可以说到了智、勇都已经用尽的窘境。前进的锐气，都已经被险关要塞阻挡住了；而军中储藏的粮食又已经耗尽；百姓因长期战乱已经精疲力竭，怨声载道，已经到了无所归依的地步。根据我的预测，在这种形势下，如果不是天下最圣明贤能的人，绝不能平息这天下的大祸。当今汉王刘邦、楚霸王项羽的命运，关键就掌握在您的手上。您为汉王出力，那么汉王就会获胜；如果您帮助楚霸王，那么楚霸王就会获胜。我愿意坦露内心真实的想法，披肝沥胆，奉献我不成熟的计策，可是唯恐您不采用。如果您确实能采纳我的计策，最好保持中立，让汉、楚两方面共存下去，您与他

惧戒第二十

们三分天下，鼎足而立。这种形势下，谁都不敢先动手。凭着您的贤能圣明，加上手握重兵，占据着强大的齐国，降服燕、赵两国，再出兵攻击刘邦、项羽兵力空虚的地方，牵制他们的后方。然后顺应百姓的愿望，向西去为百姓请命，那么，天下百姓就会闻风而动，积极响应您的号令。到时候，谁还敢不听您的？分割大国的地盘，削弱强国的势力，用来分封诸侯。得到封地之后，天下诸侯都会听命于您，并把恩德都归于齐国。考察齐国的故地，拥有胶河、泗水流域等地方，您现在用恩德来安抚诸侯，对他们礼遇谦让，那么天下的君王们都会一个接一个地来到齐国朝拜。我曾经听说上天赐予您的好处如不接受，反而会给自己带来灾难；时机到了您不采取行动，反而会给自己带来祸殃。但愿大王您能深思熟虑这件事。"韩信说："汉王对我有厚恩，把他的车送给我用，把他的衣服送给我穿，把他的饭给我吃。我听说乘坐人家车子的人，要为人家解决困难；穿人家衣服的人，要为人家分忧；吃人家饭的人，要为人家效命。我怎么可以唯利是图而违背大义呢？"蒯通说："您自以为与汉王刘邦关系好，想要帮助他建立万世基业，臣私下以为您错了。当初常山王张耳、成安君陈余还是普通百姓时，相约为生死之交，后来却因为张黡、陈泽事件发生争执，二人变得像仇敌一样相互怨恨。常山王张耳背叛项羽，捧着项羽使者项婴的人头逃走，归附了汉王刘邦。刘邦就借了张耳的兵向东进军，将陈余杀死在泜水之南，使他身首异处，最终成了天下人的笑柄。这两个人的交情，原来可以说是天底下最深厚的，可是最终弄到相互算计的地步，这是为什么呢？问题就出在贪心不足，人心难测。现在您想要对汉王讲忠信，您和汉王的交情恐怕不会比当年张耳、陈余的交情更牢固吧，而且你们之间的问题，应该也要比张黡、陈泽事件更严重，所以臣认为您确定汉王不会加害您，这也是错的。以前大夫文种和范蠡将面临灭国的越国恢复了昔日的规模，使勾践在诸侯中称霸，结果等到功成名就之时，一个身死，一个逃亡。谚语说：野兽抓完了，猎狗就没了用处，猎人就会把它宰了；敌国拿下了，谋臣也没什么用了，国君就会借故把谋臣杀了。至于从朋友交情来说，您和汉王远不如张耳

卷七　权议

与陈余的交情深厚；以忠君的标准来说，您对汉王最多也就是和大夫文种对勾践一样。这两种人的下场，足以成为您的前车之鉴。希望您深思熟虑这件事。况且臣听说勇敢、谋略远比自己的主子强的人，一定会引起主子的嫉妒，就会有生命危险；功绩盖世无双的人，反而得不到奖赏。让我来为大王来说说您的的功绩：您渡过西河，俘虏了魏王豹，捉住夏说，带兵直下井陉，杀了成安君陈余，攻取赵地，威胁燕国，平定齐国，向南摧毁楚国人二十万大军，又向东杀了楚将龙且，往西向汉王报捷。这就是我刚才所说的功绩盖世无双，而且谋略在当世也是独一无二的。现在您有远超您主子的功劳，建立了无法赏赐的盖世功勋，您去归附楚国，楚国人不会信任您；去归顺汉王，汉人也会害怕。以您现在的情况，又能依附哪一个君主呢？再说您处在臣子的地位，却有远超您主子的威名，您的美名已经传扬天下，我私下为您感到不安。"韩信推辞说："先生暂且别说了，我会记住这些话。"

　　过了几天，蒯通又来游说韩信。他说："一个善于听取意见的人，一定会预先察觉事物的征兆；一个遇事反复考虑的人，一定会首先把握住事物的关键。不能虚心听取意见或者遇事不去反复考虑的人，基本上不可能长久安宁。一个人如果听取了十个人意见，失误还不到一两次，那么这个人的意志很坚定，别人不可能用闲言碎语扰乱他；遇事反复考虑还能思路清晰的，就不可能用花言巧语迷惑他。甘心跟随他人当奴仆杂役的，就会失去登上君主之位的机会；安守微薄俸禄的，就会失去担任卿相的机会。所以明智的人当机立断，迟疑不决一定会坏事。纠缠于无关大局的小计谋，就会忘了天下的大事。智慧确实能够预知时势的变化，却不能果断地付诸行动，这是造成很多事情失败的祸根。所以如果猛虎犹豫不决，还不如蜜蜂、蝎子用尾部的毒刺蛰伤人的攻击力大；千里马踌躇不前，还不如劣马稳步前进来得快；像战国时孟贲那样的勇士如果迟疑不决，还不如普通人坚决行动更能达成目标；即便有舜、禹那样的智慧，如果只是沉默不语，还不如聋哑人打手势更能解决问题。再说功业，成功很难，失败却很容易；时机，转瞬即逝，很难抓住。机会失去

惧戒第二十

了不会再来,希望您认真考虑。"韩信犹犹豫豫,不忍心背叛汉王刘邦,又认为自己功劳多,汉王终究不会来夺他的齐国,于是谢绝了蒯通的建议。蒯通说:"大凡拘泥于细节的人,不可以与他谋划大事;凡是满足于给别人做臣子或奴仆的人,本来就没有当君王的愿望。"蒯通劝说不成,于是离去。他又担心此事被人发觉而给自己招来灾祸,便装疯冒充巫者来避祸评论:从前齐国的崔杼谋杀了自己的君主齐庄公,晏子没有为君主的死殉难,他说:做人家君主的,怎么能够仗势欺侮臣民呢?治理好国家才是最主要的责任;做臣子的,难道仅仅为了养家糊口和升官发财吗?辅助君主治理好国家才是他们最重要的责任。所以君主为国家而死,那么臣子也可以为君主而死。如果君主为自己的私欲而死,不是他亲近的人,谁会去陪葬呢?孟子对齐宣王说:君主把臣子看作自己的兄弟手足,那么臣子就会把君主看作自己的腹心来保护;君主把臣子看作泥土草芥一样无关紧要,那么臣子就会把君主看作仇敌。虽然说君主是天,天无法逃避,臣子也无法回避效忠君主的责任,可是臣子会根据君主赐予恩德的厚薄,来决定自己回报给君王的多少,从古至今都是这样的。韩信因为汉王刘邦待他有厚恩而不肯背弃汉王,最终竟被汉王杀害,实在是可怜。

吴王刘濞因为儿子被皇太子杀害的缘故,称病不肯上朝孝文帝刘恒在位时,吴王的儿子进京朝拜,得以陪伴皇太子喝酒、下棋,为棋路发生争执,吴王的儿子态度不恭敬,皇太子就拿起棋盘投掷吴王的儿子,打死了他,等朝廷削夺藩王封地的文书到了以后,吴王就指使中大夫应高去挑拨胶西王刘印造反。应高没有使用文书,只是口头说:"我们吴王不才,因为之前不开心的事,不敢离开封地外出,特派我来表明他的心意。"胶西王说:"有什么指教?"应高说:"如今皇上靠奸臣起家,被小人蒙蔽,好贪小便宜,听信奸险小人的谗言,擅自变更法律条令,抢夺诸侯的土地,征收的赋税越来越多,诛杀惩罚善良的人,一天比一天厉害。俗语说得好,舐到了米糠,不可避免地会吃到米粒。吴王与胶西王,都是有名的诸侯,同时被监视,恐怕以后要不得安宁了。吴王有心病,不能上朝请安已经二十多年了,常常担心被皇上猜疑,无法辩白。现在即使缩着脖子、捆起双脚去负荆请罪,还担心不被朝廷谅解。我听说大王您因为买卖官爵的事而被朝廷责备。听说有的诸侯被削夺封地,而他们的罪过还没有买卖官爵

卷七 权议

大,朝廷对您恐怕不仅仅只是削地而已。"胶西王说:"是的,有这事。你说应该怎么办呢?"应高说:"有同样的憎恶就相互帮助,有同样的兴趣就相互留恋,有同样的情感就相互成全,有同样的愿望就相互接近,有同样的利益就相互效死力。现在吴王自认为与大王有同样的担心,他希望能把握时机整顿朝纲,早已把生死置之度外,一心为天下除害,您认为这样可以吗?"胶西王一听,惊骇地说:"我怎么敢这样!现在皇上虽然逼得很急,对我来说大不了一死,怎么敢不去拥戴他呢?"应高说:"御史大夫晁错一直迷惑天子,侵夺诸侯的封地,堵塞忠臣贤士的进取之路,朝廷大臣都十分怨恨他,诸侯也都有背叛之意,人事已到了极其困窘的地步。彗星夜夜出现,蝗灾不断发生,这是万世难逢的好机会,而且,百姓忧愁劳苦,本来就是圣人产生的时候。所以吴王对内想以讨伐晁错为名,在外跟随大王起事,必可遍行天下,所到之处闻风归降,所攻之处所向披靡,天下没有人敢不服从。只要大王一句话,那么吴王就率领楚王刘戊去攻打函谷关,守住荥阳、敖仓的粮食,抵御汉兵。至于修治驻扎军队的房舍,就要用到大王您了。如大王真的能一起起事,那么就可以夺取天下,两个君主一起来分治天下,不是很好吗?"胶西王说:"好。"于是,吴、楚、赵、胶西、济南、淄川和胶东七个诸侯王一起起兵谋反,结果失败,全都被诛杀。太史公司马迁说:汉朝兴起以来,文帝广施恩德,天下安宁。到景帝时,不再担心异姓诸侯王的反叛。然而,晁错主张大肆削夺诸侯王的封地,使得吴、楚等七个同姓诸侯王起兵反叛,联合向西进攻朝廷。这是由于诸侯的势力太强大,而晁错没有采取循序渐进的方式来削夺他们的势力造成的。等到主父偃提出推恩令,让诸侯王分封自己的子弟后,诸侯王的势力逐渐被削弱。国家安危的关键,难道不在于切合实际的谋略吗?

  淮南王刘安因为父亲厉王的死对朝廷心怀怨恨厉王刘长,是淮南王刘安的父亲。刘长谋反,被装进槛车中放逐到蜀地,在去蜀地的途中,到达雍县时,刘长因不进食而死。文帝怜惜厉王刘长之死,就分封他的三个儿子,刘安被封为淮南王,一直图谋造反,只是没有机会。等到被削减封地之后,他造反的心思更加急迫了。刘安与左吴等人日夜研究地图,部署进兵的路线。刘安召来伍被,与他一起谋划造反,伍被劝刘安说:"皇上宽大,赦免了大王,大王

惧戒第二十

怎么能还说出这种亡国的话呢？臣听说春秋时伍子胥曾劝谏吴王夫差，吴王不听他的。伍子胥说：'臣如今已经看到姑苏之台被夷为平地，成为麋鹿出没的地方了。'现在臣也已经看到大王宫中生满荆棘、露水沾湿衣襟那样的情景了。臣听说聪明的人能从无声处听到声响，明智的人能在事情发生之前预见将来的结果，所以圣人处事，永远万无一失。从前周文王一行动就功绩显扬天下，被列为三王之一，这就是所说的顺应上天的意旨而行动的人，因此天下人不约而同地追随他。这是至今可借鉴的千年以前的事。至于距现在仅百年的秦国，近代的吴国、楚国，也足以向我们昭示国家存亡的道理。臣不敢逃避责任，顾不得是否会像当年伍子胥那样被诛杀，仍要直言进谏，希望大王不要像吴王那样听不进忠言。从前秦国废绝圣人之道，杀戮方术之士，焚毁《诗》、《书》等典籍，抛弃礼法道德，崇尚欺诈暴力，滥施刑罚，不顾百姓疾苦，执意把海滨的粮食长途转运到西河。在那个时候，男子即便勤奋耕作，却连糟糠也不够吃；女子即便终日勤恳纺织，却只落得衣不遮体。秦朝派遣蒙恬修筑长城，东西长达几千里，几十万军队常年在外风餐露宿，死的人不计其数，尸体遍布千里荒野，血流成河，浸湿了万顷田地，百姓们财力已经耗尽，因此十家之中就有五家想造反的。秦始皇又派徐福到海上去寻求奇珍异宝以及延年益寿、长生不老的仙药，徐福回来后便编造谎言说：'臣见到了海中的大神，海神说，把良家的振男女振男女，这里指童男、童女以及各种工匠送给海神，就可以得到仙药了。'秦始皇非常高兴，就征集了童男童女三千人，再加上五谷和各类工匠，让徐福领队去换仙药。徐福找到了一片平原大泽，就留在了那里，自立为王，不再回来。于是百姓悲痛欲绝，想念儿女，有心造反的十家之中就有了六家。秦始皇又派尉佗翻越五岭去攻打百越，尉佗知道国内已经疲敝到了极点，于是留在南越称王，不肯回来。尉佗派人上书给秦始皇，要求派三万没有了丈夫的女子去为士卒们缝补衣服。秦始皇答应给他一万五千人。这样一来，百姓离心离德，人心散乱得像瓦片破碎一样无法收拾，想造反的十家之中就有了七家。有说客对汉高祖刘邦说：'时机已到，可以行动

卷七　权议

了。'汉高祖说：'再等一下，圣人应当在东南一带出现。'不出一年，陈胜、吴广在大泽乡发动了起义。汉高祖最初在丰沛起兵，振臂一呼，天下人不约而同地响应，参加的人数不胜数。这就是所谓乘机而起，趁秦朝行将灭亡而行动。百姓盼望这一局面，好比大旱之时渴望下雨，因此高祖才能从征战中崛起，最终被拥立为天子，功业高过古代三皇，恩泽留传不朽。现在大王您只看到高皇帝刘邦得到天下容易的一面，就唯独看不到近世吴国、楚国的下场吗？吴王刘濞被赐封为朝廷的祭酒，专门授予他几杖，准许不入朝拜见，拥有东阳、鄣、吴、豫四郡的百姓，封地方圆几千里，封地内有铜山可以铸造钱币，东有大海可以煮海水为盐，沿江而上可以砍伐江陵的木材造船，国家富裕，人口众多。可是他却还要发动叛乱，起兵向西，结果在大梁被攻破，又在狐父被击败，只得向东逃窜，逃到丹徒时被越人擒拿，只落得国破身死，祭祀断绝，被天下人耻笑。凭着吴国、楚国那么多的兵马都不能成功，为什么呢？完全是因为违背天意又不识时务。现在大王的兵力不到当年吴国、楚国的十分之一，而天下的安宁又超过秦朝万倍，希望大王能听从我的计策。如果大王不听从我的计策，我预料大王举事一定不会成功，而消息却会提前泄漏。我听说箕子经过商朝故都时内心悲伤，于是写了《麦秀之歌》，这是他痛惜商纣王不能采用王子比干的谏言啊。所以孟子说：'商纣王虽然贵为天子，死的情形却比不上普通人。'这是因为纣王很早就已经自绝于天下百姓了，并不是在他死的那一天天下百姓才抛弃他。现在臣暗地里也替大王感到悲哀，大王放弃淮南王的尊位，等将来事败之后，必定会先收到朝廷赐死的诏书，在群臣之前就身死东宫了东宫指淮南王当时所居之宫。"淮南王刘安听完，怨气郁结，喘不过气来，泪流满面，立即起身，一步步走下台阶离开了。

后来淮南王刘安又问伍被，说："汉朝是治世还是乱世？"伍被说："我私下观察朝廷的施政、君臣的节义、父子的亲情、夫妇的分工、长幼的次序，都符合常理，皇上的举动、措施都遵从古代的礼法，社会风俗、国家法纪没有什么缺失。南越称臣归服，羌僰入朝进贡，东瓯前来投降，

惧戒第二十

扩大长杨塞名，开辟朔方郡，折断匈奴的左膀右臂，使它失去援助而一蹶不振。现在汉朝虽然比不上古代的太平盛世，但还能算得上安定。大王想要发动事变，我认为这将会有祸无福。"淮南王大怒，伍被请求免去自己死罪。淮南王说："陈胜、吴广当年连立锥之地都没有，只不过集合了上千名苦役在大泽乡起义。陈胜振臂一呼，天下人不约而同地响应。起义军西进，一直打到临潼、戏水一带，兵力已经有上百万了。现在我的国家虽然弱小，然而能够打仗的就有十多万，士兵不仅仅是戍守边防的苦役，武器也不只是镰刀斧凿和木杖，您凭什么说有祸无福呢？"伍被说："从前秦始皇无道，残害天下百姓。他巡幸天下，骚扰地方；征发苦役，修建阿房行宫；征收沉重的赋税，百姓所得的一大半都要交给朝廷；兵役繁重，平民百姓都要去戍守边境，父亲不能保全儿子，兄长不能保护弟弟，政令苛刻，刑法严峻，使得天下人如在水深火热之中苦苦煎熬，民众都伸长脖子盼望义军到来，竖起耳朵倾听义军的消息，仰头向天悲号，捶胸顿足地埋怨皇上。所以陈胜振臂一呼，天下人都纷纷响应。当今皇上君临天下，统一海内，仁爱百姓，推行德政，遍施恩泽。皇上还没说话，声威都好比雷霆；号令还没有发出，教化之快如同神速。心中刚有了想法，声威就可以震动万里之外；百姓响应皇上的号召，犹如形影相随，山谷回声。况且当今朝廷大将的才能，不是秦将章邯、杨熊所能比的。大王用陈胜、吴广的事来比喻自己，臣认为是错误的。"淮南王说："如果真的像你所说，那就完全没有一点侥幸的机会吗？"伍被说："臣倒有个不高明的计策。"淮南王说："怎么办？"伍被说："如今朔方这个郡，田地广阔，水草肥美，从别处迁过去的百姓还不多，不足以充实这个地方。我们可以伪造一道丞相和御史的奏折，请求把各个郡国的豪杰、侠客，以及犯耐罪的人轻罪还没达到剃去头发的髡刑，剃去其鬓发，所以称为耐。法律中又规定：耐为司寇，耐为鬼薪、白粲，这个耐，相当于禁受得住的意思。赦免他们的罪行，除了家产有五十万以上的人家，都让他们举家迁徙到朔方郡，并且要加派士兵，催促他们按指定日期集合起程。再伪造左、右司空、都司空、上林中都官的诏狱书，逮捕各地诸侯的太子和

卷七　权议

宠幸的臣子宗正寺有左、右司空、都司空，上林苑有水司空，都是主掌囚徒事务的官。这样，百姓就会怨恨，诸侯就会恐惧，然后派辩武人名随后去游说他们，可能侥幸会有十分之一的机会吧？"淮南王说："这个计谋可以。"于是准备按伍被的计策行事。他先派使者假装获罪，西入京师，去侍奉大将军和丞相，等到淮南王发兵的那一天发淮南兵，这些人就去刺杀大将军卫青，并且劝说丞相及手下的人，让他们乖乖听话，以为做这一切就像哄骗小孩听话一样容易。又计划派人穿上追捕盗贼的巡捕官服，手拿插有鸟羽的檄文，从东方来，大声呼喊"南越兵打过来了"，趁机发兵。结果还没等到发兵，事情就泄漏了，淮南王等人被诛杀。汉武帝时，赵国人徐乐向汉武帝上书纵论时事，说：臣听说天下的忧患，在于土崩，不在于瓦解，从古到今都是一样的。什么叫土崩？秦朝的末年就是土崩。陈胜连小诸侯国的国君都不是，没有尺寸之地，本身也不是王公大臣，名门贵族的后代，在乡间也没有孔子、曾子、墨子那样贤能的美名，也没有陶朱公范蠡、猗顿那样的财富，可是他一旦在穷乡僻壤中起兵，挥动武器，振臂高呼，天下人都闻风响应，这其中的原因是什么呢？这是由于秦朝的百姓困苦，可是君主却不体恤；百姓怨恨皇上，可是皇上却不知情；社会风俗混乱，可是朝廷却不知道整顿朝政。这三条就是陈胜用来起事的资本。这就叫做土崩。所以说天下的忧患在于土崩。什么叫瓦解呢？吴、楚、齐、赵等七国之乱就是瓦解。七国国君图谋发动大的叛乱，这些国君都是统治万乘之国的君主，各个拥兵几十万，他们的威势足以震慑他自己的诸侯国，他的财富足够激励他的士兵和百姓，然而他们没能向西夺得尺寸之地，却落得在中原被擒的下场，这又是为什么呢？并不是因为他们的权势比不上一个普通老百姓，也不是因为他的兵力比陈胜弱，只是在那个时候先帝的恩德还没有衰弱，而且安居乐业的百姓还很多，因此那些诸侯得不到封国以外力量的援助，这就叫瓦解。从以上的分析来看，如果天下真有土崩之势，即便是平民、穷困的士人，只要有人首先发难，便能使天下倾危，陈胜就是这样，更何况当时韩、赵、魏三国的国君可能还活着呢？天下虽然没有达到大治，如果真能不出现土崩之势，即使有强国强兵谋反也无法得逞，还没等他们回转身来，就已经被活捉了，吴、楚、齐、赵等国便是这样，何况群臣百姓怎么可能去作乱呢？土崩和瓦解这两种形势，是国家安定或危险最简明的征兆，贤明的君主对此应当留意并且认真考察。近年来，关中五谷连连没有收成，推测运数、依据情理来观察，百姓又会不安于他们的处境了。老百姓不安定，就很容易动乱，容易动乱，这便与土崩的形势紧紧相连。但愿贤能的君主在庙堂之上修明政治，消除还没有形成的祸患。

东汉时灵帝刘宏任命皇甫嵩为将军，率军扑灭了黄巾军起义，他的威名震动天下。可是当时朝政一天比一天混乱，四海之内的百姓生活都很贫困。当时的信都令阎忠游说皇甫嵩说："时机难以获得却容易失去，时机一到，就要迅速抓住，否则一转眼就错失了。所以圣人顺应时势来行动，聪明人抓住机会以图有所作为。如今将军刚好赶上了难得的好时机，但一个处理不好也可能会带来突发的灾祸。如果您不能及时把握住时机，面临机遇却不赶紧行动，如何才能保住您的一世英名呢？"皇甫嵩说："你所说的是什么意思？"阎忠说："天道公正，没有亲疏之分，老百姓只归附有能力的人。现在将军您在暮春时节接受朝廷军令去讨伐黄巾军，在冬季末就得胜收兵，调兵遣将如有神助，谋事周全不用反复计议，摧毁强敌比折断枯枝还容易，消灭敌人坚固的堡垒比融化冰雪还容易。在数月之间，您统领的神兵如闪电般迅速扫灭了敌兵，您的功绩足以封侯立碑，向南报答了皇上的恩德；您的威名震动朝野上下，名声传扬海外，即使商汤、周武王所取得的功绩也并不比将军您高多少。现在将军您已经建立了无法赏赐的功勋，自身又具有高出众人的德行，可是作为臣子却侍奉昏庸无能的君王，如何能做到不被猜忌，保证自身的安全呢？"皇甫嵩说："我从早到晚都在为公事操劳，心中无时无刻不忘效忠皇上，怎么会不安全呢？"阎忠说："不是这样的评论：《淮南子》有这样的记载：有一位母亲，为她的亲生儿子治疗头疮时，弄出了血，看见这事的人都认为她是因为太疼爱儿子而不小心造成的。假使这事出在继母身上，那么继母就会受到责备，认为她因为不是自己的亲生儿子而虐待他。事情是同一件事情，由于旁观者观察的角度不同，便得出了不同的结论。当今朝廷政治衰败，王室中变故丛生，将军您正处在继母那样的位置，兼有功高震主的威势，即使您怀有一颗赤诚忠心，恐怕别人对您的看法不同。我暗地里为将军您的处境感到不安。况且我听说，一个人获得了很高的权势也就很容易涵容邪恶诈伪，即使他能做到像伯夷那样好也会被人猜疑；如果说一个人处在不可能被人猜疑的位置，即使他是像盗跖那样的人也可能被别人深信不疑。现在您拥兵百万，权势足以为非作歹，掌握着可以容纳奸佞的大权，身处可能被别人猜疑的位置，即使您竭尽忠诚效忠君主，可是别人能理解吗？这正是田单脱去狐皮大衣给受冻的人穿

卷七　权议

上,却被齐王猜忌的情形。希望将军您认真考虑这件事。阎忠讲了很多这一类的故事给皇甫嵩听,想改变他的想法,还引用韩信被汉高祖刘邦怀疑并被害的事例来说明这个道理,可他却没有考虑到皇甫嵩这个人是始终不能抛弃效忠皇上这一念头的,这便是阎忠劝说皇甫嵩失败的原因所在。从前韩信不忍心背弃刘邦给过他像一顿饭那样小的恩惠,却放弃了三分天下、自立为王的大业。直到他被利剑封喉时,才开始悔不当初,这正是没能及时抓住时机而且策略不当的结果。当今皇上的权势比刘邦、项羽要弱小,将军您的权势却比淮阴侯韩信强大。您一声令下足以使风起云涌,一声怒吼可以招来雷鸣电闪。只要将军您奋起举事,趁着朝廷衰危的局势去推翻将要倾塌的朝廷,施以恩德来安抚那些先来归附您的人,使用武力去对付那些不愿服从的人。您召集冀州的士人,发动周边七州的百姓响应。插有羽毛的紧急战书发布在前,大军浩荡进发于后。跨过水深流急的漳河,在孟津饮马。诛杀有罪的宦官,清除百姓多年的积怨和不满。即使是小孩也可以使他们挥动拳头来为您出力,即便是女子也可以使她们提起衣角来为您效命,更何况激励的是熊罴一样勇猛的士兵,依靠的是疾风扫落叶一样的形势呢?当功业已经成就,天下已经归顺的时候,您就可以请示天上的神灵,以天命昭告天下人,使天下归心,这样您就可以登上皇帝之位,控制全国了。在新王朝即将兴起的时候移动国宝神器,在汉王朝摇摇欲坠的时候推翻它,这实在是神灵赐给您的绝佳机会,也是奋发有为的大好时机。汉朝已经是朽木不可雕,日薄西山,难以辅佐。如果您想要辅佐难以辅佐的王朝,雕琢已经腐烂的木头,这就好比从斜坡下向上滚动弹丸,逆着水流划船一样,谈何容易?况且当今朝廷宦官小人结为朋党,坏人狼狈为奸,皇上的命令得不到执行,大权旁落在皇帝身边的小人手中。在昏庸君主的手下长久做官是不可能的,取得了无法奖赏的功勋只会招致别人的谗言与冷眼。如果您不早日图谋举事,到时候后悔就来不及了。"皇甫嵩恐惧地说:"不合常规的谋划,不适用于寻常时期的形势。开创宏图大业,难道是我这样的庸才能达到的吗?黄巾军只是小小的逆党,根本不能与秦朝的项羽相提并论。而且这支刚刚组建的军队凝聚力不强,不足以共图大业。况且民众还没有抛弃他们的君主，上天也不会保佑叛逆。如若凭空妄想造就不可能实现的功业，早晚会招致祸患，哪里比得上尽心竭力效忠朝廷，守住做臣子的节操呢？虽然说我现在拥兵自重会招来许多谗言，最多不过是被流放或罢免，起码还能保有美名，死了也会永垂不朽。违背常理的论调我可不敢听。"评论：明智的人和愚昧的人不能合作，能干的人和无能的人不能共事。智谋之士不替一味愚勇的将领出谋划策，勇猛的将领不替胆小的将官效命。自古以来都是这样的。所以《左传》称：忠诚是一种美德。但对于不值得效忠的人不能效忠，而且这种效忠也算不上是一种美德吧？《军势》中称：钱财是无法驱使忠义之士效命的。所以忠义之士不为没有仁德的人卖命，聪明的人不替愚昧的主子出谋划策。因此伊尹离开夏桀，不能说违背道德；飞廉为商纣王而死，不能称之为贤良。当今时势昏乱，大道丧失，九州之内生灵涂炭，可是皇甫嵩却一心效命即将倾危的朝廷，像糊涂的宠臣一样贪图安逸，这种愚忠不足以拯救当世，而效死也不足以成就忠义的美名。况且阎忠作为一个有智谋的人，一定要去劝说这样愚忠的人吗？实在应当用这种理论来劝劝阎忠。阎忠知道他的意见不被皇甫嵩采纳，于是就悄悄离去了董卓独揽朝政大权，征召皇甫嵩入朝。梁衍劝说皇甫嵩讨伐董卓。徐州牧陶谦等人共同推举朱儁当太师，皇甫嵩不让他接受。李傕曾经征召皇甫嵩、朱儁二人，这些皇甫嵩统统都没答应。范晔评论说：皇甫嵩、朱儁都有上将的才略，在国家危亡的仓卒关头接受任命。这时正逢懦弱的君主逃亡在外，凶悍的贼人亡命作乱，这实在是春秋时期楚国的叶公挥袖奋起平定白公之乱的机会，是新朝末年翟义举兵讨伐王莽的日子。所以梁衍献策规劝皇甫嵩，崤山以东的诸侯合谋推举朱儁为太师。可是皇甫嵩、朱儁舍弃受命于天、称王称霸的大功业，却去遵循平民百姓的小信用，最终落到狼狈不堪的危险境地，被智者耻笑。这难道是上天不愿意平息汉末的战乱吗？实在是因为这些人不具备从始至终不变的智慧和勇气，评论说：从前楚国的白公胜谋反，杀死了大夫子西，劫持了楚惠王。叶公听说白公胜谋反，便奋起起兵攻打白公胜，结果白公胜兵败后自杀身亡。

新朝王莽在位时，国内盗贼四起，王莽派将军廉丹讨伐崤山以东的盗贼。廉丹出征时召冯衍为幕僚，与他一同到了定陶。王莽派人追上廉丹的部队，向他传达诏令说："将军接受国家委托的重任，如果不能在战场上为国捐躯，就无法报答君恩，无法做到尽忠职守。"廉丹十分恐慌，他连夜召来冯衍，把诏书给冯衍看。冯衍乘机劝廉丹说："我曾经听

卷七 权议

说,顺应时势成就大业,这是正常人的成功之路;在逆境中取得成功,这是权变者所追求的。因此说寄希望于有所成就,就不必询问走什么道路;讨论事物的大体局势,就不必拘于小节。从前齐国的逢丑父在战斗的危难之际自己凭倚着车箱前的横木假装国君,却让他的君主齐顷公借下车取水之机逃走,他的这种行为在诸侯中得到广泛称赞;郑国的祭仲被迫扶立公子突而迫使郑昭公忽出逃,后来祭仲又冒死扶助郑昭公复位,这在孔子的《春秋》中传为美谈。用生命来换取君主的生存,用暂时的妥协求存来改变灭亡的命运,这是君子之道。违背常人的思维定式,使国家安宁,使自身得以保全,这是智者的谋略。所以《周易》称:事物发展到极点就会变化,变化就能通达,通达就可以长久。因此,遵循这种变通的原则,自然会有上天保佑,逢凶化吉,无往而不利。假若明明知道事情不可以做而一定要去做,结果会损兵折将,对君主没有一点帮助,等到临死的那一天,还会落个对不起天下人的骂名,像这样的事,贤明的人不会去做,勇敢的人也不会去干。况且我还听说,得到机会就千万不要错过。张良因为祖上五代在韩国为相,当秦朝灭了韩国之后,他为了给韩国复仇,曾在博浪这地方持铁锤图谋刺杀秦始皇,勇气超过了孟贲、夏育,美名比泰山还高。将军您的祖先是汉朝的忠臣。王莽篡位,英雄俊杰不肯归附。当今天下大乱,百姓怀念汉朝的恩德,胜过了周朝诗人们思念召公。诗人们怀念召公,连他拴过马的甘棠树都备加珍爱,更何况对他的子孙?百姓用歌舞来赞颂的人,上天一定会帮助他。现在我替将军计议,您不如屯兵占据大的郡城,安抚官吏士兵,磨炼他们的节操。在您的郡城方圆百里以内的将士们,每天都赏给他们牛肉和酒,招纳英雄豪杰,向他们询问忠诚聪明的谋略,立定将来长远的志向,等待形势的变化,然后为国家兴利除弊。那么您的福禄将会永世流传,丰功伟绩将永垂不朽。您又何必要为王莽卖命,使自己的军队在中原大地覆没,使自己身死疆场,落个功败名丧、耻及先人的下场呢?圣明的人能转祸为福,智谋之士能扭转败局而再图成功。希望将军您从长计议,切不要与世俗的观念苟同。"廉丹没有听从冯衍的劝说,继续前进。到

惧戒第二十

达睢阳时,冯衍又一次劝廉丹说:"我曾听说聪明的人能在事物还没有形成前就能看出它的发展趋向,智慧的人能在问题还没发生之前就考虑好解决之道,更何况现在的局势如此明了?祸患的发生大多是由于疏忽造成的,祸患是从细小微弱的时候一点点发展起来的。失败后后悔也没有用,时机稍纵即逝,一旦错过就再也回不来了。商鞅说:'一个人有高出世人的行为能力,必定会遭受世人的非议;具有独到的见解谋虑,必定会被人讨厌。'因此人们相信平庸的论调,就会破坏精妙的谋略;固守当时的世俗规范,就会失去高尚明智的德行。决断,是智慧的主宰;犹豫不决,就会成为事情的奴仆。时机不会再来,您不要再考虑了。"廉丹仍然不听,继续进军。大军到达无盐境内,在与赤眉军作战过程中,**廉丹战死沙场**当时汝南太守郅恽仰观天象,对他的朋友说:如今镇星、岁星、荧惑都出现在作为汉、楚分界线的翼宿和轸宿的区域内,三颗星离去后又重新出现,这预示着汉王朝必定会再次接受天命,如果有人顺应天时起事,复兴汉室,必定能够成就伟业。郅恽用这些话劝说廉丹,廉丹也没有采纳他的建议。**冯衍于是逃亡到了黄河以东地区**。评论:从前蒯通劝说韩信背叛汉王刘邦,阎忠劝说皇甫嵩背叛东汉王朝,冯衍劝说廉丹背叛王莽,这三个人都没有听从劝说,甘心情愿走向危险与死亡,这是为什么呢?回答是:范晔说:当人们处在艰难困苦之中,那么他就很少顾虑自己的身家性命,而只顾改变现状;当人们的生活富裕安逸,就很容易安于现状,不思进取。登高却不害怕的人,是那些被强迫服役的奴隶;因为担心瓦片掉下打伤自己而不坐在屋檐下的,是富贵人家的子弟。由此看来,人的情况大致如此:处在快乐之中的人就想着安逸,处在困苦中的人就图谋变革,这是一种必然的趋势。前面提到的韩信、皇甫嵩、廉丹,有的已经受封为诸侯王了,有的已经高居将相之位,他们只想着如何保证自己现有的安逸快乐,不会去考虑建立不世奇功。他们不知道如果自己的权势到了被人猜疑的地步,就会带来灾祸;势力已经可以和君主平起平坐的时候,就会出现祸乱。他们的权势已经被猜疑了,却不能放弃权势来避免嫌疑;势力已经与君主相当了,却不能自损势力换取福泽。他们迟疑,徘徊不前,犹豫不决,等到灭亡的时候才明白,正是因为他们只求苟且偷安才为自己带来灾祸,才导致最终惨败的下场。俗话说:抱着必死的决心反而会求得生存,抱着侥幸生存的心理就会必死无疑。韩信等这三个人正是抱着侥幸生存心理的例证。

卷七 权议

东汉光武帝刘秀的大臣来歙劝说隗嚣派自己的儿子入朝侍奉皇帝，隗嚣的部将王元认为最后谁能成功取得天下还不知道，不愿意一门心思侍奉东汉朝廷，于是劝隗嚣说："从前更始帝刘玄定都长安，四方豪杰群起响应，全国百姓都随声附和归附刘氏，认为国家已经太平了。更始帝的基业一旦倒塌，大王您几乎无处安身。如今南有彭修、北有卢芳割据称雄，四海之内，称王称公的有十几人。如果您采纳书生的建议，放弃争取帝王大业，寄居依附于根基不稳、随时可能颠覆的朝廷，来求得万无一失，这是沿着前人失败的路往下走，这种计谋万不可行。当今天水郡军备完善，土地富饶，兵最强，马最壮，如果我们向北攻取西河、上郡，向东收取长安附近的三辅地区，占据秦国原有的疆界，以山河作为屏障防守，我只要用很少的兵力就可以替大王封住东面的函谷关，这正是建立万代基业的好时机。如若这一计划不能实现，就应当积蓄粮草，厉兵秣马，占据险要关隘自卫，拖延时间，静待天下形势的变化。即使图谋帝王大业不成，起码还可以称霸一方。总之，鱼儿不可以离开水，龙失去了赖以发挥威力的环境就和蚯蚓没有什么不同。"隗嚣采纳了王元的计谋。虽然隗嚣已经送他的儿子入朝做了人质，他还是凭借着险要地势想称霸一方，于是背叛了汉朝东汉名将贾复说：努力去实现尧、舜那样的帝业，即使不能达到，也可以成就商汤、周武王那样的功业；努力去实现商汤、周武王那样的王业，即使不能达到，也可以成就齐桓公、晋文公那样的霸业；努力去实现齐桓公、晋文公那样的霸业，即使不能达到，也可以成就战国时六国诸侯割据一方那样的事业；划定了像六国那样的势力范围，想割据一方以求自保，一旦做不到，就只有像六国那样灭亡了。

魏太祖曹操与吕布在濮阳交战，曹操出师不利。袁绍派人劝说曹操与他联合，要曹操把家眷迁居到邺地，曹操准备答应这个建议。程昱听说后，去见曹操说："我私下里听说将军您准备把家眷迁到邺地去居住，与袁绍联合，真有这事吗？"魏太祖曹操说："是这样的。"程昱说："依我看，将军您大概是对形势估计不足，对未来心存畏惧，要不是这样，看问题为什么这么浅薄呢？那袁绍占据了燕、赵的广大土地，有吞并天下的野心，只是他的才智不足以帮他达到目的罢了。将军您自己想想，

惧戒第二十

您甘心做他的下属吗？将军有龙虎之威，难道可以为他做韩信、彭越那样的角色吗？程昱我愚蠢，不识大体，我认为将军的志气还不如田横。田横，只是齐地的一名壮士罢了，他还把做汉高祖的臣子当作一种羞耻。如今将军您想把家眷遣往邺地，打算向袁绍臣服。凭着将军您的英明神武，反而不把屈居袁绍之下当作一种羞耻，我私下替将军感到羞耻。现在兖州虽然残破，但还有三座城池，能够作战的士兵也不下万人。如果您能将荀彧、我程昱等这班人收为己用，霸王之业必成。希望将军再考虑一下这件事。"魏太祖便放弃了把家眷迁往邺地的打算评论：《三国志》的作者陈寿称赞先主刘备有远大抱负，意志坚强，待人宽厚，善于识人并能根据手下人的特点因材授职，可以说有汉高祖刘邦的风范，是盖世英雄的材料。但刘备的机智权变、才干谋略比不上魏武帝曹操，然而刘备遭受挫折能不屈不挠，终究不愿意归附曹操，或许是因为他估计到魏武帝的度量绝对容不下自己，因此这不仅仅是争权夺利，同时也是趋利避害。俗语说：同一个巢穴容不得两只雄鹰，同一处泉水容不下两条蛟龙。由此看来，如果地位相同，权势均等，必然不会相互包容，从来都是这样。曹操居然想把家眷迁居到邺地，与袁绍联合，真是糊涂。

袁绍成了讨伐董卓联军的盟主，开始变得傲慢。陈留太守张邈义正辞严地责备了他。袁绍要曹操杀了张邈，曹操没答应。张邈内心感到不安，等到曹操向东去攻打陶谦的时候，就命令他的部将陈宫驻扎到东郡。陈宫趁机劝张邈说："当今天下分崩离析，英雄豪杰纷纷崛起，您拥兵十万，占据着兵家必争之地，您只要手按宝剑静观天下变化，也完全可以成为割据一方的豪杰。可是您现在反而受制于人，不是太可惜了吗？现在曹操率兖州的军队向东出征了，兖州本地的兵力空虚。吕布是一名盖世英雄，善于打仗，天下无敌。您把吕布迎到兖州来，和他一起割据兖州，观察天下的形势，等待时局的变化，这正是在天下称雄的好机会。"张邈听从了陈宫的劝说，背叛了曹操评论：曹操与张邈相处很好，可是张邈之所以产生背叛的念头，是为形势所迫。所以我观览古今历史上许多变故的出现，都是由于侵夺和凌辱引起的，又或者是由于人与人之间的嫌隙引起的。例如韩信由于失去了楚王的封号而伤心，便起了谋反的念头；彭宠心生非分之想，是由于他自负有功却没有得到应得的赏赐，便要发兵造反；卢绾由于自己和刘邦之间有嫌隙，担心被猜疑，

卷七 权议

心生畏惧，便投靠了匈奴；英布由于彭越、韩信相继为刘邦所杀而为自己的处境忧虑，就调集军队以防万一，又以为事情已经败露，迫于形势举兵造反。这些都是事变的缘起。从这些事例来看，那些乱臣贼子在开始时不一定都是不忠的。他们有的是由于内心充满怨恨，意识到了危急；有的是由于功高盖主，所以就想自己成就一番大业。自古以来都是这样。

钟会、邓艾攻破蜀国之后，蜀汉后主刘禅投降。钟会陷害邓艾，邓艾被关进囚车押解回京。钟会暗中图谋造反，便厚待蜀军将领姜维等人。姜维一看便知道了钟会的用心，认为可以利用他来制造混乱，再慢慢图谋恢复蜀国大业，于是假意劝钟会说："听说您从淮南统兵直到现在，用兵从来没有失过手，晋国兴旺昌盛的局面，全都是您一手开创的。如今您又平定了蜀汉，威震天下。百姓都认为您劳苦功高，皇上却对您的能力心怀忌惮，您打算何去何从呢？韩信当年不肯在战乱时期背叛汉王刘邦，却在天下太平之后被刘邦猜疑；大夫文种不听从范蠡的建议到五湖去隐居，最终落得拔剑自刎，含冤死去。难道这仅仅是因为君主昏庸、臣子愚忠吗？从根本上说是由于各自的利害关系造成的。现在您已经功成名就，高尚的德行已经显露于天下，为什么不效法陶朱公范蠡泛舟五湖，避世隐居，借此保全自己的功名和身家性命呢？或者去登上峨眉山追随仙人赤松子遨游四海呢？"钟会说："你说的太远了，我还做不到。况且如今的情况，或许还不至于走到那一步吧。"姜维说："别的都是您的才智、能力所能达到的，也用不着老夫我啰嗦了。"从此，钟会、姜维两人的交情越发融洽。钟会果然谋反，自称益州牧，并准备给姜维五万兵丁，派他做先遣部队。魏国的将士非常愤慨，群起而攻之，杀了钟会和姜维晋武帝司马炎在位时，张华在外地镇守，司马炎想征调他回京担任尚书令。冯𬘘十分痛恨张华，他利用侍候在晋武帝身旁的机会，从容不迫地谈论起了魏晋时候的旧事。他趁机说：臣曾经说钟会的谋反，很大一部分原因是太祖司马昭的问题。晋武帝顿时变了脸色，说：这是什么意思？冯𬘘说：臣认为善于驾御马车的人，必定懂得掌握六根缰绳缓急要适度；善于治理朝政的人，必定能够懂得为官之道以及控制下属的方法。因此汉高祖刘邦的八位异姓王由于过于受宠，最终都被铲除；光武帝刘秀的诸位将领，由于适度的抑制和放权，因而得以善终。这并不是皇上有仁慈、残暴的区别，臣子有愚蠢、聪明的差别,这大概是由于贬损和褒扬、给予和削夺的分寸不同才造成这样的不同吧?钟会的才能见识有限,但是太祖司马昭对他的奖赏鼓励有点过头了。嘉奖他的谋略,使他的名位达到极点,授予他重要的职权,所以钟会自认为用兵从未失算,功劳大得无法赏赐,他骄横跋扈得非常厉害,以致占据蜀地谋反。假如当初太祖使用他的小才能,用大的礼法来节制他,用权力和威势抑制他,使他的行为被正确的法规制度约束,那么他叛逆的野心就没有机会萌发,也就不会有谋反的条件了。晋武帝说:是这样的。冯紞起身跪拜说:陛下既然赞成愚臣的话,就应该想一想,坚冰的形成,并不是一日之寒的结果,不要让像钟会那样的人再有机会颠覆社稷。晋武帝说:当今难道还有像钟会那样的人吗?冯紞说:为陛下出谋划策的大臣,统领地方兵马的一方大员,都是在陛下您的考虑范围之内。世祖司马炎沉默不语,不久便把张华召回京城,罢免了他的官。

晋怀帝执政时,辽东太守宠本因为私仇杀害了东夷校尉李臻,鲜卑族的索连、木津等人借口为李臻报仇举义起兵,实际上是借此谋反。他们很快攻陷了辽东许多城池。当时自封为鲜卑族大单于的慕容廆的长子慕容翰对慕容廆说:"儿臣听说想做诸侯的最佳途径就是在王室危难的时候起兵勤王。自古以来有作为的君主很多都是靠勤王来成就一番事业的。如今索连、木津骄横跋扈,王室的军队接连惨败,老百姓惨遭屠戮,哪还有比这更厉害的王室灾难?这几个小子对外以讨伐宠本为名,内心实在是要借机背叛朝廷。辽东地区倾覆已经将近两年了,中原一带兵荒马乱,各州郡的军队也一再战败。为王室出力来主持正义,现在正是好时候。大单于您应该举起大旗以王室的名义讨伐乱臣贼子的背叛,挽救濒临灭亡的国家,历数索连、木津的罪过,联合正义的军队一起行动。这样上可以振兴、恢复辽东郡,下可以兼并索连、木津的兵马,那么我们忠义的美名就会在本朝传扬,而且暗中的好处也会统统归于我国。这正是我们鲜卑族腾飞昌盛的开始,将来我们一定可以屹立于诸侯之间,成为强者。"慕容廆很赞同慕容翰的建议,于是严厉声讨索连、木津,并派大军消灭了他们,重新建立了辽东郡评论:古人曾经说过,先制造祸端的人必定会灭亡,说的是第一个站出来倡议作乱的,往往会遭遇那些不得志的奸雄,他们对外假托正义之师的名义,说是要来扫除叛乱,暗地里却包藏着叛逆之心正好趁机起事。他们都是假借救助王室和弘扬正义的名义,再伺机捞取权力,说的正是慕容廆这样的人。

卷七 权议

十六国时期,前秦君主苻生残害忠良,前秦人度过一个时辰就像普通人度过一百天那样漫长难捱。权翼于是劝东海王苻坚说:"当今皇上昏庸暴虐,已经失去民心。有德行的人就能昌盛发达,没有德行的人就要遭受祸殃,这是天道的规律。一旦风云变幻,天下不属于您还能属于谁呢?国家基业事关重大,千万不能让别人得到。希望君王您效仿商汤、周武王讨伐桀、纣那样的行动,来顺应百姓的心愿。"苻坚觉得权翼讲得很对,便请权翼做自己的主要谋士,废掉苻生,自立为秦王评论:《左传》称:圣人通达事理,不守常规就能让自己的行为符合节操;能力差一点的人按节操亦步亦趋,最差的人完全不顾节操,任意妄为。商汤的大臣仲虺说:百姓天生就有私欲,没有君主治理就会乱套。而只有天生聪明的人,才能治理好天下。夏桀昏庸无道,百姓处在水深火热之中。而大王您不近歌舞女色,不贪金钱财物。该灭亡的促使他灭亡,该生存的就巩固他的地位,这样,国家就会昌盛。遵守礼义的就能繁盛,昏庸暴虐的就会覆灭。应该恭敬地顺从上天的法则,永远遵行上天的命令。三国时魏国的许芝说:《春秋传》中称,周公旦为什么不去他的封地鲁而要留在京城辅佐周成王呢?大概他认为虽然有继承政体遵守法度的国君,但也不能妨碍圣人受命成就功业。西汉京房的作品《易传》称:真正的王者会成为天下人共同的主人,残暴恶劣的君主就会被人除掉,无能的君主就会被夺去权位。变更姓氏,改朝换代,天命不是永恒不变的。圣人在成就大事之前要与贤士谋划,又要向鬼神祈福,百姓只跟随贤能的人。从这里可以看出,苻坚自立为秦王而废掉苻生,做到了像圣人那样通达事理,不守常规就能让自己的行为符合节操,把天下人的利益当作了衡量的尺度。

南北朝时宋朝的孔熙先是广州刺史孔默之的儿子,他有歪才,善于占卜星象,观望气数。他曾经说过,从江州地区的分界来看,江州将要出天子,当今的皇上会被他的亲骨肉杀害。等到大将军彭城王刘义康被放逐到安城郡的时候,孔熙先认为这就是将要成为天子的那个人,于是劝彭城王的詹事范晔说:"先父从前去广州的时候,朝廷上下许多人纷纷诽谤他,凭借大将军刘义康尽力相救,才得以脱离危险。我父亲临死前留下遗命,要我以死来报答大将军的恩德。当今主上昏庸无道,这大概是上天要废弃他。大将军英明果断,聪明机智,百姓和神灵都拥护他。可是他却被免职流放到南部边陲,天下人都为他愤恨不平。如今人心骚动不安,星象紊乱交错,所谓时机来了挡也挡不住,就是说的这种情况吧?如果大将军能顺应上天的旨意和人民的愿望,收罗仰慕正义的贤士,在内联合朝廷中受宠的亲戚贵族,在外结交天下的英雄豪杰,暗中谋划,里应外合,以迅雷不及掩耳之势突然在宫内发兵,然后诛杀异己,拥戴圣明的君主,借助彭城王的名望来号令天下,有谁敢不服从!小人我愿意用我七尺之躯和三寸不烂之舌为大将军效力,建功立业就交给各位君子,老先生您说怎么样?"范晔感到非常吃惊。孔熙先又说:"从前毛玠对魏武帝曹操忠心耿耿,却不为曹操所容;张温全心全意为孙权出谋划策,却被孙权放逐。那两个人,都是国家的忠臣,当时的俊杰,他们哪里是由于自己的缺点暴露,或者是由于言行不当才招致祸殃呢?他们都是因为过于廉洁正直、刚烈不屈才被曲解、冤枉,从而遭受困境;他们的行为高尚,节操美好,但却不为君主所容。老先生您在本朝得到的信任,并不会比曹操、孙权对毛玠和张温的信任更深一些,可是您在百姓中的美好声誉却超过了那两位忠臣,专事进谗言的小人对您侧目怒视已经很久了。而您还要与他们肩并肩平等地竞争,这怎么可以?前一段时间,殷铁只是进上一言,就使得刘班的脑袋粉碎,彭城王被贬斥放逐出京,徐童被猜疑。他们难道是有杀父之仇,或是有万代宿怨,从小就刀剑相向吗?他们所争夺的,不过是在名誉、权势和利益上谁先谁后罢了。等争夺到最后,彼此都唯恐陷害对方不够深,下手不够早,甚至杀戮了上百口人,还不满足。这难道是书籍上记载的遥远传说吗?这是足以令人寒心恐惧的事实啊!如今有机会建立大功勋,拥立贤能睿智的人来治理国家,使难办的事变得容易,用安定替代危险,背靠安稳的泰山而远离累卵的危险,为什么不去争取呢?况且拥立圣明的人为君主,这是至高的德行;自身享有卿相的权位,这是很高的功业;接受王命,功成后隐居,这是崇高的名望;能与伊尹、周公那样的贤臣相提并论,这是美好的称号。像这些至高的德行、盛大的功业、崇高的名望、美好的称号,这是远古三王和春秋五霸宁愿冒着损兵折将的危险也要争夺的啊!如果您有朝一日能包揽四项圣人所追求的事业,这不是很值得去做吗?还有

卷七 权议

和您关系更近的事情,我不敢说。"范晔说:"你想说什么?"孔熙先说:"老先生您累世清高显贵,却不能与皇家联姻,朝廷内一些人甚至把您当作禽兽来对待,老先生您不曾为这感到耻辱吗?"范晔在家门内品行不正,所以孔熙先用这些话来刺激他。范晔沉默不语,从此以后二人变得更加亲密,并在暗中阴谋叛乱。孔熙先专事策划,即是主谋,事情暴露后,他们全部伏法被诛杀<u>南朝史学家裴子野说:有超群才能的人,一定会有一飞冲天的抱负;有超越世俗胸怀的人,就会暗暗下决心,不甘久居他人之下。如果想让他们遵守道德规范,用礼仪约束自己的行为,所作所为不失道义,言行不违背礼法,恐怕很难做到!像范晔等人都心高气傲,贪慕权势,自恃才高而违背天意,图谋造反。当时天下本无战祸,他们却因私欲违背时势。等到罪行暴露,刑罚相加,父子相对痛哭,世代留传的清白家风毁于一旦。他们所谓的智慧才能,反而成了使自身灭亡的工具。心存叛逆就会有危险,说的就是这个吧?</u>

南北朝时,北周大将军郭荣奉命出使到隋高祖杨坚那里<u>隋高祖杨坚当时担任定州总管</u>。高祖杨坚对郭荣说:"我喜好山水,崇尚自然,不喜欢做官,只是由于时势所迫,才不得不身居高位,徒有虚名。希望在适当的时候能够告老还乡,安度晚年,你觉得怎么样?"郭荣说:"当今皇上昏庸无道,人人恐惧自危。天命不是恒常不变的,贤能的人代代都有。明公您的德行高过周文王,声望盖过国中其他精英,您应当拥有天下,抚慰黎民百姓,怎么能仿效妇女、儿童说出投坑落井、自绝前程的话呢?"高祖杨坚大惊失色,说:"不要胡言乱语,这是要灭族的。"等到杨坚当了北周的宰相,他笑着对郭荣说:"从前你的话果然说中了。"后来,杨坚取代北周建立了隋朝<u>评论:从前周武王领兵到了殷地,将要与纣王的军队开战,看到纣王的兵力很强盛,武王有些害怕,对姜太公说:天下人都认为商朝国土广阔,西周国土狭小;认为商朝人多势众,西周的人口稀少;认为西周国力弱小,商朝国力强大;认为西周处境危险,商朝处境安定;认为西周是诸侯,商纣是天子。我们有五项不足,来对抗商朝的五项长处,这样我们能取得成功、成就事业吗? 姜太公说:大王您不要担惊害怕。所谓的广大,是指能够拥有天下所有的百姓;所谓的众多,是指能够得到天下所有百姓的支持;所谓的强大,是指能够调动天下所有的力量;所谓的安定,是指能够满足天下所有人的愿望;所谓的天子,是指能够与天下的人相亲相爱如同父子一</u>

惧戒第二十

般，这样才能称得上是天子。今天我们的行动是要替天下人铲除一名残贼。西周虽然弱小，难道铲除一名残贼之人还做不到吗？周武王大为欣喜，说：什么叫做残贼？姜太公说：收罗天下的珠宝玉器、美女金银和五彩绫罗绸缎，搜罗起来没完没了，从不满足，这就叫做残；任用残酷暴虐的官吏，杀害无辜的百姓，从不遵循法律制度，这就叫做贼。从这一点来说，如果君主整天搜刮百姓，滥杀无辜，即使再强大，早晚也会走向灭亡。由此可知，君王的强势，并不在于拥有人数的多少。自古以来就是这样的。

　　隋高祖杨坚驾崩，埋葬在太陵。当初，杨坚病重的时候，曾下达玺书召汉王杨谅进京_{杨谅当时正镇守并州}。杨谅听说高祖杨坚已经驾崩，又听到杨素要篡夺皇位的流言，非常害怕，以为召他进京的诏书是假的。于是他调遣军队自卫，并暗中图谋作乱，向南袭击蒲州，攻占了这个地方_{杨谅最初谋反的时候，王𫖃曾劝杨谅说：大王属下的将领官吏以及他们的家属都在函谷关以西，如若要用这班人，就应该长驱直入，直捣京城，这就是所谓迅雷不及掩耳。如若只准备割据以往北齐的地盘，就应该任用函谷关以东的人。杨谅不听他的，因此失败了}。杨谅的司兵参军裴文安劝他说："用兵打仗宁肯以笨拙的办法速胜，没有听说要故意耍弄机巧导致行动迟缓还能取胜的。现在先皇的棺木还停放在仁寿宫，等到朝廷派兵向东进军，大军到达这里需要十天半个月的时间。如果您派遣上万名勇猛的骑兵，披上铠甲连夜行军，直奔长安城，不超过十天就可以占领长安，然后再提拔那些不得志的人，授予他们很高的官位，选派亲信，付以重任，令他们共同防守京城，那么，崤山以东的州府、县城都不归杨素所有了。接着，大王您击鼓向西进兵，声威气势震撼四方，这样天下在挥手之间就可以平定了。"杨谅不听。他亲自率大军驻扎在并州和介休之间。即位的皇帝杨广听到这个消息，非常害怕，便召来大将军贺若弼商议。贺若弼说："汉王杨谅是先帝的儿子，陛下您的弟弟，身居地方长官的要职，担负统兵的重任，声势威名震慑四方，天下人都很信服他，所以他起事是必然的。然而他的进攻策略只有三种：长驱直入函谷关，直接拿下京城，向西抵抗朝廷的六军，向东攻取崤山以东的广大地区，这是上策。像这样，那么天下属于谁就不好说了。将大军驻扎在蒲州，派遣五千骑兵封锁潼关，收复北齐的故地，平定后在那里建立国都，这是中策。像这样，我们就可以和他一较

卷七　权议

长短评论：北齐的故地，是指北齐当年占据的地盘，不是今天青州地区的齐地。假如杨谅亲自驻守太原，只派遣他手下的将领前来进攻，这是下策。像这样，他一定会被我们擒获的。"皇上杨广说："你试着为我筹划一下这件事，他们将会采用哪一条计策？"贺若弼说："杨谅手下的萧摩诃是一名亡国之将，杨谅是不可能与他图谋大事的；杨谅手下的裴文安，虽然贤能但太年轻，不受重用。其余的人都是一群小人，只顾留恋妻子儿女，苟且偷生以求自身平安，绝不会远征京师。杨谅必定会派军队来攻打蒲州，他亲自驻守太原，作为他的基地。臣认为杨谅必定采用下策。"后来，事情果然像贺若弼所预料的那样。杨广就任命杨素为大将，一举打败了汉王杨谅评论：当初汉王杨谅阴谋作乱，声称要讨伐杨素。杨谅的司马皇甫诞规劝道：大隋取得天下已经二十余年了，黎民百姓安居乐业，民心难以动摇，这是其一；广大百姓都厌恶战乱，人人都想过安乐的日子，即使舜、禹再生，他们的威望也不足以改变百姓的想法，这是其二；太子杨广聪明勇武，得到上天的护佑，杨素都不敢居于他的车毂之下，哪里还敢萌生其他念头，这是其三；当今诸侯王各自镇守自己的州郡，朝廷内外相互制约，这种形势不利于举事，这是其四。朝廷凭着这四方面有利的稳固形势，君临天下，在这种形势下兴兵作乱能够得逞的，还从来还没有听说过。汉王杨谅不听皇甫诞的规劝，导致最终兵败。由此看来，如果天下还没到人心思乱的时候，国家也没有土崩瓦解的争端，谋反的人即使拥有西汉时吴、楚七国那样众多的军队，还是不能成功，更何况如此微不足道的力量呢？因此先代君王传布自己的美名，勤勤恳恳体恤百姓的疾苦，大概也是为了安定民心吧。

隋炀帝杨广亲率六军讨伐高丽，礼部尚书、楚国公杨玄感在黎阳谋反。李密劝杨玄感说："天子率军远征辽东，那个地方和幽州相距千里，南面有大海的阻隔，北面有胡人为患，中间有一条道路，可又极其艰险。如果您率兵出其不意地长驱直入蓟地，占据了这唯一的交通要道，隋军前进有高丽军队的抵挡，后退又没有归路，不出十天时间，粮草必定会消耗殆尽。这时您只要挥手一招，隋军自然投降，不战而屈人之兵，这是上策一种说法是：如今皇帝的车驾在辽东，还不知道我们的举动。我们分出一万多兵马迅速出发，把守住临渝关，截断隋军的归路，不出一个月，他们的粮草必定耗尽。隋军东边要对抗高丽劲敌，西边又受到我军紧逼，前进没有什么依托，后退又没有什么可据守,这样上百万的军队就会成为瓮中之鳖了。这是不战而屈人之兵,是上策;关中地区四面都有要塞,是天府之国,虽然那里有隋将卫文升驻守,但他不足为虑。现在如果您率领大军直捣长安城,皇帝即使返回京城,但失去了地利,我军占据险要的地势控制长安,必定能打败隋军。这是万全之策,是中策一种说法是:自从隋炀帝即位,天下百姓怨声载道。您是上将的儿子,泽被苍生。您亲自率军长驱直入关中,这是中策;如果贪图方便,大军可以先攻东都洛阳,大军屯聚在坚固的洛阳城下围攻,能否攻下尚不可知,这是下策一种说法是:洛阳守将樊子盖不懂得从大局出发,多奸谋,敢决断,占据北周的地盘,自恃兵力强大。招降他是不可能的,打又打不下来。把军队屯聚在坚固的洛阳城下,在外又没有同心协力的援军。攻打洛阳,这是下策。"杨玄感贪图洛阳的金银财宝,说:"你的下策,正是我的上策。"于是发兵围攻洛阳。结果杨玄感失利,连夜逃走,朝廷的军队追击并把他杀了评论:杨玄感造反的时候,太白星进入南斗六星宿区,有谚语说:太白入南斗,天子下殿走。由此天下人都怀有二心,持观望态度。所以《三略》称:口出狂言是为了声讨对手,从而激励己方的士气。裴子野说:那些旁门左道能使人们好奇,荒诞不经的言论,虽然可以蛊惑人心,可是不足以成就大功。从前面提到的谚语来看,旁门左道确实是可以蛊惑人心的,因此当政者要禁止这样的歪门邪道。李密只好逃走去投靠瓦岗寨的翟让评论:姜太公称,能为天下人谋幸福的人能获得天下,使天下安定的人才能拥有天下,爱护天下百姓的人才能长久拥有天下,施仁德于天下的人才能感化天下。《吕氏春秋》称:厨师烹调食物不是为了自己享用,所以才能够担任厨师。假使厨师调制了食物却自己吃了它,那么就不可以用他当厨师了。意图称霸的君主也是这样。诛杀残暴的人但不是为了将取得的财物占为己有,而是将财物分给天下的贤人,所以他才可以成为霸主;如果意图称霸的君主铲除了残暴的人却将取得的财物占为己有,那么也就不可能成为霸主了。由此看来,懂得给予是取得政权的法宝。如今杨玄感贪图洛阳的金银财宝,又怎么能成就霸王大业呢?

　　隋炀帝从登基时起就开始猜忌唐高祖李渊,李渊知道了这个情况,常常感到惶恐不安当时,李渊是太原留守,隋炀帝从辽东班师还朝,召见李渊。李渊到了隋炀帝的驻地,突然患病不起,因此没能及时朝见隋炀帝。李渊的外甥女王氏被选入隋炀帝的后宫做妃嫔,炀帝问她说:你舅舅为什么还不来?李渊的外甥女据实回答。炀帝说:得那个病怎么还没死呢?李渊知道这件事后,总是惶

卷七 权议

恐不安。李渊担任太原留守，因为讨伐突厥不利，害怕被炀帝责罚，为此非常担忧。当时唐太宗李世民也随军出战，他知道隋朝即将灭亡，便暗地里图谋起义来安定天下，于是向李渊进言说："父亲大人何必如此忧虑呢？当今皇上荒淫无道，百姓愁苦，有怨气，城门之外到处都是乱贼。父亲您如果还是独自恪守小节，必定很快就有杀身之祸。如果我们发动义兵，正好符合百姓的心愿。况且晋阳是用兵的好地方，粮草、兵源都很充足，您拥有这个地方，这确实是上天的恩赐。我们正好可以借机转祸为福，来成就功业。上天的恩赐都不去领取，整天担心又有什么用呢？"李渊大惊失色，严厉地拒绝了李世民的建议。唐太宗李世民快步退了出去。第二天，李世民又来晋见李渊，劝他说："我说的是万全之策，可以拯救我们灭族的危险。如今隋朝纲纪败坏，盗贼遍布天下，父亲大人您受命讨伐乱贼，乱贼怎么抓得完呢？乱贼既然抓不完，您自然就会在朝廷获罪。况且又有世人纷纷传言姓李的应验了图谶关于篡夺隋朝的预言，因此大臣李金才虽然地位尊贵，威望甚隆，还是一夜之间便被杨广灭族了。父亲大人即使能平定乱贼，那么又会取得无法奖赏的功劳，有无法奖赏的大功还想存活于当世，这可以办得到吗？"唐高祖李渊的态度稍微缓和了一些，说："你的话我翻来覆去想了一夜，其实大有道理。今日举事后家破人亡是因为你；一举平定天下，建立李家王朝也是因为你。"于是，李渊下定决心起兵谋反。他命令李世民与晋阳县令刘文静以及门客长孙顺德、刘弘基等人招募士兵。十来天的时间，就招募了将近一万人。太原副留守王威、高君雅等人假装请李渊到晋祠去祈雨，其实暗地里准备对李渊下手。李渊一怒之下杀了王威、高君雅等人。李渊采用手下裴寂的计策，仿效伊尹放逐太甲、霍光废逐昌邑王的先例，尊隋炀帝为太上皇，拥立代王杨侑为皇帝，来安定隋朝王室。然后发布檄文给各郡县，向天下宣告自己举事是正义的行为。当年七月，李渊调三万精兵，向西攻打关中地区。李渊手举白旗，在太原的郊野当众誓师起义，带领军队踏上西征的道路，

惧戒第二十

一举灭亡了隋王朝，缔造了我们大唐江山晋阳县令刘文静曾经私下观察唐太宗李世民的举止，对裴寂说：李世民不是个平凡人。他像汉高祖刘邦一样宽宏大度，如同魏武帝曹操一样神态威武，年纪虽轻，却是天纵奇才。后来，李密谋反，刘文静因为与李密有亲戚关系，被抓了起来。唐太宗李世民暗地里有非凡的抱负，便借机到牢里去看望刘文静。刘文静大为高兴，也觉察到李世民怀有非凡的抱负，于是感叹说：天下大乱，没有商汤、周武王、汉高祖、汉光武帝那样的人才，就不能安定天下。太宗李世民明白刘文静的意思，回答说：您怎么知道没有这样的人才呢？只是恐怕平常人不能辨别这样的人才罢了。刘文静起身高兴地说：早就知道公子是一条潜龙了。现在这样的形势，正是纵横驰骋的大好时机。你本来就有应图谶预言的天资，现在还怀有治理乱世的雄才大略，这样，百姓就有归依的希望，我刘文静也知道该跟着谁了。太宗高兴地说：你有什么计策？刘文静回答说：如今李密围困东都洛阳城已经很久了，皇上却在淮南一带巡游。大股反贼跨州连郡，小股强盗屯驻在山野草泽中，人多得数以千万计。但需要真命天子来驾驭这批人。如果我们确实能够顺应天意，是民心所向，只要举旗一呼，那么四海之内很快就可以平定了。如今并州一带的百姓为躲避盗贼，都进了晋阳城。我担任县令已经有好几年了，熟知这里的豪杰。一旦把他们都召集起来，立刻可以得到几万兵马。令尊所领兵马又有好几万，号令一出，谁敢不服从？我们乘关中空虚之际率军入关，号令天下，不出半年，帝王大业可成。太宗李世民笑着说：你的计策很好，正合我的心意。于是李世民就部署手下的宾客随从，暗中图谋起义。唐高祖李渊命刘文静伪造隋炀帝的诏书，征太原、雁门、马邑等几个郡年龄在二十以上、五十以下的人为兵，年底时在涿郡集结。这样一来，人心更加不安，想要谋反的人越来越多。李渊随后又命令刘文静与裴寂伪造符节，把太原官家仓库中收藏的钱物提取出来，作为部队的军费。接着招募士兵，改换旗帜，正式起义。又命令刘文静去联合突厥。突厥的始毕可汗说：唐公李渊发动起义，想要做什么呢？刘文静说：隋文帝杨坚废除嫡长子，把帝位传给了后主杨广，因而招致祸乱。唐公是皇室的亲族，不忍心坐观国家衰败，想要废除那个不当立的皇帝。希望可汗的兵马和我们一同杀进京城。战争所取得的百姓和土地归唐公，绫罗绸缎、金银珠宝都归突厥。"始毕可汗很高兴，立即调遣兵马跟随刘文静来帮助李渊，太原起义军更加强大了。

从上述事例可以看出，天下不是某一个人的天下，而是天下人的天下。因此，当权者必须明白王朝更替的道理，知道天命所授予的

卷七 权议

人很多，并不是只有某一个姓氏。从前孔子评论《诗经》时，讲到"殷朝的士人聪慧锐敏，纷纷去扶助周室"这一句时，感叹道："荣华富贵不是永恒不变的，如果不是这样，富贵的永远富贵，贫穷的永远贫穷，王公贵族怎么还能够小心谨慎地保有自己的权位，平民百姓又怎么能够积极进取呢？"《周易》称：君王在平安的时候不能忘记危难，在位的时候不能忘记灭亡的危险。这样就能自身平安，国家巩固了。所以知道有所畏惧，就会常常自我警示，这才是当权者的福气。

时宜第二十一

原文

　　夫事有趋同而势异者。非事诡也，时之变耳。何以明其然耶？昔秦末，陈涉起蕲，民至陈，陈豪杰说涉曰："将军被坚执锐，帅士卒以诛暴秦，复立楚社稷，功德宜为王。"陈涉问陈余、张耳两人，两人对曰："将军瞋目张胆，出万死不顾一生之计，为天下除残贼，今始至陈而王之，示天下以私。愿将军无王，急引兵而西，遣人立六国后，自为树党。如此，野无交兵，诛暴秦，据咸阳以令诸侯，则帝业成矣。今独王陈，恐天下解也。"

　　及楚、汉时，郦食其①为汉谋挠楚权，曰："昔汤伐桀，封其后于杞。武王伐纣，封其后于宋。今秦失德弃义，侵伐诸侯社稷，灭亡六国之后，使无立锥之地。陛下诚能复立六国后，此其君臣百姓必皆戴陛下德，莫不向风慕义，愿为臣妾。德义以行，陛下南面称霸，楚必敛衽而朝。"汉王曰："善。"张良曰："诚用客之谋，陛下事去矣。"汉王曰："何哉？"良因发八难，其略曰：昔者汤伐桀，封其后于杞者，度能制桀

---

① 郦食其：汉王刘邦的谋臣。少年时就嗜好饮酒，自称为高阳酒徒。在楚汉两军相持时，他建议汉王夺取荥阳，占据敖仓，获得巩固的据点和粮食补给，为日后逆转形势反败为胜奠定了基础。后因游说齐王田广停战，而汉却继续攻齐，田广大怒，将之烹杀。

卷七　权议

之死命也。今陛下能制项籍之死命乎？其不可一也；武王入殷，表商容①之闾，释箕子②之囚，封比干之墓。今陛下能封圣人之墓、褒贤者之闾乎？其不可二也；发巨桥之粟，散鹿台之财，以赈贫民，今陛下能散府库以赐贫穷乎？其不可三也；殷事已毕，偃革为轩，倒载干戈，示天下不复用武。今陛下能偃武修文，不复用兵乎？其不可四也；放马华山之阳，示无所为。今陛下能放马不复用乎？其不可五也；休牛桃林之野，示天下不复输积。今陛下能乎？其不可六也；且天下游士，离亲戚，弃坟墓，去故旧，从陛下者，日夜望咫尺之地。今复六国，立韩、魏、燕、赵、齐、楚之后，余无复立者，天下游士各归事其主，从亲戚，反故旧，陛下与谁取天下乎？其不可七也；且楚唯无强，六国立者复挠而从之唯当使楚无强，强则六国从之也，陛下安得而臣之哉？其不可八也。诚用客之谋，则大事去矣。时王方食，吐哺，骂郦生曰："竖儒几败我事。"趣令销印。此异形者也荀悦曰：夫立策决胜之术，其要有三：一曰形，二曰势，三曰情。形者，言其大体得失之数也。势者，言其临时之势、进退之机也。情者，言其心志可否之实也。故策同事等者，三术不同也。初，张耳说陈涉以复六国后自为树党。郦生亦用此说汉王，所以说者事同，而得失异者，何哉？当陈涉之起也，天下皆欲亡秦；而楚、汉之分未有所定，今天下未必欲亡项也。且项羽力能率从六国，如秦之势，则不能矣。故立六国于陈涉，所谓多己之党，而益秦弊也。且陈涉未能专天下之土也，所谓取非其有，以德于人，行虚惠而获实福也。立六国于汉王，所谓割己之有而以资敌，设虚名而受实祸。此事同而异形者也。

七国时，秦王谓陈轸曰："韩、魏相攻，期年不解。或曰救之便，或曰勿救便。寡人不能决，请为寡人决之。"轸曰："昔卞庄子③方制虎，馆竖子④止之曰：'两虎方食牛，牛甘必争，争必斗，斗则大者伤，小者

---

① 商容：商纣王的乐官，有贤德，受百姓敬爱，因直谏被商纣王免职。周武王灭商之后，派人到商容的老家设表，以此褒扬商容的忠贤。
② 箕子：商代贵族，纣王之叔，官至太师。封于箕（今山西太谷东北）。曾劝谏纣王，纣王不听，把他囚禁。周武王灭商后被释放。
③ 卞庄子：春秋时鲁国卞邑大夫。有勇力，能够独力与虎格斗。
④ 馆竖子：此处指卞庄门下的客卿或仆人。竖子，小子（蔑称），或地位低下的人。

死。从伤而刺之，一举必有两虎之名。'今韩、魏相攻，期年不解，必是大国伤，小国亡。从伤而伐之，一举必有两实，此卞庄刺虎之类也。"惠王曰："善。"果如其言。

初，诸侯之叛秦也，秦将章邯围赵王于钜鹿。楚怀王使项羽、宋义①等北救赵，至安阳今相州安阳县也，留不进。羽谓义曰："今秦军围钜鹿，疾引兵渡河，楚击其外，赵应其内，破秦军必矣。"宋义曰："不然。夫搏牛之虻，不可以破虮虻喻秦也，虮喻章邯也。喻今将兵方欲灭秦，不可尽力与章邯即战也。今秦攻赵，战胜则兵罢，我承其弊；不胜，则我引兵鼓行而西，必举秦矣。故不如斗秦、赵。夫击轻锐，我不如公；坐运筹策，公不如我。"羽曰："将军戮力而攻秦，久留不行。今岁饥民贫，士卒半菽士卒食蔬菜，以菽杂之半，军无见粮，乃饮酒高会，不引兵渡河，因赵食，与并力击秦，乃曰承其弊。夫以秦之强，攻新造之赵，其势必举赵。赵举而秦强，何弊之承！且国兵新破，王不安席，扫境内而属将军。国家安危，在此一举。今不恤士卒而徇私，非社稷臣也。"即夜入义帐中斩义，悉兵渡河，沉舟破釜，示士卒必死，无还心，大破秦军。此异势者也荀悦曰：宋义待秦、赵之弊，与卞庄刺虎事同而势异，何也？施之战国之时，邻国相攻，无临时之急，则可也。战国之立，其来久矣，一战之胜败，未必以亡也。其势非能急于亡敌国也。进则乘利，退则自保，故蓄力待时，承弊然也。今楚、赵新起，其力与秦势不并立，安危之机，呼吸成变，进则定功，退则受祸，此事同而势异者也。

韩信伐赵，军井陉。选轻骑二千，人人持一赤帜，从间道升山而望赵军，诫曰："赵见我走，必空壁逐我。若疾入赵壁，拔赵帜，立汉赤帜。"信乃使万人先行，出陪水阵。平旦，信建大将之旗，鼓行出井陉口，赵开壁击之。大战良久，于是信弃旗鼓，走水上军，水上军开，入之。复疾战，赵空壁争汉旗鼓，逐韩信。韩信等已入水上军，军皆殊死战，不可败。信所出奇兵二千骑，共候赵空壁逐利，则驰入赵壁，皆拔赵旗，立汉赤帜二千。赵军已不能得信等，欲还归壁，皆汉赤帜，而大

---

① 宋义：秦末义帝楚怀王的大将军。秦朝末年，人民起义反对秦朝暴政，各路起义军推举宋义为首领，号称"卿子冠军"。宋义统兵救赵时，项羽发动兵变，宋义被杀身死。

卷七　权议

惊，以为皆已得赵王将矣。遂乱，遁走，赵将虽斩之，不能禁也。于是汉兵乘击大破之，虏赵军。诸将效首虏，皆贺信。因问曰："兵法背右山陵，前左水泽。今者反背水阵，然竟以胜，此何术也？"信曰："兵法不曰'陷之死地而后生，置之亡地而后存'？且信非得素抚循士大夫也，此所谓驱市人而战之，其势非置之死地，使人人自为战。今与之生地，皆走，宁尚可得而用之？"

又，高祖劫五诸侯兵，入彭城。项羽闻之，乃引兵去齐，与汉大战睢水上，大破汉军，多杀士卒，睢水为之不流。此异情者也荀悦曰：伐赵之役，韩信军泜水，而赵不能败。何也？彭城之难，汉王战于睢水之上，士卒赴入睢水而楚兵大胜，何也？赵兵出国近攻，见可而进，知难而退，深怀内顾之心，不为必死之计；韩信孤军立于水上，有必死之计，无生虑也，此信之所以胜也。汉王制敌入国，饮酒高会，士众逸豫，战心不同。楚以强大之威，而丧其国都，项羽自外而入，士卒皆有愤激之气，救败赴亡，以决一旦之命。此汉所以败也。且韩信选精兵以守，而赵以内顾之士攻之；项羽选精兵以攻汉，而汉王以懈怠之卒应之。此事同而情异也。故曰权不可预设，变不可先图。与时迁移，应物变化，计策之机也。

汉王在汉中，韩信说曰："今士卒皆山东人，跂而望归，及其锋，东向可以争天下。"后汉光武北至蓟，闻邯郸兵到，世祖欲南归，召官属计议，耿弇曰："今兵从南来，不可南行。渔阳太守彭宠，公之邑人，上谷太守即弇父也。发此两郡，控弦万骑，邯郸不足虑也。"世祖官属不从，遂南驰，官属各分散议曰：归师一也，或败或成，何也？对曰：孙子云：归师勿遏。项王使三王之秦，遏汉王归路，故锋不可当。又孙子称：诸侯自战其地，为散地。光武兵从南来，南行入散地，所以无斗志，而分散也。故归师一也，而一成一败也。

后汉李傕等追困天子于曹阳。沮授①说袁绍曰："将军累叶台辅②，世济忠义。今朝廷播越，宗庙残毁。观诸州郡，虽外托义兵，内实相图，

---

① 沮授：东汉末年袁绍帐下谋士。史载他"少有大志，擅于谋略"。袁绍占据冀州后任用沮授为从事。经常对袁绍提出良策，但很多时候袁绍并不听从。官渡之战时袁绍大败，沮授未及逃走，被曹操所获，誓死不降，因而被曹操处死。

② 台辅：旧指宰相，即是说位列三台，职任宰辅。汉代时，尚书为中台，御史为宪台，谒者为外台，合称"三台"。

时宜第二十一

未有忧在社稷、恤人之意。且今州城粗定,兵强士附。西迎大驾,即宫邺都,挟天子而令诸侯,畜士马以讨不庭,谁能御之?若不早定,必有先之者。夫权不失机,功不厌速,愿其图之。"绍不从。魏武果迎汉帝,绍遂败。

梁武帝萧衍初起义,杜思冲①劝帝迎南康王都襄阳,正尊号,帝不从。张弘策曰:"今以南康置人手中,彼挟天子以令诸侯,节下前去,为人所使,此使岁寒之计耶?"帝曰:"若前途大事不捷,故当兰艾同焚;若功业克建,谁敢不从?岂是碌碌受人处分于江南,立新野郡,以集新附哉?"不从。遂进兵,克建邺而有江左议曰:挟天子而令诸侯,其事一也,有以之成,有以之败,何也?对曰:天下者,非一人之天下也。肆行凶暴,继体不足以自存;人望所归,匹夫可以成洪业。夫天命底止,唯乐推,有自来矣。当火德不竞,群豪虎争,汉祚虽衰,人望未改,故魏武奉天子以从人欲,仗大顺以令宇内,使天下之士委忠霸图。《传》曰:求诸侯莫如勤王。斯之谓矣。齐时则不然,溥天思乱,海水群飞,当百姓与能之秋,属三灵改卜之日,若挟旧主,不亦违乎?故《传》讥苌弘②欲与天之所怀,而美蔡墨③"雷乘乾"之说。是以其事一也,有以之成,有以之败也。**此情与形、势之异者也。随时变通,不可执一矣**诸葛亮曰:范蠡以去贵为高,虞卿以舍相为功;太伯④以三让为仁,燕哙⑤以辞国为祸;尧、舜以禅位为圣,孝哀以授董为愚;武王以取殷为义,王莽以夺汉为篡;桓公以管仲为霸,秦皇以赵高丧国。此皆趣同,而事异也。明者以兴治,暗者以辱乱也。

---

① 杜思冲:南朝时齐竟陵太守曹景宗部下。
② 苌弘:亦作苌宏,人名。字叔,又称苌叔。周代著名学者、政治家,东周内史大夫。少时喜欢读书,通晓天文、历数,精于音律、乐理。曾为周敬王复国呕心沥血。后因赵简子离间,为周敬王所杀。传说死后三年,其血化为碧玉。
③ 蔡墨:即史墨,又叫蔡史墨,春秋时晋国史官。博学善言,懂占卜。
④ 太伯:吴国第一代君主。太伯、季历都是周太王的儿子,太伯是长子,但是太王想传位给季历,于是为了让太王传位给季历,自己就跑到了吴地。季历死了,季历的儿子姬昌继位,不争;姬昌死了,他的儿子周武王姬发继位,又不争。是为太伯三让。
⑤ 燕哙:即燕王哙,战国时燕国国君,燕易王之子。燕易王死后,燕王哙即位。三年后,即公元前318年,燕王哙将燕王的君位禅让给相国子之,并把三百石以上高官的玺印全部收回,交由子之任命。此举引起了太子平等旧贵族的不服,在公元前314年起兵攻击子之,失败,死于乱军之中。这场内乱,造成了人心的涣散和国力的严重削弱。齐国趁机伐燕,燕国大败,几乎被灭,燕王哙和子之被杀。同时中山国也趁机出兵攻占了燕国部分领土。

卷七　权议

时宜第二十一

译文

　　有些事情看起来很相似，但实际却迥然不同。这并不是事情本身在作怪，只是由于时势变化罢了。为什么这么说呢？秦朝末年的时候，陈胜在蕲县发动起义，攻占了陈地。陈地的豪杰游说陈胜说："将军您身披战甲，手执利器，率领将士讨伐暴秦，恢复了楚国的社稷，论功劳和德行，您应当做王。"陈胜问陈余、张耳两人的意见，两人回答说："将军您怒目张胆，出生入死，不顾自身安危，替天下清除残贼。如今刚刚攻下陈地就要在这里称王，这无异于昭告天下，您起兵是出于自己追求功名富贵的私心，而不是为天下人谋福利。希望将军不要急于称王，而是应该迅速率兵前进，派人拥立山东六国诸侯的后代，为自己树立党羽。如果能这样，我们用不着在沙场上拼杀，就可以诛灭残暴的秦朝，占据咸阳，号令诸侯，那么您就可以成就帝王大业了。如果您只是在陈地称王，恐怕天下人心就要瓦解了。"

　　到了楚、汉相争的时候，郦食其替汉王刘邦谋划如何削弱楚国的势力。他说："从前商汤讨伐夏桀，推翻夏朝以后，封夏桀的后代在杞地。周武王讨伐殷纣，推翻商朝以后，封纣王的后代在宋地。现在秦朝丧失仁德、背弃信义，侵夺了诸侯社稷，残害六国诸侯的后代，使他们没有安身之地。陛下如果真的能重新分封六国诸侯的后代，这样，六国的君

时宜第二十一

臣、百姓必定都会对陛下感恩戴德，无不闻风仰慕您的大义，甘愿做汉王您的臣民。您的恩德、仁义得以推行以后，就可以称霸诸侯，面南背北登上帝位，楚国也要毕恭毕敬地前来朝拜了。"汉王刘邦说："太好了。"张良知道后对刘邦说："如果您真的采用郦食其的计谋，陛下您的大事就完了。"汉王说："为什么？"张良因此从八个方面予以反驳，大概是这样的：从前，商汤讨伐夏桀，之所以把夏桀的后人封在杞地，是因为他有把握能把夏桀制于死地。如今陛下有把握能把项羽置于死地吗？这是不可以分封六国后代的第一条理由。周武王讨伐殷纣王，大军进入殷地以后，就在商容的故乡设表来表彰商容的忠贤，又把箕子从监狱里放出来，并去祭拜王子比干的墓。如今陛下能做到去祭拜圣人的坟墓，到贤人的故里去表彰他吗？这是不可以分封六国后代的第二条理由。周武王当年攻下商朝首都后，散发巨桥仓的粮食和鹿台库的财宝来赈济贫民百姓。现在陛下能够散发府库中的粮食、钱财来赈济穷人吗？这是不可以分封六国后代的第三条理由。商朝灭亡以后，战事已经结束，周武王下令把战车改制成普通官车，把兵器倒转头放入库房里，借此昭告天下不再兴兵打仗。如今陛下能够收起武器去从事文德教化，不再兴兵打仗了吗？这是不可以分封六国后代的第四条理由。商朝灭亡以后，周武王把战马赶到华山的南坡上放牧，表示天下太平无事了。如今陛下能够把战马赶到华山的南坡上放牧，不再用兵打仗了吗？这是不可以分封六国后代的第五条理由。商朝灭亡以后，周武王把牛群放归桃林的山野之中，昭告天下不再用牛运输军需粮草了。如今陛下能够这样做吗？这是不可以分封六国后代的第六条理由。况且，天下的谋臣说客，离别亲人、抛却祖坟、告别故友来追随您的目的，就是日夜盼望能得到一块小小的封地。现在如果恢复六国，重新分封韩、魏、燕、赵、齐、楚六国的后代，其他的不再分封，那么跟随陛下的谋臣说客都要各自回归故国去侍奉他们自己的君主，跟他们的亲人团聚，回到故人老友身边。这样，还有谁帮您打天下呢？这是不可以分封六国后代的第七条理由。况且，楚国目前天下无敌，您分封的六国后代只会被楚国不断削弱，最后不得不

卷七 权议

归顺楚国，增强楚国的势力只有使楚国的势力变得弱小了才可以分封，只要楚国还足够强大，那么六国早晚会归顺它。陛下又如何能使六国来臣服于您呢？这是不可以分封六国后代的第八条理由。假如您真的用了郦食其的计划，那么陛下的称霸大业就全完了。听到这番话的时候，汉王刘邦正在吃饭。听完之后，他一下子将口中的食物吐了出来，大骂郦食其说："这个臭儒生，差点坏了我的大事。"于是立即下令销毁此前准备分封六国后代的印信。这正是事情虽然相似，但具体情况不同，就要采取不同措施应对的典型案例东汉史学家荀悦说：制定决定胜负的谋略有三个关键：一是形，二是势，三是情。所谓形，是指对大体局势、优势、劣势等现实情况的衡量。所谓势，是指具体事件发生时，对趋势的研判，对进退时机的把握。所谓情，是指当事者心态的真实状况。因此，尽管谋划的是同一类事情，三个要素都会各不相同。当初，张耳劝说陈胜采取"重新分封六国后代、为自己树立党羽"的策略，郦食其也用同一策略游说汉王刘邦，但为什么事情是相同的，可是成败得失的结果却不相同呢？当陈胜起义之时，天下的人都想要灭了暴虐的秦朝；而楚、汉相争之时，胜负尚未有定论，天下人并不是都想灭了项羽，况且项羽的能力足以统领六国，而陈胜时秦王朝却没有能力统领六国。因此，对于陈胜来说，分封六国诸侯的后代既增加了自己的援手，又加速了秦朝的灭亡。况且陈胜当时还没能占领全天下的土地，这就是所谓拿不属于自己的东西送给别人，送出去的不过是名义上的恩惠，得到的却是实实在在的利益。对于汉王刘邦来说，分封六国诸侯的后代实际上是拿自己的土地变相去资助自己的敌人，得到了虚名，但却给自己带来了无穷的后患。这是事情表面相同而具体情况却大不同的实例。

战国时，七雄争霸。秦惠王对谋士陈轸说："韩国、魏国交战，已经打了一年多了，还是难解难分。有人说出兵救援比较好，有人说不出兵比较好，寡人拿不定主意，请你替我拿个主意。"陈轸说："从前下庄子正要制服猛虎，他的一个家僮阻止他说：'两只老虎正要吃牛，牛肉是美味，必定会引起两虎争夺，争夺必定会打斗，打斗的结果，弱小的会被打死，但强大的一方也会因此受伤。您此时再去刺死那个受伤的老虎，不仅更容易，而且还可以得到一剑刺死两只老虎的美名。'如今韩、魏两国交战，历时一年还难分难解，结果必定是强国元气大伤，弱国灭亡。那时大王再去讨伐元气大伤的强国，就可以一举拿下两个国家。这和卞庄子刺虎是一个道理。"秦惠王说:"好。"结果和陈轸所说的完全一样。

当初,各路诸侯背叛秦朝,秦将章邯率兵把赵王围困在钜鹿。义帝楚怀王派项羽、宋义等人率兵北上去解救赵王。项羽、宋义的军队到了安阳_{安阳,就是今天的相州安阳县},宋义停下来不走了。项羽对宋义说:"如今秦军围困钜鹿,我们应该迅速带兵渡河,我们楚兵从外围进攻,赵军在钜鹿城内策应,这样内外夹攻,一定能打败秦军。"宋义说:"不是这样。我们要打的是牛身上的大虻虫,不是牛身上的小虮虱_{大虻虫比喻秦朝,小虮虱比喻章邯。这句话是说我们现在率领军队是要去灭亡秦朝,而不是用尽全力与章邯决战}。如今秦军攻打赵国,如果秦军胜了,那么他们一定疲惫不堪,我军正好趁秦军疲惫之机攻打秦军;如果秦军败了,那么我们就率军擂击战鼓大举西进,一定能灭了秦朝。因此,不如先让秦、赵先分出胜负。要论冲锋陷阵,我宋义不如你项羽;要论运筹帷幄,你项羽就不如我宋义了。"项羽说:"您奉命率军全力攻秦,却久久按兵不动,加上今年闹饥荒,百姓贫困,士兵都用豆类和蔬菜掺着充饥_{士兵吃蔬菜,中间掺杂了一半豆类},军中没有半点存粮,可是您却大摆筵席,不肯带兵渡河去赵国取粮草,与他们合力攻打秦军,却说要等秦军疲惫不堪了再进攻。凭着秦朝的强大,攻打刚刚建立的赵国,从形势来看,一定可以一举攻破赵国。赵国亡了,秦朝就会更强大,秦军怎么还会有疲惫不堪的可能!况且我们楚军刚刚打了败仗,大王正坐立不安,集中了境内全部的兵力都交给将军您调遣。国家的安危就在此一举了。现在将军您不体恤士卒,却一心想着安排好自己的私事,您哪里是定国安邦的大臣?"当天夜里,项羽闯入宋义的军帐中杀了宋义。然后项羽率军渡河。过河之后,把渡船凿沉,锅灶砸坏,告诉将士一定要以死相争,回去只有死路一条,不要有侥幸生还的心理,结果大破秦军。这正是虽然事情相似,但时机不同导致做法不同的经典案例_{东汉史学家荀悦说:宋义等着秦、赵分出胜负后秦军疲惫不堪的机会再进攻,与卞庄子刺虎的事看似相同,可是两件事所处的时机却不同,为什么呢?如果把卞庄子刺虎的策略用在战国时期,这时邻近的国家相互攻伐,没有突发的危急,那么这种策略是可行的。战国七雄争霸的局面形成已经很久了,一次战役的失败未必能使一个国家灭亡。战胜或者战败的趋势并不能导致敌对的国家马上灭亡。进取则}

卷七 权议

有可能乘机得利,退后也还有机会保全自己。因此,可以蓄积力量等待时机,敌人疲惫不堪、元气大伤就是非常好的时机。如今楚国和赵国是新建立起来的国家,两国的实力与秦国相比,不可相提并论,处在这种危急存亡的时刻,一呼一吸之间都可能形成很大的变化。进取,就能取得成功;退却,就会反受其害。这是事情相类似而具体时机不同的情况。

韩信带兵攻打赵国,大军驻扎在井陉。他选出两千轻骑兵,让他们每人手拿一面汉军的红色旗帜,从山中小道爬到山顶去观望赵军的动静,并告诫他们说:"赵军看见我军败退逃走,必定会倾巢出动来追赶。那时,你们就快速冲入赵军营地,拔掉赵军旗帜,插上汉军的红色旗帜。"韩信于是派一万人先出发,出营后,背对河流摆开阵势。黎明时分,韩信树起大将旗帜,擂起战鼓,率领一路人马出了井陉口。赵军出营迎战,双方鏖战了很久。这时韩信突然丢下军旗和战鼓,朝列在水边的军阵撤退。列在水边的军队打开阵势,把他们迎入阵中,然后又与赵军激战。看到韩信败退,赵军果然倾巢而出,争相抢夺汉军丢下的旗帜、战鼓,追逐韩信的部队。韩信等人已经进入水边的军阵中,全军将士都拼死抵抗,赵军一时也无法取胜。韩信先派出的两千轻骑兵看到赵军倾巢出动去抢夺战利品,便迅速冲进赵军营中,把赵军旗帜全部拔下,插起汉军的两千面红旗。赵军这时也发现无法擒获韩信等人,想收兵回营,回头却看到营中插的全是汉军的红旗,于是大为惊慌,以为汉军已经俘获了赵王的将领们。于是赵军大乱,纷纷四处逃窜,赵军将领虽然杀了很多逃兵,但仍然不能阻止。这时,汉军乘机反攻,大破赵军,俘虏了大批赵军将士。打了胜仗回来,汉军将领献上赵军首级和俘虏,向韩信祝贺。有人就问韩信:"兵法上说排兵布阵应该右边背着山陵,左边面对水泽。可是今日这一仗我军反而背对河流列阵,竟然还打了胜仗,这是什么战术?"韩信回答说:"兵法上不是也说过'把军队置之死地,将士们才能拼死作战,绝处逢生;把军队置于不奋起作战国家就会灭亡的境地,将士们就会忘我战斗,然后才可以救亡图存'吗?况且我韩信带领的并不是平日被我训练过、能听我指挥的将士,这就是所谓'驱赶着集市上的人去打仗',在这种形势下,就非得要把军队置之死地,使人人都为性命而奋战，否则是无法取胜的。今日这一仗，如果给将士们逃生的机会，他们早就逃走了，哪里还会奋勇杀敌呢？"

再讲一个例子，汉高祖刘邦带领五路诸侯的兵马和他一起杀入彭城。项羽听到后，就率兵离开齐国，与刘邦在睢水边展开激战，大破汉军，杀死了汉军许多士卒，尸体沉入睢水河中，睢水因此被堵塞而无法流动。同样是背水一战，韩信取胜，刘邦失败，这正是事情相似，但当事者心态不同导致结果不同的经典案例东汉史学家荀悦说：在攻打赵军的那一次战役中，韩信把军队驻扎在派水边，可是赵军却不能乘机打败汉军，这是为什么呢？彭城之战惨败，刘邦带兵在睢水边战斗，汉军许多士卒奔入睢水河中淹死的不计其数，楚兵大获全胜，这又是为什么呢？赵军离开本国，形势可以前进就前进，知道前进有困难就后退，心中有能打就打，打不赢就收兵回国的心思，没有必死的斗志；韩信孤军深入，背水列阵，将士们只能拼死作战，没有逃生的考虑，这就是韩信之所以胜利的原因。汉王刘邦制服了敌人，攻入了楚国都城彭城，大摆筵席，士兵们想的都是安逸享乐，没有斗志。强大的楚国一着不慎，丧失了自己的国都，项羽率军从外面回来救援，士兵们都斗志昂扬，一心想着共赴国难，救亡图存，拼死一战。这就是汉军之所以失败的原因。况且韩信选精兵来防守，而赵国却用随时想着战败回国的士兵来对抗；项羽选拔精兵去攻打汉军，而汉王却用懒散松懈的士卒来应付。这正是事情虽然类似，但当事者心态不同导致结果不同的情形。所以说，权谋不可能预先设定周全，应变措施也不可能预先谋划。只有根据时机不同、事物的状态不同而随机应变，才是计策的关键所在。

汉王刘邦在汉中时，韩信劝他说："大王您的士兵都是崤山以东的人，他们整天都踮着脚向东方张望，盼望能回归故土。趁着将士东进的急切心态，您可以乘机向东争夺天下了。"东汉光武帝刘秀率兵向北进军到蓟地，听说邯郸方面的军队赶到，刘秀就想领军南归，于是召集属下商议。大将耿弇说："现在我军是从南边开来的，不可以再回军南归了。渔阳太守彭宠是您的老乡，上郡太守是我的父亲。如果我们征调这两郡的士兵助阵，就可以有上万骑兵，邯郸的军队没什么可担心的。"刘秀的官员随从们都不听从耿弇的意见，于是刘秀率兵向南方撤退，而官员随从们都各自逃散了评论：撤军回师是一样的，而有的军队因此失败，有的军队因此成功，这是为什么？回答是：孙子说：对向本国撤退的军队不要去阻挡。项羽封

卷七　权议

章邯、司马欣、董翳三人在秦地称王,让他们阻截汉王刘邦的归路,但汉军回师的士气锐不可挡。还有,孙子又说过:诸侯在自己的封地上对敌作战,这称之为"散地",而散地就意味着军心散乱。光武帝刘秀的军队从南方开来,又向南回师,就是进入了"散地",所以士兵们都失去了斗志,各自逃散了。因此,虽然都是撤军回师,可是一个成功了,一个却失败了。

东汉末年,李傕等人追赶汉献帝,把汉献帝围困在曹阳。沮授劝袁绍说:"将军您祖上几代都位居台辅之位,世代奉行忠义。如今天子被迫四处流浪,宗庙遭到毁坏。看看地方州郡的军阀豪强们,虽然对外宣称自己是义兵,但内心实际上各有图谋,并没有忧国忧民的抱负。况且现在将军您已基本平定了冀州地区,兵强马壮,人心所向。如果您这时候能带兵西进,迎接皇帝定都邺城,挟天子以令诸侯,招兵买马,讨伐那些不归顺朝廷的叛逆,有谁还能和您对抗?假若您不及早定夺,必定会有人抢先下手的。谋划绝不可错过时机,建功立业应该越快越好。希望将军好好考虑。"袁绍不肯听从沮授的建议。魏武帝曹操后来果然迎接汉献帝定都许昌,袁绍于是失败了。

南北朝时,梁武帝萧衍发动义兵起事,杜思冲劝他迎立南康王,定都襄阳,端正尊号。梁武帝没听杜思冲的建议。萧衍的谋士张弘策说:"现在如果让南康王掌控在他人手中,那个人就可以挟天子以令诸侯,这样,将军您就得前去称臣,听别人的号令。这难道是身处乱世的权宜之计吗?"梁武帝萧衍说:"假若我们的大事不能成功,那么就应当像兰草、艾叶一样被焚烧,与敌人同归于尽;假若我们大功告成,又有谁敢不听我们的呢?难道只是碌碌无为地在江南受人调派,立足新野来聚集新来归附的人吗?"萧衍不听从他们的意见,于是进兵攻克了建业,并占据了长江以南的广大地区评论:都是挟天子以令诸侯,可是有的靠这成功了,有的因此失败了,这是为什么呢?回答是:天下不是某个人的天下。统治者如果肆无忌惮地推行残暴统治,即使是应该他继承大统,也不能自我保全;如果能够使天下人敬仰归附,即使是平民百姓也可以成就大业。那天道运行到了底部陷于停止状态的时候,就只有改朝换代了,自古以来就是这样。当汉朝的火德不能延续下去时,天下群雄像猛虎般争夺天下,汉朝的势力虽然已经衰微,但是汉朝皇帝在人们心中的威望还没有改变,

时宜第二十一

因此魏武帝曹操尊奉天子汉献帝来顺从百姓的愿望，依仗着礼教法则来号令天下，使得天下的士人都前来投靠尽忠，魏武帝因此成就了霸业。《左传》称：想成为诸侯的最佳途径就是勤王。说的就是这个道理。南北朝时齐朝的情况却不是这样。这时，普天下的人都在琢磨着反叛作乱，四海翻腾，正当百姓要归附贤能者的时代，处于天、地、人三灵重新选择君主的时候，假若挟持原来的君主，不是违背了天意人愿吗？所以《左传》中讥讽苌弘想重新振兴周朝的打算是错误的，却赞美蔡墨使用龟筮占卜来说明臣子过于强大，应该取代君主的道理。所以说挟天子以令诸侯虽然是相同的情，可是有的靠此成功了，有的却因此失败。以上所说的，是情与形、势在同一类事件中各自不同的状况。因此，临事要随机应变，不应该固执地坚持某一种策略诸葛亮在《论让夺》中称：范蠡由于能舍弃富贵被认为是一种高明的行为，虞卿舍弃赵国相印成就了著书立说大功；吴太伯由于三次让位被视为仁义，战国的燕王哙由于禅让国家大权给相国子之而招致祸乱；尧、舜由于禅位被尊为圣人，汉哀帝由于打算授帝位给佞臣董贤被视为愚蠢；周武王由于推翻商朝被视为正义之举，王莽由于灭了西汉被视为篡权夺位；齐桓公由于任用管仲而成为了霸主，秦王胡亥由于任用赵高而亡国。这些事例都可以说明，许多事情表面虽然类似而事情的本质却是不同的。聪明的人能够靠它兴盛安定，愚蠢的人只会招来屈辱和祸乱。

卷八　杂说

卷八　杂说

钓情第二十二

原文

　　孔子曰："未见颜色而言，谓之瞽。"又曰："未信，则以为谤己①。"孙卿曰："语而当，智也；默而当，知也。"尸子曰："听言，耳目不惧，视听不深，则善言不往焉。"是知将语者，必先钓于人情，自古然矣。

　　故韩子曰："夫说之难也，在知所说之心，可以吾说当之。说之以厚利，则见下节而遇卑贱，必弃远矣所说实为厚利，则阴用其言，而显弃其身，此不可不知也；说之以名高，则见无心而远事情，必不收矣所说实为名高，则阳收其身，而实疏之。此不可不知。事以密成，语以泄败。未必其身泄之也，而说及其所匿之事，如是者身危周泽未渥也，而语极知，说行而有功则德亡，说不行而有败则见疑，如是者身危。贵人有过端，而说者明言善议，以推其恶者，身危。贵人得计而欲自以为功，说者与知焉，则身危。强之以其所不为，止之以其所不能已者，身危。"又曰："与之论大人，则以为间己；与之论细人，则以为粥权；论其所爱，则以为借资；论其所憎，则以为尝己；顺事陈意，则曰怯懦而不尽；虑事广肆，则曰草野而倨侮。此不可不知也。彼自知其计，则无以其失穷之；自勇其断，则无以其敌怒之凡说须旷

---

① 未信，则以为谤己：此句当为孔子门徒子夏的话，见《论语·子张》：信而后谏，未信，则以为谤己也。

钓情第二十二

日弥久，而周泽既渥，深计而不疑，交争而不罪，乃明计利害，以致其功。直指是非，以饰其身。以此相持，此说之成也。"

荀悦曰："夫臣下之所以难言者，何也？言出乎身，则咎悔及之矣。故曰举过揭非，则有干忤之咎；劝励教诲，则有刺上之讥。言而当，则耻其胜己也；言而不当，则贱其愚也。先己而同，则恶其夺己明也；后己而同，则以为顺从也。违下从上，则以为谄谀也；违上从下，则以为雷同也。与众共言，则以为顺负也；违众独言，则以为专美也。言而浅露，则简而薄之；深妙弘远，则不知而非之。特见独智，则众恶其盖之也，虽是而不见称；与众同智，则以为附随也，虽得之不以为功。谦让不争，则以为易穷；言而不尽，则以为怀隐。进说竭情，则以为不知量；言而不效，则受其怨责；言而事效，则以为固当。利于上，不利于下；或便于左，则不便于右；或合于前，而忤于后。此下情所以常不通。仲尼发愤，称予欲无言者，盖为语之难也。"

何以明其难耶？昔宋有富人，天雨墙坏。其子曰："不筑且有盗。"其邻人亦云。暮而果大亡，其家智其子，而疑邻人之父。

郑武公①欲伐胡，乃以其子妻之。因问群臣："吾欲用兵，谁可伐者？"关其思②曰："胡可。"乃戮关其思。曰："胡，兄弟之国也，子言伐之，何也？"胡君闻之，以郑为亲己而不备郑。郑人袭胡，取之。此二说者，其智皆当矣。然而甚者为戮，薄者见疑。非智之难也，处智则难。

卫人迎新妇，妇上车，问："骖马③谁马也？"御曰："借之。"新妇谓仆曰："拊骖，无苦服④。"车至门，拔教："逆母灭橜，将失火。"入室，见曰，曰："徙牖下，妨往来者。"主人大笑之。此三言皆要言也，

---

① 郑武公：名掘突，春秋时郑国国君。周幽王被杀后，郑武公与秦、晋、卫三国联军击退犬戎，受封卿士，留于洛阳执政。不久护送周平王迁都雒邑，受赏大片土地。后以离间计灭亡郐国，趁周天子巡视虢国防务时灭亡虢国，将女儿嫁给胡人领袖并杀死主张进攻胡人的大臣关其思，袭灭麻痹的胡人，使郑国逐渐强盛。
② 关其思：春秋时郑国大臣，郑武公最宠信的谋士之一。
③ 骖马：古时一车驾三马或四马，旁边的马称骖马。
④ 服：古代一车驾三马或四马，居中的马称服马，简称"服"。

卷八　杂说

然而不免为笑者，早晚之时失矣。此说之难也。

说者知其难也，故语必有钓，以取人情。何以明之？昔齐王后死，欲置后而未定，使群臣议。薛公田婴欲中王之意，因献十珥①而美其一。旦日，因问美珥所在，因劝立以为王后。齐王大悦，遂重薛公。此情可以物钓也。

申不害始合于韩王，然未知王之所欲也，恐言而未必中于王也。王问申子曰："吾谁与而可？"对曰："此安危之要，国家之大事也，臣请深惟而苦思之。"乃微谓赵卓、韩晁②曰："子皆国之辩士也。夫为人臣者，言何必用，尽忠而已矣。"二人各进议于王以事。申子微视王之所说，以言于王，王大悦之。此情可以言钓也。

吴伐越，越栖于会稽，勾践喟然叹曰："吾终此乎？"大夫种曰："汤系夏台，文王囚羑里，重耳③奔翟，齐小白④奔莒，其霸王。由是观之，何遽不为福乎？"勾践及得免，务报吴。大夫种曰："臣观吴王政骄矣，请尝之。"乃贷粟以卜其事。子胥谏勿与，王遂与之。子胥曰："王不听谏，后三年，吴其墟矣。"太宰嚭⑤闻之，谗曰："伍员貌忠而实忍人。"吴遂杀子胥。此情可以事钓也。

客以淳于髡见梁惠王，惠王屏左右再见之，终无言。惠王怪之，让客。客谓淳于髡，髡曰："吾前见王，王志在驰逐，后复见王，王志在音声，是以默然。"客具以报王。王大骇曰："淳于先生诚圣人也。前有献善马，寡人未及试，会生来；后有献讴者，未及试，又会生至。寡人虽屏人，然私心在彼。"此情可以志钓也。

---

① 珥：女子的珠玉耳饰。
② 赵卓、韩晁：均为战国时韩国能言善辩的名臣。
③ 重耳：即晋文公姬重耳。
④ 齐小白：即齐桓公姜小白。
⑤ 太宰嚭：春秋时吴国大臣。伯氏，名嚭，一作伯嚭、帛喜、白喜，字子余。楚大夫伯州犁之孙，出亡奔吴，以功任为太宰。善逢迎，深得吴王信任。屡进谗言，进谗言杀害了伍子胥。

钓情第二十二

　　智伯从韩、魏之君伐赵，韩、魏用赵臣张孟谈①之计，阴谋叛智伯。张孟谈因朝智伯，遇智果于辕门之外。智果入见智伯曰："二主殆将有变。臣遇张孟谈，察其志矜而行高，见二君色动而变，必背君矣。"智伯不从。智果出，遂更其姓为辅氏。张孟谈入见赵襄子，曰："臣遇智果于辕门之外，其视有疑臣之心，入见智伯而更其族。今暮不击，必后之矣。"襄子曰："诺。"因与韩、魏杀守堤之吏，决水灌智伯军。此情可以视钓也。

　　殷浩②仕晋，有盛名。时人观其出处，以卜江左兴亡。此情可以贤钓也《吕氏春秋》曰：夫国之将亡，有道者先去。

　　《钤经》曰：喜色洒然以出，怒色麃然以侮，欲色姁然以愉，惧色惮然以下，忧色瞿然以静。此情可以色钓也《易》曰：将叛者，其辞惭；中心疑者，其辞枝。吉人之辞寡，躁人之辞多。诬善之人，其辞游；失其守者，其辞屈。《周礼》五听：一曰辞听，辞不直则烦；二曰色听，色不直则赧；三曰气听，气不直则喘；四曰耳听，耳不直则惑；五曰目听，目不直则眊然。

　　由是观之，夫人情必见于物昔晋公好色，骊姬乘色以壅之。吴王好广地，太宰陈伐以壅之。桓公好味，易牙③蒸子以壅之。沉冥无端，甚可畏也。故知人主之好恶，不可见于外。所好恶见于外，则臣、妾乘其所好恶以行壅制焉。故曰人君无见其意，将为下饵。此之谓也，能知此者，可以纳说于人主矣。

---

① 张孟谈：姬姓，张氏，名孟谈。汉代司马迁为避其父司马谈讳作"张孟同"。战国初赵襄子的家臣。

② 殷浩：东晋大臣。字渊源，一作深源。善玄言清谈，被当世同好比作管仲、诸葛亮。官至建武将军、扬州刺史。

③ 易牙：春秋时齐桓公的嬖臣。一作狄牙。擅长调味，性谄媚。管仲临死前，曾说他"杀子适君"，违反人情，不可信任，桓公不听。两年后，桓公病卧，易牙等乘机叛乱，致使桓公断食而死。

卷八 杂说

钓情第二十二

译文

　　孔子说："不事先察言观色就贸然开口说话，这样的人就和瞎子一样。"他还说："还未能取得对方的信任，就直言不讳地提出意见，就会被对方认为是毁谤。"荀子说："讲话的时机掌握得恰到好处，这是智慧；不该讲话的时候知道保持沉默，也是聪明。"尸子说："听别人讲话的时候，耳目不专注，精神不集中，那么，即使是金玉良言也听不进去。"由此看来，要向别人进言的时候，必须先了解对方的心理和态度，自古以来都是如此。

　　因此韩非子说："游说的困难，在于揣摩对方的心理，才知道如何用自己的话去顺应他的意图。如果游说的对象想要的是美名，游说者却劝他追逐厚利，那么就会被认为志向不高，而会看不起他，这个游说者必定会遭到鄙视，从而被疏远如果游说的对象实际上是贪图厚利的，那么他就会暗中采纳游说者的意见，却在公开场合鄙视游说者这个人。这一定要弄明白；如果游说的对象追求厚利，游说者却劝他追求美名，那么就会被认为没有头脑，不懂人情世故，其意见必然不会被采纳如果游说的对象实际上是贪图美名，那么他就会表面上亲近游说者这个人，实际上却会疏远游说者。这一定要弄明白。事情因为保守机密而成功，泄漏机密就会失败。这未必是有意要泄密，而是不知不觉中就触及了君主隐秘的事，这样游说者就会处境危险这是由于游

钓情第二十二

说者和君主之间的情分还没到亲密无间的程度，而游说者却要知无不言地说尽心里话，即使意见被采纳而且也收到了成效，他也不会认为这是游说者的功劳，如果意见不被采纳，或者采纳了而事情却办糟了，游说者就会受到猜疑，这样游说者就会有生命危险。游说的对象有了过失，游说者在公开场合说出来，并推究其危害，这个游说者自身就会有危险；游说的对象得到了好计谋并且想要当作自己的功绩，游说者却预先点破，那么游说者自身就会有危险；勉强游说的对象做他不愿做的事，阻止游说的对象做他不愿意放弃的事，这样的游说者自身也会有危险。"韩非子还说："与君主议论君主的大臣，就会被认为是在离间他们的关系；向君主推荐君主身边的小人物，就会被认为是在炫耀权势。称颂君主喜爱的人，就会被认为要找靠山作为资本；批评君主憎恨的人，就会被认为是在试探他的态度。如果顺着君主的意思来陈述想法，就会被说成胆怯懦弱，不敢坦诚进言，有所保留；经过反复思考，放言直陈己见，就会被说成粗野傲慢。这些也一定要弄明白。如果君主自以为他的计谋高明，就不要指责他的失误，使他难堪；如果君主自以为他的决断英明果敢，就不要指责他的过错，使他发怒凡是要游说君主，一定要耗费许多时日，等到感情深厚了以后，你们之间讨论问题再深入也不会被猜疑，相互争论也不会被怪罪，这时才能明确地阐述利害关系，来达到游说的目的；直言指出他的对与错，来帮助他进步。只有坚持到感情深厚了，游说才能成功。"

东汉史学家荀悦说："臣子向君主进言很难，这是为什么呢？因为话一出口，那么罪过、悔恨就跟着来了。所以说，指摘君主的过失，就会有冒犯天威、忤逆君命的罪名；劝励教诲君主，就会受到讽刺主上的非议。你说得对，他会因为你的智谋胜过他而感到耻辱；你说得不对，他会认为你愚蠢而轻视你。相同的见解，你比他说得早，他会认为你有意显示自己聪明而厌恶你；你比他说得晚，他会认为你只会顺从别人。违背下级而顺从上级的意见，会被认为是阿谀奉承；违背上级而顺从下级的主张，又会被认为是与人雷同。和大家说的一样，会被认为是没有个人见解；发表与众不同的个人见解，又会被认为是逞能出风头。话说得浅显，会被认为浅薄而被轻视；话说得玄妙，就会因为别人听不懂而被指责。有独到的见解，众人就会因为你盖过了他们的风头而厌恶你，

卷八 杂说

即使你说得对他们也不会赞同；与大家看法一样，就会被认为是随波逐流，即使成功了也没有你的功劳。言语谦让不去争辩，就会被认为没本事；言而不尽，就会被认为是有所隐瞒；言无不尽，就会被认为是不识时务。提出的建议没有成效，就会遭到埋怨和责难；提出的建议效果显著，就会被认为本来就应当这样。事情有利于上级，就会不利于下级；方便了左边，就有可能妨碍右边；符合了前面的利益，就有可能伤害了后面的利益。这些就是臣下的真实情况很难为君主所了解的根本原因。孔子曾经激愤地说'我打算不再讲话了'，就是针对进言之难发出的感慨。"

怎么知道进言到底有多难？从前，宋国有一个有钱人，因天降大雨冲坏了院墙，他的儿子说："不赶快把院墙垒起来，就会招来盗贼。"他家的邻居也说了同样的话。夜里，有钱人家里果然被盗，丢了大批财物，有钱人就认为他儿子很聪明，却怀疑邻居的父亲是盗贼，偷走了他家的财物。

春秋时，郑国君主郑武公想要讨伐胡人，却先把他的女儿嫁给胡人首领做妻子，并且问群臣："我准备用兵打仗，应该讨伐哪个国家呢？"大臣关其思说："应该讨伐胡人。"郑武公一怒杀了关其思，说："胡人是兄弟之邦，你居然说讨伐胡人，是何用意？"胡人的首领听说了这件事，认为郑国是亲近自己的，因而不再防备郑国。于是郑国的军队突然对胡人发动袭击，夺取了胡人的国家。有钱人的邻居和关其思讲的都没错，然而重则被杀害，轻则被猜疑。可见聪明不聪明并不是关键，关键在于何时使用这种聪明。

卫国有一户人家娶媳妇，新媳妇上了车，问："车辕两边的骖马，是谁家的马？"驾车的人说："是借来的。"新媳妇便对仆人说："抽打两边的骖马，不要让驾辕的服马受苦。"车子到达夫家门口，她就赶紧催促人说："接婆母出来，熄灭楼上的灯火，防止发生火灾。"进入屋内后，她看见舂米的石臼，又说："把它移到窗户下边去，放在这里妨碍走路。"她夫家的人听后都大声笑话她。新媳妇的这三句话都很中肯，然

钓情第二十二

而却不免被嘲笑，是因为时机不恰当。这就是劝说的困难。

游说者知道游说是件很难的事，所以在进言之前必定要先行试探，以揣摩对方的心理和态度。为什么这么说呢？从前齐威王的王后死了，他想要选立新王后，但还没有拿定主意，就让大臣们来商议。薛公田婴想要迎合威王的心思，便借机献上十副耳环，其中有一副特别精美。第二天，田婴就先去打探那副最精美的耳环赐给了哪位妃子，然后就劝威王立这位宠妃为后。齐威王非常高兴，于是便重用薛公田婴。这说明隐情可以用器物试探出来。

申不害刚开始和韩王交往的时候，还弄不清楚韩王的喜好，担心进言后未必能合乎韩王的心意。韩王问申不害："我们和哪个国家结盟好呢？"申不害回答说："这是关系到国家安危的重大问题，请允许臣深思熟虑之后再禀报大王。"于是申不害私下请来韩国能言善辩的赵卓、韩晁，对他们说："您二位都是韩国能言善辩的谋士，但作为臣子，意见为什么一定要和君王一样呢？只要尽到自己的忠心就行了。"于是二人便就和哪个国家结盟的问题分别向韩王进言。申不害暗中观察韩王听了哪个意见感到高兴，然后再拿同样的意见向韩王进言，韩王听了非常满意。这说明隐情可以用话语试探出来。

吴国攻打越国，越王勾践被困在会稽，长叹一声说："我真的要命丧于此吗？"大夫文种说："当年商汤被夏桀囚禁在夏台，周文王被商纣囚禁在羑里，晋文公重耳年轻时也曾逃亡到戎狄，齐桓公小白年轻的时候也曾到莒地避难，他们最后都成就了霸业。由此看来，大王您怎么会认定我们将来不会转祸为福呢？"后来，勾践被吴王夫差赦免，回国后下定决心要向吴国报仇雪恨。大夫文种说："据我观察，吴王治国已经非常骄横了，请让我去试探一下他。"于是就通过向吴国借粮来试探吴王夫差。伍子胥劝吴王不要借粮给越国，可是吴王不听，坚持要借粮给越国。伍子胥说："大王不听我的劝告，不出三年，吴国就会变成一片废墟。"吴国太宰伯嚭听到了这句话，便向吴王进谗言说："伍子胥这个人表面忠厚，实际是个残忍的人。"吴王听信了伯嚭的谗言，就杀了伍子脊。这说明隐情可以通过事情试探出来。

战国时，有人把淳于髡推荐给魏国国君梁惠王，惠王很重视，屏退左右随从，单独接见了淳于髡两次，可是淳于髡始终没说一句话。梁惠王非常奇怪，就责备那个推荐淳于髡的人。那人把梁惠王责备的事情转告给了淳于髡，淳于髡解释说："我第二次见大王，大王的心思全在骑马驰骋上；第二次见大王，大王的心思全在欣赏音乐上，所以我才沉默不语。"推荐的人把这些话原原本本汇报给梁惠王。梁惠王大吃一惊，说："淳于先生果真是圣人。第一次接见他的时候，恰好有人来献好马，我还没来得及试骑，淳于先生就来了。第二次接见他的时候，恰好又有人来献歌者，我还没来得及试听，淳于先生就到了。我当时虽然屏退了左右亲信，但心思确实是在想着别的事。"这说明隐情可以通过兴趣观察出来。

春秋时，晋国权臣智伯率领韩、魏两家讨伐赵国，韩、魏两家听从赵襄子的家臣张孟谈的游说，暗中图谋背叛智伯。张孟谈拜见智伯后从大帐出来，在辕门外被智伯的族人智果碰到了。智果马上进去见智伯，说："韩、魏两家的首领恐怕要叛变。我刚才遇到张孟谈，见他志气远大，态度傲慢，又见韩、魏两家的君主神色不正常，一定是要背叛您。"智伯不听智果的告诫。智果出来后，便改智姓为辅氏。张孟谈去见赵襄子，说："臣在辕门外碰到了智果，看他的眼神，已经在怀疑我。他进去见过智伯后却更改了族姓，今天夜里如果不发动攻击就来不及了。"赵襄子说："好吧。"于是和韩、魏两家一起杀了守护堤防的军官，挖开河堤放水淹了智伯的军队。这说明隐情可以从神情上观察出来。

殷浩在东晋做官，名气很大。当时人们通过观察殷浩是在朝为官还是辞官隐居来判断东晋的兴亡。这说明国家的隐情可以通过贤人的行为判断出来《吕氏春秋》称：当国家将要灭亡时，有德行的人就会事先离开朝廷。

《玉钤经》称：心中高兴，神色就显得潇洒轻松；心中生气，神色就显得武断轻慢；心存私欲，神色就显得轻薄苟且；心存恐惧，神色就显得畏畏缩缩；心存忧虑，神色就显得沉默拘谨。这说明隐情可以通过神色观察出来《易经》称：将要谋反的人，他的言辞会流露出愧疚；心中疑惑的人，

钓情第二十二

他的言辞会杂乱无章。平静的人话少,浮躁的人话多。诬陷好人的人,他的言辞虚浮。失去操守的人,他的言辞也做不到理直气壮。《周礼》中关于断案有"五听"的方法:一是"听"言辞来判断,说话不理直气壮,就会烦乱;二是"听"神色来判断,神色不正常就会羞愧脸红;三是"听"呼吸来判断,呼吸不正常就会气喘;四是"听"当事人精神能否集中来判断,精神不能集中就会经常听不清别人的话;五是"听"当事人的眼神来判断,眼神不正常就会散乱迷离。

由此看来,人的隐情必定会通过外在事物表现出来从前晋献公好色,骊姬就凭着美色来蒙蔽他。吴王夫差喜欢扩张国土,太宰伯嚭就建议发动战争来蒙蔽他。齐桓公喜欢美味,易牙就把儿子蒸熟供他享用来蒙蔽他。臣子蒙蔽君主的手段隐晦诡秘,五花八门,非常可怕。因此君主的好恶,不可以表露在外。如果好恶表露在外,那么臣子、妻妾就会利用其好恶来行蒙蔽、挟制君主之事。所以说,君主无意中显露出的好恶,都将成为臣子的钓饵。说的就是这种情况。**懂得这个道理,就可以向君主游说进言了。**

卷八 杂说

诡信第二十三议曰：代有诡诈反为忠信者也。抑亦通变，适时所为、见机而作，不俟终日也

原文

孔子曰："君子贞而不谅。"又曰："信近于义，言可复也①。"由是言之，唯义所在，不必信也议曰：微哉，微哉！天下之事也，不有所废则无以兴。若忠于斯，必不诚于彼，自然之理矣。由是观之，则吾之所谓忠，则彼之所谓诈。然则忠之与诈，将何所取定哉？抑吾闻之，夫臣主有大义，上下有定分，此百代不易之道也。故欲行忠，观臣主之义定；欲行信，顾上下之分明。苟分义不僭于躬，虽谲而不正，可也。

何以明之？叶公问孔子曰："吾党有直躬者，其父攘羊，而子证之。"孔子曰："吾党有直躬者，异于是。父为子隐，子为父隐，直在其中矣。"

楚子②围宋，宋求救于晋。晋侯使解扬③如宋，使无降楚，曰："晋师悉起，将至矣。"郑人囚而献诸楚。楚子厚赂之，使反其言。许之。登诸楼车④，使呼宋人而告之，遂致其君命。楚子将杀之，使与之言曰：

---

① 信近于义，言可复也：这是孔子门徒的话，原文见《论语·学而》。
② 楚子：即楚庄王。春秋时楚国最有成就的君主。
③ 解扬：春秋时晋国大臣。字子虎，所以人称霍虎。他不但武艺高强，而且能言善辩，聪明过人。本文所载为历史上著名的"解扬守信"。
④ 楼车：古代设有望楼用以瞭望敌人的战车。

"尔既许不穀而反之,何故?非我无信,汝则弃之,速即尔刑。"对曰:"臣闻之,君能制命为义,臣能承命为信,信载义而行之为利。谋不失利,以卫社稷,民之主也。义无二信,信无二命。君之赂臣,不知命也。受命以出,有死无陨,又何赂乎?臣之许君,以成命也。死而成命,臣之禄也。寡君有信臣,下臣获考考,成也,死又何求?"楚子舍之以归 韩子曰:楚有直躬者,其父窃羊而讦之吏,令尹曰:必杀之!以为直于君而曲于父,执其子而罪之。以是观之,夫君之直臣,父之暴子也。鲁人从君战,三战三北,仲尼问其故,对曰:吾有老父,死,莫之养也。仲尼以为孝,举而用之。以是观之,夫父之孝子,君之北人也。故令尹诛,而楚奸不止;闻仲尼赏,鲁人易降。此上下之利,若是其异也。而人主兼举匹夫之行,而求致社稷之福,必不几矣。

颜率①欲见公仲②,公仲不见。颜率谓公仲之谒者曰:"公仲必以率为伪也,故不见率。公仲好内,率曰好士;公仲啬于财,率曰散施;公仲无行,率曰好义。自今以来,率且正言之而已矣。"公仲之谒者以告公仲,公仲遽起而见之 议曰:语称"恶讦以为直者",《易》曰"君子以遏恶扬善"。若使颜率忠正,则公仲之恶露。故颜率诈伪,则公仲之福。

齐伐燕,得十城。燕王使苏秦说齐,齐归燕十城。苏秦还燕,人或毁之曰:"苏秦,左右卖国,反复臣也,将作乱。"燕王意疏之,舍而不用。苏秦恐被罪,入见王曰:"臣,东周之鄙人也,无尺寸之功,而王亲拜之于庙,礼之于庭。今臣为王却齐之兵,而功得十城,宜以益亲。今来而王不官臣者,人必有以不信伤臣于王者。且臣之不信,王之福也 燕王亦尝谓苏代曰:寡人甚不喜诡者言也。代对曰:周地贱媒,为其两誉也。之男家曰女美,之女家曰男富。然周之俗,不自为娶妻。且夫处女无媒,老且不嫁。舍媒而自衒,弊而不售。顺而无毁则售。而不弊者,唯媒耳。且事非权不立,非势不成。夫使人坐受成事者,唯诡耳。诡,音土和反。使臣信如尾生,廉如伯夷,孝如曾参,三者天下之高行,而以事王,可乎?"燕王曰:"可也。"苏秦曰:"有此臣,亦不事王矣。孝如曾参,义不离其亲宿昔于外,王又安能使之步行千里

---

① 颜率:战国时周王的谋臣,以能言善辩著称,曾经靠游说帮周王保住九鼎。
② 公仲:即公仲侈,战国时韩国相国。

卷八 杂说

而事弱燕之危王哉？廉如伯夷，义不为孤竹君之嗣，不肯为武王之臣，不受封侯，而饿死于首阳之下。有廉如此者，王又安能使之步行千里，而进取于齐哉？信如尾生，与女子期于梁柱之下，女子不来，水至不去，抱梁柱而死。有信如此，何肯扬燕、秦之威，却齐之强兵哉？韩子曰：夫许由①、续牙②、卞随③、务光④、伯夷、叔齐，此数人者，皆见利不喜，临难不恐。夫见利不喜，虽厚赏无以劝之；临难不恐，虽严刑无以威之。此谓不令之人，先古圣王皆不能臣。当今之代，将安用之？且夫信行者，所以自为也，非所以为人也。皆自覆之术，非进取之道也。且三王代兴，五霸迭盛，皆不自覆。君以自覆为可乎？则齐不益于营丘，足下不窥于边城之外_{昔郑子产献入陈之捷于晋，晋人问曰：何故侵小？对曰：先王之命，惟罪所在，各致其辟。且昔天子之地一圻，列国一同。自是以衰，今大国多数圻矣。若无侵小，何以至大焉？晋人不能诘也。}且臣之有老母于东周，离老母而事足下，去自覆之术，而行进取之道。臣之趋固不与足下合者：足下，皆自覆之君也；仆者，进取之臣也。臣所谓以忠信得罪于君也。"燕王曰："夫忠信又何罪之有也？"对曰："足下不知也。臣邻家有远为吏者，其妻私人，其夫且归，其私者忧之。其妻曰：'公勿忧也，吾已为药酒待之矣。'后二日，夫至，妻使妾奉卮酒进之。妾知其药酒也，进之则杀主父，言之则逐主母。乃佯僵弃酒，主父大怒而笞之。妾之弃酒，上以活主父，下以存主母，忠至如此，然不免于笞。此以忠信得罪也。臣之事适不幸而类妾之弃酒也。且臣之事足下，亢义益国，今乃得罪。臣恐天下后事足下者，莫敢自必也。且臣之说齐，曾不欺之也。后之说齐者，莫如臣之言，虽尧、舜之智，不敢取之。"燕王曰："善。"复厚遇之。由此观之，故知谲即信也，诡即忠也。夫诡谲之行，乃忠信之本焉。

---

① 许由：尧、舜时清高的贤人，许姓的始祖。尧在位时，他率领许姓部落活动在今天颍水流域的登封、许昌、禹州、汝州、长葛、鄢陵一带，这一带后来便成了许国的封地。

② 续牙：帝喾的庶子，舜帝七友之一。

③ 卞随：远古隐士。相传商汤将讨伐夏桀，曾和卞随商量，卞随拒不回答。汤战胜夏桀后，要让天下给卞随，卞随认为受到污辱，自投稠水（一说颍水）而死。

④ 务光：夏末高洁之士，因为相传曾拒绝商汤禅位投江而死，而为中国历代文人称颂。

诡信第二十三评论：在某种情况下，诡诈反而被认为是忠实诚信。这或许就是变通，顺应时势、抓住机遇作为，而不是今日待明日，终日无所成

译文

孔子说："君子忠贞但不一定诚信。"还说："所信守的诺言符合道义，就可以履行诺言。"从这点来说，是否守信唯一的准则就是符不符合道义，不一定非得信守诺言评论：这天下的事情太微妙了，如果该废除的不废除，那么该兴盛的就不能兴盛了。如果忠于此方，必定不能对彼方也忠诚，这是很自然的道理。由此看来，就是说在这一方看来是忠诚的，而在另一方看来就是奸诈的。那么，忠诚与奸诈，又将如何区分呢？我听说，臣子与君主之间有公认的大义，上级与下级之间有着固定的名分，这是永恒不变的道理。因此，要讲忠诚，就要看臣子与君主之间的大义是否得到遵守来确定；要守信，就要看上级与下级之间的职分是否得到遵守来辨明。如果不有亏于职分和大义，即使诡诈，不那么光明正大，也是可以的。

为什么这么说呢？春秋时楚国的叶公曾经问孔子："我的家乡有个正直的人，他父亲偷了羊，他就告发了自己的父亲。"孔子说："我的家乡也有个正直的人，他的做法和你家乡的那个人不一样。父亲替儿子隐瞒，儿子为父亲隐瞒，正直已经体现在其中了。"

春秋时，楚庄王率兵围攻宋国，宋国向晋国求救。晋侯派解扬到宋国去，让宋国不要投降楚国。晋侯说："晋国的军队已经全部出动了，马上就到。"解扬路过郑国时，郑国人把他扣押起来，献给了楚国，楚庄王用丰厚的财物贿赂解扬，让他对宋国说相反的话。解扬同意了。等到解

卷八 杂说

扬登上楚国战车，呼唤出宋国人并向他们传话，说的还是让宋国人不要投降楚国。楚庄王大怒，准备杀了解扬，派使者对他说："你已经许诺了我，却又食言，这是为什么？不是我不讲信用，而是你先背弃了诺言，你就受死吧。"解扬回答说："臣听说，君王以能够制定正确的命令为义，臣子以贯彻执行君王的命令为信。臣子的信要以君主的义为前提，君义臣信才能对国家有利。故臣子的一切谋划，都不能损害国家利益，以此来捍卫自己的国家，这是卿大夫的本分。国君发布的命令不能互相矛盾，臣子也不能执行两个互相矛盾的命令。你用财物贿赂我，证明你不懂得这个道理。我接受我们晋国君主的命令来出使宋国，只有以死报效国家，而决不能违背君命，又怎么可能被贿赂呢？我答应你，是为了找机会完成我们晋国君主的命令。为了完成使命而牺牲自己，这是臣的福分。我们君主能有诚信之臣，我作为臣下能够完成任务，死而无憾，还有什么可求的呢？"楚王于是放了解扬，让他回晋国去了韩非子说：楚国有个正直的人，他的父亲偷了羊，他就去向官府告发了自己的父亲。令尹说：一定要杀了这个告发者！这是因为他虽然对国君忠诚，但却背叛了自己的父亲，因而把他抓起来治罪。由此看来，这个所谓正直的人，一方面是君主的忠臣，另一方面却是父亲的逆子。鲁国有一个人跟随自己的国君打仗，打了三仗，每次都战败逃走。孔子问他是什么原因，他回答说：我家有老父亲，我死了之后就没有人奉养他了。孔子认为他是个孝子，便向国君推荐，此人因此得到重用。由此看来，这个三战三败之人，一方面是父亲的孝子，另一方面却是国君的逃兵。因此令尹诛杀了告发父亲的人，而楚国的坏人越来越多；听说孔子赞赏那个守孝道的逃兵，鲁国人就更容易投降了。这国君与百姓的利益，竟有如此大的差异。因而，国君既要赞誉百姓的利己行为，又想国泰民安，基本上是无法实现的。

  颜率想见公仲，公仲不愿意见他。颜率对公仲的近侍说："公仲必定认为我颜率是个虚伪的人，因此才不愿见我。公仲好色，我却说他好士；公仲吝啬，我却说他仗义疏财；公仲品行不好，我却说他正直好义。从今以后，我对他的事情只好实话实说了。"公仲的近侍把这番话转告公仲，公仲立即出来见颜率评论：《论语》中有"厌恶那些以揭发别人来显示自己正直的人"，《易经》中称"君子通过教训邪恶来达到褒扬善行的目的"。假使颜率忠诚

诡信第二十三

正直,那么公仲的丑恶德行早就显露出来了。所以颜率的诡诈、虚伪,成了公仲的福气。

齐国攻打燕国,夺了燕国十座城邑。燕王派苏秦去齐国游说齐王,齐国归还了燕国的十座城邑。苏秦回到燕国,燕国有人诋毁苏秦说:"苏秦是一个左右逢源的卖国贼,是反复无常的奸臣,将来一定会作乱。"燕王于是有意疏远苏秦,把他投闲置散。苏秦担心被迫害,就去拜见燕王说:"臣本是东周王城郊外的卑贱之人,并无半点功劳,可是大王却在宗庙隆重地授给我官职,在朝堂之上给予我很高的礼遇。如今臣替大王劝退了齐国的军队,并收回了十座城邑,大王应该更加亲近我。如今我回来后大王却不给我加官进爵,必然是有人在大王面前以不诚信中伤臣。况且,臣不诚信,正是大王的福分呀燕王也曾经对苏代说:我特别不喜欢欺骗人的话。苏代回答说:东周的民间是看不起媒人的,因为他们两边都说赞扬的话。到了男方家中就说:那个女子长得很美。到了女方家中又说:那个男子家里很富。但是东周的风俗又不允许不通过媒人自己娶妻。而且如果没有媒人撮合,姑娘到老也不能嫁人。如果不用媒人而自己去炫耀自夸,那就会更糟糕,越发嫁不出去了。只有顺从风俗,不遭致诋毁,那她才能嫁出去。而能够顺利把事情办成的,也只有媒人了。况且,遇事如果不变通,事情就办不好,不顺应时势,事情就不能成功。能够让人坐享其成的,只有说假话的人了。假使臣就像尾生一样守信用,像伯夷那样廉洁,像曾参一样孝敬,坚持这三种崇高的德行来侍奉大王,可以吗?"燕王说:"可以。"苏秦说:"有这样的臣子,也就不会来侍奉大王您了。像曾参那样孝顺的人,因为要守孝道就不会离开他的双亲,哪怕是在外很短的时间都不肯,大王又怎么能使他步行千里来到弱小的燕国为官,侍奉处境危险的大王您呢?像伯夷那样廉洁的人,坚持大义不愿做孤竹国国君的继承人,不肯当周武王的臣子,不接受封侯,最终饿死在首阳山下。像他这样的人,大王又怎么能够使他为了功名步行千里到齐国去呢?像尾生一样守信用的人,与女子约会在桥下的柱子边,女子没来,大水涨上来了,他也坚持不离去,最后抱着柱子淹死了。他又怎么肯假意吹嘘燕国、秦国的强大,借此吓退齐国

卷八 杂说

的强兵呢？韩非子说：许由、续牙、卞随、务光、伯夷、叔齐这几个人，都是看见利益不欣喜，遇到危难不害怕的人。看见利益不欣喜，赏赐再重对他也没什么用；遇到危难不害怕，即使是严刑峻法也吓不住他。这就是所谓指使不动的人，先古圣王都不能任用他们做臣子，当今之世，谁又能用得了这样的人呢？况且讲信义是为了完善自己的品行，不是用来替别人服务的；是为了自我保护，而不是为了建功立业。况且夏、商、周三代圣王相继兴起，春秋五霸相继兴盛，都不是为了自我保护。大王您认为能做到自我保护就可以了吗？那么齐王远在营丘都城，就使大王您不敢窥视边城以外的地方春秋时，郑国的子产向晋国报告入侵陈国胜利的消息，晋国国君问他：为什么要侵略小国？子产回答说：根据先王的遗命，只看罪过在什么地方，不管是大国小国，都要惩罚它们。而且从前天子的领地方圆千里，诸侯国的领地方圆百里，以下依次递减。如今大国的领地多到方圆数千里了，假若不侵略小国，怎么能够有那么大的领地呢？晋国国君便无言以对。况且，臣还有老母亲远在东周故乡，我离别老母来侍奉大王，抛弃自我保全之术而来建功立业。臣所追求的，实际上与大王的志向并不一致：大王是只求自我保全的君主；而我却是志在进取的臣子。臣就是所谓因为忠实诚信才得罪于君主的人。"燕王问："忠实诚信怎么会有错？"苏秦回答说："大王您是不知道啊。臣的邻居家有一位远出做官的男主人，他的妻子与人私通。这位丈夫眼看就要回家了，妻子的情夫对此很担心。妻子却说：'你不用担心，我已经准备了药酒招待他。'过了两天，丈夫回到家中，妻子就让侍妾献上一壶酒给他喝。侍妾知道这是药酒，如果给男主人喝了，男主人就会被毒死；如果不给男主人喝，把事情的真相告诉男主人，那么女主人就会被赶出去。一番思量之下，她便假装跌倒，把毒酒全泼在地上。男主人大怒，用鞭子抽打侍妾惩罚她。侍妾泼掉毒酒，对上可以使男主人活命，对下可以保护女主人。她忠心耿耿到了这种程度，然而却免不了被鞭打的下场，这就是忠实诚信而招致的罪过。臣的事，不幸和那个侍妾倒掉药酒的事情类似。况且微臣侍奉大王，是讲求大义，希望有益于国家，如今却因此招致诽谤，臣恐怕今后来侍奉大王的臣子，再没人敢坚持大义了。况且臣游说齐王的时候，并不曾欺骗他。今后去游说齐国的人，再没人能说得出我的那一番言辞，即使他有尧、舜那样的才智，也做不到替大王收回十座城池了。"燕王说："你说得对。"于是又重新厚待苏秦。由此看来，我们明白，从某一方面上讲，欺骗就是诚信，诡诈就是忠实，欺骗诡诈的品行是忠实诚信的基础。

卷八　杂说

忠疑第二十四

原文

夫毁誉是非不可定矣。以汉高之略，而陈平之谋，毁之则疏，誉之则亲。以文帝之明，而魏尚①之忠，绳之以法则为罪，施之以德则为功。知世之听者，多有所尤尤，过。多有尤节，听必悖矣。何以知其然耶？

《吕氏春秋》云：人有亡斧者，意其邻之子。视其行步、颜色、言语、动作、态度，无为而不窃斧者也。窃掘其谷而得其斧谷，坑也，他日复见其邻之子，动作、态度，无似窃斧者也。其邻子非变也，己则变之。变之者无他，有所尤矣。

邾之故，为甲裳以帛以帛缀甲。公息忌②谓邾之君曰："不若以组。"邾君曰："善。"下令令官为甲必以组。公息忌因令其家皆为组。人有伤之者伤，败也，曰："公息忌所以欲用组者，其家为甲裳多为组也。"邾君不悦，于是乎止，无以组。邾君有所尤也。邾之故，为甲以组而便也，公息忌虽多为组，何伤？以组不便，公息忌虽无以为组，亦何益？为组与不为组，不足以累公息忌之说也累，辱也。凡听言不可不察。

---

① 魏尚：西汉官吏，汉文帝时为云中太守。他镇守边陲，防御匈奴，作战有功。后因上报朝廷的杀敌数字与实际不符，只差六颗头颅，被削职查办。郎中署长冯唐认为对魏尚的处理不当，当面向皇上直谏，文帝赦免了魏尚的罪过，恢复了他云中太守的官职。

② 公息忌：春秋时邾国大臣。

忠疑第二十四

楼缓曰："公父文伯①仕于鲁,病而死。女子为自杀于房中者二人。其母闻之,弗哭。其相室曰:'焉有子死而弗哭乎?'其母曰:'孔子,贤人也,逐于鲁而是人弗随之。今死,妇人为自杀,若是者,必其于长者薄,而于妇人厚。'故从母言之,是为贤母;从妻言之,是不免于妒妻也。"故其言一也,言者异,则人心变矣。

乐羊②为魏将,而攻中山。其子在中山,中山之君烹其子而遗之羹,乐羊尽啜之。文侯曰:"乐羊以我故,食其子之肉。"堵师③赞曰:"其子且食之,其谁不食?"乐羊罢中山,文侯赏其功而疑其心。

《淮南子》曰:亲母为其子扢秃,出血至耳,见者以为爱子之至也。使在于继母,则过者以为憎也。事之情一也,所从观者异耳。从城上视牛如羊,视羊如豚,所居高也。窥面于盘水则圆,于杯则鳍鳍音随,训亏也,面形不变。其故有所圆有所鳍者,所自窥之异也。今吾虽欲正身而待物,庸讵知世之所自窥我者乎?是知天下是非,无所定也。世各是其所是,非其所非。今吾欲择是而居之,择非而去之,不知世之所是非者。孰是孰非哉?议曰:夫忘家殉国,则以为不怀其亲,安能爱君?卫公子开方④、吴起、乐羊三人是也。若私其亲,则曰将受命之日则忘其家,临军约束则忘其亲,援桴鼓则忘其身。穰苴⑤杀庄贾⑥是也。故《传》曰:欲加之罪,能无辞乎?审是非者,则事情得也。故有忠而见疑者,不可不察。

---

① 公父文伯:春秋末鲁国贵族,其母为敬姜,以贤闻名。
② 乐羊:一作乐阳。中山国人,战国时魏国的大将,是乐毅先祖。
③ 堵师:西周礼仪中,全套编钟编磬各十六只一起悬挂起来演奏,称为"肆";若只需要演奏一半,即编钟编磬各八只,则称之为"堵",演奏难度要比全套更难,其演奏乐师即称"堵师"。
④ 开方:春秋时卫懿公的庶长子,见齐国称霸遂仕于齐,为齐桓公宠臣,管仲讥其背叛亲人来讨好君主,不讲人情。后与易牙、竖刁乱齐。
⑤ 穰苴:即田穰苴,又称司马穰苴。田姓,司马是官名,春秋时齐国大夫。以战功擢任大司马。战国时,齐威王曾派人整理其用兵之术,附于《古司马兵法》中,称《司马穰苴兵法》。一说他是战国时齐将,长于治兵,有兵法行世。
⑥ 庄贾:春秋时齐国将领。齐国发兵攻打燕国、晋国,他受任监军,因没按约定的时间到军营集合,被司马穰苴就地正法。

卷八　杂说

忠疑第二十四

译文

　　毁谤与赞誉，是与非，不可能有一个固定的标准的。以汉高祖刘邦那样的雄才大略，汉丞相陈平那样足智多谋，当有人向刘邦毁谤陈平时，刘邦就疏远他；有人赞誉陈平时，刘邦就亲近他。以汉文帝那样的英明，云中太守魏尚那样忠心耿耿的人，当魏尚被治罪时，文帝就认为他有罪，将他就地免职；当冯唐在文帝面前为魏尚歌功颂德之后，文帝就认为他有功，法外施恩，他又成了功臣。由此可知，光听别人说，往往会判断错误。判断多有错误，听到的情况和实际情况必然有很大差距。为什么这么说呢？

　　《吕氏春秋》有一则故事：有一个人丢了斧子，怀疑是邻居的儿子偷了，因而看邻居家儿子走路的步态、脸色、言语、举止、态度，没有一处不像是偷斧子的。后来，他挖掘土坑时无意中找到了那把斧子。过了几天，当他再看见邻居的儿子时，邻居家儿子的动作、态度却没有一点像偷斧子的了。他邻居的儿子没有改变，而是他自己的看法改变了。改变的原因不是别的，是当初的判断有错误。

　　春秋时，邾国过去制作铠甲护衣都使用丝帛<small>用丝帛连缀</small>。大臣公息忌对邾国国君说："不如改用丝带连缀。"邾国国君说："好。"于是下令，制作铠甲必须使用丝带连缀。公息忌因此让自己家人都去织丝带。有人

忠疑第二十四

在国君面前中伤他 中伤，败坏的意思，说："公息忌之所以建议用丝带，是因为他家编制丝带。"郈国国君听了很不高兴，于是就下令不准再用丝带连缀铠甲护衣。郈国国君的判断有问题。如果郈国制作铠甲护衣用丝带连缀很方便，公息忌家即使编织再多丝带又有什么妨碍呢？如果郈国用丝带连缀铠甲护衣不方便，公息忌家即使编织再多丝带又有什么好处？公息忌家编织丝带还是不编织丝带，都不足以影响公息忌所提出的建议有用与否。所以凡是听别人讲的话，都不能不仔细思考辨别。

楼缓说："公父文伯在鲁国做官，生病死了，有两名女子在家中为他自杀。公父文伯的母亲听到这个消息后并不哭泣。随嫁的侍妾说：'哪里有儿子死了而母亲不哭泣的？'公父文伯的母亲说：'孔子是个贤人，被鲁国弃置不用而去周游列国，我儿没有去追随孔子。如今他死了，而女人却为他自杀。可见他必定是对长者刻薄，而对女人却过分宠爱。'因为这话是出自母亲之口，人们就会认为她是贤明的母亲；如果这话出自妻子之口，人们就不免会认为这是一个好妒忌的妻子。"所以同样的话，说话的人不同，那么人们评论的心态就不一样。

春秋时，乐羊是魏国大将，率军攻打中山国。乐羊的儿子在中山国，中山国的国君便将乐羊的儿子煮了做成羹汤送给乐羊，乐羊一口气把羹汤全喝了。魏文侯感动地说："乐羊为了我吃他儿子的肉。"堵师赞却说："连他儿子的肉都能吃的人，还有谁的肉他不敢吃呢？"乐羊灭掉中山国后，魏文侯虽然奖赏了他，却怀疑他是个心地残忍的人。

《淮南子》有一则故事：亲生母亲为她的儿子治头疮，儿子的头被弄出了血，一直流到耳朵上，看见的人都认为这是疼爱儿子到极点了。假如这治头疮的事出自继母之手，那么过往的人见了就会认为这位继母太残忍了。事情是一样的，站的角度不同，就会得出不同的结论。从城楼上看城下的牛如同羊一样大小，看羊如同小猪一样大小，这是由于所站的地方太高了。拿一盘水当镜子照自己的脸，看到的可能是圆脸；拿一杯水当镜子照自己的脸，看到的脸可能是不完整的。脸形并没有变化，但照出来有时圆，有时又不完整，这是因为照的工具不同。如今我想要

卷八 杂说

端正自身来待人接物,可怎么能知道世上的人是站在什么角度来看待我呢?由此可知,天下的是与非本来就没有固定的标准。世上的人都是各有自己的是非标准,符合自己标准的就认为是对的,不符合自己标准的就认为是错的。如今我想要选择正确的一面去立身行事,摒弃错误的一面,可是不知道世人的是非标准和我的是非标准,到底哪个是对的,哪个是错的?评论:如果忘记小家而不惜一切为国家,那么就会被认为不能关心自己的亲人,还怎么能爱国君呢?卫国的公子开方、吴起和乐羊这三个人,都有这种经历。假如不愿离开亲人,那么又会有人说:大将从接受任命那一天起,就应该忘记自己的家;从到军中担负指挥责任那一天起,就应该忘记自己的亲人;从拿起鼓槌敲响战鼓那一天起,就要舍身忘死投入战斗。司马穰苴就是以这个理由杀死庄贾的。所以《左传》称:如果想治罪,还怕找不到合适的罪名吗?要判断是与非,看看上面的这些事例就全明白了。正是由于世间的事如此错综复杂,所以才会有忠心耿耿却被怀疑的情况出现。这个道理,不能不用心体察。

用无用第二十五

原文

古人有言曰:"得鸟者,罗之一目。然张一目之罗,终不能得鸟矣。鸟所以能远飞者,六翮之力也。然无众毛之助,则飞不能远矣。"以是推之,无用之为用也,大矣。故惠子①谓庄子曰"子言无用矣",庄子曰:"知无用而始可与言用矣。夫天地非不广且大也,人之所用容足耳。然则削足而垫之至黄泉,人尚有用乎?"惠子曰:"无用。"庄子曰:"然则无用之为用也,亦明矣。"昔陈平智有余而见疑,周勃质朴,忠而见信。夫仁义不足相怀,则智者以有余见疑,而朴者以不足取信矣。汉征处士樊英②、杨厚③,朝廷若待神明,至,竟无他异。李固④、朱穆⑤以为处士纯盗虚名,

---

① 惠子:即惠施。战国时宋国人。曾任梁国相。善辩。与庄周友善。
② 樊英:东汉易学家、术数名家,字季齐。长期隐居,收徒讲学。习京氏易学,兼明五经,隐居在壶山之阳,著《易章句》,被称为樊氏学。汉顺帝请他出山,不得已出仕。入京后又无奇谋深策,令皇帝大为失望。
③ 杨厚:东汉杨统之子,字仲桓。汉顺帝时遣特使请至长安,累官至侍中。每有灾异,杨厚则上消救之法,而宦官专政,言不得信。后称病归,教授门徒至三千余人。
④ 李固:字子坚,东汉时著名的忠正耿直的大臣,年轻时便以学问而著名,曾担任荆州刺史及泰山郡太守、大匠及大司农,他坚决与梁冀一派腐朽势力作斗争。公元147年,李固被梁冀诬告杀害。
⑤ 朱穆:字公叔,东汉大臣。汉顺帝末年,大将军梁冀命他典兵事,桓帝时任侍御史。有感于世态炎凉,作《崇厚论》、《绝交论》。后出任冀州刺史,镇压起事灾民。因触犯宦官,罚作刑徒,因千人上书为之鸣不平,才得以赦免。居乡数年,又拜为尚书。上书请除宦官未成,忧愤而死。

卷八 杂说

无益于用。然而后进希之以成器，世主礼之以得众孔子称：举逸人，天下之人归心焉。燕昭尊郭隗①，以致剧、乐②；齐桓礼九九之术，以招英俊之类也。原其无用，亦所以为用也。而惑者忽不践之地，赊无用之功，至乃诮诊远术，贱斥国华，不亦过乎？

---

① 郭隗：战国时燕国大臣。燕昭王志在报复齐国，礼贤下士，广招人才，托他广为物色。他认为帝王之臣，实同师友，欲礼贤臣，请先我郭隗始。昭王为他改筑宫室，待以师礼，于是士人争赴燕国。

② 剧、乐：剧指剧辛，战国时燕国将领。原为赵国人，后出奔燕。率军击赵，为庞煖所俘，被杀。一说燕昭王招徕贤才，他由赵入燕，曾为昭王之臣。乐指乐毅，详前注。

用无用第二十五

译文

　　古人说过:"捕鸟时,抓住鸟的只是罗网上的一个网眼。然而只张开一个网眼的罗网,是永远抓不到鸟的。鸟之所以能飞得远,主要是靠翅膀上六根大羽毛的力量,然而如果没有其它众多羽毛的辅助,鸟也是飞不远的。"以此推论,看似无用的东西,实际上可能有很大的作用。所以,当惠子对庄子说"你的学问都是无用的空话"时,庄子说:"知道了无用的道理,才可以跟他谈论有用的道理。大地不是不广阔,可是人们占用的,仅仅只是能容下双脚的地方罢了。可是假如把除脚下占用的地方之外无用的土地都铲掉,直到阴曹地府,那仅可供人立足的地方还有什么用?"惠子说:"没用。"庄子说:"既然这样,无用就是有用,这很明显了。"从前陈平足智多谋却被刘邦怀疑,周勃为人非常质朴,因此被刘邦认为忠诚而受到信任。当仁义不足以使人们相互信任的时候,聪明人就会因足智多谋被猜疑,而质朴的人却会因智谋不足获得了信任。东汉时,皇帝征召隐士樊英、杨厚入朝为官,朝廷盼他们就像盼神明一样。可当他们到任后,人们发现他们也没什么过人之处。大臣李固、朱穆认为这班隐士纯属欺世盗名,对国家没什么用处。然而,后生晚辈都因仰慕他们的名气而成了大器,皇帝礼遇他们因而得到了更多的人才孔

卷八 杂说

子说：把隐士都请出来做官，天下之人心都会归心于你。燕昭王因为礼遇郭隗，才招来了剧辛、乐毅这样的人才；齐桓公推崇九九之术，目的也是为了招揽人才。推究起来，无用实际上就是有用。不明白这个道理的人就会忽视不踩在脚下无用的土地，看不见无用之物的特殊功用，甚至于嘲笑这种理论是迂腐的空谈，轻视排斥有才华的隐士。这不是太过分了吗？

恩生怨第二十六

原文

　　《传》称：谚曰：非所怨，勿怨，寡人怨矣。是知凡怨者，不怨于所疏，必怨于亲密。何以明之？高子①曰："《小弁》②，小人之诗也。"孟子曰："何以言之？"高子曰："怨乎！"孟子曰："固哉，夫高叟之为诗也。有越人于此，关弓而射我，我则谈笑而道之，无他，疏之也；兄弟关弓而射我，我则泣涕而道之，无他，戚之也。然则《小弁》之怨，亲亲也。亲亲，仁也《小弁》，刺幽王也，太子之傅作焉。"

　　晋使韩简子③视秦师，云："师少于我，斗士倍我。"公曰："何故？"对曰："出因其资，入用其宠，饥食其粟，三施而不报，所以来也观秦怨而来，则知至恩必有至怨矣。"

---

① 高子：名傒，字敬仲，春秋时齐国世臣，在卿大夫中声望最高。公元前686年，公孙无知等作乱，杀齐襄公自立，高傒等用计诛除乱党，并拥立公子小白为齐桓公。

② 《小弁》：出自《诗经·小雅》。是一首充满着忧愤情绪的哀怨诗，大致内容是：诗人的父亲听信了谗言，把他放逐，致使他幽怨哀伤、寤寐不安、怨天尤父、零泪悲怀。

③ 韩简子：春秋时晋国大夫。名不信，是春秋时期晋国韩氏的领袖。承袭父亲韩贞子担任韩氏的领袖，仕晋出公。

卷八　杂说

　　杜邺①说王音②曰："邺闻人情，恩深者，其养谨；爱至者，其求谨。夫戚而不见异，亲而不见殊戚，近也；殊，谓异于疏者也，孰能无怨？此《棠棣》③、《角弓》④ 之所作也。"由此观之，故知怨也者，亲之也；恩也者，怨之所生也。不可不察。

---

　　①　杜邺：字子夏，西汉大臣，累官至凉州刺史，后因病去职。他为人宽厚，平易近人，并善于辞令，尤工古文。杜邺留有文集五卷。
　　②　王音：西汉大臣，成帝时权臣王凤的堂弟，深得王凤喜爱，接替王凤担任大司马，封车骑将军、安阳侯、安阳敬侯。
　　③　《棠棣》：出自《诗经·小雅》。是周人宴会兄弟时，歌唱兄弟亲情的诗。
　　④　《角弓》：出自《诗经·小雅》。是告诫君王不要疏远兄弟亲戚，而亲近谗佞小人的诗。

恩生怨第二十六

译文

　　《左传》中引用了这样一句谚语：不该怨恨的不要怨恨，就很少有怨恨了。由此可见，凡是有所怨恨的，不是怨恨他所疏远的人，一定是怨恨和他亲密的人。为什么这么说呢？高子说："《诗经》中的《小弁》是小人写的诗。"孟子说："为什么这么说？"高子说："这诗中充满怨恨。"孟子说："高子论诗太机械了。如果有一个越国人在这里，张弓搭箭射我，我可以一边谈笑一边叙说这件事。没有别的原因，就因为我和他素不相识。如果我的兄弟张弓搭箭射我，我就会痛哭流涕诉说这件事。没有别的原因，因为我和他是亲人。那么，《小弁》诗中的怨恨，正是热爱亲人的表现。热爱亲人，就是仁义《小弁》这首诗，是讽刺周幽王的，太子的老师所写。"

　　秦、晋两国交战，晋惠公派韩简子去考察秦军的阵容。韩简子回来说："秦军人数比我们少，可斗士却是我们的两倍。"晋惠公说："为什么？"韩简子回答说："我们出国流亡时曾经靠秦国资助，回国时曾经接受秦国护送，国内闹饥荒时秦国又曾给我们粮食吃。受了人家三次的恩惠却不去报答，所以秦军才来攻打我们分析秦军因怨恨而来攻打晋国的事情就可以知道，如果不能做到知恩必报，给予的恩德越重，产生的怨恨越大。"

卷八 杂说

杜邺劝王音说："我听说，按人之常情，恩情深的人，对他的敬养必须特别谨慎；越是喜爱的人，对他的要求越是要谨慎。关系亲密却和别人一样，亲近之人却没得到特殊礼遇，怎么会不招致怨恨呢？这就是《棠棣》、《角弓》这些诗作产生的原因。"由此看来，怨恨，反而是亲近的表现；恩情，正是怨恨产生的根源。这些道理，不能不明察。

诡顺第二十七

原文

赵子曰:"夫云雷世屯,瞻乌①未定,当此时也,在君为君,委质治人,各为其主用职耳。故高祖赏季布之罪,晋文嘉寺人之过,虽前窘,莫之怨也,可谓通于大体矣。"昔晋文公初出亡,献公使寺人披攻之蒲城,披斩其袪。及反国,郤、吕②畏逼,将焚公宫而杀之。寺人披请见,公使让之曰:"蒲城之役,君命一宿,汝即至。其后余从狄君以田渭滨,汝为惠公来,求杀余,命汝三宿,汝中宿至。虽有君命,何其速也?"对曰:"臣谓君之入也,其知之矣。若犹未也,又将及难。君命无二,古之制也。除君之恶,唯力是视。蒲人、狄人,余何有焉?今君即位,其无蒲、狄乎?齐桓公置射钩而使管仲相,君若易之,何辱命焉?行者甚众,岂唯刑臣国君而仇匹夫,惧者甚众也。"公见之,以难告,得免吕、郤之难韩子曰:齐、晋绝嗣,不亦宜乎?桓公能用管仲之功,而忘射钩之怨;文公能听寺人之言,而弃斩袪之罪。桓公、文君能容二子也。后世之君,明不能及二公;后世之臣,贤不如二子。以不忠之臣,以事不明之君。君不知,则有子罕③、田常之劫;知之,则因

---

① 瞻乌:比喻乱世无所归依之民。语出《诗经·小雅·正月》:哀我人斯,于何从禄?瞻乌爰止,于谁之屋?

② 郤、吕:指郤芮、吕甥,都是晋惠公的大臣。

③ 子罕:即乐喜,字子罕,春秋时宋国的贤臣。于宋平公时为司城,位列六卿。

卷八　杂说

以管仲、寺人自解。君必不诛，而自以为有桓、文之德，是臣其仇而明不能烛，多假之资。自以为贤而不惑，则虽无后嗣，不亦可乎？

　　陈轸与张仪俱事秦惠王，惠王皆重之。二人争宠，仪恶轸于王曰："轸重币轻使秦、楚之间，将为交也。今楚不善于秦而善于轸，轸为楚厚，为秦薄也。轸欲去秦而之楚，王何不听之？"王乃召轸而问之，轸曰："臣愿之楚，臣出，必故之楚，且明臣为楚与不也。昔楚有两妻者，王闻之乎？"王曰："弗闻。"轸曰："楚有两妻者，人挑其长者，长者骂之；挑其少者，少者复挑之。居无几何，有两妻者死，客谓挑者曰：'为汝娶少者乎，长者乎？'挑者曰：'娶长者。'客：'长者骂汝，少者复挑汝，汝何故娶长者？'挑者曰：'居人之所，则欲其挑我；为我之妻，则欲其骂人。'今楚王，明主；昭阳，贤相。使轸为臣，常以国情输楚，楚王将不留臣，昭阳将不与臣从事矣。臣何故之楚？臣出必故之楚，足以明臣为楚与不也。"轸出，仪入，问王曰："轸果欲之楚不？"王曰："然。"仪曰："轸不为楚，楚王何为欲之？"王复以仪言谓轸，轸曰："然。"王曰："仪之言果信矣。"轸曰："非独仪知之，行道之人尽知之矣。子胥忠于君，而天下皆争以为臣；曾参、孝己爱于亲，而天下皆愿以为子。故卖仆妾不出闾巷售者，良仆妾也；出妇嫁于乡曲者，必善妇也。今轸若不忠于君，楚亦何以为臣乎？忠且见弃，轸不之楚，将何归乎？"王以其言为然，遂厚待之。惠王终相张仪，轸遂奔楚张仪初恶陈轸于魏王曰：轸犹善楚，为求地甚力。左爽谓陈轸曰：仪善于魏王，魏王甚信之，公虽百说，犹不听也。公不如以仪之言为质，而得复楚。轸曰：善。因使人以张仪之言闻于楚王，楚王喜，欲复之，轸乃奔楚也。

　　韩信初为齐王时，蒯通说使三分天下，信不听。后知汉畏恶其能，乃与陈豨谋反。事泄，吕太后以计擒之。方斩，曰："吾悔不听蒯通之计，乃为儿女子所诈，岂非天哉？"高祖自将伐陈豨于钜鹿，信称疾不从，欲于中起。信舍人得罪于信，信囚欲杀之。舍人弟上变告信欲反状于吕后，吕后欲召，恐其党不就，乃与萧相国谋，诈令人从上所来，言豨已得死，列侯、群臣皆贺。相国诈信曰：虽病，强入贺！信入，吕后使武士缚信，斩之也。高帝归，乃诏齐捕通。通至，上曰："若教淮阴侯反耶？"曰："然。臣固教之，竖子不用臣之策，

诡顺第二十七

故今自夷于此。如彼竖子用臣之计，陛下安得而夷之乎？"上怒曰："烹之！"通曰："嗟乎！冤哉烹也！"上曰："若教韩信反，何冤？"对曰："秦之纲弛而维绝，山东大扰，异姓并起，英俊乌聚，秦失其鹿，天下共逐之。于是高材疾走者先得焉。跖之狗吠尧，尧非不仁，狗固吠非其主。当是时，臣独知韩信，非知陛下也。且天下锐精持锋欲为陛下所求者甚众，故力不能耳，又可尽烹耶？"高帝曰："置之。"乃释通之罪也 豹勃常恶田单，曰：安平君，小人也。安平君闻之，故为酒而召豹勃，曰：单何以得罪于先生，故常见誉于朝？豹勃曰：跖之狗吠尧，非贵跖而贱尧也，狗固吠非其人也。且今使公孙子贤而徐子不肖，然而使公孙子与徐子斗，徐子之狗因攫公孙子之腓而噬之。若乃得去不肖者而为贤者，狗岂特攫其腓而噬之哉？安平君曰：敬闻命矣。任之于王。后田单得免九子之谗，豹勃之力也。

初，吴王濞与七国谋反，及发，济北王①欲自杀。齐人公孙獟②俱碧反谓济北王曰："臣请试为大王明说梁王，通意天子，说而不用，死未晚也。"公孙獟遂见梁王，曰："夫济北之地，东接强齐，南牵吴、越，北胁燕、赵。此四分五裂之国，权不足以自守，劲不足以捍寇，又非有奇佐之士以待难也。虽坠 坠，失也 言于吴，非其正计也。昔郑祭仲许宋人立公子突以活其君，非义也。《春秋》记之，为其以生易死，以存易亡也。向使济北见情实，示不从之端，则吴必先历齐，毕济北，招燕、赵而总之。如此，则山东之从结而无隙矣。今吴、楚之王练诸侯之兵，驱白徒之众，西与天子争衡。济北独底节坚守不下，使吴失与而无助，跬行独进，瓦解土崩，破败而不救者，未必非济北之力也。夫以区区之济北，而与诸侯争强，是以羔犊之弱，而捍虎狼之敌也。守职不挠，可谓诚一矣。功义如此，尚见疑于上，胁肩低首，累足抚襟，使有自悔不前之心 悔不与吴西也，非社稷之利也。臣恐藩臣守职者疑之。臣窃料之，能历西山，径长乐，抵未央，攘袂而正议者，独大王耳。上有全亡之功，下有安百姓之名，德沦于骨髓，恩加于无穷。愿大王留意详惟之。"孝王大

---

① 济北王：即刘志，西汉诸侯王。
② 公孙獟：西汉济北王幕僚。

悦,使人驰以闻,济北王得不坐,徙封于菑川。

陈琳典袁绍文章,袁氏败,琳归太祖。太祖谓曰:"卿昔为本初移书,但可罪状孤而已,恶止其身,何乃上及祖父耶?"琳谢曰:"楚、汉未分,蒯通进策于韩信;乾时之战,管仲肆力于子纠。唯欲效计其主,取福一时。故跖之客,可以刺由;桀之狗,可使吠尧也。今明公必能进贤于忿后,弃愚于爱前,四方革面,英豪宅心矣。唯明公裁之。"太祖曰:"善。"厚待之。

由此观之,是知晋侯杀里克①,汉祖戮丁公②,石勒诛枣嵩③,刘备薄许靖④,良有以也。故范晔曰:"夫人守义于故主,斯可以事新主;耻以其众受宠,斯可以受大宠。"若乃言之者虽诚,而闻之者未譬。岂苟进之悦,易以情纳;持正之忤,难以理求。诚能释利以循道,居方以从义,君子之概也。

---

① 里克:春秋前期晋国卿大夫,晋献公的股肱之臣,太子申生的坚决拥护者,能征善战的统帅。晋惠公即位后,对权臣里克总是放心不下,为了压制里克,在军政要务中多安插自己的亲信。后晋惠公派邳芮带领着邳氏亲兵,包围里克家。里克自尽而亡。

② 丁公:名固,季布同母异父弟。初为项羽部将,楚汉相争时曾放刘邦逃走。项羽败亡后,丁公谒见刘邦,刘邦以丁公不能忠于项羽而将其杀死。

③ 枣嵩:字台产,西晋幽州刺史王浚的女婿,曾劝说王浚和石勒交好,最终导致王浚家破人亡。王浚死后,投降石勒,被石勒所杀。

④ 许靖:字文休,三国时曾任益州牧刘璋的巴郡、广汉太守。后刘备围成都,许靖准备背叛刘璋逃跑,后失败被捕。刘备夺益州后,出于招纳人才的需要任用许靖,但因为他曾背叛刘璋,对他甚为轻视。

诡顺第二十七

译文

　　赵蕤说:"在时局不明朗、天下未定的时候,做哪位君王的属下,就为哪位君王效力,全心全意侍奉君主,尽到为君主服务的职责。所以汉高祖刘邦赦免了项羽旧部季布曾经攻打自己的罪过,晋文公重耳原谅了旧朝将领寺人披曾追杀过他的过错。虽然这两位君王从前都遭受过他们的羞辱,但并不怨恨他们,可以说是识大体的人。"春秋时,晋文公重耳刚开始流亡的时候,晋献公命令寺人披前往蒲城追击他。战斗中,寺人披斩断了重耳的一只袖子。等到重耳返回晋国成为晋文公以后,郤芮、吕甥等人害怕遭到重耳报复,就想焚毁重耳的宫室,杀死重耳。寺人披知道了这一阴谋后,请求进见重耳,重耳派人指责他说:"蒲城那次战役,献公命令你一夜赶到,你不到一夜就到了。这之后,我跟狄国国君在渭水边打猎,你受晋惠公的指派来杀我。惠公命令你三夜赶到,你第二夜就赶到了。虽然是国君的指使,但是你为什么那么着急要杀掉我呢?"寺人披回答说:"臣原以为您这次回国,应该已经知道如何当一个国君了。如果现在您还不知道如何做一个国君,那您就危险了。执行国君的命令不能三心二意,这是自古就有的准则。除掉国君的敌人,只尽我最大的能力去做。至于杀的是蒲城人还是狄国人,那和我有什么关系呢?现在您登上了国君的宝座,难道就没有厌恶、仇视的人了吗?当初,

卷八 杂说

管仲为公子纠效力的时候，曾在一次战斗中射中了齐桓公的衣带钩，齐桓公放下旧怨，反而让管仲担任相国，您如果不能像齐桓公对待管仲那样有容人之量，又何必烦劳人来指责我呢？想要逃走的人太多了，岂止我这有罪之臣呢？身为国君却记恨臣民的过错，需要担心受迫害的人就太多了。"晋文公听了这番话便接见了寺人披。寺人披把郄芮、吕甥等人即将谋反的事情告诉了晋文公，晋文公才得以避免了一场灾难韩非子说：齐、晋两国后来都被异姓之臣取而代之，断绝了宗庙的祭祀，不是很正常吗？齐桓公能够放下管仲射中自己衣带钩的旧怨，重用管仲的才能；晋文公能够听进寺人披的忠言，原谅了寺人披斩断自己袖口的罪过。这是齐桓公、晋文公有容人之量。后世的君主，英明比不上齐桓公、晋文公；后世的臣子，贤能也比不上管仲、寺人披。以不忠之臣去侍奉昏庸的君主，君主不知道臣子不忠，就会有子罕弑宋君、田常弑齐简公那样的劫难；君主如果知道臣子不忠，臣子就会用管仲、寺人披那样的先例为自己辩解。君主一定不会诛杀他们，而自认为这样做就是有齐桓公、晋文公那样的德行。这是用仇人为臣而自己的聪明又不能洞察他们的阴谋，还为他们提供很多作乱的条件。后世不及桓公、文公的君主，却自认为贤能不糊涂，那么最终导致国破家亡，不也是顺理成章的吗？

陈轸和张仪同时都侍奉秦惠王，秦惠王对两个人都很器重。他们二人经常在秦惠王面前争宠。张仪在惠王面前诋毁陈轸，说："陈轸带着重金，很方便地来往于秦、楚两国之间，为的是秦、楚两国建立友好邦交。可如今楚国对秦国并不友好，却对陈轸个人非常友好，这说明陈轸为楚国的利益考虑得多，为秦国的利益付出得少。陈轸想离开秦国到楚国去，大王何不索性让他去呢？"秦惠王于是召陈轸来查问这件事。陈轸说："臣愿意到楚国去。我之所以离开秦国一定去楚国，是为了证明我是否私下投靠了楚国。从前，楚国有一个人娶了两个妻子，大王听过他的故事吗？"秦惠王说："没听过。"陈轸说："楚国有个人娶了两个妻子，有人去勾引那位年龄大点的，结果被骂了一顿；这个人又去勾引那个年轻的，年轻的妻子又反过来挑逗他。过了不久，那位娶了两个妻子的楚国人死了，有人问那个勾引别人妻子的人：'要是让你在这两个妻子中挑一个娶过门，你会娶哪一个？'那人说：'娶年龄大点的。'问话的人有些不解：'年龄大的骂过你，年轻的还反过来挑逗你，你为什么反而要娶那个年龄大点的呢?'那人回答说:'当她还是人家妻子的时候,我当然希望她来挑逗我。但要成为我的妻子,我就希望她能责骂勾引她的外人。'如今楚王是明君,昭阳是贤能的丞相。假如我陈轸作为秦臣却经常把秦国的情报送给楚国,楚王一定不会留用我,昭阳也不会愿意和我共事。我为什么要去楚国呢?我离开秦国后一定要去楚国,这才可以证明我私下里没有投靠楚国。"陈轸出去后,张仪便进来问秦惠王:"陈轸是不是真的要去楚国?"惠王说:"是这样。"张仪说:"如果陈轸不替楚国效力,楚王为什么要收留他呢?"秦惠王便把张仪的话对陈轸讲了,陈轸说:"的确如此。"秦惠王说:"张仪说的果然是真的。"陈轸说:"不仅仅张仪知道这个道理,路上的行人都知道这个道理。伍子胥忠于君主,于是天下的君主都争相招揽他做自己的臣子;曾参、孝己都很孝顺,都很爱自己的父母,于是天下的父母都愿意有这样的儿子。所以卖仆人、侍妾,不出巷子就能卖出去的,那一定是非常好的仆人、侍妾。被休的媳妇又嫁给了本乡本土的人家,那一定是个好媳妇。我假如不忠于自己的国君,楚王又怎么会用我做臣子呢?忠心耿耿反而被弃置不用,我不去楚国又该去哪儿呢?"秦惠王认为陈轸的话很有道理,于是便对他特别好。但秦惠王最终还是任命张仪做相国,陈轸于是投奔了楚国张仪最初对秦惠王中伤陈轸时说:陈轸还是对楚国好,为楚国向秦国要土地很卖力。有个叫左爽的人对陈轸说:张仪与秦惠王关系很好,惠王非常信任他。您虽然不愿意听,我还是要奉劝您。您不如把张仪的话作为证明,从而使您得以再回到楚国去。陈轸说:好吧。于是派人把张仪的话转达给楚王听,楚王听后很高兴,希望陈轸重返楚国。陈轸于是投奔楚国去了。

　　韩信刚被封为齐王的时候,蒯通游说韩信,让他与项羽、刘邦三人平分天下,韩信不听。后来,韩信知道汉王刘邦对他的才能又恨又怕,就与陈豨合谋造反。事情败露后,吕后用计生擒了韩信。就要处斩的时候,韩信说:"我后悔当初不听蒯通的话,才被小人女子欺骗,这难道是天意吗?"汉高祖刘邦亲自率领大军到钜鹿讨伐陈豨。韩信谎称有病,不跟刘邦前去,想要借机起事。韩信的侍从得罪了韩信,韩信把他抓了起来准备杀他。侍从的弟弟便上书朝廷,向吕后告发了韩信要谋反。吕后想要召韩信进宫,又恐怕韩信的党羽不肯就

卷八 杂说

范,于是与相国萧何商议,萧何建议可以派人去韩信那里,假称是从皇上那里回来,说陈豨已经被杀,列侯、群臣都去朝廷祝贺。萧何欺骗韩信说:尽管你病了,还是要勉为其难,好歹去祝贺一下。韩信听了他的话。韩信入宫之后,吕后就指使武士把他捆绑起来杀了。汉高祖班师回朝后,就下诏命齐国逮捕蒯通。蒯通被押到长安,刘邦问:"是你教唆淮阴侯韩信谋反吗?"蒯通回答说:"是的。臣的确曾经劝他造反,只是那小子没用我的计策,因此才落到被杀这个下场。如果那小子用了我的计谋,陛下您又怎么能杀得了他呢?"刘邦大怒说:"煮了他!"蒯通说:"哎呀,煮得冤枉啊!"刘邦问:"你教唆韩信谋反,还有什么冤可喊?"蒯通回答说:"秦朝纲纪废弛,崤山以东大乱,各家诸侯蜂拥而起,英雄豪杰像乌鸦聚集时那么多。秦朝的帝位就如同一只走失的鹿,天下的人都去追逐它。只有身材高大又跑得快的人才能够先得到它。盗跖的狗朝着尧狂叫,并不是因为尧不仁,狗的本性就是对他主人之外的人狂叫。我为韩信谋划的时候,只知道有韩信,不知道还有陛下您。况且手持利器打算像陛下一样争夺天下的人太多了,只是他们的实力不够罢了,您能把他们全部煮了吗?"汉高祖说:"放了他吧。"于是赦免了蒯通的罪过战国时齐国的貂勃常常中伤田单,说:安平君田单是个小人。田单听了这话,就置办了一桌酒席请貂勃来,说:我什么时候得罪了先生呢?我还常常在朝廷上称赞你呢。貂勃说:盗跖的狗朝着尧狂叫,并不是认为盗跖高贵而尧卑贱,狗只懂得对不是他主人的人狂叫罢了。再比方说,假使现在有两个人:公孙子贤能,徐子不贤能。可是如果让公孙子与徐子打斗,徐子的狗必然会用爪子去抓公孙子,咬他的小腿肚子。如果那条狗能够脱离不贤能的人而成为贤能的人的狗,再遇到贤能的人和不贤能的人冲突的情形,它还会抓住贤能的人的腿肚子乱咬一气吗?安平君田单马上说:我受教了。于是向齐王推荐貂勃,任用他做官。后来田单能够逃过九子进谗言的大难,貂勃起了很大作用。

当初,吴王刘濞等七国图谋造反,事情败露后,济北王便打算自杀。齐地人公孙獝对济北王说:"请让臣试着替大王您去游说梁王,让梁王替我们向天子说说苦衷。如果我的游说没有作用,您再寻死也不迟。"于是公孙獝就去求见梁王,对梁王说:"济北这个地方,东边挨着强大的齐国,南边受吴、越等国的牵制,北边受燕、赵等国的胁迫,这是个四分五裂的国家，它的权势不足以守卫自己的封地，力量也不足以抵御强敌，又缺少有奇谋妙计的能人辅佐，很难应对困境。虽然济北王一时失言，对吴王说了不该说的话，但那不是济北王的本意。从前郑国的祭仲被宋国逼迫，答应立来自于宋国的妃子所生的儿子公子突为国君，是为了借此保住国君郑昭公的性命。尽管这种作法不符合臣子之义，但是《春秋》还是记下了这件事，因为祭仲这样做的结果是保住了郑昭公的性命，使郑国免遭灭亡。假如当初济北王表露了自己的真实想法，明确表示不服从吴王刘濞，那么吴王必定会经过齐国，占领济北，招集燕、赵两国的军队归他统一指挥。这样一来，那么崤山以东各诸侯国就会结成合纵联盟，而且无隙可击了。如今吴王、楚王指挥七国诸侯的军队，驱赶未经训练的乌合之众，向西进军与天子争夺天下。济北国坚守不降，使吴军失去援助，只能独自进兵，行动缓慢，最终土崩瓦解，遭到不可挽回的惨败，这未必不是济北王的功劳呀。如果当初以小小的济北国去与吴、楚等七国诸侯争强，那就好比用柔弱的羊羔、牛犊去对抗凶狠的猛虎、豺狼，只有死路一条。济北王忠于职守，不屈不挠，对皇上可以说是忠贞不二。有这样的功劳，又如此忠心，尚且还被皇上猜疑，只能缩着肩膀，低着脑袋，叠着双脚，抚着衣襟，诚惶诚恐地等待处分，那济北王就会后悔为什么不索性豁出去了后悔不与吴国一起向西与天子作战，这样对国家也没什么好处。臣担心别的忠于职守的诸侯王，他们也会因此怀疑自己是否也会有济北王一样的下场。臣私下琢磨，有能力经过西山，到达长安，通过太后向皇帝忠言直谏、主持公道的，也只有大王您了。如果成功，大王您对上有保全国家免于灭亡的功劳，对下有使百姓安居乐业的美名，您的大恩大德将使人刻骨铭心，永远不忘。希望大王您多多留意，仔细想一想。"梁孝王听后大为高兴，派人骑上快马直奔京城把上述情况报告给皇帝。济北王因此得以不被牵连治罪，改封为淄川王。

三国时，陈琳曾负责为袁绍起草文书，袁绍失败后，陈琳归附了魏太祖曹操。曹操对陈琳说："你过去替袁绍写檄文声讨我，只需要历数我的罪状就好了，因为罪恶只是我自身所犯下的，为什么还要骂我的祖

卷八　杂说

父呢？"陈琳谢罪说："当楚、汉没分出胜负的时候，蒯通曾向韩信献计，劝韩信与项羽、刘邦三分天下；齐、鲁乾时之战时，管仲竭力为公子纠效命，射中了齐桓公的衣带钩。他们都是只想替自己的主人效力，帮助其主人获取一时的好处。所以，盗跖的门客可以去刺杀许由，夏桀的狗也可以向尧狂叫。现在以您的英明，必定能摒弃前嫌，重用曾经和您有嫌隙的贤明之士；摒弃私情，罢免您喜欢的平庸之材。那么四方豪杰就会改变态度，归顺于您了。希望您公正地裁决这个问题。"曹操说："讲得好。"于是厚待陈琳。

　　由此看来，晋惠公杀掉不忠于怀公的里克，汉高祖杀掉不忠于项羽的丁公，石勒杀掉连累其岳父王浚的枣嵩，刘备看不起不忠于刘璋的许靖，确实是很有道理的。所以范晔说："人只有忠于昔日的君主，才可以忠心侍奉新的君主；只有以随声附和而受宠为耻辱，才可以受到特别的宠信。"即使进言者忠心耿耿，听的人却不一定明白。那岂不是谄媚取悦的意见容易被采纳，而坚持正义却多有冒犯的逆耳忠言却很难被接受吗？如果确实能放弃功利去遵循正道，处事方正，坚持大义，那才是君子的作风。

难必第二十八夫忠为事君之首,龙逢斩,比干诛;孝称德行之先,孝己忧,而曾参泣。遇好文之主,贾谊被谪于长沙;当用武之时,李广无封侯之爵。又云:意合,异类生爱;意不合,至亲交兵

原文

夫人主莫不欲其臣之忠,而忠未必信。故伍员流于江,苌弘死于蜀,其血三年而化为碧。凡人亲莫不欲其子之孝,而孝未必爱。故孝己忧而曾参悲。此难必者也。何以言之?语曰:羿关弧则越人之行自若,弱子关弧则慈母入室闭户。故可必则越人不疑羿,不可必则慈母逃弱子也。

魏文侯问狐卷子曰:"父子、兄弟、君臣之贤足恃乎?"对曰:"不足恃也。何者?父贤不过尧,而丹朱放;子贤不过舜,而瞽叟拘;兄贤不过舜,而象傲;弟贤不过周公,而管叔诛;臣贤不过汤、武,而桀、纣伐。望人者不至,恃人者不久。君欲理亦从身始,人何可恃乎?"

汉时梁孝王①藏匿羊胜②、公孙诡③。韩安国泣说梁孝王曰:"大王自度于皇帝皇帝,景帝也,是梁孝王兄,孰与太上皇之与高皇帝及皇帝之与临江王亲临江王,景帝太子也?"孝王曰:"弗如也。"安国曰:"夫太上、临

---

① 梁孝王:即刘武,西汉诸侯王,汉文帝刘恒的嫡次子。
② 羊胜:西汉文士。梁孝王怨袁盎等阻碍汉景帝立自己为嗣,即与羊胜、公孙诡等合谋,刺杀袁盎等议臣十余人。后来景帝遣使至梁搜捕,他被逼自杀。
③ 公孙诡:西汉文士。吴、楚七国之乱后,梁孝王招延四方文士,他与羊胜、邹阳等皆游于梁。多奇计,甚得宠信,官至中尉,号称"公孙将军"。孝王怨袁盎等阻景帝立自己为嗣,与他、羊胜合谋,刺杀袁盎等议臣十余人,后景帝遣使至梁抓他,他被逼自杀。

卷八　杂说

江，亲父子间，然而高帝曰：'提三尺剑取天下者，朕也。'故太上终不得制事，居栎阳。临江王，嫡长太子也，以言过废，王临江景尝属诸姬，太子母栗姬言不逊，由是废太子，栗姬忧死也，用宫垣事，卒自杀中尉府。何者？治天下终不以私害公。语曰：虽有亲父，安知其不为虎？虽有亲兄，安知其不为狼？今大王列在诸侯，悦一邪臣浮说，犯上禁，挠明法。天子以太后故，不忍致法于王。太后日夜泣涕幸大王自改，而大王终不觉悟。又如太后车即晏驾，大王尚谁攀乎？"语未卒，孝王出羊胜等景帝弟梁孝王用羊胜、公孙诡之计，求为汉太子，恐大臣不听，乃阴使人刺汉用事谋臣袁盎。帝闻诡、胜计，遣使十辈，举国大索，捕诡、胜，不得。内史韩安国闻诡、胜匿孝王所，入见王，说之。王出诡、胜，诡、胜自杀也。

由是观之，安存其可必哉？语曰：以权利合者，权利尽而交疏。又曰：以色事人者，色衰则爱绝。此言财色不可必也。墨子曰："虽有慈父，不爱无益之子。"黄石公曰："主不可以无德，无德则臣叛。"此言臣子不可必也。《诗》云：自求伊祐。有旨哉，有旨哉！

难必第二十八 忠诚是臣子侍奉君主的首要道德标准,可是忠于夏桀的关龙逢却被处斩,忠于商纣的比干也被剖心;对父母是否尽孝道是衡量一个人道德品行最重要的标准,可是殷高宗的孝子孝己却还要担心后母进谗言害自己,而孝子曾参也因不被母亲信任而哭泣。生逢爱好文学的君主汉文帝,以文章著称的贾谊却被贬到长沙;正当抗击匈奴的用兵之时,名将李广却终生无法封侯。于是又有这样的说法:意气相投,不同类的人也会产生友爱;心思不合,最亲近的人也会刀兵相见。

译文

凡是君主,没有不希望他的臣子忠诚的,然而忠诚的臣子未必能得到信任。因此,忠于吴王阖闾的伍子胥被沉入钱塘江,忠于周敬王的苌弘却被杀死在蜀地,他的血存放三年后化成了碧玉。凡是为人父母的,没有不希望儿子孝顺的,然而孝顺的儿子未必能得到父母的喜爱。因此,孝己尽管对父亲殷高宗非常孝顺,却担心后母的谗言加害;而孝子曾参也因不被母亲信任而悲泣。这说明凡事都不是必然的。为什么这样说呢?古语说:后羿弯弓要射击,附近的越国人却可以神态自若的边走边与别人说起这件事。受宠爱的儿子弯弓要射母亲,慈母就会躲进房子里,关起门户。所以说,如果事物是必然的,确定后羿不会侵犯越国人,越国人就不会怀疑后羿;事物不是必然的,儿子未必不会射自己的母亲,那么慈母也需要防着自己宠爱的儿子。

魏文侯问狐卷子说:"父子、兄弟、君臣之间,可以依赖对方的贤明吗?"狐卷子回答说:"不能依赖。""为什么?""要说做父亲的贤明,谁也比不过尧,可是尧的儿子丹朱却被尧放逐;要说做儿子的贤明,谁也

卷八　杂说

比不过舜，可是舜的父亲瞽叟却软禁了舜；要说哥哥贤能，谁也比不过舜，可是舜的弟弟象却傲慢无礼；要说做弟弟的贤明，谁也比不过周公，可是周公的哥哥管叔却被周公诛杀；要说做臣子的贤明，谁也比不过商汤、周武王，可是夏桀、商纣却是被这两位臣子所灭的。盼望某人时那人偏偏不来，依赖别人的人是不能长久的。君主要治理天下，也要从自身做起，怎么能依赖别人呢？"

西汉时，梁孝王把朝廷通缉的犯人羊胜、公孙诡藏在自己的王宫。梁孝王的内史韩安国哭着劝梁孝王说："大王您自己掂量一下，您和当今皇帝_{皇帝，指汉景帝，梁孝王的哥哥}的关系与当年太上皇与高祖皇帝的关系相比，以及和当今皇帝与临江王_{临江王，是汉景帝的太子}的关系相比，哪个更亲？"梁孝王说："我与当今皇帝是兄弟关系，不如太上皇与高祖皇帝以及当今皇帝与临江王的父子关系亲。"韩安国说："太上皇与高祖皇帝、当今皇帝与临江王，是亲父子关系。然而高祖皇帝却说：'提着三尺宝剑夺天下的，是我。'因此太上皇最终也不能君临天下，只能退居栎阳王宫。临江王是当今皇帝的嫡亲长子，由于母亲讲话不谨慎就被废除了太子之位，改为临江王_{汉景帝曾经对嫔妃们说：太子的母亲栗姬出言不逊，所以我废了太子。栗姬因此忧郁而死}。因为宫廷内部的斗争，最终在中尉府自杀。为什么会这样？治理天下的君主，绝对不会因为私事妨碍国家大事。古语说：虽然是亲生父亲，怎么能知道他不是凶猛的老虎？虽然是亲生的哥哥，怎么能知道他不是凶狠的豺狼？如今大王您位列诸侯，喜欢听信一伙奸臣不负责任的话，冒犯皇上的禁令，挠乱国家法令。皇帝因为太后的缘故，不忍心动用法律手段制裁大王您。太后日夜痛哭流涕，希望大王您悔过，可是大王始终都不觉悟。再说，假如太后有一天去世了，大王您还能指望谁呢？"话还没说完，梁孝王便把羊胜等人交了出来_{汉景帝的弟弟梁孝王用羊胜、公孙诡的计策，想当汉太子，恐怕大臣们不答应，就暗中指使人谋刺掌握大权的忠臣袁盎。汉景帝知道了公孙诡、羊胜的计划，便派遣十批人在全国范围内大搜索，没能抓到公孙诡、羊胜。梁孝王内史韩安国听说公孙诡、羊胜藏在梁孝王的王宫内，便进见梁孝王，劝他交出公孙诡、羊胜，梁孝王被说动，公孙诡、羊胜被迫自杀了}。

难必第二十八

由此看来，事物哪里有个确定的准则呢？古语说：因为权势和利益而结合的，当失去权势和利益时，交情就会随之疏远。古语又说：靠美色受宠于别人的，当美色衰退时，宠爱也会随之断绝。这是说拥有钱财、美色都不会带来必然的好结果。墨子说："即使有慈祥的父亲，也不会喜爱没用的儿子。"黄石公说："君王不可以没有德行，没有德行，臣民就会反叛。"这是说君臣、父子关系没有必然不变的。《诗经》称：求自己保佑自己吧。太有道理了！

卷八　杂说

运命第二十九《易》曰：精气为物，游魂为变。夫人之爱生，貌异音殊，苦乐愚智，尊卑寿夭，无非三世①，业理使之然

原文

　　夫天道性命，圣人所稀言也。虽有其旨，难得而详。然校之古今，错综其纪，乘乎三势②，亦可以仿佛其略。何以言之？荀悦云："凡三光议曰：三光，日、月、星也、精气变异，此皆阴阳之精也。其本在地，而上发于天。政失于此，则变见于彼，不其然乎？文王问太公曰：人主动作举事，有祸殃之应、鬼神之福无？太公曰：有之。人主好重赋敛、大宫室，则人多病瘟，霜露杀五谷；人主好畋猎，不避时禁，则岁多大风，禾谷不实；人主好破坏名山，壅塞大川，决通名水，则岁多大水伤人，五谷不滋；人主好武事，兵革不息，则日月薄蚀，太白失行。文王曰：诚哉。今称《洪范》咎征，则有尧、汤水旱之灾；称消灾复异，则有周宣《云汉》③'宁莫我听'；《易》称'积善余庆'，则有颜、冉④短折之凶。善恶之报，类变万端，不可齐一。故视听者惑焉。太史公书称：天道无亲，常与善人。七十子之徒，仲尼最独荐颜回为好学，然回也屡空，糟糠不厌而早夭。天之报施善人，何如哉？盗跖杀不辜，肝人之肉，暴戾恣睢，聚党数

---

　　①　三世：佛教名词，亦称"三际"。《集异门足论》第三：三世谓过去世、未来世、现在世。佛教用以划分古往今来，宣扬因果报应。
　　②　三势：指天、地、人。
　　③　《云汉》：出自《诗经·大雅》。诗的内容讲的主要是周宣王遭受大旱，民丧国危，祭祀祈雨。
　　④　颜、冉：颜指颜回，字子渊，春秋末鲁国人，孔子的学生。其德行深受孔子赞扬。早卒，后被封建统治者尊为"复圣"。冉指冉伯牛，名耕，春秋时鲁国人，孔子的学生。在孔门中以德行者称。

千人，横行天下，竟以寿终，是遵何德哉？余甚惑焉。尝试言之。孔子曰：'死生有命。'又曰：'不得其死。'又曰：'幸而免者。'夫死生有命，其正理也。不得其死者，未可以死而死也；幸而免者，可以死而不死也。此皆性命三势之理也。"昔虢太子死，扁鹊治而生之，扁鹊曰：我非能生死人者，我能治可生者耳。然不遇扁鹊，亦不生矣。若夫膏肓之病，虽医和①弗能治矣。故曰死生有命，其正理也。不得其死者，未可以死而死也；幸而免者，可以死而不死也。此荀悦论性命三势之理也。扬子《法言》云：或问：寿可益乎？曰：德。或问：回、牛之行德矣，曷寿之不益也？曰：德故尔。如回之残，牛之贼，焉得尔？曰：残贼或寿。曰：彼妄也，君子不妄也。

推此以及教化，则亦如之。人有不教化而自成者，有待教化而后成者，有虽加教化而终不成者。故上智与下愚不移，至于中人则可上可下议曰：《传》云，能者养之以福，不能者败之以取祸。此可上可下者。推此以及天道，则亦如之。灾祥之应，无所疑焉。故尧、汤水旱，天数也议曰：夫阴静阳动，天回地游，太一算周，成百六之厄，太岁数极，为一元之灾。必然之符，不可移也。故《传》曰：美恶周必复。又曰：天灾流行，国家代有。言必定也，故曰天数。汉时公孙弘则不然，以为尧遭洪水，使禹治之，未闻禹之有水也。若汤之旱，则桀余烈。桀、纣行恶，受天之罚。禹、汤积德，以王天下。因此观之，天无私亲。顺之和起，逆之害生。此天文、地理、人事之纪。观公孙弘所言，以为德感水旱，非天数也。一家之谈，非为正论；《洪范》咎征，人事也议曰：《传》云：祸福无门，唯人所召。谓立事以应休咎，故曰人事。鲁僖淫雨，可救之应也；周宣旱甚，难变之势也议曰：孔子云：祭如在。言祭法在精诚也。语曰：应天以实，不以文。言上天不以伪动也。《易》曰：善不积，不足以成名。古语曰：土性胜水，掬壤不可以塞河；金性胜木，寸刃不可以残林。《传》曰：小惠未孚，神弗福也。此言善少不足以感物也。今雩祭是同而感应异者，或谓仁甚少，而求福甚多。或徒设空文，精诚不至。故不同也；颜、冉之凶，性命之本

---

① 医和：春秋时秦国医家。据《左传·昭公元年》载，他曾倡论阴、阳、风、雨、晦、明为"六气"，认为六气太过，可引起各种不同的疾病，反映了当时朴素唯物的病因说。

卷八 杂说

也议曰：秦伯问于士鞅①曰：晋大夫其谁先亡？对曰：其栾氏乎。秦伯曰：以其汰乎？对曰：然。栾黡②汰虐已甚，犹可以免。其在盈乎！秦伯③曰：何故？对曰：武子之德在人，如周人之思召公焉。爱其甘棠，况其子乎？栾黡死，盈之善未能及人，武子所施没矣，而黡之怨实彰，将于是乎在？后九年，晋灭栾氏。由是观之，黡虽汰虐，以其父武子之德，身受其福；盈虽贤智，以其父黡之汰虐，遂遇于祸。然则祸之与福，不在我之贤虐矣。范晔曰：陈平多阴谋，而知其后必废；邴吉④有阴德，夏侯胜⑤识其当封及其子孙。终陈掌失侯，而邴昌绍国。邹有不类，未可致诘。其大致归于有德矣。袁安⑥、窦氏之间，乃精帝室，引义推正，可谓王臣之烈。及其理楚狱，未尝鞠人于脏罪。其仁心足覃乎后昆。子孙之盛，不亦宜乎？由是观之，夫陈平、邴吉及袁安之后，衰与盛乃在先人之德，又不在我之得失矣。虞南曰：夫释教有布施、持戒、忍辱、精进、禅定、智惠，与夫仁、义、礼、智、信亦何殊哉？盖以所修为因，其果为报。人修此六行，皆多不全，有一阙焉，果亦随灭。是以黡明⑦丑于貌而惠于心，赵壹⑧高于才而下于位，罗裒⑨富而

---

① 士鞅：祁姓，范氏，讳鞅，谥献，其名范鞅，又曰士鞅，史称范献子，春秋后期晋国才干卓越的政治家，外交家。士鞅在晋国朝堂活跃长达半个世纪，他的贪得无厌使得晋国霸权在他的手上彻底崩塌。士鞅早年曾因与栾黡交恶被迫流亡到秦国。

② 栾黡：春秋时晋国将军，号栾桓子。在秦、晋迁延之战中，栾黡的弟弟栾针和士鞅一起冲入秦军军营，不幸战死，栾黡因此迁怒于士鞅，与范宣子、士鞅父子交恶，士鞅被迫流亡秦国。

③ 秦伯：即秦景公，名石，是秦桓公的长子，治理秦国长达39年，将秦国势力不断推向中原。

④ 邴吉：字少卿，西汉鲁国人，曾任狱官，保护过在巫蛊之祸中受牵连的卫太子之孙，也就是后来的汉宣帝。知人善用，恪尽职守。汉昭帝时曾任大将军长史。汉宣帝即位，代魏相为丞相。公元前55年，邴吉病重而死。死后封为定侯。

⑤ 夏侯胜：字长公，西汉时宁阳侯国人。自幼学《尚书》、《洪范五行传》，宣帝时立为博士。历任长信少府、太子太傅。因得罪汉宣帝下狱。后因关东地震大赦，夏侯胜出狱，被任命为谏大夫。是"大夏侯学"的开创者。

⑥ 袁安：字邵公，东汉初期的政治家。少时跟随祖父袁良学习《孟氏易》，后获举孝廉，先后任河南尹等职，最终官至司徒，并在和帝时期与专权的外戚窦氏抗衡。其后代于东汉一朝亦十分显赫，多人担任三公。

⑦ 黡明：即然明，春秋时郑国的大夫，长相丑陋，但很贤明。

⑧ 赵壹：东汉辞赋家，字元叔。体貌魁伟，美须眉，恃才傲物。桓、灵之世，屡屡得罪，几致于死。一生著赋、颂、箴、诔、书、论及杂文等16篇，今存5篇。

⑨ 罗裒：西汉时大商人兼高利贷主。成帝、哀帝时，开始经商于长安。为人强力，为富豪平陵石氏所信任，给巨资经商，来往贸易于巴蜀、京师之间，数年间获利千余万。又以其获利之半贿赂当时掌权的曲阳侯王根、定陵侯淳于长，依仗其势力放高利贷，并独占盐井之利，遂成巨富。

运命第二十九

无义,原宪①贫而有道,其不同也,如斯悬绝。兴丧得失,咸必由之。由是言之,夫行己不周则诸福不备,故吉凶祸福不得齐也。故世人有操行不轨而富寿者矣,有积仁洁行而凶夭者矣。今下士庸夫,见比干之剖心,以为忠贞不足为也;闻偃王之亡国,以为仁义不足法也。不亦过乎?

《易》曰:有天道焉,有地道焉,有人道焉。言其异也。兼三才而两之②,言其同也。故天人之道,有同有异。据其所以异,而责其所以同,斯则惑矣;守其所以同,而求其所以异,则取弊矣。迟速深浅,变化错乎其中,是故参差难得而均也。天地人物之理,莫不同之。故君子尽心焉,尽力焉,以邀命也议曰:孙卿云:天行有常,不为尧存,不为桀亡。应之以理则吉,应之以乱则凶。强本而节用,则天不能贫;养备而动时,则天不能病;循道而不惑,则天不能祸;背道而妄行,则天不能吉。故明于天人之分,则可谓至人矣。若星坠、木鸣,天地之变,怪之,可也;畏之,非也。唯人妖,乃可畏也。何者?政险失人,田荒稼恶,籴贵人饥,道有死人,夫是之谓人妖也。政令不明,举措不时,本事不理,夫是之谓人妖也。礼义不修,外内无别,男女淫乱,父子相疑,上下乖离,寇难日至,夫是之谓人妖也。三者错乱,无安国矣。其说甚迩,其灾甚惨。《传》曰:万物之怪,书不说。无用之辩,不急之察,弃而不治也。墨翟曰:古之圣王,举孝子而劝之事亲,尊贤良而劝之为善。发宪令以教诲,明赏罚以沮劝。若此则乱者可使理,而危者可使安矣。若以为不然,昔者桀之所乱,汤理之;纣之所乱,武王理之。此世不渝而人不改,上变正而人易教。则安危治乱,在上之发政也。岂可谓有命哉?昔梁惠王问尉缭曰:吾闻黄帝有刑、德,可以百战百胜,其有之乎?尉缭曰:不然。黄帝所谓刑、德者,以刑伐之,以德守之,非世之所谓刑、德也。世之所谓刑、德者,天官③、时日、阴阳、向背者也。黄帝者,人事而已矣。何以言之?今有城于此,从其东西攻之,不能取;从其南北攻之,不能取。此四者,岂不得顺时乘利者哉?然不能取者,何也?城高池深,兵战备具,谋而守之也。由是观之,天官、时日不若人事也。天官之阵曰:背水

---

① 原宪:字子思,孔子七十二弟子之一。出身贫寒,个性狷介,一生安贫乐道,不肯与世俗合流。
② 兼三才而两之:指总结天、地、人三道的规律,都有相互对立的两个方面。即天有阴阳、地有柔刚、人有善恶。
③ 天官:指星座。《史记·天官书》记载:天文有五官,官者,星官也。星座有尊卑,若人之官曹列位,故曰天官。

卷八　杂说

阵者，为绝军；向阪阵者，为废军。武王之伐纣也，背漳水，向山之阪，以万二千击纣之亿有八万，断纣头，悬之白旗。纣岂不得天官之阵哉？然而不胜者，何也？人事不得也。黄帝曰：先稽己智者，谓之天子。以是观之，人事而已矣。按孙卿、墨翟、尉缭之说，言吉凶祸福在于人矣。周公诫成王曰：昔殷王中宗，治人祗惧，弗敢荒宁，享国七十五年。其在高宗，嘉靖殷邦，至于小大，无时或怨，享国五十九年。其在祖甲，爰知小人之衣食，能保惠于庶人，弗侮鳏寡，享国三十有三年。自时厥后，立王则逸，惟耽乐之从，亦罔或克寿。或十年，或七八年，或三四年。呜呼！嗣王其鉴于兹。《史记·陈世家》曰：陈，舜后也。周武王封之陈。太史公云：舜之德，至矣。禅于夏，而后世血食者，历三代。及楚灭陈，而田氏得政于齐，卒为建国，百世不绝。又《南越传》云：越虽蛮夷，其先岂尝有大功德于人哉，何其久也？历数代，尝为君主，勾践一称伯。盖禹之余烈也。又曰：郑桓公友者，周厉王之少子也。幽王以为司徒，问于太史伯曰：王室多故，子安逃死乎？吾欲南之江上，何如？对曰：昔祝融①为高辛火正，其功大矣。而其于周未有兴者。楚，其后也。周衰，楚必兴。兴，非郑之利也。公曰：周衰，何国兴？对曰：齐、秦、晋、楚乎。夫齐，姜姓，伯夷之后也。伯夷佐尧典礼。秦，嬴氏，伯翳②之后也。伯翳佐舜，怀柔百物。及楚之先，皆尝有功于天下。而成王封叔虞于唐，其地阻险，以此有德。若周衰，并必兴矣。按周公、马迁、太史伯之谈，言兴亡、长短必依德矣。此略言其本而不语其详。尝试论之曰：命也者，天之授也；德也者，命之本也。皇灵虽阴骘下人，定于冥兆③。然兴亡、长短，以德为准。若德循于曩，则命定于今。然则今之定命，皆曩之德也，明矣。夫命之在德，则吉凶祸福不由天也；命定于今，则贤圣、鬼神不能移也。故君子尽心焉，尽力焉，以邀命也。此运命之至也。《易》曰：**穷理、尽性以至于命**。此之谓矣议曰：夫吉凶由人，兴亡在德。稽于前载，其在德必矣。今论者以尧、舜无嗣，以为在命，此谬矣。何者？夫佐命功臣，必有兴者。若使传子，则功臣之德废。何以言之？昔郑桓公问太史伯曰：周衰，何国兴？对曰：昔祝融为高辛火正，其功大矣。而其于周，未有兴者。楚，其后也。周衰，楚必兴。齐，姜姓，伯夷之后。伯夷佐尧典礼。秦，嬴姓，伯翳之后，伯翳佐舜，

---

① 祝融：传说为帝喾时的火官，后人尊为火神。《史记·楚世家》：重黎为帝喾高辛氏居火正，甚有功，能光融天下，帝喾命曰祝融。

② 伯翳：亦作伯益、柏翳、柏益、伯鹥，又名大费。《史记·秦本纪》记载是五帝中颛顼的后代，嬴姓的始祖。

③ 冥兆：冥，旧称人死后所居住的地方；兆，旧指祭祀神灵祭坛的界域。代指阴间。

运命第二十九

怀柔百物。若周衰,并必兴矣。是以班固《典引》云:陶唐①舍胤而禅有虞,有虞②亦命夏后③,稷、契熙载,越成汤、武,股肱既周,天乃归功元首,将授汉刘。由此言之,安在其无嗣哉?又曰:楚师屠汉卒,睢水梗其流;秦人坑赵士,沸声若雷震。虽游、夏④之英才,伊、颜⑤之殆庶,焉能抗之哉?此其弊也。对曰:宋景公之时,荧惑在心。公惧,问子韦,子韦曰:心者,宋分野也,祸当在君。虽然,可移于人。据此言,则君有祸,人当受之。若当君厄会之时,则生人涂炭。虽伊、颜、游、夏,何所抗哉?故庄子曰:当尧、舜,天下无穷人,非智得也;当桀、纣,天下无通人,非智失也,时势适然。此之谓矣。又曰:彼戎狄者,人面兽心,宴安鸩毒,以诛杀为道德,蒸报为仁义。自金行不竞,天地版荡,遂覆瀍、洛,倾五都。呜呼!福善祸淫,徒虚言耳。据此论,以戎狄内侵,便谓由命,此所谓不量于德者也。何则?昔秦穆公问戎人由余曰:中国以诗、书、礼、乐、法度为政,然尚时乱,今戎夷无此,何以为理乎?由余笑曰:乃中国所以乱也。夫自上圣黄帝作为礼、乐、法度,身以先之,仅可小理。及其后世,日以骄淫,沮法度之盛,以责督于下;下罢极,则以仁义怨望于上。上下交争,怨而相篡杀,至于灭宗,皆此类也。夫戎夷则不然,上含淳德,以遇于下;下怀忠信,以事其上。一国之政,犹一身之治。不知所以治,此真圣人之治。夫戎夷之德有如是者。今晋之兴也,宗子无维城之助,而阏伯、实沈之隙岁构;师尹⑥无具瞻之贵,而颠坠戮辱之祸日有。宣、景⑦遭多难之时,务伐兵雄,诛庶桀以便事。其倾覆屠鲙,非止于诛杀也。风俗淫僻,廉耻并失。先时而昏,任情而动,皆不耻淫逸之过。不拘妒忌之恶,有逆于舅姑。有反易刚柔,有杀戮妾媵,有黩乱上下。其淫乱凶逆,非止于蒸报也。由是观之,晋家之德,安胜于匈奴哉?今见戎狄乱华,便以为在命不在德,是何言之过欤!

---

① 陶唐:传说中我国父系氏族社会后期部落联盟领袖尧。陶唐氏,名放勋,史称唐尧。
② 有虞:传说中我国父系氏族社会后期部落联盟领袖舜。有虞氏,名重华,史称虞舜。
③ 夏后:传说中古代部落联盟首领禹。姒姓,名文命。亦称大禹、夏禹、戎禹。原为夏后氏部落领袖,奉舜命治理洪水有功,后被舜选为继承人。
④ 游、夏:游指子游,春秋时吴国人,言氏,名偃。孔子的学生。擅长文学。夏指子夏,春秋时晋国人,一说卫国人。卜氏,名商。孔子的学生。擅长讲学。
⑤ 伊、颜:指伊尹、颜回。详前注。
⑥ 师尹:天子各属官之长。
⑦ 宣、景:指晋朝宣王司马懿、景王司马师。

卷八　杂说

运命第二十九《周易》称：人的精神元气是实实在在的，而游魂是变化不定的。人自从来到这个世界上，相貌各异，声音不同，或辛苦或享乐，或愚蠢或聪明，或尊贵或卑贱，或长寿或短命，这无非都是过去、现在、未来所种下的因

译文

　　天道、天性、命运这些问题，圣人很少谈及。圣人不是不了解，只是很难说得很具体。然而考察古往今来关于这个问题错综复杂的记载，利用性命三势的道理分析，基本上可以知道个大概。为什么这样说呢？东汉的荀悦说："凡是三光评论：三光，指日、月、星、精气的变异，都是阴阳之气的精华。它的根本在于大地，向上升发从而达于天。国家的治理在人间有所失误，变异就会在天地间显现出来。难道不是这样吗？周文王曾经问姜太公：君主的一举一动或要做什么大事，有没有灾祸来应验，或者鬼神降福呢？姜太公说：有。君主横征暴敛，大兴土木地扩建宫室，那么人间就会有疾病流行，冰霜寒露就会冻死五谷；君主喜好游乐打猎，而且不管农时节气，那么这种年份就会多大风天气，稻谷籽粒就不饱满；君主喜好破坏名山、堵塞大河、挖开名水，那么这种年份就会有洪水伤人，五谷不茂盛；君主喜好用兵打仗，战争连年不断，那么就会反复出现日蚀、月蚀，太白星运行也会偏离正常轨道。周文王说：确实是这样。如今人们谈论《尚书·洪范》篇，说到恶行的应验，就不能不提唐尧、商汤时的水旱之灾。解除灾难，恢复正常，《诗经》中《云汉》篇记载有周宣王祈求降雨时的慨叹：上天难道没听到我的祈祷吗？《易经》有：积德行善之家，恩泽及于子孙。可是，世间却还有颜回、冉伯牛短命那样不幸的

事。善恶的报应，千变万化，不能用统一的标准去衡量。因此不管是自己看到的，还是听到的，都有可能让人感到迷惑不解司马迁在《史记·伯夷列传》中称：上天对芸芸众生没有亲疏远近，它只会帮助行善的人。孔子有七十二个出色的弟子，但他单单推崇颜回好学不倦，然而颜回经常陷于穷困，甚至连糟糠都吃不饱，而且过早死去。上天对好人的回报难道就是这样的吗？盗跖每天都滥杀无辜，甚至吃人肉，肆意暴虐，集聚数千同党在天下为所欲为，竟然活到高寿才去世。这又是什么道理呢？我真迷惑不解了。我试着分析一下这个问题。孔子曾说：'死生有命。'又说：'不得其死。'还说：'侥幸获免。'死生有命，这是一般的原则；不得其死，是本来不该死却死了；侥幸获免，是本该死的却没有死。这就是性命三势的道理。"从前，虢国太子表面上看已经死了，但经名医扁鹊诊治，又把他救活了。扁鹊说：我做不到起死回生，我只能救还有生还希望的人罢了。然而如果虢国太子没有遇到扁鹊，也不可能再活过来了。假如病入膏肓了，即使像医和那样的神医也救不了。所以说死生有命，这是一般的原则；不得其死，是本来不该死却死了；侥幸获免，是本该死的却没有死。这就是荀悦所说的性命三势的道理。扬雄在《法言》中称：有人问：人的寿命是否可以延长？扬雄回答说：德行可以使人的寿命延长。又有人问：颜回、冉伯牛是有高尚德行的人，为什么不能延长寿命？扬雄回答说：他们的高尚德行本来就已经延长了他们的寿命。假如颜回不仁、冉伯牛不义，他们怎么可能有现在的寿命呢？又有人说：品行很差的人也有长寿的。扬雄说：那是他们幸运得免，君子不奢求幸运得免。

　　把这个道理，类推到教化百姓上，也是一样的。人们有不用教化就可以自己成长为好人的，有经过教化然后才能成为好人的，有虽然经过教化却始终不能成长为好人的。所以孔子说，只有"上智"和"下愚"两种人无法改变，至于居中的普通人，经过教化有可能成为好人，教化引导不当也可能成为坏人评论：《左传》称：内心向善的人经过不断的教化就可以成为好人，得到神灵的庇佑；不能向善的人必然取祸，走向败亡。这就是可以向上为善，也可向下为恶的意思。把这个道理，类推到天道方面，也是一样的。灾害和吉祥的感应，是不应怀疑的。所以尧和汤时候的水旱灾害，可以说是天数评论：阴阳之气影响天地的运行，在天地间运转一周是三百六十度，称为一周天。一周天的运行中总会遇到灾害、厄运。计算一周天时以木星为准则，所以木星叫做

卷八　杂说

太岁。又由于每一周天的运行中总会有灾难厄运，所以称为"一元之灾"，太岁也被视作灾星了。其实这些都是自然界必然的现象，不可随意改变。所以《左传》中称：无论你是赞成还是厌恶，自然规律总是周而复始，不断循环。又称：天灾流行，无论哪个国家、哪个朝代都会有。这是说天灾流行是自然界必然的现象，因此叫做天数。汉朝时的公孙弘却不这样认为。他认为尧时遭受洪水，让禹来治水，但没听说禹的时代有洪水。至于商汤时的旱灾，却是夏桀作恶的余波。夏桀、商纣肆意作恶，必然遭受上天的惩罚。夏禹、商汤积德行善，因此得以统治天下。由此看来，上天对人并无偏私。顺应天意天下就太平，逆天行事就会带来灾害流行。这是天文、地理、人事之间关系的根本。公孙弘所说的这些，是认为人的德行与水灾、旱灾是天人感应的关系，不是自然规律。这只是一家之言，不是千真万确的真理。《洪范》篇中所说的恶有恶报，指的是人事评论：《左传》称：灾祸和福气不是注定的，都是人们自己行为带来的后果。这就是说，怎样为人处事，就会有怎样的报应。所以说命运在于人事。**鲁僖公时，阴雨连绵，经祈祷后雨停了，这是灾害可救的应验；周宣王时，旱灾严重，经祈祷无效，这说明这个灾害是难以改变的**评论：孔子说：祭祀神灵的时候，就如同神灵就在你面前。这是说祭祀的关键在于诚心诚意。古语说，对天应该诚实，不需要虚伪客套。这是说上天不会被虚伪的言辞打动。《周易》称：善行需要长期积累，才可以成就好名声。古语又说，土能治水，但用手捧一把土却不足以堵塞住黄河的决口；铁可以锯断树木，但一寸刀刃却不足以毁灭整片森林。《左传》又称：小恩小惠，不足以取得大家的信任，神灵也不会赐福给他。这是说善行太少，感动不了造物主。如今祈祷是相同的，而得到的感应却不相同，原因或许是由于做的善事太少而所求的福泽却又太多；或许是由于只讲些好听的空话，没有拿出诚意来。因此，祈祷的效果不同。**颜回、冉伯牛的英年早逝，那是性命本身决定的**评论：秦景公曾经问士鞅：晋国的大夫哪一家会先灭亡？士鞅回答说：应该是栾氏。秦景公又问：是因为栾氏太骄横了吗？士鞅回答说：是的。栾黡骄横暴虐得太过分了，但是他有可能还可以侥幸免于灭亡，大概会亡在他儿子栾盈的手中。秦景公问：问什么？士鞅回答说：栾黡的父亲栾武子的恩德对晋国百姓来说，就像召公之于周朝人一样。周朝人因思念召公，连他拴过马、乘过凉的甘棠树都特别爱护，何况是他的儿子呢？栾黡死后，栾盈的善德还未能施及百姓，栾武子所施的恩德又已经不存在了，而对于栾黡的怨恨却越来越深。因此，栾氏的灭亡应该会落在栾盈这一代。在这次对话之后九年，晋国灭了栾氏。由此看来，栾黡虽然骄横暴虐，但是因为他父亲栾武子的在晋国百姓中广施恩德，栾黡身受其福。栾盈虽然贤能聪明,可是因为他父亲栾魇的骄横暴虐,却身遭祸患。由此看来,是祸是福,不仅仅取决于自身是贤能还暴虐。《后汉书》的作者范晔说:陈平好耍阴谋诡计,因而自知其后代必然遭殃。邴吉积有阴德,夏侯胜认为他的恩德一定会泽被他的子孙。后来,陈平的孙子陈掌果然失去了侯爵,而邴吉家族到了邴昌这一代得以封为列侯。当然报应也有不像这么明显的,那就很难推究清楚了。但大致说来,报应关键还在于是否有德行。东汉时的袁安身处外戚窦宪专权的时期,却不依附窦氏而忠于皇室。从为臣的大义来讲,可以称得上是忠臣中的显赫人物。等到他审理楚王刘英谋反案时,也不曾严刑审讯,强定人罪。他的仁爱之心足以泽被后世。袁氏子孙的兴盛,不也是顺理成章的吗?由此看来,陈平、邴吉以及袁安后代的衰败与兴盛,都在于他们祖先的德行如何,不在于他们自身的德行如何。虞世南说:佛教教义中有布施财物、遵守戒律、忍辱负重、精进、坐禅守定、菩提智慧等六度菩萨行,这与儒学中的仁、义、礼、智、信又有什么不同呢?大概是以所修持的六度为因,其果是对修持的回报。人在修持这六度菩萨行时,大多不能完全圆满,有一项缺失,果报也会随之消失。所以,馺明外貌丑陋而内心聪敏,赵壹才能高而地位低,罗衷富有但不讲仁义,原宪贫穷而有德行。他们各自不同,如此悬殊。兴盛、衰败、获得、失去,都必然来自于因果报应。从这一点来说,如果自己品行不完善,那么福报就不会完整。因此,吉、凶、祸、福也不会达到同样的高度。所以世人中有操行不轨却富贵的,有积累仁德、品质高洁却不幸短命的。如今那些见识低下的平庸之辈,看到比干被剖开了心,就认为忠贞的事不值得去做;听说徐偃王亡国了,就认为仁义不值得效法。不是太偏颇了吗?

《周易》称:天有天道,地有地道,人有人道。讲的是三者之间的不同。又称:综合天、地、人三道的规律,他们的法则都有相互对立的两个方面。这是说三者之间的共性。所以天道和人道的运行规律,有同有异。过于强调不同之处,去否定他们的相同之处,这就是糊涂;过于强调相同之处而否定不同之处,那就会以偏概全。天道和人道运行的快慢、深浅,变化多端,错综复杂,不可能一以概之。天、地、人、物之间彼此相互影响的道理,无不与此相同。所以君子尽心尽力积德行善,以此来把握自己的命运评论:荀子说:上天运行有它固定的规律,这种规律,不因为尧而存在,也不因为桀而灭亡。用合理的行为去顺应天意就会带来吉祥,反之就会出现灾祸。加强农业这个根本,节省用度,那么上天也不能使人贫困;注重养生之道,而且作息饮食遵照时间节气,那么上天也不能使人患病;遵循自然规律而不迷惑,那么上

卷八 杂说

天也不能给人带来灾祸；违背自然规律而轻举妄动，那么上天也不能使人吉祥。因此，明白天道与人道的区别，就可以称得上圣人了。假如有星辰坠落、树木无故发出怪声，天地出现反常的变化，对此感到奇怪是可以理解的，对此感到畏惧却是错误的。只有人间的妖孽，才是可怕的。为什么呢？政治险恶，失去民心，田园荒芜，庄稼长得不好，米价昂贵，百姓吃不饱肚子，路边到处都有饿死的穷人，这就是人间的妖孽在作怪。政令混乱，大的举措违背农时，对农业不闻不问，这就是人间妖孽在作怪。国家不讲礼义，使内外没有区别，男女淫乱，父子之间相互猜疑，上级下级之间离心离德，时常发生战争，这就是人间妖孽在作怪。这三种情况错综复杂，使国无宁日。荀子的说法很切近实际，这种灾祸实在太凄惨了。《左传》称：万事万物的奇闻异事，圣人的书上是不记载的。对于没有用处的争辩，对当下没有直接影响的学问，可以弃置一边，不去研究它。墨子说：古代的圣王，推举孝子是为了劝勉人们都孝敬父母，尊重贤良之人是为了劝勉人们都去行善。于是发布法令来教诲人民，明定赏罚来帮助劝勉。像这样做，那么混乱的国家就可以得到治理，处于危亡之中的国家就可以安定下来。如果你不相信，从前被夏桀搞乱了的国家，不是就被商汤治理好了吗？商纣搞乱了的国家，不是就被周武王治理好了吗？这就是时代如果不发生变化而民俗也很难改变，上层统治者走向正道而百姓也就容易教化的道理。所以，国家的安危和治乱都取决于上层统治者发布的政令，怎么可以认为是天命在主宰呢？从前梁惠王问尉缭：我听说黄帝由于有刑罚、仁德，恩威并用，所以百战百胜。是这样吗？尉缭说：不是这样。黄帝所推行的刑罚和仁德，是用刑罚讨伐不仁的部落，用仁德来守护天下，不是世俗所说的刑罚、仁德。世俗所说的刑罚、仁德，是指天体中日、月、星辰运行是否失序，以及阴阳向背等神秘之说。黄帝的刑罚、仁德，讲的只是人事。为什么这样说呢？假若现在这里有一座城，从城的东、西两面攻打它不能攻下，从城的南、北两面攻打它也不能攻下。这四个方位，难道都不能顺应天时、凭借地利吗？然而不能攻下这座城的原因是什么呢？是因为城墙太高、护城河很深，加上兵力、武器充足，以及守卫者的精心谋划并坚守城池。由此看来，天道的运行不如人的谋划。天官阵法中，有一种叫做背水阵，使用这种阵法往往会使全军覆没；有一种阵法叫向阪阵，使用这种阵法往往会使全军劳而无功。可是周武王伐纣的时候，背靠漳河水，面对山坡，既用了背水阵，又用了向阪阵，而他却能用一万二千人的军队击败了商纣的十八万大军，斩下了商纣的首级，悬挂在白旗上示众。商纣难道不懂得天官阵法吗？然而为什么不能取胜呢？是由于不得人心。黄帝说：首先要看自己是否有智慧，有智慧的才可称作天子。由此看来，决定命运在于人事。按照荀子、墨子、尉缭的说法，吉、凶、祸、福全在于人。周公曾经告诫周成王说：过去殷中宗治理国家，战战兢兢,不敢荒废国政,稳坐天下七十五年。到了殷高宗,安定殷朝四境,殷王朝的附属各邦国,无论大小,从来没有对殷商有一点怨恨,高宗因此稳坐天下五十九年。到了祖甲时,他能关心普通百姓的穿衣吃饭问题,使庶民百姓得到实惠,知道抚恤鳏寡孤独,因此稳坐天下三十三年。从那时起,以后立为君王的,出生之后都过着安逸的生活,只知道追求享乐,坐天下的时间都不长。有的十年,有的七、八年,有的仅在位三、四年就死了。呜呼!继承王位的人应该以此为鉴。《史记·陈世家》称:陈国,是舜的后裔,周武王把他们封在陈地。司马迁说:舜的德行,是很完美的。他让位给夏禹,后代都享受帝王的祭祀,历夏、商、周三代。直到楚国灭掉陈国。而田氏在齐国夺得了政权,建立的国家传了很多代。《史记·南越传》又有:越国是不开化的蛮夷,他们的祖先哪里会有大功德留传下来,为什么能传国那样长久呀?经历了数代,都曾担任君王,到了勾践时还能称霸诸侯,这大概是大禹德行的影响吧。又称:郑桓公郑友是周厉王的小儿子,周幽王任命他为司徒。郑友问太史伯说:周王室多遭变故,我怎样才能逃脱死亡的命运呢?我想要向南漫游到长江一带,你看怎么样?太史伯回答说:从前祝融担任帝喾高辛氏的火正官,他的功劳很大。可是在周朝,祝融的后代没有兴起。楚国是他的后裔。周朝衰落,楚国一定会兴起。楚国兴起,将来会对郑国不利。郑桓公说:周朝衰落,哪些国家会兴起呢?太史伯回答说:大概是齐国、秦国、晋国、楚国。齐国,姓姜,是伯夷的后代。伯夷曾经辅佐尧执掌礼仪。秦,姓嬴,是伯翳的后代。伯翳曾经辅佐舜,用文德教化天下百姓。楚国的先祖,也曾经对天下有大功。而周成王把弟弟叔虞封在唐地,这就是晋国。那里地势险阻,因此有幸长久延续国运。如果周朝衰落,这几个国家必定一并兴起。按周公、司马迁、太史伯的说法,国家的兴亡和国运的长短,是由他们的德行决定的。他们讲的是其中的根本道理,并没有详细论及。我且尝试着说说这个问题。所谓命,这是上天授予的;所谓德,是命的根本。伟大祖先的灵光虽然暗中保佑着后代人,但那也只局限在阴间。然而国家兴亡、国运长短,是由德行如何来决定。如果说德行是过去累积的,那命就是在当下定下来的。这就是说当今定下的命,都是以往的德行决定的。这是很明白的道理。命既然取决于德行,那么吉凶祸福就不由天定了。命在当下定下来,那么贤人、圣人乃至鬼神都无法改变。因此,君子尽心尽力修德行善,以求得到好命。这是关于命运最深刻的理解。《易经》称:**要穷究天下道理,尽自己的最大能力来把握命运。说的就是这个意思**评论:吉凶由人决定,兴亡由德行左右。考察前面种种记载,命运由德行来决定是肯定无疑的了。如今有些论者依据尧、舜的后代未能继承帝位,就认为这是由命运决定的,而不是

卷八 杂说

德行决定的，这就大错特错了。为什么呢？尧、舜身边那些佐命功臣，必然会有兴起的。如果尧、舜把帝位传给了儿子，那么功臣们的德行就得不到回报了。为什么这样说呢？从前郑桓公问太史伯说：周朝衰落，哪些国家会兴起？太史伯回答说：从前祝融担任帝喾高辛氏的火正官，他的功劳很大。可是祝融的后代在周朝没有兴起。楚国国君是他的后裔，周朝衰落，楚国必定兴起。齐国，姓姜，是伯夷的后代。伯夷辅佐尧掌管礼仪。秦，姓嬴，是伯翳的后代，伯翳辅佐舜，以文德教化天下百姓。如果周朝衰落，这些国家必定一并兴起。所以班固在《典引》中说：尧没有把帝位传给儿子却禅让给了舜，舜也没把帝位传给儿子却禅让给了禹。周的先祖稷和商的先祖契也都是在辅佐舜的时候建功立业，才奠定了商汤、周武王王朝的基业。辅佐朝政的功臣很多，上天就把功业归于君主统一掌握，终将授给汉代刘氏。由此说来，怎么能说尧、舜有德但没有继承人呢！《典引》中又说：西楚霸王项羽的军队屠杀汉王刘邦的士卒，尸体阻塞了睢水河，致使睢水不能畅流。秦将白起在长平坑杀赵军降卒四十万，使天下舆论沸腾，怨愤如雷，惊天动地。这种情况，即使有子游、子夏那样的英才，有伊尹、颜回那样几乎可与圣人相比的贤士，又如何抗拒得了呢？因此，有人认为兴亡在于德行的说法有弊端。对于这种见解，下面这个事例可以回答：春秋时宋景公在位的时候，火星迫近心宿，宋景公很害怕，以为这是灾祸的征兆，便召子韦来商量对策。子韦说：心宿是宋国在天界的分野，灾祸将降临在国君身上。尽管如此，还是可以转移给老百姓。根据这种说法，国君有灾祸，老百姓应该遭殃。可是如果当各种厄运一齐降临到国君身上，而国君又把灾祸转嫁给老百姓时，那么就会生灵涂炭了。即使有伊尹、颜渊、子游、子夏那样的贤人，又怎么能抗拒得了呢？所以庄子说：在尧、舜的时代，天下没有不幸运的人，并不是由于那时的人都很有聪明；在桀、纣的时代，天下没有幸运的人，并不是由于那时的人都不聪明。这是时势造成的。讲的就是这个道理。《典引》中又说：北方戎狄民族，人面兽心，贪图享乐，心狠手毒，把杀人当作道德，把淫乱当作仁义。当金星运行偏离轨道，天下动荡不安时，便乘机颠覆中原，毁灭了洛阳等五个大城市。呜呼！行善得福、作恶招祸，只不过是一句空话罢了。这种观点似乎认为戎狄内侵，便是由命运安排的。这真是不知道什么才是真正的德行。为什么这么说呢？从前秦穆公曾问戎狄的贤臣由余：中原的国家用诗、书、礼、乐、法度来治理国家，然而还是经常发生动乱，如今戎狄并没有诗、书、礼、乐、法度，那靠什么来治理国家呢？由余笑着说：这正是中原国家之所以发生动乱的原因。自从上古圣人黄帝制定礼、乐、法度，他自己身体力行，才仅仅可以获得一时的安定。等到后世君主即位，一天比一天骄奢淫逸，依仗名目繁多的法令来约束老百姓；百姓困苦不堪，就反过来埋怨君上没能达到仁义的标准。上下互

运命第二十九

相怨恨,进而相互篡夺、杀戮,甚至于灭族,根源就在诗、书、礼、乐、法度。戎狄却不是这样。君主用淳朴的德行来对待臣民,臣民怀着忠诚信义来侍奉君主。这样,治理一个国家,就像一个人管理自身那样容易。可是他们并不知道国家为什么可以实现大治,这才是真正的圣人之治。戎狄就是这个样子。如今晋国兴起以后,嫡长子得不到兄弟相助,而像阏伯与实沈那样兄弟之间的怨恨和争斗却一天比一天厉害;百官之长没有受众人敬仰的高贵品德,百官倒台、黜降、杀戮、侮辱的问题每天不断。晋宣王司马懿、景王司马师生逢乱世,一门心思讨伐英雄,诛杀豪杰,以便颠覆曹魏政权。这种倾覆屠杀之惨,不是诛杀二字可以概括的。再后来,皇室淫乱,把廉耻都丢尽了。天还不到黄昏,便放纵情欲,开始了昏天黑地的淫乱生活,这些人都不以过分淫乱逸乐为耻,不以妒忌为恶。有身为媳妇忤逆公婆的,有身为妻子凌虐丈夫的,有杀戮妾媵的,有戏弄长辈或晚辈的,这种淫乱、凶恶、忤逆,不仅仅是乱伦二字可以概括的啊。由此看来,晋朝的德行,连匈奴都不如!如今看到戎狄祸乱华夏,便认为兴衰存亡取决于命运而不取决于德行,这种说法是多么错误啊!

卷八　杂说

大私第三十

原文

《管子》① 曰：知与之为取，政之宝也。《周书》② 曰：将欲取之，必故与之。何以征其然耶？黄石公曰："得而勿有，立而勿取，为者则己，有者则士，焉知利之所在人多务功，鲜有让者。唯天子不与下争功名耳。故曰有者则士，焉知利之所在乎？"彼为诸侯，己为天子天子不收功于万物，故能成其高；王不竞名于众庶，故能成其大也，使城自保，令士自取尽与敌城之财，令自取之。所谓使贪、使愚者也，王者之道也。尸子曰："尧养无告，禹爱辜人，此先王之所以安危而怀远也。圣人于大私之中也为无私。"汤曰："朕身有罪，无及万方；万方有罪，朕身受之。"汤不私其身而私万方。文王曰："苟有仁人，何必周亲。"文王不私其亲而私万国。先王非无私也，所私者与人不同，此知大私者也。由是言之，夫唯不私，故能成其私；不利而利之，乃利之大者矣。

---

① 《管子》：相传为春秋时期齐国管仲撰，实系后人托名于他的著作。共二十四卷。原本八十六篇，今存七十六篇。内容包含有道、名、法等家的思想以及天文、历数、舆地、经济和农业等知识。

② 《周书》：《尚书》的组成部分之一，今存《牧誓》等共三十二篇。为记载周代史事之书。

大私第三十

译文

  《管子》称：懂得给予就是获取的道理，那是施政的法宝。《周书》称：将要有所获取，一定要先行给予。为什么这么说呢？黄石公说："得到东西却不占有它，即使是自己建立的功业也不求取虚名，决策出于自己，功劳让给别人，君主又何必知道功名利禄如何获取呢<u>人们大多追求功名，很少有谦让的，只有君主才不与臣子争功名。所以说功劳让给别人，君主何必知道功名利禄如何获取呢？</u>"他人为诸侯，自己是天子<u>天子不需要从万民那里争取功名，所以才能成就其至高无上的地位；称王的人不与庶民百姓竞争名位，所以才能成就其不同凡响的名声</u>。要使城中的人奋力保卫自己的城池，让将士自己攻取敌人的城池<u>把敌城中的财物全部分给将士，让他们自己去拿，他们就会拼命攻城。这就是所谓利用人的贪婪和愚昧来成事。这才是王者之道</u>。尸子说："尧扶养那些无依无靠的穷人，禹爱护那些曾经犯罪的人。古代圣王能够安抚处在危难中的人，能够教化边远地方的人。圣人在最大的私情之中表现出来的却是无私。"商汤说："我自身有罪，不要连累到天下百姓；天下百姓有罪，应该让我一个人来承担。"商汤不偏爱自身而爱天下百姓。周文王说："如果有仁人，又何必非得传位给周的亲族呢。"周文王不偏爱他的亲族却爱万国的人民。古代圣王不是无私,只是他们所谋取的和一般人不同,这才是懂得什么是大私的人。由此说来,只有不存小私心,才能成就私心;只有不贪图小利,才能获利,这才是最大的利益。

败功第三十一

原文

《文子》曰：有功，离仁义者即见疑；有罪，不失仁心者必见信。故仁义者，天下之尊爵也。何以言之？昔者楚共王有疾，召其大夫曰："不穀不德，少主社稷，失先君之绪，覆楚国之师，不穀之罪也。若以宗庙之灵，得保首领以没，请为灵若厉。"大夫许诺。及其卒也，子囊①曰："不然。夫事君者从其善，不从其过。赫赫楚国而君临之，抚征南海，训及诸夏，其宠大矣。有是宠也，而知其过，可不谓共乎？"大夫从之。此因过以为功者也。

魏将王昶、陈泰兵败，大将军以为己过_{魏人感将军引过，皆悦，思报之}。习凿齿论曰："司马大将军引二败以为己过，过销而业昌，可谓智矣。夫忘其败而下思其报，虽欲勿康，其可得乎？若乃讳败推过，归咎万物，上下离心，贤愚释体，是楚再败而晋再克，谬之甚矣。夫人君苟统斯理，行虽失而名扬，兵虽挫而战胜。百败犹可，况再败乎？"此因败以功者也。故知智者之举事也，因祸为福，转败为功，自古然矣_{议曰：白起为秦坑赵降卒四十余万，使诸侯曲秦}

---

① 子囊：春秋时楚国令尹。芈姓，熊氏，名贞，字子囊。

卷八 杂说

而合纵。夫坑赵降卒，非胜也，乃败秦之机。商君诈魏，虏公子卬①，使秦信不行于天下，乃自败之兆，非霸业也。乐毅仗义以下齐城，败于即墨，非败也，乃是吞天下之势。刘备怜归义之人，日行十数里，败于长坂，虽奔亡不暇，乃霸王之始。故知非霸者不能用败。齐人以紫败素，而其价十倍。此言虽小，可以喻大也。

---

① 公子卬：战国初期魏国公子，魏惠王的弟弟，其为人正直颇有才气，乃战国初期魏国名将。秦、魏交战中，商鞅与公子卬对垒，曾诳骗公子卬单身赴约，俘虏了公子卬。

败功第三十一

译文

　　《文子》称：一个人即使有功劳，如果背离了仁义，也一定会受到猜忌；即使有罪过，如果不失去民心，仍然会得到信任。所以说，仁义是天下最珍贵的东西。为什么这样说呢？从前，楚共王得了重病，便召集他的大夫们说："我缺少德行，年纪很小时就开始主持国政，没能继承前代君主的优良传统，使楚国军队连吃败仗，这都是我的过错。假如靠祖宗的保佑，我得以善终，我请求你们为我加上'灵'或者'厉'这样不好的谥号。"大夫们答应了他的请求。等到楚共王死了以后，大夫子囊说："不能按大王的遗命来加谥号。侍奉君王的人，应听从君王正确的命令，不能执行他错误的命令。楚国是威名赫赫的大国，自从先王临朝执政之后，征讨、安抚南方各诸侯国，训导、教化遍及中原华夏各诸侯国，这是多么大的荣耀。有了这么大的荣耀，却能认识到自己的问题，难道不可以加以'共'的谥号吗？"大夫们同意了子囊的意见。这就是有了过错反而受到尊敬的事例。

　　三国时，魏国将领王昶、陈泰兵败，大将军司马师认为是自己的过失，魏国人因司马师主动承担责任深受感动，都心悦诚服，想报答他。习凿齿在《汉

卷八 杂说

晋春秋》中评论说："司马大将军主动承担两次失败的责任，认为是自己的过失，这样做不仅消除了过错，而且使事业更加昌盛，可以说是很明智的人。人们淡忘了他的失败，却想为他效力来报答他，即使司马师不想发达，又怎么可能不发达呢？假若他讳言失败、推脱责任，把错误归咎于种种客观因素，使上下离心离德，众叛亲离，这就像当年城濮之战楚国再次失败、晋国再次胜利一样，过错更大了。假如君主能够明白这其中的道理而且用来治理国家，即使行动有过失，也会美名远扬；即使军事上受了挫折，战略上也能取得胜利。这样即使打一百次败仗也影响不大，何况只打了两次败仗呢？"这是由于失败反而成功的事例。由此可知，明智的人做事，能够因祸得福，转败为胜，自古以来就是如此

评论：白起为秦国坑杀了赵国降卒四十余万，从而使各诸侯国认为秦国残暴，因而结成合纵联盟对抗秦国。大肆坑杀赵国降卒，并不是秦国的胜利，反而变成了可以打败秦国的机会。商鞅用欺诈的手段俘虏了公子印，使秦国失信于天下，这是自己打败自己的先兆，不是建立霸业的正确办法。乐毅靠信义攻下了齐国七十余座城池，后来却在即墨被齐兵打败。这不是失败，而是显示出统一天下的势头。刘备怜悯那些归顺了自己的百姓，带着他们逃跑，每天只能走十几里，后来在长坂这个地方被曹军打败。虽然还需要到处逃窜，但这正是三分天下的开始。由此可知，不是霸王之才就不会利用败势取胜。齐国人把紫色绢的价格降到素色绢价格以下，反而得到了十倍的利润。这里说的虽然是小事，但可以从中悟出大道理。

昏智第三十二

原文

夫神者，智之渊也，神清则智明。智者，心之符也，智公即心平此出《文子》。今士有神清智明而暗于成败者，非愚也，以声色、势、利、怒、爱昏其智矣。何以言之？

昔孔子摄鲁相，齐景公闻而惧，曰："孔子为政，鲁必霸。霸则吾地近焉，我之为先并矣。"犁且①曰："去仲尼犹吹毛耳。君何不延之以重禄，遗哀公以女乐？哀公亲乐之，必怠于政。仲尼必谏。谏不听，必轻绝鲁。"于是选齐国中女子好者八十人，皆衣文绣之衣，而舞康乐，遗鲁君。鲁君受齐女乐，怠于事，三日不听政。孔子曰："彼妇人之口，可以出走。"遂适卫。此昏于声色者也戎王使由余观秦，秦缪公以由余贤圣，问内史廖曰：孤闻邻国有圣人，敌国之忧也。今由余，寡人之害，将奈何？内史廖曰：戎王处僻匿，未尝闻中国之声，君试遗其女乐，以夺其志；为由余请，以疏其间；留而莫遣，以失其期。戎王怪之，必疑由余。且戎王好乐，必怠于政。缪公曰：善。以女乐②二八

---

① 犁且：春秋时齐国大臣，曾事齐景公。
② 女乐：就是乐舞奴隶，她们是继巫而起的真正专业歌舞艺人。据说夏朝开国之君启即已在宫殿中"万舞翼翼"，末代统治者桀已有"女乐三万人"。到商殷末世，乐舞享受的规模更大，女乐充盈宫室，经常在"酒池肉林"中，作"北里之舞，靡靡之乐"。

· 679 ·

卷八　杂说

遗戎王，戎王受而悦之，终年不迁。由余谏，不听。缪公使人间要由余，由余遂降秦。梁王觞诸侯于苑台，鲁君曰：昔者帝女令仪狄①作酒而美，进之禹。禹饮而甘，遂疏仪狄，绝旨酒，曰：后世必有以酒亡其国者也。齐桓公夜半不嗛，易牙乃煎、熬、燔、炙，和调五味而进之。桓公食而饱，曰：后世必有以味亡其国者也。晋文公得南之威，三日不听朝，遂推南之威而远之，曰：后世必有以色亡其国者也。楚王登强台而望崩山，左江而右湖，其乐忘死，遂弗登，曰：后世必有以高台陂池亡其国者也。今主君之樽，仪狄之酒也；主君之味，易牙之调也；左白台而右闾须，南威之美也；前夹林而后兰台，强台之乐也。人有一于此，足以亡国。今主君兼此四者，可无诫欤？梁王称善相属。由此言之，昏智者，非一途也。

太史公曰："平原君，翩翩浊代之佳公子也，然不睹大体。语曰：利令智昏。平原君贪冯亭②邪说，使赵陷长平四十余万，邯郸几亡。此昏于利者也。"《人物志》曰：夫仁出于慈，有慈而不仁者。仁者有恤，有仁而不恤者。厉者有刚，有厉而不刚者。若夫见可怜则流涕，将分与则吝啬，是有慈而不仁者。睹危急则隐，将赴救则畏患，是有仁而不恤者。处虚义则色厉，顾利欲则内荏，是有厉而不刚者。然则慈而不仁，则吝夺之也；仁而不恤，则惧夺之也；厉而不刚，则欲夺之也。

《后汉书·班固传》评曰：昔班固伤司马迁云："迁博物洽闻，不能以智免极刑。"然固身亦自陷大戮班固附窦氏势。窦氏败，固坐之，死洛阳狱中也，可谓智及之而不能守，古人所以致论于目睫耶？此昏于势者议曰：夫班固伤迁，公论也。自陷大戮，挟私也。夫心有私，则智不能守矣。

《尸子》曰：夫吴、越之国，以臣妾为殉。中国闻而非之。及怒，则以亲戚殉一言。夫智在公则爱吴、越之臣妾，在私则忘其亲戚。非智损也，怒夺之也此昏于怒者也。好亦然矣。语曰：莫知其子之恶。非智损也，爱夺之也此昏于爱者也。

---

① 仪狄：据《吕氏春秋》、《战国策》等先秦典籍记载，仪狄为夏禹时代掌管造酒的官员，相传是我国最早的酿酒人，女性。

② 冯亭：战国时韩国上党太守。秦国派白起攻上党，上党与韩国本土的道路被封住，上党成为孤城。冯亭便把上党送给赵国，以换取赵国与韩国一起对抗秦国。赵国封他为华阳君。后与秦军对抗，战死在长平。

昏智第三十二

是故论贵贱、辩是非者，必且自公心言之，自公心听之，而后可知也。故范晔曰："夫利不在身，以之谋事则智；虑不私己，以之断义则厉。诚能回观物之智，而为反身之察，则能恕而自鉴。"议曰：孔子曰：吾未见刚者。或对曰：申枨①。子曰：枨也欲，焉得刚？由此言之，心苟有私，则失其本性矣。尸子曰：鸿鹄在上，彀弩以待之，若发若否，问二五，曰：不知也。非二五难计，欲鸿之心乱也。是知情注于利，则本心乱矣。

---

① 申枨：春秋时鲁国人，字周，孔子七十二弟子之一。精通六艺，为人性格率直。

卷八 杂说

昏智第三十二

译文

　　神志是智慧的源泉。神志清爽，那么智慧就会明达。智慧，是心志的标志。断事公允，那么就表明心志平和这话出自《文子》。如今的士人中有神志清爽、智慧明达的却不明白成败道理的，这不是因为愚蠢，而是因为音乐、美色、财物、利益、愤怒、偏爱弄得他智慧昏暗不明了。为什么这样说呢？

　　从前孔子代理鲁国的国相，齐景公听说这事后很害怕，说："孔子执政，鲁国必定可以成为霸主。鲁国一旦成为霸主，那么齐国靠鲁国最近，我们肯定会被它最先吞并。"犁且说："除去孔子其实不费吹灰之力，大王您为什么不用金银财宝笼络鲁哀公，并送女乐给他呢？鲁哀公沉溺于女乐，必然荒于政事。到时孔子必定会劝谏鲁哀公，哀公不听劝谏，孔子很容易会离开鲁国。"于是齐景公就在齐国选出八十个美貌的女子，让他们都穿上漂亮的锦绣衣裳，教会他们跳康乐舞，然后送给鲁哀公。鲁哀公接受了齐国的女乐，果然荒于政事，三天没有上朝理政。孔子说："有那些妇人在那里唱歌就够了，我孔子也没什么用了，我该走了。"于是便辞官前往卫国。这是被音乐和美色所迷，丧失了智慧的事例西戎王派大臣由余去考察秦国，秦穆公认为由余既有才，又有德行，便问大臣内史廖：我听说敌国有圣人出现，就是国家的心病。现在的由余，就是我的心病，我应该怎么办?内史廖说:西戎王处在偏僻闭塞的地方,从没听过中原国家的音乐,君王试着赠送一些女乐给他,以此来腐蚀他的意志;我们再在西戎王面前为由余请功,以此来离间他们君臣的关系;然后挽留由余,不让他按时回国,让西戎王对由余起疑心。再说西戎王沉溺于女乐,必定会荒于政事。秦穆公说:这个主意好。于是秦穆公送了十六套女乐给西戎王,西戎王接受并且喜欢上了这些女乐,终年沉溺于女乐的享受之中,由余劝谏也不听。秦穆公指使人暗中邀请由余,由余便归降了秦国。梁王在苑台设酒宴招待诸侯。鲁国君主说:从前尧的女儿命仪狄制作酒醪,酒很甘美,仪狄便把酒进献给禹。禹饮了这酒,觉得甜美,于是就疏远了仪狄,戒了酒,说:后世必定会有因为酗酒亡国的。春秋时齐桓公半夜感到饿了,易牙就将食物煎、熬、烧、烤,调和好五味,然后进献给桓公。桓公吃饱了,说:后世必定会有贪图美味而亡国的。晋文公得到美女南之威作妃子,一连三天不上朝理政,于是便疏远了南之威,说:后世必定会有因为贪图美色而亡国的。楚王登上强台,眺望崩山。视野中左边是大江,右边是大湖,他流连忘返,乐不思蜀,于是就下定决心不再登台,说:后世必定会有因为贪恋高台、险坡、美池的景色而亡国的。如今君主您酒樽中是甘美如同仪狄酿的那种美酒;君主您吃的,是美味如同易牙烹调出的那种美食;左边拥着白台,右边搂着闾须,都是像南之威那样的美女;前面是夹林,后边是兰台,都是漂亮如同楚国强台那样的美景。人君有了其中一种贪求就足以亡国,如今君主您兼有此四项贪求,怎能不警惕呢?梁王听了,连连称好。由此说来,致使人智慧昏暗不明的,并不是只有一种途径。

  司马迁说:"平原君真是乱世中风度翩翩的公子,但是他不识大体。**古语说**:利令智昏。平原君被冯亭的邪说说动,使赵国在长平失去四十余万军队,都城邯郸都几乎被毁灭。"这是被利益冲昏了头脑的事例《人物志》称:仁爱出于慈悲之心,但也有只有慈悲之心而不仁爱的。仁爱的人能体恤、周济他人,但也有只有仁爱之心而不能用实际行动去体恤、周济他人的。严厉的人有刚烈的性格,但也有严厉而不刚烈的。像那种看见别人可怜就眼泪鼻涕一大把,但要让他捐助自己财物就吝啬得很的人,这是有慈悲之心而不仁爱的人。看到别人处境危急就产生怜悯之心,但要让他施以援手就怕招来祸患,这是有仁爱之心却不能用实际行动体恤、周济别人的人。没什么事的时候谈起道义就声色俱厉,一旦要触及自己利益和欲望的时候就内心怯弱,这是徒有其表、内心并不真正刚烈的人。那么有慈悲之心但不仁爱的,是吝啬的缘故;有仁爱之心却不能用实际行动体恤、周济他人的,是害怕的缘故;谈起道义时声色俱厉但内心并不真正刚烈的,是有私欲的缘故。

  范晔在《后汉书·班固传》评论到:过去班固慨叹司马迁的遭遇时

卷八 杂说

说:"司马迁知识渊博,却不能运用智慧使自己逃过腐刑。"然而班固自己也身陷牢狱班固依附外戚窦氏势力,窦氏失败后,班固也受牵连获罪,死在洛阳监狱中。这可以说是智力方面已经达到了对世事的洞明,而行动方面却力不能及。这就是古人所以慨叹人对外界能明察秋毫,却看不见自己的眼睛和睫毛的情形吧?这都是被权势蒙住了智慧的双眼的事例评论:班固感叹司马迁的不幸,这是公正的议论。他自己身陷大罪,是由于怀有私心。有了私心,那么有智慧也无能为力了。

《尸子》称:吴、越那些国家的风俗,要用臣子的妾室为君主殉葬。中原国家的君主听了都认为那是很野蛮的,不符合礼法。可是他们自己一旦发怒,就会因为一句话不惜让自己的亲戚赔上性命。如果断事公允,就会爱及吴、越等国臣子的妾室,如果智慧被私心蒙蔽,就会忘了被杀的是自己的亲戚。这并不是智慧有问题,是由于怒气蒙住了智慧这是被怒气蒙住了智慧的事例。偏爱也是这样。俗语说:人都看不到自己儿子的恶行。这并不是智慧不够,是由于被爱蒙住了智慧这是被爱蒙住了智慧的情况。

因此,评论贵贱、辩论是非,必须出自公心来说话,出自公心来倾听,然后才可能知道事情的真相。所以范晔说:"人在利害不关系到自身时谋划事情,就会明智;考虑问题不带自私之心,这样来判断正义与否,就会果断正确。如果确实能遍观别人的智慧受到各种因素干扰的情形,然后反过来检查自己,那么就能宽恕别人,自己也能引以为戒了。"评论:孔子说:我从未见过刚直的人。有人说:申枨就是个刚直的人。孔子说:申枨这个人有那么多欲望,怎么会刚直呢?由此看来,如果怀有私心,就会失去人的本性。《尸子》称:鸿雁在天上飞,有人张开弓弩准备射鸿雁。将射未射时,有人问:二乘以五是多少?回答说:不知道。并不是二乘以五有多难算,而是想得到鸿雁的心已经乱了。由此可知,专心注重在利益方面的时候,人的本性就会迷乱。

卑政第三十三刘安云：日月至光至大，而有所不遍者，以其高于万物之上也。灯烛至微至小，而世不可乏者，以其明之下，能照日月之四蔽。由是观之，政之贵卑也久矣。是以先王设官分职而共治也

原文

《淮南子》曰：济溺人以金玉，不如寻常之缰。《韩子》曰：百日不食，以待粱肉，饿者不肯故曰疗饥不期于鼎食，拯溺无待于规行也。此言政贵卑以济事者也。何以言之？

韩非曰："所谓知者微妙之言，上知之所难也。今为众人法，而以为上知之所难也，则人无从识之矣。故糟糠不厌者，不待粱肉而饱；短褐不完者，不须文绣而好。以是言之，夫治世之事，急者不得，则缓者非务也。今所治之政，人间之事，夫妇之所明知者不用，而慕上知之所难论，则其于人过远矣。是知微妙之言，非人务也。"又曰：世之所谓列士者，离众独行，取异于人。为恬淡之学，而理恍惚之言。臣以为，恬淡，无用之教也；恍惚，无法之言也。夫人生必事君养亲。事君养亲，不可以恬淡之人，必以言论忠信。言论忠信，不可以恍惚之言。然则恍惚之言，恬淡之学，天下之惑术也。又曰：察士而后能知之，不可以为智全也。夫人未尽察也，唯贤者而后能行之，不可以为法也。

故《尹文子》曰：凡有理而无益于治者，君子不言；有能而无益于事者，君子不为。故君子所言者不出于名法权术，所为者不出于农稼军阵。周务而已故曰小人所言者，极于儒、墨是非之辩；所为者，极于坚伪偏执之行。求名而已，故明主诛之也。今世之人，行欲独贤，事欲独能，辩欲出群，勇

欲绝众。夫独行之贤，不足以成化；独能之事，不足以周务；出群之辩，不可为户说；绝众之勇，不可与正阵。凡此四者，乱之所由生也故曰为善者，使人不能得从；为巧者，使人不能得为。此独善、独巧者也，未尽巧、善之理。故所贵圣人之理，不贵其独治，贵其能与众共治也。所贵工倕之巧者，不贵其独巧，贵其能与众共巧也。《文子》曰：夫先知达见，人材之盛也，而治世不以贵于人。博闻强志，口辩辞给，人智之溢也，而明主不以求于下。傲世贱物，不污于俗，士之抗行也，而治世不以为人化。故高不可及者，不以为人量；行不可逮者，不以为国俗。故国治可与愚守，而军旅可与怯同。不待古之英俊而人自足者，因其所有而并用之也。议曰：据《文子》此言，以为圣人不可用先知远见、博闻强志、傲世贱物三事化天下百姓，使皆行此道，用为风俗。今但任其风土，化以农稼军阵，曲成于物，而俯同于俗耳，非贵于独能、独勇者也。**故圣人任道以通其险**《淮南子》曰：体道者逸而不穷，任数者劳而无功。离朱之明，察针于百步之外，而不能见泉中之鱼。师旷之聪，合八风之调，而不能听十里之外。故任一人之能，不足以理三亩之宅；循道理之数，因天地之自然，则六合不足均也。此任道以通其险也，**立法以理其差**《文子》曰：农、士、商、工，乡别州异。农与农言藏，士与士言行，工与工言巧，商与商言数。是以士无遗行，工无苦事，农无废功，商无折货。各安其性。此立法以理其差也，**使贤愚不相弃，能鄙不相遗，此至理之术**。故叔孙通欲起礼，汉高帝曰："得无难乎？"对曰："夫礼者，因时世人情而为之，节文者也。"张释之言便宜事，文帝曰："卑之，无甚高论，令今可施行。"由是言之，夫理者，不因时俗之务而贵奇异，是饿者百日以待粱肉、假人金玉以救溺子之说矣议曰：昔楚之公输、宋之墨翟，能使木鸢自飞，无益于用。汉之张衡①，能使参轮自转；魏之马钧②，能使木人吹箫。苟无益于用而为之，则费功损力，其害多矣。《庄子》曰：朱汗漫学屠龙于支离益，殚千金，技成无所用其巧。《尹文子》曰：夫治国在仁义礼乐，名法刑赏，过此而往，虽弥纶天地，缠络万品，治道之外，非群生所飡把，圣人措而不言也。由是观之，事在于适时，无贵于远功，有自来矣。

---

① 张衡：字子平，东汉时期伟大的天文学家、数学家、发明家、地理学家、制图学家、文学家、学者，官至尚书，为我国天文学、机械技术、地震学的发展作出了不可磨灭的贡献。由于他的贡献突出，联合国天文组织曾将太阳系中的1802号小行星命名为"张衡星"。

② 马钧：三国时魏国机械制造家，字德衡。曾任博士、给事中。他还发明和改进过多种生产工具，傅玄称之为"天下之奇巧"。

卑政第三十三西汉时的刘安说：太阳、月亮是光明而巨大的，可是仍有照不到的地方，因为太阳、月亮都高悬在万物之上。油灯和蜡烛是很微小的，可是世人却离不开它，因为它们的光亮，能够照到太阳、月亮照不到的角落。由此看来，施政以简单易行为贵，自古以来就是这样。所以古代君王设置官吏，让他们各司其职，共同来治理国家

译文

　　《淮南子》称：用金钱、宝贵的玉器去救助溺水的人，还不如给他一根普通的绳子。《韩子》称：饿了很多天没有进食的人，要他等待有了美食之后再吃，他一定不肯所以说，治疗饥饿不能靠富贵人家的美食，拯救溺水的人不能指望循规蹈矩的做法。这是说，治理国家以浅近易行为贵，才能把事情办好。为什么这样说呢？

　　韩非子说："所谓有智慧的人微妙艰深的言论，聪明人都难以理解。如今在为普通民众立法的时候，也弄一些连聪明人都难以理解的条文，那普通人怎么办？因此，连糟糠都吃不饱的人，就不会等到有了美食后再去饱餐一顿；连粗麻织的短衣都穿不上的人，是不会要求必须穿绣花绸衣的。由此说来，治理社会的问题，当务之急都处理不了时，那么可以缓一下的事务就更加不要急着去做了。如今需要治理的政事，都是民间的寻常事务。如果不用普通人都能明白的条文，却去推崇聪明人都很难明白的理论，这对普通老百姓来说就非常不合适了。由此可知，那些微妙深奥的言论，是不容易在百姓中推行的。"韩非子又说：社会上所说的有名望的人，都是与众不同、行为独特的做法。他们做一些恬淡的学问，梳理那些恍惚难懂的言论。臣认为，恬淡的学问是无用的说教；恍惚的言论，是没有定论的言论。大凡

卷八 杂说

人生一世，必定要侍奉君主，孝养父母。侍奉君主，孝养双亲，是不可以用恬淡无为之人的，必须用讲究忠实诚信的人。讲究忠实诚信，就不可以恍惚。那么，恍惚的言论、恬淡的学问，都是迷惑人的邪术。韩非子还说：非要考察完别人怎么做才能了解一个人，那他的智慧是有缺陷的，因为人太多，是考察不完的。只有贤能的人才能做到的事，是不可以作为判断人的标准的。

所以《尹文子》称：那些对治国没有帮助的道理，君子不需要去谈论；对于做事没有帮助的能力，君子不应该去学习。因此君子所谈论的，都是名法、权术；君子所做的，都是务农耕田、军事布阵。总之，具有实用价值的事才值得去做所以说，小人所谈论的，都是有关儒家、墨家谁是谁非的争辩；小人所做的，都是近于固执、伪饰、偏激的行为。这不过是为了追求名声而已，因此，英明的君主要诛杀这些小人。如今世上有些人，品行想要比所有的人都高，办事要比所有的人都强，能言善辩想要出众，勇力想要超群。但是，高尚的品行却不能去教化人民；超强的办事能力并不能应用于实际事务；杰出的口才也做不到挨门挨户地去游说；过人之勇，却不一定能带领大家一起去行军打仗。总之，这四种能力如果脱离群众和实际，就会成为产生祸乱的根源所以说，行善的，别人无法追随他行善；能工巧匠，别人也学不来。这类独善、独巧的人，其实并没有明白行善、弄巧的真正道理。因此，真正推崇圣人治理方法的，不是以自己能治理为贵，而是以能与众人共同治理为贵。能工巧匠的技艺，不是以自己能够懂得这种技艺为贵，而是以能让身边众人都能掌握这样的技艺为贵。《文子》称：能够有先知先觉的通达见解，这是人的能力出众，而太平盛世并不把这看作是比别人可贵的本领。博闻强记，能言善辩，这是人才华横溢的表现，而英明的君主并不把这作为要求臣子的标准。恃才傲物，不与世俗同流合污，这是士大夫的高尚品行，而太平盛世不用这来作为教化民众的标准。因此，高不可攀的行为，不能用来作为衡量一般人的标准；一般人达不到的高贵品行，不能用来作为一国风俗的标准。所以国家太平时，可以和笨人一道守护，而在军旅中，也可以与怯懦的人同行，不必等到像古代的英才俊杰一类人物出现而人们也可以自我完善，这不过是把他们所表现出来的精神、品德、才能取长补短罢了。评论：根据《文子》中的这些话，圣人不可以用先知先觉、博闻强记、恃才傲物这三事来教化天下百姓。假如让老百姓把这些作为行为规范和风俗是行不通的。如今只要根据当地的风土人情因地制宜，以务农耕种、行军作战来教化百姓，慢慢地促进事物的发展，入乡随俗就可以了。个人多有能力、多勇敢没有那么重要。**所以圣人能够顺着大道通过险阻**《淮南子》称：能够体会大道的人就会通达而不会误入歧途，喜欢投机取巧的人将会劳而无功。有离朱那样明亮的眼睛，能够看清百步以外的小针，却看不见泉水中的游鱼。有师旷那样好的听力，能够分辨各种音调，却不能听见十里之外的声音。因此，单凭一个人的能力，甚至不能把三亩大的宅院治理好；遵循大道的法则，顺从天地的自然规律，那么，将宇宙六合治理好也不难。这就是顺着大道通过险阻的意思。**建立法制来理顺各种差别**《文子》称：农民、士人、工匠、商人，无论在哪里都是有差别的。农民和农民谈论的是收获、储藏，士人和士人谈论的是德行，工匠和工匠谈论的是巧技，商人和商人谈论的是价格、利润。因此，士人不会失去德行，工匠不会有无法完成的活计，农民不会花费无谓的气力总有收获，商人不会做折本生意。各行各业关注的都是自己这个行业的规律。这就是建立法制来理顺各种差别。使贤明的人和愚昧的人不相互轻视，能干的人和粗鄙的人不相互嫌弃，这是治理国家最好的方法。所以叔孙通要制定礼仪，汉高祖刘邦说："礼仪实行起来该不会很难吧？"叔孙通回答说："礼制，是依据时势人情而制定的礼节条文。"张释之和汉文帝谈论治国之道，汉文帝说："讲得通俗些，不要故弄玄虚，只要对当下有用就好了。"由此看来，治理国事如果不重视实用，而以标新立异为贵，那就如同让饿了多日的人等待有了美食佳肴才去充饥，借给溺水的人金钱、宝贵的玉器拯救他一样评论：从前楚国的公输般、宋国的墨翟能使木制的鸢自动飞上天，但没什么用处。汉代的张衡能够使车的三个轮子自行运转，魏国的马钧能够造出会吹箫的木头人。制造出的东西毫无用处，费时费力，害处太多了。《庄子》称：朱汗漫向支离益学习屠龙的技术，花去了千金的学费，可是学成后却没有地方用。《尹文子》称：治国的根本在于仁、义、礼、乐、名、法、刑、赏，超出这些而在别的方面花功夫，即使能上天入地，包罗万物，却只属于治国以外的事情，不是百姓能吃、能用的。所以圣人对这些无用的理论不置一词。由此看来，做事贵在适时适用，不应好高骛远，自古以来就是这样。

卷八 杂说

善亡第三十四议曰：世有行善而反亡者

原文

　　《易》曰：积善之家，必有余庆。又曰：善不积，不足以成名。何以征其然耶？《孟子》云：仁之胜不仁也，犹水之胜火也。今为仁者，犹以一杯水救一车薪之火，火不息，则谓水不胜火，此又与于不仁之甚者也。又：五谷种之美者，苟为不熟，不如稊、稗。夫仁亦在熟之而已矣熟，成也。《尸子》曰：食所以为肥也，一饭而问人曰："奚若？"则皆笑之。夫治天下，大事也，譬今人皆以一饭而问人"奚若"者也。议曰：此善少不足以成名也。恶亦如之。何以明其然耶？《书》曰：商罪贯盈，天命诛之。今弗顺天，厥罪惟均。由是观之，夫罪未盈，假令中有罪恶未灭也，今人见恶即未灭，以为恶不足惧，是以亡灭者继踵于世。故曰恶不积，不足以灭身。此圣人之诫。由是观之，故知善也者，在积而已。今人见徐偃①亡国，谓仁义不足仗也；见承桑失统，谓文德不足恃也承桑氏之君，循德废武，以灭其国也。是犹杯水救火、一饭问肥之说，惑亦甚矣。

---

① 徐偃：指徐偃王，西周时徐国（今江苏泗洪南）王。戎族，偃姓，统辖淮、泗地带。徐偃王对下属以仁义相待，有36个诸侯向他朝贡臣服。后来周穆王命造父联合楚军进攻徐国，徐偃王主张仁义不肯战，遂败逃。后亡国。

善亡第三十四 评论：世上确实有好人没好报的

译文

《易经》称：积德行善之家，恩泽及于子孙。又称：不大量行善，就不能成为一个声誉卓著的人。为什么这么说呢？《孟子》称：讲仁义的一定能战胜不讲仁义的，就像水一定能灭火一样。用一杯水去扑灭一车干柴燃起的火，当然是扑不灭的，但因此就说水不能灭火，这和用一点仁爱之心去消除不仁到极点的社会现象是同样的道理。又称：五谷的品种再好，如果不等成熟就收割，那还不如稊子、稗子好吃。所以讲仁义的是否能胜过不讲仁义的，也要看是否成熟了啊。《尸子》称：如果吃饭是为了长胖些，只吃一顿饭就问别人说："我长胖了吗？"那么人们都会取笑他。治理天下，是很大的事。如果急功近利，就像人们在吃了一顿饭后就问别人"我胖了吗"是一样可笑的。评论：这是说行善太少还不足以成为声誉卓著的人。恶也是这样。为什么这么说呢？《尚书》称：商纣王恶贯满盈，上天命周武王诛灭他。其余不顺从天命的人，根据他罪过的轻重加以处罚。由此看来，行恶没有恶贯满盈的，假如其中还有一些没有被诛灭，有人看到行恶之人却没有被诛灭，就认为行恶不可怕，因此抱着侥幸心理，致使世上自取灭亡的人一个接着一个。因此说恶行没积累到一定程度，暂时还不至于身死。这是圣人的告诫。由此看来，行善在于一点点积累。如今人们看到周朝的徐偃王行仁义却亡了国，就说行仁义不可取；看见古代承桑国国君推行文德却

卷八　杂说

亡了国,就说文德不可靠承桑氏的君主,推崇文德,废弃武事,因此导致国家灭亡。这就像用一杯水去救火、吃一顿饭就问人"我胖了吗"是同样的道理,简直太糊涂了。

诡俗第三十五

原文

　　夫事有顺之而为失义，有爱之而为害，有恶于己而为美，有利于身而损于国者。何以言之？刘梁①曰："昔楚灵王骄淫，暴虐无度。芈尹申亥②从王之欲，以殡于乾溪，殉之以二女。"此顺之而失义者也议曰：夫君正臣从，谓之顺。今君失义而臣下从之，非所谓顺也。鄢陵之役，晋、楚对战，谷阳献酒③，子反④以毙。此爱之而害者也汉文帝幸慎夫人，其在禁中，尝与后同席。及幸上林，郎署长布席，慎夫人⑤席与后同席。袁盎⑥引慎夫人坐。上大怒，袁盎前说曰：臣闻尊卑有序，上下乃和。今陛下既已立后，慎夫人乃妾耳。妾、主岂可同

---

① 刘梁：东汉大臣，字曼山，一名岑。汉灵帝时举孝廉，任北新城长。于是大作讲舍，招收学生徒众数百人。后召拜尚书郎，累迁至野王令。后人辑其集为三卷《隋书经籍志注》，传于世。

② 芈尹申亥：春秋时楚国官吏，曾事楚灵王。

③ 谷阳献酒：在鄢陵之战中，楚军失败。楚国司马子反口渴，部下谷阳将酒作为水献给子反喝。子反好酒，很快喝醉了，而此时楚共王来找子反商议军情，发现子反醉酒。楚共王觉得在自己受伤、楚军战败的情况下主将子反居然醉酒，非常不高兴。待退兵以后，子反自杀。

④ 子反：春秋时楚国司马。芈姓，熊氏，名侧，字子反。曾随庄王败晋于邲。公元前596年，率军围宋，历时九月，后因酗酒被宋大夫华元趁夜入军帐通盟撤围。共王时晋师战于鄢陵，夜酒醉不能议事，楚军乃退。因此事子反被楚共王责罚，子反自杀。

⑤ 慎夫人：汉文帝刘恒的宠妾，有美色，能歌舞，擅鼓瑟。

⑥ 袁盎：字丝，西汉大臣。个性刚直，有才干，被时人称为"无双国士"。汉文帝时名震朝廷，因数次直谏，触犯皇帝，被调任陇西都尉，后迁徙做吴相，吴王优厚相待。他在汉景帝"七国之乱"时，曾奏请斩晁错以平众怒，结果七国之乱平定后，他就被封为太常，显贵异常。

卷八 杂说

坐哉？且陛下幸之，即厚赐之。陛下以为慎夫人，适所以祸之。陛下独不见人彘乎？上乃悦。由是言之，夫爱之为害，有自来矣。臧武仲①曰："孟孙恶我，药石也；季孙之爱我，美疢也。疢毒滋厚，药石犹生我。"此恶之而为美者也 孙卿曰：非我而当者，吾师也；是我而当者，吾友也；谄谀我者，吾贼也。商君曰：貌言，华也；至言，实也；苦言，药也；甘言，疾也。韩子曰："为故人行私，谓之不弃；以公财分施，谓之仁人；轻禄重身，谓之君子；枉法曲亲，谓之有行；弃官宠交，谓之有侠；离俗遁世，谓之高慤；交争逆令，谓之刚材；行惠取众，谓之得人。不弃者，吏有奸也；仁人者，公财损也；君子者，人难使也；有行者，法制毁也；有侠者，官职旷也；高慤者，人不事也；刚材者，令不行也；得人者，君上孤也。此八者，匹夫之私誉，而人主之大败也 人主不察社稷之利害，而用匹夫之私誉，家国无危乱，不可得也。"由是观之，夫俗之好恶，与事相诡。唯明者能察之 韩子曰：君臣之利异，故人臣莫忠，故臣利立而主利灭。此之谓异利者也。

---

① 臧武仲：即臧孙纥，春秋时鲁国大夫。矮小多智，号称"圣人"。

诡俗第三十五

译文

　　事情有顺着他人之意行事却损伤道义的，有本为爱护他结果却害了他的，有使自己厌恶却是为自己好的，有利于自身却损害国家利益的。为什么这样说呢？东汉的刘梁说："从前楚灵王骄奢淫逸，暴虐无道，芈尹申亥顺从灵王的遗愿，把他葬在乾溪，用两个女子殉葬。"这是顺着他人行事却失了道义的事例评论：君主正直，臣子顺从叫做顺，如今君主失去道义而臣下却顺从他，不能称作顺。鄢陵之战中，晋、楚两国对战，楚军将领子反的属下榖阳给他献上美酒，子反喝醉了，楚军因此兵败，子反因此身死。这是本为爱他结果却害了他的事例汉文帝宠爱慎夫人，她在后宫中曾与皇后同席并座。等到汉文帝游上林苑时，郎署长安排座位，又让慎夫人的座席与皇后的座席并排。袁盎引慎夫人到另一座位坐下，文帝大怒。袁盎上前劝谏说：臣听说尊卑之间有次序，上下之间才能和睦。如今皇帝陛下既然已经册立了皇后，慎夫人只不过是妾罢了。女主人与妾怎么可以并排同坐呢？况且皇上宠爱慎夫人，用丰厚的财物赏赐她就好了。皇上认为让慎夫人与皇后座位平列是宠爱她，其实恰恰是给她招来了祸殃。您难道忘了高皇帝刘邦的宠妃戚姬落到成为"人彘"的下场了吗？文帝这才高兴地接受了袁盎的意见。由此说来，爱他结果却害了他，早就有这样的现象了。春秋时鲁国大夫臧武仲说："孟孙讨厌我，但他的话是苦口良药；季孙喜爱我，但他的话是美丽的病毒。病毒日积月累，只有苦口良药才能救活我。"这是惹人厌恶却是对人好的事例荀子说：批评我而又批评得恰当的，是我的老师；肯定我而又

卷八 杂说

肯定得恰当的，是我的朋友；阿谀奉承我的，是我的敌人。商鞅说：不实在的言论，就像花朵；诚实的言论，就像果实；逆耳的忠言，就像良药；甜言蜜语，就像病毒。韩非子说："为老朋友徇私谋利，被认为是不抛弃朋友；把公家财产分送给别人的，被称为有爱心；轻视官职俸禄而重视自身品行的，被称为君子；违背法律而庇护亲人的，被称为有德行；为了偏袒朋友渎职，被认为侠肝义胆；脱离世俗，避世隐居，被称为高尚诚笃；相互争斗、违抗命令的，被称为刚烈；施些小恩小惠去拉拢众人的，被认为有人缘。所谓不抛弃朋友的官吏，一定有私心；所谓有爱心的，实际上使公家的财产受到了损失；所谓君子，别人却很难从他那里得到帮助；所谓的有德行，法制的尊严会受到损害；所谓侠肝义胆，官职就会被亵渎；所谓高尚诚笃，人就会逃避现实；所谓的刚烈，就会有令不行；所谓有人缘，就会使君主孤立。这八种情况，是普通人的美名，而对君主来说却是极大的失败君主如果不明察国家利害之所在，却一味盲目相信人的美名，想使国家不陷入危险和混乱，那是不可能的。"由此看来，世俗的好恶往往与事理相反，只有明智的人才能够察觉这些情况韩非子说：君臣之间的利益是不同的，所以有臣子不忠于君主的，所以有臣子的利益一旦确立而君主的利益就随之破灭的。说的正是君臣利益不同的道理。

息辩第三十六议曰：夫人行皆著于迹，以本行而征其迹，则善恶无所隐矣。夫辩者焉能逃其诈乎

原文

《中论》曰：水之寒也，火之热也，金石之坚刚也，彼数物未尝有言，而人莫不知其然者，信著乎其体故曰使吾所行之信如彼数物，谁其疑之？今不信吾之所行，而怨人之不信己，惑亦甚矣。故知行有本，事有迹。审观其体，则无所窜情。

何谓行本？孔子曰："立身有义矣，而孝为本；丧纪有礼矣，而哀为本；战阵有列矣，而勇为本。"太公曰："人不尽力，非吾人也；吏不平洁爱人，非吾吏也；宰相不能富国强兵，调和阴阳，安万乘之主，简练群臣，定其名实，明其赏罚，非吾宰相。"此行本者也。

何谓事迹？昔齐威王召即墨大夫而语之曰："自子之居即墨也，毁日至。然吾使人视即墨，田野辟，人民给，官无留事，东方以宁。是子不事吾左右以求誉也。"封之万家。召阿大夫而语之曰："自夫子之守阿也，誉日闻。然吾使人视阿，田野不辟，人贫苦。赵攻甄，子不能救；卫取薛陵，子不能知。是子常以币事吾左右以求誉也。"是日，烹阿大夫及左右常誉之者。齐国大理。

汉元帝时，石显专权。京房宴见，问上曰："幽、厉之君何以危？所任者何人也？"上曰："君不明而所任巧佞。"房曰："知其巧佞而用之也，将以为贤？"上曰："贤之。"房曰："然则今何以知其不贤也？"上

卷八 杂说

曰："以其时乱而君危知之。"房曰：齐桓公、秦二世亦尝闻此君而非笑之。然则任竖刁①、赵高，政治日乱，盗贼满山。何不以幽、厉卜之而觉悟乎？上曰：唯有道者，能以往知来耳。房曰：陛下视今为治也，乱也？上曰：亦极乱耳。房曰：今所任用者谁欤？上曰：然幸其愈于彼，又以为不在此人也。房曰：夫前世二君，亦皆然耳。臣恐后之视今，如今之视前也。**此事迹者也。**

　　由是言之，夫立身从政，皆有本矣；理乱能否，皆有迹矣。若操其本行，以事迹绳之，譬如水之寒、火之热，则善恶无所逃矣。

---

① 竖刁：亦作竖刀、竖貂，春秋时齐桓公的宠臣，官为寺人。桓公死后，五公子皆求立。他与易牙等杀群吏，立公子无诡，内讧因此扩大。

息辩第三十六评论：人的品行都会在言行举止上表现出来，根据一个人的基本品质并参考他的行为，那么是善是恶就无法隐藏了。这样，即使是能言善辩的人，又怎么可能不让他的诡诈手段败露呢。

译文

　　《中论》称：水是冷的，火是热的，金石是坚硬的，这几种东西并不曾有言语表白，而人们却没有不知道它们是哪种性质的，因为它们内在性质的信息就显现在其本体上所以说，假使我所作所为的信息也如那几种东西一样都真实地显现出来，谁还会怀疑我的品质呢？如今因为人们不相信我的品行，就埋怨别人不信任自己，实在是太糊涂了。因此，品行有本体可察，做事有迹象可寻。只要仔细观察本体，那么谁也无法遮掩实情真相。

　　什么叫做品行的根本呢？孔子说："立身处世有一定的准则，而孝敬父母是根本；丧葬有礼仪，而哀伤是根本；战阵有列阵组合方式，而勇敢是根本。"姜太公说："百姓不尽力为国，就不是我的百姓；官吏不公平、廉洁、爱护百姓，就不是我的官吏；宰相不能富国强兵，不能协调阴阳四时，不能使君主安心，不能选拔、训练群臣，不能核定名实、严明法令、赏罚得当，就不是我的宰相。"这就是品行的根本。

　　什么是事情的迹象呢？从前齐威王召见即墨大夫，对他说："自从你到即墨居官任职以后，有诋毁你名誉的传言每天都传到朝廷中来，然而我派人视察即墨，看见荒田野地都开垦出来了，人民丰衣

卷八　杂说

足食，官府没有积压的事务，东方一带因此得以安宁。之所以朝廷只有诋毁你名誉的传言，这是因为你不去讨好我左右的人来求取美名啊。"于是赐即墨大夫一万户做封邑。齐威王又召见东阿大夫，对他说："自从先生担任东阿大夫后，朝廷上夸奖你的话每天都能听到。然而我派人视察东阿，荒田野地还是荒田野地，人民贫苦不堪。赵国攻打甄城，你没有出兵救援；卫国攻取薛陵，你竟然不知道。之所以有夸奖你的传言，这是因为你常常贿赂我左右的人来求取美名啊。"当天，齐威王便下令烹杀了东阿大夫以及自己身边常常为东阿大夫说好话的人。齐国因此大治。

　　汉元帝时，大臣石显专权。大臣京房私下里去拜见汉元帝，问元帝："周幽王、周厉王那样的君主，是怎么陷入危急的呢？他们任用的是些什么样的人？"汉元帝说："君主不英明，任用的都是些花言巧语谄媚的人。"京房说："是明明知道这些人善以花言巧语谄媚还要任用，还是认为他们贤能才用他们？"汉元帝说："是认为他们贤能。"京房说："那么，如今又怎么能知道他们不贤能呢？"汉元帝说："依据当时社会混乱而且君主陷入危急的状况，可以知道他们不贤能。"京房说：齐桓公、秦二世也曾听说过周幽王、周厉王这两个君主的情况，并且嘲笑他们糊涂。然而他们自己却任用竖刁、赵高这样的巧言谄媚之臣，使国家政治一天比一天混乱，盗贼满山遍野。他们为什么不能以周幽王、周厉王的败亡作为前车之鉴，从而觉悟到自己用人的失误呢？汉元帝说：只有有德行的君主，才能够借鉴过去而知道应该怎么做。京房问：陛下看如今的朝政是大治呢？还是混乱呢？汉元帝说：也是极为混乱的。京房问：如今陛下任用的又是些什么样的人呢？汉元帝说：所幸现在任用的石显比竖刁、赵高他们强。我认为朝政混乱的责任不在石显。京房说：以前的齐桓公、秦二世这两位君主，也都是这样认为的。臣恐怕后代人看我们现在的情形，就如同我们现在看以前的情形是一样的。这就是凡事都有迹象可寻的情形。

　　由此说来，立身处世，为官从政，都有一个根本的准则。朝政清明或混乱，办事是否有才能，都有迹象可寻。如果能把握住根本，再以办事的迹象去考察他，这样就会如同我们很容易判断水是冷的、火是热的一样，人的善、恶就无法掩饰了。

量过第三十七议曰：杨恽①书云：明明求仁义，常恐不能化人者，士大夫之行也。遑遑求财利，常恐遗之者，庶人之行也。今奈何以士大夫之行而责仆哉？此量过者也

原文

孔子曰："人之过也，各于其党。观过斯知仁矣党，党类也。小人不能为君子之行，非小人之过，当恕而勿责之也。"何以言之？太史公云："昔管仲相齐，九合诸侯，一匡天下。然孔子小之曰：'管仲之器小哉！岂不以周道衰，桓公既贤，而不勉之至王，乃称霸哉？"议曰：夔、龙、稷、契，王者佐也；狐偃、咎犯，霸者佐也。孔子称：微管仲，吾其被发左衽矣。是奇管仲有王佐之材矣。夫有王佐之才而为伯者之政，非小器而何？由是观之，孔子以管仲为夔、龙、稷、契之党而观过也。

虞卿说魏王曰虞卿说楚春申君伐燕，以定身封。然楚之伐燕，路由于魏，恐魏不听，虞卿乃为春申君说魏君假道也："夫楚亦强大矣，天下无敌，乃且攻燕。"魏王曰："向也子云'天下无敌'，今也子云'乃且攻燕'者，何也？"对曰："今谓马多力则有之矣，若曰胜千钧则不然者，何也？夫千钧非马之任也。今谓楚强大则有矣，若夫越赵、魏而开兵于燕，则岂楚之任哉？"

由是观之，夫管仲九合诸侯，一匡天下，而孔子小之；楚人不能伐燕，虞卿反以为强大，天下无敌。非诡议也，各从其党言之耳。不可不察。

---

① 杨恽：西汉大臣，司马迁的外孙，字子幼。汉宣帝时，任左曹，因告发霍氏谋反，升任中郎将，封平通侯。后以过失免为庶人，在与友人孙会宗的书信中表示不满，被处腰斩。

卷八 杂说

量过第三十七评论：杨恽在书信中说：努力去追求仁义，常担心不能教化百姓，这是士大夫的事。匆匆忙忙去追求财富，常怕错过机会，这是老百姓的事。现在你为什么要用士大夫的标准来责备我呢？这就是判断不同人的过失要有不同标准的道理

译文

孔子说："人的错误也是各种各样的。什么样的人就犯什么样的错误。仔细考察某人所犯的错误，就知道他是什么样的人了。"小人不会做君子做的事，也就不会犯君子所犯的错误。这并不是说小人的过错就应当宽恕而不要责备他。为什么这样说呢？司马迁说："春秋时管仲担任齐国的相国，多次主持与诸侯的会盟，一举匡正天下。但是孔子却小看他，说：'管仲的器量很小！为什么不能根据周朝衰落的形势，凭借齐桓公的贤能，勉励齐桓公成就王业，却只是在诸侯中称霸呢？'"评论：舜帝的臣子夔、龙、稷、契，是帝王的辅佐；晋文公重耳的臣子狐偃、咎犯，是霸主的辅佐。孔子说：如果没有管仲，我们也许被夷狄吞并，而成了披散着头皮、衣服前襟向左掩的野蛮人了。这是认为管仲有辅佐帝王的奇才。具有辅佐帝王的才能，却只辅佐齐桓公成就了霸业，不是器量小又是什么呢？由此看来，孔子是把管仲当作夔、龙、稷、契一类人才，才批评他器量小。

虞卿劝魏王说虞卿本来是劝春申君去攻打燕国以成就功名的，但是楚国攻打燕国，必须要路经魏国。春申君恐怕魏国不让楚军通过，虞卿就替春申君去劝魏王借道："楚国也很强大，可以说天下无敌，他们竟然要攻打燕国。"魏王说："你先说楚国'天下无敌'，又说楚国'竟然要攻打燕国'，是什么意思？"虞卿回答说："如今说马很有力气，那是一回事；如果说马能驮动

千钧的重量，那就不对了。为什么呢？因为千钧的重量，不是马能驮起来的。如今说楚国强大是有这回事，如果说楚国能越过赵国、魏国去攻打燕国，那怎么可能呢？"

由此看来，管仲多次会合诸侯，一举匡正天下，而孔子却小看他；楚国不能越过魏国去攻打燕国，虞卿反而认为楚国强大，天下无敌，这并不是诡辩，而是在具体条件下做的判断。这个一定要弄清楚。

卷八　杂说

势运第三十八百六之运①，推迁改移，不为尧存，不为桀亡。君子小人，无贤不肖，至人无可奈何，知其不由智力也

原文

　　夫天下有君子焉，有小人焉，有礼让焉。此数事者，未必其性也，未必其行也，皆势运之耳。何以言之？《文子》曰：夫人有余则让，不足则争。让则礼义生，争则暴乱起。物多则欲省，求赡则争止议曰：《管子》云：衣食足，知荣辱。此有余则让者也。《汉书》曰：韩信为布衣时，贫无行，不得推择为吏。及在汉中，萧何言于高祖曰：韩信者，国士无双。此不足则争者也。故《傅子》②曰：夫授夷、叔③以事而薄其禄，父母饿于前，妻子馁于后，能守志不移者，鲜矣。

　　《淮南子》曰：游者不能拯溺，手足有所争急也；灼者不能救火，身体有所痛也。林中不卖薪，湖上不鬻鱼者，有所余也。故世治则小人守正，而利不能诱也；世乱则君子为奸，而刑不能禁也《慎子》曰：桀、纣之有天下也，四海之内皆乱。关龙逢、王子比干不与焉，而谓之皆乱，其乱者众也。

---

　　①　百六之运：古代术数家称百六、阳九为厄运。术数家以四千六百一十七年为一元，初入元一百零六年，内有旱灾九年。道家称天厄为阳九，地亏为百六。

　　②　《傅子》：西晋哲学家、文学家傅玄著。原有一百二十卷（篇），宋时已大部散佚。今本《傅子》从《太平御览》等书中辑录，有文义完具者十二篇，文义不全者十二篇，另有附录四十八条。书中对当时玄学空谈进行了批判。

　　③　夷、叔：指商末孤竹君之子伯夷、叔齐。孤竹君先以次子叔齐为继承人，孤竹君死后，叔齐让位，伯夷不受，后二人都投奔到周。到周后，反对周武王进军讨伐商王朝。武王灭商后，他们又逃避到首阳山，不食周粟而死。

势运第三十八

尧、舜之有天下也，四海之内皆治，而丹朱、商均①不与焉，而谓之皆治，其治者众也。故《庄子》曰：当尧、舜而天下无穷人，非智得也；当桀、纣而天下无通人，非智失也。时势逼然。《新语》曰：近河之地湿，近山之木长者，以类相及也；四渎东流，则百川无西行者，小象大而少从多也。

是知**世之君子，未必君子**议曰：匡衡云：循礼恭让，则人不争；好仁乐施，则下不暴；尚义高节，则人兴行；宽柔惠和，则众相爱。此四者，明王之所以不严而成化也。由是言之，夫世之君子，乃由上之所化矣。**世之小人，未必小人**议曰：《尚书》云，殷罔弗小大，好草窃奸宄。卿士师师，非度罔获。此言殷之季世，卿士君子并为非法，无得其中，皆从上化耳。故知世之小人，未必小人；**世之礼让，未必礼让**议曰：《左传》云：范宣子好让，其下皆让。栾黡为汰，弗敢违也。晋国以平，数世赖之，刑善也。夫周之兴也，其诗曰：仪刑文王，万邦作孚。言刑善也。及其衰也，其诗曰：大夫不均，我从事独贤。言不让也。由此言之，夫栾黡之让，势运之耳。故知世之礼让，未必礼让也。**夫势运者，不可不察**议曰：《政论》②云：虽有素富，骨清者不能百一，不可为天下通变。故知君子、小人本无定质，盖随势运者多矣。

---

① 商均：舜的儿子，根据皇甫谧的《帝王世纪》记载，他的母亲是尧的女儿女英。他和舅舅、尧的长子丹朱的情况相同，也是不贤不肖。所以舜就把天下禅让给治水有功的大禹。

② 《政论》：东汉崔寔著。作者明于政体，曾论当世事，撰为《政论》。范晔称其"言当世理乱，虽晁错之徒，不能过也"。《隋书·经籍志·法家》著录作六卷，《旧唐书·经籍志》作五卷。原书宋时已佚，今存清严可均、马国翰等人辑本。

卷八 杂说

势运第三十八 天地宇宙循环的运数，随着时间的推移在不断地变迁，既不会因为尧贤能而永存，也不会因为桀无道而消失。什么君子、小人，贤能还是不贤能，都没个固定不变的准则，这是连圣人也无可奈何的事情。由此可知，一个人的命运并不完全由智慧能力来决定。

译文

　　天下有品德高尚的君子，有品德卑下的小人，也有礼让之风。这几种情况，未必是出于人的本性，未必是理所当然，都不过是时势造成的罢了。为什么这样说呢？《文子》称：人们有余时才会礼让，不足时就会争夺。礼让就产生了礼义，争夺就会发生暴乱。财产多了那么欲望就会减少，获取的多了那么争夺自然就会停止 评论：《管子》称：衣食丰足之后，才会有荣辱观念的产生。这是说有余时才会有礼让的情况。《汉书》称：韩信做平民的时候，贫困而且品行不端，没机会被推举为官。等到去汉中投奔刘邦，萧何对汉高祖刘邦说：韩信这个人，在士人中是举国无双的人才。这是说由于衣食不足而争夺的情况。所以《傅子》称：如果任命伯夷、叔齐担任一个小官职，只给他们微薄的俸禄，开始是父母挨饿，接着是妻子儿女吃不饱饭，这样还能不改变其志向操守的可能性很小。

　　《淮南子》称：正在游泳的人不能拯救落水的人，因为他自己的手脚还忙不过来；被烧伤的人不能救火，因为他身体烧伤正疼得厉害。在树林中不卖柴，在湖上不卖鱼，因为林中的柴、湖上的鲜鱼多的是。所以，如果世道太平，那么小人也会奉公守法，私利不足以诱惑他；如果世道混乱，那么君子也会做奸犯科，法律也禁止不住他 《慎子》称：夏桀、商纣统治天下的时候，四海之内一片混乱。关龙逢、王子比干虽然不与世俗同流合污,但人们还是称那个时代为乱世,因为当时作乱的人相对占大多数。尧、舜统治天下的时候,天下太平,虽然丹朱、商均谋反作乱,但人们还是称那个时代为太平盛世,因为当时遵纪守法的人相对占大多数。所以《庄子》称:在尧、舜的时代,天下没有不得志的人,并不是那时的人都很聪明。当夏桀、商纣在位时,天下没有学识渊博通达的人,并不是说这时的人都变傻了。这都是时势造成的。《新语》称:靠近河边的土地湿润,靠近山边的树木长得高,这都是因为同类相互影响。长江、黄河、淮河、济水这四大河流都向东流入大海,因而百川也没有向西流的,这是由于小河仿效大河,而水少的追随水多的。

由此可知,世上的君子,未必本质上就是君子评论:匡衡曾经说过,英明的君主恪守礼义,恭敬谦让成风,百姓就不会争斗;君主好行仁义,乐于施舍,百姓就不会暴乱;君主崇尚道义,节操高尚,百姓也会按道义节操行事;君主宽厚慈爱,百姓就会互相关心爱护。有了这四条,英明的君主就可以不用严刑峻法也能成功地教化天下臣民了。由此说来,世上的君子,都是英明的君主教化的结果;世上的小人,未必本质上就是小人评论:《尚书》称:殷商的法律并不是不严格,然而社会风气极坏,地方上盗贼成群,犯法作乱成风,朝廷内外大夫士人相互勾结,上行下效,法律根本治不了。这是说殷商末年,士大夫、正人君子们都干非法的事,没有遵纪守法的,这是君主教化缺失的结果。因此我们知道,世上的小人,未必本质上就是小人。世上的礼让,未必出于真心的礼让评论:《左传》称:晋国的范宣子执政时,他推崇礼让,他的下属也都喜欢礼让。栾黡虽然骄横,却也不敢违背这种礼让的风气。晋国因此得以安定,几代人都仰仗这种礼让的民风安居乐业,这是说有个好榜样。周朝开始兴盛的时候,当时的诗歌唱道:以文王为榜样,众多国家也都讲诚信了。这是说有个好榜样。等到周朝衰落,当时的诗歌唱道:大夫不公平,让我做的事比别人都多。这就是说已经开始不讲礼让了。由此看来,栾黡的礼让,只是环境造成的。因此我们知道,世上的礼让,未必是真心的礼让。因此时势对人的影响,是不能不认真对待的评论:《政论》称:世上虽然有素来就品质高尚的人,但一百个人中难得有一个,不可以作为天下普遍的标准。因此我们知道,君子、小人本来就没有固定不变的品质,大多数是随着环境的变化而变化。

卷八　杂说

傲礼第三十九

原文

　　《左传》曰：无傲礼。《曲礼》①曰：无不敬。然古人以傲为礼，其故何也？欲彰于人德者耳。何以言之？

　　昔侯嬴②为大梁夷门监，魏公子③闻之，乃置酒大会宾客。坐定，公子从车骑，虚左，自迎夷门侯生。侯生引公子过市，及至家，以为上客。侯生谓公子曰："今日嬴之为公子亦足矣。嬴乃夷门抱关者也，而公子亲枉车骑。稠人广众之中，不宜有所过，今公子故过之。然嬴欲就公子之名，故久立公子车骑市中，以观公子，公子愈恭。市人皆以嬴为小人，而以公子为长者，能下士也。"初，公子迎侯生，侯生曰：臣有客在市屠中，愿枉车驾过之。侯生下见其客朱亥④，与之语，微察公子，公子色愈和。市人皆观，从骑窃骂侯生，侯生视公子色终不变，乃谢客就车也。

　　张释之居廷中，三公九卿尽会立。王生老人曰："吾袜解。"顾谓张

---

　　① 《曲礼》：《礼记》篇名。曲，委曲周到之意。杂记春秋前后贵族饮室、起居、丧葬等各种礼制的细节，故名。

　　② 侯嬴：战国时魏国人。年七十时，仍任大梁（今河南开封）夷门的守门小吏。后被信陵君迎为上客。公元前257年，魏安釐王派将军晋鄙救赵，屯兵不敢前进。他献计信陵君窃得兵符，并推荐勇士朱亥击杀晋鄙，夺取兵权，因而战胜秦国，援救了赵国。

　　③ 魏公子：即魏无忌，号信陵君。详前注。

　　④ 朱亥：本是战国时魏国一名屠夫，因勇武过人，被信陵君聘为食客，以后曾在退秦、救赵、存魏的战役中立下了汗马功劳。

廷尉："为我结袜。"人或谓王生曰："独奈何廷辱张廷尉？"王生曰："吾老且贱，自度终无益于张廷尉。张廷尉，方今天下名臣，吾故聊廷使跪结袜，欲以重之。"诸公闻之，贤王生而重张廷尉汲黯常与大将军抗礼，或谗黯曰：自天子常欲群臣下大将军，君不可以不拜。黯曰：夫以大将军有揖客，反不重耶？大将军闻之，愈贤黯也。

　　由是观之，以傲为礼，可以重人矣议曰：《老子》云：国家昏乱有忠臣，六亲①不和有孝慈。此言忠臣孝子，因不和昏乱，乃见其节。向使侯生不傲，则市人不知公子能下士也。使王生不倨，则三公不知廷尉能折节也。故曰不善人者，善人之资。信矣夫。

---

①　六亲：指六种亲属，究竟指哪些亲属说法不一，较早的一种说法是指父、母、兄、弟、妻、子。后泛指亲属。

卷八　杂说

傲礼第三十九

译文

　　《左传》称：没有把傲慢当作礼节的。《曲礼》称：不要失去恭敬的态度。然而古人却有把傲慢当作礼节的，这是为什么呢？是想彰显别人的品德。为什么这样说呢？

　　战国时，侯嬴是魏国都城大梁夷门的守门人。魏公子无忌听说侯嬴是个贤能的人，便专门为侯嬴置办了一次酒宴，大会宾客。等宾客坐定后，信陵君带领一队车马，空出车中左边的客座，亲自去迎接看守夷门的侯嬴。侯嬴领着魏公子从集市中穿过，等到了公子无忌家中，侯嬴被当作上宾招待。侯嬴对公子无忌说："今天我侯嬴替公子您做的事也够多的了。我只不过是夷门的守门人，而公子您却屈尊亲自驾车来接我。在大庭广众之下，公子本不应从街市中穿过，可是我故意让公子从街市中穿过。我是想成就公子您的美名，因此才故意让公子以及您的车马在街市中停留那么久，来观察公子，公子的态度却更加谦恭。街市上的人都认为我侯嬴是个小人，而认为公子您是个德行高尚的人，能够礼贤下士。"当初，魏公子无忌去迎接侯嬴，侯嬴说：我有个朋友在市场中的屠宰店做事，想麻烦您的车驾带我去拜访一下他。侯嬴下车去见他的朋友朱亥，与他交谈，暗中观察公子无忌的反应，公子无忌的脸色反而变得更加谦和。市场上的人都围着观看，随从公子无忌驾车的人都暗中责骂侯嬴。侯嬴看公子无忌的脸色始终谦和不变，这才辞别朋友上了车。

汉朝的廷尉张释之在朝廷中等待朝见皇帝，三公九卿等显贵大臣都在朝堂上站着。有位老人王生说："我的袜带松了。"回头对张廷尉说："替我把袜带系好。"有人对王生说："大庭广众之下，为什么单单当众侮辱张廷尉？"王生说："我老了而且地位低贱，自己估摸着对张廷尉也没什么用了。张廷尉是当今天下的名臣，我故意当众让他跪下为我系袜带，是想让世人看看张廷尉是如何礼贤下士，更加看重张廷尉。"诸位公卿大臣听了这些话，都认为王生是个有贤德的人，并且更加尊重张廷尉西汉时大臣汲黯对大将军卫青常常以平等的礼节相待，不跪拜他。有人对汲黯说：皇帝曾经希望群臣都以下级的礼节拜见大将军，你也不可不行跪拜礼。汲黯说：以大将军那样显贵的地位，却有彼此以平等的揖礼相待的朋友，不是反而更受世人敬重吗？卫青听了这些话，越发觉得汲黯贤能。

由此看来，以傲慢作为礼节，可以使别人更受尊重评论：《老子》称：国家混乱的时候才看出谁才是真正的忠臣，亲属不和时才看出来父母是否慈爱，子女是否孝顺。这是说由于忠臣能在国家混乱之时、孝子能在亲属不和的情况下仍然坚持做自己该做的事，这才显示出节操的高尚。如果当时侯嬴对公子无忌不傲慢，那么街市上的人就不知道魏公子能够礼贤下士；假使王生对张释之不傲慢，那么三公九卿们就不知道张释之能够屈己下人。所以说，不好的人，是好人得以显示出来的凭借和参照。事实就是如此。

卷八 杂说

定名第四十

原文

夫理得于心,非言不畅;物定于彼,非名不辩。言不畅志,则无以相接;名不辩物,则识鉴不显。原其所以,本其所由,非物有自然之名,理有必定之称也。欲辩其实则殊其名,欲宣其志则立其称。故称之曰道、德、仁、义、礼、智、信。

夫道者,人之所蹈也。居知所为,行知所之,事知所乘,动知所止,谓之道又曰:道者,谓人之所蹈,使万物不失其所由也。德者,人之所得也。使人各得其所欲,谓之德。仁者,爱也。致利除害,兼爱无私,谓之仁又曰:仁者,人之所亲,有慈悲恻隐之心,遂其生成。义者,宜也。明是非,立可否,谓之义又曰:义者,人之所宜。赏善罚恶,以建功立事也。礼者,履也。进退有度,尊卑有分,谓之礼又曰:礼者,人之所履,夙兴夜寐,以成人君之序也。又曰:立善防恶,谓之礼也。智者,人之所知也。以定乎得失是非之情,谓之智。信者,人之所承也。发号施令,以一人心,谓之信。见本而知末,执一而应万,谓之术又曰:擅杀生之柄,通壅塞之途,权轻重之数,论得失之道,使远近情伪必见于上,谓之术。

《说苑》曰:从命利君,谓之顺又曰:君正臣从,谓之顺也;从命病君,谓之谀又曰:应言而不言,谓之隐;应谏而不谏,谓之谀。又曰:君僻臣从,谓之逆也;逆命利君,谓之忠又曰:分人以财,谓之惠;教人以善,谓之忠。孙卿曰:以德覆君而化之,大忠也;以德调君而补之,次忠也;以是谏非而怒之,下忠也;逆命病君,谓之乱又曰：赏无功，谓之乱。君有过失，将危国家，有能尽言于君，用则留，不用则去，谓之谏；用则可，不用则死，谓之诤；能率群下以谏于君，解国之大患，除国之大害，谓之辅；抗君之命，反君之事，安国之危，除主之辱，谓之弼故谏、诤、辅、弼者，可谓社稷之臣，明君之所贵也。

《庄子》曰：莫之顾而进，谓之佞；俙意导言，谓之谄；不择是非而言，谓之谀；好言人恶，谓之谗；称誉诈伪以败恶人，谓之慝；不择善否，两容颜适，偷拔其所欲，谓之险。

古语曰：以可济否，谓之和；好恶不殊，谓之同；以贤代贤，谓之夺；以不肖代贤，谓之伐；缓令急诛，谓之暴；取善自与，谓之盗；罪不知怨，谓之虐；敬不中礼，谓之野；禁而不止，谓之逆又曰：恭不中礼，谓之逆。又曰：令而不行，谓之障；禁非立是，谓之法；知善不行，谓之狂；知恶不改，谓之惑。

太公曰："收天下珠玉、美女、金银、彩帛，谓之残；收暴虐之吏，杀无罪之人，非以法度，谓之贼《庄子》曰：析交离亲，谓之贼。孙卿曰：不恤君之荣辱，不恤国之臧否，偷合苟容，以持禄养交，国之贼也；贤人不至，谓之蔽；忠臣不至，谓之塞；色取仁而实违之，谓之虚；不以诚待其臣，而望其臣以诚事己，谓之愚；分于道分，谓始得为人，谓之性；形于一受阴阳刚柔之性，故曰形于一也，谓之命。凡人函五常之性，而刚、柔、缓、急、音、声不同，系水土之气，谓之风；好恶取舍，动静无常，随君上之情欲，谓之俗。"

或曰：乐与音同乎？对曰：昔魏文侯问子夏曰："吾端冕而听古乐，唯恐卧。听郑、卫之音，则不知倦。敢问古乐之如彼，新乐之如此，何也？"子夏曰："今君之所问者，乐也；所好者，音也。夫乐者，与音相近而不同。"文侯曰："敢问何如？"子夏曰："夫古乐者，天地顺而四时当，民有德而五谷昌，疾疫不作而无妖祥，此之谓大当。然后圣人为父子、君臣，以为之纪纲；纪纲既正，天下大定；天下大定，然后正六律①，和五声②，弦歌诗颂，此之谓德音。德音之谓乐。《诗》云：莫其德音，其德克明。克明克类，克长克君。王此大邦，克顺克比。比于文王，其德靡悔。既受帝祉，施于孙

---

① 六律：古代乐律中的六律，指黄钟、太簇、姑洗、蕤宾、夷则、无射。
② 五声：古代五声音阶，指宫、商、角、徵、羽。

卷八　杂说

子。此之谓也。今君之所好者，溺音乎？郑音好滥，淫志也；宋音燕安，溺志也；卫音趋数，烦志也；齐音傲僻，骄志也。四者皆淫于色而害于德，是以祭祀弗用。"此音、乐之异也董生曰：古者未作乐之时，乃用先王之乐宜于时者，而以深入教化于人，然后功成作乐，乐其德也。故国风淫俗在于管弦。《乐书》曰：知声而不知音者，禽兽是也；知音而不知乐者，众庶是也。唯君子为能知乐。是故审声以知音，审音以知乐，审乐以知正，而理道备矣。此又音、声之异也。

或曰：音与乐既闻命矣，敢问仪与礼同乎？对曰：昔赵简子问揖让周旋之礼于子太叔①，太叔曰："是仪也，非礼也。吉也闻诸先大夫子产曰：'夫礼，天之经也经者，道之常也，地之义也义者，利之宜也，民之行也行者，人所履也。天地之经，民实则天之明日、月、星、辰，天之明也，因地之性高、下、刚、柔，地之性也，生其六气谓阴、阳、风、雨、晦、明也，用其五行金、木、水、火、土也，气为五味酸、咸、辛、甘、苦也，发为五色青、黄、赤、白、黑，发见于是非分别也，章为五声宫、商、角、徵、羽也。淫则昏乱，民失其性滋味声色，过则伤性，是故为礼以奉之制礼以奉其性也。人有好、恶、喜、怒、哀、乐，生于六气此六者，皆禀阴、阳、风、雨、晦、明之气也，是故审则宜类，以制六志为礼以制好、恶、喜、怒、哀、乐六志，使不过节也。哀有哭泣，乐有歌舞，喜有施舍，怒有战斗，哀乐不失，乃能协于天地之性协，和也，是以长久。'故人能曲直以从礼者，谓之成人。"

或曰：然则何谓为仪？对曰：养国子，教之六仪：祭祀之容，穆穆皇皇；宾客之容，俨恪矜庄；朝廷之容，济济跄跄；丧纪之容，累累颠颠累，音力追反；颠，音田，忧思之貌；军旅之容，暨暨诺诺诺，音额，教令之貌；车马之容，騑騑翼翼。此礼、仪之异也。夫定名之弊，在于钩钒析辞钒，音普觅反。苟无其弊，则定名之妙也。

论曰：班固九流②，其九曰杂家。兼儒、墨，合名、法。《傅子》九

---

① 子太叔：姬姓，游氏，名吉，字子太叔（一作子大叔），春秋时郑国的执政。善于辞令，多次出使楚国、晋国。他曾经阐述礼和仪的区别，认为礼是天地经纬、上下纲纪的准则。

② 九流：先秦学术流派，即儒、道、阴阳、法、名、墨、纵横、农、杂等九家。

定名第四十

品①，其九曰杂才，以长讽议。由是观之，杂说之益，有自来矣。故著此篇，盖立理叙事，以示将来君子矣。

---

① 九品：西晋时傅玄在《傅子》中把学校应培养的人才细分为九个方面，即：一曰德才，以立道本；二曰理才，以研事几；三曰政才，以经治体；四曰学才，以综典文；五曰武才，以御军旅；六曰农才，以教耕稼；七曰工才，以作器用；八曰商才，以兴国利；九曰杂才，以长讽议。

卷八 杂说

定名第四十

译文

  心中明白了某种道理，不通过语言就不能流畅地表达出来；把事物用某种名称规定下来，不通过语言，就不能与别的事物区别开来。不用语言表达自己的内心思想，就无法顺畅地与别人交流；不借助名称区别事物，就无法显示出你对事物本质的认识。追本溯源，事物并不是生来就有名称，道理并不是生来就有固定的概念。想要辨别事物的本质，就要给事物规定特定的名称；想要表达内心的思想，就需要确定明确的概念范畴。所以才有道、德、仁、义、礼、智、信等概念。
  所谓道，就是人们所要遵循的规律。坐在家里就知道将要做什么，出行时知道要到哪里去，办事时知道所依据的条件，行动时知道什么时候该停止，这就是道还有一种说法：道，就是人们要遵循的规律，使万物不失去其本来的发展轨道。德，就是人们所能得到的。让人们能各得其所，就是德。仁，就是爱。创造价值，除去祸害，博爱无私，就是仁还有一种说法：仁，就是爱心，有慈悲、怜悯之心，就能发展成仁。义，就是适宜。明辨是非，对事物的对错有明确的立场，就是义还有一种说法：义，就是人所做的一切要恰当、及时，赏善罚恶，以此来建功立业。礼，就是人们要履行的。或进或退要有一定的规范，尊、卑要有区分，就是礼还有一种说法：礼，就是人们要履行的。早起晚睡，以求维护君主的统治秩序。还有一种说法：褒奖善行，杜绝恶行，就是礼。智，就是人们所获得的知识。用来判定得失、是非等的能力，就是智。

定名第四十

信，就是人们的承诺。发号施令时，都以指挥者一人的意志统一思想，就是信。看到事物的开始，就能够预知它的结果，坚持不变的原则以应对变化无常、复杂多端的具体事物，就是术还有一种说法：手握生杀大权，能打通堵塞的渠道，有权衡轻重缓急的能力，能准确地评价成败得失，能使远近真假完全展现在君主面前，就是术。

西汉刘向编著的《说苑》称：顺从君主的命令，做对君主有利的事，称之为顺还有一种说法：君主正确，臣子顺从君主的意志行事，称之为顺；顺从君主的命令，做的事却是对君主有害的，称之为谀还有一种说法：应该说的时候却不说，称之为隐；应该劝阻时却不劝阻，称之为谀。还有一种说法：君主不正确而臣子却顺从君主的意志行事，称之为逆；违背君主的命令，做的事却是对君主有利的，称之为忠还有一种说法：把自己的财物分送给别人，称之为惠；教导别人行善，称之为忠。荀子说：用高尚的品德影响君主并感化他，称之为大忠；用高尚的品德调整君主的行为，并弥补他的过失，称之为次忠；用正确的意见规劝君主不正确的做法却激怒了他，称之为下忠；违背君主的命令，做的事也是对君主有害的，称之为乱还有一种说法：奖赏没有功劳的人，称之为乱。君主有过失，眼看要危害到国家的利益，臣子能够做到对君主陈述自己的全部意见，君主采用了，就留下来辅佐君主，君主不能采用，就辞官离去，这是谏臣；采用他的意见就一切都好，不采用他的意见就以死抗争，这样的大臣就是诤臣；能够率领群臣百官用正确的意见规劝君主，解除国家的大患，除掉国家的大害，这样的大臣就是辅臣。违抗君主的错误命令，反对君主的错误行事，使国家从危急中安定下来，避免君主受辱，这样的大臣就是弼臣所以说，谏臣、诤臣、辅臣、弼臣，是国家的栋梁，是英明的君主最为看重的。

《庄子》称：什么都不顾而只想往上爬，称之为佞；揣摩君主的好恶并迎合君主的意图说话，称之为谄；说话不分是非，一味顺从君主说话，称之为谀；好说别人的坏话，称之为谗。虚伪地称赞别人，实际上却希望别人倒霉，称之为慝；不分善恶，对善恶都表现出和颜悦色的样子，暗地里却想要盗取自己想要的东西，称之为险。

古语说：用可行的办法弥补不可行的办法，称之为和；无论自己喜欢的还是厌恶，都不表示不同意见，称之为同；用贤能的人取代贤能的

卷八 杂说

人，称之为夺；用不贤能的人取代贤能的人，称之为伐；法令要求宽，可是定罪却很严，称之为暴；把好的东西都拿过来据为己有，称之为盗；犯了错却不知悔改，称之为虐；态度谦恭却不合礼数，称之为野；无视禁令，不停止自己不被允许的行为，称之为逆还有一种说法：态度恭敬却不合礼数，称之为逆。还有一种说法：有令不行，称之为障；禁止错误的行为，鼓励正确的行为，称之为法；知道是善事却不去做，称之为狂；知道做了坏事也不改正，称之为惑。

姜太公说："聚敛天下珠宝、玉器、美女、金银、彩缎，称之为残；收用暴虐的官吏，滥杀无辜，完全不按法度行事，称之为贼《庄子》称：离间亲戚朋友，称之为贼。《荀子》称：不顾国君的荣辱，不顾国家的得失，苟且迎合，取悦于人，拿国家的俸禄去供养自己的朋友，称之为国贼；贤能的人不来朝廷效力，称之为蔽；忠臣不来朝廷效力，称之为塞；表面上讲仁义而实际上却违背仁义，称之为虚；不用诚心对待臣子，却指望臣子以诚心侍奉自己，称之为愚；从浑沌的大自然中分出来成为人分，是说人类开始进化成人，称之为性；形于一兼受阴阳刚柔之性集于一身，所以叫形于一，称之为命；人们都有金、木、水、火、土五种常见的秉性，而不同地域的人，会有刚、柔、缓、急、音、声的差别，这与水土之气的影响有关系，这称之为风。喜好、厌恶、获取、舍弃、运动、静止都没有永久不变的法则，永远顺着君主的兴趣爱好，称之为俗。"

或者有人问：乐与音是一个意思吗？回答是：从前魏文侯问子夏："我把帽子戴得端端正正去听古乐，唯恐要打瞌睡。听郑、卫之地的音乐时，却一点也不感到疲倦。请问，听古乐很容易打瞌睡，听新乐又一点也不感到疲倦，这是为什么呢？"子夏说："如今您所问的，是乐；您所喜好的，是音。乐和音虽有相近之处，性质却不同。"文侯问："请问有什么不同呢？"子夏说："那古乐是在天地运行顺利而且春夏秋冬四时正常、民众有德行而且五谷丰登、疾疫不流行、也没有人祸的时候兴起的，这称之为无所不当。然后，圣人制定了父子、君臣关系的准则，来作为治理天下的纪纲。纪纲端正之后，天下就能太平安定。天下完全安定了，然后校正六律，调和五声，配上琴瑟，歌唱《诗》和《颂》，这就称之为德音。德音才能称为乐。《诗经》中有这样的句子：传诵他的德音，他的美德在于是非分明。明辨是非与善恶，能做师长与人君。统治这个大国，使百姓顺服而上下亲近。到了上古周文王，他的德行不留遗憾。已受上帝福佑，延及后代子孙。说的就是这个意思。如今君主您所喜好的，是沉溺在音里面吧？郑音太滥，会使人的心志迷乱；宋音悠闲安逸，会使人的意志消沉；卫音急促，会使人的心志烦躁；齐音高傲孤僻，会使人的心志骄纵。这四国的音都会使人沉湎于美色而对品德有害，所以祭祀大礼不用它们。"这就是音和乐的区别董仲舒说：古代还没有创作乐的时候，就在先王遗留下来的乐中选取适合于当下的古乐，以便深入教化百姓。教化百姓的目的达到了之后，才开始创作乐。创作乐，就是乐于美德。所以国风散漫盛行，都是由于管弦等乐调的作用。《乐书》中说：只知道发声却不知道调和音的，是禽兽；只知道音而不知道乐的，是庶民百姓；只有有道德修养的人才能懂得乐。因此，考察声用来了解音，考察音调用来了解乐，考察乐用来了解政治，懂得了乐和政治，治理国家的大道理就很清楚了。这又是声与音的区别。

或者有人问：音和乐的问题我已经听明白了，请问仪和礼一样吗？回答是：从前赵简子向子太叔询问揖让和应酬的礼节，太叔说："你问的是仪，不是礼。我曾经听我们郑国以前的大夫子产说过：'礼，是天道的经经，是永恒的规律，地道的义义，是恰当的利益，人道之行行，是人们必须遵循的准则。天地的规律，人们实际上是当作法则来遵循的。以天的光明为法则日、月、星、辰，是天的光明，依据地的高低、刚柔之性来行事地的高低、刚柔，是地的性，生成六气六气指阴、阳、风、雨、晦、明，运用五行五行指金、木、水、火、土，散发五味五味指酸、咸、辛、甘、苦，化作五色五色指青、黄、赤、白、黑，显现在区别事物的色彩方面，谱成五声五声指宫、商、角、徵、羽。六气、五行、五色、五味、五声一旦过分就会出现混乱，百姓就会因此迷失本性过分追求滋味、声色，就会伤害人的本性。因此，制定礼来保持人的本性制礼是为了保持人的本性。人有好、恶、喜、怒、哀、乐六种情感，这都源于六气这六种情感，是禀受于阴、阳、风、雨、晦、明六气产生的。因此要研究六气来制定礼，以约束六种情感制定礼来约束好、恶、喜、怒、哀、乐六种情感，使之不过分。悲哀时就会有哭泣，欢乐时就会唱歌跳舞，喜欢就会给予，愤怒就会争斗。悲哀、欢乐不失常，才能与天地之性协调，因

卷八 杂说

此才能长久。'所以，人约束自己遵从礼的要求，就可以说长大成人了。"

或者有人问：那什么是仪？回答是：供养国家中的学子，教给他们六仪：祭祀时的仪容，要肃穆庄严；接待宾客的仪容，要恭敬庄重；在朝廷上的仪容，要进退有度；在丧礼上的仪容，要悲哀疲倦；在军旅中的仪容，要威武刚毅；车队马队的仪容，要壮观整齐。这就是礼和仪的区别。确定名称的弊端，在于在某些情况下会造成过分辨析字词，死抠字眼。如果没有这种弊端，那么确定名称就是一种很好的方法。

评论：班固在《汉书·艺文志》中，把学派分为九流，其中第九流称为杂家。他认为杂家兼取儒家、墨家学说，融名家、法家于一体。傅玄在《傅子》中曾经把人才的类型分为九品，其中第九品称为杂才，指的是那些擅长讽刺、进谏、辩论的人才。由此看来，杂取各家学说的好处，古人早就懂了。所以特别撰写了这篇文章，阐明理论，叙述史实，希望对将来的君子能有所启发。

卷九　兵权

卷九　兵权

引言

原文

孙子曰："《诗》云：允文允武。《书》称：乃武乃文。"孔子曰："君子有文事，必有武备。"《传》曰：天生五才①，民并用之，废一不可。"谁能去兵？黄帝与蚩尤战②，颛顼与共工争③，尧伐驩兜④，舜伐有苗⑤，启伐有扈⑥，汤伐有夏，文王伐崇⑦，武王伐纣，汉高有京、索之

---

① 五才：才，通"材"。指五种物质，即金、木、水、火、土。
② 黄帝与蚩尤战：蚩尤是神话传说中东方九黎族首领，有兄弟八十一人，相传以金作兵器，并能唤云呼雨。黄帝战胜炎帝后，与蚩尤在涿鹿（在今河北涿鹿东南）大战，蚩尤战败被杀，东夷、九黎等部族融入了炎黄部族，形成了今天中华民族的最早主体。
③ 颛顼与共工争：共工是古代神话传说中的天神，颛顼是黄帝的孙子。传说二人曾为争夺帝位开战，共工怒撞不周山，使天地为之倾斜，后为颛顼诛灭。
④ 尧伐驩兜：驩兜一作"谨兜"，传说驩兜是三苗族中一个以修蛇为图腾的部落的首领。尧之时，他率部族从丹水下游向上游发展，威胁尧部落的安全。尧平定了驩兜，将他放逐到崇山。
⑤ 舜伐有苗：有苗为古族名，亦称三苗、苗民。《史记》记载他们居住在江、淮、荆州（今河南南部至湖南洞庭湖、江西鄱阳湖一带）。传说尧舜之时，有苗不服从中原的统治，舜多次征讨有苗，但舜不主张诛杀，主张以德服人，击败有苗之后，舜将他们迁到三危。
⑥ 启伐有扈：启，传说中夏代国王，禹的儿子。传说禹曾选定东夷族的伯益做继承人。禹死后，启便继承王位，与伯益争夺，杀伯益，确立传子制度。有扈氏不服，启便将他们攻灭。
⑦ 文王伐崇：崇国是商纣王时东方的一大强国。周文王曾以崇国君主崇侯虎无道的名义讨伐崇国，《诗经·大雅·皇矣》描述了文王伐崇的经历。攻克崇国，为周武王讨伐殷商打下了良好的基础。

战,光武兴昆阳之师,魏动官渡之军,晋举平吴之役。故《吕氏春秋》曰:圣王有仁义之兵,而无偃兵。《淮南子》曰:以废不义而授有德者也。是知取威定霸,何莫由斯!自古兵书,殆将千计,若不知合变,虽多,亦奚以为?故曰少则得,多则惑。所以举体要而作"兵权"云。

卷九 兵权

引言

译文

　　孙子说："《诗经》有这样的话：既能文又能武。《尚书》中有这样的话：既有武功，又有文德。"孔子说："君子有文德之事，必定有武备。"《左传》称：天生金、木、水、火、土五材，民众一并使用它们，缺一不可。谁又能离开用兵打仗呢？黄帝与蚩尤曾有涿鹿之战，颛顼曾和共工争天下，尧曾讨伐驩兜，舜曾讨伐有苗族，夏启曾讨伐有扈氏，商汤曾讨伐夏朝，文王曾讨伐崇国，武王曾讨伐商纣，汉高祖曾指挥京、索之战，光武帝曾在昆阳以少胜多，打败了王莽新朝几十万大军，三国时曹操曾在官渡之战击败强大的袁绍，晋国曾发动平定东吴的战争。所以《吕氏春秋》称：圣明的君王为仁义而兴兵，是不会止息的。《淮南子》称：该废除不义之人的权位，授给有德行的人。由此可知，要想取得威势、确定霸主地位，哪里有不通过武力实现的呢？自古至今，兵书多到数以千计，如果不知道融合变通，即使再多又有什么用呢？所以说，读兵书要少而精，多了反而会使人迷惑。为此，本书特列举其大体和要点写成"兵权"这一章。

出军第一

原文

夫兵者,凶器也;战者,危事也;兵战之场,立尸之所。帝王不得已而用之矣凡天有白云如匹布经丑、未者,天下多兵,赤者尤甚。或有云如匹,布竟天,或有云如胡人行列阵,皆天下多兵。或壬子日四望无云,独见赤云如旌旗,天下兵起。若遍四方者,天下尽兵。或四望无云,独见黑云极天,亦天下兵起,三日内有雨,灾解。或有赤云赫然者,所见之地,兵大起。凡有白云如仙人衣,千万连结,部队相逐,罢而复兴,当有千里兵。或有如人持刀盾,此暴兵气也。或有白气广六丈,东西竟天者,亦兵起也。青者,有大丧也。故曰救乱诛暴,谓之义兵,兵义者王。敌加于己,不得已而用之,谓之应兵,兵应者胜。争恨小故,不胜愤怒者,谓之忿兵,兵忿者败。利人土地宝货者,谓之贪兵,兵贪者破。恃国之大,矜人之众,欲见威于敌,谓之骄兵,兵骄者灭夫禁暴救乱,曰义兵,可以礼服;恃众以伐,曰强兵,可以谦服;因怒兴师,曰刚兵,可以辞服;弃礼贪利,曰暴兵,可以诈服;国危人疲,举事动众,曰逆兵,可以权服。是知圣人之用兵也,非好乐之,将以诛暴讨乱。夫以义而诛不义,若决江河而溉萤火,临不测之渊而欲堕之,其克之必也。所以必优游恬泊者何?重伤人物。故曰远人不服,则修文德以来之。不以德来,然后命将出师矣。

夫将者,国之辅也,人之司命也。故曰将不知兵,以其主与敌也;君不择将,以其国与敌也。将既知兵,主既择将,天子居正殿而召之,

卷九　兵权

曰："社稷安危，一在将军。今某国不臣，愿烦将军应之。"乃使太史卜，斋，择日，授以斧钺。君入太庙，西面而立，将军北面而立。君亲操钺，持其首，授其柄，曰："从是以上至天者，将军制之。"乃复操柄，授与刃，曰："从是以下至渊者，将军制之。"将既受命，拜而报曰："臣闻国不可从外理，军不可从中御，二心不可以事君，疑志不可以应敌。臣既受命，专斧钺之威，臣不敢还诸。"乃辞而行，凿凶门①而出。

故《司马法》曰：进退唯时，无曰寡人。《孙子》曰：将在军，君命有所不受。古语曰：阃以内，寡人制之；阃以外，将军制之。《汉书》曰：唯闻将军之命，不闻天子之诏。故知合军聚众，任于阃外。受推毂②之寄，当秉旄③之重，无天于上，无地于下，无敌于前，无君于后，乃可成大业矣。故曰将能而君不御者胜，此之谓也。

---

　　① 凶门：古代将军出征时，凿一扇向北的门，由此出发，如办丧事一样，以示必死的决心，称"凶门"。
　　② 推毂：毂，车轮中心的圆木，也用作车轮的代称。此指古时帝王派遣大将出征的一种仪式。
　　③ 秉旄：秉，执掌，主持。旄，古时旗杆头上用旄牛尾做的装饰，因将帅之旗多用此饰，所以即以这种装饰的旗代指将帅旗。秉旄即指执掌军务。

出军第一

译文

　　武器,是凶器;战争,是危险的事;战场,是尸体遍地的地方。帝王只有在不得已的情况下才会动用武力凡是看到天上有白云像布匹一样经过丑、未代表的区位时,天下多战事,如果云是红色的,战事就更多。或者云像布匹一样布满天空,或者云像胡人军队的行列阵势,都是天下多战事的征兆。或者在壬子日四望没有其他云彩,唯独看见天上有红云像旌旗一样,天下将有战争。如果红云遍布天空四方,天下将到处都有战乱。或者四方无云,唯独看见黑云挂在天边,也是天下将要战事的征兆,但三天以内如果有雨,战事将可以化解。或者天上红云灿烂,在能看见红云的地方,将有大的战争。凡是有白云像仙人的衣裳千片万片连结起来,像争战的部队相互追逐,暂停又再争斗,这样将会有绵延千里的战事。或者云的形状像人拿着刀和盾,这是将有凶暴不义之师的征兆。或者天空有白色云气从东向西达六丈,这也是将有战事兴起的征兆。云气呈青色,是将有大丧的征兆。所以说,拯救乱世,诛伐暴虐的,称之为义兵,统帅正义之师的可以称王。敌军侵犯我,不得已而用兵的,称之为应兵,这种抵御侵略的军队一定会获胜。因小事而互相怨恨,发展到不胜愤怒而发动战争的,称之为忿兵,士兵心怀愤怒,就容易失败。贪图别人的土地、财宝而发动战争的,称之为贪兵,士兵贪婪,必将溃败。恃强凌弱,以众欺寡,想向敌方显威风而发动战争的,称之为骄兵,

卷九　兵权

士兵骄傲轻敌，就会被消灭禁止暴虐、拯救乱世，称之为义兵，可以用礼义使其顺服；倚仗人多势众去征伐的，称之为强兵，可以用谦逊的态度使其顺服；因为愤怒动用武力的，称之为刚兵，可以用言辞说服；背弃礼义、贪图利益的，称之为暴兵，可以用欺诈的计谋使其顺服；国家危险、国人疲惫，趁机起兵作乱的，称之为逆兵，可以借助威权使其顺服。由此可知，圣人用兵打仗，并不是喜欢使用武力，而是要用武力来诛杀暴虐、讨平叛乱。以仁义之师讨伐不义之师，就像放出江河水去浇灭萤火，像把悬崖边的敌人推向不测深渊一样，取胜是必然的。因此，那些胸怀广阔、从容不迫的人，从来不会看重战场上伤了多少人和物。所以说，居住在偏远地区的人如果不归服，那么就推行文德教化来引导他们归服。如果他们不能被文德教化引导前来归顺，那就要令将帅出兵，用武力使他们归服。

将帅，是国家的辅佐，负有保护生命的责任。所以说，将领不了解士兵，就等于是把自己的君主交给敌人；君主不善于选择将领，就等于是把自己的国家交给敌人。将领已经对士兵了如指掌，君主已经选择好了将帅，天子就要在正殿召见准备出征的将帅，说："国家的安危，全部寄托在将军身上。如今某国不愿臣服，有劳将军前去讨伐。"于是命令太史占卜，斋戒，选择黄道吉日，把斧钺授给将军。君主进入太庙，站在正殿的东侧，面向西；将军站在南侧，面向北。君主亲自手操斧钺，拿着斧钺的首端，把柄端交给将军，说："从这里往上直到天宇，都由将军辖制。"接着又手操斧柄，把斧刃交给将军，说："从这里往下直到深渊，都由将军辖制。"将帅接受了任命后，向君主拜谢说："臣听说国家的大政，都由君主全权处理，不能受外面的干预；军队的具体事务，变化多端，处理决断都必须依靠将领，君王不能遥控作战。如果臣子三心二意，便不能报效君主；如果臣子犹疑不决，便不能应战迎敌。臣已经接受任命，统一指挥作战之事，臣不敢无功而返。"于是辞别君主起程，凿通凶门出发。

所以《司马法》称：攻守进退要看时机，不能总是考虑君主的意见是怎样的。《孙子》称：将在军，君命有所不受。古语说：城门以内，由君主控制；城门以外，由将军控制。《汉书》称：只需听从将军的命令，不必在意天子的诏令是怎样的。由此可知，集结军队，受命处理城门以外的战事，接受出征杀敌的重托，担负执掌军务的重任，将士们都要上不顾天时的困扰，下不顾地势的险阻，前不顾敌军的阻挡，后不受君主的牵制，勇往直前，这样才可以建功立业。所以说：将帅能干而君主不随意去干涉，才能取胜。说的就是这个道理。

卷九　兵权

练士第二

原文

夫王者帅师，必简练英雄，知士高下，因能授职。各取所长，为其股肱羽翼，以成威神，然后万事毕矣。

腹心一人主赞谋应卒，揆天消变，总撮计谋，保国全命者也，**谋士**五人主图安危，豫虑未然，谕才能，明赏罚，授官位，决嫌疑，定可否者也，**天文**三人主占星历，候风气，理时日，考符验，效灾异，知天心去就者也，**地形**三人主军行止，形势利害，远近险易，水涸山阻，不失地理者也，**兵法**九人主讲论异同，行事成败，简练兵器，凡军阵所用，刺举非法者也，**通粮**四人主广饮食，密畜积，通粮道，致五谷，令三军不困乏食者也，**奋威**四人主择材士，谕兵马，风驰电击，不失所由奇状也，**鼓旗**三人主佐鼓旗、符节、号令，倏忽往来，出入若神，**股肱**四人主出旌杆，任重持难，修沟堑，治壁垒，四转守御者也，**通材**三人主拾遗补过，集会、术数，周流并会，应偶宾客，议论谈语，消息结解，**权士**三人主奇谲殊异，非人所识，行无穷之变也，**耳目**七人主往来听言语，览视四方之事，军中之情伪，日列于前也，**爪牙**五人主扬威武，激厉三军，倡难锐攻，令三军勇猛也，**羽翼**四人主飞名誉，震远近，动移四境，以弱敌心者，**游士**八人主相征祥，候开阖，观敌人为谋者也，**术士**二人主为谲诈，依托鬼神，以惑敌心，**法算**二人主计会三军，领理万物也，**方士**二人主为药，以全伤病也。

军中有大勇、敢死、乐伤者，聚为一卒名曰冒刃之士；有勃气、壮勇、暴强者，聚为一卒名曰陷阵之士；有学于奇正、长剑、琱弧、接武齐列者，聚为一卒名曰锐骑之士；有破格舒钩、强梁多力，能溃破金鼓、绝灭旌旗者，聚为一卒名曰勇力之士；有能逾高超远、轻足善走者，聚为一卒名曰冠兵之士；有故王臣失势，欲复见其功者，聚为一卒名曰死斗之士；有死将之人，昆弟为其将报仇者，聚为一卒名曰死愤之士；有贫穷忿怒，将快其志者，聚为一卒名曰必死之士；有故赘婿人虏，欲昭迹扬名者，聚为一卒名曰厉顿之士；有辩言巧辞，善毁誉者，聚为一卒名曰间谍飞言弱敌之士；有故胥靡免罪之人，欲逃其耻者，聚为一卒名曰幸用之士；有材伎过人，能负重行数百里者，聚为一卒名曰待令之士。

夫卒强将弱曰弛，吏强卒弱曰陷，兵无选锋曰北，必然之数矣。故曰兵众孰强，士卒孰练，知之者胜，不知之者不胜，不可忽也。

卷九　兵权

练士第二

译文

　　有帝王才干的人统帅军队，必定会精心选择、训练人才，了解将士才能的高低，因而能按才能高下授予职任。使用人才取其所长，使他们成为有力的辅佐，以成就如有神助般的威力，这样，办好一切事情的基本条件就具备了。

　　军队要有**心腹一人**负责应变谋略的制定，上观天象，应付突发事件，落实谋略的实施，保卫国家，保护民众的生命安全，**谋士五人**负责预测和消除隐患，品评人才，制定赏罚条例，官职的授予，决断嫌疑，决定军令是否可行，**天文三人**负责占卜星象，依据天文、历法、节候、风气考察符瑞征兆是否应验，推测天意主张离去还是驻留，**地理三人**负责军队行进或停止，勘察地形的利与弊，掌握远近、险易、水势、山形，使部队不至于在地形方面失利，**兵法九人**负责讲解评论敌我双方形势上的异同，作战成败的原因，精选武器及一切军需，检举不依军法办事的人。**通粮四人**负责备足军中饮食，储备积蓄军需物资，开通粮道，运送五谷，使三军粮草物资充足而不匮乏，**奋威四人**负责选拔有才干的将士，讨论研究兵车战术，讨论军队如何做到行动如狂风雷电般迅猛，使敌人摸不清军队的动向，做到出奇致胜，**鼓旗三人**负责用战鼓、军旗、符节准确传达号令，忽往忽来，神出鬼没，**股肱四人**负责保护帅旗，担负重大任务，解决疑难事务，修理战壕，建筑堡垒，筹备防御器具，**通材三人**负责监察遗漏，纠正过失，组织集会，预卜胜负，周行各处交流情况，以及会见使者，应对宾

练士第二

客，评论是非，通报消息，解除将士的疑惑，**权士三人**负责策划奇谋妙计，使敌人难以识破，实行变化无穷的战术，**耳目七人**负责往来于敌我之间探听消息，观察四方事态的变化以及军中各种情况的真伪虚实，每日将情报汇报给主帅，**爪牙五人**负责鼓舞士气，激励三军将士，倡议迎难而上，攻击敌方精锐，使三军将士勇猛杀敌，**羽翼四人**负责传扬军队美名，让全军声誉威震远近，四处散播流言，以使敌方军心瓦解，**游士八人**负责探测敌方动向，等候时机，观察敌方的计谋实施情况，**术士二人**负责策划诡诈之计，依托于鬼神，以便迷惑敌军，**法算二人**负责三军中的会计事务，负责各种物资的核算领取，**方士二人**负责医药事务，诊治伤病员。

把军队中特别勇敢、敢于冒死不怕负伤的士兵，聚成一队命名为冒刃之士；把朝气蓬勃、强壮勇敢、敢于冲向强敌的士兵，聚成一队命名为陷阵之士；把熟悉兵法、长剑、箭法和队列整齐的士兵，聚成一队命名为锐骑之士；把善于跳跃、熟练运用挠钩攻击，强悍有力，能击破敌军锣鼓、拔取敌军旌旗的，聚成一队命名为勇力之士；把能够爬高涉远，身形轻捷善于急行军的，聚成一队命名为冠兵之士；把昔日封王旧臣中失去权势、想重新建功立业的，聚成一队命名为死斗之士；把阵亡将士的兄弟想报仇雪恨的，聚成一队命名为死愤之士；把家庭贫困、心怀愤怒，想痛快实现自己志向的，聚成一队命名为必死之士；把曾经入赘的女婿、曾被别人掳去当人质，想要掩盖耻辱、显扬名声的，聚成一队命名为厉顿之士；把擅长辩论，会花言巧语，善于诋毁他人的，聚成一队命名为间谍飞言弱敌之士；把现已免罪的囚犯，想要逃避和洗刷耻辱的，聚成一队命名为幸用之士；把技艺过人，能背负重物行走数百里的，聚成一队命名为待令之士。

士卒强悍、将领懦弱的军队称之为弛，将领强悍、士卒懦弱的军队称之为陷，没有精锐骨干作先锋的称之为北。这三种情况都会失败，这是必然的规律。所以说，士兵中哪些强悍，哪些干练，对这些情况了如指掌的就能取得胜利，不了解的就无法取胜。这个不容忽视。

卷九　兵权

结营第三

原文

太公曰："出军征战，安营置阵，以六为法<small>六者，谓六百步，亦可六十步，量人地之宜，置表十二辰也</small>。将军自居九天①之上<small>青龙②亦为九天，若行止顿宿，居玉帐下，凡月建③前三辰为玉帐，假令正月，巳地是也</small>，竟一旬复徙，开牙门④，常背建向破<small>不向太岁、太阴，不饮死水，不居死地，不居地柱，不居地狱，无休天灶，无当龙首</small><small>死水者，不流水也；死地者，丘墓之间；地柱者，下中之高；地狱者，高中之下；天灶者，谷口也；龙首者，山端也</small>。"故曰凡结营安阵，将军居青龙，军鼓居逢星，士卒居明堂，伏兵于太阴，军门居天门，小将居地户，斩断居天狱，治罪居天庭，军粮居天牢，军器居天

---

①　九天：古代传说天有九重，九天是天的最高层。一为中天，二为羡天，三为从天，四为更天，五为睟天，六为廓天，七为咸天，八为沈天，九为成天。

②　青龙：我国在殷代前后，把春天黄昏时东方的若干星星想象为一条龙。二十八宿体系形成后，由东方七宿（角宿、亢宿、氐宿、房宿、心宿、尾宿、箕宿）组成龙象。春秋战国五方配五色的说法流行后，龙象也就标上了颜色，称"青龙"。

③　月建：指旧历每月所建之辰。古代以北斗七星斗柄的运转作为定季节的标准，将十二地支和十二个月份相配，用以纪月，以通常冬至所在的十一月（夏历）配子，称建子之月，类推，十二月建丑、正月建寅、二月建卯，直到十月建亥，如此周而复始。

④　牙门：古代军营门口置牙旗（将军的旌旗，旗竿上用象牙装饰，故称牙旗），所以营门也叫"牙门"。

结营第三

藏。**此谓法天结营，物莫能害者**也假令甲子旬中①，子为青龙，丑为逢星，寅为明堂，卯为太阴，辰为天门，巳为地户，午为天狱，未为天庭，申为天牢，酉为天藏。甲戌旬中，戌为青龙，亥为逢星，子为明堂，丑为太阴，寅为天门，卯为地户，辰为天狱，巳为天庭，午为天牢，未为天藏。甲申旬中，申为青龙，酉为逢星，戌为明堂，亥为太阴，子为天门，丑为地户，寅为天狱，卯为天庭，辰为天牢，巳为天藏。甲午旬中，午为青龙，未为逢星，申为明堂，酉为太阴，戌为天门，亥为地户，子为天狱，丑为天庭，寅为天牢，卯为天藏。甲辰旬中，辰为青龙，巳为逢星，午为明堂，未为太阴，申为天门，酉为地户，戌为天狱，亥为天庭，子为天牢，丑为天藏。甲寅旬中，寅为青龙，卯为逢星，辰为明堂，巳为太阴，午为天门，未为地户，申为天狱，酉为天庭，戌为天牢，亥为天藏。

---

① 甲子旬中：按干支纪年法，每一天由天干地支相配来命名，如甲子日。每十天为一旬，甲子旬是从甲子日开始的这一旬，包括甲子日、乙丑日、丙寅日、丁卯日、戊辰日、己巳日、庚午日、辛未日、壬申日、癸酉日。十二地支还剩戌和亥，戌、亥就是空位。甲子旬接下去是甲戌旬，再下去是甲申旬、甲午旬、甲辰旬、甲寅旬，然后重新再从甲子旬开始，依次类推。

卷九　兵权

结营第三

译文

　　姜太公说："出兵打仗，安营扎寨，布置战阵，要以六为法度六，指六百步，也可以是六十步，测量人、地最适宜的距离，放置测量时间的标杆计十二时辰。"将军身居九天之上青龙位也就是九天，如行军或宿营，居住在营帐中，要在月建前三个时辰建营帐，比方说正月巳时地户位就是。满一旬后再迁徙，重新打开牙门，通常要背朝建的方向向敌军发起攻击不能向太岁、太阴。不饮用死水，不在死地扎营，不在地柱位扎营，不在地狱位、天灶位休息，不在龙首位停留死水，指不流动的水；死地，指丘陵墓地之间的地带；地柱，指低洼地带中的高处；地狱，指地势高处的低洼地；天灶，指山谷口；龙首，指山峰的顶端。所以说，凡是扎营布阵，将军的营帐要放在青龙位，军鼓安放在逢星位，士卒的营帐放在明堂位，伏兵埋伏在太阴位，军门设在天门位，职位低的将领身居地户位，执行军法放在天狱位，判决犯人放在天庭位，军粮放在天牢位，武器放在天藏位。这是说效法天道安营扎寨，这样，外部环境就不能侵害部队了假如安营的时候是在甲子旬中，那么按十二地支的方位，正北方的子位就是青龙的位置，按顺时针的方向，依次是丑为逢星位，寅为明堂位，卯为太阴位，辰为天门位，巳为地户位，午为天狱位，未为天庭位，申为天牢位，酉为天藏位。假如安营的时候是在甲戌旬中，戌为青龙位，亥为逢星位，子为明堂位，丑为太阴位，寅为天门位，卯为地户位，辰为天狱位，巳为天庭位，午为天牢位，未为天藏位。

结营第三

假如安营的时候是在甲申旬中，申为青龙位，酉为逢星位，戌为明堂位，亥为太阴位，子为天门位，丑为地户位，寅为天狱位，卯为天庭位，辰为天牢位，巳位天藏位。假如安营的时候是在甲午旬中，午为青龙位，未为逢星位，申为明堂位，酉为太阴位，戌为天门位，亥为地户位，子为天狱位，丑为天庭位，寅为天牢位，卯为天藏位。假如安营的时候是在甲辰旬中，辰为青龙位，巳为逢星位，午为明堂位，未为太阴位，申为天门位，酉为地户位，戌为天狱位，亥为天庭位，子为天牢位，丑为天藏位。假如安营的时候是在甲寅旬中，寅为青龙位，卯为逢星位，辰为明堂位，巳为太阴位，午为天门位，未为地户位，申为天狱位，酉为天庭位，戌为天牢位，亥为天藏位。

卷九　兵权

道德第四

原文

　　夫兵不可出者三：不和于国，不可以出军；不和于军，不可以出阵；不和于阵，不可以出战。故孙子曰："一曰道。道者，令人与上同意者也。故可与之死，可与之生，而人不畏危危，疑也。言主上素有仁施于下，则士能致前赴敌，故与处存亡之难，不畏倾危之败。若晋阳之围，沉灶生蛙，而民无叛疑也。"

　　黄石公曰："军井未达，将不言渴；军幕未办，将不言倦；冬不服裘，夏不操扇，是谓礼。将与之安，与之危，故其众可合而不可离，可用而不可疲。接之以礼，励之以辞厉士以见危授命之辞也，则士死之。"是以含蓼问疾①，越王霸于诸侯；吮疽恤士，吴起凌于敌国。阳门恸哭②，胜三晋之兵；单醪投河，感一军之士。勇者为之斗，智者为之忧，视死若归，计不旋踵者，以其恩养素畜，策谋和同也。故曰畜恩不倦，以一取万。语曰：积恩不已，天下可使。此道德之略也。

---

　　① 含蓼问疾：蓼，一种味辛辣的草本植物。含蓼问疾指不顾辛苦，慰问疾病。
　　② 阳门恸哭：阳门，春秋时宋国的城门名。据《礼记·檀弓》载，宋国阳门的卫士死了，司城子罕哭得很悲哀。

道德第四

译文

不可以出兵的情况有三种：国内不和睦，不可以出兵；军中不和睦，不可以出阵；阵中不和睦，不可以出战。所以孙子说："用兵打仗，最重要的是道。所谓道，就是使上下齐心，百姓和君主的意愿一致。这样，百姓在战争中就可以与君主同生死，共患难，人人不会猜疑这句话的意思是君主平时就施仁德于下级，一到战场上士卒就能勇往直前，攻击敌人，坚决与君主共存亡，即使有全军覆没的危险，也毫不畏惧。就像当年赵襄子败走晋阳，被晋军围困，晋军用水灌，使赵国炉灶沉于水中，时间一长都生了青蛙，但民众却没有丝毫反叛动摇的。"

黄石公说："水井还没有挖好，将士不说口渴；营帐还没有搭好，将士不说疲倦。冬天不穿皮衣，夏天不用扇子，这是军中的规范。将帅与士卒同甘苦、共患难，因此将士就可以团结一心，不可分离，军队就有战斗力，坚不可摧。将帅对士兵以礼相待，用正义的言辞激励士兵用言辞激励士兵，告诉他们要能做到临危受命，那么士兵就会不怕牺牲，万死不辞。"因此越王勾践不顾辛苦去慰问伤病员，激励将士，终于称霸于诸侯；吴起体恤士兵，为伤病员吮吸疽疮，终于凌驾于敌国之上；子罕在宋国的阳门为战死的守门士卒痛哭，感动了全城军民，致使晋国的军队不敢再冒然出兵；楚庄王把只够自己独饮的酒投入河中，让将士迎着水流共饮，

卷九　兵权

感动了全军的将士。这样，勇敢的人愿意为之战斗，有智谋的人愿意为之分忧解难。将士在战场上视死如归，决不退缩，是因为将帅平日在军中对自己有恩德，决策和自己的心愿相一致。所以说，孜孜不倦地积蓄恩德，战场上就可以以一破万。俗语说：积累恩德永不停止，整个天下都可以供你驱使。这就是运用道德的谋略。

禁令第五

原文

孙子曰:"卒未专亲而罚之,则不服,不服则难用。卒已专亲而罚不行,则不可用矣。"故曰视卒如婴儿,故可与之赴深溪;视卒如爱子,故可与之俱死。厚而不能使,爱而不能令,乱而不能理,譬若骄子,不可用也。经曰:兵以赏为表,以罚为里。又曰:令之以文文,惠也,齐之以武武,法,是谓必取。故武侯①之军禁有七孙子曰:施无法之赏,悬无政之令。《司马法》曰:见敌作誓,赡功作赏,此盖围急之时,不可格以常制。其敌国理戎,周旋中野,机要纲目,不得不预令矣:一曰轻,二曰慢,三曰盗,四曰欺,五曰背,六曰乱,七曰误。此治军之禁也。

若期会不到,闻鼓不行,乘宽自留,回避务止,初近而后远,唤名而不应,军甲不具,兵器不备,此谓轻军有此者,斩之。受令不传,传之不审,以惑吏士,金鼓不闻,旌旗不睹,此谓慢军有此者,斩之。食不禀粮,军不部兵,赋赐不均,阿私所亲,取非其物,借贷不还,夺人头首以获功名,此谓盗军有此者,斩之。若变易姓名,衣服不鲜,金鼓不具,兵刃不磨,器仗不坚,矢不著羽,弓弩无弦,主者吏士,法令不从,此谓欺军有此者,斩之。闻鼓不行,叩金不止,按旗不伏,举旗不起,指麾

---

① 武侯:即诸葛亮,字孔明,又称诸葛武侯。

卷九　兵权

不随，避前在后，纵发乱行，折兵弩之势，却退不斗，或左或右，扶伤舆死，因托归还，此谓背军_{有此者，斩之}。出军行将，士卒争先，纷纷扰扰，军骑相连，咽塞道路，后不得前，呼唤喧哗，无所听闻，失行乱次，兵刃中伤，长将不理，上下纵横，此谓乱军_{有此者，斩之}。屯营所止，问其乡里，亲近相随，共食相保。呼召不得，越入他位。干误次第，不可呵止。度营出入，不由门户，不自启白，奸邪所起，知者不告，罪同一等。合人饮食，阿私所受，大言惊语，疑惑吏士，此谓误军_{有此者，斩之}。

　　斩断之后，万事乃理。所以乡人盗笠，吕蒙先涕而后斩；马逸犯麦，曹公割发而自刑。故太公曰："刑上极，赏下通。"孙子曰："法令孰行，赏罚孰明，吾以此知胜。"此之谓也。

禁令第五

译文

　　孙子说:"士卒还没有死心塌地地信服时就处罚他,他就会不服气。不服气,就难以用他上阵杀敌。士卒已经死心塌地地信服,但是领军将帅处罚不当,也不能用他上阵杀敌。"所以说,将帅看待士卒能像呵护婴儿一样,士卒就能跟随将帅赴汤蹈火;将帅看待士卒能像看待自己宠爱的儿子一样,士卒就能与将帅同生共死。对士卒过分厚待而不使用他们上阵杀敌,一味溺爱士卒,不用军纪军法约束他们,士卒违犯了军法也不严肃处理,这样的士卒就好比骄子,是不能用来打仗的。经书上说:军队以奖赏为表,以惩罚为里,二者不可或缺。又说:要用文德来感化士兵的心,用法令来统一将士的行动,这样就一定能打胜仗。因此,诸葛亮的军中有七条禁令_{孙子说:在战阵危机之时,要施行破格的奖赏,颁布打破常规的法令来鼓励士兵奋勇杀敌。《司马法》称:对敌作战时发誓给立战功者重赏,这一般是在被围困时紧急情况下的做法,不可以用常规的制度来限制。对付敌军,与之周旋在原野上,治军的要领,是无法预先制定的}:一是轻、二是慢、三是盗、四是欺、五是背、六是乱、七是误。这七种情况是必须禁止的。

　　如果约定了时间却不能按时赶到,听到出征的战鼓却不马上出发,找机会滞留,回避困难而止步不前,起初靠前而后来就掉队,将帅呼唤姓名却不答应,战场上不戴好盔甲,不准备好兵器,这称之为轻军_{有这些}

卷九　兵权

行为的，斩首；接受命令却不去传达，传达命令不细心，造成将士疑惑，不听锣鼓的号令，不看旌旗的指挥，这称之为慢军有这些行为的，斩首；筹办粮草却不知道储存好，军队驻扎时却不知道安顿士兵，分配、赏赐不公平，包庇亲信，夺取不属于自己的东西，借钱不还，抢夺别人割下的首级来获取军功，这称之为盗军有这些行为的，斩首；又比如改名换姓，衣服不整齐，锣鼓不齐备，不磨利兵刃，器械不结实，箭不插羽毛，弓弩没有弓弦，从上到下都不遵守法令，这称之为欺军有这些行为的，斩首；听到击鼓不前进，听到敲锣不收兵，按下战旗不卧倒，举起战旗不起立，帅旗所向不跟随，拖在队伍后面躲避敌军锋芒，随意使用武器，胡乱行动，折损兵弩的威力，心里老想着撤退，不敢与敌人争斗，忽左忽右，借口扶助伤员、运送死者，乘机逃跑回去，这称之为背军有这些行为的，斩首；军队出征时，士卒争先恐后，纷纷扰扰，一片混乱，骑兵首尾相连，堵塞道路，使后面的部队不能前进，呼喊喧哗，导致部队中什么也听不清楚，不成行列，乱了次序，兵刃相互误伤，长官将领都不去处理，上下纵横，乱作一团，这称之为乱军有这些行为的，斩首；驻扎宿营，四处打听老乡，亲近的彼此相随，共同聚餐，相互保护，传唤不到，擅自进入他人的防区，破坏次序，别人制止不听，出入军营不走正门，不主动请假，发生奸邪之事知情者不去报告，与犯罪者同罪，聚众吃喝，徇私受贿，故作惊人之语，使将士疑惑，这称之为误军有这些行为的，斩首。

　　只有果断处决违反禁令的人，才能把军中事务治理好。吴国大将吕蒙的同乡偷了别人的斗笠，吕蒙挥泪将他斩首；魏太祖曹操的战马受惊踩坏了百姓的麦田，曹操割下自己的头发表示主动受刑。所以姜太公说："刑罚、奖赏对上对下一视同仁，军令执行起来就畅通无阻。"孙子说："只要考察法令哪一方执行得好，哪一方赏罚更严明，就可以知道谁能取胜了。"说的就是这个道理。

教战第六

原文

孔子曰:"不教人战,是谓弃之。"故知卒不服习,起居不精,前击后解,与金鼓之音相失,百不当一,此弃之者也。故领三军教之战者,必有金鼓约令,所以整齐士卒也。教令操兵、起居、旌旗、指麾之变。故教使一人学战,教成合之十人。十人学战,教成合之百人,渐至三军之众。

大战之法,为其校阵,各有其道。左校青龙,右校白虎,前校朱雀,后校玄武,中校轩辕。大将之所处,左锋右戟,前楯后弩。中央鼓、旗,兴动俱起。闻鼓则进,闻金则止。随其指麾,五阵乃理夫五阵之法,鼓、旗为主。一鼓举青旗,则为曲阵;二鼓举赤旗,则为锐阵;三鼓举黄旗,则为员阵;四鼓举白旗,则为方阵;五鼓举黑旗,则为直阵。曲阵者,木也;锐阵者,火也;员阵者,土也;方阵者,金也;直阵者,水也。此五行之阵,展转相生,以为胜负。凡结五阵之法,五五相保,五人为一长,五长为一师,五师为一帅,五帅为一校,五校为一火,五火为一橦,五橦为一军,则事备矣。夫兵之便,务知节度。短者持旌旗,勇者持金鼓,弱者给粮牧,智者为谋主。乡里相比,五五相保。一鼓正立,二鼓起食,三鼓严办,四鼓就行。间闻听令,然后举旗出兵,随幡所至。

故曰治众如治寡,分数是也部曲为分,什伍为数;斗众如斗少,形名是也旌旗曰形,金鼓曰名。言不相闻,故为鼓铎;视不相见,故为旌旗。夫金

卷九　兵权

鼓、旌旗，所以一人耳目也夜战多火鼓，昼战多旌旗。所以变人耳目。是知鼓鼙金铎，所以威耳；旌旗麾帜，所以威目；禁令刑罚，所以威心。耳威于声，不可不清；目威于色，不可不明；心威于罚，不可不严。三者不立，虽胜必败。故曰将之所麾，莫不从移；将之所指，莫不前死。纷纷纭纭，闻乱而不可乱；混混沌沌，形圆而不可败。此用众之法也。卒服习矣，器用利矣，将军乃秉旄麾众而誓之有虞氏诫于国，夏后氏誓于军，殷誓于军门之外，周将交刃而誓之，所誓不同。吾从周，誓之曰："呜呼！溥天之下，莫非王土；率土之滨，莫非王臣。今某国威侮五行，怠弃三正，俾我有众，龚行天讨。用命者，赏不逾时；逗挠者，诛不迁列。死生富贵，在此一举。嗟尔庶士，各勉乃心也。于是气励青云，虽赴汤蹈火可也。此教战之法也。

教战第六

译文

　　孔子说:"不教会士兵如何打仗就让他上战场,这等于是让他送死。"由此可知士兵没经过训练,对战争时的起居饮食不熟悉,前面的人还在打仗,后面就已经溃败了。士兵不按金鼓的号令行动,一百个人也抵挡不住一个敌人,这就是让他送死的意思。所以率领三军,教他们打仗,必须要教会他们按金鼓的号令行事,用来统一他们的行动。还要教会士兵熟悉战时的起居饮食,严格按照旌旗指挥作战。所以,教一个人学习实战的技能,教成后就可以影响十个人。教十个人学习实战的技能,教成后就可以影响一百个人。由此逐渐扩展到三军将士。

　　大战的方法,首先要懂得布阵。布阵各有各的方法。左边的校官青龙旗指示东方,右边的校官白虎旗指示西方,前边的校官朱雀旗指示南方,后边的校官的玄武旗指示北方,中间的校官轩辕旗置于中央。大将所在的位置,左面有矛,右面有戟,前面有盾,后面有弩,正中间是战鼓、军旗,整个战阵随着战鼓、旌旗的指挥统一行动。士兵听到战鼓声就进攻,听到铜锣声就收兵。一切行动都听战鼓和旌旗的号令,五阵才能做到有条有理五阵的阵法,以战鼓、旌旗为主。第一次击鼓举青旗,就布曲阵;第二次击鼓举红旗,就布锐阵;第三次击鼓举黄旗,就布圆阵;第四次击鼓举白旗,就布方阵;第五次击鼓举黑旗,就布直阵。曲阵属木,锐阵属火,圆阵属土,方阵属金,直阵属水。这种依据

卷九　兵权

金、木、水、火、土五行布置的阵法，相互配合，此起彼伏，以此决定胜负。布置五阵的方法，以五五为基本格局，五人为一长，五长为一师，五师为一帅，五帅为一校，五校为一火，五火为一橦，五橦为一军。这样，五阵就完整了。统兵的要领，是务必要掌握好规则。矮小的人举旌旗，勇敢的人持锣鼓，柔弱的人负责运送粮草，聪明的人当谋士。乡里相互连络，五五相保。第一次击鼓起身，第二次击鼓开始用餐，第三次击鼓细致准备，第四次击鼓进入出发状态，要随时听候命令，然后举旗出兵，跟随幡旗所指的方向行动。

所以说，治理百万雄兵与带领小部队的原则是相同的，只要把部队以五为单位编制合理就行了编制部、曲叫分，编制什、伍叫数；指挥大部队作战和指挥小部队作战的原则是相同的，都要听从旌旗和金鼓的号令就可以了旌旗叫形，金鼓叫名。阵前阵后相隔太远，说话相互听不见，所以用鼓、铎来传递作战的号令；队前队尾太远，相互看不见，所以用旌旗来统一行动。金鼓、旌旗，是用来统一人们作战行动的夜晚作战多用火、鼓指挥，白天战斗多用旌旗指挥，这是依据人们听觉、视觉的在白天夜晚的不同特点来调整的。由此可知，战鼓、金铎，是为了帮助将士听得更清楚；旌旗、麾帜，是为了帮助将士看得更清楚；禁令、刑罚，是用来震慑人心的。将士被威武雄壮的鼓、铎之声震动，再远也不可能听不清楚的；旌旗色彩鲜艳，再远也可以看清楚；将士被刑罚震慑，就不能不严守军纪。金鼓、旌旗、刑罚在军中至高无上的地位不确立，即使暂时能够取胜最终也会失败。所以说，将帅的军旗一有所动，军队就得跟着行动；将帅的军旗指向哪里，军队冒死也要向那里前进。这样，阵势虽然很纷乱，将士听到的虽然是喧嚣，但队伍却不会混乱；战场上虽然一片混沌，但是阵势部署周密，就不会被击败。这是指挥大部队作战的方法。士兵得到了很好的训练，武器也磨好了，将军便可以手拿帅旗，誓师出征了有虞氏在国内告诫，夏后氏在军队中誓师，殷商在军门外誓师，周朝则在即将交战时誓师。历朝各军的誓师形式都不同，我赞成周朝的誓师方式。周的誓言说：呜呼！普天之下，莫非王土；率土之滨，莫非王臣。如今某国用武力践踏仁、义、礼、智、信这五种德行，抛弃天道、地道、人道这三种正道。幸好我国有此精锐之师，要替天行道。拼死杀敌立功的，我们要及时奖赏不拖延；逗留、阻挠的，就地正法。死生富贵，在此一举。希望诸位都要尽心尽力。此时将士们气冲云霄，同仇敌忾，即便是赴汤蹈火，也在所不辞。这就是训练士兵的方法。

天时第七

原文

孙子曰:"二曰天时。天时者,阴阳、寒暑、时节制也。"《司马法》曰:冬夏不兴师,所以兼爱吾人。太公曰:"天文三人,主占风气,知天心去就。"故经曰:能知三生,临刃勿惊;从孤击虚,一女当五丈夫。故行军必背太阴,向太阳,察五纬①之光芒,观二曜②之薄蚀,必当以太白为主,辰星为候。合宿有必斗之期,格出明不战之势。避以日耗,背以月刑。以王击困,以生击死。是知用天之道,顺天行诛,非一日也。

若细雨沐军,临机必有捷。回风相触,道还而无功。云类群羊,必走之道;气如惊鹿,必败之势。黑云出垒,赤气临军,六穷③起风,三刑④生雾,此皆见师之出,而不见其入也。若烟非烟,此庆云也;若星非星,此归邪也;若雾非雾,是泣军也;若雷非雷,此天鼓也。庆云开有德,归邪有降人,泣军多杀将,天鼓多败军。是知风云之占,岁月之

---

① 五纬:金、木、水、火、土五大行星的总称。
② 二曜:太阳、月亮的总名。
③ 六穷:当为"六穷日"简称。古代把一个月中日子分成穷日和彻日。《武经总要·后集》卷二一记载:六穷日不可出军,每月四日、十九日、二十八日是。
④ 三刑:古代星相家将十二支与五行、四方相配,据其生克之理以推吉凶。子、卯为一刑,寅、巳、申为二刑,丑、戌、未为三刑。凡逢三刑之地则凶。

卷九　兵权

候，其来久矣。

故古者初立将、始出门、首建牙之时，必观风云之气诸谋立武事，征伐四方，兴兵动众，忌大风雷雨，阴不见日。辰、午、酉、亥，自刑之日。夫牙旗①者，将军之精。凡竖牙旗，必以制日。制日者，谓上克下也。初立牙门，祃②之曰：两仪有正，四海有王，宝命在天，世德弥光。蕞尔凶狡，敢谋乱常。天子命我，秉钺专征。爰整其旅，讨兹不庭。夫天道助顺，神祇害倾，使凶丑时歼，方隅聿清。兵不血刃，凯归上京。神器增辉，永观厥成。实正直之赖，凡乃神之灵，急急如律令。凡气初出如甑上气，勃勃上升，气积为雾，雾为阴，阴气结为虹霓、晕珥之属。凡气不积不结，散漫一方，不能为灾。必和杂杀气，森森然疾起乃可论占，常以平旦、下晡、日出没时候之，期内有风雨，灾不成也。若风不旁勃，旌旗晕晕，顺风而扬举，或向敌终日，军行有功，胜候也凡敌军上气如山堤上林木，不可与战。在吾军大胜。或如火光，亦大胜。或敌上白气粉拂如楼，缘以赤气者，兵劲不可击。在吾军必大胜。或敌上气黄白厚润而重者，勿与战。或有云广如三匹帛，前广后大，军行气也。遥望军上云如斗鸡，赤白相随在气中，得天助，不可击。两军相当，上有气如蛇，举头向敌者，战必胜。凡军营上有五色气，上与天连，此应天之军，不可击。有赤黄气干天，亦不可攻。或有云如日月，而赤气绕之，如日晕状，有光者，所见之地大胜，不可攻。敌上气如虎状，其军不可攻。此皆胜气也。若逆风来应，气旁勃，牙扛折，阴不见日，旌幡激扬，败候也若云气从敌所来，终日不止，军不可出，出则不利。若风气俱来，此为败候，在急击也。凡敌上气色如马肝，如死灰，或类偃盖，皆败征也。或黑气如环山堕军上者，军必败。或军上气昏发，连夜照人，则军士散乱。或军上气出而半绝者欲败，一绝一败，再绝再败。在东发白气者，灾深。或军上气五色杂乱，东、西、南、北不定者，其军欲败。或军上有赤气炎炎降天，将死众乱。或军上有黑气如牛马形，从气雾中下，渐入军，名曰天狗下食血，败军也。或有云气盖道、蒙蔽昼冥者，饮不暇释，炊不暇熟，急去，此皆败候也。

若下轻其将，妖怪并作，众口相惑，当修德审令，缮砺锋甲，勤诚誓士，以避天怒。然后复择吉日，祭牙旗，具太牢之馔，震鼓铎之音，诚心启请，以备天问，观其祥应，以占吉凶。若人马喜跃，旌旗皆前指

---

① 牙旗：古代将军的旌旗，旗竿上用象牙装饰，故称牙旗。
② 祃：古代军中祭名。《宋史·礼志》：师出必祭，谓之祃。

天时第七

高陵，金铎之声扬以清，鞞鼓之音宛以鸣，此得神明之助，持以安于众心，乃可用矣。虽云任贤使能，则不占而事利；令明法审，则不筮而计成；封功赏劳，则不祷而福从；共苦同甘，则犯逆而功就。然而临机制用，有五助焉：一曰助谋，二曰助势，三曰助怯，四曰助疑，五曰助地。此五者，助胜之术。故曰知地知天，胜乃可全。不可不审察也。

卷九　兵权

天时第七

译文

孙子说:"行军打仗,第二要看天时。天时,是指阴阳、寒暑等时节的变化情况。"《司马法》称:寒冬、盛夏不用兵,是为了爱护我们的将士。姜太公说:"部队需要三个负责天文的,他们负责观测气象,推知天意是适合出发还是应暂时按兵不动。"所以经书上说:能知过去、现在、未来,刀刃架在脖子上也不害怕,跟着君主去打仗,一个女子能顶五个大丈夫。因此,行军一定要背向太阴星,面向太阳,观察五大行星的光芒,了解太阳、月亮亏蚀的情况,必定要以太白星为主,辰星为征兆,综合判断。如果太白星和辰星出现在同一个地方,战争就不可避免;如果太白星和辰星在不同的方向出现,就说明没有战事。作战要避免烈日的伤害,要躲开夜晚寒冷的侵袭。要以旺盛的斗志攻击疲困的敌军,要以灵活的战术攻击陷入死地的敌人。由此可知,充分运用天时的条件,顺从天意进行讨伐,这个理论早就有了。

如果出征时细雨蒙蒙,一旦交战,必定能取胜;有回旋之风阻挡军队前进,军队不得不半路返回,必定劳而无功。天上的云像群羊,是必将逃跑的征兆;云气如受惊的鹿,是必将失败的征兆。黑云出现在营垒上空,红色云气降临军队的上空,六穷日而狂风骤起,遇三刑之地就大雾弥漫,这些都是军队有去无回的征兆。空中的云似烟非烟,称之为庆

天时第七

云;空中的星星似星非星,称之为归邪;空中出现似雾非雾的景象,称之为泣军;空中发出似雷非雷的声音,称之为天鼓。庆云铺开,是军队有德行的标志;归邪的现象出现,预示将有敌人投降;泣军的景象出现,预示着大将将被杀;天鼓的声音响起,预示着军队会失败。由此可知,占卜风云的吉凶,利用时令气候的变化来推测战事的结果,由来已久。

因此,古代刚刚任命了大将、在出门之前、将要竖起帅旗的时候,**必须首先观测天象**准备发动战争,讨伐敌国,出兵打仗,最忌讳大风、雷雨和阴霾不见天日的天气。辰、午、酉、亥,是自我相克的日子,不宜出征。牙旗,是将军的精神象征。要竖立牙旗,必定要选择制日。所谓制日,就是上克下的日子。旌旗在牙门竖起时,要祭旗,祈祷说:天地两仪有正道,四海之内有王道,天命、神命、帝命在上,世德更加光大。无知的小子凶恶狡猾,胆敢图谋祸乱天常。天子特命我带兵征讨,于是整顿部队,讨伐这些不归顺朝廷的叛逆。天道扶助顺从天道的人,神祇惩罚颠覆天道的凶手,使凶逆丑类及时被歼灭,四海之内很快就会重见光明。兵不血刃,就能胜利回京。使国家的祥瑞更加光辉,永保成功。这确实是正义之举,所有的神灵,都快来护佑我军。凡是云气刚出现的时候,像瓦甑上的气勃勃上升,云气积为雾,雾凝结成阴气,阴气又结为虹霓,那是日、月旁的光晕之类的东西。凡是云气不郁积,不凝结,散漫一方,不能酿成灾祸。其中必定要掺和着肃杀之气,阴森森地急速升起时,才可以推论占卜的结果。经常是在早晨或下午太阳出没之时。观测期内如有风雨,灾祸就不能酿成。**假若风不向旁边吹开,旌旗周围有光晕顺风扬升,或者向敌军方向终日飘扬,这是军队出师有功、大获全胜的预兆**。凡是敌军上方云气如山中、堤岸上的林木耸立,不可与之交战;如果这种云气出现在我军上方,我军就能大获全胜;或者我军上方出现像火光一样的云气,也可以大获全胜。或者敌军上方白色云气像粉白色的高楼,又连着红色云气,这预示着敌兵强劲,不可发起攻击;如果这种云气出现在我军上方,我军必定能大获全胜。或者敌军上方云气呈黄白色,厚润而且浓重,不要与敌军交战。或者有宽广的云气如三匹帛,前面宽广,后面很大,是部队行军之气。遥望敌军上方云气如斗鸡的形状,红色、白色相连在云气中,这是得到上天护佑的征兆,不可以向敌军攻击。两军兵力相当,上方有云气如蛇的形状,蛇头抬起朝向敌军方向时,我军出战必能取胜。凡是敌军军营上空有五色云气,上与天空相连,这表示对方是顺应天时的军队,不可以攻击;敌军军营上方有黄色云气直冲天空,也不可以攻击。或者敌军上方有云气如日、月一般明亮,而且有红色云气环绕,像日晕的形状,伴有光芒,这种云

卷九　兵权

气笼罩的军队有战必胜，不可以攻击。敌军上方云气像虎的形状，不可以攻击。这些都是预示胜利的云气。假若逆风骤起，气势磅礴，我军牙旗旗杆折断，天昏地暗，不见阳光，旌旗激烈飘扬，这是失败的征兆。假如云气从敌军所在方向飘来，终日不停，军队不可出征，出征则不利；假如风与云气一同从敌军所在方向飘来，这是敌军失败的征兆，要急速进击。凡是敌军上方云气颜色像马肝，如死灰，或者形状类似人躺卧，都是敌军失败的征兆。或者黑色云气像环形山，伴随在军队上方，这个军队必定战败。或者军队上方云气黄昏时升发，夜晚也光亮照人，则预示军士散乱。或者军队上方云气出来一半就没有了，此军即将打败仗。云气绝一次，就会败一仗，再绝再败。在军队东边升起白色云气的，灾祸深重。或者军队上方的云气五色杂乱，东、西、南、北飘向不定，预示着这里的军队即将失败。或者军队上方有红色云气从天而降，很旺盛的样子，这是将帅战死、部队混乱的征兆。或者军队上方有黑色云气呈现牛、马的形状，从云雾中降入军中，这叫天狗下来食血，是打败仗的征兆。或者有云气遮盖道路，蒙蔽日光，军队就应该放弃吃饭和煮饭，急速撤离，因为这是战败的预兆。

假若士兵看不起他的主将，怪异的事不断发生，士兵之间到处传播谣言，相互蛊惑，主帅就应当加强德行的修习，完善法令制度，厉兵秣马，加强战备，勤勉军务，对士兵以诚相待，来避免上天的震怒。然后，再选择吉日，重新祭拜牙旗，举行牛、羊、猪三牲全备的祭祀礼，敲响鼓、铎，诚心向上天祈祷，准备回答上天的询问，观察上天的反应，以此来占卜吉凶。如果人人欣喜，战马欢腾，旌旗都指向前方高峻的山陵，金铎的声音激扬嘹亮，鼙鼓的声音宛转鸣响，这是得到了神明的护佑，赐下这些吉祥的征兆安抚军心，于是军队就可以出征了。当然如果能够重用贤能之人，那么不用占卜事情也会顺利；军令严明，军法周密，那么不用卜筮计谋也能成功；对有功劳的人及时封赏，那么不祈祷福气也会跟着你；能与将士同甘共苦，逆境之中也能功成名就。然而，在决战沙场之际，还有"五助"可以灵活运用：一是助谋，有助于成功的谋略；二是助势，有利的战场态势；三是助怯，旺盛的士气；四是助疑，制造疑阵迷惑敌人；五是助地，有利的地形条件。这五助，是帮助夺取胜利的方法。所以说，上知天文，下知地理，才有全胜的把握。这些道理不能不认真研究。

地形第八

原文

孙子曰："三曰地利。地利者，远近、险易、广狭、死生也。"故不知山林、险阻、沮泽之形者，不能行军；不用乡导，不能得地利。故用兵有散地，有轻地，有争地，有交地，有衢地，有重地，有汜地，有围地，有死地九地之名。诸侯自战其地，为散地战其境内之地，士卒意不专，有自溃之心也。故经曰：散地，吾将一其志也；入人之地而不深者，为轻地入人之地未深，士卒意尚未专，而轻走也。故经曰：轻地，吾将使之属也；我得则利，彼得亦利者，为争地可以少胜众、弱胜强，谓山水陁口，有险固之利，两敌所争。故经曰：争地，吾将趣其后也；我可以往，彼可以来，为交地道上相交错，平地有数道，往来交通，无可绝也。故经曰：交地，吾将谨其守；诸侯之地三属我与敌相对，而旁有他国也，先至而得天下之众者，为衢地先至其地，可交结诸侯之众为助也。故经曰：衢地，我将固其结也；入人难反之地深，倍城邑多者，为重地远去己城廓，深入敌地，专心意，故谓之重地。故经曰：重地，吾将继其食也；行山林、险阻、沮泽，凡难行之道者，为汜地汜，浸汲之地。故经曰：汜地，我将进其途也；所由入者隘，所从归者迂，彼寡可以击吾众者，为围地所欲从入阨险，欲归道远也，持久则粮乏，故敌可以少击吾众者，为围地。故经曰：围地，吾将塞其阙也；疾战则存，不疾则亡者，为死地前有高山，后有大水，进则不得，退复有碍，又粮乏绝，故为死地。在死地者，当及士卒尚饱，强志殊死，故可以俱死。故

卷九　兵权

经曰：死地，吾将示之以不活也。是故散地无战士卒顾家，不可以战；轻地则无止入敌地浅，士意尚未坚，不可以遇敌，自当坚其心也；争地则无攻三道攻，当先主利地也，先得其地者，不可攻也；交地则无绝相及属也。交地者，俱可进退，不以兵绝也；衢地则合交结诸侯也，当结交于诸侯；重地则掠蓄粮食也。入深，士卒坚固，则可掠取财物；氾地则行可不止也；围地则谋击其谋也。则当权谋奇谲，可以免难；死地则战殊死战也。未战先励之曰：无虑愚戆，用军不明，乃随围陁之地，益士大夫之忧也，皆将之罪也。今日之事，在此一举。若不用力，身当膏野草，为虫兽食，妻子无所求索；克则身荣，赏禄在焉，可不勉哉！

又有六地：有通，有挂，有支，有隘，有险，有远六地名也。我可以往，彼可以来，曰通谓俱在平陆，往来通利也。居通地，先处其高阳，利粮道，以战则利宁致人，无致于人。已先处高地，分为屯守于归来之路，不使敌绝己粮道也。可以往，难以反，曰挂挂，相挂牵也，挂形曰：敌无备，出而胜之；敌有备，出而不胜，难以反，不利敌无备而出攻之，胜可也；有备，不得胜之，则难还反也。我出而不利，彼出而不利，曰支支，久也。俱不便，久相持也。支形曰：敌虽利我，我无出，引而去也，令敌半出而击之，利利我也，佯背我去，无出逐，待其引而击之，可败也。隘形曰：我先居之，必盈之而待敌盈，满也。以兵阵满陁形名，使敌不得进退；若敌先居之，盈而勿从也，不盈而从之隘形者，两山之间通谷也。敌怒，势不饶我也。居之，必前齐陁口，阵而守之以奇也。敌即先居此地，齐口阵，勿从也。即半隘阵者，从，而与敌共此利也。险形曰：我先居之，必居高阳以待敌居高阳之地，以待敌人。敌人从其下阴来，击之，胜也；若敌先居，则引而去之，勿从也地险，先不可致于人也。夫远形，均势，难以挑，战而不利挑，迎敌也。远形，去国远也。地均等，无独便利，先挑之战，不利。凡此六者，地之道也，皆将之至任，不可不察。

故曰深草翳秽者，所以遁逃也；深谷阻险者，所以止御车骑也；隘塞山林者，所以少击众也众少可以夜击敌也；沛泽杳冥者，所以匿其形也。丈五之沟，渐车之水渐，浸也，音子廉反，山林石径，泾川丘阜泾川，常流之川，草木所在，此步兵之地，车骑二不当一。丘陵漫衍相属漫衍，犹联延也。属，续也，音之欲反，平原广野，此车骑之地，步兵十不当一。平原相远远，离也，仰高临下，此弓弩之地，短兵十不当一。两阵相近，平地浅草，可前可后，此长戟之地，剑盾三不当一。萑苇竹箫箫，蒿也，草木蒙笼，枝叶茂接，此矛铤之地，长戟二不当一。曲道相伏，险陋相薄，此剑盾之地，弓弩三不当一。故曰地形者，兵之助。又曰：用兵之道，地利为宝。赵奢趋山，秦师所以覆败；韩信背水，汉兵由其克胜。此用地利之略也。

卷九　兵权

地形第八

译文

　　孙子说:"行军打仗,第三要看地利。地利,是指路程的远、近,地势的险、易,地域的广、狭,以及地形是否便于攻守进退。"所以,不了解山林、险阻、沼泽等艰险地形的人,就不能够行军;不用向导,就不能占据有利地势。行军打仗有九种地势,即:散地、轻地、争地、交地、衢地、重地、氾地、围地、死地以上是九种地势的名称。诸侯在自己的领地上作战,这叫做散地在自己境内作战,士卒容易分心,容易出现自己先放弃的心态。因此经书上说:在散地作战,需要先统一将士的心志;进了敌方的领地,还不算深入,这叫做轻地进入敌方的领地还未能深入,将士还没能做到意志坚强,专心致志,因而容易逃跑。因此经书上说:在轻地,首先要使将士互相制约监督;我方占领就对我方有利,敌方占领则对敌方有利,这叫做争地占据争地就能够以少胜多,以弱胜强,这里有可供把守的山水隘口,有险要、坚固的地利,所以敌我双方都要争夺。因此,经书上说:对于争地,行动要迅速,一定要赶在敌人前面占领它;我军可以去,敌军可以来,这叫做交地交地上的道路相互交错,往同一个地方去都有几条不同的道路,往来交通,无法阻绝。因此,经书上说:在交地,一定要谨慎防守;征战双方和其它诸侯交界的三属地区三属指我军与敌军对战,而旁边还有其他国家,先到就可以结交第三方诸侯并获得援助的,这叫做衢地先到衢地,可以结交其他诸侯作为援助。因此,经书上说:在衢地,需要加强与其他诸侯的外交关系；深入敌方领地，路险难返，背后城镇又较多，这叫做重地远离自己的城池，深入敌方的领地，将士能专心致志地对敌，所以称之为重地。因此，经书上说：在重地，要做好运送粮草的后勤保障工作；进入山林、险阻、沼泽等道路难行的地区，这叫做圮地圮，被水浸的低湿之地。因此经书上说：到了圮地，要尽快穿越它；我军进入时的道路狭窄，退出时道路迂回遥远，敌方可以以少胜多的地区，这叫围地想要继续深入敌境，险阻太多；想要撤退，道路又太遥远；要打持久战，粮草又不足。这种敌军能够以少胜多的阵地称之为围地。因此，经书上说：在围地，一定要扼守隘口；闪电一击还有可能生存，动作一慢就有可能死无葬身之地的地区，这叫死地前有高山，后有大水，前进无路，后退无门，加上粮草缺乏，所以称之为死地。在死地作战，应当趁士兵还能吃饱的时候，鼓舞将士殊死决战，可与敌人同归于尽。因此，经书上说：到了死地，要告诉将士已经进入绝境，必当决一死战。因此，在散地不可作战士卒顾念家乡，无心恋战；在轻地不能停留进入敌境不深，将士意志还不坚定，不要轻易与敌人交战，应当先坚定将士的斗志；对于争地不能强攻三路抢夺争地，应当先占据地利，如果有人先占领了争地，就不要再强攻了；在交地将士之间不要断绝联络在交地，敌我双方可进可退，不能让部队之间失去联系；在衢地则应该结交、联合邻国想得到诸侯国的帮助，就应当先结交诸侯；在重地应该先夺取军需物资主要是应当积蓄粮草。深入敌境，士卒意志坚定之后，就可以去抢夺财物；在圮地应该迅速通过不可以停留；在围地则应该巧设奇谋攻击敌军应当设计奇谋良策，这样可以避免全军覆没的灾难；在死地应该拼死一战要拼死决战。在开战之前先要激励将士：由于我的鲁莽，计划不周，用兵不明智，才使大家跟着进入了重围之中，加重了士大夫们的忧虑，这都是我的过错。成败在今日一举。如果不决一死战，我们将会抛尸荒野，被虫兽吞食，妻子儿女也将失去依靠。一旦打胜了，我们就可以得享高官厚禄。我们一定要奋勇向前啊！

我们还可以按照战术意义将地形分成六种：通、挂、支、隘、险、远六种地形的名称。我方可以去，敌方也可以来的，叫通地指都在平原、丘陵地带，往来交通便利。处在通地，应选择占据地势高、向阳的地方，保证运粮道路的畅通，这样与敌方交战就会处于有利的地位宁可引诱敌人来，不要自己去接近敌阵。已经先占据了高地，就要分兵驻守在回去的道路上，不要让敌人断绝自己的粮道。可以进攻，但一旦进攻不成，想撤回来就很困难的地形，叫

卷九　兵权

挂地挂，指相挂牵。在挂地，如果敌军没有防备，就可以出击战胜它；如果敌军已经有防备了，出击也无法取胜，难以返回，这就对我军不利敌军没有防备，进攻就可以取胜；敌军一旦有防备，如果我军无法取胜，想退回来就很难了。我军出击不利，敌方出击也不利的地形，叫支地支，是持久的意思。对征战双方都不便利，需要长久相持。在支地，敌军即使引诱我军出击，我军也不能上当，最好带军队假装离去，在敌军出动一半的时候再攻击，这样最有利有利于我军。如果敌军伴装背我而去，不要出击。引诱敌军出动再攻击，就可以打败对方。所谓隘地隘地，是指两山之间的谷口通道，是指如果我军先占据，必定要以重兵把守，等待敌军来攻用重兵布满险要隘口，使敌人不能进退；如若敌军先占据，并用重兵把守，那就不要强攻，如果敌军兵力不强就要迅速攻占隘口占据隘形地的敌军发怒，势必不会饶过我军。占领了隘地，必定要陈兵谷口，以奇谋列阵镇守。敌军已经先占据隘地并列阵谷口，就不要强攻。如果敌军只占领了一半的隘地，就要强攻，以便与敌军共享这一有利地形。在险地，如果我军先占据，必定要占领地势高而且向阳的阵地等待敌军前来攻击占领地势高而且向阳的阵地，等待敌人前来进攻。敌人如果从阵地下面背阴的地方进攻，我军迎战一定可以取胜；如果敌军先占领，那么就赶紧带领军队撤离，不要强攻地势险要，不可让敌人先控制。至于远地，双方相距很远，地形上势均力敌，不宜出兵挑战，勉强挑战就会对我军不利挑战，指我方主动接近敌方。远地，指离本国较远。地势与兵力相当，没有优势可占，先挑战对我军不利。以上这六个方面，是利用地形作战的原则。懂得这些，是将帅的重要责任，不能不认真研究。

所以说，草木繁茂的地形，便于逃跑；山谷幽深、险要阻隔的地形，便于抵御敌方的战车骑兵；隘口、要塞、山林等地形，便于以少胜多兵力少可以乘夜攻击敌人；杂草丛生的湖泊河泽及幽暗的地形，便于隐蔽。有一丈五尺宽的河沟，沟中的水可以浸没战车，山林石径，泾川丘陵泾川，指常流水的河流，草木茂盛的地方，这些都是适合步兵作战的地形。在这类地形中，战车、骑兵两个也比不上一个步兵。丘陵绵延相连，平原旷野，这是适合战车、骑兵作战的地形。在这类地形中，十个步兵也比不上一名骑兵。远离平原，居高临下，这是适合弓弩手作战的地形。在这种地形中，十名使用短兵器的士兵也比不上一名弓弩手。两军阵地邻近，地势平坦，上覆浅草，可前进可后撤，这是适合使用长戟作战的地形。在这类地形中，三名使用刀剑盾牌的士兵也比不上一名使用长戟的士兵。芦苇竹蒿丛生，草木葱茏，林深叶茂，这是适合使用长矛作战的地形。在这类地形中，两名使用长戟的士兵也比不上一名使用长矛的土兵。曲折的道路此起彼伏，险要的隘口一个接一个，这是适合使用刀剑盾牌作战的地形。在这种地形中，三名使用弓弩的士兵也比不上一名使用刀剑盾牌的士兵。所以说地形是用兵打仗的重要辅助。还有一种说法：用兵之道，占据地利很重要。当年，秦兵围困赵国的阏与，赵奢迅速占领北山，秦兵失去地利，因而失败。韩信背水列阵，汉兵大敌当前，后退无门，只能拼死一战，因此取得了胜利。这些都是善于运用地形的例证。

卷九　兵权

水火第九

原文

　　经曰：以水佐攻者强，以火佐攻者明。是知水火者，兵之助也。故火攻有五：一曰火人敌傍近草，因风烧之，二曰火积烧其积蓄，三曰火辎烧其辎重，四曰火库当使间人之敌营，烧其兵库，五曰火燧燧，堕也。以火堕敌人营中也。火头之法，以铁盈火，着箭头，强弩射敌之营中，烧绝粮道也。行火必有因因奸人也，烟火必素具，发火有时，起火有日。时者，天之燥也；日者，宿在箕、壁、参、轸也。凡此四宿者，风起之日萧世诚①云：春丙丁、夏戊己、秋壬癸、冬甲乙，此日有疾风猛雨也。居勘太一②，中有飞鸟十，精知风雨期，五子元运式，各候其时，可用火。故曰以火佐攻者明。何以言之？昔杨璇③与桂阳贼相会，璇以皮作大排囊，以石灰内囊中，置车上，作火燧，系马尾，因从上风，鼓排囊吹灰，群贼眯目，因烧马尾，奔突贼阵，众贼奔溃，此用火之势也。殷浩④北伐，长史江逌⑤取

---

①　萧世诚：即南北朝时梁元帝萧绎。
②　太一：古星名，在天龙座内，属紫微垣。《史记·天官书》：中宫天极星，其一明者，太一常居也。
③　杨璇：字机平，东汉大臣，汉灵帝时为零陵太守。
④　殷浩：字渊源，东晋时人，曾被会稽王司马昱提拔，一度与桓温于朝中抗衡，但因北伐失败而被废为庶人。
⑤　江逌：字道载，东晋时官吏。中军将军殷浩北伐时请他担任谘议参军，后升为长史。

水火第九

数百鸡以长绳连之，脚皆系火。一时驱放，群鸡飞散羌营，营皆燃，因击之，姚襄①退走，此用火之势。李陵②在大泽草中，虏从上风纵火，陵从下风纵火，以此火解火势也。吾闻敌烧门，恐火灭门开，当更积薪助火，使火势不灭，亦解火之法也。

太公曰："强弩长兵，所以逾水战。"孙子曰："水可以绝。"谓灌城也。又曰："绝水必远水引敌使渡也。客绝水而来，勿迎之于水内，令敌半渡而击之，利。欲战，无附于水而迎客也。"谓处水上之军。故曰以水佐攻者强。何以言之？昔韩信定临淄，走齐王田广。楚使龙且来救齐，齐王广、龙且并军，与信合战人或说龙且曰：汉兵远斗穷战，其锋不可当，齐、楚自居其地战，兵易败散。不如深壁，令齐王使其信臣招所亡城，城闻其王在，楚来救，必反汉。汉兵二千里客居，齐城皆反之，其势无所得食，可无战而降也。龙且曰：吾平生知韩信为人，易与耳。且夫不战而降之，吾何功？遂战，败。吾闻古之所谓善战者胜易胜者。故善战者之胜也，无知名，无勇功，故其战胜不忒。不忒者，其所错胜，胜已败者也。龙且不用客之计，欲求赫赫之功，昧矣，夹潍音唯水阵。韩信乃夜令人为万余囊，盛沙，壅水上流。引军半渡，击龙且，佯不胜，还走。龙且果喜曰："固知信怯也。"遂追信，渡水。信使决壅囊，水大至。龙且军太半不得渡，即急击之，杀龙且。龙且水军东散走。此反半渡之势吾闻兵法，绝水，必远水。令敌半渡而击之，利。韩信半渡，军佯入害地，令龙且击之，然后决壅水。此所谓"杂于利而务可伸，杂于害而患可解也"。皆反兵而用兵法。微哉，微哉！

卢绾佐彭越攻，下梁地十余城。项羽闻之，谓其大司马曹咎曰："谨守成皋，即汉挑战，慎勿与战。"汉果挑楚军，楚军不出，使人辱之孙子曰：廉洁，可辱也。大司马怒，渡汜音凡水，卒半渡，汉击，大破之。此欲战无附于水势也。

故知水火之变，可以制胜，其来久矣。秦人毒泾上流，晋军多死；

---

① 姚襄：字景国，十六国时期后秦的奠基人姚弋仲第五子，后秦开国君主姚苌之兄，后随父归顺后赵。父亲死后归晋，受到殷浩排挤，率部北归，被桓温击破。

② 李陵：字少卿，西汉将领，李广之孙。曾率军与匈奴作战，战败投降匈奴，汉朝夷其三族，致使其彻底与汉朝断绝联系。

卷九　兵权

荆王①烧楚积聚，项氏以擒；曹公决泗于下邳，吕布就戮；黄盖火攻于赤壁，魏祖奔衄。此将之至任，盖军中尤急者矣，不可不察。

---

① 荆王：指西汉开国功臣刘贾。本是刘邦同族，楚汉之际为汉将，随汉王刘邦辗转征战，屡立战功。汉并天下后，刘贾被立为荆王。

水火第九

译文

经书上说：用水辅助进攻，威力强大；用火辅助进攻，效果明显。由此可知，水和火，都是用兵打仗的重要辅助手段。火攻有五种：一是火人敌营附近多草，可以借风势焚烧敌军人马；二是火积焚烧敌军的储备粮草；三是火辎焚烧敌军的辎重；四是火库应当指派遣密探，深入敌人营垒，焚烧敌军武器库；五是火燧燧，下堕的意思，火燧指把火头扔进敌军营垒之中。制作火头的方法是用铁器装满火，绑在箭头上，用强弓射入敌军营中，烧绝敌军的粮草。使用火攻必须要有条件如借助内应，引火材料要平时就准备好，引火要选择恰当的时机，起火要选择合适的日子。恰当的时机，指天气干燥；合适的日子，指月亮运行到箕、壁、参、轸四个星宿的位置时。凡是月亮运行到这四个星宿的位置时，就是起风的日子南北朝时梁元帝萧绎说：春季的丙丁、夏季的戊己、秋季的壬癸、冬季的甲乙，这些日子会有狂风暴雨。静坐家中观察太一星，中间有十只飞鸟，能精确知道起风雨的日期，太一星五子呈元运式，这是各自等候时机的预兆，可以用火攻。所以说用火辅佐进攻，效果明显。为什么这样说呢？从前，东汉汉灵帝时零陵太守杨璇与桂阳的叛贼相遇，杨璇用皮革制作成一种大的排囊，把石灰放在排囊中，并把排囊放在车上。又制作引火之物，系在马尾巴上，借助风力，鼓动排囊，吹出石灰，一群贼众都被石灰蒙了眼睛，杨璇的部队便乘机燃烧马尾上的引火之物，马群奔向叛贼阵中，众叛贼立即四散奔逃。这就是用火攻的威势。东晋时大臣殷浩北伐时，

卷九　兵权

长史江逌捉了几百只鸡，用长绳索连起来，鸡脚都绑上火种。然后同时把鸡赶出去，群鸡飞散到羌军营中，羌营四处都燃烧起来。殷浩大军乘机发动进攻，姚襄只得后退逃走。这也是用火攻的威势。西汉时大将李陵率兵讨伐匈奴，一日，双方在在大泽草丛中交战，匈奴兵从上风纵火，李陵也从下风燃起了火。这是用火消解火势的办法。我还听说，当敌军用火焚烧城门时，如果担心火灭了后敌军趁机攻开城门，就应当再从门内添加柴草助长火势，使火势不灭。这也是用火消解火攻的办法。

姜太公说："强劲的弓弩和长兵器，可以用来越水作战。"孙子说："可以决开河堤引水。"是说可以引水来淹灌敌城。孙子又说："要决堤引水，自己必须要先远离水引诱敌军使其渡河。敌军渡水来攻，我军不要在水上迎敌，而要等敌军只渡过一半时再攻击他，这样对我军比较有利。如果要和已渡河的敌军交战，不要在江河附近迎击敌军。"这是水上作战的原则。所以说，用水辅佐进攻，威力强大。如何证明呢？楚汉相争时，韩信平定临淄，使齐王田广败走，楚国派猛将龙且前来援救田广。田广、龙且兵合一处与韩信作战 有人劝龙且说：汉兵远离家乡，入侵齐地，来势汹汹，势不可挡。齐、楚的部队在自己的领地上作战，士兵容易分心，一分心就会打败仗。现在不如深挖沟，高筑墙，让齐王派他的亲信臣子招抚已被汉军占据的齐国城池中的百姓和将士。齐国城池中的人听说齐王还在，楚军正赶来救援，必定会起来反抗汉军。汉兵从二千里以外来到此地，齐国城池中的人都起来反抗汉军，汉兵势必无从得到食物，这样，汉军就会不战而降。龙且说：我早就知道韩信的为人，很容易对付。况且汉军不战而降，我能有什么功劳？于是双方开战，龙且战败。我听说，古代所谓善战者战胜的都是容易战胜的对手。所以善战者的胜利，不求扬名，也没法炫耀自己的功劳，因为善战者不是靠武力取胜。不动用大的武力而取胜，就是所谓错胜，也就是战胜已经处于劣势的敌人。龙且不采用门客的计策，想求取赫赫功名，真是愚蠢，龙且与韩信两军隔着潍水相对列阵。韩信在夜里命人制成一万多条袋子，袋子里装满沙子，然后运去堵塞住潍水上游。韩信率部队渡河，当部队刚渡了一半，便向龙且部队发起攻击，假装不能取胜，退回逃走。龙且果然高兴地说："我本来就知道韩信胆子小。"于是指挥部队追击韩信，横渡潍水。韩信便命人移开堵塞在上游的沙袋，河水汹涌而来。龙且的军队还有一大半未能渡过河，韩信立即出兵向龙且军发起攻击，杀死了龙且。

水火第九

留在潍水东面的龙且军一看大势已去，便四散逃走。这是反着用"半渡而击"的战例_{我知道兵法上说，决堤引水，自己一定要远离水。让敌军渡河仅渡过一半时攻击它，这样对我军有利。}韩信的军队仅有一半渡过了潍水，军队假装进入了危险的境地，引诱龙且来攻击，然后放开堵截在上游的河水。这正是所谓"处在有利的条件下考虑不利因素，务求能屈能伸；处在不利条件下考虑有利因素，祸患可以解除"。这些都是反常规使用兵法的战例。妙啊！

楚汉相争时，汉军大将卢绾协助彭越进攻，攻下了梁地十多座城池。项羽听到后准备赶去救援，临走时对他的大司马曹咎说："你要小心守住城皋，即使汉军挑战，也要慎重，不要与他交战。"汉军果然向楚军挑战，楚军坚守不出，汉军便指使人羞辱曹咎_{孙子说：廉洁之人，可以用羞辱的办法去激怒他。}大司马曹咎被激怒，便挥军横渡汜水。士卒刚渡过一半，汉军便发起攻击，曹咎军大败。曹咎正是违反了"准备作战时不要靠近河水"的作战原则。

所以，知道水、火的变化，可以出奇制胜，这个道理由来已久了。秦国人在泾水上游投毒，晋军多被毒死；荆王刘贾焚烧楚军积聚的粮草，项氏因此成擒；曹操在下邳决泗水灌城，吕布因此被杀；黄盖在赤壁实施火攻，魏太祖曹操被迫逃窜。掌握运用水、火辅助作战的方法，是将领的重要职责，也是用兵打仗尤其重要的手段，不能不认真研究。

卷九　兵权

五间第十

原文

　　《周礼》①曰"巡国、传谍"者，反间也。吕望云："间，构飞言，聚为一卒。"是知用间之道，非一日也凡有白气群行，徘徊结阵来者，为他国人来欲图人，不可应，视其所往，随而击之，可得也。或有黑气临我军上，如车轮行，敌人深入，谋乱我国臣。或有黑气游行，中含五色，临我军上，敌必谋合诸侯而伐我国。诸侯反谋军，军自败。或有黑气如幢，出于营中，上黑下黄，敌欲来求战。无诚实，言信相反，九日内必觉，备之，吉。或日月阴沉无光，不雨，或十日昼夜不见日月，名曰蒙，臣谋主。故曰久阴不雨，臣谋主也。故间有五间：有因间，有内间，有反间，有生间，有死间。五间俱起，莫知其道。因间者，因其乡人而用之者也言敌乡邑之人，知敌表里虚实，可使伺候听察，通辞致言。故曰因之用，赏禄为先也；内间者，因其官人而用之者也因其在官失职者，若刑诛之子孙，与受罚之家也。因其有隙，就而用之；反间者，因敌间而用之者也曹公曰：敌使间来视我，我知之，因厚赂重许，反使为我间，故曰反间。萧世诚曰：言敌使人来候我，我佯不知而示以虚事，前却期会，使归相语，故曰反间也；生间者，反报者也择己有贤才智谋、能自开通于敌之亲贵，察其动静，知其事计所为，已知其实，还报，故曰生间也；

---

①《周礼》：古代儒家主要经典之一，是关于政治经济制度的一部著作，包括天官、地官、春官、夏官、秋官、冬官等六篇，故本名《周官》，又名《周官经》。相传为西周时期著名政治家周公旦所著。

五间第十

死间者，为诳事于外，令吾间知之，而待于敌间者也作诈诳之事于外，佯漏泄之。使吾间知之。吾间至敌中，为敌所得，必以诳事输敌，敌从而备之，吾所行不然也，间则死矣。又一云：敌间来在营，间我诳事而持归，然皆非吾所图也。二间皆不能知幽隐，故曰死间。萧世诚云：所获敌人及己军士有重罪系者，故为免，相敕勿泄，佯不秘密，令拘者窃闻之。因纵之，使亡，亡必归敌，以所闻告之，敌必信焉，往必死。故曰死间者也。

昔汉西域都护班超①初为将兵长史，悉发诸国步骑二万五千击莎车②。莎车求救龟兹，龟兹③王遣左将军发温宿、姑墨、尉头④合五万人助之。超召部曲及于阗⑤、疏勒⑥王议曰："兵少不敌，计莫如各解散去。于阗从此东，长史亦从此西归，夜半闻鼓声便发。"众皆以为然。乃阴缓擒得生口，生口归，以超言告龟兹。龟兹闻之喜，使左将军将万骑于西界遮超，温宿王将八千骑于东界遮于阗王。人定后，超密令诸司马勒兵励士。至鸡鸣，驰赴莎车军营，掩覆之。胡皆惊走，斩首五千级，莎车遂降。

又耿弇讨张步，步闻之，乃使其大将费邑军历下，又分兵屯祝阿，别于太山、钟城列营数十以待弇昔刘备东下与孙权交战，魏文帝闻备树栅连营七百余里，谓群臣曰：备不晓兵权，岂有七百里营可以拒敌者乎？包原隰⑦险阻而为军者，为敌所擒，此兵忌也。后七日，权破备书到。今张步列营数十，缓急不能相救。又一军溃，则众心难固。此黥布所以走荆王也。步非计也，败其宜也。弇渡河先击祝阿，拔之。故开围一角，令其众得奔钟城。钟城人闻祝阿已溃，大惧，遂空壁亡去孙子曰：三军可夺气，将军可夺心。耿弇开祝阿之围，令其众奔钟城，以震怖

---

① 班超：字仲升，东汉著名将领、外交家。是开拓和维持汉代与西域关系的重要人物。班超出生在文仕家庭，他是史学家班彪之子，《汉书》的编撰者班固之弟，三人合称"三班"。
② 莎车：古西域国名。位于新疆莎车县一带。是"丝绸之路"南道的要冲。汉武帝时内属，后隶西域都护。
③ 龟兹：古西域国名。又作鸠兹、屈茨、归兹、屈支、丘兹等。故地在今新疆库车县一带。
④ 温宿、姑墨、尉头：均为古西域国名。故地在今新疆温宿、阿克苏、哈拉奇一带。
⑤ 于阗：古西域国名。又作于寘。故地在今新疆和田一带。
⑥ 疏勒：古西域国名。唐称祇沙、伽师祇离。故治在今新疆喀什市。
⑦ 原隰：原，通指广平、高平的地面。隰，地势低下的湿地。

卷九 兵权

之，亦夺气、夺心计也，妙矣夫。费邑分遣其弟敢守巨里。弇进兵，先胁巨里，多伐树木，扬言以填塞坑堑。数日，有降者言邑闻弇欲攻巨里，谋来救之。弇乃严令军中趣治攻具，后三日当悉攻巨里；阴缓生口，令得亡归。归者以弇期告邑，邑至日果自将来救之。弇喜，谓诸将曰："吾所修攻具者，欲诱致邑耳，今来，适吾所求也。"即分三千人守巨里，自引精兵止岗坂，乘高合战，大破之，临阵斩邑或问孙子曰：敌众而整，将来，待之若何？曰：先夺其所爱，则听矣。又曰：善战者，致人而不致于人。弇扬言攻巨里也，亦夺其所爱，令自致之计也。此用因间之势也。

晋时，益州牧罗尚遣隗伯攻李雄于郫城，迭有胜负。雄乃募武都人朴泰，鞭之见血，使谲罗尚，欲为内应，以火为期。尚信之，悉出精兵，遣隗伯等率兵从泰。李雄先使李骧于道设伏。泰以长梯倚城而举火，伯军见火起，皆争缘梯。泰又以绳汲上尚军百余人，皆斩之。雄因放兵，内外击之，大破尚军。此用内间之势也。

郑武公欲伐胡，先以其子妻胡。因问群臣曰："我欲用兵，谁可伐者？"大夫关其思曰："胡可伐。"武公怒而戮之曰："胡，兄弟之国，子言伐之，何也？"胡君闻之，以郑为亲己而不备郑。郑袭胡，取之汉使郦生说齐王田广，广罢兵，与郦生纵酒。汉将韩信因齐无备，袭齐，破之。田广烹郦生，郦生偶成韩信死间。唐李靖①伐突厥，以唐俭②先和亲，而已以兵乘其不备，破之。此靖以唐俭为死间者也。此用死间之势也。

陈平以金纵反间于楚军，间范增，楚王疑之。此用反间者也事具"霸纪"。

故知三军之亲，莫亲于间，赏莫厚于间，事莫密于间。非圣智莫能用间，非密微莫能得间之实。此三军之要，唯贤将之所留意也。

---

① 李靖：字药师，隋末唐初将领，是唐朝文武兼备的著名军事家。后封卫国公，世称李卫公。李靖善于用兵，长于谋略，有《李卫公兵法》，已佚。残文保留在《通典》中。
② 唐俭：唐初大臣，字茂系。佐唐太宗定天下，为天策府长史，封莒国公。贞观初年曾出使突厥。

五间第十

译文

　　《周礼》称为"巡国、传谍"的，就是反间。姜太公说："间谍，负责制造和散布流言，可以组成一支独立的队伍。"由此可知，使用间谍，已经由来已久了凡是有白色云气成群飞行，徘徊连结如兵阵前来，就是敌国有奸人来有所图谋的征兆。先不要与来人照面，看他到什么地方去，随后袭击，便可以捉到他。或者有黑色云气降临我军上方，如同车轮行进，这是敌人已经深入我国，图谋扰乱我国君臣的征兆。或者有黑色云气游动，黑色云气中夹杂着五种色彩，降临我军上方，这是敌人图谋联合诸侯来讨伐我国的征兆。如果诸侯联合起来反对谋乱之军，敌军自然会失败。或者有黑色云气如同旗帜，从我军军营中飘出，上面是黑色，下面是黄色，这是敌人准备来挑战的征兆。敌人不诚实，言行相反，在九日之内必定会被察觉。如果及时做好防范，对我方就很有利。或者日月阴沉无光，不下雨，或者十天内昼不见日、夜不见月，这叫做蒙，是臣子谋害君主的征兆。所以说，久阴不雨，预示着臣子会谋害君主。间谍有五种：因间、内间、反间、生间、死间。五种间谍一并使用，就会使敌人摸不着头脑。所谓因间，是指利用敌方的同乡做间谍敌方的同乡知道敌方虚实，可以使其伺机探听察访，通报消息。使用敌方同乡做间谍，要先给予奖赏、报酬；所谓内间，是指利用敌方的官吏做间谍利用敌方曾经当官却失去了官职的人，比方说那些受过刑或已被杀之人的子孙以及受惩罚的家庭，乘敌方内部有嫌隙而利用他们；所谓反间，是指利用敌方的间谍来为我方效力曹操说：敌人派间谍来窥探我方情报，我方已经知道了，便许以重金，使敌方间谍反而成为我方间

卷九 兵权

谍,所以称之为反间。梁元帝萧绎说:敌方指使间谍来伺机窥探我方情报,我方假装不知道,却将虚假情况、已过时的约定等提供给他,让他回去报告,也称为反间;所谓生间,是指派往敌方侦察后,能活着回来报告敌情选择我方那些有贤才、多智谋的士人,他们能和敌方的亲信显贵建立友好联系,通过他们来探察敌方动静,了解敌方的大事谋划、所作所为。已经探明敌方的真实情况,能活着回来报告,所以称之为生间;所谓死间,是指故意在外散布假消息,让我方间谍知道而传给敌方在外面生造虚假情况,故意泄漏,让我方的间谍知道。我方间谍到了敌人中间,被敌方俘虏,必定会把了解到的虚假情报告诉敌方。敌方据此而设防,但我方所做的却不是那样,那我方间谍就会被处死。另一种说法是:敌方的间谍来到我军营中,我方制造虚假情事让他回去报告,然而却都不是我方真正所要图谋的。以上两种间谍都不知道隐情,所以称之为死间。萧绎说:所俘获的敌人及我方军士中犯有重罪被拘留的,有意赦免他们,并告诫他们不要泄漏秘密。然后假装未能严守秘密,使被拘禁的人暗中听到这些秘密情报。于是有意放松看守,让他们逃跑。他们逃跑后必然会投奔敌方,把所听到的情报告诉敌方,敌方必定会相信,但往往实情并不是这样。敌方知道上当后,必然会处死他们。所以称之为死间。

东汉时,西域都护班超刚刚担任将兵长史,将西域各国的步兵、骑兵二万五千人全都调集起来去攻打莎车国。莎车国向龟兹国求救,龟兹王派遣左将军调集温宿、姑墨、尉头三个城邦国的兵马共五万人援助莎车国。班超召集部下以及于阗、疏勒两国国王商议说:"我军兵少,不是敌军对手,不如各自解散撤兵。于阗王从此地向东,我也从这里向西归去。半夜时分听到鼓声就出发。"众人都认为这样很对。班超暗中放松了对敌军俘虏的看管,俘虏得以逃脱,回去后便把班超的话报告给了龟兹王。龟兹王听到这个消息后很高兴,便派左将军率领一万骑兵在西面边界伏击班超,又派温宿王率领八千骑兵在东面边界伏击于阗王。夜深人静后,班超密令各部司马调遣军队,激励士兵,做好战斗准备。到鸡鸣十分时,直扑莎车军营,将它包围起来。敌兵都惊慌失措,四散奔逃,班超所部斩获敌人首级五千,莎车国于是投降。

又例如,东汉大将耿弇讨伐张步,张步听说后,便派遣大将费邑驻军历下,又分兵屯守祝阿,另外在太山、钟城布下数十个兵营迎战耿弇

五间第十

三国时，刘备东下与孙权交战，魏文帝曹丕听说刘备构筑栅栏，扎营连绵七百里，便对众大臣说：刘备不懂用兵，哪里有连营七百里来对抗敌军的？不管地势高低、险阻，统统包围起来安营扎寨，往往会被敌军所擒，这是用兵的大忌。七天之后，孙权大败刘备军的探报就送到了。如今张步也是扎营数十个，遇到紧急情况就不能相互救援。再说，一军崩溃，其他各营就很难稳定。这也是楚汉相争时黥布为什么能够打败荆王刘贾的原因。张步不懂得用兵，他的失败也是必然的。耿弇渡过黄河，先攻打祝阿，一举拿下，然后故意敞开包围圈的一角，让祝阿的败军得以逃奔钟城。钟城守军听说祝阿军已经溃败，非常害怕，便弃城逃跑了孙子说：对付三军可以夺其士气，对付将军可以动摇其决心。耿弇故意敞开围困祝阿的包围圈，使祝阿的败军逃奔钟城，以此震慑钟城守军，这也是采用了夺其士气、动摇其决心的计谋，妙啊。费邑派自己的弟弟费敢把守巨里。耿弇进兵，首先威胁巨里，并大量砍伐树木，扬言要用树木填塞壕沟，以进攻巨里。几天之后，有来投降的人说，费邑听说耿弇准备攻打巨里，正打算前来救援。耿弇便严令军队赶快准备攻城的器械，说三天后将要全军出动攻打巨里。耿弇暗中放松对降兵的看守，让他们得以逃走。逃回去的人将耿弇的攻城日期告诉了费邑。到了这一天，费邑果然亲自率领部队来救援巨里，耿弇非常高兴，对将领们说："我之所以让你们准备攻城器械，就是想要把费邑诱到巨里来。如今他来了，正是我希望的。"随即耿弇分兵三千守在巨里城下，他自己带着精兵驻扎到高岗、山坡上，凭借高峻的地势和费邑交战，大败费邑的部队，在阵前斩杀了费邑有人问孙子：敌兵众多而且阵容严整，即将来攻，我军应该怎么办？孙子说：先夺敌方重视的地方，那么敌人就听凭我指挥了。又说：善于作战的，是引诱敌人前来，而不是被敌人引诱过去。耿弇扬言要攻打巨里，也是试图进攻费邑重视的地方，诱使费邑前来救援的计策。这是使用因间的情形。

东晋时，益州牧罗尚派隗伯往郫城攻打李雄，彼此交战互有胜负。李雄便招来了武都人朴泰，鞭打朴泰直到鲜血淋漓，然后指使他假装去投靠罗尚，谎称将为罗尚进攻时做内应，用火把为信号。罗尚相信了朴泰，调集全部精兵交给隗伯等人率领，跟着朴泰去进攻郫城。李雄先派李骧在道路旁设下伏兵。到了郫城，朴泰用长梯靠着城墙，登上城墙，举起火把，隗伯率领的部队看见火把燃起，都争着攀登长梯。朴泰又用

卷九　兵权

绳索吊上百余名罗尚的士兵，全部杀掉。李雄乘机从城内出兵，内外夹击，大败罗尚军。这是使用内间的情形。

郑武公准备讨伐胡人，却先把女儿嫁给胡人首领为妻。接着问群臣："我准备对外用兵，应该讨伐谁呢？"大夫关其思说："可以讨伐胡人。"郑武公大怒，马上下令杀了关其思，说："胡，是我们的兄弟之邦，你却说要讨伐它，是何居心？"胡人的君主听说了这事，以为郑国是亲善自己的，因而不再防备郑国。郑国乘机袭击胡人，夺取了胡人的地盘汉朝派郦食其去劝说齐王田广休战，田广听从郦食其的劝说罢了兵，并与郦食其开怀饮酒。汉将韩信乘齐国没有防备，突袭齐地，攻破了齐国。田广于是烹了郦食其，郦食其因偶然的原因成了韩信的死间。唐朝李靖讨伐突厥，派唐俭先去突厥和亲，而李靖却趁突厥不备，大败突厥。这是李靖用唐俭做死间。以上是使用死间的情形。

西汉大臣陈平用重金在楚军中大行反间计，离间范增与楚霸王项羽的关系，项羽果真怀疑范增有贰心。这是使用反间计的情形事情详见"霸纪"卷。

由此可知，三军中的亲信，没有比间谍更亲近的了，给予的奖赏没有比间谍更优厚的了，从事的任务没有比间谍更机密的了。没有超人的才智不能使用间谍，不精心观察、手段巧妙就不能探得间谍的真实情报。这是三军的要害所在，贤能的将军要格外留意。

将体第十一

原文

　　《万机论》① 曰：虽有百万之师，临时吞敌，在将也。《吴子》曰：凡人之论将，恒观之于勇。勇之于将，乃万分之一耳。故《六韬》曰：将不仁，则三军不亲；将不勇，则三军不为动。《孙子》曰：将者，勇、智、仁、信、必也。勇则不可犯，智则不可乱，仁则爱人，信则不欺人，必则无二心。此所谓五才者也。三军之众，百万之师，张设轻重，在于一人，谓之气机。道狭路险，名山大塞，十人所守，千人不过，是谓地机。善行间谍，分散其众，使君臣相怨，是谓事机。车坚舟利，士马闲习，是谓力机。此所谓四机者也。夫将可乐而不可忧，谋可深而不可疑。将忧则内疑将有忧色，则内外相疑，故曰不相信也，谋疑则敌国奋多疑则计乱，乱则令敌国奋威。以此征伐，则可致乱。

　　故将能清能静廉财曰清，不扰曰静。老子曰：重为轻根，静为躁君也，能平能整，能受谏，能听讼，能纳人受贤于群英之中，若越纳范蠡、齐纳宁戚之类也，能采善言，能知国俗，能图山川，能裁阨难险、难、阨皆患，明之，能

---

① 《万机论》：杂家著作，东汉末年蒋济撰。蒋济字子通，东汉楚国人，汉献帝建安年间始入仕途。魏文帝时，他将《万机论》一书进上，得到赞赏。《万机论》凡八卷，是书"纯以推极利弊为主，不尚华词"。原书已散佚，清朝严可均《全三国文》辑有一卷。

卷九 兵权

制军权。危者安之，惧者欢之，叛者还之将有不合去者，慰诱还之，若萧何追韩信，冤者原之，诉者察之，卑者贵之士卒若卑贱者，贵之。昔吴起下与士卒同衣食是也，强者抑之，敌者残之卑中有贱，而敌贵者，乱上下之礼，残杀之，贪者丰之悬赏以丰其心，所以使贪，欲者使之临敌将战，有欲立功名，有欲利敌人者，皆许而使之，所谓使勇使贪，畏者隐之士卒有所畏惧者，隐蔽于后，勿使为军锋，军败由锋怯，谋者近之，逸者覆之有谗斗者，覆亡之，毁者复之官职有毁废者，则修而复之，反者废之，横者挫之，服者活之首服罪者，活之，降者说之说，舍。获城者割之赏功臣也，获地者裂之赐功荣者，获国者守之得其国，必封贤以守之。昔吴伐越，得而不守，所以终败也，获陁塞之，获难屯之，获财散之。敌动伺之，敌强下之敌阵强则下之，勿与战。若齐师伐鲁，鼓之，曹刿不动。三鼓破齐，下之，敌凌待之敌之威势凌我而来，宜持重以待之，勿与战。楚凌汉，求战一决，汉祖知弱，不许之是也，敌暴安之敌人为暴虐之行，则安之劝之，所以怒我众也。昔燕伐齐田单，不下，燕师掘齐人冢墓，田单安、劝之，敌悖义之敌为悖乱之事，则随有义以待之，彼悖我义，故克之，敌睦携之，顺举挫之举顺以挫逆也，因势破之，放言过之放过恶言，以诬诈敌人，以怒己众也，四网罗之。此为将之道也。

故将拒谏则英雄散，策不从则谋士叛，善恶同则功臣倦赏罚不明，善恶无异，则有功之臣皆懈倦也，将专己则下归咎专己自任，不与下谋，众皆归罪于将而责之，将自臧则下少功臧，善也。将自伐勋，忘下自用者，故曰少功也，将受逸则下有离心，将贪财则奸不禁上贪则下盗也，将内顾则士卒淫内顾，思妻妾也。将有一则众不服，有二则军无试试，法也，有三则军乖背，有四则祸及国。

《军志》曰：将谋欲密，士众欲一众如一体也，攻敌欲疾。将谋密则奸心闭，士众一则群心结结如一也，攻敌疾则诈不及设。军有此三者，则计不夺。将谋泄则军无势，以外窥内则祸不制窥，见也。谋泄，则外见己情之虚实，其祸不可制也；财入营则众奸会凡为军，使外人以财货入营内，则奸谋奄集其中心。将有此三者，军必败。将无虑则谋士去将无防虑，不能从谋，故去之；将无勇则吏士恐将怯，则下无所恃，故恐也；将迁怒则军士惧虑也，

将体第十一

谋也，将之所重；勇也，怒也，将之所用。故曰必死，可杀也；必生，可虏也；忿速，可侮也；廉洁，可辱也；爱人，可烦也。此五者，将军之过，用兵之灾。

故凡战之要，先占其将而察其才，因形用权，则不劳而功兴也。其将愚而信人，可谋而诈；贪而忽名，可货而赂；轻变，可劳而困；上富而骄，下贫而怨，可离而间；将怠士懈，可潜而袭。智而心缓者，可迫也；勇而轻死者，可暴也；急而心速者，可诱也；贪而喜利者，可袭也，可遗也；仁而不忍于人者，可劳也；智而心缓者，可惊也；信而喜信于人者，可诳也；廉洁而不爱人者，可侮也；刚毅而自用者，可事也；懦心喜用于人者，可使人欺也。此皆用兵之要，为将之略也。

卷九　兵权

将体第十一

译文

　　《万机论》称：即使有百万大军，临战时要击败敌人，关键还在将领。《吴子》称：一般人评论将领，只是看他是否够勇猛。其实，勇猛对于将领来说，只不过是其所具备素质的万分之一罢了。所以《六韬》称：将领不仁义，那么三军就不会亲附他；将领不勇猛，那么三军就不会任其驱使。《孙子》称：作为将领，要具备勇、智、仁、信、必五种品质。有勇，就不可侵犯；有智，就不会迷乱；有仁，就懂得关爱别人；有信，就不会欺骗人；有必，就不会怀有贰心。这就是通常所说的"五才"。三军将士，百万大军，张罗布置，权衡轻重，在于统帅一人，这是关系到士气的"气机"。道路狭窄险峻，有名山大塞阻隔，用十人去把守，千人也不能通过，这是能否认识并利用地形的"地机"。善于使用间谍，分化敌方君臣，使其相互怨恨，这是陷敌于不战自乱的"事机"。战车坚固，战船轻便，兵马久经训练，这就是发挥战斗力的"力机"。这些就是将领应该熟练掌握的的"四机"。作为将领，可以乐观而不可忧愁，谋略要深远但不可犹疑。将领忧愁，那么军队内部就会心存疑虑而失去信心将领有愁容，那么军内军外都会相互猜疑。相互猜疑，就会相互不信任；制定谋略犹疑不定，那么敌国就会士气高涨多疑那么计谋就会乱，计谋乱就会长敌国士气。将领对战事充满忧虑，谋划犹疑不定，一定会导致内乱。

将体第十一

所以，作为将领要能清能静廉洁不贪财叫"清"，不受外界打扰叫"静"。老子说：重是轻的根，静是躁的君，能处事公平，能待人严谨，能接受不同意见，能明断诉讼，能广纳人才在众多英才中接纳贤能，像当年越国接纳范蠡、齐国接纳宁戚一样，能采纳好的建议，能了解风土人情，能描绘山川地形，能判断艰难险阻对艰难、危险、困厄等各种逆境都非常了解，能控制军权。危难者使他安全，恐惧者使他高兴，叛逃者使他回头有与将领不合而离去的，要抚慰、诱导，使他回头，像当年萧何月下追韩信那样，有冤屈的要给他平反，有人申诉要明察，地位低贱的要尊重他士卒中地位卑贱的，要尊重他。从前吴起与士兵同衣共食就是例子，强横的要抑制他，敌对的要杀掉地位卑贱的人与尊贵的人对抗，搅乱上下礼制，就要杀掉。贪婪的要重赏悬重赏使贪婪之人甘为驱使，这就是利用贪婪之人的贪心，想立功的就调动他两军交战之际，有想求取功名的，有想痛击敌人的，都要承诺他们，充分调动他们的积极性，这就是所谓的使勇使贪，胆小怕事的要将他隐蔽在队列后头士卒中有胆小的，就将其隐蔽在队伍后面，不要让他做前锋，全军的溃败往往是由于前锋的胆怯，有智谋的要亲近他，进谗言的要除掉他由于谗言起争斗的，要除掉他，被撤官的要恢复它官职被撤、被废的，就要帮助他官复原职，谋反者要废黜他，骄横者要挫败他，伏法者要给他一条活路首先认罪伏法的，要让他活命，投降的人要安顿好，攻克城池的有功之臣要割城给他奖赏功臣，夺得土地的要裂土分封他赏赐建立了功名的人，获取敌国后要据守它夺得了敌国，一定要派贤能之人据守。从前吴国讨伐越国，得到后却不安排人据守，最终导致失败，夺取了险要关塞要防守，夺取了险要的阵地要屯兵把守，从敌人那里夺得的财物要赏给众人。对敌方的行动要注意观察，敌人士气强盛，就要想办法削弱它要想办法削弱敌人士气，不要马上和他作战。就象当初齐国攻伐鲁国，击鼓进攻，曹刿伏兵不动。等到齐国击鼓三次后，曹刿才下令进攻，一举打败了齐国军队。敌军攻势凌利，要避其锋芒敌军来势汹汹，直冲我军而来，我军应该慎重，严阵以待，不要急于与敌军交战。当年楚军攻势凌利，直指汉军，要求与汉一战决胜负。汉高祖刘邦知道自己弱小，不答应决战，就是这种情况。敌军暴虐，我军就要安抚、劝慰将士敌人有暴虐行径，就要安抚、劝勉我方将士，借此激起他们的怒火。从前燕国讨伐齐国的田单，久攻不

卷九 兵权

下,燕国军队就掘开齐人的祖墓,田单则安抚、劝勉齐军。**敌军悖乱逆行,我军则要坚持仁义之举**敌人做悖乱纲常的事,那么我军则坚持仁义之举对付他,敌军悖乱纲常,我军坚持仁义,因此一定能战胜他们。**敌方内部和睦,要设法离间他们,顺应正道挫败敌军**顺应正道,挫败敌方的叛逆行为。**创造或利用有利于我军的形势打败敌人,要大造舆论指责敌人的过失**夸大恶言,用来诋毁敌人,以此激怒自己的将士,四面设围歼灭敌人。以上是作为将领应具备的能力和素质。

所以,将领拒绝听取意见,那么英雄豪杰就会离他而去;有好的计策不听从,那么谋士就会背叛他;善恶不分,那么功臣就会无心向上赏罚不分明,善恶不区别对待,那么有功之臣都会懈怠、厌倦;将领独断专行,那么下级就会怨恨他独断专行,不与下级一起谋划,众人都会把过失归于将领并指责他;将领把功劳都归给自己,那么属下将士就不愿多立战功将领自己领功,忘了属下将士的辛苦,居功自赏,所以属下将士就不愿多立战功。将领听信谗言,那么属下就会离心离德;将领贪财,那么奸佞之事就难以禁止上级贪婪,那么属下将士的贪婪就会更甚;将领内顾,士卒就会淫乱无度内顾,指顾念妻妾家人。以上各条,将领犯有一条,那么众人就不会心悦诚服;犯有两条,那么军纪就无法执行;犯有三条,那么军队就会反叛作乱;犯有四条,那么祸乱就将危及国家。

《军志》称:将领的谋划要周密,全军将士要团结如一人将领、士众团结如一个整体,攻击敌人要迅猛。将领的谋划周密,那么奸心就不能得逞;全军团结如一人,那么就会众志成城,团结如一;攻击敌人迅猛,那么奸计就来不及布置。军中有了这三条,那么作战计划就不会失败。将领的谋划泄漏了,那么军队就会失去有利形势;敌方从外部窥探到我方内部情报,那么祸患将不可避免谋划泄漏,那么敌方就能了解我方虚实,祸患将不可避免;非法的财物进入军营,那么众多奸佞之徒就会结党营私大凡治军,如果让外人把财物带入军营内,那么奸谋就会掩藏在其中了。将领如有这三种行为,军队必败。将领没有主见,那么谋士就会离去将领没有主见,就不能听从谋略,谋士因此要离开他;将领没有勇气,那么将士就会恐慌将领胆怯,那么下级就会无所依靠,因此会恐慌;将领迁怒于下级,那么将士就会惧怕。

将体第十一

主见、谋略，是将领所倚重的；勇气、怒气，将领要巧妙运用。所以说，有勇无谋，只知道以死相拼，就可能被敌人诱杀；贪生怕死，只顾保全生命，就可能被敌人俘虏；急躁冒进，只求速胜，就可能被敌人激怒而妄动；廉洁好名，就可能因被敌人侮辱而丧失理智；只知爱护将士，就可能陷于被动。这五条，是将领带兵时容易犯的错误，是用兵打仗的大忌。

所以，作战的关键首先是选择将领，考察其才能。针对不同类型的将领，采取相应的权变方法，这样就能以较小的气力换来较大的成功。敌方将领如果愚蠢而且容易轻信别人，就可以用计谋欺诈他；如果敌方将领贪婪而且不计较个人名声，就可以用钱财贿赂他；如果敌方将领不喜欢深谋远虑，容易轻举妄动，就可以设计使他疲劳困顿；如果上层将官富贵骄横，下层士兵贫困而有异心，就可以离间他们；如果敌方将领倦怠，士兵松懈，就可以对他们实施偷袭；如果敌方将领虽有智谋，却优柔寡断，就可以逼他应战，打乱他的部署；如果敌方将领勇猛而且不怕死，就可以设计激怒他；如果敌方将领急躁而且求胜心切，就可以设计引诱他上当；如果敌方将领贪婪好财，就可以诱之以利，设计伏击他；如果敌方将领因仁慈而不忍属下受苦，就可以设计烦扰他；如果敌方将领为人诚信，而且喜欢轻信别人，就可以用计诳骗他；如果敌方将领廉洁却对他人刻薄，就可以凌辱他；如果敌方将领刚愎自用，就可以花言巧语恭维他，使他得意忘形；如果敌方将领内心懦弱并且喜欢依赖别人，就可以派人去欺诈他。这些都是用兵的要旨，是做将领必须具备的谋略。

卷九　兵权

料敌第十二

原文

夫两国治戎，交和而舍，不以冥冥决事，必先探于敌情。故孙子曰："胜兵先胜而后战。"又曰："策之而知得失之计，候之而知动静之理。因形而作胜于众。"用兵之要也。若欲先知敌将，当令贱而勇者，将轻锐以当之。观敌之来，一起一坐，其政以理。其追北佯为不及，其见利佯为不知，如此者，将必有智，勿与轻战凡敌上气黄白润泽者，将有威德；或军上气发，渐渐如云，变作山形，将有深谋；或敌上气外黑中赤在前者，将精悍。皆不可击。凡气上与天连，军中将贤良。凡有气如龙如虎在杀中，或如火烟之形，或如火光之状，或如山林，或如尘埃，头尖而卑，或气紫黑，如门上楼，或如白粉沸，皆猛将之气也。若其众欢旗乱，其卒自止自行，其兵或纵或横，其追北恐不及，见利恐不得，如此者，将必无谋，虽众可获凡敌上气青而疏散者，将怯弱。前大后小，将性不明也。

故曰敌近而静者，恃其险也；敌远而挑人者，欲人之进也。众树动者，来也；众草多障者，疑也稠草中多障蔽者，必逃去。恐吾追及，多作障蔽，使吾疑其间有伏兵也；鸟起者，伏也凡军上气浑浑圆长，赤气在其中，或有气如赤杆在黑云中，皆主有伏兵。或两军相当，有赤气在军前后左右者，有伏兵，随气所在防之。或有云绞绞绵绵，此以车骑为伏兵。或有云如布席之状，此以步卒为伏兵。或有云如山岳在外，为伏兵，不可不审察也；兽骇者，覆也；尘卑而广者，徒来也；

料敌第十二

散而条达者，薪来也；少而往来者少，尘少也，营军也。辞卑而益备者敌增备也，进也；辞强而进驱者，退也；无约而请和者，谋也；半进半退者，诱也。杖而立者，饥也；汲而先饮者，渴也；见利不进者，劳也；鸟集者，虚也；夜呼者，恐也；军扰者，将不重也；旗动者，乱也；吏怒者，倦也；粟马食肉，军无悬缻音唾，一簞之食也，不反其舍者，穷寇也；谆谆翕翕，徐言入入者，失其众也此将失其众之意也；数赏者，窘也；数罚者，困也；数顾者，失其群也；来委谢者，欲休息也。兵怒而相迎，久而不合，又不相去，必谨察之。

敌远来新到，行阵未定，可击；阵虽定，人马未食，可击也；涉长道，后行未息，可击也；行坂涉险，半隐半出，可击也；涉水半渡，可击也；险道狭路，可击也；旌旗乱动，可击也；阵数动移，可击也；人马数顾，可击也。凡见此者，击之而勿疑。

然兵者，诡道也，能而示之不能，用而示之不用。故匈奴示弱，汉祖有平城之围①；石勒藏锋，王浚有幽州之陷。即其效也，可不慎哉？

---

① 平城之围：公元前200年冬，汉高祖刘邦亲率32万大军出征匈奴，同时镇压韩王信叛乱。汉军进入太原郡后，连连取胜。刘邦到达晋阳后，派使臣十余批出使匈奴，匈奴故意将精锐部队隐藏，将老弱病残列于阵前。汉军因此便产生了麻痹轻敌的思想。刘邦率骑兵先到达平城（今山西省大同市），冒顿单于见汉兵蜂拥赶来，在白登山设下埋伏。刘邦带领兵马一进入包围圈，冒顿单于马上指挥40万匈奴大军，将刘邦的兵马围困在白登山。刘邦采用陈平之计贿赂匈奴阏氏（皇后），冒顿单于采纳了阏氏的建议，打开包围圈的一角，让汉军撤出。这次事件史称"平城之围"，也称"白登之围"。

卷九　兵权

料敌第十二

译文

  两国发生了战争，双方军队阵前对峙，此时形势不明，不能随意做出判断，一定要先探清敌人的情况。所以孙子说："能取胜的军队，首先是在刺探军情方面取胜，而后才会到战场上与敌人交锋。"又说："认真分析，才能知道计谋的得失所在；认真观察，才能了解敌人活动的规律。"依据敌情变化而灵活运用战略战术，就能够以少胜多，这是用兵的关键。如果想先了解敌方将领的情况，就应当让普通士兵中勇敢之人，率领轻便精锐的小分队去探察敌情。看见敌军初来，一起一坐举止都很规矩，这表明部队治理得有条有理。如果敌军打胜后追逐败兵时假装追不上，看见财物假装不知道，这样的军队，将领必定很精明，不能轻易与之交战凡是敌营上方云气呈黄白色而且润泽的，说明敌将一定有威望；或者敌营上方有气体升发，渐渐变成云彩模样，变成山的形状，说明敌将有深谋远虑；或者敌营上方的云气外围呈黑色，中间呈红色，游荡在前，说明敌将精明强悍。上述情况，都不可轻易攻击。凡是云气上与青天相连，说明军中将领必定贤良；凡是云气的形状就如在拼杀争斗中的龙、虎，或者呈现如火、如烟的形状，或者如火光的形状，或者如山林，或者如尘埃，前头尖而低，或者云气呈紫黑色，如门楼，或者如沸腾的白色粉沫，这些云气都说明军中将领必是猛将。如果敌军喧闹，军旗零乱，军中士兵自由散漫，或起或坐，纵横无序，追逐败兵时唯恐追不上，看见财物唯恐得不到，

料敌第十二

这样的军队,将领必定没有谋略,即使军中人数众多,与之交战,我方也可以获胜凡是敌营上方云气清淡而且稀疏散漫的,说明将领懦弱。云气前大后小,说明将领的品性还不明了。

所以说,敌军和我军相距很近却很宁静的,说明敌军有险峻的地形可以依仗;敌军远道而来挑战的,这是想引诱我军前进。敌军来时有大面积的树丛摇动,说明敌军来得多;草丛中多处设置障碍,是为了疑惑我军稠密的草丛中多处设障碍遮蔽的,必定是敌军要逃跑,又害怕我军追赶,因此多设置障碍物来遮蔽,使我军怀疑草丛中有伏兵;有群鸟惊起的,说明有伏兵凡是军队上方云气混浊,圆而长,中间包裹有红色云气,或者有红色云气像杵子一样插在黑云中间,这都是有伏兵的征兆。或者两军实力相当,有红色云气在敌军前后左右飘动的,是有伏兵的预兆,要随云气所在的方位设防。或者有云气交织绵延,这是以车骑为伏兵的预兆。或者云气如布、如席的形状,这是以步卒为伏兵的预兆。或者有云气如山岳在外,也是有伏兵的预兆。以上情况,不能不认真研究;野兽惊骇的情况出现,说明有大军来袭;尘土低而且宽广的,是步兵来袭;尘土分散成条状相连很远的,是敌军在运送粮草;尘土少而且来回飘荡,说明军队在安营扎寨少,指尘土少。敌军使者言辞谦卑却在加强军备的,说明要进攻;言辞强硬而且摆出进军架势的,说明要撤退。敌方没有事先约定就来求和的,说明一定有阴谋;摆出半进半退的架势,说明想引诱我军进攻;敌军士兵以武器当手杖撑着站立的,是饿了;把水打上来后都抢着先喝,说明口渴了;见到财物也不上前的,说明疲劳过度了;敌营鸟雀聚集,说明营垒已经空虚了;敌军夜晚有人惊呼,说明内心恐惧;敌军中有人骚动,说明将领不被尊重;旌旗摇动,说明军心已经动摇了;军官时常发怒,说明已经疲惫了;敌军用粮食喂马,杀牲口吃肉,说明军营中几乎没有存粮了;官兵都不再返回营房了,说明敌军已经是势穷力竭的穷寇了;将领低声下气,慢声细语地与士兵说话,说明他已经失去军心了这是将领已经失去军心的表现;不断犒赏将士,说明将领已经没有其他办法了;不断惩罚下属,说明敌军已经陷于困境了;行军时左顾右盼,说明和大部队失去了联系;敌军派使者来委婉谢罪,说明他们想休战。敌兵愤怒前来迎战我军,却久不交战,又不打算撤退,此时必须谨慎观察他

卷九 兵权

们的企图。

敌军刚从远方来,阵势还没布置妥当,可以攻击;阵势虽然已经布置妥当,但人马还没来得及进食,可以攻击;敌军长途跋涉而来,后面到的部队还没来得及休整,可以攻击;敌军在山岗坡道上行军,或者正通过险要的地方,处在半隐蔽半暴露的状况,可以攻击;敌军横渡江河刚渡过一半时,可以攻击;敌军在险要狭窄的路上行军,可以攻击;敌军旌旗乱动,可以攻击;敌军阵地频繁移动,可以攻击;敌军将士前后张望,左顾右盼,可以攻击。凡是见到以上这些情况,就要迅速进攻,毫不迟疑。

然而,用兵打仗的方法,是诡诈之术。有能力进攻却要显示没能力进攻,要打却要装作不想打。因此,西汉初年,匈奴故意示弱,汉高祖上当,才会有平城之围;石勒故意隐藏锋芒,王浚才因此丢了幽州。这都是前车之鉴,怎么可以不谨慎呢?

势略第十三

原文

孙子曰:"勇怯,势也;强弱,形也。"又曰:"水之弱至于漂石者,势也。"何以明之?昔曹公征张鲁,定汉中,刘晔①说曰:"明公以步卒五千讨诛董卓,北破袁绍,南征刘表,九州百郡,十并其八,威震天下,势慴海外。今举汉中,蜀人望风,破胆失守。推此而前,蜀可传檄而定也。刘备,人杰也。有智而迟,得蜀日浅,蜀人未附。今破汉中,蜀人震恐,其势自倾。以公之神明,因其倾而压鸟甲切之,无不克也。若小缓之,诸葛亮明于理而为相,关羽、张飞勇冠三军而为将,蜀人既定,据险守要,则不可犯也。今不取,必为后忧。"曹公不从。居七日,蜀降者说:"蜀中一日数十惊,备斩之而不能禁也。"曹公延问晔曰:"今尚可击否?"晔曰:"今已小定,未可击也。"

又,太祖征吕布,至下邳,布败,固守城,攻不拔,太祖欲还,荀攸曰:"吕布勇而无谋,今三战皆北,其锐气衰。三军以将为主,主衰则军无奋意。夫陈宫有智而迟,今及布气之未复,宫之谋未定,进急攻之,布可拔也。"乃引沂、泗灌城,城溃,生擒布。以此观之,当是时,虽诸

---

① 刘晔:字子扬,三国时魏国著名的战略家。刘晔年少知名,许劭称其有佐世之才,是曹操手下举足轻重的谋士,他屡献妙计,对天下形势往往一语中的。

卷九　兵权

葛之智，陈宫之谋，吕布之勇，关、张之劲，无所用矣。此谓"勇怯，势也；强弱，形也"。

　　故兵有三势 夫兵有三势：一曰气势，二曰地势，三曰因势。若将勇轻敌，士卒乐战，三军之众，志励青云，气等飘风，声如雷霆，此所谓气势也。若关山狭路，大阜深涧，龙蛇蟠磴，羊肠狗门，一夫守险，千人不过，此所谓地势也。若因敌急慢，劳役饥渴，风波惊扰，将吏纵横，前营未舍，后营夹涉，所谓因势者也，**善战者恒求之于势**。势之来也，食其缓颊，下齐七十余城；谢石①渡淝，摧秦百万之众。势之去也，项羽有拔山之力，空泣虞姬②；田横有负海之强，终然刎颈。故曰战胜之威，人百其倍；败兵之卒，没世不复**永挫折**也。言人气伤，虽有百万之众，无益于用也。故"水之弱至于漂石"。此势略之要也。

---

① 谢石：东晋将领，字石奴，名臣谢安的弟弟。淝水之战中，以征讨大都督统领北府兵，遣谢玄、谢琰等奋勇冲击，出奇制胜，大破前秦兵。后病死。
② 虞姬：秦末人，一说姓虞，一说名虞，项羽姬妾，常随同出征。项羽被汉军围困垓下，哀叹大势已去。她以歌和项羽，后世传其歌词为：汉军已略地，四方楚歌声。大王意气尽，贱妾何聊生。

势略第十三

译文

孙子说:"勇敢与怯懦,是气势造成的;强大与弱小,是由军事实力决定的。"又说:"水本来是那样柔弱,竟然能够冲走石头,这是由于积聚起来的水势很强大。"为什么这样说呢?三国时,曹操征讨张鲁,平定了汉中,大臣刘晔曾劝曹操说:"曹公您曾凭借五千兵马讨伐董卓,向北打败袁绍,向南征服刘表。天下九州百郡,十分之八都被您兼并了,您因此而威震天下,名扬海外。如今您又一举平定了汉中,蜀人望风而逃,被吓破了胆,城池不断失守。您如果像这样继续向前推进,蜀地只需一纸檄文就可以平定了。刘备是人中豪杰,虽然富有智慧却性情迟缓,得到蜀地的时间也不长,蜀人还没有真心臣服于他。现在我们平定了汉中,蜀人非常害怕,刘备的形势随时有倾覆的危险。凭您的神明,趁刘备立足未稳之时大军压境,定能攻无不克。如果您让刘备缓过气来,他身边有明察事理的诸葛亮为相,有勇冠三军的关羽、张飞为将,蜀人一旦安定下来,据守住险要的地势,那就不能轻易侵犯了。今日不攻,必成后患。"曹操对刘晔的意见未予采纳。七天后,蜀军中来归降的士兵说:"蜀地一天就有数十次惊扰,刘备下令斩首闹事者都无法禁止。"曹操再去询问刘晔:"现在是否还可以进攻?"刘晔说:"如今蜀地已经初步安定,不能打了。"

卷九　兵权

又比如，当年魏太祖曹操征讨吕布，攻到下邳。吕布战败，坚守下邳城。曹军久攻不下，准备撤军，谋士荀攸建议说："吕布有勇无谋，如今他三战都失败了，他的锐气已经减弱。三军以主将为主心骨，主帅已没了锐气，那全军就会没有斗志。吕布的谋士陈宫虽有智谋，但决策迟缓，现在趁着吕布的士气还未恢复、陈宫的谋划还未确定，马上进兵攻打他，定能打败吕布。"曹操采纳了荀攸的意见，引来沂水、泗水灌入下邳城，城墙被冲毁，曹军活捉了吕布。由此看来，在那样的时候，即使有诸葛亮的智慧，陈宫的谋略，吕布的勇猛，关羽、张飞的强劲，也无用武之地了。这就是所谓"勇敢与怯懦，是气势造成的；强大与弱小，是由军事实力决定的"。

因此，用兵打仗有三势_{用兵打仗有三势}：一是气势，二是地势，三是因势。如果将领勇猛，蔑视敌人，士卒积极向前，三军斗志直冲云天，豪气像暴风，声音像雷霆。这就是所谓气势。如果关山阻隔，道路狭窄，峰高涧深，山路像龙蛇一样弯曲，像羊肠一样狭窄，上有狗洞一样的山门，一夫当关，万夫莫开。这就是所谓地势。如果敌军疲倦，行动迟缓，长途劳顿，非常饥渴，被风波惊扰，将官又横行霸道，前面的部队还没能安营扎寨，后面的部队却仍在涉水渡河，这就是所谓因势，善于用兵的人，永远要追求对自己有利的形势。形势有利，郦食其一动嘴巴，就一举拿下了齐国七十多座城池；谢石横渡淝水，摧毁了前秦百万大军。形势不利，项羽虽然有力拔山兮的气概，终归落得与虞姬相对悲泣的下场；田横虽然有面山背海的优势，终归落得拔剑自刎。所以说，挟胜利所带来的信心，将士能以一当百；打了败仗的士卒，就很难再鼓起勇气_{指长久遭受挫折，元气已伤}，即使有百万大军，也无济于事。所以说"水本来是那样柔弱，竟然能够冲走石头"。这就是"势略"一节的要旨。

攻心第十四

原文

孙子曰："攻心为上，攻城为下。"何以明之？战国时有说齐王曰："凡伐国之道，攻心为上，攻城为下；心胜为上，兵胜为下。是故圣人之伐国攻敌也，务在先服其心。何谓攻其心？绝其所恃，是谓攻其心也。今秦之所恃为心者，燕、赵也。当收燕、赵之权。今说燕、赵之君，勿虚言空辞，必将以实利以回其心，所谓攻其心者也。"

沛公西入武关，欲以二万人击秦峣音尧关下军。张良曰："秦兵尚强，未可轻也。臣闻其将屠子，贾竖易动以利。愿沛公且留壁，使人先行，为五万人具食，益张旗帜诸山之上，为疑兵，令郦食其持重宝啖秦将贪而忽名，可货以赂。"秦将果欲连和，俱西袭咸阳，沛公欲听之。良曰："此独其将欲叛，士卒恐不从，不从必危。不如因其懈击之。"沛公乃引兵击秦军，大破之诸葛亮擒孟获①，七纵七擒之，南方终亮之世，不敢背叛。又，四面楚歌而项羽走，刘琨吹笳②，胡人散。攻心之计，非一途也。此攻心者也。

---

① 孟获：三国时彝族首领之一。刘备死后，他与建宁豪强雍闿起兵反蜀。公元225年，诸葛亮南征，雍闿被部下杀死。他被诸葛亮七擒七纵，最后心悦诚服，发誓不再反。后在蜀汉做官，为御史中丞。

② 刘琨吹笳：刘琨字越石，晋朝将领、诗人。曾与祖逖闻鸡起舞，永嘉之乱任并州刺史，抵御匈奴刘渊、刘聪和羯人石勒十余年。刘琨在晋阳时，数万匈奴兵将城严严围住，士兵惶恐万状。刘琨半夜让军士朝着敌营那边吹起了《胡笳五弄》。匈奴兵听了军心骚动，开始思念故土。天快亮时，又吹起这支乐曲，匈奴兵怀念家乡，哭着离开了晋阳城。

卷九　兵权

攻心第十四

译文

　　孙子说："攻心为上策，攻城为下策。"为什么这样说呢？战国时，有人游说齐王说："大凡讨伐敌国的方略，以攻心为上策，攻城为下策。以心理战取胜为上，以武力取胜为下。所以圣人讨伐敌国，最要紧的是先征服对方的心。什么叫做攻心呢？击垮对方的心理依靠，就叫做攻心。如今秦国以燕国、赵国为心理依靠，应当加强我们在燕国和赵国的影响力。现在劝说燕国、赵国的国君不再听从秦国的号令，不要只是空口说白话，一定要给他们实际利益，让他们回心转意，脱离秦国的阵营，这就是所谓攻心。"

　　沛公刘邦向西进入武关，打算派二万人攻打秦朝驻扎在峣关的守军。张良说："秦兵现在还很强盛，不能大意。臣听说峣关的守将是屠户的儿子，商贩出身的人容易被利益诱惑。希望沛公您按兵不动，派人先出发，准备好五万人的伙食，在峣关附近的山头上布满我们的旗帜，作为疑兵。然后让郦食其带着贵重的珍宝去贿赂秦军的守将贪婪的人就会不在意名声，可以用财物去贿赂。"秦军守将果然中计，想要联合刘邦的部队一道向西袭击咸阳。刘邦准备接受秦将的要求，张良却说："这只是秦军将领想要谋反，士兵们恐怕不一定听他的。部下不听，肯定会有危险，不如趁秦军松懈发起攻击。"沛公于是领

兵袭击秦军，秦军大败 当年诸葛亮擒拿孟获，七擒七纵，因而在诸葛亮的有生之年，蜀国南部都不敢背叛。再比如，四面楚歌，项羽逃走；刘琨让将士吹起胡笳，胡人解围而去。攻心的计谋，并非只有一种方法。**这就是攻心的案例。**

卷九　兵权

伐交第十五

原文

孙子曰："善用兵者，使交不得合。"何以明之？昔楚莫敖①将明贰、轸贰，轸，二国名也，郧人军于蒲骚，将以随、绞、州、蓼伐楚师，莫敖患之。斗廉②曰："郧人军于其郊，必不诫，且日虞四邑之至虞，度也。四邑，随、绞、州、蓼也。君次于郊郢，以御四邑，我以锐师宵加于郧。郧有虞心而恃其城，莫有斗志，若败郧师，四邑必离。"莫敖从之，遂败郧师于蒲骚。

汉宣帝时，先零与罕、开羌解仇，合党为寇。帝命赵充国③先诛罕、开。充国守便宜，不从。上书曰："先零羌虏欲为背叛，故与罕、开解仇。然其私心不能忘，恐汉兵至而罕、开背之也。臣愚，以为其计当欲赴罕、开之急，以坚其约。先击罕、开，先零必助之。今虏马肥，粮方

---

①　莫敖：楚国官名。莫，大也，敖，为獒，有猛犬之意，乃屈氏世袭之官，原为楚国最高官职，有自由参与国政与军事的资格，后武王嫌其封号太重，始改以令尹为重臣。后莫敖废置不常设，地位逐渐降低。

②　斗廉：春秋初楚国大夫，斗氏，名廉。

③　赵充国：西汉大将，字翁孙。善骑射，为人有勇略，熟悉匈奴和氐、羌的习性，汉武帝时候，随贰师将军李广利出击匈奴，被汉武帝拜为中郎。汉昭帝时，击败武都郡氐族的叛乱，出击匈奴，俘虏西祁王。汉昭帝去世后，参与霍光尊立汉宣帝，封营平侯。公元前61年，宣帝用他的计策，平定了羌人的叛乱。第二年，赵充国病逝。

饶，击之恐不能伤害，适使先零得施德于罕、开也。坚其约，合其党。虏交坚党合，诛之用力数倍，臣恐国家忧累由十数年，不一二岁而已。先诛先零，则罕、开之属，不烦兵服矣。"帝从之，果如策。

魏太祖初伐关中，贼每一部到，太祖辄喜。贼破之后，诸将问其故，太祖曰："关中道远，若各依险阻，征之不一二年不可定也。今皆来集，众虽多，莫能相服，军无适主，一举可灭。为攻差易，吾是以喜。"语曰：连鸡不俱栖，可离而解。曹公得之矣。此伐交者也。

卷九　兵权

伐交第十五

译文

孙子说："善于用兵的人，能够使敌国无法与他国结盟。"为什么这么说呢？从前，楚国的莫敖屈瑕要与贰、轸结盟<small>贰、轸，是两个国名</small>，郧国人驻军蒲骚，打算和随、绞、州、蓼四城联合起来攻打楚军。屈瑕对此非常担心。大夫斗廉说："郧国人驻扎在城郊，一定缺乏警戒，况且每天都在盼着四城的军队赶来<small>四城，指随、绞、州、蓼</small>。您驻军城郊，以便抵御四城的军队。我带着精锐部队乘夜偷袭郧国的军营，郧国人心里想着还有援军，同时又仗着城池坚固，因此不会有斗志。如果能打败郧国的军队，随、绞、州、蓼四城的军队必定会散去。"屈瑕听从了斗廉的建议，在蒲骚打败了郧国的军队。

汉宣帝时，羌族的先零部落与罕、开两个部落化解了仇怨，联合起来为寇。汉宣帝命令赵充国先去讨伐罕、开部落，赵充国根据实际情况，没执行汉宣帝的命令，并上书说："先零部落想背叛，因此与罕、开和解，以免除后患。然而他内心却并不放心，唯恐汉朝军队一到，罕、开部落就会背叛他。臣的愚见认为，先零的打算是找机会为罕、开部落解救危难，以便使他们的联盟更巩固。如果我们先攻击罕、开部落，先零必定会援救他们。如今敌人正好兵强马壮，粮草充足，此时攻击他，恐怕也不能给他们致命一击，反倒使先零部落有机会施恩于罕、开部落，使他们的联盟更加坚固，团结更加紧密。敌人一旦形成了牢固的联盟，团结紧密，我们要想打败他们，就得花费数倍的力量，臣担心国家因此受到的拖累会长达十多年，不可能一两年就完事。如果我们诛灭了先零部落，罕、开部落不需要出兵就会臣服了。"宣帝听从了赵充国的建议，结局果然和他当初所说的一样。

　　三国时，魏太祖曹操讨伐关中贼寇，每当一个地方的贼寇集聚而来，曹操就非常高兴。贼寇被消灭后，将领们问曹操为什么看到敌人纠集一起前来就感到高兴。曹操说："关中路途遥远，如果贼寇各自占据险要地形抵抗，我军没有一两年时间是不可能平定他们的。现在他们都集聚前来，人数虽然很多，但彼此并不服气，全军没有合适的主帅，这样就可以一举歼灭，比一个个攻打容易，我因此高兴。"俗话说，用绳子绑在一起的鸡不能一起上架栖息，它们需要一只只分解开来。曹操是深得其中要义。这就是"伐交"一节的要旨。

卷九　兵权

格形第十六

原文

　　孙子曰："安能动之。"又曰："攻其所必趋。"何以明之？昔楚子围宋，宋公使如晋告急。晋狐偃曰："楚始得曹而新婚于卫，若伐曹、卫，楚必救之，则齐、宋免矣<small>前年，楚戍谷以逼齐</small>。"果如是计。

　　魏伐赵，赵急，请救于齐。齐威王以田忌①为将，以孙膑为师，居辎车中为计谋。田忌欲引兵之赵，孙子曰："夫解杂乱纷纠者不控拳，救斗者不搏撠。批亢捣虚，形格势禁，则自为解耳。今梁、赵相攻，轻兵锐卒必竭于外，老弱疲于内，君不若引兵疾走大梁，据其街路，冲其方虚，彼必释赵而自救。是我一举解赵之围，而弊于魏也。"田忌从之，魏果去邯郸。

　　又，曹操为东郡太守<small>东郡，今魏州是</small>，治东武阳，军顿丘。黑山贼<small>黑山，今卫州界也</small>于毒等攻东武阳，太祖欲引兵西入山，攻毒本屯，诸将皆以为当还自救。曹操曰："昔孙膑救赵而攻魏，耿弇欲走西安，攻临淄。使贼闻我西而还，则武阳自解；不还，我能败虏家，虏不能拔武阳，必

---

　　① 田忌：一作田期、田期思。战国初期齐将，封于徐州，因此又称徐州子期。曾向齐威王推荐孙膑，后也靠孙膑成名。是齐国围魏救赵、马陵之战的主将。后被齐相邹忌用反间计陷害，田忌无法澄清于事，逃亡楚国。

矣。"乃行。毒闻之，果弃武阳还。曹操要击，大破之。

初，关羽围樊、襄阳，曹操以汉帝在许，近贼，欲徙都。司马宣王及蒋济①说曹操曰："刘备、孙权，外亲内疏，关羽得志，权必不愿也。可遣人劝蹑其后，许割江南以封权，则楚围自解。"曹操从之，羽遂见擒。

此言攻其所爱则动矣。是以善战者无知名，无勇功，不争白刃之前，不备已失之后，此之谓矣。

---

① 蒋济：三国时魏国大臣，字子通。历仕曹操、曹丕、曹叡、曹芳，官至太尉，为魏国提过不少有价值的建议。著有《万机论》。

卷九　兵权

格形第十六

译文

孙子说："要调动敌军。"又说："要攻击敌军必须要去援救的地方。"为什么这么说呢？春秋时，楚国国君派兵围攻宋国，宋国国君派使者到晋国告急。晋国大臣狐偃说："楚国刚刚得到曹国，而且新近又和卫国联姻，如果攻打曹国和卫国，楚国必定会赶去救援，这样齐国、宋国就可以解围了_{前年，楚军驻防谷地，进逼齐国。}"后来果然和狐偃所预料的一样。

魏国攻打赵国，赵国情况危急，便向齐国求救。齐威王让田忌担任大将，让孙膑担任军师去救赵，孙膑负责坐在战车中谋划。田忌打算领兵直接去救赵国，孙膑说："解开杂乱缠绕的丝线，不能握着拳头；劝解别人不要打斗，自己首先不能动手。应当避实就虚，形成阻止纷争的形势，那么纷争自己就会解开。现在魏国进攻赵国，它的精锐部队必定全部征战在外，留下年老体弱的士兵守在国内。您不如率兵赶赴魏国都城大梁，截断魏军的交通要道，攻击魏国空虚的后方要害，魏军一定会放弃进攻赵国，回来自救。这样我们就一举两得，不仅解了赵国的围，又打击了魏国。"田忌听从了孙膑的建议，带兵直捣魏国都城大梁，魏军果然撤离了邯郸。

又比如，东汉末年，曹操担任东郡太守_{东郡，就是现在的魏州，治所在}

东武阳,驻军顿丘。黑山的贼寇黑山,在今天的卫州境内于毒等攻打东武阳。曹操打算率兵从西面入黑山,攻打于毒的大本营,但部下将领都认为应当回东武阳自救。曹操说:"当年孙膑要解救赵国,却去攻打魏国,耿弇想奔西安,却去攻打临淄。如果贼寇听说我军向西攻打他的老巢因而撤军,那么东武阳的危急自然就解除了;如果贼寇不撤军,我军就能攻破贼寇的老巢,贼寇却拿不下东武阳,这是必然的。"于是起程去攻打于毒的大本营。于毒听到曹军向西攻打黑山的消息,果然放弃进攻东武阳西还。曹操在半路设伏兵截击,大败于毒。

　　三国时,关羽围困樊城、襄阳,曹操因为汉献帝在许都,靠近贼寇,就打算迁都。司马懿和蒋济劝曹操说:"刘备、孙权二人面和心不合,关羽如果得志,孙权肯定心里不愿意。我们可以派人劝孙权紧随关羽之后攻击他,承诺割取江南后分封给孙权,那么樊城、襄阳之围就可以自行解除了。"曹操听从了这个建议,关羽果然被孙权擒获。

　　以上说的是攻击敌方的所爱,敌人就要被牵着鼻子走。所以善于用兵的人,他的胜利,既不追求扬名天下,也看不出勇武功劳,不在白光闪亮的利刃面前争一时之功,不在已经失败之后再防备。说的就是这个道理。

卷九　兵权

蛇势第十七

原文

　　语曰：投兵散地，则六亲不能相保；同舟而济，胡、越何患乎异心？孙子曰："善用兵者，譬如率然①。"何以明之？汉宣帝时，先零为寇，帝命赵充国征之。引兵至先零所在，虏久屯聚，解弛，望见大军，弃车重，欲渡湟水，道阨狭，充国徐行驱之。或曰："逐利行迟。"充国曰："此穷寇，不可迫也。缓之则走不顾，急之则还致死。"诸将校皆曰："善。"虏果赴水，溺死者数百，于是破之。

　　袁尚既败，遂奔辽东，众有数千。初，辽东太守公孙康恃远不服。曹公既破乌丸，或说公遂征之，尚兄弟可擒也。公曰："吾方使康斩送尚、熙首，不烦兵矣。"公引兵还，康果斩送尚、熙，传其首。诸将或问曰："公还而康斩尚、熙，何也？"公曰："彼素畏尚、熙，吾急之则并力，缓之则自相图，其势然也。"

　　曹公征张绣，荀攸曰："绣与刘表相恃为强，然绣以游军仰食于表，表不能供也，其势必离。不如缓军以待之，可诱而致也；若急之，则必相救。"曹操不从，进至穰，与绣战，表果救之，军不利矣。

　　故孙子曰："善用兵者，譬如率然。率然者，常山之蛇。击其头则尾

---

① 率然：古代传说中能首尾互相救应的常山蛇的名字。

至,击其尾则首至,击其中则首尾俱至。"或曰:"敢问可使如率然乎?"孙子曰:"可矣。夫吴人之与越人相恶,当其同舟而济,则救如左右手。是故放马埋轮,不足恃也;齐勇若一,政之道也。"此之谓矣。

卷九 兵权

蛇势第十七

译文

　　俗话说：把士兵放在散地作战，那么六亲之间也不能彼此相保；大家同坐一条船渡河，即使是曾经相互仇视的胡人、越人，也完全不必担心他们会存异心。孙子说："善于用兵的人，其灵活性就像能首尾相顾的常山蛇率然一样。"为什么这么说呢？西汉宣帝的时候，羌族先零部落谋反，宣帝命赵充国去征讨。赵充国领兵到了先零部落的所在地，先零兵已经在那里屯聚了很长时间，非常松懈。望见汉朝大军逼近，纷纷丢弃武器装备，想渡过湟水逃跑。先零兵败逃的道路险要狭窄，赵充国在后面慢慢地驱赶他们。有人说："此时追赶对我们有利，我们的行动太慢了。"赵充国说："这是已经到了穷途末路的敌人，不可以把他们逼得太紧。如果慢慢地追赶，他们就只顾逃跑，不再回头；逼急了他们，他们就会回过头来拼死决斗。"听了赵充国的话，部将都说："好。"果然，先零兵一心逃跑，仓卒间在渡河时就淹死了数百人，于是汉军大败先零兵。

　　三国时，袁绍的儿子袁尚被曹操击败后逃奔辽东，部众还有几千人。当初辽东太守公孙康依仗着辽东偏远，没有归顺曹操。曹操打败乌丸以后，有人劝曹操接着讨伐辽东，就可以把袁尚兄弟擒获。曹操说："我正要让公孙康斩下袁尚、袁熙的首级送来，不必烦劳用兵了。"当曹操率兵返回后，公孙康果然斩了袁尚、袁熙，送来了他们的首级。将领中有人问曹操："您领兵返回，公孙康却斩了袁尚、袁熙，这是为什么呢？"曹操说："公孙康平时就害怕袁尚、袁熙兄弟。我们如果逼得紧，公孙康就会联合袁家兄弟合力对抗我们；如果暂时缓一缓，他们没有外部压力，就会自相残杀，这是大势决定的。"

曹操讨伐张绣，谋士荀攸说："张绣与刘表相互依仗，互为援手，双方的力量因此得到加强。然而张绣带的只是一群散兵游勇，需要靠刘表供给粮草，一旦刘表不供养了，双方势必会翻脸。不如暂缓用兵，等待时机，引诱张绣前来投降。如果逼急了他们，他们一定会互相救援，共同对抗我们。"曹操不听，执意进军。到了穰地，与张绣交战。刘表果然来救，使曹操兵败。

因此，孙子说："善于用兵的人，就像率然一样。率然，是常山的一种蛇。击打它的头，尾巴就会来救应；击打它的尾巴，它的头就会来救应；击打它的中部，那么头、尾巴都会来救应。"有人问："请问可以让整个军队如同率然一样吗？"孙子说："可以呀。吴国人和越国人相互仇视，当他们同坐一条船渡河时，一旦遇到危险，就会像左右手一般互相救助。因此，想要用系住马、埋住车轮的方法来稳定军队，是靠不住的；要使士卒团结一心，一致对外，组织指挥就要得法。"说的正是这个道理。

卷九　兵权

先胜第十八

原文

孙子曰："善用兵者，先为不可胜，以待敌之可胜。"何以明之？凉州贼王国①围陈仓。乃拜皇甫嵩、董卓各率二万人拒之。卓欲速进赴陈仓，嵩不听。卓曰："智者不后时，勇者不留决。速战则城全，不救则城灭。全灭之势，在于此也。"嵩曰："不然。百战百胜，不如不战而屈人之兵。是以先为不可胜，以待敌之可胜。不可胜在此，可胜在彼_{范蠡曰：时不至，不可强生；事不究，不可强成。此之谓也。}彼守不足，我攻有余。有余者动于九天之上，不足者陷于九地之下。今陈仓虽小，城守固备，非九地之陷也；王国虽强，而攻我之所不救，非九天之势也。夫势非九天，攻者受害；陷非九地，守者不拔。国今已陷受害之地，而陈仓保不拔之城。我可不烦兵动众而取全胜之功。将何救焉？"遂不听。王国围陈仓，自冬迄春八十余日，城坚守固，竟不能拔。贼众疲弊，果自解去。嵩进兵击之，卓曰："不可。兵法：穷寇勿追，归众勿迫。今我追国，是迫归众、追穷寇也。困兽犹斗，蜂虿有毒，况大众乎？"嵩曰："不然。吾前不击，避其锐也_{实而备之，强而避之，锐卒勿攻，兵之机也}；今而击之，待其衰也。所击疲师，非归众也。国众且走，莫有斗志，以整击乱，非穷寇

---

① 王国：东汉末年凉州起义军首领。

也。"遂独进兵击之,使卓为后拒。连战,大破,国走而死。卓大惭恨孙子曰:怒而挠之。言待其衰也。又曰:卑而骄之。言敌怒而进兵,则当外示屈弱,以高其志,待其归,随而击之。又曰:引而劳之。言因其进退以观其变,然后攻其不备,出其不意。此兵家之胜,不可先传也。

青州黄巾众百余万入东平,刘岱①欲击之。鲍信②谏曰:"今贼众百万,百姓皆震恐,士卒无斗志,不可敌也。观贼众群辈相随,军无辎重,唯以抄掠为资。今若畜士众之力,先为固守,彼欲战不得,攻则不能,其势必离散。然后选精锐,据其要害,击之可破也。"岱不从,果为贼所败。

晋代王开攻燕邺城,慕容德③拒战,代师败绩。德又欲攻之,别驾韩潭进曰:"昔汉高祖云:'吾宁斗智,不能斗力。'是以古人先胜庙堂,然后攻战。今代不可击者四,燕不宜动者三。代悬军远入,利在野战,一不可击也;深适近畿,顿兵死地,二不可击也;前锋既败,后军方固,三不可击也;彼众我寡,四不可击也。官军自战其地,一不宜动;动而不胜,众心难固,二不宜动;隍池未修,敌来无备,三不宜动。此皆兵机也。深沟高垒,以逸待劳。彼千里馈粮,野无所掠,久则三军靡费,攻则众旅多弊,师老衅生,详而图之,可以捷也。"德曰:"韩别驾之言,良、平之策也。"孙子曰:以近待远,以逸待劳,以饱待饥,此治力者。此先胜而后战者也。

---

① 刘岱:字公山,东汉末年兖州刺史,汉室宗亲,汉末群雄之一。
② 鲍信:原文为鲍永,根据上下文及相关典籍,此处实为鲍信。鲍信,字允诚。东汉灵帝时任骑都尉,何进死后,因对董卓感到畏惧,而劝谏袁绍先发制人,但袁绍未采取行动。后袁绍、曹操等人起兵对抗董卓,鲍信也起兵响应。后联盟破裂,鲍信劝戒曹操静观其变。公元192年,兖州爆发农民起义,刺史刘岱不听鲍信所劝贸然出战,兵败战死。
③ 慕容德:十六国时南燕建立者,字玄明,鲜卑人。

卷九　兵权

先胜第十八

译文

　　孙子说："善于用兵的人，首先要创造条件，使自己先居于不败之地，然后等待和寻求战胜敌人的时机。"为什么这么说呢？东汉末年，梁州的乱贼王国围困了陈仓。皇帝拜皇甫嵩、董卓为大将，各率领二万人去平乱。董卓打算迅速率军奔赴陈仓，皇甫嵩不同意。董卓说："聪明人不会错过时机，勇敢的人不会优柔寡断。速战就能保全陈仓，不去救援，陈仓就会覆灭。保全还是覆灭陈仓，就在于我们的行动了。"皇甫嵩说："不是这样。百战百胜，还不如不战而屈人之兵。所以首先要创造条件，使我军先居于不败之地，来等待和寻求战胜敌人的时机。立于不败之地，主动权在我军；战胜敌人，关键在敌方有可乘之机 范蠡说：节气不到，不可以勉强让植物生长；条件不成熟，不可以强求成功。说的正是这个道理。敌方采取守势，是因为取胜的条件不足；我军采取攻势，是因为取胜的条件绰绰有余。取胜条件绰绰有余的，像在高不可测的天上，行动自如；取胜的条件不足的，像陷于深不可测的地下，寸步难行。如今陈仓虽然小，但城中防守牢固，不是处在'寸步难行'的困境；王国虽然势力强大，但进攻我军不用去救援的地方，也没有具备'行动自如'的条件。还不具备'行动自如'的优势而发起进攻，那么进攻者就会反受其害；如果还不到'寸步难行'的困境，那么防守就不会失利。现在王国已经陷于反受其害的境地,而陈仓却可以严守不破。我军不需兴师动众,就可以取得全胜的大功,又何必急着去救援呢?"于是皇甫嵩不听董卓的建议。王国围困陈仓,从冬到春共八十多天,而陈仓防守依然坚固,最终也无法攻破。贼兵疲惫不堪,果然自动解围,撤军离去。皇甫嵩要乘机进兵,追赶王国的部队,董卓说:"不可以。兵法上说:穷途末路的敌寇不要追赶,撤退的部队不要逼迫。现在我军追击王国,正是逼迫撤退的部队、追赶穷途末路的敌寇。被困的野兽尚且还要搏斗,马蜂、蝎子都是有毒的,更何况是这么多兵马呢?"皇甫嵩说:"不是这样。我以前不攻击王国,是避开他的锐气对方有实力就要防备他,强盛就要避开他,锐不可挡的军队不要去攻击,这是用兵的诀窍;现在要攻击他,是因为他已经衰弱了。现在我们攻击的是一支疲惫不堪的队伍,不是撤退的部队。王国的部队只想着逃跑,已经没有了斗志。以我们严整的军队去攻击混乱的退兵,这并非是追击穷途末路的贼寇。"于是,皇甫嵩独自率军追击王国,让董卓在后面防守。皇甫嵩连战连胜,大败敌军,王国在逃跑途中死去。董卓大为羞愧,因而对皇甫嵩怀恨在心孙子说:对于容易动怒的敌人,要设法激怒他。说的是要等待敌军衰弱的时机。又说:对于缺乏自信的敌人,要设法使他骄傲。说的是敌军发怒而进兵,那么我军就应当假装屈从软弱,以此助长敌军的骄气,等到敌人收兵回去,我军就要跟随攻击他。又说:要引诱敌军,使其劳顿。说的是要观察敌军进兵、撤退来了解敌方的变化,然后要在敌人毫无防备的情况下发动攻击,出乎敌人的意料之外。这些兵家取胜的秘诀,是无法事先言传的。

东汉末年,青州一百多万黄巾军进入东平境内,兖州刺史刘岱打算攻击他们。鲍信劝谏说:"如今贼寇有百万之众,百姓都非常害怕,士兵们没有斗志,这样是不可能取胜的。据我观察,贼寇众多,一群群相随相从,军中没有军备物资,只是靠四处抢掠作为军需物资来源。现在我军如果积蓄士卒的力量,先进行牢固防守,贼寇想交战也没机会,要进攻却不能取胜,这样,他们势必会军心涣散。然后我军选择精锐部队,占据险要地势,再发起进攻,就可以一举打败敌军。"刘岱不听鲍信的建议,结果被黄巾军打败。

东晋代王开攻打后燕国的邺城,慕容德率兵抵抗,代王的军队大败。

卷九　兵权

慕容德还想反攻代王的军队，别驾韩潭劝他说："西汉时，汉高祖说过：'我宁可去和对手较量智慧，也不愿较量力气。'因此古人先要在庙堂上谋划好取胜的方略，然后才发动进攻。如今不能贸然反攻代王的原因有四个，我们不宜采取行动的原因有三个。代王孤军深入，有利于在野外作战，这是不可以攻击的第一个原因；代王军队深入到我们国都附近，屯兵在死地，这是不可以攻击的第二个原因；前锋虽然已经失败了，但后方阵地仍然很坚固，这是不可以攻击的第三个原因；代王兵马众多，我方兵力少，这是不可以攻击的第四个原因。我们后燕军队在自己的国土上作战，处在散地，对我军不利，这是不宜采取行动的第一个原因；大军出动了却不能取胜，军心会变得涣散，这是不宜采取行动的第二个原因；护城的壕沟、城墙等防守工事还没修好，敌军一旦攻来我军毫无防备，这是不宜采取行动的第三个原因。这些都是用兵的关键。我们不如深挖战壕，高筑城墙，养精蓄锐，等待敌人疲劳后再出击。敌军从千里之外运送粮草，野外又抢不到什么军需物资，相持久了，敌军耗费就会很大。要进攻，弊端重重；军队长久在外，就会滋生事端。我军只要策划周密，就可以取胜。"慕容德说："韩别驾的一番话真是金玉良言，是张良、陈平那样的谋士才能想出来的计策。"孙子说：以我军靠近战场的优势对抗长途跋涉的敌军，以我军的从容休整对抗奔波劳顿的敌军，以我军的粮草充足、将士温饱对抗粮草匮乏、士卒饥饿的敌军，这是敌我双方体力对抗。以上就是先创造取胜的条件，然后再出战的军事谋略。

围师第十九

原文

孙子曰："围师必阙。"何以明之？黄巾贼韩忠①据宛，朱儁、张超②围之，结垒起土山以临城，因鸣鼓攻其西南，贼悉众赴之，乃掩其东北，乘城而入。忠退保小城，乞降。诸将欲听之，儁曰："兵有形同而势异者。昔秦、项之际，民无定主，故赏附以劝来耳。今海内一统，唯黄巾造寇，纳降无以劝善，讨之足以惩恶。今若受之，更开逆意，贼利则进战，钝则乞降，纵敌长寇，非良计也。"因急攻之，不克。儁登土山，顾谓张超曰："吾知之矣。贼今外围周固，连营逼急，乞降不受，欲出不得，所以死战也。万人一心，犹不可当，况十万乎？其害甚矣。不如撤围，并兵入城。忠见解围，势必自出。出则意散，易破之道也。"既而解围，忠果出战，遂破忠等。

魏太祖围壶关，下令曰："城拔皆坑之。"连月不下。曹仁言于太祖

---

① 韩忠：东汉末年黄巾起义军的将领之一，本是南阳黄巾军首领张曼成的部将，在张曼成及继任首领赵弘先后被汉军斩首后，率领余部占据宛（今河南南阳），与汉将朱儁相持，后被朱儁击败而投降，为南阳太守秦颉所杀。

② 张超：东汉末年的广陵太守，张邈之弟。董卓弑帝，张超响应曹操檄文，起兵讨伐董卓。公元194年，张超与陈宫、许汜、王楷共谋背叛曹操。后其兄张邈投靠吕布，留张超带着全家屯驻雍丘。曹操攻下雍丘，斩了张超及其全家。

卷九　兵权

曰："围城必示之门，所以开其生路也。今公许之必死，将人人自为守。且城固而粮多，攻之则士卒伤，守则引日持久。今顿兵坚城之下，以攻必死之虏，非良计也。"太祖从之，**城降**凡降人之气，如人十十五五，皆叉手低头。又，云相向，或有气上黄下白，名曰善气。所临之军，欲求和、退。凡城中有白气如旗者，不可拔。或有黄云临城，有大喜庆。或有青色如牛头触人者，城不可屠。或城中气出东方，其色黄，此天钺也，不可伐，伐者死。或城上气如火烟，主人欲出战，其气无极者，不可攻。或有气如杵形，从城中向外者，内兵欲突出，主人胜，不可攻。或城上有云分为两彗状者，攻不可得。或有濛气绕城不入者，外兵不得入。凡攻城，有诸气从城中出，入吾军上者，敌气也。凡攻城围邑，过旬不雷雨者，城有辅，疾去之，勿攻也。此皆胜气也。凡攻城围邑，赤气在城上，黄气四面绕之，城中有大将死，城降。或城上有赤气如飞鸟，急攻之，可破。或有气出入者，人欲逃。或有气如灰，气出而覆其军上者，士多病，城屠。或城上无云气，士卒散。或城营上有赤气如众人头，下多死丧流血。攻城，有白气绕城而入者，急攻可得。若有屈虹从城外入城者，三日内城屠。此皆败气也。**此围师之道也。**

围师第十九

译文

孙子说:"包围敌人,一定要给敌人留一条生路。"为什么这么说呢?东汉末年,黄巾军将领韩忠占据宛城,朱儁、张超率兵包围了他们,堆起土山进逼宛城,敲响战鼓,攻打宛城的西南部。城内的黄巾军全部奔赴城西南防守,朱儁、张超趁机全力攻打宛城的东北部,越过城墙突入城中。韩忠退守小城,向汉军求降,将领们主张接受投降。朱儁说:"用兵有表面相同而形势却不同的情况。从前秦朝无道,项羽起兵之际,天下还没有众望所归的君主,所以借重赏归顺的人来招揽民心。如今天下一统,只有黄巾军造反,接受他们投降就无法起到劝勉百姓向善的作用,讨伐他们却能达到惩治奸恶的目的。现在如果接受韩忠投降,等于助长乱贼的气焰,敌贼形势有利就进攻,一旦战败便求降,让他们放心长期作乱,不是良策。"于是迅速向韩忠发起进攻,却未能得手。朱儁登上土山观察城中动静,然后回头对张超说:"我知道敌军拼死抵抗的原因了。敌军现在四周被牢牢围住,连营相逼太紧,求降又不被接受,想突围逃走又不能如愿,因此拼死力战。万众一心,尚且不可抵挡,何况现在有十万呢?危害将更大。不如现在撤去包围,集合部队入城。韩忠见城围已解,势必会主动出城,乱贼一旦突围出城,军心就会涣散,到时破敌就容易了。"汉军依计解围,韩忠果然率兵出战,于是朱儁、张超

卷九　兵权

大败韩忠等。

三国时，魏太祖曹操包围了壶关，下令说："攻下壶关城后，要将城中的人全部活埋。"结果一连几个月也无法攻破壶关城。大将曹仁对曹操说："对城池形成包围一定要给他们留出逃跑的机会，这是为了给逃跑的人一条活路。现在您却传令城破之后将他们全部活埋，城中的人无路可走，必定拼死守城。而且壶关城池坚固，粮草充足，强行攻城就会造成士卒大量伤亡，据城固守却可以坚持很久。现在屯兵在坚固的城池之下，去攻打抱着必死决心的敌人，这可不是良策。"曹操听从了曹仁的建议，给壶关城的守军一条生路，他们果然很快就投降了。大凡想要投降的军队，上方就会出现像人形体的云气，十个一群，五个一组，都叉着手低着头。又有，云和云相对出现，或者有云气上面呈黄色，下面呈白色，叫做善云。这是被这种云气笼罩的军队想求和、撤退的预兆。凡是城中有像旗帜的白色云气，这样的城不可能攻破。或者有黄色云气降临城池上空，这是有大喜事将要发生的预兆。或者有像牛头顶人的青色云气出现在城池上空，这样的城池不可行屠杀之事。或者城中的云气从东方升发，呈黄色，这是天钺星保佑，该城不可攻，攻城必死。或者城池上空的云气像火烟，这是守城的军队准备出战的预兆，这种云气在城池上空无边无际的，这样的城不可攻打。或者城池上空有像杵形的云气，从城中向城外涌出，这是城内军队准备突围出城，将取得胜利的预兆，这样的城池不可攻打。或者城上有云气分为两彗星的形状，预示着攻城无法获胜。或者有蒙蒙的云气环绕城四周，却不入城，预示着城外的部队无法攻入城中。凡是攻城时有各种云气从城中飘出，进入我军阵地上方的，这是敌气。凡是进攻被围困的城邑，过了十天还没有打雷下雨的，这是城中有得力辅佐的预兆，应当急速离去，不能再攻了。这些都是对敌方有利的胜气。凡是进攻被围困的城邑时，在城上方有红色云气，另有黄色云气四面环绕，这是城中会有大将死、城池即将投降的预兆。或者城上空有像飞鸟的红色云气，要加紧进攻，此城可破。或者有云气出入城中，这是城中人准备出逃的预兆。或者有像死灰的云气覆盖在军营上方，这是士卒多病、将被屠城的预兆。或者城池上空没有云气，这是士卒逃散的预兆。或者城内军营上方有像许多人头的红色云气，这是云气下面的军队多有死伤流血的预兆。攻城时有白色云气环绕城的四周，并且进入城内的，加紧进攻，可以获胜。如果有像弯曲的彩虹的云气从城外进入城中，这是三日内将被屠城的预兆。这些都是预示对敌方不利的败气。以上谈论的是围困敌军的作战方法。

变通第二十

原文

孙子曰："善动敌者，形之，敌必从之。"何以明之？魏与赵攻韩，齐田忌为将而救之，直走大梁，魏将庞涓①去韩而归，齐军已过而西矣。孙膑谓田忌曰："彼三晋之兵，素悍勇而轻齐，齐号为怯。善用兵者，因其势而利导之。兵法曰：百里而趋利者，蹶其将军。使齐军入魏地为十万灶，明日为五万灶，明日为二万灶。"涓喜曰："我固知齐卒怯也，入吾地三日，士卒亡已过半。"乃弃其步兵，与轻锐倍日并行逐之。膑度其暮至马陵。道狭而多险，可伏兵，乃斫大树，白书之曰："庞涓死此树下。"令善射者万弩夹道而伏，期曰："见火举而发。"涓夜至斫木下，见白书，乃钻火烛之，读书。齐军万弩俱发，魏军大乱。涓乃自刭，曰："果成竖子之名也。"

虞诩②为武都郡，羌率众遮诩于陈仓、崤谷。诩令吏士各作两灶，日增倍之。羌不敢逼。或问曰："孙子减灶而君增之，兵法：日行三十里

---

① 庞涓：战国时魏国将领。早年与孙膑同学兵法，自以为不如，心存畏忌。魏惠王时，他当了将军，派使者召孙膑到魏，编造罪状，对孙膑施以膑刑，截去其膝盖骨，使其成残废。后在马陵之战中为孙膑所败，自刎。

② 虞诩：字升卿，东汉时期著名的军事家、政治家。一生文韬武略，战功卓著，为官清正廉明，刚正不阿。邓太后以他有将帅之略，任为武都郡太守，并命他镇压羌人起义。

卷九 兵权

以戒不虞，今且行二百里，何也？"诩曰："虏众既多，吾徐行则易为所及，疾行则彼不测之。且虏见吾灶多，谓群兵来。至孙子见弱，吾示强，势不同也。"昔王濬在蜀作船，欲伐吴，预流柿江中以威之。及至唐将李靖欲伐荆州，袭萧铣，乃投柿于江中，使萧铣见之。靖寻以兵随柿而下，萧铣[①]不备，遂虏之，平荆州。夫兵法变通，不可执一，诸君得之矣。故曰料敌在心，察机在目，因形而作胜于众，善之善者矣。此变通之理也。

---

① 萧铣：净戒院刊本原为萧锐，应为"萧铣"之误。萧铣，隋朝末年地方割据势力首领，南朝梁宗室。公元617年，萧铣在罗县起兵，自称梁公。十月称梁王，年号鸣凤。公元618年，萧铣在岳阳称帝，国号梁，建元鸣凤，其势力范围东至九江，西至三峡，南至交趾（越南河内），北至汉水，拥有精兵40万，雄踞南方。公元621年，被唐将李靖击败，降唐，押往长安被斩。

变通第二十

译文

孙子说:"善于调动敌人的,就要制造假象蒙骗敌人,敌人一定会上当,被他牵着鼻子走。"为什么这么说呢?战国时,魏国和赵国联合攻打韩国,齐国派兵去援助韩国,让田忌担任大将。田忌没有直接去韩国,而是率兵直捣魏国都城大梁。魏军大将庞涓知道后,急忙率军撤离韩国,回防魏国都城大梁。此时,齐国的军队已经向西越过边界进入魏国境内了。齐国军师孙膑对田忌说:"三晋的士兵,平时一向凶悍勇猛,轻视齐国,齐国的军队被认为怯懦。善于用兵的人,要会因势利导。兵法上说:一天之内行军百里去争利,将领一定会受挫。在进入魏国境内以后,您可以安排部队第一天修筑十万个军灶,第二天修筑五万个军灶,第三天修筑二万个军灶。"庞涓看到齐军军灶不断减少,高兴地说:"我早就知道齐兵怯懦,他们进入魏国境内只有三天,士兵已经跑了一大半了。"于是庞涓丢下行进缓慢的步兵,率精锐的轻装骑兵昼夜兼程,赶去追逐齐军。孙膑估计庞涓的行军速度,大概天黑时分能赶到马陵。马陵的道路狭窄,地势险要,可以设置伏兵。孙膑于是在行军必经之路上找到一棵大树,用刀将大树砍下一块皮,在白色的树身上写道:"庞涓死此树下。"又命令一万名神射手埋伏在道路两边,约定说:"看见火把举起就一起放箭。"庞涓果然在夜晚到了那棵大树下,看见白色树身上有字,

卷九 兵权

就取来火，照着去读树身上的文字。火把一举起，齐军万箭齐发，魏军大乱。庞涓看大势已去，只好自杀了。他临死前说："果然成就了孙膑那小子的名声。"

东汉时，虞诩被举荐担任武都郡守，羌人首领率领伏兵在陈仓、崤谷拦截虞诩。虞诩命手下每人各筑两个军灶，一天增加一倍。羌兵看见日渐增加的军灶，便不敢逼近虞诩的队伍。有人问虞诩说："孙膑当年逐日减少灶台，而您却增加灶台。按照兵法上说，每天最好行军三十里，以防不测。现在您一天却差不多行进了二百里，这是为什么呢？"虞诩说："敌军人数众多，我们如果行进缓慢，就会被追赶上，急速行进，敌军就难以预测我军下一步的行动。况且敌人看见我们的军灶不断增多，会以为是郡中的兵马来接应了。孙膑是故意显示其弱小，我是有意显示强大，形势各有不同。"从前西晋的王濬在蜀地造船，准备讨伐东吴，有意把造船砍下的碎木片扔到江中，用来威吓东吴。唐朝时，大将李靖准备攻打荆州，袭击萧铣，便故意把碎木片扔到江中，故意让萧铣看见。李靖随即兴兵，顺着江流随碎木片进军，萧铣毫无防备，唐军一举俘虏了萧铣，平定了荆州。兵法贵在变通，不可偏执一端。上述战例中的胜利者，都是深明变通之法的。所以说，要用心估计敌人，要用眼观察时机，根据当时的形势采取行动，这样就能以少胜多，这是善于用兵的人中最善于用兵的。以上是变通的作战方法。

利害第二十一

原文

孙子曰："陷之死地而后生，投之亡地而后存。"又曰："杂于利而务可伸，杂于害而患可解。"何以明之？汉将韩信攻赵，赵盛兵井陉口，信乃引兵未至井陉口三十里止舍。夜半传发，选轻骑二千，人人持一赤帜从间道萆<small>音蔽</small>山而望见赵军，诫之曰："赵见我走，必空壁逐我。若疾入赵壁，拔赵帜，立汉赤帜。"令其裨将传飧，曰："今日破赵会食。"诸将皆莫信，佯应曰："诺。"信谓军吏曰："赵已先据便地为壁，且彼未见吾大将旗鼓，未肯击前行，恐吾至阻险而还。"信乃使万人行，出倍水阵。赵军望见，大笑之<small>太公曰：智与众同，非人师也；伎与众同，非国工也。动莫神于不意，胜莫大于不识。使赵军识韩信之势，安得败哉？故笑之而败也</small>。平旦，信建大将之旗鼓，鼓行出井陉口。赵开壁击之，大战良久。于是信与张耳弃鼓旗，走水上，水上军开壁入之。复疾战，赵空壁争汉鼓旗，逐韩信、张耳。韩信、张耳已入水上军，军皆殊死战，不可败。信所出奇兵二千骑，共候赵空壁逐利，则驰入赵壁，皆拔赵帜，立汉赤帜二千。赵军不得信等，欲还归壁，壁皆汉赤帜而大惊<small>太公曰：夫两阵之间，出甲陈兵①</small>。

---

① 出甲陈兵：净戒院刊本原为"出俾阵矣"，查《六韬》，为"出甲陈兵"，联系上下文，简体版更正为"出甲陈兵"。

卷九　兵权

纵卒乱行者，所以为变。此之谓矣，以为汉皆已得赵王将矣。遂乱，遁走，赵将虽击斩之，不能禁也孙子曰：以治待乱，以静待哗，此治心者。夫众心已乱，虽有良将，亦不能为之计矣。于是汉兵夹击，大破之，斩成安君泜水上，擒赵王歇。诸将效首虏，留贺，因问信曰："兵法：右背山陵，前左水泽。今者将军令臣等反背水阵，曰'破赵会食'。时臣等不服，然竟以胜。此何术也？"信曰："此在兵法中，顾诸君不察耳。兵法不曰'陷之死地而后生，置之亡地而后存'？夫处死地者，谓力均势敌，以死地取胜可也。若以至弱当至强，投弱兵于死地，自贻陷矣。故孙膑曰：兵恐，不可救。又，经曰：大众陷于害，然后能为胜败。是知死地之机，必用大众矣。且信非得素抚循士大夫也，所谓驱市人而战，其势非置之死地，使人人自为战。今与之生地，皆走，宁尚可得而用之乎？"诸将曰："善。非所及也。"孙子曰：兵甚陷则不惧，不得已则斗。是故其兵不修而戒，不求而得，不约而亲，不令而信。投之无往者，诸将之勇也。此之谓矣。

　　魏太祖征张绣，一朝引军退。绣自追之，贾诩曰："不可追也。"绣不从，果败而还。诩谓绣曰："促更追之，战必胜。"绣收散卒，赴追太祖，战果胜。还，问诩曰："绣以精兵追退军，而公曰必败退；以败卒击胜兵，而公曰必克，皆如公之言。何其反而皆验也？"诩曰："此易知耳。军势百途，事不一也。将军虽善用兵，非曹公敌也。魏军新退，曹公必自断其后。追兵虽精，将既不敌，彼士亦锐，故知必败。曹公攻将军无失策，力未尽而还，必国内有故也。既破将军，必轻军速进，留诸将断后。诸将虽勇，亦非将军敌也，故虽用败兵而胜也。"绣乃服其能。此利害之变。故曰陷之死地而后生，杂于害而患可解。此之谓也。

利害第二十一

译文

孙子说:"把士兵置于死地,他们就会主动求生;把士兵放到危急存亡的环境中,他们反而能够激发斗志,存活下来。"又说:"在有利的环境下考虑到不利的因素,任务就可以顺利完成;在不利的情况下考虑到有利的方面,就能防止意外的祸患。"为什么这么说呢?楚汉相争时,汉军大将韩信攻打赵国,赵国在井陉口布置了大军迎击。韩信率兵在距离井陉口三十里的地方停下,安营扎寨。到了半夜时分,突然命部下选拔二千轻装骑兵出发,命每人手持一面红旗,从小路登上可以观察赵军军营的山上,依山隐蔽,窥探赵军动静。他告诫士兵说:"赵军看到我军败逃,必定会倾巢出动追击我军。这时,你们要迅速进入赵军军营,拔去赵军的旗帜,插起我们汉军的红旗。"韩信又命令他的部将给战士们送去简单的饭菜,并说:"今天攻破赵军后我们再会餐庆祝。"将领们对韩信说马上攻破赵军都将信将疑,假意答应说:"好。"韩信对部下说:"赵军已经抢先占据有利地形,并修筑了营垒,赵军在没有看见我军大将的战旗和战鼓之前,是不会攻击我军先遣部队的。他们担心我军遇到险阻之后就会撤军回去。"韩信于是派一万人为先锋,背对河水列阵。赵军看到后大笑汉军姜太公说:智慧与众人相同,不是众人的老师;技艺与众人相同,无法成为闻名全国的工匠。行动没有比出人意料更神奇的,胜利没有比别人看不懂你的战术更

卷九　兵权

大的。假使赵军识破了韩信的阵势，怎么会失败呢？赵军本来是嘲笑汉军的，最终导致了自己的失败。天明时分，韩信树起大将的旗帜，擂起了进攻的战鼓，在战鼓声中率军出了井陉口。赵军出营攻击汉军，双方激战了很久。这时，韩信与张耳假装不敌，丢下战旗、战鼓，逃向背水列阵的汉军阵地。背水列阵的汉军打开营门，让韩信、张耳进去。双方再次展开激战，赵军倾巢出动，争相夺取汉军的战旗、战鼓，争着追击韩信、张耳。韩信、张耳已经进入背水列阵的军营中，将士没有退路，都拼死作战，相持不下。韩信埋伏在山上的二千骑兵看到赵军倾巢出动，迅速奔入赵军营中，拔光赵军的旗帜，插起二千面汉军的红旗。赵军捉不到韩信等人，想要退回自己的营垒中，回头却看到自己的营垒上全部插着汉军的红旗，顿时大惊失色。姜太公说：当两军对阵交锋时，卸下铠甲，放下武器，放纵士兵，行列混乱，目的是为了变诈以引诱敌人。说的就是这种情况，都以为汉军已经捉住了赵王的大将。于是赵军大乱，纷纷逃窜，赵军将领即使杀了一些逃跑的士兵，也不能禁止赵军逃窜。孙子说：以我军的严整对待敌军的混乱，以我军的沉静对待敌军的喧哗，这是为了稳定军心。军心已经混乱，即使有良将，也想不出好的计策。于是汉军前后夹击，大破赵军，在泜水河边斩杀了成安君陈余，活捉了赵王歇。手下众将献上敌人的首级和俘虏，留下来庆贺胜利，有人问韩信："按兵法来说，排兵布阵要右面背向山陵，左边以水泽为屏障。现在将军您却命令我们背水列阵，还说要等'打败赵军后再会餐庆祝'，当时我们都不信，但是最后竟然取胜了，这是什么战术？"韩信说："这种战术也在兵法之中，只是各位没有留意罢了。兵法上不是说'把士兵置于死地，他们就会主动求生；把士兵放到危急存亡的环境中，他们反而能够激发斗志，存活下来'吗？所谓置之死地，是指在双方势均力敌的情况下，靠死地来激发将士的斗志就可以取胜。如果是强弱悬殊很大，把弱兵投向死地，这是自寻死路。所以孙膑说：士兵一旦害怕了，是没办法挽救的。又，经书上说：把大部队放在危险的境地，然后就能决出胜败。由此可见，运用死地求生的战术，关键是军队人数要够多。况且我带的兵又不是久经训练的精锐部队，可以说是带领着集市上的贩夫走卒去作战，在这种形势下，非得要将士兵放在随时处在死亡边缘的死地，才能激发他们的斗志，使人人奋勇向前。现在如果把部队安排在打不赢还有机会逃跑的阵地上,估计都纷纷逃跑了,我哪里还能够指挥他们上阵杀敌呢?"手下众将听了这一席话,说:"真是高明。我们真的比不上。"孙子说:军队陷于绝对危险的境地反而就不害怕了,在迫不得已的情况下,就会拼死决战。因此,这样的军队不必整训就能加强戒备,不必要求就能完成任务,不必约束就能亲近互助,不必严令就能信守军纪。把这样的军队投向不勇往直前就将灭亡的绝境中作战,需要将领有超凡的勇气。说的就是这个道理。

三国时,魏太祖曹操征讨张绣。有一天,曹操突然率军撤退了。张绣打算亲自去追击,谋士贾诩劝他说:"不能追啊。"张绣不听,果然大败而回。而此时贾诩却对张绣说:"现在赶快再去追击曹军,这次一定能取胜。"张绣集合逃回来的士兵,赶紧又去追击曹操,果然打了个胜仗。胜利归来,张绣问贾诩:"我第一次率精兵去追击曹操撤退的军队,您说一定会失败;我大败而回,而您又让我带着逃回来的士兵再去追击刚刚打了胜仗的曹军,却说一定能取胜。两次都被你说中了,为什么两次违反常理的预言都应验了呢?"贾诩说:"这个很容易解释。军事形势千差万别,具体情况也各不相同。将军您虽然善于用兵,但还不是曹操的对手。曹军刚刚撤退,曹操必定会亲自断后。您的追兵虽然精锐,但您既敌不过曹操,而对方的士兵也是精锐之师,因此我知道这次出兵必定会失败。曹操攻打将军您,自始至终没有重大失误,战斗力还未充分发挥就撤退,必定是国内有什么变故。曹军已经击败了将军您的追兵,着急回去,必定会轻装急行,只留下手下将领断后。他手下将领虽然勇猛,但也不是将军您的对手,所以,虽然我们这次是率败兵追击,一样能取胜。"听了这番话,张绣深深佩服贾诩的才能。这就是利与害的相互转化。所以说,把士兵置于死地,他们就会主动求生;在不利的情况下考虑到有利的方面,就能防止意外的祸患,说的正是这个道理。

卷九　兵权

奇正第二十二

原文

　　太公曰："不能分移，不可语奇。"孙子曰："兵以正合，事以奇胜。"何以明之？魏王豹反汉，汉王以韩信为左丞相，击魏。魏王盛兵蒲坂，塞临晋。信乃益为疑兵，陈船欲渡临晋，而伏兵从夏阳以木罂渡军，袭安邑孙子曰：近而示之远，远而示之近。此之谓也。魏王豹惊，引兵迎信，信遂虏豹，定魏为河东郡。是知奇正者，兵之要也。经曰：战胜不过奇正。奇正之变，不可胜穷，如环之无端，孰能穷之？此之谓矣。

奇正第二十二

译文

　　姜太公说："作战时不能充分调动、使用军队，就谈不上出奇制胜。"孙子说："用兵应以主力部队与对方正面交锋，以奇兵包抄、偷袭，这样才能出奇制胜。"为什么这样说呢？楚汉相争时，魏王豹背叛汉军，汉王刘邦任命韩信为左丞相去讨伐魏王豹。魏王豹把大军集结在蒲坂，堵塞了通往临晋的交道要道。韩信便增设了许多疑兵，再准备大量船只集结在黄河之上，表面上装作要乘船渡过临晋，暗中却让奇兵借助能漂浮的木桶等工具从夏阳渡过黄河，突袭安邑 孙子说：本来想要攻打近处，却故意表现得想要攻打远处；本来想要攻打远处，却故意表现得想要攻打近处。说的就是这个道理。魏王豹知道后大惊，仓卒带兵迎战韩信，韩信于是俘虏了魏王豹，把原来他占据的魏地定为河东郡。由此可知，熟练运用奇兵以及用主力部队与对方正面交锋，是用兵的关键。经书上说：作战取胜，离不开奇、正两种战法。奇、正互相结合的变化，无穷无尽，正如圆环一样，没有开端，也没有终点，谁又能够穷尽它呢？说的正是这个道理。

卷九　兵权

掩发第二十三

原文

孙子曰："善战者，其势险，其节短。以利动之，以卒待之。"又曰："善动敌者，形之，敌必从。"何以明其然耶？燕平齐①，围即墨城。即墨城中推田单为将，以拒燕。田单欲激怒其卒，乃宣言曰："吾唯恐燕将劓所得齐卒，及掘城外坟墓，僇先人，可为寒心。"燕将如其言。即墨人皆涕泣，其欲出战，怒皆十倍。单乃收人金，得千镒，令即墨富豪遗燕将书曰："即墨即降，愿不虏吾家族。"燕将大喜，益懈。乃收牛，得千头，束苇于尾，烧其端，凿城数十穴，夜纵牛出，以壮士五千人随其后。牛尾热而奔燕，燕军大惊。所随五千因衔枚②击之，燕军大败，杀其将骑劫，复齐七十余城。

吕蒙西屯陆口，关羽讨樊，留兵备公安、南郡。蒙上疏曰："关羽讨樊而多留备兵，必恐蒙图其后故也。蒙常有病，乞分众还建邺，以治病为名。羽闻之，必撤备兵，尽赴襄阳。大军浮江，昼夜驰上，袭其空虚，则南郡可取，而羽可擒之。"遂称病笃，权乃露檄召蒙。羽果信之，稍撤

---

① 燕平齐：公元前284年，燕昭王拜乐毅为上将军，联合秦、楚、韩、赵、魏五国共同讨伐齐国，攻克齐七十二城，直捣齐国都城临淄。齐国仅剩下莒、即墨没被攻下。

② 衔枚：古代行军打仗时，让士兵口中横衔着像筷子一样形状的枚，防止发出声音，以免被敌人发觉。

掩发第二十三

兵赴樊。权闻之，遂行，先遣蒙在前，伏其精兵于䑫舻中，使白衣摇橹，作商贾服，昼夜兼行，至羽所置江边屯候，尽收缚之，是故羽不闻知太公曰：伪称使者，所以绝粮食；谬号令、与敌同服者，所以备走北也。由此言之，衣服、号令之中，不可不审也。遂到南郡，士仁①、糜芳②皆降。蒙入据城，尽得羽将士家属，皆抚慰，约令军中不得干历人家，道不拾遗昔秦伯见袭郑之利，不顾崤、函之败；吴王矜伐齐之功，而忘姑苏之祸。故曰不能尽知用兵之害者，则不能尽知用兵之利。此之谓矣。经曰：役诸侯者以业。语曰：因其强而强之，敌乃可折。关羽讨樊，虽不被人计，亦自役自强者也。羽还，在道路数使人与蒙相闻。蒙厚遇其使，使周旋城中，家家致问，或手书示信。羽使人还，私相参讯，咸知家问无恙，见待过于平时，故羽士卒无斗心。权至，获羽，遂定荆州。

此掩发之变，故曰始如处女，敌人开户；后如脱兔，敌不及距。此之谓矣。

---

① 士仁：字君义，三国时人。最初是蜀国将领，驻扎于公安，由于和关羽不和，在关羽进攻襄樊时与糜芳一同倒戈，迎接吴军入主荆州。

② 糜芳：字子方，三国时人。本为徐州牧陶谦部下，后随兄长糜竺一同投奔刘备。刘备称汉中王时，糜芳为南郡太守，与荆州守将关羽不和。后糜芳因未完成供给军需物资的任务而被关羽责骂，心中不安，在孙权的引诱下与将军士仁一同投降东吴。

卷九　兵权

掩发第二十三

译文

　　孙子说："善于用兵打仗的人，所摆出的态势是险峻的，所掌握的行动节奏是短促而猛烈的。他会用小恩小惠引诱、调动敌人，安排伏兵伺机袭击敌人。"又说："善于调动敌人的，会用假象蒙骗敌人，敌人必定会上当，被他牵着鼻子走。"为什么这样说呢？战国时，燕国讨伐齐国，包围了齐国的即墨城。即墨城中的军民推举田单担任将领，率众抵抗燕国军队。田单想要激发齐国将士的斗志，于是故意放出话去，说："我最担心燕军割去被俘士卒的鼻子以及挖掘城外的坟墓，凌辱即墨人祖先的尸体，这可是最令人寒心的事情。"燕军将领听说后，果然这样做了。即墨人都痛哭流涕，一齐要求出城与燕军决战，愤怒之情相当于平时的十倍。田单又收集城中百姓的黄金，得到了一千镒黄金，让即墨城中的富豪送去给燕军将领，并附上一封信说："即墨人即将要投降了，希望你们进城后不要抢掠我的族人。"燕军将领很高兴，更加放松了警惕。于是田单征集了一千头牛，在牛尾捆上芦苇，把芦苇的一头点燃，又在即墨的城墙上凿了几十个洞，在夜里将牛赶出城，同时让五千名壮士跟随在牛的后面。点燃的芦苇烧痛了牛的尾巴，于是火牛一路狂奔，直冲燕军阵地，燕军大惊。跟随在牛后面的五千名壮士乘机悄悄击杀燕军，燕军大败，将领骑劫被即墨人杀了，田单趁势收复了被燕军占领的七十多座齐国城池。

掩发第二十三

　　三国时期,东吴将领吕蒙率军驻扎在陆口。荆州的关羽去征讨樊城,留下一部分兵马防守公安和南郡。吕蒙上书给孙权说:"关羽去征讨樊城,却留下许多兵马防守,一定是担心我趁机袭击他的大后方。我平日经常有病,希望您准许我以治病为名,带领一部分部队回建邺。关羽听到这个消息后,必定会撤去防守公安和南郡的部队,全部调往襄阳作战。这样,我东吴大军就可以乘船渡江,昼夜兼程向西进发,袭击蜀军防守空虚的后方,那南郡不日就可拿下,关羽也可以擒获了。"孙权同意了他的请求。于是吕蒙谎称病重,孙权便公开传令召回吕蒙,关羽果然信以为真,便逐步调公安、南郡的守军奔赴樊城。孙权听到这一消息后立即行动。先派吕蒙在前,把他的精兵埋伏在商船中,让摇橹的人身穿白色衣服,扮作商人,昼夜兼行,到关羽设置在长江边上的关卡处伺机行动,悄悄将把守关卡的士兵捆绑起来。因此,关羽一点都不知道东吴偷袭的消息姜太公说:假称使者,是为了断绝对方的粮食;假传号令,与敌人穿同样服装的,是为失败逃跑做准备。由此说来,衣服、号令,不能不小心。吕蒙的队伍顺利到达南郡,守城的士仁、糜芳等人率众投降。吕蒙占据了南郡,全部接管了关羽的将士及其家属,对他们都优加抚慰,并命令军队不得骚扰城中居民,军队纪律严明,道路上丢了东西也没人敢捡秦穆公只看见袭击郑国的好处,却不顾在崤山、函谷关一带的失败;吴王夫差为讨伐齐国成功而骄傲,却忘记了姑苏城的后患。所以说不能尽知用兵容易出现的问题的人,也不能完全发挥军队的战斗力。说的正是这种情况。兵书上说:要让诸侯疲于奔命,就要让他去做他不得不做的事情。俗话说:让强大的敌人自恃强大,才能将他摧毁。关羽征讨樊城,即使不被人算计,也会因其自恃强大而导致失败。关羽从樊城返回,还在路上时就曾多次派使者与吕蒙联系。吕蒙厚待关羽的使者,让他们走遍南郡城,到家家户户去问候,有的还让使者捎去亲笔信以证明这一切都是真实可信的。关羽的使者回到军中,将士们私下探问家中情况,都知道家中平安无事,待遇比平时还好,就都没了斗志。孙权率部赶到,最终俘获了关羽,平定了荆州。

　　这就是"掩发"的变化。所以说开始时像处女一般沉静,使敌人放松警惕,门户大开;然后像被追逐的野兔一样敏捷,使敌人来不及抗拒。说的就是这个道理。

卷九　兵权

还师第二十四

原文

孙子曰："兴师百万，日费千金。"王子曰："四人用虚，国家无储。"故曰运粮百里，无一年之食；二百里，无二年之食；三百里，无三年之食。是谓虚国。国虚则人贫，人贫则上下不相亲。上无以树其恩，下无以活其身，则离叛之心生。此为战胜而自败。故虽破敌于外，立功于内，然而战胜者以丧礼处之，将军缟素，请罪于君。君曰："兵之所加，无道国也。擒敌制胜，将无咎殃。"乃尊其官以夺其势。故曰高鸟死，良弓藏；敌国灭，谋臣亡。亡者，非丧其身，谓沉之于渊。沉之于渊者，谓夺其威，废其权。封之于朝，极人臣之位，以显其功。中州善国，以富其心。仁者之众，可合而不可离，威权可与而难卒移。是故还军罢师，存亡之阶 尉陀、章邯是也。故弱之以位，夺之以国。故霸者之佐，其论驳也 驳，不纯道也。人主深晓此道，则能御臣将 汉相袭夺齐军之类；人臣深晓此道，则能全功保首 张良学辟谷①，弃恩人间事之类。此还师之述也。

论曰：奇正之机，五间之要，天地之变，水火之道，如声不过五声，五声之变，不可胜听；色不过五色，五色之变，不可胜观。因机而用权矣，不可执一也。故略举其体之要 此皆诸兵书中语也。

---

① 辟谷：亦称断谷、绝谷，即不吃五谷的意思。据称中国古代的一种修养方法，辟谷时，仍服药物，并须兼做导引等功夫。此法后为道教承袭，当作"修仙"方法之一。

还师第二十四

译文

孙子说:"如果出动百万大军,一天就要耗费千金巨资。"王子说:"国内四处有人一贫如洗,这个国家也不会有多少储备。"所以说运送粮食供养一百里以外的军队,国家就会在一年里缺粮;运送粮食供养二百里以外的军队,国家就会在两年里缺粮;运送粮食供养三百里以外的军队,国家就会在三年里缺粮,这就叫做使国家空虚。国家空虚,那么百姓就会贫困;百姓贫困,那么上下关系就会不亲密。国君没有可资利用的国家储备来树立恩德,下层百姓无法养活自己,离心离德、背叛的想法就会产生。在这种情况下去用兵打仗,即使战争胜利了,国家也会因此而衰败。因此,虽然将士在外打败了敌人,在内建立了功勋,然而打胜的将帅还师仍然要像举行丧礼那样,穿上白色的丧服向国君请罪。国君说:"我们征讨的是那些不讲道义的国家。擒住敌人,获得胜利,将领没有过错。"于是为有功的将帅加官进爵,但同时让他们交出兵权,借此削夺他们的势力。所以说鸟尽弓藏。敌对的国家被攻灭了,出色的谋臣就要被亡。所谓亡,并不是要杀死他们,是指把他们沉于深渊之中。所谓把他们沉于深渊之中,是指削夺他们的威势,废掉他们的权力。在朝堂之上封赏他们,让他们位极人臣,来彰显他们的功劳。在中原划出最好的土地和城邑分封给他们,来满足他们的心愿。对仁慈的国君而言,

卷九　兵权

下属应该加以笼络而不宜使他们离心；威势和权力很容易授予，却很难一下子收回来。因此，军队凯旋而归的时候，也是存亡的关键尉陀、章邯就是这样。国君要用并无实权的官职爵位来削弱立功将帅的势力，以赏给封邑的方式夺去有功将帅的兵权。因而对辅佐称霸者的人物，向来的评价都众说纷纭。做君王的如果能深入了解其中的奥妙，就能驾御大臣、将领如汉高祖突然袭击，夺去韩信的兵权之类；臣子能深入了解其中的奥妙，就能保全自己的功劳和性命如张良学道求仙，自愿放弃人间事之类。这就是关于班师回朝的相关论述。

评论：奇与正变化的奥妙，五种间谍使用的关键要素，天时、地利的变化，水、火对用兵打仗的辅助作用，诸如此类，就如同声音不过只有宫、商、角、徵、羽五个音，然而掌握了五音的变化规律，就能谱出无数优美动听的乐曲；颜色不过只有青、赤、黄、白、黑五种基本色彩，然而掌握了五色的变化规律，就可以调配出各种美丽的色彩。其中关键在于要把握好时机，随机应变，不可固执于某一种方法。因此，在这里我简单列举了用兵的主要方法和原则这些都是各种兵书中已有的论述。

附 录

附　录

乾隆御题赵蕤《长短经》

郪县创为救弊论，爱憎殴业匠和函。
向时虽类纵横说，忧末原归理道谈。首章概括蕤序语意。
宋刊弆自教忠堂，通变称经曰短长。
比及乱时思治乱，不如平日慎行王。二章评作书者。
卷原称十今失一，总目翻看余一篇。赵蕤自序称总目六十三篇，合为十卷，而卷后沈新民跋语乃称第十卷缺，存者六十四篇。今细检篇目，实六十四，凡九卷，与沈跋合。按之蕤序所云，卷既缺一，不应转多一篇。考新民跋，乃《文献通考》原文；其云晁氏，则晁公武《读书志》；《北梦琐言》，乃孙光宪所撰。今检公武《志》，亦称六十三篇，而光宪仅言书十卷，不及篇数。盖晁、孙皆就蕤序录载，未加详考。至马端临始为复正耳。第与原序踳异处，理殊难晓。意者六十三篇，"三"字乃"五"字之讹，其第十卷"阴谋家"止有一篇，亦未可知。然无可订正，存以阙疑。
既是梓州善经济，不应辟召又何焉。三章总论全书。
津瀛文苑继家声，四库搜罗俾赞成。
邂逅世臣献遗简，向年论学忆西清。四章纪事实。

乾隆甲午春淑笔

是书为编修励守谦所呈，乃其家藏本。"教忠"则励廷仪堂名也。守谦之曾祖励杜讷、祖廷仪、父宗万皆侍直内廷，今守谦亦官翰林，为四库全书纂修，可谓以文学世其家者。

钦定四库全书《长短经》提要

杂家类一杂学之属

臣等谨按：

《长短经》九卷，唐赵蕤撰。孙光宪《北梦琐言》载：蕤，梓州盐亭人。博学韬钤，长于经世。夫妇俱有隐操，不应辟召。《唐书·艺文志》亦载：蕤，字太宾，梓州人。开元中，召之不赴。与光宪所记略同。惟书名作《长短要术》，为少异。盖一书二名也。是书皆谈王伯经权之要，成于开元四年。自序称凡六十三篇，合为十卷。《唐志》与晁公武《读书志》卷数并同。今久无刊本。王士禛《居易录》记徐乾学尝得宋椠于临清。此本前有"传是楼"一印，又有"健庵收藏图书"一印，后有"乾学"一印。每卷之末皆题"杭州净戒院新印"七字。犹南宋旧刻，盖即士禛所言之本。然仅存九卷。末有洪武丁巳沈新民跋，称其"第十卷载阴谋家，本缺，今存者六十四篇"云云案：跋全剽用晁公武之言，疑书贾伪托。是佚其一卷，而反多一篇，与蕤序六十三篇之数不合。然勘验所存，实为篇六十有四。疑蕤序或传写之讹也。第一卷八篇，题曰"文上"；第三卷四篇，题曰"文下"；第二卷四篇，则有子目而无总题。以例推之，当脱"文中"二字。第四卷一篇，题曰"霸纪上"；第五卷一篇，论七雄之事，题曰"霸纪中"；第六卷一篇，论三国之事，亦无总题。以例推之，当脱"霸纪下"三字；第七卷二篇，题曰"权议"；

附 录

第八卷十九篇,题曰"杂说";第九卷二十四篇,题曰"兵权"。其第十卷所谓"阴谋"者,则今不可考。篇中注文颇详,多引古书,盖即蕤所自作。注首或标以"议曰"二字,或亦不标。体例不一,亦未详其故也。刘向序《战国策》,称或题曰"长短"。此书辨析事势,其源盖出于纵横家,故以"长短"为名。虽因时制变,不免为事功之学。而大旨主于实用,非策士诡谲之谋,其言固不悖于儒者。其文格亦颇近荀悦《申鉴》、刘劭《人物志》,犹有魏晋之遗。唐人著述,世远渐稀。虽佚十分之一,固当全璧视之矣。

乾隆四十二年六月恭校上。

总纂官臣纪昀、臣陆锡熊、臣孙士毅
总校官臣陆费墀